陕西地方志丛书

陕西省志 第五卷·经济

公路志

（1991—2010年）

陕西省地方志编纂委员会 编

方志出版社
Publishing House of Local Records

图书在版编目（CIP）数据

陕西省志. 公路志 / 陕西省地方志编纂委员会编
. -- 北京 : 方志出版社，2014.12
ISBN 978-7-5144-1533-9

Ⅰ. ①陕… Ⅱ. ①陕… Ⅲ. ①陕西省－地方志②公路运输－交通运输史－陕西省 Ⅳ. ①K294.1

中国版本图书馆CIP数据核字(2014)第311696号

陕西省志·公路志

编　者：	陕西省地方志编纂委员会
责任编辑：	徐　宏
出 版 人：	冀祥德
出 版 者：	方志出版社
	地址　北京市朝阳区潘家园东里9号（国家方志馆4层）
	邮编　100021
	网址　http://www.fzph.org
发　行：	方志出版社发行中心
	电话（010）67110500
经　销：	各地新华书店
印　刷：	中煤地西安地图制印有限公司
开　本：	787mm×1092mm　1/16
印　张：	62.625　插页 28
字　数：	1443千字
版　次：	2014年12月第1版　2014年12月第1次印刷
印　数：	0001～6000册
审 图 号：	陕S（2015）067号
ISBN	978-7-5144-1533-9/K·1255　定　价：380.00 元

陕西省地方志编纂委员会

陕西省交通史志编纂委员会

主　　任　冯西宁

副 主 任　杨育生　杨冬华　白宗孝　黄会奇　李连峰

委　　员　宋小强　刘三刚　马志东　张红书　姚　军　丁胜仁　冯利荣
薛生高　高振鑫　刘向东　伍石生　张亚拉　鲁会劳　董邦耀
孙新安　梁志琳

顾　　问　曹　森　胡保存　王明祥

《陕西省志·公路志》编纂人员

主　　编　白宗孝

副 主 编　董邦耀　赵贵钧　何丰博　王　旭

编写人员　（按姓氏笔画排序）
王　旭　王定安　王建贵　王新安　白宗孝　李　焱　李　信
张中文　张廷福　何丰博　赵贵钧　顾占法　曹文中　梁志琳
雷京全　魏西安

陕西省交通史志编纂委员会办公室

主　　任　董邦耀

副 主 任　梁志琳

工作人员　刘　彦　杨红芳

审定单位

初　　审　陕西省交通运输厅

终　　审　陕西省地方志编纂委员会

2001年3月7日，中共中央总书记、国家主席、中央军委主席江泽民（右二），参加九届全国人大四次会议陕西代表团全体会议期间，听取中共陕西省委书记、省人大常委会主任李建国（左二），中共陕西省委副书记、省长程安东（右一）等关于陕西省适应西部大开发公路网建设规划汇报

2011年1月14日，中共中央总书记、国家主席、中央军委主席胡锦涛（前排左一）等党和国家领导人，接见出席国家科学技术奖励大会代表，与荣获全国科技进步一等奖的《秦岭终南山公路隧道建设与运营管理关键技术》课题组代表、陕西省交通运输厅厅长冯西宁（二排左二）亲切握手

1999年12月10日，中共中央政治局常委、中央书记处书记、中央纪律检查委员会书记、中华全国总工会主席尉健行（中），由中共陕西省委书记、省人大常委会主任李建国（左二）等陪同，考察西安绕城高速公路北段工程建设

1996年1月18日，中共中央政治局委员、国务院副总理邹家华（右二），在三桥收费站为西（安）宝（鸡）高速公路全线建成通车剪彩

2002年6月21日，中共中央政治局委员、国务院副总理、国家防汛抗旱总指挥部总指挥温家宝（中），由中共陕西省委副书记、代省长贾治邦（左二）等陪同，在108国道佛坪段检查指导“6·8”抗洪抢险救灾，看望慰问参加公路抢修的干部职工

2009年5月10日，全国人大常委会副委员长司马义·铁力瓦尔地（右三），考察秦岭终南山公路隧道建设与运营管理

1995年9月18日，交通部部长黄镇东（右二），由中共陕西省委副书记、省长程安东等（右一）陪同，检查指导西（安）宝（鸡）高速公路项目建设

2004年10月26日，交通部部长张春贤（右三），在宝鸡市调研农村公路建设

2009年4月16日，交通运输部部长李盛霖（左），在户县庞光镇调研农村公路交通发展情况，与当地农民交谈

2012年10月25日，交通运输部部长杨传堂（右二），检查指导西（安）铜（川）高速公路二通道工程建设

1991年7月，中共陕西省委书记、省人大常委会主任张勃兴（左三），考察三（原）铜（川）公路项目建设

1995年11月13日，中共陕西省委书记安启元（右一），考察西（安）宝（鸡）高速公路项目建设

2007年3月19日，中共陕西省委书记、省人大常委会主任李建国（中），检查指导小（河）（安）康高速公路项目建设

2007年6月4日，中共陕西省委书记、省人大常委会主任赵乐际（中），检查指导西（安）汉（中）高速公路项目建设

1991年10月29日，中共陕西省委副书记、省长白清才（左三），调研三（原）铜（川）公路项目建设

1999年9月15日，中共陕西省委副书记、省长程安东（前排左二），检查指导西安绕城高速公路北段工程建设

2003年8月13日，中共陕西省委副书记、省长贾治邦（中），在西安咸阳国际机场高速公路建设项目调研

2005年7月28日，中共陕西省委副书记、省长陈德铭（前排右），在西安亚欧物流中心进行现代物流业发展调研

2008年5月18日，中共陕西省委副书记、省长袁纯清（前排右一），在西（安）汉（中）高速公路秦岭服务区慰问坚守“5·12”汶川特大地震抗震救灾保畅的交通干部职工

2010年7月21日，陕西省政府与交通运输部在西安举行加快推进关中——天水经济区交通运输发展会谈，中共陕西省委副书记、省长赵正永（前排右）与交通运输部部长李盛霖（前排左）出席会谈并在会谈纪要上签字

1994年，陕西省政协主席周雅光（前排左二），在西（安）宝（鸡）高速公路建设项目进行调研

2009年2月19日，陕西省政协主席马中平（中），在陕西省高速公路收费管理中心进行调研

1993年10月15日，西（安）宝（鸡）高速公路利用科威特政府贷款协定签字仪式在西安举行。图为中国政府授权代表与科威特阿拉伯经济发展基金会代表在协定上签字

2007年10月8日，冰岛总统奥拉维尔·拉格纳·格里姆松（右二）考察秦岭终南山公路隧道建设与运营管理

2007年4月20日，世界隧道协会主席哈维帕克（左一）考察秦岭终南山公路隧道建设与运营管理，并在留言簿上签名

2008年4月，世界银行项目经理奥瑞德（前排左四）检查世界银行贷款项目——安（康）（陕）川（界）高速公路安康至毛坝段工程建设

G65包茂线榆（林）靖（边）高速公路，全长115.92公里，双向四车道，2003年8月22日建成通车，为国内最早建成的沙漠地区高速公路

G3001西安绕城高速公路，全长80.35公里，双向六车道，2003年9月29日全线建成通车

G5京昆线西（安）汉（中）高速公路，全长254.77公里，双向四车道，2007年9月30日建成通车，为穿越秦岭山区第一条高速公路

G20青银线陕西段全长320.72公里，双向四车道，2007年10月31日全线建成通车。图为青银线子（洲）靖（边）高速公路

G70福银线凤（翔路口）永（寿）高速公路，全长98.73公里，双向四车道，2008年9月28日建成通车

G65包茂线小（河）（安）康高速公路，全长58.26公里，双向四车道，2009年5月28日建成通车

西安咸阳国际机场专用高速公路，全长20.58公里，2009年7月8日建成通车，为陕西首条双向八车道高速公路

黄（龙）渭（南）联络线渭（南）蒲（城）高速公路，全长54.60公里，双向四车道，2010年11月9日建成通车

G22青兰线陕西段全长192.18公里，双向四车道，2010年11月10日全线建成通车，标志陕西高速公路建成通车里程突破3000公里

G30连霍线潼（关）西（安）高速公路扩能改造一期工程——潼关至临潼段，全长116.26公里，双向八车道，2010年11月30日建成通车

G7011十天线安（康）汉（中）高速公路，全长188.69公里，双向四车道，2010年12月26日建成通车

G40沪陕线西（安）商（州）高速公路二通道，全长122.88公里，2012年8月14日建成通车，为穿越秦岭山区六车道高速公路

108国道陕西段全长747公里，全部达到等级公路技术标准。图为1997年2月改建的洋县境二级公路路段

210国道陕西段全长1197公里，全部达到三级以上公路技术标准。图为2003年12月石泉境二级公路

316国道陕西段全长520.99公里，全部达到三级以上公路技术标准。图为2009年4月西乡境二级公路

107省道（关中环线）全长412.39公里，其中一级公路占60%以上，于2008年12月全线建成通车。图为2010年5月户县境路段

210省道全长226.44公里，全线达到三级以上公路技术标准，其中二级里程占53.48%。图为2007年4月凤翔境路段

212省道陇凤线全长210.15公里，全线达到二级公路技术标准。图为1997年3月改建后的秦岭盘山路段

2001年11月改建后的榆林市榆（林）乌（内蒙古乌审旗）公路，榆林境全长47.70公里，三级公路技术标准

2007年10月安康平（利）镇（坪）公路

2008年10月建成的延安至南泥湾红色旅游公路

沿黄公路全长968公里，实行统一规划，分段实施。图为2010年7月沿黄公路合阳境路段

2006年5月西安市未央区农村公路

2006年5月汉中市汉台区通村水泥路

2007年4月华县下庙镇惠家村通村水泥路

2007年7月岚皋县通村水泥路

2009年5月户县庞光镇焦东村通村水泥路

2009年9月府谷县孤山高庄则通村水泥路

2010年8月彬县寺家庄通村油路

2010年11月铜川市耀州区通村油路与客运班车

榆林佳（县）临（山西临县）黄河公路大桥，全长782.83米，1996年6月27日建成通车

延安王家坪大桥，全长204.76米，1998年9月28日建成通车

G65包茂线黄（陵）延（安）高速公路洛河特大桥，全长1056米，最大墩高143.50米，2006年9月30日建成通车。左上图为“亚洲第一高墩”碑石

G5京昆线西（安）禹（门口）高速公路芝川大桥，全长3039.84米，2005年11月27日建成通车

定（边）汉（中）高速公路五里坡特大桥，全长1238米，最大墩高153米，2011年11月8日建成通车

G40沪陕线西（安）商（州）高速公路二通道玉山高架特大桥，全长3000.50米，2012年8月14日建成通车

G65包茂线铜（川）黄（陵）高速公路铜川川口互通式立交桥，2001年4月29日建成通车

G5京昆线西（安）汉（中）高速公路城固上元观互通式立交桥，2006年11月21日建成通车

西安咸阳国际机场专用高速公路朱宏路互通式立交桥，2009年7月8日建成通车

G65包茂线西（安）铜（川）高速公路二通道西安吕小寨互通式立交桥，2011年12月8日建成通车

G7011十天线汉中西高速公路茶店互通式立交桥，2011年12月8日建成通车。图为建设中场景

榆商线榆（林）绥（德）高速公路绥德史家湾互通式立交桥，2012年9月29日建成通车

210国道延安湫沿山公路隧道，全长235米，1997年7月建成通车

312国道蓝（田）小（商塬）段牧护关隧道，全长1670米，1999年6月建成通车

G65包茂线秦岭终南山公路隧道，双洞全长36.04公里，2007年1月20日建成通车，隧道总长度居世界公路隧道第一位。左、右上角图为隧道内情形

G40沪陕线商（州）界（牌）高速公路娘娘庙隧道，双洞六车道，2008年10月26日建成通车

G65包茂线小（河）（安）康高速公路包家山隧道，双洞全长22.42公里，2009年5月28日建成通车

定（边）汉（中）线宝鸡至陕甘界二郎山公路隧道，双洞全长3046米，2010年11月25日建成通车

2002年8月，108国道秦岭段大修工程水泥冷再生基层施工

2006年7月，316国道勉县段水泥路面大修施工

2009年7月，G5京昆线西（安）汉（中）高速公路秦岭隧道机械养护

2010年6月，铜川市烈店公路沥青路面铺筑

2010年6月，G3001西安绕城高速公路路面大修工程施工

2010年7月，210国道宁陕段水毁抢险修复工程施工

2010年11月，石泉县农村公路养护队员进行池河镇五艾村水泥路清扫作业

2008年5月，在G5京昆线西（安）汉（中）高速公路上运行的西安至四川绵阳客运班车

2008年12月1日开通的宝鸡至西安双层客运班车

2009年7月2日，白水县通村客运班车及招呼站

2009年7月，定边至西安客运班车在运行途中

2008年“5·12”汶川特大地震发生后，汉中市出租汽车行业自愿组织救援车队，免费接送川籍旅客返乡抗震抢险救灾

2010年，延安市城区公交营运线路26条，营运车辆321辆。图为在市区运营的16路公共汽车

2010年，商洛市城区公交营运线路6条，营运车辆62辆。图为在市区运营的11路公共汽车

2010年，西安市城区公交营运线路232条，营运车辆7107辆。图为行驶在钟楼盘道的603路双层公共汽车

2006年5月，行驶在G3001西安绕城高速公路上的集装箱货运汽车

2009年10月，大荔县农村物流配送车辆向经营网点进行农资配送

2010年6月11日，通过榆林市区过境公路的煤炭运输车辆

2010年10月，G30连霍线潼（关）西（安）高速公路上的货运汽车

2006年8月建成投入运营的汉中高速客运站

2007年12月建成投入使用的铜川市陈炉四级客运站

全省道路货运站场与物流中心（园区）加速建设。图为2008年5月12日运营中的西安贝斯特物流中心

2009年9月20日，宝鸡客运中心站建成投入运营。图为客运站候车大厅一角。左上图为客运站大楼外观

公路勘察设计广泛应用卫星遥感和航测图像分析技术。图为1999年3月G5京昆线西（安）汉（中）高速公路勘察设计应用卫星遥感图进行秦岭隧道群路线选线

2009年3月22日，中国工程院院士王梦恕在G65包茂线小（河）（安）康高速公路包家山隧道施工现场，与工程技术人员研究隧道涌水治理方案

公路建设广泛应用新技术、新工艺、新设备和新材料，施工效率与工程质量大幅提高。图为2009年7月G70福银线咸（阳）永（寿）高速公路SMA路面试验段铺筑施工

G65包茂线秦岭终南山公路隧道监控中心2007年1月建成投入使用，实现对隧道运行及过往车辆安全24小时不间断监控

交通门户网站为公众提供交通运输和出行服务。图为2007年9月2日第3次改版后的陕西省交通厅门户网站首页局部

不停车电子收费（ETC）系统为车辆快速通过公路收费站提供便利。图为2009年7月西安咸阳国际机场专用高速公路不停车电子收费专用车道

高速公路与重点干线公路设立可变情报板，为旅客和驾驶人员提供路况、安全提示等信息服务。图为2012年12月G30连霍线西（安）宝（鸡）高速公路可变情报板

2007年3月，陕西省高速公路建设集团公司在高速公路收费站开展“微笑在红亭 满意在高速”活动，创建文明服务窗口

2008年1月，全省公路交通职工奋力投入清雪除冰，保障公路交通安全畅通

2008年“5·12”汶川特大地震发生后，全省公路交通系统全力投入抗震救灾保畅。图为公路交通职工在G5京昆线西（安）汉（中）高速公路值守，确保公路畅通无阻

2008年6月，210国道金锁关超限检测站对运煤车辆进行装载质量检测。左上图为检测视频

2008年6月25日，全省道路运输系统开展“情满车厢 舒心旅途”文明服务活动。图为西（安）汉（中）高速客运班线运营服务

西安市城市公交志愿者开展“乘车跟我排”活动，倡导市民文明乘车。图为2008年7月1日志愿者在215路公交线西门站引导乘客有序排队上车

2008年10月10日，陕西省交通建设集团公司西安绕城分公司青年志愿者为过往驾乘人员提供便民服务

2010年7月，高速公路路政管理人员在G30连霍线潼（关）西（安）改扩建施工路段进行交通疏导，保障施工作业与交通畅通

2010年8月改建后的G65包茂线西延高速黄陵服务区。右上图为服务区餐厅一角；左下图为服务区购物超市

2002年“6·8”特大洪灾发生后，全省上万名公路交通职工奋力投入108、210国道抗洪抢险救灾。图为公路交通突击队在108国道佛坪段突击抢修便道

全省广大农民群众积极参与通村油（水泥）路建设。图为2006年8月旬阳县农民进行通村水泥路基层施工

公路文化展现公路交通人文魅力。图为2007年在G5京昆线西（安）汉（中）高速公路秦岭服务区建成的大型雕塑群《华夏龙脉》

2008年1月9日，陕西省交通厅在西安举行颁奖盛典，表彰全省交通系统2007年感动交通十大人物。图为感动交通人物受奖

2008年6月12日，陕西交通抗震救灾突击队荣获中华全国总工会授予“工人先锋号”荣誉称号

2008年6月28日，陕西省交通厅代表全国交通运输行业组团，参加由中央宣传部、中央文明办、国家广电总局、国家体育总局和北京奥组委共同主办的全国“迎奥运 讲文明 树新风礼仪知识电视竞赛”，并获铜奖。图为代表队在比赛现场合影

2008年，全省掀起高速公路新一轮加快建设高潮。图为11月17日西乡泾洋河工地G7011十天线安康至汉中高速公路建设动员大会现场

2009年3月12日，陕西省交通运输厅公开发行《我们一直在路上》交通音乐专辑。图为首发式

2009年5月1日，陕西省交通运输厅在G5京昆线西（安）汉（中）高速公路宁陕服务区启动“扮靓‘温馨驿站’高速义工在行动”活动。图为活动启动仪式

2009年9月4日晚，陕西交通职工合唱团代表陕西省在中央电视台《放歌中华》"爱国歌曲大家唱"展演中表演合唱红色歌曲《东方红》

2009年9月9日，在G7011十天线安康西高速公路明垭子隧道进行掘进施工的民工

2009年10月，进行G65包茂线铜（川）黄（陵）高速公路二通道路线勘测设计的工程技术人员

2010年，西（安）汉（中）高速客运班线员工

全省高速公路建设持续开展劳动竞赛活动。图为2010年8月5日G40沪陕线西（安）商（州）高速公路二通道灞塬互通式立交加快施工场面

2012年9月29日，陕西省政府在绥德举行全省高速公路突破4000公里暨榆（林）绥（德）高速公路建成通车仪式。图为通车仪式活动现场

在全省年度创佳评差竞赛活动中，陕西省交通厅连续14年获最佳单位荣誉，受到中共陕西省委、省政府表彰。图为2007年度获最佳单位奖牌

2009年4月，陕西省交通运输厅荣获中华全国总工会授予的全国五一劳动奖状荣誉称号

2010年，陕西省交通运输厅荣获2008—2009年度全国交通运输文明行业荣誉称号，受到交通运输部表彰

2010年，陕西省交通运输厅连续四年荣获省级机关年度目标责任考核优秀单位荣誉，受到中共陕西省委、省政府表彰

陕西省1991—2010年公路总里程图示　　　　（单位：公里）

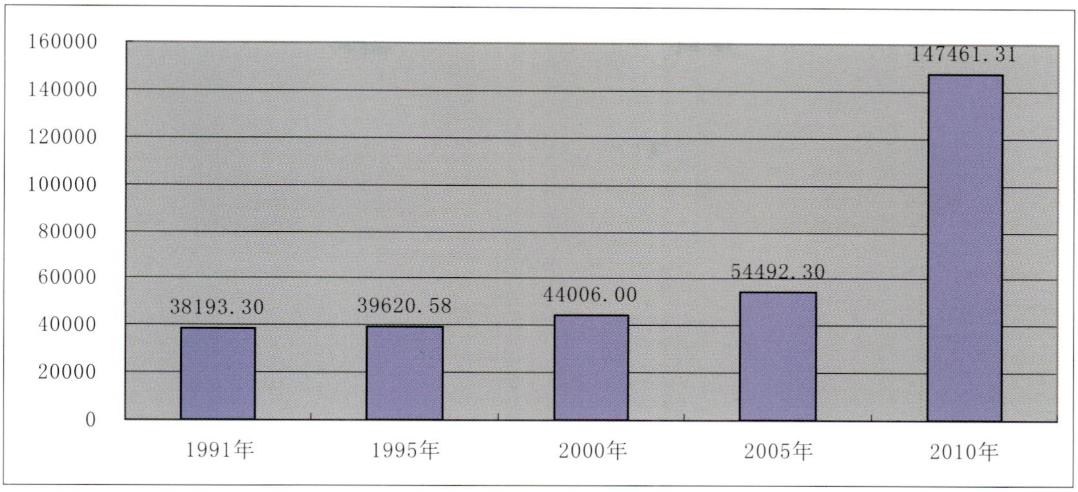

陕西省1991—2010年公路密度图示

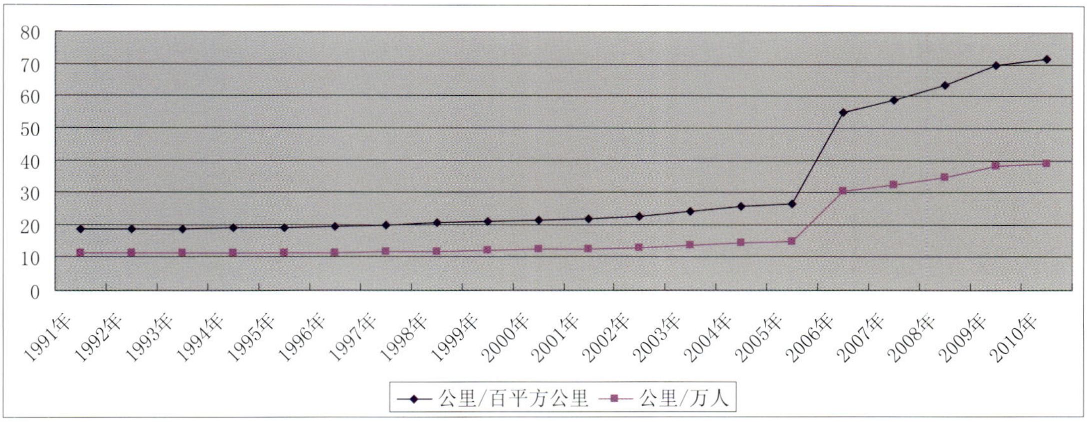

陕西省各设区市2010年公路密度图示

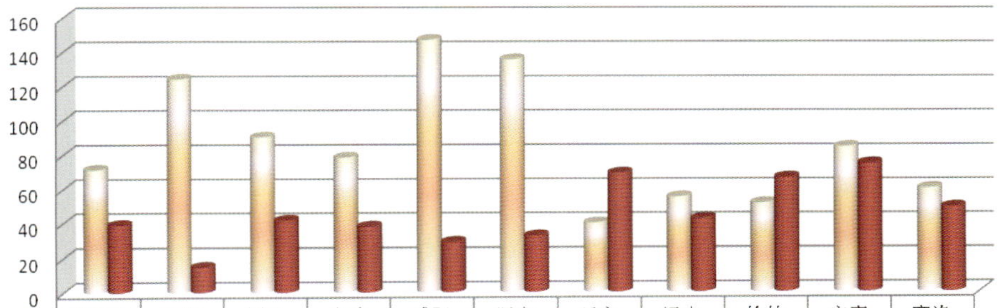

	陕西省	西安	铜川	宝鸡	咸阳	渭南	延安	汉中	榆林	安康	商洛
公里/百平方公里	71.66	124.41	90.69	78.74	147.19	135.84	40.32	55.54	51.94	84.89	60.61
公里/万人	39.09	14.91	41.85	38.2	29.19	32.62	69.36	42.76	66.84	75.07	49.57

陕西省2010年公路技术等级构成图示

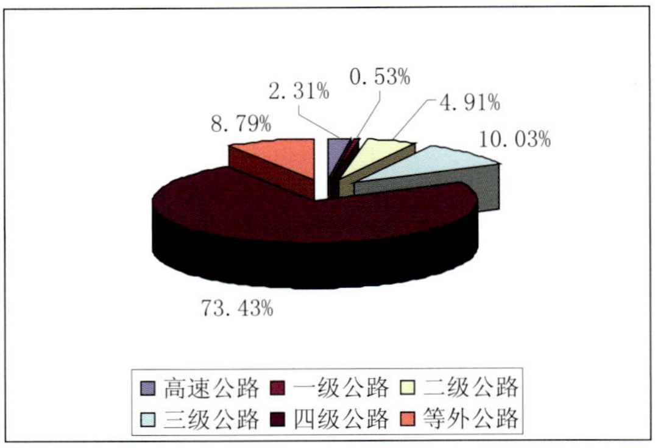

陕西省2010年公路行政等级构成图示

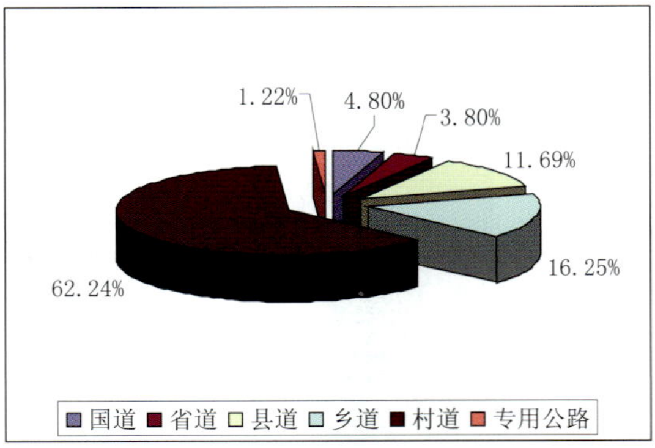

陕西省1991—2010年公路建设完成投资额图示 （单位：万元）

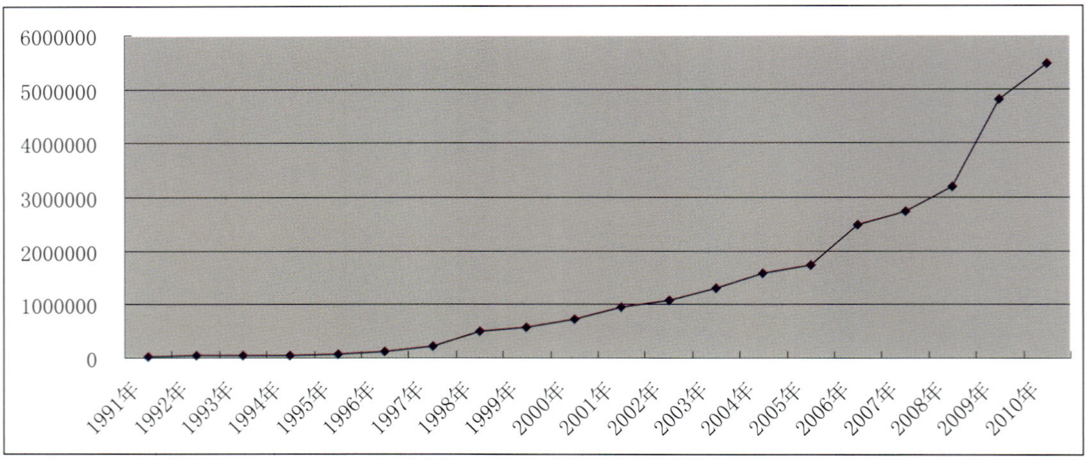

陕西省1991—2010年道路旅客运输量图示

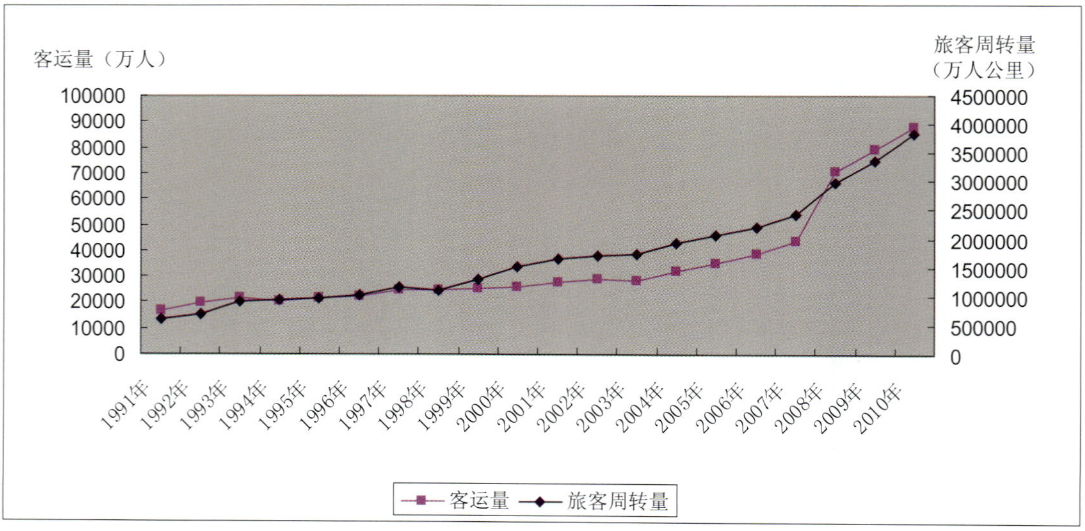

陕西省1991—2010年道路货物运输量图示

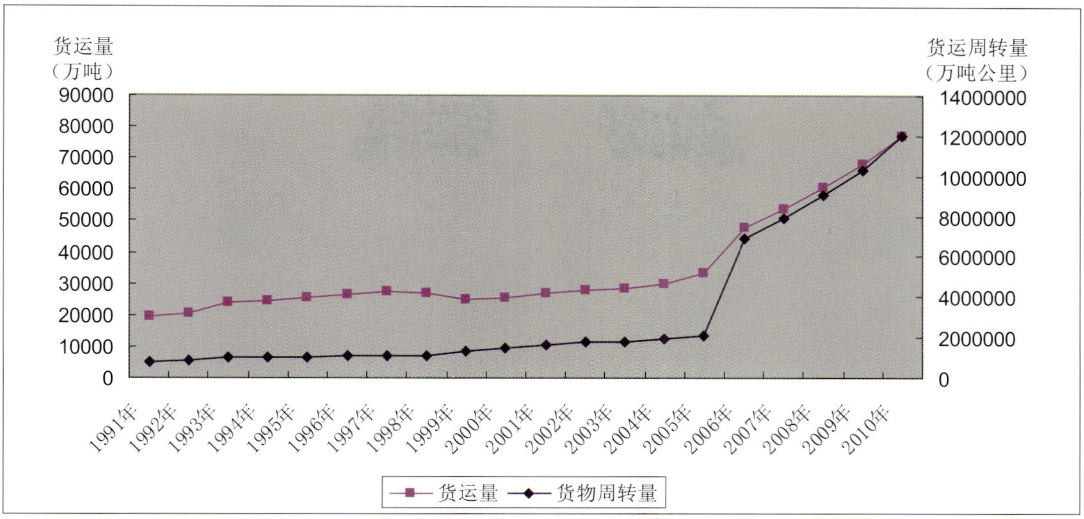

陕西省2010年道路客、货运输量占全省全社会客、货运输量比重图示

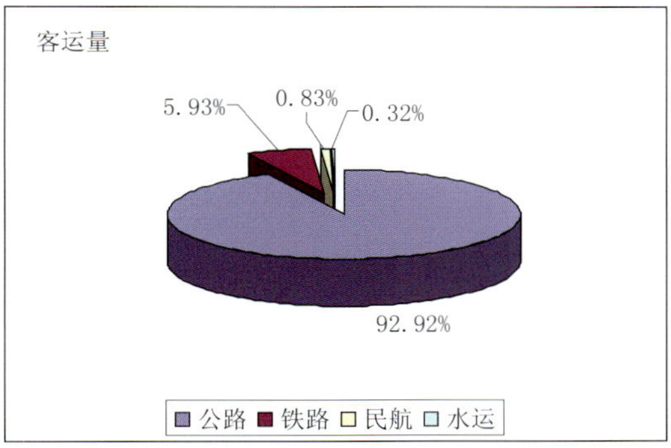

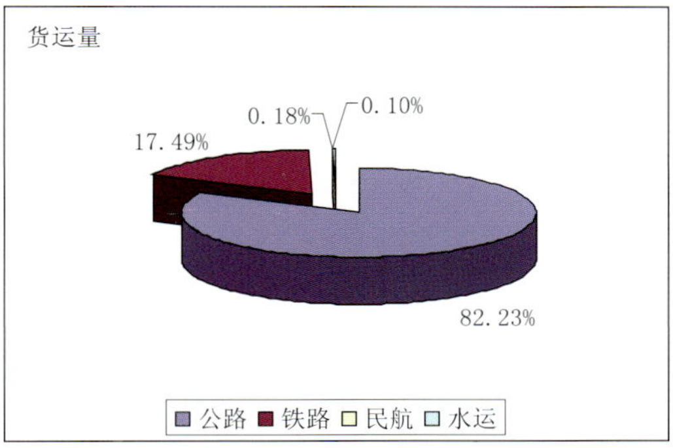

陕西省1991—2010年民用汽车拥有量图示　　（单位：辆）

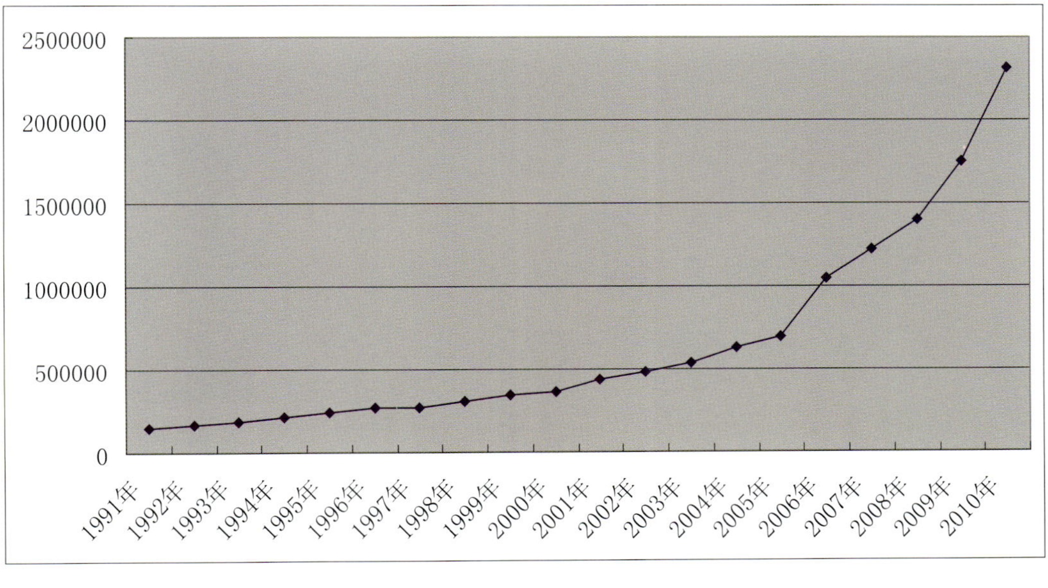

2013年7月15日，陕西省交通运输厅在西安召开《陕西省志·公路志》二审工作布置会

2013年12月27日，陕西省地方志办公室主持在西安召开《陕西省志·公路志》（1991–2010年）终审会，通过志稿终审

《陕西省志·公路志》（1991–2010年）全体编纂人员合影

序

《陕西省志·公路志》是记述新时期陕西公路交通的一部专业志。在省交通运输厅领导和省地方志办公室指导下，历时10年，数易其稿，终于出版发行。这是全省新一轮地方志续修工作一个重要成果，也是公路交通文化建设一项重要成就。

盛世修志，功于当代，利在千秋。20世纪80年代首轮编修《陕西省志·公路志》，记述陕西古代道路交通和近代以来公路交通的变迁；本《陕西省志·公路志》续修，记述1991—2010近20年陕西公路交通的变化。全志从规划设计、公路建设、公路养护、道路运输、科技教育、公路企业、公路资金、行业管理、公路文化与人物等方面，全面、客观、翔实地记述了这一时期公路交通的改革发展及其作用和贡献，为了解陕西公路交通发展历程，研究发展规律，总结经验教训，提供了比较系统完整的史料，是反映全省公路交通情况的重要文献。

公路交通是一个地区、民族和国家经济社会运行与发展的基础条件，是联系社会成员与社会分工的重要服务业。对于地处西部内陆的陕西而言，公路交通是主要运输方式之一，在综合运输中居于基础和主导地位。从人民群众生产生活到经济社会发展，无不依赖于路网联络和运输承载；而且愈是生产力发展、开放范围扩大、社会分工细化、市场融合加深、文明水准提高和生活水平提升，对公路交通的依赖愈强，对其保障服务水平的要求愈高。这正是公路交通不断发展的动力源泉，也是一代代公路交通工作者的使命所系、责任所在。

受不同时期经济、政治、军事、科技与地理诸条件影响，居于中国地理版图中心的三秦大地，成为古代道路交通和近、现代公路交通探索、创新的一方沃土。历史上，前人在这里创造了灿烂的古代道路交通文明，使陕西居东方道路交通中心达千年之久。中华人民共和国成立以至改革开放初期，经过广大人民群众和交通工作者努力奋斗，初步建立起国、省干线公路为骨架，县乡公路为支线，国有运输经济相支撑的公路交通体系。近20年，在省委、省政府正确领导和全社会的大力支持下，全省公路交通系统紧抓国家扶持发展公路交通的重大战略机遇期，秉持兴陕富民强省的目标，锐意开拓奋进，努力探索社会主义市场经济条件下公路交通加快发展的路径，开创了发展现代公路交通的宏图大业。

在改革开放初期发展的基础上，20世纪90年代初、中期，全省以“米”

字形公路主干线建设和扩大开放道路运输为重点，坚持重视和优先发展；90年代后期至“十五”后期，以“米”字形主骨架高速公路建设为重点，带动农村公路改善和道路运输结构调整，坚持加强和提速发展；“十五”末到“十一五”时期，以高速公路建设为龙头，干线公路改造与通村油（水泥）路建设为两个重点，坚持持续加快发展，实施跨越式发展，走出超常规发展现代公路交通的道路。全省公路交通规模、布局、结构根本改善，保障能力、服务水平显著提高，公路交通瓶颈制约得到明显缓解。以高速公路为主骨架，国、省干线公路为次骨架，农村公路为支脉的公路交通运输网络，纵横城乡、通达周边、连接区域，并联结其他运输方式，结束广大城乡长期以来无路可走、有路难行的历史，真正实现人便于行、货畅其流，惠及社会各方，便利人民群众。公路交通运输亦从传统交通迈向现代交通，由管理型交通转向服务型交通，使陕西成为中国西部重要的公路交通枢纽，并为西部大开发和富民强省发挥基础性、先导性、保障性作用。

公路交通发展是开拓和创造历史，续修公路志则是记录和传承历史。综观近20年全省公路交通的演变，是不断适应新需求，破解新难题，探寻新路径，致力新发展的过程，在公路交通史上书写了不凡的篇章，彰显了创新发展、拼搏奉献的时代风貌。将公路交通这一生动丰富的实践加以记述和展现，使之得以记载和传承，无疑具有继往开来、鉴史启今的意义。

续修《陕西省志·公路志》启动以来，省交通史志编纂委员会统筹协调，认真组织；全体编修人员以对历史负责的态度，秉笔直书，精心编纂；全省交通运输系统积极配合，大力支持，方使这部140余万字的专业志如期付梓并与读者见面。全志以丰富的内容，翔实的资料，朴实的文字，全景式地展现了20年公路交通发展的地域特色和时代特色，体现了思想性、资料性与科学性的统一，可喜可贺！

希望这部专业志的出版发行，能够进一步促进对全省公路交通发展史料的开发、研究与利用，使其蕴含的宝贵资料价值得以诠释，充分发挥志书经世致用、资政存史的作用，更好地服务现代公路交通的发展。

是为序。

冯西宁

2014年12月26日

（作者为陕西省交通运输厅厅长、党组书记，陕西省交通史志编纂委员会主任）

凡　例

一、以马克思主义的辩证唯物主义和历史唯物主义观点为指导，客观、翔实地记述陕西公路交通发展历程。

二、记述断限，上限为1991年，下限为2010年。根据各篇章内容，为记述完整，部分章节适当上溯或下延。高速公路建设及其重大事件记述至2012年年底。

三、采用述、志、记、传、图、表、录、索引等体裁，以志为主。

四、记述采用章节体，横排门类、纵述始末。篇、章、节、目层层相辖，目用一、二、三……标示；子目用（一）（二）（三）……标示。

五、编写资料力求去粗取精，去伪存真，准确完整，翔实可靠。重要史实、数据和选用的文献资料，均标明出处，以备查考。

六、高速公路建设记述，按先国家高速公路、后省级高速公路及其首条路段开工建设时间排序。

七、记述的干线公路，包括除国家高速公路、省级高速公路以外的国道和省道。其中国道包括经陕西省境的G108、G210、G211、G307、G309、G310、G312、G316等8条国家干线公路。

八、记述的地名、机构名，均采用当时称谓。机构名首次出现时用全称，并括注简称，再次出现时用简称。人名一般不冠褒贬。涉及领导人员职务，初见时用全称，连用时酌情简称。高速公路建设项目自公路建设篇起用简称。

九、入志人物按传、录、表形式分类记述。记述事件时，以事系人，人随事出。事件涉及多个领导人的只列主要领导人。干部、群众中涌现的先进人物及特殊贡献者，亦收录记载。

十、大事记采用编年体，兼用纪事本末体。

十一、插图、列表按篇、章序号统一排序，如：图1-2-3，即第一篇第二章第3张插图等。

十二、除引文外，一律使用语体文、记述体。力求语言简洁，文风朴实，述而不论，寓褒贬于事物记述之中。

十三、使用国家公布的标准简化字。标点符号按国家标准GB/T15834-2011《标点符号用法》执行。

十四、行文严格遵守《陕西省第二轮三级志书行文规范》。

凡例

目　录

第三篇 公路养护

第四篇 道路运输

第六篇 资 金

第七篇 公路与运输企业

第八篇 行业管理

第九篇 公路文化

第十篇　人　物

概　述

陕西省（简称陕西）居中国地理版图中心，处东西结合部，属西部内陆地区，公路交通是主要运输方式之一。

陕西公路交通，连接全省广大城镇和乡村，沟通关中、陕北和陕南三大区域，辐射毗邻的河南、山西、内蒙古、宁夏、甘肃、四川、重庆、湖北等省（自治区、直辖市），联结铁路、民航、水运等运输方式，并且承担中国东、西部之间的过境交通，既居全省经济社会发展的基础和支柱地位，又具中国重要交通枢纽的功能和作用。

自民国初年起步，中华人民共和国成立后大力建设，特别是改革开放初期积极发展，至20世纪80年代末，全省初步建立起以国、省干线公路为骨架，县乡公路为支线，全民、集体道路运输经济相支撑的公路交通体系，为经济社会发展做出重要贡献。但全省公路总体数量少，规模小，标准低，道路运输结构不合理，供给能力不强，服务水平不高，出行难与运货难并存，成为制约经济社会发展的瓶颈。

适应改革开放深入和经济社会加快发展的新要求，1991—2010年期间，陕西公路交通进入投资最多、发展最快、变化最大、成效最显著的新时期。经过1991—1997年重视和优先发展，1998—2004年加强和提速发展，2005—2010年加快和跨越式发展，全省建立起以高速公路为主骨架、干线公路为次骨架、农村公路为支脉的公路网络，以道路客运、货运与运输服务业构成的多层次道路运输网络，形成覆盖城乡、辐射周边、贯连区域、通达江海的公路交通系统，实现公路交通由封闭型向开放型、传统型向现代型、管理型向服务型转变的历史性突破，基本适应全省经济社会加快发展与人民生活水平不断提高的要求。全省公路交通加快迈进了现代化的发展轨道。

一

公路是全省经济社会发展的重要条件，也是公路交通发展的重要基础。破解陕西公路交通瓶颈制约，建设规模适度、布局完善、技术先进、安全便捷的公路网络，成为1991—2010年公路交通发展的中心任务。贯彻国家重视和优先发展交通的方针政策，紧抓以公路等基础设施建设为重点的历次重大机遇，全省努力推进公路发展。各时期交通需求、基础条件、体制环境和投资规模等不同，公路建设重点和发展水平亦不同，总体公路数量由少到多，标准由低到高，布局由不完善向基本完善，结构由不合理向基本合理加快发展。

高速公路是公路交通现代化的重要设施和标志，也是全省各个时期公路建设的主要任务。在西临高速公路于中西部率先起步建设的基础上，实施国道主干线系统高等级公路建设规划，分轻重缓急，先期建设关中地区高速公路。1999年起，适应西部大开发要求，实施高速公路主骨架发展规划，以国道主干线系统和西部开发省际通道高速公路建设为主。在建设关中地区高速公路的同时，推进高速公路向陕北、陕南地区伸展。2005年，中共陕西省委、省政府做出加快高速公路建设决策，召开全省加快高速公路建设会议，提出新的建设目标。省交通厅确立以高速公路建设为龙头，实施“三步走”发展战略，编制、调整并完善形成“2367”高速公路网规划，实行关中加密，陕北、陕南扩展，推进持续加快发展。高速公路相继突破1 000公里、2 000公里、3 000公里。2011年，面临货币政策从紧等建设环境趋紧的新情况，省政府颁布加快公路建设决定，高速公路保持加快建设势头。2012年年底，全省高速公路建成通车里程突破4 000公里。

从包茂高速公路三铜段建设起，至连霍高速公路西宝改扩建西安至兴平段建成，前后历时22年，全省共建成高速公路4 067公里，年均建成184.86公里。其中2005—2012年建成3 107公里，年均建成388.38公里。省境内国家高速公路除十（堰）天（水）线略阳段30余公里尚在建设外，其他国家高速公路全部建成，并带动省级高速公路起步建设。高速公路通达全省三大经济区、11个市（区）、88个县（市、区），并与周边省（自治区、直辖市）高速公路对接，形成南北纵跨、东西横贯与交叉辐射相结合的高速公路骨架系统，显著优化公路网络布局和等级结构，有效提升陕西公路交通枢纽地位，强化服务保障水平，成为陕西公路交通现代化的重要标志。榆（林）靖（边）高速公路为国内最早建成的沙漠地区高速公路；西安咸阳国际机场专用高速公路，为国内采用引进技术首次全线铺筑排水性路面的高速公路，并为西部首条八车道高速公路。全省高速公路通车里程居全国第十位、西部第二位。

干线公路与沿线经济社会发展和人民群众生产、生活关系密切。在国家贷款修路、收费还贷政策鼓励下，公路交通系统与地方政府多方筹资，以发展二级公路为重点，采用专业队伍修建、专业队伍与群众投工投劳结合修建等方式，形成长达十多年的干线公路改建热潮。“十一五”时期，将干线公路改造作为公路建设重点之一，结合实施安保工程、危桥险路整治工程，继续加强干线重点路段改建提高，并适当安排新建线路。按照全省干线公路网规划和次骨架公路规划，干线公路改建提高，重点对交通量大路段、城镇过境路段、山区危险路段、等外公路和三、四级公路，进行升等改造，整治危桥、病隧，完善桥涵与防护排水设施，着力提高路线技术等级，增强通行能力、抗灾能力和服务水平。新建连接渭南、西安、咸阳、宝鸡4市、13县（市、区）的关中公路环线。经过20年改造、改建和适当新建，干线里程略有增加，等级结构显著优化，路容、路貌根本改观，通行能力全面提升。全省干线公路9 278.99（不含省级高速公路）公里，除28.50公里为等外公路外，其他均为等级公路；等级公路里程占干线公路里程99.69%，其中，一级公路617.88公里，二级公路4 742.45公里，分别占干线公路等级里程6.66%、51.11%；有铺装路面里程9 207.58万公里，占干线公路里程99.23%。

农村公路作为全省公路网的支脉系统，是农村繁荣、农业进步和农民发展的重要公共基础设施。受城乡二元结构和长期投入严重不足等影响，农村公路原有基础差、欠账多，无路可走与有路难行并存，制约农村脱贫致富奔小康。“要得富，先修路”，成为广大农村干部、群众的共同期愿。贯彻中共中央、国务院关于解决“三农”（农村、农业、农民）问题，改善农村公共服务，推进社会主义新农村建设等方针，在加快高速公路建设、干线公路改建同时，各地逐步重视、加强和加快农村公路发展。先期以实施县乡公路新、改建，贫困县出口公路修建为主。1995—1996年，省政府召开全省农村公路建设会议，颁布农村公路发展纲要，实施农村“三通”（通电、通邮、通路）工程，加速农村公路普及。2001—2005年，编制全省农村公路规划，实施通县油路、县际公路改造，重点乡公路修建和农村通达工程，推进重点农村公路普及提高。2006年，省政府要求把农村公路建设作为支持新农村建设的德政工程、民生工程抓紧抓好。交通部确定陕西为农村公路建设试点省，并与陕西省政府签订落实中央1号文件农村公路建设任务共建协议。省交通厅将通村油（水泥）路建设作为全省公路建设两个重点之一，全面实施农村通畅工程，带动县公路油路新、改建和乡乡通油路，推进农村公路全面普及提高。按照全省农村公路发展规划，各级政府加大投资支持，实行“群众打底子，政府铺面子”政策，激发广大干部群众修路热情，形成前所未有的农村公路建设高潮。“十一五”时期累计新、改建通村油（水泥）路7万余公里，使2.40万个建制村通油（水泥）路。

农村公路建设显著改变全省农村出行条件，并加速全省公路网络扩大和完善。全省农村公路总里程达到13.30万公里，占全省公路总里程的90.18%；其中县乡公路4.12万公里，通村公路9.18万公里，分别占全省农村公路总里程的30.98%、69.02%。全省99.94%的乡镇通公路并通了油（水泥）路。所有具备条件的建制村通公路，其中83.70%的建制村通油（水泥）路，成为全省新农村建设的一大亮点。交通运输部向全国推广陕西农村公路建设、养护、管理经验。

公路桥梁、隧道是公路重要组成部分，其建设水平反映公路交通发展综合能力。公路建设标准不断提高，特别是黄土高原、秦巴山区高速公路跨越山岭、沟壑与江河，加速全省不同类型桥梁、不同结构形式隧道建设，建成一批高墩、大跨径桥梁和超长、特长隧道。高速公路形成多处桥梁群、隧道群或桥隧相接路段。

全省20年共新建公路桥梁1.44万座、107.20万米。其中特大桥77座、13.59万米；大桥2 370座、60.66万米。黄（陵）延（安）高速公路洛河特大桥桥高152.50米，有“亚洲第一高墩”之誉；西（安）禹（门口）高速公路徐水沟特大桥单孔最大跨径200米，有“西北第一跨” 之称；定（边）汉（中）高速公路五里坡连续刚构特大桥、在建的咸（阳）旬（邑）高速公路三水河特大桥，将最大桥高分别提至172米、191.50米。西安咸阳国际机场专用高速公路朱宏路互通式立交，为西北地区规模最大、等级最高的互通式立交。

全省20年共建成公路隧道684座、48.94万米。其中特长隧道29座、15.90万米；长隧道104座、15.86万米。包（头）茂（名）高速公路秦岭终南山公路隧道，单洞全长18.02公里，双洞规模居世界公路隧道第一位；包家山公路隧道单洞长11.20公里，紫阳公路隧道单洞长7.93公里，长度分别居亚洲建成公路隧道第四和第五位。秦岭终南山公路隧道通风竖井，时为世界直径最大的公路隧道通风竖井。神（木）府（谷）高速公路永兴隧道，为全国首座大跨度双向六车道分离式黄土隧道，亦为开挖跨度和断面最大的湿陷性黄土隧道。

大规模、高标准的公路建设，加速公路勘察设计、施工技术进步和创新。公路勘察设计贯彻各时期公路设计标准与规范，树立安全、环保、舒适、和谐等新理念，采用3S技术、计算机路线软件设计等新技术、新方法，缩短设计周期，提高设计质量，适应公路不断加快建设的需要。湿陷性黄土路基、膨胀土路基、沙漠路基施工，形成成套规范和技术，保证特殊地质条件下高速公路建设进度与质量。沥青混凝土路面、沥青玛瑞脂碎石路面、排水性路面、彩色路面、融雪及防滑路面等技术应用，丰富公路路面结构，提高行车安全性与舒适性。桥梁墩台无支架爬模施工法、转体施工法，隧道开挖的新奥法、地质雷达超前预报和光面爆破法等技术、工艺广泛应用，显著提高桥梁、隧道施工效率和质量。改性沥青、橡胶沥青等新材料推广应用，提高路面使用质量和使用寿命。公路施工机械更新换代，高速、干线公路施工实现机械化，农村公路机械施工水平明显提高。

至2010年年底，全省公路总里程达到14.75万公里，平均每百平方公里拥有公路71.66公里，每万人拥有公路39.09公里。公路总里程中，等级公路里程13.45万公里，占91.21%，其中二级以上公路里程1.14万公里，占等级公路里程8.48%；有铺装和简易铺装路面里程9.89万公里，占67.05%。全省公路桥梁共1.91万座、123.21万米，其中特大桥93座、14.89万米，大桥2 620 座、64.30万米；公路隧道共714座、4.93万米，其中特长隧道和长隧道全部为1996年以后新建。全省公路网络，突破原以西安为中心“米”字形格局，形成纵、横线与环线相交汇，高速公路与干线公路、农村公路相贯连的比较完善的网络系统。公路总里程、等级公路里程及每百平方公里公路密度，分别居全国第十五位、第十二位和第十八位。

二

公路养护是确保公路服务水平，实现公路预期使用寿命和功能，保持公路交通可持续发展的重要环节。受观念、投资、体制与运行机制等影响，公路养护较长时期处于薄弱地位。随着全省公路里程增加，标准提高，交通量持续增长，特别是社会对公路出行服务要求提高，公路养护逐步得到改善、加强和强化，实现由部分养护到全面养护，由被动养护到主动养护，由指令性养护到招标养护，由传统养护到科学养护的重大变化。

1991—2000年，以缓解公路通行能力低为主要任务，实行重点养护，加强应急性养护。此期以干线公路和列养县乡公路养护为主，高等级公路养护起步，未列养县乡公路和村道主要通过组织群众进行季节性养护或农闲普修。养护工程重点改善交通量大而路线等级或技术指标偏低路线、路段。先后实施主要干线特坏路段治理、西包公路整治，实施干线公路GBM工程，开展文明样板路创建活动，持续开展公路养护“好路杯”竞赛。

2001—2004年，以努力满足公路交通量增长需求，缓解公路通行紧张状况为主要任务，改善公路养护，推进预防性养护。高速公路养护发展，养护作业加速机械化。干线公路养护，重点实施危桥、险路整治和安保工程。推进机械化大道班养护。农村公路在列养县乡公路基础上，加强未列养乡道养护和农村通达工程建成公路日常维护。

2005—2010年，以全面提升公路路况质量，打造一流公路服务为目标，推进全面养护，加强主动养护。通过干线公路养护管理机制、农村公路养护管理体制改革，实现有路必养。加强日常养护与危桥险路治理、公路安保工程、公路地质灾害防治、公铁立交及并行路段安全隐患整治、养护管理示范达标路创建等相结合，大打公路养护翻身仗，全面整治路面，改善路况，完善设施，规范标志，美化环境。“十一五”时期全省总计整治干线公路危桥578座，隧道6座，既有危桥、病隧整治基本完成；治理干线公路灾害路段500余公里，整治有安全隐患路段5 000余公里，并用三年时间建成养护管理示范达标路4 550公里。全省公路抗灾能力增强，桥梁总体技术状况显著改善，安全通行能力提高。全国公路养护管理检查，陕西高速公路和干线公路养护管理综合排名列全国第七位，省（自治区）第五位。

抢险、救灾、保畅，是公路养护管理服务社会和民生的重要任务之一。暴雨、洪水、冰雪、泥石流与地震等，是陕西公路主要自然灾害。20年期间，每年都有程度不同的公路灾害发生。尤其1991年、1994年、1996年、1998年、2002年、2003年、2007年、2010年等年份重大公路水毁灾害，使全省公路遭受重大损失，给灾区抢险救灾带来严重影响。按照加强公路应急抢险和保畅的要求，公路交通系统加强防汛抢险与紧急反应能力建设。在重大公路灾害发生时，快速反应，紧急动员，迅速行动，全力投入抢险救灾和公路保畅。特别是2002年“6・8”抗洪抢险救灾，集全系统抢险力量，精心组织，顽强奋战，迅速打通佛坪、宁陕、柞水等重灾区对外公路通道，有力保障了灾区抢险救灾和恢复重建，并且做到当年水毁、当年修复，为公路水毁抢险修复提供了经验。

陕西公路绿化，由历史上“列树以表道”发端，随公路兴起和发展而演变，成为公路养护和建设重要内容之一。特别是这一时期建设生态、环保公路理念的确立，GBM工程、文明样板路建设、公路绿色通道建设、养护管理示范达标路创建、新农村绿色家园建设等工程的实施，推进公路绿化功能拓展、方式转变、水平提高。2010年年底，全省公路绿化里程3.53万公里，占全省公路总里程23.93%，成一道随路线而延伸的绿色风景线。

三

道路运输是担负中短途客流、物流的主要方式，为人们生产生活所必需，经济社会发展所依赖，在全省综合运输中举足轻重。全省道路运输在扩大开放中发展、完善和提高。1991—2000年，以缓解运输能力不足为主要任务，扩大开放运输市场，鼓励各种经济成分参与，增加道路运输能力供给，呈现数量扩张为主的特征；2001—2004年，实行公路建设与道路运输“两轮驱动”，在继续扩大运输市场开放的同时，加强市场秩序整治和规范，引导运输结构调整，呈现由数量增长与质量提升并重的特征。2005—2010年，贯彻国务院颁布的道路运输条例，推进依法治运。省政府召开全省道路运输工作会议，确定道路运输发展目标、任务和政策。省交通厅实行路运并举，提出发展“大运输、大物流”，加强运输结构调整，引导集约化经营、规模化发展，呈现以数量、质量增长并重向质量提高为主转变的特征。

道路客运是道路运输中持续增长、发展最快的领域。经济社会发展，区域间交流加强，消费水平提高，促进人们交往范围扩大，出行需求增长；公路基础设施改善，汽车技术进步，统一运输市场形成，创造道路客运发展良好环境和条件，促进道路客运日新月异。班车客运，从以跨地（市）与通达县城和干线公路沿线乡镇为主，发展到省际客运、市际客运、农村客运等多层次，班线客运、旅游客运、节假客运、包车客运、应急客运等多方式。高速客运自西宝高速班线开端，随高速公路延伸而快速扩展，并取代原跨省（自治区、直辖市）干线客运而成为省际客运的主要方式。农村客运由县城与乡镇间向乡镇与乡镇、乡镇与建制村拓展，由平原和条件较好的山区，向边远、贫困地区延伸。2009年省政府在白水县召开全省通村客运工作会议，出台通村客车购置补贴政策，加速村村通班车。包车客运受休闲、旅游等带动，需求旺盛，成为道路客运一大热点。从解决道路客运经营主体多、小、散和确保道路运输安全出发，大力推进道路客运公司化经营改造。高速客运全部实行公司化经营，干线客运经营公司化率达到87%，总体处全国前列、西部领先，显著提高客运组织化程度，促进道路客运模式变革。

城市公共交通、出租客运加速普及提高。城镇化建设提速，城市人口增加，市区范围扩大，带动城市公共客运发展。城市公共客运由西安、宝鸡、铜川、汉中、咸阳等部分大、中城市向所有地级城市和县城发展。西安等大、中城市公交着力提高，市与县城公交加速普及。西安市公交分担率达到37.31%。出租客运自20世纪 80年代出现后，自90年代起迅速由大中城市向县城以至部分乡村普及，成为城市公共客运重要补充。统筹城乡客运发展，加强城市公交与道路客运资源整合，城市公交向周边地区延伸线路，增加班次，农村班线客运与城市公共客运对接，农村公共交通兴起，加速城乡客运一体化。

道路货运是道路运输中开放程度最大、市场最活跃的领域。经济快速发展，产业布局调整，产品结构变化，消费结构升级，专业分工扩大与区域合作联系加强等，促进道路货运全面开放和发展。受市场需求导向，道路货运方式不断调整。普通货物运输中，整车货运向专线货运、快速货运发展；零担货运从大、中城市向中、小城市和部分农村延伸。集装箱运输、罐式容器运输、冷藏保鲜运输等特种运输运力、运输量均不断增长。大型物件运输规模壮大。原油、煤气与易燃易爆化工产品等危险货物运输，通过严格资质、整顿秩序、规范操作、实时监控等手段，基本实现规模化运输、规范化运营。与人民群众生活和经济社会发展关系密切的煤炭、粮食及抢险救灾物资等运输，成为各个时期道路货物运输保障的重点。公铁、公铁水等联运业，在市场竞争中优胜劣汰，拓展多式联运，并逐步进入物流领域。适应物流需求快速增长趋势，省政府制定物流发展政策，省交通厅制定道路物流发展规划，引导道路货运企业发展物流服务。城市物流配送快速发展，农村物流配送兴起。服务农业产业化发展，开辟并不断延伸果品、农产品运输“绿色通道”。全省“绿色通道”里程达到7 365公里，惠及广大果农、菜农和消费者。

道路运输发展促进运输业分工细化，加速运输服务业成长壮大。驾驶员培训、车辆维修、汽车综合性能检测、搬运装卸等传统运输服务，在分化、整合中重组、发展、提高。新的运输服务业态如综合物流、汽车租赁、汽车服务、客运定制服务等应运而生，逐步壮大，扩大道路运输服务范围，拓展服务领域，加大服务深度，成为道路运输经济新增长点。道路运输站、场作为运输基础设施，由重点进行大、中城市运输站场建设，向中、小城市站场建设再向农村乡镇客运站点建设发展，由主要建设等级客运站场向建设便民停靠（招呼）点普及，由主要建设客运站场向客运、货运站场全面建设拓展。客运站场基本实现市（区）有一级站，县（市、区）有二级站，部分乡镇有五级站，主要公路沿线有招呼站。货运站场建设自“十五”时期提速，“十一五”时期与客运站场统筹规划建设，数量增加，规模扩大，功能增强，并形成一批物流中心（园区）。

经过20年持续发展，全省建立起由班线客运、旅游客运、节假客运、包车客运、城市客运、出租客运、应急客运等多种客运方式构成的道路客运网络，形成由整车货运、零担货运、专线货运、特种货运、冷藏运输、危险货物运输、小件快运、物流配送等多种货运方式构成的道路货运系统，满足不同层次的客、货运需求，基本实现“人便于行、货畅其流”。2010年，全省省际客运班线656条，通达国内26省（自治区、直辖市）300多个市（县、区）；市际客运班线937条；县际、县内客运班线4 165条，建制村通班车率达到88.44%。道路客运车辆档次提高，高、中、低级和大、中、小型结构趋向合理。全省营业性客车共7.25万辆，其中班线客车1.84万辆，占25.38%；班线客车中，大、中型客车分别占23.01%和59.52%，高、中级客车分别占18.36%、39.50%。全省公交客运车辆、出租客运车辆分别超过1万辆和3万辆。城市公交营运线路里程达到1.16万公里。小汽车快速进入家庭，成为百姓代步工具。道路货运车辆结构向两头发展，趋向重载化、专业化，高效、低耗车辆增加。全省营运货车25.75万辆，其中大、中、小型货车分别占30.88%、7.45%和57.56%，专用货车占4.11%；大型货车中，8吨以上重型货车占54.89%。

道路运输持续发展，使公路交通在全省各种运输方式中的主导作用显著增强。2010年，全省道路运输完成客运量8.75亿人次，旅客周转量383.99亿人公里，分别占全省全社会完成客运量与旅客周转量的92.92%和42.28%；完成货运量7.71亿吨，货物周转量1 195.91亿吨公里，分别占全省全社会完成货运量与货物周转量的78.88%和47.32%。此外，全省城市公共客运年完成客运量21.52亿人次。

四

科技是加快公路交通发展并迈向现代化的引擎。贯彻科技必须面向经济建设、经济建设必须依靠科技的方针，陕西公路交通从贯彻“科技兴交”方针，到实行科技创新战略，确立了科技引领公路交通发展的地位，推进科技与公路交通发展紧密结合，为加快发展提供有力的技术保障和智力支持，并且带动公路交通发展方式转变，加快公路交通现代化进程。

公路交通科技在体制、机制改革中增活力、强动力。推行交通科研课题承包制、课题合同制，引入招标制，推进国有科研事业单位企业化改制，参与部、省联合攻关，加强行业联合研究，改革科研项目申报、检查、验收与评审制度等，促进科技管理体制与运行机制创新。科研主体由科研事业单位为主，逐步转向科研事业单位、科技企业、大专院校、公路交通企业共同参与；科研项目由计划安排为主，转向申报、招标相结合；科研经费由政府部门安排为主，转向部、省资助，基层单位筹措，项目单位配套相结合；科研方式由科研机构研究为主，转向产、学、研联合攻关。全省基本形成以政府为引导，企业为主体，科研机构与大专院校为主力的公路交通科技工作体系。

公路交通科技把具有全局性、关键性作用的重大科技项目研究作为重点，加强开发性、应用性项目研究、利用与推广。“八五”至“九五”时期，主要研究、开发无沙石料地区公路修建技术，黄土区高等级公路半刚性基层沥青路面典型结构，薄壁空心高墩大跨径预应力连续刚构桥，沥青抗剥落剂，桥梁施工技术和施工设备等。“十五”时期，依托重点公路建设项目，主要研究、开发沙漠公路修筑技术，黄土地区公路路基设计与施工技术，黄土区高等级公路高边坡稳定性，大跨径预应力混凝土曲线连续刚构桥，黄土隧道结构设计、施工关键技术，黄土区、山区高速公路生态保护技术，汽车综合性能检测关键技术等。“十一五”时期，适应全省公路大规模、高标准加快建设要求，主要研究、开发农村公路路面修筑技术，高速公路SMA路面材料与结构优化，公路隧道施工围岩稳定性，秦岭终南山公路隧道建设与运营养护管理关键技术，秦岭山区高速公路建设生态环境保护技术，公路隧道汽车动态排放参数，BE系列微表处专用沥青乳化剂研制及应用技术，桥梁无损检测技术，激光路面弯沉测定仪等。同时，围绕各个时期公路交通重大决策，组织开展公路发展战略、发展规划、筹资融资、体制改革、安全保障等方面软科学研究，为公路交通发展决策提供技术支持。

20年期间，全行业广泛参与，科技工作者勇于创新，共取得700多项科研成果，其中134项科研成果获省、部级以上科技进步奖，多项成果填补国内公路交通研究空白，并有一批成熟技术被纳入行业标准规范。沙漠地区高速公路建设养护成套技术，黄土地区高速公路修筑技术，特长隧道设计、施工与运营管理技术，高墩、大跨径连续刚构桥修筑技术等，分别达到国际先进或国内领先水平。秦岭终南山公路隧道建设与运营管理关键技术研究，获2010年度国家科学技术一等奖。其建设运营创新的多项技术，奠定中国公路隧道建设世界领先的地位。

公路交通信息化自公路勘察设计与办公业务管理应用计算机始，从分散开发、资源整合到统筹规划建设，由业务应用、协同管理到全面提升，初步形成以公路信息化带动公路交通发展的局面，加速全省公路交通信息化、智能化和现代化。

着力加强信息化基础设施建设，建成高速公路光纤通信网和交通行业信息专网，为全省公路交通数据交换、语音、视频信息传输与综合处理，提供了基础网络平台，形成公路交通“信息高速公路”。大力推进公路交通电子政务建设，建成并不断完善面向行业和社会公众的省交通运输厅门户网站，形成全省公路交通系统综合交通信息服务网站群，并通过多次改版升级，不断增强社会服务功能，基本实现“一站式”公路交通信息服务。建成省、市（区）两级公路交通电子公文传输系统，实现无纸化电子公文交换。全面加快业务管理系统研究开发，相继开发并应用公路数据库、公路建设项目动态管理系统、路面管理系统、桥梁管理系统、高速公路电子联网收费与电子不停车收费系统、公路治超与计重收费系统、高速公路通信与监控系统、道路运输管理系统，以及公众出行信息服务等系统，显著提高公路交通建设、运营、养护、管理和服务效能。深入开展重点信息技术研究与应用。将全球卫星定位系统（GPS）、地理信息系统（GIS）及遥感（RS）等技术，应用于公路勘察设计、建设、运营管理和道路运输管理，极大提高公路建设水平，增强公路交通安全监控与保障能力。

适应公路交通不断加快发展对人才的需求和高素质职工队伍的要求，全省公路交通系统积极贯彻“科教兴交”战略，努力改善公路交通教育设施和条件，坚持专业技术教育、继续教育与适应性、资格性岗位培训相结合，建立健全多层次、多渠道、多方式的公路交通教育体系，持续开展多种形式的职工教育，为公路交通培养大批合格人才，促进职工队伍整体素质不断提高。

五

公路交通行业管理，适应改革开放深入、公路交通发展、社会分工细化和公共服务改善的要求，在调整、改革中不断完善、加强并创新。

公路交通行业管理体制，实现从计划经济体制向适应社会主义市场经济体制的转轨。1991—2010年，先后进行三次政府机构改革，总体以转变职能、理顺关系、精干机构、提高效率、增强公共服务为方向，促进行政管理体制创新。分类推进公路管理、道路运输管理等事业机构改革，促进行业管理体系建立健全。高速公路管理体制经十多年实践、比较和调整重组，建立起职责明晰、事权统一、运行协调、运营比较规范的新模式，为高速公路持续加快发展提供了体制保障。干线公路养护管理机制改革，推进事企分开与管养分离，调整公路管理纵、横向关系，统一干线、农村公路管理机构，完善养护管理制度与作业模式，促进行业管理规范并加强。贯彻国务院办公厅关于农村公路养护管理体制改革的通知，通过三年改革，建立起养护管理以县为主、养护资金以政府投入为主、养护作业以市场配置资源为主的新体制。适应统筹城乡发展与城乡客运一体化要求，实现城乡客运统一管理。按照国务院决定，平稳完成公路养路费等规费改燃油税工作。

结合上述改革，全省公路交通系统精简行政审批事项，简化办事程序，完善运行规则，推行政务公开，规范权力运用，推行目标责任管理，加强责任型、创新型、服务型、廉洁型行业建设，促进公路交通行业管理由审批型转向指导型，由管制型转向服务型。

建立和完善公路建设市场与道路运输市场，发挥两大市场在公路交通资源配置上的基础性作用，是推进公路交通行业改革、开放的重要目标和任务。

公路建设市场在不断扩大开放中建立并向完善发展。提倡多层次、多主体、多方式建设，鼓励国内外经济组织参与投资建设经营。西三一级公路于国内公路项目最先引进工程招标和监理制度的实践，为国内公路项目招标投标提供了范例。公路工程招标与监理由重点公路建设推行到干线公路和农村公路项目，由公路施工扩大到公路设计与养护。较早在国内公路行业实行公路勘察设计招标和工程招标“双信封制”、“上级单位承诺制”及无标底评标方法，促进公路工程招标制度完善和创新。全面推行和完善工程合同制、项目法人负责制。公路建设坚持以质量为中心，将工程质量作为行业生命，建立健全质量监督体系，推行建设质量责任制，开展工程质量年、质量专项整治和标准化施工等活动，促进建设工程质量稳步提高。

道路运输市场在扩大开放与治理整顿中培育、发展和完善。通过下放审批权限，精简审批项目，放宽运力投放、企业开办、线路审批限制，鼓励所有符合开业标准和经济技术条件的经济组织、个人，参与道路运输经营，形成国有、集体、私有与混合所有制经济共同参与、竞争发展格局。以打击和查处非法经营、恶意竞争、欺行霸市、违章操作等为重点，多次开展市场秩序治理整顿，规范市场竞争。发挥运价调控作用，从单一政府定价改革为政府定价、政府指导价、市场调节价及淡、旺季浮动价等多种形式。引导国有运输企业改革从承包经营向产权制度变革深化，通过改革、改制、改造及兼并、破产等形式，优胜劣汰，促进企业重组、产权重构，建立现代企业制度，增强竞争发展活力。以道路客运规范公司化改造为突破，引导运输企业规模化发展、集约化经营，涌现一批引领行业发展的龙头骨干企业。

建立多层次、多渠道、多方式公路交通投融资体制。投资不足是制约陕西公路交通发展的最大难题，也是公路交通改革开放着力破解的重点领域。在争取中央不断加大对陕西公路投资的同时，努力探索多层次、多渠道、多方式筹资新路子。更新思想观念，实行举债发展，加强与国内外金融机构合作，扩大公路建设利用银行贷款规模；先后利用三批世界银行贷款和亚洲开发银行贷款、科威特政府贷款，修建高速公路与农村公路。实行投资补助、地方配套、概（预）算包干等政策，吸引和扩大资金来源，增加地方财政投入。鼓励各地通过集资、捐资或组织群众投工投劳，弥补建设资金不足。发挥市场融资作用，通过西临、西铜等公路收费经营权转让，榆神高速公路等采用BOT（建设—经营—转让）方式建设，西蓝高速公路等采用合资合作方式建设，吸引社会资本参与公路投资经营。通过这些措施，形成中央投资、地方筹资、市场融资、利用外资、社会集资、群众投劳捐助的公路投融资格局，基本满足各个时期公路发展的资金需求。同时，通过严格拨付程序，规范资金运作，加强审计监督等措施，确保公路交通资金运行安全和投资效益。

改进和加强公路交通行业管理与服务。在贯彻执行国家有关公路交通法律、法规和政府规章的同时，制定、颁布并施行《陕西省公路路政管理条例》《陕西省出租汽车客运条例》《陕西省道路运输管理条例》等地方性法规，推进依法治路、依法治运。以保护路产、维护路权和保障公路安全畅通为重点，加强和改善公路路政管理。针对公路超限运输愈演愈烈，严重危害公路设施安全与交通安全的问题，从加强超限运输管理，开展超限运输治理，到强化超限运输治理，通过全面治超、源头治超、依法治超与科技治超，将公路超限运输率由强化治超前80%降至0.20%，保护公路建设成果，维护公路通行安全，并为全国公路治超提供经验。树立和强化公路交通服务理念，从路、车、站、场等设施建设和运营、管理、服务等方面，拓展服务范围，创新服务方式，提升服务水平。高速公路服务区自“八五”时期起步，“十五”时期注重建设，“十一五”时期高标准、规范化建设与改造，逐步使布局完善，设施配套，功能提升，服务水平跻身全国一流。重点干线公路沿线修建卫生服务区、综合服务区，方便旅客与行人。运用公众网站、新闻媒体和公路可变情报板等，及时发布公路路况和气象等信息，服务人民群众便利出行。

公路施工安全与道路运输生产安全，关系民生安危、社会稳定与行业可持续发展。在不断增强全行业安全发展意识基础上，通过健全制度规范、强化责任约束、开展专项整治、加强检查监督等手段，构建公路交通安全生产机制，扭转道路运输生产安全事故多发局面，实现运输生产安全状况明显好转。建立健全公路交通应急保障机制，提高行业快速反应与紧急救援能力。在公路遭受水毁、冰雪、地震等重大自然灾害，突发重大交通拥堵事件等关键时刻，公路交通系统全力以赴，抗洪抢险，除雪保畅，抗震救灾，力保公路交通安全畅通。应对突如其来的“非典”，做到疫情阻断、交通不断。应对“5·12”汶川特大地震，快速反应，果断决策，全系统紧急行动，奋力抢修受灾公路，全力确保西汉高速等经陕入川公路畅通无阻，有力发挥了抗震救灾生命线作用。

公路交通是一项全社会参与才能办好的事业。为尽快改变公路交通落后面貌，实现公路交通现代化，全省广大干部、群众或筹划谋略，或组织协调，或集资捐助，或投工投劳，或开发经营，以不同方式广泛参与公路交通事业，以丰富的实践和创造性劳动，推进公路交通改革与发展，为公路交通不断发展做出巨大贡献。实践证明，人民群众的积极性与创造性，是推动公路交通改革和发展的力量源泉。公路交通战线广大干部职工，在公路建设、养护、运输、科研、教育、服务和管理等岗位上，不辱使命，以“铺路石”的公路人精神，“大爱在心，为民开路”的交通行业精神，为不断开创公路交通新局面前仆后继，攻坚克难，开拓奋进，拼搏奉献。有的积劳成疾，奋战至生命最后一刻；有的在关键、危难时刻，挺身而出，不幸殉职。全系统涌现出大批先进群体与先进个人。其中，全国劳动模范9人，全国五一劳动奖章获得者14人，新中国成立以来感动交通人物1人，省、部级劳动模范、先进工作者110人，享受国务院政府特殊津贴专家43人，陕西省有突出贡献专家27人，国家级有突出贡献中青年专家2人，省级有突出贡献中青年专家6人。获全国五一劳动奖状单位6个，陕西省先进集体单位8个，全国交通系统先进集体单位16个。此期，全系统有14人因公殉职，为公路交通事业献出宝贵的生命。

公路交通改革发展带动公路文化建设繁荣，公路文化建设又为公路交通改革发展提供精神能量。思想解放是公路交通改革发展的前提，伴随公路交通改革和发展的全过程。围绕姓“社”与姓“资”，守与创、快与慢、快与好等关系公路交通发展全局的重大问题，全省公路交通系统先后经历三轮重大思想解放活动，促进干部职工突破传统思维定式，转变思想观念，不断增强人本、机遇、发展、市场、竞争、创新、大局、廉洁、服务及可持续发展等现代思想观念，确立“发展现代交通，奉献一流服务”的新理念，强化抢抓机遇、加快发展的使命感与责任感，激发起全行业为发展公路交通不懈奋斗的“精、气、神”。坚持“两个文明”一起抓，持续深入开展行业文明创建活动，全系统涌现国家级文明单位和文明建设先进单位5个，部级文明行业、文明单位及文明示范窗口等78个，省级文明单位、文明单位标兵等265个，创建部、省级文明公路29条、4 800余公里，显著提高行业精神文明水平。公路交通改革发展成为文学艺术、新闻宣传关注的重要领域和创作、报道的重要内容。作家、艺术家、新闻工作者与公路交通业余作者，以诗歌、散文、报告文学、歌曲、舞蹈、小品、摄影以及消息、通讯、评论、调查报告、电视专题片等形式，广泛宣传公路交通改革发展成果，深入反映公路交通发展变化及其社会影响，充分揭示改革发展中的矛盾和问题，热情讴歌公路交通职工创造性劳动与拼搏奉献的精神风貌，发挥文学塑造、舆论支持与监督作用。公路建设者与艺术家结合，在公路沿线或服务区，以雕塑、碑石、牌楼、亭阁、水榭等营造公路景观，提升公路设施文化品位，增强公路交通人文魅力。

六

20年公路交通发展，走出一条由缓慢发展到快速发展，由低水平发展到高标准发展，由常规发展到跨越式发展的新路子，创造公路交通发展的“陕西模式”，为三秦民生改善、西部强省建设和推进西部大开发，发挥重大作用，产生巨大效应。一是实现广大人民群众有路走、有车坐，走好路、坐好车的愿望，基本满足由小康到全面小康过程中人们日益增长的多样化出行需求，使人民群众享受到公路交通改革发展的成果；二是显著改善陕西地处西部内陆的地理条件，强化东西结合部的区位优势，优化投资环境，增强综合实力，促进对外开放；三是发挥投资拉动作用，带动公路交通上、下游产业开发与发展，促进经济增长和内需扩大，增加就业机会和人民群众收入；四是促进资源优势向经济优势转化，加速物资、商品与信息流通，带动公路沿线特色经济带形成和发展，支撑装备制造、现代农业、旅游业与高新技术等特色产业成长壮大；五是加强区域交流合作，促进城乡统筹协调发展，带动城镇化、新农村建设，加速贫困、边远地区扶贫开发，加快城乡一体化进程；六是服务抗洪抢险、抗震救灾与应对突发事件应急保障，发挥公路交通生命线作用；七是密切和加强各种运输方式之间联系，促进不同运输方式分工合作与竞争发展，增强综合运输优势，提升陕西作为全国交通枢纽的地位；八是带动文化传播、信息交流与教育、卫生普及，促进人们思想开放与观念更新。

20年公路交通发展，在历史长河中只是一瞬，但这一时期是在从计划经济体制向社会主义市场经济体制转轨中演进的，是在不断深化改革、扩大开放中推进的，伴随着思想观念、体制机制、发展方式等多方面的探索与实践，有成功和经验，也有失误与教训。这一时期的改革发展实践证明，在原本落后的基础上加快建设现代化公路交通，必须坚持解放思想，勇于突破旧观念和传统思维定式，以新思想、新理念引领改革发展；必须树立全局战略眼光，将公路交通置于全省经济社会发展全局和全国公路交通发展大局之中，全面审视，合理定位，超前谋划，统筹规划，以服务全局、大局推动行业发展；必须树立强烈的机遇意识，善于发现机遇、把握机遇、抢抓机遇、利用机遇，并且要善于以卓有成效的工作创造机遇，赢得发展先机，争取发展主动；必须坚持改革、开放和创新，敢于并善于突破制约改革发展的各种矛盾和难题，以体制创新、机制创新和技术创新，增强改革发展的动力与活力；必须坚持把贯彻国家公路交通工作的方针、政策与本省公路交通实际相结合，用好、用活政策，创造性地执行政策，充分发挥政策指导和激励作用；必须坚持科学发展，加强统筹协调，处理好公路建设与养护，公路与运输，发展速度与质量和效益，行业发展与生态保护、资源节约等重大关系，不断增强可持续发展能力；必须加强领导，精心组织，搞好协调，充分调动和发挥各方面积极性与创造性，营造和谐的改革发展环境；必须坚持艰苦奋斗，团结协作的作风，发扬“大爱在心，为民开路”的行业精神。

20年持续加快发展，奠定陕西公路交通进一步发展，加速全面实现现代化的重要基础。适应全面建设小康社会要求，今后一个时期，全面落实科学发展观，全省公路交通以打造国家运输枢纽和西部交通强省为方向，以构建大交通、完善大路网、强化大枢纽、发展大物流为目标，发展前景广阔，同时发展任务艰巨，面临诸多挑战。

公路交通进一步发展需要解决的主要问题，一是公路基础设施需进一步完善。全省公路网通达深度仍不足，每百平方公里公路密度较中、东部分别低20公里、41公里；路网平均等级还不高，二级与一级公路比重偏低；部分干线公路和大部分农村公路设施还不配套，防灾抗灾能力还不够强。二是公路建设筹融资机制尚需重建。公路建设成本持续增高，建设资金需求巨大；已建成公路债务负担较重，还贷压力增大；公路规费改燃油税和取消政府贷款平台后，新的筹资渠道尚未完全建立，公路建设投资紧张矛盾凸显。三是道路运输发展品质需大力提升。道路运输规模化、集约化程度还比较低，运输效率、效益还不高；运输市场竞争机制尚不健全，竞争秩序不够规范；物流服务设施少，供给能力不足；运输站（场）布局不完善，设施与功能不全；道路运输生产安全基础不够稳固，防范安全隐患和事故的压力大；道路运输经营比较粗放，新型运输方式发展较慢。四是应急保障体系还需加强建设。尤其是公路交通应急反应机制还不健全，应对道路不畅和重大突发事件的协同能力不强。五是公路交通可持续发展能力还需增强。公路交通发展与资源环境的矛盾突出；行业能源利用效率偏低，排放指标偏高，节能减排任务艰巨；公路交通比较优势未能充分发挥，与其他运输方式的组合效率还未充分显现，等等。

解决好上述方面的主要问题，陕西公路交通将在现代化道路上更好更快地向前迈进。

第一篇　公路规划设计

适应公路发展需要，公路规划、设计作为公路建设前期工作重要环节，不断加强、完善和提高。公路规划编制，贯彻国家有关方针、政策和法律法规，依据相关技术标准和规范，按照满足经济社会发展需要，与国土开发、生产力布局、城镇体系规划相适应，与其他运输方式规划相衔接，注重经济社会效益和可持续发展的要求，在评价公路网现状并对未来经济社会与交通发展需求预测分析基础上，对公路发展做出总体战略部署。全省公路规划，从干线公路网规划到农村公路规划，再到高速公路网规划，从公路总体规划到专题公路规划，从较长期公路规划到五年期公路规划纲要，规划思路与时俱进，方式逐步改进，深度不断拓展，规划科学性显著提高。公路规划编绘公路发展蓝图，明确各时期公路发展规模、路网布局，提出公路网建设总体安排及保障规划实施的政策措施，为近、中、远期公路发展提供科学决策依据，指导公路合理布局、协调发展。按照各个时期公路网发展规划和建设重点安排，改进和加强公路勘察设计工作。执行国家和省有关公路勘察设计规范、规定，借鉴和吸收国内外先进理论、方法和技术，创新公路勘察设计理念、方式和手段，加速公路勘察设计现代化，促进缩短设计周期，提升设计品质，不断提高设计方案科学性、合理性和经济性，为推进全省公路建设，确保公路规划实施，发挥前提和基础作用。

第一章 公路规划

1991—1997年，推进全省高等级公路建设、重点干线公路改建、改造和村村通路，编制全省干线公路网规划，调整省道公路网规划布局，并编制县乡公路规划，制定农村公路发展纲要。1998—2005年，贯彻西部大开发以公路基础设施建设为重点方针，加强主骨架高速公路建设，推进农村公路普及提高，制定适应西部大开发加快公路发展规划，形成高速公路主骨架规划，并提出以干线公路为主的次骨架公路规划；编制全面、系统的农村公路发展规划。2006—2010年，按照“一个龙头、两个重点”战略部署，全面加快公路建设，编制全省“3纵4横5辐射”高速公路网规划；制定适应社会主义新农村建设的全省农村公路发展规划纲要；在全省高速公路建成 2 000公里后，根据持续加快高速公路建设的新要求，经调整和完善，编制全省“2环3纵6辐射7横”高速公路网规划；适应县域经济社会发展要求，制定服务县域经济发展公路规划。同时，自“十一五”时期起，改公路五年发展计划为五年发展规划。不同时期、不同层次公路规划，体现不同时期经济社会发展战略要求，适应广大人民群众出行需求，指导全省公路全面、快速、健康发展。

第一节 高速公路网规划

一、高速公路主骨架规划

陕西自“七五”时期起，实施以西安为中心的“米”字形公路主干线系统（亦称主骨架系统、主骨架公路）建设，首先建成西（安）三（原）一级公路和西（安）临（潼）高速公路，实现高速公路“零”突破。“八五”时期，继续以建设“米”字形公路主干线系统规划的高等级公路为主。

1992年，交通部制定“五纵七横”国道主干线规划，其中有3条国道主干线经过陕西。即青（岛）银（川）、二（连浩特）河（口）、连（云港）霍（尔果斯）。其中后两条陕西境路线居陕西规划的“米”字形公路主干线系统“十”字形主骨架上。

1994年3月3日，国家技术监督局发布《公路等级代码》（GB/T919-1994），青（岛）银（川）、二（连浩特）河（口）、连（云港）霍（尔果斯）3条国道主干线，编号分别为GZ35、GZ40、GZ45。

1996年6月，按照交通部部署，陕西省交通厅（简称省交通厅）组织编制陕西省干线公路网规划（1991—2020年）。规划将以西安为中心的“米”字形主骨架公路作为第一层次通道，除困难路段外，建成由高速公路和一、二级汽车专用公路组成的高等级公路。其中规划近期建设临潼至渭南、渭南至潼关、西安过境3条高速公路。

按照上述规划，相继建成西安咸阳国际机场二级汽车专用公路，三（原）铜（川）、西（安）宝（鸡）一级汽车专用公路，临（潼）渭（南）高速公路；开工建设渭（南）潼（关）、西（安）户（县）、西（安）阎（良）等高速公路。建成的三（原）铜（川）一级汽车专用公路，与实施封闭后的西（安）三（原）一级公路，统列为高速公路运营管理；西（安）宝（鸡）一级汽车专用公路经交通部批准改为高速公路。1998年年底，实现西安、宝鸡、咸阳、铜川、渭南市及杨凌农业高新技术产业示范区（简称杨凌示范区）高速公路连接。

1999年6月17日，在西安举行的西北五省区国有企业改革和发展座谈会上，中共中央总书记、国家主席、中央军委主席江泽民，提出实施西部大开发战略。交通部研究制定西部公路交通发展规划。省交通厅对原“米”字形公路主骨架规划进行深化，研究制定适应西部大开发的公路发展规划。

是年11月，交通部提出“四纵四横”8条西部省际开发公路通道，其中有3条经过陕西，即阿（荣旗）北（海）、银（川）武（汉）、西（安）合（肥）。这3条西部省际开发公路通道，加上“五纵七横”国道主干线规划的经陕3条公路，陕西共有6条公路被列入国家公路主干线系统，规划里程总长约3 010公里（公路规划里程与各条路线实际建成里程有一定差异，下同），路线与里程涵盖陕西原规划的“米”字形公路主骨架。以此为基础，省交通厅对适应西部大开发的公路发展规划进行完善，拟订《适应西部大开发，加快公路发展的规划及实施意见》。该意见提出，将国家公路主干线系统经陕6条公路，作为全省公路网第一层主骨架，按高速公路规划建设。全省高速公路主骨架规划形成。

6条主骨架公路中，二（连浩特）河（口）、连（云港）霍（尔果斯）、阿（荣旗）北（海）、银（川）武（汉）、西（安）合（肥）等 5 条公路经陕路段，均以西安为交汇点；青（岛）银（川）经陕路段，呈东西向横贯陕北能源化工基地。6条主骨架公路连接全省10地（市），通达所有规划的国家、省级高新技术开发区、经济技术开发区，大部分工农业生产基地和主要旅游景区。

适应西部大开发的公路发展规划制定，备受各方关注。规划意见制定过程中，交通部，中共陕西省委、省人大、省政府、省政协，分别听取省交通厅规划方案汇报；对规划思路和方案给予充分肯定，并提出重要指导意见。

2000年1月7日，中共陕西省委2000年第1次常委会议，审议并原则通过省政府党组提交的省交通厅党组关于加快陕西公路发展规划思路报告，并明确要求“抓住机遇、超常建设、提高等级、增加密度、形成网络”，确保十年、力争八年完成规划目标。4月14日，省政府以陕政发〔2000〕17号文，批转了省交通厅《适应西部大开发，加快公路发展的规划及实施意见》。全省高速公路主骨架规划批准实施。

是年11月2日，第二次全国公路普查办公室印发了《关于做好全国公路路线命名、编号及里程标识等工作的通知》（公普办字〔2000〕002号），根据国道主干线编号规则，经过陕西的青（岛）银（川）、二（连浩特）河（口）、连（云港）霍（尔果斯）

3条国道主干线，编号分别调整为G035、G040、G045。

2001年3月1日，省政府颁布《陕西省人民政府关于加快全省公路建设的决定》（陕政发〔2001〕8号），要求实行超常规发展，力争用十年左右时间，实现全省国道主干线、西部大通道高速化，并确定2005年、2010年两阶段公路发展目标及政策措施。

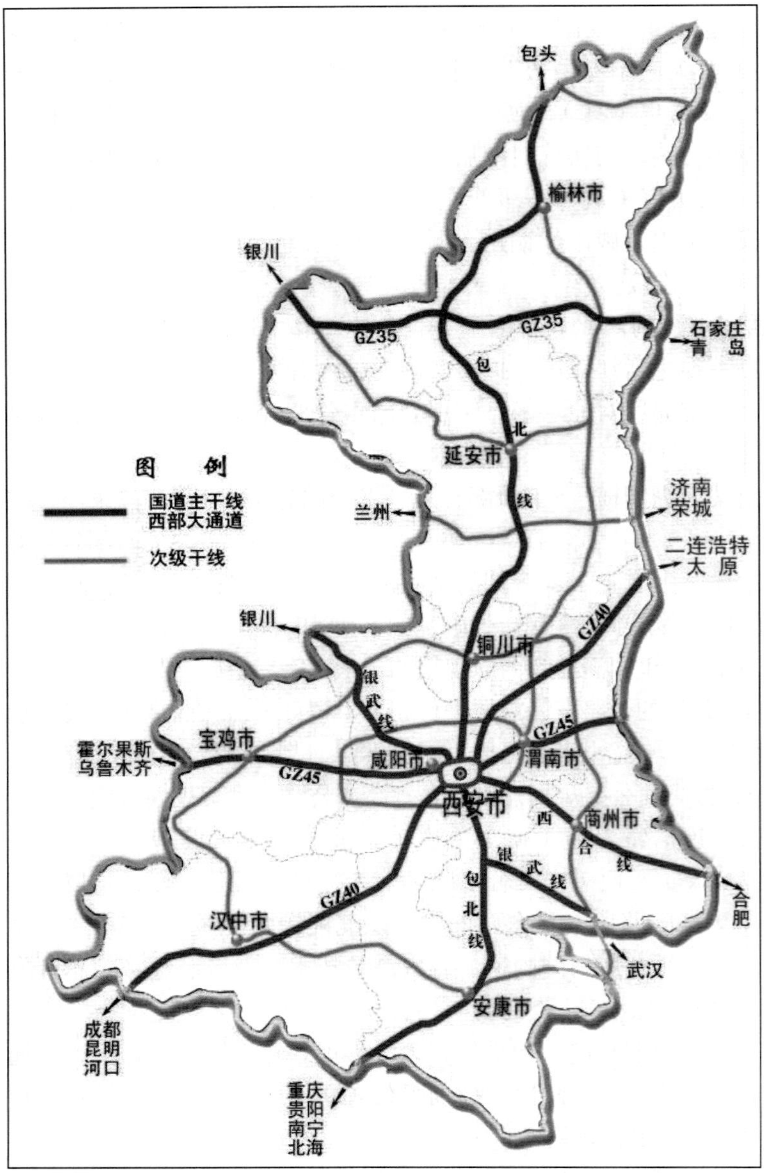

图1-1-1 陕西省高速公路主骨架规划图

是年3月7日，中共中央总书记江泽民参加第九届全国人民代表大会四次会议陕西代表团全体会议，听取了中共陕西省委书记、省人大常委会主任李建国、中共陕西省委副书记、省长程安东等关于陕西公路网规划及建设情况的汇报。

实施省政府批转的加快公路发展规划意见和颁布的决定，全省加大高速公路建设投资，扩大建设规模，高速公路发展加速。2002—2004年，全省共建成高速公路433.85公里，高速公路里程达到976.30公里。

全省高速公路主骨架规划图见图1-1-1。

二、“3纵4横5辐射”网规划

2004年12月，国务院第73次常务会议审议通过由7条首都放射线、9条南北纵向线和18条东西横向线构成的《国家高速公路网规划》。其中，经过陕西的8条公路被纳入国家高速公路网规划，包括已纳入主骨架公路规划的3条国道主干线、3条西部开发省际通道公路，其中“五纵七横”国道主干线二（连浩特）河（口）线，调整为（北）京昆（明）线；西部开发省际通道阿（荣旗）北（海）线，调整为包（头）茂（名）线；银

（川）武（汉）线，调整为福（州）银（川）线；新增分别贯穿陕北、陕南的青（岛）兰（州）线、十（堰）天（水）线，陕西境内规划里程共约3 541公里，路线与里程均突破陕西原规划“米”字形公路主骨架系统。根据交通部2007年建成国道主干线，2010年建成西部开发省际公路通道的部署，省交通厅把高速公路建设作为重点，加快规划高速公路项目实施。

2005年8月，中共陕西省委、省政府做出深化改革、扩大开放，进一步加快全省高速公路建设重大决策。10月30日，中共陕西省委十届七次全会提出，交通体系不完善是制约陕西发展的两大瓶颈之一；要继续加大投资力度，形成交通建设新高潮。11月15日，省政府在西安召开全省加快高速公路建设工作会议，省交通厅厅长曹森在会议工作报告中，提出高速公路加快发展“三步走”战略目标（见第二篇第一章专记《高速公路“三步走”战略及其实施》）。按照省委、省政府要求和会议部署，全省掀起加快高速公路建设新高潮。是年底，全省建成高速公路突破1 000公里，累计通车里程达到1 225.59公里。

在高速公路大规模加快发展形势下，原有高速公路主骨架规划明显滞后，迫切需要在国家高速公路网规划基础上，对省境内高速公路网进行加密、完善和成网，对全省高速公路主骨架规划目标和建设方案进行修订，系统编制全省高速公路网长远发展规划，更好地指导高速公路发展。为此，依据交通部有关高速公路规划指导意见，省交通厅组织陕西省公路勘察设计院（简称省公路设计院）编制全省高速公路网规划。

高速公路网规划编制，以科学发展观为指导，围绕全面建设小康社会的奋斗目标和建设西部经济强省发展战略，依据省境内国家高速公路布局框架，考虑周边省（自治区、直辖市）高速公路规划方案，经充分调研、分析、论证，广泛征求意见，于2006 年1月完成编制工作，形成《陕西省高速公路网规划》，上报省政府审议。

是年2月28日，省政府2006年第4次常务会议审议并原则通过《陕西省高速公路网规划》。这是全省第一个系统的高速公路网规划。

规划总体目标是：构建承东启西、连接南北、覆盖全省、通达四邻的高速公路网，形成安全、高效、便捷、和谐、环保运输网络，为全面建设小康社会提供强有力交通保障。规划总体思路为：关中加密、南北成网、周边连通。规划布局，采用纵横网格与辐射线相结合，建设由3条南北纵向线、4条东西横向线和以西安为中心5条辐射线及另5条联络线组成的全省高速公路网，简称“345”网规划。规划全省高速公路建设总规模约5 000公里，其中国家高速公路约3 500公里，省级高速公路约1 500公里。

规划高速公路网路线如下：

1.南北纵向线3条，共约2 030公里。

榆（林）商（州）线。起自府谷县碛塄，经神木、榆林、米脂、绥德、清涧、延川、延长、宜川、黄龙、澄城、大荔、华阴、洛南至商州，约736公里（不含共线40公里）。

榆（林）（安）康线。国家高速公路包（头）茂（名）线陕西段。起自陕蒙界榆林蟒盖兔河，向南经榆林、横山、靖边、安塞、延安、甘泉、富县、洛川、黄陵、宜君、铜川、耀州、三原、泾阳、西安、长安、柞水、镇安、安康、紫阳，至陕川界白杨溪，约938公里（不含西安绕城高速公路33公里）。

陇（县）汉（中）线。起自陕甘界陇县大桥村，向南经千阳、凤翔、宝鸡、太白、留坝、汉中、南郑，至陕川界米仓山，约356公里。

2.东西横向线4条，共约1 370公里。

吴（堡）定（边）线。国家高速公路青（岛）银（川）线陕西段。起自陕晋界吴堡县城，向西经绥德、子洲、横山、靖边、定边，至陕宁界定边县王圈梁，约321公里。

宜（川）富（县）线。国家高速公路青（岛）兰（州）线陕西段。起自陕晋界宜川县川口，向西经富县至陕甘界富县雷家角，约190公里。

潼（关）宝（鸡）线。国家高速公路连（云港）霍（尔果斯）线陕西段。起自陕豫界潼关县西北村，向西经华阴、华县、渭南、临潼、西安、咸阳、兴平、武功、杨陵、扶风、眉县、岐山、宝鸡，至陕甘界宝鸡市牛背梁，约375公里。

白（河）略（阳）线。国家高速公路十（堰）天（水）联络线陕西段。起自陕鄂界白河县下卡子，向西经旬阳、安康、汉阴、石泉、西乡、城固、汉中、勉县、略阳，至陕甘界略阳县大石碑，约484公里。

3.辐射线5 条，共约1 233公里（含商州至麻池河段28公里）。

西（安）禹（门口）线。国家高速公路（北）京昆（明）线陕西境北段。起自西安绕城高速公路北段谢王立交，东北向经高陵、阎良、富平、蒲城、澄城、合阳、韩城，至陕晋界韩城市禹门口，约239公里。

西（安）商（南）线。国家高速公路沪（上海）陕（西）线陕西段。起自西安绕城高速公路香王立交，东南向经蓝田、商州、丹凤、商南，至陕豫界商南县马安石，约240公里。

西（安）漫（川关）线。国家高速公路福（州）银（川）线陕西境南段。起自西安绕城高速公路香王立交，东南向经蓝田、商州、山阳，至陕鄂界山阳县漫川关，约159公里（不含与西商线共用24公里）。

西（安）汉（中）线。国家高速公路（北）京昆（明）线陕西境南段。起自西安绕城高速公路河池寨立交，西南向经户县、宁陕、佛坪、洋县、城固、南郑、勉县、宁强，至陕川界宁强县棋盘关，长约385公里。

西（安）长（武）线。国家高速公路福（州）银（川）线陕西境北段。起自西安绕城高速公路六村堡立交，西北向经咸阳、礼泉、乾县、永寿、彬县、长武，至陕甘界长武县凤翔路口，约182公里。

4.联络线5条，共约369公里。

榆（林）佳（县）线。榆林市至佳县，长约88公里。

延（安）延（川）线。延安市至陕晋界延川县延水关，长约100公里。

渭（南）蒲（城）线。渭南市至蒲城县，长约52公里。

西安咸阳国际机场新线。即西安咸阳国际机场专用高速公路。西安市未央区店子村至咸阳底张（机场），长约20公里。

西（安）咸（阳）北环线。渭南市至泾阳至户县，长约109公里。

规划同时提出2010年、2015年全省高速公路建设目标和政策措施。

全省高速公路网规划图（“345”网）见图1–1–2。

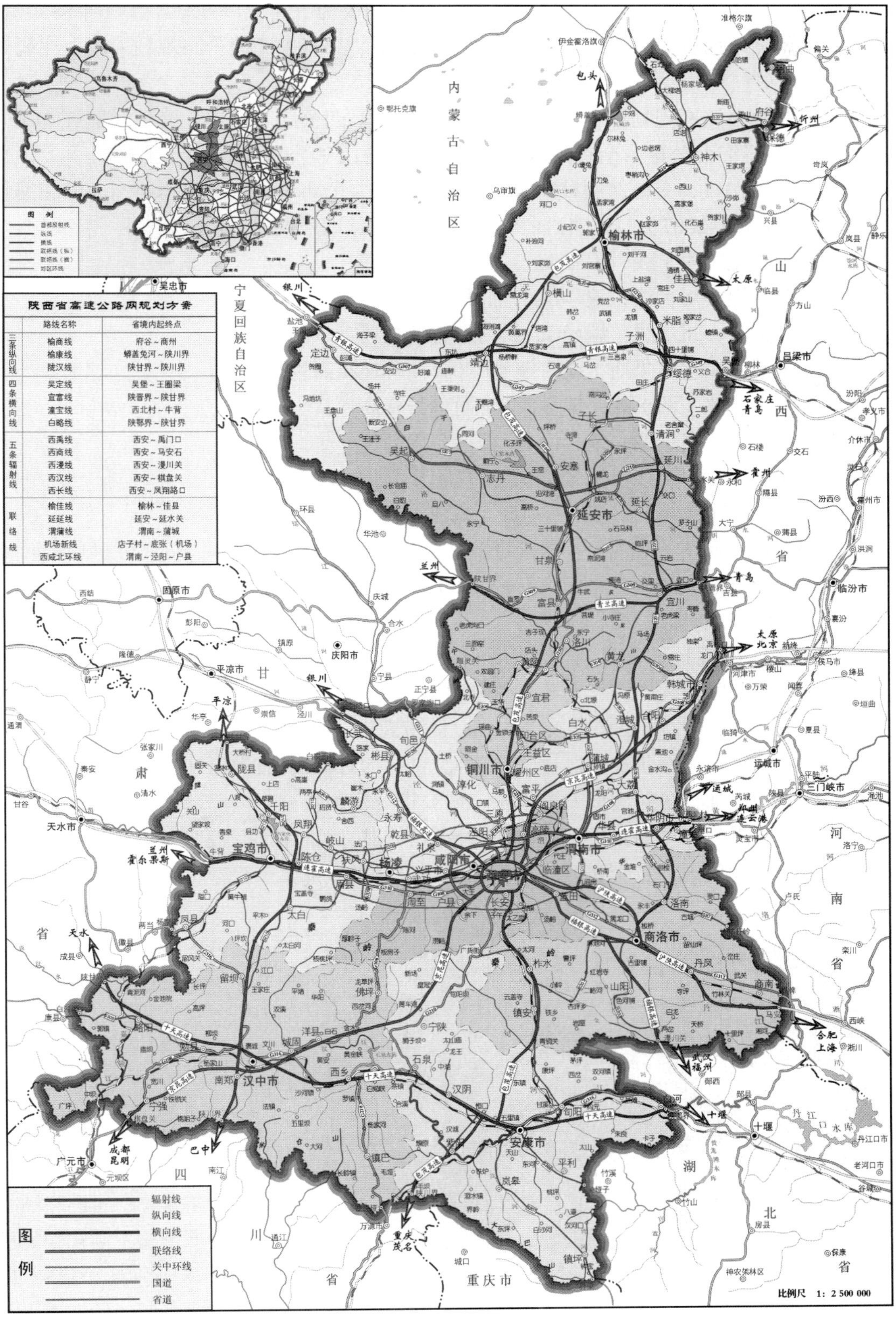

图1-1-2　陕西省高速公路网（“345”网）规划图

自“十一五”时期起，公路交通发展五年计划改为五年发展规划。2006年8月，省交通厅编就《陕西省交通发展“十一五”规划纲要》，其中高速公路规划采用上述规划主要成果。

按照高速公路网规划和“三步走”战略，全省高速公路超常规、跨越式发展。2006年建成高速公路345公里，全省高速公路里程累计逾1 500公里。

2007年7月3日，交通部颁布2007年第20号公告，公布《国家高速公路网命名和编号规则》（JTGA03–2007），经陕西境8条国家高速公路编号调整为：

（北）京昆（明）线，编号G5，简称京昆高速。

青（岛）银（川）线，编号G20，简称青银高速。

青（岛）兰（州）线，编号G22，简称青兰高速。

连（云港）霍（尔果斯）线，编号G30，简称连霍高速。

沪（上海）陕（西）线，编号G40，简称沪陕高速。

包（头）茂（名）线，编号G65，简称包茂高速。

福（州）银（川）线，编号G70，简称福银高速。

十（堰）天（水）线，编号G7011，简称十天高速。

按照上述《规则》的规定，西安绕城高速公路编号为G3001，简称西安绕城高速。

是年，全省建成高速公路里程突破2 000公里，达到2 064.32公里。

三、“2环3纵6辐射7横”网规划

2008年，战胜1—2月冰雪灾害和“5·12”汶川特大地震影响，利用灾后重建机遇，全省高速公路持续加快、大规模推进建设。

是年8月，贯彻交通运输部关于加强公路应急能力建设，加速调整完善公路网的决定，省交通厅提出进一步加快高速公路建设意见。9月8日，省政府2008年第25次常务会议听取省交通厅加快公路建设专题汇报，研究进一步加快全省公路建设。会议要求，充分利用重大机遇，以“增路”“扩能”为重点，加快完善路网。按照省政府决定，结合学习实践科学发展观，省交通厅对加快公路建设意见做进一步完善，制定公路交通发展上水平方案。

2010年12月3日，陕西省交通运输厅在北京召开陕西交通运输发展战略研讨会，邀请有关专家就陕西高速公路规划及其实施等重大问题进行研讨

是年11月，贯彻中央和省关于应对全球金融危机，拉动内需，加大对交通等基础设施投入的重大决策，陕西省发展和改革委员会（简称省发改委）、省交通厅决定年内新开工9条高速公路项目。全省掀起新一轮高速公路建设高潮。

在高速公路不断加快发展形势下，高速公路“345”网规划已不适应新的发展要求，省交通厅组织对全省高速公路网规划进行调整、完善。

此次规划调整，适应全面小康社会建设和西部强省建设要求，以构建布局合理、高效畅通、覆盖全省、通达四邻、迂回便捷高速公路网络，形成全国重要交通枢纽为目标，按照“完善骨架路网，增加迂回线路，畅通省级通道”的思路，以“加密、连通、对接、扩容”为重点，采用纵横网格与辐射线、环线相结合布局方案，建设由2条环线、3条南北纵向线、6条以西安为中心辐射线、7条东西横向线和18条联络线组成的高速公路网，简称“2367”网。规划同时提出实施安排、建设重点及对策措施，形成全省高速公路网规划初步调整方案。

2008年11月18日，省交通厅就全省高速公路网规划调整方案，向省政府常务会议做专题汇报；21日，又向中共陕西省委主要领导做了汇报。在汇报并听取各方面意见基础上，经对规划初步调整方案做进一步完善后，形成《陕西省高速公路网规划》（调整报告），确立全省高速公路长远发展战略蓝图。调整、完善后的高速公路网规划，确定全省高速公路网总规模8 056公里。其中国家高速公路约3 871公里，省级高速公路约4 185公里。

调整、完善后的全省高速公路网（“2367”网）规划图见图1–1–3。

“2367”网规划高速公路路线如下：

1.环线2条，共约440公里。

西安绕城高速公路。起自西安市灞桥区方家村，经未央区吕小寨、六村堡，咸阳市渭城区帽耳刘，西安市长安区河池寨、三爻村，至起点西安市灞桥区方家村，约80公里。

西安大环线。经渭南、阎良、高陵、三原、泾阳、礼泉、乾县、杨陵、周至、户县、长安、蓝田至渭南，约360公里。

2.南北纵向线3条，共约2 530公里，较“345”网规划南北纵向线里程增加500公里。原规划榆（林）商（州）线、榆（林）（安）康线走向不变，里程有所增加；陇（县）汉（中）线调整为定（边）汉（中）线。

定（边）汉（中）线，北段起自定边县，南向经吴起至陕甘界，长约144公里；南段由陕甘界陇县大桥村入陕，经陇县、千阳、凤翔、宝鸡、留坝（姜窝子）、汉中、南郑至陕川界米仓山，长约356公里。合计总长约500公里。

3.辐射线6条，共约1 297公里，较“345”网规划辐射线里程增加64公里。路线包括原规划西（安）禹（门口）、西（安）商（南）、西（安）漫（川关）、西（安）汉（中）、西（安）长（武）等5条路线不变，里程则调整为1 178公里。新增西（安）旬（邑）线。

西（安）旬（邑）线，起自咸阳市渭城区马庄，西北向经淳化、旬邑至陕甘界，长约119公里。

4.东西横向线7条，共约2 121公里，较“345”网规划横向线增加751公里。原规划吴（堡）定（边）、宜（川）富（县）、潼（关）宝（鸡）、白（河）略（阳）4条线不变，里程则调整为1 304公里。延（安）延（川）线，由原联络线调整为东西横向线延（川）吴（起）线，新增合（阳）凤（翔）、大（荔）凤（翔）两线。

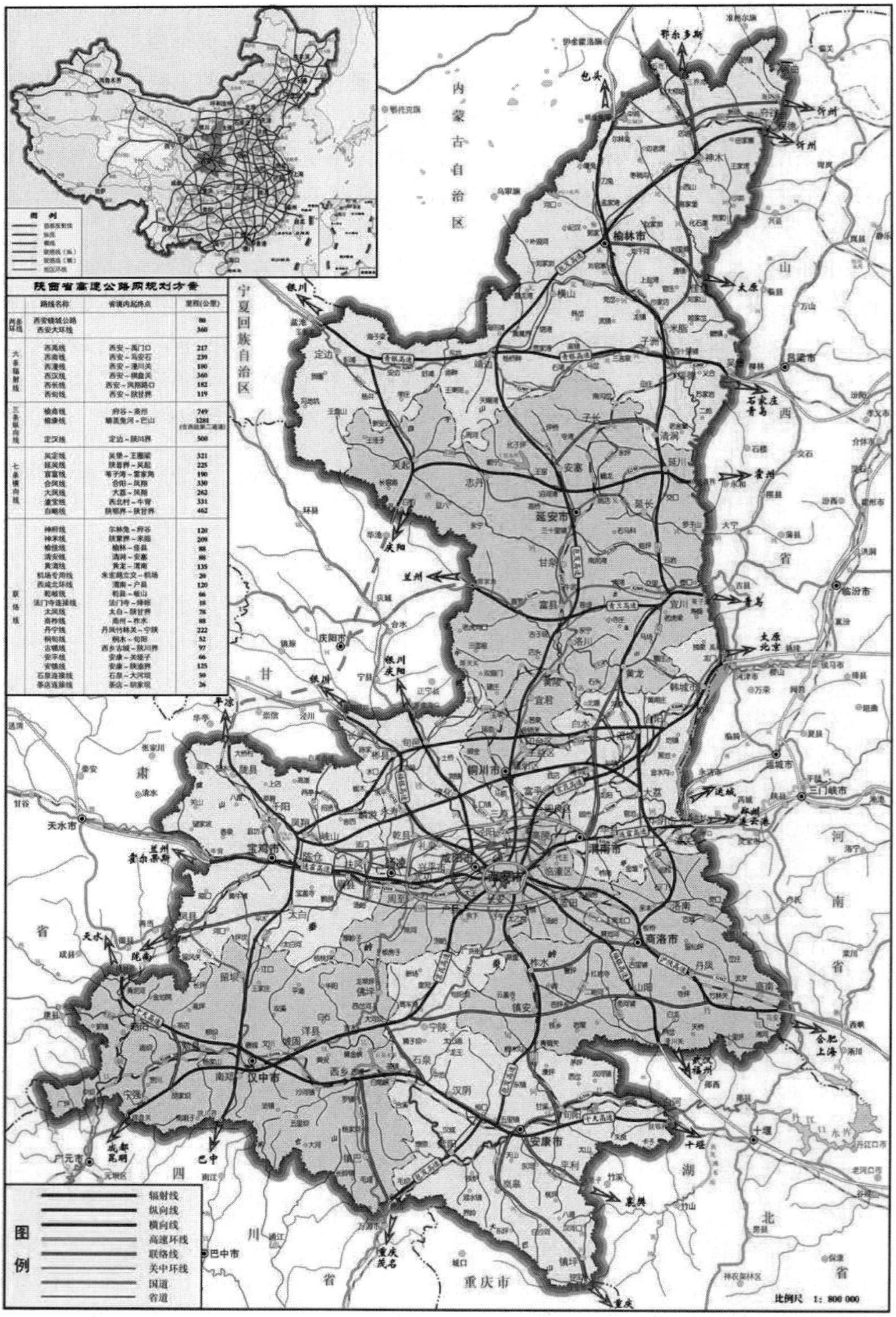

图1-1-3　陕西省高速公路网（“2367”网）规划图

延（川）吴（起）线，起自陕晋界延川，西向经延安、志丹至吴起，约225公里。

合（阳）凤（翔）线，起自合阳，西向经澄城、白水、铜川、旬邑、彬县、麟游至凤翔，约330公里。

大（荔）凤（翔）线，起自大荔，西向经蒲城、铜川、淳化、永寿、岐山至凤翔，约262公里。

5.联络线18条，共约1 668公里。较“345”网规划联络线增加1 299公里。原规划榆（林）佳（县）、西安咸阳国际机场新线不变，西（安）咸（阳）北环线改为由临潼经泾阳至户县，里程调整为120公里；原渭（南）蒲（城）线调整为黄（龙）渭（南）线，起自黄龙，经白水、蒲城至渭南，约135公里。原联络线中延（安）延（川）线调整为东西横向线延（川）吴（起）线。

经以上调整，新增以下14条联络线：

神（木）府（谷）线。起自神木尔林兔，经店塔至府谷，约120公里。

神（木）米（脂）线。起自神木陕蒙界三界河，经店塔至米脂，约209公里。

清（涧）安（塞）线。起自清涧，经子长至安塞，约88公里。

乾（县）岐（山）线。起自乾县，经扶风至岐山，约66公里。

法门寺连接线。起自扶风法门寺，至扶风绛帐，约18公里。

太（白）凤（县）线。起自太白县城，经凤县平木至陕甘界，约78公里。

商（州）柞（水）线。起自商州，经商州林岔河至柞水，约88公里（不含与福银线共线6公里）。

丹（凤）宁（陕）线。起自丹凤竹林关，经镇安至宁陕，约222公里（不含与福银线共线20公里）。

桐（木）旬（阳）线。起自旬阳桐木，至旬阳，约52公里。

古（城）镇（巴）线。起自西乡古城，至镇巴陕川界，约97公里。

安（康）平（利）线。起自安康，至平利陕鄂界关垭子，约66公里。

安（康）镇（坪）线。起自安康，经岚皋至镇坪陕渝界，约125公里。

石泉连接线。起自石泉县城，经石泉两河至大河坝，约50公里。

茶店连接线。起自勉县茶店，至宁强胡家坝，长约26公里。

规划提出“十一五”时期后三年及2012、2015年各时期高速公路建设目标、对策措施。依据“2367”网规划，省交通厅确定高速公路建设新“三步走”战略目标。

实施“2367”高速公路网规划，全省高速公路以更大规模和更快速度建设。2009年，全省建成高速公路里程达到2 279公里，实现市市通高速的目标。2010年年底，全省建成高速公路里程突破3 000公里，达到3 402.64公里。

2011年9月11日，省政府颁布《陕西省人民政府关于进一步加快全省公路建设的决定》（陕政发〔2011〕50号），要求按照“2环3纵6辐射7横”高速公路网规划，以“加密、连通、对接、扩容”为重点，集中力量加快建设国家高速公路，加速改造高速公路瓶颈路段，积极推进省级高速公路建设。

2012年年底，全省建成高速公路突破4 000公里，达到4 083.32公里。

2012年全省高速公路通车里程及技术状况见表1–1–1。

陕西省2012年高速公路通车里程及技术状况表

表1-1-1　　　　单位：公里

路线名称	路线编号	省境内起讫点	里程合计	车道里程			路面铺装		设计时速	备注
				4车道	6车道	8车道	沥青混凝土	水泥混凝土		
京昆高速	G5	韩城禹门口—宁强棋盘关	579.201	579.201	—	—	579.201	—	80～120	经秦岭部分路段设计时速60公里
青银高速	G20	吴堡宋家川—定边王圈梁	320.724	320.724	—	—	320.724	—	80～100	—
青兰高速	G22	宜川壶口—富县雷家角	192.177	192.177	—	—	192.177	—	80～100	—
连霍高速	G30	潼关秦东—宝鸡陈仓	333.124	87.926	—	245.198	333.124	—	80～120	—
沪陕高速	G40	商南马安石—西安灞桥	272.460	31.264	222.497	18.699	272.460	—	80～120	—
包茂高速	G65	神木蟒盖兔河—镇巴巴山	940.604	929.062	—	11.542	870.745	69.859	80～120	铜黄段有94公里设计时速60公里
福银高速	G70	山阳漫川关—长武凤翔路口	363.211	279.537	83.674	—	363.211	—	80～120	—
连霍高速	G30N	咸阳秦都帽耳刘立交—兴平市八里席	23.910	23.910	—	—	23.910	—	100	西宝改扩建后调整的原有高速路段
沪霍线	G312	西安白杨寨—西安香王	2.166	2.166	—	—	2.166	—	100	蓝商高速与西蓝高速连接调整的原有高速路段
西安绕城高速	G3001	西安方家村立交—西安方家村立交	80.350	—	80.350	—	80.350	—	120	—
十天高速	G7011	白河陕鄂界隧道—略阳吴家营	431.122	398.150	19.231	13.741	431.122	—	80～100	—
神店高速		神木店塔—神木半切墩	17.354	17.354	—	—	17.354	—	80	—
榆绥高速		榆林牛家梁—绥德石家湾	118.809	118.809	—	—	118.809	—	80～100	—

续表1-1-1

路线名称	路线编号	省境内起讫点	里程合计	车道里程			路面铺装		设计时速	备注
				4车道	6车道	8车道	沥青混凝土	水泥混凝土		
榆府高速		榆林小纪汗—府谷黄河大桥	145.906	89.000	56.906	—	145.906	—	80～120	—
渭蒲高速		蒲城县城—华县赤水	52.599	52.599	—	—	52.599	—	120	—
定汉高速		陇县火烧寨—宝鸡陈仓	105.009	83.520	21.489	—	105.009	—	80～120	—
洛岔高速		洛南永丰镇—商州板桥岔口铺	12.624	12.624	—	—	12.624	—	80	—
西安咸阳国际机场专用高速		西安朱宏路立交—机场	20.580	—	—	20.580	20.580	—	120	—
延西高速		铜川耀州—西安吕小寨立交	62.800	—	41.020	21.780	62.800	—	120	—
灞三线		西安灞桥方家村—咸阳秦都帽耳刘立交	8.587	8.587	—	—	8.587	—	100	连接连霍高速西安灞桥至十里铺5.109公里、三桥至帽耳刘立交3.478公里两段合计路段
合计			4083.317	3226.610	525.167	331.540	4013.458	69.859		

说明：表中数字选自陕西省公路局编《陕西省公路统计资料》（2012年度）

第二节　干线公路网规划

一、国道公路网规划

陕西国道公路规划，自民国17年（1928）国民政府首次拟定全国公路建设计划始，几经规划和调整。1956年，交通部划分全国国道路线（草案），其中行经陕西国道5条，入网里程2 061.76公里。1968年，交通部将通过陕西的11条干线公路纳入全国国道规划。1981年，国务院授权国家计划委员会（简称国家计委）、国家经济委员会（简称国家经委）和交通部颁发国家干线公路网（国道）试行方案，规划通过陕西的国道公路8条，入网里程3 853.23公里。

1991年后，陕西编制全省干线公路网规划，其中国道线路仍依1981年中央两委一部所颁试行方案，并先后纳入"米"字形主干线、主骨架、次骨架和重点干线公路建设规划，重点实施改建、改造和提高。1996年6月编制的《陕西省干线公路网规划》（1991—2020），对全省干线公路网布局进行优化，从国道线路在全省政治、经济发展中的功能与作用出发，将经过省境的108、210、310、312国道，规划为以西安为中心的"米"字形主骨架线路第一层次通道；将307、309国道，规划为与"米"字形主骨架相连接的第二层次干线公路，将211、316国道规划为区域重要通道，分层次加快建设、改造和改善。之后，在编制"十五"、"十一五"时期全省交通发展计划、规划纲要中，着重对各时期国道线路改建、改造进行统筹规划，提出目标、任务和对策，推进分期、分层次实施。

历经局部调整和多年改建、改造，全省国道除个别路段控制点和路线所经有所变化外，总体路线走向未有大的变化，而入网里程有所增加，等级标准则全面提高。其中局部走向变化较大的主要是316国道，其原走向从陕鄂界平利县关垭子入陕，经平利至安康，调整为从陕鄂界白河县下卡子入陕，经白河、旬阳至安康，原316国道关垭子至安康段编入308省道。

至2010年，全省国道线路仍为8条，里程增至3 937.82公里。其线路走向及里程如下：

1.G108北京—昆明，简称京昆线、108国道。起自北京，经太原、西安、成都，至昆明。其中陕西段自陕晋界韩城市禹门口入境，经韩城、合阳、澄城、大荔、渭南（临渭区）、西安（临潼区、灞桥区、长安区），户县、周至、佛坪、洋县、城固、汉中（汉台区）、勉县至宁强，由宁强县棋盘关出陕入川，连接渭南、西安、汉中3市、16个县（区），路线长约747公里。渭南以北为渭（南）大（荔）韩（城）公路，渭南至西安为西（安）潼（关）公路一部分，西安西南向为周（至）城（固）公路，汉中西南向为褒（城）棋（盘关）公路。

2.G210包头—南宁，简称包南线、210国道。起自包头，经西安、重庆、贵阳至南宁。其中陕西段从陕蒙界神木县石拉点不素入境，经神木、榆林（榆阳区）、米脂、绥德、清涧、延川、延安（宝塔区）、甘泉、富县、洛川、黄陵、宜君、铜川（印台区、王益区、耀州区）、富平、三原、高陵、西安（灞桥区、未央区、雁塔区、长安区）、宁陕、石泉、西乡（古城）、镇巴，至镇巴县铁匠垭出陕入四川，纵贯陕西榆林、延安、铜川、西安、安康、汉中等6市、26个县（市、区），路线长约1 197公里。西安以北为西（安）包（头）公路，西安以南为西（安）万（源）公路。

3.G211银川—西安，简称银西线、211国道。起自银川，经甘肃合水，至陕西三原。其中陕西段自陕甘界旬邑县郭村入境，经淳化、泾阳至三原新建村，为三（原）正（宁）公路，路线长约157公里。

4.G307黄骅—银川，简称青（岛）银线、307国道。始起自青岛，经济南、石家庄、太原、榆林至银川，后路线起点调整为河北黄骅港，经石家庄、太原、榆林至银川。其中陕西段从陕晋界吴堡县宋家川入陕，经绥德、子洲、靖边，至定边县王圈梁出陕入宁夏，横贯榆林市南部，路线长约382公里。

5.G309荣成—兰州，简称荣兰线、309国道。起自山东荣成，经济南、邯郸、临汾、延安至兰州。其中陕西段从陕晋界宜川县圪针滩黄河大桥入境，经宜川、富县，由富县雷家角出境入甘肃。省境路段为兰（州）宜（川）公路，横贯延安市南部，路线长约223公里。

6.G310连云港—天水，简称连天线、310国道。起自连云港，经徐州、郑州、西安、宝鸡，至天水。其中陕西段从陕豫界潼关县坡头南村入境，经潼关、华阴、华县、渭南（临渭区）、西安（临潼区、灞桥区、未央区）、户县、周至、眉县、宝鸡（陈仓区、渭滨区、金台区），至宝鸡市陈仓区牛背梁入甘肃，连接渭南、西安、宝鸡3市、13个县（市、区），横贯八百里秦川，路线长约299公里。西安以东为西（安）潼（关）公路，西安以西为西（安）宝（鸡）、宝（鸡）牛（背）公路。

7.G312上海—霍尔果斯，简称沪霍线、312国道。起自上海，经南京、合肥、南阳、西安、兰州、乌鲁木齐，至霍尔果斯。其中陕西段从陕豫界商南县界牌入境，经商南、丹凤、商洛（商州区）、蓝田、西安（灞桥区、未央区）、咸阳（渭城区、秦都区）、礼泉、乾县、永寿、彬县、长武，至陕甘界长武县凤翔路口出境入甘肃，连接商洛、西安、咸阳3市、13个县（区），路线长约412公里。西安东南向为西（安）界（牌）公路，西北向为西（安）兰（州）公路。

8.G316福州—兰州，简称福兰线、316国道。起自福州，经南昌、武汉、安康、汉中，至兰州。其中陕西段从陕鄂界白河县下卡子入境，经白河、旬阳、安康（汉滨区）、

全省国道干线公路规划以改善路况、完善设施、提高等级标准为重点。图为2006年9月6日316国道安康市汉滨区恒口段大修施工

陕西省2010年国道公路里程及技术状况表

表1-1-2　　　　单位：公里

路线简称	路线编号	省境内起讫点	里程合计	技术等级				有铺装路面			简易铺装路面
				一级	二级	三级	四级	合计	沥青混凝土	水泥混凝土	
京昆线	G108	韩城禹门口—宁强棋盘关	747.169	37.000	468.450	217.899	23.820	747.169	634.039	113.130	—
包南线	G210	神木石拉点不素—镇巴铁匠垭	1197.339	54.693	733.416	409.230	—	1170.939	988.580	182.359	26.400
银西线	G211	旬邑郭村—三原新建村	157.100	—	71.000	86.100	—	157.100	157.100	—	—
青银线	G307	吴堡宋家川—定边王圈梁	382.000	9.000	65.005	307.995	—	382.000	379.015	2.985	—
荣兰线	G309	宜川黄河大桥—富县雷家角	222.971	—	147.428	75.543	—	147.428	141.279	6.149	75.543
连天线	G310	潼关坡头南村—陕甘界宝鸡牛背梁	298.592	21.642	239.631	32.819	4.500	294.092	290.552	3.540	4.500
沪霍线	G312	商南界牌—长武凤翔路口	411.662	113.199	298.463	—	—	411.662	396.557	15.105	—
福兰线	G316	白河下卡子—凤县张家尧村	520.988	7.779	303.651	209.558	—	520.988	446.686	74.302	—
合　计			3937.821	243.313	2327.044	1339.144	28.320	3831.378	3433.808	397.570	106.443

说明：表中数字选自陕西省公路局编《陕西省公路统计资料》（2010年度）

汉阴、石泉、西乡、城固、汉中（汉台区）、留坝、凤县，至凤县张家尧村出境入甘肃，连接安康、汉中、宝鸡3市、10个县（区），横贯陕西南部，路线长约521公里。汉中以东为汉（中）白（河）公路，汉中西北至凤县陕甘界为宝（鸡）汉（中）、双（石铺）杨（家店）公路。

2010年陕西境国道公路里程及技术状况见表1–1–2。

二、省道公路网规划

陕西省道公路网历经多次规划，1982年划定省道公路53条。之后，省道纳入干线公路网规划，路线与入网里程小有调整。1990—1991年，先后将包（头）神（木）府（谷）公路杨家坡至店塔段53公里、西安咸阳国际机场东线公路19公里列为省道，并将府（谷）榆（林）公路入网里程由原169公里调至112公里。经此调整，省道增至55条，入网里程4 803公里。

随着全省经济社会迅速发展，公路交通需求变化，原规划实施中公路性质、功能、布局结构和养护管理等亦有所变化，需对省道网规划进行相应调整。在组织编制全省干线公路网规划同时，省交通厅、省公路局组织省道网调整调研。经过一年多调查论证，1996年1月编制《陕西省省道公路网调整方案》，并报经省政府原则同意，省交通厅以陕交计〔1996〕125号文颁布施行。是年6月编制的《陕西省干线公路网规划》（1991—2020），将部分省道纳入第二层次干线公路规划，其线路走向与控制点有所调整。

此次省道网调整，以省境内国道及干线公路网布局方案为基础，除国道外，里程在30公里以上，符合下列条件之一的路线，一般都纳入省道网：

连接50万人口以下、20万人口以上中、小城市及县（区）之间重要线路；

由中心城市和地区所在地通往县的连接线路，比较重要的工农业生产基地、新经济发展带（或经济增长点）之间的连接线路；

主要交通枢纽，著名人文、风景区及连接周边省（自治区）不属国道的省际比较重要的公路；

具有重要军事意义的国防公路。

此外，为汽车专用公路服务新建辅道或原有公路，与国道平行线路和由国道调整出的局部路段，是否纳入省道网，视其功能、作用、重要程度及整体布局状况确定。

调整后省道网路线共28条，入网里程5 190公里，密度为每百平方公里2.54公里。与原省道网比较，路线减少27条，入网里程增加374公里。

1997年后，除个别省道起、止点与节点有局部调整外，整个省道网未做较大变动。2001年9月，经省交通厅同意，省公路局向第二次全国公路普查办公室呈报，将部分省道起、止点和线路长度予以调整，并增设310省道。

依2010年统计资料，省道网线路、节点、里程及其变动情况如下：

1.西安辐射线，共7条，长1 024.48公里。

S101西安—商州，简称西小线、101省道。起自西安市灞桥区豁口，经蓝田（九间房）至商州小商塬。长83.59公里。

S102宁陕—旬阳，简称西旬线、102省道。起自210国道宁陕县广货街，经柞水、镇安，至旬阳县旬河路口，与316国道相接。长216.51公里。

S103西安—宝鸡，简称103省道。原为西（安）宝（鸡）南线。西（安）宝（鸡）、西（安）潼（关）高速公路相继建成后，原西（安）宝（鸡）南线改为310国道西安至宝鸡段，103省道西（安）宝（鸡）线暂空，编号保留。

S104咸阳—千阳，简称西千线、104省道。起自咸阳（秦都区）七厂十字，经兴平、扶风、岐山、凤翔，至千阳县城。长178.63公里。

S105西安—咸阳，即西安咸阳国际机场二级汽车专用公路，简称西机线、105省道。起自高陵马家湾，至咸阳（渭城区）底张。长15.86公里。

S106三原—澄城，简称西澄线、106省道。起自三原大程，经富平、蒲城，至澄城庄头。长约117.50公里。

S107渭南—渭南，简称关中环线、107省道。起自渭南（临渭区）渭富桥北桥头，经蓝田、长安、户县、周至、眉县、岐山、扶风、乾县、礼泉、泾阳、三原、阎良、临潼，至渭南（临渭区）渭富桥北桥头。长412.39公里。

2004年12月，按照全省省道公路网调整方案，公路勘察设计人员在三原县进行107省道路线勘测

2.南北纵向线，共12条，长2 154.36公里。

S201清涧—渭南，简称清渭线、201省道。起自清涧岔口，经延川、延长、宜川、黄龙、白水、蒲城，至渭南（临渭区）南小桥。长367.83公里。

S202澄城—洛南，简称澄洛线、202省道。原起自黄龙县城，经澄城、大荔、华阴，至洛南县城。后改起点为澄城冯塬镇。长151.89公里。

S203商州—山阳，简称商山线、203省道。起自商洛（商州区）侯塬，经山阳，至陕鄂界山阳小河口。长161.20公里。

S204神木—靖边，简称杨靖线、204省道。原起自神木杨家坡，经榆林、横山，至靖边县城。后改起点为神木贾家畔。长307公里。

S205清涧—延长，简称清延线、205省道。起自清涧新城，经子长、延长，至延长呼家川。长176.44公里。

S206靖边—延安，简称靖延线、206省道。起自靖边县城，经安塞，至延安（宝塔区）嘉岭桥。长135.20公里。

S207安康—镇坪，简称安镇线、207省道。起自安康（汉滨区）张兴沟，经岚皋、平利八仙，至陕鄂界镇坪鸡心岭。长240公里。

S208咸阳—三原，简称咸铜线、208省道。原起自铜川，经耀州、富平、三原、泾阳，至咸阳。后改起点为咸阳市氮肥厂，经泾阳至三原刘家沟。长48.90公里。

S209乾县—眉县，简称乾汤线、209省道。起自乾县武昭园，经扶风，至眉县横渠。长66.49公里。

S210麟游—留坝，简称麟留线、210省道。起自陕甘界麟游天堂，经凤翔、宝鸡（陈仓区）、太白，至留坝铁佛店。长226.44公里。

S211汉中—南郑，简称汉南线、211省道。起自南郑大河坎，经南郑县城，至陕川界南郑台上。长62.82公里。

S212陇县—凤县，简称陇凤线、212省道。起自陕甘界陇县大桥，经千阳、宝鸡（金台区），至凤县双石铺。长210.15公里。

3.东西横向线，共10条，长1 678.28公里。

S301府谷—神木，简称府神线、301省道。起自府谷前石畔，至神木中鸡。长121公里。

S302佳县—榆林，简称佳榆线、302省道。起自佳县县城，至榆林（榆阳区）南郊。长93.55公里。

S303宜川—定边，简称宜定线、303省道。起自宜川云岩，经延安（宝塔区）、志丹、吴起，至定边彭滩。长343.62公里。

S304韩城—洛川，简称韩洛线、304省道。起自韩城薛曲，经黄龙，至洛川县城。长154.90公里。

S305蒲城—旬邑，简称罕正线、305省道。起自蒲城罕井，经铜川、旬邑，至陕甘界旬邑雕灵关。长126.07公里。

S306旬邑—麟游，简称旬麟线、306省道。起自旬邑转角，经彬县、永寿，至麟游两亭。长209.39公里。

S307洛南—柞水，简称洛柞线、307省道。起自洛南箭杆岭，经商洛（商州区），至柞水磨沟峡。长230.67公里。

S308平利—安康，简称平安线、308省道。起自陕鄂界平利关垭子，经平利老县，至安康（汉滨区）安旬路口。长92.53公里。

S309勉县—略阳，简称勉略线、309省道。起自勉县水磨湾，经略阳，至陕甘界略阳白河沟。长118.65公里。

S310安康—镇巴，简称恒紫线、310省道。起自安康（汉滨区）恒口，经紫阳，至镇巴渔渡坝。长约187.90公里。

经不同时期局部调整，省道路线入网里程增至5 596.28公里，其中包括按省道列养路线13条，共739.16公里。主要有：新西安环线，榆（林）神（木）、渭（南）蒲（城）高速公路，宜君过境、清（涧）渭（南）东线、印（台）王（益）、乾（县）汤（峪）、榆林过境、杨（家坡）靖（边）、灞（桥）三（桥）路、宝鸡至陕甘界、316国道石泉马岭关至汉石界复线等。

依照省道网规划调整方案，省道建设主要对路线进行局部改建或改造、改善，故路线、节点、里程总体变化不大，而等级标准则明显提高，技术构成趋向合理。

三、次骨架公路规划

2000年4月14日，省政府批转省交通厅《适应西部大开发，加快公路发展的规划及实施意见》，在规划陕西公路网第一层主骨架基础上，结合省域南北狭长地理特点，根据生产力布局和支柱产业发展要求，尤其是陕北能源化工基地开发，关中高新技术、旅游及果品产业发展，陕南汉江梯级开发及工业走廊建设需要，新规划第二层次干线公路系统，即“1纵3横2环”次干线系统。总长度约3 600公里。

1纵，陕蒙界神木杨家坡至渭南。

3横，府谷至新街，延川至定边，309国道黄河壶口至富县雷家角。

2环，一是关中环线，即107省道；二是渭北、陕南大环线，起自铜川，经旬邑、彬县、麟游、凤翔、陈仓、渭滨、凤县、留坝、汉台、城固、西乡、石泉、汉阴、汉滨、旬阳、白河、山阳、商州、洛南、华阴、大荔、澄城、白水，至铜川。

2006年8月编制的《陕西省交通发展“十一五”规划纲要》，采用上述规划成果，提出加快次骨架公路建设，加强省际出口公路和通往重要工矿地、商品粮集散地等经济干线建设。

2010年全省省道公路里程及技术状况见表1–1–3。

第三节 农村公路规划

一、县乡公路规划

县乡公路是农村公路骨干，也是20世纪90年代农村公路建设重点。适应农村经济社会发展和公路交通量增长需求，1993年4月，省计委、省交通厅组织编制全省县乡公路规划。在各地（市）交通局编制本辖区县乡公路规划基础上，经省公路局综合平衡，于12月形成《陕西省县乡公路规划》（1990—2020）。

规划按照切合实际、科学预测、合理规划、点面结合、重点突出思路，确定2000年、2010年、2020年县乡公路发展目标。规划建设重点，首先是打通未通乡公路；其次是县公路升等改造及油路面铺装；再是贯通46条断头线，提高通行能力，适应经济发展。

实施县乡公路规划，全省加强重点县乡公路新建和改造。1996年年末，全省农村公路约3.96万公里，其中县乡公路2.94万公里。县乡公路中，二级公路194公里，三级公路6 377公里，四级公路1.60万公里，等外公路6 789公里。

二、农村公路发展纲要

20世纪90年代，农村经济社会加快发展，要求加速改善农村公路交通。中共陕西省委、省政府将农村公路发展作为解决“三农”问题的重要措施之一。1993年9月，省政府召开全省公路建设会议，部署落实公路建设规划目标和任务，对农村公路建设提出要求，并做出安排。1994年12月《陕西省县乡公路规划》（1990—2020），提出行政村通公路目标。适应新的发展要求，需制定系统的农村公路发展战略规划。

1994年6月，由省交通厅立题，省交通厅、省公路局与西安公路交通大学等单位有关专家组成课题组，开展全省农村公路发展长远战略设想研究，后该课题被列为交通部行业科技攻关项目。课题经过调研、分析、评估和预测，提出全省农村公路发展战略、目标与政策措施。根据课题研究成果，拟定《陕西省农村公路发展纲要》。经1995年10

陕西省2010年省道公路里程及技术状况表

表1-1-3　　　　单位：公里

路线简称	路线编号	路线起讫点	里程合计	技术等级						有铺装里程			简易铺装	晴雨通车
				合计	高速	一级	二级	三级	四级	合计	沥青混凝土	水泥混凝土		
西小线	S101	西安城区豁口—商州小商塬	83.592	83.592	—	—	29.395	54.197	—	83.592	73.262	10.330	—	83.592
西旬线	S102	宁陕广货街—旬阳旬河路口	216.510	216.510	—	—	19.960	196.550	—	196.933	192.133	4.800	19.577	216.510
西千线	S104	咸阳城区七厂十字—千阳县城	178.630	178.630	—	6.240	51.727	120.663	—	178.630	168.674	9.956	—	178.630
西机线	S105	高陵马家湾—咸阳城区底张	15.864	15.864	—	—	15.864	—	—	15.864	15.864	—	—	15.864
西澄线	S106	三原大程—澄城庄头	117.500	117.500	—	4.200	111.600	1.700	—	117.500	117.500	—	—	117.500
关中环线	S107	渭南城区渭富桥北桥头	412.394	412.394	—	257.025	149.534	5.835	—	412.394	412.394	—	—	412.394
清渭线	S201	榆林清涧岔口—渭南城区南小桥	367.827	367.827	—	—	236.578	103.149	—	367.827	366.103	1.724	—	289.037
澄洛线	S202	澄城冯原孙堡—洛南县城	151.888	151.888	—	—	81.688	70.200	—	151.888	139.088	12.800	—	151.888
商山线	S203	商州侯塬—山阳小河口	161.200	161.200	—	—	64.240	96.960	—	140.800	136.505	4.295	20.400	161.200
杨靖线	S204	神木贾家畔村—靖边县城	307.000	307.000	—	32.599	139.651	134.750	—	305.150	298.360	6.790	1.850	307.000
清延线	S205	清涧新城—延长呼家川	176.441	176.441	—	—	167.051	9.390	—	176.441	172.446	3.995	—	161.938

续表1-1-3

路线简称	路线编号	路线起讫点	里程合计	技术等级						有铺装里程			简易铺装	晴雨通车
				合计	高速	一级	二级	三级	四级	合计	沥青混凝土	水泥混凝土		
靖延线	S206	靖边县城—延安城区嘉岭桥	135.203	135.203	—	—	12.217	122.986	—	66.979	66.979	—	68.224	135.203
安镇线	S207	安康城区张兴沟—镇坪鸡心岭	240.000	240.000	—	—	4.410	235.590	—	240.000	203.700	36.300	—	240.000
咸铜线	S208	咸阳氮肥厂—三原刘家沟	48.900	48.900	—	—	48.900	—	—	48.900	47.800	1.100	—	48.900
乾汤线	S209	乾县武昭园—眉县横渠	66.488	66.488	—	3.100	19.430	43.958	—	66.488	62.608	3.880	—	66.488
麟留线	S210	麟游天堂乡—留坝铁佛店	226.443	226.443	—	0.700	121.093	104.650	—	226.443	221.543	4.900	—	226.443
汉南线	S211	南郑大河坎—南郑台上	62.823	62.823	—	—	62.823	—	—	62.823	43.923	18.900	—	62.823
陇凤线	S212	陇县大桥村—凤县双石铺	210.145	210.145	—	—	210.145	—	—	210.145	203.977	6.168	—	210.145
府神线	S301	府谷前石畔村—神木中鸡	121.000	121.000	—	67.000	54.000	—	—	121.000	121.000	—	—	121.000
佳榆线	S302	佳县县城—榆林城区市南郊	93.553	93.553	—	—	93.553	—	—	93.553	93.553	—	—	93.553
宜定线	S303	宜川云岩镇—定边彭滩	343.622	343.622	—	—	219.468	124.154	—	230.468	230.468	—	113.154	343.622
韩洛线	S304	韩城薛曲—洛川县城	154.895	154.895	—	—	85.475	57.367	12.053	153.455	153.455	—	1.440	116.738
罕正线	S305	蒲城罕井—旬邑雕灵关	126.069	126.069	—	—	77.373	39.100	9.596	126.069	126.069	—	—	123.900

续表1-1-3

路线简称	路线编号	路线起讫点	里程合计	技术等级						有铺装里程			简易铺装	晴雨通车
				合计	高速	一级	二级	三级	四级	合计	沥青混凝土	水泥混凝土		
旬麟线	S306	旬邑转角村—麟游两亭镇	209. 390	209. 390	—	—	34. 500	174. 890	—	209. 390	209. 390	—	—	209. 390
洛柞线	S307	洛南箭杆岭—柞水磨沟峡	230. 670	230. 670	—	—	3. 500	227. 170	—	176. 970	175. 670	1. 300	53. 700	230. 670
平安线	S308	平利关垭子—安康城区安旬路口	92. 530	92. 530	—	—	92. 530	—	—	92. 530	66. 800	25. 730	—	92. 530
勉略线	S309	勉县水磨湾—略阳白河沟	118. 650	118. 650	—	—	65. 000	53. 650	—	118. 650	78. 950	39. 700	—	118. 650
恒紫线	S310	安康恒口—镇巴渔渡	187. 900	159. 400	—	—	—	92. 100	67. 300	90. 000	67. 600	22. 400	26. 665	187. 900
新西安环线	*S108	渭南城区韩马—渭富桥北桥头	292. 559	292. 559	—	—	74. 019	178. 212	40. 328	284. 387	283. 032	1. 355	8. 172	292. 559
榆神高速	*S20	榆林小纪汗—神木店塔	106. 354	106. 354	106. 354	—	—	—	—	106. 354	106. 354	—	—	106. 354
宜君过境	*S213	宜君县城—宜君李湾	20. 580	20. 580	20. 580	—	—	—	—	20. 580	20. 580	—	—	20. 580
清渭东路	*S214	宜川程落—黄龙绿源宾馆	74. 692	74. 692	—	—	2. 000	72. 692	—	37. 123	37. 123	—	37. 569	74. 692
印王路	*S216	铜川市印台乡—铜川市王益区	15. 519	15. 519	—	—	15. 519	—	—	15. 519	15. 519	—	—	15. 519
乾县至汤峪路	*S217	扶风法门寺—眉县汤峪	34. 029	34. 029	—	—	34. 029	—	—	34. 029	34. 029	—	—	34. 029

续表1-1-3

路线简称	路线编号	路线起讫点	里程合计	技术等级						有铺装里程			简易铺装	晴雨通车
				合计	高速	一级	二级	三级	四级	合计	沥青混凝土	水泥混凝土		
榆林过境	*S218	榆林城区三岔湾—绥德千狮桥	30.780	30.780	—	3.700	12.136	14.944	—	30.780	27.080	3.700	—	30.780
杨家坡—靖边路	*S219	神木店塔—神木石壑则	21.000	21.000	—	—	6.000	15.000	—	21.000	16.000	5.000	—	21.000
渭蒲高速	*S22	蒲城城关—华县赤水	52.599	52.599	52.599	—	—	—	—	52.599	52.599	—	—	52.599
宝鸡至陕甘界项目	*S24	陇县火烧寨—千阳南寨	66.750	66.750	66.750	—	—	—	—	66.750	66.750	—	—	66.750
宝鸡至陕甘界项目	*S24D001	陇县东风镇—陇县峪头村	0.418	0.418	0.418	—	—	—	—	0.418	0.418	—	—	0.418
灞三路	*S311	西安灞桥方家—咸阳秦都帽耳刘	8.587	8.587	8.587	—	—	—	—	8.587	8.587	—	—	8.587
国道316复线	*S316	石泉马岭关—汉石界	15.290	15.290	—	—	—	15.290	—	15.290	15.290	—	—	15.290
合计			5596.284	5567.784	255.288	374.564	2415.408	2365.147	157.380	5174.298	4949.175	225.123	350.751	5462.665

说明：1.表中数字选自陕西省公路局编《陕西省公路统计资料》（2010年度）

2.表列恒紫线另有等外公路里程28.500公里，未铺装路面里程71.235公里

3.*为省公路系统按省道列养路线，其中榆林过境线30.780公里为分段合计里程

月全省农村公路建设会议讨论并修改，12月21日，省政府以陕政发〔1995〕54号《陕西省人民政府关于印发〈陕西省农村公路发展纲要〉的通知》，印发全省贯彻施行。

纲要系统提出农村公路发展指导思想、目标任务、建设方针及政策措施。规划2000年显著改善、2010年基本适应的发展目标；确定统筹规划、合理布局，分层负责、分步实施，突出重点、协调发展，因地制宜、分类指导，建管并举、注重效益5条原则，并提出7条政策措施。

省政府批转该发展纲要的陕政发〔1995〕54号通知指出，加快农村公路建设，实现广大农村通公路，是农村和农业开放、开发、发展的重要条件，是当前和今后一个时期农村工作和交通工作共同重要任务。要求各级政府统一思想，加强领导，落实农村公路建设责任制；继续坚持民办公助、民工建勤政策，多方筹措公路建设资金；搞好规划，加强技术指导，坚持建管并举，不断提高农村公路建设和管理水平。

1995年10月5—7日，省政府在西安召开全省农村公路建设工作会议，部署加快农村公路建设，并组织与会代表讨论修改《陕西省农村公路发展纲要》。图为大会会场

农村公路发展纲要颁布后，各地（市）结合实际，相继出台加快农村公路发展意见或办法，加强农村公路建设。1996—1998年，按照省政府部署，全省实施包括通路在内农村“三通”工程，掀起农村公路建设热潮。

1998年年底，全省农村公路6.47万公里（含通村公路）。其中县乡公路3.14万公里，通村公路3.33万公里。县乡公路中，二级公路411公里，三级公路7 329公里，四级公路1.71万公里，等外路6 554公里。

三、农村公路发展规划

“九五”以至“十五”时期，各级政府重视和加强农村公路建设。按照交通部关于编制农村公路规划安排，2000年4月，陕西启动农村公路规划编制工作。在以地（市）、县（市、区）为单位编制本辖区农村公路规划基础上，省交通厅组织完成全省农村公路规划编制，2002年5月形成《陕西省农村公路发展规划》。

该规划分析全省经济社会与交通运输发展，特别是农村脱贫致富奔小康对公路的需求，按照“适度超前、路线协调、因地制宜、突出重点”原则，进行农村公路发展规模预测和路网布局，提出农村公路网发展目标、建设规模与实施安排等。规划2000—2005年，达到全国平均水平；2006—2010年，基本适应经济社会发展需要。规划实施期间，交通部提出“修好农村路，服务城镇化，让农民兄弟走上沥青路和水泥路”目标，并实施县际公路、通县油路和通达工程等农村公路建设工程。省交通厅将农村公路列为全省公路建设重点之一，加大力度推进建设。

2005年12月，省政府以陕政发〔2005〕42号文颁布《全面加快农村公路发展的意见》，确定全省农村公路发展思路与规划目标，并明确省投资补助标准和政策，推动农村公路全面加快发展。

贯彻规划和省政府意见，适应社会主义新农村建设要求，2006年起，省交通厅将农村公路列为全省公路建设两个重点之一，大规模实施以通村油（水泥）路为主要任务的农村公路建设。同时，组织研究制定适应新农村建设的农村交通发展专题规划框架方案，提出“路线成网、晴雨通畅、可靠便捷、文明和谐”的新农村公路发展目标，并提出“统筹规划、分步实施，因地制宜、分类指导，注重实效、确保质量，安全环保、持续发展”的主要原则和相应政策措施。

2006年起，实施“十一五”农村公路发展规划，全省掀起通村油（水泥）路建设高潮。图为2006年4月11日全省通村公路建设现场工作会议代表参观旬邑县通村水泥路建设

上述规划成果和加快发展意见，纳入《陕西省交通发展“十一五”规划纲要》。

2006年5月24日，省政府与交通部在西安共同签订《关于落实中央一号文件农村公路建设任务的意见》，决定按照“省部联合、各负其责、统筹规划、分级实施、量力而行”的原则，联手推进陕西农村公路发展。

农村公路发展规划和扶持政策，调动起各方面大力兴办农村公路的积极性，全省农村公路以前所未有的速度、规模和标准加快建设。2007年年底，全省农村公路达到10.82万公里。其中县乡公路4.11万公里，村公路6.71万公里；通公路乡镇、建制村（即行政村）分别达到99%和75%；通油（水泥）路乡镇、建制村，分别达到87%和60%。

四、县域公路发展规划

“十一五”期间，中央和陕西省把农村公路发展作为农村公共服务重要基础设施之一，给予倾斜支持；全省县域经济快速发展，要求加强县域公路交通改善。根据省政府部署和要求，2009年3月，省交通运输厅编制《加快公路交通建设，助推县域经济发展》规划。规划重点从公路服务县域经济发展要求出发，提出县域各阶段高速公路、干线公路和农村公路发展目标。除高速公路、干线公路依照前述专项规划外，重点确定县域农村公路发展规划。

规划提出，抢抓国家加强农村公共服务设施建设新机遇，进一步加快农村公路建设，全面提高农村公路通达深度和质量。规划建设目标：2010年实现100%乡镇通油路，100%建制村通公路，其中所有具备条件建制村通沥青（水泥）路。

实施上述规划，全省农村公路全面普及、显著提高。2010年年底，全省农村公路达到13.30万公里。其中县乡公路4.12万公里，村公路9.18万公里。

第二章　勘察设计

公路勘察设计水平与质量，对公路建设质量、造价、工期和公路使用品质等具有重要影响。随着公路事业改革深化与建设加快，公路勘察设计市场扩大开放，勘察设计理念与方式变革，勘察设计技术进步创新。20世纪90年代，勘察设计以新建高等级公路和改造干线公路为主；2000—2005年，勘察设计以新建高速公路和重点新建、改建县乡公路为主；2006—2010年，勘察设计以新建高速公路为主，同时加强干线公路改造工程、新建通村油（水泥）路建设勘察设计，勘察设计水平不断提高。高速公路路线设计，由平原地区扩展至山区，由黄土地质延伸到沙漠等特殊地质，由新建路线发展到改、扩建路线，设计技术标准由四车道、六车道发展至八车道。桥梁勘察设计，由以预应力混凝土空心板梁和预应力混凝土连续箱梁为主，发展到连续T形梁桥、连续刚构桥、钢管拱桥（劲性骨架）、斜拉桥等多种桥型。相继设计、建设一批特长公路大桥。隧道勘察设计，由石质隧道发展到黄土等特殊地质隧道，隧道断面形式由单洞到双联拱和双洞，隧道长度由短隧道到特长隧道，隧道宽度由普通公路的双车道，发展到高速公路的双洞六车道。秦岭终南山公路隧道等一批特长公路隧道设计，创新国内公路隧道设计技术。公路勘察设计改革与发展，促进公路建设加快、规模扩大、等级提高、水平提升。

第一节　工程勘察

一、高速公路勘察

20世纪90年代，陕西以“米”字形主干线高等级公路建设为主。公路工程勘察执行交通部《公路路线勘测规程》（JTJ 061-85），遵循 “经济、实用、安全”的设计理念，以地质选线为主，采用经纬仪、红外仪、全站仪、水准仪等勘测仪器，以及钻探、井探、物探等方法。至1997年，先后勘察三（原）铜（川）、西（安）宝（鸡）、临（潼）渭（南）、铜（川）黄（陵）、渭（南）潼（关）、西（安）蓝（田）、西安绕城高速公路北段等一批高等级公路及桥梁、隧道工程。

上述工程项目，除西（安）蓝（田）高速公路委托西安公路交通大学工程设计研究院勘察外，其余均委托省公路设计院勘察。全部采用可行性研究（方案调查、环境影响评估）、初步设计（初测、初勘）、施工图设计（定测、定勘）三阶段勘测。

公路工程可行性研究（简称工可研）阶段，一般需经2～3次勘察。地质和环境等复杂工程项目，则需经多次勘察。西安绕城高速公路北段项目，沿线文物丰富，村落、机关单位、工厂密集，先后施行4次路线勘察，提出南线、中线及北线（汉长安城遗址北通过方案）等三个方案。经评审，推荐北线方案为建设方案。推荐方案与西安城市三环路间关系经过论证，提出分开布设、合并布设等路线方案，经交通部批复，同意采用合并方案设计、建设。

初步设计是在可行性研究基础上，组织路线、地质、桥隧及路基专业人员实地踏勘、核查，现场修改调整。踏勘过程中，结合对沿线区域经济发展、现有公路及交通流量等情况调查、预测，从线路等级、里程、地形、造价、占地和公路功能等方面，综合研究比选，确定推荐路线方案。依据可行性研究报告批复意见，进行初测、初勘，方案比较，确定推荐方案，进行施工图设计阶段详测、详勘，为局部优化方案提供准确的地形、地质、水文、社会环境资料。铜（川）黄（陵）高速公路项目地处黄土沟壑地带，地形多变，地质复杂，滑坡较多，根据交通部评审建议，重点对川口等5处滑坡地段进行详细勘察，查明滑坡体范围、厚度和类型等，确定滑坡稳定性敏感因素。在此基础上经反复论证，提出并确定滑坡治理方案，为施工图设计提供更详细或特殊需要的地形、地质资料。

1998年，按照全省加快公路发展规划，省交通厅组织省内公路勘察设计单位，对榆（林）靖（边）、延（安）（安）塞、勉（县）宁（强）、西（安）汉（中）、西（安）阎（良）、312国道咸阳过境线暨西安咸阳国际机场高速公路、西安绕城高速公路南段、西（安）柞（水）高速公路及秦岭终南山公路隧道、黄（陵）延（安）、榆（林）（陕）蒙（界）高速公路等项目进行可行性研究与勘察设计。秦岭终南山公路隧道勘察设计，采用GPS、遥感、大地音频深探及地应力测试等立体综合勘探技术，在460平方公里范围内进行综合勘察选线，查明该地区全部越岭垭口地质条件，研究各种有价值线路方案700多公里，重点研究并对不同高度、不同长度的5个隧道方案进行比选，后选取18、13、11公里三个具有代表性隧道方案，从地形地质、工程造价、施工条件、建设工期以及对自然环境影响等方面，进行综合比选，最终采用18公里特长隧道方案（见第二篇第六章专记《秦岭终南山公路隧道建设》）。

1999年3月，省公路设计院进行榆（林）靖（边）高速公路工程可行性研究，提出科技选线、地质选线原则，首次在省内公路勘察设计中采用遥感（RS）、全球定位系统（GPS）、地理信息系统（GIS）技术，即“3S”技术，进行大规模工程地质调绘，并采取遥感影像判释和现场调查踏勘验证相结合的方法，仅用一个月时间，完成115.90公里1：10000工程地质调绘报告，调绘速度比常规调绘方法提高2倍以上。同时，利用GPS准确圈定沙丘分布并判断沙丘流动方向，根据影像标志详细划分活动沙丘、半活动沙丘及固定沙丘区，进行路线优化比选，推荐最合理、最符合沙漠区自然规律路线方案。之后，省内高速公路项目均采用3S技术勘察选线，显著提高勘察效率和质量。

禹（门口）阎（良）高速公路经渭北台塬地带和关中平原区，有多条大型河谷，经遥感技术解译验证后，发现路线多处地段处大型滑坡区、隐伏断裂构造和煤矿采空区，提出多段路线优化方案，避开多处滑坡、陡边坡路段，减少建设工程量，节约工程投资数千万元。

西（安）汉（中）高速公路涝峪口至筒车湾段选线勘察，应用卫星遥感和航测图像综合分析技术发现秦岭隧道群方案，将原拟勘设18公里超长隧道优化为一组隧道群，合计长度16.90公里，节约投资2亿元以上。

黄（陵）延（安）高速公路地处陕北黄土丘陵沟壑区。工程勘察始推荐塬下方案。经遥感地质信息分析，沿线黄土滑坡遍布，其中黄陵至洛川路线带有一定规模的黄土类滑坡131处，对公路工程危害极大，为此提出塬上方案。根据遥感图像黄土残塬分布特点，塬上方案可采用桥梁将沿线塬面连接，形成比较顺畅的路线；路线途经洛河、淤泥河等多条河流沟谷，多为深百米以上峡谷，其中洛河峡谷深达170多米，为满足路线纵坡技术要求，均采用高墩、大跨径桥梁跨越。经比较，塬上方案虽需建多座高墩、大跨径桥梁，但可避免滑坡等地质灾害干扰，且比塬下方案减少隧道12公里，缩短路线里程1.50公里，节约工程投资约2亿元以上，后经评审采用塬上方案。

2000年，贯彻省政府批转省交通厅关于适应西部大开发，加快公路发展规划及实施意见，开放公路勘察设计市场，加快公路建设项目前期工作。6月，青（岛）银（川）线陕西境子洲至王圈梁段高速公路勘察设计，首次在省内公路勘察设计中实行邀请招标，引进中交第一公路勘察设计研究院有限公司（简称中交一公院）、中交第二公路勘察设计研究院有限公司（简称中交二公院），加强勘察设计力量，促进勘察设计竞争。12月1日，贯彻执行交通部新颁《公路勘测规范》（JTJ 061–99），增加可行性研究阶段勘察。根据交通部《公路工程勘察设计招标评标办法》（交公路发〔2001〕582号）、《公路工程勘察设计招标投标管理办法》（交通部2001年第6号令），省交通厅确定，单项合同估算价在50万元以上，或建设项目总投资额3 000万元以上项目，均采用公开方式进行勘察设计招标。2003年4月1日，陕西交通资产经营有限公司对西部大通道——西（安）合（肥）线蓝（田）商（州）高速公路勘察设计，首次在省内公路勘察设计中进行国内公开招标。同年采用委托或招标等方式，进行柞（水）小（河）、小（河）（安）康高速公路勘察设计。

2004年4月，交通部将福（州）银（川）线陕西境凤（翔路口）永（寿）高速公路列为全国12个公路勘察设计典型示范工程之一。7月14日，省交通厅决定将凤（翔路口）永（寿）、咸（阳）永（寿）（又称永寿至咸阳即永咸高速）高速公路及309国道宜（川）壶（口）二级公路改建工程，列为陕西公路勘察设计典型示范工程，并成立领导机构和专家小组；在交通部专家组指导下，结合项目实际，制定勘察设计典型示范工程指导要点，指导项目勘察设计。

2008年12月15日，公路勘察设计人员进行西安至蓝田至商州高速公路路线勘测

项目勘察设计实行公开招标。省公路设计院中标凤（翔路口）永（寿）段项目；河南省交通规划勘察设计院中标咸（阳）永（寿）段项目，委托西安公路研究所承担该段勘察设计任务。按照“以人为本、自然和谐、协调发展、科技兴路”、“安全、环保、舒适、和谐”设计理念，西安公路研究所经对咸（阳）永（寿）段进行多次踏勘、调查，对方案反复进行比较、完善和优化，推荐最佳路线方案上报审批。省公路设计院对凤（翔路口）永（寿）段先后5次踏勘现场，采用地形图电子文件和DTM数据，利用CARD/1软件，合理确定路线平、纵面线形，并从工程造价、建设规模、建设环境、环保等方面进行多方案比选。对封侯沟特大桥、李家坡隧道等控制性工程及路基、路面进行专题研讨，最终确定合理路线方案。

西安咸阳国际机场专用高速公路项目，为交通部科技示范路工程，亦有陕西“省门第一路”之称。省公路设计院将其列为精品工程，在考察北京、广州、厦门机场专用高速公路和杭州湾跨海大桥照明、监控、护栏等项目设计的基础上，采取综合和分专题、分阶段的方法进行勘察，并根据项目沿线地下文物遗址密集的特点，提出文物选线原则，与文物部门联合进行现场踏勘，合理确定路线走向。

是年，省交通厅安排省公路设计院进行潼关至宝鸡高速公路改扩建工程可行性研究。时为省内首次进行的高速公路改扩建工程可行性研究。该院组织考察、学习辽宁沈（阳）大（连）高速公路改扩建工程经验，对潼关至宝鸡高速公路进行全线踏勘、调查，全面收集沿线地形、地貌、工程地质、水文地质、气象、地震及原有公路路况、构造物等大量资料。在此基础上，与四川省交通厅公路规划勘察设计研究院联合进行多项专题研究，对局部分流路线方案进行多方案、同深度比较后，确定推荐方案。

2005年10月，全省掀起加快高速公路建设高潮，省交通厅扩大开放公路勘察设计市场，全国9家具有甲级资质勘察设计单位，先后中标西（安）铜（川）高速公路改扩建工程，十（堰）天（水）联络线陕西境安（康）汉（中），青（岛）兰（州）线陕西境壶（口）雷（家角）等5个高速公路项目勘察。安（康）（陕）川（界）高速公路，位处巴山腹地，沿线沟壑纵横，植被茂密，降雨频繁，气候湿热，滑坡、崩塌、泥石流等地质灾害严重，且多数路段位处悬崖峭壁，展线十分困难。为保护生态环境，降低工程造价，设计人员充分根据山区地形、地貌、地质等进行线形布设，逢山布隧，遇沟设桥。设计路线大多桥隧相连，桥隧总长度占路线总长度80%以上，为全省桥隧长度比重最大的高速公路项目。

2009年10月，公路勘察设计人员与钻探工人对拟建汉中至略阳高速公路路线进行地质勘探

2007年7月起，执行交通部《公路勘测规范》（JTG C10–2007）。公路勘察设计采用数字地形模型（DEM）、全站仪及GPS RTK动态设计、电法勘探等先进技术。

2008年，抓紧应对全球金融风暴、扩大内需机遇，全省掀起新一轮大规模高速公路建设高潮。为保证年底潼（关）西（安）高速公路改扩建等9条高速公路项目开工，省交通厅加快勘察设计招标工作，分解细化勘察设计目标任务，逐级落实进度与质量责任。各设计单位再分解任务，倒排工期，勘察设计人员连续加班作业，夜以继日进行勘察设计。宝（鸡）汉（中）高速公路宝鸡至陕川界段全长250多公里，沿线地形复杂，工程规模巨大。可行性研究中，为快速确定路线方案，中交一公院采用现代对地观测最新技术——激光雷达技术采集有关数据，采集范围达800多平方公里，为勘测设计提供可靠基础资料。

新一轮加快建设高速公路项目，均处地形、地质条件复杂区域。由于勘察设计时间紧、周期短，部分项目设计深度不够，施工中出现较多设计变更。设计单位加强动态勘察设计，选派设计人员常驻工地，针对施工中发现的问题，随时修改、完善或变更设计，保证工程进度和建设质量。

二、干线公路勘察

20世纪90年代，全省干线公路建设勘察，按交通部部颁公路勘察规程、规范要求，均按初勘、详勘两阶段进行勘察。一般三、四级公路改建工程，按施工图一阶段勘察要求进行勘察。勘察手段沿用经纬仪、光电测距仪、全站仪、水准仪等仪器，采用钻探、井探、电法勘探等方法。至1997年，先后完成勘察的二级汽车专用公路项目有：西安咸阳国际机场东线、商（州）小（商塬）、彬县太峪至火石咀、蓝（田）小（商塬）、绛（帐）法（门寺）汤（峪）、宝（鸡）牛（背）、临潼靳家至秦俑馆等；一级汽车专用公路有宝（鸡）牛（背）的宝汉路口至高家村段、咸（阳）乾（县）公路；二级公路改建有姜（窝子）眉（县）公路等。同时完成一批公路桥梁、隧道勘察。

商（州）小（商塬）、临潼靳家至秦俑馆二级汽车专用公路，分别委托省公路设计院、省公路局设计室勘察，其余一、二级汽车专用公路及一般二级公路，由省公路局委托省公路设计院勘察；三、四级公路改建由地（市）交通局委托地（市）公路管理总段勘察设计室（所）勘察。改建公路勘察，主要收集沿线地形、地貌、地质、水文、气象及路况等资料，调查原有公路路基、路面、桥涵等人工构造物状况及病害，研究病因及防治措施。

1998年4月23日，公路勘察设计人员应用遥感技术对姜（窝子）眉（县）公路改建工程进行地质分析

姜（窝子）眉（县）二级公路改建，由于路线穿越秦岭，地质构造复杂，省公

路设计院采用航空遥感技术、全球定位系统进行航测、地质调绘，确定推荐路线方案。之后，干线公路改建均采用遥感技术、全球定位系统进行勘察，有效提高路线勘测质量。

1998年起，全省干线公路和规划次骨架公路改建，大多沿原公路路线勘查地形、地貌、桥梁、隧道及防护、排水等构造物资料。

2002年5月，204省道杨家坡至陈家沟岔一级公路勘察设计，陕西交通资产经营有限公司通过公开招标，确定省公路设计院中标。此为陕西干线公路勘察设计首个招标项目。同年，212省道陇县至陕甘界二级公路改建勘察设计，宝鸡市实行邀请招标，陕西中达公路技术服务公司中标，开省内民营公路设计企业竞标干线公路勘察设计先例。之后，干线公路改建工程，单项合同估算价在50万元以上，或建设项目总投资额在3 000万元以上项目，均进行勘察设计公开招标，大多由各市交通局或公路管理局设计单位中标勘察设计。

干线公路改建工程勘察设计，主要采用GPS、数字地面模型（DTM）、全站仪等技术，对原有公路进行一次勘测。勘测以满足技术标准为前提，尽可能利用旧路，以节约投资，少占耕地。个别困难地段，采用低标准或选择新地段测定路线方案。

107省道（即关中环线）建设，分别由西安、渭南、咸阳、宝鸡市政府采用委托或招标方式，组织项目勘察设计。省公路设计院、西安公路研究所、西安公路勘察设计院、咸阳公路管理局勘察设计室等设计单位，分别承担勘察设计任务。根据沿线地形、地质条件，执行充分利用旧路与局部新建相结合原则，分别采用一、二级公路标准勘察设计。

2004年，309国道宜（川）壶（口）二级公路改建列为省公路勘察设计典型示范工程后，省公路设计院采用全站仪、GPS等先进技术进行勘察，使公路与周围环境协调，保护原有地貌特征。

2005—2010年，干线公路勘察工作以提升改造为重点。按照改建公路典型示范工程原则和要求，先后勘察关中公路环线渭南界至太乙宫、马召至西汤峪、岐山至五丈原、316国道城固至褒河、310国道渭南城区过境段、202省道大荔科技园区过境段等新建、改建一级公路约196公里、二级公路约621公里、三级公路约179公里。

三、农村公路勘察

1991—1995年，全省农村公路建设以新建、改建县乡公路为主，设计单位沿用水准仪（高程测量）、简易圆盘（水平角测量）、花杆（横断面测量）等简易方法，按照一阶段施工图勘察内容与要求进行勘察、测量。

新建或改建二级县公路，省公路局或地（市）交通局委托省公路设计院、西安公路研究所等单位组织勘察；新建三、四级县乡公路，省公路局或地（市）交通局委托各公路管理总段勘察设计室组织勘察；修建村级公路，一般采取由村干部或请专业技术人员现场察看、放线的办法。先后勘察新建县公路606.46公里，乡公路363.81公里。1993年咸阳市勘察乾陵旅游路6.40公里，为全省首条二级县道。渭南地区勘察朝邑农场至雨林公路25.40公里，为省内最长的三级乡公路。

1996年起实施农村“三通”工程，全省掀起农村公路建设热潮，省公路局或地

（市）交通局委托设计单位，对新、改建县乡公路进行勘察。根据村公路交通流量和交通工具构成特点，省公路局制定村级道路技术标准，规定凡能按部颁标准执行的，均按部颁标准勘察、设计；达不到部颁标准的，按行车道宽度3米，路基宽度平川原区4.50米、山岭与荒漠区3.50米标准进行勘察改建。村公路多为等外土路，部分为等级沙石路或油路，一般由村聘请技术人员，采用皮尺丈量配合水准仪、经纬仪测量、放线。

2008年7月，汉中公路管理局勘察设计人员在勉县进行公路改建工程外业测量

1999年起，全省新建、改建县乡公路，始采用全站仪、水准仪、GPS等技术进行勘察。2001—2004年，由各市交通局委托具有相应资质勘察设计单位，先后完成志丹至甘泉、平利至镇坪等22条通县公路、65条县际公路、28项贫困县出口公路及县公路等工程勘察任务。

2005年，适应农村公路建设需要，省交通厅制定《陕西省农村公路技术标准》（陕交发〔2005〕143号），规定对达不到部颁标准的村级等外公路，按此标准进行勘察设计。

2006年起，全省以村村通油（水泥）路为重点，推进农村公路全面普及提高。省交通厅要求充分利用原有道路，均采用全站仪、水准仪、GPS等勘测技术，按图上定线—实地踏勘—局部修改等程序进行一次定测。许多县（市、区）交通局组建设计室（组），承担勘察设计工作。县乡公路改建工程勘察，大多由市交通局采用委托形式组织完成。村级公路勘察，大多由县交通局设计室（组）实施。2010年6月，西安市实施农村二级公路网化工程，一次对西安南横线、东三环至临潼公路、王寺至竹峪公路、鹿苑大道至草临路渭河特大桥等9个项目进行勘察设计招标，总长636.64公里，为省内农村公路勘察设计首次招标，且为一次招标项目最多、里程最长、技术等级最高项目。

第二节　路线、路基、路面设计

一、高速公路路线、路基、路面设计

1991—1997年，高速公路路线设计，依据交通部《公路工程技术标准》（JTJ01—88）及《公路工程基本建设项目设计文件编制办法》（交公路字〔1987〕10号），分初步设计、施工图设计两阶段进行。设计技术手段，省公路设计院、西安公路研究所等设计单位由传统手工图板绘图向PC计算机CAD技术绘图发展。至1997年，共设计高速公路路线7条，计456.44公里。

高速公路路线设计，均根据平原微丘区、重丘区、山岭区等不同地形特征，分别

采用相应技术标准。三（原）铜（川）、西（安）宝（鸡）两线，沿线地形开阔、平坦，按汽车专用一级公路平原微丘区技术标准设计。临（潼）渭（南）、渭（南）潼（关）、西（安）蓝（田）等高速公路，沿线大部分路段属平原微丘区，部分路段属重丘区，均按全封闭、全立交、双向四车道高速公路技术标准设计。铜（川）黄（陵）公路沿线沟壑纵横，冲沟发育，地形支离破碎，路线采用一级汽车专用公路山岭重丘区技术标准，按全封闭、全立交、双向四车道技术标准设计，计算行车速度分别采用60公里/小时、100公里/小时。路基大多采用整体式路基。娄子沟、罗圈梁、蒿庄梁等部分地段因受地形条件限制，采用分离式路基。设计中，针对沿线多黄土高边坡的情况，设计单位成立高边坡治理小组，研究采用放缓平均坡率，增设浆砌防护和植被防护，利用挂网喷浆等治理方案，以保证路基边坡稳定；川口、2号信箱、王家河矿、西河水库等处滑坡地段，采用抗滑桩、挡墙等措施进行抗滑设计。

西安绕城高速公路北段与多条高速公路及干线公路交汇，为西安市东西向过境交通主要线路。经调查，预测交通量达7万多辆次/日，超过四车道高速公路适应交通量上限。在部颁设计规范尚无六车道高速公路设计标准情况下，省公路设计院在通过专家咨询并考察国内已建六车道高速公路基础上，参考1996年交通部《公路工程技术标准》（修订送审稿）及城市道路设计规范，依据沿线自然地理特征，经反复论证，确定采用全封闭、全立交、双向六车道方案设计，计算行车速度120公里/小时，路基宽度35米，中央分隔带3米。此为陕西乃至西部地区设计首条六车道高速公路。

1998年1月1日起，高速公路设计执行交通部《公路工程技术标准》（JTJ01–97）。根据高速公路使用任务、功能、适应交通量及地理条件，高速公路大多采用双向四车道标准设计，行车速度分别采用120公里/小时、100公里/小时、80公里/小时，路基宽度分别采用26米、24.50米、21.50米。西安绕城高速公路南段、312国道咸阳过境暨西安咸阳国际机场高速公路，采用双向六车道高速公路标准设计，行车速度采用120公里/小时，路基宽度采用35米。

在执行部颁设计标准和规范同时，对位处特殊地区的高速公路路线进行特殊设计。榆（林）靖（边）高速公路地处毛乌素沙漠南缘地区，在部颁规范尚无沙漠高速公路设计标准情况下，设计人员通过查阅国外有关沙漠公路建设文献并进行实地调查，研究确定路线方案。根据沙漠易流动特点，在沙丘迎风面布设公路线位，路线与主导风向采用较小角度斜交。路线纵断面设计以“宁填勿挖”为原则，采用低填方（填高1.50米）为主，以防路基被沙掩埋。路堤采用缓坡式或浅槽式，路堑采用矮堤式或宽平台式，并在路堑坡脚留积沙平台。根据沿线地广人稀特点及地形特征，全线路基采用整体式横断面，路基宽度分别采用26米、35米，风积沙路段路基坡脚或坡顶外设平整带和防护带。之后，采用同样方法完成榆（林）（内）蒙（古）、靖（边）安（塞）高速公路沙漠路段设计。

西（安）汉（中）高速公路路线设计，依据交通部《公路环境保护设计规范（JTJ/T006–98）》，按照建设“生态路、环保路”要求，省公路设计院开展“秦岭山区生态高速公路建设技术研究”，遵循节约、环保、以人为本设计理念，注重环境保护及景观设计，使公路构造物与周围景观、环境相融合，形成新人文景观，并合理设置停车区、服务区、公共汽车停靠站、观景台等设施。户县涝峪口至宁陕筒车湾段，山高谷深，布线异常困难，设计采用双向四车道标准，因地制宜，选取合理技术指标。一般路段设计时速采用80公里/小时，路基宽24.50米。部分特殊路段指标不能满足规范要求，通过科研论证及技术经济比较，合理选择技术指标。如涝峪河及正河峡谷段，总长42.50公里，沟谷狭窄，河曲发育，并布有军用电缆和地方道路，路线为连续长、大纵坡，经综合比较，设计时速采用60公里 /小时。同时，针对不同地形、地质条件采用不同路基宽度。

这一时期，高速公路路面面层设计大多采用沥青混凝土结构，基层和底基层采用水泥稳定粒料以及级配碎砾石，或采用石灰工业废渣、水泥稳定土、石灰稳定土、石灰粉煤灰稳定土、填隙碎石等材料，垫层一般采用水稳定性好的粗粒料或其他稳定材料。部分高速公路如西（安）阎（良）、西安绕城高速公路沿线交通流量大，载重车辆多，路面设计采用三灰稳定碎石基层，以提高基层早期强度和承载力，沥青混合料采用SBR、SBS改性沥青，防止出现车辙等早期病害。之后，新建高速公路路面设计大多采用SBS改性沥青。

312国道咸阳过境暨西安咸阳国际机场高速公路，为小型客车与重载车辆混合交通，车流量大，且处关中腹地，暴雨多，年降雨量较大。为提高行车安全性与舒适性，按照省交通厅决定，引进日本大友株式会社排水性沥青路面技术设计。

勉（县）宁（强）高速公路为陕南山区第一条高速公路。沿线雨量充沛，部分路段地下水位高，易导致路基沉降。西安公路研究所经过试验研究，采用在山体一侧边沟下设置盲沟的设计，降低地下水位，确保路基承载力。路面采用开级配抗滑磨耗层，具有抗滑、降低噪声和高温稳定性好等特点。

禹（门口）阎（良）高速公路经关中盆地与陕北黄土高原过渡区，湿陷性黄土路段长170公里，占路线总长96%。省公路设计院经反复研究，确定采用低路堤方案设计。主线路堤平均填土高度，由以往同类项目3.20～3.50米，降至2.45米，减少路基填方600万立方米、地基处理30万平方米，少占用土地26.67公顷。同时，采用地基处理、填料改良与路基综合排水结合原则，进行路基综合排水设计，排除湿陷诱因；按不同湿陷等级，设计采用冲击碾压、强夯、灰土垫层、石渣垫层和路基两侧强夯压密等方法，提高路基压实度。之后，黄（陵）延（安）高速公路等同类型湿陷性黄土路段，均采用该方法设计。

黄（陵）延（安）高速公路，沿线黄土地貌切割大，高边坡分布广。全线两侧路堑边坡总长约58公里，其中开挖深度逾30米路堑达30余处，最大削坡高度达80米，若设计不当，极易造成边坡变形，发生滑坡等灾害。省公路设计院根据新、老黄土组合型结构特性，参照铜（川）黄（陵）高速公路高边坡设计研究成果，采用“宽台陡坡”方案，边坡坡率随边坡高度增加适当放缓，控制在1：1～1：1.33范围，并根据黄土孔隙结构疏松，垂直节理发育，地表植被稀少，雨水侵蚀易诱发边坡失稳的特点，在坡顶3米外设挡水土埝，或于坡顶5米外设截水沟，坡面施以绿化或工程防护，防止地表径流流入和冲刷。经建成通车后观察，该路段高边坡完好无损，为同类地质高边坡设计提供范例。

其间，设计单位广泛采用计算机路线软件，实现路线设计现代化。

2004年3月1日起，高速公路设计执行交通部《公路工程技术标准》（JTG B01-2003）。

咸（阳）永（寿）、凤（翔路口）永（寿）高速公路，按照交通部公路勘察设计典型示范工程设计、建设。图为2008年9月30日建成的永寿至陕甘界段高速公路

咸（阳）永（寿）、凤（翔路口）永（寿）高速公路路线，按照勘察设计典型示范工程要求设计。咸（阳）永（寿）段开始采用四车道全立交、全互通高速公路标准。项目动工后，按照省交通厅决定，改按六车道标准修改设计。该路段承担通往西安咸阳国际机场交通功能，车流量大，设计速度采用120公里/小时，路基宽度采用28米。凤（翔路口）永（寿）段经过彬长矿区，重载货车多，且具明显方向性，路基宽度采用24.50米，路面右幅为载重车道，路面基层加厚5厘米，采用二灰土底基层、二灰碎石基层、SBS改性沥青同步碎石封层、密集配沥青碎石下面层、改性沥青混凝土中面层、改性沥青玛瑞脂碎石（简称SMA[①]）上面层结构，以提高路面抗车辙性、抗滑性和耐久性。同时，引入运行车速概念，检验和优化平、纵面设计，合理确定上、下行平曲线超高指标。从生态环境、声环境、水环境、社会经济环境、空气环境等方面，进行环境保护设计。在连续上坡路段设置爬坡车道、紧急停车带和避险车道。该设计获陕西省优秀工程设计一等奖。

此后，全省新建高速公路均按“环保路、生态路”要求，进行环境保护设计。

2005年8月起，全省加快高速公路建设，省交通厅扩大设计市场开放，引进省外设计单位参与勘察设计竞争；在高速公路设计中推行全寿命周期成本理念，大力提高设计质量。设计单位优化资源配置，加强一线设计力量。设计人员进驻工地，白天外业勘测，晚间内业设计，节假不休，连续加班作业。

此期高速公路路线设计，设计行车速度按照路线所在地域，分别采用120公里/小时、100公里/小时和80公里/小时，车道数以四车道居多。路基宽度分别采用28米、26米、24.50米。商（州）（陕豫）界、神（木）府（谷）、西（安）铜（川）高速公路二通道泾阳立交至耀州段等高速公路，根据近、远期交通量及服务水平要求，均采用六车道、计算行车速度120公里/小时、路基宽度34.50米标准设计。西安咸阳国际机场专用高速公路、安（康）汉（中）高速公路安康至恒口段，西（安）铜（川）高速公路二通道吕小寨立交至泾阳立交段等，均采用八车道、计算行车速度120公里/小时、路基宽度45米或41米标准设计。根据路线沿线地形特征，分别设计紧急停车带、爬坡车道、避险车

注[①]：SMA是沥青玛瑞脂碎石混合料英文缩写，是一种粗集料、沥青和矿粉用料较多，并掺有少量纤维的间断级配沥青混合料，具有良好高温稳定性和低温抗裂性能，以及抗滑、耐磨耗、水稳定性好、耐老化等路用品质。

道、加（减）速车道等。

与此同时，贯彻省交通厅关于增加高速公路沥青路面厚度要求，对在建高速公路沥青路面均进行加厚设计，一般增加2～8厘米。如黄（陵）延（安）高速公路沥青路面，由15厘米增加至20厘米。之后，新建高速公路沥青路面均按加厚要求进行设计，基本解决沥青路面早期损坏问题。沥青路面结构，设计多采用细粒式改性沥青混凝土或SMA等上面层、中粒式改性沥青混凝土中面层和密级配沥青碎石下面层。

西安至安康高速公路穿越秦岭山区，路线设计、建设以保护自然生态为原则之一。图为2008年11月28日建成的柞（水）小（河）高速公路

高速公路设计加强新技术、新方法引进、推广和应用。西安咸阳国际机场专用高速公路路面设计，主线路面（包括特大桥桥面）设计为排水性路面。收费广场、立交区匝道、引线路面采用SMA上面层，粗骨料最大粒径采用13毫米（细粒式）。主线路面排水系统实行精细化设计，正常路段边部采用排水管暗排路面雨水，超高段内侧设置排水槽，增加路面有效使用宽度。小（河）（安）康、蓝（田）商（州）、商（州）漫（川关）高速公路，西安咸阳国际机场专用高速公路等路线隧道洞口、收费站附近路段设计，运用色彩心理学，采用彩色路面或彩色防滑标线，给驾驶人员以强烈警示，以利控制行车速度。蓝（田）商（州）高速公路设计，采用挂网喷播、高次团粒喷播、植草、植灌木草皮、撒播草籽等技术，对石质边坡进行绿化防护。商（州）漫（川关）高速公路设计遵循主动保护原则，合理运用技术指标，避让环境敏感点，灵活采用整体与分离式路基断面形式，适当增加桥隧比例，严格控制填挖高度，保护生态环境。

商（州）（陕豫）界高速公路为陕西第一条六车道山区高速公路，原设计分期实施，先期按六车道标准一次征地，路线按四车道设计，桥隧按六车道设计。工程开工后，省交通厅决定改分期建设为一次建设，设计单位加班加点，将四车道施工图改为六车道施工图。路线平、纵面设计完成后，运用公路透视图以及公路动态模拟仿真技术，检验路线平、纵面设计是否合理，进一步优化、完善，使路线线形更加协调、顺适。

2008年5月起，为确保全省新一轮加快高速公路建设目标实现，省交通厅要求加快勘察设计招标和中标项目设计。陕西省高速公路建设集团公司（简称省高速集团）、陕西省交通建设集团公司（简称省交通集团）等建设单位，对未招标项目，以实验段形式先行招标、设计，确保计划项目按时开工，然后进行全线设计。设计单位强化目

2009年11月，陕西省公路勘察设计院技术人员进行十（堰）天（水）线汉中西高速公路施工图设计

标责任，全力以赴，加班加点，按时完成中标项目设计任务。

此期高速公路路线设计，特殊路段因地制宜，灵活应用技术标准。榆（林）神（木）高速公路，采用四车道高速公路技术标准，设计速度分别采用100公里/小时、80公里/小时，路基宽度分别采用26米、24.50米。安（康）汉（中）高速公路，根据交通量及在路网中的功能，结合沿线地形、地貌和地质条件等，不同路段分别采用四车道、六车道、八车道高速公路技术标准。

高速公路设计在遵循全寿命周期成本理念的同时，引入低碳、环保、节约的新理念。安（康）汉（中）高速公路设计，全线沥青路面上面层采用SMA结构；注重路线与沿线环境及景观协调，为保护西乡县沙河镇陈家坝村牧马河南山坡上的水杉林，将原沿山坡水杉林区布线方案改为沿河道设桥方案，以使水杉林及原有地形、地貌不受影响。

二、干线公路路线、路基、路面设计

1991—1997年，干线公路新、改建工程设计，执行1987年交通部《公路工程基本建设项目设计文件编制办法》（交公路字〔1987〕10号），按两阶段或一阶段施工图设计，采用传统图板手工绘图，部分采用计算机CAD绘图。

此期修建一级公路、二级汽车专用公路，一般是在原二、三级公路基础上进行改建，部分新建。改建或新建根据沿线地形、地质及交通量等情况，分别采用相应技术标准。部分路段根据所处区域、地形条件及交通量等，灵活采用技术标准。210国道太白路南口至沣峪口一级公路，地处西安城市南郊平原微丘区，交通量大，分太白路南口至南环路口、南环路口至沣峪口两段设计。其中太白路南口至南环路口18.42公里，采用城市道路形式，计算行车速度采用100公里/小时，路基宽度较标准提高9.50米，设计为35米。312国道商（州）小（商塬）、彬县太峪至火石咀、蓝（田）小（商塬）、310国道宝（鸡）牛（背）等二级汽车专用公路均按规定标准进行设计。

除上述二级汽车专用公路外，其他干线公路改建，多由三、四级公路改建为一般二、三级公路。改建公路根据设计交通量和不同区域特点，分别采用相应标准设计。如210国道清涧至榆林203.15公里改建，清涧县岔口至绥德县田庄段38公里，采用山岭重丘区二级公路技术标准；榆林市（今榆林市榆阳区）沙河桥北至芹河桥南5.39公里，采用平原微丘区一级公路技术标准；其他159.76公里路段，采用平原微丘区二级公路技术标准。

这一时期新建、改建一级公路、二级汽车专用公路路面以沥青混凝土为主，其他等级公路以沥青表处和沥青碎石路面为主。

1998年起，设计单位开始应用计算机新技术进行干线公路新建、改建设计。姜（窝子）眉（县）二级公路改建工程设计，采用计算机CAD技术及路线辅助设计系统。312国道商州过境一级公路改建工程设计，采用DTM技术（地形数字模型），进行定线优化和工程量计算。之后，干线公路新、改建工程均采用以上技术设计。

设计根据地形、地质条件及设计交通量，因地制宜，灵活应用技术指标。204省道神木县杨家坡至店塔一级公路修建，分双沟岔至陈家沟新建段、杨家坡至双沟岔整治段两段设计，分别采用山岭重丘区一级或二级公路技术标准设计。301省道府谷至店塔公路，211国道三原县城至云阳、淳化县金川湾至旬邑县湫坡头镇公路、107省道关中公路环线设计，根据沿线地形、地质条件，充分利用旧路与局部新建相结合，分别采用一、二级公路标准设计。

2001年后，贯彻交通部《西部地区通县公路建设实施意见》（交公路发〔2001〕646号），至2002年，先后在榆林、延安、安康等9个市、36个县设计改建22个通县公路工程项目，总里程1 960公里。其中，国道项目7项1 001公里，省道项目13项874公里；采用二、三级公路技术标准分别设计、改建238公里、1 722公里。其路线线位、线形基本不变。路基宽度：平原微丘区采用8.50米，沥青路面宽7米；山岭重丘区路基宽7.50米，沥青路面宽6米。地形、地质比较复杂的路段，设计路基宽度一般6.50米左右。

2004年，309国道宜川至壶口二级公路改建工程设计，按照省公路勘察设计典型示范工程要求，遵循“安全、环保、舒适、和谐”设计原则，结合自然地理条件，灵活应用技术指标，因地制宜确定路基尺寸。存在安全隐患地段和交通事故多发路段改建设计，适当提高技术指标。新、改建路段种草植树，保证边坡稳定，防止水土流失。路堤两侧坡脚外公路用地，设计、种植适地树种、草皮。原有坡面稳定、可靠的孤石，予以保留，以显自然。

2008年5月，经多次改建的302省道，达到山岭重丘区二级公路技术标准。图为佳县段路线与沥青路面

2005—2010年，全省干线公路改建设计，在执行交通部公路设计规范和标准的同时，均按照公路勘察设计典型示范工程设计原则进行设计。先后完成一级公路新建、改建设计约196公里；新建、改建二级公路约621公里，三级公路约79公里。城镇密集、交通量大路段，多参照城市干道标准设计。如310国道宝鸡市区过境段（渭滨大道），长5.60公里，按城市快速干道设计，行车速度采用60公里/小时，路基宽度为26米；关中公路环线北线西安市阎良区与三原县交界的三义村至临潼区与渭南市城区交界的田市镇段，长26.62公里，亦按城市快速干道设计。这一时期公路路面以沥青混凝土为主，部分路线采用水泥混凝土

路面。

三、农村公路路线、路基、路面设计

1991—1995年，全省农村公路设计，依据交通部部颁标准及公路设计文件编制办法，各地（市）交通局和公路总段设计室（所）采用传统手工绘图法，按照一阶段施工图设计要求设计。设计文件包括：路线平、纵面图，桥、隧设计图，特殊构造物设计图，路基设计表，桥涵、构造物一览表，设计说明书与设计概算等。

1996年，结合实施农村“三通”工程，加强通村公路设计工作。1997年起，凡达不到部颁标准的村公路，均按照省公路局颁布的《陕西省村级道路技术标准》规定进行设计，路基宽度平原区为4.50米、山岭、荒漠区为3.50米；行车道宽度均为3米。

1998年后，包括村公路在内的农村公路设计，凡能达到交通部《公路工程技术标准》（JTJ01–97）规定的，均按此标准设计。计算机CAD技术在农村公路设计中推广应用。

1999—2002年，实施贫困县出口公路、西部地区通县公路和乡道改善提高工程，设计采用二、三级公路技术标准改建部分县道，采用三、四级公路技术标准改善一批乡道。西安等市组织设计、修建一批乡道二级公路。其中，西安市59.10公里，铜川市10.50公里，咸阳市14.30公里。2003年，农村公路建设以县际公路改造和贫困县出口公路建设为重点，采用二、三级公路技术标准设计、改建2 028公里。路面多采用沥青表处，部分路段采用沥青混凝土或水泥路面。

2007年1月，延安市修建的通村油路路线与路面

2006年以来，适应全省加快以通村油（水泥）路为重点的农村公路建设要求，全面加强农村公路设计工作，各县（市、区）成立公路设计室（所、组）。设计执行交通部《农村公路建设暂行技术要求》（交公路发〔2004〕372号），省交通厅《陕西省农村公路技术标准》（陕交发〔2005〕143号）等规定。地形条件许可的通村公路，采用四级以上技术标准；等外路路基、路面宽度，单车道分别采用4.50米、3米；双车道分别采用6.50米、5.50米；受资金和特殊地形限制的困难路段，路基、路面宽度分别采用4米、3米。设计文件包括路线平面图、纵断面图、路面结构图、构造物结构图和简单工程预算。

此期农村公路设计，注重生态、环境保护和治理。通过合理设计路线，尽量利用旧路，实行耕地占补平衡等措施，力求少占土地、节约耕地。设计、施工方案多与当地山、林、水、田综合整治相结合，与新农村建设、小城镇建设等同步实施。

通村油（水泥）路建设中，一些地方根据部分村道所处区域、交通量和筹资情况，采用一级公路技术标准设计、修建。如咸阳市设计、改建西北建筑材料市场、汤房村至永平村等村级一级公路共12.50公里；西安市设计、改建杏园至灞桥街村级一级公路8.70公里。至2009年，全省村道一级公路共43公里。村道二级公路设计、施工有所发展。西安市一次招标的9条农村公路，均按二级公路技术标准，采用两阶段设计要求设计。西安南横线165.86公里，其中阎良区关山至咸阳市渭城区西咸界段公路改建100.88公里，高陵县鹿苑大道至草临路渭河特大桥等项目，路面宽采用17米；临潼新丰镇至蓝田公路，路面宽分别采用12米、8.50米，其余路面宽均采用12米。通村公路路面多采用水泥混凝土，厚度15～20厘米。沥青路面多采用3厘米厚沥青表处，部分路线采用沥青混凝土。基层多采用18～30厘米厚沙砾或灰土沙砾（碎石）。有的地方采用片石混凝土路面或块石、条石路面。

第三节　桥梁设计

一、T形梁桥设计

20世纪90年代，陕西境内T形梁桥主要用于干线公路桥梁设计。T形梁省工省料且自重轻，适用于20～50米跨径桥梁。桥涵设计车辆荷载，高速公路、一级公路采用汽车—超20级、挂车—120，或汽车—20级、挂车—100，其余公路桥涵采用汽车—20级、挂车—100，或汽车—10级、履带—50。设计洪水频率，高速公路、一级公路特大桥采用1/300（即300年一遇），高速公路和一级公路大、中、小桥，二级公路特大、大、中桥及三、四级公路特大桥，采用1/100，其余桥涵采用1/50或1/25。1991年，108国道合阳县金水沟大桥设计，采用6孔50米T形梁，桥面与沟底最大高差92.44米，其中7号桥墩高86.60米。是年设计的佳（县）临（县）黄河大桥、1998年设计的兴（县）神（木县）黄河大桥等桥梁主桥，均采用50米预应力混凝土简支T形梁。根据黄河冰汛流凌特点，佳（县）临（县）黄河公路大桥桥墩设计，在圆形薄壁空心墩上游一侧设破冰棱。1992年12月21日建成通车的三铜公路赵氏河大桥，采用8孔50米跨径T形简支梁。

108国道合阳金水沟大桥为50米跨径T形梁结构。1994年4月1日建成通车

2002年，省公路设计院设计禹（门口）阎（良）高速公路芝川特大桥，为减少桥面伸缩缝，保证行车平顺、舒适，主桥上部结构采用50 米跨径，4孔1联，共12联的连续T形梁，时为省内首次将50米T形梁用于高速公路特大桥。

2004年3月1日起，依据交通部《公路工程技术标准》（JTG B 01–2003），高速公路、一级公路桥涵设计，采用公路—I级汽车荷载，其余桥涵采用公路—II级汽车荷载。是年，中交一公院采用50米跨径连续T形梁，完成延川县延水关黄河大桥设计。

此后至 2009年，全省高速公路桥梁设计，较多采用连续T形梁。子（州）靖（边）高速公路无名沟大桥，靖（边）王（圈梁）高速公路天赐湾大桥，西安咸阳国际机场专用高速公路渭河特大桥，小（河）（安）康高速公路安康五里镇高架桥，安（康）毛（坝）高速公路紫阳沟跨铁路桥，龙洞沟桥、渭（南）蒲（城）高速公路渭河特大桥等桥梁设计，均采用50米跨径连续T形梁。小（河）（安）康高速公路安康五里镇高架桥上跨阳（平关）安（康）铁路，考虑铁路远期发展，并确保铁路运营安全和桥梁施工安全，采用1孔50米简支T形梁跨越铁路，跨铁路范围内T形梁底净空设计10.45米，以满足铁路运营电气化区段净高要求。

二、箱形梁桥设计

箱形梁有简支与连续结构区别。连续结构较简支梁以其抗裂与耐久性较好、造价经济、行车舒适等优势，在全省公路桥梁设计中得以广泛应用。

1991年后，三（原）铜（川）、西（安）宝（鸡）等一级、高速公路桥梁设计，开始采用部分预应力或预应力混凝土先简支后连续箱梁结构，一般在桥梁跨径大于或等于20米时采用。如三（原）铜（川）公路上行线耀县高架桥，西（安）宝（鸡）高速公路渭河大桥、沣河大桥、漆水河大桥等，均采用30米跨径。干线公路如渭（南）清（涧）公路渭南沙王渭河特大桥，亦采用这种桥型及结构。桥面大多采用沥青混凝土铺装。府（谷）保（德）黄河大桥采用80米连续箱梁。

1995年6月27日竣工的连续箱梁桥——府（谷）保（山西保德）黄河公路大桥

为适应公路桥梁技术进步需要，设计单位加强计算机设计技术开发应用。省公路设计院采用计算机CAD技术，引进、研究开发公路中、小桥涵计算机辅助设计系统。至1995年，应用该系统先后完成西（安）宝（鸡）、蓝（田）小（商塬）、绛（帐）法（门寺）汤（峪）等公路中、小桥涵设计计算。1998年，设计单位引进并应用桥梁结构静动力设计（BRCAD）、桥梁结构设计（GQJS）、桥梁通等桥梁辅助设计软件系统，提高设计效率。

预应力混凝土连续箱梁结构在设计应用中跨径逐步增大。1999年榆（林）靖（边）高速公路无定河特大桥设计，上部结构采用33孔40米跨径预应力混凝土连续箱梁，以便利施工，节约造价。之后，子（州）靖（边）、黄（陵）延（安）、西（安）汉

（中）、蓝（田）商（州）、商（州）漫（川关）、柞（水）小（河）、小（河）（安）康、凤（翔路口）永（寿）、宁（强）棋（盘关）等高速公路桥梁设计，多采用跨径40米连续箱梁结构。少数大桥如潼（关）西（安）高速公路改扩建工程渭南过境段跨铁路大桥等桥梁，主桥采用80米跨径现浇变截面连续箱梁结构。

连续梁桥下部结构设计，桥墩大多采用柱式墩，有单柱式、双柱式、3柱式、4柱式等，其中以双柱式居多，极少部分桥墩采用薄壁式（两头圆形、矩形）空心墩及X形、Y形、V形墩等形式。桥梁基础设计，大多采用钢筋混凝土钻孔灌注桩（简称钻孔桩），重力式墩、台多用于扩大基础；钻孔桩设计有单排、群桩等形式。桥台设计多采用柱式、薄壁式、肋板式、扶壁式。桥梁支座设计布置分单、双排，形式分板式、滑板式、盆式橡胶支座等。

三、连续刚构桥设计

陕西公路桥梁设计应用预应力混凝土连续刚构桥，始于1994年西安公路研究所设计108国道澄城县西河大桥。预应力混凝土连续刚构桥，是在预应力混凝土连续梁和T型刚构的基础上，发展而成的墩梁固结的一种连续结构形式，具有主梁连续无缝、行车平顺等特点。 西河大桥设计，采用高墩、大跨连续刚构形式，主桥采用中跨2孔100米，两边跨各1孔60米预应力混凝土连续刚构。之后，连续刚构桥在干线公路桥梁设计中多有应用。至1999年，西安公路研究所与省公路设计院先后设计的连续刚构桥主要有：312国道长武亭口黑河大桥，安康关庙汉江大桥，乡（山西省乡宁县）韩（城）黄河大桥， 210国道洛川石家庄大桥，108国道合阳太枣沟大桥，316国道旬阳汉江大桥、石泉汉江大桥等，桥高在60～100米之间，跨径为90米、100米、120米、123米不等。

2005年11月27日建成的禹（门口）阎（良）高速公路太枣沟大桥，主桥设计为80米、100米、130米、170米不等跨径预应力混凝土连续刚构

2000年后，连续刚构桥用于高速公路桥梁设计。设计单位相继在禹（门口）阎（良）、黄（陵）延（安）、咸（阳）永（寿）、凤（翔路口）永（寿）、蓝（田）商（州）、商（州）漫（川关）、安（康）（陕）川（界）、定（边）汉（中）等高速公路上，设计高墩、大跨桥梁20余座，跨径分别在90～200米之间。主梁采用单箱单室箱形断面，其根部梁高分别采用8米、9米、9.50米、11米，跨中梁高分别为3米、3.50米、4.50米，梁高按二次抛物线变化，均采用三向预应力结构。

禹（门口）阎（良）高速公路设计有徐水沟、太枣沟、金水沟等7座高墩、大跨径桥梁。其中，徐水沟特大桥设计最大跨径200米，时为西北地区最大跨径连续刚构桥。其上部结构主桥采用中跨2孔200米、边跨各1孔110米；单箱单室断面，箱梁根部梁高11米，跨中梁高4米。金水沟特大桥设计为中跨5孔136米、边跨分别为88米、78米预应力混凝土连续刚构与预应力混凝土连续箱梁组合形式。采用薄壁空心墩，柱式桥台。墩台均采用桩基础，最大墩高98米。长度70米以上桩基5个，其中最长桩达110米，桩径1.70米。该桥设计拥有“连续多跨大跨径的跨径组合”“98米以上高桥墩”“110米超长桩”“大直径特深群桩”“大体积承台”等关键技术。

黄（陵）延（安）高速公路桥梁设计，鉴于线路多次跨越黄土沟壑，经经济、技术比较，设洛河等7座高墩、大跨连续刚构特大桥。上部结构主桥跨径，采用145米至170米跨径预应力混凝土连续刚构，引桥分别采用30米、40米箱梁或50米T形梁。具体见第二篇第六章第一节《主要桥梁建设》。

2005年4月，省公路设计院完成凤（翔路口）永（寿）高速公路封侯沟大桥设计。该桥址地形呈W形，桥梁主墩高度差异较大。为克服高、低墩受力不均影响，释放两岸边墩约束，主桥采用中跨3孔140米、边跨各75米预应力混凝土刚构-连续组合梁结构。

2009年，省公路设计院完成宝（鸡）汉（中）高速公路五里坡、涧口河两座连续刚构特大桥设计，最大桥高172米，最大墩高153米，最大跨径160米。中交一公院采用连续刚构型式，完成咸（阳）旬（邑）高速公路三水河特大桥设计。该桥上部结构主桥采用中跨5孔185米、边跨各1孔98米连续刚构；下部采用双肢薄壁空心墩，最大墩高183米，群桩基础。引桥上部采用两联5孔40米、1联4孔40米连续箱梁，下部结构采用薄壁空心墩、肋板式台、群桩基础。

高墩、大跨连续刚构桥设计，难在结构受力分析计算。随着电子计算机升级，通过引进并应用桥梁结构辅助设计系统如桥梁博士、桥梁通、BRCAD等，解决大跨、高墩连续刚构方案、结构比选、受力分析等难题，极大提高桥梁设计效率与质量。

四、钢管（劲性骨架）混凝土拱桥设计

陕西公路桥梁设计应用钢管混凝土拱桥，始于1995年316国道旬阳蜀河汉江大桥。钢管混凝土拱桥桥型与传统石拱、混凝土拱及其他钢筋混凝土拱形结构相比，可最大程度利用钢材抗拉作用，具有跨度大、施工方便、省材省力、造型美观等特点。西安公路研究所设计蜀河汉江大桥时，根据桥位地形特点，经多方案比选，采用钢管混凝土拱桥形式，主桥采用2孔120米中承式哑铃型拱肋。

2010年4月30日建成的劲性骨架拱桥——207省道堰吉河大桥

延安王家坪大桥由于遭1977年延河特大洪水冲击

严重受损，被列为碍洪桥梁。1996年曾提出原桥改造加固等方案。省长程安东在省交通厅召开现场办公会，提出拆旧新建方案，并建议采用钢管拱桥形式，将该桥建成延安市标志性建筑。省政府1996年第24次、26次省长办公会议专题研究该桥建设事宜并做出决定。按照以上意见和决定，省公路设计院从技术、经济、美学等方面对该桥方案进行综合比较，最终确定采用190米中承式钢管混凝土拱桥设计。此桥型因钢管拱如同彩虹临空，被当地群众称为“彩虹桥”。桥拱肋由两肋4管桁架式拱组成，两拱肋间距17米，拱肋截面高3米、宽1.80米。下部结构采用重力式台，扩大基础。时为西北地区第一跨度钢管混凝土拱桥。

是年，还设计修建316国道汉中石门库区潘家河跨径150米钢管混凝土拱桥。

2007年，实施207省道安（康）岚（皋）公路危桥改造工程项目，长安大学工程设计研究院设计的堰吉河大桥，采用1跨150米中承式钢筋混凝土劲性骨架箱肋拱桥结构。

五、斜拉桥设计

陕西公路桥梁设计应用斜拉桥，最早为1979年修建的安康火石岩汉江斜拉桥。此后，该桥型在省内公路应用不多。2005年，长安大学工程设计研究院设计安康七里沟汉江斜拉桥，设计采用塔梁固结、墩塔分离、墩顶设支座筏式体系。主梁结构为单箱三室大悬臂变截面预应力连续箱梁，主塔高34.80米，双塔双索面，拉索按竖琴式集中布置于中央分隔带，下部采用空心墩、大体积承台、群桩基础。主跨桥下江面开阔，保证汉江航道畅通。

第四节　隧道设计

一、隧道横断面设计

20世纪90年代，公路隧道设计依照交通部《公路隧道设计规范》（JTJ026-90），二级汽车专用公路和国道二级公路隧道等，均采用单洞双向双车道标准，计算行车速度为40公里/小时，行车道宽为7米、7.50米、8米和9 米不等，隧道净高均为5米。108国道土地岭隧道、蓝（田）小（商塬）二级汽车专用公路石洼子梁隧道等，均按此标准设计，并在隧道两侧设0.75米人行道。隧道横断面设计，除满足隧道建筑限界规定外，均考虑洞内排水、通风、照明、防火、监控、运营等附属设施所需空间，以及围岩收敛变形与施工等必要预留量，确定断面尺寸。隧道内轮廓线采用三心圆形式。

铜（川）黄（陵）高速公路娄子沟隧道，采用分离式隧道设计方案设计，上、下行隧道间距42米。图为2000年7月8日隧道施工情形

铜（川）黄（陵）高速公路娄子沟、罗圈梁、蒿庄梁等隧道设计，首次按上、下行分离式隧道设计。单洞行车道宽8米，隧道净高5米。此后设计的公路隧道，净高亦采用5米标准设计。

2000年4月起，贯彻交通部颁隧道设计规范和省交通厅公路前期工作技术指导意见，隧道设计遵循安全、经济、合理原则。延（安）（安）塞、勉（县）宁（强）、西（安）汉（中）、汉（中）勉（县）、西（安）柞（水）、黄（陵）延（安）、蓝（田）商（州）等高速公路隧道，均采用双洞双向四车道形式。单洞行车道宽7米，紧急停车道宽3.50米。断面内轮廓线分别采用三心圆或单心圆形式。

延（安）（安）塞高速公路墩山隧道受地形条件限制，采用连拱形式设计。长安大学工程设计研究院根据隧址地形特征，将隧道设计成单向坡，两隧道轴线间距11.90米，中墙宽2米。时为陕西设计、修建首座软弱围岩下最长连拱隧道，为省内公路连拱隧道设计提供实例。此后，在勉（县）宁（强）、西（安）汉（中）、西（安）柞（水）、黄（陵）延（安）、蓝（田）商（州）等高速公路，先后设计、修建62座连拱隧道。

2004年11月，交通部《公路隧道设计规范》（JTGD70-2004）实施，陕西新建高速公路隧道设计均执行此规范。设计特长隧道和长隧道行车道宽为7.50米，侧向宽度左、右侧分别为0.75米、1.25米。每隔750米设宽3.50米、长40米紧急停车带1处，并设置人行或车行横洞。

采用双洞双向六车道标准设计、建设的商（州）（陕豫）界高速公路蓝草沟隧道，2008年10月26日建成通车

商（州）（陕豫）界高速公路隧道设计，采用双洞双向六车道标准，全线共设计隧道75座。单洞行车道宽度10.50米。之后，采用同一标准，设计神（木）府（谷）高速公路墩梁隧道、十（堰）天（水）高速公路安康隧道群（由香溪、任家沟、张垭子和汉滨隧道组成）等多座隧道。

除上述高速公路外，其他高速公路隧道均采用双洞双向四车道结构形式。凤（翔路口）永（寿）、商（州）漫（川关）、宁（强）棋（盘关）、柞（水）小（河）、小（河）（安）康、安（康）毛（坝）等高速公路部分隧道，受地形狭窄条件限制，采用双连拱结构，双向四车道。2004—2010年，全省高速公路共设计28座双连拱隧道。根据隧址地形特点，双连拱隧道中墙宽度分别取1.50～2.50米标准。

二、隧道洞门设计

20世纪90年代，公路隧道洞门形式结构比较简单，大多采用端墙式。312国道彬县太峪隧道、丹凤武关隧道等少数隧道，采用柱式洞门形式。108国道周（至）城（固）

段槐树关隧道进口，铜（川）黄（陵）高速公路蒿庄梁隧道洞门，采用翼墙式，以防洞口边坡坍塌或滑坡。

2000年，按照省交通厅建设“环保路、生态路”的要求，西（安）汉（中）高速公路隧道设计，遵循“早进洞、晚出洞”原则。根据隧道洞口地形、地质条件，除少数隧道洞门采用端墙式外，大多采用削竹式，减少对洞口地形的扰动和破坏，并力求与洞口地形融为一体。

2002年后，隧道洞门设计均考虑洞门建筑和地形整体配合效果。除端墙式洞门形式外，削竹式洞门广泛应用。此外，还根据洞口地形、地质特点，采用以下洞门形式：

——台阶式。一般在洞门位于傍山侧坡处，将端墙顶部设计为逐步升高的台阶式，以适应山坡地形，减少仰坡土石开挖量。小（河）（安）康高速公路19座隧道、38个进、出口洞门，有22个洞门采用台阶式。

——马蹄式。蓝（田）商（州）高速公路南秦河3号隧道，出口偏压十分严重，设计利用隧道弃渣，依山反压回填成一条长50多米、高20米“堤坝”，以抵消偏压力作用，形成马蹄形洞门。

——环框式。一般在洞口地形陡峭，适用岩层完整、坚硬，边坡、仰坡稳固，坡面汇水量少等情况下采用。如蓝（田）商（州）高速公路灞河隧道进口洞门等。

——棚洞式。一般在沿河傍山路“V”、“U”字形及“鸡爪形”等特殊复杂地形与地质段，为适应原始地貌，保护自然环境，并确保运营安全，采用棚洞式。西（安）商（州）高速公路二通道3座分离式隧道12个洞门，十（堰）天（水）高速公路、小（河）（安）康高速公路王庄隧道、天生桥隧道等，均采用此形式。

——阶梯式。傍山偏压地段等特殊地形情况下采用。如商（州）漫（川关）高速公路赵沟连拱隧道进口洞门位于偏压地段，设计采用反压回填方法，将洞门设计为阶梯形式。

2009年5月28日建成的小（河）（安）康高速公路王庄隧道，设计采用棚洞式洞门形式

这一时期，隧道洞门设计除注意与地形、地貌协调外，还加强洞口地段景观与绿化设计。西（安）汉（中）高速公路全线隧道洞门设计，力求衬砌色调搭配与周围景观相呼应，一般采用浅色调。穿越森林旅游区路段隧道，上、下行线隧道洞门设计连为一体，灰色块石砌面，施以绿化点缀，以求自然和谐。

三、隧道衬砌设计

20世纪90年代，公路隧道衬砌根据围岩不同类别，分别采用整体式衬砌、新奥法复合式衬砌等形式设计。

整体式衬砌，即采用整体式衬砌设备一次进行全断面衬砌。1990—1999年，设计修建212省道冯家山堡子梁隧道，108国道南天门隧道，212省道千阳岭隧道，312国道彬县太峪隧道，蓝（田）小（商塬）二级汽车专用公路佛爷腰隧道、石洼子梁隧道、黑光岩隧道和悟真寺1号、2号隧道，210国道延安至延川芦草梁隧道等，均采用整体式混凝土衬砌形式，根据围岩不同类别设计衬砌厚度。

新奥法复合式衬砌，分内外两层，外层为初期支护，内层为二次衬砌。陕西最早于1984年在202省道华（阴）金（堆城）公路老爷岭隧道应用。1992年在312国道商（州）小（商塬）二级汽车专用公路麻街岭隧道设计续用。之后修建108国道土地岭隧道，铜（川）黄（陵）高速公路蒿庄梁隧道、娄子沟隧道和罗圈梁隧道，312国道蓝（田）小（商塬）二级汽车专用公路牧护关隧道，永寿至长武二级公路永寿梁隧道、永坪隧道，丹凤至界牌二级公路资峪岭隧道、武关岭隧道、琥珀山隧道、马家山隧道、坪头隧道、太宁隧道，姜（窝子）眉（县）公路马槽沟隧道、猴子岭隧道、温家山隧道等，均采用新奥法复合式衬砌设计。

黄（陵）延（安）高速公路山神庙隧道设计，按照生态环保要求，进行装修设计。洞内200米墙面设计、安装声控高效吸音材料，降低行车噪声，增加行车舒适感。装饰板设计采用具反光性能材料，使隧道亮堂、美观、环保，减少照明能耗。

经过10多年实践，陕西公路隧道衬砌设计技术不断成熟和完善。省交通厅组织将以往经验和成功做法加以总结，2000年4月编入公路前期工作技术指导意见隧道设计部分，用以指导全省公路隧道设计。

1997—2004年，全省设计新建隧道均为高速公路隧道。先后设计修建秦岭终南山公路隧道和西（安）柞（水）、勉（县）宁（强）、西（安）汉（中）、延（安）（安）塞、黄（陵）延（安）、吴（堡）子（洲）等高速公路隧道100多座。这些隧道衬砌设计，明洞均采用整体式结构，暗洞均采用新奥法复合式结构。

吴（堡）子（洲）高速公路33座隧道，均地处新老黄土结合区域。新黄土层土壤含沙量大，土质疏松，开挖易坍塌。设计单位通过开展黄土隧道支护设计技术研究，进行大量现场试验与测试，结合理论分析和数值模拟，设计采用“钢架+喷射混凝土+钢筋网+锁脚锚杆（管）”支护结构形式。

2010年3月，青（岛）兰（州）线富县羊泉隧道设计采用大模板衬砌台车进行全断面二次衬砌施工

2005年后，依据交通部颁隧道设计规范，隧道设计将围岩类别改为围岩级别。围岩按由好到次划分为6级。柞（水）小（河）、小（河）（安）康、宝（鸡）牛（背）、商（州）漫（川关）、宜（川）富（县）、

宝（鸡）汉（中）、十（堰）天（水）高速公路白河至汉中段、榆（林）神（木）、神（木）府（谷）、西（安）商（州）二通道等高速公路隧道设计，均按此划分原则确定衬砌形式。

随着秦巴山区、陕北黄土高原及沙漠等特殊地质区域高速公路隧道增多，设计难度相应增大。特别是高速公路加快建设，设计周期缩短，任务繁重。为此，设计单位采取边勘察、边设计办法，加快设计进度。同时，遵循动态设计理念，加强现场设计服务，对滑坡、涌水、坍塌等未预见地质灾害现场进行踏勘调查，与建设、施工单位研究选择合理开挖与衬砌措施，确保工程顺利实施。

四、隧道防、排水设计

1991—1996年，由于受技术条件限制，公路隧道勘探力度不够，围岩类别划分不够准确，加之缺乏隧道防、排水设计经验，因此，此期设计、修建的312国道麻街岭隧道、牧护关隧道、太峪隧道、永坪隧道，212省道千阳岭隧道等，均出现渗水、漏水问题，使隧道防、排水成为隧道设计关键性难题。

1997年，在108国道土地岭隧道、铜（川）黄（陵）高速公路娄子沟隧道设计时，设计人员总结以往隧道防、排水设计经验教训，遵循“以排为主，防、排、截、堵相结合”的综合治理原则，采用多种防、排水措施。隧道洞外，在洞门上方设截、排水沟，将地表水引入路基边沟或洞门外端自然沟谷，形成洞外排水系统；隧道明洞段，设黏土隔水层、土工布及防水板两道防水线；隧道暗洞，初期支护和二次衬砌间敷设土工布及防水板，二次衬砌沉降缝、施工缝设中埋式橡胶止水带。同时，根据地下水量大小采用YAS排水半管系统，将初期支护层汇水引入衬砌两侧墙脚纵向排水管，通过横向连接引入行车道中心排水管排出洞外，以确保防水可靠、排水通畅。

之后，312国道武关岭隧道、资裕岭隧道和商南隧道，108国道秦岭隧道，宝（鸡）牛（背）汽车专用公路李家山隧道，205省道黑山寺隧道，210省道马槽沟隧道等，均采用上述技术进行防、排水设计。

1999年起，上述隧道防、排水设计技术推广应用于高速公路隧道设计，先后完成秦岭终南山公路隧道以及延（安）（安）塞、勉（县）宁（强）、西（安）汉（中）、黄（陵）延（安）、西（安）柞（水）等高速公路隧道防、排水设计。

秦岭终南山公路隧道防、排水设计，隧道内设置双侧水沟，用于隧道地下水排泄；施工缝设注浆式遇水膨胀止水条；初期支护与二次衬砌间设置防水板和无纺布，隧道拱墙采用YAS排水半管系统，与两侧墙脚纵向排水管、墙脚泄水孔采用三通和侧沟相连接；墙脚纵向每隔10米设一处PVC泄水孔；隧底排水采用在隧道路面下设水泥稳定碎石排水基层；行人及行车横通道，在喷混凝土与模筑衬砌间设EVA防水板及无纺布；路面横坡低侧设直径250毫米圆形路缘排水沟，排除车辆带入水及发生火灾时消防用水。采用这些防、排水技术设计，基本解决高速公路隧道防、排水难题。

延（安）（安）塞高速公路墩山连拱隧道防、排水设计，长安大学工程设计研究院通过专题研究，在初期支护与二次衬砌之间设置改性PVC防水板及土工布；根据洞内渗漏水情况设置多层暗埋式半圆弹簧排水软管。之后，黄（陵）延（安）高速公路羊泉沟连拱隧道，西（安）柞（水）高速公路连拱隧道等隧道防、排水，均采用这一方法设计。

2005年后，吴（堡）子（洲）、凤（翔路口）永（寿）、蓝（田）商（州）、商（州）（陕豫）界、柞（水）小（河）、小（河）（安）康、宁（强）棋（盘关）、商（州）漫（川关）、宝（鸡）牛（背）、宜（川）富（县）、十（堰）天（水）高速公路白河至略阳陕甘界、安（康）（陕）川（界）、宝（鸡）汉（中）等高速公路隧道防、排水设计，均应用以往高速公路隧道防、排水设计经验，妥善处理地表水和地下水，使隧道内外形成更为完整、通畅的防、排水系统。

2010年5月，西（安）商（州）高速公路二通道隧道排水系统施工。左图：隧道纵向排水管碎石铺设；右图：排水半管安设

富水等特殊区域隧道防、排水进行特殊设计。蓝（田）商（州）高速公路李家河3号隧道，位处相邻南秦河水库水位线以下。为防止库水渗入隧道及抵抗库水对衬砌形成的压力，在水库尚未蓄水之前，对围岩节理裂隙进行注浆加固，以提高围岩强度，减少库水渗漏，并采用钢筋混凝土进行二次衬砌，以防衬砌裂缝渗水。蓝（田）商（州）高速公路18座连拱隧道防水板设计中，将连拱隧道防水板不闭合整体式中墙，改为一体化闭合复合式中墙，形成完整排水系统。榆（林）神（木）高速公路神木隧道，最大冻土深1.47米。为防止排水沟冬季冻结，将中心排水沟设在仰拱以下，以满足最大冰冻线要求。排水沟出洞后，采用蒿草与块石、片石掩埋做防冻处理。

五、隧道通风设计

20世纪90年代，陕西公路隧道通风设计一般从安全、适用、经济、合理性考虑，中、短隧道在交通量较小的情况下，均采用自然通风方式。108国道土地岭隧道等特长和长隧道，采用纵向射流风机诱导式通风。

2000年6月，交通部《公路隧道通风照明设计规范》（JTJ026.1-1999）施行后至2010年，500米以下公路隧道，均采用自然通风；特长和长隧道，均取机械通风方式。机械通风根据公路等级、隧道长度、隧道断面大小和交通流量等，分别采用以下形式：

——全射流风机纵向式。宁强棋盘关公路隧道，青兰线羊泉南隧道、吉家村隧道、柯家庄隧道及西（安）商（州）高速公路二通道秦岭隧道等特长和长隧道通风，均采用此方式。

——射流风机与轴流风机组合（以下同）竖井送排式。秦岭终南山公路隧道采用3个竖井纵向通风方式，分别将东、西线隧道分成4个通风段。其中2号竖井位于海拔1 700多米山峰之上，深661米，直径达11.50米，工程规模最大。该竖井通风口径、深度时为世界隧道通风竖井之最。

秦岭终南山公路隧道通风系统，设计采用同井分隔技术。图为2008年8月建成的地面送风口和排风塔

——斜井送排式。西（安）汉（中）高速公路秦岭隧道群Ⅰ、Ⅱ号隧道，采用单斜井送排式纵向通风方式，一次设计，分期实施。宁（强）棋（盘关）高速公路棋盘关隧道采用单斜井分段送排式纵向通风，整个隧道通风分为2个段落。

——斜井与竖井组合式。小（河）（安）康高速公路包家山隧道，右线采用斜井+竖井+斜井分段送排式纵向通风，分4个通风段。左线采用单斜井分段送排式纵向通风，分2个通风段。

六、隧道消防设计

20世纪90年代，陕西公路隧道数量较少且长度较短，消防设施相应较为简单，多采用手提式灭火器或高压水消防等设施。

自1996年108国道土地岭隧道始，设计高压水消防系统。之后，宝（鸡）牛（背）汽车专用公路李家山隧道、韩家山隧道、老柴窝隧道、马家山隧道等长隧道，均采用土地岭隧道消防设计成果进行设计，并设计、安装手动报警、火灾自动报警装置。根据隧道规模，特长、长隧道内设置水成膜泡沫灭火装置、消火栓、灭火器、给水栓等综合消防设施。

2000年后，高速公路隧道火灾报警系统设计注重应用新技术。西（安）汉（中）高速公路秦岭Ⅰ、Ⅱ号隧道，采用双波长火焰报警系统设计。秦岭Ⅲ号隧道、朱家垭隧道、良心隧道等，采用DTS火灾报警系统设计。郭家山隧道及宁陕连接线隧道首次采用光纤光栅报警系统设计。秦岭终南山公路隧道在采用DTS火灾报警系统和光纤光栅系统设计的同时，还设计水消防系统，在隧道东、西两线各设计一条

秦岭终南山公路隧道专职消防队

消防水管，在隧道洞口南端山顶设计消防水池和独立水源，保证消防用水；隧道内每隔50米设计一处消防设备箱，配备手提式灭火器，设消防报警按钮；同时建立火灾救援系统，组建专职消防队，配备消防车、救护车及消防摩托车。

2008年后，凤（翔路口）永（寿）、蓝（田）商（州）、商（州）漫（川关）、安（康）（陕）川（界）等新建高速公路隧道，分别采用上述消防报警系统方案进行消防设计。

第五节　房建设计

陕西公路房建设计，20世纪90年代前主要是公路养护段、站房与道班房、厂、场、库设计。90年代后主要是公路沿线收费站、服务区和沿线管理单位用房设计等。

高等级公路沿线房建工程设计始于西（安）三（原）一级公路。受建设方委托，省公路设计院为该项目设计了四层砖混结构监理办公大楼，后作为西铜公路管理处办公用房。1991年，西北建筑设计院设计草滩收费站，为3层宿办楼和一字型收费阳棚，均采用钢混结构。收费站设7个安全岛8个收费车道。1992年设计西（安）临（潼）高速公路灞桥收费站，设7个安全岛8个收费车道，一字型钢混结构收费大棚。办公区为砖混结构四层办公大楼。

1993年9月建成的108国道勉县纪寨至水磨湾二级收费公路武侯收费站，设计建筑形式与武侯祠景区建筑群落风格相协调

1992年，省交通厅确定高速公路沿线房建实行管理与居住分开的原则，即管理设施（管理处、所、站）须置于路边，便于管理；住宅区应设在城区，便于职工生活。按此原则，三（原）铜（川）公路建设时，设计、修建新庄、黄堡等收费站办公区及收费大棚。收费大棚均采用钢管网架结构，屋面采用彩钢板，周边采用铝塑板装饰，办公区均采用多层砖混结构。之后，全省二级以上收费公路上设计、修建的收费站宿办楼均采用砖混结构，收费大棚采用钢混结构或网架结构，造型多采用一字形或平板形。

108国道勉县纪寨至水磨湾二级收费公路收费站位于武侯祠景区，遂采用仿古建筑风格和钢混结构进行设计。收费大棚设计为5岛6车道。

1994年西（安）宝（鸡）高速公路建设时，总结西（安）铜（川）、西（安）临（潼）高速公路管理实践，始系统设计、修建沿线服务设施。依据《住宅建筑设计规范》（JGJ96–86）、《民用建筑设计通则》（JGJ37–87（试行））、《宿舍建筑设计规范》（JGJ37–88（试行））、《建筑设计防火规范》（GBJ16–87 1988年5月1日中华人民共和国公安部主编）、《办公建筑设计规范》（JGJ67-89）等规范，设计西宝管理处（含信控楼）、沿线管理所和11处收费站及南谷米（武功）、常兴（眉县）2处服务区。服务区均分设南、北两区，餐饮、购物等服务大厅采用框架结构，其他建筑采用砖混结构，收费大棚均采用钢网架结构，造型多为一字形或平板形。

1994—1999年，临（潼）渭（南）、渭（南）潼（关）高速公路建设期间，先后设计并修建良田服务区（即渭南西服务区）、华山服务区及新丰、渭南、华县、华阴、潼关等收费站。服务区建筑均采用现代建筑风格和框架结构。省公路设计院设计潼关收费站时，考虑潼关为陕西东大门，历史上曾为古战场，人文积淀厚重等特点，公开向社会征集收费大棚设计方案；经专家评审、论证，确定采用仿秦代古城墙建筑风格设计、修建，钢混结构，建筑面积3 815平方米，设16岛17车道。

2000—2006年，西安绕城、铜（川）黄（陵）、西（安）禹（门口）、榆（林）靖（边）、延（安）（安）塞、西安咸阳国际机场高速、靖（边）王（圈梁）、勉（县）宁（强）、西（安）汉（中）、靖（边）安（塞）、黄（陵）延（安）、榆（林）（陕）蒙（界）等高速公路管理设施及收费站等房建工程，依据建设部、国土资源部《公路建设项目用地指标》（建标〔1999〕278号），国家技术监督局、建设部联合颁布的《住宅设计规范》（GB50096-1999），国务院2000年9月25日颁布的《建筑工程勘察设计条例》（国务院令 第293号）进行设计。房屋建筑以砖混结构为主，服务区采用框架结构，收费站收费大棚多采用钢网架结构。西安绕城高速公路曲江、电子城、西高新、河池寨，黄（陵）延（安）高速公路延安南、靖（边）王（圈梁）高速公路定边等收费站收费大棚，采用张拉式膜结构。造型除一字形、平板形外，还采用波浪形，如西（安）汉（中）高速公路宁陕段大河坝收费站收费大棚，采用钢网架结构设计成波浪形，分别设2岛3车道或5岛6车道；八字形，西安绕城高速公路北段未央收费站地处关中中部，遂采用钢网架结构设计成八字形，寓意八百里关中一马平川，陕西经济犹如大鹏展翅腾飞，设18岛19个车道，后适应城市发展需要，未央收费站主站北迁，原收费大棚拆除，2010年西安绕城高速公路新筑收费站扩建时，省公路设计院复采用八字形进行收费大棚设计，设19岛20车道；曲拱形，如西安咸阳国际机场高速公路六村堡收费站收费大棚，采用钢网架结构设计成双曲拱形，设4进6出10个车道，后于2010年扩建，收费大棚扩建为4曲拱，出、入口各增加5个车道。

2000年1月，西安绕城高速公路未央收费站大棚，采用八字形钢网架结构设计并修建

这时期，在312国道、203省道等一批干线公路交通量较大路段上，为方便司乘、旅客如厕，先后设计、修建卫生服务区50多处，均采用砖混结构，建筑面积分别为30、

40、50平方米。

西安绕城高速公路北段通车后，在24公里处设计、建设汉城服务区，占地面积4.73公顷，总建筑面积7 000平方米。主体建筑采用砖混、框架混合结构。

2007年起，高速公路沿线房建设计，依据建设部新编《民用建筑设计通则》（GB50352–2005）、《宿舍建筑设计规范》（JGJ36–2005）、《建筑设计防火规范》（GB50016–2006）、《办公建筑设计规范》（JGJ67–2006）、交通部《高速公路交通工程及沿线设施设计通用规范》（JTCD80–2006）等规范，以及省交通厅《陕西省高速公路服务区布局及设计指南》（陕交函〔2006〕576号），省公路设计院、西安公路研究所、中交一公院等，先后完成西（安）汉（中）、西（安）柞（水）、子（洲）靖（边）、吴（堡）子（洲）、咸（阳）永（寿）、凤（翔路口）永（寿）、蓝（田）商（州）、商（州）（陕豫）界、柞（水）小（河）、小（河）（安）康、宁（强）棋（盘关）、西安咸阳国际机场专用高速、宝（鸡）牛（背）、商（州）漫（川关）、榆（林）神（木）、千（阳）陇（县）、渭（南）蒲（城）、宜（川）富（县）高速公路，潼（关）西（安）改扩建、安（康）（陕）川（界）、十（堰）天（水）高速公路安康西段、汉中东段等高速公路房建设计。收费站均设计有员工宿舍、食堂、文体活动等设施。员工宿舍按标准间设计。收费站收费大棚采用钢网架结构或张拉式膜结构。2008年潼（关）西（安）高速公路改扩建时，在原潼关收费站西侧200米处，省公路设计院仍采用仿秦代古城墙建筑造型，设计修建钢架结构、贴片装饰的新潼关收费站收费大棚，设17岛18车道。

2008年潼（关）西（安）高速公路改扩建时设计、新建的新潼关收费站，建筑形式与潼关地域文化相协调，并较原站增加1岛1车道

这时期服务区设计，房屋大多采用现代框架结构或仿古与现代混合形框架结构，并秉持绿色、生态、环保理念，注重利用地理、地形条件，突出地域历史与文化特色，呈现风格多样、功能齐全的特点。

干线公路服务区设计，均由各市交通局委托有关设计院（室、所）进行。先后在108国道、106省道等12条干线公路设计新建、改建综合服务区21处。同时在部分农村公路、旅游公路等公路上设计、建设部分服务区。建筑均采用砖混结构，建筑面积在500～1 000平方米之间。同时，全省各市公路管理局对养护段、站、道班房、养护工区及厂、场、库等房屋建筑进行设计新建或改扩建，改善养护职工工作条件和生活环境。建筑均采用砖混结构。

高速公路服务区设计，贯彻执行公路工程技术标准和省交通厅有关公路服务区管理办法。黄（陵）延（安）高速公路延安服务区占地面积3.13公顷，采用窑洞式风格设计、修建。西（安）汉（中）高速公路秦岭服务区设计，利用地理、地形布设监控、管理设施和餐厅、超市、加油、卫生间等服务设施及景观，形成一组高低错落的园林式建筑群，总占地面积约9.92公顷。建筑造型设计，借鉴传统建筑和西方别墅风格，红瓦白墙，与秦岭山水相互辉映。宁（强）棋（盘关）高速公路宁强收费站综合办公楼为四层框架结构，建筑采用坡屋顶形式，墙面通过乳白色的点缀与灰色屋顶相协调，造型简洁大方，色彩明快典雅。收费大棚采用仿汉唐式建筑，网架结构，结合当地羌族特色，融入现代气息，形态庄重，气势宏大，整体外观设计与综合办公楼建筑风格协调一致，与周边环境和自然景观融为一体，设17岛18个车道。咸（阳）永（寿）高速公路乾县服务区、凤（翔路口）永（寿）高速公路永寿服务区设计，主体建筑均采用中式坡屋檐风格、框架结构。西（安）商（州）高速公路蓝田、李庙服务区房屋，分别采用4层、2层和单层框架结构设计。蓝田服务区建筑造型采用现代中式风格，利用水平体量对比，以水平线条展开，以流动的韵律，体现高速公路快速、便捷特性。

商（州）（陕豫）界高速公路金丝峡服务区距金丝大峡谷国家森林公园旅游区18公里，服务区主体大楼采用现代中式风格框架结构设计，色彩以乳白色为主，屋檐坡面采用红色装饰，体现西部建筑风格。

西安咸阳国际机场专用高速公路收费站设计，充分考虑西安现代气息和古城特色，对房屋建筑风格、外观造型和收费大棚方案反复进行比选和优化。机场收费站收费大棚设计比选方案达150多个，论证评审10余次，最终确定采用“新汉风”仿古建筑风格，设计为古城堡造型，运用汉阙、塔楼、亭阁等建筑符号，彰显汉代长乐宫、未央宫、建章宫等大型宫殿建筑风格。建筑采用砖混结构，长118.10米，宽29.30米，设5跨，塔楼最高距地面29.70米。建筑色彩以仿汉灰白为主，墙面为花岗岩火烧石材面，主阙楼、梁柱、斗拱表面呈朱红色，楼顶仿汉瓦片、屋脊呈无光釉深灰色，营造出简朴、大气、厚重的大汉风韵。收费站占地约3.47公顷，总建筑面积3 640平方米。汉城收费站为进入西安咸阳国际机场专用高速公路入口，占地面积约1.60公顷，总建筑面积535平方米。收费大棚采用彰显西安作为西部中心城市的现代气息和民航枢纽特点的飞机造型，寓意陕西、西安经济腾飞。大棚为轻型钢结构，长103米，宽39米，高27.50米，设18岛19车道。

2009年7月8日建成的西安咸阳国际机场专用高速公路收费站，设计分别采用仿古和现代建筑风格。上图为汉城收费站；下图为全线建成通车庆典时机场收费站

黄（陵）延（安）高速公路黄陵服务区是过往黄帝陵和革命圣地延安的必经之地。2008年按一类服务区标准改扩建时，辽宁省交通规划设计院采用古朴简约的仿古建筑风格设计，以展现秦汉风韵，并与黄帝陵建筑风格遥相呼应。

青兰线厢寺川服务区主楼造型，中交一公院设计时采用波浪型全钢框架结构，与周围黄土梁峁地形特点相协调。

西（安）汉（中）高速公路汉中服务区房建，设计采用仿汉古建筑风格，2010年8月28日建成运营

西汉高速公路汉中服务区主体楼造型设计，陕西省建筑设计研究院充分考虑汉中特有文化底蕴，采用仿汉古建筑风格，设计采用两层（中部3层）框架结构，色彩采用红、白、灰色，坡屋面以灰色为主，墙面采用乳白、朱红色装饰，使建筑造型既浓缩汉代文化，又符合地域特点。

十（堰）天（水）高速公路西乡服务区综合楼分为两区。中国新时代国际工程公司设计。主楼建筑造型采用现代风格，弧形框架结构，并按照有关绿色建筑评价标准和技术细则要求，采用自然通风、自然采光技术，充分利用太阳能和空气热能。服务区污水经处理成中水后用于绿化物灌溉。公厕和餐厅利用太阳能通风，改善空气质量。2010年获国家二星级“绿色建筑设计评价标识”。

第六节　机电设计

一、收费系统设计

1991年，经省高管局委托，省公路设计院成立西（安）临（潼）高速公路机电系统设计组，在交通部公路研究所、西安电子科技大学、西安公路学院、西安公路研究所协助下，结合课题研究，先后在西（安）临（潼）高速公路灞桥收费站、西（安）三（原）一级公路草滩收费站设计、安装单站开放式、半自动收费系统——即人工收费、计算机管理系统。后根据系统实施情况，省交通厅与省高管局研究决定，对西（安）铜（川）公路、西（安）临（潼）高速公路、西安咸阳国际机场二级汽车专用公路、西（安）宝（鸡）高速公路等公路收费系统进行设计。

1993年，经省高管局委托，西安公路研究所结合科研课题研究，在草滩和灞桥收费站设计并安装轴重测定仪、车辆分离器、车型检测器、车道收费控制机、收费显示器等现代化设备，以完善单站半自动化收费系统。

1997年8月，西（安）宝（鸡）高速公路收费系统设计完成。该系统一期工程由西安公路研究所设计、安装，采用封闭式收费方式，按照入口发卡、出口收费的制式设计。全线11个收费站、21个出口车道安装人工收费、计算机管理、电视监控设备，实现单站控制、数据处理及电视监控功能。省高管局与管理处、所、收费站均设计、安装远程查询终端。二期工程由陕西汉唐计算机公司设计、安装，主要是局、处、所三级计算机管理、电视监控系统，涉及计算机网络、自动控制、电视、通信技术、收费管理等多领域、多学科，具有条码技术应用、三级远程图像传输控制、四级数据实时控制、交通量调查等多项技术创新。

之后，西安公路研究所为西（安）铜（川）公路新庄、黄堡收费站设计、安装单站计算机收费系统，并各建1个监控室。

1999年，省交通厅委托西安公路研究所编制全省高等级公路收费、监控、通讯等系统总体规划。至2001年，省公路设计院、西安公路研究所先后完成渭（南）潼（关）、铜（川）黄（陵）、西安绕城高速公路北段等高速公路收费系统设计，采用“人工收费、计算机管理、闭路电视监控”的半自动收费方式。

2001年7月，北京交科公路勘察设计研究院在西安咸阳国际机场高速公路收费系统设计时，按照路网要求，收费制式采用封闭式，收费方式采用人工收费，检测器校核，计算机辅助管理，进口发卡，出口验票交费。2002年后，省公路设计院、西安公路研究所等设计单位，按此收费系统方案，先后完成西（安）阎（良）、榆（林）靖（边）、延（安）（安）塞、靖（边）王（圈梁）、勉（县）宁（强）等高速公路收费系统设计。

2005年1月起，改进并完善高速公路收费系统，采用非接触式IC卡取代纸质通行券，首先在西（安）宝（鸡）、西（安）户（县）、西安咸阳国际机场高速、西（安）阎（良）、西安绕城高速、西（安）潼（关）等6条高速公路设计区域封闭式联网收费系统，实行“入口领卡、持卡通行、出口交卡、凭卡缴费”联网收费方式。

全省高速公路收费系统采用联网收费方式设计建设。图为2009年4月28日陕西省交通建设集团公司西安绕城分公司西高新收费站收费员向司机发放IC卡

是年，西安公路研究所在吴（堡）子（洲）高速公路收费系统设计中，按照联网收费系统要求，全线采用封闭式收费制式。在1处主线收费站、4处匝道收费站，采用“人工判型、人工收费、电视监视、计算机管理、检测器核对”的半自动收费方式，采用非接触式IC卡通行券。收费系统采用4级计算机网络：收费车道—收费站—收费管理所—收费分中心。同时，在出口收费车道设计计重系统，对货车进行计重收费。之后，已经建成的其他高速公路均按此收费系统进行设计、建设。

2007年后，按照“即通即联、即联即通”原则，全省建成的高速公路均采用封闭式联网收费系统进行设计、建设。

2009年，在西安咸阳国际机场专用高速公路上，由省高速公路收费管理中心、省公路设计院及南京凌云科技发展有限公司等单位联合，进行电子不停车收费系统（简称ETC，是指应用先进的技术手段，自动完成电子收费交易，实现在不停车条件下自动收取道路通行费）研究、设计。经过多次调研和论证，确定ETC收费系统采用两步走技术方案：第一步，采用单路段运营模式，按照国家标准进行设计、建设；第二步建立陕西电子收费结算中心，将机场专用高速公路接入陕西ETC结算中心网络。按照交通部《高速公路联网收费暂行技术要求》（2000年9月6日发布），应用信息化技术，对自动车辆识别技术、自动车型分类技术、短程通信技术、逃费抓拍系统等ETC系统关键技术进行重点研究、攻关，利用IC卡，采用车载电子标签OBU及路侧天线RSU，以及核心应用系统（客户服务系统、联网收费结算中心系统、运营公司中央管理系统、收费站管理系统、收费车道控制系统）等系统、设备进行设计、安装。经试行并加以改善后，至2010年底推行至全省26个高速公路收费站。

二、通信系统设计

1989年，西（安）三（原）一级公路建成通车后，收费站、管理所、管理处与省高管局之间，采用无线电话（对讲机）和有线电话两套通信系统进行业务联络。

1991年，按照省交通厅决定，省高管局委托设计单位在西（安）铜（川）公路、西（安）临（潼）高速公路、西安咸阳国际机场二级汽车专用公路、西（安）宝（鸡）高速公路等进行路内通信系统设计。该系统分为紧急电话及业务电话两部分，路内自成系统。西安咸阳国际机场二级汽车专用公路紧急电话按双边设置，每公里一台，在两侧路肩波形钢板防撞护栏外错开设置。西（安）铜（川）公路以管理所为控制区，全线分别在草滩、三原及铜川管理所内设3套程控数字交换机控制主机。

1997年8月，西（安）宝（鸡）高速公路通信系统由省公路设计院完成初步设计，由中国公路工程咨询监理总公司和中国邮电工业北京设计院完成技术设计。铁道部电气化工程总公司完成施工图设计。省高管局至西宝管理处间光缆工程初步设计和施工图设计，由西安市电信局设计所承担。系统由光纤数字传输系统、数字程控交换系统、紧急电话系统、电源系统4部分构成。在省高管局和西宝管理处间敷设8芯管道光缆，设4个有人通信站和9个无人通信站，并设1 000门程控交换机，每2公里对向设1对紧急电话，管理所、管理处分别设监控室，形成紧急电话通信系统。1998年后，采用该通信系统，先后完成临（潼）渭（南）、渭（南）潼（关）、西（安）蓝（田）、西安绕城高速公路北段、铜（川）黄（陵）等高速公路通信系统设计。

2001年7月，北京交科公路勘察设计研究院在西安咸阳国际机场高速公路通信系统设计中，按照精品工程要求，增设应急电话系统。

2003年后，省公路设计院、西安公路研究所、中铁第一勘察设计研究院等设计单位，相继完成的西（安）阎（良）、榆（林）靖（边）、延（安）（安）塞、靖（边）王（圈梁）、勉（县）宁（强）、子（洲）靖（边）、吴（堡）子（洲）、西（安）柞（水）、秦岭终南山公路隧道等高速公路通信系统设计，均采用光纤数字传输系统、数字程控交换系统。在勉（县）宁（强）高速公路设计中，西安公路研究所根据山区高速公路特点，增加紧急电话系统设计，以便及时联系和处理行驶车辆事故或故障。全线设有人通信站1处，无人通信站3处。中铁第一勘察设计研究院在秦岭终南山公路隧道通信系统设计中，监控中心设报警电话系统，隧道内每100～500米设1个紧急电话，每50米设有线广播1个。

2005年，在吴（堡）子（洲）高速公路设计中，西安公路研究所按照全省高速公路联网通信系统规划的要求，传输采用STM-4等级SDH系统，在有人通信站、无人通信站分别配接入网OLT光线路终端设备、ONU光纤网络设备。

2009年，省公路设计院进行西安咸阳国际机场专用高速公路通信系统设计，干线传输采用622M带宽的光纤同步数字传输系统（SDH）和程控数字交换机构建，线路管理处设有人通信站，朱宏路、马家堡、机场收费站等设无人通信站。

高速公路沿线救援、服务电话系统。左图：2010年8月秦岭终南山公路隧道紧急电话；右图：2012年5月西（安）铜（川）高速公路二通道沿线救援、服务电话标志

三、监控系统设计

20世纪90年代，公路监控系统主要用于收费公路收费站、特大桥、枢纽互通式立交和长大隧道，均采用闭路电视系统对单个隧道、单个收费站实施监控。

1994年，省公路设计院于省内首次在312国道商（州）小（商塬）二级汽车专用公路麻街岭隧道进行机电工程设计，包括隧道变配电站、照明通风控制、紧急救援电话、火灾事故疏导广播系统和闭路电视监控系统。1995年，该院与瑞士安伯格公司合作，在考察、运用国外先进技术基础上，完成108国道土地岭隧道监控系统设计。

1996—2001年，采用土地岭隧道监控系统设计方案和技术，省公路设计院相继完成彬县太峪至火石咀二级汽车专用公路太峪隧道，108国道秦岭隧道，蓝（田）小（商塬）二级汽车专用公路牧护关隧道，铜（川）黄（陵）高速公路蒿庄梁、娄子沟、罗圈梁等隧道，宝（鸡）牛（背）汽车专用公路李家山、马鬃山等隧道监控设计。2001年7月，北京交科公路勘察设计研究院完成西安咸阳国际机场高速公路监控系统设计，按照精品工程要求，对全线道路、互通式立交、收费广场实施全路段监控。

2002年，省公路设计院将区域联网式监控系统设计应用于西（安）汉（中）高速公路洋县段铁炉沟隧道。该系统为集计算机技术、通信技术、图像等高新技术于一体的综合网络系统，包括可变情报板、照明、通风、闭路电视、火灾监测与报警、紧急呼救电话、中央管理与控制、环境监测、交通信息检测与诱导、供电消防防雷及接地等10个子系统，功能完备、集成度高，能够集中在大屏幕系统中显示操作画面。应用互联网技术构成联网式监控系统，采用三级控制模式，即监控分中心一级、汉中监控所一级和隧道本地控制器（PLC）一级进行实时监控。接着，采用该系统完成秦岭Ⅰ、Ⅱ、Ⅲ号等隧道群监控系统，充分利用道路通信宽带资源，建立大型集中监控中心，对全线道路进行监控、管理。

2003年后，省公路设计院、西安公路研究所、中交一公院等，相继完成西（安）阎（良）、榆（林）靖（边）、延（安）（安）塞、靖（边）王（圈梁）、勉（县）宁（强）、子（洲）靖（边）等高速公路道路、桥梁、隧道监控系统设计。

与此同时，中铁第一勘察设计研究院在秦岭终南山公路隧道完成国内首个超大规模、智能化隧道监控系统设计。该系统包括交通控制、环境控制、通风控制、照明控制、电视监控、火灾报警控制、横通道门控制、中央控制等8个子系统。

2005年，西安公路研究所在吴（堡）子（洲）高速公路设计中，考虑其地处陕北黄土高原沟壑区域，隧道密集，监控模式采用杨桥畔监控分中心、绥德隧道管理所二级监控，同时设4个隧道值守站房（洞口配电房兼），对全线隧道及道路进行监控。从可靠性、先进性、经济性等方面综合考虑出发，隧道监控系统采用PLC可编程控器组成区域控制器，每个区域控制器负责800米左右区域的信息检测和控制。在隧道洞口管理站现场管理监控设备间设主控PLC，构成ControIIerIink现场总线冗余双环光纤令牌环网（ControIIerIink总线用于PLC的数据收发，通信速度快，实时性强）。

2009年5月27日建成并投入使用的西（安）汉（中）高速公路监控中心

2008年5月，省高速公路收费管理中心启动全省高速公路路网综合监控系统建设。中交一公院按照省交通厅要求，采用现代信息化技术，首先对小（河）（安）康高速公路监控系统进行优化设计，建立安康监控分中心，采用安康监控分中心—外场设备、隧道监控站两级管理模式，实行全路网图像、数据共享，实现全路段（含隧道）监控。接着，西安公路研究院、省公路设计院等设计单位采用该系统完成安（康）（陕）川（界）高速公路、十（堰）天（水）线安康西、汉中东等高速公路（隧道）监控系统设计。

2010年建成的西安咸阳国际机场专用高速公路监控系统，增设监控设施，实行全线监控。在管理处设监控分中心，对外场设备采集的数据、图像信息进行分析、处理，同时设有突发事件检测、处理和通知功能，初步建成为智能化高速公路。

与此同时，西安公路研究院进行“陕西高速公路综合监控系统（一期工程）”设计。该系统依托现有高速公路管理模式，采用省交通厅应急指挥中心—省监控中心—监控分中心管理体系，按照“分级管理、责权明确、科学决策、快速反应”的原则，充分利用高速公路数字光纤通信专网，采用SuperMap GIS（地理信息系统）平台作为业务应用基本支撑，形成信息采集、处理、分析、控制的完全闭环控制系统，对全路网数字、视频信息进行上传、存储和处理；视频信息经数字化后汇集到省监控中心，为高速公路运行管理和紧急事件处置提供决策支持，并具交通预测、时间最短路径查询以及事件影响分析等高级功能，对高速公路运行状况进行全面监控，对道路交通进行及时诱导和调度，提高高速公路应急处置水平和协同能力，确保高速公路网运行畅通。其建设情况见第五篇第二章第三节《业务应用系统》。

四、照明系统设计

20世纪90年代，公路照明系统主要用于收费站收费广场、收费大棚、收费亭、监控室及长隧道照明。照明采用外接公网电源，配置备用发电机作为应急电源。灯具采用白炽灯、荧光灯或高压钠灯。西（安）铜（川）公路草滩收费站收费广场照明，西安机械研究所采用电动升降方式，设计、制作并安装高22米高杆灯。

隧道照明依长度不同而设计有别。短于100米短隧道，采用自然照明；长于100米隧道，如麻街岭隧道、牧护关隧道、土地岭隧道、蒿庄梁隧道、李家山隧道等二级以上公路中、长、特长隧道，均设计照明系统。照明设计按行车方向，分为引入段、适应段、过渡段和基本段等四个区段，进行适应性配光设计，以解决进、出口段“黑洞”“白框”效应。

2000年6月起，执行交通部部颁公路隧道照明设计规范，凡长度大于100米隧道，一般按行车方向划分为进口引入段、进口过渡Ⅰ、Ⅱ段、基本段、出口段等5个照明区段，进行适应性配光设计。

2001年7月，北京交科公路勘察设计研究院进行西安咸阳国际机场高速公路照明系统设计时，按照精品工程要求，对全线道路、互通式立交、收费广场及机场连接线照明方案进行优化。沿线立交区采用高杆照明方式，高杆灯安装于匝道与主线交汇处。高杆灯设计为升降式，高25米，采用不对称泛光照明灯具。主线与连接线沿线于路肩外安装路灯，光源采用高压钠灯和泛光灯具。渭城立交区设计、安装12米高单臂路灯。全线采用的防眩式夜间照明系统为全省公路首次应用。

西安绕城高速公路设计并建设路灯照明系统。图为2007年12月28日西安绕城高速公路高杆路灯

2002—2008年，西（安）柞（水）、柞

（水）小（河）、小（河）（安）康等高速公路隧道照明系统，均按规定分区段进行设计。秦岭终南山公路隧道及小（河）（安）康高速公路包家山隧道，还进行特殊灯光带设计。秦岭终南山公路隧道每5公里左右设计一处特殊灯光带，模拟蓝天白云。包家山隧道内采用2008年北京奥运场馆水立方灯光设计技术，每5公里设计一处特殊灯光带，安装激光射灯，并通过电脑控制，在洞顶、洞壁映射出海底世界景象，以缓解过往驾乘人员视觉疲劳。

柞（水）小（河）高速公路37座隧道照明，按照节能要求，设计、安装太阳能供电系统，洞口外设太阳能电池板，采用太阳能LED照明灯具。

2009年6月，省交通运输厅组织开展优化高速公路隧道照明设计，加强隧道照明管理专项活动月，委托陕西省公路学会组织、中交一公院编写《陕西省公路隧道照明系统设计指导意见》，选定青（岛）兰（州）高速公路陕西段隧道为照明优化完善典型示范工程。设计单位遵循“安全、节能、环保、实用”设计理念，凡长度大于300米隧道，均进行照明系统设计，按入口段、中间段（基本照明）、过渡段、出口段等四个照明区段，分别采用“拱顶侧偏单光带”和“双侧壁对称或交错”等灯具布置形式。

之后，安（康）（陕）川（界）、安（康）汉（中）、西（安）商（州）二通道等高速公路隧道，均按《陕西省公路隧道照明系统设计指导意见》进行照明设计。安（康）（陕）川（界）高速公路安康至紫阳段12座隧道，主洞除宋家梁隧道采用LED照明、双侧壁对称布设外，其余11座隧道均采用高压钠灯灯具，设计为拱顶偏左侧单光带布设。安（康）汉（中）高速公路恒口至茶张段9座隧道照明，均采用单排拱顶侧偏布设节能灯具。西（安）商（州）高速公路13座隧道照明，考虑设计规范对闪烁频率要求，采用两侧对称布设照明灯具。

十（堰）天（水）线汉中西高速公路杨家湾隧道采用LED隧道照明智能控制系统设计、建设。图为2011年11月建成后照明效果

2010年，西安咸阳国际机场专用高速公路全线采用高杆路灯照明，互通式立交、收费广场等区域均进行照明系统设计，并在朱宏路立交及渭河特大桥设有景观照明。采用LED照明灯具。应用照明控制系统，实现分时、分段智能控制。同时，全线设计、安装防雾灯，引导车辆雾天安全通行。中国新时代国际工程公司在十天高速公路西乡服务区照明设计中，按照节能要求，采用自然采光结构；广场照明利用太阳能，全部使用LED太阳能灯。此为全省高速公路首次大规模使用太阳能照明设备。

第二篇　公路建设

公路按其行政等级，分为国道、省道、县道、乡道、村道和专用公路；按技术等级，分为高速公路、一级公路、二级公路、三级公路、四级公路和等外公路。作为经济社会发展的重要基础设施，随着改革开放深入，各项事业发展加快，全省公路规模、布局、结构和服务能力不适应发展要求的“瓶颈”状况加剧。为此，千方百计加快公路建设，努力提高公路通行保障能力，成为新时期全省公路交通发展的中心任务。1991—2010年，贯彻国家优先发展、重视发展公路交通的方针，紧抓以公路基础设施建设为重点的历次重大机遇，加强统筹规划与组织协调，调动和发挥各方面的积极性，多层次、多渠道、多方式，不断推进公路建设提速、加快发展。高速公路，从建设“米”字形主骨架高等级公路，到适应西部大开发的高速公路骨架，再到“2367” 高速公路网建设，实现跨越式发展。干线公路，从重点干线改造、改建，到全面提升干线路况、路容和路貌，普遍改善提高。农村公路，从重点修建、改善县乡公路，到重点实施村村通油（水泥）路，带动乡乡通油路和县公路改善，全面普及提高。经过20年建设，全省公路规模显著扩大，布局基本完善，技术构成根本改善，服务能力显著增强。2010年年底，全省公路达到14.75万公里，每百平方公里公路密度71.66公里。公路总里程中，等级公路占91%，二级以上里程占7.74%。建成一批高墩、大跨径桥梁、大型枢纽立交和秦岭终南山公路隧道等具国际先进水平的公路隧道，显著提升公路设施配套水平。全省形成以西安为中心，连接所有城镇、经济中心、产业园区、旅游景点和广大农村，通达周边省（自治区、直辖市），辐射1 000公里范围中心城市的公路网络，实现公路交通由瓶颈制约到明显缓解、基本适应的巨大进步，显著优化全省开放与发展条件，强化陕西公路交通枢纽地位，为促进西部大开发，服务西部强省建设和人民群众便利出行，创造快速、便捷、舒适、安全的公路交通条件。伴随公路建设和技术进步，公路路基、路面、桥梁、隧道施工，大力采用新技术、新工艺、新材料和新设备，不断提高施工效率和工程质量，支持和服务公路建设。

第一章　高速公路建设

高速公路是专供汽车分向、分道行驶并全程控制出入的干线公路，以运行速度高、通行能力大、行车舒适、安全等优势，在公路网中发挥举足轻重的作用。从西临高速建设起步，陕西把高速公路作为公路建设中心任务，逐步推进加快建设。1991—1996年，先后建成三铜、西宝、临渭等3条高速公路，关中5城市间高速公路全部贯通。1997—2004年，以“米”字形公路主骨架和西部大通道高速公路建设为主，先后建成渭潼、西蓝、西安绕城、铜黄、西阎、西户、榆靖、延塞、西安咸阳国际机场高速、靖王（西段）、勉宁、阎富等13条（段）高速公路，西安周边形成7个高速公路出口，陕南、陕北建成首批高速公路。2005年起，实施“345”、“2367”高速公路网规划，关中加密、完善，陕南、陕北加快连通。先后建成靖王（东段）、富禹、黄延、榆蒙、西汉、西柞、子靖、吴子、咸永、凤永、蓝商、商界、柞小、宁棋、小康、西安咸阳国际机场专用高速、宝牛、商漫、榆神、陇千、渭蒲、宜富、神店、安川、安康西、汉中东等32条（段）高速公路，并建成秦岭终南山公路隧道和潼西改扩建工程。全省高速公路通车里程2005年突破1 000公里，2007年突破2 000公里，2010年突破3 000公里，提前两年实现市市通高速目标。2011—2012年，先后建成千宝、西宝改扩建、汉略、西铜二通道、安白、洛岔、神府、西商二通道、榆绥、白鄂界等11条（段）高速公路，全省高速公路建成里程突破4 000公里，实现高速公路“三步走”战略前两步目标。省境内国家高速包茂、京昆、青银、连霍、沪陕、福银、青兰线全部建成通车，十天线建成433公里。22年间，全省共建成高速公路4 067公里，2012年年底累计建成通车里程4 083.32公里。其中，国家高速3 539.05公里。高速公路连接全省三大区域所有地级市（区）、88个县（市、区），并与周边省（自治区、直辖市）高速公路对接，构成南北纵穿、东西横贯与交叉辐射相结合的高速公路网络骨架系统。条条高速跨越黄河、汉江等大河，穿越秦岭、巴山及渭北诸山脉，特别是有4条高速公路沟通秦岭南北，自此，天堑变通途，蜀道不再难。四通八达的高速公路，成陕西公路交通现代化的重要标志。

本章按国家高速、省级高速各条路线建设路段开工时间为序，分路线、分段记述建设情况。

第一节　G65包茂高速陕西段

G65包茂高速，又称包茂线，原为西部地区省际公路通道之一阿（荣旗）北（海）

线，国家高速公路“7918”网规划的9条纵向线之一。线路起自内蒙古包头，经陕西、四川、重庆、湖南、广西至广东茂名，全长3 103公里。

包茂高速陕西段全长940.60公里（为统计实际运营管理里程，与路线分段设计、建设里程合计数有一定差异。以下各线路同），纵贯榆林、延安、铜川、咸阳、西安、商洛、安康、汉中等8市、26县（市、区），穿越陕北、关中和陕南三大区域，行经毛乌素沙漠和白于、北山、秦岭、巴山诸山脉，跨无定、延、洛、泾、渭、汉江等河流。沿线与榆商、榆神、青银、青兰、西安绕城、十天等国家和省级高速公路相交。路线北段延安至洛川间与包（头）西（安）铁路相向，南段西安至安康间大体与西（安）（安）康铁路平行，安康至省界间与襄（樊）渝（重庆）铁路平行。经西安绕城高速与京昆、连霍、沪陕、福银和西安咸阳国际机场专用高速公路相通。包茂高速陕西段线路走向见图2-1-1。

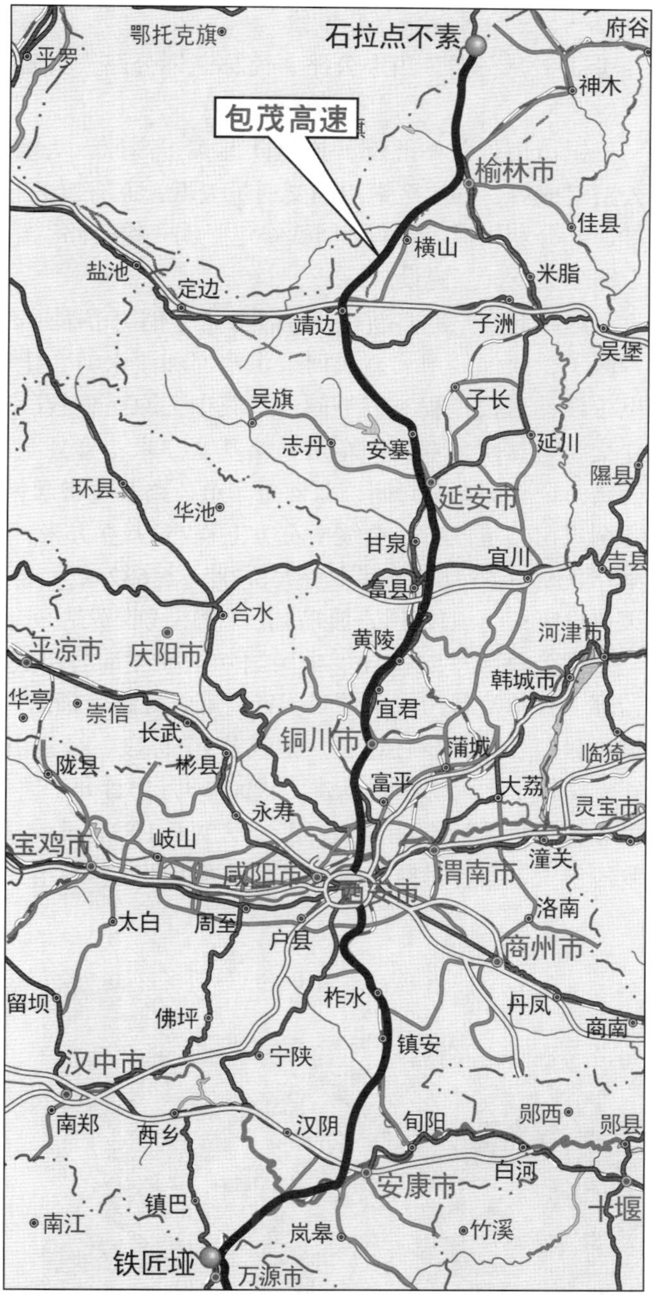

图2-1-1　G65包茂线陕西段线路图

包茂高速陕西段建设，自1986年12月西（安）三（原）一级公路建设起步，1991年后先后建设的路段有：三（原）铜（川），西（安）三（原）封闭工程，铜（川）黄（陵），延（安）（安）塞，榆（林）靖（边），靖（边）安（塞），黄（陵）延（安），榆（林）（陕）蒙（界），西（安）柞（水），柞（水）小（河），小（河）（安）康，安（康）（陕）川（界）等12段，2010年12月实现全线高速公路贯通，2011年11月建成西（安）铜（川）高速二通道。至2012年年底，在建工程有铜（川）黄（陵）高速二通道。经20余年建设，包茂高速陕西段成为全省建成路线最长的高速公路，有陕西公路“脊梁”之称。

一、三（原）铜（川）段

三（原）铜（川）公路，简称三铜公路，为省政府确定的1990年20项兴陕工程之一。

铜川市处关中北部，连接陕北黄土高原，为陕西能源、建材工业基地。西三一级公路建成后，三原至铜川间交通量大增，原有210国道拥挤不堪。1987年4月经省计委批准，部分利用世界银行①贷款修建三铜一级公路。施工期间，省政府决定改按一级汽车专用公路设计、建设。

路线起自三原县新庄，经耀县（今铜川市耀州区）、铜川市（今铜川市王益区、印台区），跨浊峪河、赵氏河、沮水河和漆水河，止于铜川市北郊中柳湾，全长66.35公里（设计建设里程。以下同）。其中三原至耀县段30.70公里为一级汽车专用公路，全立交、全封闭，双向四车道，路基宽23米；耀县至川口20.68公里为半幅一级汽车专用公路，全立交、全封闭，双向二车道，路基宽12米；川口至中柳湾14.97公里为二级公路（铜川市过境段）。全线土石方工程759万立方米，防护排水工程22.60万立方米。设桥梁151座、1.63万米，其中特大桥2座、5 632米，大桥27座、8 011米；互通式立交5处；天桥11座；涵洞125道，渡槽3道。设主线收费站3处。

省公路设计院设计。中国国际工程咨询公司陕西分公司监理，聘请德国哈斯公司监理工程师哈特为技术顾问。省高等级公路管理局（简称省高管局）为项目业主，设三铜项目组，张仲良任组长。全线分9个标段，分别由辽宁省公路工程局、陕西省路桥公司、中铁十七局等中标承建。1990年4月15日开工。项目核定总投资5.14亿元，其中利用世界银行贷款3 500万美元，折合人民币1.83亿元。项目征地拆迁和建设环境保障由沿线政府包干，实行目标责任制，实现当年征迁、当年开工建设。

2008年5月，运营中的西铜高速三铜段

项目路线从平原进入黄土高原沟壑地区，沿线地形复杂，尤其黄堡至川口段，河谷狭窄，厂矿密布。经反复调整线路布设，使直线、曲线合理组合，平曲线总长占到路线总长74%，并采用桥随路走方案，设大量斜、弯、坡桥，使路线线形连续、顺畅。路基挖方采用多级高边坡，高填方路基运用加筋土挡墙减少填土工程量；黄土路段采用强夯处理，防止路基沉陷。应用石灰粉煤灰稳定砾石（二灰砾石）作路面基层材料。赵氏河大桥45米高薄壁空心墩施工采用滑膜施工技术；采用转体施工技术建成川口T型刚构高架桥；建成全省第一座预应力箱型连续梁桥——全长2 817米的耀州高架桥。线路经过黄堡镇耀州窑遗址，采用旱桥方案跨越。

注①:世界银行（The World Bank），世界银行集团俗称，由国际复兴开发银行和国际开发协会等机构组成，是向发展中国家提供金融和技术援助的国际金融组织。

工程实施中，项目组坚持驻守各个标段，实行动态跟踪管理。监理工程师采用抽查和旁站相结合，加强施工质量监督。世界银行专家组先后两次检查，对建设质量表示信得过，并予以免检。

1992年12月21日项目建成通车。1997年10月，经省计委组织竣工验收，总体评定为合格工程。该段建成通车，使西安至铜川间公路里程比原210国道缩短23公里，行车时间由4小时缩短为1.50小时，对加强关中与陕北联系，加速铜川乃至陕北能源化工基地建设，均具重要作用。

1997年10月西三公路封闭工程完工后，西安至铜川全线成为全立交、全封闭的一级汽车专用公路（其中耀县至川口20.68公里为半幅一级汽车专用公路），其路基宽度、最大纵坡、最小平曲线半径、中央分隔带及设计行车速度等主要指标，达到或接近高速公路技术标准，按高速公路进行运营管理，统称西铜高速。2001年6月，江苏悦达股份有限公司受让该线70%收费经营权后，设陕西西铜高速公路有限公司运营、管理。

二、西（安）三（原）段（封闭工程）

西（安）三（原）公路，简称西三公路，全长34.46公里，1989年12月建成通车。随着沿线经济发展，交通流量剧增，原一级公路平面交叉与混合交通的状况不能适应交通需求。1993年4月，省交通厅决定按汽车专用公路实施封闭工程。陕西省公路学会承担工程方案设计，西安公路研究所承担施工图设计。省高管局设西三公路封闭工程项目组具体实施，高鸿千任组长。项目辅道工程由沿线市、县（区）交通局包干承建。

封闭工程1995年7月开工。主要是增建辅道、跨线桥、通道、立交、交通安全和隔离封闭设施，完善防护、排水设施。施工进行至防撞护栏和隔离网安装时，沿线部分群众认为路线封闭后上下公路不便，多次阻拦施工。经地方政府与建设单位多方协调，终取得群众理解和支持，工程得以继续。项目共修建辅道45.84公里，综合排水工程23公里，封闭路线33.59公里。完成跨线桥、通道23座，互通式立交3处，分离式立交4处，波形钢板防撞护栏等其他沿线设施11项。为方便沿线群众，渭河大桥、泾河大桥和清峪河大桥两侧均留有拖拉机、非机动车及行人通道，并与辅道相连。

1997年10月10日封闭主体工程告竣。工程决算完成投资1.15亿元，其中利用世界银行贷款560万美元，折合人民币4 648万元。经竣工验收，质量等级评定为优良。

西三公路封闭工程泾河互通式立交，因设计方案与地方政府协商未果成为尾留工程，延至2001年11月30日开工修建。该立交位西三公路K25+400～K25+794[①]之间，由分离式和互通式两个立交桥组成。在原平交口设分离式立交桥，以保证泾河火车站至高陵公路正常交通，在其南侧394米处设互通式立交。2003年7月20日建成通车。省高速集团北秦分公司负责项目管理，项目组长始为张中文，后为张斌。项目完成投资2 213万元。

西三公路封闭后，全线路线技术指标除路基宽度略低外，其他技术指标均达到高速公路技术标准。由于技术标准提高，行车条件改善，沿线交通流量骤增，交通事故大幅减少，行车时速提高30～40公里。

注[①]:公路桩号表示方法。K表示公里，+号后数字表示米。

三、铜（川）黄（陵）段

铜（川）黄（陵）公路，采用双向四车道一级汽车专用公路技术标准。由于设计行车速度、路基宽度、最大纵坡、最小平曲线半径等指标，与山岭重丘区高速公路设计标准低限值大部相同，个别接近，因而按高速公路建设和管理，简称铜黄高速。

黄陵位于延安市最南端，为关中入陕北之门户，中华民族始祖黄帝轩辕氏陵墓——黄帝陵所在地。铜川至黄陵间公路交通原主要靠210国道，路窄、弯急、坡陡，桥梁荷载标准低，交通时有拥堵，事故多发。三铜公路建成后，复向北延伸修建铜黄段。

省公路设计院设计。路线自耀县城南西铜公路互通式立交起，经耀县，铜川市王益、印台区，宜君县，跨越沮河、漆水河、西河、青河等河流，穿越黄土沟壑地带，止于黄陵县康崖底，全长93.85公里，路基宽度21.50米。其中耀县至川口18.36公里为半幅一级公路拓宽段，川口处1.64公里为利用原210国道加宽封闭段。全线土石方工程2 616万立方米，防护排水工程109.20万立方米。设桥梁90座、1.41万米，其中特大桥2座、3 792米，大桥39座、7 778米；互通式立交5处，分离式立交桥14处；跨线桥10座，通道56道，涵洞201道；隧道7座（单洞）、7 255米。设收费站4处，服务区3处，管理所2处。

1998年8月，铜黄高速路基施工作业

省高管局为项目业主，设铜黄项目组，陈联军任组长；并设监理代表处，聘请意大利咨询专家尼诺为副代表之一，负责工程监理。陕西省路桥工程总公司、交通部第一公路工程局等29家施工单位参与施工，其中路基、桥涵和路面施工单位10家，房建、绿化和交通工程施工单位19家。1998年3月1日全线开工。

项目沿线沟壑纵横，冲沟发育，地形破碎，地质条件复杂。加之施工期间降雨量大，暴雨集中，作业难度大。项目组先后邀请多名国内知名专家，对路基与路面结构、隧道与滑坡设计方案及施工方法等进行咨询、论证。加强地质病害预防治理。沿线滑坡体原设计5处，施工中增至33处。滑坡体处置除采用清方卸载、抗滑桩、抗滑墙等常规支挡工程外，新采用喷射混凝土、锚索抗滑桩、锚索框架、锚索墙、锚杆墙等支挡技术与工艺。共计治理滑坡路段10.50公里，占路线总长度11.20%。

路基施工采用透水性好、压缩性小材料；填土高度4米以上原地面采用强夯处理；路基顶面进行超压密处理；鸡爪型路段进行压浆处理；过湿土路段换填片石和沙砾等，解决桥头跳车、黄土自重湿陷、路堤压缩变形等质量通病。抗滑桩施工采用钻芯检查和预埋导管超声波检测。在12个滑坡处理设观测桩238根，实施跟踪监测。施工中K142+730～K142+940处西河滑坡段山体发生变形，因报警及时得以有效加固、处置。

施工采用变更线路办法，避开宜君西河水库水源地，以防止饮用水污染及对流经黄帝陵区的沮河产生影响。增加环保工程如急流槽、排水沟、废方治理项目等，强化水土保持效果。其中半截沟环境治理，通过加固河道、梳理弃土、护角护坡和恢复绿化，确保行洪畅通。改进弃土和取土方案，再造耕地约70公顷，返回土地率13.90%。黄土路堑高边坡采用喷播植草绿化取得成功。

2001年4月29日建成通车。经交工验收，工程质量等级评为优良。竣工决算完成投资22.64亿元，其中利用第二批世界银行贷款7 850万美元，折合人民币约6.59亿元，因设计变更及黄陵过境线路面改造等原因，完成投资超概算3.30亿元。

铜黄高速建成后，区间公路通行时间较走210国道缩短1小时，行车速度和舒适性、安全性显著提高，有效改善陕北南部公路交通，分流区间铁路中短途运量，并加强关中与陕北联系，促进黄帝陵、玉华宫、药王山等旅游景点开发、开放。

四、延（安）（安）塞段

延（安）（安）塞高速公路，简称延塞高速。原连接延安与安塞的206省道为三级公路，穿越多处石砭，坡陡弯急，平、纵面线型差，沿线“街道化”严重。随着安塞县石油等资源开发，沿线交通量猛增且以重车为多，交通瓶颈凸显。铜黄高速建成后，延塞高速即纳入陕北高速公路建设计划，由省公路局和延安市政府组织实施。

省公路设计院设计。采用双向四车道高速公路技术标准。路线起自延安市宝塔区河庄坪石圪塔村，经河庄坪，安塞县沿河湾、真武洞，止于安塞县城北曹村，全长31.71公里。全线土石方工程325.60万立方米，防护排水工程24.30万立方米；沥青混凝土路面79.37万平方米；设桥梁40座、6 315米，其中大桥19座、5 045米；双联拱隧道1座、615米；互通式立交4处，分离式立交1处；天桥1座，通道22道，涵洞87道；收费站5处，管理所1处。

2000年11月28日开工。省公路局与延安市政府组建延塞高速公路建设有限责任公司，与延塞高速公路建设管理处（简称管理处）一套人员、两块牌子，郝东海任处长。全线分16个标段。陕西公路交通工程监理咨询有限公司等4单位承担工程监理，延安通圣公路工程（集团）有限责任公司等8单位承建路基、桥涵和路面工程，山东省高密市顺达交通工程有限公司等9单位分别承担交通安全设施、绿化、房建、机电施工和沥青供货。征地拆迁与建设环境保障由沿线区、县及乡镇政府负责，实行“一个窗口对外”，全封闭管理。

延塞高速为在延安地区修建的第一条高速公路。图为2003年8月建成的延塞高速一段

项目建设实行质量第一责任人和现场质量监控直接责任人制度。关键指标如原材料标准，路基与路面压实度、强度、厚度等，实行“一票否决制”。黄土路基采用强夯处理。桥头、台背采用灰沙挤密桩加固。针对路面半刚性基层易产生横向裂缝问题，采用骨架密实型二灰稳定碎石基层结构，沥青混凝土上面层采用SBS改性沥青，黏层油采用

SBR改性乳化沥青，提高路面高温稳定性、低温抗裂性，改善路面层间黏合。

2003年9月25日全线建成。经延安市交通建设工程质量监督站质量鉴定，评定为优良工程。项目实际完成投资11.18亿元，较概算节约3 380万元。

延塞高速被延安人民称为“圣地第一路”。建成通车后，区间行车时间大大缩短，极大促进石油、旅游等资源开发，带动沿线产业结构调整，促进果蔬等产业化发展。

延塞高速始由延安公路管理局设管理处管养运营，2006年9月交由省交通集团延靖分公司管养运营。

五、榆（林）靖（边）段

榆（林）靖（边）高速公路，简称榆靖高速。

榆林至靖边原由204省道连接，并借210国道绕行。随着榆林、靖边、定边一带煤炭、石油、天然气资源开发，能源化工基地加快形成和发展，区间交通量大增，重载车辆络绎不绝，迫切需要建设新的公路通道。同时，西部大开发加速陕西高速公路向陕北伸展。2000年7月20日，榆靖高速全面开工建设。

省公路设计院设计。线路自榆林市榆阳区孙家湾村起，经榆阳区黄河七墩、二十台、三十台，横山县邵晓滩、王圪堵、永忠，靖边县黄蒿界、海则滩、张伙场，止于靖边县新农村乡石家湾村。主线全长115.92公里，榆林、横山、靖边3条连接线18.26公里，建设里程共134.18公里，双向四车道；其中约80公里穿越毛乌素沙漠。全线土石方工程1 957万立方米，防护排水工程11.10万立方米；沥青混凝土路面290.20万平方米；设桥梁17座、4 763米，其中特大桥2座、1 913米，大桥13座、2 728米；互通式立交4处，分离式立交9处；跨线桥29座，天桥1座，通道29道，涵洞171道。设服务区1处，停车区2处，收费站4处，管理所1处。

2000年7月24日，榆靖高速N-1标段路基施工作业

省公路局和榆林市政府负责项目建设，设榆靖高速公路管理处，薛生高任处长。全线分54个标段。武警交通独立支队、中铁二十局一处、河北路桥集团有限公司等41家施工单位，山西省交通建设工程监理总公司、宁夏华吉公路工程监理咨询公司等11家监理单位，分别中标参建。沿线地方政府承担建设环境保障工作。

榆靖高速在国内尚无沙漠地区高速公路修筑技术规范的情况下动工，面临路基压实、路面铺筑、防风固沙及有效施工期短等突出难题。

针对项目实施难点，管理处选择在K15～K20间沙漠路段，先后进行沙区路基施工试验和路面铺筑试验。通过不同机械组合、施工工艺、检测方法等40多个试验项目，以及路面结构层配合比设计与施工工艺研究，取得系列科学数据，并编制成《沙区路基施工技术规程（试行）》，经省交通厅鉴定后试行。同时结合施工，与长安大学、西安公路研究所合作，开展沙漠高速公路修筑、养护综合技术，寒冷地区高等级公路沥青路面，沙漠高速公路边坡防护、防风固沙及养护技术等开发研究，取得重大成果，为施工提供科学依据。对质量和进度达不到要求的施工单位，管理处采取切出一块、提高单价、实施分包等办法，加快工程进度，保证施工质量。采用四带（中央分隔带、平整带、防护带、保护带）一体生物防风固沙模式和“远绿近美、远高近低、远疏近密”绿化原则，取得综合绿化效果。

2003年8月22日建成通车，工期比原计划提前2个月。经竣工验收，工程质量评定为优良。工程实际完成投资17.81亿元，较批准概算节约3 700万元。工程资金来源中，利用科威特政府贷款3 500万美元，折合人民币2.91亿元。

榆靖高速为国内在沙漠地区最早建成的高速公路。项目建成通车，显著改善陕西北部交通条件，极大便利陕北资源开发，促进能源化工基地快速发展，并且带动区域城镇化建设。同时，项目实施为国内沙漠地区高速公路建设提供成功范例和成套经验。项目先后获国家水利部“全国水土保持生态环境建设示范工程”、陕西省建设工程“长安杯”、国家建设部“鲁班奖”等奖项。

榆靖高速始由省公路局设榆靖高速公路收费管理处管理养护，2006年6月移交省交通集团榆靖分公司管理运营。

六、靖（边）安（塞）段

靖（边）安（塞）高速公路，简称靖安高速，为连接榆林、延安间高速公路之一段。

区间交通原主要靠204、206省道，两线均为三级公路技术标准，通行能力有限，通行不畅时借偏东210国道绕行。随着陕北能源化工基地加快建设，尤其延塞、榆靖高速建成通车后，区间交通量迅速增长，建设靖安高速，拓展区间快速通道势在必行。

省公路设计院、西安公路研究所分别承担路线土建工程和交通、机电、房建工程设计。采用双向四车道高速公路技术标准。路线起自靖边石家湾与榆靖高速相接，经乔沟湾、天赐湾，安塞县镰刀湾、化子坪、建华镇，止于安塞县曹村，与延塞高速相接，全长103.99公里。其中榆林境50.60公里，延安境53.39公里。全线土石方工程2 983.11万立方米，防护排水工程70.19万立方米。设桥梁 144座、2.63万米，其中大桥96座、2.33万米；隧道（单洞）4座、2 116米；互通式立交8处，分离式立交13处；通道76道，涵洞176道。设服务区2处，收费站8处，管理所2处。

榆林、延安两市交通局按路线辖区，分别设两个项目管理处分段承建，李晋德任榆林境路段管理处处长，郝东海、王春英先后任延安境路段管理处处长。全线共分41个标段（其中榆林段27个，延安段14个），经招标，中铁十二局集团第二工程有限公司、河北路桥集团有限公司等54家单位中标参与施工，山东格瑞特监理咨询有限公司、天津市国腾公路咨询监理有限公司等27家单位中标承担工程监理。征地拆迁和建设环境保障分别由靖边、安塞两县负责。2004年5月全线开工。2006年4月23日，根据省交通厅关于理顺陕北高速公路建设管理体制的通知，项目整体移交省交通集团负责建设管理。

项目实施针对陕北有效施工期短问题，合理安排工序和进度。路基招标阶段，榆林管理处即安排桥梁桩基混凝土配合比设计，为施工单位进场后迅速展开桩基施工提供技术支持；路面工程招标前备好占地百余亩料场，为冬季备料和路面施工赢得时间。

2006年9月5日靖安高速建成通车，实现延安至榆林全线由高速公路贯通

路基软地基施工采用土工合成材料，或采用沙砾土回镇，高填和零填路段采用强夯处理。混凝土工程采用大块钢模板，提高工艺质量。与长安大学联合研究低液限黏土路堤修筑技术、沥青混合料优化设计方案及水泥稳定碎石基层修筑技术。为防止出现车辙、推移等路面早期损坏问题，通过专家咨询，对原设计路面材料进行调整，沥青混凝土中、上面层采用改性沥青；原乳化沥青下封层、黏层，调整为改性热沥青碎石封层和改性乳化沥青黏层，增设煤油稀释沥青透层，加强层间黏结，提高抗车辙能力。对骨架密实型水泥稳定碎石基层，进行配合比优化设计、掺配粉煤灰等多种试验路铺筑，最大限度防止和减少基层裂缝。

2006年9月5日建成通车。项目批准概算45.58亿元。靖安高速南接延塞高速，北连榆靖高速，形成陕北南北向高速公路通道，显著提升区间交通服务水平，对加快能源化工基地建设，促进陕北经济社会跨越式发展，意义和作用至大。

七、黄（陵）延（安）段

黄（陵）延（安）高速公路，简称黄延高速。

延安是中国革命圣地，陕北区域中心城市之一，处陕北能源化工基地南部。随着陕北重点开发，尤其是南部黄陵至西安高速公路贯通，北部榆靖、延塞高速即将建成，黄陵至延安区间原有210国道交通瓶颈凸显。为此，省交通厅将黄延高速列为“十五”时期重点高速公路项目组织建设。

省公路设计院设计。采用双向四车道高速公路技术标准。路线自黄陵县康崖底乡接铜黄高速，经洛川、富县、甘泉县，至延安市宝塔区河庄坪接延塞高速，线路走向与210国道、西（安）延（安）铁路平行。主线全长143.30公里，甘泉、洛川两县连接线长17.90公里。全线土石方工程量2 706万立方米，防护排水工程105.20万立方米；沥青混凝土路面439.88万平方米；设桥梁207座、2.61万米，其中特大桥9座、1.06万米，大桥51座、1.26万米；隧道（单洞）22座、2.20万米；互通式立交6处；跨线桥28座，天桥3座；涵洞284道。设服务区3处，停车区1处，收费站7处，管理所3处。

项目始由中国铁路工程总公司于2002年按BOT方式承建，后由于承建方资金不到位、工期严重滞后等因，BOT方式中止。经省政府协调，是年9月移交省高速集团负责承建。该集团组建黄延高速公路有限责任公司（简称黄延公司），组织项目实施，公司法人代表始为杜新科，后为郭利平；总经理先后由曹可勇、张永刚、郭利平担任。全线分50个合同段，设2个监理代表处、10个驻地监理办。环境保障及征地拆迁由延安市政府负责。12月6日全线动工。陕西省路桥工程总公司、中国铁路工程总公司、云南公路桥梁工程有限公司等56家施工单位分别承担路基桥涵、路面、交通工程、房建工程施工；陕西省高速公路工程咨询有限公司承担总监，济南北方交通工程咨询监理有限公司、江苏东南交通工程咨询监理有限公司等20家单位承担工程监理。

2005年8月，黄延高速HY-5标利用路基作桥梁预制场。图为T形梁架设作业

黄延高速建设为多方所关注。中共陕西省委、省政府领导多次视察指导。省委书记李建国要求建成“政治路、红色旅游路、环保景观路”。省交通厅将该项目列为陕西高速公路“三大标志性工程”（即黄延、西汉两条高速公路和秦岭终南山公路隧道）之一，厅长曹森先后12次到工地检查和现场办公。

2003年工程全面开工后，受非典型性肺炎（简称“非典”）疫情影响，施工单位人员、机械未能全部进场，运料车辆大多停驶，而工期要求又比原计划提前一年。为加快工程进度，施工单位采取围工棚、支火炉及沙石料加热保暖等措施，混凝土施工24小时不停轮班作业，保证冬季桥梁墩柱施工，争抢被延误的工期。

2005年8月，省交通厅针对该项目存在管理薄弱、质量缺失、进度滞后等问题，明令黄延公司整改。由于整改不力，项目质量与进度上不去。2006年4月30日，省交通厅决定撤换黄延公司董事长杜新科等班子成员，组建由郭利平任总经理的新班子，同时采取派驻质量监督组、质量全面检测及整顿监理队伍、强化考核问责等措施，加强项目管理。新班子调整施工组织，整改施工质量，实行严格奖惩，全面加快工程建设。

路线南段布设于黄土梁峁、沟壑区，北段布设于山岭重丘区河道谷底。跨越淤泥、葫芦、洛、延等12条河流及诸多古河床、冲沟区，软湿地基分布广泛，地形、地质与水文情况复杂。湿软地基采取清、挖方法处理，清出近百万方腐殖土，再用粉喷桩、抛石挤淤、手摆片石、沙砾垫层、强夯等措施处理地基。路基两侧以浆砌片石护坡。13处高填方或极易水毁路基变更为桥梁。黄土沟壑与河谷多以桥梁跨越，山峁多以隧道穿越，成当时国内最集中的高墩、大跨连续刚构桥梁群、最大高速公路黄土隧道群。其中洛河大桥墩高达143.50米，施工难度大（见本篇第六章第一节《主要桥梁建设》）。跨越延河、洛河桥梁施工采取围堰法，防止施工引起水质混浊以及施工垃圾等掉入河水中污染水体。

路面下面层采用ATB-30密集配沥青碎石，提高抗车辙能力。隧道装修增加吸音板、LED诱导灯；长大下坡、特大桥路段安装太阳能电子显示屏警告标志。互通立交、收费站等设置6处“雷达车速反馈系统”。引进水土保持与生态绿化监理，控制工程对生态环境干扰，获水利部肯定和褒奖。此外，在桥梁和隧道口等易发事故路段采用振荡标线，提高行车安全性。

2006年9月30日，黄延高速与榆林至陕蒙界高速公路二期工程同时建成，实现包茂高速陕西境西安以北路段全线贯通。建成通车之日，适逢中华人民共和国成立57周年和红军长征胜利到达陕北70周年庆典，省政府在延安南收费站举行黄延高速通车仪式。中共陕西省委书记李建国宣布通车令，代省长袁纯清讲话，交通部部长李盛霖发来贺电。中央电视台、陕西电视台同步直播通车仪式。

项目完成投资70.50亿元，较概算超支6.80亿元。2010年12月，省交通运输厅组织竣工验收，工程质量评定为优良。

黄延高速将区间原公路里程缩短40公里，行车时间由6小时缩短为3小时，与已建成的延安以北、黄陵以南高速公路相接，对密切关中与陕北交流，促进陕北经济社会发展，造福革命老区，具有重要作用。通车之际，《陕西日报》发表社论称：“一路连通华夏人脉黄陵与革命圣地延安，连通三秦与西北乃至全国高速公路网，贯通了我省实现又快又好发展的康庄大道，全省的经济社会面貌将因此而焕然一新”。

八、榆（林）（陕）蒙（界）段

榆（林）（陕）蒙（界）高速公路，简称榆蒙高速。

此间公路交通原主要靠210国道。随着区间能源化工基地开发建设，省际交通需求大增，原有公路明显不能适应。榆靖高速开建3个月后，2000年10月3日榆蒙高速动工建设。采用双向四车道高速公路技术标准。按计划先修半幅，为该线一期工程。

一期工程由省公路设计院设计。路线起自榆林市榆阳区下刀则湾村，北经马家圪堵、孟家湾、刀兔海则，神木县石板太、敖包兔，止于陕蒙界蟒盖兔河，全长76.80公里。半幅路基宽13米。设平交道口8处。

省公路局为项目建设单位，设建设项目办公室（简称项目办），周进民任主任。榆林路桥建筑工程公司、陕西通达公路建设集团有限公司等14家施工单位参建。陕西恒通咨询有限责任公司监理。沿线地方政府负责建设环境保障和征地拆迁。

项目穿越毛乌素沙漠，沿线植被稀疏，生态脆弱。路基、路面施工，采用榆靖高速沙漠公路施工科研成果，分别施用“水坠法”和“干压法”完成。为防止路线受沙埋风蚀影响，将原设计以挡墙为主路基上边坡防护，改为以绿化、防风固沙为主“三带（平整固沙带、防风固沙育林带、封沙育林带）一体”治沙防护体系。

2002年9月24日建成。2003年7月通车。经竣工验收，工程质量评定为优良。实际完成投资3.84亿元，比计划投资节余169万元。2004年9月21日交由榆林公路管理局管养。

一期工程建成后不久，适逢陕、蒙、晋区域能源重化工基地全面快速发展，沿线交通量猛增，尤其运煤重车增长迅速，加之榆靖高速通车和内蒙古东（胜）苏（家河畔）高速公路即将通车，修建此段全幅高速成为当务之急。为此，2004年11月开工建设二期工程。

二期工程仍由省公路设计院设计。路线全长88.10公里。其中陕蒙界蟒盖兔河至刀则湾段利用一期工程半幅路；刀则湾至孙新湾段新建全幅11.30公里。另增红碱淖三级公路连接线、岔河则支线和辅道改造恢复工程。

全线土石方工程712.90万立方米，防护排水工程2.30万立方米；沥青混凝土路面125.70万平方米。设特大桥1座、626米，大、中桥3座、338米；互通式、分离式立交各5处；跨线桥19座，天桥2座，通道63道，涵洞112道。设收费站5处（其中省际收费站1处），服务区、停车区各1处，管理所2处。

建设单位榆林市交通局，组建项目建设管理处（简称管理处）承担项目实施，高世君任处长。中国建筑工程总公司、榆林市天元路业有限公司等14家施工单位承建。山西振兴公路监理有限公司等5家公司监理。

二期工程和一期工程合并形成全幅高速公路，起点段有11.30公里为整体式路基，路基宽26～35米，中央分隔带2.0～11米（预留改建六车道）。其余均采用分离式路基，路基宽13米。鉴于该路段全线处沙漠地段，采用缓边坡平台形式，取消防撞护栏、路缘石、圬工边沟，配以植物防护，路线与自然地貌、生态环境融为一体，具安全、美观效果。

路面基层采用骨架密实结构，以遏制半刚性基层反射裂缝产生。面层采用高性能沥青混合料。沥青混合料生产采用动态监控技术。路面铺筑应用大功率宽幅摊铺机作业。

2005年8月，省交通厅提出加快高速公路建设目标，该项目计划工期由3年缩短为2年。管理处倒排工期，加强进度控制，施工单位增加工作面和机械设备，并利用冬季抓紧备料，全线建设提速。

2006年5月，按照省交通厅有关调整高速公路建设项目管理单位的决定，榆林市交通局将已建半幅路段的运营和在建半幅路段项目的实施，一并移交省交通集团。9月30日，二期工程实施告竣。概算总投资11.90亿元。

2006年9月30日，榆蒙高速二期工程告竣，实现该线高速公路全幅贯通

榆蒙高速二期工程完成，使榆蒙段形成全幅高速公路，并使榆靖高速与内蒙古东（胜）苏（家河畔）高速公路对接，实现包茂高速陕西境西安至榆林642公里全线贯通，打开陕西北向出口高速通道，改善和加强陕西与华北地区交通联系，促进陕北能源化工基地建设。

九、西（安）柞（水）段

西（安）柞（水）高速公路，简称西柞高速。包茂高速陕西段西安至柞水穿越秦岭路段。

区间公路原靠210国道和102省道，两线等级标准低，路况较差。西部大开发加快陕西高速公路建设向陕南延伸。2001年1月、2002年9月，西柞高速控制性工程——秦岭终南山公路隧道、西安曲江互通式立交（二期工程）先期开建，全线于2004年3月1日开工。

西柞高速和秦岭终南山公路隧道（见本篇第六章第三节《主要隧道建设》）分两个项目实施。西柞高速土建工程由省公路设计院设计，交通工程及沿线设施由西安公路研究所设计。路线起自西安绕城高速公路曲江立交，经长安区杜曲、太乙宫、石砭峪穿越秦岭，过营盘至柞水县，全长64.99公里。其中岭北路线30.14公里，秦岭终南山公路隧道及连接线21.50公里，岭南路线13.35公里。全线采用双向四车道高速公路技术标准。隧道两端43.49公里路线中，土石方工程572.65万立方米，防护排水工程33万立方米；沥青混凝土路面106.68万平方米；设桥梁56座、1.21万米，其中特大桥2座、3 584米；隧道15座、4 696米，其中长隧道1座、2 564米；互通式立交4处，分离式立交6处；跨线桥12座，通道51道，涵洞50道。设服务区1处，收费站4处，管理处1处。

建设单位始为西安绕城高速公路生态林带建设管理局（简称西安绕城管理局），2006年4月调整为省交通集团。设西柞高速公路建设管理处，宋志锋任处长。全线分45个合同段。西安铁路工程（集团）有限责任公司、中铁二局股份有限公司、北京海威工程建设有限公司等27家施工单位中标承建。陕西公路交通科技开发咨询公司等4家监理公司中标监理。沿线地方政府承担环境保障和征地拆迁。

2006年5月，建设中的西柞高速

项目属典型山区高速公路工程，线路穿越秦岭腹地，山高坡陡、沟壑纵横，地质复杂多变，工程十分艰巨。施工单位针对施工场地狭小的特点，合理安排生产、生活区和材料堆放区，尽量避免相互干扰；各道工序实行标志牌管理，标明作业内容、工序状态、施工工艺、质量状况及负责人等；实行动态管理作业计划，确保工程进度。

路基施工对开挖的土方加以充分利用，弃土合理堆放，并尽可能全部拦挡。在全省高速公路沥青路面首次使用ATB-30结构层、改性沥青碎石等新技术。沥青面层总厚度由原设计16厘米增至22厘米。采用煤油稀释沥青透层、SBS改性沥青碎石封层和SBR改性乳化沥青黏层层间处理技术。上面层施工引进沥青混合料转运车技术，实现连续摊铺，保证摊铺质量。

2006年12月完工。2007年1月20日，与秦岭终南山公路隧道同时通车。路线建设概算投资19.37亿元。

西柞高速贯通包茂线通过秦岭最艰巨路段，将区间公路里程由原165公里缩短为65公里；通行时间由原3小时缩短为40分钟，加强区间及关中与陕南地区联系，促进沿线产业结构调整和旅游等资源开发利用。柞水县由偏僻深山县成为西安“后花园”。

十、柞（水）小（河）段

柞（水）小（河）高速公路，简称柞小高速。按照国家西部大通道建设规划，西柞高速开工一年多后，柞小段于2005年10月31日举行开工典礼，2006年6月全线开工建设。

中交一公院设计。路线起自柞水县城北九里湾接西柞高速，沿乾佑河左右换岸布线，经柞水营盘、乾佑、柞水县城、下梁、石瓮，镇安县回龙、镇安县城、青铜关，至旬阳县小河镇，接待建小（河）（安）康高速公路。沿线与102省道和西（安）（安）康铁路相向。路线全长71.67公里，双向四车道高速公路技术标准。全线路基土石方工程768.13万立方米，防护、排水工程101万立方米；沥青混凝土路面56.76万平方米；设桥梁127座、2.89万米，其中特大桥5座、5 970米，大桥109座，共2.12万米；隧道37座、1.88万米，其中长隧道6座、8 880米。桥隧占路线总长65%。设互通式立交4处，分离式立交3处；跨线桥2座，通道12道，涵洞80道；服务区2处，收费站4处，管理所2处。概算总投资48.71亿元。

项目建设单位始为西安绕城管理局，2006年4月调整为省交通集团。设柞小高速建设管理处，刘海鹏任处长。全线64个合同段。中国建筑第八工程公司、江苏省交通工程有限公司、四川武通路桥工程局等64家施工单位承担施工。陕西高速公路工程咨询有限公司承担总监，西安公路交大建设监理公司等10家监理单位承担驻地监理。沿线地方政府承担环境保障和征地拆迁。

作为陕西新一轮加快建设项目之一，柞小高速工期由原计划4年缩短为3年。管理处抢抓时间和进度。第一批16个标段中标施工单位提前10天进场，筹备场地，抢修便道。征地拆迁得到柞水、镇安和旬阳3县全力支持，采取先清点登记后赔付办法，确保按时全面开工。开工第1个月即完成所有临建工程，桥梁桩基全部开工。

2007年，柞小高速建设工程开展劳动竞赛，全线掀起施工大干竞赛活动

贯彻动态设计理念，从审查意见落实、设计现场核查、施工现场优化入手，加强不良地质路段、路基边坡、高填深挖路段、岸坡桩位及桥梁布孔、路线平纵线位、涵洞通道、路面综合排水系统设计优化。在省内首次采用振动法抗裂型水泥稳定碎石基层，形成骨架密实型结构，解决水泥稳定碎石基层开裂质量通病，节省水泥30%至40%。通过研究与室内检测、现场试验，利用隧道弃渣千枚岩210余万立方米做路基填料，节约资金6 000万元。

项目2008年11月28日建成通车，使包茂高速秦岭腹地段得以向南伸展，唐代诗人贾岛笔下“只堪图画不堪行”的镇安，始通达高速公路，柞水至镇安区间公路行车时间由原1小时缩短为20分钟。

十一、小（河）（安）康段

小（河）（安）康高速公路，简称小康高速。北邻商洛，南至安康。区间原公路交通主要靠102省道和316国道，两线均为山区三级公路，道路等级低，迂回距离长，不适应陕南经济发展需要。作为陕西高速公路新一轮加快建设项目之一，小康高速于2005年10月31日开工。

省公路设计院设计。线路北起旬阳县小河镇坪槐村接柞小高速，经桐木，安康市汉滨区茨沟、谭坝、花园，至五里镇尹家营村，全长58.26公里，双向四车道高速公路技术标准。全线土石方工程784万立方米，防护、排水工程66.20万立方米；沥青混凝土路面88.21万平方米；设桥梁139座、3.83万米，其中特大桥6座（单幅）、1万米，大桥78座、2.50万米；隧道（单洞）31座、4.96万米，其中特长隧道6座、3.68万米，长隧道4座、6 521米。桥隧占路线总长75.20%。设互通式立交3处；跨线桥4座，通道10道，涵洞62道；停车区1处，收费站3处，管理所1处。

项目建设单位初为省公路局，2006年1月按省交通厅决定移交西安绕城管理局，3月调整为省交通集团。设项目建设管理处，处长先为刘祥坤，后为段小平。中铁十局第二工程有限公司、中铁隧道股份有限公司、东盟营造工程有限公司等60家施工单位参建。山东格瑞特监理咨询有限公司等12家单位负责监理。建设用地由省国土资源厅统征，安康市政府负责建设环境保障。

适应高速公路建设加快要求，项目工期由原计划5年变为4年。管理处以突出服务、简化程序、加快节奏、注重实效为原则，成立南、北两个执行办公室，充实施工人员和设备，增加施工作业面，强化进度与质量考核，严格奖罚兑现，加快项目实施。

2007年7月16日，中共陕西省委常委、副省长洪峰考察小康高速项目建设，要求努力把小康高速建成生态路、环保路、景观路。

2009年6月19日，小康高速沥青路面铺筑碾压施工

路线布设于深山峡谷，作业面狭窄，材料运输困难。施工单位开劈施工便道，仅新修主便道就达160多公里，解决施工作业和材料运输困难。路线穿越青山、玉皇山和包家山等山脉，跨越乾祐河、旬河、月河、柴河、傅家河、冉家河等河流，沿线地形切割强烈，地质条件复杂。施工中加强对膨胀土边坡和滑坡治理、隧道塌方处置及T型刚构桥施工技术咨询，优化施工方案，确保施工质量。包家山隧道为全线控制性工程。通过加强科技攻关，解决断层、溶洞、涌水等地质问题，攻克通风、机电控制、防灾救援及喷锚支护等技术难题，战胜涌水、涌泥、塌方等灾害影响，实现如期贯通。隧道建设见本篇第六章第三节《主要隧道建设》。

贯彻“自然和谐”环保理念。隧道洞口施工实行“零进洞”，减少开挖；挖方边坡取消实体护面墙，施以生态防护；绿化“以竹为主、三季有花、四季常青、点缀合理”；排水采用可植草绿化的碟形边沟，增加绿化面积，彰显自然和谐。

参建单位投资3 000多万元，结合便道施工改善、加宽乡村公路59公里，修建便民桥10座，解决沿线6个村无路可行和15个建制村行路难问题。征迁工作做到征地与支付同期进行、同时兑现，拆迁与安置同时落实，确保拆迁户有钱建房、有地建房。

2009年5月28日建成通车。概算总投资51.82亿元，竣工决算完成投资58.95亿元。

小康高速建成，实现包茂高速陕西境安康以北路段全部贯通，提前两年实现全省市市通高速目标，并使西安至安康区间公路交通由原8小时缩短为3小时，便利陕南与关中交流，促进陕南突破性发展。全线建成通车适逢端午小长假，安康旅游火爆，安康市游客达48.12万人次，旅游收入1.76亿元。

十二、安（康）（陕）川（界）段

安（康）（陕）川（界）高速公路，简称安川高速。包茂高速由安康通往四川省路段，处包茂高速陕西段最南端。区间原有公路310省道，等级低，设施缺，坡陡弯急，通行艰困。

小康高速开工两年后，安川高速动工建设。全线分两段施工。安康至毛坝，简称安毛段，85.61公里，2007年12月23日开工；毛坝至陕川界，简称毛川段，18.99公里（不含巴山隧道陕西境3.21公里），2008年3月20日开工。

省公路设计院、中交二公院分段设计。路线自安康市五里镇尹家营接小康高速，经汉滨区恒口、流水，紫阳县蒿坪、紫阳县城、芭蕉、高滩、毛坝、麻柳，镇巴县巴山，至陕、川两省交界两河口巴山隧道北口，接四川省万源至达州高速公路。全长104.60公里。其中五里镇尹家营至恒口镇贾家沟10.83公里，与十（堰）天（水）高速公路共线，双向八车道高速公路技术标准，路基宽39.50米，其余路段为双向四车道高速公路技术标准，路基宽24.50米。安毛段桥隧长度占路线总长77.80%，毛川段桥隧长度占路线总长95.20%。全线土石方工程1 127万立方米，防护、排水工程110万立方米；沥青混凝土路面187.30万平方米；设桥梁153座、4.78万米，其中特大桥18座、2.56万米，大桥99座、2.07万米；隧道（单洞）40座、6.51万米，其中特长隧道8座、3.91万米，长隧道10座、1.60万米；互通式立交8处；跨线桥5座，通道8道，涵洞46道；服务区3处，收费站8处（其中省际收费站1处），管理所2处。

2009年5 月，建设中的安川高速紫阳泉河湾段

建设单位省交通厅利用外资项目办公室（简称省交通厅外资办），组建安康至陕川界高速公路建设管理处，南浩林、徐增友先后任处长。山东省公路建设（集团）有限公司、东盟营造工程有限公司、浙江鹰鹭交通设施有限公司等

39家施工单位中标参与施工。依世界银行规定，由陕西高速公路工程咨询公司、加拿大超豪国际咨询公司联合组建总监办，另有12家监理单位中标监理。沿线地方政府负责征地拆迁与建设环境保障。

路线穿越凤凰山、米溪梁、三台山、大巴山诸山，跨越益家河、流水河、蒿坪河、汉江、任河、绕溪河、盘湘河、麻柳河等河流。沿线山深岭峻，河谷交错，施工场地狭曲，材料输送困难，有省内施工难度最大、施工环境最复杂高速公路项目之说。管理处采取“一段路一办法”“一合同段一对策”，加强协作施工。采用施工单位相互借用场地、相互挪用设备、相互预制箱梁等办法，解决场地、设备等困难。利用渡船或多用途浮箱拼装浮船用于材料运输，全线90%沙石料、水泥和设备，通过水路和陆路倒运至加工场地，再经水路运抵施工现场。部分材料、设备经火车—轮船—汽车数次倒运方到工地。15标段用6台浮吊搭建618米钢栈桥，运输材料和设备。中铁十八局在毛川段第二合同段任河上修筑长260米索道施工便桥。半山坡桥墩施工，上为陡壁，下有水库，场地十分狭窄。中交二公院研究、设计“独桩小承台基础”“小间距双柱墩”下部结构，解决了桥梁下部构造水下施工难题。黑沟大桥274个桥梁墩柱，其中134个位处深水区，140个位处陡坡或悬崖，桩基施工、梁板预制及架设均极其困难，施工单位采取“蚂蚁搬家”的方法，一方方搬料，一寸寸浇筑，终如期完工。

管理处推行精细化管理，排查高边坡、隧道、混凝土质量通病，专项治理10项质量弱项指标合格率。沥青拌和站安装“黑匣子”和改性沥青加工监控设备，数据无线网络传输，动态监督沥青混合料配合比和改性沥青加工情况。在纵坡大于3%路段和桥面上面层沥青混凝土中添加聚酯纤维，提高沥青路面高温稳定及低温抗裂性能。采用双层小导管超前支护方案，成功治理毛坝1号隧道300多米长特大高压涌水段。采用双排钢轨桩，成功治理K303处百米滑坡。

2010年12月20日建成的安川高速路段及高边坡防护工程

安毛段建设为避开瀛湖湿地保护区白鹭和绿头鸭等野生动物月河北岸栖息地，变更原路线方案，从月河南岸隔河相距2公里外通过。

2010年12月31日，安毛、毛川高速建成（紫阳隧道左洞贯通）。其左、右线分别于2011年3月10日、5月31日通车。概算投资共96.40亿元。其中安毛段77.03亿元中，利用世界银行贷款2.60亿美元，折合人民币20.80亿元。

安川高速建成通车，实现包茂高速陕西境全线贯通，成为全省南北纵向高速轴线，挺起陕西南北向公路交通“脊梁”，将陕北、关中、陕南三大经济区连成一体，对促进区域统筹协调发展，加强东西部之间、黄河与长江两大流域之间交流联系，意义和作用重大。

十三、西（安）铜（川）二通道

西（安）铜（川）高速公路二通道，简称西铜二通道，包茂高速陕西境西安至铜川段第二条高速公路，亦为拟建西（安）延（安）高速第二通道（简称西延二通道）之一段。

西铜高速建成后，承担区间公路交通主要流量。随着关中、陕北经济社会发展，特别是陕北能源化工基地建设加速，包茂高速西安以北至内蒙古全线贯通，沿线交通量猛增，并以运煤载重货车居多，致西铜段多处交通不畅且事故频发，成包茂高速陕西境瓶颈路段。2005年10月，省交通厅委托交通部规划研究院进行改扩建工程可行性研究。2008年国家发改委和交通运输部将西铜高速列为陕西“卡脖子”路段之一，要求抓紧改造扩建。省交通厅规划自西铜段起，对西延高速全线进行扩能改造。扩能改造线路走向见图2–1–2。

图2–1–2　西延高速二通道线路图

西铜二通道扩能改造方案原以沿老路加宽为主，即采用单侧小间距、双侧对称拼接及分幅新建。因沿线建设环境复杂，且未与原路段经营方就合作加宽达成协议，经方案比较、权衡，2009年3月报经国家发改委批准，新建第二通道。

省公路设计院设计。路线自西安绕城高速吕小寨立交起，沿西铜高速东侧跨渭河、铁路北环线，经泾河开发区，跨西铜高速、咸（阳）铜（川）铁路和泾河，经三原县西侧跨清峪河、关中公路环线，从鲁桥镇西上塬，跨浊峪、赵氏两河，至铜川新区，全长62.80公里。吕小寨立交至泾阳立交20.10公里为双向八车道，路基宽42米；泾阳立交至铜川新区42.70公里为双向六车道，路基宽34.50米。全线土石方1 419万立方米；沥青玛瑺脂碎石路面278.38万平方米；设桥梁32座、2.28万米，其中特大桥6座、1.96万米，大桥13座2 445米；互通式立交7处；天桥26座，通道59道，涵洞85道；服务区1处，收费站4处，管理所2处。投资概算79.75亿元。

建设单位省高速集团设西铜改扩建管理处，王琛、杨文奇先后任处长。全线分9个标段，中铁五局集团公司等9家施工单位中标参与施工，陕西高速公路工程咨询有限公司中标总监，中心试验室由长安大学公路工程检测中心承担，北京华通公路桥梁监理咨询有限公司等4家监理公司中标监理。线路穿越3市7县（市、区）经济发达地带，沿线民居、厂区密布，建设环境复杂，征迁难度大。沿线地方政府承担征地拆迁与建设环境保障。

2008年5月试验段开工建设。试验段分别为浊峪河桥及引线共6.29公里、赵氏河桥及引线共5.29公里两段，为老路单侧小间距设线拼接和新建四车道标准高速公路，与原西铜高速组成两段八车道高速公路，以缓解原路跨浊峪河、赵氏河段交通压力。

2009年1月全线开工。路线穿越泾、渭河漫滩区、黄土台塬区和湿陷性黄土区。设渭河、浊峪河、赵氏河三座连续刚构桥，桥梁长度占全线总长36%。其中全长9.40公里的八车道渭河特大桥，跨越西安铁路枢纽北环线、郑（州）西（安）高速铁路、咸（阳）铜（川）铁路和原西铜高速。

项目实行精细化管理。施工图设计提交后，组织监理、施工单位对施工图纸现场核查、优化。完善质量管理制度，严格质量标准，加大质量巡查。钢材、水泥、沙、碎石等12种主要材料实行准入制。推行首件工程认可制和工程质量风险抵押金制度。定期对监理工程师进行考核，严格质量监理。组织开展质量观摩、竞赛活动。在全省首次采用橡胶沥青SMA路面，提高路面使用性能。

2011年11月16日，渭河特大桥沥青路面铺筑完成，实现西铜高速二通道沥青路面全面贯通，为按计划建成通车奠定基础

2011年12月8日建成通车。包茂高速陕西境西铜段形成由两条路线、四至八条车道并联的新通道，有效缓解区间公路交通紧张。作家朱文杰有诗云：西铜高速，华丽转身/廿年风雨沧桑，今朝更好看/一线双跨，比翼齐飞/南北贯通，创造无限。

十四、铜（川）黄（陵）二通道

铜（川）黄（陵）高速公路二通道，简称铜黄二通道，包茂线陕西境铜黄段第二条高速公路。

铜黄高速建设时采用技术标准偏低，随着经济快速发展和交通量迅速增长，通行能力不能满足需求，成为包茂高速西安以北“瓶颈”路段，省交通厅决定扩能建设。

省公路设计院设计。路线起于铜川市新区，接西铜二通道，经耀州区、王益区、印台区和宜君县，止于宜君县界庄，全长102.20公里。路线于印台区何家坊、宜君界庄，通过连接线与铜黄高速相连接。铜黄二通道主线为双向六车道高速公路技术标准，设计时速100公里，路基宽度33.50米。连接线为双向四车道高速公路技术标准，设计时速80公里，路基宽度24.50米。另在宜君境有彭镇连接线10.09公里，二级公路技术标准，设计时速60公里，路基宽度10米。全线路基土石方1 050.95万立方米；设桥梁42座、1.45万米；隧道6座、1.28万米，其中特长隧道2座、6 140米，长隧道2座、4 415米；互通式、分离式立交各2处，服务区1处。总投资118.90亿元。按铜川新区至何家坊、何家坊至黄陵两段分期修建。线路走向见图2–1–2。

该段扩能改造项目建设单位省高速集团，组建铜黄高速建设管理处负责项目实施，杨文奇任处长。铜川新区至何家坊主线段长46.10公里，半截沟（何家坊）连接线2.35公里，2010年5月开工建设。全线分11个合同段。中交第二公路工程局（简称中交二公局）第三工程有限公司、中铁隧道集团有限公司等11家施工单位中标参建。陕西高速公路工程咨询有限公司组建总监办，下设4个驻地监理办公室。

何家坊至界庄段主线长46.01公里，黄陵连接线长4.93公里，2012年10月先期开工4个标段。陕西路桥集团公司、中铁五局、中铁十二局第三工程有限公司等单位承建，陕西高速公路工程咨询有限公司等2家监理公司负责监理。

第二节　G30连霍高速陕西段

G30连霍高速，又称连霍线，原为GZ45、G045连霍线，国家高速公路“7918”网规划的18条东西横向线之一。路线东起江苏省连云港，西至新疆霍尔果斯，途经江苏、安徽、河南、陕西、甘肃、新疆6省（自治区），全长4 395公里。

连霍高速陕西段东西向横贯关中平原。路线于潼关县西北村接河南洛（阳）灵（宝）高速公路起，至陕甘界宝鸡市牛背，接甘肃境宝（鸡）天（水）高速公路，连接渭南、西安、咸阳、杨凌、宝鸡等5市（区）、18个县（市、区），全长333.12公里。线路走向见图2-1-3。全线跨越赤水、沈河、灞河、沣河、渭河、千河等河流，与310国道和陇（甘肃兰州）海（江苏连云港）铁路（简称陇海铁路）并行。线路分别于华阴市、华县与拟建的榆（林）商（州）高速、渭（南）蒲（城）高速公路相交。经西安绕城高速公路，分别与包茂、京昆、沪陕、福银和西安咸阳国际机场专用高速相连通。于咸阳市与规划的西咸北环高速公路、于宝鸡市陈仓区与在建的定（边）汉（中）高速公路相交。

图2-1-3　G30连霍线陕西段线路图

连霍高速陕西段建设，自1986年12月西（安）临（潼）高速建设起，1992—2009年，先后建成的路段有：西（安）宝（鸡），临（潼）渭（南），渭（南）潼（关），宝（鸡）牛（背）等5段，工程总投资61.34亿元。至2012年年底，全线分别有潼（关）临（潼），兴（平）虢（镇），西（安）兴（平）3段共245.22公里路段施行了扩能改造，形成双向八车道高速公路，工程总投资约171.45亿元。扩建后的连霍高速陕西段，显著提升关中作为陕西“腰”部的公路服务保障水平，并成为联结中国东西部、紧密关中——天水经济区一条便捷的高速公路通道。

一、西（安）宝（鸡）段

西（安）宝（鸡）高速公路，简称西宝高速。连霍高速陕西段穿越关中平原西部路段，沿线有西安、咸阳、宝鸡等中心城市和杨凌高新农业产业开发区，人口密集，经济发达，区间交通主要依陇海铁路与310国道，铁路运输紧张，公路交通拥挤。

西临高速公路建成后，省政府批准建设西宝公路，并列为1992年20项兴陕项目之一。采用一级汽车专用公路技术标准设计，全立交、全封闭，双向四车道。按照省政府确定的连霍高速陕西境“统一批准、分期征迁、分段施工、东西并进”原则，自1992年4月1日起，西宝段分西安至兴平34.10公里、蔡家坡至宝鸡31.54公里、兴平至蔡家坡80.24公里3段，分期建设。

省公路设计院、西安市建筑设计研究院、中国公路工程咨询监理总公司、西安公路研究所、西北农业大学园艺系分别承担路桥、房建、通讯、收费系统、立交绿化设计。路线自西安市三桥后围寨起，于咸阳市西跨渭河，沿渭河北岸、陇海铁路南侧布设，经兴平、武功、杨陵、扶风、眉县、岐山、宝鸡县（今宝鸡市陈仓区）等县（市、区），穿宝鸡市区，止于宝鸡县南坡村，沿途跨沣河、渭河、漆水河、千河等河流，全长145.88公里（不含宝鸡市区延伸段9.72公里）。全线土石方工程1 691.30万立方米，防护排水工程48.60万立方米。设桥梁12座、2 446米，其中大桥4座、2 065米；互通式立交9处，分离式立交43处；通道399道，涵洞561道；收费站11处，服务区2处。

省政府成立西宝公路建设指挥部，并在省高管局设指挥部办公室，负责项目实施。办公室主任由省交通厅副厅长胡希捷兼任，项目负责人为汪星宇。设东段、西段、中段3个办事处组织实施。全线分53个合同段。陕西省路桥工程总公司、辽宁省公路工程局、深圳华科交通工程公司、铁道部电气化工程局等53家施工单位参与施工，陕西省公路工程咨询公司等5家单位负责监理。征地拆迁和环境保障由沿线地方政府负责。

路线经渭河一、二级阶地，地势平坦。为解决铁路、公路及地方道路、农耕路、灌渠等对路基净高要求，路基平均填土高度自东往西由3.05米增至4.20米。路基严格分层碾压；黄土含水量大、压实效果不佳路段，调整分层铺筑厚度及碾压工艺，使各层压实度达到规范要求；西段采用沙砾填筑路基；西安至兴平段桥梁台背加铺4厘米沥青混凝土面层，解决台背下沉致桥头跳车问题。路堑边坡采取挖洞、施肥、载植小冠花的方法进行植物防护。

项目建设期间，宝鸡市政府为缓解市区出入口交通紧张，改善投资环境，提出路线终点延伸意见，即将原终点——宝鸡县南坡村千河桥西，改为沿渭河河堤延伸至斗中路。经省政府1992年第26次省长办公会议研究同意，由宝鸡市政府筹资6 900万元，组织建设延伸段9.72公里。

西宝高速随路线建设同时建成收费、通信和服务系统。采用站、所、处、局四级计算机控制网络和三级远程图像传输与控制技术，具收费数据系统实时查询、交通量调查等功能。通信工程由光纤数字传输系统、程控交换系统、紧急电话系统和电源系统组成，为当时陕西管理设施最全、技术最先进高速公路项目。

西宝高速西安至兴平、蔡家坡至宝鸡两段，先后于1993年、1994年建成通车。1995

1995年12月5日建成的西宝高速，连接西安、咸阳、宝鸡3市10县（市、区）

年12月5日，兴平至蔡家坡段与宝鸡市区延伸段同时建成并试通车，西宝高速实现全线贯通。1996年1月18日，省政府在西安三桥举行西宝高速建成通车典礼，中共中央政治局委员、国务院副总理邹家华出席剪彩并巡视全线。经竣工验收，工程质量评为优良。工程决算完成投资13.66亿元，较批准概算节约5 400万元。投资除交通部补助、省自筹外，利用科威特政府贷款3 000万美元，折合人民币2.70亿元。按决算项目每公里综合造价936万元，为国内同期同类建设项目最低造价。

1997年1月，交通部批准西宝一级汽车专用公路改为高速公路。

西宝高速全线贯通，关中西部形成东西向高速公路通道，显著缓解区间公路交通紧张状况，公路通行时间由原4小时缩短为1小时30分钟。高速公路将西安、咸阳、杨陵、宝鸡等城市与高新经济开发区、示范区联成一体，加速沿线产业结构调整和城镇化建设，带动关中经济、科技、教育、文化、旅游等资源开发与发展。

二、临（潼）渭（南）段

临（潼）渭（南）高速公路，简称临渭高速。连霍高速陕西段自西临高速向东延伸段。区间交通主要靠陇海铁路和310国道。310国道大部分路段为三级公路技术标准，1990年平均日交通量最高达7 145辆次，大大超过设计通行能力，时常发生拥堵。按照省政府连霍高速陕西境建设东西并进原则，临渭高速于1994年12月1日动工，并被列为当年陕西20项兴陕工程之一。

省公路设计院设计。路线自西临高速姜沟立交起，沿渭河南侧跨陇海铁路，经新丰、零口、良田、渭南市（今渭南市临渭区）至程家乡，全长40.77公里，双向四车道高速公路技术标准。其中K16+300～K20+400段，利用西临高速原有半幅加宽为整幅。全线土石方工程571.50万立方米，防护排水工程6.30万立方米。设桥梁13座、2 724米，其中特大桥2座、2 105米，大桥3座、415米；互通式立交6处；通道167道，涵洞151道；服务区、停车区各1处，收费站6处，管理所1处。

建设单位省高管局组建临渭公路项目组（简称项目组），负责建设管理。组长始为陈联军，后为李建民。全线分16个合同段。采用邀请招标方式，选择施工单位，其中4处跨越铁路工程在铁路系统内部招标，并于省内高速公路项目首次实行监理招标。铁道部第十六工程局、陕西省路桥工程总公司等15家施工单位中标参与施工。陕西省公路工程咨询公司、西安公路研究所中标监理。征地拆迁和建设环境保障，分别由西安、渭南两市政府负责，两市政府与省政府签订目标责任书。

项目开工前后，举办有各施工单位项目经理和技术人员参加的施工技术规范、合同管理、竣工资料和试验工作学习班；督促施工单位完善质量自检体系，监理单位严格把好材料试验关、现场监理关和抽查检测关。对路基、挡墙、桥梁进行专项质量检查，实行质量问题一票否决制。在交通部检查组查出零河桥中间带盖板混凝土配合比失控和大梁底部裂纹等问题后，项目组当即发出停工令，责令施工单位将该桥所有中间带盖板全部报废、返工；委托西安公路交通大学对底部裂纹大梁进行桥梁动、静荷载试验，并施以压力注胶封闭处理，直至强度可靠。路基和桥涵台背填土进行钻孔取样，填土压实度不合格的54个通道全部予以强夯处理。路面铺筑实行“四个不准”制度，即路基交验不合格、路面材料及配合比不合格、拌和及铺筑碾压设备完好率达不到标准及运输车辆不足的，不准铺筑路面。由于设备陈旧、秋季阴雨期赶工等因素影响，A、B标段路面出现局部松散和泛油，项目组及监理督促施工单位进行彻底修复，达到部颁质量标准。

1996年12月30日主线建成通车，实际工期比原计划提前半年。经省交通厅组织交工验收，质量评定为优良。工程批准概算5.17亿元，竣工决算完成投资5.17亿元。

临渭高速建成，实现渭南地区通高速公路，并将渭南至西安、咸阳、杨陵、宝鸡一线由高速公路贯通，在关中人口密度大、经济发展快、城市化水平高地带，形成高速、便捷公路通道，显著改善关中地区公路交通条件，增强西安与沿线中心城市交叉辐射功能，促进沿线经济社会开放和发展。

三、渭（南）潼（关）段

渭（南）潼（关）高速公路，简称渭潼高速。连霍高速陕西境东出口连接河南境路段。区间陇海铁路运输紧张，310国道渭南至潼关段技术标准低，通行能力不足，成东西向公路交通瓶颈路段。临渭高速建成后，渭潼高速列为陕西利用世界银行贷款修建的第二批公路项目之一，于1997年4月动工。

省公路设计院设计。路线自渭南市临渭区程家乡接临渭高速起，经华县、华阴、潼关等县（市、区），至潼关县西北村接河南省洛（阳）灵（宝）高速公路，全长78.52公里，双向四车道高速公路技术标准。全线土石方工程1 041.80万立方米，防护排水工程15.20万立方米。设桥梁29座、3 042米，其中特大桥1座、604米，大桥8座、659米；互通式立交4处，分离式立交16处；跨线桥12座，天桥2座；通道110道，涵洞154道；服务区、停车区各1处，收费站5处（其中省际收费站1处）。

省交通厅世界银行贷款项目执行办公室负责项目实施，设渭潼高速公路项目组，马云祥为组长，并设总监办公室、渭潼代表处。主体工程分5个合同段。通过国际竞争性招标，陕西省路桥工程总公司、中交一公局等5家施工单位中标参与路桥施工，河北银达交通工业集团有限公司、河南北方交通设施工程有限公司、陕西省华美建设有限公司等31家单位，参与附属工程施工。西安公路研究所、陕西省公路工程咨询公司等5家单位承担监理。意大利咨询公司（ITALCONSULTS.P.A）9名专家参与监理咨询。

项目征地拆迁涉及4县（市、区）、20个乡镇、95个行政村、2个街道办事处、19个国有与集体单位。本着世界银行贷款项目施行不使拆迁对象生活质量降低的原则，为房屋受影响的529户共2 413人新划宅基地，大多拆迁户于1997年上半年盖起新房；为受征地影响的1 018户共4 989人通过在本村调整得到承包土地，同时满足沿线群众合理要求，新增通道9道，涵洞46道，蒸发池64个，补偿挂果树6.75万棵，补征3米宽生产路

8.97万米。还对靠近施工路段受机械震动影响的房屋，予以维修补偿。

项目执行加强计划进度控制，实行分阶段进度质量检查评比，每月初分标段召开例会，检查总结进度质量，协调解决影响工程建设的问题，并设立进度、质量奖惩制度，强化激励约束，使路面底基层和基层提前一个月、面层提前一个半月完成。

施工质量控制坚持“四不准”，即单项开工报告未批不准开工；原材料不合格不准进场；上道工序不合格，下道工序不准开工；不合格工程不计量、不支付，并坚决返工。对近15公里路基填筑压实度达不到标准的低液限粉土路段，采取适当降低路堤设计高度的办法，减少填土60多万立方米；对路堤压实度93%和95%区域填料，采用沙砾换填措施，换填沙砾70余万立方米；同时将400多米挡土墙路堤改为高架桥，以此保证路基压实度。全线还增加沥青沙拦水带8.90万米，以减少边坡冲刷，稳定路基，保护路面。

1999年10月建成的渭潼高速穿过华山脚下路段

1999年10月1日建成通车，比计划工期提前9个月。经竣工验收，评定为优良工程。工程投资14.11亿元。其中利用世界银行贷款5 145万美元，折合人民币4.28亿元。

渭潼高速建成，增加陕西关中东向省际出口通道，连霍高速陕西段东自潼关、西至宝鸡全面贯通，并与连霍高速河南境路段对接，极大改善区间交通条件，促进沿线经济社会发展，显著加强东西部之间交通联系。同时为陕西高速公路建设利用外资提供新经验。

四、宝（鸡）牛（背）段

宝（鸡）牛（背）高速公路，简称宝牛高速，亦称宝天（即宝鸡至天水）高速。连霍高速陕西境西段，宝天高速东段。区间交通原有陇海铁路和310国道。随着西部开发推进和区域交流活跃，该段公路交通量骤增。2005年，国务院将宝天高速列为西部大开发十大工程之一。2006年10月，宝牛高速试验段开工，2007年3月9日全线开工。

中交一公院设计，北京中交京华公路工程技术有限公司承担设计咨询。路线于宝鸡市石家营村与西宝高速相接，向西沿渭河川道布线，经高家、晁峪、坪头、胡店等镇至陕甘交界牛背村，与甘肃境在建牛背至天水高速公路相接，路线全长40.21公里，双向四车道高速公路技术标准。起点至崖子村段4.90公里，利用现有宝牛二级公路改扩建，崖子村至终点段35.31公里为新建。设计时速80公里，路基宽整体式24.50米，分离式12.25米。全线土石方工程585.40万立方米，防护、排水工程39.30万立方米；沥青玛瑞脂碎石路面70.17万平方米，水泥混凝土路面23.35万平方米；共设桥梁71座、1.94万米，其中特大桥2座、2 146米，大桥51座、1.64万米；隧道（单洞）30座，长2.64万米，其中长隧道16座，2.19万米。桥隧总长度占路线里程60%。互通式、分离式立交各2处；跨线桥10座，通道4道，涵洞50道；服务区2处，停车区1处，收费站3处（其中省际收费站1处），管理所1处。

项目由宝鸡市政府组织实施。设宝天高速公路建设管理处，负责建设管理，胡公尚任处长。省交通厅指令省高速集团派驻督导组，督导项目实施。全线分46个合同段。中交二公局、中铁第十五工程局、湖北兴达交通工程建设股份有限公司等46家施工单位中标参与施工，江苏东南交通工程咨询监理有限公司、中国公路工程咨询总公司等16家监理单位中标监理。征地拆迁和建设环境保障，由市政府与沿线区、乡镇政府分层负责。

线路穿越堆积河谷阶地与剥蚀山地两种地貌，地质构造活动较强，地质环境复杂，遇滑坡、崩塌、泥石流灾害17处计11公里，占线路总长28.10%。有4处与铁路上跨、平行、交汇或下穿，26次跨越渭河，施工难度大。管理处与施工单位加强施工组织，与铁路、河道等部门加强联系协调，确保工程进展。

工程推行精细化管理和过程控制。用厂拌4%石灰沙砾处置路基厚度达50厘米，以提高路基强度；填土高度大于4米填方路段，采取强夯措施；排水系统及路基高边坡防护工程进行优化设计，减少高填深挖路基，增加桥隧长度。变刚性防护为生态柔性防护，尽量保护原始生态植被。桥隧之间短路基及桥隧相接处桥梁台背，全部采用浆砌片石回填。隧道洞内水泥处置碎石基层，全部采用摊铺机摊铺，保证平整度及排水效果。对施工出现的质量问题进行专项整治，清理不合格作业队2个，责成施工单位调整项目经理和总工各1名，清退高级驻地3名、监理人员32名；责令拆除不合格挡墙600立方米、护坡200立方米、砌体工程勾缝300平方米，报废不合格桥梁墩柱21根。

2008年“5·12”汶川特大地震，使宝牛高速项目部分建成工程受到影响。之后，项目被列入灾后恢复重建规划，并安排中央灾后恢复重建基金5亿元，保障项目实施。

2009年9月建成的宝牛高速老柴窝隧道口渭河大桥防护棚，是全省高速公路规模最大的棚洞防护设施

路线北老柴窝隧道出口紧接渭河大桥，大桥右侧上方为西安铁路局石料场。为防止石料场飞石抛落桥面危及通行安全，管理处与设计单位经对搬迁石料场、设置桥面防护网等方案反复比选，最终确定采用在桥面设置防护棚方案。防护棚左、右线分别长530米、670米。防护棚方案从确定到施工，离项目完工仅余一个月时间，管理、设计与施工各方紧密配合，实行交叉作业，夜以继日施工，终于全线完工前告竣。

2009年9月26日，宝牛高速全线建成通车，与原310国道宝牛汽车专用公路斗中路至宝汉路口段11.26公里，一并移交省高速集团西宝分公司运营管理。全线运营里程51.37公里。此为陕西由市级政府负责承建，建成后移交运营管理的首条高速公路。项目批准概算27.20亿元，完成投资28.40亿元。

宝牛高速建成，标志连霍高速陕西境全线建设告竣，打通了陕西西向省际高速公路出口，与同时建成的甘肃境牛背至天水高速公路贯连，实现陕、甘两省高速公路对接，宝鸡至天水行车时间缩短为1个半小时左右，对加强关中—天水经济区联系，促进西部大开发，意义重大。

五、潼（关）西（安）段改扩建

潼（关）西（安）高速公路改扩建工程，简称潼西改扩建，连霍高速陕西境潼西段扩容改造工程，为陕西以至西北地区首条“四改八”（即由四车道改为八车道）高速公路项目。

随着西部开发加快，东西部交流不断扩大，潼西间高速公路交通量增长迅速，过境交通量急剧增加。2007年年均日交通量达1.70万辆次，其中高峰期临潼断面交通量日均4.30万辆次，时有拥堵，交通不畅，社会关注。2008年“5·12”汶川特大地震后，国家发改委、交通运输部将该段列为陕西“卡脖子”路段之一，提出扩容改造意见。省交通厅组织扩容改造方案论证和设计，并列为全省新一轮加快建设的高速公路项目。改扩建工程分两期实施，一期为潼关至临潼段（简称潼临段），二期为临潼至西安段（简称临西段）。一期工程于2008年11月21日试验段开工，2009年3月全面开工。

2010年12月，西潼高速潼西改扩建工程，在保证正常交通的情况下，进行旧路面结构层铣刨施工

省公路设计院设计。一期工程路线全长116.26公里。其中新建渭南过境段（渭南东立交至渭南西立交）16.52公里，利用旧路加宽路段99.74公里。全段采用八车道高速公路技术标准，路基宽度分别为41米、42米，设计时速分别为100公里、120公里。路线于靳家、新丰、港口3跨铁路。潼临段土石方工程1 217万立方米，防护、排水工程52.30万立方米；沥青玛瑞脂碎石路面477.90万平方米；桥梁44座、6 232米，其中大桥16座、5 195米；互通式立交8处，分离式立交66处；天桥19座，通道271道，涵洞255道；服务区2处，收费站8处，管理所2处。概算总投资67.42亿元。

建设单位省高速集团组建西潼改扩建管理处，负责项目实施，李建安任处长。全线分45个合同段。新疆北新路桥建设股份公司、西部中大建设集团有限公司、南通市兴路交通工程有限公司等45家施工单位中标，分别参与路基、路面、交通安全、绿化、房建与机电施工。陕西高速公路工程咨询公司负责总监办，河南豫路工程技术开发有限公司等4个单位承担驻地监理。

项目在保证原路交通通畅的条件下施工，保畅任务繁重而艰巨。省交通厅与省公安厅交警总队制订周密保畅方案和应急预案，完善交通组织规划，交警、路政、交通协管三方分工负责，加强保畅值勤、现场疏导，采用省际诱导分流、区域强制分流的办法，减少交通流对工程的干扰，降低施工路段交通压力。通过实施路内分流和节点分流，实行单幅双向通行、改道行驶等交通管制措施，确保路内通行能力。施工采取的保畅措施主要有：南、北半幅各设机械和拌和场分开作业，路基、路面、绿化和交通安全工程同时交叉作业，协调各标段、各专业、各工序间进度安排，尽量做到同幅施工、同时封闭、同时开通等，尽最大努力缩短施工周期，保障施工区段交通顺畅。

改扩建采用双侧加宽、新老路拼接的方法。老路于20 世纪90年代分3段修建，技术标准与新路不同，拼接技术难度大。管理处与长安大学、省公路设计院等单位，开展高速公路改扩建关键技术、特殊地基处理、变截面宽箱梁跨越电气化铁路悬浇施工等技术研究，解决施工技术难题。路床拼接，采用干拌水泥碎石桩、碎石桩、灰土挤密桩、双向钢塑土工格栅等进行加固。路面拼接，基层顶部铺设聚酯玻纤布，拼缝竖向界面应用橡胶止水带，增强抗病害性能。沥青路面上面层采用SMA结构，提高抗车辙能力，延长使用寿命。

项目本着低碳交通理念，采用原路面沥青铣刨料铺设硬路肩下面层、橡胶沥青同步碎石封层、以及浅碟式排水槽结构、“老树新栽” 绿化法等节约和减排新技术、新材料。靠近黄河湿地省级自然保护区路段施工时，高噪声作业如打桩等，避开野生鸟类繁殖季节及清早、黄昏觅食高峰时段，避免对鸟类惊扰和伤害。

2010年11月30日，潼西改扩建一期工程告竣，交工验收质量评定为合格，实际工期比计划提前一年。

潼西改扩建一期工程告竣，该段高速公路由原四车道改建为八车道，显著扩大交通容量，增强区间通行能力，拓宽陕西东出口公路通道，并为高速公路扩容改造提供了经验。

六、西（安）宝（鸡）段改扩建

西（安）宝（鸡）高速公路改扩建工程，简称西宝改扩建。随着区间经济社会持续发展，尤其是关中—天水经济区建设，沿线人员流、商品流、信息流不断增大，原有西宝高速交通量猛增。2007年11月，省交通厅规划实施西宝高速扩容改造工程。

省公路设计院等5家设计单位承担设计。改扩建路段自西安绕城高速公路阿房宫立交起，至宝鸡市石嘴头，全长157.76公里。另有宝鸡市潘家湾联络线3.68公里。

主线设计时速100～120公里。全线分3段建设，中间段扩建先行，东西两段新建随后。中间段即兴平西吴至虢镇东段（简称兴虢段）103.25公里，利用既有高速公路进行改扩建，两侧各拼宽两个车道，形成整体式八车道路基；其余54.51公里路段为新建。东段即起点（阿房宫立交）至兴平西吴段（简称西兴段）25.71公里，新建双向八车道。西段即虢镇东立交至石嘴头村（简称宝鸡过境段）28.93公里，其中虢镇东至凉泉段22.39公里为新建双向六车道，凉泉至终点6.54公里为新建双向四车道。全线概算总投资135.45亿元。其中兴虢段概算投资65.24亿元，西兴段概算投资38.79亿元，宝鸡过境段概算投资31.42亿元。

建设单位省高速集团组建西宝高速公路改扩建项目管理处，王剑任处长。全线分48个合同段。中国路桥工程有限责任公司、中交第四公路工程局有限公司、厦门合顺公路交通工程有限公司等48家施工单位中标参建。陕西高速公路工程咨询有限公司承担总监，北京华宏工程咨询有限公司等9家单位承担驻地监理。征地拆迁和环境保障由沿线政府承担。

兴虢段、西兴段分别于2009年7月、11月开工，2011年11月22日、2012年12月25日分别建成通车。

相比新建工程，改扩建工程难度大。一方面是边通车边施工，要做到保畅和施工两不误；另方面，路线位处湿陷性黄土区域，部分路段为自重湿陷性黄土场地，路基、路面施工不仅要解决工后沉降问题，还要解决好路基拼接差异沉降、互通式立交改造、主线桥涵拼接与加固改造，以及原道路资源利用、路面材料再生利用等复杂、关键技术。

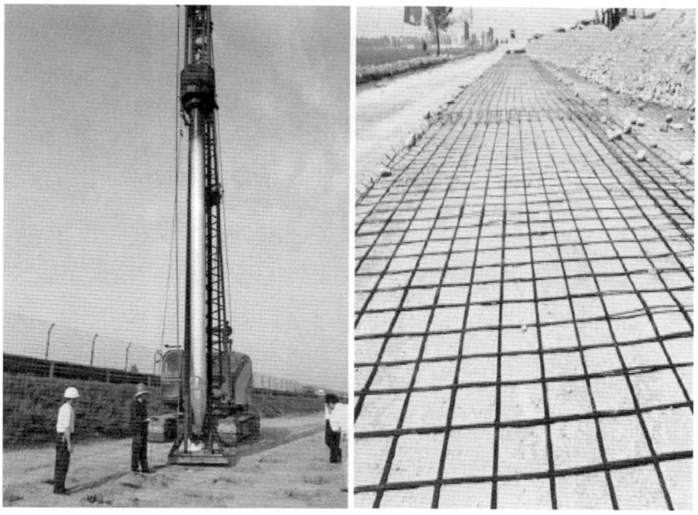

西宝高速改扩建工程，解决新老路基拼接技术难题。左图：采用振冲碎石桩进行地基加固；右图：采用土工格室对挡墙段拼接路基进行加固

管理处遵循“根治老路病害，充分利用老路”的原则，采用“动态设计、施工”的方法，分段逐层确定并施行老路病害处置方案。对南幅43%、北幅70%的原路基，采用沙砾进行换填，其余路基采用灰土挤密桩、强夯和水泥搅拌桩处理。采用“两侧拼接加宽”方式进行八车道路基、路面施工。路基拼接采用开挖台阶法，在台阶处施作干拌水泥碎石桩，加强拼接部位稳定性。路面拼接，在基层和下面层顶部铺设聚酯玻纤布。对铣刨的旧路面沥青废料，采用泡沫沥青冷再生技术，用于铺设匝道柔性基层和硬路肩下面层。铣刨的旧路基层碎石料用于路床填筑。拆除的旧路缘石和旧挡墙片石，用于蒸发池和改渠砌筑。土路肩采用工业废渣制成的免烧砖加固。施工期为防止河水污染，施工营地、场地和贮料场设置远离河道。主桥桥墩施工用钢板筒围堰，浅水区引桥用土袋围堰，并避开暴雨天施工。

兴虢段改扩建共完成土石方967.30万立方米，防护排水工程58.96万立方米。拼宽桥梁40座、1 791米，互通式立交9处，分离式立交31处；跨线桥15座，通道271道，涵洞300道。改造服务区2处。

西兴段沿线城镇密集，河道、电力、光缆、管网密布，仅企业拆迁就达117家。管理处与地方政府配合，根据政策并结合实际情况，做好征迁工作。阿房宫立交处一家方便面厂征迁，协商达两年8个月之久，终得妥善解决。项目建设推行标准化施工，强化精细化管理。小型构建预制实行工厂化生产，梁板预制实现车间化、程序化作业；开展环氧沥青混凝土铺筑技术、建筑垃圾再生应用技术研究，首次在省内采用环氧沥青路面施工技术，有效提高路面强度；将阿房宫区域内部分建筑垃圾分类并再加工后，用做路基填料，剩余数百万立方米垃圾予以覆土和植被覆盖，既节约工程投资，又促进公路沿线环境保护。

西兴段共计完成土石方工程量668万立方米。建成桥梁7座、9 446米，其中特大桥、

2011年11月22日建成通车的西宝高速兴（平）虢（镇）扩能改造路段

大桥5座、9 324米；互通式立交4处，分离式立交5处，跨线桥5座；通道47道，涵洞25道；服务区1处，收费站2处，管理所1处。

西宝高速兴虢、西兴段经扩建改造，显著提高区间通行能力，畅通关中西部高速通道，根本缓解区间交通紧张状况，促进西咸一体化和关中—天水经济区发展。西安与兴平之间新增第二条高速通道，日最高通行能力由过去3万辆次提高到12万辆次以上。

根据宝鸡市政府要求，宝鸡过境线路线走向设计变更后，于2012年9月16日开工建设。变更后路线起于虢镇东立交与兴虢段相接，向西跨渭河，下穿在建的西（安）宝（鸡）高速铁路，经杨家店、二郎庙、小庵村、小寨村，至唐家塬西与拟建的G30潘家湾以西路段相接，路线长12.51公里。起点段0.91公里为双向八车道，路基宽41米，其余11.60公里为双向六车道，路基宽33.50米，全线设计时速100公里。中铁十七局、中铁十八局、中铁二十局集团公司等6家施工单位中标承建，陕西高速公路工程咨询有限公司承担监理。概算造价20.60亿元。

第三节　G70福银高速陕西段

G70福银高速，又称福银线，始为西部地区省际公路通道银（川）武（汉）线，国家高速公路“7918”网规划的18条东西横向线之一。起于福建省福州市青口，经南平，江西南城、南昌、德安、九江，湖北省黄梅、黄石、武汉、孝感、襄樊、十堰，陕西省商州、西安、咸阳，甘肃省平凉，宁夏回族自治区中宁，至银川市，全长2 485公里。

福银高速陕西段，自山阳县漫川关接湖北十（堰）漫（川关）高速公路起，至长武凤翔路口入甘肃境，路线自东南而西北，贯连商洛、西安、咸阳3 市、12个县（市、区），全长363.21公里。线路走向见图2-1-4。线路穿秦岭山区、关中平原和黄土高原沟壑区，跨丹江、灞河、渭河、泾河、马莲河等河流。沿线局部分别与312国道、203省道并行。相交或相连主要公路线路有：与沪陕高速相交于麻池河，并作为西安、商州间高速公路一通道，与新建西商二通道形成西商间高速公路环线；与包茂、京昆、连霍、沪陕线和西安咸阳国际机场专用高速通过西安绕城高速公路相连，并与108国道、210国道和107省道在西安相交；与在建咸（阳）旬（邑）高速公路于咸阳市马庄相交。

福银高速陕西段自1998年至2009年，先后分6段建设，即：西（安）蓝（田），西安咸阳国际机场，咸（阳）永（寿），蓝（田）商（州），凤（翔路口）永（寿），商（州）漫（川关），历时10年，总投资约217.06亿元。福银高速陕西段全线建成，不仅大大提升区间公路服务能力，优化陕西高速公路布局，而且成为联结陕西与长江经济圈的便捷通道。

一、西（安）蓝（田）段

西（安）蓝（田）高速公路，简称西蓝高速。福银高速陕西境首先动工建设的路段。区间交通原靠312国道，为西安市东南向出口和过境主要公路，交通流量大，加之混合交通，时常拥挤不畅。按照陕西“米”字形公路主干线规划，由西安市政府筹资，西安市交通局组织修建西蓝高速。1998年6月18日开工。概算投资3.94亿元。

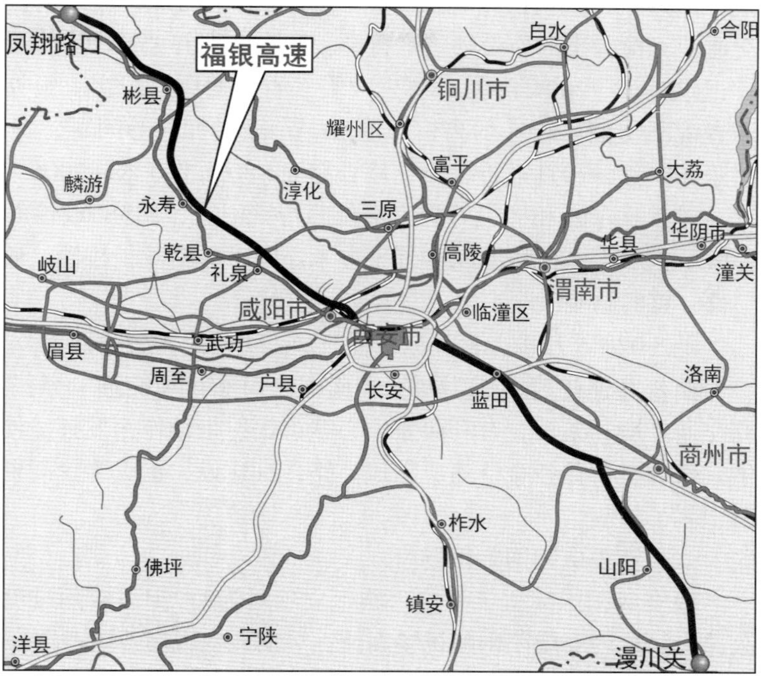

图2-1-4　G70福银高速陕西段线路图

西安公路交通大学工程设计研究院设计。路线起自西安市灞桥区香王村，经马家湾、石家道、东李村，跨灞河，再经蓝田县油坊街、洩湖、白羊寨，与蓝（田）小（商塬）二级汽车专用公路相接，止于蓝田县城312国道分离式立交。全线新建高速公路24.05公里，改扩建蓝小二级汽车专用公路6.79公里。高速公路为双向四车道，路基宽26米，设计时速120公里。全线土石方工程253.90万立方米，防护排水工程12.50万立方米。设桥梁5座、457米，互通式立交3处，分离式立交2处；人行及农耕天桥4座，通道40道，涵洞57道；收费站3处。

西安市交通局组建西蓝高速公路项目部（简称项目部），负责项目实施。项目长先为高耀武，后为任立新。全线分11个合同段。深圳市市政总公司、核工业华东建设公司等9家施工单位中标参与施工，陕西公路交通工程监理咨询有限公司中标监理。灞桥、蓝田两县（区）政府负责征地拆迁和建设环境保障。

1998年10月，西安市交通局与西安华安科技有限责任公司达成合资建设西蓝高速协议，合资双方共同组建西安华通高速公路发展有限责任公司（简称西安华通公司），承担项目建设管理及运营。

路线位于秦岭以北平原区和灞河谷地，路基以填方为主，平均填方高度2.95米。根据地形、地物设置排水沟，并与自然沟渠连通，形成完整排水系统。为防止河水冲刷，保证路基边坡稳定，结合河堤修复，沿灞河一侧增加防护设施。地质不良和高挡墙地段地基，施以注浆加固。挖方路段路床顶面由黄土换填成沙砾；换填后弯沉值仍偏大的，增加两层水泥稳定沙砾，保证整体强度。路面结构层由原设计4层49厘米，变更为5层55

厘米，增加1层沥青混凝土上面层，提高路面整体强度和平整度。

1999年12月1日，西蓝高速试通车，对路面工程进行运行检验。2000年7月1日封闭交通，对检验出的质量缺陷进行补救和完善，并增铺沥青混凝土上面层。2000年11月16日正式通车。2004年8月，省发改委、省交通厅组织交工验收。验收组对全线部分路段沥青混凝土面层存在的离析、渗水、车辙、拥包等问题，提出处理意见。西安华通公司于2005年6—9月进行整治，修补路面4.80万平方米。2006年8—9月实施大面积处置工程，对严重车辙和拥包等病害部位施行铣刨后，用SBS改性沥青混凝土重铺路面上面层7.46万平方米，微表处39.80万平方米。同时对路基、桥涵、通道以及沿线设施进行全面整修，路容路貌改观。

经2007年5月竣工验收，工程质量等级评定为合格。

西蓝高速建成，成为西安东南向出口和过境交通一条高速通道，极大改善区间公路交通环境和条件，有利西安中心城市辐射带动作用发挥，便利革命老区蓝田开放与发展。作为全省首条合资建成高速公路，其建设、运营为民间资本参与高速公路建设、运营积累了经验。

二、西安咸阳国际机场段

西安咸阳国际机场高速公路，立项时为312国道咸阳过境暨西安咸阳国际机场高速公路，简称西安咸阳国际机场高速，后纳入福银高速陕西段。

312国道西安至咸阳间虽为二级公路技术标准，但过境交通与城市交通相杂，过境车辆约占区间交通流量的50%，交通拥挤，行车不畅。西安绕城高速公路北段建成，西安咸阳国际机场二期工程扩建后，机场方向车流量大增，西安咸阳国际机场二级汽车专用公路（即机场东线）不能适应，亟需建设高速公路通道。为此，省交通厅决定采用机场高速公路与咸阳过境公路相结合原则，建设西安咸阳国际机场高速公路。工程于2001年9月2日开工。

省公路设计院、陕西省建筑设计院、北京交科公路研究所等分别承担路桥、房建和机电工程设计。路线于西安市未央区浥河北村起，接西安市西三环北端，向北设六村堡互通式立交上跨绕城高速公路北段，再跨渭河、咸（阳）铜（川）铁路、208省道至周陵，于周陵东北侧设互通式立交，至咸阳国际机场西出口，全长18.24公里。采用双向六车道高速公路技术标准，路基宽35米，设计时速120公里。全线土石方248.50万立方米，防护排水工程7.17万立方米；排水性沥青路面181.70万平方米；设桥梁3座、3 248米，其中特大桥1座、3 175米；互通式立交3处，分离式立交6处；通道29道，涵洞65道，收费站3处。其中六村堡互通式一级枢纽立交（见本篇第六章第二节《主要立交建设》），4跨西安绕城高速公路、6跨浥河，规模时为西北最大。

建设单位省高速集团设机场高速项目组，王锋任组长。全线分20个合同段。中铁第十八工程局、中国港湾建设集团第一航务工程局第一工程公司、广东海特天高电子工程信息有限公司等32家施工单位中标参建。陕西高速公路工程咨询公司承担总监，西安华兴公路工程咨询公司等承担监理。

西安咸阳国际机场高速时被誉为“省门第一路”，中共陕西省委、省政府重视，社会各方关注。省委书记李建国、省长贾治邦等多次视察，要求建成高速公路样板工程、精品工程。项目组按照“内在质量优、外观形象美、科技质量高、环保功能强、文化氛围浓”的精品工程目标组织项目实施。

施工采用换填沙砾办法，解决渭河南侧莲塘地段软路基难题。肋板式桥台前缘增加直立式钢筋混凝土挡墙，解决压路机无法靠近作业的问题。用冲击式压路机补强碾压，解决黄土路堤压缩变形问题。采用大面积定型钢模板和竹胶板，提高混凝土工程外观质量。由省交通厅支持，于国内高速公路首次大面积引进日本排水性路面技术，有效解决传统路面雨天车辆行驶易发水雾、道路积水易致车辆行驶漂移等难题，并降低行车噪音。路基边坡采用三维网垫植草技术绿化。采用经济、实用、无污染、低成本防眩式夜间照明系统，并设有现代化通信、监控系统。

2003年9月29日建成通车的西安咸阳国际机场高速公路

2003年9月29日，西安咸阳国际机场高速建成通车。经竣工验收，工程质量评定为优良。总投资10.40亿元。

西安咸阳国际机场高速建成通车，增加西安、咸阳两市区至国际机场新公路通道，行车距离缩短，通行速度提高，交通环境显著改善。同时，增加西安绕城高速公路西北向分流出口，极大提高过境交通能力，促进城市交通环境改善。

2009年7月8日，新建西安咸阳国际机场专用高速公路（见本篇本章第十节《西安咸阳国际机场专用高速》）投入运营后，西安咸阳国际机场高速正式划为福银高速咸阳市过境段，但仍承担西安咸阳国际机场方向部分交通流量。

三、咸（阳）永（寿）段

咸（阳）永（寿）高速公路，简称咸永高速，又称永咸高速，福银高速陕西境中段西北向路段。区间交通原靠312国道，1999年虽改造为一级公路，但交通量增长迅速，加之沿线城镇多，“街道化”问题突出，混合交通及纵横向交通相互干扰，导致交通不畅，事故多发。按照福银高速陕西境建设规划，省交通厅将咸永高速列为加快建设高速公路项目，并列为陕西公路勘察设计典型示范工程，于2005年10月14日动工建设。

西安公路研究所设计。路线自咸阳市周陵村北接西安咸阳国际机场高速，西北向经渭城、秦都、礼泉、乾县等县（区），至永寿县城东南陈何家村，全长65.44公里。采用双向准六车道高速公路技术标准。即在四车道基础上，适当增加路基宽度，少量压缩中央分隔带，将紧急停车带变为一个车道，并平均2.50公里设一对长50米、宽3.50米，渐变段35米的港湾式应急停车带。设计时速120公里，路基宽29米。全线土石方工程1 018万立方米，防护、排水工程24.60万立方米；沥青玛瑞脂碎石路面205.70万平方米；设桥梁25座、2 191米，其中大桥3座、1 515米；互通式立交7处，分离式立交15处；跨线桥11座，人行天桥50座，通道105道，渡槽3座，涵洞219道；收费站6处。

项目业主始为陕西省交通投资有限公司（简称陕西交通投资公司），设咸永高速公路项目建设管理办公室，米峻任主任。2006年4月移交省交通集团建设管理，项目办更名为咸永高速公路建设管理处。全线分32个合同段。中交二公局第四工程公司、广东佛山公路工程有限公司等24家施工单位中标参与施工，陕西公路交通科技开发咨询公司等7家监理单位中标监理。

路线经关中平原三县两区，多处穿越优质苹果基地，征地拆迁困难。项目办与沿线政府配合，挨家挨户调查，耐心细致工作，仅52天完成489.67公顷土地征迁，如期交付建设用地。施工中优化设计方案，增加天桥、涵洞和通道，修建生产路和水渠上百公里，方便群众生产生活，工程赢得沿线群众理解和支持。

项目开工一个半月，接到省交通厅“工期三年改两年、工程规模由四车道改六车道”的指令。项目办与设计、施工单位配合，加紧进行设计变更，仅用一个月就完成变更设计工作。设计变更后，路基宽度由28米改为29米，中央分隔带由3米改为2 米。在工程任务增加的情况下，管理处重排工期，施工单位加大人员、资金、设备投入，全线持续开展劳动竞赛，保证工程按计划目标实施。

路线位于渭北台原黄土沟壑地带，湿陷性黄土路段占全线总长96%以上。以强夯法为主进行处理。含水量过湿路段在强夯基础上，再以5%石灰土换填60厘米，提高基底承载力和路基稳定性。纵、横向多台阶路段，采用强夯处理后，在挖、填结合部分，逐层回填碾压后，再施以整体补夯，避免路基不均匀下沉。村舍附近无法强夯，采取换填处理，下部换填素土，上部60厘米采用3∶7石灰土封闭处理。桥涵通道结构物台背回填，均采用换填和强夯处理。路面铺筑，在全省高速公路首次全线采用沥青玛瑞脂碎石（SMA）路面。管理处与长安大学、西安公路研究所通过联合攻关，制定SMA路面施工指导书，规范沥青混合料拌和、运输、摊铺、压实等工艺；针对SMA上面层施工工艺要求，采用振荡压路机配合进行路面碾压。

2008年5月，运营中的咸永高速乾县段

2007年12月13日，咸永高速建成通车，并成陕西高速公路通车里程突破2 000公里标志。经竣工验收，工程质量评定为优良。概算投资原为18.50亿元，方案变更后调整为26.63亿元，实际完成投资25.47亿元。

咸永高速建成通车，将福银线陕西境高速公路由西安、咸阳向西北延伸至永寿，区间形成高速、快捷、安全、舒适公路通道，极大便利沿线人员交流与经济社会发展。

四、蓝（田）商（州）段

蓝（田）商（州）高速公路，简称蓝商高速。福银高速陕西境穿越秦岭路段。区间公路312国道为三级技术标准，路窄、坡陡、弯多，过往艰难，事故率高，尤其雨雪时节阻断频繁。1999年蓝小二级汽车专用公路建成，通车次年平均日交通量即达3 000辆次，高峰日达6 000余辆次，交通量接近饱和。按照省交通厅高速公路规划，2005年启动建设蓝商高速。

中交一公院承担蓝田至林岔河段设计，省公路设计院承担林岔河至商州段设计。路线于蓝田县三里镇席家河村接西蓝高速，向东经大寨、辋川、黄沙沟口、程家院、虎头岩，穿秦岭过商洛市商州区杨斜、麻池河、杨峪河，至商州区西涧乡郭涧村，全长92.31公里。双向四车道高速公路技术标准，路基宽24.50米或26米，设计时速80公里或100公里。全线土石方工程1 260万立方米，防护、排水工程87.60万立方米；沥青混凝土路面203.07万平方米；设桥梁205座、1.77万米，其中特大桥1座、1 256米，大桥62座、1.22万米；隧道（单洞）35座、3.78万米，其中特长隧道4座、1.80万米；互通式立交7处；通道59道，涵洞195道；服务区2处，收费站6处，管理所2处。

项目业主始为陕西交通投资公司。2005年10月，作为陕西高速公路招商引资项目，经协商，由中国通达电子网络系统公司（简称中通电子公司）与陕西交通投资公司合资，按BOT模式建设。协议签订后，合资双方成立陕西蓝商高速公路有限责任公司（简称蓝商公司），组织项目实施，是年12月24日全线开工建设。全线分76个合同段。中国路桥集团有限公司、中国建筑工程总公司等76家施工单位参建。陕西高速公路咨询公司组建总监办，西安公路交大监理公司等14家监理单位监理。

开工后，由于控股方中通电子公司违反合同，致工程进度严重滞后，工程质量出现严重问题，质量抽检排名列全省在建高速公路项目倒数第一。经省政府同意，2006年9月28日，省交通厅收回蓝商高速项目建设管理，成立蓝商高速公路建设管理处，负责项目实施，王锋任处长。同时，组织对蓝商公司以及工程合同终止进行清理。2008年4月3日，按省交通厅决定，管理处及项目建设管理一并划归省交通集团。管理处接手项目建设管理后，即开展全线工程整治，清退不合格总监办及监理、施工单位，责令中标法人单位接管6个套牌中标标段，指定分包4个标段部分工程。同时推行目标责任分解法和质量专项月度考核法，组织开展全线大干活动，迅速扭转施工被动局面，工程得以按质量标准快速推进。针对施工薄弱环节，分别采取加快措施。路基C6合同段施工断点，采取责令其上级单位督战、组织突击队施工、动用履约保证金加强资金保障等措施，限期完成。庙边子滑坡体滑坡量达10万立方米以上，治理方案变更10多次，剩余工程量大。管理处确定

2008年10月，蓝商高速项目全面加快工程建设。图为施工路段作业情形

治理方案，并派驻专人协调，组建200余人突击队轮番作业，组织100多名民工扛运填充用土4万多袋，连续奋战5个月完成。

施工采用多项新方法、新技术和新材料。将原设计土方路基变更为沙砾和隧道弃渣换填路基。应用粉煤灰水泥稳定碎石底基层，增强路面抗裂性。将纵坡2.5%以上路段复合式水泥混凝土基层，直接做成露石混凝土，代替混凝土表层铣刨，并用SBS改性沥青同步碎石封层进行防水处理，改善路面层间结合。长大坡道和桥面等上面层沥青混合料中掺加聚酯纤维，提高沥青路面高温稳定性和低温抗裂性能。在全省首次引进日本盐化物融雪剂，在秦岭两侧长、大下坡路段铺筑融雪路面；并在全省首次铺筑长400米、粒径大于1毫米橡胶颗粒沥青混合料破融路面试验段；铺筑具荧光效果和耐磨性彩色防滑路面。全线设置22处、4 503米声屏障，减少噪声对环境影响。绿化工程引进日本高次团粒喷播施工方法，使路堑段裸露坡面在喷播3—4个月后即被绿草覆盖，随后生出灌木，掩盖框架梁轮廓，与自然环境融成一体。南秦河3号隧道出口，利用隧道弃渣，依山反压回填成一条长50多米、高20米“耳墙”，抵消山体偏压，保护洞口山体稳定。

2008年8月，省交通厅组织质量检查，蓝商高速项目质量检测合格率97.10%，升至全省高速公路重点项目质量排位前列。

是年10月26日，蓝商高速建成通车。项目概算52.01亿元，决算投资65.50亿元，超概算13.49亿元。

蓝商高速建成，实现西安与商洛之间高速公路贯通，并开通南北屏障秦岭继西汉高速后的第二条高速公路，区间公路交通条件显著改观，行车时间由原4个多小时缩短为1小时，从而使商洛市融入西安一小时经济圈，加快陕南山区扶贫开发和开放。

五、凤（翔路口）永（寿）段

凤（翔路口）永（寿）高速公路，简称凤永高速。福银高速陕西境西接甘肃境路段。区间原依312国道，二级公路技术标准，但平、纵指标低，路面狭窄且损坏严重，时有交通拥堵，恶性交通事故多发，不能适应跨省交通量大和重载车辆多的通行需求。凤永高速为省政府确定的高速公路加快建设重点项目，列入交通部12条公路勘察设计典型示范工程之一，2005年10月1日开工建设。

省公路设计院设计，其中机电工程由北京交科公路勘察设计研究院有限公司设计。路线起自陕甘界凤翔路口，经长武县洪家、亭口，彬县城关、太峪，永寿县渡马、封侯沟，至永寿县陈何家村接咸永高速，全长98.73公里。双向四车道高速公路技术标准，路基宽24.50米或26米，设计时速80公里或100公里。全线土石方工程1 880万立方米，防护、排水工程50.70万立方米；沥青玛瑞脂碎石路面240.90万平方米；桥梁102座、1.99万米，其中特大桥4座、4 980米，大桥30座、1.11万米；隧道（单洞）5座、1万米；互通式立交5处，分离式立交20处；跨线桥26座，通道99道，涵洞126道；服务区2处，停车区2处，收费站6处（其中省际收费站1处），养护工区和隧道管理站共5处。

项目始由陕西交通投资公司管理，设凤永高速项目建设管理办公室组织实施，赵安军任主任。2006年4月划归省交通集团管理，项目实施机构遂改为凤永高速建设管理处，雷军旗任处长。分45个合同段。中铁十五局集团有限公司、湖南省永州公路桥梁建设有限公司、山东琴通路桥集团有限公司等45家单位参与施工。西安公路交大监理公司等7家单位承担监理。

按交通部勘察设计典型示范工程组织建设。路基土质边坡坡脚、坡顶采用贴切自然圆弧过渡；低填路段将边坡放缓与地貌融为一体，形成缓冲带，提高行车安全性；取、弃土场均有完整防护、排水以及还耕措施；设路基范围种植土临时堆放用地，建设后期还耕造田；全线路面采用沥青玛瑺脂碎石上面层，将承担重载交通量的半幅路面沥青面层加厚5厘米；全线环保、生态和景观施工合理控制，减少高填、深挖；按照碎落台、护坡道、占地界各1米设计，节约土地33公顷，造地25公顷，增加水浇地40公顷；排水工程采用多种形式，力求安全和自然；隧道进出口实行零开挖；停车带和观景台均设置洗手间、长凳、垃圾桶等服务设施。

2008年6月13日，凤永高速项目管理处组织对试验段SMA-16沥青路面铺筑技术质量进行现场讲评

路线地形海拔差异大，路线有两处长大纵坡，分别为13.50公里和23.50公里。全线修建5处避险车道，以供制动性能降低或制动失灵车辆紧急逃生避险。根据预测交通量中大型载重货车比重高特点，在连续上坡路段，通过将紧急停车带加宽方法改建爬坡车道，全线共设5处，计长14.20公里。同时根据地形，在爬坡车道路段设置紧急停车港湾22处，以备重载车辆应急之需。

贯彻省交通厅“修一条高速，帮一方百姓”要求，取、弃土场和改地造田结合，尽量少占农田，节约土地。路线所经长武县上孟塬村人均耕地少，工程施工中利用弃土填沟200多万立方米，为该村修整出近6公顷良田。同时为沿线村组修水渠7 400多米，打机井2口，修生产路200多公里。

2008年9月28日建成通车，比计划工期提前一年。概算投资41.60亿元，竣工决算为46.35亿元。

凤永高速建成通车，实现福银高速西安至陕甘界全线贯通，打开陕西西北向出省高速通道，西安至陕甘界行车时间仅需一个半小时，比走312国道缩短 3小时，区间公路交通由梗阻变通畅，沿线开发开放环境得以改善，加强西北向省际交流联系。2010年4月14日青海玉树发生特大地震后，该路成为经陕入甘至灾区的重要抢险救灾运输通道。

六、商（州）漫（川关）段

商（州）漫（川关）高速公路，简称商漫高速。福银高速陕西境连接湖北境路段。区间公路203省道多为三级技术标准，崎岖难行，陕、鄂间长途运输车辆，多迂回绕行210、312国道。随着福银高速陕西境商州至西安以至陕甘界相继建成或在建，商漫高速于2005年12月开工试验段，2006年8月9日全线开工建设。

西安公路研究院和省公路设计院分段设计。路线于商洛市商州区麻池河乡接西商高速起，南经商州区阎村、下官坊，山阳县伍竹、城关、十里铺、高坝店、法官、漫川关，至陕鄂交界处闫家店村接湖北境十（堰）漫（川关）高速公路，全长94.50公里。采用双向四车道高速公路技术标准，设计时速80公里，路基宽24.50米。全线土石方工程1 106万立方米，防护、排水工程88.70万立方米；沥青混凝土路面293.40万平方米；设桥梁122座、3.65万米，其中特大桥7座、8 887米，大桥81座、2.59万米；隧道（单洞）64座、4.24万米，其中特长隧道4座、1.90万米，长隧道6座、7 395米。桥、隧长度占路线总长59.40%。设互通式立交6处，分离式立交2处；天桥2座，通道94道，涵洞79道；服务区2处，停车区1处，收费站6处（其中省际收费站1处），管理所2处。工程总投资65.39亿元。

建设单位省交通厅利用外资项目办公室，设商漫高速公路建设管理处负责项目实施，赵久柄任处长。全线分77个合同段。陕西路桥集团有限公司、中交二公局等68家施工单位中标参建。西安公路研究院承担总监，山西交科公路工程咨询监理有限公司、长沙华南交通工程咨询监理公司等15家单位监理。征地拆迁及建设环境保障，由商洛市及商州区、山阳县政府负责。

管理处推行“阶段目标责任分解法”，将项目总体计划逐项分解到年、季、月、旬，制订详细的施工组织计划，明确节点工期目标，狠抓关键工序和环节，推行均衡施工。开展路基填料选择、碾压设备配套、三背（桥台、涵洞、挡土墙）回填控制、桥梁结构物、隧道二衬后压浆控制等专项治理，保证进度与质量。引进锚杆长度探测仪、混凝土保护层厚度检测仪、隧道二衬地质雷达探测仪等先进设备，加强工程质量控制。

路线地处秦岭深山区，基本沿峡谷布设，断层、裂隙、滑坡体、堆积体、膨胀土、破碎岩质等不良地质多见。施工中全线近三分之一路段先后发生不同程度塌方。管理处和施工单位配合，采取加强观察、监测和工程治理等手段，处置滑塌体。采用清方减载和设置抗滑挡墙、抗滑桩等措施，治理滑坡14处，并采用锚索、锚杆框架梁等方案，治理高边坡13处。

2007年11月8日17点50分，中铁十二局集团第三工程有限公司施工的K105+800处作业区，突发大面积山体滑塌，滑塌体下部宽97米，长178米，高度162米，塌方20余万立方米，造成两座已开挖成形的桥台扩大基础被埋，1根已灌注的桩基断裂，两根墩柱倒塌，两片盖梁严重损坏。由于现场安全员乔金虎及时发现山上树木出现移动迹象并当即报警，经理部紧急组织疏散人员和设备，封闭紧邻的203省道，成功避免人员伤亡与财产更大损失。治理时，对滑坡体清方卸载后从山顶向下60米设一台阶，其余100米分10级治理，中间50米、20米设两大平台便于施工，坡面刷坡坡率1：0.80和1：0.60，然后施以喷浆并采用锚索框架梁防护，植草绿化。

2008年10月12至22日，紧邻203省道的丹山沟2号隧道口连续发生3次滑塌，总方量达1.08万立方米。此进口段围岩节理裂隙发育，断层明显，岩体风化严重，并呈散体、碎裂、孤石大块状结构。因前期203省道及后期隧道中导洞开挖施工对山体造成扰动，山体形成多条裂缝，导致滑塌。管理处组织设计、施工单位与专家现场研究，确定处置方案。治理时，首先在左、右洞塌方临近面10米范围，采用工字钢进行临时封闭成环加固，然后对初期支护采用钢花管注浆加固以加强处理；对洞外滑塌体岩面先做喷浆防护，随后进行注浆固结，裂缝采用泵送混凝土加水玻璃充实。外侧坍塌形成的三角临空

2008年10月，商漫高速丹山沟2号隧道口山体滑塌。左上图为滑塌体状况；右下图为滑塌体治理后效果

面周边支立模板，泵送混凝土逐层填实，使山体外观大致平顺，且起到支撑山体仰坡作用；待坍塌体固结后，在仰坡岩面施作大管棚，并对上部山体进行锚索加框架梁支护，稳固山体；再在隧道两侧向中间浇筑片石混凝土挡墙，支撑上部岩体，最后在固结的坍塌体上开槽，施作钢拱架混凝土护拱。在以上工序施工的同时，出口端正常进行下导洞开挖施工，并尽快实施二次衬砌，塌方范围二衬钢筋适当加强，洞口端明洞衬砌加厚至1米。隧道洞口仰坡塌方坡面治理分区锚固，不同节理面分别采用一根七束或一根五束锚墩，并喷射混凝土或以钢筋混凝土加固。

路基边坡、隧道洞口边坡、路堑边坡等采用客土喷播、岩体生物腐殖等先进技术全面绿化。经全体建设者努力，克服不良地质、洪水、冰雪及地震等灾害影响，全线于2009年10月16日建成通车。经验收，工程质量等级评定为合格，遂交付省交通集团商漫分公司运营管理。

商漫高速建成通车，实现福银高速陕西境全线贯通，并与湖北境十（堰）漫（川关）高速公路相接，成为连接西北与华东、华南一条高速通道。西安至湖北十堰车程由原来8小时缩短为3小时。通车后第三天，陕西、湖北两省即投入大型高档客车16辆，开通西安至武当山高速客运班车。

第四节　G3001西安绕城高速

G3001西安绕城高速公路，简称西安绕城高速，环绕西安市城区的高速公路。陕西高速公路“2367”网规划的两条环线之一。

西安市为中国中西部地区最大中心城市之一，西部重要公路交通枢纽，陕西公路交通中心。随着西安市不断开放和发展，城乡间交流扩大，区域间联系加强，西安市对外交通及过境交通量持续增长。特别是随着市区不断向外扩展，原有干线公路逐渐被城市所围，过境交通与城市交通相互干扰，通行不畅，堵塞严重，时速平均仅10公里左右，并且噪声、废气污染严重。为拓展过境公路交通，便利城市对外交通，服务城市与区域发展，1998年交通部批准立项建设西安绕城高速。

路线起自西安市灞桥区方家村，向北上跨陇海铁路，经谢王，向西于杏园跨越灞河，经未央区吕小寨、朱宏路、六村堡，向西南于咸阳市火烧寨下穿陇海铁路，经帽耳刘向南，于长安县党家窑上跨西余铁路，向东南经长安县河池寨，向东跨越西安市区电子城、长安路、曲江，向东北于雁塔区马腾空跨越浐河，经纺织城、灞桥区香王，北至路线起点方家村，全长80.35公里。线路走向见图2-1-5。路线跨灞河、浐河等河流，经渭河湿地。沿线城乡交错，人口密集，企、事业单位众多，开发区与市场遍布，各类基础设施网线密集。

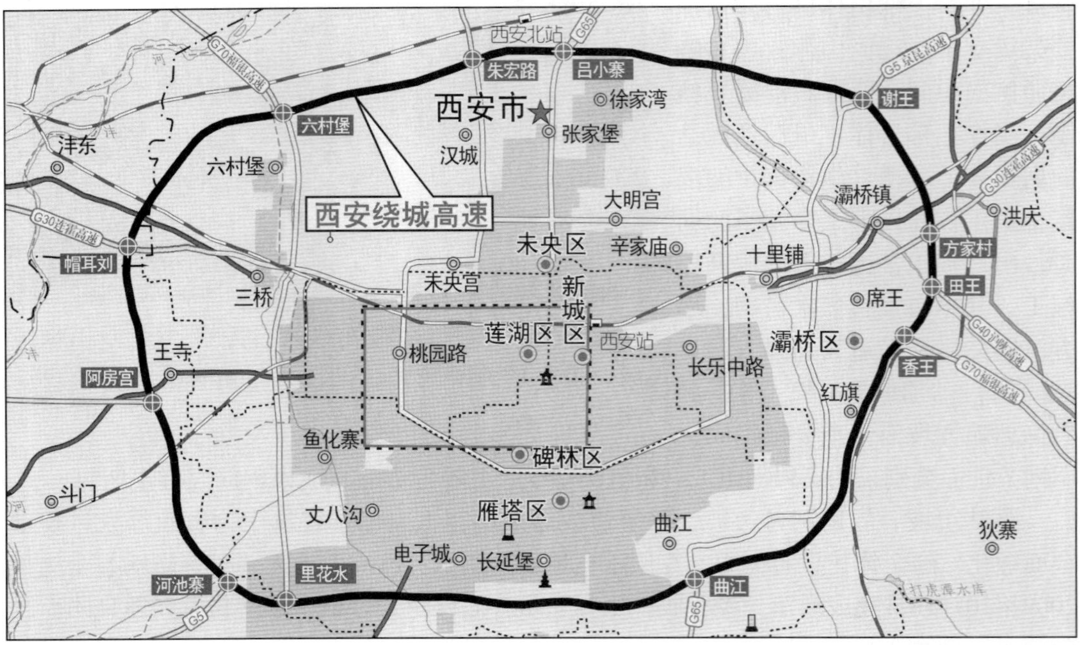

图2-1-5　G3001西安绕城高速线路图

线路于起点方家村立交接连霍高速西临段，于谢王立交接京昆高速西禹段，吕小寨立交接包茂高速西铜段，朱宏路立交接西安咸阳国际机场专用高速，六村堡立交接福银高速西长段，帽耳刘立交接连霍高速西宝段，河池寨立交接京昆高速西汉段，曲江立交接包茂高速西康段，香王立交接福银高速西商段，田王立交接沪陕高速西商二通道，并分别与108、210、310、312等多条国、省道公路相交。沿线跨越陇海、西（安）余（下）、西（安）（安）康铁路，以及多条西安城市主干道路。

全线由省公路设计院设计。自1998年10月起至2003年9月，前后历时5 年，分北、南两段建设，总投资47.37亿元。时为陕西以至西部地区首条六车道高速公路。

西安绕城高速建成，形成西安市周边环形高速通道，并成为陕西高速公路网核心环线，把5条国家高速、4条国道、6条省道以及多条城市干道相互连通，成为与陕西区位和西安中心城市地位相匹配的交通枢纽，实现不同方向交通流在该环线便捷、顺畅转换，车辆过境西安城区由过去一般2小时，缩短为20分钟，有效缓解西安市区交通紧张状况，提升西安国际化大都市形象，增强西安市对外辐射功能。西安绕城高速两侧，形成高新技术、经济开发、房地产、建材批发、物流配送、休闲度假等构成的产业带，并建起连片居民住宅区。

一、西安绕城高速北段

西安绕城高速北段，简称绕北高速。自西安市灞桥区方家村接西临高速起，经谢王，跨灞河，过袁乐、郑家寺、吕小寨、店子村、六村堡，至咸阳市秦都区沣东乡帽耳刘接连霍高速西宝段，全长35.70公里。采用双向六车道高速公路技术标准，设计时速120公里，路基宽35米，中央分隔带3米。全线土石方工程604.40万立方米，防护排水工程62.30万立方米。设桥梁17座、2 612米，其中特大桥1座、1 013米，大桥2座、1 283米；互通式立交5处，分离式立交25处；跨线桥18座，天桥1座；通道50道，涵洞78道；服务区1处，停车区1处，收费站5处，管理所1处。项目概算投资18.30亿元。

工程分两期实施。一期为主体工程；二期为与西安绕城南段高速公路860米连接线、匝道及未央收费站广场。

一期工程1998年10月10日开工。建设单位省高管局设西安绕城高速公路北段项目组，负责项目实施。路克孝、刘兴国、王剑先后任组长。全线分42个合同段。中铁十八局五处、中铁十九局三处等42家施工单位参与施工；陕西省公路工程咨询公司承担总监，西安公路交大建设监理公司等5家单位承担监理。西安市政府承担征地拆迁和建设环境保障。

1999年5月，西安绕城高速北段吕小寨互通式立交桥施工，采用泵车浇筑水泥混凝土

省交通厅提出“一个最好、两个确保”建设目标，即全国同类工程质量最好，确保精品工程，确保2000年建成通车。主管该项目的副厅长曹森要求：“宁做恶人，不做罪人，”用铁手腕加强工程建设质量。项目组完善以质量终身责任制为核心的责任制度，实行质量一票否决制。

工程设计采取国内竞标方式，方案选择多次优化，全线14公里高路堤平均降低1.50～2米，仅此减少路基土方40余万立方米，节约投资近千万元。

建设、施工与科研单位联合攻关，解决工程质量通病。改进桥头、通道台背回填压实工艺，预留断面，加强基础，更换填料；高填方路段基础换填沙砾，施以强夯处理，压实度较标准提高2%；鱼塘软基地段予以沙砾换填；设混凝土拌和站，以强制式电子自动计量拌和机拌和，混凝土集中供应，搅拌车运输，防止混凝土离析；混凝土工程外露面均采用定型钢模板施工。

经过两年紧张施工，绕北高速于2000年10月28日如期建成通车。同时二期工程开工，于2002年5月31日告竣。绕北高速交工验收时，验收组提出灞河大桥因河道挖沙致河床下切，导致桥墩系梁及部分桩基外露，方家村立交与洪庆桥间40米路基下沉等问题。项目组组织施工单位，采用对外露桩基浇注混凝土进行包裹，再用片石铅丝笼包裹桥墩四周的加固方案，防止河床冲刷下切；湿软沉陷路基予以注浆加固，沥青面层铣刨后重新铺筑、调平。2004年8月5—6日竣工验收，工程质量评定为优良。

绕北高速建成，东接西临高速，北接西铜高速，西接西宝高速，贯通连霍高速西安市段，为过境车辆提供快速通道，显著改善西安北部过境交通条件。

二、西安绕城高速南段

西安绕城高速南段，简称绕南高速。西起绕北高速帽耳刘立交，经河池寨、三爻村、曲江、纺织城，跨浐河、灞河，接绕北高速方家村立交止，全长44.65公里。采用双向六车道高速公路技术标准，设计时速120公里，路基宽36米，中央分隔带3米。全线土石方工程772.20万立方米，防护、排水工程12万立方米；沥青混凝土路面502.59万平方米；设桥梁18座、1.36万米，其中特大桥5座、1.25万米，大桥2座、650米；互通式立交7处，分离式立交31处；跨线桥28座，通道65道，涵洞135道；收费站 8处，管理所1处。项目概算投资29.07亿元。2000年10月28日，绕北高速建成通车之日，绕南高速开工典礼，2001年3月全线开工建设。

建设单位始为省高管局。2001年3月，项目移交省交通厅组织建设。省交通厅设西安绕城高速公路南段项目组，负责工程建设管理。9月26日，省交通厅设西安绕城高速公路南段工程管理处，杨育生先后任项目组组长、管理处处长。2002年7月，项目建设单位调整为西安绕城管理局。全线分59个合同段。青岛公路建设集团有限公司、四平市道路桥梁工程总公司、云南公路桥梁工程处等59家施工单位中标参建；委托省高速公路工程咨询有限公司总监，北京华通道路桥梁监理咨询有限公司等5单位中标监理。征地拆迁及建设环境保障由西安市政府总承包，西安市交通局具体实施。

中共陕西省委、省政府要求，要把绕南高速建成陕西实施西部大开发、提升陕西及西安新形象的标志性工程。省交通厅制定了“分项质量指标在全省建成公路中质量最好基础上再上一个台阶，建成精品工程”的建设目标。项目组以强化质量管理为中心任务，实行“质量责任卡”，建立质量目标责任制，设立质量巡查组，通过签发巡查通知、召开现场会、第三方检测等方式，强化质量意识，控制施工质量。施工单位提出“干绕南工程，做千秋功臣”口号，层层落实质量责任。

全线有28.90公里为湿陷性黄土路段。根据湿陷等级，采用路基基底强夯、加铺灰土层、改用沙砾填筑、灰土分层夯填等方法，防止水分浸渗导致沉陷。路面施工，提高二灰土底基层早期强度规范值，在基层或下面层上铺装玻璃纤维格栅，防止桥涵台背与路基刚柔结合部沥青路面产生反射裂缝。采用煤油乳化沥青透层和热沥青碎石下封层，保证路面基层和沥青面层有效结合。

西安绕城高速分两期历时5年建成。图为2010年8月运营中的西安绕城高速南段

西姜村高架桥位处两处大型地裂缝带。通过探测地裂缝准确位置及走向，采取钢箱梁、桥墩在地裂处隔离技术，解决跨越地裂缝问题。将马腾空塬原设计黄土浅埋式双洞长隧道方案，变更为路堑并浐河桥加高方案（见本篇第六章第一节《主要桥梁建设》），既节约工程投资，又保证施工进度。

项目从开工建设始，全线开

展以比质量、比进度、比安全生产、比文明工地建设、比内业资料管理为主要内容的劳动竞赛。建设高潮期，全线月完成投资额超亿元以上，最高达到1.50亿元，创全省公路建设单月完成产值历史纪录，有“绕南速度”之誉。项目建设管理的做法和成效，对省内其他公路建设项目管理带来示范效应，并在国家计委召开的全国重大建设项目座谈会上介绍经验。

为美化绕城高速交通环境，改善西安生态质量，依照省政府决定，2003年3月起，沿西安绕城高速建设生态林带。

绕南高速于2003年9月29日建成通车，实际工期较计划提前5个月。绕南高速与绕北高速相接，绕城高速全线贯通，形成完整的西安市外围环型高速通道，并连接多条经过西安市的国家高速公路，构成关中核心区域高速公路网络，显著提升西安作为国家公路运输枢纽的地位。2004年8月生态林带工程完成，环绕城高速形成树、灌、草结合绿色风景线。具体见第三篇第三章第一节《绿化方式》。

第五节　G5京昆高速陕西段

G5京昆高速，又称京昆线，原为GZ40、G040二（连浩特）河（口）线，国家高速公路“7918”网规划的7条首都放射线之一。起自北京天宁寺，经河北、山西、陕西、四川和云南，终至昆明市小屯，跨越5省1市，全长2 865公里。

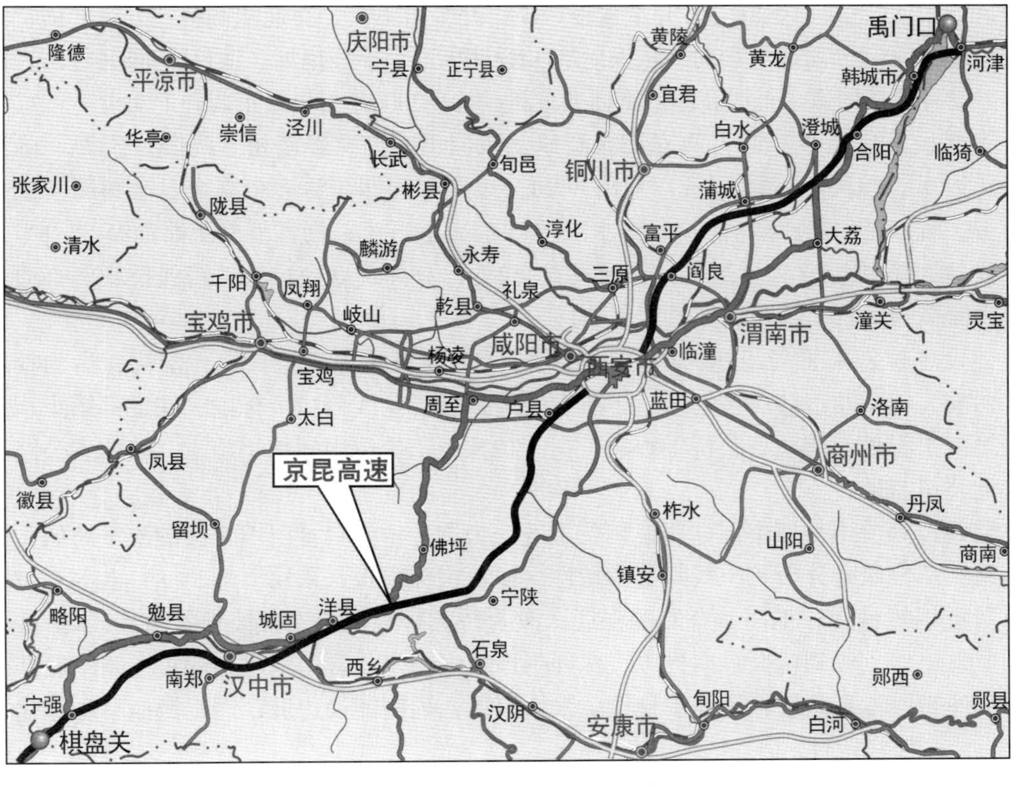

图2-1-6　G5京昆线陕西段线路图

京昆高速陕西段全长579.20公里，呈东北西南走向，贯渭南、西安、安康、汉中4市、16个县（市、区）。路线穿渭北丘陵、关中平原和汉中平原，跨黄河、渭河、汉江等大河，越秦岭和巴山。全线分别与拟建或建成的榆（林）商（州）、大（荔）凤（翔）、渭（南）蒲（城）、西安绕城、十（堰）天（水）、定（西）汉（中）高速公路相交。经西安绕城高速分别与包茂、连霍、沪陕、福银、西安咸阳国际机场专用高速等高速公路相通。除澄城至西安市临潼区、西安经周至至洋县金水路段外，大部与108国道平行。韩城至西安段与侯（马）西（安）铁路平行，西安至户县段与西（安）余（下）铁路平行，汉中至宁强段与阳（平关）安（康）铁路平行。京昆线陕西段线路走向见图2-1-6。

京昆高速陕西段建设，1998—2008年，先后分西（安）阎（良），西（安）户（县），勉（县）宁（强），禹（门口）阎（良），西（安）汉（中），宁（强）棋（盘关）等6段建设，历时近11年全线贯通，总投资约259.18亿元。京昆高速陕西段全线建成，实现陕西“2367”高速公路网东北—西南向辐射线建设目标，既加强了关中与陕南的联系，又便捷了华北、华东与西北、西南的交流。

一、西（安）阎（良）段

西（安）阎（良）高速公路，简称西阎高速，为京昆高速陕西段最先开工建设项目。

阎良为西安市辖一区，距西安市中心50公里，为飞机研发制造基地，国家航空高新技术产业园区。区间公路交通原主要靠210国道和107省道。1997年7月，省政府为西安飞机制造公司引进法国100座客机合作项目，向法方承诺修建西阎一级公路配套工程。工程由省交通厅组织实施，1998年3月开工建设。项目开工后不久，交通部调整“五纵七横”国道主干线GZ40陕西境通道走向，将该段纳入GZ40国道主干线规划，项目遂于8月停工，由省公路设计院按国道主干线高速公路标准重新设计。2000年1月1日正式开工建设。

重新设计后路线，起自西安绕城高速北段谢王立交，经灞桥、高陵、三原、临潼等县（区），至阎良区谭家堡，全长39.24公里。双向四车道，全立交、全封闭。全线土石方工程342万立方米，防护、排水工程11.64万立方米；沥青混凝土路面95.55万平方米；设特大桥2座、1 223.25米，互通式立交2处，分离式立交11处；跨线桥23座；通道65道，涵洞146道；收费站2处，管理处1处。

建设单位省高管局组建西阎公路项目组负责项目实施，组长先为李耕，后为杜新科。西安、咸阳两市政府按辖区包干负责征地拆迁。全线分17个标段。铁道部第十八工程局第二工程处、陕西省路桥工程总公司等12家施工单位中标承担施工。陕西省公路工程咨询公司监理。

路线位处关中平原中部，属典型黄土区。为避免桥涵台背回填下沉的质量通病，建设与施工单位研究分析黄土沉降变形特性，取消桥头搭板，采用下部2∶8、上部3∶7比例石灰土填筑台背，提高台背路基强度。改善桥头排水系统，锥坡外各增加5米护坡，中间置急流槽，以利桥面纵向排水，保证引道填土稳定。含水量过大的黄土路基底部，增加40厘米厚沙砾垫层，增强水稳性。采用聚氯乙烯网铺设边坡，网眼撒播草种绿化，增强黄土边坡稳定性。

路面底基层全部采用场拌机铺，保证铺筑质量与厚度。路面选用新疆克拉玛依重交沥青，并统一采购。路面结构层高程控制，合理采用挂线和平衡梁两种方法，保证厚度与平整度满足要求。路面二灰碎石基层施工，采取连续施工法，基层铺筑完毕洒水养护时，即直接铺筑连接层，利于层间结合，确保基层强度。沥青混合料增加抗剥落剂，提高沥青黏附性。检测取芯反映连接层同基层黏接紧密，互相嵌挤，效果明显。

2001年9月29日建成通车，比计划工期提前3个月。经竣工验收，工程质量评定为优良。实际完成投资8.22亿元，较概算节约4 242万元。2002年5月15日，移交省高速集团北秦分公司运营管理。2005年11月27日禹阎高速建成后，统一交由西禹公司运营管理。

西阎高速建成启京昆高速陕西段建设序幕，西安市与阎良国家航空高新技术产业园区间形成高速、便捷公路通道，行车时间由过去2小时缩短为半小时。

二、西（安）户（县）段

西（安）户（县）高速公路，简称西户高速。区间交通有西（安）户（县）铁路、108国道沟通。原公路仅三级技术标准，不能适应交通需求。2001年3月1日开工建设该段高速公路。

省公路设计院设计。路线起于西安市长安县（今西安市长安区）河池寨，接西安绕城高速公路河池寨互通式立交，经长安县祝村、义井、细柳、灵沼及户县五竹、天桥等两县（区）11乡镇，跨沣河、涝河、潭峪河等河流及诸多人工河渠，于余下镇以高架桥跨越西（安）余（下）铁路，并与关中环线相交，至秦岭脚下涝峪口止，全长33.25公里，双向四车道高速公路技术标准。全线土石方工程440万立方米，防护、排水工程10.70万立方米；沥青混凝土路面245.20万平方米；设桥梁8座、1 298米，其中特大桥1座、566米，大桥2座、511米；互通式立交2处，分离式立交22处；跨线桥8座，天桥8座，通道57座，涵洞72道；收费站2处，管理所1处。

西安市交通局负责项目建设，任立新任项目长。全线分21个标段。广东长大公路工程有限公司、中铁第十二工程局路面公司等21家施工单位参建。西安公路交通大学监理咨询公司、陕西公路交通科技开发咨询公司监理。

西户高速位于关中平原中部，南依秦岭，北邻渭河，集冲洪积阶地与平原等地貌，地形开阔平坦，施工条件较好。自开工始，采用计划进度与实际进度平衡方法，加强进度控制。省交通厅列为2002年重点建成通车项目后，调整进度计划，组织劳动竞赛，提前一个半月贯通路基。跨沣河大桥与跨西（安）余（下）铁路特大桥等控制性工程，实行重点控制，组织集中会战，确保如期完成。针对路基填料含水量较大、地基表层湿软问题，采取路基填料掺灰处理、地表换填沙砾垫层、潮湿路段采用

2008年5月15日，运营中的西户高速及路侧降噪林

天然沙砾填筑路基等方法，确保路基稳定。沥青路面铺筑在全省首次使用美国超级路面系统[①]技术设计，并在省内首次铺筑SMA高性能沥青混凝土试验路段。

路线靠近中心城市，沿线人口密度大，村庄遍布，路网交错，电力、通讯、供水、灌溉等设施分布广。路线布设尽量远离村庄、学校等环境敏感点。为便利群众出行，将K19+250处天桥变更为两处通道。全线于下南丰村和兴胜滩路段设声屏障2处、278米，在上南丰、方家、水寨、新民庄等村路段设降噪林带6处、1 100米。

2002年11月20日建成通车。经验收，评定为优良工程。竣工决算完成投资7.28亿元，比批复概算节约3 200万元。西安市交通局设管理处运营管理。2007年1月，移交陕西西汉高速公路有限责任公司，与户（县）勉（县）段高速公路统一运营管理，并统称西汉高速公路。

西户高速实现区间由高速公路连接，通行时间由原来1小时缩短为半小时，交通条件大为改善，促进西安中心城市辐射和带动力发挥，并为户县至汉中高速公路建设提供条件。

三、勉（县）宁（强）段

勉（县）宁（强）高速公路，简称勉宁高速，京昆高速陕西段汉中西南向路段。

区间交通原主要依108国道和阳（平关）安（康）铁路。公路尚不足三级技术标准。随着地区开发与陕川间省际交流加强，交通量不断增大，逢冰雪汛涝季节，时常路阻车堵，成全线一处交通瓶颈。陕西将勉宁高速列为“十五”时期全省重点建设项目，于2001年3月8日开工建设。

西安公路研究所设计。路线自勉县元墩镇起，经香子坝、黄土岭，宁强县胡家坝、铁锁关、高寨子，至党家梁，接规划建设的宁（强）棋（盘关）高速公路入川。全长54.86公里，双向四车道高速公路技术标准。全线土石方工程1 700万立方米，防护、排水工程102.30万立方米；沥青混凝土路面112.80万平方米；设桥梁131座、1.89万米，其中大桥54座、1.56万米；隧道20座、5 358米；互通式立交3处；跨线桥8座，天桥3座，通道15道，涵洞172道；服务区1处，收费站3处，管理所1处。

省公路局为建设单位，设项目办公室负责实施，张卫平任项目长。线路分17个标段，中铁一局第二工程处、承德路桥建设总公司、核工业长沙中南建设工程集团公司等30家施工单位参与施工。山东威海公路工程监理公司等7家公司监理。

线路跨巴山中低山、汉江阶地，地形地貌多变，工程地质条件甚为复杂。有滑坡26处，软基77处，膨胀土路段3处计2 450米，高填深挖及裂隙水、层间水路段多。为此，省公路局于开工前组织设计审查，优化线路方案，避绕高边坡等不良地质带，增加大、中桥8座，增长2座；土质不良路段路基填料，由易风化泥质页岩和过湿土改为沙砾。增加盲沟29公里，防止地下水丰富路段层间水与裂隙水危害。采用卵石挤密桩、粉喷桩、抛石挤淤、换填石渣等法，处理软弱路基。采用抗滑桩、桩间墙、路堑挡墙、抗滑挡墙及绿色防护等综合治理措施，处置滑坡26处。沥青路面各面层试验和配合比设计，采用

注[①]：“超级路面系统”全称是“高性能沥青路面系统”（Super Performance Asphalt Pavement—SUPERPAVE）。包括最佳沥青选择系统；沥青混凝土实验室整体最佳设计及分析系统；沥青混凝土实际使用性能预测系统。1992年美国初创，因其优越的抗低温断裂和抗车辙性能而受到推广应用。

美国超级路面设计方法进行验证。项目沿线群山夹水，植被丰茂，有“地球同一纬度生态环境最好区域”之誉，按照环保示范路建设要求，保护生态环境，因地制宜绿化。

工程施工遭遇2001年夏、秋洪涝，2002年“6·8”特大洪灾，2003年多达108天降雨等灾害影响，建设与施工单位克服重重困难，终于2003年11月18日建成通车，比计划工期提前一年。经竣工验收，评定为优良工程。审计确认完成投资22.45亿元，节约1.60亿元。项目先后获水利部“开发项目水土保持示范工程”奖、2005年度陕西省建设工程“长安杯奖”等奖项。

上图：2002年4月建设中的勉宁高速黄土岭黄坝河段。下图：路段建成后情形

省公路局设勉宁高速公路收费管理处管理养护。2006年7月20日移交陕西西汉高速公路有限责任公司管理运营，后调整为省高速集团汉宁分公司管理运营。

勉宁高速建成通车，使京昆高速秦岭南麓与巴山北部由高速公路贯通，对加强陕南与川西北交通联系，改善区间公路通行环境，发挥重要作用，并为陕西山区高速公路建设积累经验。

四、禹（门口）阎（良）段

禹（门口）阎（良）高速公路，简称禹阎高速。京昆高速陕西段连接山西以至华北路段，陕西首条利用亚洲开发银行[①]贷款修建、且一次性利用外资规模最大公路项目。

沿线人口稠密，资源丰富，人文景观众多，经济发展迅速。区间公路交通主要靠108国道及106省道。公路线型较差，多处与铁路平交，“街道化”路段多，交通严重不畅。禹阎高速作为陕西实施西部大开发加快建设高速公路项目，2001年9月29日开工。

省公路设计院设计。路线起自秦晋交界处黄河禹门口，接山西侯（马）禹（门口）高速公路终点黄河大桥，经韩城、合阳、澄城、蒲城、富平等县（市），至西安市阎良区谭家堡接西阎高速，全长178.07公里，双向四车道高速公路技术标准。线路穿越两大地貌单元，东段为黄河台塬阶地，其间有深切沟谷；西段为关中盆地平原。跨越白矾河、盘河、汶河、芝川河、洛河、石川河、清峪河等河流以及8条沟谷。穿西（安）侯（马）、西（安）延（安）、咸（阳）铜（川）铁路和202、201省道。全线土石方4 230万立方米，防护、排水工程50.20万立方米；沥青混凝土路面445.70万平方米；设桥

注[①]：亚洲开发银行（简称“亚行”Asian Development Bank—ADB），是亚洲和太平洋地区的区域性金融机构。

梁178座、2.04万米，其中特大桥6座、6 607米，大桥37座、5 749米；互通式立交9处；跨线桥105座，通道301道，涵洞396道，渡槽7道；服务区3处，停车区4处，收费站10处（其中省际收费站1处），管理所3处。

省交通厅设陕西西禹高速公路有限公司（简称陕西西禹公司）负责项目实施，胡希周为法人代表，马云祥为总经理。经亚洲开发银行同意，土建工程15个合同段国际招标，4个合同段国内招标。中铁十一局集团有限公司、新疆道路桥梁工程有限公司等19家单位承担土建工程，陕西省信德工程建设有限公司、徐州现代钢结构有限公司等17家单位承担房建工程，亿阳集团有限公司等5家承担机电工程。法国塞特路国际咨询公司咨询。省公路工程咨询公司工程监理。西安市、渭南地区负责征迁和建设环境保障。

2001年11月，禹阎高速路堑施工作业。左上图为路堑段建成后效果

禹阎高速自东北往西南贯穿渭北平原，大部分路段属典型湿陷性黄土。西禹公司、省公路设计院和长安大学等通过湿陷性黄土路基施工关键技术研究，采用拦截、分散、防冲、防渗透等综合排水措施，冲击碾压、复合土工布隔水墙、强夯、灰土垫层、灰土挤密桩等工程措施，确保路基质量。在省内首次将沥青混凝土路面中、上面层普通沥青结合料改为SBS改性沥青，把黏层乳化沥青变更为SBR改性乳化沥青；沥青混合料采用骨架密实结构，提高路面抗车辙能力；路面底基层改悬浮二灰结构为骨架密实型结构，保证路面质量。连续刚构特大桥施工，聘请法国咨询公司专家现场技术咨询，委托长安大学等多家科研机构监控，配合施工单位适时调整参数和施工方案，确保施工质量万无一失。采用低路堤方案，主线平均填土高度由以往3.20～3.50米降至2.45米，少占土地26.67公顷。

2005年11月27日建成通车。经交通部基本建设质量监督总站和陕西省交通厅基本建设质量监督站（简称省交通厅质监站）质量鉴定，评定为优良工程。项目概算投资59.20亿元，实际完成投资53.42亿元，其中利用亚行贷款2.45亿美元，折合人民币约20.83亿元。

禹阎高速建成通车，显著改善区间公路交通条件，实现京昆高速西安东北向至山西境高速公路贯通，区间公路通行时间由原4小时缩短为2小时，成陕西乃至西部与华北、华东交流的快速公路通道。

五、西（安）汉（中）段

西（安）汉（中）高速公路，简称西汉高速，京昆高速陕西境穿越秦岭路段，省交通厅"十五"公路建设"三大标志性工程"之一。

区间交通因秦岭阻隔，历来艰险。史上曾有李白"蜀道难"之叹。近代以来公路发展，虽有108国道周城段相通，宝汉公路、210国道西万公路绕达，但多为三级公路技术标准，坡陡弯多，灾害频仍，通行困难。适应区域开发与交流的需要，继西户、勉宁高速开工之后，2002年4月28日，西汉高速开工典礼，9月全线开工建设。

省公路设计院、中交一公院设计。北于户县涝峪口接西户高速起，经宁陕、石泉、佛坪、洋县、城固、南郑等县，至勉县黄家营（元墩）接勉宁高速。主线全长254.77公里，双向四车道高速公路技术标准；途经县（区）修建二级标准连接线共43.04公里。路线与210国道平行至宁陕两河，与108国道交叉于洋县金水后并行至城固，与316国道、211省道分别交叉于城固三合及南郑郭滩。全线土石方工程3 053万立方米，防护、排水工程318万立方米；沥青混凝土路面617.50万平方米；共设桥梁830座（单幅）、12.40万米，其中特大桥10座、1.54万米，大桥334座、9.14万米；隧道（单洞）32座、7.57万米，其中特长隧道12座、5.71万米，长隧道8座、9 890米。秦岭山区段桥隧比例66%。设互通式立交16处；跨线桥14座，天桥2座，通道154道，涵洞654道；服务区5处，停车区8处，收费站16处，管理所5处。

项目业主省高速集团，设陕西西汉高速公路有限责任公司（简称西汉公司）负责项目实施。法人代表先为赵久柄，后为杨荣尚。周忠杰、胡功德、马小伟先后任总经理。全线分189个标段，中铁隧道公司、中交二公局、河北建设集团有限公司等190家施工单位5万余人参与建设。陕西高速公路工程咨询公司、潍坊市华潍公路工程监理处、云南公路建设监理公司等45家单位监理。

路线穿越秦岭中段山脉主峰。秦岭北仰南伏，断崖如壁，沟壑纵横，工程运输、施工作业场地十分狭小。为此，全线新修便道600多公里，多处施工便道开凿于悬崖绝壁。工程实施按照设计，尽量多打隧道多架桥，多砌挡墙护边坡，少挖少取保耕田，最大限度保护山体和植被。采用线路绕行、放缓边坡等措施，保护野生动物栖息地。边坡布设30万平方米柔性主动防护网①，以防边坡落石、崩塌。沿线高边坡采用客土喷播和土工格栅种草进行坡面绿化，公路用地范围实现全面绿化。

路面基层采用骨架密实型级配，沥青上面层采用水洗碎石和掺加聚酯纤维等新技术、新材料，提高混合料质量。路面边缘部分采用胶轮、小型振动钢轮压路机压实及涂刷防水层技术；采用初平基层、下面层、上面层平整度互保施工工艺，并引进路面雷达检测中、下面层厚度。

沿线坡长、弯多，为提高行车安全性，自秦岭Ⅲ号隧道至涝峪口40多公里长、大下坡路段，修建两处紧急避险车道，设多处紧急调头带；急弯危险路段加大纵横向振荡标线密度；加粗山区段桥梁扶手；加高连续刚构桥护栏；加强高边坡路段防撞钢板；秦岭Ⅱ号和Ⅲ号隧道间等4处较短路段设置软连接棚，增强防眩、防雪、防冰冻功能。

为陕西“引汉济渭”工程让线，工程于三河口段实施改线，增加4.26公里长郭家山隧道1座。隧道工程2005年5月10日开工，比全线开工晚了三年。隧道穿越压扭性断裂带，基岩、围岩收敛变形十分严重，施工中多次发生涌水、塌方和洪灾，致使工期严重滞后，成为制约全线按期建成通车的“卡脖子”路段。省高速集团与西汉公司组织郭家山隧道攻坚会战，在保证安全与质量的同时，终以最快速度实现双洞先后贯通（见

注①：柔性主动防护网，又称布鲁克网（简称SNS网），是用锚杆和钢丝绳将不锈钢细纱网或土工格栅等防护网固定在有潜在地质灾害或风化严重的坡面上，以防止坡面发生崩塌、碎落、浅层滑坡等地质灾害的柔性防护设施。

2007年5月，西汉高速全线加快施工。上图：秦岭山区路段桥面施工；下图：水泥稳定碎石路面基层铺筑作业

本篇第六章第三节《主要隧道建设》）。

沿线每50公里左右设服务区1处。服务区内分公共活动场所及园林式游览区、休闲度假区、土特产和特色餐业专区。洋县段临汉江处建景观长廊；秦岭服务区建大型花岗岩群雕《华夏龙脉》，以便旅客休憩游览。

西汉高速汉中东至勉县段46.35公里，于2005年9月28日建成通车；洋县至汉中东60.65公里，于2006年11月21日建成通车。2007年9月30日西汉高速全线建成通车。中共陕西省委、省政府在洋县汉江停车区举行通车典礼。交通部致信祝贺。省委书记赵乐际发布贯通令，省长袁纯清发表讲话。袁纯清赞扬建设者以大无畏气概和顽强毅力，创造了令人瞩目的业绩，“把一条通衢大道铺筑在崇山峻岭之间，成为陕西乃至全国交通史上的伟大创举”。2011年9月交通运输部组织的竣工验收委员会评价：“该项目建成了‘环保生态路、人文景观路’，为我国山区高速公路建设积累了宝贵经验，起到了示范作用。”

贯通仪式上，参与西汉高速建设的13对新人举行集体婚礼，成一时佳话。

西汉高速项目实际完成投资147.62亿元，超概算8.84亿元。建成后由省高速集团西汉分公司、汉宁分公司分段运营管理。

西汉高速建成运行初期，由于秦岭北坡涝峪段为连续下坡路段，路线坡长弯多，加之驾驶员及车况等因素，行车事故频发，引各方关注，并引起对该段路线设计标准是否合理的质疑。在加强对该段通行引导与交通管理的同时，省交通厅安排实施涝峪段安全保障工程，增设安全设施。主要增设安全检查区和停车区，加宽紧急停车带，新增和改造紧急避险车道，强化护栏和完善标志标线，重点路段增设可变情报板、广播、照明、监控和摄像抓拍装置。涝峪段下行线除隧道外全面加宽，加宽段几乎全部为纵向桥，下部多采用单桩单墩，上部采用植筋技术，柔性连接，解决新老结构联结问题。通过这些工程措施，同时强化通行管理，使交通事故率明显下降。

西汉高速是陕西建成的穿越秦岭的第一条高速公路，它使京昆高速最艰险的路段得以贯通，“天下之大阻”的秦岭自此变为通途，区间公路行车时间由原8小时缩短为3小时，成为连接西安与汉中、关中与陕南、华北与西南、关中—天水经济区与成渝经济区的便捷通道。在2008年“5·12”汶川特大地震抗震救灾中，发挥了生命线的作用。

六、宁（强）棋（盘关）段

宁强至棋盘关高速公路，简称宁棋高速。京昆高速陕西段连接四川路段，亦是陕西段全线建设的最后一段。区间交通原靠108国道，狭岖难行，拥堵频繁。宁棋高速作为陕西高速公路新一轮加快建设项目，2006年11月13日开工建设。

省公路设计院设计。路线自宁强县黄家院接勉宁高速，经回水河，至棋盘关接四川省在建棋（盘关）广（元）高速公路，全长17.95公里，双向四车道高速公路技术标准。全线土石方101万立方米，防护、排水工程5.29万立方米；沥青混凝土路面12.99万平方米；设桥梁（单幅）37座、9 664米，其中特大桥2座、2 747米，大桥25座、6 651米；隧道（单洞）12座、1.26万米，其中特长隧道2座1.07万米；互通式立交1处，分离式立交8处；通道4道，涵洞26道；停车区1处，主线收费站1处。

2007年5月，中交隧道工程局有限公司宁棋高速第三合同段施工工地

项目业主省高速集团组建宁棋高速公路工程项目管理处，负责项目实施，吕乐宁任处长。共分19个标段。中交隧道工程局、新疆北新路桥建设股份有限公司等19家施工单位中标参建。陕西高速公路工程咨询有限公司监理。

按照省交通厅加快建设要求，管理处与施工单位抢抓进度，开工半月即完成临建、技术交底、测量等施工准备；施工展开后，全线迅速掀起劳动竞赛活动。施工过程中，加强动态管理，实行首件工程认可制，严格过程控制和重点部位监管，确保进度和质量。“5·12”汶川特大地震，致回水河4号隧道塌方，棋盘关隧道出口发生安全隐患，第7合同段桥梁发生移位等，尤其是灾后川籍民工纷纷回乡救灾，致工程劳动力严重不足，几处半停工状态。管理处组建应急抢险队，排查、治理质量和安全隐患；施工单位设法调劳力、进材料，保证正常施工。2008年，项目列入“5·12”汶川特大地震灾后恢复重建规划，全面加快建设。

2008年12月12日建成通车，比计划工期提前一年。工程概算总投资14.41亿元。

宁棋高速建成，实现京昆高速陕西境路段全线贯通，使之成为连接陕川、沟通华北与西南的高速通道，根本改善区间公路交通条件，促进沿线经济社会发展。

第六节　G20青银高速陕西段

G20青银高速，又称青银线，原为GZ35、G035青银线，国家高速公路“7918”网规划的18条东西横向线之一。起自山东青岛，经河北、山西、陕西、宁夏5省（自治区），终至银川市。全长1 610公里。

青银高速陕西段，呈东西向横跨陕北能源化工区中部、榆林市南部，连接榆林市6县。起点跨黄河与山西离（石）军（渡）高速公路相接，终点与宁夏古（窑子）王（圈梁）高速公路相接，全长320.72公里。沿线跨越无定河、大理河，穿越墩梁、高粱山以及毛乌素沙漠过渡区。线路走向见图2-1-7。路线于绥德与包（头）西（安）铁路、在建的榆（林）商（州）高速公路以及210国道相交，于靖边与包茂高速榆靖段相交。青银高速吴堡至魏家楼、靖边西至王圈梁段，与307国道平行。

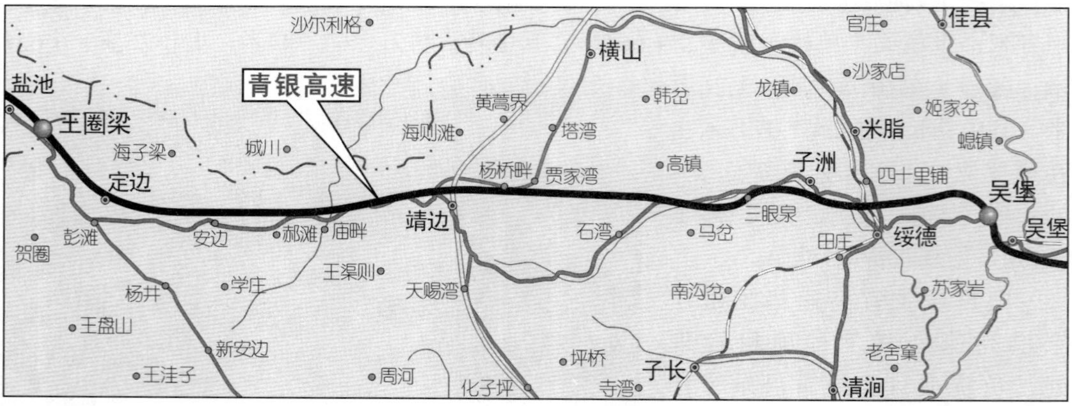

图2-1-7　G20青银线陕西段线路图

青银高速陕西段建设，2003—2007年，先后建成靖（边）王（圈梁），子（洲）靖（边），吴（堡）子（洲）3段，历时4年贯通全线，建设工程总投资约110.05亿元。

青银高速陕西段建成，实现陕西“2367”高速公路网一条东西横向线建设目标，形成横贯陕北北部的高速公路通道，根本改善区间交通条件，便利陕北能源化工基地开发建设，促进秦、晋、宁3省（自治区）联系加强，具有沟通西部与东部沿海便捷联系的作用。

一、靖（边）王（圈梁）段

靖（边）王（圈梁）高速公路，简称靖王高速。位于青银高速陕西境西段。区间交通原靠307国道，技术标准低，通行能力有限，无法满足陕北能源化工基地开发建设带来的巨大交通需求。西部大开发加快陕北高速公路建设。2003年靖王高速动工。

中交二公院设计。自靖边县上彭湾起，经东坑、宁条梁镇，定边县安边、砖井、蔡马场，至陕宁交界王圈梁接宁夏古（窑子）王（圈梁）高速公路。主线全长132.29公里，双向四车道高速公路技术标准。全线土石方1 429.70万立方米；沥青混凝土路面341.57万平方米；设桥梁57座、4 373米；互通式立交7处，分离式立交26处；通道100道，涵洞186道；收费站7处（其中省际收费站1处），服务区2处，停车区1处。全线分东、西两段建设。其中西段80公里，东段52.29公里，分别于2003年3月20日、6月27日开工。

项目建设单位省公路局组建靖边至王圈梁高速公路建设管理处，南浩林任处长，负责项目实施。设总监理工程师办公室。全线分36个合同段。中铁十二局、中交二公局、榆林市天元路业有限公司等33家单位参与施工；陕西中安监理公司、天津市国腾公路咨询监理有限公司等12家单位承担监理。

项目西段建设提前进行施工准备。榆林市政府承包征地拆迁及环境保障，实行“一个窗口对外”，加快组织沿线拆迁。定边县特事特办，实行先建后理，边施工边完善有关建设程序。施工单位进场20天即完成驻地建设。路基开工伊始即展开劳动竞赛，进度目标层层分解，以日保旬，以旬保月，以月保总工期，推进项目快速实施。

沿线多经毛乌素沙漠边缘和盐碱滩地。管理处加强施工质量控制，将路基填方压实标准由规定的85%提高至90%；路床顶面以下1.50米压实度，由90%提高至93%。严重湿软路基施以超载预压，一般路段铺设土工布，换填风积沙。湿软路基段通道、涵洞基础，采用抛填块片石、振冲碎石桩、强夯置换等方式处理。沥青路面压实度标准，由规定的95%提高至97%；基层与面层平整度标准分别亦有提高。路面基层、面层采用双机联铺。结合施工，开展沙漠高速公路边坡防护与防风固沙及养护技术、盐碱滩地高速公路绿化技术等研究，按照“适用、美观、经济”原则，广植树草，固沙护路。降低路堤高度，减少路基工程量，减轻对地表的扰动。桥梁、互通式立交，收费站、养护工区等占地面积较大工程选址，避开林地、农田，减少占地。

项目西、东两段先后于2003年11月10日、2005年10月1日建成，建设工期比原计划缩短一年。2008年11月竣工验收，质量评定为优良。竣工决算完成投资23.37亿元，较批复预算23.80亿元略有节约。省公路局设靖王管理处运营管理。2006年4月23日，移交省交通集团靖王管理处运营管理。

靖王高速西段80公里，实际工期8个月建成，被誉为“靖王速度”。图为2009年8月17日运营中的靖王高速

靖王高速贯通，并与榆靖高速和2001年9月通车的宁夏古王高速连为一体，根本改善榆林西部能源化工产业基地和生态农业示范区交通条件，拓宽陕西西北部出口公路通道，加强陕宁间交通联系。

二、子（洲）靖（边）段

子（洲）靖（边）高速公路，简称子靖高速。青银高速陕西境中段。区间约一半路段交通原靠307国道，通行能力与服务水平低。按照青银高速项目建设规划，靖王高速西段建成后，子靖高速于2004年6月25日开建。

省公路设计院设计。路线起于子洲县苗家坪，经子洲县城、巡检司，横山县魏家楼、双城，靖边县杨桥畔，止于靖边县张伙场立交接靖王高速，全长120.68公里，双向四车道高速公路技术标准。全线土石方工程2 380.90万立方米；沥青混凝土路面201.68万平方米；设桥梁118座、2.32万米，其中特大桥、大桥5座、2.08万米；互通式立交5处；跨线桥12座，通道67道，涵洞221道；收费站5处，服务区、停车区各1处，管理所1处，养护工区1处。

建设单位始为省公路局，后为省交通集团。设建设项目管理处负责项目实施，杨健任处长。全线分41个标段。中铁第五工程局集团有限公司、山东路桥集团有限公司、东盟营造工程有限公司等41家施工单位中标参与施工，山东格瑞特监理咨询有限公司、西安公路交大监理公司等19家监理单位中标监理。征地拆迁和环境保障由榆林市政府包干。

项目处陕北黄土高原与毛乌素沙漠过渡区，穿越河谷阶地、黄土沟壑、沙漠草原，不良地质路段多，工程技术复杂。管理处自项目初步设计阶段介入，调整和优化特殊路段设计，避免16处高边坡。建设过程推行“精、细、准”管理，编制路基、桥涵、桥涵台背等质量控制薄弱环节施工作业指导书，并强化现场控制和检测。开展沥青路面耐久性抗裂技术、低液限粉土路基压实及高墩、大跨径桥梁施工监控等课题联合攻关。采用强夯、冲击碾压及隔水墙处理工艺，处置大理河湿陷性黄土路段和低液限粉土路基。采用沙砾回填加设土工格栅办法，处置蚂蚁沟半填半挖路段和桥涵台背质量通病。

2004年9月，子靖高速项目采用羊角碾进行路基压实作业

施工中按照沿线群众合理要求，共新增或调整通道、涵洞59道，新、改建施工便道186公里，架设便桥24座、漫水桥5座，弃土造田8公顷，疏通河道3.41公里，整修路线范围外河道护岸工程372米，修建临时灌溉水渠68.20公里，打井17口，新架高压电路17公里，恢复和新建倒虹吸和高抽灌溉设施16处。

工程于2007年10月31日建成。实际完成投资43.56亿元，较批复概算43.61亿元略有节余。

子靖高速将青银线陕西境西段由靖边延伸至子洲，并与榆靖高速连接，显著改善区间交通条件，带动沿线经济社会发展。

三、吴（堡）子（洲）段

吴（堡）子（洲）高速公路，简称吴子高速。青银高速陕西境东段。区间公路交通原靠307国道，是榆林煤炭出省输往东部重要路线，交通量大，重载车多，原有公路不能适应。子靖高速开工后，吴子高速2004年12月1日动工建设。

中交一公院、西安公路研究所、武汉五环科技股份有限公司等3家设计单位承担设计。路线于吴堡县城东黄河公路大桥接山西离（石）至军（渡）高速公路起，西北向经吴堡县城关、辛家沟，绥德县中角乡、石家湾，至子洲县苗家坪接子靖高速，全长68.20公里，双向四车道高速公路技术标准。全线土石方工程2 562万立方米，防护、排水工程549.50万立方米；沥青混凝土路面146.57万平方米；设桥梁111座、2.50万米，其中特大桥2座、3 170米，大桥80座、2万米；隧道33道、1.81万米，其中长隧道4座、6 292米；

互通式立交4处，分离式立交1处；跨线桥1座，通道8道，涵洞160道；收费站4处（其中省际收费站1处），停车区1处，管理所1处。

项目始由省公路局组织建设，2006年4月移交省交通集团建设管理。设吴子高速公路项目管理处，负责项目实施，处长初为周进民，后为赵安军。省交通集团接手项目建设后，为强化管理又设项目领导小组，杨健任组长。全线分35个合同段。中铁第五工程局集团第三工程公司、陕西省咸阳路桥工程公司、上海电器科学研究所有限公司等35家施工单位参建。河北冀民公路工程咨询有限公司、山西振兴公路监理有限公司等7家单位承担监理。征地拆迁和环境保障由榆林市政府承包。

项目沿线地形破碎，沟壑交错，湿陷性黄土、淤积坝、滑坡、落水洞等不良地质路段较多，施工难度大。施工采用碎石桩、孔内强夯等工艺，处理淤积坝61处、5.66公里。采用土工格栅或土工布处理挖填交接处，预防出现反射裂缝。采用强夯冲击压实设备，对地基和填方进行处理。全线8米以上高边坡单幅长4 728米，其中最大坡高12级、60米，最大高填方46米。后期为减少高填方工后沉降，增加投资4 460万元，对全线填土高度大于6米的9.57公里高填方路段，施以灰土挤密桩加固。

2007年10月31日建成通车的吴子高速，增加陕西东向出省新通道

项目于2007年10月31日建成通车。试运营期间局部路段出现路基沉陷、路面裂缝和严重车辙等质量问题。2009年9月省交通集团召开现场会，指令限期整改，由施工单位进行整修。2011年3月竣工验收，工程质量评定为合格。工程概算43.02亿元，实际完成投资43.12亿元。

吴子高速建成，实现青银高速陕西境全线贯通，成为东西向横贯陕北北部高速通道，根本改善区间公路交通条件，并与山西、宁夏境高速公路对接，拓展陕西东西向出省高速公路通道，便利东西部之间联系与交流。

第七节　G40沪陕高速陕西段

G40沪陕高速，又称沪陕线，始为西部地区省际公路通道之一西（安）合（肥）线，国家高速公路“7918”网规划的18条东西横向线之一。自上海市浦东北路起，经江苏南通、扬州、南京，安徽合肥、六安，河南信阳、南阳，陕西商州，止于西安市灞桥区田王，全长1 490公里。

沪陕高速陕西段，于陕豫界商南县富水镇接河南宛坪高速公路起，至西安市灞桥区田王村接西安绕城高速公路止，呈东南向连接商洛、西安两市、5县（市、区），全长272.46公里。路线穿秦岭山地及丘陵区，越丹江、蒲峪河、小河、甘河、两岭河、沙河等河流。路线走向与312国道和西（安）合（肥）铁路大体平行。路线走向见图2–1–8。沿线于商州区与在建的榆（林）商（州）高速公路相交，于商州生王村（商洛东立交）、蓝田营坡村（蓝关）通过连接线与福银高速相连，形成西安市蓝田至商洛市区间高速公路环线。经西安绕城高速分别与连霍、包茂、京昆、福银和西安咸阳国际机场专用高速相连通。

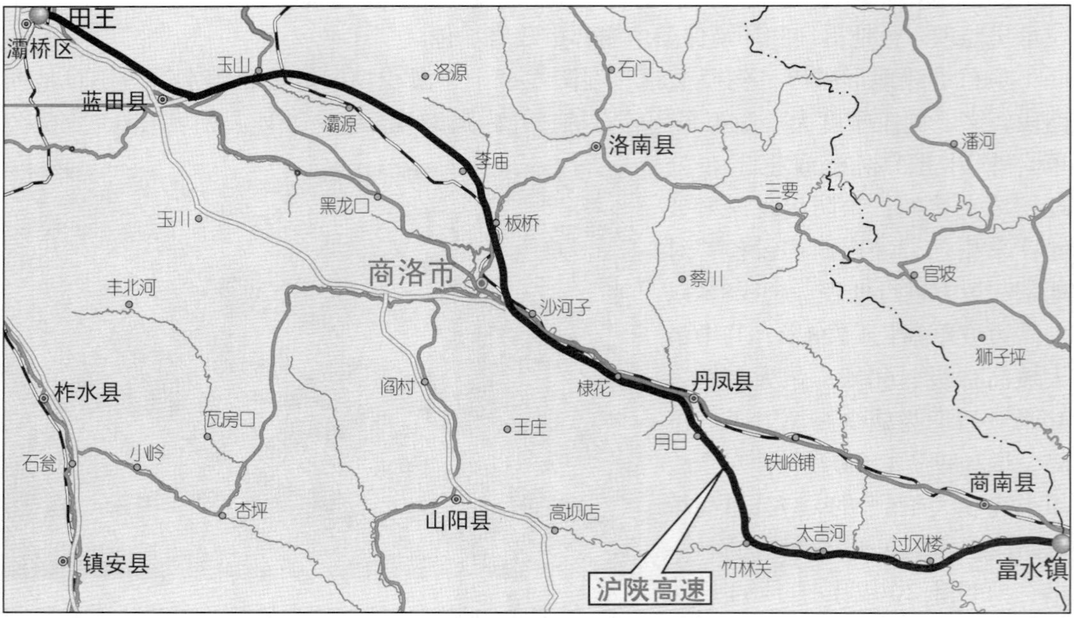

图2–1–8　G40沪陕线陕西段线路图

沪陕高速陕西段区间古有武关道，后有312国道，向来为东西间人员、物资交流一条捷径。西部大开发加强东西部交流，区间交通量增长快速，原有312国道不堪重负，尤其秦岭山区路段每逢雨雪时节，往往路断车阻，事故多发，通行艰难。为此，省交通厅将该段高速公路列为全省加快建设的高速公路项目之一，于“十五”时期末起组织建设。

沪陕高速陕西段建设，2005—2012年，分商（州）（陕豫）界，西（安）商（州）二通道两段进行，历时7年，全线建成六车道高速公路，工程建设总投资约243.48亿元。至此，沪陕高速陕西段全面建成，实现陕西“2367”高速公路网西安东南向辐射线建设目标，并在西安与商洛之间形成环状高速通道，加强西安、商州两个城市的联结，为商洛融入关中——天水经济区创造交通便利，并在沟通东西部交流联系方面发挥重要作用。

一、商（州）（陕豫）界段

商（州）（陕豫）界高速公路，简称商界高速，分商州至丹凤、丹凤至陕豫界两段实施。

省公路设计院、中交一公院设计。路线于商洛市商州区沙河子镇西涧村接在建的蓝（田）商（州）高速公路，经商州区夜村、孝义，丹凤县棣花、商镇、竹林关，商南县过风楼、三角池，至富水镇马安石村接河南省宛坪高速公路，全长122.22公里。商州至丹凤段先行开建，由省公路设计院按四车道高速公路技术标准设计。工程动工后，考虑到沪陕通道在东西部联系中的重要性，同时鉴于河南境内高速公路已按六车道建设，省交通厅决定全线改按六车道设计、建设。其中商州至丹凤、竹林关至陕豫界93公里，路基宽33.50米，设计时速100公里；丹凤至竹林关（丹界峡谷段）28公里，路基宽32米，设计时速80公里。全线土石方工程3 037.94万立方米，防护、排水工程92.27万立方米；沥青混凝土路面104.80万平方米；设桥梁246座（单幅）、6.45万米，其中特大桥10座、1.53万米；互通式立交7处，分离式立交3处；隧道37座（单洞）、2.97万米；人行天桥3座；通道77道，涵洞143道；公共汽车停靠站4处，服务区2处，收费站8处（其中省界收费站1处），养护工区2处。另修建商南互通式立交连接线二级公路6.26公里，按三级公路技术标准改造金丝峡旧路16.96公里。项目投资93亿元。

项目先期由省交通厅委托商洛市政府承建。按照全省高速公路加快建设的部署，2005年9月2日，由商洛市政府交由省交通厅建设管理；商州至丹凤段是年10月17日开工典礼、12月10日开工建设；丹凤至陕豫界段2006年1月10日开工建设。是年4月15日，省交通厅决定该项目交由省交通集团建设管理，原设项目建设管理处遂更名为商界建设管理处，下设商丹、丹界两个项目管理办公室。邹绍金、张东省、赵虹兵、边纯君先后任处长。全线路基分30个合同段。中交第一公路工程局、吉林省中盛路桥工程有限公司、青岛公路建设集团有限公司等58家施工单位中标参建。商洛正大公路工程监理有限公司、厦门港湾咨询监理有限公司等15家监理单位中标监理。西安公路研究所承担第三方检测。

商界高速为全省首条六车道山区高速公路。路线经商丹盆地、丹江峡谷区、丹江河谷区和低山丘陵区，不同地质地貌交错，施工条件复杂。项目由四车道（局部六车道）调整为全线六车道后，工程量增大，工期紧迫。管理处本着“优质、环保、生态、示范”建设目标，细化分解任务，加强过程检查考核。施工单位加大人员、设备投入，关键工程组织突击队集中力量攻坚。按照省交通厅“冬闲变冬忙，冬慢变冬抢”的要求，采用周密保暖措施，坚持冬季施工。按原设计已施工路基，按新设计标准进行加宽。基于桥梁加宽比较复杂，管理处与设计、施工单位研究横向连接技术，解决加宽技术难题。采用第三方检测方式，加大工程实体抽检频率。实行首件工程认可制，强化薄弱环节监控。对不符合质量要求的工程，坚决推倒重做。

2008年10月26日建成通车的商界高速，为陕西第一条山区六车道高速公路

山区六车道高速公路施工，面临作业场地狭小、地质情况复杂等难题。针对桥梁施工受地形狭窄限制，无箱梁存放场地问题，采取连续循环、满负荷批量

生产箱梁的办法，由两组龙门吊交叉倒运台座，进行箱梁张拉、注浆，养生期满后直接提升至桥面运梁车上进行架设，减少箱梁倒运环节，提高台座利用率。隧道施工多遇不良地质地形，为确保进度与质量，洞口施工实行“先加固、后进洞，稳中求快、不留后患”原则，进洞后及早完成洞门工程。开挖三车道150平方米断面隧道时，遇浅埋和偏压问题，遂采取地表预加固、超前预加固、反压回填与挡护等工程措施加以解决。

2008年10月26日，商界高速全线建成通车，西北向与蓝（田）商（州）、西（安）蓝（田）高速公路相接，东南向与河南宛坪高速公路连通，标志沪陕线陕西境路段全部贯通，根本改善商洛山区公路交通条件，拓宽陕西东南向高速出口通道，为东西部交流联系提供便捷交通条件，同时为山区六车道高速公路建设提供实践经验。

二、西（安）商（州）二通道

西（安）商（州）高速公路第二通道，简称西商二通道。为沪陕高速陕西境西安至商州间新建的第二条高速公路通道。

原西安至商州间西蓝、蓝商高速公路，为沪陕高速、福银高速陕西境共用路段，具有东西部交通联系至为近便的特点，加之两线交通流至此汇集一线，致使该路段交通量快速增加。为满足区间交通量日益增长的需求，迫切需要提高该段路线通行能力。如采用原有高速公路扩容改造方案，受穿越秦岭山区等条件限制，建设难度大。为此，省交通厅规划修建西商二通道。工程于2008年12月24日开工典礼，2009年6月30日全线开工建设。

省公路设计院、中交公路规划设计院、西安公路研究所、中铁二院西安勘察设计研究院设计。路线自西安绕城高速公路田王立交起，经西安市灞桥区洪庆，蓝田县华胥、洩湖、三里镇、普化、玉山、灞源，商洛市商州区李庙、岔口铺、板桥、大赵峪，至商州区生王村接商界高速止，全长121公里（含福银高速联络线）。其中路线起点至营坡段18公里为双向八车道，设计时速120公里，路基宽度42米；营坡至蓝田（立交）12公里为双向六车道，设计时速120公里，路基宽度34.50米；蓝田至玉山14公里为双向六车道，设计时速100公里，路基宽度33.50米；玉山至腰市44公里为双向六车道，设计时速80公里，路基宽度32米；腰市至终点29公里为双向六车道，设计时速100公里，路基宽度33.50米。此外，福银高速联络线4公里为双向四车道，设计时速100公里，路基宽度26米。

全线路基土石方2 702.05万立方米，防护、排水工程94.76万立方米。设桥梁（单幅）185座、9.01万米，其中特大桥17座、4.48万米，大桥103座、4.04万米；隧道（单洞）21座、4.10万米，棚洞3座；互通式立交13处；通道、涵洞228道。概算投资150.48亿元。

省交通集团西商高速公路建设管理处执行项目管理，处长路杨。全线分83个合同段。中交一公局第三工程有限公司、陕西路桥集团有限公司等25家承担路基、桥涵施工。云南云路工程监理咨询有限公司承担总监，陕西高速公路工程试验检测有限公司承担中心试验室，西安公路交大建设监理公司等16家承担驻地监理。

路线所经秦岭山区，山高谷深，施工难度大。第十合同段为解决施工材料、设备进场运输困难，用名为“爬山虎”的起重运输机械，解决半山坡挖孔桩施工、隧道口浆砌片石挡墙所需材料的运输难题；采用“简易缆索吊”，解决材料、施工机具跨灞河运送问题。技术人员利用等高线反复进行选择，解决40米高墩施工塔式起重机的布设难题，满足施工需要。

施工中，对灞源至玉山段约20公里长、大纵坡进行多方案比选和调整，将最大坡率降至2.66%。路面施工中试验性推广、应用SBS改性沥青同步碎石预裹覆、BRA岩沥青、温拌沥青混合料、中上面层双层一体摊铺等先进技术。沥青转运车安装LED温度显示器，随时监测沥青混合料温度；摊铺机安装速度显示器，即时显示行进速度，保证摊铺质量。桥梁施工采用新型聚氯乙烯木型模板进行小型构件预制，并采用钢筋笼滚焊加工、箱梁喷淋养生等先进工艺。隧道施工采用移动混凝土喷射车，洞口采用电子监控系统实时监管，确保施工质量。

2012年4月，西商高速二通道路面摊铺作业

工程建设贯彻生态环保理念，平原段采用城市生态园林景观设计，秦岭山区段采用原生态景观设计，按照“四季常青、三季有花”的标准实施绿化。以“秦风雅颂，山水秦岭”为人文主题，修建华胥图腾柱、蓝田猿人雕塑群、王维雕塑、商山四皓雕塑、仓颉造字雕塑等5处景观，将沿线华夏文化遗存与现代高速公路文明结合，彰显该路段地理、文化特质。

工程经过近4年施工，克服施工条件差，隧道涌泥、涌水等困难，于2012年8月14日建成通车。至此，沪陕线陕西段全线实现六车道贯通。

第八节　G7011十天高速陕西段

G7011十天高速，又称十天线，国家高速公路“7918”网规划的联络线之一。起自湖北十堰，止于甘肃天水市，全长750公里。

十天高速陕西段，自陕鄂界白河县鹰嘴岩起，至略阳县大石碑入甘肃境，贯连安康、汉中两市、11县（市、区），全长约431.12公里。线路呈东西向于巴山、秦岭间横穿陕南腹地，线路走向见图2–1–9。沿线于安康市、石泉县和汉中市附近3跨汉江，并白石河、黄洋河、泾洋河、褒河、黑河等数十条汉江、嘉陵江支流。白河至安康段与阳（平关）安（康）铁路、316国道间隔相向，安康至汉中段与阳（平关）安（康）铁路、316国道大体平行，汉中至勉县段与108国道、勉县至略阳段与309省道并行。其中安康市汉滨区五里镇至恒口镇段与包茂高速安川段共线10.83公里，于城固县上元观与京昆高速相交，至勉县褒城与在建的定（边）汉（中）高速公路交汇，并于略阳县白水江镇跨宝（鸡）成（都）铁路（简称宝成铁路）。

区间公路交通原主要靠316国道，局段依108国道或309省道。随着西部大开发推进

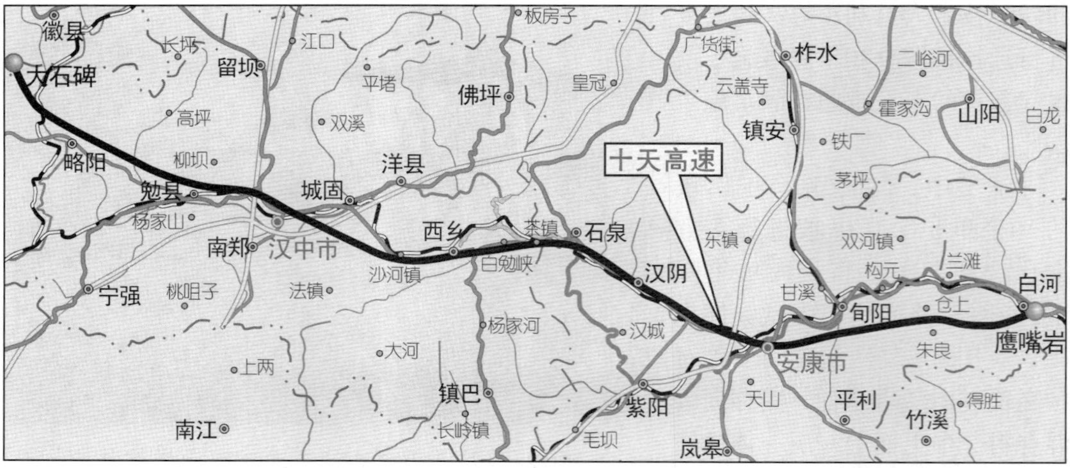

图2-1-9　G7011十天高速陕西段线路图

和陕南突破性发展，公路交通量持续增加，需要建设横贯东西、贯连周边的高速通道。为此，十天高速陕西段被列为全省新一轮加快建设高速公路项目。

十天高速陕西段建设，自2008年8月起，先实施中段，后两端并进，分4段陆续开工建设。2010年年底，建成安康西、汉中东两段合计185.31公里；2011年年底建成汉中西和安康东段一期工程230.61公里。至2012年年底，建成安康东段二期工程白河至陕鄂界段16.80公里，除略阳至陕甘界33.35公里在建外，全线共建成431.12公里，总投资约382.43亿元。十天线陕西境大部建成，开辟了贯连陕南东、西，沟通鄂、陕、甘三省的高速公路通道，对于完善全省高速公路网结构，服务陕南经济发展，促进西部大开发，具有重要意义。

一、安康西段

十天高速安康西段高速公路，简称安康西段，又称安康西高速，十天高速安康至汉中间安康境路段。2007年7月17日试验段开工，2008年8月12日全线开工建设。

省公路设计院设计。路线起自安康市汉滨区建民镇，经汉阴、石泉，至西乡茶镇，全长92.41公里。其中，建民镇至五里镇立交5.17公里为双向六车道，与包茂高速共用路段即五里镇至恒口镇10.83公里为双向八车道。此两段已于2009年5月28日随小康高速建成通车，本项目实际建设里程为73.95公里。建设里程中，恒口至石泉段58.56公里，石泉至西乡茶镇段15.39公里，均为双向四车道，路基宽度分别为26米和24.50米，设计时速分别为100公里和80公里。全线土石方工程1 307.40万立方米，防护、排水工程43.44万立方米；沥青玛瑞脂碎石路面185.62万平方米；设桥梁111座、3.69万米，其中特大桥5座、9 891米，大桥106座、2.61万米；隧道（单洞）18座、2.89万米，其中特长隧道2座、9 934米，长隧道8座、1.50万米；互通式立交5处，分离式立交1处；跨线桥12座，天桥1座；通道57道，涵洞146道，渡槽10道；服务区1处，停车区1处，收费站5处，管理所4处。工程概算投资64.81亿元。

项目业主省高速集团组建十天线安康西项目管理处负责项目实施，杨国强任处长。全线分24个合同段。中铁五局集团有限公司、陕西路桥集团有限公司等24家单位中标参建。

陕西高速公路工程咨询有限公司、河北冀民工程咨询有限公司等15家监理单位中标监理。

项目建设推行全寿命周期成本和低碳、环保、节约理念。边沟采用浅碟形断面，保障行车安全；盖板使用低成本木塑模具，节约工程费用。路面上面层采用SMA—13沥青玛瑞脂碎石结构。为保证改性沥青质量，采用现场改性的方法生产。路面封层采用橡胶沥青材料，提高质量，延长路面使用寿命。石泉汉江大桥采用“块段蒸汽大棚养生法”，保证施工质量和进度，省交通厅肯定其经验并在省内刚构桥梁施工中推广，巴基斯坦等国公路工程技术人员前来考察、学习。隧道洞口减少边、仰坡开挖，保护原有植被。全线服务区、收费站采用屋面太阳能热水系统，实现节能、环保。

施工推行精细化管理。从钢筋堆放、防锈、梁板预制等现场管理，到项目建设整体质量，统一规范标准，并印制成图册，发给施工人员按图操作。汉江刚构桥混凝土浇筑，安装自动喷淋养生系统和蒸汽养生系统。路面沥青拌和楼安装“黑匣子”，自动记录技术指标并图形化，便于监控混合料生产过程。沥青下面层铺筑，采用沥青混合料转运车，实现二次加温和搅拌，有效解决离析问题；上面层采用振荡压路机，克服桥面路面压实难题。全线控制性工程——明垭子隧道施工，几遇断层破碎带、涌水段、持续应力蠕变围岩等不良地质。采取开掘斜井、新增工作面等办法提高掘进速度，按1.50倍比例加大人、财、物投入，保证24小时不间断施工作业。先后战胜20余次塌方、突发涌水等危害，确保施工安全和质量，至全线建成通车时实现右幅（北半幅）单洞贯通。

经过两年多紧张施工，2010年10月20日安康西高速路面全面贯通

沿线绿化因地制宜，恒口服务区栽竹，蒲溪立交植枇杷，汉阴立交种橘树，石泉立交种茶树，彰显地域特色。边坡绿化使用喷播土壤菌永久绿化技术[①]、打孔点播或营养钵栽植、植生网客土喷播、土工格室等多种技术。沿公路界隔离栅内侧密植沙棘、锦鸡儿等带刺灌木，形成生物绿篱隔离带，替代刺铁丝网等工程封闭措施。

2010年12月26日，安康西段与汉中东段共185.31公里同时建成通车。

二、汉中东段

十天高速汉中东段，又称汉中东高速，十天高速安康至汉中间汉中境内路段。2008年11月28日开工建设。

中交二公院、西安公路研究所分段设计。路线起自西乡县茶镇，经古城、西乡县

注[①]：土壤菌永久绿化技术，是在岩石表面通过撒播土壤菌使岩石风化、土壤化过程加速并持续进展，将含草、灌、乔树种的营养层均匀喷播到岩石边坡上，最终在岩盘上生长出植物，一月见绿，三年成林。

城、沙河，城固县孙坪、盐井，止于上元观接京昆高速，长95.36公里。采用双向四车道高速公路技术标准。全线土石方工程2 394万立方米，防护、排水工程73.80万立方米；沥青玛琋脂碎石路面128.79万平方米；设桥梁（单幅）269座、5.44万米，其中特大桥18座、1.14万米，大桥133座、3.92万米；隧道（单洞）28座、2.03万米，其中长隧道7座、1.08万米；互通式立交6处，分离式立交14处；跨线桥49座，天桥19座；通道67道，涵洞136道；服务区1处，停车区2处，收费站5处，管理所1处。工程概算投资72.89亿元。

项目业主省高速集团组建十天线汉中东项目管理处（简称管理处）负责实施项目。杨文奇任处长。全线分26个合同段。中铁十八局集团有限公司、东盟营造工程有限公司等26家施工单位中标施工。陕西高速公路工程咨询有限公司负责总监，重庆市交通工程监理咨询有限责任公司、武汉市公路工程咨询监理公司等13家监理单位中标监理。西安公路研究院承担第三方检测。

2010年10月3日，汉中东高速路面二标克服沥青供应紧张等不利因素，在全线最先完成31.30公里主线沥青路面铺筑任务

管理处按照争创秦巴山区高速公路示范工程目标，推进精细化管理。路面施工中采用大棚分仓储料，沥青上面层石料二次水洗，确保原材料质量；沥青拌和楼安装动态质量监控器，对拌和用料和配比进行实时信息采集，有效控制沥青混合料质量；将改性剂计量装置改为自动称重装置，确保改性沥青质量；采用橡胶沥青同步碎石封层和SMA-13沥青玛琋脂碎石上面层；立交区和路基边坡整形，利用工程弃渣随坡就势形成自然状态；取消沥青沙拦水带，边沟改为浅碟式排水沟；加大不良地质路段盲沟深度，降低地下水位，确保上边坡稳定。路线经过西乡县牧马河南侧天然水杉林地段，将原设计利用山体修筑半幅路基改为修建1 座长993米大桥，以桥代路，使水杉林得以保护，并使山、水、林、桥相映成趣。

2010年12月26日，汉中东段与安康西段同时建成通车，安康与汉中间行车时间由原5个多小时缩短至两个半小时，并实现安康、汉中与西安之间高速公路三角形互通，显著提升陕南区位优势，促进陕南突破性发展，并加强关中——天水经济区与成渝经济区融合。

三、安康东段

十天高速安康东段，又称安康东高速，陕鄂界至安康高速公路。

省公路设计院、中交公路规划设计院有限公司分段设计。路线自全长5 603米的陕、鄂界特长隧道（两省各一半）起，经白河县大坪、构扒、茅坪、西营，旬阳县金寨、神河、吕河，安康市汉滨区关家、张滩，至建民镇接十天高速安康西段，全长129.36公里。其中K111+800～K125+861段共14.06公里，为双向六车道，余为双向四车道。桥、隧长度占路线总长72.37%。概算投资133.33亿元。

全线分两期工程实施。安康至白河段113公里为一期工程，白河至陕鄂界段16.36公里为二期工程。两期工程均于2009年3月20日开工。一期工程安康至白河段（简称安白段），设计土石方工程2 233万立方米，防护、排水工程129.80万立方米；沥青玛琋脂碎石路面265.50万平方米，沥青混凝土路面28.35万平方米；设桥梁235座、5.59万米，其中特大桥8座、9 168米，大桥161座、4.22万米；隧道（单洞）86座、6.58万米，其中特长隧道6座、2.55万米，长隧道12座、2.46万米；互通式立交8处；跨线桥5座，天桥4座，通道37道，涵洞172道；服务区2处，停车区2处，收费站7处，管理所2处。

建设单位省高速集团组建十天高速安康东管理处，负责项目建设管理，王航任处长。工程分39个合同段。中铁十八局集团有限公司、中交第四公路工程局有限公司、新疆昆仑路港工程公司等39家单位中标参建。陕西高速公路工程咨询有限公司承担总监，陕西交通科技开发咨询公司、上海建通工程建设有限公司等15家承担监理。

管理处全面推行精细化施工，先后召开梁板预制、桥面系、边坡防护、路面施工、预制梁板蒸汽养生、钢筋加工、隧道初期支护、伸缩缝施工等20余次精细化施工观摩会。围绕施工关键技术开展科研攻关，解决特长隧道施工、千枚岩路基填料改良、高边坡防护等技术难题。桥梁后张法箱梁预制采用真空压浆。路面上面层采用SMA路面。隧道采用节能照明。边坡采用生物防护等技术和工艺。开展混凝土质量通病、隧道偏压排水系统、高边坡（滑坡）、改性沥青稳定性等专项治理活动，确保工程质量达标。为保护水源区，马坡岭和下许家台子采用桥梁跨越汉江，采用隧道穿越许家河水库。

2011年12月27日建成通车的安康东高速公路安康至白河段

经过两年多紧张施工，安白段一期工程于2011年12月27日建成通车。完成投资120.02亿元。安康与白河间实现高速公路连接，促进安康东部山区开放、开发与发展。

二期工程白河至陕鄂界段（简称白鄂段），省公路设计院设计，双向四车道，路基宽度24.50米。概算投资13.31亿元。中铁四局集团第四工程有限公司、中铁十八局集团第二工程有限公司等6家单位中标参建，陕西高速公路咨询有限公司等4家监理单位中标监理。设计土石方工程155.80万立方米，防护、排水工程7.20万立方米。设桥梁19座、3 760米，其中大桥14座、3 600米；隧道（单洞）8座、2.64万米，其中特长隧道4座、1.90万米，长隧道4座、7 800米；桥、隧比例高达96%。设主线收费站1处。至2012年12月25日二期工程全部完工。

四、汉中西段

十天高速汉中西段，又称汉中西高速，十天高速陕西境汉中至陕甘界高速公路。

中交二公院、中交一公院和省公路设计院分段设计。路线自城固县上元观枢纽互通式立交接十天高速汉中东段起，经汉中市汉台区铺镇、褒城，勉县茶店、略阳县五郎坪、白石沟、马蹄湾，止于陕甘界大石碑，全长150.96公里。按双向四车道高速公路技术标准设计，起点段48.62公里平原区路段，设计时速100公里，路基宽26米；山区路段长102.34公里，设计时速80公里，路基宽度24.50米。全线设计土石方工程2 986万立方米，防护、排水工程236万立方米；沥青玛𤧛脂碎石路面289.08万平方米；设桥梁350座（单幅）、13.71万米，其中特大桥、大桥273座、13.23万米；隧道72座（单洞）、5.31万米，其中特长隧道4座、1.95万米，长隧道7座、1.31万米；互通式立交10处，分离式立交20处；天桥28座；通道95道，涵洞289道；服务区2处，停车区3处，收费站9处，管理所2处。估算投资151.04亿元。

全线分两期建设。一期工程汉中至略阳段（简称汉略段）117.61公里，2009年7月23日开工；二期工程略阳至陕甘界段（简称略甘段）33.35公里，2009年8月5日开工。

项目业主省高速集团组建十天高速汉中西管理处，负责项目实施，处长崔文社。工程分65个合同段。中交第二航务工程局有限公司、中交一公局、中咨泰克交通工程有限公司等65家施工单位中标参建。陕西高速公路工程咨询有限公司承担总监，山东格瑞特监理咨询公司、广东翔飞公路工程监理有限公司等18家监理单位中标监理，西安公路研究院、长安大学工程检测中心承担第三方检测。

沿线地形复杂，地质不良段多，断裂、破碎带大都平行于线路走向，严重威胁施工质量和安全；汉江平原段水网复杂，湿软地基多，路基填方量大；全线桥隧比例为57.60%，其中略甘段桥隧比例达到89.20%。施工中，对路基工程坚持“开挖一级，防护一级”的原则，杜绝由于防护不及时而引发不良地质灾害。沿河浸水路段设置浸水挡土墙。高路堑边坡采用锚杆（索）框架梁护坡并植草防护。勉县境内岩体破碎较严重路段，放缓边坡坡率，设置抗滑桩或锚索框架梁防护，并施做坡面截水沟、平面排水沟，含水量大边坡设置仰斜排水孔，以确保路基稳定。

汉中西高速建设推进精细化管理。上图为2010年7月HL-M01标段集料场；下图为H-C26标段钢筋笼自动滚焊机加工车间

工程推行精细化管理。路基边沟盖板通过加强配筋、减轻自重，使用低成本模具，配合小型振动台采用工厂化集中生产。引进钢筋笼滚焊机提升焊结质量。预制梁板全部采用自动喷淋技术，解决高温季节梁板养生死角。桥面混凝土铺装层采用冷轧焊接钢筋网片，并添加聚酯纤维。立交区边坡整形按照

“高尔夫球场”理念，随坡就势进行培土，施作公园式绿化。

全线采用沥青玛琋脂碎石路面，汉中市区过境段5公里变更为OGFC排水沥青路面；特长桥梁和长大纵坡路段沥青混凝土中面层添加聚酯纤维，提高路面抗车辙性能；隧道内路面取消SBS或橡胶沥青同步碎石封层，以节约成本。上面层石料进场后进行二次水洗和筛分，安排人工挑拣杂、软石，保证材料质量。沥青拌和楼安装动态质量监控器，摊铺机和压路机安装速度显示和报警装置，规范作业。根据陕南高温多雨特点，集中整治挖方段边沟、中分带、路肩排水，完善综合防、排水系统。

经过全体建设者三年多紧张施工，一期工程于2011年12月25日建成通车。概算投资112.70亿元，实际完成投资111.40亿元。该线建成通车，显著改善陕南西部交通条件和投资环境，并为十天高速陕西段全面建成奠定基础。

汉中西段二期工程略甘段，起于略阳县吴家营，经马蹄湾乡、白水江镇至陕甘界大石碑。采用双向四车道技术标准，设计时速80公里，路基宽24.50米。省公路设计院设计，十天高速汉中西管理处负责项目实施。东盟营造工程有限公司、中铁二十局集团第二工程有限公司等9家施工企业承建，陕西高速公路工程咨询有限公司组建总监办，湖南湖大建设监理有限公司、山东潍坊市华潍公路工程监理处等5家监理单位负责驻地监理工作。项目概算投资38.34亿元。

第九节　G22青兰高速陕西段

G22青兰高速，又称青兰线，国家高速公路“7918”网规划的18条东西横向线之一。东起山东青岛，经莱芜、泰安、聊城，河北邯郸，山西长治、临汾，陕西宜川、富县，甘肃庆阳、平凉、宁西至兰州市，全长1 795公里。

青兰高速陕西段，自宜川县苇子湾黄河大桥（晋陕界）接山西拟建长（治）临（汾）高速公路，西至陕甘界雷家角，全长192.18公里，呈东西向横贯陕北中部，连接延安市3县。线路走向见图2-1-10。沿线跨仕望河、大南川、小南川、厢寺川、葫芦河，穿越黑山梁、柳家山，并于富县张家湾横穿秦直道遗址。路线与309国道相向，中段分离，东西两端平行。路线于宜川城东与在建榆（林）商（州）高速公路相交，至洛川厢西堡与包茂高速相交，至富县吉家村下穿210国道、袁家村上跨西（安）延（安）铁

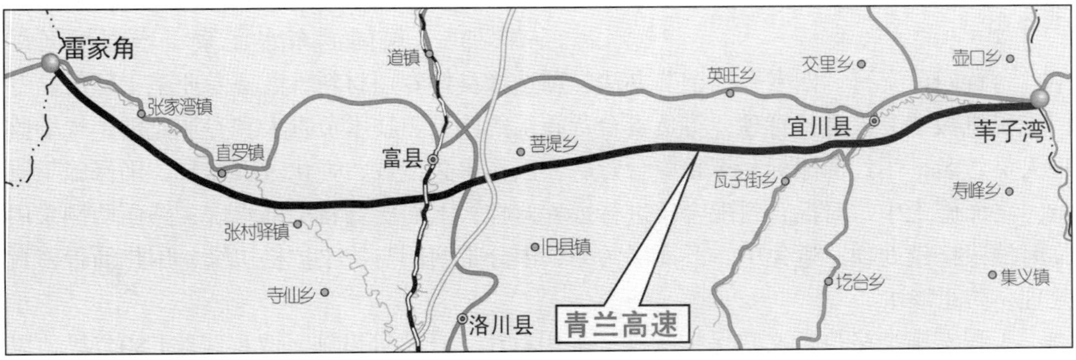

图2-1-10　G22青兰高速陕西段线路图

路，并于龙头河与拟建西延高速二通道相接。

中交一公院、省公路设计院设计。采用双向四车道高速公路技术标准。其中，宜川县秋林镇至洛川县厢西堡82.55公里，路基宽度26米，设计时速100公里，其余路段路基宽度24.50米，设计时速80公里。全线土石方工程3 361万立方米，防护、排水工程122.90万立方米；沥青混凝土路面472.13万平方米；设桥梁293座、4.10万米，其中大桥164座、3.58万米；隧道32座、5.55万米，其中特长隧道1座、3 076米，长隧道11座、1.87万米；互通式立交10处，分离式立交27处；跨线桥7座，天桥8座，通道89道，涵洞 247道；服务区3处，收费站10处（其中省际收费站2处），管理所3处。概算投资138.87亿元。

按照全省加快高速公路建设规划，2007年11月9日项目试验段开工。2008年10月21日全线开工。

建设单位省交通集团设青兰高速公路建设管理处，负责建设管理。孔庆学任处长。全线分90个标段。中交二公局、陕西路桥集团有限公司、青岛公路建设集团有限公司等90家施工单位中标参建。云南云路工程监理咨询有限公司承担总监，北京中交安通工程技术咨询有限公司、西安公路交大监理公司等19家单位承担驻地监理。委托西安公路研究院、长安大学检测中心第三方检测。征地拆迁与建设环境保障由延安市政府总承包。

该项目时为陕西一次性开工建设里程最长高速公路，工程量大，工期紧张。管理处与沿线政府配合，3个月基本完成征地清表，如期展开施工。破陕北地区冬季不施工惯例，采取给预制梁“盖被子”——加盖草垫保暖、隧道口“铺褥子”——铺草垫防滑、混凝土养生“盖房子”——搭建暖棚养生等保温措施，变冬闲为冬忙，千方百计赶进度、保质量。

2010年10月8日，青兰线陕西富县段沥青路面施工作业

工程推行精细化管理。对粉性土采用沙砾、片石、灰土换填。在底基层、下基层、上基层层间洒布水泥浆，增强层间黏结；台背回填实行“四专一铭记”办法，即选择良好专用材料，配备专业施工队伍、专门施工机械，专人进行管理；将负责台背施工的施工、技术负责人和专业监理、现场监理人员姓名，用红油漆标写于相应台背后，以作永久记载，强化过程监督，确保施工质量。路面施工中，对混合料配合比进行远程监控；上面层骨料全部水洗；路面两侧采用临时沙浆抹带处理，避免中、下面层污染；中分带两侧与桥梁护栏边缘，用热沥青密封处理，防止渗水。

工程实施严格执行文物保护法规，采用避让、迁移等措施，改移线路1.80公里，以保护秦直道及古战场遗址、二战屯兵及近代战争遗址等。工程为此增加投资1亿元。

工程实施在力求节约土地同时，还尽可能为群众造地，改善生产设施。施工单位利用废渣弃土造地21.67公顷，平整土地73.33公顷，新建和改移水渠38公里。同时，与施工运料便道相结合，整建生产道路160公里，修建便民桥16座，受到群众好评。

经过两年紧张施工，青兰高速陕西段于2010年11月10日建成通车，成陕西高速公路建成通车里程突破3 000公里标志。自此，陕北中部继青银高速陕西段之后又新增一条东西向高速通道，实现陕西“2367”高速公路网又一条横向线建设目标，使陕北能源化工基地对外公路交通进一步优化，陕西乃至西部与华北、华东和沿海公路交通得以强化。

第十节　西安咸阳国际机场专用高速

西安咸阳国际机场专用高速公路，简称西安咸阳国际机场专用高速。陕西高速公路“2367”网规划的联络线之一。

2005年，福银高速陕西境咸阳至陕甘界段开工建设。根据预测，该线建成后，原与西安咸阳国际机场高速共用路段交通量将大幅增加，尤其过境大、中型货运车辆增长迅速，对往返机场客运车辆通行带来影响；同时，随着机场二期扩建，机场东门将成为主流交通出入口，原二级汽车专用公路不能适应需要，需另建机场专用高速公路。省交通厅将西安咸阳国际机场专用高速列为全省高速公路加快建设项目之一组织建设。

路线起自西安市朱宏路与绕城高速立交桥，终点接规划的新机场东门进场道路，全长20.58公里。沿线经西安市经济开发区、未央区，咸阳市渭城区。跨漕运明渠、渭河，并跨西（安）宝（鸡）铁路客运专线和咸（阳）铜（川）铁路，部分线路与机场二级汽车专用公路平行。线路走向见图2-1-11。

图2-1-11　西安咸阳国际机场专用高速线路图

省公路设计院设计。双向八车道高速公路技术标准，设计时速120公里，路基宽45米，中央分隔带宽6米。全线土石方工程400万立方米，防护、排水工程23.83万立方米；排水性沥青路面43.54万平方米；设渭河特大桥1座、6 911米；互通式立交4处，分离式立交5处；跨线桥5座，通道24道，涵洞59道，渡槽2道；收费站4处。项目概算总投资26.08亿元。

项目2006年11月4日开工。建设单位省交通集团设西安咸阳国际机场专用高速建设管理处负责建设管理。处长党延兵。全线共分32个标段。中交一公局、东盟营造工程有限公司等32家施工单位中标承建。陕西高速公路工程咨询有限公司等9家监理单位中标监理。西安、咸阳市政府承担征地拆迁与建设环境保障工作。

西安咸阳国际机场专用高速，被喻为陕西“省门第一路”，列交通部“科技创新示范路”工程，项目建设备受各方关注。省长袁纯清、副省长洪峰，交通运输部部长李盛霖、副部长冯正霖等先后多次视察、调研。袁纯清要求将西安咸阳国际机场专用高速建成“眼前一亮、心头一震，国内一流、国际知名”的高速公路。

沿线征地拆迁涉及众多部门、单位、企业与村镇，拆迁量大，工作难度大。管理处与地方政府密切配合，加强联系协调，妥善解决高压铁塔迁改、渭河特大桥跨越咸（阳）铜（川）铁路施工、军用光缆通信支架迁移等多处难点，推动项目加快实施。

项目实施加强规范施工和过程控制。将“首件工程认可制”从第一根桩基、第一道盖梁，延伸至第一孔梁板架设、第一段路基填筑等。灰土挤密桩，桥梁桩基、单片预制梁、后压浆施工等关键工程委托第三方检测。后压浆施工、房建、绿化等工程，由专业单位全程监理。应用桥梁桩基后压浆技术、抛丸处理桥面水泥混凝土浮浆技术、“两层洒布法”施工SBS改性乳化沥青封水黏结层、桥面沥青混凝土下面层添加聚酯纤维等多项新技术、新工艺、新材料，提高桥梁、路基、路面及构造物施工质量。

强化施工细节管理。沥青拌和机冷料仓搭设防雨棚，路面基层、沥青面层采用三机或四机联铺，二灰碎石养生期由规定7天延至14天，确保结构层早期强度。路面高程控制，设计、制作专用基准架，其上放置铝合金梁，配合挂钢丝导引，实现8车道路面铺设高程、纵坡、横坡控制目标。

全线主线包括桥面上面层，均采用日本排水性路面（OGFC）技术，降低行车噪声，消除雨天行车水雾，增强防滑性能，提高行车安全性；沥青拌和料中用消石灰粉替代抗剥落剂，改善沥青与石料黏附性；互通立交匝道上面层铺筑SMA路面，使外观与排水路面接近，并更具抗推移能力；收费站不停车收费车道采用彩色防滑路面；填方路段路缘石内埋设打孔PE排水管暗排路面雨水；超高段中央分隔带路缘石内侧设置排水槽，增加路面有效使用宽度。

2009年5 月，西安咸阳国际机场专用高速排水性路面施工。左半幅为已经建成的路面

沿线绿化、景观设计与施工，力求自然和谐，彰显地域文化特色。立交区采用乔灌木树群背景，种植雪松、国槐等树种及月季、腊梅等花木，建成“桃园”“杏园”特色田园风光小景。绿化灌溉引进美国雨鸟轮灌控制系统，实现智能化控制，节约水资源。根据路线地域特色，结合西安历史文化，通过机场入口段路堑高边坡浮雕、立体绿化，汉代阙楼、飞机造型等建筑风格收费大棚，凸显路线所处古都风貌和现代气息。

全线安装路灯和雾灯。选用节能效果显著的LED照明灯具，采用能分时、分段照明的智能控制系统。收费站采用自动发卡和不停车收费系统（ETC）。

沿线控制性工程之一的朱宏路互通式立交桥，连接西安绕城高速和西安市北三环路，规模时为西北最大，建设情况见本篇第六章第二节《主要立交建设》。

经过两年9个月紧张建设，西安咸阳国际机场专用高速于2009年7月8日全线建成通车，极大便利机场对外交通，提高福银高速西安、咸阳过境交通能力，强化西安、咸阳公路运输枢纽功能。

高速公路建设在沿线居民点、学校等噪声敏感点采取隔声降噪措施。图为2009年7月建成的西安咸阳国际机场专用高速马家堡段隔音墙

第十一节　榆商高速

榆商高速，榆（林）商（州）高速公路简称，又称榆商线，陕西高速公路“2367”网规划的3条南北纵向线之东线。路线起于府谷县，通过碛塄黄河大桥接山西忻州至保德高速公路，经神木、榆阳、绥德、清涧、延川、延长、宜川、黄龙、澄城、大荔、华阴、洛南等13个县（市、区），止于商洛市商州区，全长约749公里。线路走向见图2-1-12。沿线穿越陕北沙漠、黄土高原、关中平原和秦岭山区，跨越窟野河、秃尾河、榆溪河、无定河、清涧河、延河、云岩河、西川河、大峪河、洛河、渭河、石门河等多条河流。

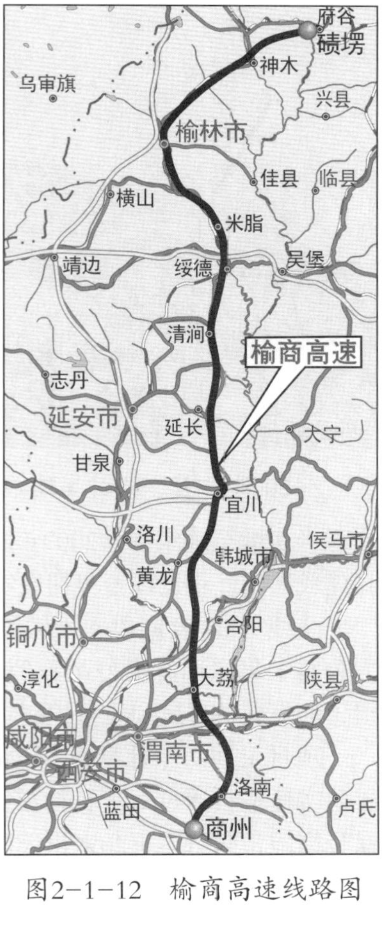

图2-1-12　榆商高速线路图

路线与多条高速、干线公路相交汇。于榆林市小纪汗接包茂高速，绥德县石家湾接青银高速，澄城县韦庄接京昆高速，华阴市夫水接连霍高速，商州区板桥接沪陕高速后并线至商州区。沿线间断并行干线公路主要有210国道，204、201、202省道，交汇的国道有210、307、309、108、310、312等6条。沿线相交的铁路有：与包（头）西（安）铁路相交于榆林市小纪汗、鱼河堡和绥德县，与侯（马）西（安）铁路相交于澄城县韦庄，与郑（州）西（安）高速铁路、陇海铁路相交于华阴市夫水，与宁（南京）西（安）铁路相交于商州区板桥。

榆商高速自2008年8月榆（林）神（木）段开

建起，从南北两端分期、分段建设。至2012年底，历时4年，先后建成榆（林）神（木）、神（木）府（谷）、洛（南）岔（口铺）、榆（林）绥（德）4段共276公里，完成投资233.68亿元。

一、榆（林）神（木）段

榆（林）神（木）高速公路，简称榆神高速，为榆商线北段部分，陕西采用建设—经营—转让即BOT模式（见第六篇第四章第三节《建设—经营—转让（BOT）》）建成的首条高速公路。

路线位处陕北能源化工基地榆神矿区腹地。随着陕北能源资源大规模开发，经济社会跨越式发展，沿线客流与车流持续快速增加，原有204省道不堪重负，交通紧张，拥堵严重。为此，榆神高速被列为陕西加快建设的高速公路项目之一开工建设。

省公路设计院、中交一公院分段设计，西安公路研究所承担机电、房建及附属设施设计，煤炭科学研究总院西安研究院承担煤矿采空区设计。路线自榆林市榆阳区小纪汗与榆蒙高速相接，经牛家梁、金鸡滩，神木县大保当、锦界、半切墩、红柳林，至店塔镇陈家沟岔，全长106.97公里。其中高速公路正线105.60公里，一级公路1.37公里，另有店塔连接线1.83公里。正线采用双向四车道高速公路标准。全线土石方工程2 105万立方米；沥青混凝土路面287.09万平方米；设桥梁84座、1.63万米，其中特大桥1座、1 301米，大桥37座、1.06万米；隧道（单洞）6座、2 297米；互通式立交7处；跨线桥及天桥19座，改移204省道桥梁6座；通道57道，涵洞159道；服务区2处。工程概算投资56.43亿元。

2009年8月，榆神高速路段施工情形

按照榆林市政府与陕西榆林榆神高速公路有限公司（简称榆神高速公司）共同签署的BOT特许经营合同和建设环境保障协议书，榆神高速公司负责该项目建设管理，榆林市政府负责建设环境保障。项目分小纪汗至半切墩87.57公里、半切墩至陈家沟岔19.40公里两段实施。小纪汗至半切墩2008年8月17日开工，半切墩至陈家沟岔2009年2月28日开工，两段先后于2009年10月30日、2010年12月8日建成通车。小纪汗至半切墩实际工期较计划提前15个月。

全线分2个合同段。中铁股份有限公司、中铁二局股份有限公司中标参建。河北四方公路工程咨询有限公司等4家监理单位监理。省交通运输厅设榆神高速公路现场督察组，加强项目进度和质量控制。

项目工期由原计划3年压缩为15个月，工期紧张。建设单位实行施工目标分解，层层落实任务；通过对沙石料覆盖保温、拌和用水加热，施工现场搭设暖棚和蒸汽养生等保暖措施，坚持零下20多摄氏度照常施工。组织开展决战百天活动，突击消除路基施工断点，加快桥梁架设和桥面系施工。机电与交通安全工程施工交叉进行，齐头并进，确保进度。

严格工程质量控制。因冬季施工，A2标多片预制箱梁沿波纹管位置出现冻胀开裂，全线开展施工质量排查，对制梁场钢绞线编束、钢筋焊接、混凝土施工、预应力张拉、梁场排水等问题进行集中治理。对交工检测发现的个别桥梁梁体非受力裂缝、梁体空洞、蜂窝、麻面、露筋、底板粘沙、支座脱空变形等质量缺陷，组织施工单位专项整治，直至达标。

路线经多处煤矿采空区。经专家论证，对讨老乌素、瑶渠、枣稍沟3处煤矿采空区，采用风积沙混合水泥、粉煤灰浆液进行填充处理，既达到处置效果，又减少施工成本。经交工检测和验收，质量合格。

榆神高速是榆商高速首先建成路段，显著缓解区间公路交通紧张状况，为榆林煤炭等资源东运开辟高速、便捷通道，并成为陕西省以BOT方式建设、运营高速公路一大突破，为利用民间资本建设高速公路提供了经验。

二、神（木）府（谷）段

神（木）府（谷）高速公路，简称神府高速，榆商线神木至府谷段。区间公路交通原主要靠204、301省道，两线虽几经改造等级提高，但须绕道店塔，线路长加之混合交通，通行不畅。随着东部省、市对榆林煤炭需求增加，该路段跨省煤炭运输持续快速增长，时有车辆拥堵发生，成西煤东出瓶颈路段，因此，修建该段高速公路十分必要和迫切。省交通厅将该项目作为加快建设高速公路项目之一，交由省交通集团组织建设。

项目由中交一公院设计。路线起于神木县半切墩接榆神高速，然后先东北再东南向，经石窑王、四堂川、永兴，再东向经府谷武家坡、石马川，至碛塄镇跨黄河，与山西在建忻州至保德高速公路相接，全长56.91公里。采用双向六车道高速公路技术标准。另有石马川二级公路连接线19.91公里，府谷一级公路连接线3.83公里。全线土石方工程2 839万立方米，防护、排水工程71万立方米；沥青混凝土路面213.97万平方米；设桥梁92座、2.66万米，其中特大桥2座、6 901米，大桥90座、1.97万米；隧道（单洞）16座、1.25万米，其中长隧道4座、6 344米；互通式立交5处；跨线桥7座，涵洞205道，服务区、停车区各1处，收费站5处，管理所1处。

省交通集团组建神府高速建设管理处，负责项目实施，杨海峰任处长。主体工程分13个合同段。中铁电气化西安铁路工程公司、中交一公局、河南豫龙交通工程有限公司等53家施工单位中标承建。云南云路工程监理咨询有限公司负责总监，陕西高速公路工程试验检测有限公司承担中心试验室，西安公路交大建设监理公司等8家监理单位监理。2008年12月30日开工。概算总投资74.58亿元。

主线地处毛乌素沙漠边缘，横穿诸多山脉，沿线沟谷纵横，滑坡发育，且气候条件恶劣，年有效施工时间不足7个月，加之全线构造物密集且大桥、长隧多，施工难度大，工期紧张。项目建设伊始，就上足劳力和设备，加快施工进度。加大冬季施工保暖投入，引进蒸汽养生工艺，确保混凝土施工质量，并延长施工时间。同时，抓好不受季节影响的隧道和土石方施工。

路基填料多为风积沙，在清除原地表杂物后，施工单位先以102.90千瓦推土机对原地表进行碾压，然后再以推土机分层推送填筑，分层整平洒水碾压；边施工边防护，及

2009年5月，神府高速路基开挖与边坡防护施工

时施以黄土包边，减少沙害。

路面半刚性基层施工，优化水泥稳定碎石底基层、基层配合比设计，选用最佳水泥剂量，提高半刚性基层稳定性并防止干缩裂缝。路面施工采用温拌沥青技术，显著降低沥青混合料的生产和施工温度，延长施工季节，防止和延缓沥青老化。

经过两年多艰苦奋战，2011年12月16日，神府高速全线建成通车，开通榆林能源化工基地腹地又一东向出省高速通道，大大缓解区间原有公路交通紧张状况，便利西煤东运，促进陕北能源化工基地建设和沿线开发、开放与发展。

省交通集团设神府分公司进行运营管理。

三、洛（南）岔（口铺）段

洛（南）岔（口铺）段高速公路，简称洛岔高速，为榆商线南端起点段，又为榆商线与沪陕线连接段。2010年4月5日开工。

中交通力建设股份有限公司设计，中交公路规划设计院有限公司设计咨询。路线起于洛南县永丰镇李村，经四皓，商洛市商州区浦峪、板桥，至板桥镇岔口铺村，设枢纽立交接沪陕高速西商二通道，路线长12.62公里。双向四车道高速公路技术标准，路基宽度24.50米，设计时速80公里。设计路基土石方工程317.10万立方米，防护、排水工程22.50万立方米；沥青混凝土路面29.81万平方米；设桥梁（单幅）18座、9 362米，其中大桥16座、9 174米；隧道（单洞）3座、1 895米；天桥3座，通道4道，涵洞30道，渡槽2道；收费站1处。概算投资8.97亿元。

项目建设单位为省交通集团，由西商高速公路建设管理处实施建设管理，路杨任处长。中铁十七局集团第二工程有限公司等9家施工单位中标施工；陕西省交通工程咨询公司总监，榆林四通工程监理咨询有限公司监理，陕西高速公路试验检测有限公司承担检测。

路线位于秦岭山脉腹地，其中洛南盆地段月子岭挖方段膨胀土治理难度大。坡体采用抗滑桩加支撑渗沟，桩前土采用脚墙加锚杆框架梁或骨架护坡防护的综合治理措施，或根据膨胀土特性，采用“以柔治胀”方法，即采用柔性挡墙加盲沟的综合处置措施治理。排水采用“截、排、堵”相结合的综合治理方案，路堑顶及各级平台采用C20混凝土硬化处理，并设置截水沟，坡面加密设置仰斜式排水孔、急流槽，路侧设置边沟，路床底设置纵、横向盲沟，各种排水设施相互连通，形成完整的排水系统。

项目于2011年11月建成，2012年8月14日与沪陕高速西商二通道同时通车。

四、榆（林）绥（德）段

榆（林）绥（德）高速公路，简称榆绥高速。

区间公路交通原主要靠二级技术标准的210国道，为榆林、内蒙古煤炭南运主要路段。随着区间运煤重载车辆不断增加，沿线交通紧张，加之所经村镇路段不断“街道化”，拥堵现象愈来愈频繁。为此，省交通厅将榆绥高速作为新一轮高速公路加快建设项目组织实施。

榆绥高速由省公路设计院设计。路线自榆林市榆阳区牛家梁镇接榆神高速起，向南上跨包（头）西（安）铁路，经青云、古塔、鱼河、上盐弯，米脂县镇川、银州、十里铺，绥德县四十里铺，至石家湾镇史家湾乡接青银高速止，全长118.81公里。采用双向四车道高速公路技术标准。全线土石方工程2 142万立方米。设桥梁103座、2.90万米；隧道6座、1万米；互通式立交9处，分离式立交25处；涵洞201道；服务区2处、停车区1处，收费站8处，管理所2处。概算投资93.71亿元。

项目建设于2008年启动，榆林市政府以BOT方式招商建设未果。是年12月29日，省交通厅决定项目交由省交通集团组织建设。省交通集团设榆绥高速项目管理处（简称管理处）负责项目实施，王天林任处长。2009年4月29日完成路基工程招标，6月底施工、监理单位进场。7月20日，接省交通运输厅有关项目拟重由榆林市政府实施的通知，全线除控制性工程外基本停工。12月中旬，依照项目仍由省交通集团实施的决定，管理处重新启动项目建设，并于2010年3月3日正式开工。中铁十一局集团有限公司、中交第三公路工程局有限公司等70家施工单位中标承建。陕西公路交通科技开发咨询有限公司、陕西兴通监理咨询有限公司等16家监理公司中标监理。沿线地方政府承担环境保障和征地拆迁。

榆绥高速所经区域沟壑纵横，滑坡、崩塌发育。项目施工涉及沙漠路基、软弱地基、采空区等复杂、不良地质，加之陕北高原冬季严寒且漫长，一年有效施工时间不足7个月，施工困难大。

2011年7月12 日，建设中的榆绥高速米脂段

管理处按照省交通运输厅“设计三阶段核查”的要求，先后三次组织有关专家和设计单位对施工图进行现场核查。施工过程中，多次邀请专家实地指导、优化设计。针对路基挖方边坡夹沙层坍塌问题，采用减缓坡率和增设排水、防护设施等措施。全线减缓边坡20余处，减少各类圬工砌体上千立方米。隧道施工针对地质灾害发育的V级粉沙土、黄土和风化沙岩围岩，分别采用单侧壁导坑法、两台阶弧形导坑预留核心土法等方法。强风化沙岩段，贯彻“少扰动、快加固、勤量测、早封闭”的原则。为避免塌方，除加强初期支护外，采用弱震光面爆破技术，减少对隧道围岩扰动。隧道洞口安装LED显示器及监控摄像头，对洞内施工实行远程监控，对进洞人员及放炮、补炮和出渣等工序发挥预警作用。设置被工人们称为“生命通道”的洞内逃生通道，采用12毫米厚钢板制作，通道前端一直延伸到掌子面处，后端延伸到二衬已施作区域，给施工人员吃“定心丸”。

项目在陕北地区首次全路段采用SMA路面，减少重载交通对路面的破坏，提高道路使用寿命。

路线经四县（区）13个乡镇127个建制村。沿线先后经历包（头）西（安）铁路、包（头）西（安）铁路复线、天然气610管线埋设、210国道改扩建等多次征迁，建设环境复杂，征迁工作艰巨。管理处在地方政府协调下，采用“一事一议，一企一策”的办法，引入评估机制，严格审核方案、经费预算和单项审批制度，顺利完成征迁工作。同时筹集7 000余万元，解决群众安置房650户，弃渣造地23.33公顷，新建中、小学校3座，修建便民路38公里、便民桥22座。

项目沿线生态环境脆弱。施工为保护环境，坚持少开挖，少扰动，合理设置取、弃土场，防止水土流失。公路景观形成“面、线、点”三级格局，“乔、灌、草”相搭配的立体绿化体系。碎落台、分离式路基边坡栽植樟子松，间植山杏，营造四季常青效果；沙漠段挖方上边坡栽植紫穗槐；拱形骨架护坡和非沙漠区路段上边坡增加波斯菊，提升坡面绿化效果；沙漠路段绿化栽植中铺设草帘或草方格固沙、保墒，提高苗木成活率。

2012年9月29日，榆绥高速建成通车，成陕西高速公路建成通车里程突破4 000公里标志。榆绥高速北连包茂高速，南接青银高速，在陕北北部形成三角状高速公路骨架，新增一条榆林、内蒙古煤炭南运交通动脉，不仅促进全省高速公路布局优化，有效缓解区间交通紧张状况，而且便利陕北能源化工基地优势发挥，带动榆林、米脂、绥德盐化工业区建设。

第十二节　延吴高速

延吴高速，延（川）吴（起）高速公路简称。陕西高速公路“2367”网规划的7条横向线之一。路线起自延川，经延安市宝塔区、志丹、吴起，止于定边砖井接青银高速，全长225公里，东西向横贯陕北中部。线路走向见图2-1-13。路线于延川文安驿与拟建的榆商高速相交，至安塞马家沟接包茂高速并线至沿河湾，之后西北向至吴起走马台与拟建的定汉高速并线，至定边砖井镇与青银高速相连。线路分别与210国道、201、205、206、303省道相交。在宝塔区姚店镇与西（安）榆（林）铁路相交。跨越清涧河、延河、杏子河、周河、宁赛川、乱石川等河流。区间原公路交通延安东主要靠210国道，延安西主要靠303省道，原路技术标准低、线型差、抗灾能力弱、服务水平低，不适应区域石油化工工业快速发展和沿线经济社会发展需要。

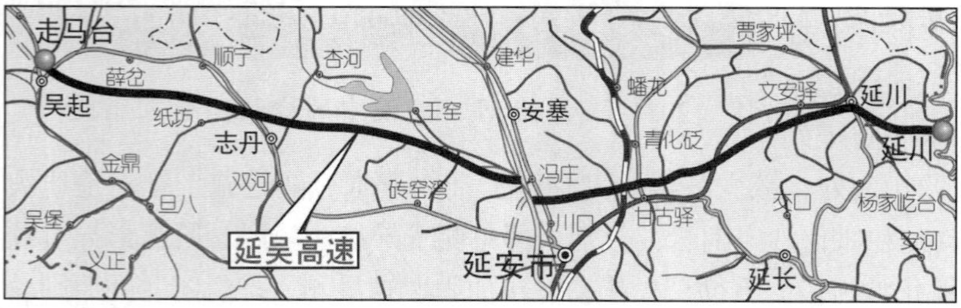

图2-1-13　延吴高速线路图

该线先行开工建设延（安）志（丹）吴（起）高速公路，简称延志吴高速。路线起自安塞县沿河湾，接延塞高速，经招安、王窑，志丹县侯市、保安、顺宁、纸坊、金丁，吴起县薛岔，止于吴起县走马台，全长109.85公里。

省公路设计院和西安公路研究所设计。双向四车道高速公路技术标准，设计时速80公里，路基宽度24.50米。全线土石方1 738万立方米；桥梁212座、4.36万米，其中特大桥5座、5 801米，大桥116座、2.35万米；隧道（单洞）10座、3.71万米，其中特长隧道3座、2.48万米，长隧道2座、7 227米；互通式立交6处，分离式立交2处；通道24道，涵洞117道；服务区1处，停车区2处，收费站4处，管理所1处。工程估算投资约107.85亿元。

项目由延安市政府组织建设，设延志吴高速公路建设管理局，负责工程实施管理。董强为项目负责人。2008年12月7日开工。陕西省咸阳路桥工程公司、中铁十八局集团五公司等27家施工单位承担施工。陕西高速公路工程咨询有限公司总监，长安大学公路工程检测中心承担中心试验室，陕西公路交通工程监理咨询有限公司等8家承担监理。

第十三节　定汉高速

定汉高速，定（边）汉（中）高速公路简称，又称定汉线。陕西高速公路“2367”网规划的3条南北纵向线之西线。

路线自北而南纵贯陕西西部，依走向可分3段，北段和南段为陕西境内路线，中段路线穿越甘肃境内。北段自定边起，经吴起至白豹镇陕甘界止，长约144公里；南段由陇县大桥村陕甘界入陕，经陇县、千阳、凤翔、陈仓、凤县、留坝、汉台、勉县、南郑等县（区），至陕川界米仓山，长约356公里。线路走向见图2–1–14。

图2–1–14　定汉高速线路图

定汉高速陕西境路线，穿越黄土高原和陕南秦巴山区，跨越乱石川、头道川、千河、渭河、褒河、汉江等河流。沿线自北向南与青银高速相接于定边砖井，与延（川）吴（起）高速公路并线至吴起县城西北，与连霍高速相交于宝鸡市陈仓区，与十天高速相交于勉县褒城，与京昆高速相交于南郑县阳春镇，并分别与108、310、316国道，104、210、211、212、303省道，以及太（原）银（川）、宝（鸡）中（卫）、陇海、阳（平关）安（康）铁路相交汇。

定汉高速陕西境路段为全省高速公路新一轮加快建设项目之一，先期由宝鸡至陕甘界段开建。省交通厅组建陕西宝汉高速公路建设管理有限公司（简称陕西宝汉公司），负责项目建设及运营管理。2009—2011年，先后建成陇（县）千（阳）、千（阳）宝（鸡）两段，合计 105.10 公里，投资约67亿元。在建路段有汉（中）（陕）川（界）段53.77公里；坪坎至汉中（石门）段88.17公里，于2012年12月21日举行了开工仪式。已经建成路段成为分流区间过境车辆，缓解区域交通压力，发挥宝鸡城市辐射、带动作用，加强关中西部与陇东交流联系的重要通道，助推关中—天水经济区规划加快实施。

一、陇（县）千（阳）段

陇（县）千（阳）段高速公路，简称陇千高速，为定汉高速陕西境南段北端起点，亦为该线陕西境首先开工建设的路段。区间212省道平、纵指标较低，村镇路段“街道化”严重。随着区域经济迅速发展，陕、甘间交通联系增强，过境车辆增长迅速，公路交通紧张。省交通厅将定汉高速作为新一轮加快建设的高速公路项目，组织建设。

西安公路研究院、省公路设计院分别承担设计。路线自陇县北火烧寨乡起，经温水、城关、东风，千阳县水沟、城关至南寨，全长66.75公里。采用双向四车道高速公路技术标准。其中火烧寨至温水段11.35公里，设计时速80公里，路基宽24.50米；温水至南寨段55.40公里，设计时速100公里，路基宽26米。全线土石方工程1 514万立方米；沥青混凝土路面871.10万平方米；设桥梁82座、1.22万米，其中特大桥3座、3 414米，大桥61座、8 221米；隧道1座、1 523米；互通式立交5处；天桥7座，通道90道，涵洞81道；服务区1处，收费站6处。投资概算36.70亿元。由陕甘界至火烧寨约7.40公里省际接线因方案未定暂缓实施。

建设单位陕西宝汉公司设宝鸡建设管理处，实施项目管理，副处长田黎明为项目负责人。中交第四公路工程局等34家单位中标参与施工。陕西高速公路工程咨询有限公司承担总监。陕西高速公路工程试验检测有限公司负责中心试验室。武汉大通公路桥梁工程咨询监理有限责任公司等7家为驻地监理。2008年12月16日试验段开工。2009年4月1日正式开工。征迁、建设环境保障由宝鸡市政府组织沿线地方政府承担。

项目实施推行精细化管理。管理处细化工程管理目标任务，组织开展“赛进度、赛质量、赛安全、赛管理、赛创新、赛文明施工”的“百日大干”“秋季大干”和“决战冬季”等劳动竞赛活动，加快推进项目建设。加强关键路段、控制性工程和薄弱环节专项考核，强化过程控制。施工中路面上面层粗集料采用石灰水浸洗，提高碎石与沥青黏附性，增强路面耐久性；施工单位自行设计组装水泥浆洒布车，解决水泥净浆喷洒不均匀和大面积机械化施工难题；高墩、大跨刚构桥施工采用视频监控技术，实时、全程监控，实现施工调度、视频数据实时采集交互共享，确保

2010年10月26日建成通车的陇千高速，缓解区间交通紧张，加强陕甘联系，促进关中—天水经济区规划实施

施工安全和工程质量。

经过19个月紧张施工，克服暴雨及冬季施工等不利影响，2010年10月26日，陇千高速建成通车，关中西北部与陇东间始通高速公路。通车后，千阳至陇县行车时间由原走212省道约2小时缩短为仅20分钟。

二、千（阳）宝（鸡）段

千（阳）宝（鸡）高速公路，简称千宝高速。定汉高速宝鸡至陕甘界高速公路南段。按照全省新一轮加快高速公路建设计划，与陇千高速同于2009年4月 1 日开工建设。

省公路设计院设计。路线自千阳县南寨镇接陇千高速起，经凤翔县柳林、唐村、陈村、尹家务，宝鸡市陈仓区周塬，至千河镇接连霍高速，全长37.61公里。其中柳林至终点段21.60公里为双向六车道，其余为双向四车道。全线土石方工程813万立方米，防护、排水工程21.90万立方米；沥青混凝土路面384.38万平方米；设桥梁40座、1.46万米，其中特大桥7座，3 402米，大桥28座、7 625米；互通式立交2处；天桥19座，通道48道，涵洞45道；服务区1处。投资概算30.30亿元。

陕西宝汉公司宝鸡建设管理处负责项目实施。陕西公路交通工程监理有限公司等5家承担监理；中交一公局、中铁十二局集团有限公司等19家施工单位承担路基桥涵、路面、交安工程和房建、绿化等施工。

2011年9月，千宝高速路面上面层铺筑施工

路线经过多处不良地质路段和冯家山水源保护区。管理处贯彻“发展理念人本化、项目管理专业化、工程施工标准化、管理手段信息化、日常管理精细化”理念，以墩高153米的五里坡特大桥（见本篇第六章第一节《主要桥梁建设》）等4座连续刚构桥、千河枢纽立交施工（见本篇第六章第二节《主要立交建设》）为重点，强力抓好路面施工，全面推进绿化、房建、机电、交安工程均衡进展。以保质量、抓安全、促进度为主线，推行施工标准化和日常管理精细化。

严格控制路基填筑质量。路基、三背回填选择透水性材料，严格工艺控制，保证压实质量。防护、排水工程与路基同步施工，施工中做好临时排水，永久排水实行高接远送，保障路基安全；加强沥青混凝土拌和、运输、摊铺、碾压机械设备强制性进场管理，做到设备到位；拌和楼安装“黑匣子”，混合料摊铺使用混合料转运车；沥青路面施工采用压实度、孔隙率、渗水系数3个指标同时控制，出现异常立即返工。对关键指数统一提高标准，路面上面层平整度指标提高至0.60毫米，中面层提高至0.80毫米，下面层提高至1.20毫米，确保路面施工质量。严格施行排水、防护工程结构尺寸、铺砌厚度，桥梁工程钢筋保护层厚度、钢筋间距、上部结构尺寸、支座垫石和梁板高程及平面位置、预应力管道坐标等工程质量弱项指标控制，提升工程内在质量。

2011年11月8日，千宝高速建成通车，宝鸡经千阳至陇县高速公路贯通，并实现与东西向的连霍高速对接，形成关中西部倒“T”形高速通道，区间行车时间由原1小时缩短为15分钟。

三、汉（中）（陕）川（界）段

汉（中）（陕）川（界）高速公路，简称汉川高速，为定汉高速南端由汉中连接四川境路段。区间交通原主要靠211省道，二级公路技术标准，部分路段几成街道，不利车辆通行，不能满足省际交通联系日益增强的需要。在千陇、千宝段动工后，汉川高速于2009年11月19日举行了开工典礼。计划工期四年。

中交一公院设计。路线自汉中市勉县褒城金寨村设石门枢纽立交接十天高速起，上跨阳安铁路、108国道，经长林，跨汉江，经南郑梁山，在阳春镇以梁山枢纽立交与京昆高速交汇，再向南经青树、红庙、喜神坝，穿越花岩子至小坝村米仓山隧道进口，与四川省拟建川陕界至巴中高速公路相连，全长53.77公里。双向四车道高速公路技术标准，路基宽度26米。另有汉中西一级公路连接线7.80公里、南郑二级公路连接线4.96公里。全线设桥梁52座、2.09万米，其中特大桥4座、6 692米，大桥33座、1.35万米；隧道12座、8 845米，其中特长隧道1座、3 420米，长隧道3座、2 605米；互通式立交6处。概算投资51亿元。

陕西宝汉公司设汉中建设管理处组织实施，王志辉任处长。中铁十四局集团第三工程有限公司等8家施工单位中标参与施工。陕西公路交通工程监理咨询有限公司等5家中标监理。陕西公路交通工程监理咨询有限公司承担总监，陕西高速公路工程试验检测有限公司承担中心试验室。汉中市政府负责征地拆迁与建设环境保障。

项目开工后，根据省“2367“高速公路网规划，石门至梁山枢纽段由原设计四车道改六车道，施工及监理招标因此暂停。2011年3月开工梁山中、短隧道群试验段建设。

第十四节　渭蒲高速

渭蒲高速，渭（南）蒲（城）高速公路简称，陕西高速公路“2367”网规划黄（龙）渭（南）联络线渭南境路段。

区间为关中东部粮食、果业、建材等重要产地，村镇、人口密集，经济活跃，交通流量增长快速。公路交通原主要靠201省道，路线标准低，车辆通行不畅。1998年渭南市计划修建渭蒲高速，并先后两度招商引资未果。2008年，渭蒲高速纳入全省加快建设高速公路项目，省发改委立项，省交通运输厅组织建设。

长安大学工程研究设计院设计。路线自华县赤水镇起，于箭峪河沟口设赤水立交与连霍高速相接，于马庄村西下穿郑西高铁，于渭南市临渭区仓渡村跨渭河，经故市、孝店，蒲城县卤阳湖产业园东，上跨侯（马）西（安）铁路，于东杨枢纽立交与京昆高速相接，再上跨西延铁路，至蒲城县东转弯村，设互通立交与106省道相连。路线全长54.60公里。线路走向见图2–1–15。双向四车道高速公路技术标准。设计土石方工程

745万立方米，防护、排水工程23.90万立方米；沥青混凝土路面169.10万平方米；桥梁25座、1.03万米，其中特大桥3座、6 511米，大桥6座、3 181米；互通式立交6处；跨线桥18座，天桥1座，通道40道，涵洞94道；收费站4处，管理所1处。总投资36.79亿。2009年4月19日开工。

图2-1-15　渭蒲高速线路图

建设单位省高速集团组建渭蒲高速项目管理处，负责项目实施，高世君任处长。中铁十一局集团第四工程有限公司、中交二公局等21 家施工单位中标承建。北京华宏公路工程咨询有限公司等6家监理单位监理。渭南市政府负责征地拆迁与建设环境保障工作。

路线除穿越众多村镇外，还5跨铁路，并与数百道渠、路、电、水、管道等设施交叉，施工难度大，工期紧。管理处采取加快建设措施，关键工程和控制性工程施工，任务细划到日，分解至每个工作面和施工点，定期考核奖罚。冬季抓紧并提前储备路面施工石料。协调施工单位增加人力和设备投入，扩大施工作业面。组织全线开展劳动竞赛，全体参建人员节假日不休息，坚持连续大干，加快工程建设。

项目沿线广布湿陷性黄土、低洼湿软地基与盐渍土等不良地质，路基地基处理要求高。施工采用强夯、强夯置换碎石、灰土挤密桩、碎石桩等方法和工艺，减少工后沉降，确保路基稳定。为解决路基所用石渣填料供应紧张问题，通过咨询论证，利用华阴秦岭发电厂、蒲城发电厂废弃粉煤灰做路基填料，既解决填料来源，保证了工期，又因粉煤灰透水性高，质量得以保证。

2010年11月9日，渭蒲高速建成通车，既使区间公路交通实现快速、便捷，又促进关中高速公路加密，同时为带动沿线经济社会发展开辟一条新通道。

渭蒲高速由省高速集团西渭分公司承担运营管理。

2010年10月，渭蒲高速路面沥青结构层铺筑施工

第十五节　咸旬高速

咸旬高速，咸（阳）旬（邑）高速公路简称。陕西高速公路“2367”网规划的6条辐射线之一。线路走向见图2–1–16。

图2–1–16　咸旬高速线路图

区间分布咸阳南、中、北三大产业带，空港产业园、泾渭产业园、建材食品产业园和旬东煤田，工业、能源、服务等产业集中，并有淳化、旬邑等果业大县。区间交通原主要靠211国道，等级标准低，经过城镇路段基本“街道化”，通行不畅。省交通厅将咸旬高速列为新一轮加快建设高速公路项目之一，由咸阳市政府组织建设。

中交一公院、省公路设计院设计。路线起于咸阳市秦都区福银高速马庄互通式立交，经礼泉县阡东，泾阳县桥底、口镇、石桥镇，淳化县城、润镇、十里塬、胡家庙，旬邑县排厦、旬邑县城，至旬邑县赤道乡接306省道止，全长93.55公里。采用双向四车道高速公路技术标准。马庄镇至口镇段28.60公里，设计时速100公里，路基宽26米；口镇至赤道段64.95公里，设计时速80公里，路基宽24.5米。沿线跨泾河、冶峪河、姜嫄河、三水河等河流，以及关中环线、211国道，并和拟建的西咸北环线、合（阳）凤（翔）线、大（荔）凤（翔）线等高速公路相交。全线土石方工程量1 827万立方米。设桥梁131座，2万米，其中特大桥4座、5 669米，大桥35座、9 007米；隧道4座（单洞）、5 665米；桥、隧总长17.38公里，占线路总长度18.57%。设互通式立交7处；服务区1处，停车区2处，收费站8处。概算总投资62.18亿元。

咸阳市政府组建咸旬高速公路管理处，负责项目实施，孙秉华任处长。全线分12个标段，中铁十四局集团公司等12家施工企业承担路基和桥、涵施工。中公交通监理咨询河南有限公司等4个监理单位承担监理。2008年12月28日举行开工典礼。其中马庄至口镇段2009年9月开工，口镇至赤道段2010年10月开工。

第十六节　榆佳高速

榆佳高速，榆林至佳县高速公路简称。陕西高速公路“2367”网18条联络线之一,亦为陕西利用BOT方式兴建的又一高速公路项目。

路线起于榆林市榆阳区青云镇北侧，与榆绥高速相接，途径乔界、谢界、王家砭、通镇，止于佳县城东黄河西岸，接山西省太（原）佳（陕西佳县）高速公路，为连接榆林与太原最便捷的高速通道。线路走向见图2–1–17。

中交一公院、中交二公院分段设计。路线全长78.86公里。采用双向四车道高速公路技术标准，路基宽26米，设计时速100公里。全线设桥梁89座、总长1.74万米；隧道（双洞）1座、620米 ；互通式立交5座；天桥27座，通道43道，涵洞139道；设主线收费站1 处、匝道收费站5处，停车区2处，服务区、养护工区各1处，超限检测站4处。总投资59.17亿元。

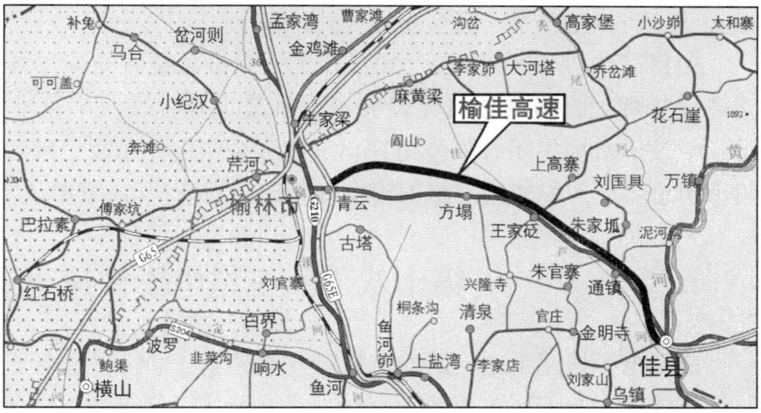

图2–1–17　榆佳高速线路图

项目由中国交通建设集团有限公司采用BOT方式建设。该集团公司组建陕西中交榆佳高速公路有限公司，实施项目建设管理。中国交通建设股份有限公司、中交隧道工程局有限公司承担施工。陕西恒通工程咨询有限公司承担总监，河北交通建设监理咨询公司、洛阳市路星公路工程监理有限公司分别承担驻地监理。

项目于2011年3月29日开工建设。

第十七节　安平高速

安平高速，安（康）平（利）高速公路简称，陕西高速公路“2367”网规划的18条联络线之一。

路线于安康市汉滨区大树岭接十天高速，经汉滨区迎风，平利县老县、女娲山、平利县城、长安镇至关垭子，与拟建的湖北省谷（城）竹（溪）高速公路相接，全长61.20公里。线路走向见图2–1–18。

中交二公院设计。采用双向四车道高速公路技术标准，路基宽24.50米，设计时速80公里。全线设桥梁90座、2.20万米；隧道12座、1.29万米；桥、隧长度合计占路线总长度57%。全线设互通式立交4处；服务区、停车区、养护工区各1处，隧道管理站2处，主线收费站

图2–1–18　安平高速线路图

1处，匝道收费站3处。概算总投资59.54亿元。

项目试验段于2011年9月30日开工。建设单位省交通厅外资办设安康至平利高速公路建设管理处，负责项目建设管理，魏政理任处长。中铁港航局集团第三工程有限公司、中铁十八局集团有限公司等14家施工企业中标承建。陕西高速公路工程咨询有限公司承担总监，西安华兴公路工程咨询监理有限公司等6家单位承担监理。

第十八节　三星电子快速干道

三星电子快速干道，西安市高新技术产业开发区三星电子产业基地专用快速公路。

路线起于长安区灵沼乡左家堡，设互通式立交与西汉高速相接，向东南跨沣惠渠，在童家寨南侧跨西户公路，至三星电子产业基地综合保税区1号卡口与三星电子厂区道路相接，全长5.60公里。

省交通规划设计研究院按双向四车道快速道路技术标准设计。路基宽20米，设计时速100公里。桥涵设计荷载公路—Ⅰ级。设桥梁1座、3 668米；涵洞4道，互通式立交3处，分离式立交3处；通道6道。概算总投资5.81亿元。建设资金由西安市政府、省高速集团各按50%筹集。征地、拆迁及其费用由西安高新技术产业开发区承担。

建设单位省高速集团设三星项目管理处，负责建设管理，崔文社任处长。中铁四局集团第四工程有限公司、中铁隧道工程局有限公司中标承建。陕西高速公路工程咨询有限公司承担监理。

项目于2012年8月开工建设。

专记　高速公路“三步走”战略及其实施

一、“三步走”战略提出与调整

陕西高速公路自20世纪80年代中期修建西临高速起步，经过 90年代持续建设和西部大开发以来提速发展，到2004年建成976.30公里（未包括陕蒙界半幅高速76.80公里，靖王高速西段80公里），实现关中5市由高速公路贯通，并向陕南、陕北地区延伸。但全省高速公路投资偏少，建设规模偏小，建设速度偏慢，不能适应扩大开放和加快建设西部经济强省的要求，与陕西在全国公路网中的枢纽地位也不相适应，与周边高速公路发展较快的省（自治区、直辖市）差距逐步拉大。

2005年8月，中共陕西省委、省政府做出加快高速公路建设的决策，并调整省交通厅领导班子。省委主要领导要求省交通厅新领导班子，重点要抓高速公路建设。省交通厅从全省经济社会发展大局和全国高速公路发展形势出发，分析高速公路发展“偏少、偏小、偏慢”的原因，以加快发展为主题，统一思想，调整工作思路和公路发展规划。10 月10日，省交通厅召开全省交通系统领导干部大会，厅长曹森在大会讲话中提出加快全省高速公路发展思路，即以高速公路建设为龙头，以干线公路和农村公路建设为两个重点（简称“一个龙头，两个重点”），实现全省公路大推进、大跨越，并提出2007年、2009年、2012年全省高速公路建设目标，形成高速公路“三步走”发展构想。

是年11月15—17日，省政府在西安召开全省加快高速公路建设工作会议。中共陕西省委副书记、省长陈德铭，副省长洪峰出席会议并讲话。曹森在题为《解放思想 抢抓机遇 加快建设 努力开创高速公路发展新局面》工作报告中，提出高速公路建设“三步走”发展战略目标。即第一步，到2007年，高速公路通车里程突破2 000公里，省境内3条国道主干线建设任务完成，西部大通道建设任务过半，全省58%的县（市、区）通高速公路；第二步，到2009年，高速公路通车里程突破3 000公里，省境内3条西部大通道建设任务完成。全省71%的县（市、区）通高速公路；第三步，到2012年，高速公路通车里程突破3 800公里，国家高速公路网规划的省境内高速公路建设任务全部完成，全省80%县（市、区）通高速公路。陈德铭讲话肯定全省高速公路发展阶段目标，要求全面动员，齐心协力，努力推进高速公路建设实现新突破。洪峰在会议总结讲话中强调，要紧紧围绕“三阶段”目标任务，加快重点工程建设，形成高速公路建设高潮，确保目标任务圆满完成。

2005年11月15—17日，省政府在西安召开全省加快高速公路建设工作会议，对实施全省高速公路建设“三步走”战略目标进行动员部署。图为大会会场

贯彻全省加快高速公路建设工作会议精神，按照“三步走”战略部署，2005年年底至2008年，全省掀起第一轮加快高速公路建设高潮。

2008年8月，根据应对年初冰雪和“5·12”汶川特大地震灾害对加强公路应急能力建设的要求，交通运输部部署调整和完善高速公路网。省交通厅领导班子意识到，这是加快高速公路发展一次新机遇。结合学习践行科学发展观，提出抓住机遇，进一步加快全省高速公路建设的意见。9月8日，省政府第25次常务会议听取省交通厅进一步加快高速公路建设意见的汇报，要求抓紧重大机遇，以“增路”“扩能”为重点，完善路网建设，增强高速公路便捷性、有效性和通达性。为此，省交通厅以“畅通过境通道，完善骨架网络，增加迂回线路”为重点，组织研究调整、完善全省高速公路网规划。同时，按照又好又快发展的要求和交通运输部关于高速公路建设项目工期的规定，从高速公路项目审批、筹资难度加大等实际出发，对原高速公路“三步走”战略目标与时限进行调整，将原计划2009年实现的目标调整为2010年，形成新“三步走”战略。即第一步，2010年，高速公路通车里程突破3 000公里，实现市市通高速；第二步，分两个阶段，第一阶段即到2012年，高速公路通车里程突破4 000公里，覆盖全省90个县（市、区），第二阶段即到2015年，高速公路通车里程突破5 000公里，覆盖全省100个县（市、区）；第三步，“十三五”时期后，最终建成“2367”高速公路网，全省高速公路总里程突破8 000公里。按照新“三步走”战略，全省掀起第二轮高速公路建设高潮。

二、“三步走”战略实施主要措施

（一）加强组织领导 省政府成立由主管省长为组长，省级各有关部门、各市（区）政府主要领导参加的省高速公路建设领导小组，建立高速公路联席会议制度，在省交通厅设协调办公室，加强组织协调；颁布加快公路建设决定，落实各方责任，出台扶持政策；2005年11月以来先后三次召开全省加快公路建设会议，提出高速公路建设目标、任务和要求；多次听取和审议高速公路规划及建设情况汇报，加强工作指导。省委、省人大、省政府、省政协领导，多次赴高速公路建设一线检查、指导。省发改委、省国土厅、省环保局等省级各有关部门，分工负责，采取联合办公或现场办公等方式，简化办事程序，推进加快建设项目土地、环评、立项、设计审批等前期工作，协调解决高速公路建设用地指标等难点问题，为加快建设创造条件；在积极争取高速公路项目审批立项的同时，批准采用先开试验段的方式，加快启动项目实施。

陕西加快高速公路建设，国家发改委、交通运输部等中央部、委，从项目立项、资金补助、检查指导和监督等方面给予有力支持。陕西省政府与交通运输部分别于2008年9月25日、2010年3月4日、2010年12月3日先后举行三次座谈会，共商陕西交通发展和高速公路建设。交通运输部部长李盛霖指出，陕西在全国交通枢纽地位十分重要，交通运输部将一如既往，加强与陕西合作，支持陕西交通事业发展，并要求陕西把国家高速公路网率先实施好。

（二）优化加快建设环境 实行高速公路建设环境保障责任制，发挥地方优势，由沿线地方政府负责高速公路建设项目征地、拆迁和建设环境保障。沿线市（区）、县（市、区）党委、政府加强政策宣传、组织动员和综合协调，做好被征土地调整，房屋、地面附着物补偿和拆迁安置工作，通过协商等方式化解征迁中的矛盾和纠纷；对地方有关高速公路建设项目检查与税、费收取等，实行“一个窗口对外”，对施工实行挂牌保护，为工程建设排忧解难。项目沿线广大干部群众和企业、事业单位，识大体，顾大局，为高速公路建设提供土地，拆迁房屋设施，挖移树（果）木，迁移管线，尽力为高速公路建设让路。同时，省交通厅加强与各大媒体合作，加强高速公路建设宣传报道，营造加快建设氛围。新闻媒体将高速公路建设作为宣传报道热点和重点，提供舆论监督和支持。

西安咸阳国际机场专用高速建设，全线开展劳动竞赛。图为2007年6月渭河特大桥桥面施工

（三）强化加快思想保证 省交通厅坚持用交通运输部提出的“三个服务”（即服务国民经济和社会发展全局，服务社会主义新农村建设，服务人民群众安全便捷出行）和“发展现代交通，奉献一流服务”的理念，统

一干部职工思想，强调能快则快，好中求快，以此凝聚全系统合力，强化加快高速公路建设的使命感和责任感。在第二轮加快高速公路建设中明确提出，全力推进高速公路又好又快发展；怎样发展快，就怎样快发展；好要好出高水平，快要快出高速度；实现陕西交通在西部率先发展、率先突破、率先跨越，打造西部交通强省，创出全国交通一流水平。同时，着力克服部分干部职工存在的松懈、畏难、厌战和居功自满等情绪，倡导“大爱在心，为民开路”的行业精神，激励干部职工勇于创新、争创一流。2010年第一步战略目标实现后，高速公路建设面临国家货币政策从紧、清理政府融资平台、严格土地管理等新情况，建设环境趋紧，省交通运输厅提出“科学办交通、合力办交通、勤俭办交通”的理念，激励干部职工迎难而上，确保目标任务实现。

（四）加强发展规划指导　适应加快高速公路建设的要求，2006年，省交通厅组织编制全省高速公路“345”网规划，省政府批转实施；2008年进一步调整、完善，形成高速公路“2367”网规划，确立全省高速公路发展新目标，并向省政府常务会议专题汇报。是年11月21日，中共陕西省委书记赵乐际听取省交通厅党组关于高速公路网规划调整与新一轮加快发展措施汇报后表示，原则同意调整、完善后的高速公路网规划，要求“就这么干，三年以后看成果”。2011年9月11日，省政府颁发《陕西省人民政府关于进一步加快全省公路建设的决定》，要求按照“2367”高速公路网规划，集中力量，全面加快公路建设步伐。

（五）深化建设管理体制改革　贯彻中共陕西省委、省政府决定，省交通厅调整重组高速公路建设管理体制，整合建设管理资源，理顺省高速集团管理关系，组建省交通集团，建立起责权明晰、运转协调的高速公路建设管理体制。采用“建设——移交”的方式，将商漫、安川、宝牛等高速项目，分别交由省交通厅外资办和宝鸡市政府承建，建成后移交高速公路企业运营；将咸旬、延志吴高速分别交由咸阳市、延安市政府建设，发挥地方政府积极性。同时，将渭蒲高速由渭南市收回交由省高速集团实施建成；新组建陕西宝汉公司，承担宝汉高速项目建设。扩大公路设计、建设、融资、养管市场“四个开放”，鼓励国内外经济组织以多种方式参与高速公路投资、经营。

（六）多方式筹资融资　加快建设对资金需求巨大。在积极争取中央投资补助的同时，实行举债发展，扩大利用国内外银行贷款，解决建设资金不足。省交通厅先后与国家开发银行、工商银行、农业银行、中国银行、建设银行、中国邮政储蓄银行等各大银行陕西省分行，建立全面合作伙伴关系，签订战略合作框架协议，争取大批贷款支持。利用世界银行陕西公路项目III贷款，建设安川高速。采用BOT方式建设榆神高速、榆佳高速。2010年后，克服从紧货币政

2008年12月1日，省交通厅与国家开发银行陕西省分行等5家银行在西安举行建设全面合作伙伴关系、共同加快陕西交通发展合作协议签字仪式

策、清理政府债务平台等对公路建设筹融资影响，在继续争取交通运输部投资补助的同时，省财政每年安排15亿元，支持包括高速公路在内的全省公路发展。加强与金融机构联系沟通，尽可能落实高速公路建设项目贷款。宝鸡、汉中、西安等市提供土地或资金，参与高速公路建设。支持高速公路企业运用中期票据、企业债券等新的金融产品融资。遴选16个高速公路项目，推向社会，招商引资。

（七）精心组织项目建设　省交通厅加强与有关部门联系、合作，加快高速公路项目工可研、勘察设计及用地审批、环评报告编制及相应文件报审、报批速度，以强化前期工作支持加快；采取交叉设计、动态设计、提前介入、第三方监理等措施，把好设计关口，提高设计质量，以方案优化支撑加快；提出项目实施由“四年变三年、三年变两年”，施工组织“变冬闲为冬忙、变冬慢为冬抢”，开展劳动竞赛，组织会战、决战，以快上大干保障加快；实行厅领导与机关处室联系项目制度，设立高速公路建设督查组，以监督检查服务加快；推行建设项目目标管理制和阶段目标责任分解法，年年召开加快动员会，签订目标责任书，每半年召开加快总结会，量化考核，通报进度，表彰先进，以目标责任管控加快；同时采取多项组织措施，任用大批具有改革创新精神，善于干事创业的干部，加强建设一线管理力量，以人力资源保证加快。2008年面对年初冰雪、“5·12”汶川特大地震等灾害影响，省交通厅重点建设项目加快会议要求冷静分析，积极应对，解决“好”的问题；解放思想，加快建设，解决“快”的问题，保持加快发展势头。2010年后，面对高速公路建设环境趋紧的新情况，采取调结构、控规模、保重点、促稳定的措施，推进加快建设不放松。

（八）严格建设质量监管　坚持加快建设与确保质量相统一，确立“零缺陷”和“全寿命周期”理念，将建设人民放心、满意精品工程，作为加快建设管理目标，大打建设质量翻身仗，下功夫解决建设质量“洼地”。强调质量问题不允许交学费。强化质量责任与监督控制，完善质量责任制、质量一票否决制和问责制。修订和完善质量工作指导意见与施工标准化指南，加强规范指导。推行建设项目全过程、无缝隙质量管理，通过优化项目设计，优选施工单位，严格技术规范，联合科技攻关，强化检查检测，确保质量始终处于受控状态。持续开展建设质量年、质量问题专项整治、质量通病防治、建设项目质量“回头望”等活动，促进进度不断加快，质量稳步提高。同时，贯彻和落实交通运输部关于高速公路发展理念人本化、项目管理专业化、工程施工标准化、管理手段信息化、日常管理精细化的“五

2012年6月28日，参加交通运输部在西安召开的高速公路施工标准化现场会议代表，考察铜黄二通道项目标准化施工。图为项目管理处向会议代表介绍标准化施工情况

化”要求，通过规范指导、典型示范等方式，推行现代工程管理，提升高速公路建设质量和管理水平。2012年6月28日，交通运输部在西安召开全国高速公路施工标准化现场会，陕西省交通运输厅等单位在会上作经验交流发言，与会代表考察了西商、西铜、铜黄等高速公路建设项目标准化施工现场。

（九）坚持推进和谐建设　强化以人为本、安全至上、珍爱生命、节约资源、保护环境的科学发展观念，从设计到项目实施，积极采用新技术、新工艺和新方法，节地、节料、节能，降低噪音、废料污染，减少施工废气排放，加强公路沿线水土保持，因地制宜进行公路绿化美化，尽最大可能保护生态和人居环境，建设安全可靠、生态环保工程，打造公路交通风景线。

（十）加强廉政工程建设　加快建设之初，省交通厅明确提出：目标实现、干部不倒。着力构建组织倡廉、制度保廉、家庭助廉三道防线；推行廉政建设责任制和建设项目廉政合同制，加强自我约束；开展经常性廉政警示教育，加强思想警觉；规范并创新招投标方式，严格业主招标、专家评标、政府监督制度；建设高速公路“阳光工程”管理平台，扩大社会监督。

上述措施，调动和发挥了各方面的积极性与创造性，形成合力加快高速公路建设的局面。尤其高速公路设计、建设、施工、监理等单位，按照工期和质量要求，加强人力、设备投入，常年开展劳动竞赛。工程建设关键阶段，关死“后门”（即限定建成竣工通车时间）、倒排工期，组织会战，连续大干。黄延、蓝商、安川高速，秦岭终南山公路隧道、西汉高速郭家山隧道、小康高速包家山隧道、安川高速米溪梁隧道等决战与会战，其艰辛和壮阔难以尽述。高速公路建设一线广大干部职工以及农民工，驻守施工现场，常年野外作业，冬战严寒，夏战酷暑，加班加点，持续大干。工地流行的“五加二”（即每周工作五天，周末加班两天）、“白加黑”（即白天干一天，晚上还加班）、“夜总会”（即白天忙在施工现场，晚上加班开会总结安排），“三减一、苦加累、不后悔”（意为三口之家一人常年在工地，难得团圆；工作又苦又累，但心甘情愿）等口头禅，既反映了高速公路建设者工作的紧张、繁忙和艰辛，又表达了他们为加快高速公路建设甘愿吃苦和奉献的精神。

三、“三步走”战略目标实施进展

（一）第一步战略目标实现　在2005年建成高速公路里程累计突破1 000公里的基础上，2006—2007年，全省高速公路建设投资完成387.18亿元，建成靖安、黄延、榆蒙、西柞、西汉、吴子、子靖、咸永5条高速和秦岭终南山公路隧道，共新增高速公路837.13公里，年均建成418.57公里。京昆线陕西境558公里、青银线陕西境321公里相继全线贯通。全省高速公路通车里程累计达到2 062.72公里，在西部首先突破2 000公里，实现原“三步走”战略第一步发展目标。全省8市1区、62个县（市、区）通高速公路。同期，全省在建高速公路近2 000公里。

2008年1月9日，省政府在西安召开全省高速公路突破2 000公里表彰大会，27个市、县（市、区）政府、部门和银行、建设、设计、质量监督等单位受到表彰。

是年，全省公路交通系统一手抓抗震救灾保畅，一手抓重点公路项目建设，克服冰雪、地震、洪涝等灾害影响，全省高速公路共完成投资220.50亿元，建成凤永、蓝商、柞小、宁棋等4条高速，新增高速公路403.03公里，全省高速公路通车里程累计达到2 465.75公里。沪陕线陕西段238.60公里全线贯通。11月21日至12月30日，集中开工潼西高速改扩建等9个高速公路项目，全省在建高速公路2 300公里。

2009—2010年，高速公路建设保持快速发展势头，两年共完成高速公路投资836.03亿元，新增高速公路通车里程936.89公里。其中，2009年完成投资363.77亿元，建成西安咸阳国际机场专用高速，小康、宝牛、商漫、榆神高速等5条共313.22公里，提前一年实现全省市市通高速公路目标，成为当年全省十大新闻之一。陕西省社会科学院发布陕西蓝皮书（2009年）社会舆情调查分析报告，交通道路建设公众满意度排第一位。福银线陕西段395公里、连霍线陕西段371公里分别全线贯通。2010年完成投资472.26亿元，相继建成渭蒲、青兰线陕西段、潼西改扩建、神木至店塔、安康西、汉中东、安川等 7个项目共623.67公里。青兰线陕西段与包茂线陕西段高速公路全部贯通。全省高速公路通车里程突破3 000公里，达到3 402.64公里，高速公路通达全省81县（市、区），实现新“三步走”战略第一步目标。同期，全省在建高速公路约2 000公里。

2010年11月10日青兰线陕西段建成通车，标志陕西高速公路建成通车里程突破3 000公里。图为省政府在洛川厢寺川服务区召开的庆典仪式现场

2010年11月10日，省政府在青兰线洛川厢寺川服务区召开全省高速公路突破3 000公里暨G22青兰高速陕西境全线建成通车庆典，中共陕西省委、省政府对33个部门和单位给予通报表彰。

（二）第二步战略目标实现　新“三步走”战略第一步目标实现之后，全省加快推进第二步战略目标实施。面对从紧货币政策、全面清理政府债务平台、严格土地审批等新情况，按照省政府“目标不变，力度不减，干劲不松，调整思路，突出重点，坚定信念，真抓实干”的要求，全省高速公路建设持续加快推进。

2011年，全省完成高速公路投资444.33亿元，建成定汉高速千宝段，西宝改扩建兴平至虢镇段，西铜二通道，榆商高速神府段、洛岔段，十天高速汉中至略阳段、安康至白河段等共7个项目计500公里，新增高速公路通车里程400公里。

2012年，全省共完成高速公路投资258.02亿元，建成沪陕线西商二通道，榆商高速榆绥段，连霍线西宝改扩建西安至兴平段，十天线安康东白河至陕鄂界等共4个项目计280公里。全省高速公路通车里程累计突破4 000公里，达到4 083.32公里，实现高速公路新“三步走”战略第二步第一阶段目标。高速公路通达全省88个县（市、区），基本形成南北纵跨、东西横贯与交叉辐射相结合的高速公路网骨架，实现省会西安与其他各市当日往返，与周边省（自治区、直辖市）1 000公里范围中心城市当日到达。高速公路通车里程在全国排名由2005年第十七位跻身为第十位，居西部第二位，被社会公认为自西部大开发以来全省发展最快、变化最大亮点之一。

是年9月29日，中共陕西省委、省政府在榆绥高速榆林南服务区举行全省高速公路突破4 000公里暨榆绥高速通车仪式，通报表彰对高速公路建设有突出贡献的27个部门和单位。中共陕西省委常委、常务副省长娄勤俭在出席通车仪式讲话中指出："过去的五年，我省高速公路建设接连登上新台阶……。今天，随着榆绥高速公路的建成通车，我们又实现了突破4 000公里的历史性跨越，通车里程位居全国前列，继续领跑西部。如今的陕西已经成为名副其实的国家重要交通枢纽。纵横交织、四通八达的高速路延伸了我省现代交通运输的大骨架，畅通了经济社会发展的大动脉，为带动沿线产业经济社会发展、促进城乡统筹和区域协调发展注入了强大的活力，给三秦百姓也带来了更加便捷的出行条件。"

2012年9月29日，榆绥高速建成通车标志陕西高速公路建成通车里程突破4 000公里。左上图为高速公路突破4 000公里纪念碑石

为纪念全省高速公路第二步战略目标实现，省交通运输厅在榆绥高速公路榆林南服务区立"陕西高速公路通车4 000公里纪念"碑石。

实施"三步走"战略以来全省高速公路发展的规模和速度，行业内外亦存在不同看法和意见。对全省高速公路"2367"网规划，有意见认为规划调整略显仓促，路网规模测算确定、线路规划方案论证不够充分；对加快高速公路建设，有意见认为建设速度不断加快，项目前期工作周期和建设工期不合理缩短，使建设成本增加过快，加剧工程造价攀升，等等。

（三）第三步战略目标实现基础　高速公路新"三步走"战略第一步和第二步一阶段目标实现，为推进第三步战略目标实施奠定坚实基础。2012年年底，全省高速公路在建项目有三星电子快速干道、咸旬、延吴、榆佳、略甘、铜黄二通道等，在建里程共839公里。按照新"三步走"战略及"十二五"时期全省高速公路发展规划，实现2015年建成5 000公里高速公路目标，还有约1 000公里建设任务。

全省1991—2012年高速（含一级）公路建设项目获重大奖项见表2-1-1。

陕西省1991—2012年高速（含一级）公路建设项目获重大奖项一览表

表2-1-1

序号	建设项目	奖项	获奖时间	授奖单位
1	西三一级公路	国家优质工程银质奖	1991.10	国家工程建设质量奖审定委员会
2	铜黄一级公路蒿庄梁隧道	陕西省建设工程长安杯奖 中国建筑工程鲁班奖	2002.11	陕西省建筑业联合会 建设部、中国建筑业协会
3	西安绕北高速帽耳刘互通式立交桥	中国建筑工程鲁班奖	2003.12	建设部、中国建筑业协会
4	西安绕城高速北段	中国土木工程詹天佑大奖	2004.11	中国土木工程学会、中国科学发展基金会、詹天佑土木工程科技发展基金委员会
5	西安绕南高速电子城互通式立交桥	国家优质工程银质奖	2005.01	国家工程建设质量奖审定委员会
6	西安绕南高速长安路互通式立交桥	陕西省建设工程长安杯奖	2005.01	陕西省建筑业联合会
7	西安绕城高速西姜村高架桥	陕西省建设工程长安杯奖	2005.01	陕西省建筑业联合会
8	西安绕城高速浐河特大桥	陕西省建设工程长安杯奖	2005.01	陕西省建筑业联合会
9	西安绕城高速南段	陕西省建设工程长安杯奖 国家优质工程银质奖	2005.01 2006.11	陕西省建筑业联合会 国家工程建设质量奖审定委员会
10	榆靖高速	陕西省建设工程长安杯奖 中国建筑工程鲁班奖	2005.06 2005.12	陕西省建筑业联合会 建设部、中国建筑业协会
11	勉宁高速	陕西省建设工程长安杯奖 国家优质工程银质奖	2005.09 2007.12	陕西省建筑业联合会 国家工程建设质量奖审定委员会
12	西咸国际机场高速六村堡互通式立交桥	国家优质工程银质奖	2006.11	国家工程建设质量奖审定委员会
13	西禹高速金水沟大桥	国家优质工程银质奖	2007.12	国家工程建设质量奖审定委员会

续表2-1-1

序号	建设项目	奖项	获奖时间	授奖单位
14	蓝商高速秦岭隧道	国家优质工程银质奖	2010.12	国家工程建设质量奖审定委员会
15	蓝商高速李家河3#隧道	国家优质工程银质奖	2011.11	国家工程建设质量奖审定委员会
16	西汉高速郭家山隧道	国家优质工程银质奖	2011.11	国家工程建设质量奖审定委员会
17	小康高速包家山隧道	国家优质工程银质奖	2012.11	国家工程建设质量奖审定委员会
18	子靖高速	国家优质工程银质奖	2012.11	国家工程建设质量奖审定委员会

说明：表列公路建设项目重大奖项，包括国家优质工程奖、中国建筑工程鲁班奖、中国土木工程詹天佑大奖和陕西省建设工程长安杯奖

第二章 国道公路建设

经陕西境的8条国道，呈现以西安为中心向不同方向纵横交叉放射格局，历来为全省公路网的骨架，为沿线经济社会发展与人民群众生产、生活所依赖。针对国道公路原有标准低、设施少，路面铺装率低和通行不畅等问题，利用安排国家干线公路改建、实施通县公路工程等，各地重视和加强国道公路修建和改善。公路管理机构和一些地方政府，运用“贷款修路、收费还贷”政策，利用中央和省补助资金，争取银行贷款，或自筹、集资，或组织群众投工投劳，多层次、多方式进行所辖路段改造、改善。一些公路经营企业投资参与部分路段或独立大桥修建、经营。1991—2003年，全省形成持续、大规模建设国道公路热潮。2004—2010年，加大人力与资金投入，除实施安保工程和危桥、险路整治工程外，继续加强国道重点路段改善提高。国道公路建设以改建、改造原有公路为主，适当新建，并由平原区向丘陵区再向山区路段分段推进。重点对交通量大的路段、城镇过境路段、山区危险路段、等级偏低和等外路段施行升等改造。通过拓宽路基、降坡、裁弯取直、重铺路面、完善桥梁与涵洞等配套设施，以及局部新建等工程措施，优化线形，改善路况，美化路容，完善安全设施，提高等级标准，增强通行能力。经过20年建设，国道公路网里程有所增加，等级标准全面提高，原有等外路全部消除，路容路貌显著改观，通行能力和服务水平大幅提升。2010年年底，全省国道公路3 938公里，其中一、二级公路2 570公里，三、四级公路1 368公里。国道公路中，收费公路1 848公里，占国道总里程46.93%。

第一节 G108京昆线陕西段

1990年年底，108国道陕西段里程763公里，其中二级公路138公里，三级公路237公里，四级公路347公里，等外公路41公里；有高级路面56公里，次高级路面622公里，中级路面85公里。随着沿线经济搞活、开放和发展，平原区路段交通量快速增加，许多路段超负荷运行，尤其城镇过境路段交通不畅，拥挤不堪；山区路段标准低，设施差，事故多，通行难。

1991—2010年，省和地（市）公路交通部门与沿线地方政府，多渠道筹资，多方式组织，分段对全线进行改造、改善和整治。主要是裁弯取直，降坡，拓宽路基，铺筑路面，完善桥涵、防护与安全设施，美化路容路貌，提高公路等级。先后新建、改建的主要路段有：勉县纪寨至水磨湾，洋县至城固，韩城境段，大荔境段，合阳境段，洋县槐树关至大龙河，洋县县城至大龙河，洋县金水至槐树关，澄城境段，渭南临渭区来化至故市，宁强滴水铺至回水河，勉县纪寨至宝汉路口，宁强回水河至棋盘关，城固过境段等；同时实施周至马召至佛坪至洋县通县公路工程。结合路线改造、改建和改善，修建、改建一批桥梁，其中合阳金水沟大桥建设，见本篇第六章第一节《主要桥梁建设》。

经过持续改建和改善，108国道陕西段路况、路貌得到显著改善。2010年年底，陕西境路线全长747公里。其中一级公路37公里，二级公路468公里，三级公路218公里，四级公路24公里；有沥青混凝土路面634公里，水泥混凝土路面113公里。108国道与京昆高速及其沿线省道，构成贯穿陕西东北与西南向公路交通通道，发挥沟通华北、华东与西北、西南公路干线作用。

108国道陕西段线路走向见图2-2-1。

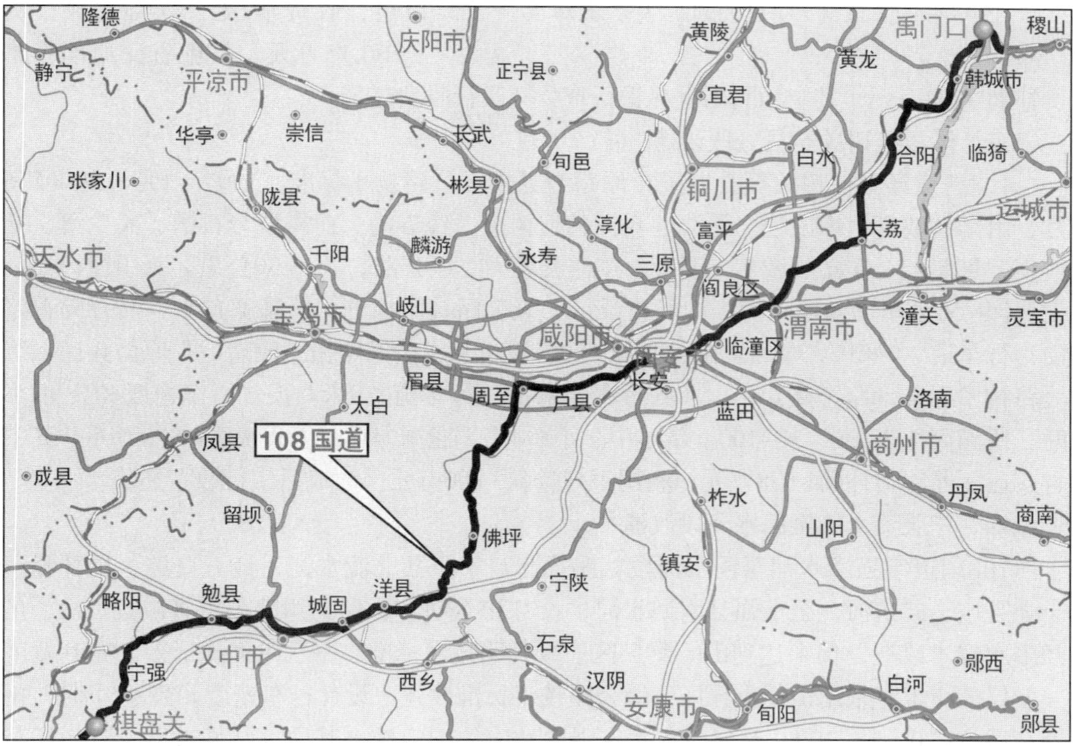

图2-2-1　G108京昆线陕西段线路图

一、勉县纪寨至水磨湾段改建

108国道勉县纪寨至水磨湾段原为三级技术标准。1991年1月—1993年9月按平原微丘区二级公路技术标准改建。改建路段起自勉县纪寨，沿汉江上行，经下许街、黄家庄北、赵家庄、勉县城北、老城，至水磨湾，长23.74公里。汉中地区交通局承建，勉县政府设改建工程指挥部，按“民办公助、民工建勤”政策和投资包干方式实施。改建后路基宽14米，路面宽13.50米，水泥混凝土路面满铺。新建大桥2座、309.80米，小桥8座，涵洞202道，公铁立交桥1座、14米。实际用资4 272.56万元。其中省交通厅养路费补助1 840.96万元，其余为利用银行贷款和借款。建成后实行收费还贷。

二、大荔境段改建

108国道大荔境段原路基本为三级技术标准，渭南公路管理总段按平原微丘区二级

1995年10月改建后的108国道大荔境路段

公路技术标准改建。1995年4月开工，10月工程告竣。路线起自大荔与澄城交界处上尧头村，途经汉村、许庄、城关、东七、羌白、下寨，至大荔县与渭南市临渭区交界处来化镇，长41.09公里。路基宽14米，沥青混凝土路面宽9～12米。设计行车速度80公里/小时。桥涵荷载汽–20、挂–100。修建涵洞11道，收费站1处。实际完成投资2 766.75万元。其中省交通厅养路费补助1 203万元，其余为利用世界银行贷款。实行收费还贷。

三、洋县槐树关至县城段改建

108国道洋县槐树关至县城段，原路为老六级公路技术标准。1997年1月—2000年6月，由洋县政府组织改建。路线起自洋县槐树关，经寺沟、白露坡、石槽、大龙河、杜村坝、贯溪，至洋县县城东天明寺，接洋县城固二级公路，长15.30公里。其中槐树关至大龙河6.50公里为新建路段，山岭重丘区二级公路技术标准，路基宽12米，沥青碎石路面，行车道宽9米；大龙河至洋县县城8.80公里，基本沿旧路拓宽改造，平原微丘区二级公路技术标准。路基宽14米，水泥混凝土路面，行车道宽9米。设计行车速度40公里/小时。桥涵荷载汽–20、挂–100。新建中、小桥4座，涵洞94道。工程决算4 878万元，其中省交通厅养路费补助1 578万元，利用银行贷款3 300万元。建成后实行收费还贷。

四、宁强滴水铺至回水河段改建

108国道宁强滴水铺至回水河段，路线起自宁强县北滴水铺，经五里坡、柏林驿、宁强县城、二道河，至宁强县南回水河，长21.05公里。原路为川陕公路褒棋线一段，虽经多次技术改造，仍未达到山岭重丘区三级公路技术标准，平、纵面线形差，路基宽度一般仅6～7米。采用山岭重丘区二级公路技术标准改建，设计行车速度40公里/小时，桥涵荷载汽–20、挂–100。改建工程由宁强县政府组织实施。其中，县城过境段青崖子至王家坝4公里于1996年年底前改建，路基宽12米，水泥混凝土路面满铺。其余路段1997年12月开工，1999年11月完工。城北滴水铺至青崖子段9.05公里，路基宽8.50米，水泥混凝土路面满铺；城南王家坝至回水河段8公里，路基宽12米，水泥混凝土路面满铺。新建中桥7座、343米，小桥7座，涵洞70道，收费站1处。工程决算8 138万元，其中省交通厅养路费补助1 772.30万元，其余为银行贷款。实行收费还贷。

五、宁强回水河至棋盘关段新建

108国道宁强回水河至棋盘关段，原路基本为山岭重丘区三级技术标准。黄坝驿至棋盘关段地形高差大，地面切割强烈，横坡陡峻，路基仅宽6～7米，最大纵坡8～9%。2000年7月—2002年11月，省公路局组织按山岭重丘区二级公路技术标准实施新建。设计行车速度40公里/小时，桥涵荷载汽–20、挂–100。新建路线起自宁强县回水河村东，经牢固关、黄坝驿、王家坡，至棋盘关，长12.55公里。新建路基宽12米，水泥混凝土路面，行车道宽9米。修建隧道3座、803.49米，涵洞51道。工程实际完成投资1.74亿元，其中交通部补助7 200万元，省交通建设基金补助700万元，其余为利用银行贷款。实行收费还贷。

六、周至马召至秦岭段改造

108国道周至马召至秦岭段，路线起自周至县城南马召十字，经甘峪湾、沙河子、板房子，至秦岭顶南天门K91+900，长81公里。路线处秦岭北坡，线形较差，平、纵技术指标较低。2001年10月，由西安市交通局组织，西安公路管理局实施路面整治。2002年4月经省发展计划委员会批准，列入周至马召至佛坪至洋县通县公路计划，按山岭重丘区三级公路技术标准进行改造，是年10月完工。改造工程基本沿旧路加宽，整治路面。新铺沥青混凝土路面约67公里，水泥混凝土路面约14公里。路基宽7.50米，水泥混凝土或沥青混凝土路面宽7米。设计行车速度30公里/小时，桥涵荷载汽–20、挂–100。新建涵洞14道。工程决算6 354.20万元，其中利用国债4 050万元，其余为省交通厅养路费补助。

七、秦岭至佛坪段改造

108国道秦岭至佛坪段，2002年4月，经省发展计划委员会批准，列入周至马召至佛坪至洋县通县公路计划，按山岭重丘区三级技术标准实施改造。原路设计标准低，油路面超期服役，破损严重。汉中市交通局组织，汉中公路管理局实施。2002年4月开工，2003年7月竣工。改造路线起自秦岭主脊以北秦岭隧道北口，经纱帽石、龙草坪、长角坝，至佛坪县城北，长39公里。改建施工遭遇2002年“6・8”特大洪灾，致K99+800～K129+600约30公里路段被毁为陡崖、沙滩和乱石堆。经公路交通职工与施工人员奋力抗洪抢险，在及时打通便道的基础上，又再接再厉，全力组织修复施工，终按设计技术标准完成水毁修复和改建工程。水毁抢险情况见第三篇第二章专记《2002年“6・8”公路抗洪抢险救灾与水毁修复》。改造工程实际完成投资5 127.08万元（含水毁修复资金1 500万元），其中利用国债3 450万元，省交通厅养路费补助1 170万元，其余由汉中市自筹。

八、佛坪至洋县段改造

108国道佛坪至洋县段，2002年4月，经省发展计划委员会批准，列入周至马召至佛坪至洋县通县公路计划，按山岭重丘区三级公路技术标准实施改造。原路基本为三级技术标准，沿线山高沟深，坡陡弯急。2002年4月—2003年7月，汉中公路管理局组织实施。改造路线起自佛坪县城北，经西岔河、土地岭梁顶、秧田、金水、槐树关、洋县县城，至洋县戚氏范坝村，长112公里。佛坪县城过境段4公里、K198～K221路段，按山岭重丘区二级公路技术标准改造；K221～K240路段，按平原微丘区二级公路技术标准改造；其余约69公里按山岭重丘区三级公路技术标准改造。三级路段路基宽7.50米，沥青混凝土路面宽7米。设计行车速度30公里/小时，桥涵荷载汽–20、挂–100。改造基本沿旧路进行，主要是重铺路面，完善排水、防护和交通安全设施。2002年“6・8”特大洪灾使该段通县公路工程遭受重大水毁。在奋力抗洪抢险并组织修复基础上，全线展开施工会战，终按设计标准建成。该段水毁抢险与修复见第三篇第二章专记《2002年“6・8”公路抗洪抢险救灾与水毁修复》。改建工程决算完成投资1.08亿元，其中利用国债资金7 100万元，省交通厅养路费补助3 360万元，其余由市、县自筹。

九、勉县至宁强段灾后恢复重建

该段路线起于勉县水磨湾，止于宁强县滴水铺，全长63.53公里。遭受2008年

“5·12”汶川特大地震影响，路线多处遭受损毁。是年10月，根据国家发改委、交通运输部等6部委《关于印发汶川特大地震灾后恢复重建基础设施专项规划的通知》（发改厅〔2008〕2688号），省公路局安排汉中市交通局进行恢复重建勘察设计。2009年1月完成设计。恢复重建工程主要包括：青羊驿隧道、大安过境段、烈金坝桥改线，计5.81公里，采用二级公路技术标准；新铺镇、桑树湾街道段等路基、路面修复，采用三级公路技术标准。主要工程量：新建青羊驿隧道1座、200米，新建大桥2座、239米，小桥2座、30.20米。省交通厅下达恢复重建工程投资计划3.16亿元。是年9月底，路面修复工程完工，完成投资6 922万元，其中中央灾后恢复重建基金6 500万元。

第二节　G210包南线陕西段

1990年年底，210国道陕西段里程1 204公里。其中二级以上公路303公里，三级以下公路901公里。有高级路面54公里，次高级路面1 041公里，中级路面32公里。部分路段严重超龄，不堪重负，路面破损，桥梁损坏，通行不畅。

210国道陕西段线路走向见图2-2-2。

在20世纪七八十年代断续改造基础上，1991—2004年分段大规模进行改建。先后改建、新建和改造的主要路段有：黄陵马家山，铜川金锁关至八里店、柳湾至金锁关，甘泉苏家河至延安宝塔区三十里铺，甘泉劳山至延安宝塔区高坡，清涧岔口至绥德田庄，绥德田庄至榆林，耀县至柳湾，延安流水沟门至延川清涧界，延安宝塔区甘谷驿至清涧双凤桥，延安流水沟门至甘谷驿，西安太白路南口至沣峪口，镇巴渔渡至铁匠垭，延安市城区过境段，耀县至三原瓦头坡，洛川惠家河至县城，洛川县城至甘泉白土坡，长安大坪至石泉两河，长安沣峪口至大坪，西乡堰口至镇巴渔渡，宜君南山峁至偏桥，石泉县城至两河，延安南段等。其中长安大坪至石泉两河、长安沣峪口至大坪、西乡堰口至镇巴渔渡、石泉县城至两河列入通县公路工程。

2010年年底，210国道陕西段全长1 197公里，全部达到三级以上标准。其中二级以上788公里，三级409公里；有沥青混凝土路面989公里，水泥混凝土路面182公里，简易铺装路面26公里。

图2-2-2　G210包南线陕西段线路图

经过改建与文明路建设，全线通行能力与服务水平显著提高，与包茂高速及其沿线省道，构成陕西南北公路交通走廊，发挥联结陕北、关中与陕南，连接华北与西南公路交通干线作用。

一、黄陵马家山段改建

210国道黄陵马家山段，为国内外人士赴黄帝陵祭祖、旅游必经之路。原路利用梁峁地形展线下山，属三级公路低限技术标准，路窄、坡陡、弯急，经常阻车，事故多发。1991年10月—1993年9月，省公路局组建马家山工程项目组，按山岭重丘区二级公路标准施行改建。设计行车速度40公里/小时，桥涵荷载汽-20、挂-100。路线南起宜君与黄陵县交界东湖土桥，北至黄陵县环城公路与西包公路衔接处，长9.99公里。其中新建7.99公里，利用原路改建2公里。改建后，全段平曲线由原78个减至24个，最小半径由原18米提高至84米，最大纵坡由原11.20%降至6%。黄帝陵规划区印台山深挖、高填路段，最大挖深36.80米，最大填高48.20米。改建后路基宽12米，沥青碎石路面宽11米。新建大、中桥5座、229.31米，涵洞21道。上、下高边坡种草覆盖，植树绿化。完成工程总投资2 648.80万元，其中利用国家工业品以工代赈资金88万元，其余由省交通厅投资计划安排。

1993年9月完成改建的210国道黄陵马家山段，路线比原路段缩短里程3.36公里，行车条件显著改善

二、铜川金锁关至宜君八里店段改建

210国道铜川金锁关至宜君八里店段长18.58公里，原为二级公路技术标准，平、纵指标较差，地质不良，路基滑移，路面翻浆，不能满足交通量增长特别是大吨位车辆通行需求。1992年4月—1993年10月，铜川公路管理总段按山岭重丘区二级公路技术标准改建。改建路线基本沿旧路走向，主要是裁弯、取直、降坡，完善排水及防护设施，铺筑水泥混凝土路面。改建后路基宽10米，水泥混凝土路面宽9米。设计行车速度40公里/小时，桥涵荷载汽-20、挂-100。全线线型顺适，路面平整密实，排水和防护工程设施基本满足需求。完成工程总投资2 158万元，全部为利用银行贷款。实行收费还贷。

三、甘泉白土坡至宝塔高坡段改建

210国道甘泉白土坡至延安市（今延安市宝塔区）高坡段，原路为山岭重丘区三级公路技术标准，湫沿山越岭路段弯急坡陡，经常堵车，事故多发。1995年10月—1997年7月，延安公路管理总段按山岭重丘区二级公路技术标准改建。改建路线南起甘泉县白土坡，经劳山、苏家河和宝塔区四十里铺、三十里铺、高坡，与延安市区二级过境公路起点相接，长约24公里。改建基本沿旧路进行。路基宽12米，沥青混凝土路面宽9米。设计行车速度40公里/小时，桥涵荷载汽-20、挂-100。新建湫沿山隧道1座、235米。工程总投资5 380万元，其中由省交通厅养路费补助4 000万元，其余为利用银行贷款。实行收费还贷。

四、清涧至榆林段改建

210国道清涧至榆林段，原路基本为三级技术标准，部分路段坡陡、弯急。1996年

6月—2000年6月，先后按平原微丘区一级、二级和山岭重丘区二级公路技术标准分段实施改建。由榆林地区行署组织，按照“统一标准、各县包干，限期完成、提前奖励”的原则，沿线县（区）分别成立公路建设指挥部负责实施。榆林地区行署提出“打通210，一天到省城”口号，激发干部群众参与和支持改建工程的积极性。改建路线起自清涧县营田村，经清涧县二十里铺、岔口、乐堂堡、石嘴驿，绥德县田庄、龙湾、四十里铺，米脂县十里铺、南关村、王沙沟，榆林市镇川、上盐湾、鱼河、刘官寨、三岔湾、西沙，至郭家伙场，长203.15公里。其中，清涧县岔口至绥德县田庄段38公里，采用山岭重丘区二级公路技术标准，路基宽度10米，沥青碎石路面宽9.40米，设计行车速度40公里/小时，桥涵荷载汽–20、挂–100；榆林市沙河桥北至芹河桥南5.39公里，采用平原微丘区一级公路技术标准，路基宽度24.50米，中央分隔带宽2米，沥青碎石路面，双向行车道各宽10.95米，设计行车速度100公里/小时，桥涵荷载汽–20、挂–120；其余159.76公里路段，采用平原微丘区二级公路技术标准，路基宽12米，沥青碎石路面，宽11.40米，设计行车速度80公里/小时，桥涵荷载汽–20、挂–100。全线旧路改建169.35公里，新建33.80公里（主要在米脂县境）。新建大桥7座、1 251.60米，中桥25座、1 570.26米，小桥63座，涵洞1 295道。收费站6处，大道班6处。工程投资7.18亿元，其中省交通厅养路费补助4.11亿元，利用银行贷款3.07亿元。此项改建工程，是全省由地方政府组织改建国道公路一次性投资最多、改建规模最大工程，亦是210国道一次改建路线最长工程。经改建，210国道榆林境南段全部达到二级以上标准，行车时间由原6小时缩短至2小时。

2000年5月，210国道清涧至榆林段二级公路改建工程米脂段路面碾压施工

五、延安流水沟门至清涧段改建

210国道延安流水沟门至清涧段，原路基本为三级技术标准，个别路段平、纵指标低，不适应交通量持续增长需求。由延安市交通局组织，1997年9月—2000年7月，按二级公路技术标准改建。设计行车速度40公里～80公里/小时，桥涵荷载汽–20、挂–100。改建路线起自延安市宝塔区流水沟门，经宝塔区李渠、姚店、甘谷驿、罗家湾和延川县樊家沟、禹居、文安驿、黑龙关、贺家湾，至清涧县双凤桥，全长81.52公里。其中，流水沟门至甘谷驿25.80公里，按平原微丘区二级公路技术标准改建，路基宽12米，沥青混凝土路面宽11米；甘谷驿至双凤桥55.72公里，按山岭重丘区二级公路技术标准改建，路基宽10米，沥青混凝土路面宽9米。新建芦草梁隧道1座、150米，大、中桥38座、1 478.94米，涵洞34道，收费站3处，道班房1处。其中延安王家坪大桥建设，见本篇第六章第一节《主要桥梁建设》。完成投资3.24亿元，其中由省交通厅养路费补助1.35亿元，其余为银行贷款。实行收费还贷。

六、西安市太白路南口至沣峪口一级公路

210国道西安市太白路南口至沣峪口一级公路，简称西沣一级公路，起自西安市太白路南口与丈八路交叉口，向南经长安县郭杜、北雷、南雷、高桥、滦镇，至沣峪口沿山公路交叉口，长20.49公里。原路二级技术标准，交通量饱和，时常发生拥堵，且事故率高。1997年8月，按平原微丘区一级公路技术标准实施改建。陕西交通物业资产公司与西安公路交通设施建设有限公司共同投资，组建西万公路建设管理处负责实施。1998年4月开工，1999年10月底建成通车。

改建工程除郭杜、滦镇段路线采取避绕办法外，大部分路段利用原路进行拓宽，少部分路段弯道予以调整。太白路南口至南环路口18.42公里，按平原微丘区一级公路技术标准修建，路基宽35米，中间快车道宽16米，两侧各设宽4米慢车道和宽4米绿化带，并设各宽1.50米分隔带；设计行车速度100公里/小时。南环路口至沣峪口2.07公里，为山岭重丘区二级公路技术标准，路基宽12米，行车道宽9米，两侧硬路肩各1.50米；设计行车速度40公里/小时。全线均为沥青混凝土路面。设计桥涵荷载汽–20、挂–120。新建中桥1座、85米，涵洞25道。工程决算1.33亿元，经批准设郭杜收费站，收取车辆通行费。

210国道西安市太白南路至沣峪口一级公路，2008年9月撤销收费站，实行免费通行

随着西安城市向外拓展，经西安市政府与省交通厅协商，2008年9月28日起撤销郭杜收费站，该段公路移交西安高新技术产业开发区，按城市道路养护管理。

七、镇巴渔渡至铁匠垭段改建

210国道镇巴渔渡至铁匠垭段，原路三级技术标准，平、纵指标低。1998年11月—2002年8月，汉中公路管理局按山岭重丘区二级公路技术标准改建。设计行车速度40公里/小时。桥涵荷载汽–20、挂–120。改建路线起自镇巴县渔渡镇赵沟桥渔紫路口，向南经渔渡镇、龙王沟、大河口、李家院子、大田坝，至陕渝交界铁匠垭口，长25.17公里。改建原则沿旧路加宽。改建后路基宽9米，水泥混凝土路面宽8.50米。新建大桥2座、206米，中桥5座、361米，小桥6座，涵洞97道。竣工决算完成投资1.07亿元，其中省交通厅养路费补助3 374万元，其余为利用银行贷款。实行收费还贷。

八、长安大坪至石泉两河段改建

210国道长安大坪至石泉两河段，2002年4月经省发展计划委员会批准，列入通县公路工程计划。路线起自210国道西安市长安区与宁陕县交界处，南经宁陕广货街、江口、月河梁、旬阳坝、平河梁、火地塘至宁陕县城，沿长安河右岸经华平、汤坪、兴坪，至石泉县两河镇，长148公里。路线穿越秦岭，沿线多峡谷陡壁，山高沟深，大多路段为山岭重丘区四级公路技术标准，部分路段勉强达到三级技术标准，易发恶性交

通事故。按山岭重丘区三级公路技术标准改建。设计行车速度30公里/小时，桥涵荷载汽-20、挂-100。安康公路管理局组织实施。2002年4月开工。工程量增加较大而技术指标提高有限的路段，基本沿旧路进行平、纵面优化设计、改善，使曲线顺适，过渡均衡；按规范须加宽弯道而受地形限制难以加宽的，适当减少加宽值，避免大挖方与填方；工程特别艰巨的急弯、陡坡、事故多发路段，通过设置安全防护设施、限速等措施，确保道路安全。2002年“6·8”特大洪灾，使工程已经完成的11座桥梁、156道涵洞、10.30公里路基全毁，12座桥梁基础被冲空，1.20万立方米防护工程、30公里碎石基层全部冲毁，施工机具、材料损失惨重。经公路交通职工与施工单位紧急抗洪抢险，日夜奋战修复，终于2002年11月按计划完成改建任务。改建后路基宽7～7.50米，沥青混凝土路面宽6.50～7米。修建中桥1座、长38.50米，涵洞39道。工程决算完成投资1.36亿元，其中利用国债资金7 400万元，省交通厅养路费补助4 440万元，其余为自筹。

九、长安沣峪口至大坪段改建

210国道长安沣峪口至大坪段，北起西安市长安区沣峪口，向南沿沣峪河而上，经喂子坪、大坝沟，翻越秦岭山脊至大坪，长42公里。路线处秦岭北坡，原路为三级技术标准，平、纵指标低，设施不完善，路面超期使用，破损、变形严重。经省发展计划委员会批准，列2002年通县公路工程计划，按山岭重丘区三级公路技术标准改建。设计行车速度30公里/小时，桥涵荷载汽-20、挂-100。西安公路管理局实施，2002年4月开工，是年12月完成。改建工程主要是拓宽路基，整治路面，适当调整平、纵指标，完善排水和交通安全设施。改建工程遭遇2002年“6·8”特大洪灾重创，已建成路段约10公里路基、路面全部冲毁，约15公里半幅路基及挡墙冲毁，交通中断。公路交通职工与施工单位全力抗洪抢险抢修，水毁路段修复一段，通县公路工程实施一段，确保按质量要求完成改建。改建后路基宽7～7.50米，沥青混凝土路面宽6.50～7米。新建桥梁4座、81米，隧道1座、62.50米，涵洞13道。竣工决算完成投资4 960.45万元。其中利用国债资金2 100万元，车购费600万元，省交通厅养路费补助1 900万元，其余为自筹。

十、西乡堰口至镇巴渔渡段改建

210国道西乡堰口至镇巴渔渡段，2002年4月，经省发展计划委员会批准，列入通县公路工程计划。路线起自西乡县堰口，南经罗镇、司上，镇巴县杨家河，翻越红石梁、拴马岭、大毛垭诸高山，至镇巴县渔渡，长91公里。原路基本为三级技术标准，路线指标差。红石梁、栓马岭、大毛垭等3处越岭线坡陡弯急，视距不良，路面超限使用，破损严重。按山岭重丘区三级公路技术标准改建。设计行车速度30公里/小时，桥涵荷载汽-20、挂-100。2002年5—11月，汉中公路管理局实施改建。主要是整治路面，适当调整线型，拓宽路基，完善排水和防护设施。地质条件复杂路段，在保证行车安全条件下，适当降低平、纵指标。部分艰险路段受地形条件限制，路基宽度达不到三级公路技术标准的，以设置安全护栏和护墩、开挖视距台等方式，改善行车条件。改建后路基宽7.50米，沥青混凝土路面宽7米。工程决算完成投资4 605.60万元，其中利用国债资金4 550万元，其余为自筹。该段西乡白沔峡大桥建设，见本篇第六章第一节《主要桥梁建设》。

十一、石泉两河至县城段改建

210国道石泉两河至石泉县城段，原路路窄、弯急、坡大。2002年5月，经省发展

2003年8月，安康公路管理局组织实施210国道石泉段通县二级油路工程。图为路面底基层碾压施工

计划委员会批准，列入通县公路工程计划。是年9月至2003年12月，安康公路管理局按山岭重丘区二级公路技术标准改建。设计行车速度40公里/小时，桥涵荷载汽–20、挂–100。改建路线起自石泉县两河，经土门垭、饶峰、银龙，至石泉县城关珍珠河桥头，长40公里。基本沿旧路进行拓宽，局部改线。改建后路基宽10～12米，沥青混凝土路面满铺。新建大桥1座、158米，中桥5座、305米，小桥13座，涵洞173道，平面交叉口35处。竣工决算完成投资1.35亿元，其中省交通厅养路费补助3 200万元，利用国债3 000万元，其余为银行贷款。

第三节　G211银西线陕西段

1990年年底，211国道陕西段里程160公里，全部为三、四级公路技术标准，其中三级公路96公里。路面均为次高级，通行能力不足。随着沿线扶贫开发加快，经济社会发展，区间交通较快增长，交通量接近饱和，城镇过境段交通拥挤。2000年起，分别采用平原微丘区二级、山岭重丘区二级、平原微丘区三级公路技术标准，先后重点对泾阳、淳化、三原、旬邑等路段进行改建，其中三原至旬邑列入通县公路工程。

经改建，至2010年年底，211国道陕西段全长157公里，全部达到三级以上技术标准，其中二级71公里，三级86公里；路面全部为沥青混凝土。随着路况全面改善，通行能力增强，便利群众出行，促进沿线果业发展和煤炭等资源开发，并加强陕、甘、宁三省（自治区）间交通联系。

211国道陕西段线路走向见图2–2–3。

图2–2–3　G211银西线陕西段线路图

一、泾阳至淳化段改建

211国道泾阳至淳化段改建，路线起自泾阳县尚村西铜高速立交处，经永乐、泾阳县城北、云阳、口镇，至淳化县金川湾，长40公里。其中尚村至云阳镇约23公里为县道，云阳镇至金川湾约17公里为211国道。原路三级技术标准，线形基本顺地爬，排水不畅，水患频仍，路基、路面破损严重，经村镇路段时常堵车。2000年10月—2002年12月，咸阳公路管理局实施新、改建。尚村立交至口镇南33.50公里，采用平原微丘区二级公路技术标准；口镇南至金川湾6.50公里，采用山岭重丘区二级公路技术标准。泾阳县城过境段3.70公里、云阳镇过境段2.70公里、口镇过境段4.50公里共10.90公里，为改线新建路段，路基宽12米，沥青混凝土路面满铺。其余路段基本沿旧路加宽，局部裁弯取直，路基宽12米，沥青混凝土路面宽9米。设计行车速度40～80公里/小时，桥涵荷载汽-20、挂-100。新建大桥2座、235.58米，中桥2座、101.02米，小桥4座，涵洞125道。工程实际支出1.27亿元，省交通厅养路费补助1 566万元，其余为利用银行贷款。实行收费还贷。

2002年12月改建后的211国道淳化境二级公路

二、三原至旬邑段改建

211国道三原至旬邑段改建，2001年12月，经省发展计划委员会批准，列入通县公路工程计划。路线由三原县城至泾阳县云阳镇、淳化县金川湾至旬邑县秋头镇两段组成，合长119.13公里。2002年5—12月，咸阳公路管理局实施改建。改建利用旧路，分段采用不同技术标准，加宽路基，提高线型指标，重铺路面。金川湾至代家桥9.50公里、东步上至义章村段中31.95公里，采用山岭重丘区二级公路技术标准，路基宽12米，沥青混凝土路面宽9米，部分路面满铺；三原至云阳12.65公里，代家桥至东步上10.22公里、东步上至义章村段中17.55公里，义章村至湫坡头37.26公里，采用山岭重丘区三级公路技术标准，路基宽7.50—8.50米，沥青混凝土路面宽6—7米。以上路段中，淳化县城2.54公里、云阳镇2.65公里过境段，路基宽12米，沥青混凝土路面满铺。设计行车速度30～40公里/小时，桥涵荷载汽-20、挂-100。全线利用旧桥2座、34米，新建大、中桥3座、260米，小桥3座，涵洞23道。项目实际完成投资9 192.86万元，其中利用国债5 950万元，省交通厅养路费补助2 000万元，其余为咸阳市自筹。

第四节　G307青银线陕西段

1990年年底，307国道陕西段里程382公里，除有5公里二级公路外，其他路段均为三级技术标准，次高级路面，通行能力差。

适应沿线资源开发、扶贫脱困和东西部间交流愈益活跃的需要，自1994年起，采用改建、整治等多种方式，陆续对307国道陕西境路段进行改善提高。分别采用平原微丘区二级、山岭重丘区三级公路技术标准，重点改建彭滩至王圈梁、靖边至东坑、靖边至定边等路段，其中靖边至定边段列入通县公路工程。

2010年年底，307国道陕西段全长382公里。其中一级公路9公里，二级公路65公里，三级公路308公里；有沥青混凝土路面379公里，水泥混凝土路面3公里。全线等级标准提高，与青银高速陕西段构成横贯陕北北部的东西向公路交通走廊，带动沿线能源资源开发，促进山区脱贫脱困，并加强东部与西部、华东与西北之间交流联系。

307国道陕西段线路走向见图2–2–4。

图2–2–4　G307青银线陕西段线路图

一、彭滩至王圈梁段改建

307国道彭滩至王圈梁段，起自定边县彭滩307国道与303省道交叉口，向西北经贺圈、定边县城、盐场堡，至定边县与宁夏盐池县交界王圈梁，全长约30公里。原路为三级技术标准，路面强度不足，使用期长，破损严重。随着陕北石油、天然气资源开发，沿线交通量从1990年750辆次/昼夜，猛增至1993年2 041辆次/昼夜，公路不堪重负。1994年8月起，定边县政府组织，按平原微丘区二级公路技术标准改建，后因银行贷款未落实，改由榆林公路管理总段分期实施。一期改建贺圈至盐场堡20公里，其中定边县城过境段7公里，1995年8月完成；二期改建彭滩至贺圈和盐场堡至王圈梁两段，约10公里，1997年9月完成。改建工程基本沿旧路拓宽，不良地段采取裁弯取直、提高路基、增加防护等措施处置。改建后路基宽12米，沥青碎石路面宽9米。定边县城过境段路基宽22米，沥青碎石路面宽18米。全线设计行车速度80公里/小时，桥涵荷载汽–20、挂–100。两期工程实际完成投资1 910.74万元，全部为利用银行贷款，由收取通行费偿还。

二、靖边至东坑段改建

307国道靖边至东坑段，起自靖边县城东环路，向西经寨山、枣刺梁、陆家山，至东坑镇四十里铺村，长20.50公里。原为三级公路技术标准。随着当地油气田加快开发，交通量剧增，尤以重型车辆增加为快，路面损坏严重。1996年7—10月，榆林公路管理总段按山岭重丘区二级公路技术标准改建。改建以铺筑路面和完善排水、挡护设施为主。共改造旧路16.70公里，新建线路3.80公里。改建后路基宽12米，沥青碎石路面宽9米。设计行车速度40公里/小时，桥涵荷载汽–20、挂–100。新建涵洞32道，收费站1处，道班房737平方米。实际完成投资1 621.40万元，全部为利用银行贷款，由收取通行费偿还。

三、靖边至定边段改建

307国道靖边至定边段改建，2001年12月经省发展计划委员会批准，列入通县公路工程计划。路线起自靖边县城东，向西经东坑、梁镇，入定边县后经郝滩、安边、砖井、彭滩、贺圈、定边县城、水滩子，至定边县王圈梁陕宁界，长144公里。原路三级技术标准，路况质量差，行车不畅。2002年5—10月，榆林公路管理局实施改建。基本沿旧路进行加宽改造，旧路利用占全路段93%以上。以路面整治改善为主，同时完善标志标线等设施。其中靖边县城至东坑、彭滩至王圈梁和安边、梁镇等过境段合长62公里，采用平原微丘区二级公路技术标准，路基宽12米，沥青碎石路面宽9米；其余82公里为山岭重丘区三级公路技术标准，路基宽7.50米，沥青碎石路面满铺。设计行车速度30～80公里/小时，桥涵荷载汽-20、挂-100。竣工决算完成投资8 518.06万元，其中利用国债资金7 200万元，省交通厅养路费补助914.49万元，其余为地方自筹。

2002年10月建成的307国道靖边境张家沟路段

第五节　G309荣兰线陕西段

1990年年底，309国道陕西段里程234公里。其中三级公路190公里，次高级路面；其余为四级公路，中级路面。全线平纵指标差，路面窄，弯道多，通行能力低。

G309荣兰线陕西段路线走向见图2-2-5。

随着黄河壶口旅游热兴起，沿线扶贫、资源开发加快，自20世纪90年代起，断续安排改造、改建。先后采用山岭重丘区三级公路技术标准，重点改造宜川前沟至黄河壶口段；按山岭重丘区二级公路技术标准，改建宜川至茶坊、宜川至壶口等段。

至2010年年底，309国道陕西段全长223公里。其中二级公路147公里，三级公路76公里；有沥青混凝土路面141公里，水泥混凝土路面6公里，简易铺装路面76公里。全线等级标准提高，路况质量改善，通行环境美化，与青银高速陕西段构成横贯陕北南部的

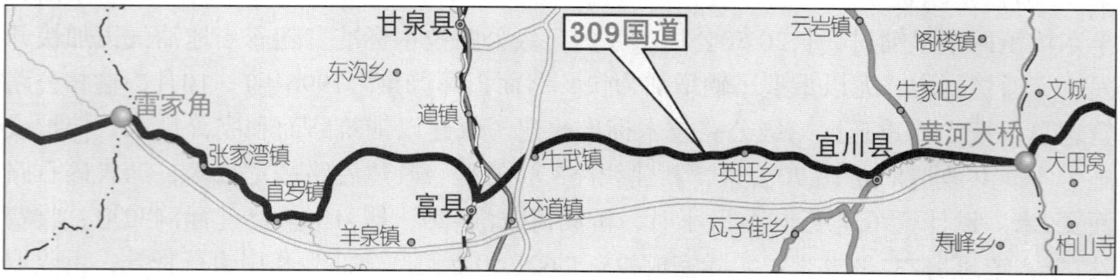

图2-2-5　G309荣兰线陕西段线路图

东西向公路交通走廊，加强东部与西部、华东与西北之间交流联系。

一、宜川前沟至黄河壶口段改造

309国道宜川前沟至黄河壶口段，起自宜川县前沟村，经黄河大桥西桥头至壶口，长19.37公里。为宜川通往“天下黄河一壶收”的国家级自然风景名胜区、中国第二大瀑布——壶口瀑布的主要通道。原路为20世纪70年代初修建的战备路，不足三级公路技术标准，弯急坡陡，通行艰难，不适应旅游需求。1992年3月—1993年9月、1994年4—11月、1995年4—9月，省交通厅先后安排投资，由宜川县交通局采用民工建勤方式，分别对前沟至壶口段路基、路面施行改造。改造工程采用山岭重丘区三级公路技术标准，在原有公路基础上裁弯取直，局部施行加宽。改造后路基宽7.50米，沥青表处路面宽6米。设计行车速度30公里/小时，桥涵荷载汽-20、挂-100。新建小桥5座，涵洞9道，接长涵洞29道，浆砌挡墙26处、3 400立方米。实际完成投资891.80万元。1996年5—10月，宜川县交通局组织实施，铺设黄河大桥至壶口4公里水泥混凝土路面，完成投资350万元，其中省交通厅养路费补助80万元，其余为市、县自筹。

二、宜川至富县茶坊段改建

309国道宜川至茶坊段，东起宜川县城，向西经五里坪、安家庄、英旺、观亭，穿越晋师庙梁隧道入富县境，经西渠、牛武、史家坪、茶坊，至富县县城，全长82.29公里，为通往黄河壶口瀑布旅游景区重要路线。原路三级技术标准，平、纵指标差，路面窄。中共中央总书记江泽民，国务院总理李鹏等中央领导，分别途经该路考察黄河壶口时，都曾指示要加快该段公路改建，便利黄河旅游和沿线资源开发。2001年6月—2002年10月，由省交通厅安排，延安市交通局组织，按山岭重丘区二级公路技术标准施行改建。改建基本沿旧路进行拓宽，裁弯取直。路基除富县县城路段宽12米外，其余路段宽10米。沥青混凝土路面宽8.50～10.50米。设计行车速度40公里/小时，桥涵荷载汽-20、挂-100。新建小桥7座、128米，利用中桥、大桥各1座，设涵洞272道。改建工程充分利用沿线地理地形，植树造林，育花种草，美化路容。改建后，线形顺畅，路面平整，环境美化，标志齐全醒目。共完成投资1.59亿元，其中省交通厅养路费补助7 800万元，利用国债资金4 150万元，其余为延安市利用银行贷款。实行收费还贷。

三、宜川至壶口段改建

309国道宜川至壶口段，起自宜川县城东，经范湾、景阳、十里坪、秋林、龙湾电站、大村、哨皮、甘草、享子、县川口，至壶口黄河公路大桥，全长44.05公里。原路技术标准低，防护设施差，坡陡弯急，纵坡超过8%路段有6处，长1.50公里，极不适应旅游交通需求。2004年7月—2005年12月，由省交通厅安排，延安市交通局组织，按山

2005年12月，由延安市交通局组织实施改建的309国道宜川至壶口段

岭重丘区二级公路技术标准施行改建。改建基本利用旧路，路基宽8.50～10米，沥青混凝土路面宽7～8.50米。设计行车速度30～40公里/小时，桥涵荷载汽-20、挂-100。修建中、小桥9座、268米，涵洞147道。改建后线形顺适，路基稳定，路面平整密实，桥涵、排水设施基本完善，标志标牌齐全。竣工决算完成投资8 861.07万元，其中省交通厅养路费补助7 521万元，其余由延安市自筹。

第六节　G310连天线陕西段

1990年年底，310国道陕西段里程240公里。其中有高速公路16公里，二级公路15公里，三级以下公路209公里。路面主要为次高级，总体技术标准低，交通流量大，城镇过境交通尤其紧张。随着关中地区经济开放搞活和社会加快发展，公路状况不适应交通量快速增长的矛盾愈加突出。

1991—2010年，公路交通部门和地方政府多方筹资，加强310国道陕西段升等改造和局部新建。先后按一级公路技术标准新建渭南城区过境段；按平原微丘区二级公路技术标准改建路段主要有：华阴桃园村至观北村，华县杏林钢厂至华阴桃园村，渭南市临渭区过境，西宝南线淝河至青化，临潼境，眉县青化至岐山五丈原，潼关县城至华阴等段；按城市干道技术标准改建宝鸡市区段；按汽车专用公路标准新建宝鸡至牛背段。

至2010年年底，310国道陕西段全长299公里。其中一、二级公路261公里，占总里程87%以上，三级公路33公里，四级公路5公里；有沥青混凝土路面291公里，水泥混凝土路面4公里，简易铺装路面4公里。该路线与连霍高速陕西段构成横贯关中公路通道，起着联系关中—天水经济区，沟通和加强东西部间交流联系的作用。

310国道陕西段线路走向见图2-2-6。

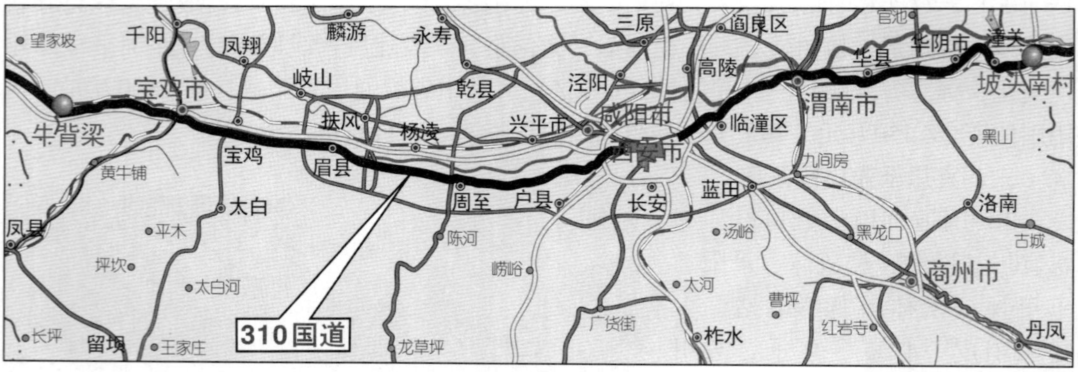

图2-2-6　G310连天线陕西段线路图

一、华阴桃园村至观北村段改建

310国道华阴桃园村至观北村段，路线长20.25公里。原路路基宽7～7.50米，路面宽仅6米。沿线机关、企业、村镇与商铺林立，混合交通拥挤，车辆日交通量由当初设计400～500辆次，增至1991年的4 000～5 000辆次，成严重“卡脖子”路段。经1993年前逐年改建，有7.15公里达到二级公路技术标准。1994年9—12月，由渭南公路管理总段按平原微丘区二级公路技术标准改建其余13.10公里。设计行车速度80公里/小时。桥涵荷载汽-20、挂-100。其中华山镇过境段1.20公里，宽度25米。其他路段基本沿旧路拓宽。改建后路基宽12米，沥青混凝土路面，行车道宽9米。加宽桥梁4座、116米，修建涵洞18道，收费站2处。实际完成投资2 101.17万元，除省交通厅养路费补助609万元外，其余为利用银行贷款和职工集资。贷款与集资由收取通行费偿还。改建后，线形顺畅，交通拥挤状况明显改善。

二、西宝南线沣河至青化段改建

310国道西宝南线沣河至青化段，起自西安市莲湖区东凹里村沣河桥头，向西经长安县王寺、落水、大原，户县大王、渭丰，周至县尚村、司竹、哑柏，至周至县青化乡，长82.20公里，为310国道和108国道陕西境西安以西共用段。原路三级技术标准，平面线型差。按平原微丘区二级公路技术标准改建。设计行车速度80公里/小时，桥涵荷载汽-20、挂-100。西安市交通局1997年2月—1999年9月组织实施。其中王寺至大原村19公里路段为新建，其余63公里路段施行旧路拓宽。沣河至王寺、周至县城过境段7.50公里，路基和沥青混凝土路面同宽15米，其余74.70公里路基和沥青混凝土路面同宽12米。新建中桥3座、205.40米，小桥4座，涵洞54道。完成投资1.61亿元，其中交通部补助6 000万元，省交通厅养路费补助5 617万元，利用银行贷款4 500万元。实行收费还贷。

三、宝鸡至牛背汽车专用公路

310国道宝鸡至牛背汽车专用公路，简称宝牛汽车专用公路。路线起自宝鸡市千河桥西互通式立交，于宝鸡市斗中路以东约600米处跨渭河，穿渭滨区，沿渭河南岸经甘峪、晁峪、坪头等乡镇，至陕甘交界处牛背梁，长58.09公里，为310国道陕西境最西端路段。

该段路线穿越山区，地形、地质复杂，原路一半为四级公路技术标准（高家村至坪头段），平、纵指标极差，行车条件差；坪头至牛背段虽为三级公路技术标准，但因防护工程少，边坡坍塌与泥石流频繁阻断交通，难以维持正常通行。交通部1995年2月批准立项修建。省公路设计院、西安公路研究所和铁道部第一设计院西安分院设计。省公路局承建，设由高仲毅任主任的项目办公室，具体组织项目实施。征地拆迁与施工环境保障由宝鸡市政府负责。工程于1998年6月开工。

2000年11月建成的310国道连天线宝牛汽车专用公路

全线按三个不同等级标准修建。斗中路至宝汉路口段11.09公里，平原微丘区汽车专用一级公路技术标准，路基宽24.50米，设计行车速度100公里/小时；宝汉路口至高家村段6.67公里，平原微丘区汽车专用二级公路技术标准，路基宽12米，设计行车速度80公里/小时；高家村至牛背段40.33公里，山岭重丘区汽车专用二级公路技术标准，路基宽度9米，设计行车速度40公里/小时。隧道宽度7.50米，两边人行道各宽0.75米。桥涵设计荷载汽–超20、挂–120。

工程施工以消除公路工程质量通病为重点，运用新技术、新材料和新工艺，提高施工质量。隧道工程试行设计、施工“一体化”招标和管理。采用泵送水泥混凝土和整体模板台车，以保证隧道衬砌质量。路面铺筑采用SBR改性沥青，为陕西高等级公路SBR改性沥青应用试点项目。

全线完成路基土石方616万立方米，利用原有隧道1座、282米，新建隧道7座、4 935米，大中桥19座、2 511米，互通式立交2座，分离式立交8处，通道26道，涵洞198道，设主线、匝道收费站各1处，收费站区及机械化养护工区共2处。

2000年11月，宝牛汽车专用公路建成通车。2002年11月通过省交通厅交工验收，工程质量评定为优良。

工程决算总费用6.92亿元。其中交通部补助2.25亿元，省财政投资9 000万元，其余为利用银行贷款，由收取通行费偿还。

宝牛汽车专用公路建成，明显提高该段国道通行能力和服务水平，成为沟通陕、甘两省和宝鸡、天水之间交流联系的主要公路。

四、宝鸡市区路段改建

310国道宝鸡市区过境段，又称渭滨大道，起自宝鸡市宝钛路十字以西凤凰头，至清水河桥东头，长5.60公里，处宝鸡市区交通繁忙区间。2006年3月—2007年4月，宝鸡公路管理局按城市干道标准实施改建，主要对原路进行拓宽，重铺路面。改建后路基宽26米，其中行车道宽15米，两侧非机动车道各宽3.50米，设施带（埋设地下管线）各宽2米。沥青混凝土路面。按城市道路标准布设雨、污排水管道。设计行车速度60公里/小时，桥涵荷载公路–Ⅰ级。新建小桥2座，涵洞12道。工程完成投资4 315万元，其中省交通厅养路费补助1 800万元，其余由宝鸡市自筹解决。

310国道宝鸡市过境段穿市区而过。图为2007年4月由宝鸡市改建的市区过境段——渭滨大道

五、眉县青化至岐山五丈原段改建

310国道眉县青化至岐山五丈原段，起自周至县与眉县交界处青化镇，经眉县横渠、槐牙、金渠、县城、陈家庄，至岐山县五丈原，长43.01公里。原为三级公路技术标准，不能适应交通量快速增加需求。按平原微丘区二级公路技术标准改建。设计行车速度80公里/小时，桥涵荷载汽–20、挂–100。宝鸡公路管理局承建。2006年5月—2007年10月实施。其中，眉县县城过境段6.48公里为新建路段；其他路段利用旧路，以路面工程为主，完善排水和交通工程设施。新建中桥2座、59.16米，涵洞24道。改建后路基宽12米，沥青混凝土路面宽10.50米。经审计确认完成投资6 081.62万元，较工程预算节约

投资565万元。投资中由交通部车购税资金补助2 000万元，省交通厅养路费补助2 500万元，其余为利用省交通厅统贷资金。

六、 渭南城区过境一级公路

310国道渭南城区过境新建一级路段。自渭南市临渭区书院堡设大桥跨沈河，经新凤、双王北，至吴杨村与关中环线平交，并利用该环线1.80公里接乐天大街，向西经桥村、白杨镇、东小寨、王庙村，上跨朝阳大街，下穿西潼高速和陇海铁路，至东大寨，长约21.60公里。扣除利用关中公路环线路段，实际新建19.80公里。渭南市交通局承建。2009年3月开工。

新建路段采用平原微丘区一级公路技术标准，兼顾城市交通功能。路基宽度24米，双向6车道，总宽22.50米，沥青混凝土路面。设计行车速度60公里/小时，桥涵荷载公路-Ⅰ级。排水工程一般路段采用散排方式，朝阳大街至终点挖方路段采用集中排水，下穿西临高速至终点出水困难路段设置蒸发池。新建大桥1座、217.50米，中桥1座、38米，互通式立交2处，分离式立交4处，涵洞5道。

至2010年年底，工程累计完成投资3.50亿元，占工程总投资3.64亿元的96.70%。

第七节　G312沪霍线陕西段

1990年年底，312国道陕西段里程443公里。其中二级公路105公里，三级以下公路312公里，并有少部分等外公路。路基宽5.50～12米不等，路面多为次高级。其线路走向见图2-2-7。

适应沿线对外开放、扶贫开发与经济社会发展要求，1991—2010年，公路交通部门

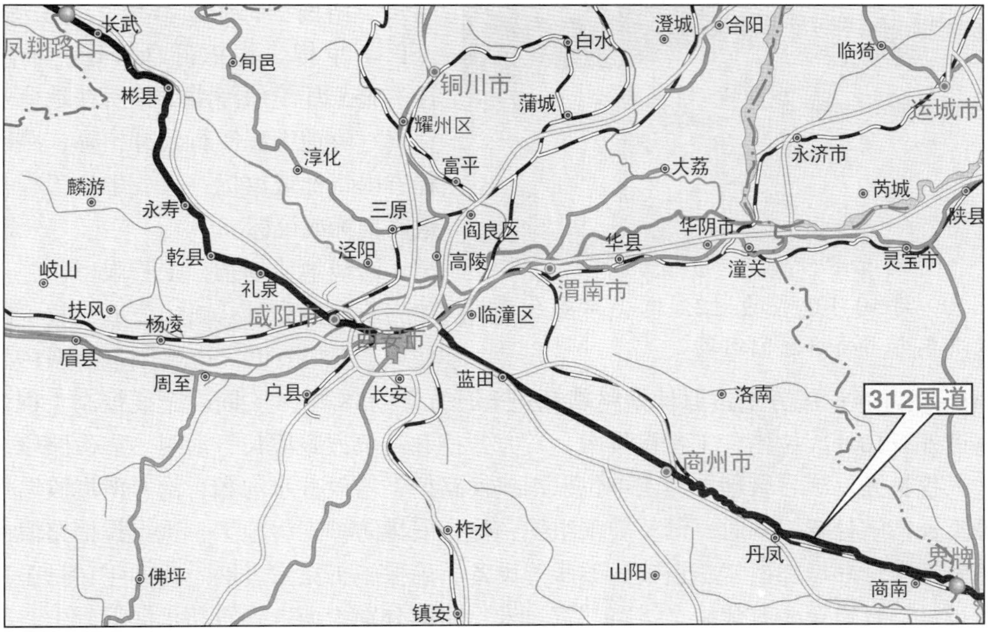

图2-2-7　G312沪霍线陕西段线路图

与沿线地方政府多方筹资，分段进行改建，局部新建，并实施交通部文明样板路创建工程。先后采用一级公路技术标准新、改建的路段有：咸阳至永寿，商州过境段；采用二级汽车专用公路技术标准改建路段主要有：小商塬至商州，太峪至火石嘴，蓝田至小商塬；采用二级公路技术标准改建路段有：商州至丹凤，亭口至冉店，冉店至凤翔路口，丹商界至陕豫界，丹凤县城至丹商界，火石咀至亭口，永寿至太峪，长武至凤翔路口等。

至2010年年底，312国道陕西段全长412公里。其中一级公路113公里，二级公路299公里；有沥青混凝土路面397公里，水泥混凝土路面15公里。路线等级全面提高和路况全面改善，使之与沪陕高速陕西段、福银高速陕西段，构成连接陕西东南与西北向公路交通走廊。

一、小商塬至商州二级汽车专用公路

312国道小商塬至商州二级汽车专用公路，简称小商二级汽车专用公路，由新建与利用原有公路改建而成。改建路段自商州市（今商洛市商州区）黑龙口小商塬村起，经洪门河、麻街，新开隧道穿麻街岭后，经陈塬至商州城西构峪口，与商州过境二级公路相接，长24.63公里。原路麻街岭9.06公里越岭线（占全线长度32%）不足三级公路技术标准，路窄、坡陡、弯急，经常阻车，事故频发；其余路段基本为三级公路。全段整体技术标准低，行车条件不良。1989年日均混合交通量2 904辆次，超过设计能力。省计委1990年6月批准按山岭重丘区二级汽车专用公路技术标准改建。省公路设计院设计。省公路局与商洛地区行署组建工程管理处实施。1991年12月20日开工。其中新建路段15.41公里，利用旧路约9.22公里。

1994年10月建成的312国道小商塬至商州二级汽车专用公路洪门河段

工程施工采用民工建勤与招标承包结合的方式。路基工程和路面底层由商州、洛南、山阳、丹凤、商南等5县（区）承担，组织群众修建。征地拆迁、施工环境保障由工程所在地商州区负责。隧道工程实行公开招标，路面工程省内招标或议标，大、中桥工程在本地区招标或议标。

沿线地质复杂，工程艰巨。施工遇膨胀土路段17处、2.50公里，软土路基12处、1.40公里，边坡严重滑塌19处、78.30万立方米；塌方量占原计划路基开挖土石方量的58.70%。同时全线控制工程多，除隧道外有10处大拉槽，工程量集中，石方开挖和高填方路段长，沿河、靠山路段多，防护工程量大。项目管理与施工单位采用挖换路槽，增设截水沟和盲沟，滑塌段增设挡墙等工程措施处置。同时，调整施工组织，优先安排防护工程施工，重点拉槽路段由专业队伍施工，并增加凿岩、运输、碾压等设备，确保施工正常进展。1994年10月工程告竣，12月15日通车。改建后全线路基宽11米，路面分别为沥青碎石和水泥混凝土，行车道宽8米。设计行车速度40公里/小时，桥涵荷载汽-20、挂-100。新建麻街岭隧道2座，

共长1 383米。完成路基土石方167.60万立方米，清理塌方78万立方米，浆砌防护工程11.30万立方米，铺筑沥青碎石路面25.86万平方米，水泥混凝土路面1.31万平方米。新建大桥2座、241米，中桥4座、317米，小桥7座，涵洞110道，分离式通道9道，平面交叉道10处。经省公路局初验，工程质量评定为优良。

改建工程实际完成投资1.11亿元。其中利用世界银行贷款折合人民币4 000万元，交通部补助600万元，省交通厅养路费补助3 378万元，其余为国内银行贷款和群众集资。实行收费还贷。

新、改建路段与原路相比，路线里程缩短3.60公里，行车时间缩短30分钟，行车条件大为改善，通行能力提高3.50倍，对缓解区间交通紧张，促进商洛山区开放、开发意义重大。

二、太峪至火石嘴二级汽车专用公路

312国道太峪至火石嘴二级汽车专用公路，为利用旧路改建而成。改建段起自彬县太峪镇，沿水泉沟上行，于寺家庄设隧道进入南沟，出沟后沿彬县南侧山坡至火石咀，长15.80公里。原路三级技术标准。太峪上塬和彬县下塬两处平、纵指标极低，回头弯道多达13处，最大纵坡10%以上，最小平曲线半径仅10米。1990年一季度日均混合交通量5 269辆次，高峰时达6 425辆次，通行极为困难。省交通厅于1991年8月批准按山岭重丘区汽车专用二级公路技术标准改建，省公路设计院设计。咸阳市交通局于1995年5月—1998年10月实施完成。改建后路基宽11米，沥青混凝土路面宽8米。设计行车速度40公里/小时，桥涵荷载汽–20、挂–100。新建太峪隧道2座、1 300米。2005年11月，通过咸阳市交通局竣工验收，工程质量评定为合格。工程决算完成投资1.93亿元。其中省交通厅养路费补助5 000万元，其余为利用银行贷款和职工集资。贷款、集资由收取通行费偿还。

长武亭口黑河大桥、彬县黑河大桥建设，见本篇第六章第一节《主要桥梁建设》。

三、蓝田至小商塬二级汽车专用公路

312国道蓝田至小商塬二级汽车专用公路，简称蓝小二级汽车专用公路。自商州市小商塬接小商塬至商州二级汽车专用公路起，经黑龙口沿七盘河上行，于牧护关开凿隧道穿越秦岭，再沿蓝桥河谷下行，经牧护关、蓝桥、普化，至蓝田县李后乡陈家岩，接西蓝高速，长48.59公里。原为三级公路技术标准。路线于崇山峻岭间迂回展延，弯道多、坡度大、视距差，最小平曲线半径仅13米，最大纵坡9%，加之交通量超过通行能力，阻车、堵车严重，成"卡脖子"路段。省计委1993年3月批准改建，列入陕西利用世界银行贷款修建第二批公路项目。省公路设计院设计。省交通厅利用世界银行贷款项目执行办公室承建。1997年4月开工。

小商塬至王滩段约42.15公里，采用山岭重丘区二级汽车专用公路技术标准；王滩至蓝田段约6.80公里，采用平原微丘区二级汽车专用公路技术标准。除蓝桥河峡谷路段11公里路基宽9米、沥青混凝土路面宽8米外，其余路段路基均宽11米，沥青混凝土路面均宽10米。大、中桥净宽与路基同宽。设计行车速度40～80公里/小时，桥涵荷载汽–20、挂–100。

路线穿越秦岭深山，山体多由弱风化花岗岩组成，构造节理发育，不稳定山体、岩石分布较多。施工中局部路基上边坡不断出现滑塌、崩塌、碎落等情况。经省交通厅批准，增加边坡防护治理工程，共治理边坡115段。主要对边坡土石方进行清理和喷浆防护，增设挡护、排水沟及急流槽等综合排水设施，采用预应力锚索（锚杆）锚固、挂网喷射混凝土、钢筋混凝土挡土墙、布鲁克柔性防护网（SNS网）等综合治理措施，加强工程防护。

全线完成路基土石方396.70万立方米，路基防护浆砌片石25.20万立方米，沥青混凝土路面45.27万平方米，水泥混凝土路面0.37万平方米。新建隧道6座、2 293.50米，其中牧护关隧道长1 670米。新建大桥5座、585.52米，中桥23座、1 249.22米，小桥15座，涵洞179道，分离式立交1处，平交6处，收费站2处，管理处和养护工区各1处。

1999年6月改建工程完成并通车后，由于大型超载车辆增多及设计、施工质量等因，路面出现网裂、龟裂、车辙等病害。省交通厅2002年第18次厅长办公会议决定实施路面整治工程。由运营管理企业——陕西交通资产经营有限公司于是年8—10月实施。

2008年1月18日，运营中的蓝小二级汽车专用公路小商塬段

蓝小二级汽车专用公路主体建设、边坡防护治理、路面整治等三项工程，经审计实际完成投资4.66亿元。其中省客货运附加费资金补助9 308.80万元，利用国内银行贷款1.39亿元，国债转贷5 000万元，世界银行贷款折合人民币1.38亿元（1 669.81万美元），其余由陕西交通资产经营有限公司自筹。国内外银行贷款由收取通行费偿还。

2003年7月，蓝小二级汽车专用公路通过省计委和省交通厅竣工验收，工程质量评定为合格。

该段公路建成后，区间公路交通条件显著改善，吸引区间大部分车流，交通流量增长迅猛，在沪陕高速陕西段建成前，起着西安至商州间公路交通主通道作用。

四、咸阳至永寿一级公路

312国道咸阳至永寿一级公路，先后分咸阳至乾县、乾县至永寿两段实施新、改建。咸阳至乾县段简称咸乾一级公路；两段新、改建完成后，统称咸永一级公路。

咸乾一级公路起自咸阳市西北氮肥厂门前，经秦都区北上召、双照，兴平市店张，礼泉县城，乾县灵源、阳洪及县城东区，至乾陵永泰公主墓，长50.56公里。原路为在老三级公路基础上改建的二级公路。区间农业加速产业化，交通量快速增长，过境交通亦增长迅速。礼泉至乾县间1995年平均日混合交通量7 798辆。省计委1996年4月批准改建。省交通厅1996年11月组建咸乾一级公路改建工程管理处，负责改建和经营管理。1997年4月开工。

全线除为避绕兴平店张镇新建1.24公里外，其他路段基本沿旧路拓宽改造。咸阳城区、礼泉城区及乾县城区过境段合长9.80公里，按城市道路技术标准建设，路基宽度分别为46米、38米和36米，沥青混凝土路面宽28米；其他路段按平原微丘区一级公路技术标准建设，路基宽24.50米，双向四车道，沥青混凝土路面，双幅各宽10.75米，行车道各宽7.50米，非机动车道各宽2.75米。设计行车速度100公里/小时，桥涵荷载汽–超20、挂–120。工程共完成路基土石方128.80万立方米，铺筑沥青混凝土路面103.45万平方米，修建小桥4座，涵洞91道，收费站2处。

此外，咸阳市西北氮肥厂门前至秦都区北上召村3.40公里，按城市道路标准，由咸阳市交通局承包修建。总宽度46米，双幅人行道各宽8米，慢车道各宽6米，分隔带各宽2米，快车道宽14米。建成后交咸阳市城建部门管护。

咸乾一级公路1998年10月全线改建完成通车。经省交通厅组织交工验收，工程质量评定为合格。竣工决算完成投资2.30亿元。因设计变更、材料价格上涨及征地拆迁费用增加等，超支6 340万元。资金来源为省交通厅养路费补助5 000万元，其余为利用银行贷款。实行收费还贷。

1999年8月，312国道乾县至永寿段路面工程施工

咸乾一级公路建成后，乾县至永寿段16.21公里，亦由咸乾一级公路改建工程管理处于1999年1月至10月实施改建，采用技术标准与咸乾段同。工程实际完成投资9 566.65万元，由该管理处筹措。改建完成后，纳入咸乾一级公路统一运营管理。

咸永一级公路运营管理单位几经变动。2000年3月，省交通厅决定撤销咸乾一级公路改建工程管理处，该路交由省交通资产物业公司经营管理。2003年8月咸永一级公路收费经营权转让后，由咸永路业发展有限责任公司经营管理（见第六篇第四章第一节《公路收费权转让》）。

五、丹商界至陕豫界段改建

312国道丹商界至陕豫界段改建路线，起自丹凤、商南两县交界湘子河，经商南县清油河、试马河、城关镇、五里铺、十里铺、富水、谢家湾，至陕豫界商南县界牌，长39.49公里。原路为三级技术标准，随着沿线经济发展，村镇扩大，经过村镇路段形同街道，车辆难行。1997年11月—1999年10月，省公路局与商洛地区交通局签订包建协议，由商洛公路管理总段实施改建。采用山岭重丘区一般二级公路技术标准改建。设计行车速度40公里/小时，桥涵荷载汽–超20、挂–100。改建基本沿旧路进行拓宽，局部路段裁弯取直。改建后路基宽12.30 ~ 12.60米，商南县城区接线路基宽14米，沥青混凝土路面宽9米。新建大桥3座、406米，中桥11座、599米，隧道1座、625米，涵洞144道，收费站1处，道班房2处。实际完成投资3.20亿元，其中省交通厅养路费补助5 200万元，其余为利用银行贷款，由收取通行费偿还。

六、丹凤县城至丹商界段改建

312国道丹凤县城至丹商界段改建路线，起自丹凤县城东鹿池村，跨资峪河，穿资峪岭隧道，经桃花铺、铁峪铺，穿武关隧道，跨武关河，进磨西沟，至丹凤县与商南县交界湘子河，长35.78公里。该段原为三级公路技术标准。1998年5月—1999年10月，由商洛地区交通局按山岭重丘区一般二级公路技术标准实施改建。设计行车速度40公里/小时，桥涵荷载汽-超20、挂-100。改建基本沿旧路拓宽。改建后路基宽12米，沥青混凝土路面，行车道宽9米。新建隧道2座、1 668米，大桥1座、263米，中桥5座、300米，涵洞145道。竣工决算完成投资2.72亿元，其中省交通厅养路费补助8 109万元，其余为利用银行贷款，由收取通行费偿还。

七、永寿至太峪段改建

312国道永寿至太峪段改建路线，自永寿县城南接乾永一级公路起，过永寿县城后经蒿店、永平、底角沟，至彬县太峪镇，长34.37公里。1998年9月—1999年12月分两段实施改建。永寿县城过境段5公里，随县城发展形成街道，行人、非机动交通工具与过往汽车交织，行车不畅，且不安全。改建工程路基、排水及管道铺设、照明、绿化等工程，由永寿县政府组织实施，路面工程由咸阳公路管理总段完成。新建过境段按城市道路设计，路基宽28米，沥青混凝土路面满铺。永寿县城北至彬县太峪29.37公里，原为三级公路技术标准，越岭地段线位高，标准低，冬季路面极易积雪结冰，导致事故多发，交通阻断。由咸阳公路管理总段实施改建，基本沿旧路施行拓宽改造。永寿至永平15.50公里，采用平原微丘区二级公路技术标准；永平至太峪18.87公里，采用山岭重丘区二级公路技术标准。改建后路基宽12米，沥青混凝土路面，行车道宽9米。设计行车速度40～60公里/小时，桥涵荷载汽-20、挂-100。新建永寿梁隧道1座、624米，中桥1座、80米，小桥5座，涵洞67道。竣工决算完成投资1.50亿元，其中省交通厅养路费补助3 500万元，其余为利用银行贷款，实行收费还贷。

八、商州过境段一级公路

312国道商州过境一级公路，自商洛市商州区东龙山离开原路起，跨至丹江西南岸，经刘湾、李家塬、王塬、陈塬，至二龙山西干渠后与原路相接，长8.39公里。

2008年6月13日，312国道商州过境一级公路路面大修工程施工

原312国道商州过境段基本沿丹江北河堤行走，路基与河堤结合，长约7公里，二级公路技术标准。随着商州城区不断扩大，过境交通与城市交通均快速增长，且相互干扰，通行不畅。新建路段沿丹江南行走，与河堤分离。

2000年1月—2002年10月，商洛地区交通局按山岭重丘区一级公路技术标准，分两期实施新建。一期工程为过境一级公路。其中7.28公里为双向四车道，路基宽22.50米，中间分隔带宽1.50米；与原路连接过渡段1.15公里为两车道，路基宽12米。设计行车速度60公里/小时，桥涵荷载汽–超20、挂–100。新建大、中桥4座、497.77米，涵洞19道，通道4道。二期工程为修建商州互通式立交。立交由主桥和4个匝道桥构成半苜蓿叶型。主桥长345米，宽12米；匝道桥长82.50米。立交桥附属道路长2.20公里。共完成投资8 600万元。资金由商洛地区筹措，其中利用银行贷款纳入312国道商洲至丹凤公路收费偿还。2008年，该段一级公路列入干线公路养护大修工程，进行路面大修。

第八节　G316福兰线陕西段

1990年年底，316国道陕西段里程439公里。其中等级公路426公里，等外公路13公里；等级公路中三、四级公路里程占95.20%；除19公里为高级路面外，有次高级路面360公里，中级路面60公里。全线山区路段坡大、弯急、路窄，平原路段人、车混杂，事故多发。线路走向见图2–2–8。

自20世纪90年代起，省、地（市）公路交通部门与沿线地方政府，多方筹资，分期进行改建，大多采用“贷款修路、收费还贷”方式，对重要路段进行改善提高。重点对三、四级公路进行二级或三级改建、改造，消除等外路段，铺装沥青混凝土或水泥混凝土路面，着力改善路况和路容，完善防护和交通安全设施，提高通行能力。先后新、改建路段主要有：安康至恒口，西乡古城至太白洞，留坝柴关岭至凤县留凤关，留坝铁佛店至二十里铺、柴关岭至画眉关，旬阳蜀河至构元轮渡码头，汉中市（今汉中市汉台区）石门库区段，留坝二十里铺至潘家河，汉阴平梁至安康恒口，汉阴平梁至石泉汉江大桥，留坝画眉关至姜窝子，城固至西乡，凤县双石铺至留凤关，汉阴双乳至安康恒口，石泉马岭关至汉江大桥，城固至褒河，并实施安康至旬阳至白河通县公路工程。

图2–2–8　G316福兰线陕西段线路图

至2010年年底，316国道陕西段全长521公里，全部改建为等级公路。其中一级公路8公里，二级公路304公里，三级公路209公里；有沥青混凝土路面447公里，水泥混凝土路面74公里。

316国道陕西段与国家高速十天线陕西段，构成通贯陕南的东西向公路通道，发挥公路交通走廊作用。

一、安康至恒口段改建

316国道安康至恒口段，起自安康市（今安康市汉滨区）江北安旬路口，经五里至恒口镇，长25.86公里。原路三级公路技术标准。路线处安康地区百里川道和粮油生产基地，沿线村镇多，人口密，交通量大。1988年11月起按山岭重丘区二级公路技术标准进行新、改建，1993年1月完成。省公路局与安康市政府签订改建承包合同。路基和中、小桥工程与征地拆迁，由安康市政府组织实施。沥青混凝土路面工程及恒河大桥、付家河大桥，由安康公路管理总段施工。基本沿原路进行拓宽改造。改建后路基宽14米，沥青混凝土路面宽9米。设计行车速度40公里/小时，桥涵荷载汽-20、挂-100。新建大桥2座、310.60米，中、小桥9座、180米，涵洞及倒虹129道，收费站2处。工程实际用资2 849.48万元，其中省交通厅养路费补助911.70万元，其余由安康市政府利用银行贷款解决。建成后由省公路局和安康市政府联合设站收费，偿还贷款。

二、留坝铁佛店至二十里铺段改建

316国道留坝铁佛店至二十里铺段改建，起自留坝县铁佛店，基本沿褒河西岸阶地下行，经五里铺、五曲铺、马道，至二十里铺，长20.36公里。原路技术标准低，路基宽度不足7米，平曲线半径小于65米有42处，最小半径20米，最大纵坡9%，行车条件差，交通事故多。按山岭重丘区二级公路技术标准改建。设计行车速度40公里/小时，桥涵荷载汽-20、挂-100。汉中公路管理总段1996年8月实施，1997年8月完成。工程在满足技术指标前提下，基本沿旧路布线，除弯急、坡陡路段采用加宽、降坡措施外，其他路段尽量利用原有完好防护、排水、桥涵构造物。改建后路基宽9米，沥青碎石路面满铺，最大纵坡5.90%，最小平曲线半径80米。新建小桥2座，涵洞96道，收费站1处。竣工决算完成投资2 363.82万元，除省交通厅养路费补助500万元外，其余为利用银行贷款，由收取通行费偿还。

汉中潘家河大桥建设，见本篇第六章第一节《主要桥梁建设》。

三、旬阳蜀河至构元轮渡码头段改建

316国道旬阳蜀河至构元轮渡码头段改建，起自旬阳县蜀河金竹沟，经棕溪至构元轮渡码头，长34.82公里。原路为1970年按老六级公路技术标准所修，坡大、弯急、路窄，行车不畅，事故多发。1996年12月—1997年12月，安康地区交通局与旬阳县政府采用民办公助方式，按山岭重丘区三级公路技术标准改建，分两期实施。一期工程改建蜀河金竹沟至棕溪18公里，二期工程改建棕溪至构元16.82公里。主要改造、加宽路基，完善防护设施，清理塌方，修建桥涵。由民工专业队承担挡墙、桥涵施工，沿线群众以会战方式承担路基土石方施工。县、乡、村层层签订目标责任书，实行“六定一包”责任制，即定项目、定质量、定工期、定安全、定补助金额、定奖惩，包伤、病、残、亡等

遗留问题，确保全面完成改建任务。改建后路基宽度7.50米，沥青碎石路面宽6.90米。设计行车速度30公里/小时，桥涵荷载汽–20、挂–100。共开挖土石方88.80万立方米，完成防护工程174处、9.13万立方米，清除线外塌方14.61万立方米。新建中桥11座、540.60米，小桥8座，涵洞102道。

共完成投资1 027.10万元。省公路局按每公里20万元予以补助，其余所需资金由地、县自筹和群众投劳补充。

旬阳蜀河大桥建设，见本篇第六章第一节《主要桥梁建设》。

四、留坝柴关岭至画眉关段改建

316国道留坝柴关岭至画眉关段改建，起自留坝县与凤县交界处柴关岭，向南经张良庙、枣木栏、小留坝，接留坝县城过境路，至画眉关，长25.79公里。沿线山高沟深，路窄坡陡，弯多弯急，路线技术标准不足三级。按山岭重丘区二级公路技术标准改建。设计行车速度40公里/小时，桥涵荷载汽–20、挂–100。1998年4月开工，历时两年4个月告竣。淘沙坝至画眉关约4.50公里，为避绕留坝县城新修过境段，由留坝县政府组织修建。路基宽12.90米，水泥混凝土路面宽12米。其他路段利用旧路改建，汉中市交通局组织实施，重点进行拓宽、裁弯、降坡，重铺路面，完善沿线设施。改建段路基宽9.40米，水泥混凝土路面宽8.50米。新建中、小桥6座、223.20米，涵洞99道。工程决算完成投资6 933.02万元，其中省交通厅养路费补助1 300万元，利用银行贷款5 633.02万元。实行收费还贷。

五、凤县双石铺至留凤关改建

316国道凤县双石铺至留凤关改建，起自凤县双石铺镇，向南经十里店、酒奠梁、酒奠沟，至留凤关，与柴关岭至留凤关二级公路改建段相接，长22.85公里。原路三级技术标准。酒奠梁越岭段平、纵指标低，路窄弯急，坡陡且长，事故易发。按山岭重丘区二级公路技术标准改建。设计行车速度40公里/小时，桥涵荷载汽–20、挂–100。宝鸡公路管理总段1998年4月起分两期实施，2002年8 月工程告竣。一期改建酒奠沟至留凤关9.68公里，二期改建双石铺至酒奠沟13.17公里。除酒奠梁越岭段约8公里受地形限制，施行旧路拓宽改造外，其余路段进行改建。改建段重点是加宽路基，裁弯取直，调顺纵坡。路基宽度依地形有所不同，酒奠沟至留凤关段为12米，双石铺至酒奠沟段为10米，酒奠梁越岭段（K5+170 ~ K13+157）为8.50米。路面均为沥青混凝土满铺。新建中桥1座、46米，小桥3座，涵洞10道。实际完成投资5 066.84万元，其中省交通厅养路费补助1 600万元，其余为利用银行贷款，由收取通行费偿还。

316国道秦岭山区路段历经多次改建、改造，等级标准提高，沿线设施完善。图为2002年8月改建后的酒奠梁盘山路段

六、汉阴平梁至安康恒口段改建

316国道汉阴平梁至安康恒口段改建，起自汉阴县平梁镇东，经汉阴县城、涧池、蒲溪、双乳，至安康恒口镇，长34公里。其中新建14公里，改建20公里。原路三级公路技术标准，位处安康以西秦岭与大巴山脉凤凰山之间谷地，沿线村镇多，人口密，交通量大，通行不畅。采用山岭重丘区二级公路技术标准改建。设计行车速度40公里/小时，桥涵荷载汽-20、挂-100。安康公路管理总段1998年11月实施，2002年8月完成。改建工程分两期进行。一期改建汉阴平梁东至双乳镇25公里。其中汉阴县城过境段5.50公里为新建，其余沿旧路拓宽，裁弯取直。改建后路基宽12米，沥青混凝土路面同宽。新建大桥2座、253米，中桥2座、61米，小桥10座，涵洞184道。二期新建汉阴双乳镇至安康市汉滨区恒口镇段8.56公里。建成后路基宽12米，沥青混凝土路面同宽。新建隧道1座、545米，大桥2座、434米，中桥2座、69.50米，小桥3座，涵洞51道。两期工程合计完成投资1.62亿元。其中省交通厅养路费补助5 405万元，其余为利用银行贷款。实行收费还贷。

2000年5月，316国道汉阴至恒口二级公路改建施工

七、汉阴平梁至石泉段改建

316国道汉阴平梁至石泉段改建，起自汉阴县平梁镇东，经平梁、红星、三堰、高梁铺，石泉县良田、马池、池河、柳林、马岭关、李家坝、长安坝、石泉火车站，至石泉汉江大桥西，全长30.50公里。原路三级技术标准，马岭关段坡陡弯急，事故多发。采用山岭重丘区二级公路技术标准改建。设计行车速度40公里/小时，桥涵荷载汽-20、挂-100。安康市交通局分两期组织实施。1998年12月动工，2001年12月完成。一期改建汉阴县平梁镇东至石泉县马岭关东18.92公里，其中新建5.30公里，其余沿旧路拓宽，裁弯取直。新建大、中桥8座、484米，小桥10座。二期改建石泉县马岭关东至石泉汉江大桥西11.58公里，新建大、中桥9座、1 219米，小桥1座，隧道2座、989米。建成后路基宽12米，沥青混凝土路面宽9米。决算完成投资2.63亿元，其中省交通厅养路费补助8 000万元，其余为利用银行贷款。实行收费还贷。

石泉马岭关汉江大桥建设，见本篇第六章第一节《主要桥梁建设》。

八、安康至旬阳至白河段改善

316国道安康至旬阳至白河段，简称安旬白公路。路线起自安康市汉滨区中渡村，沿汉江北岸经早阳，旬阳县段家河、吕河、城关镇、庙岭、构元、关口、兰滩，白河县冷水、城关镇，至白河县陕鄂交界下卡子，长185公里。

安旬白公路为1970年修建襄（樊）渝（重庆）铁路时，按老六级公路技术标准修建的支铁路。修建实行先通后畅、随弯就弯、随坡就坡原则，沿线桥梁大部分为临时架设军用钢梁。1982年3月列为省道养护。1986年按山岭重丘区三级公路技术标准改造蜀河至白河县城段。因投资不足，改造工程未能按设计标准完成。1996—1998年复对部分路段进行改造。总体线路标准低，防护配套设施差。2001年12月经省发展计划委员会批准，列入通县公路工程计划。安康市汉滨区交通局承建。2002年4月开工。

全线依地形与原有路况，采用不同技术标准。安康市汉滨区江北段4.10公里，按山岭重丘区二级公路技术标准改善，路基宽12米，水泥混凝土路面宽11.40米。设计行车速度40公里/小时，桥涵荷载汽-20、挂-100。另180.90公里路段按山岭重丘区一般三级公路技术标准改善，主要实施路面工程，完善排水、防护和交通设施。全线共完成土石方14.80万立方米，防护工程6.14万立方米，新修涵洞48道，铺筑沥青混凝土路面102.87万平方米，水泥混凝土路面3.60万平方米。改建后路基宽7.50米，沥青混凝土路面宽6.90米。设计行车速度30公里/小时。桥涵荷载汽-20、挂-100。经改造后全线路基稳定，路面平整，线型顺适，涵洞、排水沟、防护和交通设施较为完善，满足行车安全需求。

2002年12月工程告竣。决算完成投资9 227.87万元，全部为利用国债资金。

九、城固至褒河段改建

城固至褒河段原路为二级技术标准，系316、108两条国道经汉中盆地共线段。起自城固县城西江湾村，经沙河营、柳林和汉中市汉台区新铺、新民寺、染房营、老君、崔家沟、宗营镇、河东店，至褒河沥水沟口，长41.71公里。除河东店至沥水沟口段1.99公里按二级公路技术标准改建外，城固至河东店段39.72公里，按平原微丘区一级公路技术标准改建。汉中市交通局承建。2006年1月开工，2008年1月交工。

该段新民寺至崔家沟8.60公里为新建路段，其余路段基本沿旧路进行半幅加宽。整体式路基宽度为24.50米，分离式路基为两个半幅路基各宽12.25米，加6～8米中央绿化带。沥青混凝土路面。设计行车速度80公里/小时，桥涵荷载公路-Ⅰ级。

2007年7月，316国道城固至褒河段改建工程路面施工

改建工程共完成路基土石方176.80万立方米，防护、排水工程7.96万立方米，水泥混凝土路面94.60万平方米。新建大桥2座、647.12米，中桥2座、59米，小桥8座，涵洞160道，公铁平交1处，大型公路平交2处，养护收费区1处。竣工决算共完成投资4.23亿元。其中省交通厅养路费补助9 000万元，其余为利用银行贷款。实行收费还贷。

第三章 省道公路建设

陕西省道公路，大多为服务城镇、工农业生产基地、经济技术开发区、资源开发区、重要旅游景区、重点工程建设或连接其他公路需要，通过新建或改造农村道路逐步形成，为连接县级以上城镇和主要工矿区、旅游区的省级干线公路。随着沿线经济社会发展，在通过加强养护维修、改善路况的同时，地方政府与公路系统多方筹资，采用投资包干、民工建勤及贷款修建、收费还贷等方式，重点对等级低、路况差、交通量大、通行困难的路段进行改造、改建和适当新建。改造、改建依预测交通量及地形、资金等条件，分别采用平原微丘区二级、三级公路技术标准，或山岭重丘区二级、三级公路技术标准，路面采用沥青混凝土、沥青表处或水泥混凝土结构，局部路段采用简易路面铺装。通过拓宽路基、改善线型、降低纵坡、治理病害、改建危桥、加铺路面、完善设施等，提高等级标准，改善行车条件。同时为避绕沿线人口集中的村、镇及优化公路线型，适当新建路线。2010年年底，全省省道共28条，按省道列养路线13条，总里程5 596.28公里。省道公路中高速公路255.29公里，一级公路374.56公里，二级公路2 415.41公里，三级公路2 365.14公里，四级公路157.38公里，等外路28.50公里。等级公路占省道总里程99.49%，其中二级以上公路占省道总里程54.42%。

第一节 辐射线

一、S101西小线

S101西小线原为312国道陕西境一段。蓝田至商州间二级汽车专用公路建成后，区间312国道改线，原路段调整为101省道。其线路走向见图2-3-1。

该线重点改建西安至蓝田段。原路三级技术标准，路面破损严重。1990年7月—1993年11月，由西安市交通局组织，按平原微丘区二级公路技术标准改建。西安市政府将该项目列为1993年兴办的十件实事之一。

改建路线起自西安市灞桥区豁口，向东南经洪庆，蓝田县华胥、洩湖，至蓝田县城，长29.36公里。改建工程主要利用旧路进行加宽，完善沿线交通设施，重铺路面。新建中、小桥梁13座、242米，涵洞128道。实际完成投资4 900万元，其中交通部补助800万元，其余为西安市交通局自筹和利用银行贷款。

2010年年底，101省道全长84公里，其中二级公路约30公里，三级公路54公里，有沥青混凝土路面74公里，水泥混凝土路面10公里。

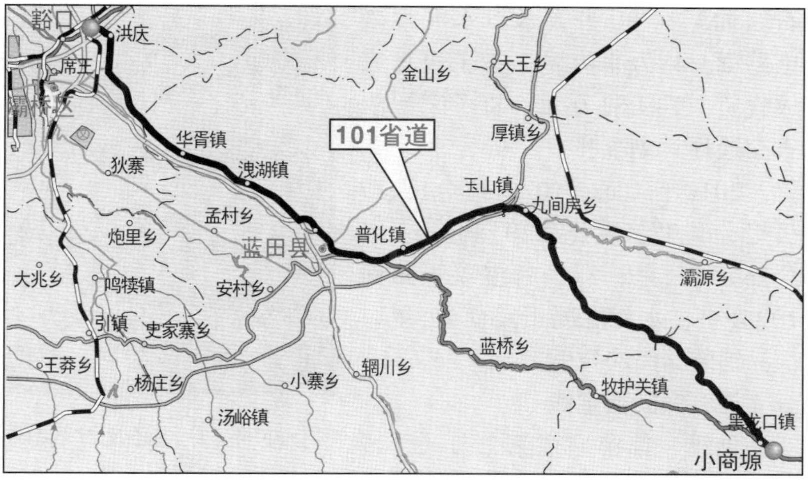

图2-3-1　S101西小线线路图

二、S102西旬线

S102西旬线原路为老六级技术标准，历经分段修建及改建，各项技术指标仍普遍较低。其线路走向见图2-3-2。1992年10月，柞水公路段列养的81.50公里，按省公路局大修计划安排，铺设沥青混凝土路面，实现该线西安至镇安段黑色化。1998年12月—2000年11月，安康地区交通局组织，按山岭重丘区二级公路技术标准，修建旬阳至甘溪段连接线20公里。2000年10月—2001年8月，安康公路管理局按山岭重丘区三级公路技术标准，实施镇安界至甘溪段路面改善工程。2006—2009年，商洛公路管理局按山岭重丘区三级公路技术标准，先后完成柞水县城至宁陕县广货街86公里、柞水县城至镇安县城40公里路面大修。

旬阳连接线修建工程。路段起自旬阳县甘溪镇溪沟桥东，经青泥、草坪，于党家坪跨旬河，过牛圈沟、周家沟，与316国道和旬阳汉江大桥相接，长20公里。原路三级技术标准，坡陡弯急。按山岭重丘区二级公路技术标准改建。其中拓宽改造旧路13.40公里，新建路段6.60公里。路基宽8.50～10米，路面宽7～8.50米，设计行车速度40公里/小时，桥涵荷载汽-20、挂-100。修建隧道1座、270米，大、中桥6座、664.60米，小桥4座。工程决算完成投资1.14亿元，资金来源为省交通厅计划安排。

镇安界至旬阳甘溪段路面改善工程。路段起自镇安、旬阳两县交界处，向南经旬阳县小河、赵湾、红岩、大岭，至甘溪镇，长52.68公里。着重改善路面，局部路基拓宽改造，增设部分排水和交通安全设施。改建后路基宽7.50米，沥青碎石路面满铺。设计行车速度30公里/小时，桥涵荷载与上段同。完成路基土石方5.64万立方米，沥青碎

图2-3-2　S102西旬线线路图

石路面37.45万平方米，水泥混凝土路面1.43万平方米。竣工决算完成投资3 149.81万元，资金来源为省交通厅计划安排。

2009年4月，经改建的102省道镇安境三级公路

2010年年底，102省道全长217公里，其中二级公路20公里，三级公路197公里；有沥青混凝土路面192公里，水泥混凝土路面5公里，简易铺装路面20公里。

三、S103西宝线

见第一篇第一章第二节《干线公路网规划》。

四、S104西千线

原为三级沙石路，20世纪80年代改造为油路，1990年实施城镇过境路改造，部分路段改建成二级公路。1996年列入省道网养护。其线路走向见图2-3-3。自1999年起，先后分段对交通量大路段进行重点改造。是年8月—2002年5月，改建扶风县城过境段5.16公里。2000年9月—2003年6月，改建咸阳至茂陵至兴平16.40公里。改建路段，均采用平原微丘区二级公路技术标准。改建资金除省交通厅养路费补助外，其余由建设单位利用银行贷款，建成后收费还贷。

扶风县城过境段改建。原路为三级技术标准，穿越县城东侧，人、车混合交通，通行十分不便。宝鸡公路管理局实施改建。改建路段途经南宫、谷沟、王家坡、北庵等村组。新建七星河大桥1座、500米，中桥1座、29.87米。改建后路线顺适，路面平整，通行能力提高。竣工决算完成投资3 465.04万元。其中省交通厅养路费补助2 000万元。

咸阳至茂陵至兴平段改建。原路为三级技术标准，路况差，交通拥挤。改建分主线和支线两段实施。主线起自咸阳市马泉镇丁字路口，经兴平市高渡、符家桥、西吴、王家，至渭惠渠八字桥，长11.45公里；支线由符家桥至茂陵博物馆，长4.94公里。咸阳公路管理局承建。新建小桥1座，涵洞42道。竣工决算完成投资3 592.50万元，其中省交通厅养路费补助740万元。

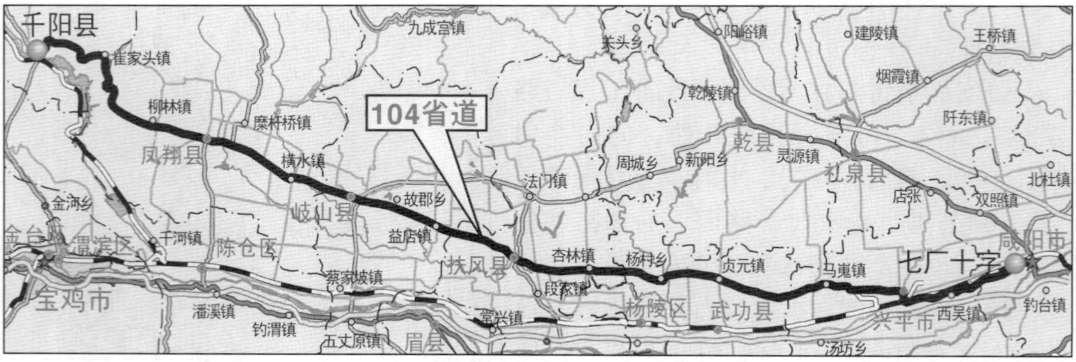

图2-3-3　S104西千线线路图

2010年10月起，按平原微丘区二级公路技术标准，由咸阳公路管理局实施兴平市马嵬至扶风界31.60公里改建。

至2010年年底，104省道全长179公里，其中一级公路6公里，二级公路52公里，三级公路121公里；有沥青混凝土路面169公里，水泥混凝土路面10公里。

五、S105西机线

S105西机线原为西安咸阳国际机场二级汽车专用公路，其线路走向见图2-3-4。省交通厅1989年10月批准新建，11月开工，1991年8月竣工。属国家“七五”重点建设项目西安咸阳国际机场配套工程。省高管局承建并运营。

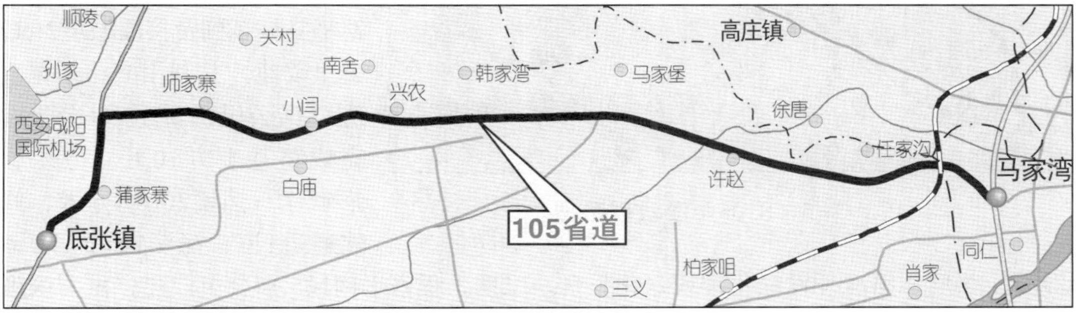

图2-3-4　S105西机线线路图

路线东起西三一级公路梁村塬互通式立交（高陵县梁村），经咸阳市正阳、韩家湾、底张，至机场东门与场区道路相接，长18.97公里。采用平原微丘区二级汽车专用公路技术标准建设，实行全封闭、全立交，双车道，上下行分向行驶。工程完成土方71.60万立方米，铺筑路面20.90万平方米，新建中桥1座、52米，小桥6座，分离式立交3座，涵洞115道，交通标志、标线和安全防护设施完善。竣工决算完成投资5 488.40万元，由省交通厅养路费投资。建成后设站收取通行费。

1992年5月，通过省交通厅竣工验收，工程质量评定为优良。

1996年该路由西安咸阳国际机场专用公路调整为省道。2001年6月，该线与西铜公路收费经营权一并转让，由陕西西铜高速公路有限公司运营管理（见第六篇第四章第一节《公路收费权转让》）。2009年7月，该线K15+864至终点机场东门路段，并入新建的机场专用高速公路。

至2010年年底，105省道全长15.86公里，全部为二级汽车专用公路，沥青混凝土路面。

六、S106西澄线

S106西澄线线路走向见图2-3-5。原路为三级技术标准，路面破损严重，不能适应区间客流与农产品、电煤等物资运输需求。自1994年起实施重点改建。是年5月起改建富平段，历时3年5个月完成。1998年3月起改建蒲城段，历时4年4个月完成。1999年4月起改建澄城段，历时4年7个月完成。2002年10月起改建富平南段，历时2年2个月完成。改建采用平原微丘区二级公路技术标准，以利用原路为主，避绕城镇等路段适当新建。改建后路基一般宽12～14米，部分村镇过境段宽16米。资金来源除省交通厅养路费补助外，其余为利用银行贷款。实行收费还贷。

图2-3-5　S106西澄线线路图

富平段改建。路线起自富平县与三原县交界处，向北经富平县城、华朱、王寮、到贤，至富平与蒲城县交界处，长25.33公里。一期工程分两段实施。由富平县政府组织，实施石川河桥头至富平县城区（含温泉河桥）4.21公里改建；由渭南公路管理总段实施富平县城至到贤接蒲城境21.12公里改建。共利用旧路拓宽改造17.67公里，新建7.66公里。完成路基土方50万立方米，浆砌片石挡墙200立方米，修建通道1道，涵洞70道。增铺混凝土路肩，路肩外设绿化带或绿化平台。二期工程富平南段5.14公里改建，由渭南市交通局组织实施完成，新建石川河大桥1座、486.05米。两期工程共完成投资8 328.19万元，其中省交通厅养路费补助1 300万元，利用省交通厅统贷资金1 840万元，其余由渭南市自筹。

蒲城段改建。起自该县苏坊乡武店村，经兴镇、县城南、椿林、孙镇、曲里村，至蒲城与澄城县交界卓里，长57公里。渭南公路管理总段承建。一期改建蒲城苏坊乡武店至孙镇段约44公里，二期改建孙镇至蒲澄交界卓里段约13公里。其中利用旧路拓宽约37公里，新建约20公里。新建永丰洛河大桥1座、428米，小桥4座，涵洞188道。共完成投资1.51亿元，其中省交通厅养路费补助2 480万元，蒲城县财政局专项补助233万元，其余为银行贷款。

澄城段改建。起自澄城县与蒲城县交界卓里，经澄城县杨家岭、南北社、雷庄，至庄头乡，长约22.55公里。渭南公路管理总段实施改建。基本沿旧路进行拓宽，纵坡超限路段改线降坡，通过村镇路段局部改线绕避。新建小桥2座，涵洞35道。完成投资4 006.43万元，其中省交通厅养路费补助690万元，其余为银行贷款。

至2010年年底，106省道全长118公里，其中一级公路4公里，二级公路112公里，三级公路2公里，全部为沥青混凝土路面。

第二节　南北线

一、S201渭清线

S201渭清线为20世纪60年代经对地方道路整修而成，其线路走向见图2-3-6。1990年年底，全线385公里，均不足三级公路技术标准，路面基本为次高级和中级。

1991年8月—1994年5月，先后新、改建清涧县三角坪至延川段、渭南城区至故市段；1995年4月—2001年6月，先后改建蒲城县段、黄龙至宜川程落西段、白水河大桥及二级公路引线、渭南韩家村至故市段。2002年5月—2003年10月，分别改建黄龙至宜川程落东段、延川县城过境段。2006年7月—2009年6月，实施宜川云岩至延川段建设。先后共改建、改造平原微丘区二、三级公路114公里，山岭重丘区二、三级公路253公里。承建单位有省公路局、地（市）交通局、公路管理局（公路管理总段）及县级政府等。建设资金有交通部补助、利用国债、省列支或补助及地（市）自筹，不足部分利用银行贷款。利用银行贷款项目，建成后均实行收费还贷。

清涧县三角坪至延川段改造。自清涧县三角坪至延川县贺家湾，长约27公里。原路不足三级技术标准。清涧县境16公里、延川县境11公里，分别由榆林、延安两个公路管理总段施工。主要进行路基整修和油路面铺设。总投资1 840万元，其中交通部补助810万元，其余由省交通厅养路费列支。

渭南城区至故市段新建。立项时为渭清公路渭南沙王渭河大桥及接线工程。路线起自渭南城区310国道K58+150处，为201省道起点，北行穿渭南市西区，在沙王设桥跨渭河，接108国道，经巴邑绕故市接201省道，长25.36公里。由渭南地区交通局按平原微丘区一般二级公路技术标准承建。其中新修20公里，改造旧路3.07公里，新建沙王渭河特大桥1座、2 294米（见本篇第六章第一节《主要桥梁建设》。工程决算完成投资6 743万元，其中交通部补助3 200万元，省交通厅养路费补助450万元，不足部分利用银行贷款。

蒲城段改建。起自蒲城县与渭南市临渭区交界秦家村，经党睦，跨西（安）韩（城）铁路，过陈庄，下穿西（安）延（安）铁路，从县城东经翔村、罕井，至蒲城与白水交界处两仙庙，长42.83公里。原路大部分为平原微丘区三级技术标准，但部分路段弯道半径小，坡度大，视距不良，经村镇路段多成街道，通行不畅。蒲城县政府组织按平原微丘区一般二级公路技术标准改建。其中旧路改建33.73公里，新改线路9.10公里。实际完成投资9 294.34万元，其中省交通厅计划拨款1 280万元，不足部分利用银行贷款。

图2-3-6　S201渭清线线路图

黄龙至宜川县城西线改建。起自黄龙县城西水磨湾，经旗杆庙、瓦子街，至宜川县城，长83.33公里。延安市交通局承建黄龙至旗杆庙段（简称黄旗段）25.72公里，旗杆庙至瓦子街段（简称旗瓦段）31.96公里；省公路局承建瓦子街至宜川县城段（简称瓦宜段）25.65公里。黄旗段除1.96公里采用山岭重丘区二级公路技术标准改建外，其余均按山岭重丘区三级公路技术标准改建。新建中、小桥11座、212.63米，涵洞81道。旗瓦段采用山岭重丘区三级公路技术标准，新建中、小桥7座、102.50米，涵洞88道。瓦宜段宜川县城过境段3.50公里为山岭重丘区二级公路技术标准，其余路段为山岭重丘区三级公路技术标准。新建大桥1座、101.56米，中桥1座、83.64米，小桥7座，涵洞89道。黄旗、旗瓦段改建完成通车后，因地下水位高，土质不良（低液限粉土），加之设计深度不够、投资不足等，部分路段出现翻浆、沉陷、坑槽、龟裂。2000年4—9月，延安市交通局、延安公路管理局先后对病害路面进行整治补强。延安市交通局与长安大学联合进行黄龙山区软路基施工技术研究，指导改建工程。改建工程用资1.31亿元，由省交通厅计划拨款解决。

2002年11月改建后的201省道黄龙至宜川公路一段

黄龙至宜川程落东线改建。起自黄龙县城西水磨湾，经虎沟门、郑家沟口、冢子梁、大岭林场、圪台和宜川高湾，至宜川县程落村，长约75公里。原路为渭清线老路，技术标准低，路基狭窄，缺桥少涵，晴通雨阻。该线部分路段经4年修建，至2001年年底，累计完成投资6 000万元。资金由省交通厅养路费补助。省发展计划委员会2002年批准按山岭重丘区三级公路技术标准改建，列通县公路建设计划。延安公路管理局2002年5—11月修建完成。基本沿旧路裁弯取直，改善线形，整治路面，增设桥涵和防护设施。新建漫水桥4座，涵洞84道。通县公路建设项目实际完成投资4 425.98万元，其中国债投资3 750万元，其余由延安市政府自筹。

宜川县城至云岩段改建。起自宜川县十里坪，经上葫芦、小仙头、牛家佃、崔家寺、阿石峰、上马、史家沟、沈家河至云岩镇，改建里程34.49公里。原路线形标准低，路面差。由延安市交通局按山岭重丘区二级公路技术标准改建。基本沿旧路进行拓宽，受地形限制施工困难的路段，采用标准低限值。新建大桥1座、177米，中桥1座、46.77米，小桥4座，涵洞63道。实际完成投资4 400万元，其中省交通厅养路费补助3 000万元，其余为利用银行贷款。

宜川云岩至延川段建设。起自宜川县云岩镇谷堆坪村，与已建的十里坪至云岩二级公路相接，经宜川县庙梁、阿青、多海、安沟、董家河，延长县白家川、大道河、交口镇，延川县杨家屹台、马家河、高家湾，至终点延川县张家湾，与已建的延川二级过境路相接，长88.60公里。原路三级技术标准，上、下塬路段高差大，线形迂回曲折、弯急坡陡。按山岭重丘区二级公路技术标准建设。延安市交通局2006年7月—2009年6月承建。改建基本沿旧路拓宽，受地形限制施工困难的路段，采用标准低限值。其中新建58.50公里，旧路改建30.10公里。一般路段设计行车速度60公里/小时，上、下塬段设计行车速度40公里/小时。全线新建大桥3座、401.09米，中桥12座、702米，小桥12座，涵洞233道，隧道2座、2 325米。批准工程概算4.92亿元，其中省交通厅养路费补助2.95亿元，其余由延安市政府自筹。

除上述改建里程较长路段外，由白水县政府组织实施改建白水河大桥及二级公路引线6.53公里。渭南市交通局按平原微丘区一般二级公路技术标准，实施完成渭南韩家村至故市段12.26公里改建。延安公路管理局按山岭重丘区二级公路技术标准，实施完成延川县城过境段5.64公里改建。

至2010年年底，201省道全长368公里，其中二级公路237公里，三级公路103公里，四级公路28公里；有沥青混凝土路面366公里，水泥混凝土路面约2公里。

二、S202澄洛线

S202澄洛线由原大（荔）冯（原）公路、大（荔）华（华阴敷水）公路、华（华阴敷水）洛（南）公路等线路连接而成，1996年列入省道养护。其线路走向见图2–3–7。原起点为黄龙县城，终点为洛南县城。2001年改起点为澄城县冯原镇，终点不变。原路三级或四级技术标准，通行能力不适应运输需求。2005年起加强重点路段改建提高。是年5月起，渭南市交通局改建澄城至黄龙段，历时两年6个月告竣。2006年3月—2007年11月，商洛公路管理局改建洛南至黄龙铺段。2009年11月—2010年10月，渭南公路管理局与大荔县政府联合改建大荔县科技产业园过境段。

澄城至黄龙段改建。起自澄城西河桥，经段庄、王庄、长宁河、冯原、孙堡，至澄城县与黄龙县交界处，长约39.10公里。其中利用王庄镇大修路段5公里，本次改建里程34.10公里。原路三级或四级技术标准。改建以路面工程为主，完善排水、防护和交通工程设施。起点至长宁河南岸14.50公里按平原微丘区一般二级公路技术标准改建。长宁河南岸至终点19.60公里采用山岭重丘区三级公路技术标准改建。两段桥涵荷载均采用公路–Ⅱ级。实际完成投资3 873万元，均为省交通厅养路费补助。

澄城西河大桥、澄城茨沟大桥建设，见本篇第六章第一节《主要桥梁建设》。

洛南至黄龙铺段改建。起自华阴市与洛南县交

图2–3–7　S202澄洛线线路图

界秦岭顶，向南经洛南县黄龙铺、陈涧、张湾、石门、尖角，至洛南县城，长43公里。原路为四级技术标准。改建采用山岭重丘区三级公路技术标准，基本沿旧路拓宽改造，以路面整治为主，完善排水和交通安全设施。改建后，路基宽度除洛南县城和矿区段7公里为8.50米外，其他路段宽7.50米，沥青混凝土路面满铺。新建涵洞74道，接长涵洞4道，旧涵利用63道。工程总支出4 488.26万元，由省交通厅养路费补助。

大荔县科技产业园过境段改建。长12.12公里。原路为二级技术标准。采用一级公路技术标准沿原路拓宽改建。改建后路基宽24米，沥青混凝土路面，双向4车道，车道各宽3.75米，两侧硬路肩各宽3.75米，土路肩宽0.75米。设计行车速度80公里/小时，桥涵荷载公路–Ⅰ级。新建大桥1座、346米，涵洞7道，设平面交叉35处。总投资9 204.79万元。其中交通部补助1 830万元，省交通厅统贷资金3 500万元，其余由渭南市和大荔县政府自筹。

至2010年年底，202省道全长152公里，其中二级公路82公里，三级公路70公里；有水泥混凝土路面13公里，沥青混凝土路面139公里。

三、S203商山线

S203商山线，原为1954年商县、山阳两县采用民工建勤方式修建的简易公路，1996年列入省道养护，其线路走向见图2–3–8。全线基本为山岭重丘区三级或四级公路技术标准。1997年起分期、分段对重点路段进行改建提高。

山阳县漫川关至沙沟口段改建。起自山阳县漫川关镇至陕鄂界沙沟口，长6.65公里。原路四级技术标准，土路面，且坡陡、路窄、弯急，缺桥少涵。1997年1月，省长程安东视察陕南途经此路时，对随行地、县领导说：这条路是连接陕鄂友谊路，要修好。省交通厅是年7月批准按山岭重丘区二级公路技术标准改建。山阳县政府组织实施，1998年3月至年底实施完成。主要对旧路进行加宽，裁弯降坡，增加桥涵和排水设施。改建后，路基宽12米，沥青表处路面宽9米。其中漫川关镇过境段1.75公里为水泥混凝土路面满铺。新建中桥2座、76米，涵洞14道。工程总投资625万元，其中省交通厅养路费补助200万元，其余由山阳县自筹。

商州至山阳段改造。起自商洛市商州区南秦桥北头，向南经杨峪河、南秦水库、垭口、吴庄，翻越殿岭，过阎村、安武、七里峡、下官房，山阳县伍竹园、仙人龛，至县

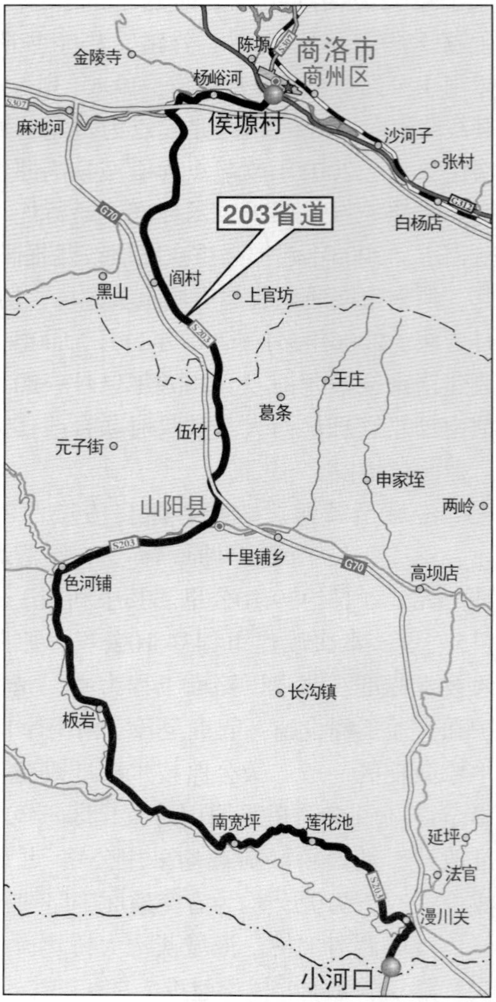

图2–3–8 S203商山线线路图

城西朱家塬，长58.24公里。原路为商洛行政公署主持修建的简易公路。虽经改造基本达到山岭重丘区三级公路技术标准，但路线平、纵指标低，排水系统不完善，视距不良路段多，渣油表处路面破损严重。商洛公路管理总段曾改建殿岭段4.34公里。1998年11月，省交通厅批准按山岭重丘区二级公路技术标准改造。2000年1月—2002年9月，商洛地区交通局组织实施。基本沿原路拓宽，重点改善平面线形，降低超限纵坡，加宽路基桥涵，新铺沥青混凝土路面。商州至垭口段12公里、山阳县城过境路3公里，路基宽12米，水泥混凝土路面宽11.50米；其余路段路基宽8.50米，沥青混凝土路面，行车道宽7.50米。新建大桥2座、208.80米，中桥8座、453米，小桥14座，涵洞156道，隧道3座、287.25米，平面交叉44处，收费站1处，道班房2处。工程决算2.13亿元，其中省交通厅养路费补助8 900万元，利用国债2 800万元，其余为银行贷款。实行收费还贷。

2010年年底，203省道全长161公里，其中二级公路64公里，三级公路97公里；有沥青混凝土路面137公里，水泥混凝土路面4公里，简易铺装路面20公里。

四、S204杨靖线

S204杨靖线原为三级或四级技术标准，次高级或中级路面。其线路走向见图2-3-9。1996年10月—2000年9月，先后新建、改建神木县城至陈家沟段、横山县城过境段、榆林至神木段。2002年5月起实施榆林鱼河镇至横山段通县公路工程，历时5个月告竣。是年8月—2004年9月，修建神木县杨家坡至陈家沟岔段。

神木县城至陈家沟段新建。该路段连接榆林和包神府两条二级公路，原为陕西“米”字形公路主骨架规划的一段。起自神木县城五龙口，沿窟野河西岸经老龙池、水磨河、硬场地、沙峁至店塔镇西陈家沟岔，长21.20公里。由榆林地区交通局按投资承包方式，采用山岭重丘区二级公路技术标准实施新建。共投资5 043万元，其中省交通厅养路费补助2 956.80万元，其余为利用银行贷款。实行收费还贷。

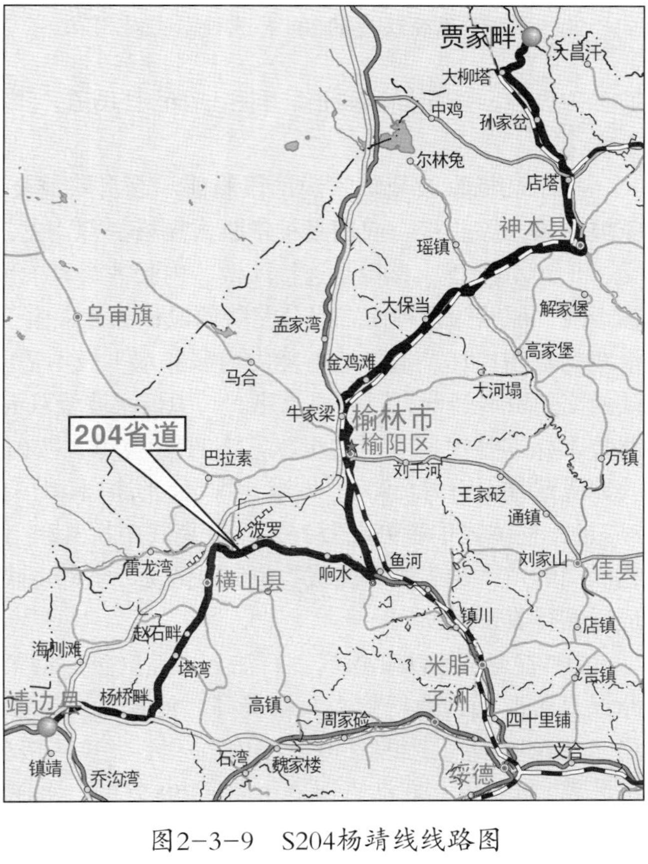

图2-3-9　S204杨靖线线路图

横山县城过境段改建。起自榆林市榆阳区鱼河镇至靖边公路K62+600处，向西经梁家湾，至邵家坬接原路，长6.15公里。原路三级技术标准，县城段交通拥挤，通行不畅。按平原微丘区一般二级公路技术标准改建。路基、桥涵由横山县政府组织实施，沥青碎石路面由榆林公路管理总段实施。工程投资1 850万元，除省交通厅养路费补助1 350万元外，其余由地、县自筹解决。

榆林至神木段改建。自榆林市榆阳区郭家伙场与210国道相接起，经榆阳区金鸡滩、喇嘛滩、曹家滩，神木县大保档、马场梁、西沟乡，至二郎山下与窟野河大桥相接，长88.12公里。该段曾按二级公路、三级油路面技术标准进行过改建。由于行车道窄，路面病害多，通过能力低，不能适应区间重载车辆迅速增加的交通需求，安排按山岭重丘区二级公路技术标准改建。榆林地区交通局承建。以路面改建为主。新建桥梁2座、139米，新（补）修涵洞45道。竣工决算完成投资1.36亿元，其中省交通厅养路费补助3 520万元，其余为利用银行贷款。实行收费还贷。

2009年9月，经改建的204省道神木秃尾河段

榆林鱼河镇至横山段通县公路工程。自榆林市榆阳区鱼河镇与210国道接线处起，经横山县党岔、响水、波罗、樊河，至横山县石马洼村，长55公里。原路基本属三级技术标准，但路面破损严重，局部路段标准低。由榆林公路管理局按山岭重丘区三级公路技术标准承建。改造以路面整治为重点，完善排水、防护和交通工程设施。新建涵洞47道，利用旧涵洞116道。工程总投资2 750万元，全部由国债资金安排。

神木县杨家坡至陈家沟岔段修建。起自陕蒙交界处杨家坡村，与内蒙古包头至杨家坡一级公路相接，向南经神木县大柳塔、双沟岔，至店塔镇西陈家沟岔与301省道相交，长50.40公里。该段是连接陕西、内蒙古两省（自治区）重要通道和神府煤田主要运输干线。原路为包神府二级公路陕西段一部分，由于大型、重载车辆持续增加，公路及沿线构造物损坏严重，通行能力与服务水平极不适应。省交通厅2002年8月批准修建。陕西交通资产经营有限公司承建。其中杨家坡至双沟岔19.20公里，按山岭重丘区二级公路技术标准整治，双沟岔至陈家沟31.20公里，按山岭重丘区一级公路技术标准新建。共完成路基土石方139万立方米，排水、防护工程13.90万立方米。新建分离式大桥2座、867米，整体式中桥9座、516米，分离式中桥3座、146米，小桥3座，加固旧桥8座，修建涵洞97道。竣工决算完成投资3.54亿元，全部由陕西交通资产经营有限公司自筹，建成后实行收费经营。

204省道贯穿陕北煤炭、石油、天然气资源富集区。经过改建、改造和新建，全线路况显著改善，通行能力大幅提高，便利煤炭等资源开发和运输，服务地方开放与发展。2010年年底，204省道全长307公里，其中一级公路33公里，二级公路140公里，三级公路134公里；有沥青混凝土路面298公里，水泥混凝土路面7公里，简易铺装路面2公里。

五、S205清延线

S205清延线姚店经永坪、子长至清涧段，原为咸（阳）宋（家川）公路一段，1981年划入210国道，1996年列为省道养护；甘谷驿至延长白家川段，为原延长油矿专用公路逐步改建而成的三级公路。其线路走向见图2–3–10。自1998年10月起，陆续分段施行改建。至2000年8月，改建姚店至玉皇庙，新建子长县黑山寺隧道及接线。2002年5月—2004年10月，按通县公路工程改建甘谷驿至白家川段、玉皇庙至杨家园则段。2009年3月—2010年9月改建姚店至白家川段。新建、改建工程采用技术标准：山岭重丘区二级公路路基宽10～12米（其中子长县城过境段2.80公里路基宽16米），沥青混凝土路面宽9米或满铺，水泥混凝土路面宽11.50米；山岭重丘区三级公路路基宽7.50米，沥青混凝土路面满铺。

图2–3–10　S205清延线线路图

延安姚店至玉皇庙段改建。自延安市宝塔区姚店镇起，沿蟠龙河东岸上行，经白牙、李村、青化砭、孙家崖，至玉皇庙村，长21.06公里。沿线煤炭、石油、天然气资源丰富，原有三级公路不能适应资源开发需要。按山岭重丘区二级公路技术标准，由延安公路管理局施行改建。重点拓宽路基，重铺路面。加宽旧桥2座、52.60米，修建涵洞83道。竣工决算完成投资3 862.22万元，为利用银行贷款，实行收费还贷。

子长县黑山寺隧道及接线新建。起自原西（安）包（头）公路K438+326处，穿黑山寺隧道后，至原西包公路K440+260处，长2.05公里。原黑山寺隧道洞身低窄，有碍车辆通行。子长县政府组织实施新建。新建黑山寺隧道长431米，净高5米，隧道内行车道宽9米，两侧人行道各宽0.75米。隧道连接线按山岭重丘区一般二级公路技术标准修建。新建小桥2座，涵洞10道。竣工决算完成投资3 569.27万元，其中省交通厅养路费补助1 350万元，其余为利用银行贷款。实行收费还贷。

延安甘谷驿至延长白家川段改建。自延安市宝塔区甘谷驿接210国道起，顺延河谷阶地东南行，经延长县杨家湾、黑家堡、胡家、七里村、延长县城，至白家川与201省道相接，长42公里。原路甘谷驿至延长段，曾为延长油矿专用线。全线几经改善，虽铺筑有油路面，但未全部达到三级公路技术标准。省发展计划委员会将该路列入通县公路项目计划，批准按山岭重丘区三级公路技术标准改建。延安公路管理局承建。基本沿旧路加宽改造。完成路基土方6.70万立方米，铺筑路面29.30万平方米。新建中桥1座、46米，涵洞5道，改造涵洞68道。实际完成投资2 507.40万元，全部为国债资金安排。

延安玉皇庙至子长县杨家园子段改建。自延安市宝塔区蟠龙镇玉皇庙起，经延川县鲍家沟、永坪镇，子长县黑山寺隧道，至子长县杨家园子镇，长约60.09公里。除永坪镇过境段1.21公里与黑山寺隧道2.05公里（包括接线）已改建外，本次实际改建里程56.83公里。原路为山岭重丘区三级公路技术标准，路线平、纵指标不均衡，路面破损严重，路基病害较多。尤其摇树峁岭段坡陡弯急，视距不良，事故多发。省发展计划委员会将该段列为通县公路项目计划，批准按山岭重丘区二级公路技术标准改建。延安公路管理局承建。其中，利用旧路43.53公里，主要是裁弯取直并进行拓宽；另新建 13.30公里。新修鲍家河隧道1座、585米，大桥1座、112米，中桥7座、441米，小桥13座，涵洞191道。实际完成投资1.85亿元，其中利用国债资金2 850万元，省交通厅养路费补助1 710万元，其余为利用银行贷款及自筹。实行收费还贷。

延安姚店至延长白家川段改建。自延安市宝塔区姚店镇接210国道起，向东设新线，经延长县郭旗、杨家沟、七里村、槐里坪、张家园子、翠屏山、雷家滩至延长县城东接原路，再沿原路改建至终点白家川接201省道，长约50公里。由延安市交通局按二级公路技术标准改建，其中新建37.80公里，改建12.20公里。完成路基土石方216.70万立方米，防护工程11.40万立方米，铺筑路面44.90万平方米。新建大桥5座、978米，中桥14座、793米，小桥6座，涵洞160道，隧道3座、1 606米。完成投资4.77亿元，其中省交通厅养路费补助2.86亿元，其余由延安市自筹。

2009年5月，延安市交通局组织实施205省道王良寺段二级路改建。图为路基填方碾压施工

2010年年底，205省道全长176公里，其中有二级公路167公里，三级公路9公里；有沥青混凝土路面172公里，水泥混凝土路面4公里。

六、S206靖延线

S206靖延线为1956年由马车道修建成的简易公路，勉强可供机动车通行。1990年年底，路线全长约124.76公里，基本为三、四级公路技术标准，次高级或中级路面。线路走向见图2–3–11。1992年4—11月，将安塞县城段3.36公里改建为二级公路。1995年起，重点对安塞至靖边段（简称安靖公路）进行整治。

路线起自安塞县城北徐家沟，经安塞县建华寺、谭家营、化子坪、镰刀湾、小山梁，至靖边县马路峁，长96公里。除安塞县城段3.36公里二级公路外，其余路段为四级以下技术标准，晴通雨阻，不适应安塞、靖边石油、天然气开发和沿线农牧业发展需要。

1995年5月，省政府与长庆石油勘探局协商，联合投资对该段公路进行整治。长庆石油勘探局投资整治其中三分之一路段，其余由交通部门筹资整治。按照省交通厅安排，省公路局与长庆石油勘探局签订整治协议书，并成立安靖公路整治项目组，负责整治工程管理。整治工程采用公办民助与专业队伍施工结合，按路段包干的办法实施。北段靖边乔沟湾至小山梁33.16公里，榆林公路管理总段实施；中段安塞县小山梁至杨家园子32.83公里，延安公路管理总段实施；南段安塞县杨家园子至徐家沟30公里，长庆石油勘探局所属筑路总公司实施。

全线按山岭重丘区三级公路技术标准整治，基本沿旧路进行拓宽改造，裁弯降坡，完善挡护排水设施，增建桥涵，铺筑路面，个别标准过低路段局部改线。完成路基土石方530万立方米，沥青表处路面59.87万平方米，新建中桥6座、318米，小桥4座，改建小桥21座，新建涵洞265道。1997年7月整治工程完成。竣工决算完成总投资8 056万元。其中长庆石油勘探局投资3 000万元，省交通厅投资5 056万元。

2010年年底，206省道全长135公里，其中二级公路12公里，三级公路123公里；有沥青混凝土路面67公里，简易铺装路面68公里。

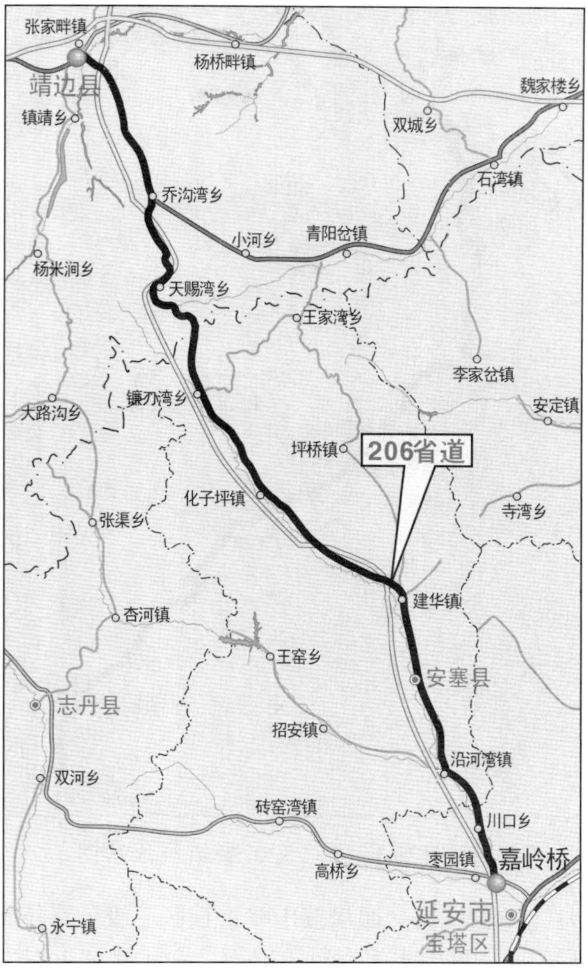

图2-3-11　S206靖延线线路图

七、S207安镇线

S207安镇线为安康市南部一条出境公路。其中平利八仙至镇坪化龙山段为20世纪70年代修建的林区简易公路，80年代相继改造提高。其线路走向见图2-3-12。路线穿行于巴山山脉，地形地貌起伏变化大，地质构造复杂。90年代，适应沿线经济发展与交通量增长的需求，按山岭重丘区三级公路技术标准，先后分段改建、改造平利八仙至镇坪上竹、上竹至石砦、石砦至鸡心岭段，按通县公路工程改建安康至岚皋段。除安康至岚皋段技术指标略高外，其他改建、改造段路基一般宽7.50米，沥青表处路面、泥结碎石路面宽6米。设计行车速度30公里/小时，桥涵荷载汽-20、挂-100。

平利八仙至镇坪上竹段改建。起自平利县狮坪乡八仙镇，沿漆沟而上，经龙门乡越化龙山，过镇坪县张家坪傍山展线，顺竹溪河而下，至镇坪县上竹镇，长52.80公里。改建工程列省计委1989—1992年中低档工业品和工业品以工代赈计划和省交通厅利用世界银行贷款农村公路项目计划。按山岭重丘区三级公路技术标准改建。安康地区交通局承建，镇坪、平利两县交通局分段组织施工。经3年8个月实施，于1993年8月竣工。新建

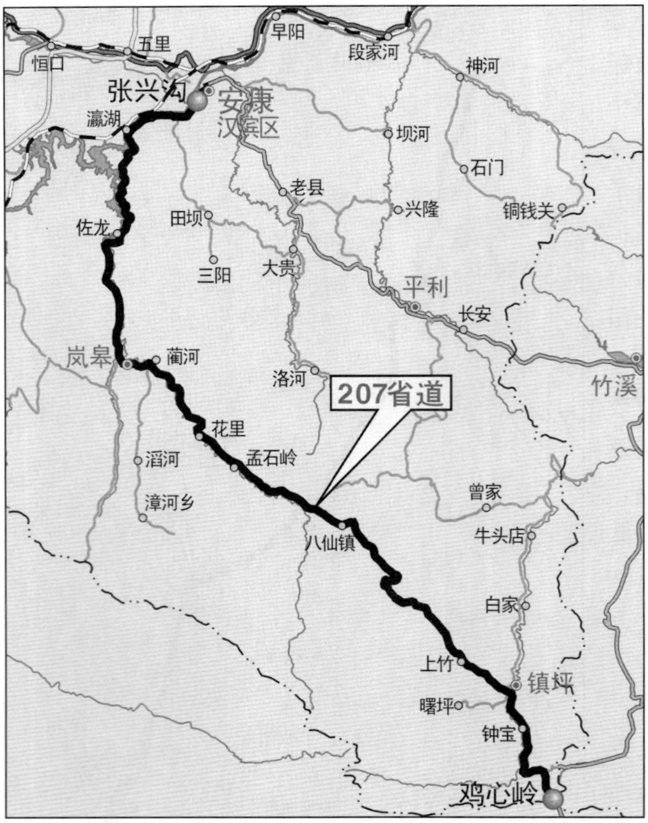

图2-3-12　S207安镇线线路图

路线30.40公里，改建22.40公里。泥结碎石路面。新建中桥7座、329米，小桥33座，涵洞245道。改建工程用资934.50万元，其中以工代赈折合资金634.50万元，利用世界银行贷款折合人民币300万元。

镇坪石砦至鸡心岭段改建。起自镇坪县石砦竹溪河口，至鸡心岭，北接平（利）镇（坪）公路，南连镇（坪）巫（溪）公路，长34公里，其中镇坪境29.80公里，湖北省竹溪县境4.20公里。1997年9月，省长程安东到镇坪检查、指导工作，在陕西、湖北两省与重庆市交界处鸡心岭考察时，指示地方政府和交通部门，将207省道延伸至鸡心岭（原207省道终点为镇坪县城，镇坪县城距鸡心岭约25公里简易公路为县道）。1998年4月—2000年10月，由镇坪县交通局按山岭重丘区三级公路技术标准改建。泥结碎石路面。其中鸡心岭段2.10公里为水泥混凝土路面。完成路基土石方43.50万立方米，挡墙3.70万立方米。新建大桥2座、226米，中桥4座、205米，小桥3座，涵洞90道。工程总支出1 649.50万元，其中以工代赈资金82万元，安康市财政拨款40万元，其余为省交通厅专项拨款。

安康至岚皋通县公路工程。起自安康市汉滨区关庙镇安康汉江二桥北端与316国道相接处，经市区巴山路、吉河、瀛湖，岚皋县佐龙镇，至岚皋县城，长77公里。省发展计划委员会2001年12月批准列入通县公路工程，省交通厅2002年4月批准按山岭重丘区三级公路技术标准改建，安康市交通局是年4—12月承建告竣。基本沿旧路拓宽改造，裁弯降坡，增建桥涵，铺筑沥青混凝土路面。其中安康至瀛湖段14.40公里，路基宽8.50米，沥青混凝土路面宽7.90米。共完成路基土石方7.80万立方米，防护工程2.90万立方米，

2002年12月建成的207省道安康至岚皋通县公路

铺筑沥青混凝土路面49.40万平方米。新、改建涵洞11道。竣工决算完成投资4 942.01万元，统由国债资金安排。

安康堰吉河大桥建设，见本篇第六章第一节《主要桥梁建设》。

2010年年底，207省道全长240公里，其中有二级公路4公里，三级公路236公里；有沥青混凝土路面204公里，水泥混凝土路面36公里。

八、S208铜咸线

S208铜咸线原为咸（阳）榆（林）公路一部分。该线咸阳以北至泾阳修石渡有泾河阻隔，过河依靠渡船摆渡，通行极其不便。1965年耿镇渭河大桥建成，自西安北去延安、榆林路线，遂改由西安东出过耿镇渭河大桥，至三原境瓦头坡与原咸榆公路（即今210国道路段）相接。铜咸线线路走向见图2-3-13。1990年年底，全线约90公里，基本为三、四级公路技术标准，次高级或中级路面。1996年起，按平原微丘区二级公路技术标准，先后重点改建咸阳至泾阳、泾阳至三原、三原至瓦头坡等段。设计行车速度80公里/小时，桥涵荷载汽-20、挂-100。其他路段通过大、中修工程，逐步改造为二级公路。

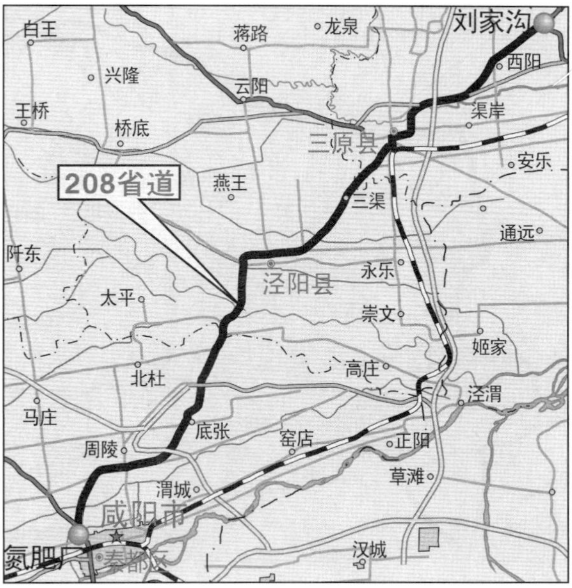

图2-3-13　S208铜咸线线路图

咸阳至泾阳段二级公路改建。起自咸阳市北氮肥厂岔口与312国道相接，经咸阳市渭城区底张镇，于泾阳修石渡跨泾河至泾阳县城北，长25.44公里。原路三级技术标准，交通量大，通行能力差。1999年10月—2000年5月，由咸阳公路管理总段实施改建。重点对旧路进行拓宽，降低纵坡，裁弯取直。改建实施中，采纳咸阳市政府建议，将该段起点约2公里按城市道路设计改造，路基宽40米。其他路段路基宽12米，沥青混凝土路面与路基同宽。工程用资7 128.62万元，除省交通厅养路费补助780万元、咸阳市建委补助200万元外，其余为利用银行贷款。实行收费还贷。

泾阳至三原段改建。起自泾阳县城，经县城过境段接城东转盘，再经落桥、南里庄、三渠，三原县丁留，至三原县城南关，长12.35公里。原路为三级技术标准。咸阳公路管理局2002年6月—2003年12月承建。全线路段经拓宽并改建为沥青混凝土路面。其中泾阳县城过境段1.80公里，行车道宽14米，两侧各设3.50米宽慢车道；三渠镇过境段1.20公里，路基宽17米；其余路段路基宽12米。三渠镇过境与其他段路面均满铺。新建小桥1座，涵洞35道。完成投资2 668.08万元，其中由省交通厅养路费补助480万元，其余为利用银行贷款和自筹资金。实行收费还贷。

三原岔口至瓦头坡二级公路改建。起自三原县西阳镇岔口康家堡，经大里村、西阳镇、城南堡、刘李沟，至三原县与富平县交界处瓦头坡，全长6.64公里。其中新建1.10公里，改建5.54公里。原路为三级技术标准，路窄且病害严重。咸阳公路管理局2004年5—8月施行改建。改建后路基宽12米，沥青混凝土行车道宽8米。新建小桥1座、涵洞15道。完成投资1 400万元，全部由省交通厅养路费补助。

经历年改造提高，至2010年年底，208省道全长49公里，全部为二级公路；有沥青混凝土路面48公里，水泥混凝土路面1公里。

九、S209乾汤线

S209乾汤线分乾县至法门寺、法门寺至横渠两段。其线路走向见图2-3-14。重点改建乾县至法门寺段41.02公里。该段自乾县武昭园博物馆起，向西经乾陵南侧，跨漠西沟大桥，经漠西、新阳、临平，扶风县召公、建和至法门寺，为连接310、312国道和西宝高速、法门寺至眉县汤峪二级汽车专用公路，通达乾陵、法门寺、汤峪等旅游景区路段。原路基本为三级技术标准，平、纵指标差，不适应沿线旅游与经济发展需要。2000年5月—2002年6月，按平原微丘区二级公路技术标准，由咸阳公路管理局实施改建。

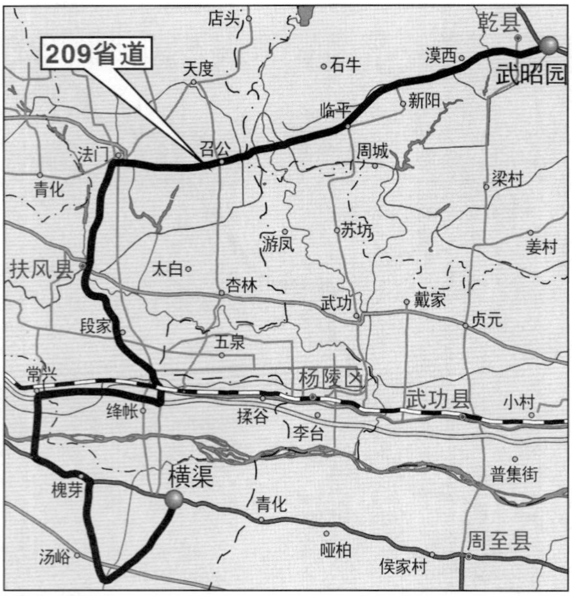

图2-3-14　S209乾汤线线路图

改建工程重点利用旧路加宽路基，改造城镇过境路段，完善桥涵设施。临平镇过境段按城市道路设计，宽30米；漠西、新阳、召公镇过境段宽17米；其余路段路基宽12米。路面均为沥青混凝土满铺。新建中桥3座、85米，小桥1座，涵洞97道。实际完成投资9 798.73万元，其中省交通厅养路费补助2 090万元，其余为利用银行贷款。实行收费还贷。

2010年年底，209省道全长67公里，其中一级公路3公里，二级公路20公里，三级公路44公里；有沥青混凝土路面63公里，水泥混凝土路面4公里。

十、S210麟留线

S210麟留线是在原虢（镇）凤（翔）、凤（翔）麟（游）、宝（鸡）太（白）公路基础上逐步改建而成。线路走向见图2-3-15。1990年底路线全长约240公里，其中三级公路140公里，四级公路100公里，有次高级路面140公里，中级路面100公里。1997—2006年分段施行改建。其中，1997年10月—1999年3月改建凤翔至宝鸡段；1999年4月—2004年10月改建留坝县姜窝子至浑水沟、浑水沟至太白县城段；2002年6—11月实施宝鸡潘家湾至太白段通县公路工程；2004年8月—2005年12月改建宝鸡千河大桥至虢镇段；2005年10月—2006年10月改建麟游两亭至凤翔纸坊段。2010年实施潘家湾至秦岭梁灾后重建。

凤翔至宝鸡段。起自凤翔县纸坊乡凤灵路口，经县城南关、豆腐、小庄、石落务，宝鸡市陈仓区二村、西刘、虢镇至宝鸡城区，长40.30公里。原路技术标准：虢镇至宝鸡段为平原微丘区二级，虢镇北坡上原9公里为山岭重丘区二级，其余路段为三级。部分路段平、纵指标偏低，加之路线穿镇过村，路面有效宽度不足，车辆通行不畅。宝鸡公路管理总段实施改建。改建工程除虢镇北坡5公里采用山岭重丘区二级公路技术标准外，其他路段采用平原微丘区二级公路技术标准。

改建工程为避绕凤翔县城，新建5.74公里过境段，其余34.52公里路段基本沿旧路拓宽改造。新建中桥3座、111米，新建与改善涵洞44道。实际完成投资7 052.28万元。资金由宝鸡市利用银行贷款和自筹解决。实行收费还贷。

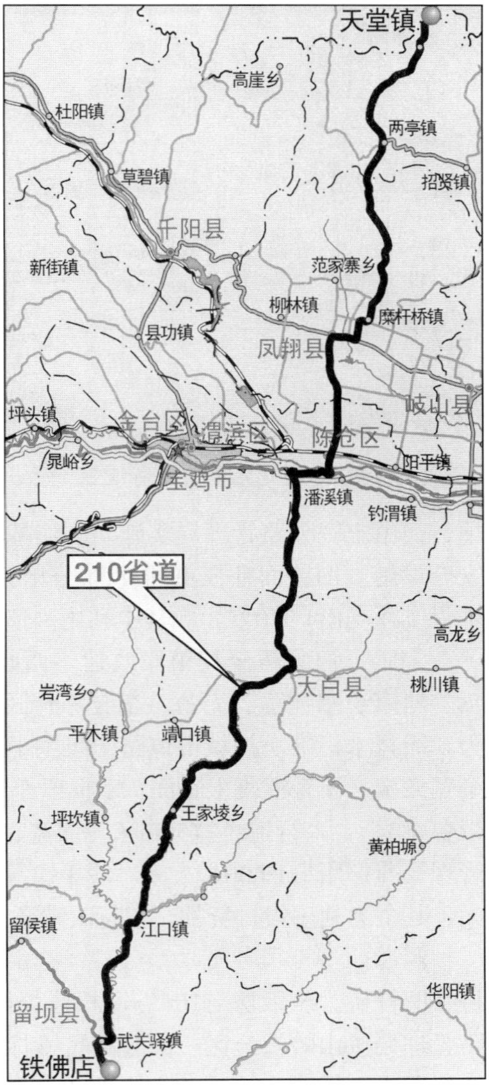

图2-3-15　S210麟留线线路图

留坝姜窝子至浑水沟、浑水沟至太白县城段改建。原路均为四级技术标准，沙石路面。分两段实施改建。姜窝子至浑水沟段，起自留坝县铁佛店，与316国道并线，向北沿褒河右岸逆流而上，至姜窝子与316国道分离，继续沿褒河右岸上行，经孔雀台、江口镇，至留坝县与太白县交界处浑水沟，长50.35公里。省公路局与汉中市交通局签订包建协议，由汉中市交通局实施改建。浑水沟至太白县城段，自浑水沟起，经太白县王家楞、白云、两河口，至太白县城，长50.50公里，宝鸡市交通局实施改建。改建工程均采用山岭重丘区二级公路技术标准。姜窝子至浑水沟段改建，以路基、防护、排水和桥涵工程为主。完成路基土石方226.40万立方米，防护工程12.60万立方米，排水工程2.20万立方米。新建大、中桥12座、1 542米，小桥13座，隧道6座、1 362米，涵洞200道。该段改建遗留路面工程，由省发改委批准使用县际公路国债资金完成。汉中公路管理局承建。完成沥青混凝土面层44公里、32.36万平方米，水泥混凝土面层6.30公里、5.85万平方米。浑水沟至太白县城段改建，新建大桥14座、1 175米，中桥7座、518米，小桥7座，隧道5处、1 306米，涵洞179道，平面交叉10处。

姜窝子至浑水沟段路基及桥涵等工程批准概算投资2.84亿元，路面工程决算完成投资4 111.82万元；资金来源为中央专项资金安排2 500万元，省交通厅养路费补助9 257万元。浑水沟至太白县城段完成投资2.67亿元，其中省交通厅养路费补助1.28亿元。两段

1999年3月改建后的210省道宝鸡至凤翔段

改建工程补助投资不足部分，均利用银行贷款解决。实行收费还贷。

宝鸡潘家湾至太白段通县公路工程。起自宝鸡市陈仓区潘家湾，向南沿马尾河上行，经雪山洞，翻越海拔1 866米秦岭梁，再沿溪而下至太白县城，长41.55公里。原为20世纪50年代修建的林区简易公路，六七十年代曾进行过两次较大整修，但总体标准低，设施缺，路况差。省交通厅批准按山岭重丘区三级公路技术标准改建，列通县公路项目，由宝鸡公路管理局实施。改建基本沿旧路进行，重点改善路面，完善排水及交通安全设施。旧路面补强重铺28.80公里，罩面12.80公里，改建小桥2座，新建涵洞4道。工程实际支出1 970万元。其中利用国债资金1 680万元，其余由宝鸡市自筹。

宝鸡千河大桥至虢镇段改建。西起宝鸡市陈仓区底店千河大桥，经陈家崖、冯家嘴、屈家、水莲寨、光芒，东至陈仓区南环路转盘，长6.60公里，又名陈仓大道。原路为二级技术标准。按城市道路Ⅰ级主干道标准改建。宝鸡公路管理局承建。改建后路基全宽52米，沥青混凝土路面，双向六车道，车道各宽3.50米，两侧慢车道各宽7米，绿化带各宽3米，人行道各宽5.50米。加宽、改造大桥1座、273.66米，新建互通式立交5处，管理及养护用房1 600平方米。竣工决算4 305.95万元，其中省交通厅养路费补助1 300万元，其余为利用银行贷款。实行收费还贷。

麟游两亭至凤翔纸坊段改建。自麟游县两亭镇接306省道起，经凤翔县五曲湾、关村、糜杆桥，至纸坊与104省道相接，长40.30公里。原路不足三级技术标准。由宝鸡公路管理局按山岭重丘区三级公路技术标准改建。其中羊引关段5.40公里为新建路段，其余路段沿旧路进行改建，重点改善路面，完善排水和交通工程设施。新建小桥1座，新建及改建涵洞121道。审计核定工程支出3 654.90万元，由省交通厅养路费安排。

潘家湾至秦岭梁段17公里，遭受2008年“5·12”汶川特大地震影响严重损毁，被列入中央灾后恢复重建基础设施专项规划，计划投资8 500万元，2010年3月实施恢复重建工程。宝鸡公路管理局承建。至2010年9月底，完成投资5 263万元，其中中央灾后恢复重建基金3 600万元。

2010年年底，210省道全长226公里，其中二级公路121公里，三级公路105公里；有沥青混凝土路面221公里，水泥混凝土路面5公里。

十一、S211汉南线

S211汉南线线路走向见图2-3-16。该线南郑县大河坎至强家湾17.30公里，强家湾至红庙13.70公里，分别于“七五”期间改建成二级、三级水泥混凝土路面。1997年以来主要改建强家湾至喜神坝、喜神坝至台上两段。

强家湾至喜神坝段改建。起自南郑县强家湾，经张家垭口、青树镇、红庙镇、小关子、钻洞子，至南郑县喜神坝，长22.90公里。省交通厅1997年10月批准按山岭重丘区一般二级公路技术标准改建。南郑县政府是年12月—1999年8月组织实施。改建基本沿旧路进行拓宽改造。路基土方采用民办公助、民工建勤方式，由沿线青树、塘坊、红庙、喜神等4乡镇组织群众完成；路基石方、挡护和路面工程由专业队伍施工。强家湾至红庙13.40公里，沿原水泥混凝土路面两侧加铺沥青混凝土路面；红庙至喜神坝9.50公里，为新铺水泥混凝土路面。全线完成土石方26.70万立方米，防护工程2.90万立方米，砌筑水沟1.20万立方米。新建小桥4座，涵洞73道。工程实际支出2 944万元，全部为利用银行贷款，由收取通行费偿还。

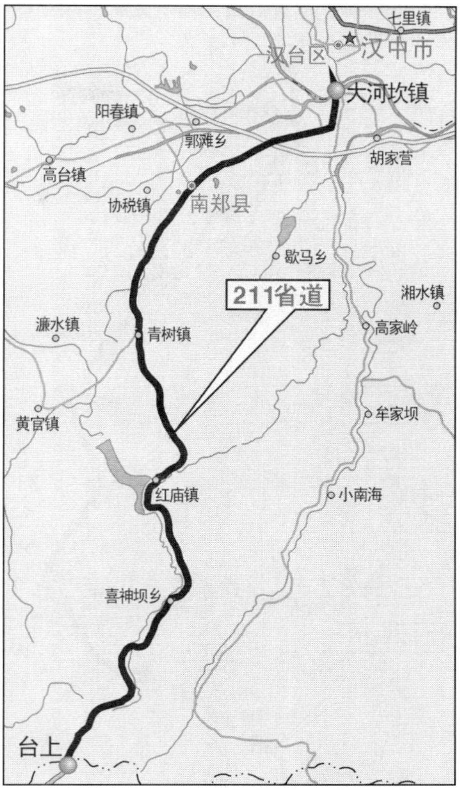

图2-3-16　S211汉南线线路图

喜神坝至台上段改建。起自喜神坝，经高桥、金矿厂、五里浸垭口，至陕川交界处台上，长17.53公里。省交通厅批准按山岭重丘区一般二级公路技术标准改建。汉中公路管理局2001年2月—2002年11月实施完成。大多路段利用旧路进行加宽，局部地形复杂路段重新设线新建，计3处、合长4.80公里。改建后全段路基宽8.50米，水泥混凝土路面宽8米。完成路基土石方110.50万立方米，防护工程2.86万立方米。新建中桥4座、178米，小桥4座，涵洞85道。竣工决算完成投资5 527.90万元。其中省交通厅养路费补助2 058万元，其余为利用银行贷款，由收取通行费偿还。

2010年年底，211省道全长63公里，全部为二级公路，有沥青混凝土路面44公里，水泥混凝土路面19公里。

十二、S212陇凤线

S212陇凤线前身为宝（鸡）汉（中）公路宝鸡凤州段和宝（鸡）平（凉）公路。1990年年底，全线201公里，其中二级公路15公里，三级公路171公里，四级公路15公里，除1公里高级路面外，其余均为次高级路面。其线路走向见图2–3–17。重点改建宝鸡至千阳、宝鸡至秦岭、秦岭至凤县、陇县至千阳4处路段。

宝鸡至千阳段改建。起自宝鸡市金台区，经金河至县功镇，沿县功镇西沟上行经宋家山，以隧道穿越千阳岭，沿千阳县西沟至千阳县城北段坊，长45.20公里。改建路线处宝平公路南段，技术标准偏低，路面超期服役。县功镇至千阳段路面宽仅6米，平曲线半径小于60米的有68处，最小平曲线半径仅8.35米，冰雪季节交通经常中断。省交通厅1994年批准改建。是年4月起，宝鸡公路管理总段分宝鸡至县功、县功至千阳两段实施改建，历时4年6个月完成。宝鸡至县功段20公里，采用平原微丘区二级公路标准。鉴于宝鸡城区起点至5公里处属市区道路，为满足二级公路设站收费最低标准，将千阳县城

图2-3-17 S212陇凤线线路图

段（K45～K52+200）7.20公里纳入改建项目，实际改建27公里。利用原路拓宽路基，大修、加宽沥青碎石路面，硬化路肩，浆砌水沟，安装水泥混凝土路缘石，提高通行能力。县功至千阳段按山岭重丘区二级公路技术标准新建，路线长17.60公里，比原路缩短5公里。改建后路基宽8.50～12米，沥青碎石路面宽7.50～11米。县功至千阳段修建中桥6座、330米，小桥2座，涵洞64道，千阳岭隧道1座、845米。

县功至千阳段施工期间和工程告竣后不久，先后发生三次较严重工程质量事故。在查清原因基础上，采取相应工程措施处置。E标段K30+967处跨径25米空腹式石拱桥下滑塌陷，改桥为路基；K30+850、K35+013～K35+147两处仰斜式挡墙，因洪水自地下洞穴灌入垮塌，分别采取移线避开滑塌地段和原位修复措施；千阳岭隧道拱部局部脱空和漏水，由原施工单位负责整治，采用沿隧道拱轴线均匀打孔注浆回填、埋管引水和注浆止水结合的方法，处理脱空和渗漏。

两段新、改建工程，宝鸡至县功段完成投资1 057.27万元，为利用银行贷款；县功至千阳段完成投资1.16亿元，其中省交通厅养路费补助2 850万元，其余由银行贷款解决。实行收费还贷。

宝鸡至秦岭段改建。起自宝鸡市城区，经盐库桥、杨家湾、观音堂，至东河村，长31.36公里。原为三级公路技术标准，路基窄、弯度小、坡度大。省经济贸易委员会1996年5月批准立项改建。是年起至1997年3月，由宝鸡公路管理总段组织所属县公路段承包施工。太平庄至秦岭段27.36公里，地处秦岭北坡，其中10余公里为越岭线，曲折迂回，通行困难，冬季往往冰雪断道，交通不畅。按山岭重丘区二级公路技术标准改建，基本沿旧路进行拓宽改造，困难路段修建防护挡墙及排水设施1.20万立方米，新建中、小桥2座、37.60米，接长、加宽小桥5座，接长涵洞25道。路基由原7.50米拓宽至8.50米，沥青碎石路面满铺。益门镇清姜路口至太平庄段约4公里，处宝鸡市郊，按平原微丘区二级公路技术标准改建，主要沿原路基一侧加宽，以减少拆迁。改建后路基宽12～14米，沥青碎石路面满铺。工程总支出4 436.18万元，其中省交通厅养路费补助500万元，宝鸡公路管理总段职工集资1 100万元，其余为利用银行贷款。集资与贷款由收取通行费偿还。

秦岭至凤县双石铺段改建。起自212省道36公里处，向南经凤县黄牛铺、红花铺、白家店、龙口镇，至双石铺，长65公里。原路基本为山岭重丘区三级技术标准。受秦岭南坡地形限制，部分路段坡陡弯急，大部分路段路面老化、破损，加之防护设施少，抗御自然灾害能力低，水毁灾害频繁。省交通厅1998年10月批准按山岭重丘区二级公路技术标准改建，宝鸡公路管理总段分两期实施。其中，一期改建秦岭至草凉驿段29公里，于项目立项前的1997年3月开工，按大、中修工程投资包干、分年度实施，1999年12月完工。通过改建，路基由原7.50米加宽至9～12米，路面由沥青碎石提高至沥青混凝土满铺，同时完善交通标志。二期改善草凉驿至双石铺段36公里。采用邀请招投标方式，实行单价承包。2000年起实施，历时1年2个月告竣。改建工程主要是对原路进行加宽改善，尽量增大平曲线半径。改建后路基宽8.50米，沥青混凝土路面满铺，路肩予以加固。凤州和双石铺镇过境段为水泥混凝土路面，宽14米。

两期工程共完成投资9 497万元（含秦岭北坡油路补强和大修支出970万元）。其中省交通厅养路费补助1 980万元，其余为利用银行贷款。实行收费还贷。

陇县至千阳段改建。起自陕甘交界陇县大桥村，经峰山、国家岭、南山、草滩、陇县城关、杜阳、东风，千阳县草碧、寇家河，至千阳县城西冯坊河桥东，长65.24公里。原路基本为三级公路技术标准，路基宽6～8米不等，排水系统不完善，加之重载车辆多，路面破损严重。陇县至千阳段38.57公里，由省计委批准立项改建，宝鸡公路管理局2000年10月起承建，历时3年告竣。按平原微丘区二级公路技术标准实施，路基宽12米，沥青混凝土路面宽11.20米。陕甘界至陇县段26.67公里（其中含甘肃境0.72公里），省交通厅2003年3月批准，按山岭重丘区二级公路技术标准立项改建。宝鸡市交通局是年7月—2005年12月承建。共新建大、中桥13座、871米，小桥9座，隧道1座、510米，涵洞160道。设计行车速度分别为40～80公里/小时。至此，宝鸡至陕甘界大桥村全部改建成二级公路。工程决算完成投资1.99亿元，其中省交通厅养路费补助5 331万元，宝鸡胜利路桥开发有限公司出资8 990.63万元，其余为宝鸡市交通局利用银行贷款，由收取通行费偿还。

2007年9月18日，运行中的212省道陇县段二级公路

2010年年底，212省道全长210公里，全部为二级公路，有沥青混凝土路面204公里，水泥混凝土路面6公里。

第三节　东西线

一、S301府神线

S301府神线横贯陕西北部，是榆林煤炭集散重要干线，线路走向见图2-3-18。原路称府（谷）新（街）线，1972年建成。1990年年底，府新线全长122公里，其中二级公

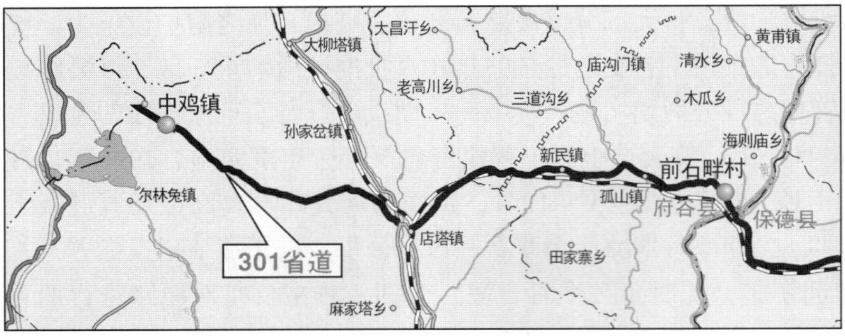

图2-3-18 S301府神线线路图

路11公里，三级公路43公里，四级公路68公里，路面基本为次高级或中级，山岭重丘区三级公路技术标准。2000年7月—2004年10月，经省交通厅批准，先后按平原微丘区二级公路技术标准改建神木店塔至中鸡段；按山岭重丘区一级公路技术标准改建府谷至店塔段。

神木店塔至中鸡段改建。起自神木县店塔镇陈家沟岔大桥西岸，沿考考乌素河向西，经碾房湾、海湾、刘石畔、张家村，至中鸡镇，长44.90公里。原路三级技术标准，交通流以重载运煤车辆为主，土路面破坏严重，雨天泥泞，晴天飞尘，难以通行。由榆林公路管理局实施改建。一期改建张家村至中鸡段约16.60公里；二期改建店塔至张家村段约28.30公里。基本沿旧路一侧或两侧加宽，新建中、小桥16座、691米，涵洞149道。实际完成投资9 620.34万元，其中省交通厅养路费补助3 600万元，其余为利用银行贷款。实行收费还贷。

府谷至神木店塔段改建。起自府谷县城府保黄河大桥桥头，与山西忻州至保德公路相接，经府谷县孤山、新民，至神木县店塔镇与204省道相接，长61.60公里。原路三级技术标准，交通流量大，重载煤车多，不适应交通需求。省计委批准改建。始由陕西通达公路建设公司与榆林路桥建设公司采用BOT方式建设。后因承建方筹资困难，交由榆林市政府按收费还贷公路项目组织建设。先期实施一期工程，即按一级公路技术标准新建左幅，按二级公路技术标准整治原路作为右幅，实现车辆分道行驶。黄河桥至温李河村、转龙湾、孤山、新民镇等9段17.10公里（含府谷连接线6公里），按一级公路技术标准全幅一次建成，同时新建成左幅44.50公里。改建后路基宽度，整体式为20米，分离式为10.25米，沥青混凝土路面。一级标准路段设计行车速度60公里/小时，桥涵荷载汽–超20、挂–120。右半幅二级整治段路基宽8.50米，沥青混凝土路面满铺。设计行车速度40公里/小时，桥涵荷载汽–20、挂–100。全线新建大桥26座、4 492米，中桥18座、1 300米，涵洞（通道）206道，收费站2处。竣工决算完成投资8.10亿元。除省交通厅养路费补助1.48亿元外，其余为利用银行贷款。实行收费还贷。

2004年10月，建成后的301省道府店一级公路新民段

府谷府保黄河大桥建设概况，见本篇第六章第一节《主要桥梁建设》。

2010年年底，301省道全长121公里，其中一级公路67公里，二级公路54公里，全部为沥青混凝土路面。

二、S302佳榆线

S302佳榆线为1964年建成的简易公路，历经多次改造提高，1996年列入省道养护管理。其线路走向见图2-3-19。1998年起，全线分3段实施二级公路新建或改建。

图2-3-19　S302佳榆线线路图

康家湾至榆林市段改建。起自榆林市康家湾，经一步堰、刘千河、杜家沟、郑家川、青云乡、跳沟村、泥沟则，至榆林市南郊接原210国道，长30.92公里，其中改建27公里，新建3.92公里。原路康家湾至郑家川约25公里，为20世纪60年代初修建等外路，路线平曲线半径小、纵坡大，沙砾石路面，一步堰垭口前后路面大多用黏土铺筑而成。省交通厅1998年3月批准按山岭重丘区一般二级公路技术标准改建。榆林公路管理总段实施，历时1年4个月完成。主要是加宽路基，整治路面，增建桥涵设施。改建后路基宽8.50米，沥青表处路面宽7米。新建中桥1座、51.50米，小桥6座，涵洞116道，收费站及道班房各1处。完成投资6 505.05万元，其中省交通厅养路费补助1 700万元，其余为银行贷款，由收取通行费偿还。

佳县过境段新建。自佳县县城南侧佳临黄河大桥引线龟梁沟立交桥头起，沿佳芦河北岸上行，两跨佳芦河，至狮则滩接米（脂）佳（县）公路，长2.73公里。按照省政府1996年10月第30次《省长办公会议纪要》决定，省交通厅作为扶贫项目负责建设。采用山岭重丘区一般二级公路技术标准，由省交通厅职工技术协会于1998年4月起实施，历时2年6个月完成。新建路段路基宽8米、12米、15米不等，沥青碎石路面满铺。共开挖路基土石方61万立方米，改河工程土石方9.50万立方米。修建大桥1座、234米，涵洞8道。决算完成投资3 020.63万元，由省计委和省交通厅按4∶6比例分摊安排资金。

佳县佳临黄河大桥建设，见本篇第六章第一节《主要桥梁建设》。

佳县至康家湾改建。起自佳县吕家坪，经申家湾、杨道渠、通镇、孙家峁、王家砭、方塌，至佳县与榆林市榆阳区交界处康家湾村，主线约57公里，佳县城区连接线

2.88公里。省交通厅2003年6月批准按山岭重丘区二级公路技术标准改建，榆林公路管理局2004年4月—2005年12月实施。改建基本利用旧路，着重加宽路基，重铺路面，局部新建以避绕通镇、王家砭、方塌3处村镇。改建后路基宽8.50米，沥青混凝土路面宽7米。修建大桥2座、258米，中桥7座、378米，小桥13座，涵洞223道。竣工决算完成投资1.46亿元，其中省交通厅养路费补助5 700万元，其余由榆林市自筹解决。

上述路段新、改建后，302省道全长94公里，全部为二级公路，沥青混凝土路面。

三、S303宜定线

S303宜定线历经多次改造提高，1990年年底，线路全长约342公里，基本为三、四级技术标准，次高级或中级路面。其线路走向见图2-3-20。自“十五”时期以来，随着陕北煤、油、气等资源加快开发，扶贫脱困力度加大，旅游观光事业发展，地方政府与交通部门加大投资，加快改建、改造。按通县公路项目和山岭重丘区三级公路技术标

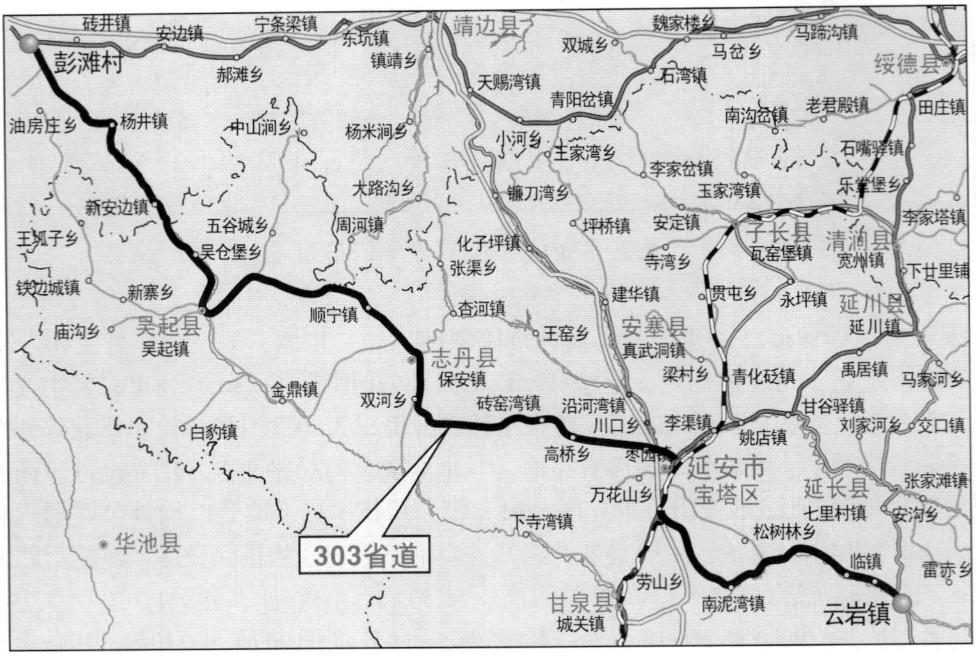

图2-3-20 S303宜定线线路图

准，改造延安蟠龙至麻洞川段、延安至吴旗（今吴起县）段；按山岭重丘区二级公路技术标准，改建志丹县城过境段、延安至吴起、延安至壶口段等。

延安蟠龙至麻洞川通县公路工程。起自延安市宝塔区南泥湾镇蟠龙山，南经蟠龙、高坊、南泥湾、马坊、金盆湾，终于麻洞川（界河沟），长28.19公里。原路基本为山岭重丘区三级技术标准，局部路段平面指标低，路面状况较差，排水、防护设施不完善。省计委2001年12月批准列通县公路工程，省公路局与延安市交通局签订包建协议，由延安市交通局组织实施。2002年5月动工，历时5个月告竣。主要沿旧路进行拓宽改造，其中南泥湾镇过境段采用平原微丘区二级公路技术标准改建，其余按山岭重丘区三级公路技术标准改建。新建小桥1座，涵洞17道；修补、接长涵洞71道。完成投

资3 828.56万元。其中利用国债资金3 150万元，其余为延安市交通局自筹。

延安至吴旗通县公路工程。起自延安枣园旧址平交路口，经安塞县砖窑湾、志丹县城和顺宁镇，吴旗县沙集，至吴旗县城，长169.66公里。省发展计划委员会2002年5月批准列通县公路工程计划，按山岭重丘区三级公路技术标准改造。省公路局与延安市交通局签订包建协议，延安市交通局公路建设管理处和榆林交通工程公司等单位实施，是年5—11月完成。改造工程基本沿旧路进行，以稳固路基、重铺路面、完善防护、排水和交通工程设施为主，提高行车安全性。共完成路基土石方62.77万立方米，防护、排水工程3.66万立方米，铺筑沥青混凝土面层101.94万平方米，新建小桥1座，涵洞3道，接长涵洞139道。竣工决算完成投资8 427.95万元，由国债资金安排。

2006年9月，303省道延安至吴起段二级改建工程胜利山隧道进口施工

延安至吴旗通县公路工程改建完成后，随着沿线资源开发，交通量迅速增长。省交通厅先后于2005年8月、2006年5月分段批准立项，按山岭重丘区二级公路技术标准再行改建。改建路线自延安市宝塔区枣园大道终点起，经安塞县高桥，志丹县城、双河，至吴起县城北洛源大桥，长约145.77公里。2006年7月起，由延安市交通局承建。工程分两期实施，施工路段互有交错。一期实施志丹康家沟、吴起大路沟和吴起过境路3段，长31.62公里；二期实施延安枣园、安塞郝岔、志丹康家沟、志丹桃家沟、吴起薛岔等5段，长114.15公里。改建主要沿旧路进行拓宽改造，完善桥、隧构造物及交通安全设施。吴起县过境段4.25公里，路基宽12米，沥青混凝土路面宽10.50米。其他穿越村镇路段路基亦多宽12米。共完成路基土石方840万立方米，防护、排水工程30.40万立方米，修建大桥6座、974米，中桥29座、1 845米，小桥44座，隧道3座、3 594米，涵洞397道。合计完成投资9.47亿元，其中由省交通厅养路费补助5.78亿元，其余为延安市自筹。

延安至壶口段改建。起自延安市宝塔区南蟠龙，经南泥湾、麻洞川、临镇、官庄，宜川县云岩、新市河、高柏，至宜川县壶口，长约113公里。其中云岩镇至壶口46公里为县道。原路基本为三级技术标准。省发改委批准按二级公路技术标准改建。2006年10月起，延安市交通局承建。主要加宽改造旧路，局部设新线。其中通过村镇路段路基宽12米，水泥混凝土路面满铺。沈家河至壶口段约45公里路基宽8.50米，沥青混凝土路面宽7米。新建大桥4座、675.09米，中桥3座、190.40米，小桥31座，涵洞262道。改建项目投资5.31亿元。其中省交通厅养路费补助3.18亿元，其余为延安市政府自筹。

延安至壶口段改建2008年10月完成。延安至吴起二级改建工程2010年1月完成。

2010年年底，303省道全长344公里，其中二级公路220公里，三级公路124公里；有沥青混凝土路面231公里，简易铺装路面113公里。

四、S304韩洛线

S304韩洛线原为韩（城）黄（龙）公路和洛（川）黄（龙）公路，线路走向见图2-3-21。全线经陕北黄土高原沟壑区和黄龙山区，地形地貌起伏变化大，地质构造复

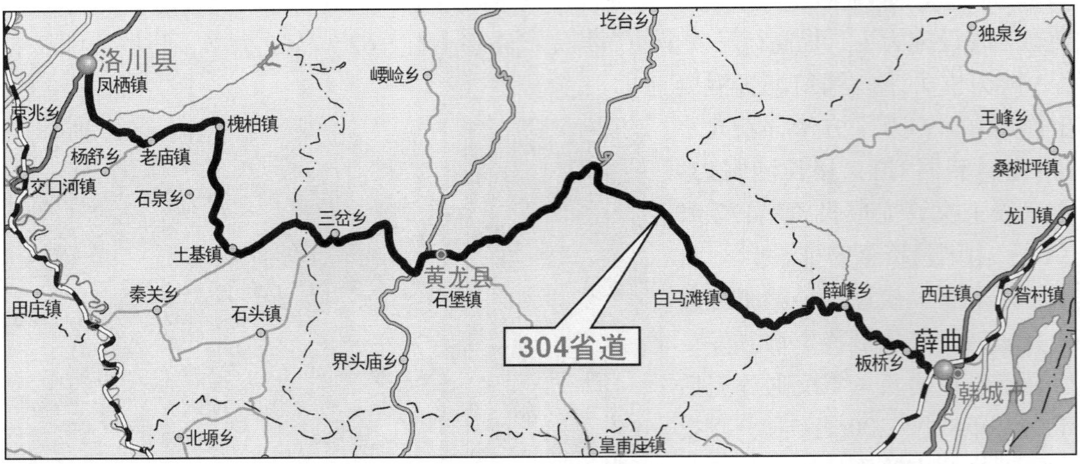

图2-3-21　S304韩洛线线路图

杂。1990年年底，韩城至洛川段全长约146公里，其中三、四级公路约111公里，等外路35公里；有19公里低级路面，其余为次高级或中级路面；晴雨通车里程74公里。1996年列入省道公路网后，先后按山岭重丘区三级公路技术标准，改建韩城至黄龙段；按平原微丘区二级公路技术标准，改建韩城至薛峰段、洛川至黄龙段。

韩城至黄龙段改建。起自韩城县薛峰水库东端，经凿石、牛心、王村，至上景峰西黄龙界，长14.71公里。省公路局1996年6月批准改建。渭南公路管理总段是年6月—2000年11月承建。除薛峰水库大坝两端和坝顶900米暂缓实施外，共完成路基13.86公里，修建涵洞39道。竣工决算完成投资2 621.05万元，由省交通厅养路费列支。

韩城至薛峰段改建。起自韩城市巍山路与象山路交叉处，向西下穿西（安）侯（马）铁路，经韩城电厂南、板桥、柏林、牛前湾、薛峰，至薛峰水库坝顶东端，长18.20公里。原有公路不足三级技术标准，防护、排水设施不完善，路面破损严重。省交通厅2004年1月批准立项。韩城市政府是年6月—2005年12月承建。起点至西（安）侯（马）铁路、电厂至终点，分别采用平原微丘区二级、山岭重丘区二级和三级公路技术标准。新建大桥5座、561米，中桥1座、43米，利用旧桥2座。工程投资3 964万元，其中省交通厅养路费补助3 100万元，其余为韩城市政府自筹。

洛川至黄龙段改建。起自洛川县凤鸣街口，经仙姑河（谷咀沟）、老庙、槐柏、石泉、黄连河、土基，黄龙县三岔、安善沟，至黄龙县城石堡镇，长85公里。省发改委2008年11月批准按二级公路技术标准改建。延安市交通局2009年3月—2010年10月承建。塬面段利用旧路布设，过村镇段路基宽12米，跨沟段部分另展新线，上、下塬段路基宽8.50米。新建大桥5座、677米，中桥8座、551米，小桥4座，涵洞127道。完成投资

4.45亿元，其中省交通厅养路费补助2.71亿元，其余由延安市政府自筹。

2010年年底，304省道全长155公里，其中二级公路86公里，三级公路57公里，四级公路12公里；除1公里简易铺装路面外，其他均为沥青混凝土路面。

2009年8月，304省道改建工程洛川谷咀沟路基填方施工

五、S305罕正线

S305罕正线由马车道、运煤简易公路几经改造形成。1990年年底，全线长约148公里，其中三级公路123公里，四级公路25公里；有次高级路面113公里，中级路面25公里。其线路走向见图2-3-22。

按山岭重丘区二级公路技术标准，先后改建铜川金锁关至后烈桥段，城关至孙家河段，蒲城罕井镇至孙家河段，铜川金锁关至崾岘梁段；按山岭重丘区四级公路技术标准，改造铜川崾崄梁至画眉梁段。

铜川城关至孙家河段改建。起自铜川城关二马路，经红土镇、胡家塬、铁王河，至铜川市与白水县交界孙家河，长约41公里。原路基本为三级技术标准，局部路段平曲线半径小，上、下塬坡度大，视距不良，路面损坏严重。省交通厅1999年7月批准改建。2000年9月动工，铜川市交通局建设，历时2年完成。铜川城关至红土镇约19公里，基本沿旧路拓宽；红土镇至铁王河约20公里选线新建。完成路基土石方374万立方米，铺筑沥青混凝土路面47.66万平方米，修建中桥2座、104米，小桥4座，通道1道，涵洞80道，下穿铜（川）蒲（城）铁路立交桥3座，修建收费站及养护道班共3处。竣工决算完成投资1.47亿元，其中省交通厅养路费补助8 000万元，其余为利用银行贷款。实行收费

图2-3-22　S305罕正线线路图

还贷。

蒲城罕井镇至孙家河段改建。起自蒲城县罕井镇，向西经北兴村、高阳镇、洼里村、吴家尧村，至白水县与铜川市交界孙家河，长18.27公里。原路三级技术标准。按省交通厅批准的改建计划，渭南公路管理局2000年10月组织实施，历时3年完成。改建基本沿旧路拓宽。完成路基土石方233万立方米、防护及排水工程3.50万立方米，修建涵洞40道。竣工决算5 056.40万元，由省交通厅养路费列支。

铜川金锁关至嵝岘梁段改建。起自铜川市金锁关与210国道相接处，经何家坊、后烈桥，焦坪镇、上庄子、后沟、东湾、下嵝岘至嵝岘梁，长17.96公里。省交通厅2003年5月批准改建，9月动工，铜川市交通局建设，2005年10月完成。其中金锁关至焦坪大桥收费站12.95公里，曾于1993年6月—1996年8月由铜川市交通局改建成二级公路。本次改建主要进行沥青碎石路面整治；该收费站至嵝岘梁5.01公里另设线新建；同时改善沿线桥涵设施。新建嵝岘大、中桥各1座、246米，维修旧桥2座、涵洞44道。竣工决算完成投资4 424.64万元，其中省交通厅养路费补助3 206万元，其余为铜川市自筹。

2010年年底，305省道全长126公里，其中二级公路77公里，三级公路39公里，四级公路10公里。全部为沥青混凝土路面。

六、S306旬麟线

S306旬麟线，始由马车道整修的简易公路和旬邑至转角、麟游至两亭公路所形成，1996年列省道养护管理。其线路走向见图2-3-23。自“十五”时期起，重点改建、改善麟游县城至良舍、旬邑转角至马栏、彬县至旬邑3段。

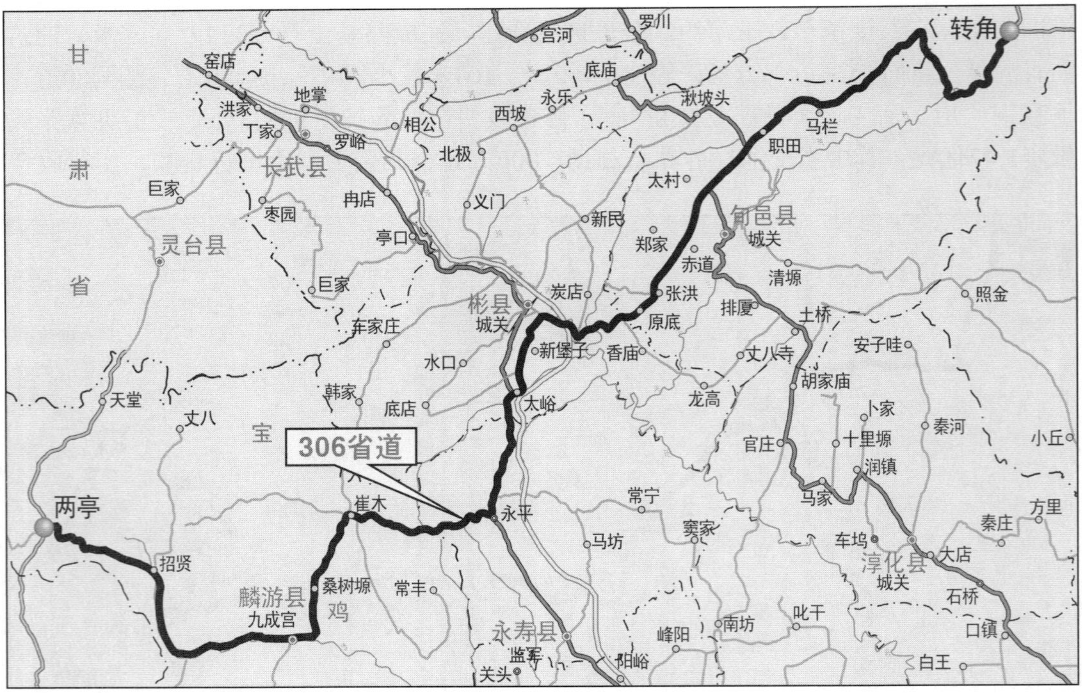

图2-3-23 S306旬麟线线路图

麟游县城至良舍段通县公路工程。起自麟游县城，经九成宫镇、菜家河、西坊至良舍，长14公里。原路不足三级技术标准，沙石路面，行车条件差。省交通厅2002年4月列通县公路工程计划，按山岭重丘区三级公路标准改建。宝鸡公路管理局是年4—12月承建。基本沿旧路加宽、改造，实际用资750.49万元，全部由国债资金安排。

旬邑转角至马栏段改善。起自旬邑县转角村，经金盆，沿马栏河川道旧路设线至马栏，长12.40公里。原路四级技术标准，沙石路面，行车条件不良。省公路局批准按山岭重丘区三级公路技术标准改善。咸阳公路管理局2007年4—10月实施。改善后，马栏街道路基宽9米，沥青混凝土路面满铺；其余路段路基宽7.50米，沥青混凝土路面宽6.90米。总投资829.30万元，由咸阳公路管理局从大、中修工程和收费公路调剂资金解决。

彬县至旬邑段改建。起自彬县与旬邑交界冯家村，途经旬邑县店子、原底、张洪、鹏旗、新丰、义井，沿小塔沟和南沟之间塬面展线至终点小塔村圆盘，长约19.90公里。省交通厅批准采用山岭重丘区二级公路技术标准改建。咸阳市交通局2008年10月—2009年10月承建。重点加宽、整修路基，重铺路面。改建后塬上段11.70公里，路基宽12米，沥青混凝土路面宽10.50米；下塬段8.20公里，路基宽10米，沥青混凝土路面宽8.50米。共完成路基土石方175.69万立方米，修建涵洞26道。总投资9 895万元，其中省交通厅养路费补助7 000万元，其余由旬邑县自筹解决。

2010年年底，306省道全长209公里，其中二级公路34公里，三级公路175公里。均为沥青混凝土路面。

七、S307洛柞线

S307洛柞线线路走向见图2-3-24。其洛南县城至洪门河段50公里，为1959年由马车道改建的六级甲标准公路；洛南县城至箭杆岭58公里，1970年以来几经改建提高；商州市垭口至姚河段9.80公里，由省交通厅养路费列支93.55万元，商州市政府采用民办公助、民工建勤方式，于1989年11月—1991年6月按山岭重丘区三级公路技术标准改建。

图2-3-24　S307洛柞线线路图

1996年列入省道公路网。2000年起，分别实施商州至柞水、商州板桥至杨台村两段三级通县公路工程，洛南古城至景村、洛南四皓至商洲板桥、洛南三要桥至古城段三级公路改善或改造工程。

商州至柞水三级通县公路工程。起自商州市林岔河，经东岳庙、鸡冠岭，柞水县万青、红岩寺、杏坪、凤凰、小岭镇，至柞水县东坪，改造里程约58.23公里。原路不足三级技术标准，线型较差。省计委批准列通县公路工程改建。2000年11月动工，商洛公路管理局承建。全线采用山岭重丘区三级公路技术标准。分商州区林岔河至柞水县红岩寺25.32公里，柞水县杏坪镇至东坪约32.91公里两段施工。基本沿旧路拓宽改造，铺筑路面，加宽桥涵，完善排水、防护和交通安全设施。共开挖路基土石方48万立方米，修建涵洞61道，防护2.70万立方米。路基宽度7.50米，路面宽度6米，沥青碎石路面25公里，沥青混凝土路面33公里。设计行车速度30公里/小时。竣工决算完成投资4 607.08万元，其中国债资金安排2 900万元，其余为省交通厅养路费列支。

商州板桥至杨台村三级通县公路工程。起自商洛市商州区板桥镇韩村，经水道河、岭底、黄沙岭，至商州区城关镇杨台村，长19.06公里。原路不足三级技术标准，路面破损严重，路基沉陷翻浆。省交通厅批准列通县公路工程项目，按山岭重丘区三级公路技术标准修建。2002年4月动工，商洛公路管理局实施。利用旧路拓宽改造，铺筑路面，完善排水、防护和交通安全设施，提高通行能力。黄沙岭及越岭线个别困难路段按四级公路技术标准施行。修建后路基宽7.50米，沥青混凝土路面宽6.50米。设计行车速度30公里/小时。完成路基土石方16万立方米，防护及排水工程1.20万立方米，接长涵洞20道，新建涵洞11道。总投资1 330万元，其中国债资金安排950万元，省交通厅养路费补助380万元。

洛南古城至景村段三级公路改善。起自洛南县古城镇，经新华、红旗、红星、杨村、雄山岭顶至景村镇，长10.70公里。原路不足三级技术标准，路基多处沉陷，路面破损严重。省交通厅列入干线公路网改善计划，按山岭重丘区三级公路技术标准改造。2002年5月动工，商洛公路管理局承建。主要沿旧路拓宽，改善平、纵线形，提高通过能力。完成路基土石方0.60万立方米，防护工程0.63万立方米，新建涵洞6道。路基宽8.50米，沥青碎石路面宽7.50米。设计行车速度40公里/小时。完成投资874.26万元，全部为省交通厅养路费列支。

上述3项工程均于2002年相继告竣。其中，洛南古城至景村段10月完成，商州至柞水段11月完成，商州板桥至杨台村段12月完成。

洛南四皓至商洲板桥段三级公路改善。起自洛南县四皓乡李弯村，与洛南至洪门河二级公路相连，经四皓、魏李、蒲峪村，商洛市商州区岔口铺村至板桥镇韩村，长18.57公里。原路不足三级技术标准，平、纵指标和视距较差，路面病害严重。省公路局列公路改造计划。2003年6月动工，商洛公路管理局承建。征地拆迁由洛南县、商州区政府按协议包干。采用山岭重丘区三级公路技术标准改造，基本沿旧路进行拓宽，改善线形，提高通行能力。完成路基土石方6.60万立方米，防护及排水工程1.50万立方米。新建涵洞16道。完成投资1 298.71万元，由省交通厅养路费列支。

洛南三要桥至古城段三级公路改造。起自洛南县三要桥西端，经杨村、寺坡乡至古城镇，长16.23公里。原路大部分路段为三级技术标准，局部路段平曲线半径、视距、路基宽度达不到标准。省交通厅批准按山岭重丘区三级公路技术标准改造。2004年2月动工，商洛公路管理局承建。工程利用原有路线，主要改造平曲线半径小、视距不良、纵坡过大路段。完成路基土石方4.10万立方米，防护、排水工程0.80万立方米。改造后路基宽7.50米，沥青混凝土路面宽6.50米。设计行车速度30公里/小时。实际完成投资838.62万元。由省交通厅养路费列支。

上述两项工程，分别于2004年6月、9月完成。

2010年年底，307省道全长231公里，其中二级公路4公里，三级公路227公里；有沥青混凝土路面176公里，水泥混凝土路面1公里，简易铺装路面54公里。

八、S308平安线

S308平安线原为汉（中）白（河）公路之一段简易公路。其中平利县境女娲山越岭段公路标准低、安全隐患多。1988—1994年，平利县政府组织大贵、吉阳、魏汝三区农村劳动力3 000余人，采用民办公助、民工建勤方式，对女娲山越岭段进行改线，新建线路18公里。至1994年年底，308省道全线长约100公里，全部为三级公路、次高级路面。其线路走向见图2-3-25。自1997年起分段再行改造，先后按山岭重丘区一般二级公路技术标准改建平利县城至关垭子段，按山岭重丘区二级公路技术标准改建安康至平利段。

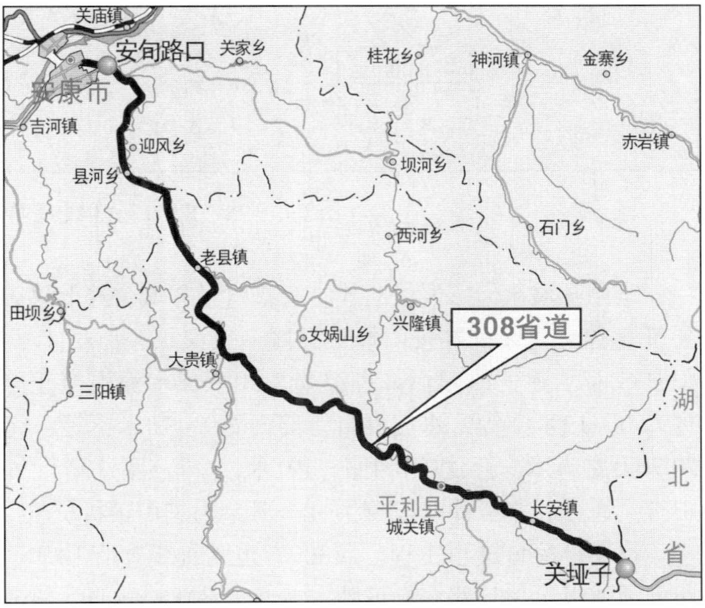

图2-3-25　S308平安线线路图

平利县城至关垭子段改建。起自平利县城，经吉阳、冲河口、石牛河、长安镇、梁家桥、张家店，至平利与湖北交界关垭子，长23公里。原路三级技术标准。省交通厅1997年批准改建。安康公路管理总段是年4—12月承建完成。主要对原路进行拓宽，降低纵坡，裁弯取直，加宽路基，改善线形。工程总投资1 200万元，全部为利用银行贷款。实行收费还贷。

安康至平利段改建。起自平利县城，经徐家坝、大贵镇、稻草街，安康市汉滨区县河、迎风、窑垭子，至安康市郊枣园，长60.27公里。原路三级技术标准。省计委2000年批准改建。安康市交通局2002年3月—2005年5月承建完成。通过拓宽、降坡、裁弯等措施，改善线形，重铺路面，完善桥涵、隧道和防护设施。利用旧路约42公里，利用旧桥26座。改建后路基宽8.50米，沥青混凝土和水泥混凝土路面均宽7.50米。其中牛王乡、老县镇等过境段路基宽12米，水泥混凝土路面满铺。新建大桥1座、205米，中桥15座、683米，隧道8座、1 324米。工程决算完成投资2.15亿元，其中省交通厅养路费补助8 651万元，其余为利用银行贷款。实行收费还贷。

2010年年底，308省道全长93公里，全部建成二级公路，有沥青混凝土路面67公里，水泥混凝土路面26公里。

九、S309勉略线

S309勉略线是在原简易公路基础上，经多年改造所形成。1990年年底，全线长约119公里，其中三、四级公路分别为13公里、106公里；有高级路面1公里，次高级路面73公里，中、低级路面45公里。其线路走向见图2-3-26。自1997年12月起，先后改建略阳县城至何家岩段，勉县水磨湾至何家岩段，略阳石家庄至包儿梁段，并修建略阳芋家垭隧道。

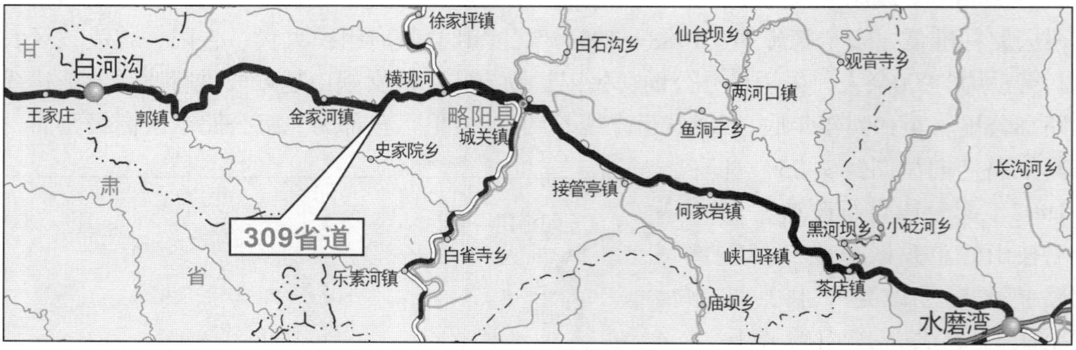

图2-3-26 S309勉略线线路图

略阳县城至何家岩段改建。起自略阳县城，经七里店、接官亭，至何家岩，长20.76公里。省交通厅批准按山岭重丘区一般二级公路技术标准改建。1997年12月动工，略阳县政府承建。改建后，路基宽8.50米，水泥混凝土路面宽8米。通过村镇路段路基宽9.50～12米不等，水泥混凝土路面宽9～10米不等。完成路基挖方70万立方米，填方28.70万立方米。修建中桥4座、191米，小桥5座，涵洞76道。完成投资4 437.95万元，其中省交通厅养路费补助1 336万元，其余为利用银行贷款。

略阳芋家垭隧道工程。属309省道既有线改造工程。芋家垭海拔1 285米。越岭段公路处雪线以上，且路窄、坡陡、弯急，冬天结冰期长，行车艰难。经省交通厅、省公路局研究，批准修建芋家垭隧道。隧道及接线按山岭重丘区三级公路技术标准修建。1998年9月动工，汉中公路管理总段承建。隧道全长518米，其中暗洞515米，明洞3米，净宽7米，两侧人行道各宽0.75米，净高5米，洞内纵坡2%。两端引线长226.51米，引线路基宽8.50米，水泥混凝土路面宽7米。竣工决算完成投资1 862万元，由省交通厅养路费补助1 300万元，其余为利用银行贷款。

芋家垭隧道工程1999年6月完成。略阳县城至何家岩段改建工程1999年8月完成。完成后均实行收费还贷。

2001年3月起至2003年5月，实施勉县水磨湾至何家岩段改建。改建段路线起自水磨湾，经艾叶口、分水岭、七里沟、五星湾、茶店，略阳县峡口驿、煎茶岭，至略阳县

2003年5月改建后的309省道勉县境路段

何家岩，长约35公里，采用山岭重丘区二级公路技术标准改建。工程分勉县境和略阳县境两段实施，以旧路拓宽改建为主。勉县境水磨湾至茶店19.54公里，勉县政府承建。新建中、小桥8座、182米，涵洞74道。略阳县境茶店至何家岩15.47公里，略阳县政府承建。新建中、小桥6座、144米，涵洞73道。勉县段完成投资5 359.80万元，其中国债资金安排2 200万元，省交通厅养路费补助1 180万元；略阳段竣工决算4 360.87万元，其中国债资金安排1 500万元，省交通厅养路费补助930万元。两段工程资金不足部分利用银行贷款，实行收费还贷。

2004年12月—2005年12月，实施略阳石家庄至包儿梁段改建。改建工程起自略阳县金家河镇石家庄，向西经瓦房坝、三岔子、关河坝、田坝、芋家垭、郭镇、邓家咀，至包儿梁桥，长约15公里。省交通厅批准按山岭重丘区三级公路技术标准改建。汉中公路管理局承建。本次改建除利用芋家垭隧道外，以路基、路面改造为主，完善排水、防护和交通工程设施。共完成路基土石方27.40万立方米，防护工程2.85万立方米，修建涵洞44道。工程总投资1 800万元，由省交通厅养路费安排。

2009年，实施勉县至略阳段灾后恢复重建工程。309省道勉县至略阳段在2008年“5・12”汶川特大地震中遭受重大损毁，后纳入中央灾后恢复重建基础设施项目规划恢复重建。2009年1月完成设计，4月起实施。汉中公路管理局承建。重建路线起于勉县水磨湾309省道与108国道交叉处，止于略阳县陕、甘交界北河沟，全长112.05公里。其中，勉县水磨湾至略阳县城段，按二级公路技术标准修复、改建；略阳县城至北河沟段按二、三级公路技术标准修复、改建。主要工程量：新建隧道1座、1 460米，修复隧道1座、517.63米，新建桥梁4座、98.27米，完成路基土石方45.92万立方米，排水工程72.84公里，以及新铺沥青混凝土路面、水泥路面换板和防护工程等。计划投资3.96亿元，其中中央灾后恢复重建基金2.51亿元。至2010年9月底，完成投资3.12亿元，其中中央灾后恢复重建基金1.66亿元。

2010年年底，309省道全长119公里，其中二级公路65公里，三级公路54公里；有沥青混凝土路面79公里，水泥混凝土路面40公里。

十、S310恒紫线

S310恒紫线原为恒（口）紫（阳）公路和紫（阳）渔（渡）公路。经多年维修、改善，至1990年年底，全线长188公里，其中三级公路7.20公里，四级公路112.30公里，等外路68.40公里，有次高级路面76公里，中、低级路面73公里，无路面里程39公里。其线路走向见图2-3-27。

重点改建路段为恒口至紫阳段。起自安康市汉滨区恒口镇，经潘家梁、庙包子、潘

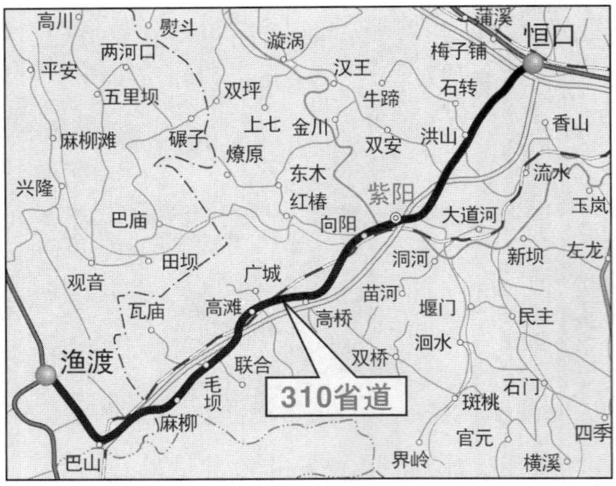

图2-3-27 S310恒紫线线路图

家河、望河垭、洪山镇，紫阳县蒿坪镇、曾家院子、钟鼓湾，至紫阳县城与县城东汉江大桥相接，长约79公里。省交通厅2002年4月列通县公路工程，按山岭重丘区三级公路技术标准改建。安康市交通局自是年4月组织实施，12月告竣。主要加宽旧路，改善线型，提高等级，铺筑路面。完成路基土石方1.95万立方米，防护工程0.26万立方米。修建涵洞7道。完成投资3 942.85万元，由国债资金安排。

2010年年底，310省道全长188公里，其中三级公路92公里，四级公路67公里，等外路29公里；有沥青混凝土路面68公里，水泥混凝土路面22公里，简易铺装路面27公里，未铺装路面71公里。

第四节 关中环线

一、关中环线建设概况

关中环线为关中公路环线简称，路线编号S107。原为20世纪70年代规划建设的西安环线，后向西拉长成关中环线。线路以西安为中心，东西相距180公里，南北相距约50公里，环绕关中经济区腹地。沿线城镇密布，人口集聚，为陕西现代农业、特色产业、装备制造业基地，高新技术产业带，亦为旅游资源与人文景观富集区，有陕西“金腰带”之称。建设关中环线，对加强关中不同层次路网衔接，提升公路网服务水平，促进关中率先发展，具有重要意义。进入90年代，公路交通部门和沿线地方政府适应经济发展与群众出行需求，采取多种方式，逐步分段进行修建。

2000年4月，省政府批转省交通厅适应西部大开发，加快公路发展的规划和实施意见中规划建设的“两环”，其中一环即关中公路环线。

2002年1月11日，省长程安东主持召开第2次省长办公会，听取省交通厅关于关中环线规划建设方案汇报，并确定环线走向、建设资金、征地补偿等问题。是年11月25日，贯彻中共陕西省委、省政府关于加快“一线两带”[①]建设的战略决策，省交通厅对原规划的关中环线布局进行调整，提出新的关中环线规划及加快建设的实施意见。省政府于12月3日第22次常务会议决定，关中环线公路建设统一规划，统一标准，由省政府成立建设领导小组统一领导；沿线各市政府负责境内路段建设管理，并充分发挥县（市、区）、乡两级积极性；路线不得“穿村过镇”，并实行局部封闭；工程分段建设，要求年内开工，2006年全线贯通。

新确定关中环线，线路起自渭南市临渭区渭富桥北桥头，按顺时针方向途经阳郭，

注[①]：“一线两带”是指以西安为中心，以陇海铁路和宝鸡至潼关高速公路为轴线，以国家级关中高新技术产业开发带和国家级关中星火产业带为依托，形成新的产业经济体系。

蓝田玉山、焦岱，长安太乙宫、沣峪口，周至马召，眉县、汤浴，岐山五丈原、城关，扶风法门、召公，乾县临平、城关，礼泉城关、赵镇、烟霞，泾阳王桥、云阳，三原城关、西阳、大程，西安阎良、临潼田市，至渭南市临渭区渭富桥北桥头，长约412.39公里。其中渭南市境48.11公里，西安市境196.73公里，咸阳市境100.02公里，宝鸡市境67.53公里。

关中环线线路走向见图2–3–28。

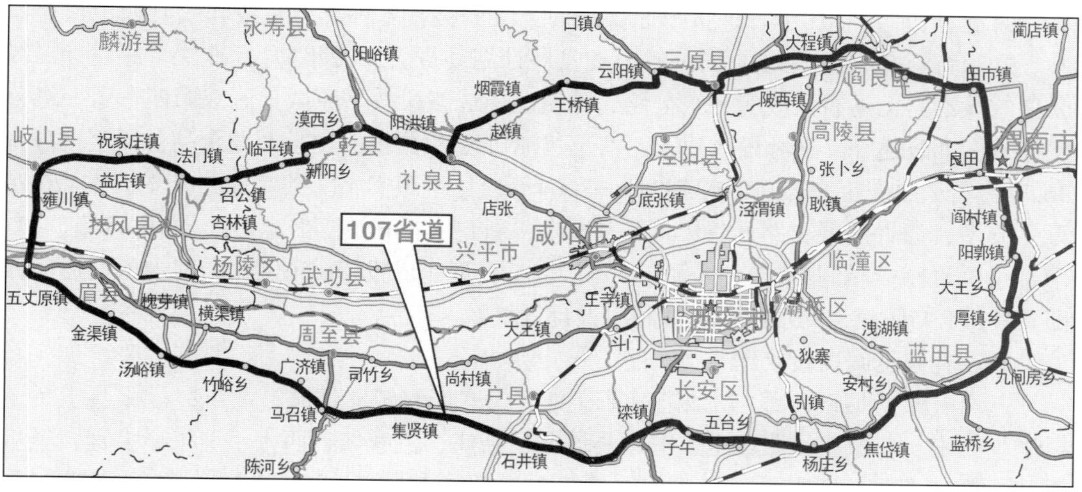

图2–3–28　S107关中环线线路图

关中环线按一级公路技术标准、三块板断面[①]形式（宽28米）规划、设计。本着实事求是、远近结合的原则，工程实行分期建设，新建与改建结合。采用技术标准依据预测交通量和沿线地形及资金情况，一般采用一级或二级公路技术标准。二级公路技术标准，一般路基宽12米，沥青混凝土路面宽10.50米；设计行车速度60公里/小时，桥涵荷载公路–Ⅱ级或汽–20、挂–100。一级公路技术标准，一般双向四车道，三块板断面形式，个别路段双向两车道，路基一般宽17～28米，沥青混凝土路面，设计行车速度80～100公里/小时，桥涵荷载公路–Ⅰ级或汽–超20、挂–120。

关中环线由渭南、西安、咸阳、宝鸡四市政府分段承建，各市交通局组织实施。建设资金主要为省交通厅养路费补助和统贷资金，市（县）政府自筹和利用银行贷款等。项目建成后实行收费还贷。

至2003年4月，关中环线先后建成的主要路段有：渭南市交通局按山岭重丘区二级公路技术标准，完成渭南至蓝田段23.75公里改建，按平原微丘区二级公路技术标准，完成渭南市城区北段18.79公里改建；西安市交通局按二级公路技术标准，建成长安区鸭池口至户县县城段18.74公里、楼观台至马召段12.24公里；咸阳公路管理局按平原微丘区二级公路技术标准，建成乾县至法门寺段41.02公里（见本篇本章第二节《南北线》）。是年起，各市相继开工建设除上述路段外的297.41公里路段。

至2008年年底，全线建成一级公路257公里，二级公路150公里，三级公路约5公

注[①]：“三块板断面”是指公路横断面形式，包括机动车道、非机动车道和人行道。

里。路线穿越渭南、西安、咸阳、宝鸡等4市、13个县（市、区），衔接穿越关中地区的京昆、包茂、连霍、福银、沪陕等5条国家高速公路，108、210、211、310、312等5条国道，并与多条省道相接或部分重合。

二、长安太乙宫至周至马召段新建

起自长安县太乙宫镇太乙路十字，向西经过子午镇、沣峪口，户县涝峪，周至县楼观台，至周至县马召镇，长约80.10公里。经省计委2000年5月批准，西安市交通局2000年12月起，历时1年10个月，按平原微丘区二级公路技术标准，建成长安县鸭池口至户县、楼观台至马召合长约30.98公里。省发展计划委员会2002年7月批准，将原设计二级公路的太乙宫至马召段改为一级公路，除对已建成路段按平原微丘区双向四车道一级公路技术标准改建外，又分段改建太乙宫至鸭池口12.34公里、户县九龙食品公司至楼观台36.78公里。西安市交通局2003年2月—2004年12月组织实施。共完成路基土石方426.70万立方米，沥青混凝土路面180.60万平方米，新建大桥10座、2 344米，中桥12座、571米，小桥31座，涵洞347道，收费站3处。竣工决算完成投资6.56亿元，其中省交通厅养路费补助1.95亿元，其余由西安市利用银行贷款。

三、礼泉至阎良段改建

起自礼泉县城西环线与312国道平交处，向东经赵镇、烟霞、北屯，泾阳县王桥、桥底、扫宋、蒋家庄、张家屯，三原县城北、新庄、范家堡、西张、美乐、大程，至三原县与西安市阎良区交界处三义村，长77.20公里。其中新建42.20公里，旧路改造35公里。省发展计划委员会2003年8月批准按一级公路技术标准设计改建。咸阳市交通局2003年8月—2007年6月组织实施。双向四车道。沥青混凝土路面。其中礼泉县城西环线1.75公里、西张街道0.50公里、美乐街道1.09公里，全部利用旧路。城镇段及3座大桥总长约20公里，机动车道宽17米，两边非机动车道各宽4米，机动车与非机动车道之间设置各宽1.5米分隔带。完成路基土石方254.28万立方米，水泥混凝土路面419万平方米。新建大桥3座、1 280米，中桥2座、50米，小桥3座，涵洞333道，通道2道，渡槽1处，收费站2处。竣工决算完成投资5.55亿元，其中省交通厅养路费补助1.16亿元，其余由咸阳市利用银行贷款。

2005年11月，关中环线礼泉至阎良段路面施工

四、渭南过境段改建

起自渭南市临渭区阳郭镇庙湾村，向北经牛家、申家、阎家、李家庄、石张至南沟后偏向西，下穿国营9904厂专用铁路、陇海铁路后，设高架桥跨西潼高速与201省道相接，再向北在梁村、赵村跨渭河后到达姜方郭村，经东刘、南梁、穆家庄，至田市镇，全长36.40公里。其中5.70公里为城市过境段，单独立项建设，本次实际改建

30.70公里。省发展计划委员会2003年8月立项。渭南市交通局2004年2月—2008年12月组织实施。改建基本沿原路拓宽。路线起点至步前村（与西潼高速相交处）约20公里，采用二级公路技术标准，步前村至终点16.50公里采用一级公路技术标准。其中K20+120～K24+100为城市过境段，路基宽50米；K24+100～K27+300为渭河特大桥段，路基宽28米。完成路基土石方67.93万立方米，沥青混凝土路面42.36万平方米，修建特大桥1座、2 346.08米，大桥1座、488.20米，小桥2座，涵洞58道，通道2道，收费站1处。竣工决算完成投资3.34亿元，其中省交通厅养路费补助4 400万元，其余为渭南市利用银行贷款。

2006年9月20日建成的关中环线渭南渭富公路特大桥路段

五、三义村至田市镇段新建

起自西安市阎良区与三原县交界处三义村，向东经西安市阎良区北城区，下穿咸（阳）铜（川）、侯（马）西（安）铁路，东南向经新兴、武屯，于西安市临潼区相桥下穿西（安）太（原）铁路，至临潼区与渭南市临渭区交界处田市镇，长26.62公里。省发展计划委员会2003年3月批准按一级公路技术标准修建。西安市交通局2004年7月—2006年12月组织实施。其中新建21.27公里，改造旧路5.35公里。完成路基土石方192.60万立方米，沥青混凝土路面58.71万平方米。新建上跨铁路立交桥1座、547.10米，大桥1座、385.10米，中小桥4座、94米，下穿铁路桥1处，涵洞94道，通道1处，收费站1处。竣工决算完成投资2.50亿元，其中省交通厅养路费补助4 188万元，统贷资金3 000万元，其余为西安市利用银行贷款。

六、扶风法门寺至岐山段新建

起自扶风县法门镇建和村，向西经岐山县祝家庄、蒲村、故郡，再经县城东侧，至太慈北庄，长约33.81公里。省发展计划委员会2003年8月批准立项，按一级公路技术标准设计、新建。宝鸡市交通局2005年3月—2007年12月组织实施。沥青混凝土路面，双向四车道。完成路基土石方189.17万立方米，沥青混凝土路面55.61万平方米。新建大桥7座、1 237米，中桥3座、106米，跨线桥1座，通道1处，涵洞108道，平面交叉39处。竣工决算完成投资2.37亿元，其中省交通厅养路费补助8 000万元，余由宝鸡市利用银行贷款。

七、蓝渭界至阳郭镇段新建

起自蓝田县厚镇东侧与渭南市临渭区交界处，沿稠水河西岸向北设线，经临渭区姚院、三官庙、张家河、南山堡子，至阳郭镇，全长11.74公里。省发改委2005年7月批准立项，采用二级公路技术标准新建。渭南市交通局2005年12月—2008年8月组织实施。

完成路基土石方98.30万立方米，沥青混凝土路面13.61万平方米，新建大桥1座、134米，小桥2座，涵洞38道。完成投资6 710.74万元，其中省交通厅养路费补助4 200万元，其余为渭南市利用银行贷款。

八、渭南界至玉山至太乙宫段新建

起自蓝渭界厚镇乡，经蓝田县玉山镇沿灞河向西，经大寨、陶峪河、老虎沟、焦岱、汤峪，西安市长安区王莽，至太乙宫镇，全长70.64公里。玉山至马召段和玉山至渭南界，由省发展计划委员会于2002年7月、省发改委于2005年8—12月分别批准，按一、二级公路技术标准立项新建。西安市交通局2006年3月—2008年10月组织实施。渭南界至玉山段47.29公里为二级公路技术标准；玉山至太乙宫段23.36公里为一级公路技术标准，其中玉山至汤峪段双向两车道，汤峪至太乙宫段双向4车道。全段共完成路基土石196.30万立方米，沥青混凝土路面90.22万平方米。新建大桥7座、1 501米，中桥11座、472米，小桥13座，隧道1座、1 000米（单洞），天桥5座，涵洞195道，互通式立交1处，分离式立体交叉2处，通道3道，收费站1处。竣工决算完成投资5.18亿元，其中省交通厅养路费补助1.03亿元，统贷资金6 500万元，其余为西安市利用银行贷款。

2008年10月建成的关中环线蓝田段

九、周至马召至西汤峪（西安）段新建

起自周至县马召镇，向西经南大坪北侧、沙河、东寨、阎家社、南留、史务、阳化河、凤凰岭、王家档、赵家梁、兰梅塬、北西沟，至周至县与眉县交界处谭家寨北侧宣窝村，长21.20公里。省发改委2004年9月批准按一级公路技术标准设计并建设。西安市交通局2006年4月—2008年10月组织实施一期工程。其中起点至K10+820采用一级公路技术标准，双向四车道；K10+820至终点10.38公里采用二级公路技术标准，双向两车道。完成路基土石方152.10万立方米，沥青混凝土路面29.47万平方米。新建大桥5座、1 238米，中、小桥7座、378.60米，涵洞52道，分离式立交1处，平面交叉13处。竣工决算完成投资2.07亿元。其中省交通厅养路费补助1 978万元，

2006年8月，关中环线西安境周至马召至西汤峪段路基施工

统贷资金3 500万元，其余为西安市利用银行贷款。

十、周至马召至西汤峪（宝鸡）段新建

起自周至县与眉县交界处宣窝村，向西经眉县万家塬、武家堡、红祥、潼关寨，至汤峪镇，与绛（帐）法（门寺）汤（峪）公路相接，长9.16公里。省发改委2004年9月批准按一级公路技术标准设计，分期建设。宝鸡市交通局2006年6月—2007年12月组织实施一期工程。该段采用二级公路技术标准，双向两车道，沥青混凝土路面。完成路基土石方151.10万立方米，沥青混凝土路面11.22万平方米。新建大桥2座、712米，中桥2座、110米，小桥1座，天桥4座，分离式立交1座，过水隧道1道、145米，涵洞35道，通道2处。竣工决算完成投资7 987.61万元，其中省交通厅养路费补助2 544万元，其余为利用省统贷资金。

十一、岐山县城至五丈原段改建

起自岐山县城东接104省道，向南经何家道、太慈、杨柳、板榻、独殿头，跨陇海铁路至蔡家坡，再跨渭河至五丈原镇与310国道相接，长20.26公里，其中主线17.02公里，连接线3.24公里。原为三级公路技术标准县道。2006年列入通乡油路工程，由岐山县政府按照贷款修路、收费还贷方式，进行路面大修。施工过程中，省交通厅决定将该路纳入关中环线，按二级公路技术标准改建，仍由岐山县政府承建。2007年5—10月实施。主要对原路裁弯取直，加大弯道半径，降低纵坡。工程实际支出1 478.60万元，其中省交通厅养路费补助600万元，其余由岐山县政府利用银行贷款。

2007年10月改建后的关中环线岐山周公庙至五丈原二级公路路段

第四章 农村公路建设

农村公路包括县道、乡道与村道。历史上农村公路建设，主要是修建县道和乡道，修建方式主要是民办公助、民工建勤。村道实行群众自修自建。受原有基础差，资金渠道少，投资严重不足以及自然、地理环境等因素影响，陕西农村公路发展缓慢，部分地区农村——特别是山区、边远和贫困地区农村不通公路，交通封闭，群众出行艰难；通公路的地区，公路里程少，等级低，设施差，晴通雨阻，群众出行不便。随着农业、农村改革开放和搞活，“要得富，先修路”成为农村广大干部群众的期盼。20世纪90年代以来，按照中共中央、国务院关于解决“三农”问题，加快农村特别是山区、贫困地区农村脱贫，改善农村基础设施，增强农村公共服务，推进社会主义新农村建设等一系列方针、政策，全省逐步加强农村公路修建和改善，呈现由民办为主转向政府主办为主，由重点改善、局部提高转向全面普及、整体提高，由低水平、粗放式建设转向标准化、高质量建设的特点。“八五”时期，以改善主要县乡公路为主，重点改造秦巴山区、渭北旱源和陕北贫困县县道；“九五”时期，推进农村“三通”，实施贫困县出口公路工程，推进农村公路普及和重点提高；“十五”时期，增加农村公路建设投资，实施县际公路改造、县道油路新建改造、乡道改善提高和农村通达工程，加速农村公路普及和提高；2006—2010年，将农村公路作为新农村建设和民生工程重要内容，将通村油（水泥）路建设作为全省公路建设两个重点之一，实行全面动员，各方参与，政策扶持，举债投入，以提高促普及，以通畅促通达，全省掀起前所未有的通村油（水泥）路建设高潮，带动县公路改造和乡乡通油路，实现全省农村公路畅通化目标。2010年年底，全省农村公路总里程13.30万公里，其中等级公路12.01万公里，占农村公路总里程90.30%。全省1 692个乡镇有1 691个通了公路，其中通油路乡镇占99.94%；具备条件的建制村全部通公路，其中通油（水泥）路的占83.70%。经过这一时期加快建设，广大农村无路可走和有路难行问题基本得到解决，初步实现广大农民有路走、走好路的愿望，促进社会主义新农村建设和农业产业化发展。

第一节 县 道

一、重点县公路改造

“八五”期间，以县乡公路达标创优和重点乡镇晴雨通车为目标，县道建设因地域不同故建设重点和内容亦不同。陕北缺沙石料地区主要是铺装路面，稳定路基；陕南秦巴山区着重进行中级路面铺装和防护设施配套，提高通行能力和抗灾能力；关中等平川塬区着重改善路基，适当发展油路，消除“盲肠”和“卡脖子”路段。

结合交通扶贫，这一时期使用国家工业品、中低档工业品，粮食及粮食加工品等，通过以工代赈方式，改造秦巴山区、渭北旱源和陕北69个贫困县县道。改造工程以四级公路技术标准为主，重点改善线形，增设防护、排水设施，部分路段铺筑沥青路面。新建部分连接省、地（市）和县境内断头线。重点新、改建县道有：米脂至坑镇，洛川至韩城，耀县至柳林，宜君至雷原，镇巴简池至两河，宝鸡新民至郭河口，礼泉至淳化，略阳九股树至白水江，岚皋至城口等。计使用代赈品折价1.86亿元，累计新、改建和修复县公路3 634公里。

1991年9月—1992年白河县以工代赈改造的旬（阳）白（河）公路白河段荆竹沟至冷水公路9.90公里路段。右下图为公路改造纪念碑

1995年底，全省县公路里程较1990年增加718公里，等级公路里程增加 1 017公里，有路面里程增加1 002公里。但总体等级结构不合理，等外公路与无路面里程比重大，桥涵及附属设施不完善，抗灾能力不强，通行能力低。

1996年起，在农村“三通”工程推动下，加强县公路新建和改建。西安市采取“县建市助”“以奖代补”的办法，改造沙梁子至厚畛子、蓝田至葛牌、九间房至灞源、蓝田至金山镇等县道，山区县道全部达四级以上公路技术标准，并新铺油路106公里，实现平原区县道油路化。延安、榆林、安康等地（市），将县道新、改建任务以签订目标责任书形式，落实到县（区）政府实施。延安地区新建富县吉子现至洛川、甘泉至志丹、关庄至张家河、镰刀湾至王家湾等县道。安康地区改建冷水至厚子河、张滩至坝河、权河至洄水镇、红石河口至顺水、洪山至牛蹄乡、汉阴至铜钱乡、关口至铁炉坝等县道。榆林地区改建榆林至补浪河、定边至铁角城、靖边至志丹、镇川至清泉、佳县至吴堡、清涧至石盘、子洲至南沟岔、绥德至清涧等县道。1998年，全省安排以工代赈品折价6 400万元，并由省交通厅养路费和地（市）、县（市、区）财政安排配套资金，新、改建一批县道。主要有：宁强阳平关至青木川，镇巴至黎坝乡，留坝武关驿至佛爷坝，石泉两河至席路，山阳三里峡口至东坡，商南庙台子至文化坪，凤翔纸坊至郭店，彬县西坡至早饭头，宜川云岩至小河口，安塞老庙山至高崖湾等。

至1999年，全省4年新建、改建县道714公里，县道里程增加517公里，二、三级公路里程分别增加401公里、1 079公里，四级公路里程减少766公里；高级、次高级路面增加2 070公里，晴雨通车里程增加1 686公里。

二、贫困县出口公路修建

1999年起，国家安排中央财政预算内资金，修建贫困县连接国、省道主干线出口公路。陕西省利用中央财政债券7.39亿元，交通部专项扶贫资金3 000万元，加上省交通厅养路费配套和地（市）、县（市、区）自筹资金，总投资约20.58亿元，对除西安市以外9个地（市）的21个国家级贫困县，以及其他14个县连接干线公路的主要出口公路，安排升等改造项目28个，计1 328公里。

贫困县出口公路修建，由省公路局负责项目建设指导和管理，地（市）交通局为项目法人，所在县（市、区）负责项目实施。各地成立项目建设领导机构，制定优惠政策，动员群众投工投劳，支持项目建设。项目实行招标投标制、工程监理制、合同制与质量负责制。

贫困县出口公路修建以三级公路技术标准为主，个别路段按二级技术标准修建。尽量利用老路，适当新建，重点拓宽改造，改善平面线型和纵坡超限段，完善桥、涵、隧道及防护配套设施，增设安全设施，加铺油路面，部分铺筑水泥混凝土路面，交通量小的山区路段铺筑沙砾石路面。

改造和新建路段主要有：米脂至佳县，佳县至吴堡，定边至铁角城，府谷至内蒙古准格尔旗，志丹至甘泉，子长至南沟岔，志丹旦八至吴旗，铜川柳林至崾嶮，麟游至岐山益店，彬县至底店，蒲城坡头至南蟠龙，合阳至洽川，山阳至商南，洛南至洪门河，紫阳蒿坪至汉王城，平利至镇坪，宁陕两河至佛坪西岔河，勉县至略阳，宁强至阳平关等。同时，新、改建一批桥梁、隧道。

2001年起，省交通厅对县乡公路建设补助投资实行切块办法，由各市安排项目，推进县乡公路新建、油路铺筑和超龄油路改造。重点向榆林、延安、渭南、汉中、安康、商洛等6市倾斜。当年切块资金6 000万元，与中央国债、以工代赈等资金结合使用，安排部分县公路修建。2002年，省交通厅三次调增县公路投资补助与建设计划，并安排以工代赈资金和养路费配套投资3 810万元，用于陕南和陕北118个、关中地区81个农村公路项目新、改建及水毁路段修复工程。

2003年1月建成的商州至柞水公路，路线全长58.21公里，山岭重丘区三级公路技术标准，沥青路面

贫困县出口公路项目于2002年年底基本完成，一大批县公路等级提高，路况改善。全省县公路达1.64万公里，较1995年增加1 032公里，其中等级公路1.56万公里。等级公路中一级2.40公里，二级986公里，三级6 201公里，四级8 418公里；有路面里程1.30万公里；晴雨通车里程1.34万公里。高级、次高级路面增加4 255公里，晴雨通车里程增加3 736公里。打通贫困县与毗邻地区一批断头路、出口路，显著改善通行条件，促进贫困地区经济社会发展。

三、县际公路改造

2001年11月，省政府省长办公会议确定建设沿黄（即沿黄河陕西一侧）公路。省交通厅组织制定沿黄公路规划，沿线市、县（市、区）自筹资金，部分利用国债资金补助，当年启动建设前期工作。

2002年11月，利用国债建成的榆林至定边公路，全长55公里，山岭重丘区三级公路技术标准，沥青路面

2003—2005年，中央安排专项资金和国债资金用于县际公路建设。范围包括县际连接公路，以及经济干线、口岸公路和省际公路。陕西编制县际公路三年建设方案。计划利用中央国债8.61亿元、车购税9.10亿元及市、县（市、区）自筹资金，总投资约35.70亿元，安排工程项目65个共3 500公里，遍及全省10 市大多数县（市、区）。省发展计划委员会、省交通厅制定县际公路改造工程管理办法及实施细则，成立县际公路改造工程管理办公室，各市（区）成立县际公路改造工程领导小组，实行分级管理。

县际公路改造按照“利用老路、改造达标、完善防护排水、提高路面等级、增强晴雨通行能力”原则，根据沿线地理、交通量等情况，主要按三级标准改建，个别项目按二、四级标准改建。工程内容包括拓宽路基，改善路面，加宽桥梁，增设桥、涵、隧道，完善防护、排水设施，设置安全护栏、警示桩及标志标线，修复水毁路段，适当绿化。路面采用石灰土稳定天然沙砾、填隙碎石底基层，石灰稳定土或水泥稳定碎石、水泥稳定沙砾基层，面层采用沥青碎石、沥青混凝土、水泥混凝土等结构。

除县际公路改造项目外，各市（区）、县（市、区）多方筹措资金，改善县公路。延安市政府出台“大路带小路”“以油补路”政策，境内高速公路建筑安装营业税由市统征，地方原油收入每吨提取10元公路建设资金，其中2002—2004年共筹集2.50亿元，用于县道等农村公路建设。西安市财政每年投入5 000万元专项资金，支持县道等农村公路新、改建。汉中市推进主要县公路升等改造和路面硬化，建成二级公路106公里，汉中到南湖、天台山、午子山、紫柏山、武侯祠、武侯墓、蔡伦墓、石门栈道等旅游公路达到二级技术标准。富平县县道油路使用日久，路基下沉，路面龟裂，坑槽遍布，难以通行，群众有顺口溜云：“天上多少星，地上多少坑”。县委、县政府确立三至五年改变县乡公路面貌目标，多方筹资，两年多新修和改建县级骨干公路11条140多公里，县道路况由差变好。

这一时期，农村公路建设管理加快制度化、规范化。建立、完善建设管理、投资补助、技术政策、考评奖惩等制度；加强项目前期工作和设计方案优化；完善质量监督和试验检测制度；推行项目法人负责制、招投标制、工程监理制、合同制、廉政合同制和质量终身负责制。

至2005年年底，先后完成蓝田至柞水、耀州至旬邑、千阳至北道、岐山至眉县、吴起至华池、宜川至韩城、宜川至洛川、镇巴至通江、勉县至城固、宁强至青木川、横山至子洲、米脂至吴堡、平利至镇坪等县际公路改造项目。累计完成路基土石方1 069万立方米，防护砌体140万立方米，新建路基533公里，修建涵洞1 724道，新铺油路805公里。同时改造、新建一批桥梁。全省县公路初步形成平原三级、山区四级网络骨架。县公路总里程1.68万公里，其中等级公路1.61万公里，晴雨通车里程1.44万公里。计有高级路面1 427公里，简易铺装路面9 812公里，分别占县道总里程8.50%、58.40%。

贫困县出口公路和县际公路建设中，一些项目出现自筹资金不落实、管理不规范、工程质量差、建设用地未征先用、征地拆迁补偿费用不落实等问题，损害农民利益，媒体报道，社会关注。交通部、陕西省政府领导批示查处，省政府办公厅发出通报，省发改委、省重大项目稽查办公室和省交通厅组织联合稽查，有关市、县政府采取措施进行整改。府谷至内蒙古准格尔旗公路建成后，近20公里新建路段路基下沉，边坡下滑，路面多处沉陷。榆林市政府对建设管理、设计、施工、监理相关责任单位通报批评，责令有关责任人书面检查，并从财政拨出600万元进行整修；府谷县政府落实资金，解决拖欠民工工资问题。凤县至太白、淳化至耀州（淳化段）公路用地只占不征等问题，宝鸡、咸阳两市及凤县、太白、淳化三县政府成立专门机构，解决土地征迁和地面附着物补偿问题。

针对县道建设存在问题，省交通厅发出关于在农村公路建设中切实维护农民利益的通知，组织省公路局进行专项检查。各市交通局与项目建设管理单位自查自纠。凡征地拆迁、青苗补偿等费用未到位的，大多在两三个月内落实；地方配套资金不到位的，推迟开工；已开工项目，征地拆迁、青苗补偿等费用做到及时兑现。

四、油路改造新建

2005年12月，省政府以陕政发〔2005〕42号文颁布《关于全面加快农村公路发展的意见》，把新建、改建油路和旧路升等改造确定为“十一五”时期县公路建设重点，同时提高县道建设资金补助标准；其中县道油路建设每公里补助资金，关中地区为24万元，陕南、陕北为28万元；国、省级贫困县县道油路建设，每公里再增加2万元。

2006年5月，交通部与陕西省政府在西安签订《关于落实中央1号文件农村公路建设任务的意见》共建协议，支持陕西省农村公路发展。

2009年6月18日，延安市万花山二级公路沥青路面铺筑施工

受国家支持和省补资金标准提高推动，县道进入加快建设新时期。全省以县道油路建设为重点，适当新建线路，加大旧路升等改造，完善防护排水及安全保障设施，全面提高技术标准、抗灾能力和服务水平。同时，继续实施县际公路改造，耀县至淳化、澄城至白水、延长至山西大宁、延川至山西永和、黄陵至甘

肃合水、勉县至留坝、米脂至横山、紫阳至岚皋等县道建设项目先后建成。

2007年起，每年通过省养路费补助和各市（区）自筹，专项安排县乡油路改造工程项目，并实行“先干后补、验收核准、补助资金”办法。是年，安排县乡油路改造项目132个，遍布全省11个市（区）；重点安排使用期长、路面病害严重、沿线设施陈旧的县道，总里程1 778公里，投资10.58亿元，改建后达到三级或四级标准，路况质量普遍提高。

重点改造县乡公路有：凤翔三井至大塬，眉县青化至果树研究所，南郑小南海至西河，大荔两宜至华原，合阳至甘井，临渭河西至桥南，蒲城贾曲至荆姚，黄陵阿党至上官村，子长安定至李家岔，长武枣园乡至陕甘界，三原至高陵，杨陵至武功镇，平利白果坪至狮坪，商州沙河湾至黑山，洛南古城至灵口等。

此期，结合县油路改造，利用中央车购税、地方配套等资金2.14亿元，按二级公路标准，新、改建延安、铜川照金、汉中南郑等红色旅游公路45.70公里。

2008年5月，省政府召开全省农村公路工作会议，部署“十一五”时期后三年农村公路建设工作。当年安排县乡油路改造项目87个，总里程1 029公里，投资4.76亿元。重点改造县道有：扶风大官至岐山界，眉县赫家沟至教坊，凤县沿山关至坪坎，华县赤水至高塘，长武至马寨，三原新合至曹师，兴平段家至苟家坡，铜川印台省道305至富平界，安塞枣湾至王窑，榆阳巴拉素至小河畔，旬阳尖山至蜀河等。改造后一般达到三级或四级标准。西安市995公里县道全部达到四级以上标准，其中二级公路里程居全省之首。

2009年，贯彻省政府加快县域经济发展决定，省交通运输厅确定县乡油路改造新目标，即通过二至三年努力，重点实施县乡油路和通乡油路改造2.50万公里，消灭县乡油路特坏路段，打通县际通道“断头路”，使县乡公路与高速公路、干线公路和通村公路协调发展，支持县域经济发展。省交通运输厅再次提高县道油路改造资金补助标准，关中地区每公里补助35万元，陕南、陕北每公里补助40万元。同时，进一步规范和加强县道项目建设管理，改造、改建项目，实行县申请、市验收、省核准；规范项目设计评审，规定县乡公路油路改造、改建项目按三级或四级技术标准设计，三级公路路基、路面宽度分别不低于7.50米、6.50米，四级公路路基、路面宽度分别不低于6.50米、5.50米。路基、路面宽度不足和排水、防护等配套设施不到位项目不得通过设计评审；500万元（含500万元）以上项目由省公路局组织评审，500万元以下项

2010年6月27日，铜川市烈店公路财神梁隧道工程施工

目由市交通局组织评审；通过评审的项目一般不许变更，确需变更的项目报原设计批复单位审批；贯彻生态、环保、节地原则，尽量利用老路、原有桥梁和隧道，避免大改大调或大填大挖；健全质量保证体系和安全生产责任制，确保工程质量和施工安全。

是年至2010年两年，全省共安排油路改建项目211个（含部分乡油路），总里程2 948公里，投资27.18亿元。改建县道主要有：西安未央郑家寺至谭家乡，临潼代王至仁宗庙，扶风野河至郭吊庄，陇县陕甘界至固关镇，咸阳五陵塬旅游公路，乾县梁山至北孔头，彬县西坡至早饭头，白水太香至尧禾，城固朱家坎至许家庙，旬阳蜀河至双河，丹凤雷花洞至银花，延长至马头关，志丹旦八至金鼎，靖边新农村至巴图湾，府谷孤山至白家峁等。其中，定边贺圈至红柳沟，府谷沙梁至墙头，咸阳五陵塬旅游公路等60余公里达到二级技术标准，其余达到三级或四级技术标准。

县公路建设、改造过程中，新建或改建神木县连接山西的兴神黄河大桥，延川县通往山西的延水关黄河大桥，耀州至旬邑公路玉皇阁特大桥等一批大、中型桥梁（见第二篇第六章第一节《主要桥梁建设》）。

至2010年年底，全省县公路里程1.72万公里，除29公里为等外公路外，其他均为等级公路。具体见表2–4–1。

五、部分县道修建概况

（一）甘泉至志丹公路　起自甘泉县城，与210国道相接，经甘泉高哨、石门、下寺湾、桥镇、志丹县永宁，至志丹康家沟村与303省道相接，长97.45公里。20世纪80年代中期起，延安市采用以工代赈、扶贫等资金，逐年打通县界段等3段共55.30公里断头路。1997—1999年，甘泉县利用自筹、以工代赈、交通扶贫、世界银行贷款等资金共1 000余万元，完成甘泉县城至枣林段16公里三级公路改造。1999年3月，甘泉至志丹公路列利用国债建设项目计划，按山岭重丘区三级公路技术标准改建。实施过程中，甘泉下寺湾至川口段41.50公里，按山岭重丘区二级公路技术标准改建。全线工程采用市、县联建方式，延安市交通局为项目建设单位，负责桥梁、路面工程，甘泉、志丹两县政府负责路基、涵洞工程。甘泉下寺湾至川口段1999年11月1日开工，志丹县康家沟至方家河段35.45公里2001年5月1日开工，并分别于2001年11月、2003年7月告竣。国债项目共完成二、三级公路改建81.45公里，完成路基土石方559.64万立方米，防护工程3.29万立方米，大、中、小桥梁45座、1 953米，涵洞171道，排水工程8 766立方米，铺筑沥青路面46公里。决算完成投资1.40亿元。

2007年8月4日，甘泉至志丹公路志丹境路段与客运班车

（二）米脂至佳县公路　起自米脂县城210国道，东至佳县县城与302省道相接，长

陕西省2010年县公路里程及技术状况统计表

表2-4-1　　　　单位：公里

地区	总计	按技术等级分						按路面类型分			
		等级公路					等外公路	高级、次高级		简易铺装路面	未铺装路面
		合计	一级	二级	三级	四级		沥青	水泥		
全省	17240.645	17211.956	37.317	1688.555	7242.446	8243.638	28.689	5156.024	3456.500	7403.184	1224.937
西安市	994.686	994.686	17.489	402.392	319.262	255.543	—	575.324	112.695	304.663	2.004
铜川市	578.165	578.165	—	113.237	248.254	216.674	—	323.846	49.347	166.919	38.053
宝鸡市	1671.414	1670.074	1.241	184.244	738.193	746.396	1.340	893.543	223.458	413.706	140.707
咸阳市	1682.941	1682.941	16.954	176.736	1229.952	259.299	—	674.831	125.279	825.782	57.049
渭南市	1676.246	1676.246	—	73.442	920.943	681.861	—	823.351	144.621	626.900	81.374
延安市	1860.321	1860.321	—	277.499	1500.071	82.751	—	256.781	42.659	1526.485	34.396
汉中市	2639.974	2639.974	—	120.892	453.898	2065.184	—	189.357	1360.465	709.605	380.547
榆林市	2640.004	2612.655	1.633	277.915	1223.831	1109.276	27.349	653.118	92.349	1756.472	138.065
安康市	1933.983	1933.983	—	10.864	152.964	1770.155	—	464.278	867.771	479.221	122.713
商洛市	1562.911	1562.911	—	51.334	455.078	1056.499	—	301.595	437.856	593.431	230.029

说明：表中数字选自陕西省公路局编《陕西省公路统计资料》（2010年度）

57.21公里。始建于20世纪50年代，虽经80年代按山岭重丘区三级公路技术标准改建，但仍坡陡弯急，缺桥少涵，排水、防护设施不配套。1999年7月列交通部扶贫公路项目计划，按山岭重丘区三级公路技术标准再次改建。榆林市交通局负责项目实施。是年12月20日开工，2000年11月20日竣工。完成路基土石方115.95万立方米，防护和排水工程7.05万立方米，沥青表处路面43.13万平方米，修建中小桥8座。决算投资5 230万元。改建后技术指标提高，路况显著改善。

（三）麟游至益店公路　起自麟游县城，与306省道相接，向南经永安、曹家沟、祝家庄，至岐山县益店镇与104省道相接，长39.58公里，为连接306、104省道和麟游、岐山重要县际公路。原路1969年由地方政府组织群众修建，1999年7月列国家贫困县出口公路建设计划。因资金有限，岐山境内约20公里三级公路按养护工程实施，原沥青路面进行罩面或重铺，完善排水、防护设施；岐山县页岭梁段6公里多路段，按山岭重丘区三级公路技术标准改建；麟游县境约13公里，按山岭重丘区二级公路技术标准改建。宝鸡市交通局负责项目实施。路面、石方路基邀请招标，专业队伍施工；土方路基由当地民工队施工。2000年3月开工，2002年8月竣工。完成路基土石方88.14万立方米，防护构造物4.13万立方米，铺筑沥青碎石路面13.67万平方米，沥青混凝土路面37.29万平方米，沥青罩面9.82万平方米。决算完成投资3 127万元。

（四）洛南至洪门河公路　起自洛南县城东刘涧，经四皓、永丰、腰市、大荆、红土岭，至商州市洪门河与312国道相接，长48.22公里。原为洪门河经洛南县城至陕豫界箭杆岭公路，老六级公路技术标准。1998年7月列入贫困县出口公路改造计划，1999年7月省计委批准立项，按山岭重丘区二级公路技术标准改建。洛南县和商州市政府分段组织实施。2000年4月—2003年11月实施改建。一期改建洛南境19.78公里，二期改建商州境29.27公里。共完成路基土石方293.65万立方米，防护工程5.45万立方米，路面工程45.56万平方米，修建桥梁11座、315米，隧道1座315米。工程总投资1.71亿元。

洛南至洪门河公路经改造交通条件显著改善。图为2006年8月23日运营中的洛南段

（五）榆林至乌审旗公路　南起榆林市榆阳区镇北台接210国道，北至陕蒙界达拉石，与内蒙古伊克昭盟乌审旗相连，长47.70公里。为20世纪70年代修建等外路，线型指标低，路基不稳定，翻浆、沙埋严重，常常晴通雨阻。2001年列贫困县出口公路项目计划，按平原微丘区三级公路技术标准改建。榆林市交通局委托榆阳区交通局组织实施。是年2月11日开工，11月20日竣工。完成路基土方91.18万立方米，防护、排水工程8.97万立方米，沥青表处路面28.90万平方米。决算完成投资4 789万元。

（六）商南郭家村至山阳公路　起自商南县郭家村接312国道，经过风楼、梁家湾、银花、高坝，至山阳县城接203省道，长134.75公里。原为地方采用以工代赈方式修建，技术标准低，晴通雨阻严重。2001年列贫困县出口公路改造项目计划。商洛市交通局组织实施，商南、丹凤、山阳3县政府负责征地拆迁和施工环境保障。是年4月开工，2002年10月竣工。商南郭家村至山阳银花镇约86公里，按山岭重丘区三级公路技术标准改建；银花镇至山阳县城约48公里，主要整修损坏路面，完善排水和防护设施。完成路基土石方37万立方米，排水、防护工程17.79万立方米，沥青表处路面54.12万平方米，修建小桥7座，涵洞109道。决算完成投资6 725万元。

（七）宁强至阳平关公路　起自宁强县城七里坝，经舒家坝、谢家坝、木瓜树、孟家河，至阳平关镇，长34.03公里。原路技术标准较低，不适应经济发展和群众生产、生活需要。2000年4月列贫困县出口公路改造项目计划，部分利用国债扶贫资金，按山岭重丘区三级公路技术标准改建。汉中市交通局委托宁强县交通局承建。2001年4月20日开工，次年10月30日竣工。完成路基土石方107.88万立方米，排水、防护设施5.70万立方米，涵洞85道，沥青表处路面20.66万平方米。决算完成投资3 606万元。

（八）山阳色河铺至柞水杏坪公路　起自山阳县色河舗镇与203省道相接，经花栗沟、钟岭、牛耳山、柴庄，至柞水县杏坪镇接307省道，长40.20公里，原路为山岭重丘区四级公路技术标准。2002年3月列贫困县扶贫债券公路改造项目计划，按山岭重丘区三级公路技术标准进行改造，商洛市色（河铺）杏（坪镇）公路改建项目管理处负责实施。是年3月开工，12月竣工。完成路基土石方100.07万立方米，防护工程8.97万立方米，新建大桥1座、117.32米，涵洞179道，铺筑沥青路面26.50万平方米。决算完成投资6 386.17万元。

（九）凤翔至良舍公路　起自104省道凤翔县城东，经纸坊、西千路口、姚家沟、亢家河、十八岭，至麟游县良舍乡与306省道相接，长33.65公里。2002年2月列国债公路建设项目计划，按山岭重丘区三级公路技术标准改建。宝鸡市公路管理处于是年4—11月实施。完成路基土石方32.24万立方米，排水、防护工程1.58万立方米，铺筑沥青路面39.60公里计28.10万平方米，水泥路面1.37公里计0.88万平方米。决算完成投资2 636万元。

（十）耀州柳林至印台区崾岘梁公路　起自铜川市耀州区柳林镇九里坡头，经柳林、瑶曲、崔家沟，至印台区崾岘梁与305省道相接，长42.21公里。原为三级路，路况差。2002年5月列国家贫困县出口公路建设计划，按山岭重丘区二级公路技术标准改建。铜川市交通局负责项目管理。路基土石方由地方政府按照民办公助、民工建勤方式实施，其余工程通过招标由专业队伍施工。是年5月1日开工，2003年7月31日竣工。完成路基土石方6.49万立方米，沥青或水泥混凝土路面39.84万平方米，大、中桥3座，防护及排

2003年7月改建完成的铜川市耀州区柳林至印台区崾岘梁公路柳林段

水设施7.60万立方米。决算完成投资8 986万元。

（十一）临潼至蓝田公路　起自西安市临潼城区东三叉，与310国道相接，经代王、纸李、马额 、铁炉，终于临潼区小金乡，长34.62公里。2002年2月列入县际公路改造项目计划。起点至马额段采用平原微丘区二级公路技术标准，马额至终点段采用山岭重丘区三级公路技术标准。临潼区交通局负责项目建设管理。2003年3月开工，2004年10月建成。完成路基土方39.80万立方米，排水、防护设施5 800立方米，修建中桥1座97米，铺设沥青混凝土路面12.60万平方米，设置交通标志71块。竣工决算完成投资2 166万元。

（十二）丹凤至竹林关公路　起自丹凤县城关镇，经月日、保仓、北丈沟、牌楼河，与商南县郭家村至山阳公路相接，长43.88公里，为丹凤县经竹林关连接山阳县县际公路。原路技术标准低，路况差。2002年3月列通县公路工程项目计划，按山岭重丘区三级公路技术标准改建。其中越岭段15公里按山岭重丘区四级公路技术标准改建。2003年4—11月，由商洛市交通局组建丹（凤）竹（林关）公路国债项目改建工程管理处负责实施。完成路基土石方50.92万立方米，排水、防护工程7.53万立方米，路面基层25.27万平方米，面层29.32万平方米，新建涵洞63道。决算完成投资3 221万元。

（十三）柞水蔡玉窑至九间房公路　起自柞水县蔡玉窑镇，向东北经沙岭、曹坪、九间房，至文公岭顶柞水县与蓝田县交界处，长39.91公里。2002年2月列国债项目建设计划，按山岭重丘区四级公路技术标准改建，商洛市交通局组建蔡（玉窑）九（间房）公路国债项目改建工程管理处负责实施。2003年4月开工，2005年11月告竣。完成路基土石方56.90万立方米，排水、防护工程9.19万立方米，沥青路面25.67万平方米。决算完成投资2 734万元。

（十四）凤县至太白公路　起自212省道凤县凤州桥头，经太平村、国安寺、河口、平木、靖口等，至太白县白马庙沟口与210省道相接，长88.37公里。为连通凤县、太白和连接210、212省道重要县际公路。路线地处秦岭南坡高山区，原路标准低，通行难。2002年4月列入县际公路改造项目计划，按山岭重丘区三级公路技术标准改建。其中伏子岭、关岭梁、老羊沟梁等3段约17公里越岭线，受高山地形和资金限制，按四级公路技术标准改建。宝鸡市公路管理处为项目法人。征地拆迁和建设环境保障由凤县、太白两县负责。建设资金实行自筹。2003年7月开工，2004年11月竣工。完成路基土石方42.45万立方米，排水、防护设施8.21万立方米，铺筑水泥稳定沙砾路面基层54.10万平方米，沥青表处54.70万平方米。完成投资5 174万元。改建后，全线技术标准提高，路况得到改善。

2009年11月，凤县至太白公路一段

（十五）姜眉公路太白至眉县段　姜眉公路即留坝县姜窝子至眉县公路简称。起自留坝县姜窝子，终至眉县县城北接西宝高速，长119.41公里，路线走向基本沿古褒斜道。其中姜窝子至太白县城段为210省道之一部分，太白县城南十字环岛至眉县城北西宝高速公路眉县立交段为县道。沿途经太白县咀头、桃川、鹦鸽，眉县斜峪关、齐镇、城关，长70.68公里。太白县至斜峪关段54.58公里，为山岭重丘区二级公路技术标准，斜峪关至终点16.10公里，为平原微丘区二级公路技术标准，桥梁设计荷载汽-20、挂-100。1998年3月由省计委批准立项改建。2003年8月开工，次年12月完工。决算完成投资3.05亿元，其中利用国债、车购税补助、省补助资金合计7 230万元，其余由宝鸡市通过银行贷款解决。共计完成路基土石方324.09万立方米，排水、防护工程26.70万立方米，涵洞195道，桥梁25座、1 791延米，利用旧隧道1座、500米，新修隧道1座、70米，铺筑沥青混凝土路面59.70公里，水泥混凝土路面8公里。建成后实行收费还贷。

2003年12月建成的姜眉公路太白县城至眉县段

姜眉公路是关中穿越秦岭通往汉中一条便捷通道，通车后交通量快速增加，分流108国道周城公路、212省道宝汉公路部分交通流量，便利关中与陕南、甘南、川北交通联系，有利活跃区域交流与经济发展。

（十六）勉县至留坝公路茶店镇至庙台子段　起自勉县茶店，经小砭河、唐家梁、张家河、闸口石，至留坝县庙台子接316国道，长120.50公里。2002年2月列县际公路国债项目计划，按山岭重丘区四级公路技术标准改建。2004年2月—2006年12月，由勉县、留坝县交通局分别组织实施。共完成路基土石方134.53万立方米，修建中小桥梁4座、197米，涵洞384道，铺筑沥青路面289. 22万平方米，水泥路面2.60万平方米。决算完成投资9 513万元。

（十七）勉县至城固公路　起自勉县孤山汉江大桥，穿汉中市汉台区龙江、老君庙、徐家坡、汉王，至城固县文川镇接文（川）柳（林）公路，长32.27公里。2003年5月列县际公路国债项目计划，按山岭重丘区三级公路技术标准改建。汉台区交通局于2004年3月—2006年3月组织实施。完成路基土石方14.29万立方米，排水、防护设施8 164立方米，修复利用大桥1座。决算完成投资2 240万元。

（十八）南郑至通江公路　起自南郑县小南海镇，经大佛洞、青石关、回军坝、西河、碑坝，至陕川界朱家坝，长76.62公里。2002年2月列县际公路国债项目计划，按山岭重丘区三级公路技术标准改建。南郑县交通局于2004年4月—2008年7月实施。完成路基土石方181.65万立方米，排水、防护工程5.50万立方米，修建桥梁、涵洞217座，沥青碎石、水泥混凝土路面26.47万平方米。决算完成投资7 092万元。

（十九）洛南至丹凤公路　起自洛南县景村镇接307省道，经沙岭、油泉、油坊、张家村，至丹凤县商镇老君殿与312国道相接，长49.72公里。原路大多为四级技术标准，路面破损严重，排水、防护设施不配套，行车困难。2003年12月列国债建设项目计划，按山岭重丘区三级公路技术标准改建，商洛市交通局组建景（村镇）丹（凤）公路国债项目建设管理处负责实施。2004年11月开工，次年11月告竣。完成路基土石方25.36万立方米，防护工程3.27万立方米，修建小桥1座，涵洞140道，铺筑路面底、面层各33.53万平方米。决算完成投资2 114万元。

（二十）沿黄公路 黄河自北而南流经陕西榆林、延安、渭南三市，流长约715公里。沿岸地形、地质复杂，生态环境脆弱，经济社会发展滞后，贫困人口集中，为陕西扶贫攻坚、资源开发重点区域。按照2001年11月省政府省长办公会议确定的沿黄公路建设目标和原则，省交通厅委托省公路设计院编制了《陕西省沿黄公路规划》，由沿线市、县（市、区）分段组织实施。

2010年7月，沿黄公路佳县段桥梁基础施工

沿黄公路路线起自府谷县墙头乡尧渠村，沿黄河西岸向南，经府谷、神木、佳县、吴堡、绥德、清涧、延川、延长、宜川、韩城、合阳、大荔、华阴等县（市），至华阴市西岳庙北接老西潼公路，全长968公里。路线纵贯陕北、关中东部邻近黄河13个县（市）56个乡镇，沿线人口约178万。全线按照“两端二级、中间三级”分期建设。其中，计划新建164公里，改建499公里，利用旧路305公里，投资21.21亿元。沿线三市和各县（市、区）为建设主体。建设资金以市、县（市、区）自筹为主，省交通厅从争取的国债资金予以补助，每公里补助标准，二级公路150万元，三级公路50万元。

由于沿线地方政府资金筹措困难，沿黄公路项目进展迟缓。渭南市于2008年5月启动大荔县境12公里试验段建设。榆林市2009年7月启动一期工程神木大峪口至清涧桃昌源段建设。2010年年末，渭南市完成大荔、合阳境二级公路路基、桥涵工程19.40公里，沥青路面8公里；榆林市完成二、三级公路路基、桥涵工程95.85公里。两市共完成投资约3.86亿元。

第二节 乡 道

一、乡道新建与改造

陕西乡道修建起步晚，发展慢。受地理环境及投资不足等因素制约，修建时实行先通后畅，大多完成路基土石方就通车使用。经多年来组织群众普修、维护，路况有所改善，但总体数量少、标准低，路面缺少铺装，防护、排水设施不完善，抗灾能力差，通行能力低。1990年年底，全省尚有宁强县巨亭乡，西乡县三花石乡，安康市河心、玉岚、杜坝乡，岚皋县沙沟乡，紫阳县田河、云峰、焕古、和平、金川、松垭等12个乡镇不通公路。其中安康、岚皋、紫阳县共有10个乡镇原有乡道，因火石岩水电站库区蓄水淹没，复成不通公路的乡镇。这些乡镇位处偏远山区，山高沟深，自然条件差，居住人口少，修路工程艰巨，所需资金巨大。

进入“八五”时期，农村经济迅速发展，乡镇内外交流活跃，乡道不适应的矛盾突出。在推进县道达标创优同时，全省以重点乡镇晴雨通车为主要目标，在省交通厅养路费补助政策支持下，各地利用民办公助、民工建勤方式和以工代赈政策，新建或改造乡道，扶持贫困地区乡道修建。陕南、陕北地区，着重铺筑沙石路面，修建防护、排水设施，修复水毁路段；关中及其他川塬地区，侧重提高路基高度，适当发展油路，消除“卡脖子”和“盲肠”路段；经济较发达地区，发展油路或水泥路。修建工程多由县（市、区）交通局或乡镇政府组织实施，按照交通部颁公路工程技术标准设计、建设。

1991年，利用粮食以工代赈，在榆林、延安、安康、商洛、汉中5地（市）35个县，改建乡公路220.50公里，新建乡公路31.60公里，包括桥、涵建设共投资872万元。其中粮食折价422万元，地方配套资金450万元。同时，利用交通部扶贫资金350万元，修建佳县黄河大桥，改造绥德义坑路15公里。咸阳市在全省最早实施“乡乡通油路”工程。采取“省、市交通部门补助一点，市、县财政投入一点，乡镇企业筹集一点，专业户和干部、群众捐献一点，农民每户拿出一点”的办法，筹资铺筑乡道油路。1988—1991年底，4年新铺油路743公里，改造旧路789公里，油路罩面523公里，全市218个乡镇全部通油路，在全省首先实现乡道油路化，省交通厅先后两次表彰、奖励。

实现所有乡镇通公路，是乡道建设重点。省交通厅安排通乡公路补助资金，地方政府动员群众投工投劳整修路基，组织专业队承担关键工程施工，加速不通公路的乡镇对外联络路线建设。经连续几年努力，至1995年年底，河心、玉岚、杜坝、沙沟、田河、和平、金川、松垭等8个乡通了公路，基本实现全省所有乡镇通公路的目标。其中紫阳县1994年一年打通金川、松垭、田河、和平等4个乡镇通乡公路。

1994年8月，凤翔县采用人工拌和方法进行南指挥乡油路铺筑施工

1996年，按照省政府全省农村公路建设工作会议部署，全省围绕“村村通公路、乡乡通油路”目标，加快乡道新建、改建和油路铺筑。乡道修建技术标准，关中地区大多按三级，陕南、陕北大多按四级，主要乡道铺筑油路或水泥路。延安地区按三级沙石路每公里补助10万元，由各县（区）承包改建。1995、1996两年，全区改建三级沙石路774公里，197个乡镇全部通达四级以上标准公路。志丹县组织兴修农田水利劳力投入乡道改建，将5条133公里乡道改建成三级沙石路。

1998年，在村村通路和乡乡通油路工程带动下，全省乡道修建形成高潮，一年新增乡道972公里。西乡县新修段家营至三花石乡四级公路20多公里，结束三花石乡对外交通靠轮渡的历史。之后，省交通厅专项安排乡道桥涵配套工程和水毁修复工程，提高乡道抗灾能力和通行能力，重点修建桥梁、涵洞，排水及防护设施，修复旧路和水毁路基、路面，维修、加固部分旧桥。

这一时期修建里程较长的乡道主要有：西安振兴至关山，咸阳高庄至安家河、方里至南村，铜川下高埝至阿子，宝鸡扶风至小寨，商洛商镇至中村、水沟乡至耀岭河、木王镇至林场，安康三坪至白沙、金寨至寨北，汉中铁锁关至水田坪，延安马家坪至折家塌、关庄至张家河，榆林官庄至店镇、长海则至可可盖等。

至1999年年底，全省4年新修乡道2 908公里，年均727公里。全省乡道达1.63万公里。其中等级公路1.13万公里，占总里程69.33%，以四级公路为主。有路面里程9 952公里，占乡道总里程61.06%，以低级、次高级路面为主。晴雨通车里程5 597公里，占乡道总里程34.34%。

二、乡道改善提高

进入“十五”时期，实施西部大开发战略，陕西把农村公路作为全省公路建设重点之一，加大乡道新建规模，继续实施升等改造，提高技术标准，促进路网完善。2001年，县乡公路建设补助投资实行切块办法后，各设区市自主安排乡公路新建、油路铺筑和超龄油路改造项目。新、改建乡道主要有：西安程家环线、东下路，铜川耀州至药王山、耀州至孙塬，白水至马家河，潼关至太要，汉中毛坝河至高寨子、中营至五里沟，洛川至南下桌等。

2002年起，农村实施税费改革，取消乡统筹费，逐步取消农民劳动积累工和义务工，乡道建设资金由乡政府负责安排。各地利用中央预算内国债资金、交通部扶贫补助资金、以工代赈、省交通厅养路费补助配套和市（区）、县（市、区）自筹资金，加大乡道建设投入。陕南、陕北重点安排未通油路的740多个乡镇通油路工程。新建公路以四级为主，铺筑沥青、沙石或其他低级路面。关中平原区大多修建三、四级技术标准油路，改造升等标准低、路况差主要乡道，完善桥涵、防护、排水和交通安全设施。

榆林地区神木、靖边、定边3县，分别通过县财政投入，从县煤管费与煤检费收入、原油销售收入中征收道路维修费等渠道，筹集公路修建资金，先后实现乡乡通油路。

安康市把通乡油路建设责任落实到县（区）、乡镇政府，将养路费补助、公路建设营业税收返还、以工代赈等资金捆绑使用，推进通乡油路建设。对通达人口多、连接乡镇多，地形较好且工程量不大公路，按四级上限或三级技术标准改造；地形差、工程量大的公路，按四级下限技术标准控制；局部工程艰巨路段，路基按4.50米宽度控制，每300～500米设置一处会车道。2003年，紫阳县云峰乡建成通乡公路。至此，除宁强县巨亭乡外，实现全省所有乡镇通公路目标。

商洛市镇安、柞水两县均为贫困县。唐代诗人贾岛有诗云：“一山未了一山迎，百里都无半里平。宜是老禅遥指处，只堪图画不堪行。”便是两县所在秦岭腹地地理与交通环境写照。中华人民共和国成立后，各级政府重视山区道路条件改善，虽经多年修建、改造，但仍未根本改变乡道既少且差的状况。为此，两县改变国家给多少钱、地方修多少路的习惯，采用集资、贷款、企业垫资等方式，多方筹措修路资金，用于新建和改造乡道。镇安县筹资800多万元，并组织群众投工投劳，加快修建乡道。至2004年，镇安县25个乡镇先后通了油路，并通了客运班车。柞水县每年至少铺筑2条通乡油路，4年修成槽坪、马台、瓦房口、蔡玉窑、柴庄、九间房、丰北河等乡镇油路，全县16个乡镇中有15个通了油路。

此期建成里程较长的乡道主要有：宝鸡瓦房坝至沙江寺、侯丰村至史家堡，渭南十二盘至岳白、郑家洼至西夏，铜川榆舍至孟埔塬、山岔至葛沟，延安周湾至后岔、万花至石门，榆林王则湾至十八墩、贺圈至纪畔，商洛万寿至柴坪、杨峪沟至秦庙，安康安沟口至新场、金寨至棕溪，汉中西淮坝至药木院、长山至三岔河等。

乡道建设资金和项目安排，向革命老区、少数民族地区倾斜。利用省交通厅养路费配套资金，补助并安排改建延安南泥湾和“四·八”烈士陵园公路。宁陕江口、镇安西口、茅坪等3个回民自治乡镇公路，列入交通部扶贫开发公路建设计划，优先安排改建提高。

经过几年修建，全省新建四级以上乡道9 525公里，平均每年建成1 587公里。其中2003年新建里程达3 033公里。2004年年末，全省乡道有二级公路214公里，三级公路2 527公里，四级公路1.73万公里。乡道中，晴雨通车里程1.48万公里，占乡道总里程61%。陕南、陕北有701个乡镇通油路或水泥路，商洛、延安两市基本实现乡乡通油路。

2004年5月，经改建的扶风县二十里铺至太白乡公路

全省乡道总体基础差，历史欠账多，新建与改造资金需求巨大，投资补助标准偏低，地方配套资金落实困难，因而建设资金严重不足。农村税费改革后，除一些经济发达或资源富集地区乡镇可筹集部分修路资金外，绝大部分乡镇无乡道建设资金来源，加之农村劳动力大批外出打工，普遍出现乡道修建资金和劳动力不足现象，一些地方出现降低乡道修建标准等问题。

三、乡乡通油路

自1995年全省农村公路建设工作会议提出乡乡通油路目标，全省乡道油路建设不断加速。但由于全省未通油路的乡镇多，尤其陕南、陕北和关中一些山区、偏远地区乡镇，山大谷深，修路条件差，工程量浩大，因而通油路任务十分艰巨。2005年1月，全省不通油路的乡镇共290个，占全省乡镇总数的18.10%。是年9月，贯彻国务院审议通过的《农村公路建设规划》，按照交通部“十一五”千亿元工程部署（即“十一五”期间，五年投资1 000亿元，用于全国通乡油路建设，简称“千亿元工程”），陕西在大规模实施以通村油（水泥）路为重点的农村公路建设中，全面推进通乡油路建设。省发改委与省交通厅联合成立全省通乡公路改造工程领导小组，编制通乡公路工程计划，开展通乡油路（含部分县道，下同）试点。先期下达除西安、汉中以外9市（区）28条县乡道共498公里公路改造工程，总投资2.83亿元。其中省交通厅养路费投资1.39亿元，市（区）、县（市、区）自筹1.43亿元。

公路交通部门加强通乡油路建设管理和指导。省公路局制订乡道规划、计划编制，设计与建设标准，项目报批程序，工程招投标，施工、质量、资金及项目验收管理等办法，印发各市（区）施行。各市（区）、县（市、区）交通局结合实际制定实施办法，组织专业人员培训，配备试验、检测设备，建立试验室，加强质量检测；同时加强项目规范管理，推行项目法人负责制、工程招投标制、工程监理制、合同制及社会监督与公示制度。

通乡油路建设按照“因地制宜、量力而行”原则确定技术标准。一般按三、四级标准修建，尽量利用旧路；个别地形复杂、投资需求较大路段，按极限指标设计，平纵指标和路面修建标准适当降低，但不低于四级；通过村镇或旧路条件较好路段适当加宽，采用水泥混凝土路面；以路面整治为主，适当完善排水和防护设施；注重安全保障和绿化、环保。项目实施统筹安排，通乡油路项目纳入交通部“千亿元工程”和通达工程计划，每公里补助40万元，不足资金由地方自筹。省交通厅还采取通乡油路建设与村村通油（水泥）路省补资金挂钩的办法，调动各地通乡油路建设积极性。

2006年，全省安排两年通乡油路改建项目71个，规模2 000公里，总投资13.13亿元。是年年底，按照交通部新定通乡公路统计标准统计，全省乡公路里程2.38万公里，较上年减少1 582公里；全省1 683个乡镇中，不通等级公路的132个，不通等级油路的694个，分别较上年增加131和438个；晴通雨阻乡镇118个，较上年减少12个。全省乡乡通等级公路、等级油路任务仍很艰巨。

2007年建成的丹凤县丹（凤）庾（岭镇）油路全长37.50公里，山岭重丘区三级公路技术标准。图为该线越岭路段

2007年5月，省政府办公厅发出通知，要求抓住中央重点支持农村公路建设的机遇，推动农村公路又好又快发展，确保2010年全省100%乡镇通油路，并确定省级建设资金向贫困地区654个未通油路乡镇和建制村适度倾斜，每公里补助40万元。是年安排通乡油路改建项目81个，规模2 000公里，总投资12.40亿元。

各地利用部、省补助投资，并从地方财政安排一定配套资金，推进乡公路修建。主要项目有：西安市长安马兴至引镇、阎良至新丰，咸阳市礼泉昭陵至叱干、兴平城关至高店、淳化城关至卜家，宝鸡市陈仓至揉谷、扶风天度至绛帐，渭南市狄家河至张船、大孔至临渭界、合阳坊镇至马家庄，杨凌示范区杨武界至杨（凌）扶（风）界，铜川市耀州至石柱、宜君棋盘至周家陵、燕沟至金盆湾，延安市延长罗子山至南河沟，榆林市府谷至王家墩、子洲三眼泉至河家集，安康宁陕至龙王、紫阳至燎原，汉中市洋县龙亭至华阳，商洛市山阳银花至照川、商南湘河至水沟等。

在交通部和省交通厅试点项目支持下，西安市乡道油路建设全面加快。在建成全省乡道首条一级公路——长12.16公里的子午大道的基础上，2007年又建成终南大道一级公路7.60公里，同时修建雁环路、纺渭路、西安高新区至户县秦镇等一批二级公路。乡道中二级公路比重居全省之首。是年年底，西安市150个乡镇有146个通了油（水泥）路，占比97.30%。

2008年5月，全省农村公路工作会议提出“十一五”期末全省100%乡镇通油路任务。是年安排通乡油路改造项目2 000公里；分三批安排县乡油路建设项目1 029公里，总投资4.77亿元。11月，贯彻国家应对国际金融危机战略决策，扩大农村公路投资和建设规模，各地开工建设90个共2 000公里通乡油路项目。12月，省发改委下达通乡公路中央预算内投资计划450公里，项目涉及安塞、永寿、镇安、陇县、宜君、靖边、周至、石泉、城固、合阳等27个县（市、区）。

随着乡道建设规模扩大、标准提高，受人工费用、材料价格上涨等因素影响，乡道油路建设每公里成本由2006年的65万元增至85万元，尽管部、省投资补助标准相应提高，但地方配套资金未完全落实，个别市（区）、县（市、区）配套资金到位率仅30%～40%。有的县采取财政担保贷款、施工单位垫资等办法，缓解资金困难；有的擅自变更设计，降低建设标准，裁减附属和安保等设施；甚至出现宽路基上修窄路面，乡道修建标准不如村道的现象。针对此类问题，省交通厅发出通报，提出整改措施。

2009年8月，西安市长安区利用摊铺机进行乡道油路铺筑施工

2009年是乡道建设投资最大、项目安排最多的一年。省交通运输厅先后分6批安排通乡油路、乡公路改造和“5·12”汶川特大地震灾后恢复重建乡道工程。1月，利用中央车购税和地方自筹资金，省交通厅安排地震灾后恢复重建农村公路项目 3.22亿元，在宁强、略阳、南郑、勉县、汉台、陈仓、凤翔、凤县、太白等受灾严重的县（市、区），以三、四级技术标准为主，实施新、改建公路项目43个、580公里。4月，安排 23个县（市、区）通乡油路项目23个，投入资金4.03亿元，建设规模488.50公里，其中三级131.30公里，四级357.20公里，路面采用水泥或沥青混凝土结构；由中央车购税、国债加市（区）自筹总投资20.10亿元，安排75 个县（市、区）、180多个乡镇通乡油路

项目，建设规模2 475公里，等级标准以四级为主，少量为二级。6月，安排县乡公路改造项目107个、1 508公里，其中乡道65个，投资14.30亿元。7月，配合杨凌现代农业示范园区建设，省交通运输厅用统贷资金安排3 500万元，支持建设园区道路41.90公里。9月，安排省统贷资金3 425万元，修建眉县至现代奶牛养殖场，扶风渭北南环路至杨凌界，黄陵店头至铜川后烈桥等二级公路改造工程41.60公里。

2009年9月3日，宜君县棋盘镇公路水泥路面浇筑施工

2010年，随着通村油（水泥）路建设目标基本实现，农村公路建设重点转向通乡油路和通达工程。在项目安排、资金投向、技术指导等方面，重点支持、改善服务县域经济发展的产业路、资源路、旅游路和老、少、穷地区脱贫路，整治特坏路、白皮路（指沙石路和土路），继续完善排水、防护、硬化路肩和错车台等设施，加快危桥整治和安保设施建设，提高抗灾和安全通行能力。安排新、改建农村公路约1万公里，其中通乡油路1 500公里，县乡公路改造1 500公里。主要有：西安市临潼零口至穆寨、户县草堂营至蒋村、周至108国道至竹峪，咸阳市永寿平遥至关头、三原新安至安乐，宝鸡市太白鹦鸽至高龙、麟游常丰至石窑子，杨凌示范区五星村至崔西沟，渭南市富平到贤至庄里，铜川市耀州石柱至演池，延安市延长杨家沟至郑庄、富县羊泉至寺峪，榆林市府谷大岔至庙沟门、靖边至杨米涧，商洛市山阳至银花、柞水营盘至两河，安康市岚皋民主至堰门、汉滨张滩至坝河，汉中市勉县元墩至小河庙、留坝佛爷坝镇至太子岭、南郑朱家坝至白玉等。

2010年年底，宁陕新场、西乡大河等全省最后一批44个不通油路乡镇，有43个铺通油（水泥）路，总里程968公里。至此，全省1 692个乡镇，除宁强县巨亭乡外，都通了油（水泥）路。全省乡公路里程及技术状况见表2-4-2。

第三节　村　道

一、村道起始

村道即连接建制村、居民点的公路，主要为农民生活、生产与日常交往服务。历史上村落道路，由行人或人力、畜力交通工具经长期踩踏、碾压形成，多为狭岖小路或大车道，供人步行或手推车、架子车、畜力车等非机动交通工具使用。公路兴起后，路线经过的村庄对外交通始有公路连接。

中华人民共和国成立后，村道实行农民自建自修自养。20世纪50年代，部分农村组

陕西省2010年乡公路里程及技术状况统计表

表2-4-2　　单位：公里

地区	总计	按技术等级分						按面层类型分			
		等级公路					等外公路	高级、次高级路面		简易铺装路面	未铺装路面
		合计	一级	二级	三级	四级		沥青路面	水泥路面		
全省	23960.555	23182.120	18.725	231.293	2264.097	20668.005	778.435	2013.362	10284.557	6203.472	5459.164
西安市	1734.304	1724.361	14.604	70.913	329.794	1309.050	9.943	395.468	768.707	422.368	147.761
铜川市	882.841	802.999	—	16.392	19.099	767.508	79.842	100.865	386.405	162.971	232.600
宝鸡市	1698.243	1672.452	—	13.951	259.237	1399.264	25.791	247.214	804.816	302.152	344.061
咸阳市	1851.165	1851.165	4.121	24.053	260.916	1562.075	—	337.849	625.153	634.450	253.713
渭南市	2658.848	2484.191	—	1.562	92.896	2389.733	174.657	283.372	1145.045	760.976	469.455
延安市	2083.327	1998.149	—	11.053	667.342	1319.754	85.178	59.738	21.870	1675.748	325.971
汉中市	3317.789	3113.423	—	14.210	23.005	3076.208	204.366	59.608	1919.022	25.202	1313.957
榆林市	3479.208	3416.950	—	65.007	578.507	2773.436	62.258	405.701	393.866	1678.915	1000.726
安康市	3034.276	2908.490	—	14.152	22.144	2872.194	125.786	47.909	2271.892	196.858	517.617
商洛市	3220.554	3209.940	—	—	11.157	3198.783	10.614	75.638	1947.781	343.832	853.303

说明：表中数字选自陕西省公路局编《陕西省公路统计资料》（2010年度）

织农民普修村道，发展大车道。60年代后，随着农村经济发展和农业机械逐步增加，地方政府组织农民利用农闲，修建村对外道路及村与村连接道路，或采取路、田、林、渠综合整治的办法，修建简易村公路，供拖拉机等农业机具使用，方便群众生活、生产。由于农村经济落后，农民生活不富裕，山区、边远地区自然条件限制等原因，村道发展缓慢。其修建大多无规划、无设计，且缺乏路面铺装和配套设施，缺少养护管理，往往晴天一路灰尘，雨天满路泥泞，农民称之为“扬灰路”“水泥路”，无路可走或有路难行现象十分普遍。

80年代改革开放始，农村经济迅速发展，“公路通，百业兴”“要想富，先修路”，成各级政府与广大农民共同愿望。关中、陕南一些条件较好平原村，利用冬、春农闲普修村道，整治土路，修复水毁，疏通涵管，整修水沟，整理路容。有条件的地方对村道进行整修，主要是裁弯降坡，拓宽路基，加铺沙石，改善路况。城市郊区等经济条件较好的村组，采取集资、投劳等办法，修建沥青路面或水泥混凝土路面。山区、边远地区一些村，修建对外连接简易公路。

政府实施公路扶贫，安排中低档工业品和地方配套资金，采用以工代赈方式，扶持陕北、陕南和渭北贫困地区农村公路建设，其中安排部分通村公路修建。在1985—1987年利用以工代赈修建秦巴山区公路基础上，1990—1992年，全省安排工业品以工代赈22个公路项目，其中有部分由乡通行政村公路。主要有清涧高家村、吴堡庙沟至张家山、子长马家庙至袁家沟、延川贾家坪至热寺湾、丹凤蔡川至留仙坪等。

咸阳市采用目标责任制和以奖代补的办法，在全省最早实施村村通沙石路工程。一般按四级公路技术标准修建；边远、山区15户以下建制村和修建里程在5公里以上的，按四级技术标准下限修建，在有利位置设路基宽8.30米、长度不小于20米的错车道；路堤高出地面50厘米，以消除村道“顺地爬”的现象；非路堤段设排水沟，水沟外留地1米，用于植树和养护取土。1992年年底，全市2 902 个行政村全部通沙石路。兴平市西吴乡油郭村村民投劳出工，村办企业出资，共筹资70万元，建成4条沙石化村道，并铺设人行道、排水沟，安装路灯，植树绿化。群众称赞说：“三条大街五道巷，四通八达平光光。……路灯成排树成行，晚上街道明晃晃！”

1993年11月，宝鸡市群众投工投劳进行农村公路普修

府谷县碛塄乡位处黄河沿岸，山大沟深，悬崖阻隔，群众去县城要绕行70多公里。1992年，乡政府组织600多名青壮劳力，在崖壁上凿通长7.80公里、宽7米道路，打通连接10个行政村通县城公路。接着又新修郝家寨至王家墕、碛塄至沙角、高尧峁至九墕等31公里公路。全乡乡村公路达550公里，19个行政村、43个自然村全部通简易公路。

扶风县实现乡乡通油路后推进村道修建。修建标准为：路基宽度

6.50米，路面宽度不小于5米；沙石路面厚度不小于20厘米。1992—1994年，共筹资514万元，投工132万个，新修和改造村道557公里，整修村组街道300余条，实现全部行政村通沙石路。

蒲城县村道修建起步早，原有基础好。1995年起重点改善、提高村道，采用“村、组铺路基，县上给奖励”的政策，按每公里油路奖励乡镇2 000元标准，鼓励修建村油路。全县组织群众投劳16万人次，车辆机械8.40万台次，以金代劳（即以农民所要付出的投劳工日折算成资金，以出资代替投劳，下同）和以金代车筹集100多万元，修建村油路100多公里。

1995年初，全省村道约1.50万公里，通公路行政村2.67万个，占全部行政村总数78.30%。这些村道大多未达等级，缺少铺装和配套设施，普遍失修失养，往往晴通雨阻，通行困难。

二、村村通公路

1995年，省政府提出“九五”期末实现农村“三通”目标，并于10 月召开全省农村公路建设工作会议进行部署。村村通路以延安、榆林、安康地区村道建设为重点，以新建为主，实行统一规划、设计，分级建设、维护；所需资金采取省补助、地（市）和县（市、区）自筹、群众投劳等办法筹集。1996年起，省交通厅把村道修建和补助投资列入年度农村公路建设计划，加大投资支持。省公路局拟定村道技术标准，加强规范指导。原则要求按部颁四级公路技术标准修建，特殊困难地段适当降低标准，可先建拖拉机道；规定平川塬区路基宽4.50米，路面宽3米；山岭、荒漠区路基宽3.50米，路面宽3米。各级政府大力动员，农民群众积极参与，全省掀起修建村道高潮。

延安地区村村通公路涉及607个行政村，占行政村总数18%，多地处偏远，人口分散，路线所经山大沟深，工程艰巨。全区组织村村通公路会战，统一规划设计，统一安排省补资金，统一筹资投劳，并与植树造林、过沟打坝相结合，1996、1997两年，新、改建三级公路2 092公里，四级公路9 403公里，新修石拱桥456座、9 152米，涵洞3 960道，完成土石方1.71亿立方米，挡护工程805处、3.23万米。新增通公路行政村595个，覆盖贫困人口62万人，全区通公路行政村达3 361个，占全部行政村99.64%，基本实现村村通公路目标。省政府在延安召开现场会，总结推广延安地区农村通路的经验。

榆林地区原有村道9 121公里，均为等外路。1997年3月，副省长王寿森在榆林主持召开专题办公会，部署、加快通村公路建设。自村村通路建设起至1998年年底，全区三年新、改建四级公路1 921公里，新修简易公路4 569公里，共完成土石方3 874万立方米，新建桥梁189座、4 270米，涵洞1 997道，防护工程1 546处、75.31万立方方米。全区村公路里程达1.35万公里，新通行政村1 786个。全区5 844个行政村，有5 787个通了公路，通路率达99%，提前一年基本实现村村通路目标。

安康地区实行村村通路工程目标责任制，将通达里程和行政村数纳入县（市）政府工作考核内容之一，组织通村公路建设会战。经连续4年努力，至1998年底，全区新修村道8 419公里，新增通公路行政村1 841个，通公路行政村累计达3 568个，占行政村总数91%。

西安、宝鸡、咸阳、渭南、汉中、商洛等地（市）和杨凌示范区，亦抓紧村村通公路机遇，加快村道普及提高。商洛地区5年新修村道5 625公里，新增通公路行政村800个，全区村道里程达8 927公里，通公路行政村2 815个，通路率达98.50%。杨凌示范区以村油路建设为主，实行包工期、包质量、包安全、包投资“四包”责任制，1999年在全省首先实现村村通油路。

村村通路工程解决群众出行迫切需求，深得群众拥护、支持。延安地区村村通公路占用土地1.23万亩，砍、移树木30多万棵，拆迁房屋、窑洞3 385间，群众没有向政府要钱，并为村村通路投劳1 596万工日，集资200多万元。榆林地区累计投资2.24亿元，其中群众自筹3 400万元，社会集资500多万元，群众投劳、投料折合1.55亿元。

地方政府采取优惠政策扶持修路，有关部门、单位、企业积极支持配合。修建施工涉及电力、电讯、广播、水利等设施移动、改建或林木补偿的，大多采取“谁家娃娃谁抱走”的办法，由各有关部门、单位、企业自行解决；须占用土地的，一般不予补偿，对占用面积较大的承包地，由乡镇调整补差；对地方收取的税费予以免除，或按低限收取，以降低工程费用。

村村通路是陕西历史上政府组织实施的全省大规模村道普及工程。至1999年，实施村村通路工程4年，全省共新修村道3.93万公里，新增通公路行政村7 374个。全省3.21万个行政村，通公路的2.91万个，占行政村总数90.58%，比计划提前一年基本实现村村通公路目标，解决一大批行政村无路可走的问题，农村交通状况明显改善。

由于村村通路工程仍依“先通后畅”原则实施，虽基本达到普及，但技术标准普遍较低。陕南、陕北大多为简易公路，断头路多，迂回线少。受资金短缺影响，路面基本没有铺装，桥涵、排水、防护设施少，公路抗灾能力差，晴通雨阻多。

三、村道通达硬化

在基本实现村村通公路基础上，“十五”时期，全省利用以工代赈、交通扶贫和省交通厅养路费投资补助，市（区）、县（市、区）自筹资金，以及群众投劳集资等方式，以通达硬化为重点，推进村道普及提高。2002年起，省交通厅把村道新、改建纳入农村公路建设投资补助切块计划，重点推进榆林、安康等地偏远地区行政村和移民新村公路修建、桥涵配套、防护排水设施与水毁路段修复。关中和陕南、陕北有条件地方，以路面硬化铺装为重点，实施村道改造、提高。同时安排部分与省道连接线路修建和危桥改造，推进村道逐步达到等级标准。

2003年，交通部提出“修好农村路，服务城镇化，让农民兄弟走上油路和水泥路”，推进实施通达工程，重点解决不通公路行政村通公路问题。陕西农村通达工程实施，由省交通厅规划并下达计划任务，省公路局负责指导检查，市（区）、县（市、区）负责落实配套资金，市交通局负责实施，乡镇和村组织施工。修建施工一般采用专业队伍与群众投工投劳相结合的办法。陕南、陕北山区以修建沙石路面为主，关中平原区以修建沥青路面为主，也有少量水泥路。宝鸡、渭南、延安3市部分交通量大的村道，按三级技术标准修建。是年起，全省村道建设投资逐年增加。其中通达工程投资由2003年2.46亿元，增至2004年4亿元以上。2005年全省村道建设各渠道投资共计22.87亿元。村道新建规模，也从2003年1 255公里增至2005年2 158公里。

政府重视和政策鼓励，调动广大群众修路积极性。淳化县推进村道建设，提出“机械不足人力补，资金不足精神补”，2005年全县投入劳力7.20万人次，资金650多万元，完成118个建制村91条、301公里村道建设。旬邑县村道修建与新农村建设相结合，2005年筹资2 400万元，铺筑通村油路114公里，新增通油路建制村94个。高陵县3年修建村道87条、122公里，其中油（水泥）路38条、29.65公里，2005年村村通油（水泥）路。眉县横渠镇王家堡村修通出村水泥路，带动村容变化和经济发展。交通部部长张春贤视察该村村道时，村民张金山高兴地说：“村子铺上水泥路，晚上和白天一样，雨天和晴天一样，穿皮鞋和穿雨鞋一样。”

2004年10月，白河县桃园乡金花村实施公路通达工程。上图为村党支部、村民委员会张贴在路边崖上的宣传标语：“公路盘旋进山间，已下河的想回山”，“单身儿郎为修路模范，姑娘一定不弃嫌”；下图为村民修路情形

在通达工程推动下，许多地方群众不等不靠，自力更生修建村道，涌现大批修路典型。西安市灞桥区栗沟村党支部书记任宏茂，带领村民凿石开路，将一条两三米宽羊肠小道，逐步拓宽成宽6米、长19.80公里公路。铜川市红土镇惠家沟村党支部书记郭秀明，组织村民4次整修村道，修成沙石路7公里。印台区陈炉镇育寨村党支部书记李族族，贷款1万元，动员群众捐资捐物折合1.20万元，义务投工投劳1.08万个，拓宽村道8.30公里，铺油路5.20公里，沙石路3.10公里，实现群众要把油路通到家家户户门口的愿望。山阳县王阎乡双河村干沟组，位于海拔1 300多米深山，在乡政府与县交通局支持下，村民小组组长陈绪福带领群众捐资投劳，经过两次停工、三次开工的波折，终于修通宽4米、长6.20公里出村路，并打通一座宽6米、高7米、长72米隧道。旬阳县棕溪镇王院村10个村民小组，散居大巴山一沟两山，村道如九曲回肠，运输靠肩挑背驮，下山交售肥猪也靠人抬。民谣云：“人走山路猪坐轿，人在流汗猪在笑；不是肥猪想坐轿，只怪山上没有道。”为打通出山路，全村十多年累计投资37万元，炸石7万多立方米，终凿成37公里盘山路。2001年，又多方争取资金拓宽改造，铺设17.80公里沙石路，带动村貌变化和经济发展，成为省级文明村和小康示范村。商南县文化坪村出山小道十分险峻，退休回乡职工吴光荣，拿出自己多年积蓄的5万余元购买工具和材料，与妻子挖山凿崖、垒石砌坝，5年凿通长4公里、宽2.50米出山道路，被誉为现代“愚公移山”。

通达工程实施三年，全省新修四级村道沙石路5 674公里，新通公路建制村约1 300多个，结束这些地方无路可走、交通闭塞的历史。2005年6月，省政府在延安召开全省农村公路工作会议，总结推广农村公路建设经验，部署“十一五”时期农村公路建设工

2005年3月，石泉县农民用土牛拱胎法修建石拱桥

作。会议特邀4位村公路建设贡献突出的村民代表参加。他们分别是：吴旗县周湾镇周湾村党支部书记张志祥，铜川市印台区陈炉镇育寨村党支部书记、第十届省人大代表李族族，旬阳县棕溪镇王院村党支部书记、中共十六大代表陈分新，山阳县王阎乡双河村村委会主任陈新瑞。

2005年12月，省政府颁布《陕西省人民政府关于全面加快农村公路发展意见》（陕政发〔2005〕42号），把村道列入农村公路建设重点，提高投资补助标准，进一步推动村道建设。

这一时期，农村税费改革深入推进，村道修建资金、劳务筹集方式改革，乡统筹费取消，劳动积累工与义务工逐步取消。许多地方通过村民大会或村民代表会议，集体讨论决定村道修建事宜，由村民分摊不足的工程费用和用工用劳；外出打工不能投劳者，按需投工日折合出资，以资代劳。凤翔等县农民成立修路理事会，由群众信任的村民担任理事，主持修路事项，监督施工质量，并公布修路资金使用情况和投劳账目，接受群众监督，成为动员、组织群众参与村道建设一种民主新方式。

2005年年底，全省村道 6.83万公里，较1999年增加约1.30万公里。全省村道中，有等级公路1.45万公里，占村道总里程21.23%。全省建制村有93%的通了公路，46%的通了油（水泥）路。

四、村村通油（水泥）路建设

村村通油（水泥）路建设，为陕西历史上由政府组织实施的又一大规模农村公路建设工程。具体建设情况见本篇本章专记《村村通油（水泥）路工程》。

2010年年末，全省村公路里程及技术状况见表2–4–3。

第四节　农村公路专项工程

一、国外银行贷款农村公路项目

1990—1992年，陕西利用世界银行贷款建设三铜公路，依照合同约定，安排世界银行贷款1 500万美元（折合人民币约7 700万元）及国内配套资金，用于商洛、安康两地区7县县公路新、改建。安排项目共5条459公里。其中，商（南）郧（湖北郧县）路商南至界牌段、商县至柞水公路，按三级公路技术标准改造；商州至沙河子公路、色河铺至漫川公路实施水毁修复；岚皋至镇坪公路，按三级公路技术标准改造，1992年完成。

1996年，世界银行贷款陕西公路项目Ⅱ启动。按照贷款协议约定，建设渭潼、铜

陕西省2010年村公路里程及技术状况统计表

表2-4-3　　　　单位：公里

地区	总计	按技术等级分						按面层类型分			
		等级公路					等外公路	高级、次高级路面		简易铺装路面	未铺装路面
		合计	一级	二级	三级	四级		沥青路面	水泥路面		
全省	91772.560	79708.296	105.784	439.580	1268.021	77894.911	12064.264	1121.122	41231.693	8244.166	41175.579
西安市	8395.598	7948.357	23.542	121.869	255.727	7547.219	447.241	157.092	5475.314	172.600	2590.592
铜川市	1730.677	1429.407	—	15.658	19.694	1394.055	301.270	22.147	822.364	116.134	770.032
宝鸡市	9359.804	9007.777	16.034	26.410	104.621	8860.712	352.027	58.711	5160.093	211.543	3929.457
咸阳市	10447.750	8848.200	18.291	55.901	167.102	8606.906	1599.550	298.121	5166.786	1317.167	3665.676
渭南市	12165.130	9251.397	—	18.287	93.989	9139.121	2913.733	146.858	6396.449	933.787	4628.036
延安市	9042.000	8544.285	—	76.806	123.136	8344.343	497.715	62.794	266.406	3567.486	5145.314
汉中市	7471.204	2625.772	—	19.117	29.830	5576.825	1845.432	8.403	3806.892	4.094	3651.815
榆林市	13952.375	13735.637	47.917	105.532	427.288	13154.900	216.738	354.443	2712.561	1809.448	9075.623
安康市	13359.196	10131.297	—	—	15.805	10115.402	3227.989	4.212	7795.441	4.246	5555.297
商洛市	5848.826	5186.257	—	—	30.829	5155.428	622.569	8.341	3629.387	47.361	2163.737

说明：表中数字选自陕西省公路局编《陕西省公路统计资料》（2010年度）

黄、蓝小等高等级公路同时，利用部分贷款实施扶贫公路项目。在陕南、陕北贫困人口较集中的25个县（区），安排新、改建县乡道3 882公里。按地域分为31个系统（系统为多条公路连片组成）、152个项目。是年10月开工，2000年9月完工。总投资6.50亿元。其中利用世界银行贷款3 000万美元，折合人民币2.49亿元，占总投资37%。改建、新铺三级油路主要有：榆林三岔湾至鱼河镇、靖边至志丹、米脂至坑镇、四十里铺至吉镇公路，延安富县至张村驿、吴起至长官庙、延川至延水关，安康蜀河至尖山沟、池河至迎丰、关元镇至铁炉乡，汉中佛坪至石泉两河、留坝江口至凤县高桥铺、城固至龙头镇、汉台区南环路，商州沙河湾至砚池河、东坪至红岩寺、冷水河至老街、色河铺至杏坪镇公路等。

2001年，利用亚洲开发银行贷款建设禹阎高速，按照贷款合同约定，项目贷款中600万美元，折合人民币4 748万元，用于农村公路改造项目。项目包括：连接黄龙、澄城两贫困县的201省道67公里二级路改建，大荔、白水、蒲城、澄城、富平、合阳、韩城等7县（市）22个项目、356公里县乡公路改建。这些项目2005年与禹阎高速同时完工。2006年，省发改委、省交通厅决定增补亚洲开发银行贷款农村公路改造项目70个、979公里，总投资6.24亿元人民币，其中利用亚洲开发银行贷款3 600万美元，折合人民币2.92亿元，其余由市、县（市、区）自筹解决。增补项目除潼关至陕豫界为310国道外，其余均为县乡公路和村道。其中渭南市51个项目、603公里，铜川市6个项目、97公里，延安市13个项目、279公里。采用技术标准为：国道二级，县道三级为主，乡道三、四级，村道四级，均铺筑沥青或水泥路面。项目由省公路局协调、监督和管理，各市政府组织实施。建成农村公路主要有：蒲城永丰至坞坭、原任至张桥，合阳黑池至澄城界、东马至和家庄，韩城芝阳至东英，临渭官油路，印台金锁至楼子，富县南道德至牛武，安塞化子坪至贺庄，黄龙小黄路小寺庄至崾岘段等。2007年12月，世界银行贷款项目安毛高速开工建设。按照协议约定，项目贷款3亿美元中，4 000万美元用于安康农村公路改造工程（折合人民币3.20亿元）。共安排改造公路106条、1 382公里。项目分布于汉滨、紫阳、岚皋3县（区）。其中310省道渔（渡坝）紫（阳）公路74公里；县、乡道22条、556公里；村道83条、752公里。总投资5.96亿元，除利用世界银行贷款外，其余部分由省交通厅养路费补助和市、县（区）自筹解决。项目由县（区）交通局负责实施。2008年6月开工，2010年大部完工。项目均按四级公路技术标准改建，县乡道铺筑沥青路面，村道铺筑沙石路面。主要县乡道有：汉滨区洪山至牛蹄、香山至洪山、民主至梅子铺，紫阳洞河至双桥、权河至洄水、毛坝至瓦庙，岚皋至大道河、大北河至官元、石门至官元公路等。

二、延安革命圣地农村公路工程

2004年，交通部专列延安革命圣地农村公路建设资金3.50亿元，重点支持延安农村公路建设。延安市计划筹集配套资金12.30亿元，共计投入15.80亿元，用三年时间新、改建农村公路项目113个。其中油路项目30个、662公里；沙石路项目81个、987公里；修建黄河大桥2座、1 174延米。

利用交通部专项资金扶持建设机遇，中共延安市委、市政府颁布加快农村公路建设决定，结合县乡油路和通达工程建设，确定实现100%乡通油路、100%村通沙石路的

“双百”目标，并层层组织动员，全市掀起农村公路建设热潮。至2006年年底，三年使用交通部投资3.50亿元，省交通厅补助资金17.10亿元，县、区配套资金7.10亿元，新、改建三级油路1 015公里，通村沙石路6 365公里，通村油路1 332公里，有44个乡镇通了油路，2 476个建制村通了沙石路或油路。次年，实现全部乡镇通油路。建制村通路率达75.90%，通畅率为52.90%。

三、农村公路渡改桥项目

2006年，交通部安排实施农村公路渡改桥（即农村公路原有沿江河渡口改设为桥梁）工程。陕西以陕南、陕北农村公路为重点，新建或改建使用年代久、技术状况下降的老、旧、危桥，解决群众过河难和过桥不安全问题。渡改桥项目投资，中央车购税按每延米1万元补助，其余资金由地方自筹。2008年，在横山等44县（区）安排新建桥梁44座、2 700米，其中长百米以上桥梁11座。主要有：延川县城东峰大桥，洋县胥水河桥，柞水竹林关镇洞底村银花桥，合阳洽川镇佑阳秦晋浮州桥，大荔段家乡育红渡口桥，汉阴蒲溪镇东升大桥，紫阳焕古镇棉渔河大桥，岚皋民主镇长沙坝大桥，留坝柿树坝桥等。2010年，在汉滨、平利、旬阳、白河、南郑等30多个县（区），安排新建桥梁53座、3 320米。其中长百米以上桥梁有：甘泉南义沟洛河桥，镇巴田坝桥，西乡段家营大桥，潼关桃林寨桥，神木万镇高家川秃尾河桥，绥德任家沟大理河桥等。

岚皋县茅坪大桥为渡改桥项目计划修建的农村公路桥梁。大桥位于该县城关镇茅坪村岚河，全长100米，投资280万元，2010年12月建成通车

至2010年，全省共安排实施农村公路渡改桥209座、1.13万米，总投资2.33亿元。其中中央车购税补助资金1.13亿元，地方自筹资金1.20亿元。

四、安康农村公路建设示范工程

2008年6月，交通运输部确定陕西安康市等全国14个地、市、州为第三批农村公路建设示范单位，推进农村公路建设、养护、管理与运输一体化发展。安康市及各县（区）成立创建示范工作领导小组和实施管理机构，制定实施方案和工作措施，并纳入乡镇、部门年度目标责任考核，统筹协调、推进创建工作。创建工作于2010年年底基本完成。共建成通乡油路2 500公里，通村水泥路1.04万公里，通达工程5 000余公里，新增通水泥路建制村2 255个，惠及230万农民群众。同时改革和完善农村公路管理养护体制，农村公路全部纳入养护管理，全市县道优良率达85.77%，乡道优良率74.49%，村道优良率64%。建成一级至五级客运站64个，简易站及招呼站197个。全市10个县（区）有9个拥有二级客运站，30%以上乡镇拥有等级客运站，90%建制村设有客车停靠点。

专记 村村通油（水泥）路工程

一、村村通油（水泥）路工程提出与推动

2005年12月，省政府颁布的《陕西省人民政府关于全面加快农村公路发展的意见》，强调以最大限度满足广大农民交通需求为出发点，以提高农村公路通达深度、通行能力和服务保障水平为重点，大力推进农村公路全面、协调、可持续发展，加快实现农村公路网络化、等级化、舒适化、规范化，为农业发展、农村繁荣和农民生产、生活改善，提供安全、便捷、经济、舒适的公路交通服务。意见提出2006—2010年与今后一个时期农村公路建设指导思想、目标任务，以及加强组织领导，提高投资补助标准，确保建设质量等政策措施。

按照省政府陕政发〔2005〕42号文件要求，适应全面小康社会和新农村建设的迫切需要，紧抓国家“十一五”时期实施“千亿元工程”的机遇，省交通厅研究全面加快农村公路建设问题。经对全省通村公路建设需求与建设条件的分析，做出抢抓机遇，以通村油（水泥）路建设为重点，全面加快通达与通畅工程实施步伐，推动农村公路建设上新台阶的决策，并调整全省农村公路“十一五”时期发展规划，确定五年计划安排投资200亿元，新建、改建和铺筑沥青路、水泥路约9万公里，2010年实现村村通公路，80%左右建制村通油（水泥）路目标。

2006年2月20日，省政府在西安召开全省交通工作会议，省交通厅厅长曹森在会议工作报告中提出，从讲政治高度建设农村公路，让农民兄弟走上水泥路和柏油路；把农村公路作为支持社会主义新农村建设的德政工程、民心工程抓紧抓好；贯彻政府主导、分层负责，统筹规划、因地制宜，建养并重、协调发展的方针，加大投入，加强管理，加快建设，修好农村路，服务新农村。同时，提出每年安排不少于1万公里通村油（水泥）路的建设任务。同日，省交通厅向社会发出《关于加快通村油（水泥）路建设的公告》，公开通村油（水泥）路建设方法、补助标准和质量要求。

按照“十一五”时期实施“千亿元工程”计划部署，交通部确定陕西为全国农村公路建设先行试点省之一，并于2006年5 月与陕西省政府签订落实中央1号文件农村公路建设共建协议，加大对陕西农村公路建设支持。中共陕西省委书记李建国指示省交通厅，“要抓住我省列入全国农村公路建设试点先行省的机遇，把全省农村公路建设切实加强起来，作为建设社会主义新农村的重大基础工程，确保实现‘十一五’时期陕西高速公路建设和农村公路建设双胜利、双丰收。”

在交通部支持下，按照全省通村油（水泥）路建设总体部署，全省迅速掀起规模空前的通村油（水泥）路建设高潮。

通村油（水泥）路建设直接关系农村、农业发展和广大农民切身利益，建设规模大、标准高、时间紧、任务重，牵涉面广，既为广大农村干部群众所欢迎，又为全省社会各方所关注。

在推进通村油（水泥）路建设工程实施过程中，各级党委、政府加强领导，大力

推动。中共陕西省委、省人大、省政府、省政协多次分别听取省交通厅关于通村油（水泥）路建设情况汇报，有关领导和人大代表、政协委员深入有关市（区）、县（市、区）考察、调研建设情况，及时提出指导意见和建议、议案。省政府先后发出加快农村公路建设决定或通知，并先后召开旬邑县村油路建设现场会、渭南村油（水泥）路“打底子”现场会、勉县村油（水泥）路建设现场会等会议，表彰先进，推广经验，部署任务，提出要求。

省交通厅在省公路局成立全省通村公路建设办公室，加强建设指导与管理。向社会公开通村油（水泥）路建设程序与标准，接受社会监督。提出实行“群众打底子，政府铺面子”“先干后补、据实补助，干多少补多少”等办法，调动和发挥地方与群众修路积极性。通过现场会、项目示范、观摩和表彰奖励等方式，发挥典型示范带动作用。推行目标责任管理，对进度缓慢和出现质量问题的，坚决问责。同时，分别与榆林、商洛、安康、汉中等4市政府签订协议，开展联合共建，推进加快实施。

各市（区）、县（市、区）成立组织领导机构，统筹安排计划，制定政策措施，落实配套资金，签订目标责任，加强组织协调。有的地方采取县委、人大、政府、政协等各大领导班子包片、包乡，县、乡干部包村、包点等办法。通村油（水泥）路修建实施组织，在县统一领导下，形式多样，既有以县成立的通村公路建设办公室为主组织修建，也有以乡镇为主组织修建，或由县交通局直接组织修建等，亦有几种形式结合修建。

各级发展改革委、财政、土地、林业、环保、农业、水利、电力等部门，分工负责，从计划安排、资金筹集、土地占用、设施拆迁、税费减免等方面，积极配合支持。

各方支持、群众参与，全省通村油（水泥）路建设如火如荼地展开。从2006年4月部署至是年10月底，全省即建成通村油（水泥）路逾1万公里。

2006年5月，安塞县招安镇农民修建龙石头村至蚂蚁沟通村水泥路。此为延安市修建的第一条通村水泥路

二、村村通油（水泥）路工程项目安排与建设标准

根据全省建制村分布面广的实际，省交通厅确定村村通油（水泥）路范围，为由乡镇通往建制村、干线公路就近连接建制村或建制村连接建制村的公路。一般通到建制村村委会、村小学或人口最多的自然村。实行部、省共建的通村公路、省通村公路、通达工程、农村渡改桥项目、扶贫公路等统筹安排，量力而行，注重成效。优先安排新农村建设规划试点村的公路项目和规划通村的公路项目，并向山区、边远和贫困地区倾斜。

村村通油（水泥）路建设，实行“项目确定自下而上，资金拨付自上而下”的原则。项目由村民通过“一事一议”的方式，民主协商提出，由乡镇政府报县交通局审查，市交

2007年8月21日，安康市汉滨区通村水泥路施工

通局审核，再经省公路局综合平衡后，由省交通厅下达计划施行；项目建成后，按照县验收、市审查、省公路局核准、省交通厅拨款的程序，核拨补助资金。省交通厅强调项目确定要尊重农民意愿，不搞强行集资摊派，不搞数量攀比，不增加农民负担，坚持“四不修”，即不修农民不愿意修的路，不修不符合通村公路定义的路，不修不符合通村公路建设标准的路，不修不符合质量标准的路，保护农民修路积极性和利益。

村村通油（水泥）路项目建设技术标准，以四级为主，少量为三级或二级。路基宽度最少不小于4.50米，路面宽度不少于3.50米。路面分别为沥青、水泥路面，也可采用片石混凝土路面、块石（条石）路面。沥青路面基层、面层厚度，分别不少于18厘米、3厘米；水泥路面基层、面层厚度，分别不少于15厘米、18厘米；块石（条石）路面基层、面层厚度，分别不少于15厘米、22厘米。自然条件较差地方村组间道路技术标准适当降低。适当安排排水、路基防护、标志和安全设施修建，尽量提高村道抗灾能力和行车安全性。同时，注重生态环保建设，修建尽量利用旧路，随坡就弯，就地取材，减少消耗，降低造价，避免大填大挖，大拆大迁，尽量少占土地、节约耕地，保护自然环境。

鉴于山区部、省共建通村公路联系人口少、路基状况差、建设成本高、按标准实施极为困难的实际，2008年12月，经省公路局请示，省交通厅批复，延安 、榆林、汉中、安康 、商洛等市山区部、省共建通村路，按通达工程标准建设，对有基础、群众积极性高的项目，则继续按通村油（水泥）路标准建设。规划、设计上，根据农村地理条件、交通需求、资金供给等实际，合理选择线形方案、技术指标和路面结构，对不发达地区、边远山区以“保通”为主；城镇密集区、平原微丘区以“保畅”为主，不搞“一刀切”。

2008年8月，神木县麻家塔乡修建全长40公里通村油路，采用平原微丘区三级公路技术标准，路面宽7米，连接11个建制村

通村油（水泥）路建设中，关中、陕南以水泥路为主；陕北则以油路为主，也修建有部分水泥路。一些地方根据交通流量特点和修建资金情况，适当提高通村油（水泥）路修建标准。如延安市有条件路段，路面宽度采用4～5米标准。定边县处油气资源开发区，重型车辆比重大，通村油路路基宽6.50米，路面宽5米，个别路段宽达8

米。2006年建成6条、100公里超宽通村油路。榆林、咸阳、西安等市修建二、三级技术标准的通村公路共213公里。

三、村村通油（水泥）路工程资金筹集与投入

村村通油（水泥）路建设工程量大面广，所需投资巨大。为此，在积极争取国家投资补助的同时，实行省补助，市（区）、县（市、区）政府配套，群众在一定范围投工投劳的办法，多层次、多渠道、多方式筹集建设资金。在省级农村公路建设资金短缺的情况下，省政府决定从省财政每年安排5亿元专项资金用于农村公路建设补助。省交通厅采取举债投入的办法，以养路费作抵押，从国家开发银行统贷100亿元，用于通村公路建设补助。省补助标准，沥青路每公里关中地区为10万元，陕南、陕北均为12万元；水泥路统一为每公里15万元；后又提高部、省共建通村公路补助标准，水泥路每公里由15万元增至20万元，沥青路每公里由12万元增至15万元。

2006年建成的韩城市西庄镇南强村水泥路全长8公里，四级技术标准，工程总投资160万元。其中省补助120万元，市补助24万元，群众自筹16万元。图为是年8月群众进行水泥路面铺筑施工

各市（区）、县（市、区）相继制定配套资金政策，加大对通村油（水泥）路资金支持。西安市财政每年安排 5 000万元（含县乡路建设）。榆林市财政每年预算配套资金不少于5 000万元（同上）；对地方财政收入少的县，每公里再分别补助3万元～5万元。宝鸡市财政每年预算内安排1 000万元，作为通村公路配套、奖励资金；市辖各县配套按每年财政预算内收入不低于1%安排，每公里补助3万元～5万元不等。安康市财政按每公里1万元给予补助。咸阳市财政按每公里2万元给予补助。渭南市各县财政按每公里1万元～4万元补助不等。

通村油（水泥）路改善农村交通条件，直接惠及广大农民出行，加之政策支持，动员广泛，充分调动和发挥群众修路积极性。群众把通村油（水泥）路建设当自己事办，积极出资投劳，整修路基，主动让地移树，拆迁房屋等设施，支持公路建设。有的村未列入当年通村公路计划，群众自发“打底子”——修好路基，等着省上“铺面子”。一些机关、企业、事业单位及干部职工，或出资捐助，或提供材料，或提供机械，或对口帮扶，形成全社会支持通村油（水泥）路建设环境。

在抓好资金筹集的同时，加强资金使用监管。通村油（水泥）路建设资金实行专项管理，专款专用，禁止任何单位或个人截留、挤占和挪用。资金使用情况向项目所在地群众公布，接受群众监督。同时，各地对通村公路建设资金开展审计，保证资金全额用于通村油（水泥）路建设。

四、村村通油（水泥）路工程建设管理与监督

省交通厅、省公路局加强通村油（水泥）路建设管理，先后制定并完善通村公路

建设计划、项目申报、公路施工、资金管理、质量监督、项目验收与核准、目标责任考评、内部审计、廉政及奖惩等制度。全面推行通村油（水泥）路项目设计制度、招投标制度和项目监理制度，促进通村油（水泥）路建设制度化和规范化。省、市（区）、县（市、区）交通部门和公路管理机构，多层次、多方式开展基层领导干部、工程技术人员和管理人员培训，适应通村油（水泥）路大规模建设管理需要。

2008年6月，榆林市榆阳区交通局通村油路项目招标开标现场

省交通厅制定并印发《陕西省通村公路建设遵循的基本原则》，规定项目实施管理坚持实行“六不准”“八不核”：即没有配套资金、设计未经市交通局审批、施工未经招标或审批、路基检验不合格、主材化验不合格、配合比试验未经核准等六类项目，不得开工；没有配套资金、施工图未按规定审批、市（区）、县（市、区）交通局未出台核查与验收办法、路基未经检验、未按照技术规范施工、不符合通村公路定义、未按规定核查验收及计划外项目等八类项目，不予核查。

大规模实施群众性通村油（水泥）路建设，把质量作为首要任务和重点工作。省交通厅、省公路局加强通村油（水泥）路建设质量监督管理，明确县级政府及其交通主管部门对辖区工程质量负全责；达不到质量要求或不符合技术标准的，不给补助资金；出现“豆腐渣”工程的，坚决查处，并与安排公路建设项目挂钩。建立健全“政府督察、部门指导、专业监理、社会监督（或农民监督）、企业自检”的五级质量保证体系，在工地设置公示牌，公布参建单位及其负责人、建设规模及质量标准、质量监督电话等，接受社会监督。同时建立群众监督体系，交给群众一些简单易行、易于掌握的土办法，监督质量控制的关键环节和薄弱环节。各县组建试验室，加强工程试验检测。组织质量检查、监督小组，分片对通村油（水泥）路修建重点部位、关键环节进行重点检查；发现问题，督促整改。对发生的质量问题，查清原因，严肃处理，坚决问责。永寿、延长、宁陕等县，部分通村油（水泥）路发生局部断板、路基沉陷等质量问题，省交通厅予以全省通报，并暂停三县通村公路计划安排和核准。有关

2009年6月25日，陕西省公路局在商洛召开全省农村公路建设质量现场会。图为与会代表参观商洛通村水泥路施工质量

市、县政府限期组织整改，免职或停职、处分相关责任人，并集中排查，整治质量，对确保全省通村油（水泥）路修建质量发挥警示作用。

五、村村通油（水泥）路工程典型做法与事例。

各地实施通村油（水泥）路建设，注重将省上政策与当地实际结合，创造出许多各具特色的做法。西安市按大交通、大路网理念，规划建设通村油（水泥）路。在2007年年底84%建制村通油（水泥）路基础上，确定三年实现自然村通油路目标。宝鸡市将通村公路纳入“绿色宝鸡”整体规划，四年新修通村水泥路6 705公里，1 706个建制村通油（水泥）路，通畅率达98.70%，且建成后全部绿化。渭南市抓紧冬闲“打底子”，为油（水泥）路建设夯实基础，提前一年实现全市3 233个建制村全部通油（水泥）路，惠及农民群众380多万。榆林市通村公路与煤炭、油气开发道路建设结合，在大力推进村村通油（水泥）路同时，加快地处偏远、修建里程长、工程量大、配套资金困难的260个建制村通达工程，全部实现通达目标。商洛市实行政府推动、政策调动、典型带动和舆论发动的办法，层层落实目标责任，县（市、区）各大领导班子分片包干，县直单位对口帮扶，加快通村公路建设。汉中市推广勉县水泥路建设精细管理经验，严格质量把关，干一条成一条，全市通村公路质量群众满意，社会认可，没有一条发生质量问题。

部分原有通村公路基础好的地方，在村村通油（水泥）路工程带动下，加快村道升等提高，规范养护管理。华县以新农村示范工程为龙头，在实现村村通水泥路基础上，推进通村路延伸工程，实现村村、巷巷通水泥路。毕家乡拾村通村水泥路建成后，村民杨常仪编快板说：“通村公路修进村，干部群众又欢心；农民收入翻了番，防汛撤离保安全。”户县通村公路与新农村建设、扶贫开发及产业发展结合，村村通水泥路与加强养护管理结合，2007年完成167个建制村191公里水泥路修建，2008年实现全部建制村通水泥路，并全部纳入养护管理。

一些地处偏远山区农村，持续多年艰苦奋斗，打通对外通道。佛坪县彭家沟村一组位于秦岭深处，出行靠一条羊肠小道，交通闭塞，经济落后，先后有9户人家举家迁走，6名男子外出当上门女婿。通村公路建设中，13名村民自发组织，筹资5万余元，苦干五年，开挖土石方4万余立方米，终于打通宽3.50米、长3公里盘山路。紫阳县毛坝镇竹山村708户6 000余人口，散居大巴山金竹山上。民谣云：“金竹山高与天齐，路险好比爬天梯；有女莫嫁陡天坡，老死的少摔死的多；”“面前一道梁，走到要天亮；”“看见屋，走到哭。”曾先后有十多位村民因路陡坠崖丧生。村里曾两次动议修路，均因资金困难等未果。利用通村油（水泥）路和通达工程建设政策，村党支部书记侯在德带领800多名村民，集资35万元，苦

2008年7月，紫阳县毛坝镇竹山村农民投工投劳修建通村公路

干400多个日夜，在海拔1 800米悬崖峭壁上，用铁锤砸、钢钎撬、铁镐挖、杠子抬、绳子拖等办法，开挖土石36万立方米，开凿出长17公里通村山道，被誉为“竹山精神”。省交通厅评选全省“感动交通十大人物”，侯在德名列第一。

六、村村通油（水泥）路工程建设进度与成效。

全省通村油（水泥）路建设分年度持续加快推进。

2006年，全省建成通村公路1.40万公里，有5 000个建制村通油（水泥）路。同时实施通乡油路和通达工程近4 000公里。全省建制村通公路率52.32%，通油（水泥）路率21.97%，实现开局突破。全省村道达到5.97万公里。

2007年，按照“政策不变、规模不压、速度不减、确保质量”方针加快建设。全省修建通村油（水泥）路1.40万公里，通达工程7 000公里，通油路和通公路建制村分别达到6 000、4 000多个，全省建制村通公路率75.10%，通油（水泥）路率近59.78%。全省村道达6.71万公里。是年1月全省交通工作会议，省交通厅表彰奖励核准里程超过百公里的73个县（区）。

2008年，将通村油（水泥）路建设作为应对国际金融危机，拉动内需、改善民生重要任务，全力推进建设。全省建成通村油（水泥）路1.10万公里，通达工程4 990公里，140个乡镇、4 000个建制村通油（水泥）路，4 000个建制村通公路。全省建制村通公路率86.03%，通油（水泥）路率70% 。全省村道达7.61万公里。5月全省农村公路工作会议上，省政府表彰在农村公路建设中成绩突出的10名县长、104名乡长，分别授予“路县长”“路乡长”荣誉称号。

2009年，全省修建通村油（水泥）路1.50万公里，2.32万个建制村通油（水泥）路，通达工程7 870公里，通达公路建制村2.76万个，全省建制村通公路率96.31%，通油（水泥）路率80.74%，提前一年实现所有基本具备条件的建制村通油（水泥）路目标。全省村道达8.90万公里。是年4月，交通运输部在西安召开全国农村公路建设现场会，陕西省交通运输厅在会上介绍农村公路建设和养护管理经验，与会代表参观、考察户县、周至县农村公路建设、管理和养护。

2010年5月，宝鸡市通村水泥公路及养护作业

2010年，通村油（水泥）路建设转入拾遗补阙、完善配套、巩固提高阶段。全省建成通达工程3 855公里，通村油（水泥）路3 200公里，最后一批1 057个不通公路的建制村通了公路。至此，全省2.87万个建制村中具备条件的全部通公路，其中83.70%的建制村通了油（水泥）路，全面完成“十一五”时期村村通油（水泥）路建设目标。

是年年底，全省村道总里程9.18万公里。其中油（水泥）路4.24万公里，等级公路7.97万公里，分别占村道总里程46.15%、86.85%。

第五章　专用公路建设

专用公路是由企业或其他单位建设、养护、管理，专供或主要供本企业、本单位使用的道路。全省专用公路主要有旅游、林区、厂矿、水库库区专用公路等。受政策导向、资源开发、专用单位变迁及公路网调整等影响，专用公路布局变化较大，里程起伏不定。1991—2010年，全省原有专用公路部分废弃，部分调整为干线公路，部分变为农村公路。随着旅游景区建设和矿产资源开发，新建大批专用公路。专用公路修建，既有专用企业、单位投资修建，地方政府投资修建，交通部门投资修建，亦有企业、单位与沿线县（市、区）或乡镇政府联合投资，组织群众投工投劳修建等。适应专用公路交通量增长及通行服务质量提高的要求，专用公路改造、改建和维护逐步加强，等级标准、路面铺装水平均明显提高，防护设施逐步改善。但还有相当部分专用公路标准低，路基窄，路面缺少铺装，配套设施不全，通行能力有限。专用公路在主要为本企业、本单位服务的同时，亦为当地群众出行和生产、生活服务。2010年年底，统计全省专用公路1 806公里，其中一级公路7公里，二级公路133公里，三级公路312公里，四级公路1 290公里，等外路64公里；有沥青混凝土路面233公里，水泥混凝土路面656公里，简易铺装路面301公里，未铺装路面616公里。此外，还有相当部分旅游景区、开发区、示范区及厂矿专用公路未纳入统计。

第一节　旅游与林区专用公路

一、旅游专用公路

（一）黄帝陵道路　黄帝陵位于陕西黄陵县桥山，第一批国家文物保护单位。1992年国家计委等部门批准对黄帝陵进行整修。1996年6月18日，省政府省长现场办公会议决定，黄帝陵后公路、陵上停车场、登陵道和神道由省交通厅负责包建。省交通厅即组织榆林交通工程公司承建。1996年7月1日开工，是年9月底建成。陵后公路长722.24米，水泥混凝土路面。完成路基土石方1.46万立方米，浆砌挡墙779立方米，浆砌排水沟810米。修建陵上停车场3 000平方米，块石铺面。登陵道和神道全长419米，宽5.08米，中间加设4处宽度为20米平台，条石用量443立方米。共完成投资555万元，其中交通部补助400万元。

（二）扶风绛帐至法门寺至眉县汤峪二级汽车专用公路　简称绛法汤公路。以西宝高速扶风县绛帐镇兰家村互通式立交为起点，全线由南北两段组成，全长34.03公里。北段由绛帐向北，跨西宝中线公路、陇海铁路后，经古水村上源，再跨宝鸡峡渭惠、高干、总干3渠与韦河，穿西宝北线公路，至扶风县法门镇，长18.45公里，简称绛法公路。南段由绛帐向南，途经绛帐西街村，眉县槐芽林场，再跨渭河、西宝南线公路，至眉县汤峪镇，长15.58公里，简称绛汤公路。法门寺因1986年发现珍藏有4枚释迦牟尼佛指舍利而蜚声国内外，被尊为佛教圣地。太白山主峰海拔3 767米，有关中八景之一“太白积雪六月天”之说，太白山脚下有汤峪温泉。1988年太白山被批准为国家森林公园。

1999年4月建成的绛法汤二级汽车专用公路，联结法门寺、汤峪、太白山等著名旅游景区

绛法汤公路，为陕西利用世界银行贷款修建第二批公路项目的子项目之一，省交通厅世界银行贷款项目执行办公室组织实施。采用国际竞争性招标选择施工队伍。1996年12月23日渭河大桥先期开工，1997年4月15日全线正式开工，1999年4月28日全面建成通车。

按平原微丘区二级汽车专用公路设计并建设。路基宽度11米，沥青混凝土路面宽度10米。设计行车速度80公里/小时，桥梁荷载汽–20、挂–100。设特大桥3座、2 183.17米，中桥2座、149.99米，小桥和通道60道，涵洞131道。绛帐兰家村互通式立交南、北各建收费站1处。在汤峪建养护工区1处。建成通车后，根据绛汤段村镇密集、平交过多的情况，为确保行人与行车安全，省交通厅2000年7月批准，增设辅道、跨线桥并进行封闭。

绛法汤公路工程包括通信、收费系统工程，实际完成工程总投资2.71亿元。其中利用世界银行贷款880万美元，折合人民币7 480万元。2001年12月通过省交通厅竣工验收，工程质量评定为优良。

（三）神木县壕创公路　起自神木县壕赖村，至创业村，全长27.38公里，系红碱淖景区专用公路。1997年由神木县投资1 368万元修建，四级公路技术标准，路基宽6米，水泥混凝土路面宽5米。

（四）临潼靳家至秦俑馆二级汽车专用公路　起自临潼秦陵镇上陈村，途经秦陵、新丰、化王三镇的下陈、李坡、许沟、吴中、鱼池、孙马、冯家、胡家、桥王、小任等村组，终点与临（潼）马（镇）公路相交，长

1998年12月建成通车的临潼靳家至秦兵马俑博物馆二级汽车专用公路一段

6.02公里。省计委1996年批准修建，省交通厅世界银行贷款项目执行办公室承建。1998年1月开工，是年12月建成通车。二级汽车专用公路技术标准，路基宽度11米，沥青混凝土路面宽度10米。建成中桥1座、50.30米，分离式立交3座，通道15处，涵洞40道。完成投资4 290.37万元，其中利用世界银行贷款120万美元，折合人民币996万元，其余由省交通厅自筹。2001年6月通过省交通厅竣工验收，工程质量评定为优良。

（五）宝鸡钓鱼台专线　起自宝鸡天王镇寨子村与310国道相接，至小原村，长3.20公里。始建于20世纪60年代初。1992年8月宝鸡县交通局补助3万元整修，并向钓鱼台门前延伸264米，长度增至3.46公里。2001年6月，宝鸡县计经局筹资737万元，甩掉原路，自胥家村口以西310国道至钓鱼台正门处另建1条二级公路专线，长4.68公里，路基宽14米，沥青混凝土路面宽12米。2002年，宝鸡市交通局补助83.60万元，修建伐鱼河桥1座，长45米。

宝鸡市陈仓区钓鱼台旅游公路经多次改造，达到二级公路技术标准。图为2003年5月专线公路一段

（六）宁陕县董上公路　起自宁陕县董家坝，至上坝河，全长8.48公里。1970年由宁陕县新矿林场投资建设，主要为采伐树木运输，支援襄（樊）渝（重庆）铁路建设。2004年宁陕县将原新矿林场经营林地区域申报为国家级狩猎场，争取以工代赈资金86万元，组织进行拓宽改造，全线达到四级公路技术标准，路基宽6.50米，路面宽5.50米，并且桥涵配套。2005年又投入190万元，铺设沥青混凝土路面。

（七）蒲城县桥陵专线　桥陵是唐睿宗李旦陵墓，位于蒲城县城西北约15公里丰山（唐时称桥山）。通往桥陵景区原仅有1条乡间土路，1993年，蒲城县交通局筹资约250万元，按三级公路技术标准进行改建。路线南起106省道西澄线，北至坡头镇安王村桥陵旅游区门前，长4.75公里，途经坡头镇桥陵村、安王村，在距终点约1公里处与县道蟠（龙）坡（头镇）公路相交。2004年，蒲城县旅游局投资约1 300万元，组织对全线进行拓宽改造。改造后达到二级公路技术标准，路基宽12米，沥青混凝土路面满铺。

（八）耀州药王山公路　药王山位于铜川市耀州区城东1.50公里处，为唐代名医孙思邈居住、行医、采药、著作之地。1983年7月，省交通厅批准按“民办公助”原则对药王山旅游专用公路进行改善，省公路局补助资金25.88万元，由耀县政府组织包干完成。路线起自耀州区209库，沿沟而上至通元桥，再西行经南庵故道岔口，形成南北环线，长1.86公里，三级公路技术标准，路基宽7.50米，路面宽6.50米。另有通往南庵和北道院两条支线长1.08公里，四级公路技术标准，路基宽6.50米，路面宽5.50米。该路2000年由铜川公路部门移交药王山管理局管理。

随着药王山旅游日益红火，药王山管理局2002—2004年投资305万元，将原209库至山门段0.80公里改建成水泥混凝土路面；新建由210国道K837+790处至209库第2条旅游路，长1.36公里，四级公路技术标准，路基宽7.50米，沥青表处路面宽6.50米。2006—2007年再投资440.50万元，修建药王山山门至210国道相接第3条旅游公路，长3.20公里，二级公路技术标准，路基宽8.50米，水泥混凝土路面宽7.50米。

（九）紫阳县擂鼓台旅游专用公路　起自紫阳县汉城镇五郎坪村，接石泉至蒿坪公路（蒿汉段K28处），沿安家河谷逆行经五朗坪、紫安、西坪、安五4村，然后攀延直上道教文化重地——擂鼓台国家森林公园停车场，全长18公里。1993年，安康地区交通局投资42万元，按照乡村公路建设项目，在原登山古栈道基础上进行修建，先行开通五朗坪至安五村14公里沿河公路，并铺筑简易沙石路面。2002年，紫阳县旅游部门投资25万元，开通安五村至擂鼓台4公里盘山越岭线，并与汉阴县凤凰山至擂鼓台旅游公路贯通，成为迂回旅游线路，四级公路技术标准，路基宽4.50米至5米。2007年，在全省通村油（水泥）路建设中，紫阳、汉阴两县组织施工力量，将全线铺筑成水泥混凝土路面。

（十）岚皋县南宫山公路　南宫山位于岚皋县城东南33公里大巴山中段。南宫山森林公园被誉为“陕西的西双版纳”“天然植物园”，距安康市105公里。南宫山公路起点接线于207省道岚河寨大桥头，沿溢河设线至上溢段10公里为沿溪线，上溢至终点二郎坪段12.20公里为越岭线，全长22.20公里。溢河至上溢段始建于1978年，1985年安康地区行署投资55.50万元重建；县旅游局投资88万元，修建上溢至二郎坪段。2003年市、县两级旅游部门投资970万元，对全线进行改造，达到四级公路技术标准，沥青碎石路面。2009年3月—2010年12月，岚皋县旅游局投资32.22万元，新建南宫山旅游公路南线。路线起自岚皋县花里镇接207省道，至谢家坪，全长21.60公里，三级公路技术标准，路基宽6.50米，水泥混凝土路面宽6米。

南宫山旅游公路北线经多次改造，路况明显改善。图为2003年改造后的溢河至上溢路段

二、林区专用公路

（一）宁西林区公路　原名户菜路，北起户县余下镇宁西林业局，经石井、石西、土门等村后入涝峪山区，沿涝河而上，经纸坊、沙窝、两涝、西河、母子坪、梨园坪，至宁陕县菜子坪（林场），全长85.30公里。其中户县段64.80公里，为宁西林业局林场外运木材唯一通道；宁陕段20.50公里，为秦岭南麓千亩竹海旅游公路。宁西公路是在1958年修建的土门至辛力村简易公路基础上，经1961年后逐年向秦岭山区改建延伸而成。四级公路技术标准，路基宽6.50米，路面宽6米。1967年全线铺设砾石路面。1993年宁西林业局投资80万元，将起点6公里改建为沥青表处路面。1997年涝峪镇政府筹资150万元，将纸坊段10公里改建为沥青碎石路面。

（二）凤县辛家山林场公路　北起凤县辛家山国家森林公园接待站，南至县道红（花铺）唐（藏）双（石铺）公路三岔河桥头，全长10.11公里。1960年辛家山林场建成沙石路，用于林业生产。辛家山国家森林公园建成后，2007年凤县政府与宝鸡市辛家山林业局共同协商，投资365万元，按山岭重丘区四级公路技术标准，铺装水泥混凝土路面，路基宽6米，路面宽5米。

（三）南郑县元黎公路　起自南郑县元坝镇元坝村，经白岩山，至黎坪村大冷坝，全长约28公里，为黎坪林场专用公路。1972年省林业厅投资修建，经历次改造达四级公路技术标准，路基宽5米，沙石路面。2009年，南郑县黎坪森林公园管理处投资3 995万元进行改建，铺筑元坝至灰炉坝段沥青碎石路面18公里，并对其余路段重新铺设沙石路面，路基宽4.50～6.50米，路面宽3.50～5米。

第二节　矿区与厂、场、库专用公路

一、矿区专用公路

（一）麟游县北马煤矿公路　起自麟游县城，至北马煤矿，全长7.74公里。1956年经对原驮道进行拓宽，整修成马车道。1970年麟游县组织劳力1 400名，县财政投资1万元，进行拓宽并铺设沙石路面，达到四级公路技术标准。1987年北马坊煤矿投资64万元，由麟游公路段按三级公路技术标准改建，铺设成沥青碎石路面。

（二）铜川陈家山煤矿公路　起自铜川陈家山煤矿，至耀州区柳林镇陈家楼子，与耀（州）嵝（崄）二级公路相接，全长5公里。1979年，陈家山煤矿按三级公路技术标准建成。1983年铜川矿务局投资750万元进行改建。2004年铜川矿务局又投资477万元，按三级公路技术标准，改建4.50公里路段。改建后路基宽7.50米，沥青混凝土路面宽6米。

2010年铜川陈家山煤矿专用公路

（三）神木县神东煤矿公路　起自神木县石圪台，途经后柳塔，至大柳塔，全长18.65公里。1995年，由神东煤炭公司投资750万元修建，三级公路技术标准，路基宽8米，沥青混凝土路面宽7米。

（四）神木县马连塔煤矿公路　起自神木县孙家岔乡，经马如不湾，至马连塔煤矿，全长14.12公里。1997年由马连塔煤矿投资2 430万元修建，三级公路技术标准，路基宽10米，沥青混凝土路面宽9米。

（五）靖边县净基采气专线　起自靖边县净化厂，经靖边职中，至靖边县基地畔，全长12.27公里。1998年由长庆油田采气一厂投资732万元修建，四级公路技术标准，路基宽7米，沥青碎石路面宽6米。

（六）神木县海湾煤矿公路　起自神木县西沙沙庙村，至海湾煤矿，全长7.67公里。

2002年由长庆油田采气一厂修建的掌黄采气专线公路一段

2000年由神木海湾煤矿和孙家岔乡筹资650万元修建，三级公路技术标准，路基宽8.50米，水泥混凝土路面宽7.50米。

（七）靖边县掌黄采气专线　起自靖边县海则滩乡掌高兔村，至内蒙古乌审旗河南乡黄柏刺湾，全长7.50公里。2002年由长庆油田采气一厂投资450万元修建，四级公路技术标准，路基宽7米，沥青混凝土路面宽6米。

（八）志丹县王十采油公路　起自志丹县王南沟，途经侯市管理区，至十八转，全长27公里。2003年由长庆油田采油一厂投资1 620万元修建，四级公路技术标准，路基宽6米，沥青碎石路面宽4米。

（九）靖边县五磨采气专线　起自靖边县五里湾乡五里湾村，至五里湾乡白畔村，全长11.20公里。2006年由长庆油田采油三厂投资459.20万元修建，四级公路技术标准，路基宽6米，沥青混凝土路面宽5米。

（十）靖边县张马采气专线　起自靖边县张巴路，至海则滩乡大石砭马莲坑村，全长8.70公里。2007年由长庆油田采气一厂投资304.50万元修建，四级公路技术标准，路基宽5米，沥青碎石路面宽4米。

（十一）志丹县双井采油专线　起自志丹县双23井，至双13井，全长30.80公里。2008年由延长油田永宁采油厂投资2 156万元修建，四级公路技术标准，路基宽6.50米，沥青碎石路面宽4米。

（十二）志丹县民双采油专线　起自志丹县民用爆破器材库，途经双河，至双94井，全长28.10公里。2008年由延长油田永宁采油厂投资1 967万元修建，四级公路技术标准，路基宽6.50米，沥青碎石路面宽4米。

（十三）府谷县老红运煤专线　起自府谷县老高川镇，途经高皮梁、瓷窑、黄村沟、琵琶沟，至红草沟，全长24.27公里。2008年10月开工，2010年12月完工。二级公路技术标准，路基宽8.50米，水泥混凝土路面宽7米。总投资9 500万元，由县财政、老高川镇政府、新城川集装站共同筹集。

2010年10月，凤县沿坪铅锌矿公路经按灾后重建项目实施修建，等级标准提高，路容路貌改善

（十四）凤县沿坪铅锌矿公路　起自凤县河口镇沿山关沟口，经银母寺，至坪坎镇，全长34.16

公里。1986年坪坎乡组织沿线群众义务修通便道，运送公粮和农产品。1996年因开发银母寺铅锌矿山所需，列省政府粮、棉、布以工代赈计划项目，建成沙石路。2008年“5·12”汶川特大地震使该路受灾，被列为省灾后重建计划项目，由省交通厅投资2 049.60万元，凤县交通局组织修建。建成山岭重丘区四级公路，路基宽6米，水泥混凝土路面宽4.50米。

（十五）志丹县永140井采油专线　起自志丹县张柴窑子，至永140井，全长18公里。2010年由延长油田永宁采油厂投资1 260万元修建，四级公路技术标准，路基宽6.50米，沥青碎石路面宽4米。

（十六）定边县亮马采油专线　起自定边县亮马台，至白马崾先乡，全长20公里。2010年由定边钻采公司采油厂投资2 500万元修建，四级公路技术标准，路基宽6.50米，沥青碎石路面宽5米。

（十七）甘泉县井宋油田专线　起自甘泉县下寺湾镇井家峁村，至石门乡宋家沟村，全长20.66公里。2010年由延长油田下寺湾采油厂投资1 967万元修建，四级公路技术标准，路基宽6米，沥青碎石路面宽5米。

二、厂、场、库专用公路

（一）南郑县云河水库专线　起自南郑县两河乡燕子坎村，经炉河坝，止于云河水库大坝，全长6.66公里。1996年由两河乡政府发动群众投劳修建，等外沙石路，路基宽6.50米。1997—1999年陆续完成桥涵工程。

（二）延安姚家坡农场公路　起自延安市宝塔区姚家坡，途经刘村、新民村，止于黑舍，全长8.20公里。2002年由延安市宝塔区投资492.12万元修建，三级公路技术标准，路基宽7.50米，沥青碎石路面宽6米。

（三）定边县郝堆种植场公路　起自定边县郝滩乡，止于堆子梁镇，全长13公里。2005年由定边县政府投资2 500万元修建，三级公路技术标准，路基宽7.50米，沥青碎石路面宽6米。

（四）蓝田县向阳17号专用公路　起自西安市蓝田县蓝关镇大寨村，至普化镇河口村，途经两个乡镇大寨、滹沱、林家河、圪塔、胡家巷、新寨、将寨、冯林寨、陈家滩、河湾口等村，全长9.74公里。西安市交通局2008年批准立项，由蓝田向阳公司投资443.58万元修建，蓝田县交通局承建。2008年6月开工，2009年4月完工。四级公路技术标准，路基宽7.50米，沥青混凝土路面宽6.50米。

第六章　桥梁、立交与隧道建设

陕西南有秦巴山区，北有黄土高原，山地广大，沟壑纵横，河流众多，修建公路必要以桥梁、隧道跨越江河，穿越山岭。公路桥梁、隧道发展规模、布局、形式、结构与功能，反映公路建设理念、技术水平和服务质量。1991—1997年，高等级公路建设和干线公路改建，修建的公路桥梁主要有空心板梁、T形梁、箱形梁、连续刚构、拱桥等。互通式立交开始发展。在翻越秦岭和陕北沟壑地带建成少量单洞双向行驶公路隧道。1998—2004年，随着高速公路向陕北、陕南延伸和干线公路加速改建、改造，桥梁和大型立交增多，预应力混凝土连续箱梁桥广泛应用，高速公路上建成一批高墩、大跨径连续刚构桥。修建的立交以一般互通式为主，枢纽互通式立交发展。在秦岭山区建成一批双洞双向四车道公路隧道。2005—2010年，全省高速公路、农村公路持续加快建设、干线公路危桥改造与科技进步创新，加速公路桥梁、立交、隧道建设，其规模、数量、结构、跨径、宽度等均前所未有。公路桥形更多采用预应力混凝土连续箱梁，并将预应力混凝土连续刚构与预应力混凝土连续箱梁兼而用之，建成一大批四车道、六车道乃至八车道特大公路桥。干线公路上建成少量钢管拱、T形梁和斜拉桥。高速公路建成一批大型枢纽互通式立交。隧道以分离式为主，从双洞双向四车道发展到双洞双向六车道。建成规模居世界公路隧道第一的秦岭终南山公路隧道，长度分别居亚洲第四、第五位的包家山公路隧道、紫阳公路隧道。20年来，全省共建成公路桥梁1.44万座、107.20万米，其中特大桥77座、13.59万米，大桥2 370座、60.66万米；互通式立交197处；公路隧道684座、48.94万米，其中特长隧道29座、15.90万米，长隧道104座、15.86万米。2010年年底，全省累计有公路桥梁1.91万座、123.21万米，其中特大桥93座、14.89万米，大桥2 620座、64.31万米；互通式立交197处；公路隧道714座、49.26万米，其中特长隧道、长隧道共133座、31.76万米。公路桥梁、隧道建设和发展，既使公路线形平顺舒畅，通行安全便捷，又节约土地和能源，保护生态环境，并成公路一道风景线。

第一节　主要桥梁建设

一、T形梁桥建设

（一）三铜公路赵氏河大桥　位包茂线三铜公路K64+891处赵氏河上，全长416米，桥宽25.50米，桥高47米，设计洪水频率1/100。省高管局建设，省公路设计院设计，省路桥总公司承建。1990年10月20日开工，1992年12月21日建成通车。

采用双向四车道一级公路技术标准。上部结构采用8孔50米跨径T形简支梁，预应力体系为低松弛钢绞线和“XM”锚具。下部结构采用等截面薄壁空心墩、群桩基础。为提高抗震能力，薄壁空心墩内设有加筋水平隔板。采用8根直径为120厘米的钻孔灌注桩，平均桩长42.84米。钢筋混凝土承台长8米、宽2米、高4.50米。施工采用滑模、外钢模内气囊等工艺。

三铜公路赵氏河大桥

（二）108国道合阳金水沟大桥　位108国道陕西境K78+133.96处合阳金水沟上，全长486.05米，桥宽12米，设计洪水频率1/300。省公路局与合阳县政府建设，省公路设计院设计，铁道部第三工程局第三工程处承建。1991年8月15日开工，1994年4月1日建成通车。完成投资3 201.60万元。

108国道陕西省境合阳县段部分路线，原为跨沟展线方式，迂回上下，绕行距离长，且坡陡弯急，行车困难，时有肇事。为改善该段通行条件而建此桥。

采用平原微丘区二级公路技术标准。上部结构主桥采用6孔50米部分预应力钢筋混凝土T形梁。引桥分别采用2孔30米、4孔30米预应力钢筋混凝土连续箱梁。下部结构采用空心薄壁墩、双柱式方型墩，桥台为埋置式肋板台，钻孔灌注桩基础、挖孔桩基础。桥高90.44米，最高桥墩86.60米。墩身施工采用翻板模和液压滑模。全桥完成T梁48片，箱梁36片，桥墩11个，桩基40根。耗用钢材833.24吨，水泥6 917.50吨，木材384.96立方米。

1994年4月1日，108国道合阳金水沟大桥建成通车典礼场景

（三）佳县佳临黄河大桥　位佳县城东城关镇与山西临县克虎镇克虎村黄河桃花渡口处，全长782.83米，桥宽12米，设计洪水频率1/300。省交通厅建设，省公路设计院设计。铁道部第三工程局第五工程处建筑安装总公司承建。1992年2月10日开工，1996年6月27日建成通车。完成投资3 188.12万元。

大桥两岸同属“老、边、贫”地区。为改善黄河两岸交通环境，加快革命老区脱贫致富，经陕、晋两省交通厅协商确定修建该大桥。采用山岭重丘区二级公路技术标准。主桥上部结构采用10孔50米部分预应力混凝土T形简支梁；引桥为4孔30米预应力混凝土

T形简支梁及9孔16米跨径钢筋混凝土空心板。桥面分段连续。下部结构主桥为空心薄壁墩，迎水流面设破冰体，钻孔灌注嵌岩桩基础；引桥为双柱式墩，钻孔灌注桩嵌岩基础。桥台山西岸为U形台，陕西岸为台座式。承台位于水流急、流沙严重河床中，施工采用薄壁沉井方法开挖承台基础。50米、30米跨径T梁施工，根据薄壁、高、重、不稳定特点，施工单位自行设计、制作并安装150吨后跨承台式双导梁架桥机及配套设施，完成T梁架设。

大桥建成后，于陕西岸桥头立“佳临黄河大桥”建设纪念碑，并在大桥两头建两座题词纪念碑廊，镌刻有薄一波、马文瑞、邹家华等中央领导及社会名流30多人题词手迹。

（四）神木兴神黄河大桥　位山西兴县黑峪口镇与陕西神木县马镇镇盘塘村黄河上，西接陕西神（木）盘（塘）公路，东接山西黑（峪口）兴（县）公路。大桥全长833米，桥宽12米，设计洪水频率1/100。陕西交通资产经营公司和神木县公路公司设陕西神通路业发展有限公司建设，省公路设计院设计，中国第十三冶金建设公司承建。1998年10月28日开工，2000年12月17日建成通车。完成投资3 612.60万元。

榆林兴神黄河大桥建成通车，结束陕西神木与山西兴县之间交通靠木船摆渡的历史

该桥两岸地区均为革命老区，所连两县同为国家级贫困县，两地交往多年来仅靠黄河木质渡船渡运。为根本解决两岸交通不便，晋、陕两省计委以晋计交字（1997）830号文批准修建兴神黄河大桥。采用山岭重丘区二级公路技术标准。上部结构主桥采用5孔50米预应力混凝土T形简支梁，梁高2.60米；陕、晋两岸引桥分别采用15孔30米、4孔30米预应力混凝土连续箱梁。下部结构主桥为圆柱形薄壁空心墩，迎水面设破冰体，基础为钻孔灌注群桩基础；引桥为圆形空心墩及双柱式墩，钻孔灌注桩基础；两岸桥台分别采用重力式、肋板式桥台。河中墩基础桩施工采用先围堰筑岛再用钻机成孔。全桥共完成T梁40片，薄壁墩6个。耗用钢材1 241吨，水泥7 598吨，木材452立方米。

（五）禹阎高速芝川特大桥　位京昆线禹阎高速K27+810～K30+120处，即韩城市著名旅游景点——司马迁祠、八路军东渡黄河抗日纪念碑南侧，跨越居河支流芝川河。桥分左、右两半幅。左半幅长3 034.19米，右半幅长3 039.84米。桥面宽28米，设计洪水频率1/300。陕西西禹公司建设，省公路设计院设计，中铁二十局集团一公司和中国路桥集团一公局三公司承建。2001年9月开工，2005年11月27日建成通车。完成投资4.93亿元。

采用双向四车道高速公路技术标准。上部结构主桥为48孔50米预应力混凝土连续T形梁，两侧引桥分别采用15孔30米、6孔30米预应力混凝土连续箱梁；下部结构为薄壁墩、双柱墩，柱式桥台，钻孔灌注桩基础。最大墩高69米。桥墩采用液压翻模施工技术。承台施工采用小井降水法。全桥共完成T梁576片，箱梁168片，薄壁墩98个，墩柱

76个，承台64个，桩基468根。全桥耗用钢材2.65万吨。

（六）延川延水关黄河公路大桥　位山西永和县南庄乡永和村与陕西延川县延水关村之间黄河上，全长1 197.70米，桥宽11米，设计洪水频率1/100。延川县政府建设，中交一公院设计，中铁十九局集团三公司承建。2004年4月开工，2005年10月11日建成通车。完成投资3 244万元。由延川县政府与延安金圣都公司共同投资。此为省境内黄河干流上第一座由地方政府投资建设的跨河大桥。

该桥两岸原为古渡口，历来靠小船摆渡过往黄河。为加快两岸经济交流，促进脱贫致富，经晋、陕两省协商确定建设该大桥。采用山岭重丘区二级公路技术标准。上部结构主桥采用6孔50米跨径预应力混凝土预制T形梁，晋、陕两岸引桥分别采用6孔25米、2孔25米连续现浇混凝土箱梁；下部结构主桥采用薄壁空心墩，引桥采用双柱式桥墩、柱式桥台，钻孔灌注桩基础及扩大基础，桩基最大深度20米。大桥建成后，过往人员、车辆不再从吴堡（军渡）黄河大桥、宜川壶口黄河大桥绕行。与此前绕行两桥相比，缩短公路里程均达110公里。

（七）西安咸阳国际机场专用高速渭河特大桥　位西安咸阳国际机场专用高速K0+525.80～K7+377.20，全长6 911.40米。桥分左、右两幅，桥面总宽42米，最大桥高24米，设计洪水频率1/300。省交通集团建设，省公路设计院设计，中铁七局、中交一公局及北京市海龙公路工程公司等单位承建。2006年11月4日开工，2009年7月8日建成通车。完成投资6.30亿元。

西安咸阳国际机场专用高速渭河特大桥，采用RB单元式多向变位梳型板桥梁伸缩缝

采用双向八车道高速公路技术标准。大桥跨城市道路段，上部结构采用30米现浇箱梁；跨越漕运明渠段，采用44米大跨径斜跨漕运明渠；跨越南环路与尚稷路区段，采用1孔40米、1孔60米、1孔40米变截面连续箱梁；跨越渭河900米范围内，采用18孔50米先简支后连续T梁；经过郑（州）西（安）铁路、咸（阳）铜（川）铁路和大唐电厂铁路支线，分别采用36米现浇箱梁和40米预制箱梁跨越；跨越6公里170米处地质断裂带，采用4孔30米跨径预制预应力混凝土简支箱梁。大桥下部结构桥墩分别采用3柱式、双柱式、圆柱式墩。桥台分别采用肋板台、扶壁台和柱式台。基础均采用桩基础。桩基施工采用后压浆技术。现浇桥梁腹板采用S型整体钢模，喷涂固化脱模剂，底板采用不刷脱模剂镜面竹胶板。桥面采用抛丸技术对混凝土浮浆进行打毛，增强桥面沥青铺装层与混凝土黏结力。采用橡胶沥青碎石封层替代桥面防水材料。桥面全部铺装排水路面。施工采用聚合物造浆、预应力混凝土真空压浆、桥梁减隔震等技术和工艺，其减震性能

经2008年“5·12”汶川特大地震检验。全桥共完成预制T梁380片，预制箱梁132片，现浇梁31联，墩柱1 566根，桩基1 622根。耗用混凝土36万立方米。

（八）渭蒲高速渭河特大桥　位渭蒲高速K39+246～K43+623处渭河，全长4 377米，桥宽27米。设计洪水频率1/300。省高速集团建设，长安大学工程设计研究院设计，中铁十局及中铁二十四局承建。2009年9月开工，2010年11月9日建成通车。完成投资3.65亿元。

采用双向八车道高速公路技术标准。上部结构跨越西（安）延（安）、侯（马）西（安）铁路段主跨采用30米跨径预应力混凝土连续箱梁。跨渭河南北堤坝主跨各采用32.50米、52米、32.50米及50米、80米、50米预应力混凝土变截面连续箱梁；两河堤之间采用68孔50米和2孔40米预应力混凝土连续T梁，共长3 480米。引桥上部结构采用19孔30米和1孔23米预应力混凝土连续箱梁。下部结构均为柱式墩，柱式台、肋板式台，钻孔灌注桩基础。全桥共完成T梁840片，墩柱380个，桩基720根。共耗用钢材2.06万吨，水泥6.13万吨，木材95立方米。

二、箱型梁桥建设

（一）三铜公路耀县高架桥　位包茂线三铜公路K74+300～K76+323间，横跨沮水，逆漆水河北上，以南北方向跨越耀县县城。桥长2 817米，桥宽24米，平均桥高12米。省高管局建设，省公路设计院设计，省路桥总公司承建。分两期施工。1991年3月开工建设西半幅，1992年6月30日建成；1997年12月19日随铜黄公路建设东半幅，2001年4月29日通车。完成投资3 269.30万元。

采用双向四车道一级公路技术标准。上部结构采用99孔20米、30米部分预应力混凝土空心板和先简支后连续箱梁。下部结构为钢筋混凝土空心柱式墩或板式墩、V型墩，U型桥台，扩大基础。全桥设有4个曲线，呈“S”型，最小半径为700米，曲线长度为1 744米。下部采用99个单柱，跨越耀县水泥厂高架水管等4个建筑物。桥两端均连接互通式立交桥。基础施工分3段，每段9台钻机，创一个月灌注87根桩纪录。空心墩柱施工采用薄壁混凝土箍圈，替代钢木内模。时为西北地区建成的最长公路高架桥，被誉为“耀县飞虹”。

（二）渭南沙王渭河特大桥　位201省道K6+563～K9+800处，即渭南市沙王村渭河，桥长2 294米，引道长943米，桥宽12米。设计洪水频率1/300。省公路局和渭南地区交通局建设，中交一公院设计，省路桥公司第四分公司第九工程队、铁道部第十五工程局第五工程处、铁道部第三工程局等单位承建。1991年11月1日开工，1994年6月1日建成通车。完成投资3 651.50万元。

采用平原微丘区二级公路技术标准设计、建设。上部结构采用76孔30米预应力混凝土连续箱梁，下部构造为双柱墩，单排桩基础。桥台为双柱式框架，钻孔灌注桩基础。该桥地质以沙层为主，夹有卵、砾石层。设计、修建76根钻孔灌注桩，平均深度44.50米。桩基施工根据不同地质构造，分别采用乌嗄斯钻机、冲击锥、钻机等机械钻孔。10米高盖梁施工，采用在墩柱上预埋钢板作业。全桥完成箱梁164片，墩柱150个，桩基154根。耗用钢材3 803吨，水泥2.27万吨，木材3 411立方米。该桥设计获交通部1998年优秀设计三等奖。

（三）府谷府保黄河公路大桥　位原府（谷）保（德）黄河公路大桥下游和神（木）朔（州）铁路黄河大桥上游间，西连府谷县城和神（木）府（谷）公路，东连山西保德县城和保（德）沂（州）公路。桥长926.98米，桥宽16米。设计洪水频率1/100。省公路局建设，西安公路研究所设计，铁道部第一工程局桥梁工程处和第三工程局承建。1998年12月8日开工，2001年10月20日竣工。完成投资7 715.73万元。

采用二级公路技术标准。主桥上部结构采用中跨4孔80米、边跨1孔50米预应力混凝土连续箱梁，下部结构为薄壁箱形墩，钻孔嵌岩桩基础，桥墩迎水面设三角形破冰棱构造。引桥府谷岸上部结构采用10 孔30米预应力混凝土先简支后连续箱梁，下部为3柱式墩，肋板式桥台，钻孔灌注桩基础。保德岸上部结构采用8孔25米现浇钢筋混凝土箱梁，单箱双室整体式断面，下部为双柱墩，肋板式桥台，钻孔灌桩基础。最大跨径80米，时为省内连续箱梁桥跨径之最。全桥完成整体式箱梁2片，预制箱梁80片，薄壁墩5个，墩柱48个，桩基80根。耗用钢材2 844吨，水泥1.19万吨，木材755立方米。

（四）榆靖高速无定河特大桥　位包茂线榆靖高速K346+355处，即横山县城关镇王圪堵村无定河。桥长1 336.65米，桥宽26米，设计洪水频率1/100。省公路局和榆林市政府建设，省公路设计院设计，中铁一局桥梁工程处承建。2000年7月20日开工。2003年8月22日建成通车。完成投资1.28亿元。

榆靖高速无定河特大桥

采用双向四车道高速公路技术标准。桥处榆林毛乌素沙漠区域，斜跨无定河河谷。上部结构采用33孔40米预应力混凝土先简支后连续箱梁，下部结构为薄壁空心墩、柱式墩，肋板式台、重力式台，钻孔灌注桩基础、扩大基础。最大墩高48米。此为40米跨径预应力混凝土连续箱梁首次用于省内高速公路大桥。大梁安装采用双臂式架桥机，桥墩采用翻板式模板。全桥完成箱梁264片，薄壁墩42个，柱式墩 22个，桩基190根。

（五）西安绕城高速红旗厂高架桥　位连霍线西安绕城高速北段K13+174.60处，即西安市未央区徐家湾，上跨红旗机械厂铁路专用线。桥长736.48米，分左、右两半幅，桥宽35米。省高管局建设，省公路设计院设计， 中铁五局集团五公司承建。1998年10月10日开工，2000年1月28日建成通车。

采用双向六车道高速公路技术标准。上部结构主桥左半幅采用24米、27米、20米、19米跨径，右半幅采用25米、29米及2孔18米跨径钢组合连续箱梁。引桥左半幅分别采用13孔20米、19孔20米部分预应力混凝土连续箱梁，右半幅分别采用12孔20米、20孔20米部分预应力混凝土连续箱梁。下部结构均采用双柱式桥墩，埋置式桥台，钻孔灌注桩基础。时为省内第一座钢组合连续箱梁公路大桥。

西安绕城高速浐河特大桥

（六）西安绕城高速浐河特大桥　位西安绕城高速南段K68+224灞桥区马腾空村东浐河，全长3 245.13米，桥宽35米，最大高度55米。西安绕城管理局建设，省公路设计院设计，中铁十九局集团三公司、中铁十二局集团一公司和云南公路桥梁工程处西安分公司等承建。2000年7月开工，2003年9月29日建成通车。完成投资2.23亿元。

采用双向六车道高速公路技术标准。主桥上部结构采用40米、30米预应力混凝土连续箱梁和32米现浇钢筋混凝土连续箱梁，引桥上部结构采用40米、30米预应力混凝土连续箱梁；下部结构为薄壁空心墩、柱式墩，柱式台，钻孔灌注桩基础。最大跨径40米。最大墩高52.70米。最大桩长60米。施工中在负弯矩区段箱梁顶面喷涂FTY-2型防水材料，以防止箱梁顶面产生裂缝雨水渗入。钻孔灌注桩基础采用德国旋挖转机快速成孔，保证工程质量。在预应力孔道设置上，采用橡胶抽拔棒成孔代替波纹管成孔，以避免漏浆堵孔，保证成孔尺寸。全桥耗用钢材802.57吨，水泥8.44万吨。

（七）西安绕城高速西姜村高架桥　位西安绕城高速南段K55+393处，即西安市雁塔区丈八沟乡丈八沟村至长延堡乡东三爻村间，为路线跨越西安市欧亚路、长安南路、西沣一级公路及拟建铁路南客站线路而设。桥全长6 492.90米，桥面宽35米，最大净空14.40米。西安绕城管理局建设，省公路设计院设计，省路桥总公司承建。2000年10月28日开工，2003年9月29日建成通车。完成投资2.27亿元。

采用双向六车道高速公路技术标准。上部结构采用195孔20米、81孔30米及4孔40米预应力混凝土连续箱梁与简支箱梁，下部结构为矩形双柱墩与柱式桥台、埋置式桥台，钻孔灌注桩基础。桥梁跨越地裂缝处连续梁变简支梁，采用钢箱梁，以提高其跨越能力。现浇三箱室连续梁采用轮扣式脚手架搭设，外模为组合大块竹胶板、内模为组合钢模。箱梁桥面板纵向接缝处混凝土表面经过凿毛、冲刷，保证新老混凝土结合。水泥混凝土桥面铺装标高，采用先充筋做混凝土，后浇筑混凝土层进行控制。

商界高速丹江江平特大桥

（八）商界高速丹江江平特大桥　位沪陕线商界高速K163+405处，为两座并列跨丹江纵向桥。全长2 762米，桥宽16米。设计洪水频率1/100。省交通集团建设，省公路设计院设计，中铁十八局承建。2006年1月15日开工，2008年10月26日建成通车。

采用双向六车道高速公路技术标准。上部结构采用110孔25米预应力混凝土连续箱梁，单幅每跨5片梁；下部结构采用双柱式墩，钻孔灌注桩基础。桥台为重力式台。桩基施工使用40台正循环冲击钻机。墩身施工采用整体钢模。盖梁墩柱高，设计荷载大，施加预应力技术含量高，采用定型钢模组合钢模板施工，并根据盖梁左右侧伸出段不对称特点，采用单墩双抱箍加斜支撑支架方法。全桥耗用钢材2万吨，水泥14万余吨。

三、连续刚构桥建设

（一）202省道澄城西河大桥　位202省道渭（南）清（涧）线K40+330～K40+830处。桥长325米，桥宽12米，设计洪水频率1/100。澄城县政府建设，西安公路研究所设计，省路桥总公司承建。1994年12月11日开工，1996年10月1日建成通车。共完成投资1 576万元。

采用二级公路技术标准。上部结构采用中跨2孔100米、边跨各1孔60米预应力混凝土连续刚构。下部结构采用双薄壁空心墩。中墩为扩大基础；两边墩为嵌岩桩基础。最大墩高73米，时为国内最高公路连续刚构桥。大桥建成后，将原来4公里长沟坡弯道变为千米坦途。

（二）安康关庙汉江大桥　又称安康汉江二桥。位安康市汉滨区张滩镇奠安塔东侧，南接黄洋河大桥，北连316国道安康市关庙镇。大桥全长587.74米，桥宽12米，车行道宽9米，两侧人行道各宽1.50米，设计洪水频率1/100。安康地区交通局建设，省公路设计院设计，交通部二公局第一工程处承建。1996年12月28日开工，1999年9月底建成通车。工程概算投资4 988.30万元。

采用二级公路技术标准。主桥上部结构采用中跨3孔90米、边跨各1孔50米预应力混凝土连续刚构，引桥上部结构采用7孔30米预应力混凝土连续箱梁。下部采用钻孔灌注桩基础，双柱薄壁（空心）墩。大桥建成通车后，随着交通量增长，连续刚构箱体出现下挠，导致桥面、人行道栏杆出现变形、裂缝。2008年省公路局拨款1 640万元，由安康公路管理局对大桥主体进行维修加固。

（三）312国道长武亭口黑河大桥　位312国道长武县亭口黑河上，是由黑河大桥、跨沟桥及两桥间引道连成一体的曲线连续刚构桥。全长962.68米，其中，黑河大桥长755.05米、跨沟桥长160.24米、两桥间引道长47.39米。设计洪水频率1/100。省公路局建设，西安公路研究所设计，省路桥集团公司承建。1997年7月28日开工，1999年9月底建成通车。工程概算投资4 988.30万元。

采用二级公路技术标准。黑河大桥位于两个半径不等的反向圆曲线及缓和曲线上，纵坡3.30%。黑河大桥宽12米，上部结构为中跨6孔100米、边跨各1孔60米跨径预应力钢筋混凝土连续刚构与连续梁混合结构形式，引桥为1孔26米简支箱梁。下部结构采用钻孔灌注嵌岩桩、明挖扩大基础，矩形空心薄壁墩，最大墩高56.70米。大桥集斜、弯、坡一体，时为省内公路第一座高墩、大跨径曲线连续刚构桥，国内公路桥梁半径最小曲线连续刚构桥。以其为依托，设计、建设单位开展《大跨径预应力混凝土曲线连续刚构桥研究》。桥墩采用垂直滑模现灌施工。主梁采用省路桥工程总公司研制的QGL-ⅠA型挂蓝进行悬臂浇注施工。

跨沟桥宽12米，纵坡3.30%、横坡4%。上部结构主跨采用1孔80米箱肋拱（轻钢劲骨架），边跨分别采用2孔、3孔13米跨径连续刚构。下部结构为桩柱式墩台。主跨采用有平衡重转体方法施工。耗用钢材2 663吨，水泥8 180吨，木材487立方米。

（四）202省道澄城茨沟大桥　位202省道澄城县茨沟，全长652米，桥面宽12米。省公路局建设，西安公路研究所设计，省路桥集团公司承建。1998年5月开工，2000年4月建成通车。完成投资2 408.10万元。

澄城茨沟大桥

采用二级公路技术标准。主桥上部结构采用中跨3孔90米、边跨各1孔50米跨径连续刚构，引桥上部结构采用9孔30米先简支后连续箱梁。下部结构采用双柱式薄壁空心墩，壁厚50厘米，最大墩高58米。钻孔灌注桩基础。

（五）316国道石泉马岭关汉江大桥　位316国道安（康）石（泉）二级公路马岭关隧道出口，横跨汉江，全长293米，桥宽12米，设计洪水频率1/100。安康地区交通局建设，陕西道路勘测设计所与西安公路研究所设计，中铁十一局集团五公司承建。2000年11月开工，2001年12月建成通车。完成投资1 058.80万元。

采用二级公路技术标准。上部结构采用中跨2孔90米、边跨各1孔54米预应力混凝土连续刚构。该桥位于设有缓和曲线的平曲线上，平曲线半径为429米。下部结构采用薄壁空心墩，重力式、双柱式桥台，灌注桩基础。桥梁梁体为三维空间曲线，为典型集斜、弯、坡为一体的连续刚构桥。墩台施工中，运用片石笼围堰和预制混凝土套箱施工方法，以解决深水中承台施工难题；钢筋焊接采用全自动适应竖向钢筋电渣压力焊接技术，以提高桥墩竖向异经钢筋焊接质量；挂篮施工，根据小半径曲线连续刚构特点，研制轻型“三角桁架”式挂篮作业，挂篮自重30吨，比国内同类型挂篮自重减少近20吨。

（六）禹阎高速太枣沟特大桥　位京昆线禹阎高速合阳县百良镇西村太枣沟，全长650米，桥面宽28米，设计洪水频率1/100。陕西西禹公司建设，西安公路研究所设计，中国路桥一公局承建。2002年9月开工，2005年11月27日建成通车。共完成投资1.09亿元。

采用双向四车道高速公路技术标准。上部结构采用1孔100米、2孔170米、1孔130米、1孔80米预应力混凝土刚构连续梁，1～3孔为连续刚构，最大墩高120.54米，4、5孔为连续梁，呈不对称、不等跨分布。下部结构主墩采用群桩基础，最深桩基105米；薄壁空心墩，最高120.54米（2号墩）。柱式桥台，钻孔灌注桩基础。通过特大桥桩基承载力等课题研究，确定桩基施工采用250型循环液压机，高墩施工采用螺纹钢筋连接技术，预应力钢绞线施工采用真空压浆技术，墩身施工采用液压滑模和高墩翻模施工技术，突破高墩施工难题。

（七）禹阎高速金水沟特大桥　位京昆线禹阎高速K64+162处合阳县南金水沟，全长855米，桥宽28米，设计洪水频率1/100。陕西西禹公司建设，西安公路研究所设计，中铁十一局集团一公司承建。2003年1月开工，2005年11月27日建成通车。完成投资1.57亿元。

采用双向四车道高速公路技术标准。上部结构采用中跨5孔136米、边跨1孔88米、1孔78米预应力混凝土连续刚构与预应力混凝土连续箱梁组合形式。下部结构采用矩形薄壁空心墩，柱式桥台，钻孔灌注桩基础。最大跨径136米。最大桥高109米，4号墩最高98米，桩基直径1.70米。最大成孔桩长110米，每个承台24根群桩。大桥集超长桩、大体积承台、高墩、多跨大跨度连续刚构于一体，技术含量高，施工难度大。施工单位联合有关科研和监理单位，开展科技攻关，研究解决湿陷性黄土地区超百米深长桩及群桩基础施工难题。通过合理安排桩序，比选钻孔设备，改进出渣方式，合理配置泥浆性能，优化水下混凝土配比等措施，确保顺利成桩。98米空心薄壁高墩施工，采用节高3米翻模技术，以保证进度和质量。

2005年11月，禹阎高速金水沟特大桥桥面施工

（八）黄延高速洛河特大桥　位包茂线黄延高速K189+580处洛川县交口镇渭村北洛河，全长1 056米，桥宽21.50米，设计洪水频率1/100。省高速集团建设，省公路设计院设计，中铁二十局集团二公司承建。2003年4月开工，2006年9月30日建成通车。完成投资1.30亿元。

采用双向四车道高速公路技术标准。大桥地处黄土深沟，沟顶距河底高差约190米。主桥上部结构采用中跨3孔160米、边跨各1孔90米预应力混凝土连续刚构，两岸引桥为13孔30米预应力混凝土连续箱梁。下部结构主桥为双薄壁空心墩，引桥为薄壁空心墩，桩柱式台，钻孔灌注桩基础，最大桩基深度62米。其中13号主墩，位于洛河主河道，墩高143.50米，桥面高度152.50米，被誉为“亚洲第一高墩”。结合施工，开展高墩垂直、抗风、底模拆除等课题研究，解决施工关键技术。96.50米高空横系梁施工，通过设置平台吊架，解决底模系统拆除技术难题，保证施工安全。全桥耗用钢材1.06万吨，水泥混凝土2.68万立方米。大桥建成后，于下行线南岸桥头停车广场置观景台、纪念碑和文化长廊，引路人停车休憩观赏。

（九）黄延高速淤泥河大桥　位包茂线黄延高速K160+320处淤泥河，全长846米，桥宽24.50米，最大墩高105米。省高速集团建设，省公路设计院设计，省路桥总公司承建。2003年7月开工，2006年9月30日建成通车。完成投资7 955万元。

采用双向四车道高速公路技术标准。上部结构主桥采用中跨3孔160米、边跨分别采用1孔90米、2孔和4孔30米预应力混凝土连续刚构。主梁采用纵、横、竖3向预应力体系。下部结构为薄壁墩。全桥耗用钢材1.40万吨，水泥混凝土4.86万立方米。

（十）黄延高速葫芦河大桥 位包茂线黄延高速K172+900处葫芦河，全长1 460米，桥宽24.50米，最大墩高138米，桥高147.20米。省高速集团建设，省公路设计院设计，中铁十六局集团一公司承建。2003年7月29日开工，2006年9月30日建成通车。完成投资1.57亿元。

黄延高速葫芦河大桥

采用双向四车道高速公路技术标准。上部结构主桥采用中跨3孔160米、边跨分别采用1孔90米跨径预应力混凝土连续刚构。引桥上部结构分别采用6孔、10孔50米预应力混凝土连续T梁，为先简支后连续结构。下部结构采用双薄壁空心墩，挖孔灌注嵌岩桩基础。最大桩径2米，最深60米。墩身外侧采用翻模施工，内侧采用滑膜施工，主梁采用悬灌法施工。此为黄延高速连续刚构最长、投资规模最大的桥梁。全桥耗用钢材1.53万吨，水泥混凝土10.06万立方米。

（十一）禹阎高速徐水沟特大桥 位京昆线禹阎高速K165+600处合阳县徐水沟。全长1 069.34米，桥宽28米，设计洪水频率1/100。陕西西禹公司建设，省公路设计院设计，中铁五局集团承建。2003年9月开工，2005年11月27日建成通车。完成投资1.60亿元。

采用双向四车道高速公路技术标准。上部结构主桥采用中跨2孔200米，边跨各1孔110米预应力混凝土连续刚构，引桥分别采用7孔、4孔40米预应力混凝土先简支后连续箱梁。下部结构采用双柱式薄壁空心墩，群桩基础。最大桩长62米，最大桥高109米，最大墩高98米，最大跨径200米，时称“西北第一跨”。高墩采用翻模施工。

（十二）凤永高速封侯沟大桥 位福银线凤永高速K134+486.50～K135+424.50处永寿县城北封侯沟河，全长938米，桥宽26米，设计洪水频率1/100。省交通集团建设，省公路设计院设计，北京市海龙公路工程公司承建。2005年9月开工，2008年9月28日建成通车。完成投资1.09亿元。

采用双向四车道高速公路技术标准。主桥上部结构采用中跨3孔140米、边跨各1孔75米预应力混凝土刚构—连续组合梁，引桥采用12孔30米预应力混凝土连续箱梁。下部结构分别采用薄壁空心墩、双薄壁空心墩、双柱式墩，肋板式、柱式桥台，钻孔灌注桩基础。最大桥高134米，最深桩长75米，最高墩柱111米。针对1.80米直径75米深桩基成孔和混凝土灌注、111米双薄壁空心高墩竖直度控制等难题，施工采用钢筋直螺纹套筒连接、上部箱梁预应力管道真空压浆等新技术、新工艺，在桥墩安装自动喷淋养护设备，保证混凝土结构强度。上部悬浇箱梁采用8套挂篮同步施工。该桥耗用钢材9 406.59吨，水泥2.97万吨，木材551.06立方米。

（十三）铜川玉皇阁特大桥 位铜川市耀（州）旬（邑）公路K8+187，即铜川新

耀（县）旬（邑）公路铜川玉皇阁特大桥，时为全省农村公路投资最多、建设规模最大公路桥梁

区西玉皇阁水库下游500米处赵氏河峡谷。大桥全长1 276米，桥宽12米，桥高96米，设计洪水频率1/100。铜川市交通运输局建设，陕西交通设计有限公司设计，中铁二十局和青海路桥建设股份有限责任公司承建。2007年4月5日开工，2008年12月29日建成通车。完成总投资1.93亿元。

采用二级公路技术标准。设计行车速度60公里/小时。上部结构主桥采用中跨4孔140米、边跨各1孔75米预应力混凝土连续刚构，下部结构为双肢薄壁空心墩。引桥分别采用6孔20米、9孔40米装配式预应力混凝土连续箱梁，下部结构为柱式墩。最高桥墩88米，最大跨径140米。施工改变传统分段合龙工艺，采用5跨一次性合龙，缩短工期20天以上。全桥完成墩柱39个，桩基140根。大桥建成将铜川工业园区和新区连成一片，同时打通铜川与革命老区淳化、旬邑联系的交通咽喉。全桥耗用钢材7 618吨，水泥2.85万吨，木材545立方米。

（十四）安川高速任河特大桥　位包茂线安川高速K266+427～K268+487处紫阳县任河库区，全长2 060米，上行线半幅桥面宽11米，设计洪水频率1/100。省交通厅外资办建设，中交二公院设计，中铁五局集团承建。2007年11月23日开工，2010年12月20日建成通车。完成投资2.03亿元。

2010年4月21日，建设中的安川高速任河特大桥

采用双向四车道高速公路技术标准。上部结构主桥采用中跨1孔125米、边跨各1孔67.50米及中跨1孔150米、边跨各1孔80米预应力混凝土连续刚构。引桥分别采用1孔20米、19孔40米预应力混凝土连续箱梁。下部结构为方形空心桥墩和双柱式墩，重力式桥台，扩大基础。最大水深23米。最高墩柱为48米。全桥4个承台位于深水区，采用钢板桩围堰进行施工，完成承台88个。全桥耗用钢材1.44万吨，水泥3.84万吨。

（十五）安川高速紫阳汉江特大桥　位包茂线安川高速K246+679～K248+804处，即紫阳县城关镇楠木村长滩沟汉江，全长2 107米，桥宽24.50米，设计洪水频率1/300。省交通厅外资办建设，省公路设计院设计，中交二公局承建。2008年3月开工，2010年12月20日建成。完成投资2.99亿元。

安川高速紫阳汉江特大桥

采用双向四车道高速公路技术标准。上部结构主桥采用中跨2孔170米、边跨各1孔95米预应力混凝土连续刚构；跨襄（樊）渝（重庆）铁路段，采用中跨1孔100米、边跨各1孔60米预应力混凝土连续刚构；引桥采用45孔30米预应力混凝土连续箱梁。下部结构主桥为薄壁空心墩、柱式台、整体式群桩深水基础。主墩水深25～41米，由12个薄壁空心墩组成，最高墩为74米，承台位于水下20米。51号墩为深水群桩基础，桩基24根，桩径2米，桩高45米，最大水深41米。桩基施工采用钢护筒平台方案，承台施工采用钢吊箱施工工艺。全桥耗用钢材1.58万吨，水泥5.06万吨。

（十六）西铜高速赵氏河特大桥　位包茂线西铜高速K57+795.50处，即铜川市耀州区赵家坡村赵氏河，全长1 857.50米，桥宽34.50米，设计洪水频率1/300。省高速集团建设，省公路设计院设计，中铁十八局集团二公司承建。2009年1月23日开工， 2011年12月8日建成通车。完成投资3.50亿元。

采用双向六车道高速公路技术标准。主桥上部结构采用中跨4孔160米、边跨各1孔90米预应力混凝土连续刚构。引桥上部结构分别采用6孔50米预应力混凝土箱梁、11孔50米和6孔30米装配式预应力混凝土箱梁。其中连续刚构部分长820米。下部结构为柱式墩、双肢薄壁空心墩、肋板式台、钻孔灌注群桩基础，最大直径2米，最大墩高106米，最大桥高120.50米，最深桩基75米。该桥地处泥岩和沙岩混合地质，7号、8号两承台沙岩层厚，平均硬度达60～80兆帕，超出适合地质强度范围一倍以上。对此，邀请省内桥梁及地质专家成立技术指导小组，进行现场技术指导。承台施工采用德国宝峨BG40旋挖钻机及北京三一SR360大口径旋挖钻机等先进设备进行旋挖钻进，以保证超强度地质主桥群桩施工进度与质量。同时，经过结构计算和论证，将原设计6次合龙方案优化为4次。桥梁架设使用2台架桥机，从大桥两头桥台同时向大桥中间推进，建设工期比计划提前30天。

2010年12月28日，西铜高速二通道赵氏河大桥合龙

（十七）定汉高速五里坡特大桥　位定汉高速K81+906～K83+144处，即千阳县崔家头镇潘洞村五里坡河，全长1 238米，桥宽26米，设计洪水频率1/300。陕西宝汉公司

建设，省公路设计院设计，中铁二十局集团三公司承建。2009年4月1日开工，2011年11月8日建成通车。完成投资2.80亿元。

采用双向四车道高速公路技术标准。上部结构主桥采用中跨4孔160米、边跨各1孔85米预应力混凝土连续刚构，下部结构主墩为双肢薄壁墩，大体积承台，大直径群桩超深基础。最大桥高172米，最大墩高153米。最大桩深70米，直径2米。最大承台长28.60米、宽23.60米，高5米。引桥分别采用6孔30米、8孔30米预应力装配箱梁，下部结构为柱式墩，桩基础。

该大桥集大直径超深群桩、大体积承台、超高空心墩、大跨径连续刚构等高难度结构于一体。施工中大量采用新技术、新工艺、新材料，以科技创新加快速度、提高质量、节约投资。刚构桥主墩施工采用液压自爬模系统。该系统集模板支架、操作平台为一体，利用自身液压系统和已完成的主体结构为着力点，随结构升高而升高，操作简便，安全稳定性好，爬升速度快，工作效率高。建立视频监控中心，对刚构桥墩身和悬浇块段施工质量、安全进行实时监控。建立由供给水池、高扬程水泵、输水管、喷淋管、吊挂系统等组成的自动喷淋系统，根据气象条件设定工作参数，开启电源后，喷淋系统即自动工作，确保高空混凝土养生质量。全桥耗用钢材1.82万吨，水泥4.04万吨。

（十八）定汉高速涧口河特大桥　位定汉高速K78+825处，即千阳县南寨镇阳坡村涧口河，全长1 118米，桥宽26米，设计洪水频率1/300。最大桥高118米。陕西宝汉公司建设，省公路设计院设计，中交一公局承建。2009年4月1日开工，2011年10月1日建成通车。

2011年7月20日，定汉高速涧口河特大桥桥梁施工

采用双向四车道高速公路技术标准。主桥上部结构采用中跨4孔160米、边跨各1孔85米预应力混凝土连续刚构，引桥上部结构分别为4孔30米、3孔30米预应力混凝土连续箱梁。下部结构采用薄壁空心墩及柱式墩、桩基础，最大墩高108米。主桥下部结构承台为左、右幅整体形式，长28.60米、宽23.60米，每个承台浇筑混凝土3 374立方米。连续刚构采用悬臂施工，每个T构分19个对称块，20号为合龙段，21号为边跨现浇段。承台施工时值冬季，施工难度极大。建设、设计、施工单位开展科研攻关，确定在内部温度测量控制下，控制冷却水流量，以保障低温下大体积混凝土施工质量。在主墩10号处设监控中心，安设自动喷淋混凝土养生系统，确保施工质量和安全。

（十九）神府高速窟野河特大桥　位榆商线神府高速神木县城北侧，全长3 446米，桥宽31.50米，设计洪水频率1/300。省交通集团建设，中交一公院设计，中铁电气化局西安铁路工程有限公司和中交一公局二公司承建。2009年7月开工，2011年12月16

日建成通车。完成投资5.07亿元。

采用双向六车道高速公路技术标准。上部结构主桥18孔分别采用69、76、88、130、140、165米不等跨预应力混凝土变截面连续刚构。引桥分别采用30、40米跨径预制箱梁及3孔43、50米跨径现浇箱梁。下部结构采用薄壁空心墩、钻孔灌注桩。最大桥高96米，最大墩高76.50米。刚构部分长2 256米。连续刚构采用现浇C55号预应力混凝土，时为省内公路桥梁采用的最高标号混凝土。该标号混凝土对碎石表面洁净度要求高。为保证质量并节约成本，施工单位应用高速铁路双掺（掺加粉煤灰和高炉矿渣粉）配合比，引入新式水洗碎石设备，对碎石进行二次水洗（一般混凝土碎石只进行一次水洗），以提高碎石与水泥等材料胶凝作用，进而提高钢筋混凝土结构安全性、耐久性。同时，引进英国特劳尼混凝土凿毛机，对箱梁顶面进行凿毛，以保证桥面系混凝土与箱梁顶混凝土结合。全桥耗用混凝土19.62万立方米，钢材4.09万吨，水泥6.87万吨。

榆商线神府高速窟野河特大桥

（二十）西铜高速渭河特大桥　位包茂线西铜高速二通道K2+657.90～K12 +74处渭河，全长9 416 .10米，桥宽41米。设计洪水频率1/300。时为西部地区最长高速公路特大桥。省高速集团建设，省公路设计院设计，中铁十八局集团五公司、中铁十五局集团五公司桥隧分公司等单位承建。2009年12月10日开工，2011年12月8日建成通车。工程总造价3.60亿元。

采用双向八车道高速公路技术标准。上部结构主桥采用钢箱梁与混凝土组合结构，上跨西安铁路北环线部分，采用中跨1孔165米、边跨1孔90米、1孔95.25 米连续刚构；上跨渭河南大堤、西铜高速部分，从122号到126号墩柱间，分别采用36米、55.65米、53.50米、29.60米不等跨径钢箱梁结构；其余采用69米、90米变截面连续梁等结构。全桥最大跨径165米，最大墩高44米，最大桥高50.90米。

该桥跨越西安铁路北环线、咸（阳）铜（川）铁路和西铜高速，桥下交通流量密集，给大桥长2 084米的钢箱梁安装、架设带来很大困难。施工单位采用临时支架系统进行作业。在西铜高速两侧，以不影响交通为原则，设置临时钢管支墩，采用“321型”军用贝雷架，架设临时支架系统，并合理设计吊装块段、吊装顺序，利用高空施工、防护一体挂篮等技术施工，使钢箱梁安装、架设短时间顺利完成。

（二十一）神府高速碛塄黄河大桥　位榆商线神府高速府谷县碛塄乡西北约900米处黄河上，东岸接山西忻（州）保（德）高速公路，桥长827米，桥宽31.50米。设计洪水频率1/300。省交通集团建设，中交一公院设计，中铁大桥局股份有限公司承建。2010年2月开工，2011年11月建成通车。完成投资1.90亿元。

采用双向六车道高速公路技术标准。最大桥高78米，最大墩高70.50米。主桥上部结

2011年，神府高速碛塄黄河大桥采用挂篮悬浇施工

构采用中跨3孔110米、边跨各1孔61米预应力混凝土连续刚构。陕西岸、山西岸引桥分别采用1孔50米、2联4孔40米预应力混凝土连续箱梁。2号墩位于黄河西岸山脚下，处在黄河流向转弯处，墩台顶面高程在正常水位下近2米，壁陡水急，并沉积大量石块，围堰钢管桩施工难度大。为此，采用回填红土、钻孔注浆、浇筑混凝土挡墙、混凝土封底、内抽外堵等措施，进行混凝土灌注桩施工，确保施工顺利进展。

四、钢管（箱肋）拱桥建设

（一）210国道白沔峡大桥　位210国道汉白公路十二岭K1 242+504处西乡县白沔峡，桥长208米，桥宽12米。省公路局建设，陕西省汉中桥梁工程公司与西安公路研究所共同成立白沔峡大桥工程指挥部组织实施，西安公路研究所实行设计、施工、监理总承包。1992年11月1日开工，1994年12月31日建成。完成投资383.24万元。

采用山岭重丘区二级公路技术标准。上部结构主桥采用1孔105米钢筋混凝土双箱肋上承式坡拱，矢跨比为1∶5（拱高与跨度之比）；引桥汉中岸、石泉岸分别采用中跨2孔14米、边跨2孔13.80米钢筋混凝土连续箱梁。下部结构为钢筋混凝土板式空心墩，汉中岸为浆砌片石重力式桥台，石泉岸为埋置式肋板桥台。均采用明挖扩大基础，基础深8米。桥高42米，桥下净空35米。时为陕西公路桥梁跨径最大轻钢骨架钢筋混凝土拱桥。肋拱施工采用有平衡重平转工艺（即锚扣体系，肋拱采用外锚扣体系）。全桥耗用钢材232吨，水泥1 220吨，木材332立方米。

（二）316国道蜀河汉江大桥　位316国道安旬白公路K1 784+500，即旬阳县蜀河镇蜀河渡口上游30米处，桥长314.70米，桥宽13米，设计洪水频率1/100。省公路局建设，陕西道路勘测设计所与西安公路研究所设计，四川路桥广元路桥公司承建。1995年9月15日开工，1997年12月15日建成通车。完成投资1 536.79万元。

桥址原为汉江古渡口，因水深不足，渡船常常搁浅，不能正常摆渡，致使安康至白河间及鄂、豫两省过往安康车辆，往往要从陕西平利、湖北竹溪绕行。为改善该段交通条件，加强省际联系，省交通厅1993年8月31日批准修建该桥。

316国道蜀河汉江大桥

采用山岭重丘区二级公路技术标准。上部结构采用2孔120米钢管混凝土中承式悬链线哑铃型肋拱，时为省内第一座双孔中承式钢管混凝土拱桥。全桥共44根吊杆，吊杆采用直径5毫米高强钢丝束，每根吊杆110根，外裹3层玻璃丝布包裹沥青，灌注包含3层钢丝网40号水泥浆，外涂一层橘黄色反光漆。锚固采用普通镦头锚。下部结构为重力式墩、扩大基础。全桥耗用钢材1 088吨，水泥4 395吨，木材213立方米。

（三）延安王家坪大桥　位延安市王家坪革命纪念馆前延河，桥长204.76米，桥宽25米，设计洪水频率1/50。该桥为根据1996年省长办公会议决定，在拆除洪水毁损旧桥基础上，另行新建的一座中承式钢管混凝土拱桥。省公路局设王家坪大桥项目办公室组织建设，省公路设计院设计，省路桥总公司承建。1997年4月22日开工，1998年9月28日建成通车。完成投资3 660.60万元。

按照省长程安东关于将该桥建成延安城市标志的要求，并考虑大桥应与王家坪纪念馆建筑相协调，采用双向行驶城市道路技术标准设计，桥面行车道宽15米，两侧人行道宽各5米，防护带各宽2米，行车道与人行道间用防撞护栏隔离。大桥轴线与河流方向斜交为50度，使桥位与路线顺适。上部结构采用净跨190米中承式钢管混凝土拱，主拱肋由两片桁架钢管拱组成，两拱肋间距17米，拱肋截面高3米，宽1.80米。每片拱肋由4根直径750毫米钢管组成，上层（或下层）两根钢管用厚钢板连接，上下两层钢管间用直径350毫米钢管连接，组成桁架结构。全桥共设21对吊杆与桥面系相连，每根吊杆由187根直径5.20毫米高强钢丝束组成。桥面系采用7米跨径钢筋混凝土槽形板及23根预应力钢筋混凝土横梁。桥面铺装采用35号钢纤维混凝土。桥梁主肋拱表面处理采用长效防腐热喷铝工艺，吊杆采用可调冷铸墩头锚锚固，外包采用热挤PE套管和高耐久涂层法进行彩色二次保护。大桥下部结构为重力式空心桥台，扩大基础。全桥耗用钢材1 849吨，水泥4 639吨，木材300立方米。

（四）316国道潘家河大桥　位316国道宝汉公路汉中市石门水库大坝上游2.50公里处，跨越褒河一级支流潘家河，桥长176米，桥宽12.90米，设计洪水频率1/100。汉煌企业投资集团有限公司投资建设，省公路设计院设计，铁道部第一工程局第七工程处和陕西省水电工程局（集团）有限责任公司第二工程公司等单位承建。1998年10月15日开工，2003年9月建成通车。完成投资1 300万元。

316国道汉中潘家河大桥

山岭重丘区二级公路技术标准。上部结构采用跨径1孔150米中承式钢管混凝土拱方案设计。全桥由两片相距8.80米拱肋组成。每片拱肋由4根直径600毫米，壁厚10毫米卷制钢管组成，拱肋截面高2.70米。150米中承式钢管混凝土拱，采用缆索分5段吊装成拱。桥面系采用跨径5～9.53米不等5种钢筋混凝土T形梁。桥面采用现浇钢纤维混凝土。人行道与行车道一体化，在行车道侧设防撞护栏。下部结构采用重力式U形桥台。

（五）207省道堰吉河大桥　位207省道安岚二级公路安康火石岩水库堰吉河上。原有大桥经2007年检测为危桥，安康公路管理局决定择地另建大跨度拱桥。桥宽13米。安康公路管理局建设，长安大学工程设计研究院设计， 中铁三局集团五公司承建。2008年开工，2010年4月30日建成通车。完成投资2 250万元。

采用二级公路技术标准。主桥上部结构采用1孔150米中承式箱肋拱桥，拱轴线型为悬链线。主拱圈为钢管混凝土劲性骨架箱肋拱，截面形式为单箱室双肋，分别设置在桥面两侧，全桥设一字横撑3道，K字横撑2道，箱高2.50米。骨架采用直径325毫米、壁厚10毫米低碳无缝钢管，吊杆横梁为预应力混凝土工字梁；拱肋与桥面系相交叉处及设置立柱处的横梁均为钢筋混凝土矩形梁；墩柱帽梁采用钢筋混凝土矩形梁。吊杆采用PE管防护的高强钢丝柔性拉杆，肋间立柱为钢筋混凝土矩形截面。桥面系行车道板采用预制混凝土空心板。下部结构采用钢筋混凝土桩式桥台，明挖桩基。劲性钢骨架在工厂分段制作，拼装成型后分段安装，通过扣索悬挂，对称安装成拱。全桥耗用钢材568吨，水泥3 621吨，木材100立方米。

五、斜拉桥建设

安康七里沟汉江斜拉桥，即安康汉江3桥。位安康城区西关七里沟口汉江，南接环城干道江南段，北接安康大道，通达十天、包茂两条国家高速公路。全长1 100米，其中桥长493.08米，引道长606.92米（江南400米、江北206.92米），设计行车速度60公里/小时，设计洪水频率1/100。安康市政府建设，长安大学工程设计研究院设计，湖南路桥建设集团公司承建。2006年4月1日开工，2008年7月14日建成通车。完成投资1.06亿元。

安康七里沟汉江斜拉桥

采用双向6车道公路技术标准。桥宽30米，车行道宽23米，中央分隔带宽3米，两侧人行道各宽1.50米。主桥上部结构为中跨125米、边跨各72.50米预应力钢筋混凝土矮塔斜拉桥。采用索塔与主梁固结、塔梁与墩分离，墩顶设支座梁式体系。主梁结构为单箱3室大悬臂变截面预应力连续箱梁，主塔高34.80米，斜拉索为单面索，双排布置在中央分隔带上，每个塔上设有9对18根斜拉索，从6号节段开始纵向间距4米，双排横向布置间距1米，塔上竖向间距2米，斜拉索在塔顶连续通过鞍座，两侧对称锚于主梁。主墩承台施工采用钢板桩围堰筑岛水下封底方案，在主墩两侧用钢管桩搭设临时支架，并在临时支架上浇筑梁体0号块，然后在0号块上施工主塔及主塔鞍座，对称安装中跨侧和边跨侧棱形挂篮，用棱形挂篮对称悬臂浇筑其他各段，然后张拉纵向、横向及竖向预应力束，再安装并张拉斜拉索，前移棱形挂篮，重复以上步骤，逐段施工直至全桥合龙。全桥耗用钢材3 980吨，水泥1 368吨，木材526立方米。

全省1991—2010年公路桥梁、涵洞统计见表2-6-1。

陕西省1991—2010年公路桥梁、涵洞统计一览表

表2-6-1

年度	桥梁									涵洞（米）
	总计（米/座）	按长度分				按使用年限分				
		特大桥（米/座）	大桥（米/座）	中桥（米/座）	小桥（米/座）	永久性（米/座）	半永久性（米/座）	临时性（米/座）	合计中危桥（米/座）	
1991年	165024/4896	12943/16	37310/254	44816/867	69955/3759	163017/4796	1129/43	878/57	1480/9	53093
1992年	173260/4958	15760/17	41055/275	46152/887	70293/3779	171253/4858	1129/43	878/57	1480/9	53429
1993年	183614/5349	17799/21	41759/298	49315/949	74741/4081	183003/5314	332/18	279/17	1758/19	54029
1994年	191050/5486	20093/22	43386/313	50683/974	76888/4177	190547/5453	251/17	252/16	1587/17	54710
1995年	200324/5950	22102/24	44508/320	53628/1024	80086/4582	199849/5919	251/17	224/14	1587/17	55502
1996年	208413/6099	24207/26	45967/334	56215/1078	82024/4661	207947/6068	251/17	215/14	1587/17	56487
1997年	210096/6130	23854/27	47293/335	56274/1091	82675/4677	209630/6099	251/17	215/14	1660/19	56005
1998年	215070/6213	23854/27	48821/344	59464/1149	82931/4693	214604/6182	251/17	215/14	1623/18	56303
1999年	232043/6545	27584/32	54598/382	64567/1253	85294/4878	231577/6514	251/17	215/14	1623/18	57107
2000年	254009/6729	38478/47	60320/411	68679/1325	86532/4946	253543/6698	251/17	215/14	1668/20	57540
2001年	319700/8173	43447/54	76999/503	87197/1657	112057/5959	316420/8066	2520/82	759/25	4689/136	57737
2002年	312127/8268	43451/54	79054/516	88694/1688	100928/6010	308351/8151	3017/92	759/25	4060/128	58671
2003年	336309/8385	60431/64	83746/544	90400/1719	101732/6058	332430/8265	3119/95	759/25	5356/140	61281
2004年	358272/8577	36828/20	125176/642	92653/1763	103616/6152	351156/8323	3032/90	4083/164	8242/266	61777
2005年	397677/8991	41984/23	147940/735	98866/1880	108887/6353	390605/8740	3032/90	4040/161	13222/326	62430
2006年	576676/13108	53987/31	209407/1030	149789/2768	163493/9279	551321/12112	18988/712	6367/284	32046/731	59518
2007年	821861/15611	76279/47	376953/1682	185446/3346	183183/10536	794279/14532	19676/716	7906/363	22479/550	147900
2008年	966282/16907	100755/63	465014/1977	207555/3699	192958/11168	937789/15831	21708/774	6786/302	17326/451	143436
2009年	1070696/18037	116787/74	529906/2195	220896/3911	203108/11857	1041609/16939	22324/798	6763/300	15071/430	155774
2010年	1232107/19117	148874/93	643020/2620	234949/4154	205265/12250	1201110/17943	24192/873	6805/301	13106/367	155536

说明：表中数字选自陕西省交通运输厅编《陕西交通统计》

第二节　主要立交建设

一、一般互通式立交建设

（一）西宝高速咸阳互通式立交　位连霍线西宝高速K10+515处咸阳市南郊陈阳寨，直通咸阳市区。为匝道上跨，主线下穿，采用左旋单喇叭形式。省高管局建设，省公路设计院设计，辽宁公路工程局承建。1992年4月开工，1993年10月建成。立交占地12.55公顷。完成投资140万元。

立交主线长356米，匝道4条，全长1 811.71米。单向匝道路基宽7.75米，双向匝道路基宽15.50米。被交线全长647.19米，终点与310、312国道及咸阳市城市干道相接。匝道上跨主线的跨线桥长72.42米。上部结构为空心板梁，下部结构为V型墩，肋板式桥台，钻孔灌注桩基础。无匝道桥。

（二）西宝高速兰家互通式立交　位绛汤二级汽车专用公路起点K0+450处扶风县绛帐镇兰家村，被交公路为西宝高速，立交匝道下穿，主线上跨。采用全苜蓿叶形式。省高管局建设，省公路设计院设计，省路桥总公司承建。1995年5月开工，1995年11月建成。立交占地2.22公顷。完成投资120万元。

立交设匝道8条，全长3 758.56米。匝道计算行车速度为40公里/小时。匝道路基宽12米。立交主线桥长 151.80米，桥面宽11.50米。上部结构为预应力混凝土空心板，下部结构为多柱墩、柱式台、灌注桩基础。匝道桥 4座，全长106.30米，上部结构为空心板梁，下部结构为薄壁式台、钻孔灌注桩基础。

（三）铜黄高速川口互通式立交　位包茂线铜黄高速K82+455处，在铜川市川口跨越漆水河，设环形交叉与市区道路相连接。采用组合型形式。省高管局建设，省公路设计院设计，铁道部第一工程局承建。1998年3月开工，2001年4月29日建成通车。立交占地1.44公顷。完成投资1.12亿元。

立交主线桥长612.05米，桥下最大净空（净高）12米，桥面宽20.50米。上部结构为现浇混凝土连续箱梁、连续刚构，下部结构为双柱式墩、钻孔灌注桩基础。立交设单向匝道4条，全长1 670米，计算行车速度30公里/小时。匝道宽7.50米。设匝道桥3座，全长551米。上部结构为钢筋混凝土现浇连续箱梁，下部结构为单柱式墩，U型柱式桥台，钻孔灌注桩基础。跨越红旗街和铁路专用线大桥段，采用转体施工法施工。

（四）渭潼高速华山互通式立交　位连霍线渭潼高速K105+720处华阴市南，被交公路为华岳路和城市道路，直通华阴市和华山风景区。立交主线上跨，匝道下穿，采用单喇叭形式。省高管局建设，省公路设计院设计，铁道部第三工程局承建。1998年10月开工，1999年9月建成。立交占地7.67公顷。完成投资197.60万元。

立交主线长918.78米，匝道5条，全长1 968米。匝道计算行车速度为40公里/小时。单向匝道路基宽8.50米，双向匝道路基宽15.80米。立交匝道跨线桥长58米，桥面宽左幅12.50米，右幅16.50米。上部结构为部分预应力钢筋混凝土空心板梁，下部结构为钢筋混凝土多柱式墩、台，桩基础。

（五）西安绕城高速纺织城互通式立交　位京昆线西安绕城高速南段K72+865处，连接西安市东郊纺织城。立交采用定向T型。西安绕城管理局建设，省公路设计院设计，中国有色第十四冶金建设公司承建。2000年10月开工，2003年9月29日建成通车。立交占地12.84公顷。完成投资51.81万元。

立交主线长500米，匝道4条，全长304米。匝道宽8.50米。设主线桥2座，全长89.94米，桥面宽35米。其中，K72+733.66主线桥上部结构为预应力钢筋混凝土连续箱梁，下部结构为柱式桥台，钻孔灌注桩基础；K72+898.30主线桥上部结构为预应力钢筋混凝土空心板梁，下部结构为柱式桥台，多柱式圆形墩，钻孔灌注桩基础。匝道桥1座，全长49.08米，上部结构为现浇钢筋混凝土连续箱梁，下部结构为柱式桥台，单柱式墩。施工中采用高强塑料垫块代替传统水泥沙浆垫块，以解决箱梁混凝土表面花斑问题，提高混凝土外观质量。

二、枢纽互通式立交建设

（一）西安绕城高速谢王互通式立交　位西安绕城高速北段K4+900处西安市灞桥区新筑乡谢王庄，连接西阎高速和灞耿路（区域支线）。采用右旋单喇叭互通式立交形式。省高管局建设，省公路设计院设计，中铁四局第三工程处承建。1998年11月开工，2000年10月28日建成通车。立交占地14.77公顷。完成投资3 985万元。

西安绕城高速谢王互通式立交

该立交设匝道11条，总长8 804.88米。对向分离式双车道1条，路基宽15.50米；单向单车道4条，路基宽8.50米。计算行车速度40公里/小时。设主线桥2座，分离式立交桥1座，匝道桥4座，桥梁全长1 703米。分离式立交桥上部结构为中跨1孔16米，边跨各1孔13米部分预应力混凝土空心板。下部结构为埋置式桥台，柱式墩、钻孔灌注桩基础。

西安绕城高速吕小寨互通式立交

（二）西安绕城高速吕小寨互通式立交　位西安绕城高速北段K15+600处西安市未央区吕小寨村，连接包茂高速西铜段和西安市北郊主干道未央路。采用3层变形涡轮式互通式立交形式。省高管局建设，省公路设计院设计，省路桥总公司承建。1998年11月开工，2000年10月28日建成通车。立交占地32.50公顷。完成投资1 873.98万元。

立交设匝道10条，总长9 009.50公里。匝道宽8.50米，计算行车速度40～60公里/小时。立交设桥梁5座，总长1 644.38米。其中主线特大桥长634米，上跨西铜一级公路。桥下净空5.40米，桥梁总宽35米。上部结构为4联28孔单箱多室钢筋混凝土连续箱梁及1孔40米简支钢结构组合箱梁。下部结构为柱式墩，钻孔灌注桩基础，肋板式桥台。匝道桥4座，总长1 010.28米，上部结构为预应力混凝土连续箱梁。

2006年3月修建西铜高速二通道时，吕小寨互通式立交作为西铜高速与西安绕城高速交通转换枢纽立交进行改建。新建立交主线桥设计长度1 129.13米，路基宽41米，路基形式为对向八车道高架桥。新建单向双车道匝道4条，路基宽12米，计算行车速度60公里/小时。匝道上跨西安绕城高速。为保证绕城高速与匝道分、汇流处车道数平衡与连续，在出、入口增设辅助车道。2011年12月8日建成通车。

（三）西安绕城高速方家村互通式立交　位西安绕城高速K0处西安市灞桥区灞桥乡方家村，连接西临高速。采用2层部分苜蓿叶加定向匝道互通式立交形式。省高管局建设，省公路设计院设计，中国建筑第八工程局承建。1998年11月开工，2000年10月28日建成通车。立交占地20.33公顷。完成投资1 839.94万元。

立交设主线桥1座，上跨西临高速，桥长858.08米，上部结构采用6联37孔现浇钢筋混凝土连续箱梁，下部结构为肋板式桥台，柱式墩，钻孔灌注桩基础；匝道桥4座，总长1 197米，上部结构均采用整体现浇钢筋混凝土连续箱梁，下部结构为柱式墩，钻孔灌注桩基础，埋置式桥台。立交设匝道8条，总长8 404.67米。连接主线方向2个匝道为双进双出单向匝道，路基宽度12米，其余匝道为单向单车道，路基宽8.50米。计算行车速度40～80公里/小时。

（四）西安绕城高速帽耳刘互通式立交　位西安绕城高速北段K33+181处咸阳市秦都区沣东乡帽耳刘村，被交线为西宝高速。采用2层半苜蓿叶加定向匝道互通式立交形式。省高管局建设，省公路设计院设计，中铁十八局第二、五工程处承建。1998年11月开工，2000年10月28日建成通车。立交占地20.33公顷。完成投资1 484.44万元。

立交设匝道8条，总长8 811.71米。设主线桥2座，其中K33+818处主线桥全长828.98米，桥面总宽35米，上部结构采用7联39孔现浇钢筋混凝土连续箱梁，最高净空8.7米；K33+181处主线桥设匝道桥5座，总长1 161.88米，匝道宽8.50米。计算行车速度40～60公里/小时。上部结构均采用钢筋混凝土连续箱梁，下部结构为柱式墩，钻孔灌注桩基础，埋置式桥台。

西安绕城高速帽耳刘互通式立交

现浇梁施工采用高强度覆膜竹胶合板，利用其强度高、韧性好优点做弧线段侧模，使混凝土表面光亮，线形圆顺；采用地板革代替传统钢模板作为现浇箱梁底模，混凝土表面光亮如镜。

（五）西安绕城高速河池寨互通式立交　位西安绕城高速南段K46+850处西安市长安区河池寨村，连接西户高速及西安市西三环。采用苜蓿叶变异型互通式立交形式。西安绕城管理局建设，省公路设计院设计，吉林省四平市中盛道路桥梁工程有限公司承建。2000年10月28日开工，2003年9月29日通车。完成投资1 767.33万元。

西安绕城高速河池寨互通式立交

立交设匝道8条，总长6 190.22米。匝道宽9米。计算行车速度采用40～80公里/小时。立交桥长597.37米，引线长5 597.85米，桥下净空6.16米，桥宽9米。上部结构采用16～32米现浇钢筋混凝土连续箱梁，下部结构为柱式墩、台，桩基础。墩身采用整体定型钢模板，横向水平接缝满焊后刨光磨平，整体吊装，一次浇筑，实现墩身外观无水平接缝。钻孔灌注桩施工采用新型旋挖钻机，加快作业速度。

（六）西安绕城高速曲江互通式立交　位西安绕城高速南段K63+375处西安市雁塔区春临村北，曲江遗址附近，为实现西安绕城高速与安康方向、西安市大雁塔、曲江附近城市道路交通流转换而设置，连接包茂线西康高速。采用半苜蓿叶加定向型互通式立交形式。西安绕城管理局建设，省公路设计院设计，中铁五局机械化公司承建。工程分两期建设，一期工程于2000年10月28日与西安绕城高速南段同时开工，二期工程于2002年9月随西柞高速建设开工，相继于2003年9月29日、2007年1月20日建成通车。立交占地14公顷。完成投资1 026.56万元。

西安绕城高速曲江互通式立交

立交设匝道9条，其中7个匝道为单向单车道，2个匝道为单向双车道。匝道计算行车速度采用50公里/小时。立交桥长425.16米，最高净空5.24米，桥宽12米。上部结构采用钢筋混凝土连续箱梁，下部结构采用柱式墩、埋置式台、桩基础。

（七）西安绕城高速香王互通式立交　位西安绕城高速南段K76+249.79处西安市灞桥区香王村，连接西商高速。采用3层Y形加单喇叭形互通式立交形式。主线上跨西蓝高速，西接纺织北路，东与西蓝高速相连接，全长1 400米。采用变异性苜蓿叶形，即部分苜蓿叶加定向匝道组合形式。西安绕城管理局建设，省公路设计院设计，中交二公局第一工程处承建。2000年10月28日开工，2003年9月29日通车。立交占地28.80公顷。完成投资1.13亿元。

立交设单向单车道匝道8条，双向匝道1 条，匝道总长5 311.72米。计算行车速度40～50公里/小时。单向单车道匝道宽8.50米，双向双车道匝道宽15.50米，双向四车道匝道宽22.50米。立交范围内设桥梁7座，其中主线桥1座，匝道桥2座，分离式立交桥4座，全长1 517.67米。主线桥长808.08米，双向六车道，桥面宽35米，上部结构采用钢筋混凝土现浇连续箱梁，下部结构为摩擦桩基础，埋置式台，柱式墩、钻孔桩基础。匝道桥及分离式立交桥上部结构，均采用钢筋混凝土现浇箱梁，下部结构为柱式墩、埋置式台或薄壁式台、钻孔桩基础。施工采用优质地板革和竹胶板代替传统钢模板，保证箱梁混凝土表面光亮平顺、无接缝、无锈斑，外观质量好。

（八）西安绕城高速电子城互通式立交　位西安绕城高速南段K53+295处，连接西安市太白路和西沣一级公路。其功能是实现西安绕城高速与电子城、210国道之间交通转换。采用双喇叭型互通式立交形式。西安绕城管理局建设，省公路设计院设计，中铁二局第五工程处承建。2001年1月31日开工，2001年12月9日竣工，2003年9月29日通车。立交占地21.65公顷。完成投资3 366.32万元。

立交主线桥长1 530米，匝道10条，总长为4 413.53米。匝道桥6座，总长1 372米，桥宽8.50～19米，除K匝道桥上部结构为预应力混凝土连续箱梁外，其余匝道桥均为普通钢筋混凝土现浇连续箱梁，下部结构为柱式墩、肋板式台、桩基础。匝道路基分布于F、G、H、J匝道及E、K匝道桥连接部，与既有西沣一级公路相顺接，全长1 243.89米。主线一侧匝道计算行车速度50公里/小时，被交线一侧匝道计算行车速度40公里/小时。

（九）西安咸阳国际机场高速六村堡互通式立交　位西安咸阳国际机场高速起点即西安市未央区六村堡，连接西安绕城高速北段和西安市西三环。采用4层定向加单苜蓿叶互通式立交形式。立交匝道4跨西安绕城高速，6跨沣河，时为陕西首座双向六车道交汇式高速公路立交，西北地区最大互通式立交。省高速集团建设，省公路设计院设计，中铁十八局承建。2001年9月2日开工建设，2003年9月29日建成通车。立交总占地41.45公顷。完成投资1.96亿元。

西安咸阳国际机场高速六村堡互通式立交

立交区桥梁总长5 060米。设主线桥1座，双幅六车道，长816.08米，路基宽27米、35米，计算行车速度120公里/小时。上部结构采用单箱多室钢筋混凝土连续箱梁，下部结构为柱式桥墩，肋板式桥台，钻孔灌注桩基础。匝道桥8座，长4 140.16米，桥宽为8.50米和10米。分离式立交桥2座，总长204.34米。

（十）西汉高速上元观互通式立交　位京昆线西汉高速洋勉段K225+800处城固县上元观镇东南。立交连接线跨汉江，连接108国道。采用主线下穿、左旋单喇叭形方案。省高速集团建设，省公路设计院设计，吉林省交通建设集团有限公司承建。2002年11月25日开工，2006年11月21日建成通车。立交占地10.77公顷。完成投资140万元。

立交主线长353米。匝道5条，全长2 243.84米，其中单向单车道匝道4条，路基宽8.50米；双向分离式双车道1条，路基宽15.50米，中央分隔带1米。匝道计算行车速度为35～50公里/小时。设上跨主线匝道桥1座，长80.40米，桥下净空6米，桥面宽15.50米。上部结构为钢筋混凝土连续箱梁，下部结构为柱式墩、肋板式台、桩基础。连接线设汉江大桥，长1 118.85米，上部结构为预应力钢筋混凝土连续箱梁，下部结构为柱式墩、肋板式台、桩基础。跨线桥长79.08米，上部结构为钢筋混凝土连续箱梁，下部结构为柱式墩、肋板式台、桩基础。

（十一）靖王高速靖边互通式立交　位青银线靖王高速K1 242+313处靖边县张家畔镇林家湾村，连接靖边县城。立交为主线上跨环柄苜蓿叶形式。省交通集团建设，中交二公院设计，中铁十二局承建。2003年3月开工，2005年5月建成。立交占地34.68公顷。完成投资3 776万元。

立交主线长950米，匝道9条，全长 5 163.95米。其中单车道匝道路基宽8.50米，双车道匝道路基宽12米。立交设主线桥1座，桥面宽12米，上部结构为预应力钢筋混凝土连续刚构箱梁，下部结构为双柱式空心墩，肋板式桥台，钻孔灌注桩基础；设匝道桥5座，全长944.27米，上部结构为钢筋混凝土连续箱梁，下部结构为钢筋混凝土固结墩，采用独柱墩，过渡墩采用双柱墩，肋板式桥台，钻孔灌注桩基础。

（十二）靖安高速靖边东互通式立交　位包茂线靖安高速K414+527处靖边县城东。被交线为靖边连接线。采用定向形立交形式，主线下穿。榆林市和延安市政府建设，省公路设计院设计，中铁十二局集团第二工程有限公司承建。2003年11月开工，2006年7月建成通车。立交占地8.49公顷。完成投资212.79万元。

立交主线长660米。立交设对向双车道匝道1条，长360米，路基宽15.50米；单向单车匝道2条，总长1 435.26米，路基宽8.50米。匝道计算行车速度50公里/小时。B匝道上跨主线处设分离式立交桥1座，桥长82米，桥面宽8.50米，最高净空5.50米。上部结构为预应力混凝土现浇箱梁，下部结构为肋板式台、柱式墩、桩基础。

（十三）吴子高速绥德互通式立交　位青银线吴子高速绥德县辛店乡二十里铺村，连接绥德县城。采用主线上跨双喇叭互通式立交形式。省交通集团建设，中交一公院设计，中铁大桥局集团股份有限公司承建。2004年5月开工，2007年1月建成。立交占地20公顷。完成投资6 223万元。

吴子高速绥德互通式立交

立交主线长993.58米，匝道4条，全长3 351米。匝道宽8.50～19.50米。立交设主线桥单幅6座，全长899.54米，桥面宽10.75米。上部结构为预应力连续箱梁或预应力现浇、组合连续箱梁，下部结构为柱式墩、肋式台或扶壁式台，桩基础；匝道桥4座，全长694.46米。上部结构为预应力钢筋混凝土现浇连续箱梁，下部结构为柱式墩、台，桩基础。

（十四）商界高速商洛东互通式立交　位沪陕线商界高速K1 404+526处商洛市商州区沙河子镇王塬村。立交为主线上跨单喇叭形式，主要解决商界高速与商州城区及周边地区的交通转换。省交通集团建设，省公路设计院设计，中交一公局承建。2005年10月17日开工，2008年10月26日建成通车。立交占地22.43公顷。完成投资 417.60万元。

立交设匝道6条，全长3 390.18米，匝道宽8.50米。立交设主线桥1座，长52米，桥宽30.50米，上部结构采用预应力混凝土箱梁，下部结构为柱式墩、台，钻孔灌注桩基础；匝道桥1座，长182.04米，上部结构采用预应力混凝土箱梁，下部结构为柱式墩、肋板式桥台，桩基础。

（十五）商漫高速麻池河互通式立交　位福银线商漫高速K87处，即商洛市商州区麻池河乡，连接蓝商高速。采用2层Y形互通式立交形式。省交通厅外资办建设，西安公路研究所设计，温州交通建设集团承建。2006年8月8日开工，2009年10月16日建成通车。立交占地21.33公顷。完成投资7 580万元。

立交设匝道4条，全长2 635米，其中双车道匝道2条，设计速度80公里/小时，路基宽12.50米；单车道匝道2条，设计速度40公里/小时，路基宽8.50米。设跨线桥8座，上部结构为20米预制混凝土连续空心板和现浇箱梁，下部结构为柱式桥墩、U形桥台、桩基础和扩大基础。

（十六）西安咸阳国际机场专用高速朱宏路互通式立交　位西安咸阳国际机场专用高速K0+625处，即西安市城市快速干道朱宏路与西安绕城高速交叉处，为解决机场专用高速、西安绕城高速及西安市区道路之间交通转换而设置。采用全苜蓿叶+双喇叭型互通式立交形式。其中，全苜蓿叶部分主要连接西安市朱宏路与三环路南北辅道，双喇叭部分主要连接绕城高速和机场专用高速。立交共3层，其中朱宏路及朱宏路与三环之间地面匝道位于第一层，绕城高速位于第二层，上跨绕城高速匝道位于第三层。省交通集团建设，省公路设计院设计，中铁七局承建。2006年11月开工，2009年7月8日建成通车。立交占地101.87公顷。完成投资3亿元。

立交设匝道17条，总长9 030.46米，创西北地区公路互通式立交匝道数量和长度之最。全苜蓿叶部分匝道设计速度40～60公里/小时；双喇叭部分匝道设计速度50～70公里/小时。匝道路基宽度单向双车道分别采用10米、12米、15米、辅道18米，其中L匝道分别采用双向四车道23.50米、双向六车道30.50米。

立交范围内设17座匝道桥及南、北辅道桥，总长3 957.30米，桥面宽10～30.50米。上部结构除C、E、G匝道及尚宏路跨漕运明渠桥采用预应力混凝土空心板梁外，其余均采用现浇预应力混凝土连续箱梁。下部结构以柱式墩、桩基础为主，桥台多采用扶壁式、肋板台及柱式台。立交工程改建朱宏路延伸段665.28米，三环路南、北辅道3 377.35米，尚宏路左侧改线1 678.94米，右侧改线1 751.92米，在北绕城高速上增设加减速车道及辅道长2 716.11米。

（十七）安川高速恒口互通式立交　位包茂线安川高速K207+895处安康市汉滨区恒口镇，为包茂线和十天线交通转换而设。采用A形单喇叭互通式立交形式。省交通厅外资办建设，省公路设计院设计，西安萌兴高等级公路工程股份有限公司承建。2007年12月开工，2010年12月20日建成通车。立交占地11.53公顷。完成投资1.71亿元。

立交安康至紫阳方向匝道采用单向双车道，长3 018.30米，路基宽12.25米；紫阳至天水方向由于交通量小，设置为内环匝道，采用单向单车道，长2 114.10米，路基宽8.50米。匝道设计速度50～80公里/小时。

立交由18个跨线桥组成，共2层，总长4 250.60米。桥面宽10.75米、22.60米。上部结构分别采用装配式部分预应力混凝土连续箱梁、空心板及现浇预应力混凝土连续箱梁。下部结构桥墩分别采用柱式墩、空心墩、条形墩，桥台分别采用柱式台、U形台、重力式台、台座式台，基础为桩基础或扩大基础。

（十八）安川高速安康互通式立交　位包茂线安川高速安康市汉滨区五里镇尹家营村，主要解决包茂线与十天线两线交通流合流与转换，兼顾五里镇及周边区域车辆上、下两线。立交上跨阳（平关）安（康）铁路及316国道。采用两层半定向Y形定向+A形单喇叭组合型互通式立交形式。省交通厅外资办建设，省公路设计院设计，中交二公局东盟营造工程有限公司承建。2008年8月开工，2010年12月20日建成通车。立交占地46.67公顷。完成投资1.83亿元。

立交主线全长2 432米。匝道9条，总长8 288米，其中单向双车道匝道2条，单出、入口双车道匝道6条，对向分隔四车道匝道1条。立交设大桥4座、中桥6座。上部结构分别采用预制吊装结构或预应力混凝土现浇连续箱梁。下部结构采用柱式桥墩、柱式、肋板式桥台，钻孔灌注桩基础。

（十九）汉中东高速谢家营互通式立交　位十天线汉中东段K316+977.79处城固县上元观镇谢家营村，与西汉高速相交。采用苜蓿叶形互通式立交形式。省高速集团建设，西安公路研究所设计，中铁十局集团第二工程有限公司承建。2008年11月28日开工，2010年12月26日建成通车。占地42.48公顷。完成投资1.30亿元。

汉中东高速谢家营互通式立交

立交主线长2 795米。匝道8条，全长2 110.91米。匝道为单向车道，路基宽8.50米，设计速度35公里/小时。主线桥长653米，桥面宽23米。上部结构为连续箱梁，下部结构为桩式墩台。匝道桥全长1 472米，上部结构为现浇板梁，下部结构为八字桥台。

（二十）青兰线厢西堡互通式立交　位青兰线洛川县菩堤乡厢西堡村，跨越黄延高速。采用部分苜蓿叶互通式立交形式。省交通集团建设，中交一公院设计，中交二公局四公司承建。2009年3月开工，2010年11月10日建成通车。立交占地101.86公顷。

立交设主线桥1座（厢西堡大桥），匝道4条。其中厢西堡大桥及C、D匝道桥等3座桥横跨黄延高速，厢西堡大桥采用1孔50米跨径T形梁，C、D匝道桥均采用1跨钢箱梁。

（二十一）定汉线千河互通式立交　位定汉线K113+909处宝鸡市陈仓区千河镇底店村，为定汉高速连接连霍线的互通式立交。立交线路经陈仓区魏家崖上跨宝鸡峡引渭总干渠、宝（鸡）中（卫）铁路、陇海铁路与城市主干道陈仓大道，并两跨千河，在千河入渭河处与连霍线相接，采用定向匝道及苜蓿叶互通式立交形式。陕西宝汉公司建设，省公路设计院设计，中铁电气化局西铁工程公司承建。2009年4月1日开工，2011年12月建成通车。总占地31.11公顷。完成投资2.33亿元。

立交主线长2 011.93米，设计速度为100公里/小时。设匝道9条，全长5 148.96米。其中西安和宝鸡方向往返陕甘界的4条匝道按双车道设计，设计车速60公里/小时，路基宽12米，与宝鸡至陕甘界项目同期实施。其余5条匝道与定汉高速宝鸡南段项目一并实施。

立交跨越铁路、高速公路、城市道路及河道等，于千河设特大桥2座（1号特大桥全长1 573.52米，2号特大桥全长2 011.93米，桥宽均为33米）、匝道桥6座、通道桥2座，利用旧桥1座。上跨陇海铁路桥，上部结构采用中跨1孔80米、边跨各1孔45米预应力混凝土变截面连续箱梁。施工采用轻型挂篮悬臂浇筑法，保证铁路正常运营。跨越陈仓大道采用跨径分别为24.28米、29.28米、30米预应力组合箱梁，施工采用满堂支架，并开设通道，以确保道路正常运营。

（二十二）渭蒲高速东杨互通式立交　位渭蒲高速K1+955.91处蒲城县东杨乡东南，与西禹高速公路交叉。主要解决西禹高速与渭蒲高速之间交通转换。采用半定向及半苜蓿叶互通式立交形式。省高速集团建设，长安大学工程设计研究院设计，中铁十一局集团第四工程有限公司承建。2009年7月开工，2010年11月9日建成通车。完成总投资2.60亿元。

2010年，建设中的渭蒲高速东杨互通式立交

立交由主线桥和8条匝道组成。环形匝道设计速度为40公里/小时，路基宽10.50米；其余匝道设计速度为60公里/小时，路基宽12米。立交主线桥上跨西禹高速，桥长1 123.50米。上部结构采用现浇钢筋混凝土连续梁。下部结构采用柱式墩，肋板式台，钻孔灌注桩基础。

（二十三）渭蒲高速赤水互通式立交　位渭蒲高速K49+642.48处华县赤水镇西，与连霍线交叉。主要解决连霍线与渭蒲高速之间交通转换。采用半定向及半苜蓿叶互通式立交形式。省高速集团建设，长安大学工程设计研究院设计，中交一公局承建。2009年7月开工，2010年11月建成通车。立交占地12公顷。完成投资1.28亿元。

立交设匝道8条，总长1.04万米。环形匝道设计速度为40公里/小时，其余匝道设计速度为60公里/小时。立交主线桥上跨潼西高速，桥长974.34米，最高净空12米，桥宽12.50米（半幅）。上部结构分别采用预应力混凝土箱梁、预制预应力混凝土空心板、现浇箱梁，下部结构采用桩柱式墩，肋式台，群桩基础。

（二十四）西宝高速改扩建段阿房宫互通式立交　位连霍线西宝改扩建项目K0处，为西宝改扩建段与西安绕城高速交叉所设枢纽立交，并与西安市三环昆明路立交相接。采用半苜蓿叶+定向匝道组合形式。省高速集团建设，省公路设计院设计，中铁二十局集团第六工程有限公司承建。2009年11月1日开工，2011年7月1日完工。立交占地103.26公顷（含旧路19.19公顷），为西宝改扩建项目控制性工程。

立交主线总长5 943米（包括绕城主线范围），匝道8条，总长9 815.81米。匝道均为标准双车道，路基宽12米。昆明路延伸段、辅道、连接线总长8 649.6米。立交设主线桥3座，总长6 980米（其中主线高架桥全长5 515米，立交范围内高架桥长1 138米），桥面宽分别为31.30～34.50米、48.44～53.14米、41.40米。上部结构均采用预应力混凝土简支变连续箱梁，下部结构为桩柱式墩，桩柱式台或肋板式台，桩基础。设匝道桥6座，长1 744.50米，昆明路延伸段桥4座，长1 068米，跨线桥2座，长252米。桥面宽分别为12米、15米、29.50米、34.50米。上部结构分别采用预应力混凝土简支变连续箱梁、现浇预应力混凝土连续箱梁。下部结构为桩柱式墩，桩柱式台或肋板式台，桩基础。

（二十五）榆绥高速史家湾互通式立交　位榆商线榆绥高速终点处绥德县石家湾镇史家湾村，连接青银线。省交通集团建设，省公路设计院设计，中交二公局三公司承建。2010年3月开工，2012年9月29日建成通车。完成投资2.40亿元。

立交主线全长2 591米。匝道8条，全长8 189.64米，宽8.50米，设计速度40公里/小时。主线桥上部结构采用预应力混凝土简支变连续箱梁，下部结构采用柱式墩、桩基础。设匝道桥7座，全长3 325.70米，上部结构分别采用预应力混凝土简支变连续箱梁、现浇钢筋混凝土连续箱梁，下部结构均采用柱式墩、桩基础。

第三节　主要隧道建设

一、黄土隧道建设

（一）312国道太峪隧道　位312国道彬县太峪至火石嘴二级汽车专用公路太峪镇境。原公路坡陡弯急，车辆通行困难，交通事故多发。1991年省交通厅批准立项修建隧道。隧道全长1 238米，山岭重丘区二级汽车专用公路技术标准，单洞双向行驶。咸阳市交通局建设，省公路设计院设计，铁道部第十九工程局承建。1995年5月18日开工，1998年10月1日建成通车。概算总投资1.49亿元。

隧道最大开挖高度9.20米，最大开挖宽度13米，埋深8～160米。采用整体式衬砌。施工采用先拱后墙法分部开挖、钢架木支撑相结合临时支护，人工模筑混凝土衬砌。该隧道为省内高等级公路首座黄土隧道，由于设计、施工对黄土隧道围岩变形规律认识不足，施工方法不当，施工过程中出现衬砌开裂和局部塌方，后采取套拱加固办法，对塌方段进行处理。

（二）铜黄高速蒿庄梁隧道　位包茂线铜黄高速K113+200～K115+153，一级汽车专用公路技术标准，双洞双向四车道。上行线长1 890米，下行线长1 735米。与该路线娄子沟、罗圈梁等3座隧道，构成省内最早分离式公路隧道群。蒿庄梁隧道为该公路隧道群中最长隧道，亦时为陕西乃至西北地区最长高速公路黄土隧道。省高管局建设，省公路设计院设计，中铁十八局集团第三工程有限公司承建。1997年12月开工，2001年4月29日建成通车。完成投资3 500万元。

312国道彬县太峪隧道

隧道所在山体围岩含水量较大。施工遵循“以排为主，防、排、截、堵相结合”的原则，采用排水半管系统，形成通畅无阻的排水网络体系。隧道通风、照明、通讯、监控、消防等设施，实行智能化管理。

（三）延塞高速墩山双连拱隧道　位包茂线延塞高速K175+25～K175+640。隧道所处黄土梁地势，中间高而两侧低，最大高差153.90米。山坡上缓下陡，山脚垂直陡立。受此地形、地质条件限制，并依技术指标所需，设计为双连拱隧道。隧道长615米，其中暗洞长550米，明洞长65米。隧道净宽10.25米，净高5米。此为省内第一座高速公路连拱隧道。省公路局与延安市政府建设，长安大学工程设计研究院设计，中铁十八局第五工程处承建。2001年11月开工，2003年9月25日建成通车。完成投资5 271万元。

隧道内轮廓由单心圆及直线中墙组成。中墙宽200厘米。洞口段设置明洞，采用80厘米厚外直墙钢筋混凝土结构。中墙采用C25钢筋混凝土置换岩体。暗洞衬砌采用新奥法复合式衬砌。施工先行中隔墙施工，后采用正洞上、下台阶开挖。采用改性PVC防水板、土工布、橡胶止水带、半圆弹簧排水软管等多项措施，解决连拱隧道防、排水难题。

（四）黄延高速山神庙隧道　位包茂线黄延高速K257+900～K259+000处甘泉县山神庙村，双洞双向四车道高速公路技术标准。上行线长1 344米，下行线长1 124米。净宽9.75米。省高速集团建设，省公路设计院设计，中铁隧道集团第一工程处承建。2003年12月6日开工，2006年9月30日建成通车。完成投资4 355万元。

隧道采用新奥法复合式衬砌。初期支护采用喷、锚、网衬砌，钢拱架支护；二次衬砌采用钢筋混凝土。隧道建设共耗用钢材5 964.97吨，水泥混凝土22.11万立方米。

（五）黄延高速延安枣园隧道　位包茂线黄延高速K296+110处延安市宝塔区枣园镇，双洞双向四车道高速公路技术标准。上行线长1 501米，下行线长1 310米。净宽9.75米。省高速集团建设，省公路设计院设计，上海耿耿市政工程有限公司承建。2002年12月6日开工，2006年9月30建成通车。完成投资4 215万元。

隧道采用新奥法复合式衬砌。初期支护采用喷、锚、网衬砌，钢拱架支护；二次衬砌采用钢筋混凝土。隧道建设共耗用钢材5 507.06吨，水泥混凝土20.28立方米。

（六）吴子高速问沟隧道　位青银线K1 106+600处绥德县张家砭乡问沟村，双洞双向四车道高速公路技术标准。上行线长1 208米，下行线长1 308米。省公路局建设，中交一公院设计，中铁十一局集团第二工程有限公司承建。2005年3月16日开工，2007年

10月31日通车。完成投资9 713万元。

隧道地处黄土峁梁沟壑区，土质疏松，开挖后发生下沉、变形坍塌。项目管理处与施工单位技术人员联合开展黄土隧道支护设计技术研究，确定初期支护结构采用“钢架+喷射混凝土+钢筋网+锁脚锚杆（管）”形式。隧道侧墙部检修道以上3米范围内采用乳白色瓷砖进行装饰，拱部采用水泥浆涂刷3毫米。隧道建设共耗用钢材5 093吨，水泥3.26万吨，木材559立方米。

（七）青兰线羊泉隧道　位青兰线K1 195+620处富县羊泉镇南2公里处，双洞双向四车道高速公路技术标准。左线长3 070米，右线长3 076米。省交通集团建设，省公路设计院设计，中铁十八局集团第二工程有限公司承建。2008年8月开工，2010年11月10日建成通车。完成投资1.40亿元。

隧道处陕北黄土高原地下水位线以下，含水量在22%～28%之间，施工中先后多次发生沉降下陷、冒顶涌泥等地质灾害。项目管理处多次组织隧道专家现场勘查，确定采取斜钢支撑、临时内套拱等措施，确保初期支护不坍陷。按照低碳节能要求，照明灯具采用“拱顶侧偏单光带”布设。

（八）神府高速墩梁隧道　位榆商线神府高速K25+820～K27+232处神木县与府谷县交界处永兴镇，故又名永兴隧道。双洞双向六车道高速公路技术标准。左线长1 322米，右线长1 411米。省交通集团建设，中交一公院设计，中铁七局集团第二工程有限公司、中铁十一局承建。2009年7月16日开工，2011年12月16日建成通车。完成投资2.88亿元。

2010年8月，神府高速墩梁隧道掘进施工

隧道地处“鸡爪形”沟壑峁梁地带，深埋段2 206米、浅埋段456米，最浅处土层厚10米。开挖高度12.19米，最大开挖跨度17.32米，开挖断面171平方米。时为国内首座大跨度双向六车道黄土隧道。项目管理处组织省内隧道专家研究制定施工技术方案，并开展大跨度黄土公路隧道结构稳定性及控制技术研究，攻克关键技术。开挖分别采用“双侧壁导洞”“单侧壁导洞”“三台阶”等方法，具体见本篇第七章第四节《隧道施工》。隧道建设共耗用钢材1.70万吨，水泥5.52万吨，木材200立方米。

（九）榆绥高速南沟隧道　位榆商线榆绥高速K115处绥德县石家湾镇史家湾村，双洞双向四车道高速公路技术标准。左线长1 979.80米，右线长1 978.53米。隧道单幅行车道宽10.50米。省交通集团建设，省公路设计院设计，中交二公局三公司承建。2010年3月开工，2012年9月29日建成通车。完成投资1.10亿元。

隧址地形地质复杂，围岩为Ⅴ级粉沙土、黄土和风化沙岩，开挖跨度13米，开挖断面124平方米，施工难度大。项目管理处多次组织隧道专家研究、评审施工技术方案；针对不同地质情况，分别采用单侧壁导坑法、两台阶弧形导坑预留核心土法等施工方法。隧道开挖遵循“短开挖、强支护、勤量测、紧封闭”的原则，采用挖掘机配合人工进行作业。对部分段落强风化沙岩，除加强初期支护外，采用弱震光面爆破技术，选用合理爆破参数和工艺，有效控制爆破震动，保持围岩稳定，避免发生塌方。隧道建设共耗用钢材1.40万吨，混凝土12.47万立方米。

二、石质隧道建设

（一）312国道麻街岭隧道　位312国道小商二级汽车专用公路K17+420～K18+803处商州市麻街乡麻街岭。全长1 383米，山岭重丘区二级汽车专用公路技术标准，单洞双向行驶。省公路局与商洛地区行署组建工程管理处建设，省公路设计院设计，铁道部第十八工程局第三工程处承建。1991年12月20日开工，1994年10月竣工通车。完成投资4 464万元。

隧道采用矿山法施工，喷射混凝土支撑围岩。Ⅴ、Ⅳ、Ⅲ类围岩设计衬砌厚度分别采用80、70、60厘米，实际施工衬砌厚度仅29厘米，发生多次塌方、冒顶和衬砌开裂。经整治建成通车后，受地下水影响，围岩构造发生较大变化，出现拱圈裂缝、破碎、渗漏等现象，遂又多次施行整治。2001年进行加固维修，采用钢筋混凝土套拱方案，完善排水、通风和照明系统。隧道建设共耗用钢材933.70吨，水泥1.72万吨，木材1 300立方米。隧道建成后该段路线较原路线缩短3.60公里。

（二）108国道土地岭隧道　位108国道周城公路K150+450～K165+150处佛坪县与洋县交界处土地岭，山岭重丘区二级公路技术标准，单洞双向行驶。隧道长2 440米，引线长809米。隧道净宽8.50米，净高5米。省公路局设土地岭隧道工程项目管理办公室组织建设，省公路设计院设计，铁道部第十八工程局第一工程处与铁道部隧道局第一工程处承建。1997年5月10日开工，1999年8月10日建成通车。完成投资1.14亿元。

土地岭为秦岭支脉，海拔高程1 430米，山体陡峻。周城公路沿山腰盘桓，多回头曲线与急弯，极限、超限与小半径路段接连，且雨季多坍塌滑坡，冬季常积雪成冰，行车条件甚差，常年通阻无常。路线改建选用修建土地岭隧道方案。隧道所处为秦岭褶皱系，穿越6条大断层。采用新奥法施工，用光面爆破法开挖，以减少对围岩扰动；明洞采用分层小切口明挖，锚喷混凝土加固，就地模筑全断面整体式钢筋混凝土衬砌；暗洞根据围岩类别，分别采用微台阶法、正台阶法、全断面开挖等方法，全断面模筑二次混凝土衬砌。采用混凝土填塞、水泥沙浆填实、浆砌片石回填等措施，解决岩溶、溶洞、冒顶和水平裂缝等问题。

108国道土地岭隧道

隧道建设共耗用钢材1 564吨，水泥2.90万吨，木材492立方米。隧道建成后该段路线较原路缩短11.45公里，并实现周城公路土地岭段全天候通行。

（三）西柞高速秦岭终南山公路隧道　见本篇本章专记《秦岭终南山公路隧道建设》。

（四）西汉高速秦岭Ⅰ号隧道　位京昆线西汉高速K58+725～K64+859秦岭北麓涝峪河上游八里坪，双洞双向四车道高速公路技术标准。上行线长6 102米，下行线长6 144米。单洞净宽9.75米，行车道宽7.50米。系西汉高速秦岭特长隧道群之一。省高速集团建设，省公路设计院设计，中铁第三工程局第二工程有限公司、中国铁路工程总公司和中铁隧道有限公司承建。2002年4月28日开工，2007年9月30日通车。完成投资1.90亿元。

2007年5月27日，建设中的西汉高速秦岭I号隧道

隧址地处秦岭腹地，最大埋深800多米。围岩以Ⅲ、Ⅳ、Ⅴ类闪长岩和变质石英沙岩为主。采用新奥法复合式衬砌。开挖坚持“短进尺、弱爆破、强支撑、勤量测”原则。Ⅰ、Ⅱ类围岩采用台阶分步开挖法即环形开挖中心留核心土法，Ⅲ类围岩采用正台阶开挖法，Ⅳ、Ⅴ类围岩采用全断面开挖法。为保证隧道洞身开挖质量，采用光面爆破开挖。围岩均采用带仰拱衬砌。Ⅳ、Ⅴ类围岩衬砌由径向锚杆、钢筋网及喷射混凝土组成。

（五）西汉高速秦岭Ⅱ号隧道　位京昆线西汉高速K65+435～K71+560，双洞双向四车道高速公路技术标准。上行线长6 125米，下行线长6 095米。单洞净宽9.75米，行车道宽7.50米。省高速集团建设，省公路设计院设计，中铁十八局隧道公司承建。2002年10月开工，2007年9月30日建成通车。完成投资1.70亿元。

隧道采用新奥法复合式衬砌。施工方法、开挖方式和衬砌结构，与西汉高速秦岭Ⅰ号隧道相同。按照建设生态环保标志性工程的要求，施工注意减少隧道弃渣对环境污染，弃渣主要用于路基填筑，所余弃渣择地摊平并覆土后施以草木绿化。

（六）西汉高速秦岭Ⅲ号隧道　位京昆线西汉高速K71+660～K76+660，双洞双向四车道高速公路技术标准。上行线长4 683米，下行线长4 930米。单洞净宽9.75米，行车道宽7.50米。省高速集团建设，省公路设计院设计，中铁十一局承建。2002年11月开工，2007年9月30建成通车。概算投资3.60亿元。

隧道衬砌采用新奥法复合式衬砌。施工方法、开挖方式和衬砌结构，与西汉高速秦岭Ⅰ号隧道相同。洞门仰坡采用水泥沙浆锚杆、挂钢筋网片、喷射混凝土防护方法。洞身施工采用全自动TCRA1102智能化断面仪进行洞内断面测量、炮孔放样。二次衬砌采用整体大模板液压自行式衬砌台车作业。

（七）西汉高速郭家山隧道　西汉高速线路于三河口水库段与陕西南水北调“引汉济渭”工程相交汇。西汉高速开工三年后，2005年，省政府决定“保水改路”。经勘测比选后采用郭家山隧道方案。隧道位西汉高速K135+920～K144+220处宁陕县梅子乡双堰沟至石泉县两河镇金盆沟，双洞双向四车道高速公路技术标准。隧道左线长4 255米，右线长4 260米，双洞间距30米。单洞净宽9.75米，行车道宽7.50米。省高速集团建设，中交一公院设计，中铁十五局集团第五工程有限公司、中铁十三局和北京海龙公路工程公司等单位承建。2005年5月10日动工。完成投资3.30亿元。

上图：2007年5月24日，西汉高速郭家山隧道掘进施工。下图：是年9 月10日施工队伍庆祝隧道贯通

隧道穿越压扭性断裂带，围岩质地疏松，遇空气风化如流沙，遇水软化如糨糊。施工中多次发生塌方、涌水并遭洪灾袭击，严重影响工程进度，成全线“卡脖子”工程。为确保全线按时建成通车，2006年4月组织郭家山隧道会战。省高速集团派驻督导组，施工企业上级法人单位派驻工作组，现场督导、协调；邀请隧道专家技术咨询，攻克关键技术难题；优化施工方案，调整施工计划，改进施工工艺，加强工序衔接；加大人员、资金、设备投入，对进展缓慢的工序，由预备突击队突击完成。全体参建人员争分夺秒，轮班作业，经过5个月日夜奋战，于2007年9月9、10日双洞先后贯通，9月30日单洞通行，12月31日完成尾留工程，双洞通行，实现全线按时建成通车目标。

（八）西汉高速朱家垭隧道　位京昆线西汉高速K148+120，双洞双向四车道高速公路技术标准。上行线长3 675米，下行线长3 690米。单洞净宽9.75米，净高5米，行车道宽7.50米。省高速集团建设，中交一公院设计，中铁十九局和中铁十五局承建。2003年10月开工，2007年9月30日建成通车。完成投资1亿元。

隧道内轮廓断面采用单心圆形式，边墙为曲墙，应急停车带采用三心圆断面，车行横洞和人行横洞均采用单心圆直墙断面。施工采用GPS进行洞外控制测量，借助物探、电探、钻探等多种途径完成多种地质预报。隧道采用全自动TCRA1102智能化断面仪进行洞内断面测量、炮孔放样。隧道采用新奥法复合式衬砌，厚度40厘米。二衬采用整体大模板液压自行式衬砌台车作业。

（九）西汉高速良心隧道　位京昆线西汉高速K153+880，双洞双向四车道高速公路技术标准。上行线长3 660米，下行线长3 640米。单洞净宽9.75米，行车道宽7.50米。省高速集团建设，中交一公院设计，中铁十九局承建。2003年10月开工，2007年9月30建成通车。完成投资1.05亿元。

隧道采用新奥法复合式衬砌，厚度40厘米。隧道断面、衬砌结构、施工方法与西汉高速朱家亚隧道相同。

（十）宁棋高速棋盘关隧道　位京昆线宁棋高速K1 457+700，双洞双向四车道高速公路技术标准。上行线长5 347米，下行线长5 335米。单洞净宽10.25米，行车道宽9.5米。省高速集团建设，省公路设计院设计，中交隧道集团工程局有限公司、中国路桥工程有限公司、中铁十八局承建。2004年1月开工，2008年11月29日建成通车。完成投资1.93亿元。

隧道采用新奥法复合式衬砌。洞门采用旋弧式。施工采用上下两层小切口方案。明洞采用全断面整体式钢筋混凝土衬砌。进出口仰坡面采用喷锚混凝土防护。洞身施工借助物探、电探、钻探等多种方法进行地质预报。二次衬砌采用整体大模板液压自行式衬砌台车作业。

（十一）西柞高速南五台隧道　位包茂线西柞高速K25+782，双洞双向四车道高速公路技术标准。上行线长2 564米，下行线长2 505米。隧道净宽9.75米，行车道宽7.50米。西安绕城管理局建设，省公路设计院设计，中铁四局第四工程有限公司、中铁二局股份有限公司承建。2004年3月开工，2007年1月20日建成通车。完成投资1.50亿元。

隧道穿越秦岭山脉，地质构造复杂，断层发育较严重，围岩为Ⅱ、Ⅲ、Ⅳ、Ⅴ级花岗岩。施工采用光爆技术，新奥法复合式衬砌，厚度30～45厘米。隧道建设共耗用钢材105.06万吨，水泥4.12万吨。

（十二）小康高速包家山隧道　位包茂线小康高速K151+65～K162+862处旬阳县桐木沟至安康市汉滨区茨沟镇路家沟口，为小康高速控制性工程。双洞双向四车道高速公路技术标准。左线长11 207米，右线长11 205米。隧道长度时居亚洲建成公路隧道第4位。省公路局、西安绕城管理局、省交通集团先后组织建设，省公路设计院设计，中铁十八局、中铁十二局、中铁隧道股份有限公司等单位承建。2006年4月30日开工，2009年5月28日建成通车。

2007年5 月，小康高速包家山隧道建设。上图为隧道掘进施工。下图为隧道出口情形

隧道自北向南分别穿越海拔高1 220

米青山、1 368米玉皇山、1 166米包家山等3座主峰。隧址区穿越地质断层37条，水文地质涌水段25处，施工过程中地质灾害频发，多次发生特大涌水、涌泥、涌沙和塌方。中共陕西省委、省政府领导和省交通厅负责同志多次赴现场察看并提出要求。建设管理处邀请中国工程院院士王梦恕等隧道专家分析成因，研究解决施工技术方案。根据千枚岩围岩特点，确定“围岩亚分级”指标，分别采用台阶断面核心留土法、台阶断面法、光面爆破、全断面开挖等方法施工。为防止隧道在初期支护时发生坍塌，软弱围岩地段采用网构拱架，系统锚杆改为锁脚锚杆，防止拱架下沉。隧道通过涌水地段，采用超前围幕注浆、超前导管注浆、径向小导管注浆、地表注浆等方法处理。施工采用陡坡斜井有轨和正洞无轨（无轨—有轨—无轨）自动运输转化体系及卸料系统，并采用单斜井双正洞施工通风模式、计算方法及设备配套和选型等办法，解决多个施工通风难题。研发构建隧道施工多元信息预警与安全管理决策系统信息平台，建立长大隧道安全管理体系，先后战胜涌水、涌泥、涌沙和塌方334次，实现特长隧道施工安全生产“零死亡”。中国工程院院士梁文灏说：“包家山隧道是工程建设者发扬高度的科学、创新、求实精神，克服涌水、高地应力、软弱围岩等困难，为中国公路隧道建设贡献的一份高水平、高质量的成果”。

隧道通风采用机械通风，设斜井3个、竖井1个。斜井最长890米，竖井深243米，共安装风机66台，风机电缆长34.98公里。隧道建设共耗用钢材2.10万吨，水泥30万吨，沙石112万立方米，炸药2 500吨，雷管300万发，开挖土石方255万立方米。耗资14亿元。

（十三）商漫高速鹘岭隧道　位福银线商漫高速K150+150处山阳县法官乡石窑子村处鹘岭，双洞双向四车道高速公路技术标准。隧道总长10 610米，净宽10.25米，行车道宽8.75米。省交通厅外资办建设，省公路设计院设计，中铁十八局、甘肃路桥建设集团有限公司承建。2006年10月开工，2009年10月16日建成通车。完成投资3.92亿元。

鹘岭山势徒峻，地形崎岖，地势险要。隧道穿越鹘岭两大地质活动断裂带，围岩结构为Ⅱ、Ⅲ、Ⅳ、Ⅴ类，地质构造复杂，地下涌水量大，给施工带来很大困难。隧道开挖施工坚持“短进尺、弱爆破、强支撑、勤量测”原则，利用围岩自承能力及时进行支护，以控制围岩变形和松弛，确保施工顺利进行。隧道共耗用钢材9 735吨，水泥10.22万吨，木材2 372立方米。

2008年6月2日，中铁十八局集团公司员工庆祝商漫高速鹘岭特长隧道单幅提前90天贯通

（十四）安川高速紫阳隧道　又名米溪梁隧道。位包茂线安川高速K238+450～K246+650，即安康米溪梁山蒿坪镇至紫阳县城北3公里长滩沟。双洞双向四车道高速公路技术标准。左线长7 920米，右线长7 936米。隧道长度时居亚洲建成公路隧道第5位。省交通厅外资办建设，省公路设计院设计，中铁十一局集团第四工程公司

安川高速紫阳隧道进出口

和中交一公局第五工程公司承建。2007年11月开工。完成投资4.40亿元。

隧址区穿越5座山峰，坐落于7个断层带，具炭质板岩、沙质板岩、炭质硅质岩和千枚岩等多种围岩，完整性较差，地下水丰富。出口洞内为Ⅵ级围岩，呈现松软土石堆积体形态，遇水成泥。其余为Ⅴ、Ⅳ级围岩。面对破碎堆积体地质条件，应用常规再造围岩办法未获成功。建设管理处邀请专家和设计人员现场勘查、论证，确定帷幕注浆方案。采用普通硅酸盐水泥、硫铝酸盐水泥和水玻璃等材料配制成双液浆，对隧道全断面帷幕进行注浆，以稳定掌子面，然后再加装玻璃纤维锚杆，给围岩“加筋”。围岩强度达标后，按照正台阶环形开挖法进行施工。2010年“7·18”特大洪水袭击后，为加快施工进度，开展施工会战，省交通厅成立会战指挥部，加强组织，建设管理处组建6支突击队，昼夜轮班奋战，终使左洞于2010年12月29日贯通，右洞于2011年1月3日贯通，并先后于2011年3月10日、5月31日通车。隧道建设共耗用钢材1.85万吨，水泥22.57万吨，木材799立方米。

（十五）安川高速凤凰山隧道　位包茂线安川高速K213+650～K216+680处安康市汉滨区恒口镇，双洞双向四车道高速公路技术标准。左线长4 971米，右线长4 981米。省交通厅外资办建设，省公路设计院设计，中国铁路工程总公司与中铁七局集团第三工程有限公司承建。2007年12月23日开工，2010年12月20日建成通车。完成投资2.11亿元。

隧道地处巴山，穿越7处断层带，围岩为Ⅵ、Ⅴ、Ⅳ级，施工极易发生塌方。受地形限制，施工场地狭小，材料运输困难，又受2008年冰雪灾害、“5·12”汶川特大地震影响，工程进度滞后。按照省交通厅又好又快建设的要求，省交通厅外资办、安川项目管理处组织开展劳动竞赛，强化考核，重奖重罚，激发全体参建人员斗志，持续掀起大干高潮。施工单位加大机械设备和人员投入，建立健全安全预警机制，运用TSP、地质雷达、超前水平钻孔、超长炮孔、地质描述等综合超前预测预报手段，探明复杂地质情况，防止和战胜多次突泥

2009年7月12日，中铁七局集团参建员工庆祝安川高速凤凰山隧道提前一年贯通

突水，使隧道掘进顺利通过9条断层破碎带。监理人员24小时吃住在工地，坚持随报随检，确保隧道质量指标合格率达到95%以上。经全体参建人员共同努力，凤凰山隧道提前一年贯通。隧道建设共耗用钢材5 561吨，水泥10.44万吨，木材426立方米。

（十六）安川高速毛坝1号隧道　位包茂线安川高速K294+920～K298+567处，即由紫阳县毛坝镇（古称毛坝关）观音村进洞，毛坝水库口鲁家村出洞。双洞双向四车道高速公路技术标准。左线长3 656米，右线长3 634米。省交通厅外资办建设，中交一公院设计，中铁十八局和中铁十局集团第二工程有限公司承建。2006年9月开工，2010年12月20日建成通车。

隧道处海拔1 116米的巴山腹地，最大埋深692米，穿越5条地质断层，遇Ⅱ—Ⅴ级多变性围岩。掘进中先后发生32次大型涌水，涌水段长达1 200余米，有“水帘洞”之说。建设管理处会同隧道专家和工程技术人员，分析灾害成因，分别采用预留核心土、分台阶开挖，自进式锚杆加强超前支护、掌子面超前预注水泥水玻璃双液浆，增加超前支护和系统支护参数等技术手段，治理涌水与塌方。同时，用装载机载人进洞，分级筑坝拦截涌水形成集水坑，加密抽水管路和抽水设备，昼夜不间断排水，确保掘进施工。累计投入抽水设备98台，铺设抽、排水管路1.60万米。经过参建人员艰辛努力，终于如期全幅贯通。隧道建设共耗用钢材6 327吨，水泥7.58万吨，木材288立方米。

（十七）安康西明垭子隧道　位十天线安康西高速K209+306～K214+310石泉县曾溪乡十里沟。双洞双向四车道高速公路技术标准。左线长4 949米，右线长4 985米。省高速集团建设，省公路设计院设计，中铁十八局集团第二工程有限公司和中铁五局承建。2008年8月开工，2010年12月26日建成通车。

隧道穿越5条断层破碎带，岩石全部为强风化泥化炭板岩，节理、裂隙发育，结构松散破碎，围岩自稳能力极差。初期支护出现钢架扭曲变形、喷射混凝土开裂或剥落、侵限、塌方、涌水等多种地质灾害。建设管理处组织隧道、地质专家现场踏勘，确定开挖采用三台阶施工方案，初期支护进行全断面封闭，增设初期支护仰拱形钢，使钢架全环受力；将直边墙改为曲边墙，加强初期支护强度、刚度和稳定度。根据围岩情况取消拱部系统锚杆，将拱架接头处注浆导管与拱架焊接，防止拱架下沉。对变形、侵限换拱段，增加初期支护、二次衬砌钢筋密度。为加快进度，增配力量，组织10个施工队分10个作业面掘进。经过1 600余人奋力拼抢，先后战胜20余次塌方，较计划提前2个月贯通。隧道建设共耗用钢材1.96万吨，水泥1 227万吨，木材5 990.20立方米。

安康西高速明垭子隧道施工多次发生塌方、变形、涌水等地质灾害，严重影响工程进展。图为2010年9月省高速集团组织现场研究制订加快安全施工措施

（十八）西商二通道秦岭灞源隧道　位沪陕线西商二通道K69+512处蓝田县灞源乡磨岔口村至商洛市商州区大荆镇兴龙村间，双洞双向六车道高速公路技术标准。左线长5 445米，右线长5 450米。最大埋深约511～512米。设计速度80公里/小时，净宽14.25米，左、右洞间距18～25米。省交通集团建设，省公路设计院设计，中铁十二局集团第二工程有限公司、中铁十八局集团第五工程有限公司承建。2009年7月开工，2012年9月29日建成通车。完成投资7.96亿元。

灞源隧道为穿越秦岭山区的六车道高速公路隧道，其近170平方米大断面开挖，给施工带来极大风险和不确定性。隧道穿越秦岭构造剥蚀中山区，围岩以变质岩片理产状断裂构造、褶皱、破碎带为主。出口段围岩以片岩、泥质胶结石英沙岩、强风化白云岩为主，多为Ⅳ级或Ⅴ级围岩。开工后，发生多次较大涌水、涌泥，掘进进度缓慢。建设、施工单位优化施工组织，成立专业注浆队伍，新增挖掘机、注浆机、喷锚机、运输车、高压注浆泵等设备，坚持24小时不间断施工。按照快支护、短开挖、快喷锚、勤量测、早衬砌要求，采用三台阶七步流水、单侧壁、双侧壁施工法进行开挖。加强围岩监控量测，根据监测数字及时调整和加强初期支护，严控爆破炸药量，减少对围岩扰动。利用隧道施工信息管理系统，在隧道洞口、二衬台车前后分别安设监控摄像头，监控施工过程，保证施工安全、快速。经过全体建设者三年多奋战，隧道按期建成通车，为秦岭山区六车道高速公路隧道施工积累了经验。

西商高速二通道秦岭灞源隧道

（十九）十天高速陕鄂界隧道　位十天线安康东高速K2+808～K8+428，双洞双向四车道高速公路技术标准。隧道左线长5 614米，右线长5 620米，净高5.20米，净宽11.25米。设计速度为80公里/小时。省高速集团建设，省公路设计院设计，中铁四局集团第四工程有限公司和中铁十八局集团第二工程有限公司承建。2009年3月、5月先后开工，右线于2011年12月30日贯通，左线于2012年8月25日贯通。

隧道采用零开挖方式进洞，先架设4榀拱架，一侧坐落于挡墙，另一侧坐落于稳定岩石，锚杆固定，安装大管棚导向管、浇筑钢筋混凝土，形成“半套拱”。施工完管棚后，从外向内逐榀安装拱架，拱架一端架设在挡墙上，另一端安装在人工、风镐修凿过的基岩上，直至隧道洞口轴线与前方岩面基本垂直为止。之后，在套拱导向墙与仰坡面之间，施焊连接筋，挂模、浇注混凝土护拱。

隧道围岩大部分为千枚岩，片层间结合力较弱，开挖中易掉块。施工坚持“短进尺、弱爆破、快支护、勤监测、早封闭”原则，对隧道初期支护、拱架，采用注浆锁脚锚管进行固定，在拱脚施做拱架基础，以增大拱角基础受力面积，防止拱脚千枚岩泥化现象发生。同时，结合炮眼钻孔，判断循环掌子面围岩状况，及时调整支护参数，控制千枚岩变形和失水，保证施工质量和安全。

三、沙漠隧道建设

榆神高速神木1号隧道　位榆商线榆神高速神木县西沙开发区老龙池沟和水磨河之间，双洞双向四车道高速公路技术标准。左线长362米，右线长352米。榆神高速公司建设，中交一公院设计，中铁二局集团第一有限公司承建。2009年2月28日开工，2010年12月8日建成通车。

2012年2月22日，榆神高速神木1号隧道采用临时支护进行掘进施工

隧道最大埋深约37米，横穿沙丘，系典型风积粉沙地质。左、右线分别有109米、80米长为全断面风积沙地段，地层结构松散，黏聚力低，透水性强，无自稳力，属Ⅵ级围岩，时为国内施工风积沙围岩长度最长、断面尺寸最大的风积沙隧道。施工中多次出现漏沙冒顶、拱顶下沉变形和塌方。对此，开展风积沙隧道综合施工技术研究，建立风积沙隧道成套施工技术体系，用以指导施工。采用管棚超前支护、导管超前注浆、挂网喷锚支护等施工方法，探索出水平旋喷桩进行超前预支护、竖直高压旋喷桩技术、自进式锚杆注浆、十字中隔壁法施工、湿喷混凝土施工、四台阶法施工、插板防漏沙施工等新技术、新工艺，确保施工安全、质量和进度，为大跨度风积沙隧道施工积累经验。

采用该隧道施工技术和方法，中铁二局又完成距神木1号隧道630米处神木2号隧道施工任务。

专记　秦岭终南山公路隧道建设

秦岭以雄奇险峻、生物多样、资源富集、人文积淀厚重享誉天下，同时亦以“天下之大阻”闻名世间。自古及今，人们为开拓秦岭南北交通历尽艰辛。20世纪50年代修建210国道西安至宁陕段，路线沿山盘绕，急弯陡坡叠连，人车通行艰困，交通事故多发。尤其冬季冰雪封路断道，通行极为不便。1988、1999年，省交通厅先后安排省公路设计院进行西安至柞水二级公路路线方案调查、研究和初步设计。西安至安康公路纳入主骨架高速公路建设规划后，设计单位提出9公里、11公里和13公里等三个通过秦岭终南山公路隧道方案。

时任省长程安东，从西康铁路18.04公里特长隧道贯通突破秦岭天险得到启发，提出并力主利用已贯通西康铁路隧道，借助成熟设计、施工力量、技术与临建设施，在相同方向、就近位置修建18公里特长公路隧道意见，认为这样可巧借铁路隧道施工成功经验，利用铁路Ⅱ号线隧道铺轨运营前三年半左右空置期的机遇，平导解决公路隧道施工通风、运输等难题，实现长洞短打，多头并进，缩短工期，节约资金，降低风险；同时，低高程、短距离建设公路隧道，可将高速公路路线降至秦岭雪线以下，根本解决公路路线盘山绕行之苦和冬季冰雪断路困扰，使穿越秦岭段高速公路成为一劳永逸的全天候康庄大道。

为抢抓机遇，尽快启动秦岭终南山公路隧道建设，程安东责成省计委按程序火速向国家主管部门申报项目建议书，并负责紧盯催批。他则紧急赶往北京，向国务院总理朱镕基和国家计委、交通部汇报，恳请支持并特准快批；同时，责成交通部门与公路设计单位尽快拿出设计方案；在设计方案不能突破短隧道、高海拔和陡坡急弯、冰雪阻碍等问题的情况下，1999年3月，联系铁道部第一勘察设计院研究公路隧道方案。

受公路隧道设计规范与建设程序等限制，各方对特长公路隧道方案看法不一，争议颇大。中共陕西省委、省政府领导几议隧道建设，意见亦有分歧。程安东坚持18公里特长隧道方案意见。他对中共陕西省委书记李建国说："利用铁路隧道打公路隧道是个千载难逢的机会，等铁路隧道铺轨了，就白白丧失了机会。国家批复十年八年都说不定，那时再打隧道就困难得多，还要多花几个亿资金，时间又不知要等多少年了。"他还说："别人可以不同意，我来终身负责，一定要把这事启动起来，哪怕我坐牢也行！"李建国听取和研究了各方意见，果断说："老程，就按你的意见办！"①

1999年10月25日，程安东在铁道部第一勘察设计院西安分院召开第19次省长办公会议，听取秦岭终南山公路隧道设计方案汇报，形成《关于加快西康公路秦岭隧道建设前期工作有关问题的会议纪要》。纪要指出秦岭终南山公路隧道建设重大意义，明确隧道建设规模、建设单位、资本金筹措、项目实施模式及前期工作等有关问题。2000年6月5日第6次省长办公会议，决定成立程安东任组长的西康公路秦岭终南山公路隧道建设领导小组。8月25日晚第11次省长办公会议，研究抓紧落实项目建议书和预可研报告审批事宜，决定项目建设法人，提出力争年底前隧道项目开工建设。之后，省长办公会议多次研究并确定隧道建设重大问题，推进隧道项目特事特办，不等不靠，加快实施。

2002年4月19日，中铁十八局集团第五工程有限公司共产党员先锋队，在秦岭终南山公路隧道进行掘进施工

秦岭终南山公路隧道位包茂线陕西境西柞高速K64+796～K82+816，即于西安市长安区五台乡青岔村铁路隧道西120米处进洞，至柞水县营盘镇小峪街铁路隧道出口西30米处出洞，穿越秦岭终南山。采用

注①：程安东：《长河回望——一事一议说陕西》，陕西出版传媒集团、陕西人民出版社，2013年，第639页。

双向四车道高速公路技术标准设计、建设。隧道单洞长度18.02公里，双洞全长36.04公里，建设规模在世界高速公路隧道建设史上前所未有。此外，隧道建设项目还包括青岔、石砭峪两个隧道，南北引线桥梁以及高位消防池、110千伏变电站、监控中心、安全检查站等，隧道建设项目路线全长21.21公里。

2001年1月8日，在柞水营盘镇举行秦岭终南山公路隧道开工典礼，程安东发布开工令。1月20日，省政府正式下发设立秦岭公路隧道公司有关问题批复，明确隧道建设资金由省交通厅补助4亿元，其余由陕西省投资集团公司筹措；由铁道部工程管理中心与秦岭终南山公路隧道公司签订总承包合同，按“交钥匙”模式总承包建设。省交通厅确定秦岭终南山公路隧道建设项目为全省“十五”时期公路建设“三大标志性工程之一”，实施建设管理。

3 月，程安东到北京参加全国人民代表大会期间，再次向国务院总理朱镕基和国家计委汇报秦岭终南山公路隧道方案设计，请求国务院尽快批复隧道项目立项。程安东汇报理由有三：一是符合规划，二是方案合理，三是陕西需要。朱镕基当即表示同意研究。

6月20日，秦岭终南山公路隧道东线深埋段试验工程开工。

2002年1月23日，国务院办公会议研究同意秦岭终南山公路隧道项目立项。2月6日，国家计委下达秦岭终南山公路隧道项目建议书批复。

2003年8月28日，隧道东线贯通。2004年12月13日，隧道西线贯通。

隧道由铁道部第一勘察设计院、陕西省公路勘察设计院、重庆交通科研设计院联合设计，中交一公院设计咨询。始由陕西省投资集团设陕西秦岭终南山公路隧道有限责任公司组织建设，委托铁道部工程管理中心设工程指挥部建设管理。2005年6月体制调整，交由省交通厅设公路隧道建设管理中心（与陕西秦岭终南山公路隧道有限责任公司一块牌子）组织建设。袁雪戡、王治效先后任公司总经理。乔怀玉任隧道建设管理中心主任。中铁一局集团第五工程有限公司、中铁十二局集团第二工程有限公司、中铁五局集团第一工程有限公司、中铁十八局集团等21家企业，分别中标参与隧道、路面、机电、照明、通风和监控系统施工。重庆中宇监理咨询公司、西安方舟监理咨询公司等6家公司监理。成立由中国科学院院士孙钧、中国工程院院士王梦恕、郑颖人、钱七虎四位院士和不同专业多位知名专家参加的专家委员会，对重大设计项目和设计标准把关、咨询。交通部专立秦岭终南山公路隧道关键技术项目研究课题，50多家大专院校、科研和工程管理单位的专家、学者与工程技术人员参

2002年11月6日，施工单位在秦岭终南山公路隧道进行测量、放样作业

加，进行通风、监控、防灾、救援等多项重大课题研究。考察、借鉴国外特长隧道建设经验，并邀请香港柏成、瑞士瓦特、挪威辛泰夫等3 家公司参与技术咨询。

隧道内轮廓线为三心圆形式，采用钻爆法掘进开挖，新奥法复合式衬砌。隧道埋深大部分在600米以上，最大埋深1 600米，地质构造和地层岩性复杂，断层、岩爆、坍塌、涌水、高温等对施工带来不利影响。利用西康铁路秦岭特长隧道Ⅱ号线隧道作平导，设10个施工横通道，进行东线隧道施工；再利用东线隧道作平导，设8 个施工横通道，进行西线隧道施工，便利解决通风、排水、地质预报与出渣、进料运输。采用单工序作业法，先行开挖、支护，贯通后进行二次衬砌，Ⅱ、Ⅲ类围岩段则开挖与衬砌一次完成。高地应力集中带和高岩爆区开挖，以短进尺、多循环、弱爆破、强支护等措施，减少围岩扰动，减弱岩爆影响。洞身段采用曲墙复合式初砌，二次衬砌根据围岩类别分别采用C25模筑钢纤维混凝土和模筑混凝土。洞口段采用C25号钢筋混凝土模筑衬砌，施工支护采用锚、喷、网联合支护结构，配以每2米3片16号型钢拱架加强，并采用小导管进行预注浆加固地层，确保安全。由于施工安排合理，创造独头月平均进尺超过300米、最高429.50米纪录，较设计工期提前115天掘进到位，且未发生安全与质量事故。

2005年8月24日，秦岭终南山公路隧道北口（左）建设情形

采用竖井送排分段式纵向通风技术。东、西两线设置3座通风竖井，与射流风机组合纵向式通风。风机采用自适应学习型前馈式智能PID通风控制技术，实现按需供风。最大井深661米，最大竖井直径达11.50米。井上风塔高40 米，整体钢筋混凝土结构。竖井下方设大型地下风机厂房。竖井工程规模和通风控制系统为国内首创，被形容为地球上最大“烟囱”。

采用电效管理系统解决照明。按入口、过渡、中间段不同长度、不同亮度设置灯光。采用新型LED节能灯。基本照明灯具间距10米，距检修道0.80米处设诱导灯，每隔40米设疏散指示灯，每隔120米设蓝色诱导灯，水沟侧壁设置LED诱导灯。每隔4～6公里设长150米特殊灯光带，上仿蓝天白云，侧置绿树花草，将特长隧道分为4个短隧道，以缓解穿行长隧道视觉疲劳。此为亚洲公路隧道首创。

安全监控采用多项高新技术。共设288台视频监控摄像机，实现全洞无盲区监控；东、西线分别采用分布式光纤火灾自动报警、光纤光栅火灾自动报警及手动与自动结合的多通道报警系统，全方位自动跟踪监控突发事件，并根据事件类型提供最有效救援方案。采用自愈式光纤环工业以太网构建隧道控制通讯网络。同时设置消防箱、消防池、消防车等消防设施和紧急避难设施。

隧道工程共征用土地26.20公顷，拆迁建筑物7 100平方米，拆迁电力、电讯设施2 480平方米，完成路基挖方15.26万立方米，填方15.32万立方米，防护工程设施1.55万立方米，路面1.78万平方米。共用木材118.40万立方米，钢材32.96万吨，水泥4.59万吨。总投资42.18亿元。

经过五年建设实践，隧道工程取得11大类、40余项科研成果，实现多项公路隧道建设与运营管理技术创新（见第五篇第一章第一节《应用技术研究》），形成设计、施工、科研、运营、管理等一系列公路隧道技术，将中国特长公路隧道建设管理技术提升至世界领先水平，为超特长高速公路隧道修建、运营与管理提供整套经验和范例。

秦岭终南山公路隧道竖井风塔高40米，直径11.50米。图为2007年12月3日风塔施工作业

隧道建成将西柞段公路里程缩短64公里，行车时间由3小时缩短至40分钟，穿越终南山屏障仅用15分钟，经济、社会效益显著。隧道进、出口高程降至海拔896米、1 020米，有效消除高山区冬季冰雪断道问题，形成全天候高速安全通道，极大便利东部与西部、关中与陕南区域联系。同时最大限度保护秦岭生态环境。隧道贯通后，陕西全长18.02公里的引乾济石输水隧洞工程，利用终南山公路隧道西线施工，仅用 13个月告竣。

2007年1月20日，省政府在秦岭终南山公路隧道北广场举行隧道建成通车典礼。交通部部长李盛霖、中共陕西省委书记李建国、代省长袁纯清等出席。李建国发布通车令。袁纯清发表书面致辞。李盛霖讲话说："秦岭终南山公路隧道是我国第一公路长隧，是贯通长江经济圈和黄河经济圈的黄金通道，在我国公路交通史上创造了新的纪录。"

秦岭终南山公路隧道，时为由中国自行设计、施工、监理、运营和管理的最长公路隧道，亦时为世界双洞里程最长的高速公路隧道，故有"天下第一隧"之誉。

4月20日，国际隧道协会主席哈维·帕克考察秦岭终南山公路隧道时说，这是"隧道人智慧的结晶，是国际隧道界的骄傲！"

2010年12月，秦岭终南山公路隧道建设与运营管理关键技术研究，获国家科学技术进步奖一等奖。

全省1991—2010年公路隧道统计见表2-6-2。

陕西省1991—2010年公路隧道统计一览表

表2-6-2　　　　　　　　　　　　　　　　　　　　　　　　　　　　　　　　单位：米/座

年度	总计	其中			
		特长隧道	长隧道	中隧道	短隧道
1991年	3752.000/34	—	—	—	—
1992年	3752.000/34	—	—	—	—
1993年	3930.000/36	—	—	—	—
1994年	5313.000/37	—	—	—	—
1995年	7139.000/38	—	—	—	—
1996年	7355.000/40	—	3209.000/2	1262.000/4	2884.000/34
1997年	7602.000/41	—	3209.000/2	1262.000/4	3131.000/35
1998年	9685.000/43	—	4447.000/3	2107.000/5	3131.000/35
1999年	13339.000/50	—	4447.000/3	5030.000/9	3862.000/38
2000年	17463.000/52	—	4447.000/3	9040.000/11	3976.000/38
2001年	26719.200/71	—	13060.800/9	9474.000/18	4184.400/44
2002年	27742.200/75	—	13060.800/9	10155.000/20	4526.400/46
2003年	28762.200/77	—	13060.800/9	10968.000/22	4697.400/46
2004年	33753.950/97	—	13060.800/9	8837.600/14	11855.550/74
2005年	43814.850/123	—	17563.800/12	8837.600/14	17413.450/97
2006年	62869.250/166	—	28240.800/19	14337.600/21	20290.850/126
2007年	222023.220/363	85818.000/12	51193.800/35	29284.270/44	55727.150/272
2008年	300853.980/491	91153.000/13	86455.440/57	49595.260/73	73650.280/348
2009年	367079.370/568	135965.080/24	91142.120/60	53907.680/80	86064.490/404
2010年	492630.310/714	158959.060/29	158576.920/104	64795.010/95	110299.320/486

说明：表中数字选自陕西省交通运输厅编《陕西交通统计》

第七章　公路施工

公路施工随公路建设规模扩大、等级提高和技术进步，加速由传统施工向现代化施工演进，形成按不同等级公路多层次、多样化施工组织模式；推行标准化施工，精细化管理，施工管理迈上新水平。公路路基、路面施工技术不断创新、提高。湿陷性黄土路基、膨胀土路基、沙漠路基等特殊路基施工，形成规范、成套施工技术。路面结构、路面材料不断发展和优化，有效提高公路使用寿命。沥青混凝土路面、沥青玛瑞脂碎石路面、橡胶沥青路面大规模应用，并建成透水性路面、彩色路面、融雪路面等新型路面。农村公路广泛修建沥青、水泥混凝土路面。桥梁基础以扩大基础和钻孔桩基础为主；上部结构采用现场浇筑、预制安装、转体施工、悬臂浇注、缆索吊装等方法和工艺。公路隧道实行“早进晚出”“零开挖”，以新奥法施工为主。公路施工广泛应用新材料、新技术、新工艺和新设备；改性沥青等新材料在高速公路和国、省干线公路推广应用，显著提升公路技术水平。平地机、振动碾、轮胎式压路机、重型振动压路机、摊铺机、稳定土拌和机、全电脑沥青拌和楼等大型、先进施工机械、设备的使用，促进公路施工专业化、系列化、现代化，显著提高施工效率与工程质量。

第一节　路基施工

一、黄土路基施工

20世纪90年代，公路黄土路基施工，主要是土方开挖调运、路基填筑、路堑与挡护、涵洞及排水工程。陕西干线公路和部分县乡公路黄土路基，多以人工配合机械进行施工。高速公路建设项目主要在关中平原地区，路基以填方为多，路基施工基本实现机械化作业。路基施工一般分填土区、晾晒区、平整区、碾压区、检验区等5个区段；施工准备、地基处理、分层填土晾晒、摊铺整平、碾压夯实、检验、路床整修、边坡护坡修整等流程。

1992年，210国道黄陵马家山段改建过程，遇最大高差103米、长429米的黄土大拉沟。沟深坡陡，施工难度大。为此，采取先沿沟底修通便道，然后向两侧扩展分层碾压的方法，扩大工作面；由拖拉机牵引、推土机后拖，护送16吨振动碾下沟施工；形成工作面后，逐步增加自卸汽车、装载机、推土机等机具，形成多机型配套的路基施工流水作业线，保证工程进度。挖方段开挖施工，由推土机顺开挖线两边先行推槽，保证机械挖掘时不倾斜，避免碰撞土质坡面。

三铜公路所经平原区，路基平均填土高2.53米；所经台塬区深路堑，挖方边坡最高达40米左右。填方段施工采用推土机、平地机整平，每层松铺厚度25厘米，用光轮压路机初压，10吨振动羊角碾和10吨振动压路机复压，再以12～15吨压路机静压消除轮迹。松铺厚度35厘米时，采用重型压实机械压实，即分别用12吨振动羊角碾和12吨光轮压路机碾压。

西宝高速以高路堤穿越渭河阶地，平均路堤高3.20米，最高4.30米。施工以机械为主。1997年后，铜黄、延塞等高速建设进入黄土高原沟壑区，路基挖方较多，高度超过40米边坡极为普遍，最高达88米。为减小黄土路堑边坡坡面冲蚀，施工按设计将边坡做成阶梯形。高于40米的边坡中部设10米宽平台，坡顶、坡脚及平台上修筑排水设施，坡脚以上3米施以砌体防护，坡面及平台施以绿化防护。

2000年起，按照省交通厅《陕西省公路建设前期工作技术指导意见》要求，黄土地区高速公路项目大于8米高路堤和大于20米深路堑，均做特殊处理。深路堑路段一般做成陡坡、宽台、敞开口。路堤经过湿陷性黄土或稻田地段，采用直接填筑沙砾处理；软土层较厚路段直填沙砾后，再填筑一层20～30厘米半刚性材料。全填沙砾或粉煤灰路堤设包边土；包边土宽度范围内下部，设置30～40厘米厚半刚性材料垫层。

黄延高速黄土路堤修筑，根据不同土质和路堤高度，分别采用不同坡率和平台，以保路基稳定。路基填土高度大于80厘米的，原地面做压实处理；填土高度在50～80厘米的，地基土壤含水量大的，适度加石灰拌和、压实；填土高度小于50厘米的，一律翻挖，掺加5%～8%石灰处理并压实。西户、西阎高速在路堤坡脚外1.50米处设置石灰土或土工膜隔水墙。西安咸阳国际机场高速路堤坡脚以外3米范围内，设置素土隔水墙。延塞高速采用挤密桩或粉喷桩[①]处理地基，路堤上部增设土工格栅加固；鸡爪型路段采用压浆处理。

2003年3月，黄延高速黄土湿软路基处理作业

2002年，禹阎、黄延高速湿陷性黄土填方路段，用地两侧各10米范围内采用冲击碾压加隔水墙方法处理。待路基填筑后，深挖2～2.50米，清理后铺挂复合式土工隔膜，再予填土冲击夯实。厚度较大且排水条件差湿软地基，采用水泥粉喷桩复合处理。路基填土高度超过4米的予以冲击夯补压。

2004年后陆续开工的子靖、吴子高速，地处陕北黄土沟壑区。路堑边坡采用从上至

注[①]：粉喷桩加固地基，是在钻孔时利用钻头上的叶片将其四周一定范围内的土体，自下而上不断切割、破碎使之疏松，并利用压缩空气喷射水泥粉强制搅拌使之混合、胶结，硬化后形成一定直径、强度高于原土层的柱状固结体。

下逐级开挖，逐级加固。吴子高速通车前，对已完工的9.57公里高填方路基复用灰土挤密桩重新夯击加固。施工采用螺旋钻机钻孔，灰土拌和机拌和，1.50吨夯机夯实。咸永高速路基填筑，分层厚度控制在15～20厘米之间，并将上、下部路堤压实标准分别提高至95%和93%，灰土处理层压实度提高至96%。碾压采用自重20吨以上、激振力30吨以上重型振动压路机和拖式羊角碾。

2007年后，高速公路建设按照省交通厅《陕西省公路建设工程质量工作要点》，重点解决土方路基施工薄弱环节，特别注意解决“6个结合部”不能同步施工或碾压不实等问题。“6个结合部”即标段与标段结合部、分段作业结合部、填挖交界结合部、半填半挖结合部、构造物与填方结合部、边死角与一般填筑段结合部。施工采用超压、铺设土工格栅或土工布等措施，提高路基强度。

陕北、渭北及秦岭北部高速公路项目湿陷性黄土处理，因地制宜运用成熟技术，同时采用新工艺。吴子高速对位处挡墙地基表层的湿陷性黄土，用孔内强夯处理，孔深8米，孔径50厘米，填料采用5%石灰土；淤积地采用碎石挤密桩加固。咸永高速湿陷性黄土地基处理，采用强夯和石灰土换填。凤永高速软土地基处理，采用振冲砾石桩，即在成孔后分层填充砾石，采用专用设备进行振动、冲击，分层夯实成桩，提高地基承载力。

二、沙漠路基施工

陕西公路沙漠路基主要分布在榆林地区。由于沙质土壤松散，无黏聚性，施工难度大。当地公路部门曾采用在沙基上铺垫柴草的办法，解决行车打滑问题，被称为“柴草路”。1984年榆林公路总段在210国道牛家梁段采用水坠法修筑沙漠路基，取得一些实践经验。

1996年后，榆林地区公路部门联合西安公路交通大学和西安公路研究所等单位，开展沙漠公路施工技术研究。结合二级公路施工，摸索出沙漠路基施工和检测方法。风积沙路基分别采用振压、轻压、水坠加碾压等压实工艺。鉴于沙漠地区春季风沙大，施工防护较难，因此主要利用夏、秋和冬季施工。

2000—2006年，榆靖、榆蒙高速建设项目采用多项措施，解决沙漠路基施工难题。2008年，榆神高速风积沙路基填筑，全部采用振动干压法碾压。施工中将沙漠表层草皮清除后，进行高削低填，每层填筑厚度不大于25厘米，含水率控制在3.50%～7%之间，压实时先用170型以上推土机稳压两遍，再用18吨双驱压路机振动压实6遍，然后再用推土机稳压4遍。

由于风积沙无黏性，碾压完毕后沙基表面仍松散，因此上路床必须填筑封层。封层材料采用灰土、沙砾土或碎石土，压实厚度15～20厘米。榆靖高速采用灰

2000年5月，榆靖高速采用“干压法”进行沙漠路基试验段施工

土封层，榆蒙、榆神高速采用沙砾土和碎石土封层。封层材料拌和采用路拌或厂拌。路拌时按每100米长度分段备料，经拌和、整平后，在最佳含水量时先用12～15吨压路机静压两遍，后用18～20吨拖式振动羊角碾碾压6遍以上，再用平地机刮去浮料，光轮压路机静压两遍收面。封层养生期交通管制不少于7天。厂拌时封层材料在拌和站集中拌和，由自卸汽车运至工地，用推土机摊平并稳压一遍，再用自行式振动压路机、拖式振动压路机碾压，然后进行养护。

沙漠路基边坡采用黏土包边并植灌木防护，防止雨水冲刷。包边利用塑性指数较低的土壤，由人工配合推土机按15厘米厚度摊铺，再按不同方式和遍数夯实。下边坡采用人工分层摊铺，机械夯实。榆靖、榆蒙、榆神高速路基边坡施工均采用这一方法。

三、膨胀土路基施工

膨胀土为吸水后显著膨胀、失水后显著收缩的高液限黏土。主要分布在陕南和关中北部。膨胀土不易压实，公路路基填筑后，受湿胀、干缩影响，在自重和车辆荷载作用下，路基易产生不均匀沉降，导致路面平整度下降，直至变形、破坏。

1992年修建的312国道商小二级汽车专用公路，全线遇膨胀土路段共17处、2.50公里，施工时采用换填天然沙砾方法处理。

2002年，316国道安旬通县公路工程施工，采用多种方法分类治理膨胀土路基，并取得经验。主要有：

——碎石碴铺筑法。即将碎石碴与膨胀土混合，填筑在路面底基层以下40厘米范围内，配合比为石碴和膨胀土各占50%。

——掺石灰法。即在膨胀土中掺加生石灰粉，改良膨胀土性质，减轻水对膨胀土作用强度，防止路堤变形。

——植草法。即在路基全坡面范围植草，使膨胀土始终保持一定湿度，防止土体干缩，保证路基边坡和路堑边坡稳定。

——土钉墙法。即通过混凝土板和在土体中规则排列的锚杆与土体相互作用，由土体、混凝土板、锚杆形成复合挡墙，从而在原位加固土体，防止胀、缩和强度减弱。

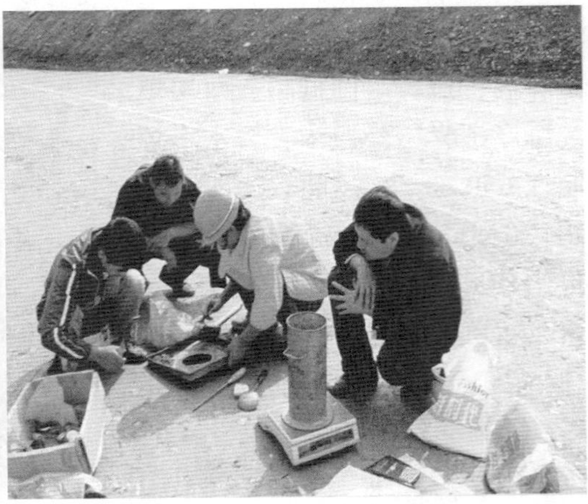

2009年4月，安康东高速膨胀土路基施工。左图为添加生石灰粉改良后的膨胀土；右图为工程技术人员对膨胀土改良路基压实度进行检测

——土工布法。即在路面底基层下铺设一层防水土工布，利用防水土工布隔绝路基填土和外界雨水接触，保持路基填土湿度，避免路基填土遇水膨胀、失水干缩而造成病害。

2003—2006年，秦岭山区多条高速公路施工遇膨胀土路段，建设、设计和施工单位因地制宜，采取相应处置措施，积累了高速公路膨胀土路基施工经验。

西汉高速洋县段遇20多公里强膨胀土。施工采取放缓边坡坡率至1：2或1：3，并作护脚墙稳定边坡，路基采用掺石灰或换填灰土和沙砾的方法，沙砾路床下做横向盲沟排水。

商丹高速膨胀土路段施工，填土高度小于1米的路堤，挖除地表50厘米膨胀土，按重量比掺加5%的石灰回填压实；填土高度大于1米的路堤，原地面不做处理。挖方路段，路床予以封闭处理，路床顶面以下50厘米开挖后，掺加5%的石灰，并及时分层回填、压实。路堑边坡施工，采取防水、保湿、防风化措施，连续施工并及时封闭坡面。碎落台外设置浆砌片石阶梯形上挡墙，每级高6米，设3米宽平台，平台内侧设排水沟。坡面泄水孔采用直径10厘米透水塑料管。

小康高速有4.69公里膨胀土路段，施工采用换填并增加路床厚度的方法。挖方段路床换填120厘米厚天然沙砾；半填半挖段路床，超挖后回填200厘米厚天然沙砾。

四、采空区路基施工

陕西公路修建遇采空区，主要为煤矿采空区，亦有古墓穴、大型地窖、大型窑洞或其他地下工程。20世纪90年代修建公路遇采空区，一般采用避绕的办法。高速公路施工偶遇地下空穴，一般采取先填片石后灌沙浆的方法处理。2001年后，高速公路、干线公路修建遇采空区，一般仍采用此类方法处理。

2005—2006年商丹高速路基施工，在K116+050～K141+450处地段，发现人工采挖金沙废弃矿洞而形成的多个小巷道、采空区。经钻探勘察，判定地下空洞顶板稳定性差的须进行工程治理，遂采取水下注浆、压力复灌、巷道堵头等措施予以处置。

2008年，榆神高速穿越多处煤矿采空区。经现场勘察，决定对稳定性较差且可能对公路产生危害的3个采空区进行治理。施工单位因地制宜，利用当地风积沙做骨料，混合水泥粉、煤灰浆作填充料，采用全充填压力注浆法，地表钻孔，通过注浆泵将混合沙浆注入采空塌陷区及岩体裂隙中，浆液固化后形成支撑，达到保护路基稳定的效果。

五、路基拓宽改造

20世纪90年代，干线公路改造工程路基拓宽，新老路接茬采用旧路肩挖除后分层错台相接的方法。一般分层挖出宽、高各1米台阶，再分层填筑碾压，路床压实度为93%。关中地区在新老路接缝处铺设土工格栅、土工布，以延缓沉陷。西沣一级公路路基拓宽，在旧路边坡挖好台阶后，采用分层填筑石灰土处理。

2002年，211省道南郑喜（神坝）台（上）段改造，新老路堤结合处开挖的台阶宽1～2米并设反坡，使新填土与旧路基结合更加紧密稳固。强（家湾）喜（神坝）段加宽宽度0.50～2.50米不等，无法用机械碾压，而采用人工夯实的办法又难以使压实度达到设计要求，于是采用组织过往车辆有序分向行驶进行碾压的方法，以提高压实度。陕南地区多雨水，路基填筑多采用开挖石方段的石渣做路基填料，由于透水性能好，碾压整

2009年6月，潼西改扩建工程进行新老路基路面拼接施工

平后不易翻浆。

2008年，潼西高速改扩建工程采用新老路拼接方案，对沙砾和素土路基、路床、软基段路床、挡土墙段路基等4类路段，采用不同拼接方案，路床拼接部位分别使用干拌水泥碎石桩、碎石桩、灰土桩、双向钢塑土工格栅等加固。

西宝高速改扩建工程，根据路基不同情况，分别采用沙砾换填、灰土冲击碾压、强夯、挤密桩、水泥搅拌桩等措施处理，提高路基强度。路基拼接施工采用开挖台阶法，在台阶处作干拌水泥碎石桩，确保路基拼接稳定。中交二公局三公司将建筑垃圾破碎、筛选后，用作路基填料，使废物得以利用。

农村公路旧路改造，多为加宽、降坡、裁弯取直，新老路结合处亦用台阶法拼接，采用人工分层夯实，或人工配合机械碾压、夯实。

六、路基防护支挡

公路路基防护支挡工程主要为边坡防护、沿河路堤防护和路基支挡工程三类。

20世纪90年代，公路路基防护支挡工程结构，多为块、片石护坡或挡土墙。挡土墙主要有路肩、路堑和路堤式三种。使用较多的路肩式挡土墙，一般采用仰斜式或衡重式；仰斜式多用于横坡平缓路段路基支护。

高等级公路支挡防护工程标准高，形式多。地质复杂地区，一般多种防护支挡形式并用。如挡墙有抗滑式、格构式、锚拉式等；病害严重边坡，有预应力锚索、预应力锚杆加固，SNS网、挂网喷浆防护等治理方法。

西宝高速路基防护，路基高于5米的，设置路堤式仰斜挡土墙，墙顶填土高度2～3米；距渭河300米以内路段，设浆砌片石护坡及护脚墙。挡土墙基础埋置深度以排水边沟标高控制，一般在沟底以下0.50～1米。

蓝小二级汽车专用公路、咸乾一级公路路基防护，采用锚拉式挡墙，即设锚杆、锚拉式井字梁，中间干摆片石，既压土又滤水；上部坡面施以挂网喷混凝土，防止危岩塌落；路域空间有限，不宜做锚拉式钢筋混凝土挡墙的，采用锚索与挂网喷射混凝土连成整体；岩石发育、切割成层状边坡的，采用柔性主动防护网防护。

铜黄高速沿线大型滑坡多达33处，长11.37公里。在清方卸载、减缓坡率后，根据滑坡状况，分别采用抗滑挡墙、抗滑桩、锚索抗滑桩、锚索墙、锚杆墙、锚索框架等多种方法治理。含水量大区域增设仰斜排水孔，孔深最长40米。超过20米高边坡采用宽台、陡坡，平台、坡顶设浆砌片石截水沟和排水沟，完善排水系统，坡面采用锚杆和挂网喷浆等措施进行防护。

2002年后，高速公路路基防护工程更加注重防、排水系统和生物防护技术应用。如截、排水沟排地表水，支撑渗沟、排水管排地下水，形成排水网络，以减轻水害。路堑边坡防护形式主要有浆砌护坡、拱形护坡、植草防护等。土质边坡设置低矮护面墙加砖砌拱形骨架护坡。

1998年8月，铜黄高速锚拉式井字梁抗滑挡墙施工

西汉高速马家沟路段岩体破碎、风化强烈，工程挖方易产生滑坡灾害。路堑边坡采用放缓边坡和浆砌片石人字形骨架护坡，并植草防护。挖方边坡较高路段，下部采用浆砌片石路堑挡土墙，上部除放缓边坡，浆砌片石人字形骨架护坡并植草防护外，多在坡顶设置截、排水沟。黄延高速路基边坡防护，采用工程措施结合植物综合护坡，防止水土流失，保护路基边坡稳定。其中主要植物防护措施有：液压喷播拱形骨架护坡植草，三维植被固土网垫植草，网格骨架种草，碎落台砌石绿化槽加常绿藤本植物等。

2006年以来，陕南地区高速公路边坡防护，多采用生物防护技术，取得良好效果。西柞高速路基边坡采用挂网客土喷播技术[①]。蓝商高速边坡采用高次团粒喷播技术，即利用高次团粒剂与加入植物种子的混合泥浆反应，形成高分子复合材料，成为具有自然土性状的稳定土壤结构，有利于种子发芽生长，防止坡面冲刷。

2008年，商漫高速鹘岭段左侧挖方边坡防护工程，护坡分为5级，1～4级为锚杆框架梁护坡，第5级为浆砌片石拱形骨架护坡，其中1～2级采用植生袋插苗绿化技术防护，3～5级采用土壤菌永久绿化技术防护。老虎沟隧道等隧道出口仰坡，在挂网喷浆后亦采取土壤菌绿化技术，两个月即达到绿化防护效果。

此期，干线公路改建、改造及安保工程，防护工程多采用浆砌片石挡土墙、护坡和排水沟，亦有采用拱形骨架护坡、锚杆框架梁等形式进行防护。农村公路修建注重防护设施配套建设，特别在陕北水土流失严重地区，土质稳定且适宜植物生长的边坡，采用植物防护；土质松散、岩体风化严重的挖方边坡，以及受水流侵蚀，植物不易生长的填方边坡，一般采用护面墙或砌石防护；沿河路基段，采用挡土墙、砌石护坡、石笼、抛石等方法防护。县际公路、通县油路路基防护，注重采用和完善护面墙、护坡、上挡墙、路肩墙、护脚墙等防护工程。

注[①]：挂网客土喷播技术，通过在边坡上锚固金属网、钢筋网或高强塑料三维网，采用压缩空气喷枪将混合好的客土喷射到坡面上，再在其上喷射植被种子，通过植被发达的根系和网体的紧密结合，对公路边坡达到防护的目的。

第二节 路面施工

一、沥青混凝土路面施工

20世纪90年代，陕西公路沥青混凝土路面结构一般为垫层、底基层、基层、连接层（或下面层、中面层）、上面层。沥青混凝土路面垫层用料多为天然沙砾，一般厚20～50厘米不等。底基层用料多为稳定土混合料。三铜、西宝、渭潼、铜黄、西蓝、榆靖高速等项目，采用石灰土或二灰（石灰和粉煤灰）土底基层，后发展到灰土沙砾、二灰碎石等。基层多采用二灰碎石或二灰沙砾。西宝高速绛帐至宝鸡段采用水泥稳定沙砾。1998年，根据交通部《公路路面施工技术规范》（JTJ 036-199）的规定，全省高速公路推广水泥稳定碎石（沙砾）基层。水泥稳定碎石重量配合比：水泥一般5%左右；其余95%的沙石中，沙20%，级配碎石80%。混合料从拌和到碾压2小时内完成。基层厚度为16～44厘米不等。

三铜公路将二灰砾石基层由18厘米改为21厘米，石灰土底基层由28厘米改为22厘米，采用稳定土摊铺机铺筑。铜黄高速将24～26厘米厚石灰土底基层改为20～22厘米厚水泥稳定沙砾，22厘米厚二灰碎石基层改为30厘米厚水泥稳定碎石，提高路面结构强度。

干线公路和部分县乡公路路面垫层多用级配沙砾，底基层多用灰土碎石（沙砾），基层多用水泥稳定碎石。垫层施工采用推土机推平，平地机整平，压路机碾压；底基层混合料采用稳定土拌和机现场拌和，平地机整平，三轮压路机、振动压路机和轮胎压路机组合碾压成形；基层混合料采用厂拌，自卸车运输，摊铺机摊铺，压路机组合碾压。姜眉、商山、勉略二级公路，312国道丹凤段改建工程等，均采用此法。农村公路多用路拌法铺筑底基层、基层，人工备料、拌和、摊铺，拖拉机、推土机配合压路机碾压。

1995年7月，西宝高速沥青混凝土路面摊铺施工

沥青混凝土路面从高等级公路推广应用于干线公路。沥青混凝土由拌和站拌和，自卸车运输，摊铺机摊铺，多种压路机组合碾压。摊铺方式有单机、并机作业两种。单机作业，两侧架设高程基准钢丝绳，用纵坡传感器作为自动找平装置；并机作业，前后两机间距5～10米，两机熨平板重叠部分为4～6厘米。并机作业找平，前机两侧高程、纵坡分别用基准钢丝绳和铝合金梁引导，横坡用横坡仪控制；后机一侧用小滑靴，以前机铺好路面为基准纵向找平，另一侧（即外侧）采用基准钢丝绳引导高程和纵坡。碾压时，先碾压接

缝，初压用光轮压路机静压1遍，随后用轮胎压路机和振动压路机复压，最后用光轮压路机静压收面。

沥青混凝土需求量随着路面结构层厚度增加而增大，其搅拌设备亦不断改进。西宝、临渭等高速建设项目沥青搅拌楼，由原每小时生产混合料60～80吨的1000型，发展到每小时产量120～160吨的2000型。铜黄、渭潼等高速建设项目则采用每小时产量180～240吨的3000型沥青搅拌设备。

2001年以来，高速公路路面底基层材料呈多样化。榆靖、延塞、西柞高速等项目路面底基层，仍采用二灰土、二灰碎石等混合料；勉宁、西汉、凤永、商漫高速等路面底基层，采用水泥稳定碎石（沙砾）。基层混合料全部采用水泥稳定碎石。

小康高速等项目加厚底基层和基层，由原40厘米增至55～60厘米，底基层取消石灰土、二灰土，采用二灰砾石或二灰碎石，基层改为水泥稳定碎石，以防沥青路面出现横向裂缝等早期病害。

延塞高速二灰稳定土底基层施工，先用履带推土机初压，后用振动压路机碾压，克服"推移"现象；再用胶轮压路机碾压收面，使基层表面封闭，最后用土工布覆盖并洒水养护，消除裂缝和表面松散问题。施工中优化混合料配合比，减少1厘米以下粒径碎石含量，增加2～3厘米粒径碎石含量，将悬浮结构发展为骨架密实型结构。

2003年后，水泥稳定碎石基层施工方法成熟，高速公路水泥稳定碎石全部采用厂拌、机铺。碾压控制在水泥初凝时间内，按照稳压、轻振、重振、收面及先轻后重、先慢后快、先边后中的原则进行。碾压完成后，洒水并采用塑料薄膜覆盖养生7天。

勉宁高速等项目施工，为确保水稳基层边缘整齐、密实，采用16×18厘米枕木边模、三脚架支撑固定的方法，避免边部压实度不足。榆蒙、西汉高速等项目，采用大型摊铺机一次性摊铺，减少施工缝。永咸、凤永高速基层施工，石灰消解、筛分、添加工序精细化，杜绝基层生石灰鼓包通病。神府高速基层施工，采用振动成型法取代普通击实法，确定混合料最大干密度和最佳含水量；经高强振动压实后，使粗集料相互嵌挤稳定，提高半刚性基层强度和稳定性。高速公路底基层、基层施工，由于路幅宽，普遍采用全断面多机梯队联铺作业，消除、减少纵向二次拼接接缝；结构层层间洒布水泥浆，以保证层间黏结；横向施工缝部位未压实或松散部分，铣刨30～50厘米后再施工。纵向支挡模板边部压实，采用小型压路机补压并灌注水泥浆，碾压后及时用无纺布包边覆盖、洒水养生。

2008年5月，西汉高速热沥青同步碎石封层铺筑施工

随着沥青混凝土路面大范围、大面积使用，沥青路面施工技术日益成熟。高速公路

均采用大型沥青混合料拌和楼拌和，计算机自动控制混合料配比、拌和时间和温度；大型自卸车或专用运料车运输；两台或两台以上摊铺机联铺；双钢轮振动压路机和胶轮压路机联合碾压。

西安咸阳国际机场高速排水性路面施工，中国路桥集团二公司购进全电脑沥青拌和楼和德国产摊铺机，提高拌和、摊铺效率与质量，并采用双层篷布保温运输车辆运输混合料，减少沥青混合料温度损失。摊铺后，初压、复压采用双钢轮压路机静压，均不开振动，以保持路面有18%～22%的空隙率。终压采用胶轮压路机，以稳固表面颗粒并消除轮迹。

西阎、榆靖、西柞、商界高速上、中面层沥青混凝土使用改性沥青做混合料，使沥青路面高温稳定、低温抗裂和抗疲劳、抗老化性能大大提高。层间分别使用透层、封层、粘层油，以强化层间结合。靖安高速9公里连续大坡道沥青路面面层混合料，应用PR抗车辙剂提高抗车辙能力。掺加抗车辙剂混合料碾压，遵循“紧跟、强压、高频、低幅”的原则，在高温下碾压成型。

西柞高速沥青路面基层及黄延、咸永等高速ATB-30密级配沥青碎石下面层摊铺，采用大功率摊铺机，严格控制摊铺速度，并在摊铺机熨平板挡料板增加厚胶皮，防止粗集料离析。中交二公局、路桥集团国际建设股份有限公司使用两组各2台25吨以上胶轮压路机和双钢轮压路机进行复合碾压，胶轮压路机收面，保证ATB-30压实度达标。咸永高速使用沥青混合料转运车，通过二次搅拌、加热，解决ATB-30沥青混合料粗集料和温度离析问题，省交通厅在全省高速公路项目推广这一做法。

2005年10月，省交通厅贯彻交通部南京沥青路面技术研讨会精神，针对高速公路沥青路面早期车辙、龟裂、松散等质量通病，强调运用全寿命周期成本理念，合理选择路面结构设计方案，并要求加大投入，增加路面厚度，提高路面强度，延长路面使用寿命。2006年3月，省交通厅又发出加强沥青路面压实控制措施补充意见，要求在增加沥青路面结构层厚度的同时，确保压实度；采用压实度和空隙率双控指标，进行压实质量检测和评价。同时提出碾压工艺控制要求，提高沥青路面压实质量。

2008年10月，商界高速商州至丹凤段沥青混凝土路面铺筑施工

贯彻上述要求，在建高速公路项目沥青路面厚度相应增加。黄延高速由15厘米增至20厘米，吴子高速由15厘米增至18厘米，永咸、西柞、小康高速由16厘米增至22厘米。西安咸阳国际机场专用高速沥青层厚达23厘米，为全省公路沥青路面厚度之最。小康高速路面结构变化较大，其沥青混凝土上面层由4厘米细粒式改为5厘米中粒式，中面层由5厘米中粒式改为7厘米粗粒式，下面层由7厘米粗粒式沥青混凝土改为10厘米特粗式沥青碎石，基层为34厘米水

泥稳定碎石，底基层由18厘米水泥稳定沙砾改为20厘米水泥稳定碎石。适应路面加厚要求，高速公路沥青拌和站使用4000型拌和设备，每小时产量达240～320吨。同时，压路机吨位亦有提高，双钢轮振动压路机自重从8～12吨提高到16～18吨，胶轮压路机从12吨提高到26～30吨。

随着公路路面技术进步和投资加大，高速公路建设项目不断采用新型路面结构，提高路面使用寿命和行车安全性。

永咸、凤永高速全线上面层采用SMA沥青路面。根据混合料中粗集料多、矿粉多、沥青多而细集料少，并掺加纤维、拌和难度大的特点，采用4000型拌和楼进行拌和；通过机械向拌和料中投放木质素纤维并达到拌和均匀。采用1台ABG423摊铺机配合两台ABG525摊铺机进行摊铺，非接触式平衡梁控制摊铺厚度和平整度。碾压采用“高频低幅、紧跟慢压”的方法。初压采用G202双钢轮振动压路机，前进时静压，后退时弱振；复压采用G202双钢轮振动压路机强振2遍，再使用振荡压路机进行振荡碾压；终压采用DD130双钢轮振动压路机，静压1～2遍收面。

2011年3月，安康东高速安白段4000型沥青拌和楼

2008年，蓝商高速秦岭隧道出口3公里长、大纵坡段融雪路面铺筑，采用化学和物理两种技术。一是进口日本盐化物融雪剂，代替沥青混合料中的矿粉，通过车轮摩擦，使盐分析出后降低冰点，冰雪与路面脱离并加速融化；二是添加橡胶颗粒，当车轮碾压时，路面产生轻微变形，可破坏冰雪整体结构，使其加速融化。盐化物融雪剂具有遇水融化特性，摊铺、碾压时不能见水。为此，施工中双钢轮压路机碾压防黏，改以往喷水为涂抹隔离剂。

2009年，西安咸阳国际机场专用高速铺筑八车道排水性路面，采用日本大有株式会社TPS自动添加设备，既保证混合料生产质量，又提高工作效率。主线收费站广场、不停车收费车道，引进日本日进化成株式会社原材料和施工设备，并根据不同路面结构形式，在水泥混凝土、SMA和排水路面上，采用附着力、黏着力特别强的“双组分树脂胶”打底，分别铺筑厚度4～5毫米或2～3毫米彩色耐磨陶粒防滑路面。

2010年，潼西高速改扩建，全线利用铣刨沥青路面废料做泡沫沥青冷再生基层6.18万立方米。东盟营造公司采用进口智能同步封层车进行橡胶沥青碎石封层施工，解决沥青材料黏度大、喷洒难度大、施工温度控制要求高的问题。

2011年，西宝高速改扩建工程采用高模量沥青混合料。此混合料具有胶结、加筋、填充、嵌挤和变形恢复作用，能够提高路面抗车辙、抗疲劳和低温抗裂等性能。在对旧沥青路面铣刨、翻挖、破碎后，加入新集料（水泥、水和骨料）和再生剂（泡沫沥青或乳化沥青），再用路拌机（冷再生机）拌和后摊铺压实，形成新的柔性基层结构，可缓解路面反射裂缝产生。同时采用橡胶沥青碎石封层，使沥青结构层与下承层黏结牢固，并起到封水作用。

神府高速结合陕北气候特点，采用温拌沥青路面施工技术，显著降低沥青混合料生产和施工温度，且不影响其材质和性能，达到延长施工季节，提高压实度，减小沥青老化效果。温拌沥青路面技术属高节能、低排放施工技术，沥青混合料拌和温度和压实温度为110～130摄氏度，比热拌低20～40摄氏度，因此施工灵活、便利，适合低温季节、寒冷地区和交通不便山区沥青路面施工。

二、水泥混凝土路面施工

1991年，全省公路有水泥混凝土路面222公里，其中73%在汉中市，主要分布于县乡公路。其拌和、摊铺多以人工为主，部分有搅拌机辅助。

210国道铜川境二级公路改造，建设单位就地取材，利用当地产水泥，铺筑水泥混凝土路面近30公里，并总结出“三振、一拖滚、两抹、一拉毛”施工工艺。即应用小型机械，配合人工进行水泥混凝土路面浇筑，采用插入式振动棒、平面振动器、附着式振动梁振捣，再用圆钢管滚筒拖平，人工用木抹子和铁抹子抹平，尼龙刷拉毛。混凝土以拌和站集中拌和为主，配备若干滚筒搅拌机辅助，自卸汽车运输。

1997年9月，210国道铜川黄堡段水泥混凝土路面改建施工

1992年，三铜公路黄堡段铺筑近20万平方米水泥混凝土路面，采用进口美国产摊铺机摊铺，碾压法施工，使用双钢轮压路机轻微振动碾压。施工程序：测量放线——支模板——摊铺——碾压——养生——切缝——灌缝。其中铺筑工艺：铺塑料薄膜——进料——布料——摊铺机摊铺——碾压——人工精修——拉毛——养护——成型。人工精修采取拉、滚、量、抹的办法进行控制。

此后以至2004年，水泥混凝土路面在部分县乡公路和少量村道上发展。干线公路水文地质不良路段，高速公路与二级收费公路收费站广场及特长、长隧道路面，均采用水泥混凝土路面。高速公路、干线公路水泥混凝土路面施工基本实现机械化。县乡公路水泥路面施工，一般采用小型机械配合人工进行作业。

2005年，商界高速收费站应用钢锭铣削型钢纤维混凝土路面。施工时，为使钢纤维在混凝土中分散均匀，采用“二次投料、三次搅拌法”，即先将碎石和钢纤维干拌1分钟，再加入沙子、水泥干拌1分钟，最后再注水搅拌。

2006—2010年，全省大规模通村油（水泥）路建设，带动水泥混凝土路面修建形成高潮。此期共建成水泥混凝土路面5.63万公里。其中农村公路水泥混凝土路面5.50万公里，占全部水泥混凝土路面的97.69%，仅村道铺设水泥混凝土路面就达4.12万公里，占全部村道里程的73.18%。这些水泥路面主要分布在关中和陕南山区，陕北亦有少量通村水泥路。通村水泥路施工，以搅拌机、振捣器、振动梁、机动三轮车等配合人工为主，也有地方主要由人工搅拌、摊铺。县乡公路水泥混凝土路面，多由小型专业公司通过竞标方式中标承建，施工以混凝土拌和楼、振捣器、装载机、洒水车、自卸车等机械设备为主，人工为辅。

2009年8月，榆林市通村水泥路施工，采用机械拌和、振捣，人工摊铺、抹平的方法作业

高速公路水泥混凝土路面铺筑多采用新技术、新材料和新工艺。西汉高速08标复合路面，采用C35钢筋混凝土，利用小型混凝土搅拌机现场就近拌制，三轮车运输，人工配合小型机具浇筑，分块连续作业。作业程序为：基层清扫——测量放样——钢筋安装——模板安装——混凝土拌和——运输——浇筑——振捣——抹平——拉毛——养生——切缝——灌缝。黄延高速杜家河特大桥桥面铺装层水泥混合料掺加聚酯纤维，摊铺时为防止纤维离析、分布不均匀，降低摊铺速度，每分钟不大于1.50米；为避免混合料推移，降低光轮压路机振幅，增加碾压遍数，同时增加胶轮压路机碾压遍数，碾压区段缩小至30米。小康高速大规模采用水镁石纤维水泥混凝土路面，改善水泥混凝土脆性，提高路面强度。

第三节　桥梁施工

一、桥梁基础施工

20世纪90年代，全省公路桥梁基础主要是扩大基础和灌注桩基础。扩大基础多用于中、小桥基岩较浅墩台，干线公路、农村公路桥梁，高速公路互通式立交桥、跨线桥等中、小桥均有采用。灌注桩基础应用广泛，根据场地和地质情况分别采用挖孔和钻孔方法施工。类型有摩擦桩、支承桩、嵌岩桩。挖孔桩适用于干燥黏性黄土地质，人工作业，较钻孔进度快、成本低。钻孔应用普遍，根据地质情况，采用冲抓锥、旋挖钻机、冲击钻机等作业。

三铜公路耀县高架桥桥台采用明挖基础。以人工配合小型机具开挖基坑，采用组合钢模、罐车运输、泵送混凝土浇筑。

108国道金水沟大桥采用挖孔桩技术。首先设护壁，松软无水地层设砖护壁，有水地层采用钢护筒和混凝土护壁，然后挖孔。根据地质情况，挖孔分别采取人工、风钻和电钻打眼，电雷管爆破，电动卷扬机和手摇辘轳出渣的办法。遇桩孔渗水时，使用潜水泵抽水并立刻支护护壁，以防塌孔。成孔后随即安装钢筋笼，灌注混凝土。

三铜公路赵氏河大桥、西宝高速渭河大桥、铜黄高速耀县高架桥等桥梁基础，均采用钻孔灌注桩。施工中首先埋设护筒并钻机就位，然后钻进；钻孔达到设计深度后，先用验孔器验孔，再清孔，然后吊放钢筋笼，灌注混凝土。

渭南沙王渭河特大桥桩基，根据桩址不同地质情况采用不同机械钻孔。河床桥墩桩基使用正反循环黄河钻机钻孔，河滩桩基用乌嘎斯钻机成孔，桥台桩基用冲击锥成孔，河心桩基由于河水较深，采用围堰筑岛、钻机成孔的方法施工。

2000年后，高速公路建设延伸向陕南、陕北，桥梁基础施工钻孔多，明挖少。钻孔根据地质情况不同，使用进口钻机，钻头种类增多，钻孔直径增大。靠近城市地段桩基混凝土采用商品混凝土。

榆靖高速二马路沟大桥施工，采用明挖扩大基础。由于基坑处水位线以下，为便于基坑开挖，防止流沙发生，施工单位采用新技术——“井点降水法”降底水位。此后，这一技术在禹阎高速金水沟大桥、黄延高速淤泥河大桥、葫芦河大桥大体积混凝土承台施工中推广应用。

2001年，西安咸阳国际机场高速渭河大桥施工，针对桩基上部为黄土、下部为黏性土和沙砾石的地质特点，使用10台意大利产旋挖钻机施工，仅两个半月即完成全部桩基施工，创造日成桩22根纪录。西安绕城高速北段浐河特大桥钻孔桩深度达60米，采用性能更好的德国产旋挖钻机钻孔，进度和施工质量均得到提高。

2003年4月，黄延高速洛河特大桥钻孔灌注桩施工

禹阎高速桥梁基础施工时，施工单位先后引进几十台不同类型钻机和多种钻头，以冲击钻为主，辅以旋转钻机，针对不同地质情况，使用不同类型钻机和钻头作业。为解决金水沟特大桥百米深桩基施工成孔、成桩难题，选用扭矩大、钻进深度深的GPS-20型旋转钻机。风化黏土层使用牙轮钻头，黄土层使用鱼尾钻头。钻进中利用原土造浆成孔时，适当加入外加剂羧甲基纤维素，增加泥浆黏性，保护孔壁。芝川河特大桥桩基大部分为湿陷性黄土和沙层、漂卵石，土层、沙层使用旋挖钻机，遇漂石时则用冲击钻穿透。

为避免桥梁基础钻孔排放泥浆污染环境，禹阎高速部分大桥桩孔实行人工开挖。开挖时，及时支立模板浇筑早强混凝土护壁，待达到一定强度后继续向下开挖。黄延高速洛河特大桥12~14号桩基用人工挖孔，采取勤打眼、小药量、小进尺爆破下挖法。第9合同段6座中桥、1座小桥桩基础，全部采用人工挖孔。姜眉二级公路桥梁近半数桩基础亦采用人工挖孔。

紫阳至石泉县际公路汉阴漩涡汉江大桥钻孔桩基础，位处火石岩水库尾部，水位变幅大，采用石笼围岩筑岛、冲击钻成孔和钢套施工承台等方法与工艺。

2006年，咸永高速西安咸阳国际机场互通式立交钻孔灌注桩基础施工，采用后压浆技术。用高压泵将水泥浆通过注浆管压入桩端及桩侧，通过渗透作用挤走孔隙水并排开桩底沉渣，填充空隙，形成高强度结石体替换灌注桩侧面的扰动土，提高桩基承载力。

商漫高速天竺山互通式立交20米深桩基施工，冲击钻下到12米时，因山体与河床交界处形成软硬各半锅底状渐变型地基而导致偏钻。经技术人员现场研究，采用抛填片石、冲击钻砸的方法。经4次抛石钻砸，终于顺利通过锅底面，且未发生偏差。采用此方法成孔57根。未成孔的1根由人工用凿岩机将锅底面下凿50～100厘米，注入泥浆，再用冲击钻冲击成孔。

2007年后，高速公路桥梁建设规模扩大，地质情况更加复杂，建设、施工单位为提高桩基钻孔进度与施工质量，进一步应用新技术、新工艺。钻孔灌注桩普遍采用超声波无破损检测方法；对检测出有缺陷桩基，通过钻孔取芯核查。嵌岩桩桩底沉渣清除情况，亦采用钻孔取样方法核查。

2008年，西铜高速二通道赵氏河大桥，主墩群桩基础为砂岩地质，强度较高。施工单位采用德国宝峨BG40旋挖钻机及三一北京SR360旋挖钻机施工，监理单位配备伞状雷达检孔器，进行成孔检测。渭蒲高速渭河大桥桩基施工，采用旋挖钻机成孔，黄土地质用螺旋式钻头，沙砾地质用套筒式钻头。

2008年6月，安川高速项目采用沉井和钢护筒进行汉江特大桥深水群桩施工

安川高速紫阳汉江大桥整体式深水群桩基础，采用深水钢吊箱和河床注浆施工工艺。水上施工平台，以钻孔灌注桩钢护筒为主要受力结构，少量钢管桩为辅助受力结构和定位设施。对群桩基础松散底层，采用水泥、水玻璃双液注浆加固，待固结后再施工群桩，解决深水基础地质破碎施工难题。紫阳连接线任河大桥位处深水区，最深处达32米，施工采用钢栈桥、钢管桩平台、钢吊箱等临时设施，进行桥梁下部结构施工，主桥承台采用双臂钢吊箱施工。钢吊箱为矩形薄壁结构，薄壁为桁架结构。吊箱高度25米左右，设置8个钢箱，竖向分18层，每层分8块，现场加工，拖车运输，吊装到位后，经拼装焊接而成。钢吊箱完成后，先予混凝土封底，然后分节抽水，清除封底混凝土层顶面，割除钢护筒，清理桩头，再绑扎承台和墩身预埋钢筋，浇筑承台混凝土。

二、桥梁墩台施工

20世纪90年代，公路墩台施工一般采用有支架、无支架和滑模施工。墩上盖梁施工采用满堂架法、牛腿托架、双托盘托架或抱箍法。三铜公路耀县高架桥、渭南沙王渭河特大桥等多采用此法。

桥梁墩身施工用滑模、翻模或爬模法施工，模板采用大块钢模。根据不同地形和墩高，操作平台用满堂支架或悬空支架；模板提升滑模用液压千斤顶，爬模用塔吊；材料吊装用汽车吊、塔吊或缆索吊；混凝土采用集中拌和，罐车运输，泵送灌注。

三铜公路赵氏河大桥墩台采用滑模施工技术，6～7天即可完成一个薄壁空心高墩浇注。滑模由模板、围圈、支承杆（俗称爬杆、顶杆）、千斤顶、顶架、操作平台和吊架等组成。在成组千斤顶同步作用下，带动1米多高的工具式模板，沿着成型的混凝土表面滑动，到位后由模板上口分层向套槽内浇灌混凝土，当最下层混凝土达到一定强度后，模板套槽依靠提升机具作用，沿着已浇灌的混凝土表面滑动，每次滑动约30厘米左右。如此循环作业，完成整个施工。竖向钢筋焊接引进自动电渣压力焊新技术，以节约材料，提高工效。

108国道合阳金水沟大桥86米高墩，用自重轻、操作灵便的翻板模和液压滑模作模板，用提升架、混凝土输送泵、缆索吊机联合进行混凝土浇筑。翻模施工使用三套模板，由绑扎钢筋、立外模、支撑加固，到立内膜，浇筑混凝土，隔层翻模实现周转。

2000—2010年，公路桥梁薄壁空心高墩增多，施工技术不断有所发展和创新。

黄延高速洛河特大桥双薄壁空心高墩施工，采用液压自升平台式翻模法。应用激光垂准仪及全站仪，双控墩身平面位置，精确控制143米高墩垂直度偏差不大于5毫米。混凝土浇筑用高压泵，以电梯、塔吊辅助配合。采用强直螺纹钢筋连接技术，提升高墩内在质量。采用预应力孔道真空压浆技术，确保压浆密实度。

2009年12月，安川高速任河大桥采用爬模、翻模法进行墩台施工

禹阎高速金水沟大桥薄壁高墩采用无支架爬模法施工。爬模由爬升架、模板塔吊、电动螺旋顶、滑道、平斜拉杆等组成。爬模提升及模板吊装自成体系，外工作平台设在每节外模上，内工作平台采用在每个横隔板间搭设钢管脚手架方式。以每爬一次3米、浇筑混凝土6米为一循环，始终使新老混凝土浇筑接缝置于闭合模内。墩内横隔板施工，采取预埋铁件、焊牛腿支撑隔板梁及模板系统，随后安装钢筋，一次浇筑成形。当墩身施工接近横隔板时，提前定位用型钢安装好横隔板支撑预埋件及牛腿，并确保焊接质量。爬模比滑模、翻模施工成本低，安全性高。3、4号墩墩底至25米高处为变截面结构，采用有支架翻模法施工。内膜采用定型组合钢模板，外模采用6毫米厚钢板定制大块组合模板。内外模各设三层，第二层模板混凝土浇筑完毕，拆卸并用倒链（或塔吊）提升第一层模板至第三层上，进行安装校正，然后灌注混凝土，如此周而复始。

2005年，黄延高速葫芦河特大桥百米高墩采用外翻内爬模施工技术。以塔吊提升模板。外模分4层，每层高2米。每次施工时，上次施工的顶层模板作为底层模板附着于墩身，其余模板通过塔吊提升依次翻升至上层就位，内膜通过塔吊整体提升就位。外模外侧设焊接操作平台，内膜设施工操作平台，确保施工人员安全。

靖安高速小河村大桥地处V型沟谷，最大垂直高度95米。墩柱采用高架缆索施工，缆索跨度300米。主塔由万能杆件拼装而成，高度46米，最大起吊重量10吨。

三、桥梁上部结构施工

桥梁上部结构为桥梁支座以上（拱桥起拱线以上）跨越两桥台之间的桥梁结构部分。陕西公路桥梁以梁桥居多，结构主要为拱、板、梁。

20世纪90年代，全省公路梁式桥上部结构以跨径分类，小于20米用板梁，20～50米用箱型梁或T形梁，60米以上采用刚构、斜拉桥等。施工方法主要有现场浇筑、预制安装、转体施工、缆索吊装及悬浇施工等法。随着桥梁技术发展，施工方法亦不断改进。

——现场浇筑法。现浇板梁、箱梁多搭设满堂支架施工。程序为施工放样后，对支架基底进行冲击式压实处理，用钢管搭支架，外模用钢板，内膜用木模，预压后进行钢筋加工安装；混凝土浇筑一般分两次进行，第一次浇筑底板和部分腹板，第二次浇筑剩余腹板和顶板。蓝小公路1座70米跨径拱桥，210国道镇巴泾洋大桥、罗家河大桥等均采用此法。三铜公路铜川川口立交桥、西阎高速多个跨径50～70米的跨线桥箱型连续梁施工，采用外钢模、内气囊模工艺，进行现场浇筑。

——预制安装法。公路桥梁箱梁和T形梁施工，多采用现场预制，自行式龙门架、导梁架或专用架桥机架设。三铜公路耀县高架桥、西宝高速渭河大桥、临渭高速渭南高架桥等多用此法，大梁预制一般分底板、腹板和顶板两次或三次浇筑完成。渭潼、西安绕城高速施工单位，将两次或三次浇筑改为“斜面分级、水平分层”的方法，一次性浇筑完成。

1992年3月，三铜公路耀县高架桥采用预制安装法进行上部结构施工。图为预制大梁吊装作业

——转体施工法。受作业现场条件限制无法搭设施工支架时采用，多用于箱肋拱桥、刚构桥。施工时，在岸边预制梁体，用钢筋混凝土球铰作为旋转支撑，千斤顶驱动，采用平衡法水平使箱梁旋转到桥位，然后对接合龙。陕西继石泉县藕溪河大桥采用转体法施工之后，高速公路和干线公路桥梁施工多有应用。三铜公路铜川川口高架桥施工，为不影响桥下城市主街和铁路交通，采用此法顺利完成60米跨径T型刚构桥施工。316国道西乡白沔峡大桥主跨105米的箱肋拱，312国道彬县黑河大桥主跨80米的箱肋拱桥，均采用转体施工法。

——悬浇施工法。多用于T型刚构桥施工，又称挂篮施工法。此法施工按“T”构分组，墩顶梁体（亦称0号块）施工，支架采用多用万能杆件或牛腿托架上安装模板进行浇筑；主体梁分若干对称梁段，每组采用两个挂篮同步对称悬臂施工。陕西省路桥工程总队曾于西三一级公路清峪河桥等桥梁高墩盖梁施工中应用此法。之后，202省道澄城西河大桥、312国道长武亭口黑河大桥、安康关庙汉江大桥，以及禹阎高速太枣沟特大桥等高速公路连续刚构桥，均采用挂篮施工。挂篮采取梁上自锚，人工辅助滑移方式行走，对称施工，在挂篮内完成预应力混凝土施工全套工序，安全、便捷。主要工序为：挂篮拼装和定位，模板调整，钢筋和管道安装，混凝土灌注和等强，预应力张拉和压浆，挂篮前移下一梁段等，如此循环直至合龙。

——缆索吊装法。适用于现场无法搭设支架的装配式桥梁施工。主要由塔架、主索、起重索、牵引索、卷扬机、风缆、扣索和地锚组成。塔架设于两岸陆地，采用万能杆件拼装，主索由高强钢丝组成，起重和牵引索用钢丝绳。采用这一方法施工的桥梁主要有：210国道黄陵暖泉西沟桥，316国道旬阳蜀河汉江大桥，延安王家坪大桥等。

2000年后，随着高速公路桥梁建设不断增多，桥梁上部结构施工应用先进技术和设备，施工方法加速改进、提高。

高速公路桥梁现场浇筑工艺和设备不断更新，工效和质量提高。榆靖高速N6标跨线桥整体连续箱梁现浇施工，采用碗扣式钢管支架，用沙袋堆载预压，用活动式腹腔内膜，模板内表胶粘绝缘纸。优化钢筋安装方案，梁体底板、腹板、横隔板1次性连续浇筑。延塞、禹阎、榆蒙高速等项目中小桥现浇箱梁施工，支架采用多功能脚手架，底模、翼板模、侧模采用厚度 1.10 厘米竹胶板拼装，内膜用1厘米厚高密度压缩板。浇筑混凝土使用罐车运输，泵车连续浇筑。

2007年5月，小康高速旬河特大桥采用架桥机进行桥梁架设

随着全省高速公路建设持续加快，施工亦变冬闲为冬忙，给低温、寒冷条件下桥梁上部结构施工保温带来挑战。建设、施工单位采用保温材料覆盖保温、混凝土拌和用水加热、运输罐车覆盖包裹等措施，确保混凝土入模温度不低于12摄氏度。浇筑现场采取对模板和支架仓封闭保温、内通蒸汽的措施，开盘时模板内温度达到8摄氏度，保证浇筑质量。商界高速采用棉被或彩条布、电热毯、塑料膜3层包裹方法，对墩柱、盖梁进行保温、保湿养护。第7标段全线采用箱梁蒸汽养生技术。

此期，预应力混凝土桥梁施工技术迅速发展，预制梁架设手段更为先进。主要有全宽整孔架设或大型预制构件架设。禹阎高速跨线桥现浇连续箱梁支架搭设，采用新型“碗扣”支架。靖安高速箱梁预制场设在特大桥下，施工单位自制高低腿龙门吊，高腿36米，低腿8米，由两台各75吨卷扬机起重，解决运梁难题。

各施工单位结合桥梁悬浇施工需要，改进挂篮施工技术。316国道石泉马岭关汉江大桥施工，施工单位自制轻型三角桁架式挂篮，满足小半径曲线连续刚构桥50米梁段施工需要。黄延高速老庄河大桥施工，采用自制三角挂篮作业。这种挂篮自重轻、刚度大，操作简便安全，且成本低、通用性能好，适用于跨度170米连续刚构桥施工。禹阎高速徐水沟大桥施工，施工单位自制轻型菱形挂篮，满足6个T构同步施工需要。安康汉江矮塔斜拉桥，主桥中孔跨径125米，为单箱3室大悬臂变截面预应力连续箱梁，采用菱形挂篮施工。

2006年以来，高速公路桥梁悬浇法施工采用多项新技术、新工艺。吴子高速悬臂浇筑混凝土，采用长距离高压混凝土泵送技术，最大输送长度1.30公里，C50高标号混凝土高空输送，采用多级接力泵送工艺。定汉线千宝高速五里坡特大桥、神府高速窟野河大桥等主要桥梁施工，采用无线视频监控，将挂篮施工作业过程动态传送至监控中心，中心通过视频监控、指挥施工，提高效率、保证质量和安全。神府高速挂篮行走采用40吨大行程千斤顶液压顶推，缩短挂篮前移时间；吊塔安装测风仪，确保6级以上大风时及时停止高空作业；自行研制“钢绞线穿束牵引器”，避免钢绞线打绞断丝和压浆串浆，并提高工效2倍。神府高速窟野河连续刚构特大桥上部结构施工，采用C55双掺高性能混凝土提高混凝土强度。铜黄高速二通道连续刚构桥冬季施工，搭设彩钢棚，进行蒸汽养护，同时在箱体内备用2 000瓦小太阳或1 000瓦碘钨灯，必要时补充温度。

2010年10月，潼西高速改扩建工程跨越电气化铁路大桥，采用特大型挂蓝进行变截面箱梁悬浇施工

2010年，西铜高速二通道渭河大桥，上跨渭河南大堤和西铜公路，有4跨不等跨径钢箱梁，结构总长2 084米，最大跨径55.65米；通过合理设计吊装块段、吊装顺序和临时支墩，利用高空施工、防护一体挂篮等技术，保障施工人员安全和桥下行车安全。

西商高速二通道施工在地形受限的情况下，分别在桥梁现浇支架和隧道洞内设置预制场，进行预制梁施工。灞河1号特大桥施工，搭设长240米、高40米、宽36米现浇支架，利用灞河3号双向隧道设置两道宽14.25米、高8米、长370米预制场，保证施工进度与质量，并节省临时占地、施工保温和蒸汽养生等费用。

第四节　隧道施工

一、隧道开挖

1991—2000年，陕西公路隧道施工，在地质不良路段或埋深较浅地段进出口，采用明洞形式。如312国道麻街岭隧道、108国道土地岭隧道等，进、出口均为明洞。铜黄高速蒿庄梁隧道上行线进口处施工，为避风化石质高边坡而增修了长170米的明洞。

公路隧道开挖主要采用钻爆法。108国道槐树关隧道、秦岭隧道和土地岭隧道、312国道麻街岭隧道等均采用钻爆法。212省道千阳岭隧道、铜黄高速蒿庄梁隧道围岩为土石交接，石质段采用钻爆法，黄土段由人工用风镐配合机械开挖。

312国道蓝小公路隧道隧址山体石质整体结构较好，采用光面爆破全断面开挖法。作业用梅花型布眼，电雷管起爆，采用先上部、后下部、多打眼、少装药的台阶法施工，保证岩层结构整体稳定。超挖处用浆砌片石补平，欠挖处用手风枪打眼，爆破修整。

212省道千阳岭隧道围岩为土石交接，施工遵循“短开挖、弱爆破、强支护、紧衬砌”原则。黄土地段施工顺序为：导坑开挖、支撑——衬砌拱圈混凝土——挖除上半断面核心土——衬砌边墙混凝土——挖除下半断面核心土——开挖仰拱——施作仰拱混凝土。

铜黄高速蒿庄梁隧道石质破碎，开挖时，围岩遇水软化成泥，极易发生坍塌。施工单位采用“短进尺、弱爆破、仰拱先行”方案，在初期支护和二衬的保护下开挖，以保证施工安全。

隧道开挖作业，采用钻孔台车、装药台车。爆破后的废渣，采用装载机配合自卸汽车或装渣机配合矿车运输。

2001年后，秦巴山区和黄土高原沟壑区高速公路隧道增多，隧道开挖视不同围岩类别，采用钻爆法或人工配合机械开挖等方法。西汉、延塞、黄延高速隧道开挖，较软围岩尤其是不良地质段施工，加强拱顶下沉量及拱脚收敛值等围岩变形监控量测，同时采用“三步并行”围岩监控法，即地质监控、安全检查监控和变形监控量测，强化隧道施工监测。

2003年以来，西汉、西柞、小康等高速公路隧道洞门施工，按照“零进洞”要求，将洞门结构适当向洞外延长。处不良地质、不利地形的小康高速王家台等隧道，进行地表注浆预加固，反压回填与抗滑桩挡护，洞口采用超前大管棚预加固施工；对王庄隧道南口仰坡不稳定的边坡岩石，采用锚索进行加固。商漫高速鹘岭、瓦房沟、碥头溪等多个隧道正洞开挖遇不良地质，为此，首先施作2米长钢筋混凝土套拱，预埋导向钢管；套拱完毕后，采用电动管棚钻机，施作长度20米的大管棚进行预加固。商界高速隧道采用超前小导管加30米大管棚预加固。

2007年5月，西汉高速秦岭山区隧道洞门“零开挖”施工

针对高速公路部分隧道洞门仰坡开挖过多，与周围地形地貌等自然环境不协调，桥、隧相接不顺适等问题，2007年，省交通厅发出关于进一步优化洞口及桥

隧相接有关问题的紧急通知，限期解决上述问题，并强调隧道施工必须以“零开挖”或提早施作明洞或洞门结构进洞。此后，凤永、宁棋、宝牛、商漫高速等项目，均在进洞施工作业正常后，即回头施作洞门，优化洞口及洞门形式，并因地制宜施以绿化，使洞口与周围自然环境融为一体。

此后以至2012年，全省高速公路隧道洞身施工，按照省交通厅公路建设技术指导意见，根据围岩分类，采用的开挖方法主要有：

——全断面法。适用于自稳能力好围岩开挖。采用作业台车人工风钻钻眼，工序简便，作业面宽敞，施工干扰少，运输、通风、排水畅通，有利于采用大型配套机械化作业，施工安全且进度快。秦岭终南山公路隧道、西汉高速秦岭隧道等均采用这一方法。终南山公路隧道洞身开挖，中铁十二局自制轮胎式钻孔台架，安装高压风、水钢管，通过闸阀连接风钻，配备照明配电盒和灯具，可26台风钻同时施工。机械排险后，将钢丝绳套在装载机斗上，带动台架前行，5分钟即可就位。就位后，工人在台架各个区域排险，互不影响，紧接着测量放样，从出渣完到下一轮开钻只需30分钟。掘进单循环平均6小时，平均循环进尺3.70米，最高日进尺19.90米，创造该公司月进度432.50米钻爆法施工快速掘进新纪录。

——正台阶法。适用于自稳能力一般围岩施工。以起拱线为界，分上、下两个台阶开挖。台阶长度控制在3.50米左右，不超过1倍洞径，最长不超过15米。上台阶预留核心土，以人工风镐开挖为主，采用风钻钻眼，人工翻渣至隧道下部。下台阶采用三臂台车钻眼爆破。当围岩石质完整性较好，风镐开挖困难时，上、下台阶同时采用钻爆法开挖。遇部分软弱围岩段采用台阶分部法，将两个台阶分7步进行开挖。即：上弧形导坑开挖——拱部锚喷支护——中核开挖——下部开挖——边墙锚喷支护——灌注仰拱——二次衬砌。终南山公路隧道西线K64+825～K64+881处穿越岩堆地段，埋深浅，围岩自稳性差，且洞口开挖跨度宽达12.46米，为防止地表发生沉陷、坍塌和冒顶，采用上台阶法先施作5米长明洞作为护拱，在小导管超前支护下，采用台阶分步法开挖，中部进行拉槽，最后采用马口跳槽方法进行左、右边墙施工。西汉高速秦岭隧道、黄延高速南秋台隧道、凤永高速李家坡隧道等黄土分离式隧道、商漫高速下桃源2号隧道等，均采用这一方法。榆神高速神木1号隧道开挖采用四台阶法，并采用插板防漏沙施工技术。

——双侧壁导坑法。适用于自稳能力差围岩施工，尤其是洞顶埋深浅，跨径大，有偏压，地质条件差地段隧道。施工实行“管超前、弱爆破、短进尺、强支护、早封闭、勤量测、紧衬砌”的原则。一般将断面分成4块，按先左、右侧壁导坑，然后上部核心土，最后下台阶的顺序开挖 。侧壁导坑宽度不超过断面最大跨度三分之一，高度到起拱线。长隧道可二次开挖和支护。短隧道先挖通导坑，再开挖台阶。黄延高速山神庙隧道处黄土软弱围岩地段，Ⅰ类围岩因土质软弱，采用上弧导坑预留核心土法施工；Ⅱ类围岩土质稍硬，采用上、下导坑预留核心土法施工。开挖采用人工或风镐，中间留核心土以支撑混凝土施工。支撑采用木支撑或钢支撑，边开挖、边支撑、边衬砌。上半断面衬砌100多米后，再开挖下半断面。由人工用风镐从两侧挖槽，错开马口，边墙混凝土衬砌24小时后即行封口。下半断面核心土采用挖掘机挖土、拖拉机出土，边墙衬砌一段后施作仰拱。商界高速竹林关隧道、商漫高速丹山沟隧道等采用此法。

大断面、双连拱及地质情况复杂隧道，往往综合运用多种方法开挖。商界高速隧道均为大断面石质隧道，单洞断面160平方米。多数围岩破碎、断层密集、稳定性差，部分隧道覆盖层薄，加上偏压等影响，极易发生塌方。施工过程中，注意处理好开挖顺序和工艺，首先预防应力突变导致浅埋段及主洞交叉处塌方、冒顶，同时预防散体、破裂状结构边、仰坡失稳，导致顺围岩层理走向滑塌，预先进行地表预加固、超前预加固、反压回填与挡护，同时注重涌水防排、治理。对于软弱、含水围岩地段，采用“先治水、管超前、短进尺、弱爆破、早支护、快封闭、勤量测”方法，在掌子面钻水平孔排水并施作超前管棚后，再行开挖。Ⅰ～Ⅳ级围岩采用中导洞先行，主洞采用“台阶法”开挖；Ⅳ～Ⅴ级围岩采用“三导洞”法开挖；左、右洞拱部开挖在中导洞贯通、中墙砌筑完成后进行。进洞Ⅴ级围岩按照简化双侧壁导坑法施工。在对较差围岩Ⅳ、Ⅴ级进一步细分类基础上，分别确定施工方案。采用以上方法，日均掌子面进度由初期50厘米提高到1.10米。

神府高速墩梁隧道为大断面黄土隧道，单洞断面171平方米。双向4个洞口分别采用“双侧壁导坑法”“单侧壁导坑法”“三台阶法”等方法开挖，并坚持“短开挖、强支护、勤量测、紧封闭”原则。其中“双侧壁导坑法”左、中、右3个导洞，分别按三个台阶法开挖。在隧道掌子面安装电子监控器，设置逃生管道，确保人员安全和施工质量。通过这些措施，月开挖进度由最初15米提至最高时75米。

2010年2月，安康东高速旬阳隧道采用大型风压钻机进行钻爆掘进施工

双连拱隧道洞口开挖，首先解决隧道中隔墙偏压问题。采用侧导坑开挖并先施做中隔墙方法。中导洞贯通后，由内到外中隔墙混凝土浇筑顺序变为由外到内。中隔墙浇筑达一定长度后，即开始正洞开挖。勉宁高速石质双连拱隧道，结合围岩类别及风化情况，确定“弱爆破、少扰动、早喷锚、勤测量、紧封闭”方法。采用“三导洞”、正台阶、上下半断面分部开挖法开挖，按先中隔墙、再边墙和弧导、后核心土工序施工。延塞高速墩山隧道为黄土双连拱隧道，先中隔墙开挖、浇筑，后用上下台阶法开挖。黄延高速羊泉沟双连拱隧道Ⅲ类围岩，采用无中导洞法施工。施工时，合理控制左右洞开挖作业间距；先用正台阶法开挖右洞，台阶长度不大于20米，开挖进尺按两榀钢架间距控制；随后开挖并浇筑中墙；然后采用同法施作左洞。安川高速大岭双连拱隧道采用三导坑先墙后拱法，中、侧导坑全隧道开挖贯通，以修筑中墙和边墙衬砌。

隧道开挖施工注重采用新技术、新设备、新工艺和新材料，防治地质灾害。

西汉高速隧道开挖施工，先采用地质雷达进行超前地质预报，在查清地质类型和位置基础上，按工程地质类型选择爆破方法。硬岩施行光面爆破，软岩施行预裂爆破，分部开挖时采用预留光面层光面爆破。开挖中根据围岩变化与爆破效果，及时修正参数，确保爆破效果达到要求。钻爆开挖不危及衬砌和初期支护，尽可能减少对围岩扰动。施工中勤测勤量，随时控制超、欠挖，保证隧道中线、高程、开挖断面和几何尺寸符合设计要求。

小康高速包家山隧道施工，采用地质素描仪及TSP203地震波器等设备进行勘探，结合30米～50米超前水平钻探预测方式，探明围岩情况，制定开挖方案。采取短进尺、多循环、弱爆破方法，控制超、欠挖，降低对围岩扰动；岩爆较轻时，施以全断面开挖；岩爆强烈时，施以大上半断面开挖，并采用锚、网、喷联合支护紧跟开挖面。加强围岩变形监测，发现异常立即稳定掌子面，加固围岩外地层，并及时封闭围岩内裂隙，当即架立钢拱、模筑或模喷混凝土，避免塌方。

二、隧道支护

隧道支护用以有效约束和控制围岩变形，增强围岩自稳能力，保证施工和运营安全。当隧道洞口开挖遇浅埋、偏压或结构松散类围岩、工作面不能自稳时，采用超前支护。根据围岩情况和开挖进度要求，分别采用超前小导管和大管棚进行预加固。初期支护利用围岩开挖后自稳性能，分步施做初喷混凝土、打锚杆、挂钢筋网、支撑钢拱架和复喷混凝土。

1992年，312国道小商二级汽车专用公路麻街岭隧道施工遇软弱围岩，塌方、冒顶时有发生。施工采用管棚超前支护，小导洞掘进，半断面开挖，钢拱支撑，花拱架加固，快衬砌，衬砌破裂段进行嵌轨、压浆等加固处理。

1998年，铜黄高速蒿庄梁隧道针对不同围岩分别施做初期支护。Ⅱ类围岩，以超前小导管与钢拱架支撑，配合网喷混凝土形成整体；Ⅲ类围岩，采用系统锚杆或PS格构梁支撑、配合网喷混凝土；Ⅳ类围岩，以喷混凝土为主。

2001年，勉宁高速贺家峡隧道施工，在进出口各25米范围内架设16榀钢拱架，采用单层钢筋网、系统锚杆、喷射混凝土临时支护；初期支护结合超前小导管，钢筋网用双层，喷射混凝土后支护厚度达14厘米，钢拱架间距0.80米，PS格构梁间距1米。

秦岭终南山公路隧道K65+112处，利用西康铁路平导洞向南、北两端同时施工。针对进口段松散堆积体不能保证洞身支护稳定情况，采用超前大管棚注浆支护。先对堆积体进行固结处理，阻止滑动，防止岩体对隧道产生偏压，然后进行洞身开挖。在大管棚内加入钢筋笼并注浆，管棚支护刚度大、结构强度高，承载拱承载能力强。

2000年3月，黄延高速隧道混凝土支护施工

西汉高速隧道施工，根据隧道地质条件多用超前大

管棚，采用管棚钻机和地质钻机，先施工护拱，设置导向管，一次性钻进施工，完成超前支护。也用超前小导管，在有水地段采用水泥-水玻璃双液注浆进行预加固。

2003年，黄延高速隧道黄土软弱围岩地段，采用大管棚超前支护。管棚施工采用重型凿岩机，较使用钻孔台车成本低，进度快。Ⅰ、Ⅱ类围岩采用超前小导管注浆支护，风钻钻孔，注浆泵压注水泥浆。

隧道初期支护工艺不断改进。在工字钢支撑、锚杆、钢筋网、喷射混凝土联合支护体系中，通过可施加预应力的胀裂式注浆锚杆、胀裂式锚头，解决沙浆锚杆施作垫板难、灌浆难及锚杆不能全长黏结等问题，且安装方便并能迅速发挥锚固作用。支护中将锚杆和钢拱架焊接成整体，以增强刚度。当初期支护每日下沉量大于5厘米时，及时施作内套拱抑制初期支护变形。套拱采用120a型钢，中间布设钢筋网片及钢架连接钢筋，并喷射混凝土。必要时采用临时仰拱、临时斜向支撑措施，确保初期支护变形可控。

2005年，吴子高速结合黄土隧道施工开展支护研究，提出以锁脚锚杆替代系统锚杆，采用“钢架+喷射混凝土+钢筋网+锁脚锚杆”黄土隧道初期支护结构模式，创黄土隧道支护结构新形式。后神府高速墩梁大断面黄土隧道初期支护采用此结构形式，既不影响隧道结构稳定，又减少施工环节，缩短工期并降低造价。

2006—2012年，高速公路隧道建设进入高潮，面临各种不良地质围岩施工，洞口采用大管棚、洞内采用小导管进行超前支护，施工技术与工艺各具特色。

Ⅲ级或Ⅳ级围岩段施工。小康高速包家山隧道在短开挖后，先初喷3～5厘米混凝土，封闭爆破围岩裂隙，形成围岩承载拱，待出渣后再行复喷；将钢拱架改为网构拱架，确保拱架后喷射混凝土与围岩密实；采用锁脚锚杆，支撑拱架和隧道顶部，防止拱架下沉。

浅埋Ⅴ级围岩断层破裂带施工。商界高速殷家湾等中、短隧道施工时，洞口采用直径89毫米、壁厚5毫米、长30米、间距40厘米大管棚超前支护。大管棚采用无缝钢管加工成花管进行注浆，前端加工成锥形以打入岩体，并防止浆液前冲。洞内采用直径50毫米、壁厚4毫米、长5米、间距40厘米小导管进行预注浆超前支护。风钻钻孔成孔后，用高压风清孔，人工用速凝沙浆封口，并将锚杆末端与拱架焊接。

松散体和软弱围岩段施工。宝牛高速姚家山隧道在初期支护完成后，增设径向小导管注浆加固，在拱顶形成一定厚度受挤和受压拱圈，确保承受拱顶残坡积土压力，避免二次衬砌承受过大洞顶压力；通过监控量测确定二次衬砌混凝土最佳施作时间，避免二次衬砌混凝土受围岩收敛期应力影响而发生裂缝，增强防水能力。

围岩普遍较差的洞口段、断裂带和小净距段施工。十天高速采用超前管棚周壁预注浆方法施工。洞口段用径向系统锚杆、钢拱支撑配合喷射混凝土形成整体；断裂带和小净距段增加径向小导管注浆加固。明垭子隧道穿越10多条断层破碎带，多次出现较大侵限变形、塌方和涌水。采取超前支护和初期支护结合方法，将软弱围岩段锁脚锚杆变更为锁脚导管，适当增加导管长度，管内高压注水泥浆，导管与拱架连接牢固。陕鄂界隧道围岩为千枚岩，开挖易掉块，支护、封闭要快，拱架采用注浆锁脚锚杆固定，拱脚施作基础，防止泥化。

安川高速米溪梁隧道出口为松软土石堆积Ⅵ级围岩，遇水成泥。先采用直径50毫米双层小导管超前注浆加固，并用直径108毫米大管棚超前注普通水泥加水玻璃双液浆再造围岩，效果不佳；又采取清掉泥浆、向围岩加注双液浆方法未获成功，且出现两次大涌泥，涌泥量多达500立方米。后采用帷幕注浆方案取得满意效果。该方案是在双液浆中加入速凝早强的硫铝酸盐水泥，充填围岩裂隙形成帷幕，再加装玻璃纤维锚杆，给围岩“加筋”；待围岩强度达标后，按照台阶法掘进，先立钢拱架，后施做超前小导管、径向锚杆、挂网喷射混凝土支护。

青兰高速羊泉隧道施工，针对湿软黄土地段开挖中频发沉降下陷、倾斜、冒顶、涌泥等地质灾害，采用超前大管棚、双层超前小导管或超前大管棚配合超前小导管的超前支护加强方案。开挖前采用高压泵给掌子面预注浆加固。增大开挖预留沉降量，避免初期支护侵入二次衬砌。下沉地段结合仰拱填筑，施作斜钢支撑和临时内套拱，并采用喷射混凝土封闭等措施，增强初期支护。冒顶地段，根据现场涌泥数量和塌方体自稳性缺失特点，拱顶采用小导管注浆，注浆范围不小于4米，确保形成4米厚硬壳，以增加拱顶支撑力；掌子面采用高压注浆机对小导管注浆加固，确保注浆效果。针对隧道变形大问题，上台阶开挖及时施作临时仰拱，减少拱顶下沉；下台阶开挖施作永久仰拱，及时跟进二次衬砌。

2010年，神府高速墩梁大断面黄土隧道开挖、支护、衬砌一条龙施工

榆神高速神木1号隧道施工，针对沙漠地质开展专题研究，探索出沙漠隧道成套施工技术，具体见第二篇第六章第三节《主要隧道建设》。

三、隧道防、排水

20世纪90年代，陕西干线公路隧道防、排水实行“防、截、堵、排”治理原则，以达到排水通畅、防水可靠、经济合理、不漏不渗的目的。312国道小商、蓝小二级汽车专用公路麻街岭、牧护关等多座隧道，由于受材料和技术、工艺等条件制约，往往注浆止水堵不实、埋管引水排不尽，隧道漏水问题未能根治。

1998年后，隧道防、排水施工按照设计方案，采用以排为主的“无压防、排水法”。混凝土初喷后的渗水处理，采用省公路设计院杨文玺发明的YAS环向排水半管，进行引水截流。即围岩开挖后先喷一层2～5厘米厚混凝土，凡裂缝漏水处，均用射钉枪安设环向排水半管，并立即向其表面喷射2～3厘米速凝灰浆包裹固定，然后复喷混凝土，基本将浸淋水变为股流水。侧墙脚下衬砌之外设纵、横向排水花管，每50米间距设检查孔，将水排入路侧边沟。路面下设20厘米厚排水基层，解决仰拱以下地下水排泄。铜黄高速蒿庄梁隧道等均采用此法，效果良好。

2002年，秦岭终南山公路隧道防、排水采取综合治理原则，全拱墙设弹簧半圆透

2003年，秦岭终南山公路隧道铺设复合防水层

水管盲沟，边墙用PVC管纵向盲沟，横向布置PVC硬塑管与洞内水沟相连。隧道模筑混凝土前，先做好各种防、排水设施布置。在初期支护和二次衬砌混凝土间铺设无纺布和EVA防水板组成的复合防水层。

2005—2010年，公路隧道防、排水，根据隧道地质与含水情况，分别采用多种防、排水措施。

黄延高速隧道洞内排水流量较大，自然排水不能满足需要时采用机械排水补充。两侧每间隔10～15米左右增设集水井，用水泵抽至中央排水井，然后通过隧道中央排水管排出洞外。洞口设污水处理池，集中净化处理达标后排放于路基边沟。

商漫高速隧道以结构防水为主。即沿隧道全长在初期支护与二次衬砌之间敷设防水板和土工布，作为主要防水措施。土工布采用钢钉加垫片固定于初期支护混凝土表面，防水板采用无铆钉铺设工艺。利用铺设台架自上而下铺设防水板，用爬焊机焊缝，其搭接长度及接缝处气密性采用检测仪检测。

小康高速包家山隧道防、排水，实行以排为主、排堵结合，综合治理。初喷并做防渗水处理，安装环向YAS排水半管；初期支护完成后，在表面渗漏水范围纵向3米间距，上、中、下各打5厘米引水孔，采用软管引流；渗水分散时，排水半管多排并列或分层安设集中引水，结合深孔压注水泥—水玻璃双液浆堵水，使排水半管与打孔双壁波纹管连通。防水板施工采用热熔焊接。解决岩溶富水区段施工严重涌水及涌泥难题，采用洞外地表治理排水、洞内注浆堵水、沉沙池泄水的综合治理技术。具体见第二篇第六章第三节《主要隧道建设》。

安川高速毛坝至省界段多座隧道施工中涌水严重。采取“先排后堵、排堵结合、限量排放”原则。注浆过程先预留一部分排水孔，待涌水量减小并基本稳定再行二次注浆。根据不同涌水情况多次注浆，达到堵水效果。治理涌水同时，采用反坡隧道顺坡开挖，使涌水自然从掌子面排出，不影响开挖施工。

双连拱隧道曾采用整体式中隔墙形式，防水处理困难，效果欠佳。勉宁高速整体式中隔墙曾出现渗水，后改用复合式中隔墙，即两洞防水层从隔墙与二次衬砌间做到隔墙底部，基本解决防、排水问题。延塞高速墩山隧道防水处理亦采用此法。

四、隧道衬砌

20世纪90年代，干线公路短隧道衬砌，一般采用整体式衬砌一次性完成，即采用曲墙仰供的混凝土或钢筋混凝土结构。1998年后，高速公路隧道和干线公路隧道洞口，除浅埋及偏压地段采取整体式衬砌外，一般隧道均按新奥法原理采取复合式衬砌。

复合式衬砌，是由初期支护和二次衬砌组合而成。二次衬砌是在初期支护完成，待围岩自稳后，由人工挂防水层，使用模板台车，将混凝土泵送入模衬砌。作业时，先完成仰拱、铺底施工，再用拱架台车和定型组合钢模板，先边墙、后拱顶分段连续浇筑。

蓝小二级汽车专用公路牧护关隧道二次衬砌，现场拌和混凝土，人工配合机械上料，插入式振动棒捣实，每6米为一个施工循环 。铜黄高速蒿庄梁隧道二次衬砌，先浇筑仰拱混凝土，48小时后施作隧底填充，仰拱及隧道底填充混凝土按半幅施作，填充结束后两小时洒水养护。围岩断层段加密116钢拱架和锚杆；含水段增设泄水孔并加密排水管。衬砌混凝土于洞外集中拌和，罐车运输，轨道自动行走液压起臂整体模板台车衬砌，泵送混凝土浇筑。

勉宁高速双连拱隧道衬砌混凝土，采取开挖一段浇注一段。按开挖完成顺序，先中隔墙模筑混凝土，然后拱部二次衬砌，最后仰拱衬砌。

2003年后，黄延、西汉等高速隧道二次衬砌，正洞采用自行式9米全断面液压台车施工。衬砌长度每环节8～9米。混凝土由洞外全自动计量拌和站集中拌和，罐车运输，泵送入模浇筑，衬砌台车附着式及插入式振捣器振捣密实。洞口段、断裂带、小净距段、Ⅴ级围岩浅埋段，采用钢筋混凝土衬砌，其余段采用素混凝土衬砌。紧急停车带、车行横洞及人行横洞等特殊断面，采用钢拱架、组合钢模板施工。小断面人行横洞采用2米长衬砌台车衬砌。

隧道冬季衬砌施工采取多项保温措施。如拌和站设置暖棚，用火炉保持棚内温度；拌和用水以锅炉加温，洞口临时封闭保温等。

2006年以来，商漫高速等隧道针对二次衬砌开裂问题，采取设置开裂诱发缝、掺入纤维条补强材料、设灌注施工缝、混凝土掺附加剂、设防水隔离层、改善混凝土灌注工艺等措施进行治理，直至在易开裂部位加少量钢筋，使混凝土裂缝分散而裂缝不超过容许值，从而防止和减少开裂。

2006年5月，蓝商高速隧道二次衬砌施工

五、隧道施工通风

公路隧道施工钻孔、爆破、装渣、喷射混凝土，出渣运输车辆尾气排放，开挖时地层释放有害气体等，使洞内空气含氧量减少，并产生浮尘及有害气体。随着隧道不断向山体深处延伸，洞内温度、湿度亦相应提高。如处理或防护不当，会对洞内作业人员健康带来不利影响，特长隧道施工通风更为重要。

20世纪90年代，公路隧道施工通风，采用由通风机通过专用软管压入式送风方式，将洞内污浊空气排出洞外。2000年后，高速公路隧道施工通风仍多用此法，而通风设备、设施随隧道长度、断面大小等有所不同。

2002年，西汉高速秦岭Ⅰ号隧道施工，分别采用220千瓦轴流通风机和30千瓦射流

2007年1月，小康高速包家山隧道施工，采用轴流通风机为工作面通风

通风机通风。其他长隧道用多台大功率通风机通风。

秦岭终南山公路隧道东线利用铁路Ⅰ号线隧道巷道通风，引新鲜空气进入。各横通道安装两台动叶可调式轴流通风机，由两条独立通风软管分别向两个工作面送风；各工作面产生的污浊空气由铁Ⅱ线排出，总风量达每分钟6 000立方米，风速每秒3.30米。西线在东线打通后施工，利用东线作为施工平行导洞，同时利用铁Ⅱ线向工作面输入新鲜空气。

小康高速包家山隧道多个作业面施工，钻爆法开挖造成隧道内作业环境恶化，通风极其困难。为此，采用单斜井双正洞射流通风技术，通过斜井通风换气，不仅改善施工环境，还节约大量通风费用。

2006—2010年年底，全省公路隧道施工通风技术与前基本相同。

第三篇　公路养护

公路养护是维护公路及其设施完好，保证公路正常使用的必要手段。公路养护按其工程性质、技术复杂程度和规模大小，分为小修保养、中修工程、大修工程和改建工程四类；按养护形式，分为经常性养护和季节性养护。

伴随公路事业持续发展，陕西公路养护经历由薄弱、改善到全面加强的过程。1991—2000年，以高等级公路、干线公路和部分县乡公路养护为主，实施干线公路GBM工程和创建文明路活动，开展公路养护“好路杯”竞赛，实施西（安）包（头）公路陕西段等干线公路重点整治，改善、提高公路等级及技术指标偏低路段路线、路基、路面技术状况，逐步完善排水、防护、交通安全等配套设施，加固或改造桥梁、隧道。2001—2005年，加强高速公路养护，改善干线公路与农村公路养护，实施干线公路危桥、险路整治和安保工程，发展大道班和机械化养护，引进、推广应用养护新材料、新技术、新工艺，提高养护水平。2006—2010年，以打造一流路况，提升服务品质为目标，以创建“三心”即“用心的公路产品、精心的公路养护、尽心的公路服务”为形象品牌，深化养护体制、机制改革，健全和规范高速公路、干线公路与农村公路养护系统，全面推进养护工程招投标，增强养护市场竞争活力。适应全面提升公路养护质量要求，加大养护资金供给，逐步实行按需投入。组织开展高速公路、干线公路养护管理打“翻身仗”活动。以迎接全国公路养护管理检查为契机，全面加强养护，整治路况，美化路容，持续实施危桥、险路治理和安保工程，开展养护管理示范达标路建设、农村公路养护质量年活动。积极采用新技术、新材料和新设备，改善养护手段，提高养护质量。不断加强公路灾害防治，全力组织抗洪抢险、抗击冰雪灾害、抗震救灾，保障公路安全畅通。经过20年发展，全省公路养护从被动性养护、突击性养护、分散型养护转向主动性养护、预防性养护和集约型养护。交通运输部“十一五”时期全国干线公路养护管理检查，陕西高速与干线公路养护管理综合排名列全国省（自治区）第五位，跻身全国先进行列。全省农村公路全部纳入养护管理。

第一章 养护技术

20世纪90年代，公路养护技术和养护机械化迅速发展。通过养护大中修工程、改建工程和专项工程，对等级偏低或技术指标偏低路段的路线、路基、路面、交通工程和安全设施等，进行改建和改善提高，对桥梁、隧道进行维修、加固或改造、改建。浅基防护、抗滑桩、高压劈裂注浆等路基防护、加固技术，高压旋喷桩、黏贴钢板、体外预应力等桥梁加固技术，路面扩缝灌缝机、路面综合养护车等新材料、新技术、新设备，在养护工程中得到应用。2001—2010年，干拌水泥碎石桩、干拌沥青废料桩、钢筋混凝土锚杆框架梁护坡、柔性主动防护网等路基防护与加固技术，改性沥青、微表处、超薄磨耗层、同步碎石封层、沥青路面冷再生、水泥路面再生利用、沥青玛琋脂碎石路面，以及改变桥面连续结构、体内预应力加固、体系转换等新材料、新技术、新工艺，在日常养护和养护工程中得到广泛推广应用；新型养护、施工设备，除冰除雪和道路保畅设备不断引进，极大推进公路养护技术发展，改善养护手段，提高养护质量和效率。

第一节 路基养护技术

20世纪90年代，全省干线公路和县乡公路通过养护工程、改建工程，逐步改善等级偏低或技术指标偏低路段平、纵面线型，提高公路技术等级和路基技术指标；改造、完善路基排水、防护设施，提高公路抵御自然灾害能力。

1991年，省公路局在商洛地区进行路基冲刷防治技术试验研究获得成功，交通部在商洛召开全国山区公路水毁防治技术研讨会，总结、推广陕西经验，浅基防护技术在山区公路水毁防治工程中得到广泛推广应用。铜川等公路管理总段运用土工合成材料，修建渗、排水盲沟，治理地下水发育、浸水路基翻浆病害；应用石灰挤密桩、土工织物、石灰土换填、完善排水、支挡工程等综合措施，治理210国道宜君梁等路段软弱路基、路基滑移等病害。

加筋土技术在路基防护工程中持续推广应用。延安、咸阳、铜川等公路管理总段，在黄土高原丘陵沟壑区干线公路修建多座加筋土挡墙。主要有：应用涂塑加筋材料修建的211国道淳化境加筋土挡墙；210国道洛川石家庄高50.67米的加筋土挡墙；应用黏性土理论修建的210国道宜君境3座加筋土挡墙，其中偏桥加筋土挡墙长110米、高11米。

高等级公路养护工程，注重采用新技术、新材料、新工艺。西铜公路K50+600等处高填土路基沉陷，采用高压劈裂注浆方法进行深层加固；K64+300处挖方路基下天然洞穴，采用浆砌片石封堵洞穴两端，向洞内灌入干拌生石灰沙浆，高压注入水泥浆，使生石灰沙浆膨胀充满洞穴并固结，消除重大安全隐患；K64+100处加筋土挡墙沉陷，采用高压旋喷桩帷幕、钢筋混凝土抗滑桩，对一、二级挡墙进行加固，在一级挡墙顶增设浆砌片石排水沟、石灰土隔水基层和沙砾路面，将墙顶农用道路排水引出墙外远排，防止雨水下渗；泾河大桥下行线南岸台背路基沉陷，深层采用生石灰挤密桩加固，浅层采用3∶7石灰土换填。西宝、西临、西铜高速桥涵台背等路基沉陷，多采用高压注浆、石灰土或二灰碎（砾）石换填等方法加固。西安咸阳国际机场二级汽车专用公路湿陷性黄土路基沉陷，采用石灰土换填、增设灰土隔水墙、完善排水设施等方法实施综合治理。

1998年7月29日，210国道洛川石家庄加筋土挡墙因超重交通影响突然垮塌，省交通厅组织专家调查、分析垮塌原因，吸取高大加筋土挡墙修建及使用经验教训，决定以新建桥梁取代加筋土挡墙。是年安排投资2 639万元，在原址修建3孔、长272.20米钢筋混凝土预应力连续刚构桥一座，永久性解决该处黄土土桥交通瓶颈问题。

“十五”时期，干线公路和县乡公路养护工程，对公路路线等级或路基技术指标偏低路段，持续进行改善、提高。108、210、310、312、316国道等干线公路，采用天然沙砾、石灰土、石灰土碎（砾）石、二灰碎（砾）石换填，手摆片石、水泥沙桩、石灰沙桩、沙砾垫层等技术，或配合增设盲沟、急流槽、截水沟、增建或接长涵洞、完善排水设施等措施，对桥涵台背、挡墙背、排水不良路段和湿软路基，进行加固和综合治理。浆砌片石、低标号混凝土或片石混凝土等材料，用于干线公路路肩硬化；浆砌片石矩形边沟加盖钢筋混凝土盖板、钢筋混凝土圆管纵向涵，用于干线公路过村镇和居民点路段排水边沟改造。片石混凝土护坦等浅基防护技术，在县乡公路养护工程中得到应用。西宝、临渭、铜黄、西阎等高速公路软弱路基加固，大规模采用干拌水泥碎石桩、高压注浆等技术。铜黄高速上边坡滑坡，采用坡面卸载、钢筋混凝土抗滑桩、锚杆框架梁护坡、PE管仰斜排水孔等综合措施进行治理。

2006年7月，107省道秦岭北麓路段修建浅碟式排水边沟

2006年后，干线公路按照安保工程标准，采用三角形、浅碟形边沟等结构形式，对排水边沟逐年进行改造；山区公路地下水发育路段，采用完善排水、防护设施，增设PVC多孔排水管纵、横向盲沟等方法，对路基病害进行综合治理。高压注浆、干拌水

泥碎石桩、水泥稳定沙砾换填等技术，广泛应用于干线公路路基加固；清方卸载、浆砌片石护面墙，拱形、人字形、格式骨架护坡，三维网或钢筋混凝土骨架护坡植生防护，SNS、GTC柔性主动防护网、预应力锚索框架梁护坡、预应力钢筋混凝土抗滑桩等技术，在316、210国道等干线公路灾害防治工程，铜黄、西康等高速公路滑坡治理和路基加固工程中得到广泛推广应用。铅丝石笼、丁坝、顺坝、潜坝等调治构造物，石笼护坦、浆砌片石挡墙等防护技术，广泛应用于山区干线公路沿河路基防护。喷锚固结技术、干拌沥青废料桩[①]加固等技术，在高速公路碎落石边坡治理，和路基加固工程中得到推广应用。

各地农村公路路基养护工程，大规模应用沙砾换填，或石灰土、灰土沙砾、灰土碎石、水泥稳定沙砾换填，或采用干压片石处理软弱路基翻浆、沉陷病害，同时增设、完善浆砌片石路缘带、排水沟、涵洞、挡墙、护坡等排水、防护设施，对软弱路基进行综合治理，改善路基水稳定性，提高路基承载力。

第二节　路面养护技术

一、路面检查、检测

公路路面使用质量检测制度，建立于20世纪80年代，90年代逐步健全、完善。每年春融期[②]，公路养护系统组织专业技术人员，对沥青路面质量技术指标——弯沉、摩擦系数、平整度等进行检测，对路面裂缝、网裂、松散、坑槽、拥包、车辙、沉陷等病害的分布、面积、严重程度等，进行徒步调查和测量登记，建立养护技术档案。高等级公路路况调查和路面检测，自西三一级公路建成通车起形成制度。针对路面裂缝成因与治理，养护部门每年1月和8月极端气温季节，进行两次路面裂缝调查，逐公里绘制路面裂缝分布图，研究裂缝发生、发展和变化规律，分析产生原因，探讨治理措施。

结合加强路面养护，公路养护系统开展沥青路面养护技术、养护对策计算机管理研究。高速公路养护单位逐步配备计算机，依托路况调查和路面检测成果建立数据库，开展路面养护管理系统研究。1997年，路面评价和养护管理系统在全省干线公路推广应用。翌年起，在全省干线公路和县乡公路养护管理中全面应用，干线公路路面养护初步实现数字化辅助决策。

1999年以至2001年后，干线公路和高速公路养护工程，依据路面检测成果、旧路病害状况、实测弯沉以及逐段钻芯取样分析成果等资料，运用路面养护管理系统，选择、确定养护技术措施，制定养护工程技术方案，逐步推行预防性、及时性、主动性养护。

2006—2010年，省公路局相继制定干线公路路面大修工程设计要求、公路预防性养护管理办法等制度，规范路面检查、检测。路面大修工程设计，推行旧路病害事先调

注[①]：干拌沥青废料桩是利用旧沥青路面铣刨废料，掺入一定比例水泥，干拌后作为填料用于路基加固。干拌桩成桩过程对路基土有挤密作用，成桩后桩体水泥固结过程吸收路基水分，降低路基含水量，从而提高路基承载力，改善路基水稳定性。干拌废料桩利用部分路面铣刨废料，可节约原材料，减少环境污染。

注[②]：春融期，是指每年春季土壤解冻期，路基、路面技术状况最不利季节。陕西关中春融期一般在每年3月中旬前后。

查、旧路弯沉复测制度，对旧路技术状况进行综合评价，制定针对性工程措施；预防性养护路段，逐步实行事先路况检测、调查，结合日常巡查，建立检测、监测机制与分析评估模型，健全预防性养护数据收集、分析评估、决策机制，依据路面养护管理系统等评价平台，合理选择养护时机和处置方案，提高养护决策质量和投资效益。

2006年4月，工程技术人员在307国道进行路面弯沉检测

二、沥青路面养护

（一）高速公路沥青路面养护　20世纪90年代，高速公路沥青路面日常养护作业主要是清扫保洁。零星网裂、坑槽、局部沉陷等病害，采用挖除病害、用沥青混合料修补的方法处理。1996年，省高管局成立机械化养护站，装备1000型沥青拌和站和摊铺机、双钢轮振动压路机等养护设备。沥青路面裂缝治理采用刻缝补缝机，网裂、坑槽、沉陷等病害处置，采用多功能养护车作业，或用沥青混凝土修补。西铜、西渭、西宝高速相继进入中修期后，养护工程采用中粒式沥青混凝土修补路面网裂、坑槽，或采用中粒式沥青混凝土上面层、粗粒式沥青混凝土下面层，用于路面沉陷等病害处置。局部基层病害，采用水泥稳定碎石基层补强。西临高速公路路面中修，采用中粒式沥青混凝土全断面罩面处置。

2002年后，早期建成高速公路渐次进入大修期，改性沥青[①]、泡沫沥青冷再生[②]等新材料、新技术、新工艺和预防性养护技术，逐步得到推广应用。沥青路面大修工程，采用局部路面病害铣刨重铺补强设计，透层、下封层和黏层，采用SBR改性乳化沥青；按照病害程度，铣刨病害部位路面结构层，分别采用6厘米中粒式沥青混凝土，或双层10～12厘米中粒式沥青混凝土修补面层病害；基层、底基层病害，采用水泥稳定碎石基层、二灰碎石底基层修复。病害处置后，全断面加铺4或5厘米中粒式SBS改性沥青混凝土面层。

西宝高速兴平至蔡家坡段大修，采用4厘米细粒式SBS改性沥青混凝土罩面。同时，采用微表处实施预防性养护试铺1.70公里。2005年大修时，分别铺筑泡沫沥青冷再生柔性基层试验路1.50公里，PR改性沥青抗车辙试验段800米，聚酯纤维改性沥青混凝土桥

注[①]：改性沥青是指采用橡胶粉、树脂、高分子聚合物、天然沥青或其他外掺剂，与普通路用沥青掺配，经专用设备加工，性能得到改善的沥青结合料。如SBS改性沥青，即是以苯乙烯-丁二烯-苯乙烯嵌段共聚物为改性剂制成的改性沥青。

注[②]：泡沫沥青冷再生是将铣刨的旧沥青路面废料回收、破碎，加入一定量泡沫沥青、水和水泥，经拌和后重新铺筑用做基层，具有施工方法简便，节约资源，降低工程成本，低温天气可正常施工，开放交通早，抗变形、抗老化、抗疲劳性能强等优点。

面上面层试验段1公里。

2006年后，双层改性沥青结构、密级配沥青碎石柔性基层（ATB）、沥青玛瑅脂碎石路面（SMA）、橡胶沥青混凝土路面、改性热沥青同步碎石封层、抗车辙路面结构等新材料、新工艺、新技术，在高速公路沥青路面养护工程中广泛推广应用；泡沫沥青冷再生和乳化沥青冷再生等环保、资源节约型养护技术，得到快速发展；微表处、超薄磨耗层、沥青再生雾化封层等预防性养护技术，广泛应用于沥青路面养护工程。土工合成材料、密封胶、抗裂贴等新材料、新技术，应用于沥青路面裂缝等病害治理。

渭潼高速路容路貌整治抢修工程，对局部网裂较多路段，铣刨重铺5厘米改性沥青混凝土面层，全断面加铺4厘米改性沥青混凝土罩面；病害轻微路段，采用沥青再生雾化封层或微表处，实施预防性养护；陕、豫两省省界段30公里施以重点整治，部分采用9厘米密级配沥青碎石下面层，部分采用厂拌泡沫沥青冷再生柔性基层补强，重铺双层9厘米改性沥青混凝土面层；翻浆严重或沉陷路段，采用双层（最厚29厘米）泡沫沥青冷再生柔性基层补强。裂缝处理，按照病害程度分层切除病害结构层，灌注改性乳化沥青（基层灌注水泥浆），黏贴土工格栅或土工布后，用密级配沥青碎石分层修补。整治工程密级配沥青碎石下面层铺筑，首次使用沥青混合料转运车。中、上面层沥青混合料，采用机制沙替代石屑和天然沙。

榆靖高速路面病害治理工程，在基层顶面铺筑SBR改性热沥青同步碎石封层，增强封水性能和层间黏结。2007年西阎高速路面大修，在泡沫沥青冷再生柔性基层上，铺筑SBS改性热沥青同步碎石封层试验路5公里。之后，SBR、SBS改性热沥青同步碎石封层技术，在高速公路养护工程中广泛应用。

2007年5月，西户高速路面大修工程进行泡沫沥青冷再生基层施工

勉宁高速路面整治工程，较严重沥青路面裂缝，采用裂缝养护设备开槽、扩缝，乳化沥青、密封胶或细粒式改性沥青混凝土灌缝，高分子聚合物抗裂贴封闭裂缝；一般性车辙路段，采用美国VSS/博坎车辙摊铺箱，摊铺微表处混合料修复车辙；病害处置后全断面加铺1厘米微表处。轻度裂缝路段，用沥再生[①]雾化封层进行表面处理。

西户高速路面大修、抢修工程，车辙严重行车道、超车道，采用14厘米泡沫沥青冷再生柔性基层补强；深层病害用25厘米水泥稳定碎石、10厘米乳化沥青再生柔性基层双

注①：沥再生是由高纯度优质石油溶剂、与经过高温特殊处理的改性沥青及沥青活性再生剂结合而成的高渗透性高分子聚合物，具有抗水、抗光照和抗化学侵蚀特性，可提高沥青材料黏结力，延缓沥青老化，延长路面使用寿命。

层补强，面层采用双层10厘米改性沥青混凝土或增加8厘米粗粒式沥青混凝土下面层两种结构。在桥面上面层沥青混合料中掺入0.30%聚酯纤维，提高铺装层抗推移性能。

西潼高速大修坑槽、网裂、车辙处置，采用掺PR抗车辙剂中粒式改性沥青混凝土；基层、底基层破碎路段，铣刨路面结构层，铺筑18厘米水泥稳定碎石底基层，36厘米水泥稳定碎石基层，9厘米密级配沥青碎石下面层，6厘米中粒式PR抗车辙改性沥青混凝土中面层、4厘米细粒式改性沥青混凝土上面层，路面结构层总厚度73厘米。西安绕城高速车辙治理，在密级配沥青碎石下面层、中粒式沥青混凝土上面层，以及桥面铺装层沥青混合料中，全部添加0.30%PR抗车辙剂，提高结构层抗车辙性能。

2008年，西宝、铜黄等高速公路沥青路面大修，全面推行上面层碎石水洗工艺。西安绕城高速、延塞高速预防性养护，铺筑微表处129公里，铺筑超薄磨耗层试验段5.20公里，应用就地热再生技术铺筑试验路3.20公里。铜黄高速路面大修，一般路段补强采用乳化沥青冷再生柔性基层；长、大坡道路段，采用8厘米密级配沥青碎石下面层、双层10厘米掺聚酯纤维改性沥青混凝土面层抗车辙结构。同时，铺筑橡胶沥青混凝土试验路1公里。

2009年高速公路路面大修，首次在养护工程中应用沥青玛琋脂碎石（SMA）上面层结构。

西宝、铜黄高速按照病害轻重程度，分别在点病害处置后，直接加铺4厘米细粒式改性沥青玛琋脂碎石，或在泡沫沥青冷再生柔性基层上铺筑5厘米改性沥青玛琋脂碎石面层；病害严重路段，铣刨路面结构层，重铺水泥稳定碎石底基层、泡沫沥青冷再生柔性基层（或乳化沥青冷再生基层），6厘米中粒式改性沥青混凝土下面层，4厘米改性沥青玛琋脂碎石上面层。铜黄高速长、大纵坡路段大修，采用8厘米密级配沥青碎石下面层、6厘米掺聚酯纤维中粒式改性沥青混凝土中面层、4厘米改性沥青玛琋脂碎石上面层结构。

西安咸阳国际机场高速路面整治，主线路基段，铣刨行车道、超车道原排水性上面层，增设改性热沥青同步碎石封层，重铺6厘米中粒式改性沥青混凝土中面层，全断面加铺5厘米中粒式改性沥青玛琋脂碎石上面层；渭河大桥、六村堡立交主线桥、咸阳东立交通道桥桥面，在原抗滑磨耗层上铺筑1厘米微表处；机场连接线1.80公里排水性路面，采用乳化沥青、密封胶处理纵、横向路面裂缝，中粒式改性沥青混凝土调平沉陷路面，全断面铺筑2.50厘米超薄磨耗层，实施预防性养护。

2010年勉宁高速整治工程，在路面病害处置后，全断面加铺5厘米细粒式橡胶沥青混凝土面层（隧道段为4厘米），折合单幅长度100公里；桥面预防性养护，采用2.50厘米超薄磨耗层。汉宁高速金水至勉县段、西禹、西铜、黄延等高速公路预防性养护，路面病害处理后，加铺4厘米细粒式改性沥青混凝土面层；病害轻微路段，采用微表处实施预防性养护。

（二）干线和农村公路沥青路面养护

20世纪90年代，干线和农村公路沥青路面养护，主要集中于干线和部分县乡公路。日常养护主要包括：路面清扫保洁，清除路面积水、积沙、积雪，治理路面泛油、拥包、裂缝、网裂、松散、坑槽、沉陷、车辙等病害，修补路肩、路缘石，自采加工路面养护料等。沥青路面泛油、发软，采用撒布养护料处置；拥包，采用十字镐铲除（即打油包）；裂缝、网裂，按照轻重程度，采用灌缝、刷油、撒铺养护料弥缝治理；严重龟裂及坑槽，挖除病害部位，分层洒布沥青、矿料或采用沥青拌和料修补，小型压实机具、压路机压实或指挥行车碾压。一般沉陷、车辙，采用层铺法或拌和料修补、调平。

沥青路面养护推广应用阳离子乳化沥青、旧油皮再生利用、防滑路面、橡胶沥青、土工织物等新材料、新技术、新工艺。缺石料地区和陕北沙漠地区，推广油沙路、油土路。路面日常养护，广泛应用阳离子乳化沥青稀浆封层罩面，治理路面裂缝、网裂、松散等病害，改善路面平整度，提高抗滑和防水性能。无纺纤维布等土工织物，用于路面网裂等病害治理。

路面养护工程，多采用加铺面层、补强重铺、翻修面层等技术措施。推广应用乳化沥青下封层、黏层。大修工程多采用厂拌或路拌沥青碎石面层，水泥稳定碎石（或沙砾）基层，水泥石灰综合稳定土或石灰稳定土底基层。中修罩面多采用层铺法表面处置，部分采用沥青碎石表面处置。

1995年起，省公路局安排大修专项资金，对干线公路特坏路段实施治理。是年实施108、312、316国道等干线公路大修180公里，中修罩面619公里。部分大修补强工程，在原沥青路面上采用下贯（贯入式沥青路面）上拌（沥青碎石）双层结构。1997年初全省多雨雪，主要干线公路出现大面积翻浆、坑槽等病害。310国道孟塬至河南界、312国道商南至河南界、108国道佛坪至土地岭、勉县至棋盘关等路段尤为严重。省公路局安排实施上述路段758公里路面补强翻修、重铺及封罩面，使路况得到改善，通行能力提高。

适应提高养护工程质量、投资效益与施工技术发展要求，养护工程逐步淘汰落后工艺和施工方法，三级以上干线公路路面工程，基层和沥青面层逐步淘汰路拌、人工摊铺及贯入法施工，推行机拌机铺；二级以上干线公路路面施工，采用重型振动压路机压实。1999—2000年，省公路局相继在泾河油库建成丁苯橡胶沥青生产车间和年产万吨改性沥青生产线，路面养护逐步推广应用改性沥青和改性乳化沥青。冷拌沥青混合料在寒冷季节路面养护中逐步得到应用。

2000年后，路面大、中修工程始按旧路实测弯沉进行补强设计，二灰稳定土底基层、二灰碎石基层、双层沥青面层、沥青和改性沥青混凝土、路面满铺、路肩硬化等新材料、新技术，逐步在干线公路养护工程中推广应用。沥青碎石和改性沥青罩面技术，在县乡公路养护中得到推广。

108、210国道秦岭段三级公路改善等干线公路大、中修工程，新建路面采用4厘米半开级配沥青碎石面层、1厘米下封层、18厘米水泥稳定碎石基层、18厘米未筛分机轧碎石底基层（岩石路基段采用水泥混凝土路面）。202省道大荔县城至罗敷段二级公路整治，旧路面病害挖除、修补后，全宽度加铺沥青混凝土面层补强；加宽部分新建路面，采用沥青混凝土面层、稳定土类基层、底基层3层结构。由此期起，干线公路养护工程，路面均采用全宽铺筑，路肩多采用低标号混凝土、片石混凝土或浆砌片石硬化，部分路线采用沙砾硬化。

2002年起，108、310国道，201、304省道等干线公路坏路整治、拓宽改造工程，采用双层沥青面层或双层沥青面层加基层补强。新建路面采用3厘米细粒式沥青混凝土上面层，4厘米中粒式沥青混凝土下面层双层结构，基层采用18或20厘米水泥稳定碎石或二灰碎石，底基层多采用18～20厘米石灰稳定沙砾。108国道渭南故市路基潮湿路段，路基加高后，采用32厘米二灰土底基层补强。310国道五丈原城镇过境段拓宽改造，软基换填后，在路床顶增设20厘米沙砾垫层。

2003年，210国道榆林境88公里路面病害治理，对病害轻微、平整度尚好路段，用SBR改性乳化沥青稀浆封层处置；网裂、唧浆路段，用SBR改性热沥青、3～8毫米石灰岩碎石洒铺罩面；面层病害严重路段，病害处理后，重铺双层7厘米沥青混凝土面层；基层翻浆、推移路段，挖除面层、基层，在7厘米双层式沥青混凝土面层以下，设沥青下封层、20厘米水泥稳定碎石基层；底基层损坏路段，换填、加固路基后，增设20厘米石灰稳定沙砾底基层；面层推移路段，采用SBR改性沥青做面层结合料。延安至洛川段整治等工程，裁弯、降坡路段，新建路面结构采用双层7厘米改性沥青混凝土面层、30厘米水泥稳定沙砾基层、17厘米石灰稳定沙砾底基层；旧路补强路段，在双层改性沥青混凝土面层下，采用20厘米水泥稳定沙砾基层、17厘米石灰稳定沙砾底基层补强。

2008年5月，108国道渭南市临渭区故市段同步碎石封层罩面施工

2004年，商洛、渭南、宝鸡等公路管理局建成冷拌沥青混合料生产线，全省累计建成冷拌沥青混合料生产线14套，全面解决冬季沥青路面维修用料问题。

2005年后，改性沥青混凝土、密级配沥青碎石柔性基层、水泥冷再生基层、SBR改性乳化沥青黏层、下封层，同步碎石下封层，在干线公路养护工程中广泛推广应用。同步碎石封层罩面、改性沥青薄罩、改性乳化沥青罩面、密封胶裂缝修补、微表处等预防性养护技术得到大面积推广。沥青混凝土路面、路面满铺、路肩硬化技术、同步碎石封层和微表处等养护技术，在农村公路养护工程中得到推广应用。

210国道高陵至沣峪段大、中修，312国道商洛段大修工程，试铺ATB-30密级配沥青碎石柔性基层获得成功。西安公路管理局采用进口科来福专用密封胶[①]用于沥青路面裂缝处置，在210国道应用SBR改性热沥青同步碎石封层罩面，实施预防性养护52公里，

注[①]：科来福专用密封胶为聚合物改性沥青类材料，主要成分为沥青、改性剂、塑化剂和增黏剂，适用于-18℃以上气温环境下沥青路面灌缝，具有较强黏结力、弹性和高、低温稳定性，用于处置路面裂缝，夏季不黏轮胎，冬季不开裂，密封效果好。

为陕西首次应用同步碎石封层罩面技术。108国道周至段整治工程，采用微表处实施预防性养护38公里；210国道沣峪段、101、107省道等预防性养护，应用改性沥青罩面87公里。日常养护推广密封胶封闭、热沥青或改性乳化沥青弥缝罩面等技术，处置路面裂缝病害。

干线公路大修工程，补强翻修和新建路面，普遍采用7厘米双层沥青混凝土面层（长、大坡道和弯道路段采用SBS改性沥青混凝土上面层），和40厘米以上水泥稳定土类基层、底基层结构；采用SBR改性乳化沥青黏层、下封层，改善层间黏结和封水性能；或采用4厘米沥青混凝土面层、10～12厘米密级配沥青碎石柔性基层补强结构，解决沥青路面车辙、拥包、反射裂缝等质量通病，以及水泥稳定类基层施工难度大、养生期长、易产生干缩裂缝等问题。312国道永寿至长武段中修等工程，大面积采用热沥青同步碎石封层罩面实施预防性养护，全线路肩浇筑50厘米宽无沙混凝土透水路缘石。

2007年，宝鸡、渭南、延安等市干线公路大修、整治工程，采用进口沥青路面冷再生成套设备，铺筑水泥冷再生柔性基层100余公里，最大厚度20厘米。全省干线公路养护工程，大面积推广应用热沥青或改性热沥青同步碎石上、下封层。一般病害路段病害处置后，普遍采用大型铣刨机全宽度铣刨、拉毛5～10毫米整平、调拱，然后按照实测弯沉，采用加铺4～5厘米中粒式沥青混凝土（或改性沥青混凝土）面层或加铺1厘米热沥青（或改性热沥青）同步碎石封层罩面，实施预防性养护。宝鸡公路管理局316国道养护示范达标路工程，一次性实施同步碎石封层罩面192公里。

2008年，推进主动性、预防性养护，大面积推广应用沥青路面刻槽灌缝、同步碎石封层罩面、微表处等预防性养护技术。据不完全统计，2008年全省干线公路采用同步碎石封层罩面实施预防性养护450余公里，应用同步碎石下封层230余公里。省公路局在宝鸡、榆林、汉中等6市开展水泥冷再生配合比试验工作，铺筑试验路163.80公里，推进旧沥青路面水泥冷再生技术应用，提高冷再生施工质量。108、310、307、316国道，201、202、204、305省道等干线公路大修，大面积推广应用水泥冷再生技术，厚度达15～22厘米。仅榆林公路管理局204省道大修一项，即铺筑15厘米厚水泥冷再生基层178公里。

2010年7月，210国道石泉段沥青路面大修工程施工

县乡公路沥青路面大修，多采用4厘米沥青混凝土面层、20厘米水泥稳定沙砾或二灰稳定碎石基层，或增加灰土沙砾、灰土碎石底基层，恢复路面结构；路面满铺，采用浆砌片石或低标号混凝土硬化路肩。日常养护和中修罩面，采用智能型沥青洒布和集料撒布车；中修工程在路面病害处置后，普遍采用同步碎石封层罩面

和微表处技术，实施预防性养护。2010年，咸阳市实施农村公路大、中修740余公里。其中，采用热沥青罩面、同步碎石封层罩面实施预防性养护590余公里。

三、水泥混凝土路面养护

1991年，全省公路有水泥混凝土路面222.18公里，之后逐步增加，2000年达到892.83公里。水泥混凝土路面日常养护主要是清扫保洁，接缝（胀缝、缩缝）养护和局部破损修补。路面抗滑性能降低的，采用刻纹、拉毛的方法加以改善。路面断板处置，凿除损坏部分面板、基层，采用水泥石灰综合稳定碎石或低标号水泥混凝土修复损坏基层，用早强混凝土修复面板；零星坑槽、露骨、小面积坑洞等破损，切割成规矩形状，采用掺膨胀剂混凝土、环氧沙浆或环氧混凝土修补；接缝填料老化、损坏，采用热沥青等填缝料修补。

干线公路早期修建水泥混凝土路面普遍开始进行养护灌缝。铜川、汉中等公路管理总段，应用掺早强剂、膨胀剂混凝土，用于水泥混凝土路面病害修补，解决新补混凝土干缩裂缝等问题。大、中修工程，采用局部换板、补强重铺等方法治理路面病害。

2001—2005年，乡、村道水泥混凝土路面增多，养护工作量增加。路面接缝养护，用热沥青等填缝料灌缝。破碎较宽接缝，用沥青沙或密级配沥青混凝土填充；非贯通性裂缝，用环氧沙浆修复；一条裂缝面板，切除局部断板，处置基层病害后在切面植筋，浇灌混凝土修复；两条以上裂缝面板，整块清除后重新浇筑面板；路面板沉陷，将整块板凿除，加固路基、基层后浇筑新面板；路面板局部起沙、露骨、麻面，采用环氧沙浆或其他聚合物沙浆修补；大面积起沙、露骨，铺筑沥青沙或稀浆封层磨耗层；零星坑洞，用小石子混凝土或沙浆修补。坑洞较多时，将坑洞范围周边切割、凿除成规整形状，深度不小于6厘米，用早强混凝土、环氧混凝土或沥青混凝土修补。

2006年7月，316国道勉县段水泥路面大修工程施工

“十五”期间，聚丙烯纤维网、钢纤维混凝土、新型灌缝料等新材料、新技术，在水泥路面养护工程中得到应用，在重交通等特殊路段铺筑钢筋混凝土路面。养护工程引入全线灌缝等预防性养护理念。部分破损严重水泥路面，实施黑色化改造。210国道富县吉子现等收费站损坏路面重铺，在板顶以下三分之一板厚处增设钢筋网；延安南段水泥路面大、中修，采用20厘米素混凝土基层补强。312国道商洛段大修，在水泥面板内增设聚丙烯纤维网。108、210国道西安段大修，应用塑性振捣密实型拌和钢纤维混凝土薄层修补技术，加铺厚度8～12厘米；全线水泥路面接缝，采用

聚氯乙烯胶泥[①]灌缝，实施预防性养护。

210国道宜君至铜川段，312国道商洛、咸阳段等水泥路面大修，按照不同病害程度，在25厘米面板下，分别采用20厘米低标号水泥混凝土基层、20厘米片石混凝土底基层；18厘米水泥稳定碎石基层，18厘米石灰稳定土底基层；20厘米水泥稳定碎石基层三种方案处置。312国道商洛段、永寿至长武段隧道路面，采用25厘米钢筋混凝土面层；210国道铜川段采用连续配筋设计，铺筑25厘米厚钢筋混凝土试验路3 022平方米。

此后，干线公路破损严重水泥路面，多采用低标号混凝土或二灰碎石基层，或增铺片石混凝土底基层补强。接缝多采用专用胶等材料进行全线灌缝，实施预防性养护。

2008年，汉中公路管理局采用多锤头破碎技术，将108国道破损严重水泥路面破碎后用作基层，铺筑沥青路面。之后，商洛、宝鸡等市干线公路大修工程，对病害严重水泥路面，多采用碎石化处理作为底基层，改造为黑色路面。西安市阎良区乡道周相路，水泥路面病害修补后，铺筑4厘米沥青混凝土面层，实施黑色化改造。

西汉高速秦岭隧道群，以及羊泉沟、良心隧道等隧道水泥路面，2009年采用纵向刻槽技术实施抗滑改造，改善路面抗滑性能。

全省大规模加快通村油（水泥）路建设，村水泥路日常养护成为村道养护主要任务。日常养护主要是路面清扫、保洁，修建较早或因质量缺陷出现路面局部损坏的，采用换板补强方法修复；破损严重路段，重铺路面结构层。商洛、宝鸡等市农村公路养护工程，采用18～22厘米厚混凝土面板、18或20厘米水泥稳定沙砾基层，修复水泥路面病害。胀缝采用软木材浸沥青膏填塞，缩缝采用沥青或橡胶沥青灌缝养护。

四、沙石路面养护

1991年，全省公路有沙石路面1.58万公里，占公路总里程41.32%，主要分布于县乡公路和专用公路，干线公路有少量沙石路面。未纳入统计村公路，基本为沙石路或土路。

沙石路面日常养护，包括回沙、匀沙，修复磨耗层，修补坑槽、车辙，铲除搓板，调整路拱，整修路肩，排除路面积水、积沙、积雪等。养护作业多采用雨前备料，雨中巡查，雨后上路整修，指挥行车碾压方式养护；或用刮板回沙器回沙、匀沙，手扶拖拉机或洒水车拉水，人工铺装沙石、沙土，修复磨耗层，调整路拱，改善超高，治理路面病害；或采用补强重铺方法，修复损坏严重路面。通过逐年养护、改造，将沙土路改造为沙石路面。

沙石路面养护用沙砾、碎石、石屑、黏土等材料，一般通过道工自备、自采加工或群众性普修活动采备。部分县乡公路养护单位配备轧石机，每年每名道工自采加工100立方米以上规格碎石，用于重要县乡公路和特坏路段铺装泥结碎石路面。按照基层、承重层、磨耗层、保护层不同用料规格筛分，养护维修时采用规格料养护，主要县乡公路沙石路面逐步实现碎石化。石灰土稳定碎石等石灰稳定土类路面结构在农村公路养护中得到应用。

1996年起，全省实施村村通公路，陕南、陕北和关中一些地方主要铺筑沙石、沙土

注[①]：聚氯乙烯胶泥，是以煤焦油为基料，加入丁苯橡胶、树脂、增塑料、磷酸二辛酯、抗老化剂、滑石粉等材料，加工而成的加热施工式水泥路面灌缝材料，具有耐嵌入度高、耐高低温，与混凝土板黏结力强、施工方便等优点。

路面。而干线公路随着不断实施改造、改建，提高技术等级，沙石、沙土路逐步减少。至2000年年末，全省干线公路有沙石、沙土路929公里，县乡公路有沙石、沙土路1.25万公里。全省村道约6万公里，除少量油路外，绝大部分为沙土路面，部分铺装沙石路面。多采用农闲组织农民普修的方式进行养护。部分地方组织农民养护工负责清扫路面、修补坑槽等日常养护。

2001—2005年，干线公路和县乡公路新建、养护工程持续推进油路化，沙石路面逐年减少。沙石路面养护普遍采用石灰、水泥稳定土类材料，路面结构层厚度普遍增加。沙石路面多采用15～20厘米沙砾或卵石垫（基）层、15～20厘米灰土沙砾、灰土碎石面层或水泥稳定碎（砾）石面层。农村公路推动实施通达工程，以修建沙土、沙石路面为主，部分地方修建沥青路。2005年年末，全省干线和县乡公路有沙石路面2.02万公里，6.83万公里村级公路中沙石铺装里程2 532公里，其余大多为沙土路。

沙石路面养护工程，多采用沙砾或灰土沙砾、灰土碎石路面或水泥稳定沙砾路面，采用沙砾、山沙、风积沙等铺筑磨耗层。2006年以来，在大规模实施通村油（水泥）路建设中，部分不具备条件的村道，仍铺筑沙石路面。干线和县公路持续实施改建、改造，推进实施乡乡通油路，沙石路面持续减少。

2005年3月，丹凤县秋树坪道班工人进行丹（凤）庚（岭）公路沙石路面养护

2010年年底，全省干线公路有沙石路面457公里，占干线公路总里程3.60%；农村公路有沙石路面2.19万公里，占农村公路总里程16.47%，主要分布在陕南、陕北山区和偏远地区。县乡公路沙石路面与油路，统由县乡农村公路管理局（站）、所管理养护。村沙石路一般由乡政府管理，村委会组织村民定期养护或由专人常年养护，并与村道油路养护一起纳入目标责任管理，养护内容与作业方式变化不大。

第三节　桥梁养护技术

一、桥梁检查、检测

桥梁检查、检测分为经常检查、定期检查和特殊检查、检测，陕西省公路养护系统于20世纪80年代建立桥梁养护管理制度，开展桥梁检查、检测，90年代逐步完善。干线公路桥梁经常性检查，由县公路管理段实施，一般每月检查一次，以目测为主，配合简单工具量测。检查项目包括：桥面系、上下部构造是否完好，河床有无冲刷，导流、防护构造物是否完好，标志及其他附属设施是否完好等。经常检查发现桥梁存在三类及以上病害时，即进行定期检查。定期检查由地（市）公路管理总段实施，一般每三年进行一次。检查以目测观察与仪器检测结合，校核桥梁基本数据，检查部件缺损情况，判断病害原因，做出技术状况评定。定期检查发现重要部件存在三类以上病害，或存在难以判明原因及程度损害，或桥梁遭受洪水、地震等自然灾害，或超重车辆自行通过的，即委托专业机构进行特殊检测。

高速公路桥梁经常性检查，由线路管理处（分公司）和管理所实施。管理所每天进行1～2次例行巡查，每月进行一次经常性检查。每年汛期前、后，由线路管理处进行两次专项检查，主要检查桥梁行洪状况，河床冲刷、淤积，桥梁结构和导流、防护设施完好状况等。检查中发现局部构件或附属设施破损，即随时安排维修。发现较严重病害，报告上级养护单位进行定期检查或安排加固、维修。

1996年，省公路局安排进行全省干线公路桥梁专项调查。之后，各地（市）公路管理总段相继完成干线公路桥梁、涵洞详细调查和数据采集，建立桥梁技术档案和桥梁养护数据库，桥梁养护实行计算机管理。省高管局购置桥梁检测车，并逐年安排资金，对早期建成高速公路桥梁进行检查、检测，建立高速公路桥梁定期检查制度。

2002年，省交通厅安排对采沙、取石影响干线公路桥梁安全状况进行专项调查。全省检查出14条干线公路57座桥梁，因河道采沙、取石等导致基础冲刷、外露或基础下沉，护坡及导流设施冲毁，个别桥梁因上游采石弃渣等致河床淤积，桥孔堵塞。各地在地方政府协调、支持下，加强桥梁管理，维护桥梁安全。省高速集团对重点桥梁进行逐月变形观测，依据检查、检测结果，实施桥梁维修、加固工程。

2004年后，省公路局陆续制定、完善桥梁养护管理制度，桥梁养护实行分级负责制和桥梁养护工程师制度，在县公路管理段（收费公路管理处）、市公路管理局、省公路局养护处，设专职桥梁养护工程师，强化市公路管理局桥梁定期检查职责。每年三、四月份，由市公路管理局组织专业技术人员和桥梁专家，对辖区公路桥梁进行专项检查，对三类以上桥梁制订专项养护措施或实施维修。2006年上半年，省公路局委托长安大学对府保黄河大桥、安康关庙汉江大桥等11座干线公路预应力箱梁桥、连续刚构桥及高墩、大跨径桥梁进行定期检查，检查结果评定技术状况三类桥梁2座，提出针对性养护对策和专项检测建议。

2007年9月，省交通厅在全省公路养护系统推行桥梁养护工程师制度。省公路局制订公路桥梁养护管理工作实施细则，颁布桥梁检测安全运营工作规程，建立桥梁信息管理系统；加快桥梁养护工程师培训、配备；成立公路检测中心，增强桥梁检测能力。高速公路企业修订、完善桥梁养护管理和检测制度，配备桥梁养护工程师，完善桥梁技术档案，实行桥梁户籍式管理。对高墩、大跨和特大桥梁实行定期专项检查和健康监测。西禹高速等线路连续刚构大桥，实行长年观测。

是年8月，湖南凤凰县堤溪公路大桥特别重大垮塌事故发生后，省交通厅紧急组织开展以桥梁为重点交通基础设施安全隐患排查治理专项行动。省公路局成立排查工作组、检测组和专家组，组织、指导桥梁检查工作；委托专业检测机构对干线公路危桥，超限超载重灾区大桥、特大桥，跨大江、大河特大桥进行全面检测。共排查桥梁2 668座，检测出三、四、五类桥梁分别为259座、155座、38座，分类提出维修、加固、改建计划和交通管制意见。

2008年“5·12”汶川特大地震发生后，全省公路养护系统迅速开展桥梁安全排查，对高墩、大跨、曲线桥梁及132座隐患桥梁进行专项检测。经检查、检测，全省有637座桥梁、463道涵洞，不同程度出现裂缝、破损。省交通厅立即安排组织抢修，并对受损桥梁、涵洞，采取限行、巡查、值守监测或封闭交通等措施，防止次生灾害发生。

公路养护系统用于桥梁检查、检测费用逐年增加。2009年，全省高速公路系统投入1 600余万元，用于桥梁检查、检测和观测，并建立高速公路桥梁技术状况预警机制，实现桥梁养护预防性监控和动态化管理。是年8月，按照交通运输部紧急通知精神，省公路局牵头各公路养护管理单位，对全省运营公路桥梁开展逐桥排查。共检查高速公路桥梁5 164座，干线公路桥梁2 955座，农村公路桥梁8 749座。经评定，其中三类桥梁2 975座，四类桥梁795座，五类桥梁402座，分别占检查桥梁总数的17.64%、4.71%、2.38%。根据排查结果，提出加强养护管理、维修加固和危桥改造建议。

2010年4月，陕西省交通建设集团公司榆靖分公司对所辖高速公路桥梁进行检查、检测

二、桥梁养护技术

20世纪90年代，在80年代对早期建成公路桥梁加固、改造基础上，干线公路和县乡公路养护工程，对桥面宽度不足、桥位偏低、桥头纵坡偏大或因桥长不足导致碍洪桥梁，进行加宽、加高、加长改造；通过加铺沥青铺装层，维修或改造伸缩缝，改善桥面平整度；线型不适或损坏严重桥梁，移线重建或拆除重建。高速公路桥梁养护工程，采用高压劈裂注浆、石灰土换填等方法加固沉陷台背，增铺桥面沥青铺装层，维修改造伸缩缝，改善桥面平整度。

“九五”期间，铁丝石笼基础防护、重铺或加铺桥面沥青铺装层、拆除重建或部分拆除重建等技术，广泛应用于桥梁养护工程。高压旋喷桩基础加固技术，高性能材料灌注、封闭、修补结构裂缝与缺损，黏贴钢板和体外预应力加固等技术，始用于高速公路桥梁维修加固。

西铜高速兰工房桥南岸桥台下沉，U型桥台与台后路基挡墙衔接处开裂、错台。采用高压旋喷桩对桥台地基进行加固；桥台与台后挡墙衔接开裂处采用水泥浆灌注封闭，高压劈裂注浆加固台背沉陷路基。漆水河3号桥北岸桥台为组合式桥台，台帽耳墙搭接在台背加筋土挡墙上，加筋土挡墙沉降致耳墙断裂，桥台伸缩缝损坏，台帽（盖梁）一侧悬臂端竖向开裂。加固时沿台背将搭板和耳墙凿断，用C20混凝土加厚前墙，台背加筋土挡墙顶增设混凝土低挡墙，前墙与挡墙间间隙填塞沥青麻絮，重新安装桥台伸缩缝；环氧树脂沙浆修补台帽裂缝，台帽受损悬臂端两侧面满贴6毫米厚钢板，台帽上部沿纵向每侧安装无黏结钢铰线两束，施加体外预应力加固，恢复和提高台帽承载力。

211省道汉中汉江桥因主河道北移，致北岸引道碍洪。养护工程采取按原结构形式接长办法，加接6孔101.85米，接长后全桥共32孔，长541米，达到1/50洪水频率要求。后该桥又因下游采石取沙造成河道冲刷，最深达4～5米，全桥桩基外露。加固时在主河道下游做铁丝笼片石打圆木桩积沙坝，回填沙卵石至桥墩系梁下40厘米，满铺铁丝笼片石封顶；南岸桥台附近两跨冲刷严重区，回填沙卵石并采用抛片石防冲刷护坡，桥台基础采用铁丝笼片石打圆木桩加固。

210国道榆林段K688+377处石拱桥，因超重交通影响，桥梁下部墩柱破坏，拱脚多处裂缝，拱座位移，桥面下沉，安排拆除重建。新建1孔16米钢筋混凝土空心板桥；K677+800处微弯板拱桥上部构造损坏严重，拆除后，利用原桥下部构造，改造为2孔13米钢筋混凝土空心板桥，桥面设钢筋混凝土防撞护栏。

307国道吴堡黄河大桥，因超重交通影响，桥面系损坏严重，2000年鉴定为危桥。是年7月30日，该桥中跨发生T型梁搭板断裂事故，桥面系多处裂缝、露筋、变形。养护单位紧急组织抢修，拆除桥面铺装及小T梁，重新预制、安装Π型梁，加铺10厘米钢筋混凝土桥面铺装，增设桥面伸缩缝8道，全桥钢结构除锈、涂漆防护。

2001年后，桥梁维修、加固工程广泛推广应用高性能材料修补技术，钢筋混凝土包箍、锚杆、套拱，加大拱肋截面，增加受力构件，增加负弯矩区钢筋，改变桥面连续结构，黏贴钢板或碳纤维，钢桁梁加钢，更换吊索、吊杆，体外预应力加固等新材料、新技术、新工艺。同时，继续采用局部拆除重建，维修改造伸缩缝、支座及支座垫石，或采用加宽、抬高等方法，维修加固、改造一批旧桥。

212省道陇县东河桥，河流冲刷致桥台基础部分掏空，桥台、拱圈纵向开裂。采用桥台前墙和拱圈加厚40厘米钢筋混凝土套拱加固。套拱施工时，采用整体浇注法将桥梁加宽4米；桥下河床采用C15片石混凝土铺砌；拱圈、桥台、侧墙裂缝，采用锚杆、压浆加固处理。316国道凤县马陵关1、2号桥桥面系破损严重，采用重建18厘米厚钢筋混凝土桥面铺装，并沿桥梁两侧各加宽60厘米进行加固、加宽。该线凤县安河桥维修加固，用环氧混凝土修补梁板端部破损、空洞，拆除严重破损桥面，重建钢纤维钢筋混凝土桥面铺装，取消伸缩缝，改造为桥面连续结构；因洪水、漂石冲击受损墩柱，采用20厘米厚钢筋混凝土包箍加固。

西宝高速漆水河大桥，桥面铺装层开裂、破损，桥面渗水。先后两年分别对北、南两半幅实施加固。凿除钢筋混凝土铺装层及湿接缝，修补梁顶板；重新浇筑自流平混凝土横隔板；梁顶面植筋，整体浇筑湿接缝和桥面铺装层钢筋混凝土；凿除、重新浇筑自流平混凝土防震挡块；铺筑桥面沥青铺装层，重新安装伸缩装置。同时更换全桥支座，桥面护栏改造加高。

渭潼高速渭南高架桥第17、18、19及53、54、55孔现浇跨箱梁底板、腹板，显大量横、竖向裂缝。维修加固时，用环氧材料和玻璃丝布修补、封闭梁体裂缝，刚构段梁底黏贴钢板；重建钢筋混凝土桥面铺装、伸缩缝。

107省道蓝田西河桥T梁腹板出现竖向、斜向裂缝，墩柱竖向裂缝，基础冲刷最深达3.7米。2002年按公路II级荷载标准加固：第1～4、9～14孔T梁底黏贴钢板，第5～8孔T梁底黏贴碳纤维布（板）加固；冲刷严重墩柱用C25钢筋混凝土包箍加固。

312国道咸阳沣河桥，因所在路段城市主干道加宽而进行改建。改建工程主要是：拆除北半幅旧桥，新建21米宽、14孔、202米长预应力简支空心板桥，柱式墩台，桩基础。南半幅空心板桥，采用板底黏贴钢板等方法加固梁板，用植筋技术升高支座垫石，抬高梁板，使桥面标高与新建桥梁吻合，并按原结构形式加宽11.50米。加宽改造后桥梁总宽42米，主车道为双向八车道，桥梁荷载等级提高为汽-20、挂-100，设计洪水频率1/100。

307国道吴堡黄河大桥桥面系改造加固后，由于继续超负荷运行，致主梁下挠，横向位移，部分横梁挠曲、扭转变形。2003年，采用钢桁架加钢方案进行全桥桁架加固。对钢桁梁强度与稳定性不够杆件、连接板、节点板，在原构件位置新增钢板、连接板、节点板，用高强螺栓连接，增大构件截面，提高承载力；“工”字形钢横梁顶、底面，各侧焊一块钢板，提高横梁抗弯、抗扭能力；更换横梁连接角钢，增加高强螺栓数量加固。全桥钢结构除锈、涂装。

108国道禹门口黄河大桥主桁架、主缆、索塔等钢结构构件锈蚀，吊索偏移。行车道板铰缝破坏，部分桥面板劈裂、压碎。2004年维修加固，更换桥面系及靠近索塔部分吊索及锚具；重铺H钢纵梁—钢筋混凝土组合结构桥面板；维修主缆索锚室，锚室底增设集水井、潜水泵，井口设通风防护罩；重做主缆索防护，维修、保养主索鞍，散索鞍增设波形护栏防护；调整吊索拉力，消除支座脱空；全桥钢构件防锈涂装。

2007年10月，207省道岚皋县老爪沟桥加固工程拱圈合龙段混凝土浇筑

316国道旬阳蜀河大桥，主桥桥面下挠，拱肋横向变位，吊杆偏斜，护套开裂、破损，拱肋内填混凝土多处脱空。采用低应力防腐索体加固，索体镀锌高强钢丝涂油，外包双层PE护套，锚头安装保护套，内注防腐油脂；更换吊杆，调整、恢复桥面标高；主跨每孔拱肋桥面以上横撑位置加设5道支撑，增强拱肋横向稳定性；加大主墩墩帽尺寸，施加环向和横向预应力加固；横梁底及白河岸桥台黏贴16锰钢板，膨胀螺栓加压固定；钻孔压注环氧浆液加固钢管拱肋；采用环氧富锌底漆、环氧云铁封闭层、环氧云铁中间漆、聚氨酯面漆重防护体系涂装全桥钢结构。

2006年后，增设嵌岩桩、体内预应力、体系转换（简支梁变连续梁）、黏贴芳纶纤维布等维修加固技术，应用于桥梁维修加固工程。是年11月25日，316国道白河县冷水河大桥因超限、超载严重发生垮塌。原桥为1孔80米、1孔20米箱肋单波双曲拱桥，长122米，设计荷载汽-13、挂-80。2007年重建5孔20米预应力钢筋混凝土空心板桥，桩柱式台，柱式墩，钻孔灌注桩基础，行车道宽9米，钢筋混凝土防撞护栏，设计荷载公路Ⅱ级，设计洪水频率1/100。

冷水河大桥垮塌事故后，省交通厅、省公路局安排对安康地区22座早期修建、设计标准低、有不同程度病害箱肋单波双曲拱桥进行专项整治。桥台基础好、利用价值高的13座桥梁，按公路II级荷载标准，采用加大拱肋截面，加固或增设横系梁，高性能材料灌注、封闭结构裂缝和缺损，外包钢筋混凝土加固拱脚等方法予以加固；对安全程度差、加固费用高的9座双曲拱桥，予以拆除重建。

2008年“5·12”汶川特大地震后，省交通厅、省公路局分批安排地震受损桥梁加固维修。210国道镇巴渔渡街桥等桥梁，采用套拱、包箍等方法加固桥梁拱圈、桥台和基础，整治桥面，维修改造排水、防护系统；镇巴碗场沟桥等损坏严重桥梁，拆除重建新桥。204省道沙峁沟桥，T梁梁肋底部混凝土疏松、剥落，梁间铰缝连接钢筋外露，局部错断，横隔板钢板焊接断裂，隔板扭曲，一端桥台侧墙与前墙连接处严重开裂。采用梁底跨中6米范围黏贴钢板加固，重新焊接横隔板钢板并用锚杆加固横隔板，重铺桥面铺装和湿接缝混凝土，增设横向连接钢筋加强，桥面铺装层设置桥面连续；桥台裂缝灌注混凝土，用框架锚杆三面围箍，两侧对拉加固桥台。

铜黄高速宜君互通立交石拱桥，桥台基础出现不均匀沉降，主拱圈多处纵向开裂，左幅左侧拱圈外倾。加固时，凿除桥台基础前台阶，增设钢筋混凝土嵌岩桩和承台，提高基础承载力；主拱圈用厚40厘米集束型聚丙烯纤维钢筋混凝土套拱加固。川口高架桥连续刚构箱梁底板多处横向裂缝，采用体外预应力加固。在箱梁箱室内设C50混掺型聚丙烯纤维网混凝土齿板、转向块，外包PE套、内涂油脂的直径15.24毫米环氧涂层钢绞线，钢束采用HDPE塑料套管，张拉完成后，张拉端套保护套模，便于二次张拉及维修换索。

2010年5月，渭潼高速渭南高架桥加固施工

西铜高速赵氏河大桥加固，采用体系转换法提高桥梁承载力，重建桥面铺装，处置铺装层、伸缩缝等部位病害。加固时凿除原桥面铺装混凝土、设置预应力管道段桥面板混凝土保护层及中间墩顶主梁封端混凝土，增设、焊接墩顶主梁纵向连接钢筋；重新布设桥面铺装钢筋网和预应力管道，整体浇筑中间墩墩顶湿接缝和桥面铺装混凝土，达到设计强度后施加预应力，将原简支T形梁改造为两孔一连续梁桥，实现体系转换。川口铁路

立交桥加固，拆除桥面系及空心板、T梁湿接缝混凝土，顶升挂孔吊梁卸载；第11孔T构桥面通过配载使悬臂端复位；加大11号台钢筋混凝土背墙厚度，增大卡口受力截面；T构箱梁顶板增设预应力管道，浇筑集束型聚丙烯网状纤维钢筋混凝土桥面铺装，采用后张法无黏结单根预应力束加固顶板；注浆、黏贴热轧扁钢带加固梁体裂缝等结构缺损；加固并增设钢筋混凝土横隔梁；浇筑防水、防裂桥面铺装钢筋混凝土，设置桥面连续，改造、重建桥面系，全桥重做防水、防腐涂装。

渭潼高速渭南高架桥20米预应力箱梁跨中部位腹板、底板，多处横向或斜向裂缝，顶板湿接缝、多数桥墩盖梁柱顶受拉区、墩顶处桥面铺装分别出现纵向、横向或竖向开裂，2010年加固。墩顶箱梁负弯矩区顶板开设槽口，增设预应力束，恢复结构连续体系；箱梁跨中正弯矩区黏贴芳伦纤维布封闭裂缝；凿除、重铺15厘米双层钢筋网防水混凝土桥面铺装；桥墩盖梁顶黏贴Q235钢板加固。

第四节 隧道养护技术

一、隧道检查、检测

隧道养护检查始于20世纪80年代。90年代以来，随着公路隧道增多，隧道检查、检测工作逐步加强和完善，形成日常检查、定期检查、特别检查和专项检查、检测制度。

隧道日常检查。干线公路隧道，由县级公路养护单位对隧道土建设施、交通工程设施完好状况、运行及使用情况进行巡视、检查，对设施基本状况做出定性判定。日常检查每月不少于1次。高速公路隧道由线路管理所或隧道管理站每天巡查1～2次，各分公司每周进行1次例行检查。

隧道定期检查，特别检查和专项检查。定期检查每年进行1次，通过目测配合检测工具量测，对土建结构基本技术状况进行全面检查，对隧道结构尺寸进行量测，检查外观有无异常，结构物实体有无裂缝、变形、沉陷、破损、渗漏等情况；依据检查结果，对隧道技术状况做出评定，提出养护对策建议。隧道遭遇自然灾害或发生涉及隧道设施的重大交通事故、火灾等事件时，对受影响结构进行特别检查，做出受损状况评价，提出养护、维修对策建议或专项检查建议。专项检查一般委托专业检测机构完成。2004年始，省高速集团对高速公路隧道实施沉降、位移定期观测和年度检测制度。

随着公路隧道不断增加和长大隧道建成运营，洞内设施逐步增多、完善，隧道运营安全为各方关注。2005年，加强公路隧道检查、检测，省公路局规定，隧道定期检查和特殊检查，统一由市公路管理局组织实施。高速公路隧道定期检查，由省高速集团委托专业检测机构实施。

2007年后，高速公路养护单位开展隧道运营与养护管理科学研究，建立隧道技术档案，实行“户籍式”管理；修订、完善隧道管理制度和检查、检测、维护保养作业规程；定期组织实施隧道检查、检测，建立隧道养护检测数据库；建成隧道养护计算机管理系统，实现隧道养护维修数字化辅助决策。

2010年8月，省公路局印发《陕西省公路隧道养护管理工作制度（试行）》（陕公路发〔2010〕380号），对隧道养护检查、检测、评定项目内容、检查方法、检查报告编写、工作职责要求等做出详细规定。规定隧道日常检查由县公路管理段、收费公路经营公司、高速公路隧道管理所组织实施；定期检查由市公路管理局、收费公路经营公司、高速公路线路分公司负责组织实施；特殊检查和专项检查由省公路局、省高速集团和省交通集团负责组织，委托有资质专业机构实施。

二、隧道养护技术

20世纪90年代，隧道日常养护主要是洞口、洞外防护设施，洞身、洞内外排水设施，路面、交通标志、标线维护、保洁与修理。隧道养护工程，以渗漏治理、洞身加固、排水防护设施改造和路面维修、改造为主。

312国道麻街岭隧道渗漏水严重，1999年采用注浆嵌工方法治理，但问题未得到解决，隧道结构处于不安全状态。2001年施行加固，重建防、排水系统，洞身采用钢筋混凝土套拱加固。

2001年后，高速公路隧道增多，隧道设施日趋完善，养护工作内容和工作量增加，养护手段不断改善。隧道土建设施、交通工程设施日常养护，包括洞口、洞外防护、减光设施，竖井（斜井）、人行或车行横洞，路面与交通标志、标线、可变情报板等设施清洗、保洁、维护修理，洞身防渗检查与处理等，多以人工辅助机械完成。洞内外排水、防护设施清淤疏通，以机械作业为主，维修以人工作业为主，机械辅助完成。路面病害处置，标线、标记修补，为机械作业或机械作业为主，人工辅助完成。隧道及其设施出现较严重病害或老化等问题，通过养护工程维修整治或改造、完善。

2010年，陕西省高速公路建设集团公司西汉分公司在秦岭隧道进行清扫作业

隧道机电设施，包括通风、照明、通讯、监控、交通控制、消防、供配电设施等，其日常维护分为日常检查、经常性检修、定期检修、分解性检修和应急检查五级。按照检修分级，分别通过目测或使用简易工具，对设施运行状态、仪表读数、完好状况进行检查，对破损零部件随时进行维修、更换；或每年1次采用检测仪器对仪表进行标定，对机电设施运转情况和性能全面检查、维修保养；或每3～5年通过分拆，对设备进行1次维修保养和重点检修。隧道内或隧道附近发生重大事故或自然灾害后，对隧道机电设施即时进行应急检查、维护。

210省道姜眉路温家山隧道有350余处渗漏部位，2004年二级公路改建时曾进行注浆治理，但通车后仍然渗漏，路面积水、破损，交通事故频发。2006年，采用路面结构层改造和疏排引流方法综合整治。拆除边沟和路面结构层，边沟改造加深至30～45厘米，侧墙、盖板采用钢筋混凝土结构，仰拱底设混凝土补强找平层，沿路面中心线纵向埋设直径30厘米钢筋混凝土排水管，横向分段埋设PVC排水管，将拱底渗水排入边沟，拱底找平层以上铺筑15厘米水泥处置碎石排水基层、25厘米水泥混凝土路面。水泥路面纵缝，在半幅路面铺筑后，用热熔满黏贴法黏贴APP防水卷材，然后铺筑另半幅路面，治理后根除洞内水害。

2007年起，加大隧道养护工程投入，相继对运营时间长、病害严重、设施老化隧道进行维修、加固，改造、完善隧道机电设施和交通安全设施。

铜黄高速实施主线隧道机电设施完善和4座隧道照明系统改造工程。新增监控、消防系统，改造配电系统。监控系统由计算机网络、闭路电视、显示器、信息发布、隧道控制、火灾检测等6个子系统组成。消防系统在隧道侧壁每50或100米设1处灭火器洞室，配备手提式干粉灭火器，车行横洞设防火卷帘门，人行横洞设防火门。照明系统改造，重建混凝土电缆沟及电缆设施，安装区域控制器、高压钠灯等。

勉宁高速隧道养护工程，对全线10座隧道二衬渗漏较严重段，采用竖向刻槽，埋设直径50毫米排水管的办法，将裂隙、溶洞渗水导引至排水边沟；连拱隧道中墙沉降缝、变形缝、明暗交接处，采用钻孔压浆堵漏；隧道洞壁镶贴瓷砖，检修道以上3米高范围内喷涂无机仿瓷涂料；更换干、支电缆，照明灯具采用高压钠灯，检修道路缘石安装LED诱导灯；全线隧道安装防雷保护器、延时供电装置和数据光端机。

312国道永坪隧道因拱部、边墙渗漏水，曾于2002年、2003年整治，但由于洞内排水沟、集水管堵塞，进出口明洞顶部排水天沟出现裂缝，明洞、洞内洞壁渗水严重；洞壁墙面光反射系数偏低，轮廓标、反光突起路标损坏，路面破损严重。2008年采用排、堵结合方法整治，重建PVC半圆管排水系统，止水材料处理渗漏水部位；专用漆喷涂洞壁；重新安装附着式路缘轮廓标、反光道钉；修复洞内破损水泥路面，重划热熔型反光路面标线；更换洞内照明灯具；洞口增设交通标志、标牌。

延靖、延塞高速隧道安全、监控设施改造、完善工程，洞内外增设2套彩色云台摄像机、18套固定式彩色摄像机、6套录像初步事件自动检测系统；更新、增设6套大容量远端光端；改造照明干、支线路，增设时序控制器；安装附着式路缘轮廊标，洞口采用铝塑板装饰；隧道进出口增设路面减速带和减速振荡标线；马路山隧道出入口，增设车速反馈仪等测速、监控设备。

西汉高速秦岭隧道群和良心隧道等隧道水泥路面，按照进口、出口、超车道、行车道，采用不同间距、槽深、槽宽纵向刻槽，改善路面抗滑性能；洞内外路面增设反光振荡减速标线；观音山、龙王潭等隧道出入口，分别铺设110米、120米长彩色防滑路面。

210国道宜君南山岇隧道洞壁、洞口明洞渗漏水，冬季洞内排水沟、路面结冰，危及行车安全。2009年整治，采用钻孔引水、洞壁凿槽埋设PVC管，修补、封闭洞壁裂缝、缺损；洞内排水沟增设泡沫塑料板保温层；明洞顶敷设两毡三油防水层和30厘米浆砌片石铺砌防护；维修、完善洞口、洞顶排水沟。

312国道永寿永坪隧道、丹凤武关隧道，210国道延安赵庄、南湾梁隧道等隧道整治工程，修复、完善排水系统，维修处置路面病害，增设通风、照明设施和配电设施，安装视线诱导标志，改善隧道服务水平。102省道旬阳梁家山隧道，采用抗滑桩治理旬阳端滑坡体，浆砌片石洞门墙改造为钢筋混凝土结构；重建洞顶排水系统，用石灰土封闭洞顶坡面裂缝和废弃截水沟，阻止地表水下渗；小河端洞口增设钢筋混凝土圆管涵，改造排水沟；沿洞壁渗漏水施工缝刻矩形槽，槽内钻集水孔引流；拱部与墙部非施工缝漏水点，采用壁可法封闭。

第五节 附属设施养护

20世纪90年代，公路附属设施日常养护作业，主要是清洗保洁，除锈刷漆，维修、校正和部件更换等。其作业方式由人工为主，逐渐发展为机械为主，人工辅助完成。

干线公路和县乡公路交通标志，多为木质或搪瓷板面，钢筋混凝土立柱或木质立柱。部分干线公路采用冷涂标线漆施划路面标线。养护单位通过实施养护工程，逐年增补、完善交通标志、里程碑、百米桩、轮廓标；路侧危险路段，设置钢筋混凝土栏杆式护栏或示警桩、浆砌片石或混凝土防护墩。结合GBM工程和美化路创建，逐年改造交通标志，采用反光标志替代搪瓷板面标志，淘汰木质立柱。干线公路重点路段，设置红、黄色反光漆轮廓标，推广应用热熔型反光路面标线。

西安咸阳国际机场二级汽车专用公路通车后，为改善夜间眩光对行车安全影响，养护单位在波形钢板护栏立柱上，间隔20米黏贴反光膜替代轮廓标，改善夜间行车安全。之后建成的高速公路，均在钢板护栏立柱和中分带防眩板上黏贴反光膜替代轮廓标，并逐渐扩展应用于干线公路安全防护设施，改善公路夜间视野和行车安全。

随着公路技术标准提高和技术进步，公路附属设施不断发展、完善。交通标志、标线发展到包括交通标志、交通信号灯、路面标线标记、反光突起路标等；交通安全设施在护栏、护柱、平曲线反光镜、防护栅（隔离栅）基础上，发展到包括遮光栅（防眩板）、防抛网、隔音墙、振颠设施、车道隔离器等设施；通讯、监控设施由紧急电话发展到室外固定摄像装置、可变情报板等。其种类不断增加，材料、设备不断改进，所含信息量愈加丰富。

1997年起，西铜、西宝高速主线收费站，西铜高速梁村塬立交区、西安咸阳国际机场二级汽车专用公路机场入口段等路段，相继将刺铁丝隔离栅改造为钢板扩张网或镀塑编织网隔离栅，重点路段安装路面反光突起路标和LED可变情报板，在波形钢板护栏上安装附着式反光轮廓标。西安咸阳国际机场二级汽车专用公路设施维护，维修、更换紧急电话和地埋电缆；按间隔两公里增设1处长20米、设有加减速车道的紧急停车带，改善行车安全条件。西潼、西宝、西铜等高速公路16个收费站，改造、安装LED信号灯172个；桥梁中分带安装玻璃钢防眩板4 624米，中分带紧急通道安装活动式护栏49处、1 270米。

2000年起，干线公路和县乡公路新建与养护工程，按照《道路交通标志和标线》（GB5768-1999）标准，改造、完善交通标志、标线。标志牌采用金属面板，工程级或高强级反光膜，预应力钢筋混凝土电杆立柱。热熔型反光路面标线、水泥混凝土振荡减速路面等新材料、新技术得到广泛应用。山区公路沿河一侧路肩，增设示警桩、柱式护栏、钢筋混凝土护栏、浆砌片石或混凝土防护墩等安全设施，小于一般最小半径平曲线、纵坡7%以上路段，外侧路肩采用波形钢板防撞护栏防护；新增标志采用单悬臂、双悬臂、单立柱等不同结构形式；路面标线采用热熔型反光标线，急弯、陡坡路段路面中心线采用实线，实行强制分离。316国道凤县双石铺至杨家店段，312国道乾县马家坡段等险要路段整治，在长大坡道路段铺设减速路面——即在水泥混凝土路面板表面嵌入鹅卵石，形成振荡路面，强制车辆减速。

2001年后，西安咸阳国际机场高速全线，西安绕城高速、西汉、黄延、西康等高速公路长、大隧道和互通式立交等重点路段，陆续设置照明与监控系统，其养护管理与隧道机电设施相同。西宝、西潼、铜黄等高速公路养护工程，陆续实施热熔型反光路面标线、冷涂标线恢复显划100余万米；增设标志牌，补设百米桩、轮廓标、里程牌；更换、维修西宝高速沿线紧急电话室外电缆、配电箱、电话机；靠近城市段和立交区路面，安装反光突起路标2.03万个；部分路段中分带紧急通道改装伸缩式护栏。

鉴于紧急电话外场设施人为损坏严重，加之移动电话迅速普及，西安咸阳国际机场二级汽车专用公路和西宝高速沿线紧急电话系统陆续拆除。之后建成高速公路，除隧道路段外不再设紧急电话。

2003年，省公路局委托西安市公路勘察设计所，对全省干线公路指路标志与交叉路口标志进行全面调查和统一规划设计。之后，在县级以上城市出入口，国、省道交叉点及省界处，共增设、完善交叉路口标志、指路标志、地点距离标志和著名旅游区指引标志719套。

2004年起，干线公路和县乡公路相继实施安全保障工程。波形钢板防撞护栏、钢筋混凝土墙式护栏、抗侧滑护轮带、减速振荡路面标线、紧急停车带及避险车道等安全防护设施，在干线公路养护工程中全面推广应用。县乡公路增设交通标志、波形钢板和圬工护栏、护墩、示警桩，部分桥梁护栏改造为钢筋混凝土防撞护栏。

210国道安全保障工程，全线两年增设波形钢板防撞护栏1.19万米，钢筋混凝土防撞墙4.55万米，钢筋混凝土墙式护栏4.85万米，各类标志950套，示警桩2.39万根，抗侧滑护轮带5 017米，反光镜24面，减速振荡路面标线3 997平方米，修建紧急车带26处，减速带27处，紧急避险车道1处，共计治理安全隐患117处。工程实施后，同期事故发生率下降60%，十多辆失控车辆成功避险。

2005年后，堆土护栏、三波钢板护栏、柔性缆索护栏、铸钢减速带、中分带分道体、抗侧滑护轮带、视距台、太阳能警示灯等安全防护设施，在干线公路养护工程、安保工程中得到广泛应用。热溶型反光路面标线、路面减速带、钢筋混凝土防撞护栏、错车道等安全防护设施，在农村公路养护工程中得到推广。

2006年11月，210国道宁陕段养护管理示范达标路行车道标线与防护墩

干线公路养护和安保工程，急弯陡坡、视距不良、事故易发、路侧险要路段，采用钢筋混凝土墙式护栏、两波或三波型钢板防撞护栏、单面双层波形钢板护栏、缆索护栏、抗侧滑护轮带、减速振荡标线、线形诱导标、中分带分道体等多种安全防护设施；平交口增设悬臂式太阳能黄色警示灯；桥梁护栏改造为钢筋混凝土防撞护栏；学校出入口等处路面，安装路面减速带，喷涂人行横道线；原有标志、标线、护栏、示警桩等设施，维修、加固、刷新。小半径平曲线、大坡道等事故易发路段，路面中心标线采用黄色热熔型反光实线，行车道边线采用白色热熔型反光实线。312国道永寿至长武段保畅工程，沿线易堵车路段，增设长70米、宽3.50米停车带22处，大坡道路段增设钢筋混凝土路面减速带。

210国道西乡堰口至镇巴红石梁段等干线公路大修工程，沿线圬工间隙式防撞护栏，改造为钢筋混凝土墙式护栏；利用路边闲置旧路新建停车带；陡坡、连续下坡、小半径半曲线路段，增设减速带。316国道汉中褒河水库段，210省道留坝县柘梨园至锅厂隧道段，309省道略阳县芋家垭隧道进出口等险要路段，路侧防护采用多类型钢筋混凝土护栏、波型钢板防撞护栏、缆索式柔性护栏、砖砌护栏、堆土护栏等形式。小半径平曲线外侧易发生碰撞崖壁，挂废旧轮胎防撞，同时增设减速路面、减速振荡标线、铸钢减速带等强制减速设施，增设交通标志、导向标、平曲线反光镜等，进行综合治理。

2006年8月全省加强公路养护管理工作会议后，省交通厅安排实施高速公路防撞护栏由灰变绿改造工程。早期建成高速公路（除实施拓宽改造线路外）先后实施钢板护栏浸、喷塑改造；防眩板、防抛网、中分带紧急通道隔离器等安全设施，陆续改造、更新；减速振荡路面标线、彩色防滑路面等，在高速公路养护工程中得到推广应用。西安绕城、西安咸阳国际机场高速、榆靖、延塞等高速公路，安装附着式护栏轮廓标，更新防眩板；互通立交匝道等小半径平曲线，增设视线诱导标志，完善、更新警示标志；安装LED可变情报板11套。延靖高速公路增设隔音墙3 200米。

2007年10月，305省道铜川段公路标志养护维修作业

2009—2010年，全省迎接全国公路养护管理检查（简称迎国检），开展路容路貌整修、大修工程，运营高速公路路面标线恢复、显划，全部采用热熔型反光标线，淘汰冷涂标线。同时完成一批波形钢板防撞护栏、防眩板、隔离栅、轮廓标、导向标和标志更新改造工程。西汉高速秦岭段路面抗滑改造工程，在隧道进出口、桥头、桥面、大坡道及小半径平曲线、收费广场等特殊路段，铺设彩色防滑路面8.97万平方米，振荡减速标线4 136平方米。西禹高速因历年大修路面抬高，将全线路侧和中分带护栏分别加高10～15

厘米，恢复使用功能。按照部颁《公路交通标志和标线设置规范》（JTGD82-2009），实施国家高速公路网标志规范化改造。省高速集团、省交通集团投资1.57亿元，采用新增、拆旧换新、换板、换膜、位置调整、拆除不必要标志等办法，对运营高速公路标志进行改造，增设信息板标志、车道指示标志、交通旅游标志及长、大纵坡安全警示标志。共改造、新增交通标志和旅游标志5.62万块（套）。

干线公路迎国检专项整治工程，交通标志、标线、安保等沿线设施，全面清洗、维修和完善。108、210、307、312等4条国道1 756公里路段，实施加载高速公路信息标志整治，在连接高速公路出入口附近干线公路指路标志板面，增加高速公路编号、出入口方向等信息。107省道关中环线以交叉路口告知标志、地点距离标志为主，对沿线地名标志、桥名标志、行政分界标志、收费站预告标志、旅游区标志、警告标志、禁令标志等进行规范和综合整治。沿线经过市、县、镇三级行政中心进口位置，设置地名标志，特大桥、景观桥设置桥名标志；县界以上行政区划设置行政分界标志；更新行车安全提醒标志，整治警告、禁令标志；对交叉口、反向急弯、连续弯路、陡坡、堤坝、村庄、学校、超车等警告标志，进行核查、完善；对限速、禁止超车等禁令及解除标志设置不对称或重复设置路段，予以增设或拆除；拆除沿线非公路标志、信息过期或信息重复标志。全线新增标志828套，更换版面123幅，版面换膜232幅，完全利用标志967套，拆除标志462套，更新里程碑850个。

2008年9月，305省道山区段弯道处振荡标线

各地农村公路养护工程，增设交通标志、示警桩，修建多类型钢筋混凝土防撞护栏、防撞墙，和浆砌片石护栏、波形钢板护栏；重点路段增设热熔型反光路面标线、路面减速带；修建错车道，改造平交口，部分桥梁改装钢筋混凝土座椅式或墙式防撞护栏。

安康市实施县乡公路危险路段交通标志、安全防护设施完善和安保工程，增设交通标志1 834套，浆砌片石或混凝土防护墙、防护墩64处2.63万立方米，长度10.48万米，安装波形钢板防撞护栏1.33万米，示警桩2 965根，桥梁改装钢筋混凝土防撞护栏292立方米，累计防护里程400余公里。

第六节　养护专项工程

一、GBM工程

20世纪80年代中后期，陕西等省公路养护系统相继开展“美化路”“达标路”创建活动。活动取公路、标准化、美化三词汉语拼音字首，简称为“GBM工程”。1990年，交通部在大连召开的全国公路养护与管理工作会议，提出在全国干线公路养护系统开展

GBM工程建设活动。

1991年2月，交通部印发《国省干线“GBM”工程实施标准》，推进GBM工程建设。省公路局将实施标准具体为“六化”：即路基宽度和砌筑水沟标准化；路面黑色化（含水泥路面）；养护优良化；交通工程设施规范化；路树林荫化；路容、路貌美观化。并规定GBM工程路段年均好路率保持在90%以上，年平均养护综合值达80以上，养护路段无差等路。

是年，咸阳公路总段结合公路环境治理整顿，在312国道、咸瓦路等咸阳市区四个出入口路段进行GBM工程建设试点。通过整修路基、边沟，修筑路田分界挡墙，安装路缘石、轮廓标、界桩、示警桩，补植行道树，栽种花卉，维修处置路面病害，施划路面标线，完善交通标志等整治活动，建成GBM工程路段8公里，显著改善交通环境，获各界好评。辽宁、吉林、甘肃、江西等省公路部门前来参观学习。

1992年起，按照“先国道、后省道”的原则，利用交通部补助投资和省养路费专项资金，采取省公路局倾斜一点、各总段挤出一点、道工奉献一点的办法，在干线公路大范围推行GBM工程建设。公路新、改建和大、中修工程，均按GBM工程建设标准，一次设计，一次施工，一次建成。当年在312国道、210国道延安以南等路段建成GBM工程110公里。“八五”期间，累计投资5 260万元，建成GBM工程567公里，建成210国道西安至延安350公里部级文明样板路段，建成、保持美化路段2 232公里。

2008年9月，经GBM工程实施和文明路创建的210国道铜川董家河段

“九五”“十五”时期，干线公路以文明样板路为重点，持续推动GBM工程建设。大、中修工程路段，路线裁弯取直，调坡顺线，加宽路基路面，整修边坡，完善排水、防护设施，维修、加固和增建桥梁、涵洞，更新、改造、完善交通标志与安全设施，改善路面结构，喷涂路面标线，实施绿化、美化。到“九五”期末，累计建成GBM工程1 890公里。307、312国道陕西境全部建成部级文明样板路，干线公路养护质量全国排名由第九位上升至第八位，平均养护质量指标全国排名由第十六位升至第十二位。“十五”期间，共投资2.95亿元，建成干线公路GBM工程2 013公里。210国道陕西境全部建成部级文明样板路。2005年年末，全省建成、保持GBM工程总里程3 903公里，占干线公路总里程43%。

2006年后，随着公路安全保障工程、文明样板路建设、养护管理示范达标路创建等活动开展，GBM工程不再实施。

干线公路GBM工程建设历时15年，促进公路养护理念和养护方式转变，显著提高公路养护质量，改善公路技术状况。GBM工程路段持续保持“路面平整、路拱适度、排水畅通、路基稳定、边坡坚实、行车舒适、路容美观、管理规范”，好路率常年保持在

90%以上。

二、危桥、险路整治工程

陕西干线公路大多修建、改建于20世纪50至70年代，技术等级低，设施不配套，抗灾能力弱。随着交通量增长及超限运输、河道采沙等因素影响，部分桥梁技术状况迅速下降成为危桥，部分公路局部路段技术指标偏低，存在安全隐患，事故易发，通行不便。陕南、陕北部分山区公路最为突出。

进入80年代后，省交通厅逐年安排资金，采用维修加固、改造重建、裁弯降坡、局部改线和增设安全防护设施等方法，对危桥、险路进行整治。由于资金不足和交通量快速增长，每年安排改造的危桥、险路有限。90年代改建、加固的桥梁主要有211省道汉中汉江旧桥，208省道泾阳修石渡桥，210国道榆林二道河桥等68座。到2000年，全省干线公路仍有四类以上危桥110座，危险路段620余处。

2001年起，按照交通部关于2005年基本消灭干线公路危桥要求，按照“先国道、后省道，先重点、后一般”“先重后轻，先易后难，先简后繁，重在解决”的方针，省交通厅筹集专项资金，对干线公路危桥、险路实施大规模专项整治。次年起，省安全生产委员会办公室、省安全生产监督管理局、省交通厅、省公安厅每年联合发文，公布重点整治干线公路事故多发路段名单，提出整治任务要求。2004年，按照交通部安全保障工程要求，在更大范围对危险路段、事故多发路段进行整治。整治范围从干线公路延伸至农村公路，分轻重缓急逐年安排实施农村公路危桥、险路治理。

“十五”时期，全省投资2.35亿元，先后实施210国道石泉汉江大桥，316国道略阳嘉陵江大桥、城固汉江大桥，307国道吴堡黄河大桥等285座危桥维修、加固或改建。其中，交通部下达维修、加固或改建桥梁145座，补助资金6 003万元；整治108、210、312、316国道和部分省道危险路段近400处；整治隧道2座。经过几年整治，干线公路桥梁技术状况和交通安全状况明显改观。2004年，210国道平河梁等13处事故多发路段整治工程告竣后，与上年同期相比，交通事故起数、死亡人数分别下降75.90%和71.70%。

2006年，白河县冷水河大桥发生垮塌事故后，省交通厅进一步加大投资，组织全面排查，加快危桥、险路和有安全隐患的公路铁路立交整治，并以316、210国道为重点，实施公路灾害防治工程。

2008年9月，316国道汉中市汉台区潘家河大桥大修工程施工

公路铁路立交整治工程，按照“经济、安全、环保、有效”的原则，以增设、完善交通标志、标线、防撞护栏、隔离网、减速带等交通工程设施为主实施综合治理。

2007—2008年，累计投资

5 666万元，对316国道全段和210国道榆林、延安境部分路段，实施公路灾害防治工程。主要采用坡面卸载，完善排水设施，增设挡墙、护面墙、抗滑桩支挡和锚索框架梁护坡、SNS柔性主动防护网等工程措施进行综合治理。

这一时期，危桥、险路治理取得重大进展。先后加固、改建、维修316国道白河县麻虎大桥、312国道商洛武关桥、108国道城固湑水河桥、204省道神木窟野河桥等桥梁409座。重点整治险路主要有：铜黄高速宜君段，西汉高速户县涝峪段，312国道商州、丹凤段，210国道甘泉段，101省道蓝田段，212省道宝鸡市陈仓区段，以及211、307国道，204、212省道等国、省公路部分险段。治理的危桥中，有22座为交通部计划外增加的单波双肋双曲拱桥。2009年年底，全省干线公路双曲拱桥加固、改造基本完成。

“十一五”期间，全省总计投入6.08亿元，整治干线公路危桥578座，隧道6座，既有危桥、病隧整治工作基本完成；投入822万元，完成全省干线公路公铁立交及并行路段安全隐患整治；公路灾害防治工程投入1.10亿元，治理灾害路段500余公里，整治有安全隐患路段5 000余公里。316国道陕西境严重影响行车安全路段地质灾害治理基本完毕，210国道治理初见成效。

三、安全保障工程

2004年，交通部在干线公路实施以“消除隐患，珍惜生命”为主题的公路安全保障工程（简称安保工程），并将210国道陕西宁陕平河梁段确定为试验路段，先行实施。

210国道宁陕县平河梁段27公里，为全省干线公路穿越秦岭海拔最高路段，海拔最高处2 299米。沿线沟深、坡陡、弯急，视距不良。坡度大于3%路段77处，半径小于30米平曲线路段39处，交通事故多发。省、市交通、公路部门按照安保工程要求制定方案，优化设计，于2004年3月25日—4月20日施行整治。安康公路管理局承担整治工程，投入7个施工单位、200余台机械设备，昼夜轮班施工作业。主要工程为安设钢筋混凝土或双波形梁钢板护栏，埋设示警桩、抗侧滑护轮带、分道体，修建紧急避险车道、紧急停车带，更换、增设交通标志、反光路标、减速标线及平曲线反光镜等安全防护设施和交通工程设施。试点工程完成后，省公路局又在210国道沣峪口至广货街46.30公里路段进行再试验。随后在210、108、211、310等4条国道520公里路段进行扩展试验。总结试验经验，省公路局制定安保工程技术指导意见，指导、规范干线公路安保工程实施。

安保工程秉持“安全、环保、经济、因地制宜”的指导思想，采用“主动引导、适当防护、合理保障、旧材新用”技术方案，以交通工程设施为主，辅以工程手段进行治理。在改造、利用原有交通标志和防护设施基础上，增设和完善警示、限速、提醒标志，增设路面减速设施、紧急避险车道、降温池、视距台及线形诱导标志、路面标记等交通工程设施；按照不同路侧危险程度，分别采用不同级别、不同类型工程防护设施实施路侧防护。技术指标不足路段，适度加宽路基路面。

至2006年，全省三年投资1.88亿元，处置210、108国道等32条干线公路安全隐患路段1 789处、2 480公里。工程实施注重人性化与创新，采用宽幅减速带和阶梯式减速丘，既达到减速目的，又不显著降低行车舒适感；临江临河和库区路段，采用缆索柔性护栏，增强防护通透性和景观效果；引入市政道路工程技术，在急弯等减速路段设置棱形减速标线和减速振荡标线，引导司机减速慢行。同时，将路侧深边沟改造为宽浅型水沟，提高行车安全性，减少事故损失。设计、施工注重景观效果；尽量利用原有设施，就地取材，降低造价。

2007年起，省交通厅进一步加大安保工程投资，扩大治理范围。到2010年，全省4年投资3.30亿元，处置309、310、312国道和104、107省道等干线公路隐患路段共计5 662处、4 173公里。同时，重点实施西汉高速涝峪段安全设施强化工程。

上图：2007年实施完成的108国道秦岭段安保工程路段。下图：2008年12月完成的西汉高速涝峪段安全设施强化工程，增设彩色防滑路面、减速振荡标线和紧急避险车道

安保工程实施7年，全省累计投入5.19亿元，处置隐患路段总长6 653公里，占干线公路总里程73.05%，根除一大批公路安全隐患，显著提高安全通行能力。据交管部门统计，210国道宁陕平河梁段安保工程实施当年，交通事故次数较上年度下降80%，重大交通事故为零。312国道K1 303+700处安保工程实施后头7个月，发生交通事故4起，均因路侧护栏保护，未发生人员伤亡。

四、养护管理示范达标路建设

2006年9月，省公路局贯彻全省加强公路养护管理工作会议精神，制定干线公路养护“一年打基础，两年变面貌，三年新跨越”目标任务。在总结汉中公路管理局316国道城固至西乡段养护管理示范达标路试点经验基础上，在干线公路养护系统开展“养护管理示范达标路”创建活动。计划用三年时间，把交通量大、对区域经济影响深远的7条国道、12条省道共计4 905公里，建成生产、管理、技术、机制、服务等均达到较高水平的养护管理示范达标路，带动全省公路养护管理和服务水平全面提高。省公路局相继制定创建指导意见、实施标准、验收标准等，推动和指导创建工作。

是年，首先在309国道、301省道等12条1 035公里干线公路展开创建活动。活动分为对路况和附属设施进行综合整治，通过精细化养管、创新性服务提升养管水平和建立长效化机制三个阶段。各市公路管理局制定实施方案，编制设计文件，经省公路局审批下达实施。

各市公路管理局集中投入技术、设备力量，推进示范路段养护大、中修和安保工程，推广应用同步碎石封层罩面、微表处等预防性养护技术；维修、刷新、完善标志、标线等沿线设施；按照三季有花、四季常青标准，改造、完善沿线绿化；配合工程措施，实施路田、路宅分家；依靠地方政府，加强与工商、公安等部门联合，综合整治公路环境，拆除违章建筑，取缔“马路市场”，清除路边垃圾场；实现“路基稳定、路面平整、设施完善、标线清晰、标牌醒目、绿化亮丽、路容整洁、路貌可人”目标。按照统一规划，改造、建设综合服务区、卫生服务区，建设开放式养护道班；山区路段设立并公布阻车抢修联系电话，收费站建设可变情报板，全天候向社会提供路况和气象等信息服务，全面提升公路服务水平。全省10市当年共创建养护管理示范达标路16段1 176.90公里，超额完成年计划任务。

2010年，316国道汉阴段养护管理示范达标路段

2007年，省公路局投资6 705万元，建成210国道宁陕广货街至石泉、长安沣峪口至宁陕界、316国道凤县至陕甘界、312国道商州至陕豫界等7条干线公路养护管理示范达标路，共计17段，长度2 235公里。

至2008年年底，养护管理示范达标路创建3年，累计养护投入57.80亿元，实施大、中修工程4 410公里，预防性养护1 094公里，建成养护管理示范达标路4 969公里。全省干线公路年末好路率达91.76%，年平均好路率88.98%，分别较2005年提高3.15%和1.66%。

第二章　水毁抢修与防治

公路及其附属设施分布于山川平原，跨越沟壑江河，易受自然灾害侵袭。陕西早期修建的公路技术标准低，设计深度不够，养护投入不足，排水、防护设施不完善，抵御自然灾害的能力弱，易因受灾发生损毁而中断交通。暴雨、洪涝、冰雪、泥石流、滑坡和崩塌等，是陕西公路主要自然灾害，其中以暴雨、洪涝及由此带来的滑坡、泥石流等最为频繁，对公路危害最为严重。重大水毁往往造成路基、路面、桥涵、排水防护等公路设施被冲毁，导致交通中断，直接影响经济社会正常运行与人民群众生产、生活。20世纪90年代以来，随着气候变化、公路等级提高和沿线设施增加，公路水毁灾害呈逐渐加剧趋势和损失不断加大的特点。在加强公路养护的同时，积极做好公路防汛，全力组织水毁抢修，确保公路安全畅通，成为全省公路养护管理和交通保畅的重要任务。重大公路水毁发生后，全省公路交通系统紧急行动，奋力投入抗洪抢险救灾。在各级政府统一领导和指挥下，公路交通职工与沿线群众、驻军紧密配合，全力抢修被毁公路、桥涵，千方百计打通水毁路段，抢修被毁设施，尽快恢复交通，确保救灾生命线畅通。经过多年实践和总结提高，水毁抢修逐步从灾后被动应对，转向事前预防与主动应急相结合，抢修、保畅能力显著增强。公路水毁修复、治理逐步加强。通过逐年修复和实施公路灾害防治工程，全省公路抗灾能力大大提高。

第一节　重大水毁抢修

一、1991年汛期水毁抢修

1991年5月下旬起，全省各地先后遭遇大到暴雨，210、312国道等30余条干线公路，100余条县乡公路遭受水毁，部分道路交通中断，全省公路水毁损失3 680万元。省交通厅分四次安排抢修费用400万元，交通部下拨抢修资金150万元，省财政下拨抢险资金80万元，共计投入630万元进行公路水毁抢修。省公路局按照“统一平衡、确保重点、先通后畅、不撒胡椒面”的原则，安排使用抢修资金，保证重点线路、重点抢修项目、重点阻车路段短期内全部抢通，为抗洪救灾创造交通条件。各地（市）交通局和公路总段，紧急抽调人员、车辆、设备和物资，全力投入水毁抢险。5月23日夜，彬县地区5小时降雨97.40毫米，大佛寺土沟发生历史罕见洪水，312国道土沟桥等两座桥梁被毁，交通中断。咸阳公路管理总段领导连夜兵分两路，一路奔赴水毁现场组织抢修，一路赶往西安向省上汇报灾情。省公路局当即调集13车战备钢梁送往彬县，在当地政府支持下，200多名公路职工连续奋战52小时，架通长33米战备钢梁桥，至26日凌晨1时恢复312国道交通。

二、1994年汛期水毁抢修

1994年夏、秋，全省多地连续发生大到暴雨，雨量之大，为中华人民共和国成立以来所少有，榆林、延安、商洛、安康、汉中等地洪涝成灾，部分河流出现百年不遇特大洪水，8条国道、25条省道、80余条县乡公路发生重大水毁，全省公路水毁损失达1.29亿元。省交通厅紧急研究部署公路水毁抢修工作，分批下达500万元用于水毁路段抢修。省交通厅、省公路局领导多次赶赴水毁现场，指导抢修工作。全省干线公路系统开展抢修水毁公路突击活动。全路职工、机械一齐上，掀起“赛出勤、赛团结、赛纪律、赛恢复路况”竞赛，按照“先国道、后省道，先通后畅”的原则，千方百计抢修被毁路段，及时恢复交通。水毁抢修费用安排，重点向榆林、安康等重灾区倾斜。8月28日，受灾最重的榆林地区干线公路全部抢通。全省水毁公路陆续抢通、修复。

三、1996年汛期水毁抢修

1996年6—8月，全省各地多次遭受大到暴雨袭击，安康、宝鸡、汉中、渭南等地相继发生百年不遇特大暴雨，8条国道、26条省道、40多条县乡公路遭受严重水毁，多处桥梁被毁，交通中断。全省公路水毁损失1.02亿元。8月3日，关中东部发生大到暴雨，秦岭山区山洪暴发，310国道华阴黄埔峪桥被冲毁，交通中断，两岸滞留车辆近千辆。省、地公路交通部门和地方政府，迅速组织人员和机械设备投入抢险，当地驻军紧急出动支援。经全力抢修，8月5日上午9时抢通便道并恢复通车。随后，紧急调用省公路局渭南战备库战备钢梁60多吨，当地驻军417团三个连队官兵鏖战三天三夜，于8月8日下午6时架通战备钢桥，打通水毁咽喉路段。

1996年8月8日下午6时架通的华阴黄埔峪战备钢桥，长52米，宽3.70米，保证了310国道华阴境水毁路段交通畅通

黄埔峪桥水毁后，省交通厅厅长乌小健在抢险现场召开厅长办公会议，决定下拨100万元专项费用，迅速组织设计、施工队伍，立即开工修复黄埔峪桥。是年12月16日，两孔16米、长40米预应力钢筋混凝土空心板桥建成通车。

是年，省交通厅下拨水毁抢修费480万元，省财政下达水毁抢修补助费80万元。年底，全省干线公路水毁路段全部抢通。

四、1998年汛期水毁抢修

1998年7、8月，全省普降大暴雨到特大暴雨，10地（市）不同程度受灾，陕南地区最为严重。108、312、316国道等多条公路严重水毁，交通中断。全省水毁公路路基1 798公里，全毁桥梁69座、1 432延米，局部损毁桥梁53座、988延米，全毁涵洞909道，局毁1 277道，塌方1.38万处、416万立方米，水毁挡护设施4 568处、58万立方米，水毁路面2 102公里、596.20万平方米，冲毁道班房390间，直接经济损失2.64亿元。省交通厅紧急安排170万元，用于汉中、安康重灾区水毁公路抢修。随后又下拨800万元用于全省公路抢修。各地地方政府、公路交通部门，组织、动员群众及有关单位，突击抢修水毁公路、桥梁，支持抗洪救灾。

镇安县因频降大到暴雨，102省道K30+100处路基被毁80余米，河水距路边民房仅余4米宽，情况危急。镇安公路管理段组织人员砍伐行道树并用铁丝串联后，沉入路基缺口拦挡洪水，并求助驻扎当地的中铁五局施工队伍用两台装载机向被冲毁处推填巨石，阻止路基再次垮塌，保护残存路基和民房。8月23日凌晨，312国道商县境秦岭盘山公路发生山体滑塌，约6 000余立方米滑塌体堵塞道路，交通中断。商洛公路总段立即调集人力、机械组织抢修，省政府副秘书长张仲鼎、省交通厅厅长乌小健及商洛地委、行署领导连夜赶赴现场，查看灾情，制定方案，指挥抢修。由于水毁路段坡陡、弯急、路窄，塌方量大、作业面小、滞留车辆多，省公路局向西安市交通局、西安公路管理总段发出紧急增援通知，调动蓝田公路段50余名青年突击队员，携带7台抢险机械，赶赴现场支援抢修。经过持续奋战，受阻路段于次日下午3时前抢通，恢复交通。

五、2002年“6・8”特大洪灾抢险

见本篇本章专记《2002年“6・8”公路抗洪抢险救灾与水毁修复》

六、2003年汛期水毁抢修

2003年8—10月上旬，全省104个县（市、区）1 514个乡镇遭受洪涝灾害，受灾人口1 417万，范围之大历史罕见。全省公路又一次遭受重大水毁。全省8条国道、20条省道程度不同受灾。210国道宁陕段、黄陵段，312国道丹凤段、彬县段，316国道安康段，309国道富县段等多处路段交通中断。铜黄、西宝、渭潼等高速公路同时遭受水毁。铜黄高速多处发生沉陷、塌方和滑坡，有12处险情尤为严重，路面沉陷达1.50万平方米，边坡塌方达3万多立方米，宜君至黄陵段交通一度中断。此外，全省86个县（区）653条县、乡公路不同程度水毁，245条公路多处交通中断。全省公路水毁损失8.98亿元。

2003年10月，108国道周城公路水毁抢修现场

灾情发生后，全省公路交通系统全面动员，紧急行动，全力抢险。省交通厅两次下拨1 330万

元抢修费，用于干线公路和县乡公路抢修。省交通厅、省公路局领导带队，抽调30余名处级以上干部，组成6个督导组，分赴全省10市水毁灾区，迅速查清灾情，现场督导抢险抢修。全体抢修人员战洪水，冒酷暑，夜以继日，连续奋战，经3—5天紧张抢修，干线公路相继抢通，为全省抢险救灾和灾后恢复重建提供了重要保障。

抗洪抢险期间，公路养护机构在经常发生水毁和易堵车路段成立服务小分队，及时向受阻司机、旅客通报水毁和抢修进展情况，协助交警疏导交通，义务为被阻人员送水送饭。省公路局开通24小时路况服务热线，在路况信息网、报纸、电台、电视等媒体及时发布路况、气象和抢险等信息，便利旅客出行和车辆通行。

七、2007年汛期水毁抢修

2007年7—9月份，陕南3市、关中局地数次发生大到暴雨，108、210、312、316等国道，101、102、203、307等省道多处发生塌方、泥石流灾害，全省雨季被冲毁干、支线公路路基176万立方米，沙石路面477公里，沥青路面678公里，水泥路面2.55公里，冲毁桥梁29座、3 026米，涵洞1 020道，挡墙1 683处、81万立方米，公路塌方1.22万处、772万立方米，共有54处交通中断。公路水毁损失7.12亿元。

水毁发生后，全省公路交通部门迅速启动防汛抢险应急预案，各级领导带领抢险队伍，迅速投入抗洪抢险。各单位集中人力、物资和机械设备，实行即堵即抢、即抢即通的办法，迅速打通被堵路段，修复被毁设施，恢复车辆通行，保证救灾物资运输。312国道丹凤段，遭7月28、29日连续强降雨严重水毁，交通中断，滞留车辆近千辆。商洛市交通局、商洛公路管理局组织2 000余人、60多台机械设备，全力开展抢修。对全幅水毁路段，采用埋设管涵、填筑路基、另开便道等办法，恢复车辆通行；对水毁路基缺口，采用打桩、抛填树木片石、压沙袋等措施修复；对路基剩余宽度不足，存在安全隐患路段，采用填埋边沟、利用绿化带加宽等措施，保证便道宽度；对阻断交通的大型塌方和泥石流，调集机械抢通便道，保证车辆通行；清理路面淤泥、落石，清除水沟、桥涵淤积物，保持排水畅通。在路基缺口等危险部位设置警示标志，专人负责交通疏导和车辆分流。在加快抢修的同时，还向受阻司乘人员及旅客免费提供食品和饮用水，利用沿线道班安排滞留人员休息、住宿。经50多个小时连续抢修，于7月31日下午打通便道，滞留旅客与车辆全部撤出水毁路段。

2007年7月31日下午，312国道商洛市辖区水毁路段全部抢通。图为被阻车辆有序通过抢通便道安全疏散

在组织公路水毁抢修的同时，公路交通系统开通24小时路况服务热线、路况信息网，并通过电视、电台和报纸等新闻媒体，向社会公众提供公路路况信息服务。

是年公路水毁抢修，省交通厅多方筹措资金，先后累计下拨水毁抢修费2 375万元。

八、2009年汛期公路水毁抢险

2009年雨季，陕西南部经历多次持续性阴雨天气。由于长时间降雨并受2008年“5·12”汶川特大地震次生灾害影响，加之局部地区暴雨频发，造成部分河流河水猛涨，山洪、泥石流等地质灾害频发，部分公路遭受不同程度水毁，安康、商洛、汉中、延安等市部分公路一度中断交通，各有关市公路交通系统按照水毁应急预案，紧急组织水毁路段抢修。

8月18日晚23时许，秦岭山区突降特大暴雨，致西汉高速6处发生塌方、泥石流灾害，路面堆积巨石、淤泥达3.50万余立方米，熊家梁2号隧道、田坝隧道、香炉石隧道、龙王潭隧道、黑虎垭隧道等多处路段交通中断，沿途滞留车辆1 300余辆。其中田坝隧道北口山体发生重大滑坡和泥石流灾害，1万余立方米泥石流夹杂巨石、树木，将香炉石、田坝、熊家梁2号隧道等3个隧道洞内外近3公里路面淹没，隧道洞内外路面、护栏、标志、照明设施等不同程度遭受损坏，两辆小车、两辆货车被掩埋，45辆汽车、400余名旅客被堵在田坝隧道内，西安与汉中间双向交通中断。

上图：2009年8月18日西汉高速香炉石隧道口水毁。下图：隧道口水毁抢险现场

灾害发生后，省高速集团当即组织1 000多名抢险人员、50余台机械设备，全力投入抢险。省交通厅厅长曹森、副厅长冯西宁等先后赶赴水毁现场，组织、指挥抢险。抢险人员在机械配合下，迅速疏通道路，解救被困群众和车辆。19日凌晨3时，将被困人员全部疏散出隧道并妥善安置。之后，立即展开路面清理。至是日下午3时，西安至汉中方向恢复车辆通行，路政人员和公安交警现场指挥，派出车辆带路，不到一个小时即将滞留车辆全部疏散完毕。经抢险人员30多个小时奋战，20日上午11时，西汉高速全线隧道内外路面淤泥、落石等全部清理完毕，险情完全排除，全线恢复双向通行。

九、2010年汛期水毁抢修

2010年7月中、下旬至8月中旬，全省大部地区连续发生大范围强降雨，引发山洪、滑坡、泥石流等灾害，全省11个市（区）公路遭到不同程度毁坏，计有4条高速公路、5条国道、12条省道、204条县道、668条乡道、6780条村道损失严重。安康境内210、316国道和207、308、310省道，汉中境108、210、316国道和210、211、309省道，多处交通中断。商界高速丹凤至陕豫界、商漫高速山阳至漫川关段多处路基、路面、桥台、涵洞、挡墙等构造物被冲毁，交通中断，沿线滞留车辆多达千辆。西康高速柞小段晏家河隧道北口发生塌方和泥石流灾害，800余立方米巨石将隧道口道路堵塞，最大一块约200立方米，洞口桥面、护栏被砸坏，双向交通中断。

农村公路水毁更为惨烈，仅商洛市就有1 139条、8 500公里农村公路受灾，全毁路基1 664公里，冲毁挡墙92万立方米，沥青、水泥路面750万平方米，冲毁桥梁167座、4 502延米，涵洞1 814道，水沟1 586公里，43个乡镇、1 000余建制村交通中断。是年全省公路水毁损失约40.99亿元，受灾面积之广、损失之大前所未有。

灾情发生后，省政府连续召开两次常务会议，紧急部署陕南3市抗洪抢险和全省防汛救灾及灾后重建工作。7月24日，副省长洪峰赶赴镇巴等重灾区，察看水毁灾情，指导抢险救灾工作。省交通运输厅、各市政府启动防汛抢险预案，迅速组织力量展开抢险救灾。省交通运输厅多名领导带领有关人员，赶赴一线组织抢险救灾；成立灾后恢复重建领导小组，组织开展灾情调查，落实抢通和重建方案，明确工作责任；组织建设、设计等单位对水毁高速公路受损设施及隐患进行调查、排查，总结经验教训。同时，要求举全行业之力，以抢险、抢通、修复的实际行动和明显效果，应对特大洪灾对交通基础设施造成的巨大损失。

公路受灾严重的汉中市，组织4个抢险工程队，分路线展开水毁抢修。镇巴公路段组织60余名职工和8台机械设备，连夜赶赴水毁路段展开作业。公路交通抢险人员冒着倾盆大雨，在不断有塌方发生的情况下，昼夜施工，连续奋战，仅用3天时间，即将汉中境内5条干线公路全部抢通。

商界高速、商漫高速严重水毁发生后，中共陕西省委副书记、代省长赵正永，省军区、武警陕西省总队领导与省交通运输厅等有关部门负责人，赶赴商界高速清嘴梁隧道水毁现场，查看灾情，部署抢险工作，要求尽快抢通。省交通运输厅厅长冯西宁，与省交通集团和有关专家现场研究、制定抢险方案；省交通集团分别成立商界、商漫两个抢险保通领导小组，从西安绕城、秦岭终南山公路隧道等8个分公司及重点项目施工单位，紧急组织5 000余人、机械设备90余台，全力进行抢险。经连续36小时紧张作业，共清理淤泥、沙石4万多立方米。7月25日15时，商界高速丹凤至商南段恢复单幅双向通行，312国道及商界高速沿线1 000多辆滞留车辆，在路政人员引导下，通过商界、商漫高速有序疏散。是日18时，商界、商漫高速全线恢复通行。

2010年7月23、25日，公路抢险人员全力以赴进行商漫、商界高速水毁抢修。上图：商漫高速山阳段水毁抢险；下图：商界高速清嘴梁隧道段水毁抢险

8月17日凌晨1时，省交通集团西镇分公司养护人员巡查时发现，西康高速晏家河隧道北口山体有滑塌迹向，立即安排专人观察值守，并实施交通管制。省交通集团组织专家现场查勘，制定排险方案。19日凌晨1时45分和5时，隧道北口山体先后发生两次塌方，致交通中断。按照预定抢险方案，省交通集团当即组织200余名抢险人员、57台机械设备，对塌方进行爆破、清理，是日18时恢复半幅双向通行。20日中午12时，隧道洞口山坡巨石全部被爆破，边坡危石、路面等全部清理完毕，道路恢复双向正常通行。

在上述高速公路水毁路段抢险同时，省交通集团、省高速集团组织人员，积极救助被困人员和车辆。商界高速丹凤服务区为被困6辆长途大巴的近200名旅客，免费提供早餐、午餐和药品，并打开服务区所有休息室，接待司乘人员和旅客休息，累计救助3 000余人次。商漫高速天竺山、山阳服务区、漫川关收费站，累计为被困人员免费发放馒头、方便面等食品价值1.30万余元，救助司乘人员、旅客1 700余人次。公路可单幅通行时，即安排路政车辆护送长途大巴安全通过抢险路段。

第二节　水毁修复与防治

20世纪90年代，严重公路水毁经突击抢修，仅能维持单车道或便道通行，无法满足正常交通需求。省交通厅、省公路局逐年安排专项计划，实施水毁路段修复或治理，恢复公路技术状况和正常交通。水毁路段原则按原有公路技术标准修复。由于资金原因，修复工程一般按“先干线、后支线，先重点、后一般”原则安排，重点保证干线公路修复。除少部分修复工程当年完成外，大多修复、治理工程通过次年或几年养护工程逐步完成。水毁修复资金，干线公路除争取交通部、省财政补助外，主要由省交通厅从汽车养路费中安排，各地（市）从养路费超收分成中安排部分资金用于水毁修复；县乡公路水毁修复，主要靠当地政府动员群众投工投劳，通过普修完成，并从拖拉机养路费中安排部分修复资金，省交通厅从汽车养路费中给予一定资金补助。

2006年11月，316国道旬阳至白河段水毁工程大修施工

1991年汛期洪涝灾害发生后，省交通厅下拨补助费用500万元用于水毁修复，其中干线公路400万元，县乡公路100万元。交通部和省财政分别补助150万元、80万元，用于县乡公路水毁修复补助。各地（市）利用有限资金，安排重点修复工程，组织群众性普修活动，修复路基、路面和桥涵构造物等设施。商洛、铜川、宝鸡等公路管理总段，应用浅基防护技术，修筑阻水堤护坡、潜坝、片石混凝土挡墙等，进行路基水毁防治。

202省道华阴至金堆城公路全长31.44公里，1998年7—8月两次特大暴雨，使10余公里路基、8公里路面和沿线挡护、排水设施被毁，中断交通10余天，经抢修后恢复交通。1999、2000年，省公路局共安排1 700万元，按照“旧路恢复”原则，修复水毁路基、挡护、排水设施，以及10余公里路面。其余20公里路面，灾后陆续出现严重病害。

2002年，省交通厅安排投资1 516万元，按照山岭重丘区三级公路技术标准，处置全线36处（段）路基病害，完善排水、防护和交通安全设施，重铺二灰碎石基层和沥青混凝土路面，局部路段采用水泥混凝土路面，全线路况得以改善。

2002年后，干线公路、县乡公路水毁修复工程，仍按照原路等级标准设计、修复，已计划拟改建路段，按拟建等级标准修复或重建。干线公路水毁修复工程按照“当年水毁，当年修复”要求，多在水毁发生当年完成。高速公路、干线公路水毁修复工程，在修复水毁设施同时，注重对公路地质灾害进行全面治理，提高公路抵御自然灾害能力。

2003年铜黄高速特大水毁发生后，省高速集团通过调查、分析，确定以水害防治为中心的治理原则。软弱地基及沉陷路段，采用换填沙砾、夯扩桩挤密等方法加固；采用沙性土填筑路基下层，增加盲沟、排水设施，改善路基水稳定性；沿河路堤设置挡墙；采用密实型路面结构，防止雨水下渗；上边坡滑塌，采用清方卸载、挡土墙、抗滑桩等综合措施治理；采用预制、拼装式混凝土U型排水沟，减少雨水下渗对路基不利影响。修复工程于当年9月开工，12月完工。2004年第二阶段治理工程，采用注浆加固和仰斜式排水孔、预应力锚索抗滑桩等技术，对水毁遗留问题和新增滑坡进行综合治理，使地质灾害在可预测范围内得到治理。水毁抢修、修复工程总投资7 165万元。

2006年起，按照交通部统一部署，在干线公路开展以滑坡、崩塌、碎落、泥石流等地质灾害治理为重点的公路灾害防治工程。省公路局组织对316、210国道秦巴山区、陕北黄土高原丘陵沟壑区水毁灾害多发路段，采用清方、刷坡卸载，增设护面墙、抗滑桩、挡墙或拱形、人字形、格式骨架护坡、SNS或GTC主动柔性防护网、聚丙烯植生三维网等技术，结合完善坡面排水，进行综合治理；沿河路基采用丁坝、顺坝、潜坝、护堤等措施，调治水流，保护路基边坡。至2008年，三年间完成316国道全段、210国道榆林、延安部分路段地质灾害治理500余公里，治理路段因滑坡、滑塌、碎落石等导致交通事故或中断交通的现象，基本得到解决。

2010年7月，商漫高速山阳境高坝立交匝道水毁修复工程施工现场

2010年汛期严重洪灾发生后，各市公路管理局及时组织工程技术人员，深入现场调查研究，分析水毁成因，制定修复方案。省公路局组织专家组，分赴各地进行现场评审，先后分10次下拨1.08亿元用于干线公路水毁修

复，基本实现当年水毁、当年修复目标。

针对全省农村公路水毁严重状况，是年7月31日，省公路局发出《关于做好农村公路灾后恢复重建规划的指导意见》（陕公路函〔2010〕333号），提出农村公路灾后恢复重建，要坚持以人为本、科学重建，立足当前、着眼长远，统筹兼顾、突出重点，尊重自然、因地制宜的指导思想；明确县级政府是灾后恢复重建责任和投入主体；公路灾后恢复重建，由各市统一规划，按照灾害程度，当年修复完成或分年度实施完成。要求水毁修复在满足当前生产、生活需要基础上，适当提高主要公路技术等级和服务水平；突出解决重要县乡公路、对区域经济发展有重要影响公路；高度重视灾区地形、地质条件的复杂性，充分利用原有公路及设施，尽可能减轻对自然环境的影响和破坏，提高公路运营安全性。同时，明确灾后重建和修复工程资金筹措渠道与补助原则。

各地按照指导意见，结合辖区公路受灾情况，并考虑发展要求，制定灾后重建计划，组织开展修复工作。在主要县乡公路水毁路段初步抢通后，考虑灾区经济恢复与今后发展需要，按不低于原建设标准修复。修复工程设计，注重提高公路抗灾能力和服务水平，分析、研究水毁原因，优化设计方案，因地制宜，尊重自然，重建时尽量不与水争“路”；对因压缩河床导致水毁路基、桥涵、防护工程，按流量合理确定跨径、长度及基础埋置深度。水毁修复资金通过多渠道筹资解决。商洛市通过申请上级补助、支持，财政担保贷款，号召社会捐赠，运用一事一议方式，动员群众投工投劳等办法筹集，共筹措资金12.60亿元，全部用于公路恢复重建。资金使用上，将财政、交通、水利、农业、国土、扶贫等渠道可用于修路的资金捆绑使用，提高使用效益。项目实施，县上主抓县乡公路修复，乡政府和村民委员会主抓村公路修复。至2010年年底，全市投入农村公路水毁抢修、修复资金2亿多元，水毁路段全部抢通，重建、修复工程完成30%以上。

专记　2002年“6·8”公路抗洪抢险救灾与水毁修复

一、公路水毁与抢险组织

2002年6月8—10日，陕西大部地区遭遇历史罕见暴雨、特大暴雨袭击。全省29条江河暴发洪水，7市、34县的300多个乡镇暴雨成灾，受灾人口达275.20万。位于秦岭山区的佛坪、宁陕两县，24小时降雨498.20毫米，流经两县的椒溪河、蒲河、金水河、汶水河、旬河等河流暴发千年不遇洪水。佛坪和宁陕、柞水、石泉部分乡镇交通、供电、供水、通信中断，佛坪县城成为孤岛。两千余名旅客、数百辆汽车被困秦岭山中。

暴雨和洪灾使全省公路遭受重大损毁。108、210等5条国道，102等9条省道严重水毁，共计水毁桥梁56座，涵洞690道；冲毁路基198.90万立方米，路面112.60公里、66.65万平方米；发生重大塌方380余处、27万立方米，累计全毁公路近100公里。汉中、安康、西安、商洛、渭南、榆林、宝鸡等7市的208条县乡公路不同程度受灾，1 377公里路基被冲毁，56条交通中断。全省公路水毁损失约4.70亿元。其中以108、210国道和102省道西旬线水毁最为惨重。

108国道周至马召至洋县金水171公里路段严重毁坏，佛坪北至龙草坪25公里路段，洪峰高过路面1.50米，路基被夷为河床；佛坪以南至金水63公里，有8段30余公里路基荡然无存，两座桥梁、94道涵洞全毁，局毁涵洞350道，冲毁路面45公里；长角坝、纱帽石两个道班被洪水卷走，3名道工和7名家属失踪。其余路段或被毁为数十米甚至数百米长的缺口，或被数千上万方泥石流、塌方所掩埋，或大段路基被洪水掏空，或仅残存部分浆砌水沟和挡护基础。原是三级山区油路（或水泥路）的国道公路，千疮百孔，惨不忍睹。

上图：108国道洋县手扒岩段公路水毁。下图：108国道佛坪三教殿段公路水毁

210国道安康宁陕境20余公里、西安境10余公里路基、15座桥梁全部冲毁，12座桥梁、212道涵洞严重毁坏，大段路面基层被整体移位，沥青面层被洪水卷起。102省道柞水至宁陕广货街（又称商沙线）63公里路段，被冲断72处，路基缺口5.38万立方米，塌方与泥石流119处4.40万立方米，累计5.60公里路基被彻底冲毁，总方量达15.30万立方米。

全省22个通县公路建设项目有15个遭受重大水毁，总计损失约2.40亿元。其中108、210国道列为通县公路实施的4个项目损失惨重，有34名施工人员失踪，压路机、推土机等93台（件）机械设备，20余万立方米碎石、水泥等工程材料被冲走，已完工桥梁、涵洞、路基、路面工程和排水防护设施大部被毁。

此次公路受灾范围之大，水毁之惨重，为陕西公路交通史上所仅有。尽快抢通水毁公路，恢复灾区公路交通，成为抢险救灾和灾区恢复重建的关键。佛坪、宁陕等地公路交通部门和通县公路施工单位干部职工，在特大暴雨和洪灾来临时，立即就地投入抗洪抢险，协助救援被困群众，并冒着危险查看公路灾情，迅速向上级报告。

6月9日上午，中共陕西省委副书记、代省长贾治邦紧急召集水利、交通等部门负责人，在省防汛总指挥部听取灾情汇报，研究部署抗灾救灾工作。省政府发出《陕西省人民政府关于切实做好当前防汛工作的紧急通知》（陕政发明电〔2002〕4号），要求全省各地全力以赴做好抗洪抢险，尽快恢复交通，支持抗洪救灾工作。12日，中共陕西省委召开2002年第22次常委扩大会议，研究灾情和部署救灾防灾工作，要求交通等部门组织力量，争时间，抢速度，在最短时间内恢复交通，保证抗洪救灾顺利进行。中共陕西省委书记李建国，代省长贾治邦，先后赴佛坪、洋县灾区视察灾情，指导抗洪抢险救灾。

接到各地公路遭受重大水毁的报告，省交通厅、省公路局在紧急向省政府、交通部报告公路灾情的同时，迅速成立抗洪抢险救灾领导小组和指挥部，部署公路抗洪抢险救灾工作。省政府抗灾救灾会后，省交通厅主持工作的副厅长曹森召开厅长办公会议，做出紧急部署：主要领导带队赶赴抗洪一线，迅速组织查灾，制定抢修方案；统一调度、指挥抢险力量，迅速展开水毁路段抢险抢修；加强被困人员救助和救灾物资运输；紧急拨付公路水毁抢修资金；全面排查和消除公路安全隐患，加强公路交通疏导措施等。在中央党校学习的厅长乌小健打来电话，要求全力组织好公路抢险。省公路局和沿线公路交通部门组织人员，赶赴各条线路查勘灾情。查勘人员攀悬崖，蹚洪流，在交通、通讯全部中断的情况下，采用人工接力的方法，将灾情资料以最快速度报送抢险救灾指挥部。根据灾情与救灾需要，指挥部确定以打通佛坪、宁陕两县重灾区交通为首要任务。

省交通厅厅长办公会后，副厅长曹森、焦方群，总工程师胡保存，助理巡视员白宗孝，省公路局党委书记岳培生、局长张雷鸣等，先后赶赴108、210国道抢险现场，查看灾情，组织抢险。省交通厅指令西安绕城管理局，从参与西安绕城南段高速公路建设的施工单位抽调精干人员与设备，支援108国道抢险。省公路局将抢险指挥部设于靠近佛坪的108国道秦岭收费站，组织公路养护职工、通县公路施工队伍就地开展抢险救灾，同时调遣咸阳、铜川、宝鸡等受灾较轻市的公路管理局施工人员和机械设备，紧急驰援108、210国道抢险。接到指令的高速公路建设单位和公路管理机构，当即动员、组织抢险突击队。中铁十九局一处、三处，中铁二局五处，中铁五局机械化公司，中铁二十局，中交二局三处，省路桥总公司，云南路桥公司等施工单位，迅速组织起有1 000余名施工人员、30余台大、中型机械设备的抢险队伍。各路抢险队伍自带车辆，自带设备，自带干粮，连夜出发，路通的地方乘车急赶，路断的地方徒步攀越，以最快速度赶往抢险路段。汉中、安康两市公路交通抢险队伍，从不同方向紧急赶赴108、210国道抢险地点。与此同时，省交通厅运管局紧急从西安、汉中市运管处调集20余辆汽车，昼夜兼程向灾区运送帐篷、棉被、面粉等救灾物资。

2002年6月，公路交通抢险队员在108国道佛坪段突击架设便桥

二、公路抢险会战与道路抢通

108、210国道和102省道，是通往佛坪、宁陕等重灾区主要道路，也是公路抢险救灾主战场。迅速集结的1万多名抢险人员、300多台机械设备，组成300多个抢通小分队，采取多头并进、中间突破、划段包干、限期抢通的办法，展开抢险会战。

108国道周至马召至洋县金水水毁路段，由西安市公路抢险队伍从马召向南抢修，汉中、宝鸡两市抢险队伍从洋县金水向北抢修，通县公路施工队伍则从佛坪分别向南北两个方向抢修。高速公路施工单位抢险队伍参与佛坪以北路段抢修。由于受灾路段位处秦岭深山峡谷，许多路段被荡为陡壁、滩地或河沟，抢险车辆和大型机械设备、物资无法运进，抢险人员就人背肩扛，将抢修器材和物资运至抢险现场。省公路局组织60余名路政人员，沿线定点执勤，指挥、疏导交通。

西安绕城高速公路（南段）工程管理处党支部书记冯西宁带领的高速公路施工单位抢险突击队，赶至108国道周城公路K113～K115处抢修现场，立即组织踏勘路线，制定抢修方案。抢险人员冒着随时可能塌方的危险，清理滑坡，清除危岩，开凿路基，并用2.50万余条编织袋装上沙土填筑路基，经40多个小时连续奋战，打通被毁路段。接着，突击队又投入沙坝村至佛坪县城段1 000米便道抢修。便道抢通后，突击队员们顾不上休整，连夜冒雨投入支援钢桥架设施工。

西安市公路抢险队伍3 000余人，上百辆机械和车辆，组成9个抢险突击队，同时在108、210国道展开抢修。108国道抢险队由市交通局副局长张建明指挥，用4个昼夜抢通西安段便道后，又调集500余名抢险人员，支援秦岭隧道至龙草坪20公里路段抢修，经三天三夜冒雨奋战抢通便道。接着，又与佛坪通县公路抢险队一起，打通龙草坪至佛坪段20公里便道。

2002年6月18日，公路交通抢险队员在108国道佛坪七角坝用战备钢梁架设便桥

省路桥总公司抢险突击队300多人，承担佛坪七角坝路段两座便桥抢修。抢险队员们在洪水中清理河床，垒石打桩，连续作业，仅用4天时间架通两座便桥。佛坪县城北4公里处两河镇便桥两次被救灾车辆压断，交通又一次中断后，抢险指挥部决定紧急调运战备钢梁架设钢桥。咸阳公路管理局路桥公司和中铁十九局50多名抢险队员冒着大雨，背石块，搬沙袋，在齐腰深的水中砌筑桥台。运送战备钢梁的车队，由省公路局孟兴海带领，克服道路时通时断困难，几经倒车搬运，终于将钢梁运至现场，抢险队员们立即投入拼装架设。在架设人力不足的情况下，铜川公路管理局抢险队紧急调集20多名队员支援。经13个小时连续作业，架起24米长钢梁桥。此次抗洪抢险中，108国道周城公路先后架设3座共90米长战备钢桥，在抢险救灾和水毁修复中发挥了重要保障作用。

210国道西安至宁陕水毁路段，西安市公路抢险队伍从沣峪口向南抢修，安康市公路抢险队伍从宁陕县城向北抢修，商洛市公路抢险队伍从102省道柞水营盘向宁陕广货街抢修。

西安公路管理局抢险队伍从沣峪口向南逐段清理塌方，修复路基，抢修便道。抢险人员靠肩扛手搬，仅用两天时间抢修出人行便道后，数百名武警战士迅速进山，把滞留山中的旅客接出。在短时不能抢通宁陕广货街救灾通道的情况下，省公路局决定利用受灾较轻地方道路，开辟自户县涝峪入秦岭、经朱雀森林公园至广货街便道。户县交通局抢险队争分夺秒，苦战17个小时，抢通经涝峪通往广货街便道。

商洛市抢修102省道镇安古道岭至宁陕广货街81.50公里路段，商洛公路管理局党委书记张春龙、局长齐志学带领由公路职工及当地群众500余人、22台机械组成的两个抢险突击队，分岭西、老林两段同时抢修。省交通厅调集中铁十二局、中铁十八局等秦岭终南山公路隧道施工队伍紧急增援。抢险队伍不分昼夜清理塌方、滑坡、泥石流，埋设管涵，修复路基缺口，加固挡墙，经过6天奋战，打通通往广货街东路通道。

安康公路管理局组织近3 000名公路养护和通县公路施工人员，全力投入抗洪自救和抢险抢修。局工程一处仅用两天时间抢通江口镇至广货街便道。210国道K146+200处100多米路基被夷为河床。安康公路管理局局长何全钧、副局长徐建国，带领150多名抢险突击队员和两台装载机、4辆卡车，开炸土石1.50万余立方米，经3天奋战，在崖壁上开出一条便道。又经八天八夜紧张抢修，210国道安康境宁陕县城至大坪115公里水毁路段全部抢通，较计划提前4天。

水毁抢险救灾中，公路职工不顾个人安危，迎难而上，奋不顾身，顽强拼搏，无私奉献。

在紧急抢修道路的同时，省公路局接到省政府要求火速向佛坪灾区运送100箱消毒液任务，省公路局当即安排。当运送药品车队赶至108国道周城公路K104处大缺口交通中断后，药品交由西安公路管理局组织的周至、户县、灞桥公路管理段100名道工运送。道工们每人身背35斤重药箱，在省公路局养护处工程师宋成志、通县公路建设管理办公室干部田建文带领下，翻山越岭，经12小时跋涉28公里，连夜将药品送到佛坪县城，成为灾后第一支由西安方向进入佛坪县城的救灾队伍。

安康市、西安市公路抢险队在打通水毁路段抢修便道后，随即派出慰问车队，将面粉、油、盐等灾区急需物资送到受灾群众手上。

2002年6月19日，抢险救灾车辆通过战备钢梁便桥驶向佛坪县城

安康公路管理局工程处驻宁陕通县公路项目办公室，接到就地组织抢险救灾指令，连夜组织人员，冒着倾盆大雨，分南北两路徒步查看公路灾情，沿路组织抢险。宁陕公路段党支部书记曾毅带领4人小组，翻山越岭，忍饥挨饿，跋涉近30个小时，查清210国道宁陕县城以北115公里路段全部灾情，并组织沿途道班、施工单位迅速开展抢险自救。

汉中公路管理局领导带领抢险人员，攀悬崖，蹚激流，从洋县金水徒步60多公里赶至佛坪，迅速组织抢险。抢险人员苦战12天，连续攻克青岩砭、龙嘴石、滩背湾、滩背梁4道险关，打通金水至佛坪段便道。佛坪段秦岭收费站站长刘全胜，妻子和孩子被洪水夺去生命，在料理完亲人丧事后，立即赶回单位继续投入抢险。在西安进修的佛坪公路段副段长杨文杰，得知洪灾后立刻往回赶。在徒步赶回佛坪途中，组织秦岭收费站8名收费员沿路查看灾情，组织沿途施工队伍开展抢险自救和抢修；赶回段部后，立即和全段职工、施工队一起，投入K112～K104段便道抢修。佛坪公路段职工周永生、陈丽，家中房屋被毁，顾不上回家处理，始终坚持在抗洪抢险一线。佛坪县交通局、县道路运输管理所职工，连续3天，徒步往返200余公里，组织救护、疏散108国道周城公路沿途被困旅客、群众1 200余人，其中包括1名美籍华侨和1名台湾同胞。

西安公路管理局局长周建红（女），带领局属抢险队伍在108、210国道抢险现场连续奋战，来回奔波于两条国道抢险工地。当抢险施工爆破器材供不应求，需从凤翔紧急调运时，周建红领受任务，连夜找有关部门办理提取和调运手续，并带领两名女职工押车护送，一夜颠簸数百公里，将爆破器材安全、及时运到抢险现场，解了燃眉之急。

宝鸡公路管理局总工程师、108国道周城公路秦（岭）槐（树关）段通县油路工程C标段项目经理徐建国，在宝鸡开会时得知工地发生洪灾，立刻就往回赶；凭着“拼了命也要赶回工地”的念头，两天步行81公里赶回工地，当即组织员工抢险自救。在手扒岩段800米便道抢修施工中，员工们靠人工打眼放炮开凿路床，清运石料，填筑路基，经6天奋战打通便道。同时，设立救灾物资转运站，义务接送武警部队救灾车辆，运送受灾群众和救灾物资。

省公路局副局长卫英才，分工负责210国道抢修。在身患高血压、糖尿病，心脏做过支架手术的情况下，坚持带领工程技术人员徒步踏勘灾情，研究抢修方案，还和职工一起扛石头，修便道。随行同志劝他休息，他说：“这条路太重要了，要赶时间抢通。咱们这是救命哩！”省公路局副局长冯明怀，分工负责108国道抢修，在打通便道的9个日夜里，来回在秦岭至佛坪几十公里抢修点组织、指导，胳膊和脸晒得脱了皮，被抢险民工称为“黑脸工头”！

参加抗洪抢险救灾的公路交通系统干部、职工和民工，不讲条件，不讲困难，在水毁抢险路段就地扎营，风餐露宿，昼夜奋战；食品送不上来时，忍饥挨饿，坚持抢险作业。出发时没有来得及带上被褥的，夜晚只好盖着编织袋和衣而眠。在与洪水、大雨、塌方、滑坡、泥石流和高温、饥饿、蚊虫叮咬的较量中，每天连续作业十几小时，一段一段打通通往灾区的便道。其艰辛付出，难以尽述。

6月14日，102省道柞水至宁陕广货街段便道抢通。

6月15日，210国道宁陕县城至广货街段便道抢通。

6月17日，108国道周至马召至佛坪县城段便道抢通。

6月19日，108国道洋县金水至佛坪县城段便道抢通。

中央领导、交通部十分关心陕西公路抢险。

6月21日，受中共中央总书记江泽民，国务院总理朱镕基委托，中共中央政治局委员、国务院副总理、国家防汛抗旱总指挥部总指挥温家宝视察佛坪灾区时，专程赶到公路抢修现场，看望、慰问抢险公路交通职工。温家宝与现场抢险队员们一一握手，并说："这条路是通往佛坪灾区的生命线，同志们修路辛苦了，谢谢大家！"

交通部副部长胡希捷及部公路司有关负责人，先后赶赴108、210国道抢险现场，查看公路水毁和通县公路灾情，转达交通部关心与慰问，对公路抢险和修复提出要求。

6月26日，210国道西安、安康两市境内水毁路段全线抢通。

3条灾情最重国、省公路快速抢通，使灾区交通迅速恢复，救灾物资源源不断运进灾区，有力支援了抗洪救灾和灾区恢复重建。

三、干线公路水毁修复

在抓紧公路抢修同时，省交通厅即着手安排干线公路水毁修复，提出以抢险姿态组织实施修复工程，对全省干线公路特别是108、210国道和102省道严重水毁路段进行全面修复，年底完成修复目标。省公路局制订干线公路水毁修复实施方案。6月30日，省交通厅下达干线公路水毁修复任务，确定水毁修复工程范围、重点、施工组织、修复费用与施工管理等。7月3日，省政府印发《关于搞好受灾地区生产自救和恢复重建工作的通知》（陕政发〔2002〕32号），要求抓紧水毁基础设施抢修，确保年底完成干线公路修复。8月15日，省政府办公厅发出关于搞好佛坪县恢复重建工作的通知，专就108国道水毁修复提出目标要求和实施原则。

按照以上安排和要求，省交通厅提出发扬"6·8"抗洪抢险精神，以打大战役气魄，打硬仗决心，抓好两条国道修复。修复工程强调尊重自然规律，总结公路水毁教训，合理确定修复标准。原则按原有公路标准修复；对因河道改道等冲毁较长路段适当改线；计划改善路段按拟改善等级标准修复。大段水毁修复，通过多方案比较确定修复方案。水毁修复与河道整治相结合，适当增加调治构造物。新建桥涵设计，适当增大跨径。防护工程设计适当提高抗洪标准，增强抗灾能力。修复工程项目实行先干后批、先付后审原则，加快设计与施工进度。修复资金除省交通厅专项拨款和争取交通部补助外，主要利用银行贷款解决。县乡公路水毁修复，将城镇、人口密集路段作为修复重点，由地方政府组织群众修复，公路管理机构技术支持，省交通厅给予资金补助。

干线公路修复工程由省交通厅立项，省公路局管理，按属地原则由各市交通局和公路管理局负责实施。省交通厅组织成立设计指导组，现场研究、确定修复方案。省公路局与西安、汉中、安康3市公路管理局签订修复工作目标责任书，落实质量、进度、安全责任，明确考核奖惩办法。实行工程施工招标、工程监理制度，确保工程进度与质量。部分先期开工项目，后补招标手续，进度快、质量好的单位保留资格；进度慢、质量差的单位取消资格，清除出场。

省公路局提出以抢险救灾姿态，完成水毁修复任务，省、市公路抢险指挥机构就地转为水毁工程修复指挥机构。调集全省公路设计、施工力量投入设计和施工。向现场派驻工作组，负责协调、监督和服务。各施工单位在时间紧、任务重情况下，调整充实施工力量，于7月10日全部进场展开修复施工。许多参加过水毁抢险的职工、民工顾不上休整，又投入水毁修复工程。施工作业不等不靠，较大修复工程在设计未完成前，按照设计指导组现场确定方案先行施工；小型修复工程，现场确定方案后立即开工。各修复路段齐头并进，平行作业，全线推进。几十支施工队伍顶烈日、冒酷暑，夜以继日，连续作业。

7月28日、8月25日，省交通厅分别召开专题会议和电话会议，对水毁修复工程进展情况进行检查、通报和进一步安排。鉴于108、210国道修复工程艰巨，施工力量不足，由省公路局调遣咸阳、铜川等市公路施工队伍，加强修复力量。同时采取分解细化合同段，任务分解至月、旬、周、日，不能按期完成的指定分包，进一步加强组织领导等措施，加快工程进展，保证施工质量。至8月底，汉中公路管理局投入施工单位14家，7 000余人，机械设备813台（件）；安康公路管理局投入施工单位13家，4 500余人，施工机械设备360台（件）；西安公路管理局投入施工单位14家，施工机械近百台，施工人员多时达5 000余人。

经过全体建设者4个多月紧张施工，108国道周至马召至洋县金水，210国道沣峪口至宁陕，102省道柞水至广货街等重点水毁路段修复工程，于11月19日全面完工，20日全线恢复通车，实现“当年水毁、当年修复”的目标。

108国道周至马召至洋县金水129公里水毁修复路段，共完成路基土石方26.48万立方米，修筑挡墙、护坡、驳岸等防护工程19.77万立方米，浆砌排水设施4.02公里，修复、加固椒溪河桥，接长两河口桥2孔20米，修筑涵洞32道，修复水泥路面1 380平方米，并增设片石混凝土护墩等安全防护设施；重建长角坝道班，并改名为上田坝道班。

2002年8月，108国道秦岭山区水毁路段修复工程施工作业

210国道沣峪口至石泉县两河151公里水毁修复路段，共完成路基土石方51.46万立方米，修筑防护工程24.60万立方米，浆砌边沟4.82公里，新建桥梁15座，涵洞62道，维修、加固小桥涵4座，新建水泥路面2.12公里、1.62万平方米，增设片石混凝土护墩等安全防护设施；维修、改建江口、广货街等道班7处。

102省道柞水县城至广货街段63公里，共完成路基修复工程8.82万立方米，排水设施1 821立方米，防护工程7.24万立方米，新建桥梁2座14.60米，涵洞12道，加固涵洞6道；新铺路面6.52公里、3.95万平方米。

上述3条国、省道公路水毁修复工程，总投资1.51亿元。

修复工程告竣后，水毁路段道路平、纵指标均达到三级公路技术标准，道路技术状况总体改善，排水、防护设施完善，抗灾和安全通行能力增强。

是年，全省干线公路水毁修复工程共计完成投资1.82亿元，其中省交通厅利用银行贷款1.32亿元，安排专项资金3 111万元，交通部补助210万元。

公路抢险救灾和修复，受到中央领导，交通部和中共陕西省委、省政府肯定。中共陕西省委、省政府表彰全省抗洪救灾先进集体、模范与先进个人，其中，西安公路管理局临潼公路段段长李力争，获“全省抗洪救灾模范”荣誉称号；西安公路管理局沣峪口公路段、汉中公路管理局、安康公路管理局、省公路局养护处等4单位（部门），被评为“全省抗洪救灾先进集体”；西安公路管理局局长周建红，西安绕城高速公路（南段）工程管理处党支部书记冯西宁，省路桥工程总公司第三工程处305省道项目经理张延民等12名个人，获“全省抗洪救灾先进个人”荣誉称号。

2002年11月21日，陕西省公路局在108国道周城公路秦岭顶南天门处所立《周城公路水毁抢险修复纪念》碑

省交通厅表彰交通系统抗洪救灾抢险公路修复先进单位和个人。省公路局等10个单位，被评为“全省交通系统抗洪抢险公路修复先进单位”；咸阳公路管理局抗洪抢险队等51个单位，被评为“全省交通系统抗洪抢险公路修复先进集体”；卫英才等10人，被评为“全省交通系统抗洪抢险公路修复先进个人标兵”，汉中市交通局苏志奇等149人，荣获“全省交通系统抗洪抢险公路修复先进个人”称号。

第三章 公路绿化

公路绿化是国土绿化的一部分，也是公路规划、建设和养护管理重要内容之一。公路绿化既有利于防止水土流失，稳固路基，保护路面，延长公路使用寿命，同时有利于美化路容，净化空气，防眩降噪，保障行车安全，保护生态环境，营造优美舒适、安全和谐的通行条件。20年来，随着公路建设理念转变，公路等级提高，GBM工程、文明样板路创建、养护管理示范达标路建设推进，公路绿化质量、绿化效果不断提高，绿化技术不断发展、进步。绿化工程实施，从养护过程延伸至公路建设过程；绿化功能，从主要是路容路貌点缀、路基边坡保护，扩展到公路防护、防眩、隔离、视线引导、环境保护、明暗过渡等多项功能。绿化采用树（草）种，由单一性乡土树（草）种，向多样性、观赏性发展。打孔点播、营养钵浅孔栽植、植生网客土喷播等边坡生物防护技术，喷灌、微喷灌、滴灌、渗灌等先进灌溉方式，在绿化工程和绿化物养护中逐步推广应用。绿化物养护手段由手工作业逐步走向机械化、半机械化和精细化。高速公路、干线公路绿化工程及养护，逐步走向市场化、专业化和规范化。农村公路绿化及养护管理因地制宜，方式多样。

第一节 绿化方式

陕西高速公路兴起之前，公路绿化多为在公路两侧路肩外栽植行道树，填方路基边坡种草固坡。绿化物栽植多在公路修建完成后或在交付使用后，由养护机构组织道工或沿线农民实施完成。1988年，西临高速建设时首次将绿化作为专项工程，纳入公路工程同时设计、施工。此后，高等级公路建设项目绿化，均与主体工程同步实施，绿化范围包括中央分隔带、路基和路堑边坡、护坡道、互通立交区、收费站、服务区、管理所、取（弃）土场及其他可绿化用地等。绿化工程实行专项设计、专项招标、专业队伍实施。县乡公路绿化，多结合山、水、田、林、路综合治理，由县公路站或县林业局负责提供苗木，沿线群众栽植。

1991年起，干线公路GBM工程绿化，以“巩固、完善、提高、发展”为方针，遵循“因地制宜、因路制宜、宜乔则乔、宜灌则灌、宜花草则花草”，及“全面规划、分步实施”原则，对公路两侧边坡和公路用地范围内可绿化空地进行全面绿化，推进公路绿化、美化进程。312国道咸阳至乾陵段63公里GBM工程路段，按照四季常青、三季有花、乔灌结合原则，建成6段不同特色绿化带；延安、铜川公路管理总段在210国道文明路建设中，栽植松柏类常青行道树，边坡种植小冠花固坡。西安公路管理总段配合市政府GBM369工程（即拓宽3条路、绿化6条路、美化9条路），公路绿化与城市美化相结合，市区出入口及主要路段实施立体式绿化，收到良好效果。高速公路养护机构委托专业绿化单位，按照四季常青、三季有花、冬季观果标准，对西铜、西临、西宝、西安咸阳国际机场二级汽车专用公路等高等级公路，实施绿化完善工程。1995年，全省干线公路绿化里程4 627公里，占宜林里程67.60%。

1996年后，干线公路打破"头年修路、来年绿化、三年成荫"传统模式，公路绿化与公路新建、改建、大中修工程同步规划、同步设计、同步施工、同步验收。绿化工程逐步采用招标、议标方式，委托专业绿化公司承包实施并负责初期养护，同时实行完工初验、保活期检验、正式验收三阶段验收制度。重视县段、道班庭院绿化、美化，安排资金修建花坛，栽树种草，建设"三园化"道班，美化职工生活环境。

1997年起，省交通厅逐年安排养护完善工程，对已建成高等级公路绿化进行改造、完善，强化边坡防护，提升绿化效果。

1998年，结合文明样板路创建、文明长廊建设和GBM工程，全省干线公路开展"绿色通道"建设活动。2000年，国务院印发《关于进一步推进全国绿色通道建设的通知》（国发〔2000〕31号），省绿化委员会制定绿色通道建设标准，省交通厅编制建设规划，推进绿色通道建设。干线公路新建、改建工程，绿化带宽度每侧5～10米；城市规划区内公路防护林带宽度每侧30～50米；县乡道绿化带宽度每侧3～5米，有条件地方适度放宽。至2002年，5年投入绿化资金2 842万元，建成干线公路绿色通道2 631公里（含高速公路）；各市公路管理局和重点公路建设项目，投入绿化资金5 531万元，实施绿化里程730公里。

312国道文明样板路创建，栽植20余种成活率高、适应性强树种。在地形条件许可路段，修建1～2米宽绿化平台，绿化、美化路容，实现路田分家；城市郊区、风景区路段，营造风景林带；土质边坡和地质不良路段，种植根系发达灌木或小乔木，稳定路基，保护边坡。渭南公路管理局300余公里二级公路网化工程，按照"三季有花、四季常青"标准，栽植黄杨、刺柏、木槿、

上图：2003年4月3日，榆林市组织干部职工实施榆靖高速沿线"四带一体"绿色长廊工程建设。下图：2009年10月榆靖高速沿线绿化情景

樱花等14.47万株，花卉、绿篱、草坪2.20万平方米，宜林路段绿化率达100%，同时建成一批花园式道班。全市干线公路沿线绿树成荫，鲜花艳丽，构成“人在车中坐、车在画中行”景色。

榆靖高速沿线属国家水土流失和荒漠化防治重点区域，也是国家生态环境建设示范区。结合项目建设，沿路线建成“四带一体”生物防风固沙体系，包括11米宽中央绿化带，路基边坡20米平整绿化带，100～200米宽防风固沙育林带，200～500米宽封沙育林保护带。

西安绕城高速生态林带建设工程，是省政府按照“再造一个山川秀美的西北地区”的战略要求，决定实施的重点公路绿化通道建设项目。2000年2月省计委批准西安绕城高速生态林带建设项目，计划建设规模全长80公里，平均总宽度200米，其中外侧170米，内侧30米。2002年5月生态林带建设项目纳入绕城高速建设工程。省政府多次召开专题会议，研究绕城生态林带建设事宜，协调林带建设与各有关方面关系，并决定实行“以路带林，以林护路”机制，由省交通厅成立西安绕城高速公路生态林带建设管理局（即西安绕城管理局），负责绕城高速建设与生态林带建设管理。2003年3月启动一期工程建设。林带建设根据沿线地形地貌，突出生态效益，按照“因地制宜、以林为主、林灌结合”的原则，合理配置林木，在全线互通式立交区突出园林化景观。至2004年8月，一期工程建设征用土地192.52公顷，绿化面积183.04公顷，种植各类乔、灌木76.31万株，部分路段形成内环30米、外环50米宽绿色长廊。

2004年3月20日，国务院发出《关于坚决制止占用基本农田进行植树等行为的紧急通知》（国发明电〔2004〕1号），严格限定公路沿线绿化带宽度。8月6日，省政府第66次专题会议决定，不再施行西安绕城高速生态林带建设二期工程。此后，新建公路不再征用沿线耕地植树造林。

此期，高速公路绿化设计，融入绿色高速、生态高速、人文高速理念，以边坡防护与立交区、服务区、中分带绿化为重点，加强全面绿化、美化和环境保护。

勉宁高速建设项目贯彻环保、安全、舒适、和谐设计理念，按照建设生态路、环保路目标，对公路占地或影响范围、包括隧道洞口仰坡等部位实施全方位绿化，全线植树92.15万株，平均每公里绿化面积1公顷，植树1万株。被省水土保持局授予“全省开发建设项目水土保持样板工程”。

2010年9月，西安绕城高速生态林带景观

2005年末，全省干线公路绿化里程4 862.24公里，为宜林路段的83.66%，已建成高速公路全部绿化。

2007年，省政府把农村公路绿化纳入全省新农村绿色家园建设规划，明确农村公路绿化由当地政府组织交通公路部门实施，费用在公路工程建设费中列支。各地结合新农村建设和大规模的农村公路建设，以美化路容、防风固土固沙、改善环境为目标，加强农村公路绿化，主要营造乔木为主、乔灌草结合的生态公益林；条件较好的地方，营造防护、用材兼用林。

2008年以来，在建和已通车高速公路逐步实施园林式绿化。西安咸阳国际机场专用高速，按照“将工程藏起来”的理念，在沿线路基和路堑边坡、绿化带、立交区、收费站及路边空地，实施立体式绿化，形成园林化效果。

2010年年底，全省公路绿化总里程3.53万公里，占公路总里程23.93%。其中高速公路3 403公里全部绿化；干线公路绿化里程9 238公里，占干线公路总里程72.85%；县乡和专用公路绿化1.41万公里，占县乡和专用公路总里程32.69%；村公路绿化里程1.20万公里，占村公路总里程13.07%。

第二节 绿化技术

20世纪90年代公路绿化，以干线公路、高等级公路和部分县乡公路为主，大多采用人工挖坑、栽植或播撒草籽等传统方式完成。树种多采用乡土树种。西铜、西临、西宝高速、西安咸阳国际机场二级汽车专用公路等绿化完善工程，以桧柏、龙柏、大叶女贞等常青树为主，间植红叶李、木槿、紫荆、紫薇、连翘等小乔木或开花灌木，构建路侧绿化带；中分带栽植黄杨、桧柏或龙柏防眩绿篱；路基边坡采用多年生黑麦草、小冠花混播，或采用剪股颖、高羊茅、狗牙根等草皮固坡；高填边坡采用紫穗槐、小冠花或紫花苜蓿混播固坡；土质挖方边坡，打孔点播小冠花、黑麦草混播草，石质或砌护边坡，采用爬山虎、迎春等攀缘、垂吊类植物绿化；公路占地界，栽植枸杞、野刺梨、黄刺玫、火棘等带刺灌木，形成封闭绿篱。1997年西三公路封闭工程，在沿线立交区大面积种植冷季型禾本科混播草坪；采用龙柏、洒金柏、金叶女贞、紫叶小蘗等观赏性小灌木，营造模纹造型图案；开凿水井，安装地埋式喷灌设施。梁村塬立交区，采用雪松、白皮松、樱花、丁香、碧桃等观赏性强花木，以及亭榭、花廊、水池、假山等建筑小品，构建园林式景观；西安至渭河特大桥段，采用雪松、垂柳、樱花、蜡梅等花木重点美化。

陕西南北地形、地质、气候、土壤条件差异大，公路环境和植物生长条件不同。为确保绿化效果，高速公路绿化工程引进防晒网覆盖、喷洒抗蒸腾剂、营养钵育苗移栽等技术，提高绿化成活率。

2000年后，高速公路绿化技术快速发展。铜黄、西安绕城、勉宁、西安咸阳国际机场高速等建设项目，采用打孔点播、营养钵浅孔移栽、客土喷播[①]、三维网营养土喷播等技术，用于路堑边坡生物防护。

榆靖、靖王、榆蒙等高速和陕北地区干线公路绿化，采用格状沙障、防风栅栏、黏性土封闭防护等生物工程技术，或利用平铺式栅栏、草席、芦苇等材料覆盖坡面，提

注[①]：客土喷播法是选用适宜植物生长的土壤，掺入草种、覆盖料、稳定剂、肥料、水等材料，采用专用设备喷播后，在风化严重石质边坡等坡面形成一定厚度营养保墒层，可减少雨水冲刷，避免种子流失，促进植物发芽、生长，提高成活率。

高绿化成活率。榆靖、陕蒙高速采用樟子松、沙柳、花棒、柠条、沙蒿、沙棘等适生树（草）种，构建“四带一体”生物防风固沙体系，形成沿高速公路延伸的沙漠绿色廊道。204省道神木至榆林段等绿色通道示范路建设，采用铺设聚氯乙烯网、网眼撒播草种绿化技术，乔木、灌木、草坪相结合，形成立体绿化。

2005年8月，省交通厅印发《陕西省公路绿化技术指南（试行）》（陕交发〔2005〕248号），提出公路绿化区划、设计、施工、养护管理技术指导意见，明确公路绿化应满足公路防护、视线引导、明暗过渡、防眩、隔离、环境保护、景观协调等功能要求；绿化材料优先选用抗逆性强乡土树种，适当引进外来优良树种，丰富和提升绿化效果；高速公路服务区、立交区、休息区、收费站等区域，采用观赏性强花木品种和冷季型混播草、白三叶等观赏性草坪，营造优美环境景观；边坡防护推广应用小冠花等优良草种；挖方边坡推广打孔点播、营养钵浅孔栽植、植生网客土喷播等新技术；封闭绿篱，按照地域特点选用适生带刺灌木，永久性替代工程封闭措施，降低养护成本。

上图：2007年10月建成的关中环线岐山段，以树木与花草营造绿色长廊。下图：2009年7月建成的西安咸阳国际机场专用高速，采用红叶石楠做中分带防眩绿篱

2007年起，高速公路建设项目和服务区改扩建工程，采用园林式绿化和建筑小品相结合景观设计方法，建成乾县服务区、黄陵服务区和西安咸阳国际机场专用高速等一批花园式服务区、园林式立交区和绿化样板工程。西安咸阳国际机场专用高速绿化，路侧和中分带、立交区主导树种，采用雪松、白皮松、大叶女贞等常绿树种，以及国槐、柿子、桃、杏、梧桐等乡土树种，并以紫薇、月季、紫荆、榆叶梅、南天竹、红叶石楠等多种花木构建花坛；路基边坡采用小冠花混播草；路堑边坡采用浅孔营养钵栽植小冠花、柠条护坡；运用美国雨鸟节水灌溉技术，构建喷灌、微喷灌、滴灌、渗灌等自动控制节水灌溉系统。蓝商、商漫、十天等高速公路，应用植生袋、高次团粒喷播等绿化技术，用于路堑边坡拱形骨架或框架护坡、隧道口等岩石坡面生物防护。

干线公路绿化，按照“因地制宜、适地适树、经济适用、自然协调、景观优美”方针，和乔、灌、花、草结合，速生与慢生树种互补，用材与观赏树种并重，落叶乔木与常绿灌木共用，生态效益与经济效益兼顾指导思想，确立“上乔、中灌、下花草”立体绿化模式，基本实现四季常青、三季有花目标。同时探索路宅分家、路田分家和过村镇路段绿化新模式，扩展绿化功能。榆林、宝鸡、汉中、安康等市干线公路绿化示范工程，公路绿化与边坡治理、防治土地沙化、防治水土流失相结合，栽植适生、速生树种；引进聚氯乙烯三维网坡面绿化技术，实施边坡生物防护；秦巴山区公路绿化，突出保护生态功能，重点栽植常绿树种。全省干线公路绿化树种，针对不同地域、路段，采用国槐、柿树、垂柳、棕榈、石楠、夹竹桃、香樟、红叶李等观赏性树种，提升绿化、美化效果。农村公路绿化，多采用乡土树种进行绿化、美化和公路边坡防护。

2008年6月，铜川公路管理局养护人员在210国道铜川段进行绿化物修剪作业

据省公路局调查统计，2010年公路绿化当年成活率，陕北、关中地区达85%以上，保存率达80%以上；陕南地区成活率达90%以上，保存率达85%以上。高速公路宜林路段绿化率100%，保存率达95%以上。

第三节　绿化物管护

20世纪90年代，干线公路绿化物多由公路养护单位管护。养护管理机构总结以往年年栽树不见树的教训，落实管护经费和管护责任，层层签订管护合同，加强绿化物养护管理。县乡公路绿化，由地方公路养护单位或沿线群众管护，收益和沿线群众三七分成，或全部归沿线群众所有。高等级公路绿化设施，由省高管局线路管理处管护。公路养护单位采用修剪、除草、病虫害防治、灌溉、施肥等措施，对绿化物进行养护；逐年安排养护工程，对绿化设施进行补植、完善或改造、更新。行道树采伐更新，实行林业采伐证制度。

干线公路绿化物管护逐步改进。“九五”时期，省公路局推行“三定一包”（定路段、定人员、定株数，一包到底）监管责任制，公路养护单位与沿线村镇、村民签订行道树管护协议，保护绿化成果；或将绿化成果及其管护向社会出让，经济收益由公路管理机构与受让者按比例分成。高速公路养护单位组建养护队伍，购置小型机械设备，绿化物灌溉、修剪、病虫害防治，逐步实现机械化、半机械化作业。

2003年5月31日，汉中公路管理局对316国道行道树进行病虫害防治

随着公路养护市场开放和绿化养护标准提高，2000年后，高速公路绿化物养护逐步推向市场。养护管理单位以招标、议标方式，委托专业绿化机构承担绿化设施养护工

作，养护单位通过日常巡查和定期检查，对养护质量进行检查考核，绿化物养护逐步实现经常化、专业化、规范化。

2005年起，随着农村公路绿化纳入新农村绿色家园建设规划，公路养护单位与沿线村镇、村民等签订行道树管护协议，推行家庭承包管护、专业队伍代管、旅游景观开发单位管护、运输业户出资管护等多种形式。2007年，推进干线公路养护管理示范路建设，公路绿化物推行精细管护，由以往重视栽植、疏于管护，向栽、管、养并重转变。农村公路绿化管护实行乡镇负责，按照“谁栽植、谁所有、谁管护、谁受益”原则，将树木产权和管护责任落实到农户，巩固绿化成果。

2010年3月，延安公路管理局职工在210国道延安境路段沿线补栽行道树

高速公路持续安排绿化养护工程，通过连年补植完善，局部换土补植，加强日常管护，巩固、提升绿化效果。2009、2010两年，省交通集团采用紫穗槐、臭柏、旱柳、樟子松等乡土树种，对陕蒙高速陕蒙界收费站周边荒漠进行大范围绿化，收到防风固沙、改造环境景观效果；与榆林市、榆阳区、神木县政府等地方政府合作，采用干旱、荒漠地区适生树种23万余株，在榆林市孙家湾互通立交周边，营造林地和地被草坪10.70公顷；在陕蒙高速、榆靖高速榆林市附近等路段，建成240米宽、26公里长绿色长廊，显著改变公路周边环境。

第四章　养护机械化

公路养护机械配置与应用，反映公路养护生产力发展水平。随着公路规模不断扩大、等级显著提升，养护效率和养护质量要求相应提高，原以人力和手工作业为主的养护方式，不能适应公路养护尤其是高速、干线公路养护和应急保畅需要。20年来，全省公路系统致力于发展公路养护机械化。通过引进、购置和研制等方式，加强养护机械装备建设。干线公路养护机械化持续推进，养护工程施工机械装备达到或接近国内先进水平，小修保养主要作业实现机械化。高速公路养护机械化从起步建设、加速发展到全面提高，实现养护工程施工机械化，日常养护以机械作业为主，人工为辅。农村公路养护机械逐步增加，县乡公路养护工程机械化施工能力明显提高。公路养护机械化发展，改善养护作业方式，减轻人工养护劳动强度，显著提高养护效率和养护质量，增强公路应急保畅能力。

第一节　高速公路养护机械化

1991—1995年，高速公路及一、二级汽车专用公路日常养护，配备洒水车、举升车、汽车起重机、路面清扫车、载重汽车，以及小型发电机组、水泵等小型机具。随着绿化设施增加，配置草坪修剪机、割灌机、农药喷施机等小型机具。

2007年7月，西潼高速路面大修采用维特根铣刨机进行旧路面铣刨作业

1996年后，高等级公路养护，装备护栏打桩机、钢板护栏矫正机、电气焊设备、空压机、小型吊车等设备。防撞护栏等交通工程设施维修，基本实现机械为主、人工辅助作业。省高管局成立高速公路机械化养护站，购置玛连尼1000型沥青拌和站、沥青摊铺机、压路机等设备18台，及其他附属生产设备，承担

沥青路面养护维修和小规模养护工程施工。2000年，投入1 000万元，购置瑞典维特根W1000F型铣刨机、福格勒1800型沥青摊铺机、双钢轮振动压路机、美国凯斯580L多功能养护车等7台沥青路面养护、施工机械，以及装载机、起重机等辅助设备，机械装备水平和养护施工能力显著提升。

2001—2007年，高速公路养护逐步装备钢板护栏清洗车、隧道清洗车、除雪车等专用设备。省高速公路机械化养护站改制为股份制企业，先后投入5 000余万元，购置JB-4000型沥青拌和站、沥青混合料转运车、摊铺机、伸缩摊铺机、双钢轮振动压路机、乳化沥青再生拌和机、稳定土拌和机等设备100余台（套）。陕西西铜高速公路有限公司（简称西铜公司）、西安华通高速公路发展有限责任公司（简称华通公司）等经营性高速公路企业，装备清障、洒水、除雪、清扫、举升及护栏清洗等专用设备，道路养护通过外委完成，日常养护主要作业实现机械化、半机械化。省交通集团投资2 654万元，添置道路清扫、除雪、护栏清洗、高空作业、吸尘、清障、自卸汽车等养护设备60台（件），装备基层养护单位。该集团还成立陕西交建机械化养护公司，投资1 000余万元购置铣刨机、摊铺机、压路机、多功能养护车等7台大型机械及一批附属生产设备，承担本集团部分沥青路面养护维修施工，沥青混合料通过外购或委托加工解决。

2008年2月14日，西安绕城高速除雪机除雪作业

2008—2010年，加强高速公路除雪保畅能力，提升高速公路养护效率和质量，各高速公路企业加大投入，装备大批适用机械设备。省高速集团投入7 448万元购置养护、应急保畅设备165台，基层养护管理单位全部装备路面清扫、钢板护栏清洗和除雪、抢险保畅设备。省交通集团先后投资4 185万元，购置进口稀浆封层机、同步碎石封层车、热再生修补车、除雪抛雪车以及装载机、清障车等养护和抢险保畅设备。同时购置西筑JB-4000型沥青拌和站及摊铺、压实等施工设备，装备机械化养护公司，使之具备大型沥青路面养护工程机械化施工能力。

2010年年底，全省高速公路日常养护作业，除冰除雪、应急抢险保畅作业，基本实现机械为主、人工为辅。

第二节 干线公路养护机械化

干线公路推进养护机械化始于20世纪80年代。在省公路局支持下，各地（市）公路管理总段多方筹集资金，购置或研制养护机械，改善养护作业手段。西安、咸阳、汉中、铜川等公路管理总段陆续建成沥青拌和站，取代用铁锅熬制沥青、人工拌和与摊铺沥青混合料的落后工艺，减轻养护工人劳动强度。1991年年底，全省干线公路养护系统装备沥青混凝土搅拌设备、摊铺机、压路机、装载机、沥青洒布车、拖拉机、翻斗车等养护机械设备3 456台（件）。

适应公路养护工作量增加、养护效率与质量提高的要求，省公路局采取定额补助与地（市）公路管理总段自筹相结合的方式，推进养护机械化发展。1993、1994年，商洛、延安公路管理总段先后自筹资金，完成沥青拌和厂土建设施，省公路局分别安排设备购置费120万元和90万元，配备拌和楼、沥青脱水储存设备、摊铺机、压路机等，形成日产200～250吨沥青混合料生产、施工能力。至此，全省各地（市）公路管理总段沥青拌和厂建设全部完成，同时装备13个移动式沥青拌和站。全省移动式沥青拌和站增加到30个。“八五”期间，全省干线公路养护机械装备共投入资金6 000余万元。至1995年年底，全省干线公路养护机械总数达3 961台（件），初步形成沥青路面养护工程机械化施工能力。

1996年后，干线公路加快升等改造，采用省公路局补助、银行贷款和职工集资等办法，筹集公路养护机械发展资金，重点装备施工机械设备。咸阳公路管理总段为各县段配置运输车辆（载货汽车、小四轮拖拉机）、压路机、沥青洒布机等中、小型设备，用于小修保养和养护工程。全省多数养路道班装备小四轮拖拉机。1998年，榆林公路管理总段结合组建大道班，按照“合理配套、讲究实用、注重质量、择优选购、一机多能、节省投资”的原则，为大道班配置客货两用车、农用自卸车、小型路面清扫机和小翻斗车；养护基地配置沥青拌和机、沥青洒布机、多功能机械和装载机等设备，先后组建榆阳、神木、绥德、靖边4个机械化养护基地，连同横山、定边两县段自购设备，全区养护百公里以上6个大段，基本实现沥青路面养护机械化。1999年11月，省公路局在榆林召开全省公路养护机械化研讨会，推广榆林公路管理总段养护机械化经验。

“九五”期间，全省公路养路费用于养护机械购置资金共7 180万元。因这一时期各公路管理总段重点发展施工机械，加上原有老、旧养护设备淘汰、报废，全省干线公路养护机械数量较“八五”期末减少。2000年年末，全省干线公路养护机械设备3 431台（套）。其中，西安、宝鸡、汉中、延安、安康、商洛等公路管理局（总段），机械设备保有量均保持在300台以上，最多为榆林公路管理局，有456台。

2001年，省公路局提出“突出一个重点、保证两个优先、抓好三个阶段”养护机械化建设方针。即重点配置及时性养护机械；干线公路优先、管养里程百公里以上县段优先；抓好及时性、预防性、周期性养护三个阶段养护机械配置。陆续制定公路养护机械化发展规划意见、养护机械购置管理办法、养护中心机械配置标准等。养护机械购置费安排，采取补助、贴息方式，与

2006年6月，303省道新安边段沥青路面大修机械化施工

各市公路管理局自有资金配套，用于养护机械更新和购置。养护机械购置实行招标采购。

依托210国道部级文明路创建，省公路局在宁陕进行机械化养护中心试点，安排300余万元资金，为该中心配备沥青混凝土拌和机、铣刨机、摊铺机、振动压路机等设备。养护中心作业范围涵盖宁陕、石泉、汉阴3个县段近300公里二、三级干线公路。3个县公路段自行筹资配置小型强制式移动拌和机、装载机、综合养护车、切割机、冲击夯、平板夯、打草机、碎石机等机械设备，路基、路面维修，绿化物修剪等主要养护作业基本实现机械化。2004年6月18日，省公路局在宁陕召开现场会，总结、推广宁陕公路养护机械化经验。

“十五”期间，全省干线公路投入养护机械设备购置资金共8 903万元。2005年年末，干线公路养护机械设备总计3 736台（套）。全省建成机械化养护中心9个，机械化大道班23个。

2006年，省公路局制定“十一五”干线公路机械化养护中心、养护道班建设规划方案，规划建立85个机械化养护中心。其中，一、二、三类分别为32个、25个、28个。除铜川市外，每市建立1个预防性路面养护中心，重点装备机拌、机铺、机压设备，引进、推广高效、节能、可靠、环保养护设备，实行专用机械与一机多用结合，发挥机械配套作业规模效益。至2009年年底，全省建成14个机械化养护中心。

2007年5月，108国道澄城段路面大修工程水泥冷再生施工设备作业

咸阳公路管理局按辐射半径60～100公里范围，组建三原、礼泉、彬县、旬邑等4个一类机械化养护中心，下设8个作业站（点），以承担干线公路日常养护和应急任务为主，辐射一定区域县乡公路和高速公路养护。养护中心配置1000型沥青拌和站、摊铺机，各类振动与胶轮压路机、稳定土拌和机及发电机组、液压动力站等附属设备；作业站（点）配置装载机、轻型压路机、混凝土及沙浆搅拌机等设备，形成系统、配套机械化养护施工能力。

省公路局加强小修保养、预防性养护和应急抢险设备配置，加快养护机械化、专业化进程，购置除雪机、平地机，装备各市重点保畅路段。部分县（市、区）公路段配置路面清扫车、热再生加热板、除雪板、路面灌缝机、综合养护车、小型压路机、小型铣刨机、多功能滑移等养护设备，提高小修保养机械化水平。

“十一五”期间，全省干线公路养护机械设备累计投资1.54亿元。干线公路除路面清扫、水沟维修清理、防护设施维修等养护作业外，其他养护作业和应急抢险作业基本实现机械化。

第三节　农村公路养护机械

20世纪90年代，农村公路养护机械数量少，性能差，完好率和使用率低。1994年，全省103个县（市、区）公路站，有中、小型压路机130台，大多集中在川塬地区，实际能使用的约占65%；小型拖拉机和翻斗车1 300多台，实际运转的仅占一半左右。贫困县较多的地（市），约有三分之一县站无路基压实设备。商洛、安康、榆林、延安等地（市），有的两三个道班仅有一台小拖拉机或小翻斗车。沙石、沙土路养护，主要靠铁锹、铁镐、扫把、架子车等简陋工具，道工劳动强度大，养护效率低，养护质量难以保证。“九五”时期，农村公路建设加快，一些地（市）千方百计筹措资金，添置养护机械。

2000年后，县乡公路技术等级不断提高，沥青、水泥路面普及，养护机械化水平逐步提升。2003年，汉中市公路处与辖区县（区）交通局共同出资，购置小型移动式沥青拌和楼、沥青加温设备、小型路面铣刨机、平板夯、冲击夯、切割机和小型运输机械，在宁强县试点组建油路养护机械队。同时购置1台桥梁检测车，用于桥梁检测。咸阳市公路管理处经逐年配置，装备沥青（水泥）混凝土搅拌机、沥青摊铺机、沥青洒布机、混凝土切割机、平地机、灰土拌和机、装载机、压路机、推土机等机械设备145台（件），基本形成路面养护工程施工能力。

上图：2004年7月，白河至界岭通县油路工程，采用摊铺机进行沥青罩面施工。下图：2006年1月，合阳县黑澄公路王村段大修工程机械化施工

2005年，全省农村公路养护系统共有筑、养路机械设备1 250台（件），全部集中在县道和部分乡道养护单位。部分乡公路和村道日常养护，仍以人力和手工作业为主。突击养护需用机械设备，主要通过车辆建勤和社会单位支援解决。养护工程施工机械设备，多为临时租用。

2007年后，农村公路养护管理体制改革，推进有路必养，加速养护机械化发展，专用和大型施工、养护设备迅速增加，县乡公路养护工程基本实现以机械作业为主，人工配合。咸阳市交通局逐年分批为各县（区）农村公路管理局配备沥青储存、洒布等设备，各县（市、区）自筹资金，装备沥青拌和、摊铺、乳化沥青加工等设备，养护机械化程度大幅提高。商洛市商州区路通养护公司养护430公里县乡公路，配备切割机、小压路机、冲击夯、小翻斗车、割草机等机具，路面维修和绿化物养护实现机械化作业。各地县乡公路养护机械配置，大致与商州区相同。

2009年，全省农村公路养护系统筑、养路机械设备1 382台（件），其中新增铣刨机3台、摊铺机12台、综合养护车9台、清扫车7台，排障车2台、路面养护车6台、移动式沥青拌和机80台、稀浆封层机5台、装载机44台，万能工程车、桥梁检测车、多功能工程机各1台，新增推土机、挖掘机、铲运机共34台。

2010年，全省公路养护机械装备状况见表3–4–1、3–4–2。

陕西省2010年高速公路主要养护机械设备一览表

表3-4-1

序号	设备名称	单位	数量	品牌	型号
1	除雪、抛雪车、推雪铲	台	121	丹麦依波克、长城、东风等	HTF5251、ZZM36、CXAD5140、TCS等
2	道路清洗车、洒水车	台	83	长沙中联、中国重汽等	BTL5050TSL、黄河少帅等
3	吸尘车	台	7	天路通等	JX493Q1、BTL5050TSL
4	护栏清洗车	台	16	绿叶牌	LC6J190-20、JYJ5163GSSC
5	隧道清洗车	台	5	神狐	LHQ5253GPSE
6	清扫车	辆	77	长沙中联、五十铃、天路等	DFL1160BX、NKR55LLHACJAY等
7	高空作业车	辆	44	杭州中汽、五十铃等	ZQZ5066JGK
8	路面修补车	台	1	南京英达	英达PM400-48-TRK
9	灌缝机	台	1	美国科来福	SS125D
10	桥梁检查车	台	1	美国海达	HPT16/52
11	手动液压叉车	台	1	杭州地龙	SYC型
12	摊铺机	台	35	福格勒、陕建等	SUPER1800、机械式（12m）伸缩式（9m）
13	胶轮压路机	台	3	徐工	YL20CPT-124R、XP261
14	装载机	台	5	厦工、徐工	ZL50-II、ZL50G
15	沥青拌和楼	套	3	南方路机、西筑	LB-3000、JB-4000
16	厂拌冷再生设备	套	1	瑞典维特根	KMA
17	稳定土厂拌设备	套	1	成都新筑	WCB300、WCB500
18	沥青转运车	台	1	美国路德克	SB25000
19	乳化沥青再生拌和机	台	1	镇江华晨	ARC300E
20	铣刨机	台	3	瑞典维特根等	W1000F、W1900、CPM-8

续表3-4-1

序号	设备名称	单位	数量	品牌	型号
21	双钢轮振动压路机	台	4	戴纳派克、宝马格、悍马	CC232、BW120AD-4、HD1300
22	组合式压路机	台	1	戴纳派克、宝马格	CC222
23	钢轮压路机	台	1	徐工	XD120
24	手扶振动压路机	台	8	日本三笠	MRH-700DSW
25	多功能养护车	台	2	美国凯斯、山猫S300	580L
26	空压机	台	10	阿斯特拉、浙江衡立等	XP375WCII、XAS86DdY
27	路面切割机	台	8	日本三笠、北京金诺、博山等	QGD400-IMCD-2200XH、500-D等
28	吹风机	台	1	新乡	
29	补缝机	台	1	加拿大路斗士	KERA145D
30	沥青加工设备	台	1	济南重交	
31	沥青罐车	辆	2	南京东风、天印	
32	照明车	台	14	天津兰通贝力	PB-2000B
33	小型除雪装置	台	68		
34	消防车	辆	11		
35	沥青洒布车	辆	1	达刚SX5255GLQ	
36	加油车	辆	1	东风CLW5080GJY	
37	小压路机	台	1	SX-170H	
38	清障车	台	30		
39	合　计	台辆	575		

说明：表列数据依据陕西省高速公路建设集团公司、陕西省交通建设集团公司提供资料整理

陕西省2010年干线和农村公路主要养护机械设备一览表

表3-4-2

序号	设备名称	数量	单位	序号	设备名称	数量	单位
1	推土机	80	台	20	切割机	131	台
2	挖掘机	106	台	21	灌缝机	13	台
3	平地机	11	台	22	沥青就地冷再生机	2	台
4	沥青混凝土拌和机	28	套	23	静碾压路机	12	台

续表3-4-2

序号	设备名称	数量	单位	序号	设备名称	数量	单位
5	黑色粒料拌和机	27	套	24	单钢轮振动压路机	59	台
6	混凝土搅拌机	8	台	25	双钢轮振动压路机	70	台
7	混凝土搅拌站	1	套	26	轮胎压路机	14	台
8	稳定土拌和机	11	台	27	羊足碾	5	台
9	沥青摊铺机	20	台	28	洒水车	37	台
10	铣刨机	7	台	29	清扫车	14	台
11	稀浆封层机	1	台	30	割草机	369	台
12	沥青洒布机	28	台	31	割灌机	64	台
13	综合养护车	3	台	32	滑移装载机	13	台
14	同步封层车	8	台	33	自卸车	372	辆
15	沥青乳化机	7	台	34	装载机	399	台
16	破碎镐	60	台	35	平板车	148	辆
17	冲击夯	131	台	36	抽水车	295	台
18	平板夯	97	台	37	发电机组	252	套
19	液压动力站	18	台	38	其他车辆设备	1136	台（辆）
	—	—	—	—	合计	4057	台（辆）

说明：表列数字选自陕西省公路局编《陕西省公路统计资料》

第四篇　道路运输

陕西作为西部内陆地区，道路运输以其具有的门到门运输的灵活性，沟通区域、城市与乡村，联结生产、流通与消费，保障人民群众出行，支撑经济社会发展。1991—2010年，全省经济建设持续加速，市场全面扩大开放，区域联系不断增强，公路条件不断改善等，致道路客流、物流及信息流快速增长，并且运输需求愈益多样化，促进道路运输在改革开放中调整、规范、完善和提高。从重视和加强道路运输，实行公路建设与运输发展“两轮驱动”，到实行“路运并举”，发展“大运输、大物流”，道路运输逐步由普及向提高、由传统向现代、由粗放式向集约型迈进。经过20年发展，全省形成由省际客运、市际客运、农村客运及城市客运等构成的多层次道路客运网络；以整车货运、零担货运、快捷货运及各类专项货运等构成的多形式道路货运网络；以汽车维修、驾驶培训、汽车综合性能检测、搬运装卸和汽车租赁等构成的多专业道路运输服务体系；以汽车客运站、点和货运站、场与物流中心等构成的多类型道路运输站场体系，显著增强道路运输供给能力，提升运输服务保障水平，在全省中、短途运输中发挥主导作用，实现了“人便于行、货畅其流”的目标，为便利人民群众生活、生产和工作，服务经济社会不断发展，做出重要贡献。道路运输还应当以优化组织结构、拓展服务领域，规范市场竞争、提升安全保障、打造服务品牌、完善物流设施、强化竞争实力等为重点，大力推进产业转型升级，加速向现代道路运输业迈进。

第一章 旅客运输

道路旅客运输，包括班车客运、包车客运、旅游客运、节假客运、城市客运、应急客运等，是满足和保障社会公众生活、生产、工作与交往出行的重要方式。随着人们出行频率增加、交往范围扩大和出行需求不断提高，道路旅客运输以需求为导向而发展变化，成为道路运输供给能力增长最快、保障水平和服务质量提升最显著的领域。1991—1999年，缓解道路客运紧张，破除地区封锁和部门保护，扩大道路客运市场开放，鼓励各种所有制经济参与道路客运经营，城乡个体、私营客运车辆激增，省际、市际班车客运扩展，高速客运自西宝高速发端，城市公交增加并向县城延伸，出租客运快速向中小城市普及。2000—2005年，在继续推进道路客运供给发展中，加强客运结构调整，客运车辆数量继续增长，大型高级客运车辆快速增加，市际间高速客运、干线公路客运加速扩展，农村客运提高通达率。小汽车加快进入家庭。以规范竞争和确保安全为重点，清理整顿客运市场。2006—2010年，加快道路客运由数量型向质量型转变，优先发展技术先进、高效低耗客运车辆，推进城乡道路客运资源整合，加快完善城际快速客运、城市客运、农村客运和旅游客运等多层次客运服务，高速客运、干线客运、城市客运向规模化、集约化发展，农村客运向规范化、公交化发展。小汽车进一步普及。西安周边1 000公里范围中心城市“一日交通”形成。

鉴于旅游客运与班车客运、包车客运、节假客运及城市客运内容交叉，故本章将旅游客运有关内容与上述客运内容结合记述。

第一节 客运能力

一、客运运力

客车是道路运输主要运力。经过20世纪80年代以来开放与搞活，1991年年底，全省民用客车4.68万辆，其中营运客车7 155辆，以解放、陕西、汉中等品牌中型客车为主，车均客位43个。

1992年，扩大道路运输市场开放，放宽运力控制，农村班线客运和冷僻线路客运不受运力额度限制，鼓励各种经济成分主动进入市场，参与经营。国营运输企业调整经营结构，重点转向发展客运，利用省交通厅更新贷款支持与企业自筹资金，更新增加客车投放；或通过企业全员风险抵押承包、车辆融资租赁承包筹资，增加客运能力。部分国营、集体运输企业收缩以至放弃货运，集中资金发展客运，是年底，全省营运客车超过1万辆，其中卧铺班车24辆。营运客车构成有所改善，主要车型为东风、四达、聊城、驼铃、华新等。1994年，全省道路客运个体、联户拥有客车4 385辆，首次超过国营运输企业客车数。

此期，道路客运运力投放，多集中于客流大、效益好的干线线路，偏远地区、山区和班线客车少的地方，道路客运运力不足，机动三轮车即群众俗称的“蹦蹦车”，大量参与道路客运。1995年商洛地区从事道路客运的三、四轮农用车2 936辆，机动三轮车1 482辆，座位数占全区客运车辆座位数一半以上。摩托车作为新型代步工具，在一些城乡地区兴起。自行车仍是部分城乡居民短途、临时出行工具。

1995年年底，全省民用客车较1992年增加3.41万辆，其中营运客车增加3 078辆。

1996年继续鼓励发展客运运力，并引导运力结构调整，提升客运车辆档次。1月开通西宝高速客运，省交通厅提出“车辆高档次、管理高水平、服务高质量”的原则。年底，西渭、西铜两条高速班线相继开通。这3条高速客运班线集中投放金龙、宇通、陆地巡洋舰、考斯特、依维柯、日野、奔驰、凯斯鲍尔等一批高、中档大型客车。客车数量持续增长，部分线路运力大于运量矛盾显现，1997年三季度始，道路运输管理机构控制运力增长，停止审批向西安方向新增运力，淘汰老旧车辆，并实行营运客车5年内有效期制度，期满自动下线。1998年鼓励批量投放，集约经营。3年来全省民用客车增加5.40万辆，其中营运客车增加1.51万辆。

之后，客运运力投放实行总量控制，同时引导按大、中型与高、中级配套发展，客车车型结构加速变化，具有现代技术装备水平的大型高级客车陆续引进和投入班线客运。咸阳市汽车客运总公司以每辆120万元的价格，进口美国陆地巡洋舰客车7辆，投入西宝高速客运。该车因车身外表为银灰色，群众称为“大灰狼”。车内设有可调式航空座椅、冷暖超大功率空调和洗手间，一经投放，引为轰动，旅客多以乘坐该大巴为时尚。同期，陕西省高速公路客运（集团）有限公司投放世界名牌沃尔沃大客车16辆。中韩合资西宇运业有限责任公司在西安—渭南班线投放桂林牌BH115豪华大客车4辆，每辆价格均在120万元。

2001年12月，省交通厅适应西部大开发带来客运需求旺盛的趋势，提出公路建设和运输发展“两轮驱动”战略，以推行客运企业资质管理带动运力结构调整，促进客车向现代化、高档化、舒适化发展，改善客车低层次增长和粗放型扩张之势。高速公路客运主要发展大型高级客车，长途客运线路优先发展高档卧铺客车，中短途客运线路优先发展中小型客车。

2004年9月8日，在210国道宜君段运行的客运班车

政策调控加速客运车辆更新。陕西平安汽车运输集团有限公司、宝鸡市宝运汽车运输（集团）有限公司，先后在西安—渭南、西安—凤翔线路，淘汰46辆依维柯班车，全部使用金龙客车。2005年3—4月，陕西省交通厅运输管理局（简称省交通厅运管局）整顿西宝高速客运班线，将90余辆老旧客车调整下线。开展农村三轮车、摩托车载客与非法营运整治活动，发展农村面包车、中巴车客运。安康市县境内多以8座昌河面包车为主，县际快客班车以16座依维柯车为主。在全省一些边远山区、贫困地区，还有微型货车、货运改装车、机动三轮车、拖拉机及少量报废车从事客运，约占营运车辆5%。

至2005年年底，全省民用客车较2000年增加23.42万辆，其中营运客车增加2.33万辆，营运客车中，大型客车2 053辆，中型客车1.28万辆，分别占客运车辆总数10.89%和67.50%，中型客车比2000年年末增加千余辆。通过推行企业资质管理，个体客车降至8 738辆，占全省营运客车16.62%。全省营运客车平均每车20.64客位。营运客车中，有旅游客车1 424辆。

2006年后，贯彻科学发展观，推进建立资源节约型道路运输业，道路客运运力发展着重调整结构。高速公路客运重点发展大吨位、高档次、低能耗客车，干线公路客运重点发展中档便捷型客车，县城以下乡村道路提倡发展小型、经济适用型客车。西禹高速客运班线一次性投放103辆高二级宇通客车。

结合大规模通村水泥（油）路建设，省交通厅提出路通车通，让农民在家门口能坐上车。在对农村客车实行减征养路费、客运附加费、营业税及工商管理费基础上，省交通厅运管局制定农村客运车辆标准，引导运力合理投放。

2008年5月，在西汉高速运行的汉中至咸阳高速客运班车

2008年4月11日，在西安召开的全省道路运输工作会议上，副省长洪峰讲话要求，深入贯彻“路运并举、和谐发展”的新理念，促进道路运输全面、协调、可持续发展。全省交通系统结合推进道路运输网络普及、提高，进一步加强运力结构调整。省交通厅将客车节能减排作为重点之一，对耗能高、排放超标车辆，技术状况达不到二级车辆，已达报废年限或行驶里程车辆，坚决淘汰；对运营8年以上车辆，鼓励其更新为节能环保车型；提倡选用符合安全技术规定双燃料车型，鼓励车况良好且排放达标车辆进行双燃料改造。

这时期先后淘汰营运老旧车辆7 097辆，投放一大批技术先进、高效低耗客车。如西安飞机工业（集团）有限责任公司生产的沃尔沃高级客车、纯天然气客车和双燃料客车，以及每辆售价300多万元尼奥普兰青年号双层大客车等。

2009年7月，省政府召开全省通村客运工作会议后，得通村客运车辆新购补助政策鼓励，农村客车数量大幅增加，车型主要为14座北汽福田、8座五菱荣光和南京依维柯等。

此项政策执行两年，省交通运输厅共补贴1.27亿元，全省新增通村客运班车6 362辆。

2010年5月，西潼高速改扩建后，渭南市汽车运输集团等参营企业，在西渭高速客运班线投放22辆豪华安凯尊贵双层大巴，每车座位数83个，车辆单价近200万元。

2010年年底，全省民用客车较2005年增加108.20万辆，其中营运客车增加1.99万辆。营运客车中，大型客车4 224辆、中型客车1.09万辆；高级客车3 370辆、中级客车7 251辆；大、中型客车分别占营运客车总数23.01%和59.52%；高、中级客车分别占18.36%和39.50%。平均每车客位24.13个。

全省1991—2010年营运载客汽车统计见表4-1-1。

陕西省1991—2010年营运载客汽车统计表

表4-1-1

年份	民用客车（辆）	其中		营运客车车型（辆）		
		营运客车（辆）	总客位（个）	大型	中型	小型
1991	46799	7155	—	—	—	—
1992	56036	8181	—	—	—	—
1993	67615	9207	—	—	—	—
1994	80683	10233	—	—	—	—
1995	90158	11259	—	—	—	—
1996	103554	12287	239586	3826	7070	1391
1997	127286	18052	312090	3095	7229	7728
1998	144134	26334	378220	2356	10011	13967
1999	176600	27783	408693	2316	11012	14455
2000	194215	29285	420763	2156	11645	15484
2001	266018	33007	455859	1797	12459	18751
2002	323803	37171	478145	2120	12714	22337
2003	349878	40142	507080	1636	12178	26328
2004	418441	49190	542762	2256	13005	33929
2005	428379	52585	585192	2053	12793	37739
2006	561251	54805	720486	2388	12400	40017
2007	685341	44853	696858	2809	11869	30175
2008	855161	42618	690586	3058	11324	28236
2009	1153084	68066	524298	3522	11176	53368
2010	1510407	72455	562639	4224	10928	57303

说明：表中数字选自陕西省交通运输厅编《陕西交通统计》

二、客运运量

道路客运运量，包括道路客运量、旅客周转量，不包括城市公共交通运量。

1991年，全省完成道路客运量、旅客周转量，分别较1990年增长27.84%和48.10%，占全省全社会完成客运量、旅客周转量的87.13%和31.54%。

1992年后，城乡经济活跃，旅游事业发展，农民外出打工增多，道路客流需求旺盛，带动道路客运运量增长。1993年全省完成道路客运量突破2亿人次，旅客周转量突破90亿人公里，占全省全社会完成客运量、旅客周转量比重均略有增长。

1994—1999年，实施村村通路工程，改善农民出行条件，农村地区人口流动增加；黄金周制度实行，使旅游客运发展迅猛；陕北能源化工基地加快开发，致区域人员流动频繁。受这些因素影响，道路客运量、旅客周转量分别以年均4.42%、6.82%的比例递增，占全省全社会完成客运量、旅客周转量比重续有小幅提高。之后至2002年，道路客运基本保持以上年均增长水平。这期间，个体、联户完成客运量超过国有专业客运企业完成客运量。

2003年，道路客运遭受“非典”影响，客源大量减少，虽然客运企业努力改善服务，积极吸引客流，但客运量仍大幅下降，一些班线被迫停开。当年全省道路客运完成运量与上年比较，旅客周转量略有增加，客运量则减少500多万人次（见本篇第一章第六节《应急客运》）。

2004年，全省经济快速发展，城镇化加速推进，受“非典”影响的客运出行需求得以释放，社交、旅游、休闲、娱乐、商务、就业、教育等方面的出行需求显著增加，道路客运呈恢复性增长，高速客运、农村客运得有较大发展，全省道路客运量突破3亿人次，较上年增长12.80%，旅客周转量略有增长。2005年后，随高速公路、通村油（水泥）路大规模建设，省际客运和农村客运需求空前旺盛，道路客运量高速增长。至2007年，全省完成道路客运量突破4亿人次，旅客周转量超过24亿人公里。

2009年11月，汉中市一次投放通村客车300辆，开通农村客运班线315条

按照交通运输部统一部署，2008年全省开展道路运输量调查。依据调查结果，省交通厅对全省道路完成运输量指标进行修正。是年，全省道路客运量为7.06亿人次，旅客周转量为298.70亿人公里，占全省全社会完成客运量的比例增加3.77个百分点，旅客周转量比例基本持平。

此期，加强区域与城乡统筹协调发展，人民生活由小康向全面小康迈进，消费结构加速调整和升级，带动道路客运需求进一步增长。在与铁路等运输方式的竞争中，道路客运扬长避短，高速客运、干线客运、农村客运全面发展，新型运力批量投放，吸引更多客源。2009—2010年，道路客运量分别以每年8 000万～9 000万人次增加，旅客周转量分别以每年4亿～5亿人公里增加，均创历史峰值。2010年年底，道路客运完成客运量、旅客周转量占全社会客运量、旅客周转量比重，分别达到92.92%、42.28%，均创历史最高水平。

全省1991—2010年道路客运量、旅客周转量完成统计见表4-1-2。

陕西省1991—2010年道路客运量、旅客周转量统计表

表4-1-2

年份	客运量（万人次）	占全省全社会客运量比重（%）	旅客周转量（万人公里）	占全省全社会旅客周转量比重（%）
1991	16547	87.13	620444	31.53
1992	19346	88.00	697257	32.14
1993	21473	87.78	900243	34.66
1994	20179	86.48	951820	35.10
1995	21252	87.57	977592	35.79
1996	22320	88.53	1032526	36.42
1997	24420	89.22	1152373	37.51
1998	24500	89.25	1101180	36.20
1999	25000	89.17	1301000	38.91
2000	25600	89.22	1510360	40.06
2001	27500	89.63	1656100	40.75
2002	28663	89.97	1707400	39.71
2003	28159	90.23	1742600	41.95
2004	31763	89.02	1943000	37.57
2005	34780	88.92	2065400	36.13
2006	38606	88.32	2220290	35.79
2007	43555	87.69	2443048	36.58
2008	70566	91.46	2986973	36.63
2009	79033	92.85	3376555	41.38
2010	87457	92.92	3839909	42.28

说明：表中数字选自陕西省交通运输厅编《陕西交通统计》

三、客运班线

1991年，全省道路客运班线2 055条，日发班次1.13万个。其中省际班线222条，市际班线543条，农村班线1 290条。1992年后，随着道路运输市场扩大开放，各种经济成分加入道路客运竞争，客运班线与里程加速延伸。

1996年起，道路客运班线在调整中增加。自西宝高速客运始，高速客运班线随高速公路不断建成而延伸，相继开通西安—渭南、西安—铜川高速客运班线。省际班线、市际班线亦有新的增加。村村通路改善农村公路交通条件，带动农村客运班线延伸。至2000年，全省道路客运班线4 166条，日发班次2.39万个。其中省际班线713条，市际班

线849条，农村班线1 352条。全省道路客运平均运距59公里。

2001—2005年，高速公路通车里程较快增加，致高速客运班线迅速扩展；农村通县油路、通达工程等实施，带动农村客运延伸里程，增加运力与班次。全省推行道路客运企业分级、线路分类制度，引发高速客运、跨省客运经营主体与班线变化，省际班线有增有减，略有下降。2005年年底，全省道路客运班线4 497条，日发班次2.95万个。其中省际班线645条，市际班线938条，农村班线1 732条。全省道路客运平均运距59.38公里。

2006—2010年，全省高速公路骨架加速形成并与周边省（自治区、直辖市）高速公路对接，省际、市际高速客运延伸班线，取代部分中短途高速客运班线和干线客运班线，全省道路客运班线数量增加不多，但客运班线里程大大延长，通达深度显著扩增。随着全省农村公路条件根本改善，农村客运班线自2007年起平均每年增加332条。

2010年年底，全省道路客运班线5 758条，日发5.23万个班次。其中省际班线656条，市际班线937条，农村班线2 944条。由于短途客运量增长大于长途客运量增长，道路客运平均运距下降至43.91公里。

第二节　班车客运

一、省际客运

陕西承东启西，连接南北，故省际客运需求所占份额较大。

1991年起，随着运输市场不断开放，经济社会快速发展，陕西外出周边省（自治区、直辖市）以至沿海务工人员逐年增加，东部和沿海一些人员到陕西经商、办企业，使东西部之间人员交流与联系加强，省际客运呈持续增长趋势。省际客运多依托国道、部分省道等干线公路及少量高等级公路，主要由西安向周边省（自治区、直辖市）中心城市开通客运班线，少量由靠近省界市、县（市、区）向周边省（自治区、直辖市）市、县（市、区）开通或增加客运班次。省际客运班线通达甘肃、宁夏、山西、河南、四川、内蒙古、北京、浙江等14省（自治区、直辖市）169个地（市）、县（市、区）。承运主体以地（市）专业运输企业为主，其营运线路占全省省际客运班线总数的92.80%。陕南、陕北少数县运输公司参与周边省际客运经营。1992年6月29日，渭南地区运输公司开行西安至洛阳卧铺班车，开通全省首家夜班卧铺客运班线。

1992年6月29日，由渭南地区运输公司开行的西安至洛阳卧铺班车开通仪式，在陕西省西安汽车站举行

1993年后，运输企业大力拓展省际客运。9月11日，榆林地区汽车运输公司开通绥德—宁夏

银川市客运夜班车，线路全长507公里，每日对开1班。是年底，两省（自治区）省际客运线路增至34条。1994年7月12日，西安市客运公司新开西安—内蒙古临河卧铺班车，线路全长1 054公里。是年底，陕西与内蒙古客运班线增至13条。1995年4月1日，咸阳市汽车客运总公司开通西安—浙江温州卧铺班车，线路全长2 055公里，每日1班。是年7月2日，榆林地区汽车运输公司又开通横山—北京卧铺班车，线路全长1 040公里，隔日发1班。

1996年起，区域间人员流动更加频繁，学生与务工客流逐年增多，省际客运需求旺盛。省际班线除周边省（自治区、直辖市）续有发展外，主要向青海、新疆、山东、河北、天津、安徽、江苏、浙江、江西、湖南、重庆等省（自治区、直辖市）增开客运班线。是年，相继有咸阳市汽车客运总公司开通西安—西宁、西安—呼和浩特卧铺班车；渭南市汽车运输总公司开通西安—南昌客运班车，线路全长1 473公里；汉中地区汽车运输公司开通西安—重庆卧铺班车，线路全长925公里。1998年，先后有陕西平安客运公司开通西安—宁波客运班车，线路全长1 862公里；榆林地区汽车运输公司开通西安—乌鲁木齐客运班车，路线全长3 000公里；商洛地区汽车运输公司开通西安—南京班车，路线全长1 157公里。以上客运班线均日发1班。

除以西安为中心发送省际客运班次外，地（市）级城市省际客运亦得到发展。安康地区汽车运输公司、铜川市第一汽车运输公司、汉中市汽车运输公司、延安市汽车运输公司等，分别开通安康—洛阳，铜川—洛阳，汉中—郑州，延安—北京等一批客运班线，这些班线均日发1班。宝鸡市第一汽车运输公司开通宝鸡—乌海班线，日发2班。同时，陕南有8县，陕北有13县，关中有富平、蒲城、大荔、潼关等县，相继开辟省际客运班线。

2000年年底，全省省际客运班线通达18个省（自治区、直辖市）、188个地（市）、县（市、区），全省10个地（市）级城市、26个县城均开办了省际客运。

2001年后，西部大开发加强东西部间人员流动，连霍高速等高速公路建成，带动高速客运扩展，省际干线客运与高速客运交替发展。2001年12月31日，西安—郑州573公里省际高速客运班线开通，西安—洛阳省际高速班线互营对开，成陕西省际高速客运兴起标志。省际客运行走路线，多为高速公路与干线公路交替。省际高速客运以其快速、安全、舒适的优势，吸引部分干线客流。同时，与周边省（自治区、直辖市）间部分省际班线加密。2004年后，全省加强道路客运安全监管，超过400公里客运班线必配双司机，运营中人休车不停，旅客中途休息、用餐等多利用高速公路服务区，因而道路客运出行更加快捷。

这期间，省际客运以西禹、连霍高速路线为主，先后开通如下客运班线：西安—离石，西安—太原，西安—集宁，西安—石家庄，西安—运城，西安—许昌，西安—如皋，西安—青岛，宝鸡—龙港，西安—东莞等。其中线路最长为宝鸡—龙港班线，线路全长2 209公里。上述线路日发班次，一般为1班或两班不等，最多如西安—运城日发16个班次。

在省际高速客运加速发展情况下，省际干线客运仍有拓展。陕西平安运输集团有限公司2002年6月开通西安—深圳卧铺班车，线路全长1 900公里；9月开通西安—拉萨客运班车，线路全长2 868公里，隔日发1班。2004年9月21日，陕西省交运集团开通西安—辽宁大石桥客运班车。2005年1月11日，陕西恒丰汽车运输有限公司开通西安—丹江口客运班车。

此期，道路运输管理机构推行道路客运企业分级、线路分类和经营分工，加之高速客运班线取代部分干线客运，串联部分中短途高速客运，致省际客运班线时有增减，而发送班次则随客流增长呈增加之势，省际客运班线辐射面因而显著扩大。2005年年底，全省省际客运班线645条，日发班次839个，通达全国22个省（自治区、直辖市），200多个市、县（市、区）。

2006年以来，省际客运以高速客运班线为主快速发展，西安与周边1 000公里范围中心城市实现一日到达。随着陕西境包茂、连霍、京昆、沪陕、福银、青银、青兰等国家高速全面建成，并与周边省（自治区、直辖市）境内高速公路连接，省际高速客运班线随之开通并不断延伸。相继开通西安至郑州、石家庄、太原、兰州、银川、西宁、成都、重庆、武汉、济南等省际高速客运班线。2007年，西安—拉萨客运班车因铁路客运开通而停运。2008年，相继开通西安至上海、珠海、昆明、南昌、贵阳、福州等省际高速客运班线。沪陕高速、福银高速陕西段建成通车后，西安至南阳、上海、兰州、平凉、西峰、庆阳、银川等省际班车，全部经高速公路运行，行驶时间显著缩短。

2006年8月22日，运行在312国道蓝小二级汽车专用公路上的西安至河南省光山县的客运班车

2009年9月28日，连霍线陕西境宝牛高速与甘肃境宝天高速贯通后第三天，陕西交运运输集团天水分公司开行西安—天水高速客运班线，每天7～18时对开12个班次，每小时发1班。同日，宝鸡—天水高速大巴亦开行。10月16日，福银线陕西境商漫高速建成通车，商洛汽车运输总公司和西安旅商旅游有限公司，开通西安—十堰、西安—武当山高速客运班线，每日两班。陕西平安运输集团有限公司开通西安—福州高速客运班线，日发1班，与走铁路比较，该班线运行时间可节省4小时。

除西安市向省外中心城市高速班线快速开通外，其他市（区）、县（市、区）亦增开省际高速客运。如商洛市汽车运输总公司开通商州—上海；安康市安运汽车运输有限公司开通紫阳—张家港；榆林恒泰汽车运输公司开通榆林—青岛、榆林—沈阳、绥德—乌鲁木齐等。这些班线均日发1班。

干线省际客运随高速客运快速扩张渐趋萎缩。关中地区省际客运全部走高速公路，干线公路仅作为高速公路遇有封闭等情形时应急之用。陕南、陕北地区市、县（市、区）发往周边省区不通高速公路地区省际班线，则仍以干线公路为主。

这时期，高速铁路开通、普客提速和车次调整，对道路客运特别是省际客运带来一定影响。2010年2月6日，郑（州）西（安）高铁运营，单程运行时间最短1小时58分，最长2小时45分，吸引区间大部分省际高速公路客流。年底，省西安汽车站发郑州客运班线由原每日10个班次，减为4个班次；发洛阳班线由原每日15个班次，减为8个班次。

2009年9月28日，宝鸡至甘肃天水省际高速公路客运班线开通。图为由宝鸡发往天水的客运班车

2010年年底，全省省际客运班线共656条，日发956个班次，通达全国除黑龙江、吉林、海南、西藏4省（自治区）外26个省（自治区、直辖市）、300多个市（县、区）。这些线路省际客运班车，均与相关省（自治区、直辖市）省际客运班车互营对开。全省主要省际客运班线见表4–1–3。

陕西省2010年道路客运主要省际班线一览表

表4–1–3

序号	班线名称	起点站	终点站	线路长度（公里）	日发班次（个）	途经站点
1	西安—郑州	陕西省西安汽车站	河南郑州汽车站	573	4	三门峡、洛阳
2	西安—太原	陕西省西安汽车站	山西太原汽车站	625	12	临汾
3	西安—兰州	陕西省西安汽车站	甘肃兰州汽车站	650	4	永寿、平凉
4	西安—银川	陕西省西安汽车站	宁夏银川汽车站	743	2	固原、中宁
5	西安—重庆	陕西省西安汽车站	重庆龙头寺汽车站	770	1	城固、万源
6	西安—武汉	西安市三府湾客运站	湖北武汉汽车站	860	1	襄樊、安陆
7	西安—成都	陕西省西安汽车站	四川成都汽车站	879	1	汉中、广元
8	西安—徐州	西安市三府湾客运站	江苏徐州汽车站	905	1	郑州
9	西安—西宁	陕西省西安汽车站	青海西宁汽车站	951	2	兰州
10	西安—济南	西安市三府湾客运站	山东济南汽车站	984	1	郑州、泰安
11	西安—合肥	西安市三府湾客运站	安徽合肥汽车站	1050	1	固始、六安
12	西安—九江	陕西省西安汽车站	江西九江汽车站	1050	1	山阳、武汉
13	西安—开县	陕西省西安汽车站	四川开县汽车站	1062	1	万源、达县
14	西安—淮安	陕西省西安汽车站	江苏淮安汽车站	1080	1	郑州、徐州
15	西安—包头	陕西省西安汽车站	内蒙古包头汽车站	1086	2	延安、榆林
16	西安—内江	陕西省西安汽车站	四川内江汽车站	1090	1	广元、成都

续表4-1-3

序号	班线名称	起点站	终点站	线路长度（公里）	日发班次（个）	途经站点
17	西安—恩施	西安市三府湾客运站	湖北恩施汽车站	1115	1	荆门、宜昌
18	西安—连云港	西安市三府湾客运站	江苏连云港车站	1116	1	徐州、新沂
19	西安—保定	西安市三府湾客运站	河北保定汽车站	1124	1	邯郸、石家庄
20	西安—张家界	陕西省西安汽车站	湖南张家界车站	1126	1	荆门、沙市
21	西安—五原	陕西省西安汽车站	内蒙古五原汽车站	1129	1	延安、榆林
22	西安—沧州	西安市三府湾客运站	河北沧州汽车站	1160	1	郑州、石家庄
23	西安—聊城	西安市三府湾客运站	山东聊城汽车站	1196	1	濮阳、台前
24	西安—北京	西安市三府湾客运站	北京六里桥客运站	1200	1	太原、石家庄
25	西安—泸州	陕西省西安汽车站	四川泸州汽车站	1200	1	广元、德阳
26	西安—梅城	陕西省西安汽车站	广东梅城汽车站	1208	1	荆门、益阳
27	西安—株洲	西安市三府湾客运站	湖南株洲汽车站	1223	1	常德、长沙
28	西安—呼和浩特	陕西省西安汽车站	内蒙古呼和浩特站	1236	2	榆林、东胜
29	西安—天长	陕西省西安汽车站	安徽天长汽车站	1237	1	开封、徐州
30	西安—青岛	陕西省西安汽车站	山东青岛汽车站	1250	1	郑州
31	西安—潍坊	西安市三府湾客运站	山东潍坊汽车站	1280	1	菏泽、淄博
32	西安—天津	西安市三府湾客运站	天津天环汽车站	1290	1	石家庄
33	西安—扬中	西安市三府湾客运站	江苏扬中汽车站	1356	1	扬州、镇江
34	西安—苏州	陕西省西安汽车站	江苏苏州汽车站	1398	1	郑州、徐州
35	西安—长沙	西安市三府湾客运站	湖南长沙汽车站	1400	1	常德
36	西安—盐城	西安市三府湾客运站	江苏盐城汽车站	1400	1	徐州、淮阴
37	西安—南昌	陕西省西安汽车站	江西南昌汽车站	1420	1	武汉
38	西安—上海	陕西省西安汽车站	上海长途汽车南站	1475	1	徐州、苏州
39	西安—威海	西安市三府湾客运站	山东威海汽车站	1480	1	济南、烟台
40	西安—如皋	陕西省西安汽车站	江苏如皋汽车站	1481	1	郑州
41	西安—常州	西安市三府湾客运站	江苏常州汽车站	1500	1	江阴、无锡
42	西安—启东	西安市三府湾客运站	江苏启东汽车站	1543	1	江都、南通
43	西安—烟台	陕西省西安汽车站	山东烟台汽车站	1549	1	潍坊
44	西安—杭州	西安市三府湾客运站	浙江杭州汽车站	1559	1	郑州、南京
45	西安—镇雄	陕西省西安汽车站	云南镇雄汽车站	1610	1	绵阳、泸州
46	西安—赤峰	西安市三府湾客运站	内蒙古赤峰汽车站	1650	1	郑州、保定
47	西安—大连	陕西省西安汽车站	辽宁大连汽车站	1652	1	郑州、水路

续表4-1-3

序号	班线名称	起点站	终点站	线路长度（公里）	日发班次（个）	途经站点
48	西安—贵阳	陕西省西安汽车站	贵州贵阳汽车站	1670	1	安康、重庆
49	西安—宁波	西安市三府湾客运站	浙江宁波汽车站	1704	1	南京、杭州
50	西安—义乌	西安市三府湾客运站	浙江义乌汽车站	1720	1	宜兴
51	西安—大石桥	陕西省西安汽车站	辽宁大石桥车站	1809	1	太原、秦皇岛
52	西安—深圳	西安市三府湾客运站	广东深圳汽车站	1916	1	潜江、东莞
53	西安—路桥	西安市三府湾客运站	浙江路桥汽车站	1924	1	杭州、临海
54	西安—昆明	西安市三府湾客运站	云南昆明汽车站	1936	1	绵阳、成都
55	西安—温岭	西安市三府湾客运站	浙江温岭汽车站	1960	1	徐州、天台
56	西安—乐清	西安市三府湾客运站	福建乐清汽车站	2010	1	郑州、杭州
57	西安—温州	西安市三府湾客运站	浙江温州汽车站	2055	1	杭州、临海
58	西安—广州	西安市三府湾客运站	广东广州汽车站	2080	1	岳阳、韶关
59	西安—仙游	西安市三府湾客运站	浙江仙游汽车站	2110	1	莆田
60	西安—龙港	西安市三府湾客运站	浙江龙港汽车站	2155	1	黄岩、温州
61	西安—苍南	西安市三府湾客运站	浙江苍南汽车站	2155	1	龙港
62	西安—厦门	陕西省西安汽车站	福建厦门汽车站	2201	1	郑州、黄石
63	西安—潮安	陕西省西安汽车站	广东潮安汽车站	2260	1	郑州、九江
64	西安—福鼎	西安市三府湾客运站	福建福鼎汽车站	2270	1	义乌、温州
65	西安—福州	西安市三府湾客运站	福建福州汽车站	2580	1	漫川、武汉
66	西安—北海	西安市三府湾客运站	广西北海汽车站	2612	1	桂林、南宁
67	西安—石狮	西安市三府湾客运站	福建石狮汽车站	2629	2	福州、惠安
68	西安—莆田	西安市三府湾客运站	福建莆田汽车站	2690	1	温州、分水关

说明：表中内容为根据所列道路汽车客运站提供的资料整理

二、市际客运

市际班车客运，包括由西安至各地（市）所在地城市客运，以及地（市）所在地城市相互间的客运。

市际客运发端于20世纪40年代，主要有西安—商县、西安—咸阳、宝鸡—汉中、汉中—安康等。60至70年代末，市际客运按行政区域分工经营。渭南、安康增开从地区所在地至西安的客运班线。80年代改革开放，搞活经济，人员流动增加，公路条件逐步改善，道路客运运力增多，市际班线较快发展。在西安市，有位于西安火车站广场前的陕西省西安汽车站（简称省西安汽车站），西安小南门外安康地区汽车运输公司西安汽车站，金花北路唐都汽车站，玉祥门五一停车场，以及延安、榆林、汉中等行署（政府）西安办事处等，均有分别开行往返商洛、咸阳、渭南、铜川、宝鸡、延安、榆林、汉中等市际客运班车。1991年全省市际客运线路543条，日发1 629个班次、运送旅客5.21万人次。

1992—1997年，市际客运需求持续增长，市际客运线路由审批制改为由相关地（市）协商确定，促进市际客运市场活跃，加之西铜、西宝、临渭等高速公路相继建成，市际客运班线快速延伸。铜川市第一汽车运输公司等3家企业，投入20辆中型高级客车，日发16个班次。除省西安汽车站、西安城东客运站等增加市际班车外，西安市五一停车场，西安环城建设委员会在西安火车站开办的停车场，尚德门外出租汽车二场停车场等，均有大量个体、联户开行铜川、商州、延安、榆林、渭南、汉中等地（市）班车。据不完全统计，仅西安环城建设委员会开办的火车站停车场日发铜川30个班次、商州50多个班次。

此期，道路旅游客运升温，尤其市际间旅游客运需求较快增长，多家运输公司及部分个体、联户涌入旅游客运市场，争开旅游线路，开行旅游班车或客车；在带给人们旅游便利的同时，也出现了不按线路运营、漫天要价等损害游客利益问题。省交通厅结合推进运输市场开放规范旅游客运，实行车辆挂牌经营，取缔非法经营，加强对旅游车辆运营监督、维护旅客合法权益，促进旅游客运发展。全省专业旅游客运公司发展到10多户。西安友谊汽车公司旅游客车增至220辆。

1996年1月18日，省内市际高速客运班线自西宝高速发端，并每隔15～20分钟发1班，日发70多个班次，吸引部分铁路旅客转向高速客运，致西安至宝鸡区间火车日均减少3 700人次，铁路部门因之几次调整车次。12月31日，临渭高速建成，开通西安—渭南62公里高速客运直通车，仅省西安汽车站每15分钟发1班，日发56个班次，日运量1 000多人次。至此，西安、咸阳、宝鸡、铜川、渭南等关中5地（市）通达高速客运。

1997年1月，实施《陕西省道路运输业管理办法》，市际客运班线由地（市）协商确定办法停止执行，改由省交通厅运管局审批。年底，全省市际客运班线630条，日发4 734班次。班次最密为西安—宝鸡，日发多达56个班次，运送旅客1 500人次。西宝高速客运开通前，客运班车旅途服务项目少，设施缺，旅客途中休息、餐饮等极为不便。随着高速客运开通，客运车辆升级换代，服务项目渐增。西宝高速客运班车下置行李仓，车内设有空调、录像、饮水、卫生间等设施。夏季班次，乘务员还为旅客递送热毛巾、矿泉水。

1999年6月，陕西省高速客运（集团）有限责任公司开通西安至商州客运班线，投放安凯牌大型高级客车，实现西安至商州快速客运通达

1998年后，高速公路通车里程增加和干线公路大规模改建，市际客运环境进一步改善，市际高速客运班车渐成每隔15～30分钟不等循环快速发车；市际干线普通班线，逐步由西安往返各地（市）拓展到西安以外地（市）间相互对开，线路由近及远，班次由疏至密。1998年市际班线较上年增开171条。延安地区汽车运输公司还开通西安—延安桑塔纳小轿车客运专线。1999年，商洛

地区汽车运输总公司、陕西省高速公路客运（集团）有限责任公司开通西安—商州快速客运班车。咸阳市相继与商州、汉中、铜川、延安、榆林、渭南、宝鸡及杨凌示范区，汉中市先后与咸阳、安康、宝鸡市，安康市与商州市，延安市与渭南市、榆林市，榆林市与铜川市，韩城市与铜川、延安市，商州市与渭南、安康市，杨凌示范区分别与咸阳、西安、铜川、宝鸡等市，对开高速客运班线。陕西省高速公路客运（集团）有限责任公司制定司乘人员服务工作规范，将客运服务过程分为4阶段、32道程序、56个环节，增加随车小药箱、针线包、冷热纯净水，并为乘客代理行包托运，客运服务质量显著提升。

2000年8月，西（安）（安）康铁路开通，吸引大部分道路客源改走铁路，区间市际道路客运萎缩以至全部停运。除此，其他市际客运线路及班次仍快速发展，并且发车频率缩短，班车数量增密。2002年，西安—宝鸡每10分钟发1班，日发班次增至84个；西安—渭南每8分钟发1班，日发114个班次；西安—铜川每20分钟发1班，日发班次增至42个；西安—咸阳快速班车每10分钟发1班，旅客随到随走。这一趋势随着省境内高速公路增多与客流量增加而增强。

2004年年底，全省市际客运班线944条，日发班次6 557个，日发送旅客20.98万人次。

2005年起，随着全省一大批高速公路相继建成，省交通厅推进路通车通，加速市际高速客运进一步发展。各市（区）往返西安客运班线，西安发往各市（区）客运班线，几乎全部走高速公路，而相向干线市际客运大多停运。2007年后，县城与相邻市（区）所在地城市间客运班车逐年增多。

此期，全省开通主要市际客运班线有：

西安—汉中。2007年10月1日，随西汉高速建成通车始运营。分别由陕西交运运输集团、汉中市汽车运输总公司，联合本地原普通班线客运企业，组建西汉高速客运公司经营。全程255公里，一次投放86辆豪华大巴，单程行车仅需4小时，每15～40分钟发1班，日发40个班次，较西安至汉中铁路客运、108国道汽车客运班车均节省一半时间，区间火车一度停运。西汉高速与108国道相距较远，仍有部分旅客依108国道普通班线往返。

西安—榆林。2007年11月7日，榆林市恒泰汽车运输公司等5家客运企业，投入118辆客车，开通榆林直达西安城东客运站高速客运，全程554公里，行车时间比原走210国道普通班线缩短7小时。其中，西安—延安班线有延安市汽车运输集团公司等6家企业，投入64辆客车，每30分钟发1班，日发班次19个；西安—榆林班线有榆林市恒泰汽车运输公司等5家企业，亦每30分钟发1班，日发班次18个。西安榆林间火车日始发与过路车共5趟，运距623公里，运行8～12小时不等，高速客运班车车辆多、班次密，运行时间6小时，快捷方便。

2008年5月，榆林至西安高速客运班车途经西延高速富县服务区

西安—安康。2009年5月29日，包茂线陕西境西康高速通车，西康高速客运班线随之开通。西安、安康两

市各成立股份制的高速客运公司经营。西安—安康班线每20～25分钟发1班，日发32个班次，全程行车3小时，较区间铁路客运节省1小时30分钟，且乘坐客运班车可一览沿途秦岭景致，因而成为许多旅客出行首选。

西康高速客运班线旅途服务，采用民航服务模式。司乘人员统一着装，微笑迎客；发车前，乘务员用汉、英双语致欢迎词，检查乘客是否系好安全带，并为乘客送水；旅途中，乘务员巡视车厢，为乘客提供随车服务；进入到达站市区后，向旅客致欢送词；下车时，乘务员扶老携幼，协助乘客拿取行包。

除上述高速市际客运班线外，西安至各设区市政府所在地及各市（区）间，每日尚有干线市际客运班线504条、4 132个班次运行。

2010年年底，全省市际客运班线937条，日发班次6 181个，日发送旅客19.78万人次。

三、农村客运

农村客运受经济条件、收入水平、出行习惯和道路、运力等因素影响，20世纪80年代前，线路稀、车辆少、车况差，主要依干线公路通达沿线县城、乡镇与邻近村，运力以代客车为主，农民出行乘车难、难乘车问题极为普遍。近距离出行，农民多靠自行车或步行，不通公路的山区、边远地区则全仗徒步，客车少或不通车的地方，拖拉机载客较为普遍。

改革开放促进农村经济搞活，农民探亲、赶集、务工及推销农产品、购买生产物资等出行增多，迫切要求改变农村乘车难状况。80年代搞活运输，发展农村客运。随着县县通公路，县城间客运较快发展，鼓励开行“早进城、晚回乡”夜宿农村班车，运输企业开行县、乡间客运班车渐多，个体、联户大多在县境内经营县、乡间客运。1991年，全省农村客运班线290条，乡镇通客车率76.16%，行政村通客车率不足一半。

1992年起，扩大道路运输市场开放，兴起社会办客运热。专业运输公司延伸农村客运线路，扩大大中城市至县城班线，增加运行班次；个体联户多购买面包车、小型客车，从事县境内短途客运。随着“八五”时期秦巴山区、渭北旱塬区贫困县旧路改造，部分边远、贫困山区始通客车。至1996年，全省农村客运班线836条，日发班次4 623个，乡镇通客车率92.90%，行政村通客车率57.90%。

2005年3月，岚皋县农村客运班车

1996年起实施的村村通路工程，改善县、乡间和行政村通车条件，在县城间客运班线快速增加的同时，县城至乡镇、乡镇至乡镇、乡镇至行政村班线增多。1999年底，全省农村客运班线增加至1 332条，日发班次8 591个。全省乡镇比1996年增加829个，通客车率达到91.60%；行政村比1996年增加1 366个，通客车率为68.20%。2001年，随着贫困县出口公路修建、县际公路改造和乡道改善，农村客运班线增至1 404条，日发班次1.07万个。乡镇通客车率92.79%、行政村通客车率74.17%。

由于陕南、陕北许多地方村村通路标准低，设施不配套，客运班车晴通雨阻普遍。加之一些经营者受利益驱动，争干线、抢热线，农村客运班线特别是偏僻、边远冷线，运力不足，行不定时，群众乘车不便。在这种情况下，不合客运条件的“蹦蹦车”、手扶拖拉机等见缝插针，承揽部分客源。

“十五”期间，农村消费结构逐步提升，城乡间旅游、休闲热兴起，致农村客流需求持续增长。农村客运随着县际公路改造、通达工程实施，增加客运能力，并鼓励运力向边远、偏僻、贫困地区投放，扩大农村客运通达面。农村客运以班车客运为主，还有县城至乡镇公交车、集市班车等。

渭南市鼓励客运企业参与农村和山区支线客运。2001年全市开辟农村客运班线150多条，投放班车886辆，全市2 523行政村通班车，占全部行政村总数78%。潼关县2003年招商引资900万元，投入中巴车63辆，开通城乡公交车，在全省第一个实现乡乡通公交。

延安市2004年农村客运班线发展到174条，投入农村客运车辆605辆，1 823个建制村通客运班车，占建制村总数83.80%。志丹县客运线路覆盖全县所有乡镇和70%以上建制村。永宁至瓦子村线路投放客车5辆，夜宿农村，途经8个建制村，受益农民5 000余人。

汉中市牵线搭桥，个体客运业户组建联营公司，扩大农村客运经营，投放客车1 327辆，占全市客运车辆60%，实现所有乡镇、80%建制村通客车。宁强县广坪镇农民张明华成立汉中市宁西汽车运输有限公司，投放40多辆客车，全部经营农村客运线路。

城固县在客流大、班次多的线路实行流动发车，班次随乡镇集市、农活忙闲增减，发车不定时间，客满即走。同一条环形线路，顺、逆时针方向同时发车，扩大客运覆盖面。全县开辟农村客运线路50多条，投放中巴车90多辆，日发班次400多个，全县24个乡镇都通客车，建制村通客车率达90%。

此期，经历了“非典”之后，一种远离都市，回归自然，追求休闲的旅游形式——乡村旅游兴起，并由西安、宝鸡等大中城市快速向中小城市发展。每逢周末或节假日，到乡村游、吃农家饭成时尚。一些旅游客运经营者采取定点定时发车的方式，接送游客往返，使农村客流增加。

2005年年底，全省农村客运班线1 732条，日发班次1.56万个。乡镇通客车率99.68%，建制村通客车率82.10%，

2007年8月，志丹县农村客运班车在运营途中

“十一五”时期，推进城乡统筹协调发展，广泛开展新农村建设，县域经济大力发展，城镇化水平不断提高，农民收入逐年增加，交通消费能力增强，农民出行需求持续增长且现多样性。农村商务、务工、旅游、教育出行范围和频次大大增加。全省大规模农村公路建设，尤其通村油（水

泥）路全面建设，为农村客运发展带来新契机。以通村客运发展为重点，农村客运加速普及并向公交化发展。

2006年8月，省交通厅制定发展农村客运若干意见，采取降低经营者负担，通过登记、备案方式简化班线审批，未开行班线实行先开发者享有三年内专营权，经营期限从宽掌握等优惠政策，推行公司化经营模式，大力加快农村客运向建制村普及，让农民出门有车坐、坐好车。当年农村客运班线较上年增加279条，日发班次增加6 153个。

各地切合实际，探索农村客运经营模式。宝鸡市实行定区域经营，鼓励热线通村，班次、时间与站点协调衔接。柞水县开通县城至营盘镇公交线路，半小时发1班。白水县在90%以上建制村通油（水泥）路后，2008年11月22日，由县威远运业有限责任公司开通“三农快客”，在6个乡镇、33个建制村开通14条班线，投放35辆小型客车，并借鉴城市公交模式运行，开行有串村班车、集市班车、季节班车和上学班车等。在有条件的线路，实行“一票直达、多点上下”。营运里程一般在10～30公里之间，票价低至3元，多至5元，大多数线路票价4元，农民在家门口就能坐上车，且能坐得起车。

2009年7月2日，省政府在白水县召开全省通村客运现场会，总结推广白水县发展“三农快客”经验，部署全省通村客运发展任务。经省政府同意，省交通运输厅制定《陕西省交通运输厅关于做好通村客运车辆补助工作的实施意见》（陕交发〔2009〕36号），决定从2009—2011年3年内，对全省新增及更新1万辆通村客车予以购车补助，每辆车补助2万元；补助范围为村到县、村到乡镇、村到村3类班线；新增或更新通村客车全部按公司化经营，并实行法律依据、管理政策、车辆选型、外观标识、服务标准“五统一”。

是年10月15日，省政府颁布《关于加快通村客运发展的实施意见》（陕政发〔2009〕56号），明确通村客运发展“开得通、留得住、有效益、可持续”的总体目标，提出健全基础设施、完善运营网络、优化运力结构、强化市场监管、提升服务质量、坚持集约经营发展等举措，按照“多予、少取、放活”的原则，鼓励运输企业“车头向下”，大力发展通村客运。鼓励政策和白水现场会促进全省通村客运快速推展，全面普及。至是年底，全省投放通村客车3 020辆，新开通村班线609条，全省乡镇通班车率达99%，建制村通班车率达85.30%。其中汉中市一次新投放300辆通村客车，开通农村客运班线315条，全部乡镇、85.11%建制村通班车。安康市首批投放通村客车150辆，新开通村客运班线28条，全市农村客运班线增加至289条，营运客车2 742辆，全部乡镇和85%的建制村通客车。

2008年11月22日，白水县举行“三农快客”开通仪式

西安市着力推进农村客运班线公交化改造。西安—沣峪口短途客运，有8家经营企业的100多辆“私车公挂”中巴车，分16条干支线路参营，营运秩序混乱，旅客投诉不

断。西安市采取股份制方式，将原8家经营企业整合为2家，并施行公交化改造，相继开通916路、921路、922路公交车，经营秩序得到规范，旅客得享便利和实惠。

在此期间，省内一批高速公路建成通车后，由高速公路相连县城相继开通至西安等大中城市高速客运班车，且班次随客流增大而加密。如石泉—西安日发13班；彬县—西安日发23班；山阳—西安日发10班；紫阳—西安日发11班。

2010年年底，实行通村客车补助政策两年，省交通运输厅共补助资金1.27亿元，新增通村客车共6 362辆，全省通公路乡镇全部通客车，建制村通客车率达到88.44%。全省基本构建起以县城为中心、乡镇为节点，覆盖广大农村的道路客运网络。县际客运（县城到县城）班线增加到1 221条，日发班次增至9 918个；县内客运班线增加到2 944条，日发班次增至3.52万个。县际客运从相邻两县对开发展到与四、五县对开，乡镇班车有的直接通达临近外县，沿途设停靠站点，公交化运营。平原区县大约每10～20分钟发1班，山区县大约每30分钟发1班。西安市短途客运公交化管理线路达88%，日发送旅客近100万人次。

第三节　包车客运

包车客运由来已久。机关、单位、企业、学校等团体及个人，为旅游、接待、商务、通勤等，从客运企业包用客车，满足临时用车需求；客运企业将客车包给用户安排使用，并提供驾驶劳务，按约定起始地、目的地和路线行驶。包车费用由包车单位、个人依行驶里程或包车时间支付。包车一般手续简便，服务灵活，能满足不同群体随机性客运需求，因而得以不断发展。20世纪80年代改革开放，社会交流频繁，包车客运需求增多，尤其客流旺季与节假日，包车客运繁忙。经多年发展演变，形成省际包车客运、省内包车客运两类；省内包车客运又分为市际包车客运、县际包车客运与县内包车客运。以付费方式计，出行多在市区范围，运距短、间断停留时间较长者，多用计时包车；运距长、停留时间较短者，多用计程包车。

1991—1994年，扩大改革开放，经济加快发展，客运需求旺盛，包车客运以学校春游包车、机关单位会议包车及接待居多，且多以省内、市际或县内包车客运为主，包用路线不长，包用时间较短。

随着农村富余劳动力外出打工增多，1995年后，春运期间车票难买，部分农民工包车回家过年，致跨省长途包车客运增加。1996年春节前客流高峰期，西安—商洛方向班线客运因冰雪断路而停运，省西安汽车站滞留大批旅客，其中多半为返乡心切农民工；道路恢复通行后，站方与有关运输公司全力以赴，除安排正常班次和加班客运外，还安排包车抢运旅客，保证农民工及时回家过年。5天包车客运发送旅客1.10万人次。同时发送其他方向农民工客运包车120班，其中86班发往山西、四川等省。

2000年后，西部大开发加速东西间交流，西安等大中城市国际性、全国性会议增多，经贸洽谈、产品展销活动频繁，会展业发展强劲，各种节庆接连不断，主办方多采用包车形式，提供活动期间客人接送及交流、考察、旅游、观光等出行服务。道路客运企业瞅准商机，增置各款车辆，拓展包车客运，尤其旅游包车甚为红火。许多旅游公司、酒店推出多种游览品牌，组织和吸引客源，经办包车旅游客运。同时，大专院校扩招，每逢新学年暑期，学校多采用包车方式接送新生入校。一些学生相对集中的地方，学生家长自发组织包车，并一路陪同，送学子入校报到。农村婚丧嫁娶，或到较远的地方办事，或外出旅游，亦渐兴包车出行。

农民工外出打工及返乡回家，成包车客运主流。满足农民工节前集中回乡、节后集中返城需求，客运企业积极组织跨省包车。2002年1月，安康地区汽车运输公司组织包车赴广东、上海、山西运送回陕民工，前后8日共发送115班，运送农民工4 600人次。其中广州与深圳19班、昆山19班，上海、山西包车77班。宝鸡市第一汽车运输公司春节后组织包车，南下四川巴中、广元、南江等地，运送往广东方向农民工近千人。据统计，是年春运，宝鸡、咸阳、西安、渭南、铜川5市道路客运企业，组织往返四川方向包车400多班，输送农民工2万多人。

一些地方政府为促进当地劳务发展，为农民工外出务工牵线搭桥，提供方便，由政府出面包租车辆，将务工人员送至有关城市或地区，或联系由用工企业包租车辆，接农民工进厂务工。

“非典”之后，郊游、登山等休闲活动在西安等大中城市兴起，并快速沿公路线向山区、乡村扩展。一些登山爱好者通过电话、网络等手段联系，自发组成团队，包租大巴或中巴车，利用周末或假日登山、郊游。随着人们生活水平提高，一些家庭聚会亦时兴包车，并新兴个人或结伴包车外出旅行。2004年“五一”黄金周，为适应节前出行和节后返程旅客密度大、时间紧的需要，全省发放旅游包车1 617辆次。

2009年1月，西安市三府湾汽车站开通“爱心包车”。图为农民工乘“爱心包车”回乡

全省加快推进城镇化，西安等城市不断向外扩展，城市周边兴起卫星城或开发区，一些机关、单位、学校、工厂由城区迁往城市周边，职工居住与工作地点分离，通勤客运需求大量增加。为此，一些单位、学校、企业采用包车方式，为职工提供上下班通勤服务。由于包车客运市场需求增多，竞争加剧，一些客运企业、汽车租赁公司都采用简便包租手续、提供多种车型、长包价格从优等措施，吸引客户，拓展业务。一些企业除通过平面媒体发布包车信息外，还多用网上发布信息的办法，以图片形式展示各类车型，介绍服务项目、包车方式和价格。包车客运呈现旅游包车、会议包车、商务包车、节假日农民工包车、通勤包车、婚丧嫁娶包车等多种形式。

2006年以来，每逢春运，农民工回乡、返城，学生回家、返校及探亲流、旅游流的往返集中叠加，包车成为越来越多的出行选择。交通部门和客运企业，开展“向农民工送温暖活动”“农民工平安返乡”活动，在农民工返乡最为集中的春运期间，为农民工组织爱心包车。陕西平安高速公路客运有限责任公司、渭南市汽车运输（集团）有限责任公司等6家客运企业倡议，30多个运输单位响应，开行面向农民工、下岗失业人员、在校贫困大学生服务的“爱心包车”；包车价格实行20%让利优惠，途中不加价、不拉客、不超载。2006年，全省开行农民工包车2 535辆次，运送农民工431.57万人次。2008年，全省发送包车3 604辆次。西安市春运期间，发农民工包车1 060辆，运送农民工62万人次。

2010年春运，全省发送包车4 507辆次。凡农民工包车，客车直进工地接运，并给予灾区旅客折扣50%票价优惠，农民工集体包车享受20%票价优惠。是年“十一”黄金周，全省发送旅游包车1 707辆次。

第四节　节假客运

一、春节客运

春节客运，简称春运。为一年中客运需求量最大、运力投放最多、运送旅客最为集中、运输过程最为紧张的周期性客运。人口增长，流动增加，社会分工扩大，人际交往范围拓展，春运需求与运量逐年增长，且旅客构成、流量流向等不断变化，加之受冬季气候、道路等条件影响，对确保旅客走得了、走得好要求不断提高。

1991年，道路春运客流以在外工作、经商、上学者回乡探亲为主，外出务工农民始加入春节前后往返客流。交通部门加强春运组织领导，以运量定运能，提早预测客流，调集运力，检修车辆，开展安全教育，落实站、车、路各方保障措施。

春运启动，各级交通部门派出工作组，赴春运一线检查指导，会同公安部门查堵“三品”（易燃、易爆、危险品），防止危险品上车，禁止客车超员超载，打击倒卖车票和坑骗旅客行为。客运企业做好售票服务，为客流集中企业和大专院校送票上门。汽车站开展文明服务竞赛，营造良好旅行环境。遇天气、道路等因发生旅客滞留，各站增开加班车，及时输送和疏散；运力不足时，交通部门组织社会或个体、联户车辆，参与紧急运送，尽力使旅客走得了、走得好。1992年全省春运客运量猛增至1 664.50万人次。1995年春运客运量攀升至1 901.10万人次，其中农民工客流约65万人次。尽管各方努力，但春运总呈紧张状况，受运力不足或冰雪断路等影响，难以确保每位旅客及时回家团圆。

1996年春运，自1月30日起至3月19日止共50天，由于铁路客票涨价、公铁分流，道路客运量达2 311.91万人次，其中农民工客流200.07万人次。之后，随着外出务工农民大规模增加，民工流成为春运客流主体之一。

1999年起，春运旅游流、商务流增大，同时大学扩招，致春运学生流猛增。这些新增客流与传统客流交汇，呈前所未有的人员大迁徙现象。

应对不断增长的春运客流，各级政府于春运前召开会议，加强安排部署。交通部门与运输企业制定方案，强化保障措施，确保客流有序和安全。省西安汽车站与有关运输公司组织联营，统一计划，落实班次，预留运力，随时组织抢运旅客。

2000年春运，蓝小二级汽车专用公路于年前通车，全省道路客运票源最紧张之地——商洛市各县，开通至西安往返快客专线，区间道路客运一票难求得以缓解。

春运安全关乎千家万户平安幸福。春运期间，交通部门除继续加强对客运企业与驾驶员安全教育外，还通过签订安全责任书办法，落实春运安全责任。2003年春运，省交通厅在禁止客车超速行驶和疲劳驾驶方面做出硬性规定，凡行驶单程400公里以上（高速公路600公里以上）客运车辆，须配备两名以上驾驶员；驾驶员连续工作不得超过3小时，24小时内实际驾车累计不得超过8小时。同时，利用科技手段加强汽车站安全检查，全省一级汽车站配备自动安全检查仪，对旅客行包进行检查，严防“三品”进站上车。西安市5个汽车站春运检查12万人次，查出“三品”12种、2 130件，堵绝事故隐患。是年春运，全省共投放运力78.80万辆，日均发放班次2.82万个，完成客运量2 484.60万人次。

2004年春运，由于元旦、春节间隔很近，民工流、学生流、探亲流、旅游流交织叠加，客流高峰较往年提前，且客流量大，时间集中。各客运站增设售票窗口，开设流动售票点，方便旅客购票乘车。各客运站执行“五证一牌一单”报班制度和出站安全检查登记制度，杜绝超员超载。是年全省春运共投放客车80.40万辆次，加班和包车1 878辆次，客运量2 530.67万人次。2005年春运，春节较往年晚，节前大专院校放假较早，农民工提前返乡，学生流、民工流与探亲流、旅游流相对错开，春运客流较为平稳。全省春运共投放客车72.57万辆次，日均发送班次3.16万个，其中包车354个，加班车 1 018个，完成客运量3 162.04万人次。

2008年1月6日，西安城东客运站组织旅客有序乘车回家过年

2008年春运，三秦大地遭受一场50年不遇的冰雪灾害，高速、干线公路大部分被迫关闭或限制通行，道路客运全面受阻。为保证旅客顺利回家与亲人团聚，过好春节，各级政府启动应急预案，迅速组织除雪保畅。交通、交警等部门昼夜上路疏导交通，全力救助滞留路途的旅客和车辆，护送滞留车辆安全通行。公路养护系统在求助被困旅客同时，不分昼夜，沿路抛沙撒盐，除雪破冰，千方百计保障道路畅通。是年春运，全省春运共投放运力73.92万辆次，发送包车3 604辆次，发加班车1.22万辆次，完成客运量仍达3 077.33万人次。2月19日，交通部给中共陕西省委、省政府发来感谢信，感谢陕西交通系统为确保国道主干线和国省干线路网畅通做出的突出贡献。

2009年春运，全省交通系统向社会郑重承诺：“年三十，绝不让一个旅客滞留车站”。为此，各级交通部门提前规划，赶早部署，加强运力储备和运输组织，向社会提前公告除夕班次，运输企业加班加点运送到站旅客，实现了对社会的承诺。

2010年春运，继续强化客运安全监督，并加强客运服务质量提升。省交通运输厅自1月28日起，由厅领导带领7个工作小组，赴重点客运站检查督导。运输企业和客运站强化优质服务，为旅客免费提供开水、空调和电视节目。各客运站还以除夕“站无留客”为目标，周密安排运力和班次，及时输送到站旅客。西安三府湾客运站承诺，凡因天气或他因晚点，致购票旅客不能按时乘车出发的，由站方免费提供饮食；晚点时间较长者，给予安排住宿。是年春运历时40天，全省除北部山区受冰雪天气影响，部分站场正常发车受限外，全省客运站场普遍运力储备充足，客流平稳有序，基本保证旅客随到随走，尤其是跨省长途客运班线和包车，分流部分铁路旅客，发挥春运兜底作用，缓解整个春运紧张势态。是年春运，全省累计投放客运班车77.55万辆次，其中发送包车4 507辆次，加班车2.32万辆次，完成客运量3 464.01万人次，同比增长3.98%，创历史新高。

二、黄金周客运

1999年国庆节起，实行黄金周休假制度，人们闲暇增多，利用长假探亲或旅游，带来道路客流高峰。为此，是年9月23日，省交通厅下发《关于认真做好国庆期间交通运输工作的通知》（陕交经〔1999〕393号），要求各地建立值班制度，加强运输组织工作，根据客流变化，及时安排加班车；加强“三品”查堵工作，确保运输安全；各级领导要深入生产一线，及时协调解决各种问题，维护好客运市场秩序。尽管各地和客运企业有所准备，但蜂拥如潮的客流令客运企业始料不及。全省各大汽车站旅客爆满，正班、加班车全发仍输送不及。9月30日，省西安汽车站旅客络绎不绝，等车旅客长队自站内排至西安火车站广场，站上员工全部投入旅客服务，直至晚九十点，才将旅客全部送走。是年国庆7天假期，全省完成道路客运量320万人次。

2000年起，交通系统主动适应并加强和改进黄金周客运。是年“五一”，道路客运游客持续增加，全省投入运力14.30万辆次，完成客运量410万人次，其中旅游客运量达260万人次。7月24日，省政府下发《关于进一步做好假日旅游工作的通知》（陕政发〔2000〕34号），成立省假日旅游客运工作协调领导小组，按照“因势利导、主动适应、加强协调、整体提高”的方针，制定工作方案，加强假日旅游客运管理和服务工作。9月5日，省政府成立省“十一”旅游黄金周指挥中心，指导全省假日旅游工作。省交通厅要求全行业把做好假日旅游客运管理作为一项政治任务和重要职责，加强服务管理，提高服务质量，保证游客走得了，走得好，走得满意。全省道路客运企业备用1 800辆客车，随时准备应急。西安市交通运输管理处在客流比较集中地段，还设立临时客运站，以便旅客换乘。9月6日，省政府颁布《关于开通陕西省旅游专线有关问题的通知》（陕政办〔2000〕108号），决定开办旅游公交专线，自是年始，两年投入100辆客车，由西安市公共交通总公司组建旅游公交专线公司，开通连接关中地区主要旅游景点的公交专线，形成关中旅游客运“绿色通道”。9月21日，开通西安—华山、西安—法门寺、西安—乾陵3条旅游公交专线线路，定点定时发车。西安、宝鸡、汉中等市公安、交通、旅游等有关部门，联合成立假日旅游客运工作领导小组。节日期间，领导小组办公室与各客运企业、旅游景点保持24小时值班电话联系，随时掌握旅游线路客运状况，同时派员到汽车站（场）、热点线路和景点，现场巡查值勤，维护旅游客运秩序。“十一”黄金周，全省共投入运力15.06万辆次，完成客运量339.87万人次；旅游公交专线投入运力56辆，发589班次，完成客运量1.48万人次，日均发送旅客2 118人次。

随着人民群众生活水平提高，旅游客运需求持续增长，并成为黄金周客运旅客流的主要部分。针对旅游客运标志不明显、不按规定线路运营等问题，2000年，省交通厅加强旅游客运规范，实行旅游客运标志牌制度。之后，非专线旅游客运，一般由旅行社组团，旅游客运公司提供车辆，挂“全省旅游”牌，营运范围为全省；从事省外旅游客运，挂“省际旅游”牌。全省营业性旅游客车发展到560辆，均为中、高档客车；旅游班线发展到8条；旅游客运企业亦有所增加。

2002年黄金周，全省加强运力和运量调配平衡，及早安排加班车辆；实行岗位值班制度，严格站务服务程序，作业流程，保证旅客有序流动。各地加强安全防范措施，全省一级客运站投入使用安检仪，对行包安全检查提供及时有效保障。“五一”黄金周，全省共投放客车15万辆次，发送16.70万班次，发加班车5 031辆次，完成客运量394.77万人次。“十一”黄金周全省投放客车16.80万辆次，发送18.71万班次，完成客运量442.20万人次。

2003年“五一”黄金周临近，面对突如其来的“非典”疫情，省交通厅4月5日提出“疫情阻断、运输不断”目标，确定“行业组织协调、政府组织领导、区内包干负责、区外合作配合、纵向落实、横向衔接”工作原则，要求做好“五一”黄金周客运工作。各市道路运输管理机构重点抓组织和运力保障、服务质量、运输安全、运输秩序“四个环节”，确保黄金周客运畅通有序。受“非典”影响，“五一”黄金周客流下降。7天长假，道路客运共投放客车10.16万辆次，发送10.17万班次，完成客运量150.62万人次，比上年同期减少62%。

是年“十一”黄金周，“非典”疫情基本消除，因“五一”黄金周受“非典”影响的客运需求得以释放，道路客流回升。各地提前做好运力储备，完善各项安全措施，整治客运竞争秩序，遏制客车恶性超载，及时受理旅客投诉，同时强化“三品”检查力度，营造安全、有序、祥和的客运环境。全省累计投放客车17.80万辆次，包车2 800辆次，加班车858个班次，运送旅客462.60万人次，同比增加20.40万人次。

2004年，交通部门和道路运输系统总结经验，加强组织，强化检查监管，在旅客流量平稳增长的情况下，确保黄金周旅客运输安全有序。每逢黄金周前，省交通厅提前做出安排，各级道路运输管理机构监督检查“关口前移”到站场，运输企业加强组织，确保运力和人力，使黄金周客运安全、优质、稳定、有序。是年“五一”黄金周，公路沿线农家乐、乡村与山水间休闲客流增长明显。7天假期，全省道路客运投放运力13.30万辆次，发送班次23万个，完成客运量589.39万人次。“十一”黄金周，全省累计投入运力12.99万辆次，发送班次23.88万个，完成客运量658.30万人次，均比上年同期增长。

2009年8月16日，西安曲江旅游集团运营的旅游景区免费直通车自西安发往扶风法门寺

2005—2007年，每年“五一”黄金周，全省投放运力都在13万辆次，完成客运量500～600万人次。各地及道路客运企业借黄金周发力，增加运力投放，拓展旅游专线客运。2005年“十一”黄金周，汉中市组成

有35辆高档客车的旅游车队，开通汉中—南湖、汉中—午子山、汉中—武侯祠3条旅游客运专线；安康推出“瀛湖—香溪洞一日游”，“瀛湖—岚河漂流—南宫山两日游”，“安康—平利两日游”，“安康—紫阳民俗风情三日游”4条旅游客运线路；宝鸡市汽车运输集团开通宝鸡—法门寺旅游专线。2007年“十一”黄金周，全省道路客流大幅增长，全省共投放客车15.04万辆次，同比增长23.20%，其中加班车7 106辆次；共完成客运量695.85万人次，同比增长29.50%；客运收入6 436.20万元，同比增长24.80%，并且未发生重大运输生产事故。

2008年起，取消“五一”黄金周，增加清明节、端午节和中秋节假日，加上双休日，形成小长假。人们利用小长假踏青、祭祖、省亲、旅游，短途道路客运紧俏。小长假道路客运特点是时间短、短途多、运量大。运输企业提早准备运力，加强客运组织，增开售票窗口，落实安全措施，保证广大旅客出行顺利、平安。是年清明节，前往西宝高速沿线杨凌、武功、宝鸡等方向客流陆续增加，西安城西客运站开启全部售票口，又搭建临时售票厅增开16个售票口，同时延长售票时间，根据各线路客流情况，随时安排加班班次。西安城东客运站发往富县、洛川、延安，以及渭南、蒲城、白水等方向班车，从平时每半小时发一班车，调整至随满随走流水班，加快车辆周转。是年5月3日，宝鸡汽车东站出现客流“井喷”现象，一天共发送旅客1.10万人次，为多年少见，单日客流量甚至超过春运。客源主要为旅游和探亲访友。受太白登山、凤县观景、岐山民俗游方便实惠刺激影响，居民消费愿望高涨，出行量猛增，形成“五一”客运短期客流高峰。面对暴涨客流，宝鸡汽车东站增加售票窗口，强化车旅安检，及时调度车辆，最大限度地缩短旅客滞留时间。高峰时，平均不到2分钟就有一辆大巴驶出车站。小长假期间共发送旅客2.60万人次，每日加班82个车次，比上年同期高出3成多。

是年“十一”黄金周，全省累计投放客车14.59万辆次，其中加班车5 105辆次，完成道路客运量654.61万人次。

2009年，为应对“十一”黄金周客流高峰，吸引旅客旅游观光，西安曲江旅游集团自8月16日开通景区免费直通车，每日8—10时发车4班，自西安大唐芙蓉园出发，往返于大雁塔、法门寺、太白山之间。游客上车购买景区门票即可免费乘坐直通车。此为全国首个免费旅游直通车。“十一”黄金周期间，西安市多项举措迎接旅游高峰。外来自驾车队可享警车引路服务。从6个高速路入口进西安的自驾车队，小车5辆以上，大车3辆以上，只要提出引路申请，就可享受警车引路到旅游第一目的地

2009年10月黄金周，西安市城西汽车客运站客流如潮，运输单位加大运力投放，抢运到站旅客

服务。6个高速路入口设立服务区，分别是：西汉高速秦岭服务区、西宝高速南谷米服务区、西禹高速富平服务区、西潼高速苏王加油站、西蓝高速香王加油站、西铜高速泾河加油站内。

是年，西安—榆林、汉中、安康、商洛等高速班车开通，亦成节假期间到达陕南、陕北旅游客运线路。如商洛金丝峡生态旅游持续升温，大多游客乘坐西安—商南客运班车，走沪陕高速公路到金丝峡。去陕北红石峡、白云山、红碱淖，散客乘坐西安—榆林高速客运班车。

2010年“五一”小长假，西安市推出包括汤峪温泉、太平国家森林公园、北塬农家乐等景点在内的4条一日游精品路线，西安各区县给市民发补贴，吸引旅客，道路客运共运送旅客169.60万人次，同比增长27.26%。“十一”黄金周，省交通运输厅提前部署，做好客流预测，加强指挥调度，落实预留运力，健全应急预案。客运企业根据客流调配运力，路况不好路段夜间停运，确保旅客运输安全、及时。全省道路客运共投放客车16.57万辆次，其中加班车9 396辆次，运送旅客877.37万人次，同比增长10.50%，达到实行黄金周以来客运量最高点。

三、暑期客运

1999年大专院校扩招前，暑期由毕业生离校、新生入学、在校生回家探亲或旅游往返，形成学生客流，但流量有限。大专院校扩招后，暑期道路客运学生流大大增加，流动范围明显扩展，且与社会其他客流交织，形成每年7、8两月至9月初暑期客运高峰。道路客运企业加强运力组织，根据暑期客流流量、流向，安排班线与发车时间，保证暑期客运紧张有序。

2000—2003年，大专院校持续扩招，致使暑期客流大增。由于学生多为独生子女，新生入学时，父母、亲戚或朋友陪同成常态，带来暑期客流小高峰。此期，暑期客运多走铁路，加之学校包租车辆接站，因而道路客运压力不大。

2004年起，暑期学生客流，除离校、入学、探亲、旅游往返外，从事社会调查、参与志愿活动等，致客流增加，流向多元。随着高速客运线路增加，里程延长，班次增多，社会客流和学生客流多选道路客运出行，暑期客运压力明显加大。各地交通部门与客运企业加强客流调查，储备足够运力，延伸客运服务，加强现场调度，保证学生客流平稳有序。是年8月，杨凌农林科技大学秋季开学前，外地学生在西安下火车后，统一在省西安汽车站集中，乘学校包车回校。省西安汽车站专门开辟学生候车区，突击抢运3天，发送102辆次，运送学生4 000人次。

2007年暑期，受学生流、探亲流、旅游流共同拉动，道路客运量攀升。西安市拥有上百所大专院校，市运管处组织客运企业储备应急运力100余辆；宝鸡市客运企业储备50辆中高级客车，以备应急。7月7—12日，延安汽车站累计投入运力3 480辆，完成客运量5.78万人次，同比分别增长8%、9.80%，其中7月9日单日运送旅客1万人次，创该站单日客运量之最。该站采取冷线支援热线，周边县区支援中心城区，调派机动加班车运力等措施，及时疏散站内旅客；采用随车售票、提前预订、上门包车等措施，方便旅客，并在候车室增加导乘人员，免费提供开水、行李车，设爱心服务包、爱心服务小药箱，为旅客提供针线、纸笔、胶带、创可贴、感冒药、晕车药等服务。

2010年暑期，各客运站增设售票窗口，加强现场导乘，学生到站随到随走，同时启用降温设备，备足饮用水，提供防暑药品，营造舒适候乘车环境。陕西平安运输集团有限公司采用预售车票、上门售票、专车接送学生直接乘车等措施，为学生客流提供一条龙服务。省西安汽车站组织车辆，运送西安石油大学和商洛学院新生入学报到，9月2—7日，共发送134个班次，接送新生和学生家长6 000余人。

第五节　城市客运

一、市（区）公交客运

（一）西安市公交客运　西安市为陕西省省会城市，又为陕西城市公交客运发端城市。随着城市规模不断扩大，公交客运得以不断发展。不同时期公交车辆、营运线路和客运量，均在全省城市公交客运中占主要份额，并具有对省内其他城市的示范作用。1990年，西安市有公交车875辆，营运线路49条，年客运量4.05亿人次。

进入20世纪90年代，西安市城市加快扩展，城区周边兴建连片小区和开发区，加速城市空间扩大，居住人口增多；原在城区一些机关和企、事业单位，陆续向二环以外郊区和远郊迁移，拉大城市骨架，致通勤需求增长，促进公交增加车辆，开辟新线。同时，随着公交实行多家经营，运力不断增加，车型趋向多样。1992年，西安市新增城市公交车50辆，并在602路公交线路投放12辆双层客车。1993年，西安市公共交通总公司（简称西安公交总公司）通过争取市政府出资和职工集资，相继购回30辆小公共汽车，穿插公交线路运行，俗称“招手停”，弥补公交客车不足。是年底，西安华山机械厂工人集资，开通新城广场—大雁塔中巴线路701路，开社会办公交先河。1996年2月，西安公交总公司成立小公共汽车公司，实行国有民营，拥有营运线路15条，营运车394辆。1998年，为缓解公交车辆紧张、交通压力大的矛盾，西安市公用事业局批准成立17家民营公交企业，投入800辆中巴车，经营31条公交线路，形成多家经营城市公交的局面。6月15日，西安公交总公司一次投放46辆空调车，在18路、604路、605路上线运营，增加市民出行舒适性。

2000年8月，西安市开通公交热线。热线设3条服务专线、5名工作人员，实行24小时不间断值守，为居民提供公交乘车指南语音信箱、公交乘车指南及受理公交监督投诉电话等服务。热线还与市长专线、市交警支队指挥中心联网，并配有10辆服务监督车，随时为居民提供公交服务帮助。11月，全市有38条公交线路实行IC卡乘车。

2001后，西安市提升城市综合功能，实施“大公交”战略，把解决交通拥挤作为重点之一，构建“四横（即4条东西向公交线路）、五纵（即5条南北向公交线路）、一环（即二环线路）”主骨架线路为主体、普线网为基础、支线网为补充的3级公共交通网络，推进大公交发展。

长安县韦曲至西安南门一线，原有运营中巴客车89辆。这些客车经营主体分散，管理不规范，高速行驶、乱停乱放、随意涨价、争抢乘客、半路甩客等问题突出，被群众称为“疯狂老鼠”，投诉不断，成为社会关注焦点。2002年9月，长安撤县设区后，西安市政府牵头，成立长安区道路客运改造协调领导小组，对长安区通往西安市区短途客运线路和西安市通往长安区公交线路施行改造。在兼顾经营者利益前提下，由西安市公交总公司全额出资2 700万元，收购长安区政府所在地韦曲至南门线路上全部中巴车，并下线退出运营；2003年1月，新购80辆双层大客车，首开从张家堡至长安区西部大学城的600路（一纵）天然气公交车线路，长安路客运秩序大为改观。

2004—2006年，随着市区进一步扩大，公交线路延伸，西安市相继开通20条新线路，并调整原有15条线路，基本实现市政府提出的大街小道有公交车、万人住宅区有始发站、300米内有公交站、5分钟有车到站的目标。2006年底，公交营运线路达到174条，总长度3 628公里，覆盖建成区295平方公里，年客运量5.20亿人次，营运收入4.94亿元。结合线路新开和调整，全市公交系统先后开展创建市民最满意线路、“青年先锋号”“工人先锋号”“爱心大巴”“文化大巴”“温馨中巴”“真情直通车”等活动，改善和提高服务质量。

2007年后，推进西安国际化大都市和都市圈建设，加快西（安）咸（阳）一体化，城市规模继续加速扩大，工业区、居住区、商业区及建材、批发、物流等市场，在城市周边形成规模，浐灞新区建设和沣渭新区开发，致城市人口不断增加，工作地点与居住点分离，城市旅游、观光、休闲热持续，带来人口流动、通勤需求猛增，公共交通需求更加旺盛。是年9月，西安市政府制定优先发展城市公交客运实施意见，提出加强公交客运设施建设，增加公交车辆投放，扩展公交线路站点，改进公交客运服务，全面提升公交客运品质，大力推进“公交优先”战略实施。

2010年7月16日，西安市投放的600路空调公交车在盐张村至陕师大长安街校区运营

是年9月16日，西安市实行公交成人5折、学生3折优惠非接触式IC卡乘车，并首先在96条线路、2 087辆公交车上使用，然后向其他线路普及。2009年11月，西安市与咸阳市共同开通K630空调公交线路，投放公交车40辆，全程35.50公里，设51个站点，实现两市公交一票直达。

据统计，自2007年至2010年4年，西安市每年新增公交车不少于300辆，仅2010年就新增700辆，其中空调公交车300辆，在主干道13条公交线路投放400辆丹东黄海牌公交车，创该市公交史上一次性投放车辆最高纪录。全市平均每年新开通线路11条，全市公交企业开展“迎世园会，树新风，满意在公交”等活动，倡导“文明礼仪伴我行”，排队乘公交，乘车秩序明显好转。

2010年年底，西安市公交企业24家，公交营运线路232条，营运里程4 994.05公里，开辟公交专用道59公里；公交营运车辆7 107辆，其中清洁燃料车6 765辆；万人公交车拥有率14.65标台。全市公交日均客运量444.93万人次，年客运量16.24亿人次。全市公交分担率37.31%。公共交通线网东至洪庆，西到沣渭新区，南连长安产业园，北接泾渭工业园，覆盖“四区两基地”（即西安高新技术产业园区、西安经济技术开发区、曲江新区、浐灞生态区，阎良国家航空基地、西安航天基地）369平方公里。

（二）宝鸡市公交客运　1991年，宝鸡市公交客车133辆，营运线路14条，年客运量5 834.44万人次。1995年，宝鸡市建成区面积31平方公里，市区人口39.75万，公交车201辆，营运线路14条，营运线路里程164公里。2003年引入GPS、GIS等智能化公交运营技术，公交汽车安装语音报站系统，实行公交IC卡票制，实行无人售票、刷卡乘车等便民措施。市郊公交线路实行单车承包经营，阶梯式票价。自“十五”时期起，宝鸡向大城市发展。2005年建成区面积61平方公里，市区人口52.62万。公交车增加至467辆，营运线路31条。“十一五”时期，作为关中城市群之一，重点增加公交车辆并提升档次。2007年，公交车增加65辆，市区公交线路更新为12米长大型清洁燃料公交车。至2010年底，建成区面积95.27平方公里、人口84.28万，全市公交车648辆，营运线路36条，营运线路里程448.70公里，年客运量1.61亿人次。

2010年3月，宝鸡市61路公交车在市行政中心至广元南路运营

（三）咸阳市公交客运　1991年，有公交车257辆，营运线路20条，营运线路里程266公里，年客运量2 434万人次。1995年，有公交车289辆，营运线路20条、营运线路里程335公里，年客运量3 750万人次。自“十五”时期起，随着城市规模扩大，公交车辆、营运里程增加，2003年公交车280辆，营运线路里程370公里。至2010年年底，建成区面积81平方公里，人口74.34万，全市公交车发展到589辆，营运线路39条，营运线路里程485公里，年客运量1.03亿人次。

（四）渭南市公交客运　1991年，有公交车18辆，营运线路11公里，1995年地改市，加速公交客运建设，建成区面积27平方公里，市区人口18.41万，公交车增加到34辆，营运线路37公里，年客运量178万人次。“十五”时期，强化和发挥渭南区域性城市作用。2005年，建成区面积33平方公里，人口25.02万，公交线路13条，营运线路里程266公里，公交车298辆，年客运量1 600万人次。“十一五”时期，作为关中城市群之一，渭南市重点完善城市功能，扩大规模，加速城市公交发展。至2010年年底，建成区面积44平方公里，人口47.75万。全市公交车472辆，营运线路64条，营运线路里程1 247公里，年客运量6 323万人次。

（五）铜川市公交客运　1991年，有公交车91辆，营运线路47公里，年客运量476万人次。1995年，公交车增加至207辆，营运线路437公里，年客运量2 460万人次。2003年，公交车175辆，营运线路552公里，年客运量3 540万人次。2005年投资1 600余万元，购置高一级空调公交车21辆，双燃料大公交车51辆，小型公交车36辆，改造天然气车36辆，新开、延伸公交线路6条，新建多功能停车亭16座，更新公交站牌200余个。2008年7月启动公交IC卡自动收费系统，北市区公交1路、2路、5路、7路实现“一卡通”。先后开通新区601路、602路公交旅游观光线路和校园专线公交车，公交5路从川口延伸至铜川市第三中学，初步形成以北市区、南市区为中心，辐射周边的公交网络。2008年筹建占地1.21公顷新区长虹北路公交北环站。2010年年底，全市有223辆新型公交客车，营运线路里程679公里，年客运量3 434万人次。

（六）延安市公交客运　1991年，有公交客车39辆，营运线路202公里，年客运量581万人次。1995年，延安市建成区面积12平方公里，市区人口12.97万，公交车47辆，营运线路126公里，年客运量954万人次。1997年撤地改市，公交车增加到95辆，年客运量1 864万人次。2003年，公交车增加到176辆，营运线路里程405公里，年客运量3 300万人次。至2010年年底，建成区面积36平方公里，市区人口39.24万，全市公交车321辆，营运线路26条，营运线路里程980公里，年客运量8 825万人次。

（七）榆林市公交客运　1991—1995年，建成区面积15平方公里，市区人口10.70万，公交车38辆，营运线路5条，年客运量60万人次。2000年榆林撤地改市，市政府所在地榆阳区，随着能源化工基地开发，促进城市迅速扩展。是年，公交车增加至110辆，年客运量533万人次。2005年，建成区面积增至34平方公里，市区人口增至13.76万，公交车增至138辆，营运线路增至10条。2007—2009年市政府筹资1 300多万元，新增公交大巴72辆，所有公交车统一配备车载GPS监控、电子语音报站器、行车记录仪等，实现无人售票。更新城区公交车候车亭50个，站牌40块，并启动榆林城区公交调度中心及停车场建设项目。2009年起，市财政每年安排1 300多万元资金，补贴市民乘公交车，同时启用公交IC卡收费系统。至2010年年底，建成区52平方公里，市区人口30.82万，全市公交车193辆，营运线路13条，营运线路里程189公里，年客运量8 900万人次。

（八）汉中市公交客运　1991年，有公交车32辆，营运线路160公里，年客运量269万人次。1995年，汉中市建成区面积27平方公里，市区人口24万，公交车65辆，营运线路9条，营运线路里程196公里，年客运量356万人次。2003年，公交车增加到91辆，营运线路268公里，年客运量1 800万人次，实行公交IC卡。至2010年年底，建成区面积33平方公里，市区人口36.52万，公交车240辆，营运线路16条，营运线路里程858公里，年客运量5 025万人次。

2009年5月，运营中的安康市公交车

（九）安康市公交客运　1991年，公交车35辆，营运线路里程72公里，年客运量348万人次。2000年撤地改市。2002年整合安康公交公司，新投放60多辆中巴车，开辟市内5条公交线路。2007年完成北市区4条公交线路双燃料车改造，实行公交IC卡，实现无人售票运营。是年12月，一次购置20辆公交车投入运营。至2010年年底，全市公交车99辆，营运线路8条，营运线路里程97公里，年客运量2 131万人次。

（十）商洛市公交客运　始于1992年12月，1条公交线路，营运线路里程15公里，由4辆小中巴车运营。2001年地改市后，加强城市建设，城区扩大，常住与流动人口增加，城市公交相应扩展。2003年，公交车增至60辆，营运线路里程增至45公里，年客运量596万人次。2010年，全市公交车62辆，营运线路6条，营运线路里程62公里，年客运量1 300万人次。

（十一）杨凌示范区公交客运　1997年示范区设立，建成区面积3.50平方公里，市区人口4万。1998年4月开通城区公交，有小型普通客车5辆，营运线路2条。2010年，建成区面积扩至16平方公里，市区人口增至8万，公交车增至29辆，营运线路3条。

二、县（市、区）城市公交客运

县（市、区）政府所在地城市（简称县城），历史上由于城区规模不大、人口有限，居民居住与工作地点相对集中，加之城乡二元政策影响，至20世纪90年代初，全省除地区（市）首府驻地及关中地区韩城、华阴、兴平、周至、户县、乾县、礼泉、三原外，其他县城尚无公交客运，居民近距离出行多靠步行或以自行车代步。

县城是县域经济、政治、科技、文化、教育中心，人口相对集中。“八五”时期，经济社会发展，城乡交流加速，县城工商业集聚，城区面积扩大，人口流动性增加，生发县城公交需求。1996年，神木、安塞两县煤矿和油田开发，致流动人口快速增加，始办公交客运。神木县20辆公交车由个人经营。安塞县交通运输管理站投放4辆公交车，开行1条公交线路。至2000年年底，关中地区蒲城、澄城、富平、大荔，陕北黄陵、子州、甘泉、洛川、富县、子长，陕南商州、旬阳、洛南、山阳等县（区），先后设立公交公司，购置车辆，开办公交客运。其中大荔县公交公司有公交车18辆，营运线路3条。洛川县公交公司有公交车20辆，营运线路10条，最远洛川至交口公交线路长19公里。1路、2路为县城内循环线，3路为交口线，4路为堡子头线，5路为芦白线，6路为罗村线，7路为阿寺村线，按照7路（1天）→6路（1天）→5路（1天）→4路（5天）→2路（3天）→3路（6天）→1路（3天）进行大循环。城内循环每隔9分钟一趟。罗村、阿寺村、芦白、每天两趟，逢集按客流量随时增加班次。

2001—2010年，以中心城市和县城为重点，加快推进城镇化，完善城市功能，构建现代城市体系框架，并抓好一批重点县城建设，促进县城公交客运加快普及。陕北能源重化工基地发展促进县城规模迅速壮大，人口迅速增加，公交加速扩展。这期间新增加洛南、华阴、延川、城固、勉县、洋县、镇安、西乡、吴起、略阳、商南、潼关、宜川、山阳、丹凤、志丹、合阳、柞水、彬县、岚皋、镇坪等县城公交。2001年，城固县成立公交公司，35辆公交车，4条营运线路。2003年，省级小城镇综合改革试点镇——延川县永坪镇亦办公交客运，线路2条，公交车9辆。2005年，合阳县成立民营公交企业，投放41辆中巴，营运线路5条。2008年，秦巴腹地岚皋县通过西部经贸洽谈会招商引资，开通公交，投入6辆公交车，3条线路27公里。

2010年年底，全省城市公交客车超过1万辆。除汉中市留坝、佛坪、镇巴，安康市汉阴、石泉、宁陕、白河、紫阳、平利及咸阳市旬邑等10县，受城区道路等因素制约无公交客运外，其他各县（市、区）均有公交客运。

全省城市公交发展情况见表4–1–4。

陕西省城市公交客运发展情况统计表

表4–1–4

年份	公交车辆（辆）	营运线路里程（公里）	年客运量（万人次）
1991年	1552	3158	54706
1995年	2130	3594	51242
2000年	4305	4187	67694
2005年	5889	6379	127800
2010年	10974	11638	215176

说明：表中数字选自陕西省统计局编《陕西统计年鉴》，陕西省交通运输厅编《陕西交通统计》

三、出租客运

陕西出租车客运于1934年由西安市发端。20世纪50年代公私合营后，出租客运行业消失。80年代改革开放后，随着城市通勤需求增长和市场放宽搞活，出租客运行业复兴，且持续快速发展。至1990年年底，全省有7个城市开办出租客运业务，计有出租车3 879辆。其中西安市3 712辆，宝鸡市105辆，咸阳市24辆，铜川市13辆，汉中市6辆，安康市15辆，韩城市4辆。

出租车客运提供不定线交通服务，可穿梭大街小巷，招呼上车或预约订车，按乘客意愿选择行驶路线或停车，以计程或计时方式收取费用，为乘客提供“门到门”客运服务，补充城市公共交通不足，因而市场需求旺盛。群众称打出租车为“打的”；称可招手即停的小面包出租车为“招手停”。

进入90年代后，随着城市发展，人们生活水平提高，出租客运需求增长，加之政策鼓励各种经济成分兴办，因而出租客运持续快速发展，并由西安等大中城市向中小城镇和乡村普及。西安市一些出租车服务部投资购车，扩大经营。1992年10月，西安市首家集体出租车公司——西安前进出租汽车公司成立，通过职工集资加贷款共筹资200余万元，购车26辆参营。1994年，渭南市始办出租客运。一些平原地区县城和经济发展快的山区县城，如大荔、永寿、富县、安塞等县，相继兴办出租客运。西安、宝鸡、咸阳等大中城市出租车车型以夏利、奥拓等小轿车为主，有少量面包车，群众俗称“面的”。一些中小城市出租车辆以机动三轮、人力三轮和摩托车为主，有少量面包、吉普和中巴车，这些出租车大多沿街揽客，运价双方议定。商州城区约有1 400辆正三轮摩托车从事出租客运。安康市自1992年9月26日由王相安成立该市第一家出租汽车公司，至1994年，出租汽车公司增至8家，参营车辆增至140余辆。

随着出租客运经营主体与投放车辆增多，出租客运市场竞争激烈。一些地（市）

用经济手段调控出租车投放，出租客运经营权开始进入市场。1995年8月23日，西安市首次拍卖出租车运营指标500辆，每辆出租车经营期10年，平均中标价格3.80万元。是年，延安市拍卖406辆出租车经营权，收入1 100余万元，用于城市交通设施建设。咸阳市实行出租车经营权有偿转让，每辆车收取2万元经营权有偿使用金，缴入市财政专户。这时期，西安等大中城市出租车车型结构升级，排气量在1.30升以上的红旗、桑塔纳、富康、捷达等中高档出租车增多，“面的”逐步退出出租客运市场。1995年年底，全省各大中城市都开办了出租客运业务，出租车辆发展到1.33万辆，其中西安市9 914辆。

县城出租客运发展，多通过招商引资方式，吸引社会资金参与，设立民营企业运营。1996年，定边县李清海出资成立定边县北方出租客运公司，投放夏利车30辆。华阴、华县、白水相继通过招商引资成立出租公司，兴办出租客运。1999年，杨凌示范区招商引资，由重庆人苏玉木投资成立杨凌玉祥出租公司。2000年4月，商州市招商引资，成立民营商洛鹤城出租车公司，先期投放75辆奥拓出租车。2000—2001年，苏玉木扩大出租客运经营，先后在乾县、武功、礼泉、兴平等县（市）分别成立4家玉祥出租公司。期间，神木、绥德、靖边、丹凤、商南、山阳、洛南等县招商引资，始办出租车客运。县城出租车以奥拓、福莱尔小轿车为主，一次投放数量不等，最少如淳化出租汽车公司35辆，最多如乾县玉祥出租汽车公司158辆。

至2001年年底，全省出租客运经营业户9 299户，出租车1.18万辆。其中西安市594户，出租车1.04万辆。

2002年起，出租客运发展以控制数量、规范经营为主，加强客运结构调整。依照省政府决定，全省大部分城市公交由交通部门统一管理后，道路运输管理机构共核发出租车道路运输证1.40万份（一车一证）、出租车驾驶员从业资格证2.80万份。2003年3月，省交通厅指令加强城市出租客运管理，确保社会稳定；要求以市场为导向，实行出租车总量控制，加强结构调整，提高服务质量；规定新成立出租客运公司，营运车辆必须达到50辆以上，并有固定办公场所，有稳定管理人员。是年，西安、铜川、安康等市实行出租车“六统一”，即行车牌照统一、营运标志牌统一、服务证统一、顶灯统一、计价器统一、标识统一。西安、宝鸡市出租车统一配置座套，每日更换，定期清洗。各市出租汽车管理机构严格从业资格管理，加强驾驶技术、服务态度、文明用语、礼貌待客、计价收费、遵守法规等方面培训、规范和考核。

2006年3月5日，宝鸡市成立巾帼女子文明出租车队，车队由10名女驾驶员和10辆出租车组成

至2004年，西安市原117户出租客运企业经过兼并、整合，重组为65户，其中规模最大的出租客运企业拥有出租

车2 400辆，有6家出租客运企业平均拥有出租车500辆以上。宝鸡市23家出租车公司有出租车2 536辆，户均110辆。

在大中城市出租客运结构调整的同时，县城出租客运继续普及，并扩大经营规模。永寿、长武、淳化、旬邑、合阳、柞水等县通过招商引资，相继成立出租客运公司。2004年，华阴市出租车由1997年28辆增加至200辆。是年，紫阳县成立两家出租客运公司，各有奥拓、吉利轿车10辆。2004—2005年，洛川县先后成立民营宏运、保兴两家出租客运公司，共投放120辆福莱尔牌出租车。这些县城出租车运营范围，伸展至通达公路的乡镇和村。

出租客运普遍兴起后，各地加强改进出租客运服务，开展“形象大使”“雷锋车队”“青年文明号”“文明示范企业”等活动，增加报刊上车、下车语言提示等服务项目。咸阳市出租车管理机构组织37名驾驶员成立“爱心车队”，长期为老红军、老干部提供上门服务。

2005年2月，贯彻国务院办公厅《关于进一步规范出租汽车行业管理有关问题的通知》（国办发〔2004〕81号）和省政府办公厅的实施意见，针对一些地方出租客运经营权有偿出让及收费不规范，加大经营者负担，出租客运服务质量下降，且出现私自转让经营权等问题，省交通厅决定全省停止出租汽车经营权拍卖的做法，逐步建立以服务质量为主要竞标条件的经营权招标投标制度。西安市作出规定，未达到3级企业资质标准的出租客运企业，限期退出；更新出租车排气量1.30升以下车型，按期退出；排气量1.40～1.80升以上车型，分别延长不同经营期限。

据省交通厅2005年12月16日出租客运检查报告，全省出租客运企业200余户，出租车2.70万辆，从业人员5.50余万人，日客运量约90万人次，年客运量3.28亿人次。出租车数量分布按地区分，西安、宝鸡、渭南、咸阳等4市和杨凌示范区，共2.03万辆，汉中、安康、商洛3市3 153辆，榆林、延安和铜川3市3 879辆，分别占全省出租车总数的74.26%、11.54%和14.20%。全省90%的县城兴办有出租客运，出租车约9 623辆，占全省出租车总数的35.22%。

2009年2月，商洛市商州区出租汽车冰雪天在203省道山阳境运营

2006年后，出租客运行业发展，大城市以总量控制、提高为主，小城市和县城以规模增加为主，同时加强服务质量改善。

宝鸡市通过更新调整车型，逐步减少出租车数量，着力提高车辆档次。至2007年，全市出租客运企业由原来15家整合至8家，车辆由2 400辆减少至1 335辆，平均每户企业超过166辆。咸阳市11家出租客运企业有出租车2 636辆，户均近240辆。铜川市出租车公司11家，出租车905辆。汉中市采取只报废、不更新的原则，2008年有6家出租汽车公司，出租车676辆，比2002年1 400辆减少一半还多。

在整合出租客运企业的同时，各地进一步采取措施，改善提高出租客运服务质量。针对出租车交接班时段群众打车难的情况，2009年7月，西安市将全市出租车分成4组，每组2 600辆；将错时交接班时段由原来两段分成4段，并制定交接班导向牌制度，方便乘客打车，减少司乘纠纷。宝鸡市针对交接班时段拒载严重、投诉增多的问题，制作交接班时段“暂停营运”标志牌，规范使用，同时采取错时交接班方式，解决交通高峰打车不便。

2009年3月5日，在曲江新区运营的西安市出租汽车

县乡公路加快改善和通村油（水泥）路普及，加速农村出租客运发展。公路通到那里，出租车营运就延伸到那里。县城出租客运车辆车型更新换代加速，桑塔纳、吉利、比亚迪、羚羊牌等车辆成出租客运主流车型。神木县大柳塔、店塔、锦界和延川县永坪等乡镇，均有民营出租汽车公司，拥有出租汽车少则36辆，多达69辆。岚皋县南宫山旅游景区，距县城40公里，常有出租车往返。

这时期城市新增出租车，从实际出发，探索公平合理的新增方式。2010年4月，榆林市新增290辆出租车，要求承包出租车的驾驶员每人须缴纳25万元保证金，结果报名人数火爆。经市交通局初审，确定1.26万人具备候选人资格。4月22日。由10名人大代表、政协委员从具备资格的候选人中抽取290人，经市纪委、市监察局监督，市公证处公证，最终确定290人承包资格合法有效，并现场公布入选者名单和身份证号码。是年，西安市拟新增1 000辆出租车，首次采用听证会方式，听取消费者、经营者代表及社会各界意见，制定增加具体方案。

各地改善和加强出租客运服务，涌现出一批出租客运服务品牌和先进集体、个人。2010年8月，陕A·U2263号出租车驾驶员曹玉长，发现乘客遗忘在车上的22万元巨款后，千方百计寻找到失主，将丢失的巨款送到失主手上，西安市交通运输局和市文明办命名曹玉长为“最佳形象大使”。咸阳市出租车驾驶员赵恒，深夜救助遭歹徒抢劫的单身妇女，在与两名持刀歹徒搏斗、身负重伤的情况下，还生擒歹徒1名，并夺回受害人被抢的财物。赵恒因此荣获全国“见义勇为”好司机称号。

2010年年底，全省城市出租车经营业户319户，从业人员6.17万人，出租车3.17万辆，户均出租车99.50辆。其中100辆以上经营业户75户，500辆以上经营业户4户，最大规模出租客运企业拥有出租车2 347辆。西安、宝鸡、渭南、咸阳和杨凌示范区有出租车2.16万辆，汉中、安康、商洛3市有出租车3 933辆，榆林、延安、铜川3市有出租车6 186辆，分别占全省出租车总数的68.14%、12.40%和19.51%。全省除留坝、佛坪、镇坪和麟游4县尚无出租客运外，其他县（市、区）有出租车1.27万辆，占全省出租车总数

40.10%。全省出租客运业户、出租车数量统计见表4-1-5。

陕西省2010年出租客运统计表

表4-1-5

地区	经营业户（户）		出租车（辆）	
	市（区）	县（市、区）	市（区）	县（市、区）
西安市	59	12	10762	2024
宝鸡市	14	13	1600	1267
咸阳市	7	22	1305	1385
渭南市	8	34	526	2552
铜川市	12	1	600	389
商洛市	3	10	319	616
汉中市	7	13	965	836
安康市	5	12	531	666
延安市	2	29	700	1419
榆林市	9	44	711	2367
杨凌示范区	3	—	200	—
合计	319		31740	

说明：表中数字选自陕西省交通运输厅编《陕西省交通运输统计》（2006—2010年）

第六节　应急客运

一、抢运铁路受阻旅客

1992年5月20日，宝成铁路马蹄湾至徐家坪区间山体滑坡，桑树坪隧道被堵，铁路运输中断，上万名旅客滞留西安、宝鸡、汉中等地。接省政府指令，省交通厅立即责成上述3市交通部门，及时、迅速疏散旅客。渭南地区汽车运输公司等客运企业组织精干驾乘和服务人员，配备技术状况良好客车，紧急参加抢运。5月23—29日，渭南地区运输公司在省西安汽车站抢运四川广元、成都方向旅客4 600多人，发70个车次，行程9.80万公里。

6月20日—7月16日，宝成、宝（鸡）天（水）铁路因发生塌方而受阻，西北、西南向铁路运输中断20多天，造成沿线大批旅客受阻滞留。省交通厅要求迅速组织运力，投入滞留旅客抢运。经陕、川两省道路运输管理机构紧急协调，抢运车辆统一挂“陕、川应急疏散临时抢运加班车”去向牌，沿途优先放行。陕西方面组织西安、宝鸡、汉中等地3个汽车站，关中与商洛等地9个道路客运企业500余职工、110多辆客车参加抢运。前后抢运25天，共加开831个班次，向汉中、阳平关、广元、天水、兰州等地运送旅客4.56

万人次，完成旅客周转量1 665万人公里。

11月10日，宝成铁路马蹄湾段因水毁塌方再次中断，西安到成都旅客滞留西安火车站6 000余人，宝鸡火车站1万余人。西安、宝鸡、汉中3市交通部门组织12家道路客运企业、120辆客车抢运滞留旅客。3天发送380个班次，运送滞留旅客1.90万人次。

二、2002年“6・8”抗洪救灾运送旅客

见第三篇第二章专记《2002年“6・8”公路抗洪抢险救灾与水毁修复》。

三、防控“非典”时期客运

2003年3、4月，“非典”疫情突如其来，全民紧急行动进行防控。4月18日，省交通厅印发《客运车船及客运站非典型肺炎应急处理预案》，对全省道路运输防控“非典”做出部署，要求加强防疫工作。

按照当地政府安排和省交通厅要求，各地交通部门、道路运输管理机构、客运企业和汽车站场，迅速落实应急预案和防控措施。客运企业和汽车站场配发防护用品，添置红外线测温仪，储备消毒药物与器械；对站场、车辆按时进行清洁、消毒，对进出站旅客加强观察，测量体温；凡发现体温38摄氏度以上旅客，立即留观并按规定报告。特别对来自疫区客车实行严格消毒，逢客必检体温，并做好登记。在旅客流量锐减的情况下，全力做好防疫宣传、旅客售票、上下车导引及运送工作，尽最大努力维持正常客运秩序，保证客运生产不中断。

按照省防控“非典”领导小组决定，自4月下旬起，省交通厅在全省主要公路出入境口设置防疫检查站29个，后增至38个，负责对入陕车辆进行消毒，对所载乘客和司乘人员进行体温检测、登记。各地（市）、县（市、区）交通部门，在有关公路路口设站防控。潼关县风陵渡黄河公路大桥检查站，及时发现1名“不排除非典携带者”旅客，并采取措施妥善处置，受到省防控“非典”工作领导小组通报表扬，并奖励人民币3万元。

道路运输防控“非典”，各级领导重视。5月2日，副省长洪峰到省西安汽车站，检查指导道路运输防控“非典”工作。省交通厅先后多次组织对道路运输防控“非典”工作进行检查。

10月30日，省交通厅总结阶段性防控“非典”工作报告称，4月26日—7月20日，全省38个省际检查站，共检查出入陕境人员222.24万人次，出入境车辆消毒71.78万辆次，查出体温发热旅客104人，留观377人，有效预防“非典”疫情通过运输途径传播。

受“非典”影响，2003年春夏道路客运量急剧下降。据统计，1—5月，全省完成道路客运量1.06亿人次，旅客周转量83.90亿人公里，同比分别下降6.82%和13.30%。宝鸡市两家国有客运企业4—5月客运量下降70%，客车实载率仅20%，企业收入下降70%，亏损476.20万元。5月中旬至7月中旬，全省道路客运量仅为2 095.80万人次，客车实载率下降至15%～30%，客运收入下降70%左右。省西安汽车站日均客流量同比下降35%，客车平均实载率仅15%，客运收入下降75%。延安市汽车运输总公司、汉中市汽车运输有限责任公司、渭南市汽车运输有限责任公司等，皆一度停开一批省际与省内客运班线，最多如延安市汽车运输总公司停发客运线路34条、班次79个，停运客车127辆，月均亏损11万元。

随着疫情逐渐缓解，5月下旬以后，一些客运线路始恢复正常班车运营，但道路运输系统防疫机构仍保留，旅客体检和客车防疫工作，持续至2004年6月结束。

四、“5·12”汶川特大地震抢运旅客

见第八篇第四章专记《2008年“5·12”汶川特大地震抗震救灾保畅》。

五、2008年北京奥运会交通服务

2008年5月，省交通厅成立奥运交通保障工作领导小组，按照中共陕西省委、省政府和交通运输部要求，全面部署奥运火炬传递与奥运会举办期间公路建设、养护、交通运输安全保卫和运输安全生产，组织好奥运火炬传递陕西段交通保障服务，同时组建陕西奥运保障车队。

省交通厅负责奥运会火炬接力省境内传递工作车辆，并执行车辆驾驶、维修，奥运物资搬运装卸等转场任务。省交通厅运管局抽调品质好、技术过硬的35名驾驶员，统一着装，并调集40余辆各型车辆，全程负责奥运火炬传递运输保畅工作。7月2—5日，奥运圣火依次在延安、杨凌、咸阳、西安传递，奥运火炬转场车队分别行经西延高速、西安绕城高速和西宝高速，一路安全顺畅，运输保障任务圆满完成。

陕西奥运保障车队，由22辆高一级、尾气排放达到国Ⅲ标准的沃尔沃大型客车组成，随车33名司机和乘务员，均为驾龄10年以上、服务专业的优秀驾乘人员。车队统一标识，人员统一着装，于7月25日进京，承担北京化工大学1 000多名赛会志愿者通勤保障任务。车队抵京次日，即开通从北京化工大学至北京工人体育场、顺义奥林匹克水上公园两个赛场的通勤班车。奥运期间，每日发送20多个班次，累计发班450余班次，运送志愿者3.20万人次。

2008年8月，陕西奥运保障车队在北京化工大学为奥运志愿者提供通勤服务

8月23日，交通运输部在北京召开奥运会志愿者交通服务保障工作总结会，陕西交通奥运保障车队与其他省（自治区、直辖市）奥运保障车队，均受到表彰并获奖牌。

第七节　其他出行方式

一、私人小轿车出行

私人小轿车，又称私家车。计划经济时期，禁止私人拥有汽车，无私家车存在。20世纪80年代末，经过改革开放初期发展，少数先富的人们开始购买私家车，主要用于工作、生产经营或代步。

1994年7月，国家汽车工业产业政策鼓励私人购买汽车，私家车在先富起来人群中续有发展，全省私家车消费有所增长。是年底，统计全省拥有私家车6万辆。

随着90年代中期个体私营经济快速发展，城市规模扩大，人们生活质量提高，私家车舒适、快捷与个性、私密等优点，成为部分有消费能力群体追求目标，刺激私家车消费增长。1999年，全省私家车增至11.80万辆。

2000年10月，中共十五届五中全会审议并通过的《中共中央关于制定国民经济和社会发展第十个五年计划的建议》，鼓励轿车进入家庭。汽车生产、销售厂家开展优惠活动，城镇居民私家车快速增加。2003年起，在城镇居民轿车消费升温的同时，部分有消费能力的农村居民也购置私家车，是年全省私家车增至29.50万辆，比2002年净增10万多辆。2004年，全省私家车超过30万辆，城镇与农村居民每百户拥有私家车分别为0.40辆、0.10辆。是年，靠栽种苹果致富的洛川县方厢村，购回私家车4辆。2003—2005年，全省私家车年均增长16.18%，达到39.05万辆。

“十一五”时期，经济社会持续快速发展，城市规模进一步扩大，人们追求生活品质提高，消费结构转型，私家车成为一大消费热点。2006年，国家实行小排量汽车降低消费税政策，刺激私家车消费兴起新一轮高潮，私人购车成为轿车市场消费主流，小轿车进入寻常百姓家由梦想变为现实。2008年，全省私家车突破百万辆，达到110.29万辆，城镇居民每百户平均4.50辆。西安市是全省私家车增加最快、数量最多的城市。2008年全市私家车45.23万辆，2009年则达到59.68万辆，一年增加14.45万辆，平均每天增加401辆。

2007年2月18日，利用春节假期出行的私家车，在西柞高速秦岭段发生拥堵，秦岭终南山公路隧道交通被迫封闭

随着私家车增加，小轿车成为许多人们上班、商务、探亲、交际、旅游、休闲的代步工具。每逢节假，或旅游观光，或探亲访友，城乡道路上私家车络绎不绝；更有私家车主相约，或三五辆车组成一队，或十数辆车组成一团，就近或跨省自驾游，成公路沿途一道风景。

2010年，全省私家车达到121.01万辆，其中城镇居民每百户拥有7.07辆。是年“十一”黄金周，利用私家车自驾游大幅增长，各大旅游景区人流如织，车辆爆满。华山旅游景区每天自驾游车辆达2 000余辆，金丝峡风景区每天达1 200余辆，其中外省私家车占50%以上。

私家车进入家庭并持续增长，成为全省社会机动化水平一个标志，有利于拉动内需，促进经济发展，提升人们生活质量，便利生活、生产和工作，但同时加剧大、中城市交通拥堵、停车困难，对能源消耗、环境保护亦带来很大压力。

二、汽车租赁

汽车租赁于20世纪80年代末在北京等大城市兴起。1992年陕西扩大道路运输市场开放，鼓励发展汽车租赁业。1995年，西安、宝鸡等城市出现汽车租赁服务。

随着人们工作、通勤、旅游或商务出行需求增加，车少或无车的单位、个人，向有车单位或个人承租车辆，按承租时间长短支付租金，既满足无车单位、个人交通对车辆的需求，又顺应有车单位、个人对车辆经营的需要，租赁方式灵活方便，故一经兴起，便得到快速发展。

1996—1999年，西安等城市出现汽车租赁热，一些个人或单位瞅准商机，筹资或贷款购置车辆，开店设铺，提供车辆租赁服务。至1999年，西安、宝鸡两市登记注册的汽车租赁经营业户共108家，拥有各种汽车1 500余辆，其中西安市有租赁汽车1 436辆，汽车租赁市场初步形成。两市引导汽车租赁业规范发展，市政府分别颁布通知或规定，明确汽车租赁经营条件、开业审批、收费标准、承租方式和承租人应具备的条件及违法经营处罚等。西安市交通运输管理处规范汽车租赁手续办理、汽车租赁合同；合同内容包括租赁期限、押金、租赁费用及结算方式。租赁双方依照合同主要附件——《租赁车辆交接单》，共同认定租赁车辆车况。汽车租赁按每天24小时，限行驶200公里计费。租赁方在汽车被租赁期间提供24小时服务。

2000年后，随着人们生活水平提高，驾驶技能广泛普及，旅游、休闲、商务、婚庆等个性化出行需求增长，汽车租赁需求持续旺盛，租赁业务向西安、宝鸡以外中等城市发展。西安市交通运输管理处与西安通惠实业公司，共同筹资兴建城西汽车租赁市场，并于2001年9月19日开业。汽车租赁市场占地1公顷，首期进场经营业户18家，拥有各类汽车260余辆。是年，渭南市汽车租赁业起步，许可汽车租赁经营业户2家。2002年，咸阳、汉中市先后有诚邦汽车服务有限公司、永顺汽车租赁有限公司等租赁经营业户开业经营。2003年，榆林市有5家汽车租赁经营业户开业。2004年，安康市有鸿福汽车租赁有限公司、润通汽车租赁有限公司等4家，延安市有润泽汽车租赁公司、赢时通汽车租赁公司延安分公司等10家汽车租赁经营业户相继开业。

至2004年年底，全省汽车租赁经营业户171家，有租赁汽车2 987辆。其中西安市汽车租赁经营业户155家，有租赁汽车2 500多辆，从业人员750余人，营业网点178个。租赁车型从奔驰、凯迪拉克、红旗、奥迪、雅阁，到普通桑塔纳、富康及经济实用型的奥托、面包车等，高、中、低档共41种，基本满足市民不同层次租车需求，并且形成一批租车群体。这个群体以青年居多，且相对稳定。

2006年后，人们生活转向全面小康，旅游、休闲热持续升温，特别是黄金周及小长假探亲、观光、度假、休闲成消费热点，加上公路改善尤其是高速公路迅速扩展，越来越多的人选择租赁汽车短期出行，带动汽车租赁业拓展，并向中小城市发展。2008年，西安市汽车租赁经营业户254家，比2007年增加16户；宝鸡市、延安市分别新增6家，渭南市新增12家。商洛市汽车租赁经营业户也增至4家。旅游资源丰富的县如凤县、眉县、太白、城固、勉县等，亦开办汽车租赁业。随着经营业户增多，汽车租赁市场竞争不断加剧，铜川市有4家、榆林市有6家汽车租赁经营业户，先后因经营不善而关张。

适应市场的竞争需要和便利租车还车的需求，汽车租赁经营业户改进服务方式，发展网上租赁、异地还车等业务，汽车租赁向规模化、网络化、品牌化发展。2008年，西安、宝鸡、汉中等市建立汽车租赁网，承租人可通过网上办理车辆租赁手续。是年3

月和2009年12月，先后有北京神州汽车租赁有限公司、上海一嗨汽车租赁有限公司分别在西安设立分公司，各投放租赁车辆30辆和25辆。这两家全国性品牌汽车租赁企业均为客户提供异地取车和还车服务；异地取还租赁车辆，须在公司连锁网点，凭有效租赁合同、身份证件和租赁车辆交接清单，办理取还租赁车辆及结算手续。

2010年春节期间，租赁小汽车回家过年成时尚。西安“学府春天”等汽车租赁有限公司制定“租车回家过春节”营销计划。租车最短一星期，最长时间不限，日平均费用约200元，比平时租车高50～80元。拥有全国性经营网络的租车公司生意火爆。“一嗨租车网”西安火车站店，30辆租赁汽车被预订一空。是年中秋小长假、“十一”黄金周，西安多家汽车租赁公司拒绝7天以下短租；7天以上、15天以内日租赁价格较平时上涨一半，且临节日还一车难求。

至2010年年底，全省汽车租赁经营业户499家，有租赁汽车6 398辆。全省汽车租赁经营业户、车辆数见表4–1–7。

陕西省2010年汽车租赁业户与车辆数统计表

表4–1–7

设区市	经营业户数（户）	车辆数（辆）
西安市	368	5212
宝鸡市	41	218
咸阳市	8	63
渭南市	54	600
延安市	10	54
汉中市	4	35
安康市	1	7
商洛市	13	209
合计	499	6398

说明：表中数字选自陕西省交通厅运输管理局统计资料

三、通勤车出行

通勤车是机关、事业、企业单位和大专院校等（简称单位），为本单位职工或师生上下班（学）提供通勤服务的车辆。通勤车由单位根据需要购置或租用，通常有固定发车时间和行驶路线。

20世纪90年代前，生产、工作或教学与居住地一般临近或较近，有通勤车单位和车辆不多。90年代以来，随着城市扩大，原在城区单位逐步外迁，工作地与居住地分离；高新产业园区发展，高新技术企业向园区、开发区集中，职工远距离上班增多等，使单位通勤需求和通勤车辆增加。通勤车运行方式主要有两种：班车方式，有固定线路和发车时间；随机方式，无固定线路和发车时间，单位根据需要，随时调度车辆。

2000年后，西安等大中城市向周边加速扩展，城市骨架拉大；随着大学持续扩招，长安区大学城建设，带来教职工通勤需求。各单位添置或更新车辆，提供通勤服务。西安各大专院校相继均开行通勤车。陕西师范大学设有雁塔、长安两个校区，2004年开通往返通勤车。西北大学由原边家村1个校区，发展到长安、太白、桃园3个校区，每天开行通勤车6辆，通勤线路3条。

2006年，原厂区在西安幸福北路的陕西汽车集团有限责任公司，在西安经济技术开发区的基地投产后，开行泾渭工业园至西安幸福北路通勤车，每日早晚各对开1班。西安法士特集团公司开通西安大庆路老厂区至高新技术开发区新厂区通勤车，每日早、中、晚各对开3班。

2010年3月1日，省政府机关事务管理局开通省级机关干部职工通勤车，路线由西郊丰园小区、北郊明园小区至省委、省人大、省政府和省政协办公地，租用5辆49座大客车运行，既便利干部职工通勤，又利于减少公车使用和节能减排，降低行政成本。随着公路条件不断改善，通勤出行范围相应扩大。是年6月1日，陕西彬长矿业集团开通咸阳总部至彬县矿区职工通勤车，通勤路线全长160公里，方便职工上下班，成该企业“十件民心工程”之一。

四、校车出行

校车即为中小学、幼儿园接送学生、儿童上、下学的班车。1990年前，中小学、幼儿园一般就近入学、入托，学生上、下学大多不接送，距离较长者多用自行车、三轮车接送或乘坐公交车。

20世纪90年代，教育市场开放，城乡私立幼儿园、中小学增多。部分学校距学生居住地较远；为招揽生源，有私立学校购置或租赁小型客车接送学生，校车出现。

“十五”时期，全省中小学“撤点并校”，远距离上学中小学生增加，有学校自备或租用校车接送学生，校车增加。城市校车有大客车、中巴车、面包车和改装三轮车等。农村许多地方中小学生，特别是中学生，在离家10多公里甚至二三十公里外就读，有条件家庭用车辆接送；接送车辆有面包车、农用三轮车、农用四轮车、正三轮摩托车等。一些边远地区、偏僻山区还有用手扶拖拉机及报废面包车接送学生情况。

2009年10月28日，西安市校车接送小学生上学

2009年9月，西安市阎良区投资430万元，购置22辆校车，实现全区80多个自然村校车全覆盖，凡居住地距学校超过2.50公里的小学生，周一至周五都由校车统一接送。校车车体上有中小学专用校车字样，车身贴有一圈反光薄膜，标志明显；车座均配安全带；车内安装GPS定位系统与摄像、报警装置和灭火器等。乘坐校车学生每人每天收取两元钱，家庭经济困难者可免费乘坐。

继阎良区后，扶风县在全县试点“校车工程”。2010年4月，县上投资50多万元，在城关镇新店小学开办校车，每天早晚两趟，接送路途较远的孩子上学。孩子上、下学乘坐校车，由老师、校车、家长三方交接，责任到人。校车装置GPS定位系统，对车辆行驶速度、方位等信息实时监控，确保学生安全。乘坐校车学生，每人每天亦收取两元钱。

校车出现与发展是新生事物，全省尚无统一管理，亦无统计数据。据陕西省教育厅调查，全省校车分5种：政府购置校车并为学校或幼儿园配备，约占5%左右；学校或幼儿园自主购买、自我管理，约占68%左右；学校或幼儿园租用社会车辆，双方共同管理或由学校管理，约占17%左右；由家长协商，合租社会车辆，约占7%左右；学校周边三轮车、面包车等非营运车辆接送，约占3%左右。

五、摩托车出行

20世纪80至90年代，摩托车在全省城市、农村一些地方兴起，成一种新型代步工具。摩托车是由汽油机驱动，靠手把操纵前轮转向的两轮或三轮车辆，轻便灵活，行驶速度快，驾驶较为简便，可在一般道路与山地道路行驶，同时后座既可载人，亦可载运一定货物，出行半径一般可达50公里，加之国产、合资品牌多，微型、轻便或越野等选择性大，因而发展快。

1995—1998年，城镇摩托车数量增长快于农村。1995年城镇居民每百户拥有摩托车2.54辆，农村居民每百户拥有摩托车2辆。1997年城镇居民每百户拥有摩托车4.80辆，农村居民每百户拥有摩托车6辆。农村居民拥有摩托车数首超城镇居民。

1999年，随着城市公共交通改善，摩托车数量增长放缓；农村经济发展，群众生活水平提高，农村摩托车快速增加。摩托车每百户拥有量，城镇居民为6.60辆，农村居民为9辆。

2009年5月，镇安县西口回族镇村道上群众骑摩托车出行

2001年后，国家出台摩托车下乡优惠政策，刺激农村摩托车消费。至2004年，全省摩托车呈现城镇稳定而农村持续增长之势。城镇摩托车稳定在每百户15.45辆，而农村居民每百户拥有量则从25.20辆增至35.80辆。

2009年2月1日起，国家实行摩托车下乡优惠政策，销售价格每辆5 000元及以下的，补贴销售价格13%；销售价格每辆5 000元以上的，定额补贴650元；农民办理完车辆注册手续后，向户口所在地乡镇财政部门申请购买新车补贴资金。这项政策的实施，进一步促进农村摩托车消费。2010年年底，全省摩托车数量，城镇居民每百户拥有量15.17辆，农村居民每百户拥有量则增至49.68辆。

全省城镇和农村居民摩托车拥有量见表4–1–8。

陕西省1991—2010年自行车、摩托车、电动自行车拥有量统计表

表4-1-8　　　　单位：辆

年份	城镇居民每百户拥有量			农村居民每百户拥有量		
	自行车	摩托车	电动自行车	自行车	摩托车	电动自行车
1991	163.74	2.81	—	113.78	1.13	—
1992	168.88	3.74	—	116	2	—
1993	175	2.80	—	122	2	—
1994	173	2.72	—	124	2	—
1995	179	2.54	—	126	2	—
1996	174	3.20	—	129	3	—
1997	173.90	4.80	—	135	6	—
1998	175	5	—	136	7	—
1999	176	6.60	—	138	9	—
2000	159.85	10.24	—	127	15	—
2001	166.50	11.90	—	131	17	—
2002	149.17	12.23	—	134	19	—
2003	138.32	15.69	—	133	22	—
2004	134.10	15	—	132.90	25.20	—
2005	126.79	15.45	2.16	110	35.81	—
2006	109.51	15.89	5.29	113.40	38.10	—
2007	—	14.86	7.31	112.70	42.40	—
2008	—	13.03	13.02	114	46.10	—
2009	—	15.51	14.57	112.30	47.34	—
2010	—	15.17	16.63	114	49.68	—

说明：表中数字选自陕西年鉴社出版《陕西年鉴》，陕西省统计局编《陕西统计年鉴》

六、自行车出行

自行车出行由来已久。由于自行车以人力为动力，除山地骑行不便外，较少受道路等条件限制，便于20公里左右出行代步，因而深得城乡群众喜爱。陕西城市自行车约普及于20世纪五六十年代，农村则普及于七八十年代。计划经济时期，自行车供不应求，城镇居民购买需凭票排队，农民购自行车则更为困难。国产名牌自行车一度甚至成为身份、贫富乃至关系象征，亦成男女婚配嫁妆讲究的“三转一响”（即自行车、缝纫机、手表、收音机）之一“转”。作为个人上班、上学、探亲、赶集、购物、郊游等代步工

具，在很长时期，自行车一直为城乡居民短途出行所依赖。

改革开放后，适应城乡群众短途出行需求，自行车产能大幅度增长，人们购买能力得以提高，自行车加快进入城乡居民家庭。1991—1995年，全省居民每百户拥有自行车，城镇居民由163.74辆，增至179辆，创历史最高；农村居民由113.78辆增至126辆。1999年，农村居民每百户拥有自行车达到历史最高的138辆，城镇居民则因城市公交发展、私家车和摩托车增加，自行车则呈减少趋势，每百户拥有量为176辆。这时期，自行车制造技术不断更新换代，适合不同人群、不同用途的自行车纷纷上市，自行车由代步工具，向代步、休闲、健身、越野等多功能、多用途发展。

2010年7月，西安市北大街口市民骑摩托车、自行车出行

2000年后，随着城乡群众生活实现小康并向全面小康过渡，交通运输业快速发展，摩托车拥有量增长，电动自行车在西安等大中城市出现。较之脚踏自行车，电动自行车以蓄电池供给动力，时速可达25～30公里，价格一般2 000～3 000元，经济、环保且操作简便，适合低收入阶层及老年人使用。是年7月，西安市政府为维护交通安全、城市环保，颁布“禁摩令”，禁止汽油摩托车进入城市二环以内行驶，加速电动自行车销售和使用，电动自行车快速普及。

同期，道路客运、公共交通全面发展，小轿车加快进入家庭，社会机动化程度提高，人们出行选择性增强，城乡居民自行车拥有量均呈减少趋势。2004年，城镇、农村居民每百户拥有自行车分别为134.10辆和132.90辆。

2005年后，电动自行车持续快速发展。2006年，城市居民每百户拥有电动自行车较上年翻一番，增至5.29辆，2008年则为13.02辆，2010年达到16.63辆。同时，亦有部分农村居民购置电动自行车代步，而农村居民每百户拥有自行车则减至114辆。城镇居民拥有自行车数量退出统计范围。

全省城镇和农村居民自行车、摩托车、电动自行车拥有量见表4–1–8。

专记　道路客运公司化经营改造

20世纪80年代改革开放，提倡和鼓励多层次、多方式兴办道路运输，大量个体、联户客运经营户涌入市场，并相继出现大批拥有一两辆甚或数辆客车小企业。1990年年底，全省有道路客运经营业户564户，户均客运车辆10.48辆。

1992年起扩大道路运输市场开放，道路客运经营业户大量增加。1995年实行“放宽限制、放手发展，积极引导、逐步规范”的方针，允许各种经济成分进入市场参与经营。经营业户数量猛增，出现运力大于运量问题，加剧运输市场无序竞争。一些个体、联户为取得客运经营资格和线路，部分国有及私营客运企业为扩大经营规模，采取个体、联户车辆挂靠客运企业经营的办法。挂靠车辆产权不变，由挂靠业主按协商约定向所挂靠企业缴纳管理费，按所挂靠企业线路经营，经营利益、风险由挂靠业主承担。

1999年年底，全省客运经营户增至1.05万户，户均客车2.65辆，经营主体呈现多、小、散特点，道路运输市场出现混乱现象。突出表现在：一是市场竞争秩序乱，一些经营者争抢线路，哄抬票价，又互相压价；二是服务质量难以保证，拉客、倒客、甩客、“宰客”现象普遍；三是挂靠企业只收费、不管理或疏于管理，客车超载行驶、疲劳驾驶，客运安全不能保证，运输生产事故多发。

针对客运市场主体分散与竞争失序的情况，省交通厅引导加强运输组织结构调整。一方面引导发展公司制客运企业，通过产权改革、企业重组，发展集团型客运公司；另一方面，自2000年后，通过开展企业资质评定，引导个体、联户组建客运公司，提高组织化程度。受观念及固有利益羁绊，运输组织结构调整总体进展缓慢。西宝高速客运全线参营企业15家，投放客车154辆，运力供大于求，多家恶性竞争，经营效益低下，竞争秩序不好，旅客投诉多。

2005年起，省交通厅贯彻执行交通部第10号令即《道路旅客运输及客运站管理规定》，在鼓励道路运输规模化、集约化、公司化经营的同时，禁止并清理挂靠经营。道路客运经营业户通过联合、重组或退出市场等途径，总体户数急剧减少，公司制企业大大增加。是年，全省道路客运经营业户由2002年1.10万户降至6 000户，户均客车8.76辆。但部分客运线路经营分散、竞争无序、服务质量差的问题仍很突出。

2005年4月，西宝高速公路通行费调增，经营者以通行费调增影响运输收益为由罢运，200多人围堵高速公路，致使全线交通中断两天。这一事件，引起各级交通部门和道路运输管理机构对公路客运组织模式的反思。同时，客运经营者也在寻求避免现有模式弊端，维持经营并提高效益的出路。西宝高速客运部分经营者上书省交通厅运管局，提出在西宝高速客运全线实施捆绑经营的建议。经过调研，省交通厅运管局认为实行捆绑经营可兼顾各方利益，有利于客运合理、有序组织，于是吸纳经营者建议，并对捆绑经营方案加以完善，在全线推行联合统管经营模式，即由10家经营公司联合成立统管办公室，实行统一管理、统一调度、统一售票、统一结算、统一服务标准；所有车辆客运营收捆绑，每月按照参营车辆不同等级和运行班次数进行收益分配。联合统管经营后，将原140多辆直达客车调减为104辆，解决多余运力，经济效益上升，运输秩序好转。

西宝高速客运联合统管经营，为道路客运公司化经营改造提供了经验。2006年9月，西禹高速客运班线开通，经过对公司化组织和捆绑经营等方案比较，为稳定市场秩序，按照直达、区间两类客运线路情况，采取联合捆绑经营，挂靠车辆入股、组建股份制公司经营，新立公司全资购车、实行公车公营等方式，投放103辆高级客车，按照公司制企业运营。

2007年3月15日，陕西友谊旅游公司一辆挂靠经营大巴客车坠入褒河水库，酿成致25人死亡的特大交通事故（见第八篇第四章第一节《安全监督》）。在紧急救援并妥善处理事故后，针对客运车辆挂靠经营带来事故多发的问题，省政府要求坚决清理客运车辆挂靠。省交通厅做出全面清理客运车辆挂靠，客运线路全部实施公司化经营改造的决定，从是年起用三年时间完成，并要求在高速公路上按照"路通车通"的目标，实施公司化经营。

按照上述要求和决定，省交通厅运管局确定"重点突破，以点带面，整体推进，先易后难，分步实施"的工作原则，结合高速、干线与农村客运不同情况，以线路为依托，以资产为纽带，以"三高三化六统一"为抓手，分门别类推进改造。"三高"即车辆高档次、服务高质量、管理高水平；"三化"即行业管理规范化、投资主体多元化、企业经营集约化；"六统一"即统一车型标识、统一服务标准、统一经营、统一管理、统一站点、统一核算。同时，从车辆产权关系、线路经营权、劳动人事关系、客运组织管理、车辆投资结构、财务关系和收益分配等方面，对公司化经营予以明确界定。

清理挂靠经营，推进公司化改造，对经营到期的挂靠车辆，实行下线、退出客运经营的办法。挂靠经营未到期的车辆如何处置，是推进公司化经营改造的关键。省交通厅运管局提出，要充分考虑原挂靠经营业户利益，科学评估其挂靠经营车辆价值；未到经营期限车辆，以新车价减去折旧，业主可以车辆残值价格入股新组建的线路公司，成为公司股东，车辆到达经营期限再下线报废。各地按照上述要求和意见，结合各条线路实际，全面推行客运公司化经营改造。

道路客运公司化经营改造，是对原有客运组织结构和利益格局的调整，部分经营者不理解、不配合。西安至洛阳、西安至运城、西安至铜川、西安至周至、西安至商洛等客运线路部分经营者，以停运、上访甚至围堵省交通厅机关等方式表达不满。面对这种情况，各级道路运输管理机构克服畏难情绪，一方面加强应急反应处置，一方面加强政策宣传和说服教育，注重理顺情绪，化解矛盾，妥善处理纠纷，积极稳妥地推进公司化经营改造。先后实施改造的高速客运线路有：西汉、西宝、西商、西康、西延、西榆、西铜，以及延安至榆林、西安至柞水、西安至渭南等。同时实施改造干、支线客运线路近百条。

西汉高速客运按公司化经营模式实施。2007年7月，省交通厅运管局制定运力投放及客运组织方案，以线路为依托，以资产为纽带，以陕西交运集团、汉中市汽车运输总公司为主体，分别在西安、汉中组建两个股份有限公司，按照现代企业制度运营；通过收购、调线、下线、报废等措施，妥善处置226辆原普通线路老旧客车，一次性投放沃尔沃、尼奥普兰高三级客车86辆。新公司实行规范化运营管理，经济效益

按高速客运公司化运营模式组建的西汉高速汉中客运有限公司，投放一批尼奥普兰高三级客车参营。图为2008年5月该公司客车在西汉高速秦岭段运营中

显著。成立后次年，西汉高速汉中客运有限公司利润即达6 000多万元。交通运输部部长李盛霖视察后高兴地说：“西汉线不仅路修得好，运输搞得更好，真是车在路上行，人在画中游，是一条亮丽的风景线！”

与此同时，干、支线客运公司化改造取得明显进展。汉中市宁西有限公司收购宁强至汉中、阳平关至宁强客运线路经营权及老旧车辆，然后报废更新为清洁能源客车，全部实行公车公营。延安市对经营到期客车实行年对年、月对月退出客运市场的办法，在西延、延榆高速班线上，实行由公司全资购车并公车公营模式；其他条件成熟的班线，由客运企业全资购车，以招标方式实行承包经营。全市多数干线客运实行招标承包经营的方式。

2008年7月，把握大批客车经营到期下线的关键时机，省交通厅运管局对西宝高速全线18家客运企业、50多条线路、579辆客车，全面实施公司化经营改造。该局领导带领相关部门工作人员，到沿线客运企业宣传政策，统一认识，落实改造方案。经改造，全线经营主体由原18家重组为西宝高速西安客运有限公司、西宝高速宝鸡客运有限公司两家股份制公司，并一举销毁该报废的49辆老旧车辆，封停100多辆下线车辆，使西宝间高速直达班线客车减至为39辆，经营主体和运力结构得以显著优化。

2008年12月，经公司化整合后的西宝高速客运班车，在陕西省西安汽车站发送旅客

西宝高速客运公司化经营改造取得成功，加速全省道路客运经营公司化改造进程。2009年，完成西康高速客运公司化经营方案实施。

2009年7月，贯彻全省通村客运工作会议精神，省交通运输厅采取线路调控和投资补助引导的办法，推行通村客运公司化，新开通村客运班线客车全部实现公司化经营。主要形式有公司公车公营、股份制公司经营、公司化经营承包等。长武县汽车客运有限责任公司开辟通村客运公司化试点线路——长武至风口通村班线，全额出资投放中型通村客运班车6辆，并实行低票价、公交化运营模式；对挂靠经营长武至芋元、长武至巨家两条支线20辆经营期满的车辆，予以清理；清理下线车辆的车主，可自愿出资参股；未到期的车辆，实行折价入股参营。公司按照“六统一”标准更新车辆，实现公司化模式运营。

2010年5月，实施西安至渭南高速客运公司化经营改造，原该线挂靠车辆车主不同意施行改造，车辆罢运长达一个多月。省、市交通部门、道路运输管理机构与当地政府，一方面调用储备车辆恢复该线营运，确保客运正常；另方面，耐心宣传政策，解释方案，分析利弊，争取理解，化解矛盾。经多方共同工作，挂靠经营车辆的车主表示理解并接受公司化经营改造方案。原来8家经营企业重组为渭南市汽车运输（集团）有限责任公司渭西高速客运分公司、陕西平安运输集团有限公司西渭高速客运分公司两家股份制公司，通过入股、下线、报废等，妥善处理全部79辆老旧客车，投放18辆双层大巴客车，西渭高速客运呈现新的生机。

2009年5月29日，西康高速客运班线开通。西康高速客运公司直达班线投放32辆大型西沃高级客车，实行公司化经营

2010年12月，十天线汉中至安康高速公路建成通车前，按照"路通车通"的目标和高速公路客运公司化运营的要求，汉中、安康两市道路运输管理机构在对沿线运力、运量调研、分析的基础上，制定运力投放及运输组织方案，即由两市运输企业分别组建十天高速客运公司，并按照1∶1的比例，共投放20辆大型高二级及12辆中型高一级客车，全线实行公司化运营。

2010年年底，全省道路客运经营业户299户（不含城市客运），基本改变多、小、散的状况，客运组织化程度显著提升。全省道路客运班线公司化经营比重，高速客运班线为100%，干线客运为87%，农村客运班线为95%。全省一级资质客运企业2户，二级资质客运企业16户，三级资质客运企业52户。道路客运经营业户户均车辆100.63辆，拥有100辆客车以上客运企业有54户。

第二章 货物运输

道路货物运输包括普通货物运输、专用货物运输、大型物件运输、危险货物运输、重点与紧急货物运输、联运及物流配送服务等。1991—2010年，经济发展、产业调整、产品结构变化，以及公路设施改善、汽车技术进步、运输市场扩大，推动道路货物运输不断发展。道路货物运输运力由缺重少轻，加速趋向小型化、重型化、专业化。货运市场主体由以国有为主演变为国有、股份、私有及个体等多种经济成分竞争发展。货物运输分工加速细化。在整车、零担、集装箱、危险货物运输等发展的同时，专线快速货运、城市快捷货运、大型物件运输、冷藏保鲜运输及物流配送服务等新型运输方式加快发展。货运基础设施逐步改善，建成一批等级货运站场，大、中城市形成一批物流中心。信息配载和物流信息技术应用，加速道路货运技术进步。经过20年发展，形成覆盖全省城乡、通达全国各地的道路货运网络，满足不同批次、不同类型货物运输需求，在全省中、短途货物运输中发挥主导作用，并在抢险救灾运输中发挥保障作用。受经济发展水平、市场发育程度及体制、观念等影响，道路货运组织化程度不高，运输效率与服务质量有待提升。

第一节 货运能力

一、货运运力

经20世纪80年代改革开放，道路货运由国营一统天下的局面被打破，私人购买汽车参与道路货运，运力数量快速增加，市场竞争加剧。国营运输企业加强货车更新，部分企业通过职工集资更新车辆，维持货运经营。至1991年，全省民用普通货车中，公路运输部门货车5 110辆，占民用货车总数5.47%，其他为个体、联户与机关、企业与事业单位货车。货车平均吨位，民用货车为3.81吨位，公路运输部门货车为5.79吨位。

1992年，扩大道路运输市场开放，全面放开道路货运，停止执行“先审批、后购车”的规定，取消运力额度控制，加强老旧运力报废更新，促进道路货运运力放开发展。一些个体、联户，集体及企、事业单位劳动服务公司等，纷纷投资购车从事道路货运，省交通厅加大更新改造资金投入，扶持国营运输企业更新运力，但国营运输企业趋向发展客运，收缩货运，企业货运车辆逐年减少。一些个体、联户瞅准商机，增加运力，扩大经营。延安王家坪汽车联营公司筹资800万元，一次新购货车40辆，营运货车增加至80多辆。

随着城乡分散、小批量、短途货运需求较快增长，个体运输户与私营业主受投资与经营能力等限制，大多以购置经营中、小型货车为主，因而全省中、小型货车数量增加较快。在货运汽车发展同时，城市、农村尤其边远山区，有大量拖拉机、机动三轮车从事自货自运或营运。1992年，全省轮式拖拉机25.80万台，其中大部分以货运为主，或农忙从事耕作，农闲从事货运。畜力车和人力三轮车、架子车等非机动货运工具，仍在广泛使用。

1991年，全省道路运输营运货车以解放、东风牌汽车为主。图为西安第二汽车运输公司部分东风牌货车

至1995年，全省民用普通货车中，公路运输部门货车1 852辆，占民用普通货车总数1.29%，其他为社会、个体与私营货车。货车平均吨位，全省民用普通货车为3.13吨位，公路运输部门货车为6.55吨位。部分国营运输企业继续“压货上客”，传统货运优势渐失。榆林地区汽车运输总公司变卖全部货车，多被个体运输户购置后重新投入货运经营。

1997年，受亚洲金融危机影响，市场需求低迷，道路货运景气下降，市场竞争更加激烈，国有运输企业调整经营结构，压缩甚至放弃货运，企业货运车辆大幅减少。汉中汽车运输公司“货转客”，大量新增客车，货运基本放弃。私营及个体运输户抢占货运市场，营运货车则不断增加。是年，全省民用普通货车中，营运货车7.60万辆，占59.04%；营运货车中，私营及个体运输户货车3.19万辆，占42.02%。货车平均吨位，民用普通货车为3.17吨位，营运货车为4.05吨位。

随着陕北能源化工基地建设加快，公路、水利、电力、环保等重大基础设施建设项目增多，城市商业配送与鲜活物资运输需求增大，加速道路货运市场分工细化，货车趋向专门化。1998年，全省营运专用货车较上年增加178辆，达到2 451辆，平均每车5.40吨位。

1999年起，启动西部大开发，扩大对外开放，加速公路等基础设施建设，着力发展支柱产业和高新技术产业，加快推进城镇化，道路货运需求旺盛，带动运力结构调整。2000年，全省民用普通货车中，营运货车数量减少而平均吨位增加。营运货车共8.89万辆，较上年减少2 100辆，占民用普通货车总数63.43%。货车平均吨位，民用普通货车为4.80吨位，营运货车为6.05吨位，较上年增加2.45吨位。营运货车大型化发展趋向明显。尤其陕北煤、气、油等资源加快开发，对大型、重载货车需求强劲。榆林地区拥有大型货车2 339辆，占全地区营运货车总数44.03%；其中重型货车684辆，车均11.68吨位。延安市、榆林地区营运罐车共2 373辆，占全省营运罐车80.30%。至2003

年，全省民用普通货车中，营运货车稳定在8.89万辆～9.45万辆间，占民用普通货车总数63.43%～52.89%。汽车制造、销售两旺，营运商品汽车运输车增加至111辆，主要集中于西安市。

这一时期，农村农用机动车较快增加，成为一些农户、个体商户货运主要工具。2003年，全省农用运输车49.49万辆，其中机动三轮车39.37万辆，机动四轮车10.12万辆。全省拖拉机21.65万台，部分从事季节性货运。

2004—2005年，随着全省特色经济发展，能源资源规模化开发，高新技术产业开发带形成，全省民用普通货车和营运货车持续增长，尤其营运货车增幅较大，年均增加8 023辆，超过民用货车增加数近1倍。2004年6月，西安市废止三轮车、架子车、畜力车等非机动车营业运输管理办法。这些车辆仍继续从事一些零散、小型货运，但不再纳入道路货运管理。至2005年，全省营运货车11.06万辆，占民用普通货车总数58.76%。新增普通营运货车中，小型车增幅10.62%；新增专用载货汽车中，罐车增幅60.53%。5轴、6轴大型货车在榆林等地快速增加。全省货车加速向小型和重型化发展，货运运力“缺重少轻”现象明显改善。

2008年5月，西安贝斯特物流中心周边的小型待货车辆

“十一五”时期，全省国民生产总值以年均14.90%的速度增长，道路货运需求强劲且运输质量要求提升。交通部门加强道路货运结构调整，引导货车加速向专用、小型化发展。2006年，全省民用普通货车中，营运货车较上年增加1.10万辆，其中专用货车增幅达184.02%，小型货车增幅为8.60%。

随着公路特别是高速公路连通周边省（自治区、直辖市），强化道路超限运输治理，道路货运运力呈现一轮大幅增长期。农村公路普及和提高带动货运发展，部分农民购置货车、农用车自用或从事营运。一些企业及个体、私营业主，购置货车自货自运或从事营运，或二者兼顾，致货车数量猛增。同时，经济结构调整促使运输工具更加专门化，货车技术水平进一步提升。2007—2010年，全省民用普通货车、营运货车年均增加4.63万辆和3.40万辆。其中营运大型货车年均增加1.16万辆。

至2010年年底，全省民用普通货车中，营运货车25.75万辆，占70.91%。营运货车中，大型货车占30.88%，专用货车占4.11%。全省各年度道路货运汽车变化情况见表4-2-1。此外，农村和城市郊区仍有大量机动三轮车、四轮车和部分拖拉机从事道路货运。山区和一些农村地区，仍使用畜力车和人力三轮车、架子车等非机动货运工具。在一些交通不便偏远山区，还使用骡马驮载货物。

陕西省1991—2010年道路货运汽车统计表

表4-2-1

年份	民用普通货车（辆）	民用普通货车中营运货车		营运货车中普通货车						营运货车中专用货车	
				大型货车		中型货车		小型货车			
		数量（辆）	平均吨位（吨位）	数量（辆）	平均吨位（吨位）	数量（辆）	平均吨位（吨位）	数量（辆）	平均吨位（吨位）	数量（辆）	平均吨位（吨位）
1991	93476	—	—	67647	4.58	—	—	—	—	3052	—
1992	103468	—	—	70593	4.70	—	—	—	—	5164	—
1993	109668	—	—	72711	4.90	—	—	—	—	4862	—
1994	121298	—	—	78776	4.60	—	—	—	—	5093	—
1995	143320	—	—	70760	4.60	—	—	—	—	4324	—
1996	150547	74840	4.15	49504	5.20	6669	2.48	17313	1.70	1354	5.47
1997	128696	75984	4.05	42182	5.59	7215	3.33	24314	1.47	2273	5.38
1998	127975	85674	3.85	46197	5.55	9154	2.68	27872	1.26	2451	5.40
1999	137175	91001	3.60	43043	5.57	9315	2.83	34984	1.19	3659	5.42
2000	140168	88910	6.05	42760	10.72	6599	2.82	36832	1.21	2719	5.84
2001	153317	85851	3.52	37956	5.80	7812	2.82	37690	1.18	2393	6.67
2002	146211	91640	3.62	41167	5.81	7085	2.80	40146	1.22	3242	7.34
2003	178767	94543	3.48	39848	5.97	8607	2.97	44333	1.20	1755	4.44
2004	190175	101173	3.56	36520	6.74	7637	2.90	53734	1.15	3282	9.64
2005	188200	110588	3.68	36358	7.12	9855	2.88	59443	1.11	4932	11.10

续表4-2-1

年份	民用普通货车（辆）	民用普通货车中营运货车		营运货车中普通货车						营运货车中专用货车	
				大型货车		中型货车		小型货车			
		数量（辆）	平均吨位（吨位）	数量（辆）	平均吨位（吨位）	数量（辆）	平均吨位（吨位）	数量（辆）	平均吨位（吨位）	数量（辆）	平均吨位（吨位）
2006	178000	121618	3.77	33249	7.96	9811	2.96	64550	1.11	1008	6.67
2007	198900	136967	3.90	34513	8.53	12764	3.08	78335	1.07	11355	10.31
2008	240800	159111	4.65	39107	11.95	14691	2.99	93260	1.06	12053	10.70
2009	289700	213992	5.40	63101	13.39	19973	3.05	121116	1.14	9802	11.37
2010	363184	257532	5.58	79531	13.39	19180	3.30	148226	1.21	10595	12.08

说明：表中数字选自陕西省交通运输厅编《陕西交通统计》。其中2001年营运货车总数和大型货车数，2002年营运货车数，2003、2004年专用货车数，根据陕西省交通厅运输管理局原始统计数据整理

二、货运运量

1991年起实施全省“八五”时期经济社会发展计划，重点发展农业，加快发展能源工业，积极发展原材料工业，大力发展轻工业，加强基础设施建设，道路货运需求增长，全省完成道路货运量、货物周转量分别较1990年增长40.91%和13.12%。道路货物周转量占全省综合运输货物周转量的17.19%。1992年全面放开货运市场，贯彻“一支三保”（支援农业，保证粮食、农药、化肥运输），加强农用物资运输，促进道路货运量增加。全省完成道路货运量、货物周转量，分别较上年增长4.72%、11.80%。道路货运增长趋势延续至1997年，平均每年完成道路货运量、货物周转量分别较上年增长6.78%和6.34%。

1998年，受亚洲金融危机对经济发展影响，全省道路货运量完成较上年有所减少，1999年续有较大下降。道路货运经营业户千方百计寻揽货源，维持和扩大货运经营。同时，建成通车的高速公路改善运输条件，道路货运范围拓展，尤其榆林地区煤炭运往河北、山东、江苏、浙江等省，道路货物周转量明显增加。在道路货运量两年分别下降1.86%和8.15%的情况下，货物周转量分别增长2.40%和15.93%。

2000年，实施西部大开发，全方位扩大开放，基础设施建设提速，生态环境保护建设投资增加，经济结构调整，特色经济构建，全省道路货运量止跌回升，货物周转量较大幅度增加，占全省综合运输货物周转量比重创历年最高，达到24.21%。至2002年，全省道路货运量完成超过1998年峰值，达到2.80亿吨，货物周转量继续保持逐年增长。2003—2005年，道路货运量年均增长6.52%。

2001年后，全省经济持续快速发展，产业结构优化升级，新农村建设全面加快，固定资产投资加大，公路、铁路等基础设施建设提速，带动道路货运量稳定增长。尤其2006—2007年，全省道路货运量年均增长30.52%；货物周转量受运力技术性能提升、高速公路发展等带动，有较大幅度增加，其中2006年是上年的3.30倍。此期，随着铁路等其他运输方式货物周转量较快增长，2007年道路货物周转量在全省综合运输货物周转量中比重降至18.66%。

2008年，按照交通运输部统一部署和要求，省交通厅在组织对全省道路运输量专项调查基础上，改进道路运输统计方法与口径，故自是年起道路货运量、货物周转量有较大变化。专项调查显示，全省道路完成货运量中居前6位的货物及比重依次为：矿物性建筑材料30.30%，煤炭及制品18.06%，水泥7.90%，石油、天然气及制品6.99%，农林牧渔产品5.89%，其他货类11.85%；居货物周转量前6位的货物及比重依次为：煤炭及制品29.04%，农林牧渔产品14.95%，矿物性建筑材料12.62%，其他货类8.71%，机械设备、电器8.31%，石油及天然气制品8.30%。是年，道路货物周转量在全省综合运输货物周转量中比重升至42.26%，比上年增加23.60个百分点。

2009—2010年，应对国际金融危机，全省扩大投资和消费，调整振兴重点产业，着力保障改善民生，带动道路货运在结构调整中持续增长。按照新统计方法与口径，全省道路货运量较上年分别增长11.94%和13.48%，货物周转量较上年分别增长14.13%和15.84%。道路货物周转量在全省综合运输货物周转量中比重，较上年分别提高1.71和3.35个百分点。

全省各年度完成道路货运量、货物周转量及占全省综合运输量比重见表4–2–2。

陕西省1991—2010年道路货运量、货物周转量及占全省综合运输比重统计表

表4-2-2

年 份	货运量（万吨）	占全省综合运输货运量比重（%）	货物周转量（万吨公里）	占全省综合运输货物周转量比重（%）
1991	19621	85.56	736794	17.19
1992	20547	85.97	823743	18.70
1993	23782	87.40	991824	21.50
1994	24370	87.19	995407	20.69
1995	25560	87.43	1042349	20.61
1996	26600	87.10	1061318	20.21
1997	27511	87.12	1085010	20.20
1998	27000	87.68	1111000	20.75
1999	24800	86.68	1288000	23.47
2000	25200	84.08	1436400	24.21
2001	26964	82.60	1601600	22.65
2002	28002	79.48	1747300	21.38
2003	28165	78.57	1807900	20.83
2004	30038	73.02	1951600	18.91
2005	33483	73.23	2078500	18.63
2006	47914	73.34	6855572	20.61
2007	53919	69.88	7872627	18.66
2008	60713	78.14	9045201	42.26
2009	67963	78.89	10323680	43.97
2010	77123	78.88	11959134	47.32

说明：表中数字选自陕西省统计局编《陕西统计年鉴》，陕西省交通运输厅编《陕西交通统计》

三、货运运距

随道路货运需求扩大，公路条件改善，车辆性能提高，市场开放扩大等变化，全省道路货运平均运距间有短时下降，总体则呈不断延伸之势。大体可分三个阶段。

1991—1998年，培育和发展道路运输市场，高速公路通达关中东西，但大型车辆偏少，车辆平均吨位在3.84吨位上下，车辆技术性能一般，道路货运运距增长缓慢。1998年全省平均为41公里，较1991年增加3公里，与1995年持平。

1999—2005年，随着西部大开发，全省经济快速发展，高速公路通车里程增加，干线公路路况改善，道路货运回升，长途货运增长，加之车辆结构调整，技术性能提高，

道路货运平均运距由52公里逐步提高至64公里，最高如2004年达到65公里。2005年，由于大宗货物长距离运输减少，货物周转量增幅低于运量增幅，平均运距降为62公里。

2006—2010年，随着全省经济持续快速发展带来货运供求旺盛，全省高速公路网骨架形成，与周边省（自治区、直辖市）高速公路“一日交通”实现，干线公路全面改善，农村油（水泥）路普及，统一货运市场加速扩大，货车技术性能进一步提升，全省道路货物平均运距大幅增加，2006年突破百公里，达到143公里，2009年突破150公里，2010年达到155公里。

四、货运业户

20世纪80年代改革开放以来，提倡国营、集体、个体一起上，多层次、多渠道兴办道路运输，道路货运经营业户数量大量增加。

进入90年代，道路货运进一步放开发展，越来越多的个体、联户及一些货运企业加入道路货运市场竞争。货运经营业户在竞争中优胜劣汰，业户数量时有增减，但总体数量增加。受经济发展水平、运输产品结构以及思想观念等影响，货运经营业户除原有国营运输企业具有一定规模外，多为一户一车、几户一车或几车的个体、联户。原国营运输企业逐步放弃货运，加速货运规模化经营水平下降，货运业组织化程度明显降低。至“九五”时期，全省道路货运经营业户呈现“多、小、散”状况，由此产生无序竞争、资源浪费等问题，不利道路货运技术进步和效益提高。

1998年起，按照交通部部署，省交通厅结合推行交通企业资质管理，引导道路货运经营业户联合、重组，发展股份制、股份合作制货运企业，提高道路货运组织化水平，涌现出一批按现代企业制度设立的公司制货运企业。2001年全省道路货运经营业户为5.52万户，比2000年减少2.60万户，减幅32.10%；户均车辆1.55辆。2002年，货运经营业户数又猛增至17.60万户。

2003—2005年，货运经营业户在15.95～14.95万户之间波动，户均车辆0.59～0.74辆。

2006年以来，全省道路货运经营业户数虽有起落，但变幅不大，最高年份2006年为14.35万户，最低年份2007年为12.71万户。

2010年年底，全省道路货运经营业户13.71万户，其中有公司制企业1.34万户，个体、联户12.37万户，分别占道路货运经营业户总数的9.77%和90.23%。货运经营业户户均车辆1.88辆。公司制货运企业中，有二级资质企业3户，三级资质企业22户。经营业户货车数量，拥有100辆以上的336户，50～99辆的239户，10～49辆的773户，5～9辆的895户，5辆以下1.11万户。

第二节　普通货物运输

一、整车货运

道路整车货运随汽车运输诞生而始有。受不同时期经济发展、运输政策、货物种类、市场环境、道路条件及车辆技术状况变化等影响，整车货运有起有伏，时常变化。

1991年，道路整车货运以运输煤炭、矿物性建筑材料、轻工医药产品、粮食、农资等生产生活用品为主。国营运输企业除利用原有一些货运渠道维持大宗物资运输外，从市场揽取小批量货物，维持整车货运。个体、联户通过降低运价等手段，参与整车货运竞争。是年全省完成道路货运量1.96亿吨、货物周转量73.68亿吨公里，其中整车运输货运量、货物周转量分别约占70%，日均整车运送货物38万吨、1 413万吨公里。大宗货源整车运输施行招标运输。如大企业原材料、产品运输，大型基建土方运输，发电厂与城市供热煤炭运输等，供货方（需求方）在一定范围招标；承运方中标后，承托双方签订运输合同。小批量和零星货物整车运输，国营运输企业凭调度人员签发的路单装载运输；个体、联户有合同运输或口头约定等形式。

1992年，道路货运市场扩大开放，除抢险救灾、战备等紧急运输、重点港站集疏和特殊货物运输由交通部门组织协调外，其他物资运输一律放开，实行市场调节。整车货运竞争由于运力快速增长而加剧。全省道路货运车辆除少部分从事零担、集装箱和特种货物运输外，其他均参与整车货运。一些工农业产品集散地、批发市场和矿区，整车货运络绎不绝。具有营运网点的运输公司和部分个体、联户，经营省际整车货运。一些机关和企、事业单位运输车队改制后走向市场，加入整车货运经营。整车货运成为道路货运市场竞争最为激烈的领域，存在争抢货源、欺行霸市，经营行为不规范、竞争秩序乱等问题。

1995年，专线整车货运快速发展。有实力的运输公司在专线始发地一端寻求合作伙伴，设立代办机构，从事一条或多条专线整车运输。专线整车货运一般不定运输时限，货物装满即发。西安与广东、福建、浙江、江苏等省的建材、电器、服装、鞋帽及小商品长途专线整车货运，参与业户多，投入车辆多，经营规模大。从事省内短途煤炭、瓜果、蔬菜、粮食、农资等专线整车货运亦呈扩大之势，并由西安至关中县（市、区）向陕南、陕北公路条件好的县（区）延伸。城镇居民生活所需乳制品、啤酒、饮料、百货等，则由生产、销售与运输企业合作，定时、定点、定线向销售点配送。是年，全省完成道路货运量2.56亿吨、货物周转量104.23亿吨公里，日均整车运送货物约49万吨、2 000万吨公里。

整车货运市场竞争中，一些专业运输公司利用技术、管理、信誉等优势，承揽重点、大宗物资或高端电子产品整车货运。咸阳市汽车运输公司通过中标，承担咸阳彩虹集团彩管整车运输业务。彩管从咸阳装车，前期发运北京、上海、四川、广东、山东、福建等省（直辖市）多家彩电生产厂，鼎盛期发运全国生产电视机所有省（自治区、直辖市）彩电生产厂家。一般去程运彩管，回程运电视机，货源稳定。承运彩管车型有解放、东风等，最大载重量逾20吨。彩管运输繁忙时，日投放货车多达130余辆，日均装运4 000吨，月营收100多万元。

2000年后，建材、煤炭、果业、大型工矿企业设备、超市零售商品、大型基建土方等整车运输大大增加。这类货物整车运量大，且货源稳定，一般选择有实力和信誉的专业运输公司承运。货主与承运双方签订运输合同；合同短则数月、一年，长则数年。陕西为果业大省，2002年全省水果产量730.90万吨，果汁产量40万吨；这些水果、果汁整车销往北京、上海、福建、广东、江苏、浙江等地，并整车运往西安咸阳国际机场及青岛、天津等港口，远销国外。陕西咸阳宇通集团有限公司在礼泉县设立果品信息服务站，组织苹果运输。

随着运输产品结构变化与车辆性能改进，整车货运分工加速细化，中、长途整车货运一般由大型货车承担；短途整车货运、到站货物接取与送达运输，主要由中型货车承担。2000年，全省完成道路货运量2.80亿吨、货物周转量174.73亿吨公里，日均整车运送货物约54万吨、3 351万吨公里。

2004年，由于东西部间经贸频繁，物资、商品运输随之增多；省内各大经济区之间分工联系加强，整车货运市场需求旺盛。新成立众多物流或道路货运公司，加入整车货运竞争。专线整车货运呈省内、外全面拓展之势。西安市啸龙物流有限公司主营西安至乌鲁木齐、兰州、银川、西宁、呼和浩特等地整车货运；运输物资多为有色金属、机械设备、天然气及制品等。澄城县渭北农副产品营销货运中心货运车队，按时令将当地生产40余种瓜果、蔬菜、玉米及木炭等，发往全国17省（自治区、直辖市）。宝鸡市鸿雁物流公司主营宝鸡往返西安及河南、河北、湖南、江西、江苏、浙江等省整车货运，仅西安、宝鸡间整车货运，日均往返运输的货车不少于100辆。西安亚欧、贝斯特、华清路、马家沟等货场（物流中心），以全国各地整车货运为主，由1 000多家经营业户为用户提供门到门整车货运服务。是年，全省完成道路货运量3亿吨、货物周转量195.16亿吨公里，日均整车运送货物约58万吨、3 743万吨公里。

2008年5月13日，在西安绕城高速运行的整车货运车辆

2006年以来，以西安为中心省内当日往返、周边1 000公里当日到达的“一日交通”形成，加之大型货车数量增加等，以批量小、时效强、附加值高货物运输为重点，整车快速货运向厢式化发展。大、中城市与市（区）、县（市、区）间专线整车货运覆盖全省各地。是年，快速整车货运量约占全省道路整车货运量19.25%。货运量中，水泥、沙石、钢材、木材等建材整车运输量续有较大增加。小批量、多品种、高时效、高附加值产、成品运输增多。

2010年，全省完成道路货运量7.71亿吨、货物周转量1 195.91亿吨公里，日均整车运送货物约148万吨、2.29亿吨公里。

二、零担货运

全省零担货运自20世纪80年代起步，以机动、灵活、迅速、方便的优势，获得市场认可，逐步得到发展。1991年，全省有零担货车57辆，以西安市为多，其他地（市）如汉中、宝鸡、安康、延安、榆林、铜川等，零担货车多至5辆，少则1辆。

1992年起，全省零担货运加速发展。汉中地区汽车运输公司成立零担货运总站，先后开辟汉中—洛阳、汉中—武汉两条零担货运班线，增设业务代办点，与西安咸阳国际机场、汉中机场、安康机场以及成都双流国际机场，建立零担货运联系，承运机场零担货物，形成以汉中为中心，省内连接西安、宝鸡、安康，省外连接成都、重庆、襄樊、十堰、天水等城市的零担货运网络，业务代办点发展到60多个，是年完成零担货运量4.60万吨、货物周转量627.90万吨公里。西安市运输公司开通西安—广州专线零担快运业务。安康地区汽车运输公司开通安康至西安、镇坪、岚皋和十堰、襄樊、重庆6条零担货运线路，每条线路月定期往返多班，运输物品主要有服装、鞋帽、农资、食品、电器、日用品等。咸阳地区汽车运输公司在本地区建立11个零担货运站，从事短途零担货运。至1995年，全省零担货车增至620辆、3 171吨位，其中厢式汽车87辆、454吨位；有零担货运线路106条，其中省际66条，省内40条；零担货运站点21个，代办点100多个。以上零担线路中，以西安至广州、上海零担货运量为多。

1991年，西安市运输公司有零担货运线路8条、零担货车19辆。图为该公司零担货车行驶在西三一级公路

1996年后，全省零担货运发展以西安、宝鸡、汉中、安康等地（市）为主，向其他中、小城市延伸。经营主体除国有专业运输公司外，一些新立货运企业，包括私营企业和个体、联户，亦经办零担货运。西安市运输总公司先后开通西安至南通、福州、温州、乌鲁木齐、潍坊、济南、阜阳、安阳等地零担货运线路，完善省内周至、咸阳、乾县、临潼、渭南等地零担货运站点，新设兴平、礼泉、三原等地零担货运站点，西安及其周边零担货运站点达到22个。省际零担货运线路拓展到西安至广州、上海、北京、成都、西宁等全国200多个大、中、小城市，营运线路70多条，营运里程3万多公里。汉中地区汽车运输公司采取零整兼顾、集零为整方式，与四川、甘肃、湖北等省18个零担货运站协议运输，直达班线6条，营运里程4 400公里。韩城市从事零担货运企业3户，零担货车11辆，开行韩城—西安、韩城—渭南零担货运线路。西安城东客运站与西安市联运公司城东营业部联合，开行西安至延安、绥德、神木和榆林市榆阳区等地零担货物随客车同行快运线路，夕发朝至。宝鸡市第一汽车运输公司开辟宝鸡—广州零担专线快运业务，月增收3 000元；宝鸡—西安日发1班零担专线快运，月增收2 000元。西安市运输总公司将公司原西安零担货运总站改为西安海纳零担集装箱运输有限公司，开通西安至北京、上海、成都、重庆、太原、兰州、武汉等地专线零担快运线路。

1999—2002年，全省零担货运持续发展，但经营主体发生较大变化。原一些经办零担货运专业运输公司如榆林市汽车运输总公司等，调整经营结构，终止零担货运业务。除一些私营货运企业与个体、联户参与零担货运竞争外，新立一批物流、货运企业跻身零担货运市场。部分货运企业既从事零担货运，亦从事整车货运、大型物件运输和冷藏保鲜运输等。零担货运市场多家参与，竞争激烈。多数零担线路以单程货运为主，少数有回程配载。宝鸡市第一汽车运输公司在宝鸡—西安零担货运专线投入两辆一头两挂大型厢式车，提高运输效率，扩展零担货运业务。由于竞争激烈，零担货运运价变化大，一般主要根据货物分类及重量、运距、运输成本等因素计算，亦多协议价。如汉中—西安零担线路每吨货物500元，汉中—广州线路每吨货物1 500元。

2003年，依据《国务院关于取消第二批行政审批项目和改变一批行政审批项目管理方式的决定》（国发〔2003〕5号），道路货物运输线路由审批制改为由企业自行决定，开停零担货运线路更加方便、灵活。汉中市汽车运输总公司零担货运公司与西安、成都等市货运企业合作，承办汉中—广州、汉中—成都零担货运，招聘货运从业人员从事零担货运组货业务，货物运输则由挂靠公司车辆承担，零担货运线路增至12条。延安市汽车运输总公司顺达零担货运分公司拓展业务，开展延安至子长、永坪等地零担货运，运输货物有农资、食品、服装、日用品等。新立陕西康龙快运有限公司设宝鸡分公司，从事零担货运。

2005—2007年，以省内中心城市与商品交易市场为依托，零担货运多主体、多线路、多站点发展。零担货运经营主体由原以少数专业运输公司为主，演变为国有、私营、个体、股份等众多经营业户“群雄蜂起”；多数经营者通过自办、协作、代办、挂靠等形式，发展合作伙伴，建立经营网络，通过互联网和报纸、电视等媒介发布零担货运信息，扩大零担货运经营。宝鸡市宝运汽车运输（集团）有限公司相继开通宝鸡市至凤县、千阳、陇县、太白、凤翔、眉县、周至和甘肃两当、徽县等地零担货运专线，设立16个营业部。是年6月，陕西康龙快运有限公司宝鸡分公司创办宝鸡现代物流公司，经营范围扩展为零担快运、公铁联运、车辆服务、仓储理货等，营业网点发展到30多个。以高速公路为依托，性能好大吨位车辆为工具，多方式协作集散为手段，快速零担货运实现400公里内当日往返，800公里内当日到达，800～1 600公里48小时到达。

2008年以来，快速专线整车货运和定点定线物流配送快速发展，部分取代零担货运，加之零担货运线路重复、运能过剩，以及积压货物、脱线延班情况时有发生，零担货运现萎缩迹象。

2010年，全省以西安为中心零担货运线路共546条，其中省内线路371条，跨省线路175条；省内零担线路中有通乡镇线路287条。

三、快捷货运

快捷货运1996年自西安市发端，随城市商品批发、零售货物运送日益活跃而出现。批发、零售小批量或单件货物，多为家电、建材、家具、布匹、服装、鞋帽、烟酒、食品、日用百货等轻工产品，一般几十、几百公斤至1吨左右，运送要求灵活、快捷、经济、安全，传统人力三轮车不能满足要求，而大、中型货车运送既不经济且受市区通行限制，很不方便，一些个人因此购置厢式微型货车或小面包车，专门承运这类货物；经营方式随叫随到，招手即停，送货上门，协议运价；运送过程不受时间、路段、天气和通行限制，且防雨、防尘、防盗，既快捷又安全，很受商家和消费者欢迎。因其运营属货运出租的形式，因此群众俗称为“货的”。

1996年年末，西安市快捷货运经营业户发展到30户，车辆1 037辆，车型以天津大发面包车为主。这些车辆多集中于批发市场、建材市场和大型商场周围。为规范快捷货运经营，西安市交通局将其纳入道路运输行业管理。

1997年4月，西安市政府颁布小型零担货物快捷车运输管理办法，规定新增快捷货运车辆经营权实行公开拍卖。10月29日，西安市拍卖中心受托举行150辆快捷货运车辆经营权拍卖，西安第二汽车运输公司等4户企业获得经营权。投放的快捷货运车辆，以天津大发面包车为主，经营权期限为8年。拍卖所得645万元全部上交市财政。

1998—1999年，快捷货运向关中一些中等城市发展。咸阳市联运公司和东风汽车咸阳技术服务中心等，购置微型厢式货车80辆，开办快捷货运业务。1999年，咸阳市市区营运微型货车发展到430多辆。车型有天津大发、柳州五菱等，车身安装快捷货运专用标志和计价器，运营按公里计价收费，起步价4公里4元，超过4公里每公里加1元。宝鸡市成立9家汽车快捷货运公司，由个人购置快捷货运车辆177辆，挂靠快捷货运公司经营。由于快捷货运车型均为面包车，车体统一为黄色，群众俗称“黄面的”。

快捷货运快速发展，市场竞争加剧，有些地方管理、运营不规范，一些快捷货运业主超越经营范围，参与客运经营；有的地方大量无经营证照车辆参与快捷货运，扰乱了市场秩序。各地开展快捷货运市场整治。2000年3月，宝鸡市中止26辆快捷货运车运行，拆除40余辆车擅增座位，吊销9家快捷货运公司经营许可证、133辆快捷货运车道路运输证，车辆强制报废，统一回收，经营者获得政府每辆车5 000元补偿金；对继续从事快捷货运经营的，限定经营区域，规范运营行为。咸阳市重点解决城区快捷货运经营行为不规范、无证照经营等问题，快捷货运市场秩序好转。

2001—2005年，快捷货运发展到渭南、延安、榆林等市，并向一些县（市、区）扩展。此期间，延安市汽车运输总公司成立快捷货运分公司，榆林市成立三宇快捷货运有限公司，山阳县成立金顺快捷货运有限责任公司。渭南市在成立渭南快捷货运和渭南诚信快捷货运公司、投放50辆快捷货运车辆基础上，2005年8月成立渭南市便民快捷货运公司，投放长安小卡车50辆。快捷货运规模较大的西安市，在取缔机动三轮车非法营运后，快捷货运车一度供不应求，市交通运输管理处引导快捷货运车辆更新，鼓励企业联合兼并，推进集约经营，经营业户增至31户，车辆增至1 247辆，车型以汉江、昌河面包车为主。

2006年后，全省快捷货运在车辆数量增长基础上，注重规范经营行为，提升服务档次。3—6月，西安市开展快捷货运秩序整治。重点治理：车辆非法安装座椅，营运不使用计价器，超范围经营客运，超载经营，劳动用工手续不全，车容车貌不整，以及标志、顶灯、价格标签不完整，不按计价器显示收费，不主动出示统一有效票据等问题。经过整

2009年12月，西安市有快捷货运经营业户26户，车辆1 797辆。图为陕西中北汽车货运公司部分快捷货运车辆

治，绝大部分车辆营运标志齐全，车顶安装快捷货运专用顶灯，车身两侧喷涂经营单位名称、监督电话，张贴快捷货运专用标志及价格标签，车内安装收费计价器。9月，西安市利用GPS卫星定位和移动通信技术，建立快捷货运GPS调度平台，开通快捷货运电话叫车业务，货主只要拨打电话“88222221”，车辆可随时上门服务。同时，快捷货运行业开发车体广告，更换新式顶灯，推广新车型和清洁燃料车型，增加业者收入，促进节能减排。2007年，西安市有快捷货运经营业户26户，车辆1 797辆，车型以哈飞、长安面包车为主。车辆最多业户为陕西平安运输集团有限公司货运总公司，有车316辆；车辆最少业户为西安市羽龙汽车服务有限公司，有车15辆。是年，80辆不符合综合安检标准的快捷货运车辆退出市场。

2010年，一些市（区）、县（市、区）继续发展快捷货运业。铜川市第一汽车客运有限责任公司成立金升快捷货运有限责任公司，新购8辆东风小型厢式货车投入运营。公司立足川口、北关两家汽车站，承接小件快运、长途包车、代取代送、同城特快专递业务。绥德县成立宏达快捷货运有限公司，投放快捷货运车辆20多辆。

据对西安、咸阳、宝鸡、渭南、铜川、榆林等市统计，2010年年底，全省共有快捷货运经营业户近50户，车辆约2 600辆，从业人员约5 000人。

四、小件快运

随着道路货运产品结构变动，小件货物运输增多，人们对体积小、批量多、价值高货物运送的安全性、快捷性要求不断提高。适应这一需求，道路客运企业以客运站点为网络，以客运班线为依托，利用客运班车行李舱开展小型货物托带业务，货物随托随走，既方便货主，又为企业增收，成道路客运一种增值服务，被称为道路货运“朝阳产业”。“十五”时期，小件快运在国内一些经济发达地区兴起后，引起省内道路运输行业和客运企业关注。

2006年，陕西省道路运输协会（简称省道协）组织省西安汽车站、陕西平安运输集团有限公司、西安城北客运有限责任公司等客运企业，开展小件快运发展考察。10月，全省道路客运企业联席会成立省小件快运理事会，组织开展小件快运业务。之后，陕西平安运输集团有限公司所属西安城西客运站、三府湾汽车站开展小件快运业务。2007年，省西安汽车站成立小件物流快运部，受理小件货物托运业务。凭借密集客运班次，小件货物即托即运，渭南、宝鸡、商州等地3小时内到达，省外400公里以内站点5小时内到达。2008年12月，西安城北客运有限责任公司开展小件快运业务，当月收入14.11万元。托运货物主要是小件工业品、农副产品、印刷品、药品、服装等不危害车辆和旅客安全的商（产）品，单件重量一般不超过30公斤。

2009年4月，省道协决定以三秦快运作为小件快运陕西经营品牌，统一标志，规范经营，扩大品牌影响，并相继制定《三秦快运运价基准表》和《三秦快运实施方案》。三秦快运运价为：100公里以内起价15元，一类货物每公斤0.40元。7月，全省道路客运三秦快运工作联席会通过《陕西省道路客运三秦快运网络联盟公约》。三秦快运实施方案与联盟公约确定了协会牵头、企业联盟、行业监管、市场运作和统一品牌、统一规范、统一单证的原则。之后，一些客运企业完善设施，建立货物受理、运输、送达、交接制度，规范票据单证使用，扩大小件快运业务。省西安汽车站增加三秦快运营业面积和人员，完善信息服务平台，与西安华清路蔬菜水果批发市场、方欣海鲜水产品批发市场、文艺路布匹市场等建立业务联系，承揽货源，运量和收入增长。

2010年，三秦快运发展至全省20户客运企业。其中，西安市7户，咸阳、宝鸡、渭南、汉中、延安、榆林市各2户，杨凌示范区1户，合计营收约4 000多万元。

第三节　专用货物运输

一、集装箱运输

陕西道路集装箱运输，主要从事火车集装箱上下站承运。承运企业有道路运输企业和西安铁路局集装箱汽车运输队。1991年，全省公路运输部门有集装箱车35辆，完成集装箱运量20万标箱，货运量56.60万吨，货物周转量677万吨公里。

1992年后，交通部门鼓励发展集装箱运输。由于受集装箱运量、市场分工、运力构成等影响，公路运输部门集装箱运输时有起伏，发展缓慢。除从事火车集装箱上下站承运外，有企业开展水、陆、空集装箱联运，但车辆及货运量均不多。泛亚海陆运输股份有限公司1994年开展国际集装箱港到门、门到港、门到门直达运输，1995年车辆增至9辆，完成集装箱运量97标箱，货运量970吨，货物周转量133.60万吨公里。后由于经营不善等多种原因集装箱运输终止。1995年9月，汉中地区汽车运输公司成立汉中地区集装箱中转站，从事集装箱仓储、中转、联运业务。5年间，全省公路运输部门集装箱汽车在31辆～39辆间徘徊，主要集中于西安市运输总公司、西安市莲湖区运输公司。

1993年，行驶在西临高速的集装箱运输车辆

省交通厅“九五”时期交通发展规划，将发展集装箱运输作为道路货运新型方式，积极支持发展。1997年，全省公路集装箱运输扩大至渭南等地，统计集装箱车增至64辆、437吨位。其中西安26辆、208吨位，宝鸡21辆、144吨位，渭南17辆、85吨位。宝鸡集装箱车辆属市联运总公司，有10吨、8吨、5吨3种车型，主要承担宝鸡火车东站铁路集装箱上下站运输。渭南集装箱车属渭南火车站铁路汽车队，承担渭南火车站铁路集装箱上下站运输。

集装箱运输作为道路货运一部分，其分工随市场开放而调整。陕西省经济委员会曾对西安火车西站集装箱运输进行划分，由西安市运输总公司承运20英尺以上箱，西安市莲湖区运输公司承运5吨箱，西安铁路局集装箱运输汽车队承运1吨箱。随着货运市场扩大开放，这一分工被逐渐打破，西安铁路局集装箱运输汽车队凭行业优势，承担大部分上下站集装箱运输业务。集装箱运输货物种类较杂，有工业品、农副产品等。随着城乡建设对建材需求不断增多，广东、福建等地产瓷砖、石材等建材，使用集装箱经铁路运至西安火车站，再由铁路集装箱运输汽车队运至西安市几个大型建材市场。

经历亚洲金融危机后，全省进出口贸易逐渐恢复，西部大开发全面启动，带动集装箱运输发展。1999年，统计全省集装箱车增至136辆、840吨位，分别较1998年增加79辆、488吨位。其中西安市113辆、683吨位，宝鸡市23辆、157吨位。

2002—2005年，统计资料显示，全省集装箱运输业户和车辆起伏变化较大，2002年为5户（多数为兼营），车辆10辆、51吨位；2004年增至12户，车辆42辆、480吨位。这一时期，集装箱运输业户和车辆统计数据减少较多，据相关资料分析，这些统计数据未包括铁路部门集装箱运输业户和车辆。是年12月宝鸡交通兴业公司、宝鸡火车站等共同出资成立的陕西西部物流有限公司，设集装箱配送中心，与中铁集装箱运输有限责任公司合作，为宝鸡火车东站集疏集装箱，既满足当地大、中型企业集装箱运输需求，也为当地粮食、苹果、辣椒等农副产品外销提供了便利。是年，西安火车西站经道路运输发送集装箱7.19万标箱。

全省经济结构调整中，制造业、果业等优势、特色产业快速发展，为集装箱运输提供稳定货源，汽车配件、输变电设备、太阳能板和苹果、果汁等工、农业产品，通过集装箱运输销往外省（自治区、直辖市）和国外一些地区。这些货物由汽车自厂家或产地运至西安火车西站或东站，装入集装箱后，由中铁集装箱运输有限责任公司西安分公司经铁路运至国内市场；出口国外的则运至天津港或山东青岛港、黄岛港。2005年11月，陕西华圣企业（集团）股份有限公司果业公司40多万吨浓缩果汁，自西安装箱经铁路外运出口，销往30多个国家和地区。

2005年年底，全省道路集装箱运输业户3户。其中西安2户、宝鸡1户。有集装箱车62辆、653吨位。之后两年，统计道路集装箱运输业户、车辆数和完成运量变化不大。陕西兴业交通集团所属公铁联运货运站，自成立至2007年，共办理联运集装箱3.16万标箱，货运量94.70万吨，货物周转量2 842万吨公里。

2010年12月4日，陕西易通国际集装箱运输有限公司集装箱运输车在西安市北三环运营

2008—2010年，借助经国务院同意、国家发改委制定的《关中——天水经济区发展规划》实施和亚欧大陆桥效应，全省道路集装箱运输有新发展。西安、宝鸡集装箱运输形成一定规模，集装箱运输业务拓展至甘肃平凉、天水、庆阳等市。在以集疏火车上下站集装箱为主的同时，通过高速公路进行跨省集装箱运输。尤以西安火车西站集装箱运输发展迅猛。该站组织4个汽车队进行上下站集装箱集疏。各车队对取货、装箱、送货等分工包干，当天送取、当天返站；将货场原装卸笨、零、粗杂货及作业量不大货区腾出，作为空箱堆放周转场地，又在场地附近新

建两个集装箱货物中转站和集疏站，集装箱日均吞吐量300余标箱。陕西西部物流有限公司集装箱配送中心有集装箱车14辆，另有挂靠车辆20辆，月集疏集装箱约230标箱；除承运宝鸡地区集装箱外，还吸引平凉、天水、庆阳、汉中等地适箱物资通过宝鸡外运。

2010年，统计全省有道路集装箱运输业户3户，集装箱车61辆、82标箱。实际上，全省从事道路集装箱运输企业、车辆及完成运输量大于统计数。集装箱上站物资主要有机电、轻纺等工业品和水果、果汁等农副产品；下站物资主要有建材、家具、百货等。

二、罐式容器运输

（一）石油、天然气及制品运输　1991年，全省从事石油、天然气及制品道路运输企业，有公路运输部门企业、石油行业汽车队等。公路运输部门有营运罐车134辆，主要分布于延安、西安、榆林、商洛和渭南，其中延安106辆、西安17辆、榆林8辆、商洛2辆、渭南1辆；完成石油、天然气及制品货运量20.80万吨，货物周转量4 408.60万吨公里。其中延安地区公路运输部门完成分别占一半以上。1992年，公路运输部门营运罐车下降至127辆，而运输石油、天然气及制品货运量则增加至33.90万吨，货物周转量6 056.90万吨公里，仍以延安地区公路运输部门为主。1995年公路运输部门石油、天然气及制品货运量达到88.20万吨，货物周转量2 337.90万吨公里。

延安地区汽车运输公司与延安炼油厂签订原油运输合同，成立原油联合运输分公司，购置6吨～8吨东风141、解放151等油罐车160辆，另吸收社会上约40辆油罐车挂靠参营。运价每吨公里0.40元左右。原油运输成为该公司货运主要项目。

陕西城市燃气产业发展有限公司有重型半挂牵引车、天然气专业长管重型拖车38辆，2009年完成天然气运输29万立方米。图为该公司天然气运输车辆

1996—2005年，随着石油工业发展，石油、天然气及制品营运罐车（含散装货物营运罐车）增加至最多时4 697辆、5.23万吨位。原有公路运输企业货运萎缩或放弃，大量石油、天然气及制品运输，由石油天然气运输公司和少数私营运输企业及部分个体、联户承担。中国石油天然气运输公司2005年设立陕西分公司，拥有员工800多人，油罐车400多辆，主要承担中国石油陕西成品油和天然气运输，为920多家加油站、场点和天然气站提供成品油、天然气配送服务，服务范围覆盖80多个县（市、区）。此期，道路运输石油、天然气及制品运价维持在每吨公里0.45元左右。

2006—2010年，部分石油和天然气通过管道运输。由于机动车辆和民用天然气用量大幅度增加，道路运输石油、天然气及制品持续增长。全省营运危险货物运输车（含除石油、天然气运输车辆外其他危险货物运输车辆）在6 565～9 147辆之间，吨位在7.07万吨位～10.93万吨位之间。全省道路运输量专项调查显示，石油、天然气及制品运输量约占道路货运量6.99%，货物周转量8.30%，即分别为4 244万吨、75.08亿吨公里。每吨公里运价提至0.95元左右。

（二）散装水泥运输　散装水泥运输高效，利于节约、环保，在建筑、交通等行业广泛采用。1991年，全省道路运输完成散装水泥运量102.30万吨。1997年，全省道路运输完成散装水泥运量147万吨。1998年11月12日，省政府发布《陕西省散装水泥管理办法》（省政府令第51号），对散装水泥管理、运输等作出规定。之后，散装水泥运输持续快速发展。

1999—2001年，全省增加散装水泥专用汽车198辆，年均增加66辆；增加散装水泥流动罐488台，年均增加163台。2001年，全省有散装水泥专用汽车648辆、流动罐1 900多台，完成散装水泥运输量245万吨。西安、宝鸡、渭南、安康均建立散装水泥中转库。

全省铁路、公路、水利等基础设施、产业园区与厂矿等重点项目建设与房地产开发加快，带动散装水泥运输快速发展。建筑业逐步改变使用袋装水泥的作业方式，普遍使用散装水泥，成散装水泥使用、运输大户。西安绕城高速南段、西安咸阳国际机场高速、长安区郭杜镇大学园、长安科技产业园等一大批重点项目建设，为降低成本、提高效率，普遍使用散装水泥，散装水泥流动罐一度供不应求，陕西省散装水泥办公室安排生产厂家加班加点赶制，保证散装水泥运输需求。陕南降雨量较多，修建农村公路多采用水泥路面，对散装水泥运输需求较大。因此，汉中、安康、商洛散装水泥运输量增长速度高于全省均值。汉中散装水泥运输量连续3年递增。2002年，全省散装水泥运输量305.82万吨，比上年增长24.82%。其中汉中市年运输量23.80万吨，比上年增长13.40%。2003—2005年，省内大型水泥生产企业如陕西秦岭水泥股份有限公司等，增加散装水泥供给，县办水泥企业增加散装水泥量，为散装水泥运输提供稳定货源。

2006—2010年，全省经济持续快速发展，各类基础设施建设和房地产规模扩大，城市化加速推进，新农村加快建设，对散装水泥需求巨大，带动散装水泥运输扩增。散装水泥运输车辆有水泥生产企业的，有混凝土搅拌企业的，也有专门提供水泥运输的运输企业的。散装水泥车辆载重量最大27.50吨，最小5吨。位于商洛的陕西秀山水泥有限公司，中标西柞、柞小两个高速公路项目20余万吨散装水泥供应，新建散装水泥设施，制作50吨以上散装水泥罐30余台，购买大吨位散装水泥专用汽车8辆，按期将散装水泥运往施工单位搅拌场。

五年间，全省完成散装水泥供应6 799.54万吨，年均增长31.83%。其中2010年完成散装水泥供应2 246.90万吨。这些散装水泥绝大部分通过道路运输。

（三）商品混凝土运输　陕西自20世纪80年代初始有混凝土搅拌站和商品混凝土运输，至90年代发展较慢，应用范围很小，主要集中在西安市。1991—1996年，西安市部分大型房屋建筑施工采用商品混凝土。1997年6月9日，省政府办公厅转发省建设厅《关于加快全省商品混凝土发展的意见》，要求各地加快发展商品混凝土。之后，随着房地产开发和重点项目建设加快，商品混凝土生产和运输较快发展。“九五”时期末，全省有商品混凝土搅拌站26座。这些搅拌站生产的商品混凝土，全部由搅拌运输车运到施工现场。

“十五”时期，商品混凝土需求由以房建为主，扩大到道路、桥梁、机场等建设工程领域，汽车商品混凝土运输量持续增长。除房地产开发大量需求外，西安二环路、太白路6座立交桥，西安高架快速干道一期工程等重点项目建设，全部使用商品混凝土。2003年，全省新增商品混凝土搅拌站9座，新增商品混凝土搅拌能力150万立方米，为历年增长最快一年；实际供应并运输商品混凝土343万立方米，是上年的8.23倍。商品混凝土运输主体，主要是商品混凝土生产企业，车辆以陕西汽车集团有限责任公司生产的10立方米陕汽重卡为主。香港新利恒控股集团公司新设西安中诚商品混凝土有限公司，主要经营商品混凝土生产、销售和运输，日产商品混凝土6 000立方米，有商品混凝土搅拌运输车60辆。

2004年，各地加强城市环保，禁止城区施工现场搅拌混凝土，全省新增商品混凝土搅拌站8座，新增生产能力130万立方米，全省商品混凝土搅拌站共达到43座，商品混凝土年供应能力达到710万立方米，实际生产并运输商品混凝土445万立方米，其中西安市占90%以上。

2010年12月17日，西商高速二通道项目桥梁浇筑施工，使用混凝土罐车进行混凝土拌和料运输

“十一五”时期，大、中城市房地产开发持续升温，城乡基础设施建设规模空前增大，带动商品混凝土生产与运输繁荣。神木、兴平、华阴等县（市），相继成立一批商品混凝土生产与运输企业。陕西华岳混凝土有限公司，设计商品混凝土年生产能力60多万立方米，日产3 000立方米，有10立方米混凝土搅拌运输车35辆。陕西咸阳天玺商品混凝土有限公司，设计年产商品混凝土80万立方米，有10立方米混凝土搅拌运输车16辆，协作运输车辆20辆。陕西庆安建设集团有限公司神木商品混凝土搅拌站，日产4 800立方米，年产40万立方米，有混凝土搅拌运输车15辆。此期，商品混凝土每立方米运价，运距5公里内25元，10公里内36元，15公里内47元；超过15公里的，每增加1公里，运费增加2.35元。

商品混凝土是特殊商品，具有较强时效性和不可存放性，须在较短时间内运送至施工现场并完成浇筑。为保证商品混凝土质量，各地加强运输环节监管。宝鸡、汉中市政府分别发布商品混凝土管理暂行办法，规定对商品混凝土生产企业运输车辆视同特种车辆管理；运送混凝土途中车辆发生一般交通违章行为，予以事后处理；商品混凝土运输车辆驾驶人应当遵守有关交通法规，按照公安交通管理部门指定路线和时间行驶，保证车况良好、车容整洁，并采取相应防渗漏措施。

三、冷藏保鲜运输

陕西冷藏保鲜运输开展尚早，主要为大型高档餐馆、酒店运送食品，为医院运送血液、药品和疫苗等。车辆多为单位自有，自货自运。从事营业性冷藏保鲜运输单位和车辆不多，运输量不大，亦无资料统计。

“八五”时期，人民群众生活由温饱向小康过渡，生鲜食物、花卉、蔬菜、水果等冷藏保鲜、加工、销售，成为人们生活新需求，致冷藏保鲜运输量增长。一些运输企业购置专业冷藏保鲜车辆，从事冷藏保鲜货物运输。道路运输管理机构将这类车辆纳入营业性运输管理。

道路运输具有的灵活、机动、时效性强等特点，适应易腐货物运输需求，因而许多长距离运输乳品、冻肉、冻海鲜和时令水果、蔬菜，选择汽车进行冷藏保鲜运输，道路运输占省境内短途冷藏保鲜运输主要份额。冷藏保鲜运输季节性明显，每年夏、秋季繁忙。

1996—1999年，全省冷藏保鲜运输发展平稳，出现专业冷藏保鲜道路运输企业。全省营运冷藏车在87～118辆之间，车辆总吨位在188吨位～345吨位之间。运输货物由原冷冻猪肉、禽肉占多，发展到新鲜猪肉、禽肉、水产品占相当比例，水果、蔬菜、乳品、冷饮、保健食品、花卉、药品等比重提高。1998年成立的陕西圣融达物流有限责任公司，拥有多型冷藏车20多辆、近200吨位，为用户提供食品、乳品、水产品、果蔬等低温、恒温冷藏保鲜运输服务；与有关商业连锁企业合作，为其定期提供冷藏保鲜运输配送；还提供西安至郑州、石家庄、北京、天津、广州、深圳、上海、乌鲁木齐、成都、重庆等地瓜果、蔬菜、肉类冷藏保鲜运输。1999年，该公司冷藏保鲜运输货运量3万多吨。

2000年，交通部门鼓励发展冷藏保鲜运输，全省各地新建一批果品、蔬菜、畜禽产品（肉、蛋、奶）等农副产品批发市场，远距离冷链运输发展，带动冷藏保鲜运输规模扩增。冷藏汽车用户发展到大型副食品商场、菜场，大型连锁超市，食品、乳品、冷饮生产企业，果品、蔬菜冷藏企业等。全省有营运冷藏车110辆、201吨位，车均1.83吨位。冷藏保鲜运输车辆主要集中在西安、咸阳、宝鸡等大、中城市，一般为中、小型专用厢式货车。车内设有冷却、加温、测温及通风装置等，具有制冷、保温、加温等性能，货物在运送过程中保持一定温度、湿度和通风条件。运送货物主要有冷冻猪肉、牛羊肉、鸡鸭鱼肉、乳品、名贵鲜花等。2003年年底，全省有营运冷藏保温车103辆、196吨位，车均1.90吨位。之后车辆吨位增加，车辆数锐减。2005年全省营运冷藏保温车52辆、163吨位，车均吨位增加到3.13吨位。

冷藏保鲜业兴旺催生一批专业运输企业。如西安名航物流有限责任公司，提供西安至全国多地速冻肉类、鲜奶、熟食制品及饮料、疫苗、鲜花、苗木、化工产品等冷藏保鲜运输，租用面积约200平方米高低温临时周转冷库，满足不同货

2002年12月13日，陕西华圣果业公司冷藏运输车在西安气调库装载出口加拿大200吨苹果，经陆路、海路外运

物升降温度要求；有2吨～30吨各类冷藏保鲜运输挂靠车17辆，年运量约2万吨。陕西华圣企业（集团）股份有限公司果业公司，拥有年运输能力2万吨日产尼桑40英尺冷藏保鲜运输车队，提供果品自陕西到广东、福建、江苏、浙江等全国多个销售地全程冷链运输和出口果品运输。

2006—2010年，城乡居民生活水平提高，家庭冷藏食品消费大大增长；食品零售超市由大、中城市延伸至中、小城镇乃至部分乡村，速冻食品及有保鲜要求食品、乳品、豆制品、饮料、瓜果、蔬菜等需求旺盛；农产品冷链物流逐步形成，鲜活农产品冷藏保鲜运输量持续增加。同时，高速公路实现中心城市间快速通达，冷藏保鲜运输时效得以提高。这些因素，促进道路冷藏保鲜运输快速发展。西安市欣桥、朱雀、方欣、雨润等食品加工企业，咸阳新阳光、陕西昌盛苹果、渭北苹果等蔬菜、瓜果、食品加工、储藏、批发、零售基地，冷藏保鲜运输量均持续上升。

此期，冷藏保鲜运输范围进一步扩大。除陕西华圣企业（集团）股份有限公司果业公司从事跨省（自治区、直辖市）冷藏保鲜运输外，外地一些冷藏保鲜运输企业亦进入陕西冷藏保鲜运输市场。上海腾农冷藏物流公司定期向陕西大、中城市以至部分县城提供冷藏、冷冻、保温运输服务，可提供温度自-2摄氏度～20摄氏度、满足不同货物升降温度的运输服务。运输物品有高档水果、乳品、饮料、蔬菜、肉类、食品、水产品、化工、药品、电子产品和鲜花等。广州市龙森物流有限公司经营广州—西安冷藏保鲜运输，使用13～15米冷藏车，一般1～2天发一趟车，全程运行2～4天；运抵西安后，由西安冷藏保鲜运输车辆配送至货主指定地点。承运货物有冷冻鱼、虾、蟹、鲜奶制品、熟食制品、瓜果、蔬菜、饮料、鲜花、苗木等。据统计，2010年年底，全省有冷藏运输车辆70辆。

第四节　大型物件运输

大型物件运输，简称大件运输，随能源资源开发、工农业生产对大型不可解体物品需求而出现并发展，并随公路设施改善与汽车性能改进而演变。

20世纪80年代改革开放前，陕西道路大件运输货源少，运量小。营业性大件运输主要由少数国营专业货运企业承担，也有部分机电、石化等企业自备车辆运输。如陕西送变电工程公司所属陕西北方大件运输公司，专门承担本系统电力大件运输业务。改革开放后，随着全省经济发展，重点建设项目增多，大型设备、物资生产和供需增加，大件运输逐步发展。

1991年后，能源、化工、交通、重要原材料等工业和基础设施开发建设，对重大成套设备需求增加，大件运输需求渐旺。运输大件货物主要有挖掘机、装载机、变压器、锅炉等。是年5月30日，陕西飞机制造公司运八C型疲劳试验机从城固县起运，沿途经108国道周城公路、210国道西铜公路等路段，历时13天，途经5市、11县（区），行程463公里，顺利运抵目的地耀县。省政府为此专门做出部署，沿线交通部门组织提前勘查路线，清理路障，整备路况，维持交通秩序，全力保障运输。

1995年后，随着大型机械设备制造业发展，陕北能源基地加快开发建设，全省大件运输需求更加旺盛，专业大件运输企业增加。是年9月，由原西安市果品公司离职职工周正松投资，在西安设立陕西大件汽车运输有限责任公司（简称陕西大件公司），主营重点工程成套设备运输、超限货物运输等。1996年，全省大件运输车辆发展到62辆、1 760吨位，车均28.39吨位。1998年，陕西圣融达物流有限责任公司在西安成立，主营大宗大件工程机械设备运输等。1999年，延安地区个体运输户购置25辆大件运输车，主营油、气、煤等能源企业钻探设备运输。由此，全省始形成国有、民营、个体共同参与大件运输格局。2000年，全省有营运大件运输车94辆、2 122吨位，车均22.57吨位。大件运输货物主要有钻探设备、推土机、挖掘机、压路机、搅拌罐、拌和站等。

2001年后，陕北煤炭、石油、天然气资源进一步开发，陕南汉江水电梯级加速建设，全省公路、水利、电力等基础设施建设规模扩大，大件运输需求持续增长。尤其西安、宝鸡装备制造业快速发展，变压器、石油钢管等大型设备运销全国多地；外地制造的大件设备，如江苏徐州产挖掘机运至陕西，或经陕西运往西北、西南其他省（自治区），全省大件运输供需两旺。运输大件货物除挖掘机、锅炉、变压器外，还有钢构、钢包以及公路、建筑等大型施工机械。大件运输范围扩大至咸阳、宝鸡、渭南、铜川等市。大件运输企业除承担省内大件运输外，还承揽省外大件运输。陕西大件公司2004年4—10月，承运青藏铁路铺轨机车等大型设备，先后投入沃尔沃、德国曼、红岩等重型牵引车48辆（次），运行400多公里，历时180多天，战胜高原缺氧、狂风和严寒，将134件大型设备自青藏铁路秀水河施工地运抵西藏安多铺架基地，仅承运的铺架机车就有30多台，一时成“汽车拉火车”入藏佳话。2005年9月，该公司还采用钳夹式钢绳斜拉牵引运输技术，由沃尔沃重型卡车组成14辆大型车队，完成武汉至郑州5台大型余热炉运输。

2009年11月28日，陕西大件汽车运输有限责任公司将一架长45.10米、宽8米、高5.05米的麦道飞机客舱，从西安咸阳国际机场运抵西安航空旅游学院，用于教学实践。图为由奔驰牵引车牵引的飞机客舱行驶在西安绕城高速公路上

2006—2010年，大件运输更加兴旺，运输范围进一步扩展，运输能力也有新的提升。大件运输货物有从西安、宝鸡运往甘肃、青海、宁夏、新疆等省（自治区）的，亦有从内蒙古运至省内榆林、延安、西安等地的，还有从沿海经陕西运往西北一些省（自治区）的。陕西大件公司于2007年8月10日、17日，采用3纵列12轴线液压平板车，经西铜高速，分两次为华能铜川电厂承运西安电气股份有限公司生产2台大型变压器。变压器每台重315吨，车货总重420吨，车长67米，轮胎有240条之多。12月9日，该公司新购进2 500吨液压遥控自行式动力模块车，车长73.20米、宽8米，有880个车轮，自重

380吨；可根据不同运输对象，拼装成70吨～2 500吨等各种吨位运输车组，被称为大件运输“变形金刚”。2008年12月31日—2009年1月8日，该公司将一台245吨重汽化炉从江苏南京运抵陕西咸阳化工厂。兰州大件汽车运输公司经陕承运超高、超宽、超重且不可解体军用品，沿途一些公路收费站拆开棚顶，便利车辆通过。

此期，公路超限运输治理加强对大件运输监管。确需通过公路承运不可解体大件物资、设备的，由承运人提供有关资料向公路管理机构申请；经核准准予通行的，发给超限运输车辆通行证，按指定路线、时间通行。沿线公路管理机构对指定路线进行勘察，制定通行与加固方案，必要时提供监护，确保安全顺利通行。2009年3月19日，省政府发布《陕西省治理公路超限运输办法》（省政府令第138号），规范大件运输审批管理和通行。省交通运输厅制定不可解体大件货物超限认定标准，提供多项申请方式，简化审批程序，同时加强源头控制与沿线检测，引导大件运输合理装载，合法承运。

2010年年底，全省有大件运输车辆144辆、3 328吨位，车均23.11吨位。

第五节　危险货物运输

陕西道路危险货物运输，始于承运民用建筑工程需用炸药、雷管，城乡居民生活用燃油和医疗用疫苗，工农业生产及交通运输用农药、石油，工业生产用有毒、腐蚀、放射性物品等。20世纪90年代前，多以生产或供销企业设立车队自行承运，部分专业运输企业参与运输。

进入90年代，随着经济建设加速，陕北石油、天然气资源开发，人民群众生活改善，危险货物运输需求增长。除企业自备运输、专业运输公司承运外，一些个人购置车辆参与危险货物运输。延安、榆林两地区组建专业运输企业承运石油和天然气。1991年，全省公路运输部门完成石油、天然气及制品货运量20.80万吨，货物周转量4 408.60万吨公里。此外，企业自备车辆和部分个体、联户车辆亦承担并完成大量危险货物运输。1992年后，液化气逐步取代蜂窝煤进入大、中城市居民家庭，扩大危险货物运输规模。承运方将液化气通过汽车自兰州等地运至西安、咸阳、宝鸡等储气站，再由单位货车运至单位或社会、个体车辆运至各液化气销售点。居民从液化气站购换液化气罐，有用小型货车、小汽车、三轮车或自行车等多种工具。

1995年年底，全省危险货物运输车辆7 529辆，占全省营运货车总数10.63%。危险货物运输从业人员（包括驾驶员、押运员、装卸工、管理员、修理工等）8 256人。运输危险货物以原油、成品油、煤气、化工产品为主。全省公路运输部门石油、天然气及制品货运量88.20万吨，货物周转量2 337.90万吨公里。

这一时期危险货物运输发展，以经营业户和营运车辆数量增长为主，尤其私营及个体危险货物运输车辆增长快，运营主体“多、小、散”，运输作业不规范，安全事故多。经对危险货物运输市场整治，1998年全省危险货物运输车辆降至4 233辆，占全省营运货车总数4.94%。至2000年，危险货物运输车辆增加不多，但经营主体变化大，基本以私营、个体为主。全省4 388辆危险货物运输车辆中，私营及个体占71.24%。延安、榆林两市危险货物运输车辆分别为1 876辆和1 121辆，其中私营及个体分别占85.39%和

94.65%。

危险货物运输因具有承运品种的多样性、复杂性、危险性及一旦发生事故的重大危害性，因而对其运输车辆配置、驾驶人员资质与操作规程有严格要求。但是，部分危险货物运输经营者或驾驶员安全意识淡漠，对危险货物运输安全规程不掌握或不重视，有的甚至为追求经济效益而漠视安全操作。2000年9月29日凌晨，一辆运载氰化钠溶液的简易槽罐车，行至312国道K1 303.40+450处丹凤县铁峪铺镇化庙村时，发生翻车，致氰化钠溶液泄漏汉江支流铁河，造成重大危险货物运输事故（见第八篇第四章第一节《安全监督》），严重危及人畜饮水安全。此事故虽经国家环保总局、中共陕西省委、省政府和当地政府采取紧急措施处置，得以及时、妥善处理，但暴露出危险货物运输安全问题和管理漏洞。是年10月21日，省交通厅召开“9·29丹凤县氰化钠泄漏事故情况通报会”，要求全面检查，完善制度，规范道路危险货物运输行为，严禁装运危险货物车辆超载、混载和搭乘无关人员。12月29日，省政府发出《关于加强危险货物运输管理的通知》（陕政发〔2000〕62号），要求按照国务院化学危险物品安全管理条例规定，加强道路危险货物运输管理，严防此类事故发生。各市交通部门落实上述要求，对危险货物运输企业、车辆，装卸和运输过程以及管理制度等进行检查，排查安全隐患，制定防范预案。凤县道路运输管理站一周出动150人（次），向危险货物运输业户宣传有关法规和政策，规范有关营运手续，开展安全规程培训，加强危险货物运输监管。

自2001年起，结合道路货运结构调整，以经营资质管理为手段，全省多次开展危险货物运输检查整治活动，重点治理经营主体的“多、小、散”，推进规模化经营，提升运输安全和质量。各市对危险货物运输业户重新审核资质；对符合资质要求的进行整合，成立一批有一定规模的专业危险货物运输企业。至2003年，全省危险货物运输业户由2001年3 545户整合为359户，车辆由3 790辆增至3 822辆，户均车辆由1.07辆增加为10.65辆。榆林市危险货物运输业户由2001年1 000户整合为30户，车辆由1 120辆减为862辆，户均车辆由1.12辆增加到28.73辆，并建立GPS监控平台，对危险货物运输实时全程监控。吴旗县对148辆油罐车经营业户进行整合，组建3个危险货物运输车队，原油运输秩序好转。在推进危险货物运输业户整合的同时，道路运输管理机构加强危险货物运输市场监督检查，发现未按规定设置消防设施、安全警告标志等事故隐患的，责令限期整改。

中国石油天然气运输公司陕西分公司拥有石油运输汽车448辆，年运量300万吨。图为2009年11月5日该公司石油运输车辆行驶途中

2005年，继续推进危险货物运输专业化、规模

化、规范化发展，并应用GPS定位技术，加强危险货物运输全程监控。全省危险货物运输业户再次整合为187户，车辆5 237辆，户均车辆28辆，其中安装GPS定位系统车辆约占1/3。运输危险货物主要有原油、轻质燃油、润滑油、液化气、农药、炸药、雷管、硫酸、甲醇、烧碱、化工原料及军用危险品等。危险货物运输从业人员9 069人。其中驾驶员5 022人，装卸员1 333人，押运员2 714人。贯彻《中华人民共和国道路运输条例》，危险货物运输驾驶员、装卸员、押运员实行持证上岗，持证上岗率达到68.57%。

2007年，全省开展危险化学品罐车运输专项检查。延安市危险货物运输业户98户，罐车3 921辆，部分企业安全意识不强，安全制度不健全、不落实。市道路运输管理处组织对存有此类问题的企业法定代表人、管理人员、驾驶员、装卸员等进行培训，主要学习危险化学品容器使用、装卸、运输要领和发生事故处置方法，加强对危险货物运输行为规范。之后年份，全省危险货物运输市场平稳健康发展。随着陕北石油、天然气管道运输规模扩大，延安市危险货物运输量大幅下降，2009年5月一次性停运1 076辆危险货物运输车辆。但由于全省经济持续快速增长，民用车辆大量增加，尤其小汽车进入家庭，农用机械快速发展，汽、柴油需求猛增，全省危险货物汽车运输仍保持逐年增长。

运输危险货物除传统石油、天然气外，新增化学危险品居多，其中运量较大的有甲醇、硫酸、氰化钠等。适应危险货物品类运输专业化需要，运输车辆性能改进提高。部分专业运输企业由一车装载不同危险货物发展到专车专用。

2010年，全省危险货物运输经营业户298户，车辆9 141辆，户均30.67辆。其中安装GPS终端的车辆占95.25%。

第六节　重点货物运输

一、粮食运输

粮食为道路运输确保重点货物之一。20世纪80年代，粮食调拨包括灾粮紧急调运，承运单位有粮食部门自备车队和道路运输企业，以粮食部门自备车队运输为主。省内救灾粮运输，主要由道路运输企业承担。

1991年，全省10个地（市）粮食系统有独立核算运输车队63个，职工1 249人；另有53个县粮食部门设运输车队，共有运输车辆550辆，挂车188辆。当年完成总运量228万吨。全省道路运输企业完成粮食货运量48.40万吨，货物周转量2 490万吨公里，平均运距51.45公里。运输量最大的为西安市道路运输企业，承运12.70万吨；运输量最小为延安地区道路运输企业，承运6 000吨。1993年，实行粮食统管，社会运力即个体、联户车辆增长，粮食运输主要由粮食部门和社会运力承担。全省道路运输企业粮食货运量减少为38.40万吨，货物周转量2 007.70万吨公里，平均运距变化不大。

1994年后，全省粮食市场逐步放开，粮食流通体制改革，出现多家参与粮食运输局面。承运主体有粮食购销、储存、加工企业的运输公司或车队、道路运输企业及个体运输户等，而原有粮食部门运输单位竞争乏力，加之经营不善，部分企业亏损，有的逐渐解体。全省道路运输企业粮食运输量继续减少，1995年粮食货运量27.80万吨，货物周转量965.40万吨公里，平均运距降至34.73公里。之后年份，随着专业运输公司逐渐放弃货运，粮食运输量逐年减少，至2000年仅完成粮食货运量3.40万吨，货物周转量93.50万吨公里，平均运距降为27.50公里。2004年，无道路运输企业粮食运输统计。粮食部门原有运输单位，除西安市粮食局仍保留运输公司外，其他市粮食部门运输单位均撤销，粮食运输转向由个体、联户和一些物流公司承担。

2005年，全省粮食市场进一步放开，农民和粮食经纪人出售、收购粮食，自行解决运输。概因承运主体分散化，无完成运量统计。

陕西每年粮食产销大体平衡，但为调剂品种，需从黑龙江、吉林等省购买大米、黄豆等约50万吨～80万吨，从河南、河北、安徽、山东等省购买小麦约150万吨，向江苏、浙江、云南、四川、广东、福建等省卖出玉米约200万吨。购进粮食，通过铁路运至省内大、中城市火车站，再用汽车运往各需求地；外销粮食，由汽车运至火车站，再通过铁路运往目的地。一般铁路承担长途运输，汽车承担中、短途运输。关中和汉中地区，年产粮食相当于全省总产量70%，2005年约为800万吨，部分小麦、大米通过汽车运往陕北，再将陕北一些杂粮如豆类、小米，运至西安等地。

2006年以来，全省粮食市场完全放开，着力发展粮食物流，推进公路、铁路等多种运输方式无缝化链接的粮食物流系统建设，依托主要公路干线和铁路发展粮食物流主要通道，同时重点发展散粮汽车运输。粮食仓储、加工企业发展运输车辆和车队，更多的私营、个体等社会运力参与粮食运输。粮食系统运输车辆，大部分由卡车更新为厢式货车，确保雨天运输粮食安全。一些粮贩到农村收购粮食，将汽车开到农民家门口，直接装运。2008年，西安市粮食物流配送体系初步形成，汽车成为粮食配送主要工具。西安群众面粉厂投资100多万元，组建有60余名配送人员、33辆汽车的配送中心，将“爱菊”牌粮食制品、原粮等，配送至市内200余家连锁专营店，日运输量200余吨，年运量7万余吨。

灾粮运输一直是道路货物运输重中之重。本志断限内全省一些地方发生洪涝、冰雪等灾害需紧急运输灾粮的，各级地方政府动员组织运力，及时调运。按照陕西现代粮食物流发展规划，粮食系统结合粮油食品物流园区、粮油仓储物流基地及区域性大型粮食批发市场项目建设，落实省、市（区）、县（市、区）三级粮食应急运输企业，确保非常时期粮食运输供给。

2008年7月15日，行驶在西禹高速的粮食运输车辆

2008年“5・12”汶川特大地震发生后，中央给陕西地震灾区下达2 580万公斤救灾成品粮计划，省粮食局紧急从西安陕西西瑞集团调拨12万公斤面粉，在汉中当地组织12万公斤大米，并在两地组织16辆汽车，于5月24日分别从西安和汉中同时出发，运往宁

强、略阳县灾区，其余储备粮根据各个灾区需要，分批次用汽车发往灾区。西安爱菊粮油工业集团组织10辆车，冒着余震和途中滚石、滑坡危险，两次赴四川绵阳、广元，把80吨大米、面粉运到灾区。

2010年，全省粮食总产量1 167.30万吨，汽车运输粮食约占1/5。粮食部门除部分粮站、粮库仍拥有少量自备车辆外，其他粮站、粮库运输单位不复存在。

二、煤炭运输

陕西为煤炭资源与生产大省，煤炭历来为全省道路运输主要货物之一。省内城乡居民生活用煤及部分工业用煤，主要靠汽车承运。20世纪80年代中、后期，铁路运输紧张，汽车以机动、灵活、便捷、直达的优势，进入铁路垄断的电煤运输市场，承揽部分电厂煤炭运输。

90年代，陕北煤田大规模开采，时榆林尚无铁路，煤炭外运以汽车为主力，以专业汽车运输公司、煤矿运输车队及机关、企业与事业单位自备车辆为主，部分个体、联户参与。1991年，全省公路运输部门完成煤炭货运量462.70万吨，货物周转量2.91亿吨公里。省内流向主要为城乡居民生活用煤供应点和加工点，以及机关、企业与事业单位和电厂；省外流向主要为华东和湖北、湖南等地。亦有外省车辆入陕运煤出省。1993年，全省煤炭企业因运输紧张，部分限产、停产，加之个体、联户竞争分流货源，全省道路运输企业煤炭货运量降为308.50万吨，货物周转量2.27亿吨公里。在铁路运输持续紧张的情况下，汽车电厂煤炭运输份额逐步增加。1996年，全省投产并正式并网发电火电厂8个，实际到煤合计1 174.30万吨，其中汽车运输363.10万吨，占30.91%。

1996年神（木）朔（州）铁路开通，加上已开通包（头）神（木）铁路，成为陕北煤炭外运大动脉；但铁路受运能限制，每年仅承担地方煤炭外运量约1/10，大量煤炭外运仍靠汽车。除专业运输公司承运外，个体、联户车辆多参与煤炭运输竞争，特别是地方小煤矿全赖个体、联户车辆外运。受运输市场竞争、煤炭生产销售影响，专业运输公司完成运量不稳定，并随企业“压货保客”“弃货上客”影响而不断减少。1997—1999年，专业运输公司煤炭货运量大体在300万吨～400万吨，货物周转量在1.40亿吨公里～1.30亿吨公里。2000年降至262.30万吨、9 452万吨公里。

铜川市2000年生产原煤973万吨，专业运输公司承运30.40万吨，占3.12%，其余除铁路运输外，大量由私营及个体运输户承运。私营及个体运煤车辆向大型化发展。全市2 515辆大型货车中，私营及个体占76.54%。

2002年西（安）延（安）铁路开通，增加铁路运煤新通道，加剧煤炭运输公、铁竞争。榆林市加快淘汰老旧车辆，车辆档次提高、吨位增大，营运大型货车2 508辆、1.98万吨位，比上年增加175辆、1 382吨位。当年全市生产原煤3 226万吨，铁路发运占总销量1/5，再除少量就地转化利用外，其余约60%即1 900多万吨煤由汽车运输，流向主要为山东、天津、河南、湖南、江西等省（直辖市）。一批新成立的私营、股份制道路货运企业取代原国有专业运输公司，成道路煤炭运输主力。

随着南方部分地区对陕西煤炭需求持续增加，铁路运输无法满足供给，一些省（自治区、直辖市）汽车大量入陕或经陕外运煤炭。陕西一些货运经营业户亦承运煤炭出省，同时还有内蒙古煤炭通过榆林经301省道、神（木）盘（唐）公路运往华北、华东等地，致煤炭汽车运输愈加繁盛。陕北、关中主要干线公路一年四季煤车如潮，大型运煤车辆络绎不绝，以至常常发生车辆堵塞，交通不畅。2003年全省规模以上工业企业生产原煤7 372.76万吨，按铁路约满足60%外运需求测算，除少量就地转化利用外，约有35%即2 580万吨，为汽车所承运。

随着全省火力发电厂用煤需求增大与铁路运能不足影响，一些大型电厂用煤除铁路专线外，还需汽车运输；小型电厂用煤则完全靠汽车运输。位于咸阳市渭城区的渭河发电厂，运煤车辆常常排成长龙等待卸车。每年用电、供暖高峰用煤紧张时，省政府组织协调铁路、交通、煤炭等部门，千方百计保障电煤运输。2003年12月—2004年2月，全国电煤供应紧张，20多个省（自治区、直辖市）拉闸限电，陕西亦受影响。按照国务院“三西地区”（山西、陕西、内蒙古西部）加快煤炭产运的要求和省政府确保电煤运输的指示，省交通厅加强道路运输应急保障，及时提出执行电煤运输任务应急车辆通行措施；指导运输企业深入电厂了解煤炭需求，制定疏运方案，优先安排运力，缓解电厂用煤紧张状况。

位处关中西北部的彬长矿区，加快煤炭开采，彬县原煤产量由2005年570万吨、2006年770万吨，增至2007年1 000万吨，其加工销售全靠汽车运输。承运者多为个体、联户和私营货运企业。受煤炭运输货源稳、需求旺、有钱赚的刺激，许多人采取联合投资、按揭贷款等方式筹资购车，参与煤炭运销。全县运煤汽车多时达1 100余辆，以大吨位半挂车、自卸车为主。2007年日均运煤4万余吨，年运煤近1 000万吨，总收入4亿多元，成该县经济增长一大亮点。

2010年5月19日，榆林府（谷）店（塔）一级公路上煤炭运输车辆

2007年以来，陕西加快神府、榆神、铜黄、彬长中、大煤炭矿区开发，全省煤炭产量与汽车运量大增。设于宝鸡市的陕西西部物流有限公司所属煤炭交易配送中心，年经销煤炭约2 000万吨，全靠汽车运自甘肃省华亭、平凉与陕西麟游等地煤矿，其中约70%再由汽车输送至宝鸡市区和凤县等地。2008年，榆林市生产原煤1.55亿吨，汽车运输约4 600万吨，占总产量近1/3。神木县2009年产原煤8 000万吨，其中40%通过神（木）盘（唐）公路出省，致该路日均车流量猛增至2.10万辆，超过设计流量5倍多，以至经常拥塞不畅，时有堵车发生。最严重一次为是年9—10月长达月余大范围堵车，神（木）盘（唐）公路及周边公路被堵长达百余公里，遇堵车辆多达五六千辆，主要为大吨位运煤车。经公路路政、交警与沿线政府昼夜全力疏导，方得

疏通。

2010年，全省生产原煤3.61亿吨，汽车运输约1.26亿吨，占35%。运输主体有国有、股份制运输企业和个体运输户。车型多为6轴厢式货车及3轴、4轴重型自卸货车，载重吨位最大60吨。

三、建材运输

建材为道路运输大宗货物之一。

1991年，全省道路运输部门承运建材主要有钢材、木材、水泥和矿物性建筑材料，计货运量282.50万吨，货物周转量9 722.70万吨公里。除专业运输公司承运外，机关、企业与事业单位车辆和个体、联户车辆，承担部分运输。车辆多为解放、东风等中型货车。

1992年起，陕西实施“兴陕工程”，加快全省基础设施建设，公路、铁路、机场、水利、电力、能源、市政等建设项目增多，房地产业成投资、消费热点，带动建材运输需求旺盛。大量私营运输企业与个体、联户参与建材运输竞争，承担大部分建材运输业务。原有专业运输公司竞争优势渐衰，承担运输量逐年下降。1996年，统计全省公路运输部门完成建材货运量268万吨，货物周转量5 260.10万吨公里。这部分运量实际仅占整个汽车建材运量一小部分，大量由私营、个体运输户承担的建材运量未有统计。

1998年，利用扩大内需机遇，全省加大固定资产投资力度，房地产和交通、市政等基础设施等大规模建设，带动建材供求两旺。建材运输品类日益繁多，跨区建材运输量空前增加。陕西地产建材，如泾阳石材，神木平板玻璃，铜川陶瓷，宝鸡管材等，大量运往省外；同时，外地产建材源源不断从广东、福建、浙江等省运进。钢材、石材等比重大建材，采用公铁联运；比重较小建材，如板材、管件、瓷片、地砖、涂料、卫浴、家具、灯具、装饰材料等，则以汽车运输为主。

建材运输车辆一般由供货方或经销商自行联系。一种是供货方或经销商用自备车辆从产地运到使用地或经销地；另一种是供货方或经销商雇请经销地或生产地车辆，从产地运至使用地或经销地；雇请车辆多为返程车，以降低运输成本。车辆载重量大多30吨左右，车型有解放、东风、陕汽重卡等。

2008年5月，行驶在西安绕城高速北段的建材运输车辆

2000年，全省重点建设项目规模持续扩大，高新区、经济技术开发区、旅游度假区等大规模建设，大专院校建立分校和新校区，一批大型企业改、扩建，部分企业搬离城区另行新建，居民小区连片开发，致建材运输更加繁忙。是年，重点道路运输企业完成建材货运量54.60万吨，货物周转量1 022.20万吨

公里。大量建材由股份制、私营运输企业和个体运输户承运。车辆多为大型货车。外地通过火车运输入陕的建材，全由汽车集散到各地。

随着城乡居民收入增加，生活水平提高，居住条件改善，住房装修装饰成时尚，促进建材运输发展。至2003年，西安市二环内外形成10多家大型建材批发零售市场，各市场周边待货车辆云集，送货车辆川流不息。运费大多由双方协议。位于西安市北郊的西安大明宫建材市场，有陶瓷、水暖、管材、石材、钢材、木材、五金、装饰材料等8大专业批发零售市场，集3 000余家各地商户，经销20大类、数千个品牌、上万种建材。这些建材大多为省外生产，通过汽车或火车自产地运入。如重庆、成都、武汉等地生产的门窗、木地板，用集装箱车或大型厢式货车两三天即可运到。亦有广东等地物流企业定期定线提供建材配送。

除西安市外，全省其他城市及县城、乡镇建材市场发展很快，建材运输量不断增多。群众装修装饰房屋，零星和少量材料一般用架子车、畜力车或用拖拉机、机动三轮车等拉运；用量大的则由经销商用汽车或其他车辆送货上门。

2006年，全省工业化、城镇化、新农村建设全面推进，基础产业、基础设施和房地产加快开发建设，建材运输需求高涨。西安地铁2号线1期工程，使用大量水泥、钢材、石材、木材、沙子、白灰等建材及品种繁多装饰材料，全由汽车运输。西安咸阳国际机场专用高速公路朱宏路立交，通过汽车运输钢筋达1.58万吨，钢绞线1 650吨、商品混凝土近10万立方米。

2008—2010年，全省3年共生产钢材2 383.21万吨、水泥1.35亿吨、平板玻璃3 878.56万重量箱。这些建材约90%由汽车运输。承运车辆有解放、东风、陕汽德龙等。运价一般在每吨公里0.25元～0.60元之间。

第七节　紧急货物运输

一、抗洪抢险货物运输

（一）延安抗洪抢险运输　1993年8月3日晚9时至4日凌晨1时，延安、安塞等6县（市）突降大暴雨，延安市日降水量高达128毫米。全市有50乡镇、17.50万人受灾，灾害夺去13人生命，损坏房屋、窑洞4 483间，农作物受灾面积2.12万公顷。灾情发生后，按照省、市政府紧急部署，延安地区交通局迅速组织车辆转移灾民，抢运帐篷、粮食、食用油等救灾物资。因道路被毁车辆不能到达的地方，抗洪抢险军民人背肩扛，把救灾物资送到灾民手中。灾害过后，组织汽车运输建材、化肥、农药等物资，帮助群众恢复生产，重建家园。

（二）佛坪抗洪抢险运输　见第三篇第二章专记《2002年“6·8”公路抗洪抢险救灾与水毁修复》。

（三）渭南抗洪抢险运输　2003年8月26日至9月21日，渭河陕西流域出现大范围、高强度持续降雨，导致渭南遭受百年不遇洪涝灾害，6县（市、区）55乡镇、741村、56.90万人受灾，108万亩农田被淹，19万间房屋倒塌，沿河29万群众被迫泪别家园，交通等基础设施遭到严重损坏。按照省政府指令，省交通厅和厅运管局迅速调集车辆抢险救灾。西安市运管处从国有、私营运输企业当即调遣10辆货车，满载西安各界捐赠救灾物资急赴灾区。渭南市交通局从局属企业和蒲城、大荔、澄城等县紧急调集150辆汽车，昼夜抢运救灾物资。共运送编织袋35万条，木材20立方米，面粉10万公斤，棉被20万床，以及大批方便面、矿泉水等生活资料；向石堤河和罗汶河大坝决口处运送抢险填堵决口石料6 800立方米。由于许多地方道路被毁，交通中断，军民肩扛或采用畜驮方式，及时将救灾物资送到救灾一线。

2010年7月26日，安康市遭受特大暴雨和洪涝灾害后，西安市调集10辆大货车，组成支援安康救灾车队，为灾区运送大批救灾物资。图为救灾车队整装待发

（四）安康抗洪抢险运输　2010年7月18日、23日，安康市汉江干流50年一遇洪水灾害发生后，省、市交通运输系统迅速启动应急预案，全力组织保障抗洪抢险救灾物资运输。按照省交通厅运管局指令，西安、安康两市道路运输管理机构火速调集36辆货车，出动300多车（次），紧急运输棉被9.71万床，毛巾被2.58万条，毛毯3 184条，衣裤2.88万件（套）、帐篷4 211顶，彩条布40.88万米，行军床3 460张，米面209.47万公斤，食用油3.58万公斤及大批方便面、矿泉水等生活品，保证灾区群众基本生活需要。

二、抗震救灾货物运输

（一）“5·12”汶川特大地震抗震救灾货物运输　见第八篇第四章专记《2008年“5·12”汶川特大地震抗震救灾保畅》。

（二）“4·14”青海玉树地震抗震救灾货物运输　2010年“4·14”青海玉树地震发生后，东部地区大批抗震救灾物资经由陕西运往灾区。15日，省交通运输厅紧急通知，要求全系统做好抗震救灾人员、物资运输道路安全保畅。省公路局在关中公路环线、省交通集团在绕城高速设置临时指路标志，引导抗震救灾车辆驶往兰州方向；潼西、西宝高速改扩建工程对装载抗震救灾物资运输车辆及时放行；各公路收费站设立“绿色通道”，对救灾部队车辆和持有抗震救灾物资相关证明车辆免费放行。同时，通过电视、报纸等媒体和公路沿线滚动情报板，适时发布抗震救灾物资运输路线、方向及通行情况，及时引导救灾车辆顺利通过。

15日晚9时许，西安市交通运输局接到西安市政府向玉树地震灾区运送救灾物资紧急电话后，当即调集4辆大货车，于10时装货，连夜将5 000床棉被、3 000套棉衣、5吨彩条布和70顶棉帐篷等救灾物资运往玉树灾区。

5月5日上午10时许，省交通运输厅购置的价值300万元的6台大型公路抢通保畅设备，分装3辆大型货车，从西安绕城高速汉城服务区启程，5月7日运抵玉树灾区，支援灾区公路恢复重建。

第八节　联　运

陕西联运业自20世纪70年代起步，80年代发展，90年代获较快增长。

1991年5月，西安市联运公司成立西安市旅游联运售票所，开办西安至青岛、大连、杭州等12城市公、铁、水、空联运售票业务，可一次购买通达上述城市多种运输方式客票，实现一票往返。至年底，共办理旅客往返、中转、换乘客票近万张。是年，全省联运业基层营业网点57个，固定资产700万元；完成货物联运量650万吨，客票联售代购8万余张，实现利税220多万元。

随着道路运输市场扩大开放，联运市场经营主体增多，致联运货源分流，联运企业面向市场，发展多种经营。1993年，延安地区联运公司发展煤炭、石油购销一条龙服务，为当地滞销产品增开销路，亦为企业增加收入。渭南、安康地区联运公司，利用本地土特产资源丰富和联运信息灵通优势，开展土特产品代购代销业务，拓展企业经营。

1996年后，联运市场竞争加剧，企业加速改制、重组，公、铁联运成为联运主要形式，新立联运企业多以公铁联运为主。汉中地区成立汉中联合运输公司，开展公、铁、空货物联运业务，年完成公、铁货物联运量近20万吨。西安市旅游联运售票所则因铁路、民航等系统强化自主经营，联运售票业务因协调困难而终止。1998年，西安市联运公司以“先股后租”方式，改制为股份制的西安市联合运输中心，总股本100万股，每股1元，全部为职工个人股。该中心租赁原公司经营性资产203.36万元，继续从事联运经营。2000年，陕西铁路金盾实业公司咸阳货物联运站成立，经营汽车整车、零担、集装箱、快件联运。西安市运联实业公司商洛联运营业部，经营公、铁、空货物联运。宝鸡联运公司因业务萎缩、经营艰难，被陕西兴业交通集团兼并，成为旗下公、铁联运货运站。

此期，鼓励发展非公有经济，一批民营、合资、股份制、个体联运业户乘势而起，从事代办、托运等联运业务，给联运市场带来竞争活力，成为联运业新生力量。陕西锦航国际货运代理有限公司联运部，专门为经营货物进出口的企业办理国际货运、物流、联运等业务。西安市2000年申请开办联运业务企业有增无减，经市工商局审批成立的联运企业298户，而同期在市场从事联运业务的约3 000～4 000户，大多为个体代办、托运户。联运经营业户总体数量多、规模小，竞争秩序不规范，服务质量不高。

2001年，随着鼓励物流产业发展政策出台，联运一票到底、一次结算、全程服务的方式，与物流一体化服务模式不谋而合。伴随物流产业蓬勃兴起并渐成规模，传统联运业务逐渐融入物流服务。省内相继涌现大批物流企业，外省一些物流企业进军陕西道路货运市场，参与和拓展公、铁联运，公、铁货代等，成“十五”时期联运业发展新特点。中铁快运股份有限公司、中国邮政速递物流公司等大企业陕西省分公司，依托本单位专用线、客户群和独特业务，经营持续稳定发展。上海德邦物流运输有限公司在陕设多家分公司，主营公、铁、空联运代理和道路整车、零担货物运输，为多家大型零售商、采购商和知名产品制造商提供物流服务。

联运市场竞争不断加剧和转型发展，原有国有联运企业受经营管理观念落后、机制不活等制约，逐渐陷入竞争乏力、业务萎缩困境，多数逐步被市场淘汰。西安市联合运输中心因经营不善，资不抵债，2005年9月依法破产。西安市经济委员会所属联运办公室由6个撤并为3个，业务日渐萎缩。市、区属原十几户联运小企业，大部分转产或停业。渭南联运公司与改制后的咸阳联运公司，继续维持联运经营，但业务量不大。汉中联运公司大部分职工下岗或自谋出路，企业瘫痪。铜川、安康、商洛、延安、榆林5市联运公司均连年亏损，大部分职工流向社会，小部分留守人员靠少量业务和收取房租勉强支撑。

2005年12月，省政府将促进五种运输方式合理分工与有效衔接，列入加快现代物流业发展意见。2006年，制定“十一五”时期交通运输发展规划和物流发展专项规划，强调加快发展多式联运，推进运输服务方式转型与创新，促进联运业加快资源整合和转型发展。

西安市联合运输中心破产后，原企业部分人员重起炉灶，于2006年1月成立股份制的西安市多联联运有限公司继续经营联运业务。2007年完成公、铁联运货运量20多万吨。

陕西兴业交通集团所属公、铁联运货运站自2004年12月改组为陕西西部物流有限公司后，发挥公、铁联运和集装箱运输门到门优势，用优质服务和便捷网络，逐步占领宝鸡集装箱运输市场。

2008年9月，西安国际港务区动工兴建。其功能目标之一是以公、铁联运为依托，以与沿海国际港口合作为基础，在内陆形成货物公、铁、水联运聚集地，成为立足西安、服务西部、面向全国、连接国际的西部地区货物配送、集散和集装箱转运中心。

2009年，全省以公、铁、水联运方式从连云港出口货物274万吨，集装箱近4 600标箱。出口货物主要有矿石、煤炭、钢材、化肥、农药等。2010年5月12日，西安与连云港两市签署《大陆桥物流联盟合作协议》，共同开展公、铁、水、空多式联运业务。

第九节　物流服务

一、物流配送

20世纪90年代，商业连锁经营在西安等大、中城市出现并快速发展。连锁商业调度中心根据各超市反馈的售货进度信息，决定何时向某店送货，送什么货，送多少货；通知生产企业生产什么货，生产时间和生产数量等，配送服务主要由汽车承担。这种定时间、定线路、定人员、定车辆配送货物方式，形成物流服务雏形，道路运输物流服务即由此起步。1995年后，随着沿海等地道路运输物流服务兴起，这一新的运输服务模式引起陕西道路运输行业关注。1997年3月1日，全省道路运输管理工作会议提出逐步发展物流业。

2001年，由原西安市运输总公司更名的西安海纳汽车服务有限公司，成立股份合作制的物流公司。物流公司注册资金3 800万元，有各种大型车辆100余辆，仓储面积2万平方米。通过加强人员培训，改造提升信息系统，主动与有关企业建立协作关系，稳定物流货源等途径，加速由传统货运转向物流配送服务。公司采用快运方式，将产自浙江的服装、鞋帽、日用品及其他轻工产品，定期、定线配送至西安经销商户。

2002年，省交通厅结合推进全省道路运输结构调整，加强道路运输物流服务研究与规划。9月，省交通厅与厅运管局、省运输服务中心、省道协、长安大学等，联合开展物流业发展研讨，提出对道路运输在物流业发展中明确定位；物流业发展要抓好政策和规划制定、措施落实、信息化建设和站场建设等；加快对传统道路运输业改造，以运输为本，延伸两端服务，向现代物流业转型。交通系统组织或联合开展多项物流服务课题研究，研究道路运输物流服务发展思路与途径。2004年12月，陕西西部物流有限公司在宝鸡成立。公司下设煤炭交易配送中心、集装箱配送中心等6个经济实体，为以大宗物流配送为主，物流仓储、专用货场、货运信息相互依托物流企业。其煤炭配送，主要是将煤炭由交易中心配送至宝鸡市区及周边县用户，年配送量约50万吨。集装箱配送，主要是将集装箱由配送中心配送至宝鸡火车站或用户，月配送量约200标箱。

2005年，省政府关于加快现代物流业发展意见颁布。省交通厅成立物流业发展领导小组，研究和规划物流发展。安康市道路货运经营业户依托商品批发和建材市场，发展货物配送站，以火车站上、下站物资及码头煤炭、烟草、矿石等物资配送为主，为商场、超市、建材市场等提供货物分拨、配送、仓储服务，满足商户对“小批量、多频次、快速度”货物配送要求。2005年全市货物配送站增至18家，年配送货物约200万吨。

陕西商业储运总公司2003年10月建成的华通物流基地货物交付区。该基地可容纳40辆16米的大型货车同时作业

此期，社会上兴起物流热，许多运输企业、货运站场以发展物流服务和提供物流配送为营销手段，众多道路运输经营单位冠之以物流公司或物流中心之名，实际大部分仍以传统货运为主，真正从事物流配送服务的企业为数不多。

2006年，省交通厅确定“十一五”时期重点构建“大运输、大物流”发展战略，制定关于促进现代物流业发展意见，提出以培育物流市场为前提，以道路运输物流服务基础设施为支撑，以先进信息技术为手段，并与全省物流体系相协调，尽快建立和完善交通物流服务体系；确定交通物流服务发展5项重点任务，即交通基础设施网络、物流服务基础设施网络、物流服务信息平台、物流服务市场和物流服务经营主体，引导道路运输企业扬长避短，发挥优势，拓展物流服务。

随着全省物流量大幅增长，计算机技术、互联网技术迅速普及提高，推动道路物流配送步伐加快，规模扩大，水平提升，第三方物流企业发展。宝鸡市立足区位及产业优势，打造毗邻甘肃、宁夏、四川等省（自治区）区域物流中心。2006年全市有40

户企业从事物流服务，道路物流配送约690万吨，约占全市道路货运量14.31%；有第三方物流企业20户，从业人员近3 000人，仓储面积18万平方米，计算机管理系统21套，运输车辆1 710辆，固定资产1.20亿元，年营收9 000余万元。第三方物流企业配送物资主要有煤炭、矿石、建材、烟草、酒类、日用品等工业品及粮食、水果、蔬菜等农副产品。

西安市道路物流配送要素如运输、仓储、货代、信息、包装等发展快速，初具规模。2007年全市220户物流企业，其中约1/5由传统道路货运企业转型而来，其他为新立物流企业；共有营运货车6.90万辆、总吨位16.90万吨。这些企业和车辆大部分是整车或零担货运与物流配送兼营，其中约1/10专事物流配送，年配送货物约2 400万吨；配送货物主要有建材、服装、粮食、肉类、鸡蛋、瓜果、蔬菜、乳品、饮料、酒类等；配送车辆大多为厢式货车。

2007年12月，省交通厅制定的《陕西省道路运输发展纲要》提出，依托生产制造基地、高新技术园区、城镇商品集散地和大型超市、批发市场、连锁店，利用信息网络、经营网络和仓储设施，大力发展共同配送、单向外包等社会化物流配送；鼓励骨干专业运输企业延伸和完善服务链，拓展原料供应、货物储存、分拣、冷藏、包装、运输、发送等业务领域，从传统货运向现代物流服务转型。

西安海纳汽车服务有限公司集装箱物流分公司拥有物流运输车辆36辆。图为2008年12月19日公司车辆在运营途中

总结各地道路物流配送发展现状，2009年，省交通运输厅强调稳步推进物流设施建设和物流组织，按照全省物流园区和物流发展规划，进一步做好有关运输枢纽、站场、信息平台规划和建设，整合货运资源，鼓励道路货运企业向现代物流企业转型，提供一体化物流服务。各地结合推进道路运输结构调整，引导货运企业延伸经营范围，拓展增值服务，发展物流配送，推进产业转型升级。是年，西安部分快捷货运车辆进驻部分物流中心，物流中心将送货信息发送至快捷货运车辆显示器，司机根据接收的信息装货并送达客户，实现资源和信息共享，货物配送效率大大提高，同时提升快捷货运服务水平。陕西大件公司成为全国物流百强企业。西安海纳（集团）物流总公司拥有西安海纳物流、西安海纳集装箱物流两个分公司，是年配送货物3.90万吨，发运车次3 100多辆次，物流配送服务对象由西安伊利泰普克有限公司1户，拓展至西安雅致集成房屋有限公司、西安普利森机床有限公司等多家企业。

城镇连锁超市不断扩展，为道路运输物流配送提供新的商机。连锁超市物流配送模式一般有第三方物流、供应商配送、自营配送等。沃尔玛、麦德龙、家乐福等跨国连锁企业所开超市，一般采用第三方物流模式；国内连锁超市如人人乐、家世界、华润万家等，一般采用供应商配送模式；早期发展起来的连锁超市一般采用自营配送模式。如陕西海星超市，设有陕西海星物流配送有限责任公司负责配送，拥有仓储面积1.70万平方米，库存商品约1万种，日进出库量约1.50万箱。该公司自有运输车辆30余辆，运输网络遍布全省，既承担海星连锁超市130多家门店物流配送，同时为TCL电器、东芝电器、海星贸易公司等客户提供省内配送服务。

农村物流业逐步兴起并发展，扩大道路运输物流配送市场。大荔县在县城和部分乡镇建立以农副产品运销和日用品配送为主物流服务网络，县城设有占地1.50万平方米仓储、1 200平方米的货物配送中心，由12户货物托运部进行配送经营，所有从村镇购进、外销的农产品，或需由县城运往村镇的生产资料等货物，均经此转换。该县荔农物流公司将县境划分为东南、东北、西南、西北4个经营片区，开通4条零担货运班线，投放4辆零担货运车辆，每日往返全县18个镇和200多个建制村，定时、定点、定线配送货物，形成覆盖全县80%的镇和40%建制村的物流服务网络。年配送农业生产资料约5 000吨，农产品和日用品约15万吨，部分农商户足不出户，即可进货、销货。

2010年1月，在西安召开的全省交通运输工作会议提出，要把现代物流作为运输结构调整、发展方式转变的战略重点，促进现代物流发展。是年9月，省交通厅运管局制定全省传统货运业向现代物流转型指导意见，提出完善基础设施、培育经营主体、强化人员培训等多项措施。随着全省道路运输物流配送持续增长，部分物流企业向规模化、专业化发展，涌现出一批规模较大物流配送企业。如宝鸡康龙快运有限责任公司、陕西东运物流有限公司、西安贝斯特物流中心、陕西大件公司等。这些企业以先进物流理念和物流组织手段，提供集运输、仓储、加工、配送等为一体的综合性、专业化物流服务。

二、货运代理

道路货运代理由来已久，多集中在大、中城市，主要是为货主联系承运人和运输工具，并将货物送达目的地。经营者有知名大公司在陕设立的分公司，亦有本省一些企业。知名大公司所设分公司多数代理大宗国际货运，涉及公、铁、海、空联运。本省企业也有代理国际货运或代理国内货运的，普遍规模小，实力弱。

20世纪90年代，全省道路货运市场扩大开放，运输需求增加，货运代理业发展。1992年，咸阳地区汽车运输公司在本地区建立11个货运代办站，代理零担货运业务。中国远洋运输公司西安货运分公司成立咸阳、宝鸡货运代理分站，代理咸阳、宝鸡进出口货物，并通过公、铁、海联运方式将货物送达目的地。中国远洋运输（集团）总公司直属中远国际货运有限公司，1996年成立西安中远国际货运有限公司，主要从事国际货代及包括道路运输在内的运输业务，1997年代理货运量200多集装箱标箱。1999年，西安第一汽车运输公司在原西安国际集装箱货运站基础上，组建西安远洋国际货运公司，代理铁海联运、公路门到门运输服务，2000年代理货运量3 500集装箱标箱。

实施西部大开发，陕西经济发展加速，经济外向度越来越高，国际经贸往来频繁，进出口货物大增，加之社会分工细化，带动货运代理业加快发展。以西安、咸阳为主，新增一批货运代理业户。新增业户多数属私营或股份制企业，一般规模不大，人员不多，产权清晰，机制灵活，大多代理进出口货运业务。全省货运代理业户数，2001年279户，2002年增至518户，2005年则增至883户。其中西安市649户，占全省73.50%。榆林市货运代理业户发展到38户。这些业户主要为货主选择承运人和车辆、运输路线，联系货物装卸，办理保险、支付运费等。陕西咸阳运输集团有限公司货运萎缩，零担货运中止，原11个货运代办站先后注销。

2006年后，全省道路货运代理业持续发展，陆续成立多家货运代理企业。由于物流业是融合运输、仓储、货代和信息等专业的复合型服务产业，部分企业货运代理业务与运输、仓储、信息服务等逐渐融合，转向物流服务，提供包括货代、运输、仓储、信息等在内的物流业务。西安远洋国际货运公司，除代理国际货运外，还代理国内道路货运，且从事集装箱货运、普通货运、甩挂运输等。全省道路货运代理发展至10个设区市。

2008年5月，西安贝斯特物流中心的道路货运托运服务

随着陕西机电、煤炭、水果等出口货物增长，上海、天津、大连、青岛、宁波、深圳等沿海城市货运代理企业纷至沓来，在西安等大、中城市设立分公司，直接揽取货运代理业务。2008年，天津中远国际航空货运代理有限公司在西安设立分公司，依托中国远洋运输（集团）总公司和海外网络，集代理道路货运、海运、海空联运为一体，2009年代理货运量300多集装箱标箱。

2010年，全省道路货运代理企业377户。西安、咸阳、宝鸡等大、中城市有实力货运代理企业，大都为海运、空运或者铁路进出口货物运输担当代理，但包括为通过道路运输把货物运到港口、码头、机场和火车站，或从港口、码头、机场与火车站把货物运到目的地的代理业务。

三、信息配载

20世纪70年代，陕西道路货运企业数量与规模有限，运量大，运力小，货运企业主要执行政府指令性运输计划，对货源信息需求不强。在执行和保证指令性计划运输之外，货运企业利用闲余运力承揽社会货源。这些货源主要靠电话、来人联系与业务人员上门承揽；社会上需货运车辆单位，一般通过电话或去人到货运企业联系。联系方式落后，效率低，节奏慢，信息不及时、不顺畅。

80年代开放道路运输市场，道路运输专业户与车辆迅速增多，对货源信息需求增大；同时经济搞活，运量增加，货主对车辆信息需求亦增强。一些掌握车辆或货源信息的个人，通过电话或登门入户方式，为其牵线搭桥，遂出现货运信息配载服务。1988年

5月，西安市通达交通运输信息咨询服务部成立。随后相继成立多家信息配载业户。发展之初，信息服务业户主要散布于西安市一些货物与车辆集中货场、车场周边。随道路货运市场扩大，信息配载逐步向宝鸡、咸阳、渭南等中等城市以至周边城镇发展。

信息服务业户为车找货、为货找车，多是一间房子、一块牌子、一部电话和一两个人经营。业者采集到货源信息，联系车主；采集到车辆信息，联系货主；通过为车、货双方提供信息服务，收取服务费。这种专业化信息配载服务，虽存在简单、粗放及收费乱等问题，但促进车、货信息沟通，方便车辆配载，有利合理运输，降低空驶，促进货物流通，因而得到交通部门支持。1991年，全省公路运输部门营运货车实载率65.90%。

1992年起，随着道路运输市场扩大开放，信息配载服务业加速发展。省交通厅运管局制定道路货物运输服务业管理实施细则，对信息配载服务市场准入、经营行为等加以规范，同时会同省物价部门制定收费标准，引导信息配载服务业发展。1995年，全省货运信息配载服务业户534户，其中西安市115户，渭南地区160户。

之后，信息配载向汉中、商洛等地（市）及一些县城和货物集散地发展，服务手段亦显多样化，除利用电话、告示外，多运用报纸、广播、电视等媒体发布车货信息。伴随电脑普及和信息技术发展，一些业户的配载信息应用计算机处理，利用传呼机传递。1997年，西安市运管处成立交通货运信息配载服务中心，与全国部分大中城市道路运输管理机构签订联网协议，全年为货运车辆配载货物运量41.40万吨，货物周转量达4.05亿吨公里。由于此期运力快速增加，全省公路运输部门营运货车实载率降为60.10%。

信息配载服务业发展过程中，由于经营者普遍素质不高，加之行业监管不到位，漫天要价、倒卖货源、欺诈车主货主，以及票单使用不规范等问题时有发生，运输纠纷增多。同时，经营业户数量多、规模小，经营手段落后，服务效率低，不能适应道路运输服务质量提高的要求。1998年，省交通厅运管局要求加强对信息配载服务业管理。各地（市）开展信息配载服务秩序整治，并结合道路运输结构调整，引导经营业户提高组织化，发展集约化。2001年，全省信息配载服务业户经整合后为164户，占道路运输服务业户18.24%，信息配载经营业户“多、小、散”状况始有改善。

2002年，全省有货运信息配载经营业户151户。图为西安亚欧物流市场信息配载经营业户

西部大开发加快省内外物资、商品流通，促进信息配载服务市场扩大；互联网技术快速发展与普及，带动信息配载服务手段改善，效率提高，效益增长。2003年，西安市交通运输服务中心主办的西部交通信息网开通，日点击率近千次。渭南市运管处建成渭南物流信息网，全市38户信息配载服务业户，有60%利用互联网发布车、货信息，日发布量1 000多条。次年用

户增至250户，发布车、货信息40多万条，成交额达10亿多元。信息配载服务业户利用手机传递车、货信息则更为普遍。西安亚欧货运市场等，采用大型电子显示屏发布车、货信息。

2005—2010年，全省道路货运信息配载服务呈现以下变化：

——经营业户数量变化大。信息配载服务业户数量最多为2005年共398户，占道路运输服务业户22%。经营业户较2001年增长1倍多。2010年，信息配载服务业户为342户，较2005年减少56户，减幅14.07%。

——信息配载与物流信息服务融合。大型道路运输货场建立物流信息发布平台，扩展信息来源，提高服务效率。如西安亚欧物流市场设立电子显示屏，将采集到的信息在显示屏发布。宝鸡市信息配载服务业户90户，部分业户进驻陈仓物流园区，方便车主货主，业务量和收益增加。渭南物流信息网免费向全市货运企业提供信息服务。

——服务方式多样化。电话、手机联系，报纸、电视推介，网络信息发布，户外及车体广告等，成为道路货运信息配载服务主要方式和手段，而利用网络交易则成为信息配载服务常态。信息配载服务方式多样化，促进货畅其流。2010年，西部交通信息网日点击率达3 200余次，日发布信息达5 800余条。

——业务经营范围延伸。一些业户由过去单一提供车、货信息，到增加货物运输、货运代理等业务。如宝鸡市渭滨运输配载信息服务部，营业范围为货运配载信息和货物运输。

道路货运信息配载服务促进货运组织合理化。2010年，全省道路营运货车实载率提至69.60%。

专记　鲜活农产品运输“绿色通道”

“九五”时期，陕西发展高效农业，大力推进渭北旱塬苹果、汉中柑橘等果业产业化发展。1998年，全省果品产量达430.77万吨，对外销量和运输量大增。运输果品车辆通过收费公路，须交过路费、过桥费，增加运输成本。为加快以苹果为主的果业产业化发展，增加果农收入和市场供应，省政府决定从是年9月15日起至12月31日止，对在全省收费公路通行的装载陕西生产苹果、梨、猕猴桃、枣和柑橘5种果品的运输车辆路、桥通行费减半收取。这一政策实施，明显降低上述果品销售运输成本，促进果品快速流通及市场供应，受到果农与经销商欢迎。

1999年起，省政府每年发布开通果品“绿色通道”通告。享受“绿色通道”运输优惠政策的果品品种与通行费优惠比例不变，而“绿色通道”开通时间则根据果品的季节性进行调整。虽每年“绿色通道”开通时间长短不一，但总体开通时间不断延长。是年从 9 月15日起至次年 2 月15日止，为期5个月；2000年从9月15日起至次年4月30日止，为期7个半月；2001年从9月15日起至次年3月31日止，为期6个半月；2002年、2003年，均从9月1日起至次年4月30日止，为期各8个月。每年减免果品运输车辆通行费约3 000万元～4 000万元不等。

这一时期，各收费公路收费站利用可变情报板、悬挂横幅等方式，宣传“绿色通道”惠民政策，并设服务台为群众提供政策咨询和引导服务。随着公路加速发展，“绿色通道”里程相继延长，运输果品车辆不断增多，收费公路管理与经营单位为便利车辆通过，在各公路收费站设置“绿色通道”指引标志，开辟“绿色通道”专用通道，引导和方便果品运输车辆优先、快速通过。果品运输车辆经过收费站，经收费员检验确认无误后，按规定收取通行费。

“绿色通道”政策施行，促进全省果业销售。每到果品收获季节，各地客商纷至沓来，果农收入增加，市场供应充足，政策效应显现。随着果业种植规模、运销量进一步扩大，以及省内蔬菜、活畜、肉、蛋、奶产业化发展，省政府决定从2004年9月1日起，“绿色通道”由过去季节性开通改为常年开通，装载上述果品车辆的公路通行费由减半收取改为免收，同时将减收车辆通行费鲜活农产品范围，扩大到整车（装载的鲜活农产品占该车核定载质量70%以上）载运的蔬菜、瓜果、活猪、活羊、活鸡、鸡蛋等。

2005年，贯彻交通部、公安部、农业部、商务部、国家发改委、财政部、国务院纠风办联合发布的全国高效率“绿色通道”实施方案，省政府决定从12月1日起，全省收费公路开通国家“绿色通道”，运输鲜活农产品车辆不分省内外，同等享受通行费免费政策。免收车辆通行费鲜活农产品范围，扩大为新鲜蔬菜、水果，鲜活水产品，活畜禽，新鲜肉、蛋、奶。

2006年8月，随着鲜活农产品生产、销售规模增加，收费公路交通量增长和“绿色通道”运输逐年增多，省交通厅为确保“绿色通道”畅通，要求各收费公路管理、运营单位按照收费公路标准，做好通行道路管理和养护工作，积极创造条件，为鲜活农产品运输车辆通行提供优质服务；要求各级交通行政执法单位在执法中，对运输鲜活农产品车辆没有明显违规行为的，不得随意拦车检查；坚持发现违章、健全记录、优先通行、事后处理的原则，严格规范执法人员行为，杜绝公路“三乱”（乱检查、乱收费、乱罚款）现象；在国家鲜活农产品“绿色通道”沿线收费站醒目位置设置公示牌，向社会公示鲜活农产品种类、“绿色通道”优惠政策、规范执法的规定及咨询与举报电话等。同时规定，对拒绝通过指定车道，或拒不接受核查车辆，超限超载运输鲜活农产品的车辆，不予享受“绿色通道”优惠政策。

2009年6月，西宝高速杨凌收费站鲜活农产品运输“绿色通道”专用道口

“绿色通道”政策是一项促进农业增效、农民增收的惠农惠民政策，但在执行中，出现假冒“绿色通道”车偷逃通行费现象。全省各收费公路收费站在保护鲜活农产品合法运输车辆的同时，对假冒鲜活农产品运输的车辆，一经发现，依据有关法律、法规处理。省高速集团西禹分公司富平管理所蒲城收费站等，将保障“绿色通道”畅通与

打击假冒车辆相结合，采取措施主要有：

——对经常通行“绿色通道”车辆建立档案，记录车型车牌、拉运货物类别、通行线路频率等，做到快速放行；

——车流量猛增时，启动收费站车流量猛增应急预案和“绿色通道”快速放行制度，通过设立预检区、辅检区，先行引导“绿色通道”车辆在预检区拍照，当车辆进入收费车道后直接免费放行，后在收费站广场摄像头下外勤人员再上车查验；

——对从外观难以辨别是否装载鲜活农产品的大型货车，耐心做好车主和司机工作，上车进行查验；如遇厢式货车则入车厢查验。

2007年8月，在开设陕西“绿色通道”和国家“绿色通道”基础上，陕西省与重庆市政府为促进两地农产品流通，降低运输成本，拓展产销渠道，确保市场供应，经两地交通部门协商，开通陕西—重庆省际“绿色通道”。该“绿色通道”路线，包括重庆市全部收费公路、陕西境内国家鲜活农产品运输“绿色通道”及经宝鸡市姜眉公路通往汉中市的果品运输“绿色通道”。享受“绿色通道”鲜活农产品为两省（直辖市）地产的新鲜蔬菜（含瓜类蔬菜和根茎类蔬菜）、水果、活家禽、活家畜、鲜活水产品和生鲜蛋。自此，陕西实现与四川、甘肃、湖北、河南、山西、宁夏、内蒙古、重庆周边8省（自治区、直辖市）“绿色通道”互通。是年，全省“绿色通道”免收鲜活农产品运输车辆公路通行费1.37亿元。

“绿色通道”政策施行使果农得到实惠。2007年，洛川县人年均苹果收入上万元的村49个，收入3万元～5万元的果农户1.60万户，收入5万元～10万元的果农户7 886户。

2009年10月，省交通运输厅对“绿色通道”运输进一步加以规范。主要是：凡享受“绿色通道”优惠政策车辆，必须在规定的“绿色通道”网络路线行驶；装载货物属于“绿色通道”鲜活农产品范围；鲜活农产品装载占车厢容积80%以上；车货总重未超过公路承载能力。同时明确，不属于享受“绿色通道”政策、易被混淆的产品种类：非新鲜食用菌、坚果类产品，观赏鱼类、非畜禽类产品，粮食类、非肉类产品，调味类产品，冷冻（藏）产品。在实际运行中，由于对车辆装载空间是否达到80%难以界定，加之有的车辆混装现象严重，车辆通过“绿色通道”时，需要路政人员逐车打开包裹上车查验、拍照，并报监控登记，每辆车查验约需15分钟才能完成，造成收费站通行能力下降。“绿色通道”交通繁忙的公路收费站，每天需要多名路政人员进行查验，工作难度和强度都很大。

2009年7月18日，陕西省公路路政执法总队高速路政二支队西安绕城高速大队路政人员对运输鲜活农产品车辆进行查验

2010年，全省共有325个公路收费站设鲜活农产品“绿色通道”。图为鲜活农产品运输车辆通过西宝高速三桥收费站“绿色通道”

2010年12月，贯彻《国务院关于进一步促进蔬菜生产保障市场供应和价格基本稳定的通知》（国发〔2010〕26号）、《国务院关于稳定消费价格总水平保障群众基本生活的通知》（国发〔2010〕40号）精神，以及交通运输部、发改委、财政部联合下发关于进一步完善鲜活农产品运输绿色通道政策的紧急通知，从是月1日零时起，陕西全省收费公路对所有整车合法载运鲜活农产品车辆免收通行费，并放宽免费范围。在交通运输部、发改委确定的《鲜活农产品品种目录》基础上，将马铃薯、甘薯、红薯、白薯、山药、芋头、鲜玉米、鲜花生列入鲜活农产品品种目录。至是年年底，全省开通鲜活农产品“绿色通道”共7 365公里，其中高速公路3 075公里，其他公路4 290公里。

全省开通收费公路鲜活农产品“绿色通道”13年，累计减免鲜活农产品运输车辆通行费11.72亿元，有效促进鲜活农产品产业化发展，改善鲜活农产品流通环境，保护农民生产积极性，运输与经销业户亦得到实惠，同时保障城乡市场供应。

第三章 运输辅助业

道路运输辅助业包括汽车维修、汽车综合性能检测、驾驶培训和搬运装卸，为道路运输提供技术、智力支持服务。1991—2010年，全省民用汽车快速增长，道路运输不断发展，带动运输辅助业加速成长。汽车维修业扩大经营规模，完善网点布局，加快技术进步，规范分类经营；维修内容从注重汽车性能和安全，转向汽车性能、安全与环保、节能减排并重。特约维修、定点维修、专修厂等新型维修服务方式发展，集维修配件供应、信息反馈和售后服务为一体的3S[①]店应运而生，并向包括整车销售在内的4S[②]店拓展，满足多类别、多层次汽车维修需求。维修救援起步。汽车综合性能检测由部门兴办转向社会兴办。检测技术和设备逐步自动化、智能化；检测内容从汽车安全性、可靠性、动力性、经济性扩展至环保和节能性，促进营运车辆保持技术性能，保障运输安全，并促进节能减排。汽车驾驶员培训逐步专业化、社会化；培训对象由职业群体普及到非职业人群；培训内容从偏重驾驶技能向包括驾驶技能与职业道德在内的素质教育转变；培训方式由单一转向灵活多样，促进汽车驾驶人员素质与技能提高。搬运装卸组织结构、服务方式和设备技术等，在市场竞争中整合、调整和提高，并逐步专业化、机械化，满足道路运输对搬运装卸服务需求。

第一节 汽车维修

一、维修网点

经过20世纪80年代放宽搞活，全省民用汽车大量增加，车辆维修需求空前旺盛。一些企业、集体或个人投资兴办汽车维修厂点，专业维修企业与运输企业保修厂（场）对外开放，承揽社会车辆维修。一些企业利用人才、技术、设施、设备、场地等优势，发展特约维修服务。1986年，省公路局汽车修理厂与日本通商株式会社成立日本丰田汽车特约售后维修站。西安唐都汽车维修厂成立大众汽车特约维修站，提供集零配件供应、售后服务、信息反馈为一体的3S服务。1991年，全省汽车维修经营业户2 690户。其中国营538户，集体619户，个体1 533户；从业人员4.46万人；全年主营收入2.55亿元。

注[①]：3S为维修配件供应、信息反馈和售后服务英文Sparepart、Survey、Service首个字母简称。

注[②]：4S为维修配件供应、信息反馈、售后服务和整车销售英文Sparepart、Survey、Service、Sale首个字母简称。

1992年起，汽车维修市场扩大开放。省交通厅加强引导和规范，在全省推行合同维修制度，规范中外合资汽车维修审批程序。1993年合资维修企业起步。是年，宝鸡市众信汽车销售服务有限公司成立上海大众汽车宝鸡特约维修站，提供3S服务。至1997年，全省汽车维修经营业户达到6 278户，其中一类业户159户，二类业户1 692户，三类业户4 427户。汽车维修经营业户中，中外合资维修企业有3家。是年完成汽车大修4 701辆次，总成大修2.99万台次，汽车二级强制维护20.33万辆次，全年主营收入5.62亿元。

1998年后，汽车维修业调整结构，向技术密集型和专业化、规模化发展。贯彻国家技术监督局《汽车维修业开业条件》（技监国标函〔1997〕09号），对汽车维修经营业户经营范围和技术类别重新定义，并提高维修标准，确保维修质量。随着民用汽车增加，特别是进口小汽车日益增多，维修市场出现进口小汽车修理难问题。一些特约维修站加强进口小汽车修理，并增加整车销售业务。

1999年7月，全省首家汽车维修4S店——陕西银光汽车贸易有限公司4S店在西安成立。4S店由汽车生产商授权设立，是集整车销售、零配件供应、售后服务、信息反馈“四位一体”的汽车经营服务方式，以经营单一汽车品牌为特色，拥有统一外观形象、统一标识和统一管理标准。随着国内外各种品牌汽车大量进入市场，4S店发展很快，并由西安向其他中等城市拓展，带动汽车维修业技术进步和服务转型。

“十五”时期，全社会民用汽车保有量继续快速增长，小轿车加速进入家庭，为汽车维修业提供广阔市场。社会资金大量进入汽车维修市场，涌现出一批股份制、合作制维修企业，如渭南宏业汽车修理有限责任公司、铜川市公共交通有限责任公司客车大修厂、安康市安运运输集团汽车运输有限公司保修厂。一、二类维修企业西安航空四站汽车服务有限责任公司、宝鸡市秦龙汽车修配有限公司等扩大规模，提高专业化维修水平。国内外各种品牌汽车维修连锁经营、专业维修快速发展，进口小汽车修理难问题得以解决。随着农村汽车等机动车保有量增加，汽车维修厂点加快向县和县以下城镇及主要公路沿线伸展。全省维修经营业户由2002年的7 487户，增至2004年的9 365户。此期，全省中外合资汽车维修企业发展到21家。4S店成品牌汽车销售及售后服务一种普及化业态。陕西省汽车工业贸易总公司先后在西安、咸阳、延安设立上海大众4S店、众秦大众4S店、福腾福特4S店、福秦福特4S店、盛方斯柯达4S店等17家4S店，成为经营众多汽车品牌的集团化汽车销售服务企业。

2003年11月1日成立的西安金花宝马汽车服务有限公司，在西安高新区设立4S店，为客户提供汽车销售与售后维修等服务

2005年年底，全省汽车维修业户9 736户。其中一类业户175户，二类业户1 281户，三类业户8 280户（含摩托车维修业户2 065户）；从业人员8.70万人。全年完成汽

车大修9 912辆次，总成大修4.39万台次，汽车二级强制维护50.80万辆次。主营收入8.20亿元。

2006—2010年，全省民用汽车保有量年均以30.34%的速度增加，汽车维修业在结构调整中扩大经营规模，着力发展专业化维修、快速维修，提高维修服务品质。各市建立多家3S、4S店和专修厂。宝鸡市建立40多种车型特约维修站。西安市4S店达到89家，且继续扩展，国内外多种品牌汽车都在西安设有4S店，可满足欧、美、日、韩等进口高档系列车型及国产新车型维护、维修及配件供应需求，并且用户可就近择优送修。中外合资股份制维修企业发展到42家。小轿车4S店多集中在城区，大型车辆4S店多分布于城郊。全省其他中、小城市和经济发达县城，均有一、二类汽车维修业户，所有县城均有数量不等三类汽车维修业户。

2010年年底，全省机动车维修经营业户发展到1.12万户，比2005年增长15.52%；其中一类业户256户，二类业户1 830户，三类业户6 749户，摩托车维修2 232户；从业人员8.23万人。全年完成汽车大修2.21万辆次，总成修理4.78万台次，汽车二级强制维护58.71万辆次。

二、维修内容

1991年，贯彻交通部《汽车运输业车辆技术管理规定》（交通部令1990年第13号），全省汽车维修实行“定期检测、强制维护、视情修理”，改过去计划维修为视情修理，改大拆大卸保养为二级维护。修理分为汽车大修、总成大修、汽车小修和汽车零件修理4类。7月6日，省交通厅提出经陕西省技术监督局审查批准，发布《汽车专项修理技术条件》（陕技监局标发〔1991〕18号）13项标准，汽车专项修理作业工艺和质量有地方标准可依。

1992年11月12日，省交通厅颁发《陕西省汽车运输业车辆技术管理规定实施细则》（陕交运发〔1992〕429号），各地加强车辆二级维护和车辆检测诊断技术应用，中型汽车运输企业和维修企业逐步装备汽车检测设备，完善检测手段。

鉴于全省各地实行二级强制维护作业标准执行不统一、不规范等问题，1994年4月，省交通厅下发《关于实行“陕西省运输车辆二级强制维护管理制度”的通知》（陕交运〔1994〕101号），推行运输车辆二级强制维护制度，规定营业性运输车辆二级维护作业，由经各地（市）道路运输管理处审定、核发从事二级维护作业及以上范围“经营许可证”的维修企业（含运输企业或车队）承担，厂方与车主签订维修合同，按操作程序规范操作；维护竣工必须上线检测；检测数据符合标准，才能签发出厂合格证。同时，实行“二级强制维护卡”制度，加强车辆技术管理，该卡附入道路运输证，接受运输行业管理机构监督检查，并作为营运车辆年审考核内容。二级维护间隔周期为8 000～1.40万公里（或3个月）。进口车辆维护间隔周期依据出厂说明书规定执行。二级维护作业执行交通部《汽车维护工艺规范》（JT/T201-1995），作业内容分为：日常维护、一级维护、二级维护。

日常维护，由驾驶员每日出车前、行车中和收车后负责执行，中心内容是清洁、补给和安全检视。

一级维护，由运输企业维修单位或汽车维修企业负责执行，中心内容除日常维护作业外，以清洁、润滑、紧固为主，并检查有关制动、操纵等安全部件。

二级维护，由汽车维修企业负责执行，中心内容除一级维护作业外，以检查、调整为主。

1997年10月16日，省交通厅颁布《陕西省汽车（摩托车）维修工时定额》（陕交运〔1997〕007号），原1987年颁布的汽车、摩托车维修计费工时定额废止。新工时定额比过去有所提高，新增汽车维护工时定额（见表4–3–1、表4–3–2）。此后，随着汽车维修进一步市场化，交通部门未再制定全省统一维修工时定额。

1998年，随着汽车技术进步、性能提高，维修市场竞争加剧，全省汽车维修企业加大设备投资，提高技术水平，落实省交通厅制定的维修质量保证期制度，完善汽车技术等级评定签章、车辆二级强制维护签章、车辆维修竣工检测、出厂合格证发放等台账和制度。全省汽车维修质量提高，汽车大修返修率1.44%，汽车总成大修返修率2%，汽车二级维护返修率1.08%，其他汽车维修返修率0.52%。

2000年，重点贯彻执行维修人员持证上岗、维修车辆出厂合格证、维修质量保证、维修合同执行、统一工时定额等6项制度，推行维护工艺规范、修理质量检查评定、维修开业和技术等级评定等4项标准，促进汽车维修业调整结构，提高服务质量。西安市汽车维修行业管理处在区（县）推行合同强制维护工作，全年完成二级维护车辆6.56万台次，出厂合格证签发率达到95%以上，车辆维护竣工抽检合格率达到90%以上。渭南市汽车二级维护上线检测率达到90.50%，全市车辆技术状况上升，装备齐全、性能良好的一级车达到26%、二级车达到74%。宝鸡市二级维护车辆共2.30万台次，合同书使用率达到90%以上，出厂合格证签发率达到100%。随着现代化检测诊断技术、“机电一体化”维修技术应用，传统眼观、耳听、手摸的经验式诊断故障手段，原始粗放、大拆大卸型修理作业方式，逐步为换件方式所取代，维修人员劳动强度减轻，生产效率和维修质量提高。

2002年起，贯彻新颁国家标准《汽车维护、检测、诊断技术规范》（GB/T18344-2001），全省汽车维修增加检查调整发动机工作状态和排气污染控制装置等内容。同时，按照交通部4号令颁布的《道路运输车辆维护管理规定》，增加汽车二级维护作业内容。除一级维护作业外，以检查、调整转向节、转向摇臂、制动蹄片、悬架等易损或变形安全部件为主，并行轮胎拆卸、换位，检查发动机工作状态和排气污染装置等；汽车挂车随主车一并进行各级维护。2005年，全省维修行业维修返修率大幅降低，汽车大修返修率0.95%，汽车总成大修返修率0.55%，汽车二级维护返修率0.19%，其他汽车维修返修率0.40%。

2008年8月12日，汉中市比亚迪汽车特约维修站维修作业

陕西省1997年汽车大修及总成大修主要项目工时定额一览表

表4-3-1　　　　　　　　　　　　　　　　　　　　单位：工时

序号	作业项目	汽油货车			柴油货车				客车					吉普车		小轿车			备注
		1吨以下	3、5吨以下	5吨以下	3、5吨以下	5吨以下	8吨以下	12吨以下	微型客车	轻型客车	中型客空	大型客车	铰接客车	北京2020	北京2021	普通类	中级类	高级类	
	整车大修	720	920	1050	960	1150	1450	1750	850	1550	2150	2550	2900	870	1600	1250	1650	1850	
1	发动机附离合器	196	230	270	260	320	410	480	190	250	310	410	320	200	260	220	250	280	
2	变速箱附传动轴	46	58	64	58	70	96	114	50	65	80	94	96	62	123	85	110	120	
3	前桥附转向	55	69	78	70	83	106	125	56	72	98	115	114	72	120	106	128	135	
4	后桥（含中桥）	50	65	75	65	80	100	128	52	70	96	115	150	58	105	50	75	80	
5	车架、悬挂	50	76	81	76	100	115	135	55	85	120	133	160	60	76	53	70	93	
6	车身、车厢	121	166	200	174	212	287	360	200	562	900	1052	1322	163	300	250	330	378	含坐垫装饰
7	制动	32	34	40	34	40	46	64	34	38	44	48	56	34	44	38	44	56	
8	电器、空调	52	76	82	77	85	95	110	65	90	106	111	110	165	220	130	240	280	
9	轮胎	10	16	18	16	18	22	32	10	16	20	22	30	16	18	16	18	18	
10	喷烤漆	60	80	90	80	90	115	140	90	250	322	390	480	90	280	252	330	350	
11	整车调试检测	48	50	52	50	52	58	62	48	52	54	60	62	50	54	50	55	60	

说明：表中数字选自陕西省交通厅颁1997年《陕西省汽车（摩托车）维修工时定额》

陕西省1997年汽车一、二级维护主要项目工时定额一览表

表4-3-2　　　　单位：工时

序号	维护项目	汽油货车			柴油货车				客车					吉普车		小轿车			备注
		1吨以下	3、5吨以下	5吨以下	3、5吨以下	5吨以下	8吨以下	12吨以下	微型客车	轻型客车	中型客空	大型客车	铰接客车	北京2020	北京2021	普通类	中级类	高级类	
（一）	二级维护	43	55	62	58	65	81	94	46	58	72	90	96	53	65	55	66	72	
1	维护前诊断	4	5	5	5	6	7	8	4	5	6	7	7	5	6	5	6	6	
2	发动机、离合器	8	12	15	14	17	22	26	8	12	15	22	18	10	15	13	16	18	
3	变速、传动	3	4	5	4	5	6	7	3	4	6	7	7	4	5	4	5	5	
4	前桥、转向	4	5	6	5	6	8	10	4	5	7	8	8	5	6	5	5	5	
5	后桥	3	4	5	4	5	7	8	3	4	6	7	10	4	5	3	5	5	
6	制动	2	2	2	2	2	3	3	2	2	3	3	4	2	2	2	2	3	
7	车身、车厢、车架	2	3	3	3	3	4	5	4	6	7	10	12	4	4	4	5	7	
8	电器、空调	2	3	3	3	3	4	5	3	4	4	6	7	3	4	3	4	5	
9	轮胎	2	3	4	4	4	6	8	2	3	4	6	8	3	4	3	4	4	
10	竣工调试检测	13	14	14	14	14	14	14	13	13	14	14	15	13	14	13	14	14	未竣工检测减10工时
（二）	一级维护	12	14	17	14	18	22	24	14	16	22	26	28	14	18	14	18	20	

说明：表中数字选自陕西省交通厅颁1997年《陕西省汽车（摩托车）维修工时定额》

2005年8月之后，贯彻交通部《机动车维修管理规定》（交通部令2005年第7号），全省汽车维修业机动车维修工时定额、收费标准实行备案制。即机动车维修工时定额由维修企业决定，可采用机动车维修行业协会等中介组织统一制定机动车维修工时定额，或采用车辆生产厂家提供的工时定额，也可由维修企业自行制定工时定额，机动车维修工时单价由维修企业根据企业经营管理、服务能力及当地经济发展水平自行核定。

2010年7月30日，西安丰田汽车特约维修站维修人员进行车辆检修作业

2007—2010年，落实交通部2005年第7号令规定，省交通厅运管局制订《陕西省〈机动车维修管理规定〉实施细则》（陕交运发〔2007〕82号），细则重点提高维修质量保障车主权益；.鼓励连锁经营和建立救援网络完善维修服务功能；实施质量保证期制度，充分保护车主权益；建立质量信誉考核机制加强动态管理等。

三、维修技术设备

汽车维修技术设备随着汽车技术进步发展。1991—1997年，全省汽车维修企业大多沿用80年代维修技术和设备。如汉中汽车修理厂有3条修理流水线：整车解体和组装、调试、完工、入库流水线；发动机修理流水线；底盘各大总成修理流水线。两个车间有各工种维修人员近400人，设有焊工组、机械加工组、汽车电工组、玻璃钳工组、铆钳组、漆工组、零部件旧修处理组等。主要设备有大型自动清洗机、加工气缸体主轴承孔、前弓梁主销孔的卧式镗床、曲轴磨床、凸轮轴磨床、大小瓦机、镗缸机、磨缸机、车床、万能铣床、刨床、5吨气锤、校大梁专用铆接机等100多台（套），具备修理各种车辆能力。

1998年后，随着汽车制造业科技水平不断提高，新材料、新工艺、高新技术广泛应用，汽车维修设备和技术逐步现代化、电子化。贯彻国家技术监督局《汽车维修业开业条件》（技监国标函〔1997〕09号），逐步淘汰、更新传统流水线修理设备，陆续更新添置喷油泵试验台、举升机、发动机综合测试仪、前轮定位仪、气动工具、二氧化碳保护焊、烤漆房等设备和设施，运用先进机具设备检查排除故障，提高维修质量和工作效率，降低劳动强度。部分一类维修企业开始使用计算机管理。个体维修店设施设备逐步改进。更有一些维修企业针对电控汽油喷射系统的检修，使用“电子眼分析仪”“发动机故障诊断仪”“解码器”等新设备，机电一体化（即结合应用机械技术和电子技术于一体）和电喷等新技术在维修企业推广使用，实现不解体检测，先诊断，后视情修理。1999年，全省汽车维修主要维修设备12.01万台（件），其中通用设备8.11万台（件），专用设备2.61万台（件），检测设备1.30万台（件），年内新增维修及检测设备1 771台（件）、价值821.15万元。

汽车维修业技术进步对维修作业人员技能与素质提出新要求。2000年，全省汽车维修行业实行持证上岗制度。上岗证包括行业上岗证和技能资格证。各地（市）开展维修技术人员培训和技能鉴定。西安市汽车维修行业管理处批准23家符合办学条件企业承办维修工培训业务，到2001年底，两年培训546期、1.20万人次。通过培训、考试，全市取得维修技术人员中级以上职称1 089人，中级工2 320人。

宝鸡市培训汽车维修竣工检验员806人次，汽车维修技工1 200人次。是年，全省维修行业工程师以上技术人员1 006人，竣工检验员1 950人，高级工4 347人，中级工1.09万人。

2002年，汽车维修业在维修中加强汽车尾气治理。全省推广使用废气分析仪，西安等市开展定点企业废气分析仪使用全员培训。2003年，省交通厅运管局开设汽车维修网站，设汽车维修专栏，行业管理和新技术、新设备推广应用更加便捷。

2005年以来，汽车维修设备技术向智能化、信息化发展。全省汽车维修业贯彻国家质量监督总局颁布的《汽车维修业开业条件》（GB/T16739.1～16739.2–2004）新标准，维修设备要求改变为根据维修企业承修车型需要，重点由原以大型货车维修为主转向以小型车维修为主；取消随汽车技术进步不再适用的维修设备，如一、二类整车维修企业取消通用设备中普通车床、钳工工作台与镗缸磨轴等设备及除锈设备；新增针对汽车新装置的故障诊断、检测和维修设备。“汽车不解体检测诊断”技术及设备进一步发展和应用。设在西安的宝马轿车特约店使用专用的“红外线遥感器”，利用红外线遥感技术和红外线敏感装置，对车辆进行非接触式检测，车辆故障诊断与维修更加便捷。

2008年4月，陕西诚心汽车修理厂利用举升机进行车辆维修作业

2008年，全省整车维修企业和规模化的连锁维修、专项维修店，大多采用计算机进行维修经营管理。汽车维修企业逐步添置ABS故障诊断仪、雷诺发动机故障诊断仪、东风康明斯发动机故障诊断仪、玉柴机器故障诊断仪、东风朝柴等厂家的电控发动机诊断仪等设备，满足新车型维修服务需求。汽车不解体检测诊断技术设备应用，为汽车维修服务提供安全、节能、环保的技术平台，汽车维修企业维修效率、服务质量与服务水平提高。维修企业还可通过互联网维修车型故障诊断专家系统，自动而迅速地完成汽车的技术检验和故障诊断工作，并且提供详细的故障部位及维修方法。

2010年，全省汽车维修业主要设备20.41万台（件）。其中通用设备15.07万台（件），专用设备3.73万台（件），检测设备1.61万台（件）。全省汽车维修行业技术负责人7 765人，质量检验员4 930人，其他维修技术人员4.65万人。

四、维修救援

历史上车辆运行中就有紧急情况时救援，但受交通、通信和救援技术等限制，救援方式落后。车辆发生故障或抛锚，一般自行修理或就近通过电话求救，或托人送信求救，费时费力。故障车辆拖移，有公安交通管理部门拖运或自行就近联系车辆拖运等办法。

20世纪90年代，随着市场开放、车辆增加，一些汽车维修企业瞅准商机，开发汽车救援业务，维修救援方式、手段有所发展。1996年4月3日，西安市运输公司在小汽车修理厂成立机动车急救中心，提供道路急救和电话预约上门修理服务。西安市维修行业管理处设立24小时快捷维修服务网点，根据维修企业分布，确定24户快捷维修服务单位，统一标识，并通过报纸向社会公告。该维修行业管理处与各服务企业签订责任书，主要内容是由服务企业落实设备、人员、车辆和器材，公布联系电话和责任人，随时出动施救，全天候提供服务。急救中心与快捷维修业务，主要是给求救车辆提供油料、充电（搭电）、送换轮胎及现场故障排除等。

2008年5月12日，西汉高速汉中境小客车事故救援

2002年8月14日，西安市汽车维修行业管理处在24小时快捷维修服务基础上，组建“西安市车辆救援中心”。该中心属企业，实行自愿加入、权利平等、利益共享、风险共担原则。中心24小时开通“9600112”维修救援服务热线，并统一救援车辆，统一救援服务收费标准，人员经培训统一着装，持证上岗。2005年，西安市车辆救援中心现场故障排除、快修1.20万辆次，送换轮胎256辆次，拖移故障车辆至维修点823辆次，上门维修服务4 928辆次，年营业收入1 000万元。随着车辆增加和业务开展，中心服务区域由市区辐射到内蒙古、山西、甘肃、河南等周边省（自治区）。同时，宝鸡、渭南、铜川等城市先后开展维修救援业务。

2006—2010年，全省汽车维修救援有较大发展，救援内容增加，施救单位增多。在原有救援内容基础上，增加故障拖车、酒后代驾、派送锁匠服务等。故障拖车由公安交通管理部门认可的有关企业与高速公路运营管理单位分别承担；酒后代驾为汽车维修企业向酒店提供的一种服务项目。除汽车维修企业外，4S店、车友俱乐部和汽车租赁经营者等，均提供车辆救援服务业务，有的还提供24小时全国范围道路救援。

2010年，全省汽车维修救援2.36万辆次。

第二节　汽车综合性能检测

一、检测站

1991年3月15日，省交通厅贯彻交通部1990年第13号令《汽车运输业车辆技术管理规定》，部署全省开展营业性汽车综合性能检测工作，监控所有营业性运输车辆技术状况，监督汽车维修服务质量。汽车综合性能检测站建设由此起步。是年6月，省交通厅主管的陕西省汽车检测站建成运行，负责营运性车辆抽检和全省汽车综合性能检测。

1993年后，汽车综合性能检测站在全省发展。是年2月，西安公路学院建成汽车综合性能检测站。省汽车综合性能检测站与该站年检测汽车3 000余辆次。1996年，铜川、延安、安康、榆林、商洛5地（市）汽车检测站先后建成投入运行。全省首家合资检测站——宝鸡市汽车修配厂与港商合资成立的坚宝汽车检测有限公司综合性能检测站开业。

至2000年年底，全省汽车综合性能检测站增至15家。按经济成分分，12家为国有，2家属民营，1家为中外合资；按地域分，西安市5家，汉中市2家，其他地（市）各有1家。

2001年9月，省交通厅颁发《陕西省促进汽车综合性能检测站健康发展的若干意见》（陕交发〔2001〕247号），鼓励引导有条件的企业和社会力量投资综合性能检测站建设，逐步建立以汽车综合性能检测中心站为龙头，A级站为主干，B级站为基础的检测网络。2002年起，汽车综合性能检测站建设列入各市交通发展年度目标任务。省交通厅从汽车客、货运附加费中安排部分资金，用于各市汽车综合性能检测站建设补助。

得上述政策支持，多元化汽车综合性能检测站发展很快。至2004年年底，全省建成汽车综合性能检测站22个。其中既有国有企业和民营企业，还有股份制企业。按类别分，有A级站14家，B级站8家。汽车综合性能检测站数量最多的为西安市，有6家。这些综合性能检测站承担全省15万辆营业性汽车技术状况检测，并承担年均40万辆次的营业性汽车二级维护竣工质量检测。

2005年6月3日，贯彻《中华人民共和国道路运输条例》，省交通厅下发《关于汽车综合性能检测站技术服务能力认定及监督管理的通知》（陕交发〔2005〕134号），汽车综合性能检测站筹建及开业，不再执行交通部门审批的规定；申办汽车检测业务可向所属地工商行政管理机构申请企业登记，并向省质量技术监督局提出计量认证申请；汽车综合性能检测站技术服务能力（级别），需经道路运输管理机构予以认定。投资开业程序简化，有利于吸引社会资金发展汽车综合性能检测。之后，民营综合性能检测站进一步快速发展，县级城市汽车综合性能检测站增多。

2009年5月25日，陕西省汽车检测站在西安高新区选址新建，至2010年9月建成投入运营。新站按A级汽车综合性能检测站标准建设，占地面积1.80公顷，建筑面积7 675平方米，总投资3 132万元。

2010年，省交通厅运管局颁发《陕西省交通厅运输管理局关于实行汽车综合性能检测企业认定书管理的通知》（陕交运发〔2010〕46号），对经过技术服务能力认定的

2010年9月，陕西省汽车检测站检测线进行车辆检测作业

汽车综合检测企业核发认定书，实行认定书管理制度。是年，全省汽车综合性能检测站发展到54家，其中A级站45家、B级站9家；国有18家、民营36家；西安市15家，其他市（区）城区至少有1家。此外，全省30%的县（市、区）建有汽车综合性能检测站。这些汽车综合性能检测站承担全省33万辆营业性汽车技术状况检测，同时承担17.15万辆次营业性汽车二级维护竣工质量检测。部分汽车综合性能检测站还承担汽车安全检测业务。

汽车综合性能检测与公安交通管理部门的汽车安全性能检测，存在如汽车安全性能、尾气排放等检测内容重复的问题，社会上和一些车主认为很不合理，加重了经营者的负担。但受管理体制等限制，汽车综合性能检测与安全性能检测仍各自独立进行。

二、检测内容

1991—1994年，汽车综合性能检测执行交通部《汽车修理技术标准》（JT3101-81）、国家标准《汽车大修竣工出厂技术条件》（GB3798-83）。综合性能检测内容主要有：

营运车辆综合性能检测、技术等级评定：包括汽车安全性（制动、侧滑、转向、前照灯等），可靠性（异响、磨损、变形、裂纹等），动力性（车速、加速能力、底盘输出功率、发动机功率、扭矩和供给系、点火系状况等），经济性（燃油消耗）及噪音和尾气排放等项目；

汽车维修业车辆维修质量检测：包括汽车二级维护竣工质量检测、汽车整车、总成修理竣工检测；

接受委托，对车辆改装、改造、报废及其有关新工艺、新技术、新产品、科研成果等项目检测；

接受公安、环保、商检、计量和保险等部门委托，对车辆进行有关项目检测及年审车辆的安全性能进行检测。

随着汽车技术进步，运输车辆增多，汽车综合性能检测内容调整增加，检测标准不断提高。

1995—1997年，营运汽车二级维护竣工质量检测，执行交通部《汽车维护工艺规范》（JT/T201-1995）（简称201规范）。整车大修竣工检测执行《汽车修理质量检查评定标准汽车大修》国家标准（GB/15746.1-1995）。汽车维修工艺更加规范，质量检查评定标准提高。

2001年，营运汽车二级维护竣工质量检测执行国家技术监督局颁布新标准《汽车维护、检测、诊断技术规范》（GB/T18344-2001），增加检测发动机工作状态和排气污染控制装置等内容。车辆技术等级评定检测，执行国家技术监督局颁布国标《营运车辆综合性能要求和检测方法》（GB18565-2001）。

2003年6月11日，省交通厅印发《陕西省汽车综合性能检测站通用技术条件实施细则》（陕交发〔2003〕287号），根据拥有检测设备条件不同，检测站分为A级站和B级站两个技术级别。A级站可以承担汽车技术等级评定检测、汽车整车大修竣工检测和汽车二级维护竣工检测；B级站可以承担汽车二级维护竣工检测。

2005年实施国家技术监督局新颁布的《机动车运行安全技术条件（GB7258-2004），提高车辆安全技术要求及车辆噪音、排放等环保标准。车辆技术等级评定检测，执行交通部颁《营运车辆技术等级划分和评定要求》（JT/T198-2004），取消营运车辆“汽车使用年限”的规定，以车辆技术状况和性能变化，作为车辆技术等级分级的主要依据。汽车动力性检测评价，统一用“底盘测功机检测汽车驱动轮输出功率”进行。

2008—2010年，综合性能检测主要内容改为营运汽车技术等级评定和二级强制维护、维修质量检测。营运汽车技术等级评定检测执行《营运车辆综合性能要求和检验方法》（GB18565-2001）和《营运车辆技术等级划分和评定要求》（JT/T198-2004）；环保检测执行地方标准（DB61/439-2008）、（DB61/440-2008）。检测项目更具体，后者对检测项目进行属性分类，使检测结果判定便于操作。

三、技术设备

1990年1月4日，省交通厅投资122.43万元人民币，从德意志联邦共和国引进29套共62台件汽车检测设备，分别划拨给省汽车检测站、省公路局汽车修理厂和西安公路研究所使用。

1991年，省汽车检测站引进全省第1条全电脑整车不解体检测系统——日本CVIS-C1自动化检测线，采用电脑分析判断，光电自动控制、微机操纵打印等现代化手段，进行汽车综合性能检测，并购置国产底盘测功机1台。

至1996年，全省9个汽车综合性能检测站都设置检测线。商洛地区汽车综合性能检测站设置两条检测线。一条为汽车称重、制动、车速、侧滑、灯光排放、噪音功能等安全检测线；另一条为底盘测功、发动机综合测试、润滑油质分析等综合检测线。咸阳、榆林等地（市）购置汽车检测车7台，汽车综合性能检测达到C级检测站要求。

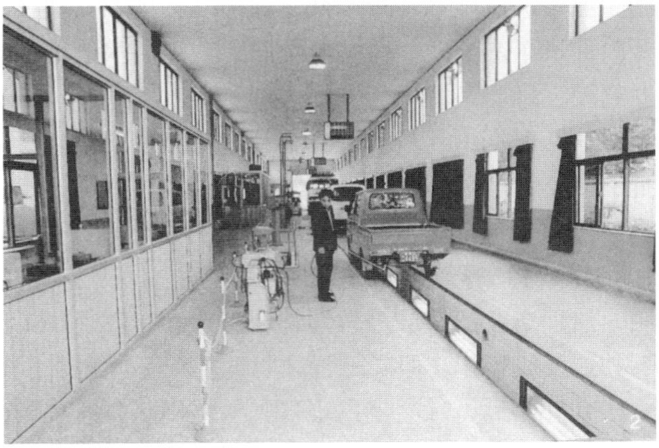

2003年10月，咸阳市机动车辆检测站利用计算机控制系统，进行营运汽车综合性能检测，提高检测效率与检测数据准确性

2003年6月6日，省交通厅印发《陕西省汽车综合性能检测站通用技术条件实施细则》（陕交发〔2003〕287号），促进汽车综合性能检测站更新或增加设备，提高技术水平。全省汽车综合性能检测站计算机控制系统技术提升，检测线将汽车发动机检测、汽车底盘测功、制动、侧滑、

车速、轴重、悬架、转向、灯光、废气排放、声级计等检测仪器、汽车整车装备与外观检查等人工检验申报系统与计算机控制网络连接，自动输出检测结果，减少人为因素，保证检测数据准确，提高车辆检测效率。

2005年后，全省汽车综合性能检测站技术设备进一步提高，新增前大灯检测仪、尾气综合分析仪、不透光度计及路试仪器等设备，增加自由滚筒以满足3轴及双后桥车辆检测。并对检测控制系统软件进行升级改造，满足技术标准变化要求。

2010年9月，新建的省汽车检测站，建成1 777平方米检测车间，配置4条自动化汽车检测线，其中3T平板检测线2条，13T、10T滚筒检测线各1条，具有车辆检测设备计算机联网测控系统。该系统借助计算机、网络通信、电子技术、自动控制等技术，将检测设备集成在一起，共同完成机动车性能的检测任务。系统主要开发语言为Visual C++，同时运用全程网络化自动识别视频监控系统，并建立汽车检测业务数据库，以满足各种统计、查询及存储需要，具备了汽车综合性能检测及安全性能检测功能。

2010年，全省汽车综合性能检测线达到187条，其中滚筒线104条、平板线41条、汽车摩托车混合检测线18条、环保检测线24条。

第三节　驾驶员培训

一、驾驶员培训机构

改革开放前，汽车驾驶员主要通过技术学校和运输企业培训。省交通学校设汽车驾驶专业，面向社会招生，培养专业驾驶员。运输企业培训沿袭师傅带徒弟的传统，徒弟作为司机助手，跟车学习、培训和实习；经考试合格、取得驾照后,方可成为驾驶员。

1991—1994年，全社会民用汽车大量增加，驾驶员需求显著增多。运输企业如西安第一汽车运输公司、商洛地区运输公司、延安地区汽车运输公司等，适应市场需求，利用企业培训设施和师资条件，面向社会培训驾驶员，逐步演变成社会化的驾校或培训班（简称班）。公安、劳动等部门，铁路、水电等系统，以及西安公路学院等，也相继开办驾校、班。

这一时期，驾校、班开办与运行，呈交通主管部门、劳动部门、公安部门等分别审批、多家管理情形。

按照交通部《汽车驾驶员培训行业管理办法》（交公路发〔1995〕246号）规定，1995年4月19日，省政府第10次常务会议决定，省交通厅负责驾驶员培训教学大纲编制、培训毕业证发放等教学管理工作和行政管理工作；省公安厅予以指导和监督，负责驾驶证发放工作。但实际管理职责并未完全理顺。

1996年后，社会上出现驾驶员培训热，速成班、短期班蜂拥而起，民营驾校大量涌现。中日合资兴办的西安市石川驾校开业。榆林地区12县（区）均开办为期1—3个月驾驶员培训班。据省交通厅运管局调查，1999年8月，全省大中城市有各类机动车驾校70余家，县城有短期或不定期培训班约100家左右；规模大者注册资金200万元上下，50辆教练车；规模小者仅有二三辆车；培训时间长则3月，短则1月；操作时间一般为40～50学时。全省1年约培训驾驶员13万人。

2000年1月25日，依据《陕西省道路运输管理条例》规定，省交通厅发布《关于加强我省机动车驾驶员培训行业管理工作的通告》（陕交运〔2000〕016号），重申由交通部门对全省机动车驾驶员培训行业实施全面管理。驾驶员培训自此由多头管理转向交通部门统一管理。

全社会民用汽车数量持续高速增长，特别是汽车成为消费热点，加速进入居民家庭，学习、掌握汽车驾驶技术成为广大群众技能需求，亦成许多大学毕业生求职就业必备技能之一，社会上学习和报考驾照热持续升温，带动驾校、班数量、规模持续扩大，驾驶员培训向非职业化人群普及。2003年年底，全省有驾校250家，其中纳入交通行业管理的170家，经道路运输管理机构核准颁发经营许可证的115家。按类分，其中1类3家，2类66家，3类44家，有教练场2处。驾校大多分布在大中城市和一些经济发达县城。其中，西安市有驾校130家。全省一年培训驾驶学员约20万人。

成立于1989年的榆林西沙昌盛机动车驾驶员培训学校，拥有各型教练车77辆，年培训驾驶员3 000余人。图为该校教练车上路培训

2004年，交通部颁布《机动车驾驶培训机构条件》（JT/T433-2004），驾驶培训机构由分类变为分级，准入条件提高。2006年7月1日起，按照交通部2006年第2号令《机动车驾驶员培训管理规定》，省交通厅运管局制定实施《机动车驾驶培训机构质量信誉考核办法》（陕交运发〔2006〕77号），组织专家对驾校进行评审；经评审合格的驾校统一编号，名单向省公安厅交通警察总队备案，并向社会公布。是年年底，全省各类机动车驾校发展到244家，其中有一级驾校（50辆以上教练车）16家，二级驾校（20辆以上教练车）109家，三级驾校（10辆以上教练车）107家。全省驾驶员培训机构训练场地面积95.36万平方米，有教练车4 306辆，教练员4 203人，年培训驾驶员20.69万人。这些驾校覆盖全省各设区市和大部分县（市、区），基本满足群众在当地学习驾驶的需求。

经过这一时期发展，各类驾驶培训代办点遍布城镇，并且出于竞争需要，培训手续简化，服务方式多样。有的上门办理培训手续，电话预约学车时间；有的短距离车接车送学员，一对一提供培训服务等，多以“学车快、约车快、拿本快”吸引学员。2007年，西安市23所驾校开办驾校网站，学员可通过电话与网络报名学车。

至2010年年底，全省基本形成一、二级驾校为主体，三级和经营性教练场地为辅助的驾驶培训体系。全省驾校达到342家，其中一级43家，二级190家，其余为三级。全省驾驶培训机构训练场地面积840.53万平方米，有教练车1.09万辆，教练员1.12万人，年培训驾驶员47.38万人。

二、驾驶员培训内容与方式

1995年之前，驾驶员培训尚无统一教材，培训学校、班多用公安部门交通安全和实际操作教材培训，培训设施设备参差不齐，培训无统一规范要求，培训方式只有全日制。

1996年，交通部《汽车驾驶员培训教学计划和教学大纲》（交公路发〔1996〕767号）施行，全省驾校开始使用交通部统编培训教材。培训内容包括：交通安全和汽车驾驶理论；汽车机械与电气常识；汽车维护与故障排除；汽车驾驶操作训练。学习大型客车（A）型，培训时间7个月，其中实际操作不少于120个操作小时；学习小型汽车（C）型，培训时间3个月，其中实际操作不少于68个操作小时。正规驾校开始使用电化教学设施，利用幻灯片和录像培训。

1998年，西安石川驾校首先推出“计时预约”培训方式，学员自主选择，利用节假日或下班后业余时间接受培训。此方式适应部分上班族和其他不能集中参加全日制培训人群的需求，因而广受群众欢迎，多家驾校效仿，“计时制”培训方式兴起。

2001年10月11日，交通部第7号令颁布《营业性道路运输驾驶员培训管理规定》，对营业性道路运输驾驶员实行从业资格证管理。2002年4月1日起，省交通厅运管局审查确定承担营运驾驶员职业培训的驾校36所，并组织对道路客运、货运及危险品运输营运车辆驾驶员进行培训。培训按照交通部《营运汽车驾驶员职业培训教学计划与教学大纲》（交公路发〔2001〕653号）进行，使用统编教材。营业性道路运输驾驶员培训内容和普通驾驶员不同，营业性道路运输驾驶员侧重于掌握其所从事职业的应知应会，普通驾驶员培训内容侧重于掌握正确、安全的驾驶技能。营业性道路运输驾驶员培训方式，由运输企业和个体运输户报名，各市道路运输管理处组织，按客运、货运及危险品运输营运车辆驾驶员类别分期分批培训。客运驾驶员培训60学时，货运驾驶员培训66学时，危险品运输驾驶员培训32学时。

2005年3月1日起，执行交通部《中华人民共和国机动车驾驶员培训教学大纲》。内容包括普通机动车驾驶员培训教学大纲、道路运输驾驶员从业资格培训教学大纲和教学日志。培训使用教材主要有交通部主编的《安全驾驶从这里开始》、《道路运输驾驶员从业资格培训教材》和北京中德安驾科技发展有限公司编写的《安全驾驶伴你行》等。

2008年8月15日，汉中市驾校学员在教练场进行驾驶培训

自实施新培训大纲起，改变过去一个培训大纲统管所有车型驾驶培训的做法，在充分研究15类不同准驾车型培训要求和教学特点的基础上，按照准驾车型分类制定大纲；并制定教学日志，突出规范化教学，并且将树立良好驾驶道德列为培训目标之一，注重增强驾驶员安全意识和职业

道德意识，最终承担起安全驾驶、保护生命的社会责任。

驾校培训内容增加、学时延长。培训教材增加大量驾驶常识和关键的安全知识，并增加素质教育内容，注重培养驾驶员规范驾驶和文明行车；增加场地驾驶难度培训，如S形、L形入库及侧位停车等。学时按不同车型都有延长，其中C类车型学时从68个学时延长至86个学时。学员理论培训每天不超过6个学时，实际操作培训每天不超过2个学时。

普通机动车驾驶员培训分四阶段，不仅要熟练掌握驾驶技术，还要掌握相关安全知识，养成安全驾驶意识，学会预测险情，培养驾驶应变能力，同时还要掌握交通事故处理、车辆保险与理赔等相关规定。以驾培小汽车（C）为例，培训时间3个月，其中实际操作改为不少于86个操作小时。第一阶段培训掌握汽车构造、机械原理、交通法规、交通标志、标线，理论课18学时、实习6学时；第一阶段培训完成后，学员可在驾校电脑室参加理论模拟考试，从电脑试题库选题答卷，电脑自动打分，可知及格与否。第二阶段培训掌握倒库、移库驾驶技术，理论课2学时、实习22学时。第三阶段培训掌握场地驾驶技术，理论课6学时、实习20学时；第四阶段培训掌握上路驾驶技术，实习4学时；另选20%学员参加夜间驾驶培训。

营业性道路运输驾驶员从业资格培训内容，有道路运输法规及各种条件下安全行车知识；职业道德和安全意识；汽车使用技术知识；汽车常见故障处理方法；道路运输专业知识。学时为：客运驾驶员42小时，货运驾驶员42小时，危险货物驾驶员30小时。

2005年3月，省交通厅运管局发文要求，各市机动车驾驶培训机构必须达到交通部《机动车驾驶培训机构条件》。全省各地驾培机构开始在教学中使用多媒体教学设备、教学磁板、驾驶模拟器、培训学时计算机计时管理系统、红外线桩考仪等电教设备设施。是年，全省驾驶培训教练车淘汰老解放和吉普车，更新为桑塔纳、富康、东风等车辆。经营性教练场地起步，渭南市机动车驾驶员培训学校建立封闭教练场，成为全省第1个经营性封闭式教练场。

2008年12月8日，西安市正华驾驶培训学校学员进行汽车驾驶模拟训练

这一时期社会分工细化和运行节奏加快，不同职业人员对接受驾驶培训方式需求变化，加之驾校之间竞争日趋激烈，各类驾校竞相调整培训方式，多种灵活方便培训班应运而生。以培训人数分，有多人（一般3人不等）单车、单人单车、双人单车等；以培训时间分，有双休班、节假日班、计时班、计时陪练班、上午班、下午班、夜间班等。有些驾校专设贵宾班，为高收入人群学习驾驶技术提供包

车培训；有的专设老年班，针对年龄偏大的学员设计培训计划；有的驾校针对初拿驾照的新手或有驾照而长时期未开车者，手把手、一对一进行熟练性培训；有的对有照无车学员设常规复训，城区、道路复训及长途拉练等课目，并出现专业的陪练机构。

针对有些驾校培训重经济收益，缩减规定学时，忽视培训质量，社会上反映培养“马路杀手”等问题，道路运输管理机构加强培训行为规范和秩序整治。2007年4月13日，省交通厅运管局下发《关于印发贯彻落实道路运输从业人员管理规定实施意见的通知》（陕交运发〔2007〕53号），促使培训机构配备IC卡学时管理系统，教室配备IC卡学时记录仪，教练员、学员使用IC卡，每天签到4次，并填写教学日志，双方签字确认，以此杜绝缩减培训课时、不按教学大纲培训和只收费不培训等现象。

2010年4月，陕西省交通厅运输管理局在汉中市举办的机动车驾驶培训教练员从业资格培训，实行集中封闭式管理，提高培训质量

2009—2010年，省交通厅运管局加强全省机动车驾驶培训教练员从业资格管理，先后在西安、咸阳、汉中等市分期、分批组织教练员从业资格培训考试，考试结果在省交通厅运管局门户网站公布。2010年4月19—27日，在汉中市举办的机动车驾驶员培训教练员从业资格培训，汉中市12所驾校161名教练员参加，其中155名通过理论和示范教学考试，合格率96%。

三、驾驶员培训考试发证

20世纪90年代，陕西驾校隶属关系不一，普通驾驶学员培训期满由驾校统一在各地（市）公安部门车辆管理所报名申请驾驶证考试。2000年起执行交通部《汽车驾驶员培训行业管理办法》，普通驾驶学员经培训期满或1个培训阶段完成后，参加考试，通过全部规定科目者，驾校发给培训结业证；驾校向公安部门车辆管理所申请驾驶证考试；考试合格者，由公安部门车辆管理所发给驾驶证。驾校培训考试，理论科目考试内容有汽车构造、交通法规、交通标志、标线等；实际操作科目考试内容有倒库、移库驾驶；场地驾驶技术；路考。

2002年起，营业性道路运输驾驶员经驾校培训，由各市道路运输管理处组织考核。试题及阅卷，由省交通厅运管局聘任的考核员承担；考核合格者，发给从业资格证。考试主要内容有：从业相关政策和规定、职业道德、安全驾驶理论和实际操作。是年，全省核发营业性道路运输驾驶员从业资格证5.96万本。2004年，全省驾驶员培训发放营业性道路运输驾驶员从业资格证6.64万本、驾驶员培训结业证3.20万本。

2006年，陕西每个驾校至少配备1名经省交通厅运管局培训，并经考试合格，持有考核员证的考核员。考核员负责普通汽车驾驶培训结业考核和道路运输驾驶员从业资格考核；从事营业性道路运输驾驶员从业资格培训的驾校，至少配备1名从业资格考试考

2009年4月15日，西安市汽车驾驶员培训学校学员进行模拟考试

核员，负责考核工作。是年，全省驾驶员培训发放营业性道路运输驾驶员从业资格证5.29万本、驾驶员培训结业证17.57万本。2007年4月起，全省营业性道路客、货运输及危险品运输驾驶员培训考试，执行交通部统一考试大纲、考试题库、考核标准和考试规范与程序。理论考场配备计算机，使用统一考试软件，实现无纸化考试。考试结果由电脑自动评判，学员当场即知合格与否。实际操作考试有些考场配备摄像和网络传输设备，实现电子实时监控。

2010年，全省机动车驾驶员培训发放营业性道路运输驾驶员从业资格证4.46万本驾驶员培训结业证30.19万本。

第四节　搬运装卸

20世纪90年代，随着经济发展与道路货物运输市场开放，货物搬运装卸业务增多，带动道路搬运装卸队、组与人员大量增加。搬运装卸从业人员大多为城市文化水平较低者和农村青壮年农民。西安市搬运装卸人员多来自农村和山区。搬运装卸作业方式有人工和人工与机械结合。搬运装卸机具有汽车、吊车、叉车、拖拉机、机动三轮车、人力三轮车、架子车等。搬运装卸组织主要有三类：运输、生产企业为车辆装卸货物、搬运生产成品、半成品所组建的装卸队、组；城镇街道为解决部分人员就业所组建的装卸队、组；一些单位为装卸货物或物品临时招用的闲散人员等。

经济发展、社会分工与特定货物对搬运装卸作业的专业要求，带动搬运装卸业向专业化发展。在传统按地域或作业范围分工基础上，1992年，西安市出现首家个体搬家运输服务部——易发搬家服务部。该服务部有1辆卡车，1个司机，4名搬运工。服务部通过电话、上门预约等方式，为单位与居民提供搬家服务。之后，随着机关、企业与事业单位等搬迁增多，城镇居民居住条件不断改善，人们流动频率与范围增大等，搬家运输在城镇快速发展，并延展至农村地区。

1993年，贯彻交通部《道路运输货物装卸业户开业技术经济条件（试行）》（交运发〔1993〕1384号）规定，陕西整顿和规范道路搬运装卸行业，重点整顿非法经营、“野蛮”装卸、经营行为不规范和乱收费等问题。宝鸡市取缔12个非法装卸队，将185户搬运装卸业户纳入行业管理，实行“人佩证、车挂牌”，并制定收费标准，统一营业票据。咸阳市规范搬运装卸人员管理，符合搬运装卸作业条件的上岗人员，统一佩戴作业证。铜川、榆林等地（市）交通、物价部门统一搬运装卸收费项目和标准。延安地区道路运输管理机构对21个搬运装卸组实行统一管理。此次清理整顿，全省取缔非法搬运装卸业户77户，“野蛮”装卸、乱收费等现象得以遏制。

1995年，省交通厅提出以提高搬运装卸效率为中心，改善搬运装卸手段。搬运装卸业加大资金投入，增加作业机械设备，减轻工人劳动强度，提高工作效率。吊车、叉车、铲车、翻斗车、自卸车等装卸机械、车辆增多，架子车、抬杠等非机动装卸工具明显减少。长大、笨重货物装卸，大多采用机械和人工装卸结合方式完成；零散、单件货物装卸，仍以人工作业为主。

是年年底，全省搬运装卸业户6 099户，其中国有和集体企业635户，私营与个体5 464户；从业人员2.72万人，其中国有和集体企业1.74万人；搬运装卸车辆1 465辆、5 134吨位，吊车244辆、2 676吨位，铲车173辆、284吨位，其他装卸机械518台、690吨位。搬运装卸业户分布，有营业性搬运装卸企业，企业自备搬运装卸队，火车站、货物集散地季节性搬运装卸队，以及其他零散搬运装卸队伍。针对搬运装卸业人员构成复杂、经营场所分散等特点，道路运输管理机构加强对其开业审查和年审，并通过日常检查和服务加强管理。一些搬运装卸组织实力不强，效益不高，收入较低，人员流动频繁，管理比较困难。

“九五”时期，产业布局与产品结构调整，基础设施建设规模扩增，致大型物件运输增多，专事大件搬运装卸企业应运而生。西安、延安等地（市）大件运输企业，配备大型专业搬运装卸机具，并对搬运装卸作业人员施以专业培训。陕西大件公司购置400吨电子液压起升推力装置，用于大型机械设备装卸。

1998年5月20日，西安火车西站劳动服务公司进行汽车集装箱装卸作业

搬运装卸作业量大小不一，作业场所分散，一般作业技术要求不高，适合个体、集体、私营经济参与。安康地区火车站、码头、仓库等处从事搬运装卸企业24户，从业人员1 000余人，全部为集体或私营业户。商洛地区搬运装卸企业111户，除6户属国有企业外，其余均为个体户。运输、生产企业改革、改制和重组，原所设专业搬运装卸队、组，大多通过承包或剥离逐步与企业脱钩，自我发展。城镇街道办事处所办搬运装卸队、组，大多解体或与街道办事处脱钩，走向市场。1997年，全省搬家运输服务业户100余户，绝大部分为个体、私营和集体业户。

随着技术进步和客户对搬运装卸服务质量要求提高，搬运装卸业提高机械化作业水平，并利用信息技术拓展业务。据估算，1998年，全省搬运装卸约35%作业量由机械取代人工。一些搬家服务公司自建信息网站，招揽生意，方便用户。西安五福搬家运输有限公司建立五福搬家服务网站，业务扩大，搬运装卸车辆发展到10多辆。

2000年，全省搬运装卸经营业户1 092户，从业人员1.11万人，完成货物搬运装卸量5.64亿吨。主要装卸机械有输送机114台，起重汽车17辆，吊车192辆，铲车189辆，叉车98辆；搬运车辆有汽车2 942辆，拖拉机8 686台，其他机动车2 831辆。机械化作业量达到全部搬运装卸作业量45%左右。集装箱、大型机械设备、煤炭、散装水泥、散装粮食等货物装卸，主要依靠机械化作业。在城镇和乡村还活跃大批以人力为主、机械为辅搬运装卸业户。搬运装卸人员多为临时工，有活即干，干完即散。榆林大宗货物以煤炭居多，装卸作业量大，2003年有搬运装卸业户600户，业户数量占全省搬运装卸业户64.79%。

2004年，全省有搬运装卸经营业户1 016户，从业人员7 489人。西安市搬家运输服务业户达73户，从业人员1 450人。一些搬家运输服务业户服务范围，由搬家服务拓展到市内货物配送、小型货物仓储、家用电器和家具拆装、清洗等。一些搬家运输服务业户开设多家店面，扩张业务区域。如西安市双生长虹搬家服务部，在北郊、东郊、西郊、黄雁村等地均设有店面。是年6月4日，西安市废止三轮车、架子车等非机动车营业运输管理办法，这些非机动工具从事搬运装卸作业，不再办理经营手续。

搬运装卸业多种经济成分和多层次、多方式竞争，加速专业化、机械化发展。新立搬运装卸企业一般起点较高。2006年，在原搬运装卸队基础上组建的陕西永红设备安装工程有限公司，注册资金400万元，职工50余人，装备自卸吊车、叉车及多种进口搬运安装工具，有8吨、16吨至130吨等多种大型起重机械，主营设备搬运、工厂搬迁、专业安装等业务，并与西安比亚迪汽车有限公司建立长期业务联系，多次为其搬运装卸机床、锅炉等大件物品，最重单件近百吨。

2007年10月15日，西安好运搬运服务有限公司工人在为客户搬家

2004年7月1日起，《中华人民共和国道路运输条例》施行。该条例所称道路运输未含搬运装卸业，故自2006年后，全省道路运输管理机构不再对新成立搬运装卸企业实施行政许可，亦不统计搬运装卸业数据。至2010年，全省搬运装卸业朝大型化、机械化发展，工人劳动强度减轻，工作效率提高。搬家运输服务不断规范，运输车辆大多厢式化。

第四章 运输枢纽与站场

1991—2000年，随着道路运输不断开放发展，全省加强道路运输站场建设，引导和鼓励多方筹资建设客、货运站场，重点新建、改建地（市）所在城市一级汽车客运站，逐步改善、修建县（市、区）二、三级汽车客运站，在主要商品集散地建设货运站，发展有形货运市场。启动西安国家公路运输主枢纽建设。2001—2005年，加大投资，加快客、货运站场新建与改造。建设重点由大、中城市向县级城市扩展。部分货运站经过改造，完善功能，加速向物流中心拓展。乡镇汽车客运站与农村停靠点、招呼站建设起步。2006—2010年，多渠道筹资，多方式并举，完善大中城市客、货运站场，全面加快乡镇汽车客运站和农村停靠点建设，建成汉中、宝鸡高速客运站。建成一批等级汽车客运站、等级货运站、物流中心和农村招呼站、停靠点。西咸、宝鸡、延安、榆林、汉中等国家公路运输主枢纽建设取得较大进展。2010年年底，全省道路客运基本形成以25个一级汽车客运站为中心，92个二级汽车客运站为节点，871个乡镇汽车客运站为基础，辐射全省城乡、辐射周边中心城市的汽车客运站场体系；道路货运形成由6个一级货运站、6个二级货运站和一批物流中心（园区）构成的货运站场体系。西咸、宝鸡两个国家公路运输主枢纽初具规模。道路运输站场发挥组织客、货运输生产，调度车辆运行，服务旅客出行，便利货物承运作用。

第一节 国家公路运输枢纽

一、西（安）咸（阳）国家公路运输组合枢纽

1992年，交通部《全国公路主枢纽布局规划》确定西安为全国45个公路主枢纽城市之一。西安居于亚欧大陆桥中端，作为中国东西结合部中心城市、陕西省省会城市，是西北通往西南、中原、华东和华北门户。西安交通发达，是全省公路交通中心，1992年西安公路总里程2 786公里，平均每百平方公里拥有公路27.97公里。有9条国道公路、55条省道公路纵横交汇，与陇海等铁路干线及民航相联结，构成联结全省三个经济区、辐射周边省（自治区）、通达国内各大城市的交通运输中心。西安道路客运站有省西安汽车站、安康地区汽车运输公司驻西安南关汽车站、咸阳市汽车运输公司驻西安玉祥门汽车站、西安市远郊客运公司汽车站等。西安市运输公司建成零担货运站，从事汽车零担货物运输。1996年建成城东客运站。1997年后，按照交通部和省政府批准的《西安公

路主枢纽总体布局规划》，加快西安主枢纽基础设施建设。1999年建成明德门汽车站和三府湾汽车客运站。1998—2000年，先后兴建亚欧货运市场、贝斯特货运市场和华清路货运站，年吞吐量200多万吨。2003年建成城北汽车客运站，2005年建成城西汽车客运站。此期实施主枢纽规划建设的资金，交通部和省交通厅投资补助占9%，西安市交通局和建设单位银行贷款占82%，社会融资占9%。至2007年，西安市有汽车客运站432个，其中一级汽车客运站6个，二级汽车客运站7个。一级道路货运站3个，二级道路货运站8个。年完成道路客运量6.35亿人次，旅客周转量264.19亿人公里；道路货运量5.39亿吨，货物周转量787.26亿吨公里。

2007年4月，交通部在原公路主枢纽规划基础上，制定《国家公路运输枢纽布局规划》，规划全国建设179个公路运输枢纽，其中西（安）咸（阳）国家公路运输组合枢纽为规划的12个组合枢纽之一。

咸阳于西北毗邻甘肃，距西安市25公里，是通往西北地区的重要公路运输节点。全市公路总里程1.36万公里，平均每百平方公里拥有公路131.74公里。有汽车客运站242个，其中一、二级站分别为2个和7个。年完成道路客运量7 726万人次，旅客周转量23.75亿人公里；货运量3 632万吨，货物周转量83.82亿吨公里。

随着西（安）咸（阳）一体化加速，公路交通愈益繁忙，枢纽地位更加突出。图为2010年7月两市间公路交通一段

依据交通部规划，在省交通厅指导下，西安、咸阳两市交通局联合组织编制《西（安）咸（阳）国家公路运输枢纽总体规划》。西安城南汽车客运站、纺织城综合客运枢纽站开工建设。西安文景路、咸阳三里桥和杨凌综合客运枢纽站等3个项目开展前期工作。2009年7月，咸阳货运总站建成。11月，西（安）咸（阳）国家公路运输组合枢纽新筑集装箱综合站开工建设。

至2010年，西（安）咸（阳）国家公路运输组合枢纽公路总里程2.78万公里，公路密度平均为每百平方公里135.80公里。其中有高速公路672.13公里。汽车客运站共2 667个，其中一级站9个，二级站16个，三至五级站165个。道路货运站共15个，其中一级站5个，二级站4个，三级站6个。年完成道路客运量3.72亿人次，旅客周转量167.63亿人公里；货运量3.87亿吨，货物周转量375.71亿吨公里，分别占全省道路运输4项指标的42.55%、43.65%、50.14%和31.41%。

二、宝鸡国家公路运输枢纽

2007年4月，交通部《国家公路运输枢纽布局规划》将宝鸡市列入规划建设的179个国家公路运输枢纽之一。7月，省交通厅委托长安大学编制《宝鸡国家公路运输枢纽布局规划》，并通过省、市联合审查，报请交通部审批。

宝鸡市西接甘肃，为陕西第二大城市、西部工业重镇，是通往西南、西北交通枢纽。2007年宝鸡市公路总里程1.22万公里，公路密度平均为每百平方公里67.45公里。全市有汽车客运站共547个，其中一级站1个，二级站15个，三级站11个；年完成道路客运量6 070万人次，货运量4 812万吨。

按照国家公路运输枢纽布局规划要求，适应宝鸡市经济社会发展和公路交通需求，加快推进宝鸡市公路与道路运输场站建设。2009年12月，宝鸡市重点工程、国家一级综合枢纽站——宝鸡客运中心站竣工。2010年，国家一级货运站——宝鸡市兴业交通发展有限公司高新区货运站建成。

2010年年底，宝鸡国家公路运输枢纽公路总里程1.43万公里，其中高速公路198.94公里。公路密度平均每百平方公里为78.74公里。共有汽车客运站1 518个，其中一级站3个，二级站12个。道路货运站4个，其中一、二级站各1个，三级货运站2个。年完成道路客运量8 119万人次，旅客周转量21.29亿人公里；货运量6 578万吨，货物周转量66.77亿吨公里，分别占全省道路运输4项统计指标的9.28%、5.54%、8.53%和5.58%。

三、榆林国家公路运输枢纽

2007年4月，交通部《国家公路运输枢纽布局规划》列榆林为规划建设的全国179个公路运输枢纽之一。

榆林市毗邻山西、内蒙古、宁夏和甘肃，处陕北能源化工基地中心，陕北区域中心城市之一，连接东部与华北、西北的重要公路运输节点。2007年公路总里程1.49万公里，公路密度平均为每百平方公里34.64公里。全市有汽车客运站共382个，其中一级站2个，二级站15个，三至五级站51个。年完成道路客运量4 357万人次，货运量4 461万吨。

按照国家公路运输枢纽规划要求，适应榆林公路交通发展需要，在加快榆林公路建设的同时，加强道路运输站场建设。至2010年，榆林市公路里程2.24万公里，其中高速公路681.69公里。公路密度平均每百平方公里为51.94公里，共有汽车客运站971个，其中一级站3个，二级站12个，三至五级站104个；年完成道路客运量6 220万人次，旅客周转量38.78亿人公里；货运量6 532万吨，货物周转量341.66亿吨公里，分别占全省道路运输4项统计指标的7.11%、10.09%、8.47%和28.57%。

四、延安国家公路运输枢纽

2007年4月，交通部《国家公路运输枢纽布局规划》将延安市列为规划建设的全国179个公路运输枢纽之一。7月，省交通厅委托长安大学编制完成《延安国家公路运输枢纽布局规划》，通过省、市联合审查并报交通部审批。

延安东邻山西，西接甘肃，为陕北能源化工基地一部分，陕北区域中心城市之一，连接东部与西北的重要公路运输节点。全市公路总里程1.26万公里，公路密度平均为每百平方公里34.04公里。有汽车客运站401个，其中一级站2个，二级站9个，三至五级站86个。2007年完成道路客运量4 761万人次，货运量3 294万吨。

按照国家公路运输枢纽规划要求，适应延安公路交通发展需要，结合加快延安公路建设，着力推进道路运输站场建设。至2010年，延安市公路总里程1.49万公里，其中高速公路427.28公里；公路密度平均每百平方公里为40.32公里。先后建成黄龙、富县、延长、甘泉4个二级客运站。至是年底，延安市共有汽车客运站620个，其中一级站2个，二级站9个，三至五级站112个。年完成道路客运量6 572万人次，旅客周转量24.21亿人公里；货运量4 172万吨，货物周转量51.18亿吨公里，分别占全省道路运输4项统计指标的7.51%、6.20%、5.41%和4.28%。

五、汉中国家公路运输枢纽

2007年4月，交通部《国家公路运输枢纽布局规划》将汉中市作为重要节点城市，列为规划建设的全国179个公路运输枢纽之一。7月，省交通厅委托长安大学编制完成《汉中国家公路运输枢纽布局规划》，通过省、市联合审查并报交通部审批。

汉中南接四川，西临甘肃，是陕南区域中心城市之一，连接西南、西北地区的重要公路运输节点。2007年汉中市公路总里程1.37万公里，公路密度平均每百平方公里为50.41公里。全市有汽车客运站共254个，其中一级站2个，二级站12个，三至五级站60个。年完成客运量4 425万人次，货运量2 269万吨。

按照国家公路运输枢纽规划要求，适应汉中市经济社会发展和公路交通需求，在加快汉中公路建设的同时，安排道路运输站场建设。先后修建佛坪、汉中南站两个二级道路客运站。

至2010年年底，全市公路总里程1.51万公里，其中有高速公路306.78公里。公路密度平均每百平方公里为55.54公里。有汽车客运站共835个，其中一级站2个 ，二级站13个，三至五级站98个。年完成道路客运量7 410万人次，旅客周转量27.56亿人公里；货运量3 983万吨，货物周转量51.70亿吨公里，分别占全省道路运输4项统计指标的8.47%、7.18%、5.16%和4.32%。

第二节 客运站（点）

一、汽车客运站（点）

（一）等级汽车客运站 20世纪90年代以前，全省汽车客运站建设资金不足，车站少且设施缺，功能少。随着改革开放后经济搞活，群众出行需求增长，汽车客运站不适应的矛盾凸显。

1991年起，全省汽车客运站建设加速。建设重点为地（市）城市一级汽车客运站。同时改建少量县城二、三级汽车客运站。1994年，省交通厅修订汽车客运站建设规范，明确建设程序，提高建设补助标准，加大投资支持。凡列入省补助建设计划的客运站，部、省按建安工程费用65%补助；国家和省级贫困县汽车客运站建设项目，补助比例再增加5%。受政策支持，地方政府与企业建站积极性提高。先后建成西安南门、城东、渭南、安康、铜川、商州、咸阳等7个一级汽车客运站。西安城东汽车客运站由西安市政府投资7 362万元兴建，总建筑面积3 973平方米，设有售票厅、候车厅、客房、写字楼、商场、餐厅、娱乐中心等，集吃、住、行、娱、购物为一体。安康地区运输公司西安南门汽车客运站改建后，日发班次200个，发送旅客7 000余人次。绥德汽车客运站投资520多万元，建筑面积6 000多平方米，日客流量5 000人次，时为陕北地区建成规模最大的汽车客运站。岚皋县生态旅游兴起，南宫山、神河源与岚河漂流等，每年接待国内外游客近百万人次。县交通局筹资579.67万元，在岚皋新城区建设二级汽车客运站。其中省交通厅补助150万元，县自筹183.15万元，利用银行贷款246.52万元。工程1998年2月动工兴建，2001年4月建成投入运营。车站总建筑面积7 632平方米。其中停车场面积4 161平方米，候车厅、售票厅、站务办公、商贸服务、餐饮、宿舍等建筑物面积3 471平方米。平均日发送旅客4 000多人次。

1995年年底，全省安排新建、改建、续建汽车客运站共56个，建设总投资1.93亿元，其中31个汽车客运站建成投入使用，全省地（市）所在城市一级汽车客运站建设基本完成，80%的县城汽车客运站得到改建或扩建。全省汽车客运站共计95个，其中一级站13个，二级站63个，三、四级站共19个。

1996年起，汽车客运站建设，重点安排改造老站，适当建设新站。1997年10月，省西安汽车站进行整体改造。省交通厅1997年10月21日下发《关于省西安汽车站内部改造工程立项的批复》（陕交计函〔1997〕090号），由省交通厅投资1 700万元，省西安汽车站自筹456万元，对车站进行改造。将锅炉房由地上改建成地下，车场面积增加500多平方米；燃煤锅炉改为燃气锅炉，气暖供热改为中央空调；新建了大屏幕电子显示系统。1998年高速公路客流快速增长，沿线缺少旅客候乘设施，群众乘车不便。省交通厅运管局提出高等级公路沿线客运站场建设规划意见，引导沿线汽车客运站建设。1998年12月，紫阳二级汽车客运站开工建设，2000年11月竣工。总建筑面积5 607平方米，其中候车厅、售票房、宿办楼、保修车间等建筑面积3 507平方米，停车场2 100平方米，设有面向社会开放的宾馆、饭店、商店、休闲娱乐、洗浴等服务设施。该站建设共投资423.60万元，其中省交通厅补助180万元，其余为企业自筹。投入营运后，平均日发送旅客2 500人次。

1999年8月，西安第一汽车运输公司客运分公司将原为本公司车辆服务的自备站，改建为明德门汽车客运站，建筑面积400余平方米，日均发送30余班次。12月，陕西平安运输集团有限公司自筹资金3 000万元，建成西安三府湾国家一级汽车客运站，开陕西民营企业投资、建设并经营汽车客运站先例。该站占地面积9 442平方米，其中一楼候车厅360平方米，二楼售票厅、候车室850平方米，停车场8 500平方米，实现车辆室内停、发，同时设有24小时电子监控和语音自动播报。投入运营后，日发班次300余班。

1999年12月，由民营企业投资建设的西安三府湾一级汽车客运站投入使用。图为该站客运大楼

多年来，国有运输企业汽车客运站建设主要靠省投资，余由地方与企业自筹。汽车客运站建成后成为企业固定资产，由企业占有和使用。国有运输企业在改革、重组或联合、兼并，或调整经营结构的过程中，有的将汽车客运站全部或部分改为商店、宾馆、舞厅、批发市场等，旅客候

车与服务设施被挤占或撤除；有的汽车客运站被兼并或拍卖，部分汽车客运站国有资产流失。

在此情况下，1999—2000年，除保留续建汽车客运站建设项目外，省交通厅暂停新建汽车客运站投资计划安排，对汽车客运站建设政策进行调研。在此基础上，制定并颁布《陕西省汽车站（场）建设管理规定》（陕交发〔2000〕181号），明确汽车客运站（场）建设原则，申报、审核与审批立项程序，鼓励企、事业单位和个人按照统一规划投资兴建汽车客运站。

2001年，省交通厅推进建立全省运输场站服务网络系统，重新启动全省汽车客运站建设。2002年7月提出，“十五”期间重点建设一批示范性汽车客运站工程，带动全省汽车客运站向设计标准化、建设程序化、管理科学化发展。2004年，结合农村客运示范班线建设活动，加强县（市、区）汽车客运站、点规划和修建。2005年，省交通厅先后发出关于加快全省汽车站建设的通知、农村客运网络建设规划指导意见，明确农村汽车客运站、点建设布局原则、建设性质、建设主体以及投融资办法。同时，推广延安等市自筹资金加快农村汽车客运站、点建设的经验，并将西安、延安两市作为重点，每市选取一县一线示范建设，以点促面。在交通部汽车客运站、点专项投资补助资金支持下，省交通厅将乡镇等级汽车客运站专项补助标准由原每站30万元，提高至35万元。

政策引导和鼓励，推进全省汽车客运站建设形成新的高潮。自重新启动建设至2005年年底，先后建成西安城北、城西，杨凌、榆林、延安城南和咸阳一级汽车客运站6个，陈仓、武功、旬邑、吴起、洛南等县（区）二级汽车客运站20个，全省60%以上县城汽车客运站新建或得到改建。同时，建成乡镇五级汽车客运站202个。渭南市由个体和私营企业投资，先后建成大荔北新街四级汽车客运站、蒲城东路汽车客运站。是年底，全省等级汽车客运站349个。

2005年9月9日，陕西平安运输集团有限公司投资1.30亿元建设西安城西一级汽车客运站运营。图为客运站售票大厅

杨凌一级汽车客运站，由陕西平安高速公路客运公司投资3 500万元建成，占地面积3.49公顷，设有停车场、发车区、候车厅、售票厅、调度室、盥洗室、招待所、餐饮休闲广场等。西安城北一级汽车客运站，由西安公路交通设施建设有限责任公司、西安市汽车客运总公司合资建设，主体建筑2万平方米，设有停车位94个，发车位28个，候车大厅可容纳1 200余人候乘，日发班次900～1 200个，日发送旅客1.80万人次～3万人次，主要担负西安周边北向客运以及陕北方向与毗邻省、区间客运。

2006—2010年，全省汽车客运站建设持续推进，并适应城市规模扩大、人口增加与流动频繁的需求，加强大、中城市一级汽车客运站建设，在高速客运密集的城市新建高速汽车客运站。随着国家公路运输枢纽建设规划启动，加速新建枢纽客运站。特别是推进农村地区路通车通，“路、站、运”一体化发展，以乡镇五级汽车客运站建设为重点，农村汽车客运站全面普及提高。期间，先后建成汉中高速客运站、宝鸡客运中心站、渭南客运中心站。这些站均为建设规模大，设施配备先进，服务功能齐全的现代化汽车客运站。

汉中高速客运站，汉中市汽车运输总公司建设，为全省首家高速客运站。总投资3 249万元，建筑面积1.43万平方米，采用微机联网售票，配设触摸式交通信息查询系统、大屏电子显示器，并设有小件寄存、问讯处、医务室，以及行包安检仪、行李专用车、手机加油站、公用电话、残疾人专用车与专用通道、汽车台、监控室、驾乘人员公寓等服务设施。投入运营后，日发班次136个，发送旅客2 000余人次。

西安明德门客运一级站，是在原西安明德门汽车客运站基础上，经投资改造后重新核定等级的汽车客运站。车站占地面积9 600余平方米，其中建筑面积400余平方米，设发车位37个，营运线路56条。日发班次500个，日发送旅客2万人次。西汉高速和西康高速开通后，西汉方向各县班车全部进入明德门车站发车。2009年，公司投资100万元建设西汉、西康售票候车大厅800余平方米，硬化场地2 000余平方米，将车站大门以南发车区改建为西汉、西康售票、候车、发车位。西安发往安康方向主线、支线车辆全部进入明德门站。

宝鸡客运中心站，陕西兴业交通（集团）有限公司建设，总投资1.20亿元，其中省交通厅投资3 340万元。全站占地面积7.53公顷，总建筑面积3.96万平方米。报班、安检、售票、检票全部由电脑智能化操作。站内配备有自动洗车台、车辆电脑检测线等安全辅助设施。建有西安咸阳国际机场宝鸡市候机楼，提供机票销售、办理登机牌等业务，可实现宝鸡至西安咸阳国际机场直达。站前广场设有城市公交枢纽调度站和公交、出租汽车停车场，道路长途客运与城市公交客运实现零距离换乘。投入运营后，日发班次1 000余个，发送旅客2万人次。

2010年10月26日，渭南客运中心站正式投入运营

渭南客运中心站，位于渭南市城区渭清路西侧。按交通部一级汽车客运站标准设计建设，投资7 000多万元，占地6.24公顷。由综合大楼、停车场、站前广场等构成。综合大楼建筑面积7 970平方米，内设写字间、司乘公寓、文化娱乐室等场所。候车大厅面积4 448平方米。实行微机售票。具备LED信息、电子监控、自动消防系统、自选商场、快餐厅等服务设施。站前广场由中心休闲广场和北临的公交车、出租停车区组成。站场内外绿化面积110万平方米。站内停车场设发车位19个，待发车位230个。经营线路辐射上海、广东、四川、重庆、河南、山西、山东、内蒙古等省（自治区、直辖市），省内各大中城市及区内各县（市）。每天可发送客运车辆500班次，接送旅客1.20万人次。

这一时期，全省县城二、三级汽车客运站通过新建、改建，布局趋于合理，设施、功能得到提升。眉县安达二级汽车客运站是宝鸡市首个采用联合投资兴建的股份制汽车站。该站建设总投资800万元，其中省交通厅补助投资200万元，其余投资由眉县第一汽车运输公司、宝鸡宝运集团公司、眉县第二汽车运输公司等按股权比例投入。全站占地面积1.87公顷，建筑面积1 300平方米。宝鸡市首个乡镇二级汽车客运站——蔡家坡汽车客运站同样采取联合投资方式，总投资780万元，其中省交通厅补助资金320万元，其余资金由市上与企业自筹。建筑面积3 676平方米。扶风县新区二级汽车客运站总投资1 200万元，其中省交通厅补助资金200万元，其余资金由地市与企业自筹。建筑面积5 400平方米。

经过这一时期新建、改建，全省基本实现县县有二级汽车客运站，部分县城如神木、靖边县开建国家一级汽车客运站。神木汽车客运站、靖边汽车客运站，均由榆林市恒泰运输集团投资各4 000多万元建设，2010年3月同时开工，前者占地面积3.33公顷，建筑面积1万余平方米，后者占地面积4.67公顷，建筑面积1.19万平方米。两站建成后日发省际、省内客运班线100余条，客运班次400余班，日运送旅客1万余人次。

全省乡镇汽车客运站这一时期空前普及。2006—2010年，平均每年建成126个，其中2010年建成200个，实现“车进站、人归点、站管车”。这些站有交通部门出资修建，道路运输管理机构与运输企业联合出资修建，道路运输管理机构与乡镇政府等合作修建等。站内一般设有售票口、候车室和停车场。户县庞光镇建成集客运、运政、路政和农村公路管理所为一体的乡镇汽车客运站。镇巴县农村过去缺少汽车客运站点，人们等车往往经受日晒雨淋，苦不堪言。“十一五”时期五年，全县多方筹资，一举建成碾子、青水、巴庙、万僧寺、黎坝、仁村、大池等7个五级汽车客运站。万僧寺汽车客运站投资200万元，占地0.15公顷、共三层的客运大楼设施齐全，群众候乘车方便舒适。当地一位农民说：“活了大半辈子，没想到还能亲眼看见政府把汽车站修到家门口！以后再也不用站在露天坝坝里等车了！”

2010年年底，全省共有汽车站9 613个，其中五级以上汽车客运站988个。包括一级站25个，二级站92个，三级站16个，四级站24个，五级站831个，基本实现市有一级客运站，县有二级客运站。新开工建设的重点汽车客运站有西安城南汽车客运站、纺织城客运枢纽站等。

全省一级汽车客运站见表4–6–1。

陕西省2010年一级汽车客运站统计表

表4–6–1

序号	站场名称	占地面积（平方米）	停车面积（平方米）	发车位（个）	营运线路（条）	日发班次（个）	日客运量（万人次）
1	省西安汽车站	10672	6064	64	113	570	1.50
2	西安市汽车站	10815	6000	13	11	460	0.60
3	西安市城东客运站	25832	12050	82	85	480	1.30

续表4-6-1

序号	站场名称	占地面积（平方米）	停车面积（平方米）	发车位（个）	营运线路（条）	日发班次（个）	日客运量（万人次）
4	西安市明德门客运站	26680	20646	37	45	520	1.00
5	西安市三府湾客运站	9442	8400	47	112	360	1.00
6	西安市城西客运站	47628	28000	75	90	1050	2.00
7	西安市城北客运站	35885	15522	27	63	553	1.30
8	杨凌汽车站	35329	6635	14	23	300	0.35
9	咸阳汽车北站	26640	9600	15	46	290	0.50
10	咸阳汽车客运南站	9904	4700	12	33	190	0.45
11	渭南客运中心站	60669	39000	19	52	383	1.20
12	宝鸡客运中心站	37123	16621	12	32	245	2.00
13	宝鸡客运站	19600	17000	22	59	613	0.80
14	扶风客运站	20000	10600	19	39	497	0.66
15	安运司安康汽车站	6200	4580	52	40	232	0.50
16	汉中高速客运站	20010	7500	17	30	128	1.00
17	汉中汽车站	9940	5500	32	68	760	1.0
18	商州客运站	15565	3916	17	20	255	0.50
19	铜川汽车客运站	14600	9000	16	40	300	1.50
20	铜川北关汽车客运站	13900	10244	30	38	300	0.95
21	延安汽车南站	24667	7095	12	51	210	1.00
22	延安汽车站	18676	10248	24	61	402	0.80
23	榆林绥德汽车客运站	16667	13769	16	29	125	1.50
24	榆林汽车站	30000	15000	35	278	705	1.48
25	榆林靖边汽车客运站	46620	13000	19	369	246	0.35

说明：表中数字为根据陕西省交通厅运输管理局及有关汽车客运站资料整理

（二）招呼站（停靠点） 陕西公路沿线汽车客运招呼站（停靠点），自2002年后方有计划地进行建设。之前，受城乡二元结构及汽车客运站投资匮乏制约，农村乡镇和公路沿线道路客运设施建设未得到应有重视，乡镇普遍无汽车客运站。通达客运班线的公路沿线群众上、下车比较集中的村镇路边，部分立有站牌，大多既无候车设施亦无站牌。改革开放后部分乡镇道路客运兴盛，有客运企业租用场地用以停车发车，但少有群众候车设施，群众乘车夏经酷暑，冬受严寒，十分不便。

2003年，省交通厅在蒲城、城固两县开展农村客运示范班线建设，在示范班线的公路沿途修建客运停靠站点，方便群众候车。在取得经验的基础上，2004年7月起在全省推行公路沿线客运停靠站点建设。省交通厅批准厅运管局农村客运示范班线招呼站（包括停靠点，下同）建设方案。公路沿线招呼站按标准站、雨棚站和招牌站3类，统一规范设计。其中标准站要求房屋建筑面积不小于25平方米，并配备室外硬化场地及候车设施。招呼站建设费用实行省、市（区）、县（市、区）多方筹措，鼓励社会资金投入。省交通厅从道路客运附加费和公路建设专项资金中按每站2万元标准予以补助。

各地按照建设方案的要求，制定招呼站建设规划，落实建设资金，从重点线路开始分步建设。2006年起，结合全省通村油（水泥）路建设，招呼站建设提速，是年全省建成招呼站649个。按照实现路通车通的目标，为全面改善群众出行条件，2007年大力推进包括乡镇客运站和招呼站在内的农村客运站建设。省交通厅是年10月9日召开的全省农村客运站（点）建设工作座谈会，对招呼站建设进度进行通报，并提出目标和任务，同时加大省补资金投入，使招呼站建设全面提速。是年至2010年，全省4年共建成招呼站、候车亭、候车点共8 124个，平均每年建成2 031个。其中招呼站1 801个，候车亭4 918个，候车点1 405个。全省公路沿线招呼站（亭、点）共达8 625个。

白水县共兴建54个“三农快客”停靠点。图为2009年7月2日石家村群众在停靠点上、下客运班车

公路沿线招呼站、候车亭、候车点，一般设于人口较多的村口或人员流动较大的路口，多设有雨棚、座椅，便于群众候车。部分招呼站除设有候车室外，还设有小卖部，聘用人员管理站务或经营日用小商品，实行以站养站。户县农村招呼站候车室图表、座椅、站牌“三统一”，专人管理，群众候车不再经受日晒雨淋之苦。但也有一些招呼站建成后闲置，部分招呼站缺乏管理，环境卫生差，座椅等设施多有损坏。

二、公交站（点）

20世纪90年代前，全省城市公交客运站点大多为站牌、站杆，仅起停、候车标识作用，雨雪天气乘客候车不便。西安市1978年始在公交13路搪瓷厂站、59路和12路未央路站，修建混凝土柱架和石棉瓦顶的候车棚3处，后改建为钢管柱框架与玻璃钢瓦顶棚，至1984年，全市建公交候车棚78处。全省其他城市公交客运站点大多只设简陋站牌。

90年代，西安市始有箱式公交站牌，后逐步改为组合式公交站牌。2000年后随着城市建设发展，公交站牌、候车棚建设加快。起初大多数主要干道站台设灯箱式站牌，后改建为有照明灯箱和雨棚的候车棚。省内其他有公交地（市）城市，公交站大多从1根铁杆、1块铁皮简易站牌起步。如榆林市公交公司新增城区线路仍栽设简易站牌，2001年由保险公司赞助，陆续将主要线路简易站牌更换为不锈钢站牌。

2001年后，西安市公交候车棚和站牌设施建设融入人本理念。先后在西兰、西宝高速出入口，韦曲、城运村等处建成的公交枢纽站，设置公交候车棚。2004—2006年，加快城市公交场站、停车港湾建设，新建公交候车棚840组，更新公交站牌400组。在利用世界银行贷款实施城市综合交通改善工程中，加强公交枢纽站和客运主枢纽建设，实现市民步行500米有公交站点。同时在二环以内主要干道更换新式灯箱站牌600个，新增公交候车棚400组。

2007—2009年，西安市持续加大投入建设公交候车棚，改造公交港湾站点，主要干道公交站点基本装上新式候车棚。全市多功能灯箱站牌达到2 100组，组合式公交站牌1 400组，候车棚1 140个。新式多功能灯箱式站牌，清楚标明线路发车、收车时间，返程、去程标识。车流、人流密集地方行列式站点改造成岛式或港湾式站台。乘客候车

2007年5月20日起，西安市公交站牌更新换代。左图为箱式站牌，中图为组合式站牌，右图为灯箱式站牌

区建造透明钢构架风雨连廊，在始发站（首末站）候车亭配置不锈钢座栏，在旅客乘车通道铺设盲人导乘砖和残疾人专用上落岛，极大便利市民利用公交出行。这一时期，宝鸡、渭南、商洛、榆林等市（区）城市加速公交站牌设施改造、更新和完善。商洛市拆除市区全部旧公交站牌，并对线路重新规划、设置停靠站点，5条主要公交线路新装22个灯箱式公交车站牌，与城市亮化、美化融为一体。榆林市政府投资500多万元，将城区300多个公交站牌全部换代升级为单联体候车站牌，并设置候车座椅，公交公司设站点353个，设立和更新雨棚候车厅380个。

三、出租车停靠点

20世纪90年代，西安市设置出租车停靠点，在市区中心主干道、火车站和宾馆、饭店等处，设立灯杆式简易落客点。

2000年后，随着出租客运普及发展，部分城市统一规划设置出租车停靠点。西安市由市规划局、市政公用局、市交警支队、市出租汽车管理处等共同调研出租车停靠点建设方案，采取前期由市出租汽车管理处投入，后期由广告公司运作的办法，统一设置停靠点。至2003年，全市共设置出租车停靠点129个。2004年增设乘车点131个，全市出租车乘车点达到260个，有停车位262个。2005年设300多个出租车停靠点指示灯箱，并对已经使用五年的灯箱进行更换，使出租车停靠点外观醒目、功能齐全，不仅有日期提醒、城区图示，还能为乘客遮风挡雨。

2006年3月1日起施行的《陕西省出租汽车客运条例》，明确规定交通部门应当会同

建设、规划、公安等部门，在航空港、火车站、汽车站、体育场馆、港口、宾馆、大型商场、医院、旅游景点和城市主干道及繁华地段等，划定公益性出租汽车营运站场、停车场或者停靠点，并设置明显标识。

2010年，西安市共设置出租汽车停靠点408处。图为南大街出租汽车停靠点

部分城市落实出租汽车客运条例的规定，规划设置出租汽车停靠点。西安市在保留原有202处出租车停靠点基础上，在一环路、东西五路、莲湖路、长乐路、朱雀大街、友谊路及具备停车条件的宾馆、医院、公园等处，新增102处临时停靠点。每个停靠点划定1至5个车位，满足出租车停靠和乘客上下车需要。批发市场、购物中心、超市门前停车场，允许出租车进出、上下乘客。主要干道和医院、宾馆、饭店等重点部位，建成带有电子显示屏候车广告棚式的停靠点。新建出租车停靠点集候车亭、指示牌、阅报栏等为一体，还具有通过呼叫系统叫车的功能。咸阳市在中心城区人民路、秦皇路等处，设置出租车停靠点75个。安康市城区设置出租车临时停靠点89个，出租车专用泊位用黄线施划，加以文字标明，便于停靠。

第三节　货运站（场）

一、货运站

陕西道路货运站建设始于20世纪80年代中期。西安市运输公司、铜川市运输公司先后分别建成零担货运站，从事零担货物运输。1991年，汉中地区运输公司投资370万元，按一级货运站标准，建成汉中零担货运站，建筑面积5 000平方米。该站建成后，因受企业道路货运业务萎缩影响，未予启用，后随企业改制出让。

1993年，宝鸡市联运公司按二级货运站标准，建成宝鸡市集装箱换装中转站。建设投资共300万元，其中交通部、省交通厅投资计150万元，企业自筹150万元。建筑面积6 800平方米。该站作为公路、铁路集装箱运输中转换装场所，设有拼箱、拆箱、储存仓库和场地，备有叉车、跨运车、托盘车等设备。同年，宝鸡市第一运输公司建成零担货运站，建筑面积4 500平方米。建站投资共420万元，其中省交通厅补助220万元，企业自筹200万元。建成后，同样因企业货运萎缩未正常使用，亦随企业改制而出让。

1996年，全省加强统一货运市场培育，发展有形市场，促进城乡物资、商品集散地货运站建设。由省交通厅补助204万元，渭南市交通局自筹196万元，建成白水县二级公路货运站。1997年始，西安市陆续建设三桥货运站、集装箱零担联运站、草滩货运站、马家沟货运站、高桥货运站、沈家桥货运站。这期间，一些国有运输企业如铜川市运输公司零担货运站，随零担货运终止而停业。西安三桥货运站为部颁标准一级站，建设总投资3 500万元，占地4公顷，其中停车场2.60万平方米，货运生产及配套设施面积1.30万平方米，日均停车300余辆，周转车辆800余辆，日均货物吞吐量2 000吨。汉中市汉台区青龙关村由村民集资，从1998年陆续投资1 000多万元，建成占地约2公顷的汉台区城北货运站。站内停车场可停放车辆300多辆，货物堆场面积1万多平方米；配备叉车、传送带等搬运装卸设备设施，主要经营土产、五金、电器等零担货运，日货物吞吐量300～400吨。

2001—2005年，省交通厅将货运站场建设列入道路运输发展计划，加强货运站场建设规划，积极争取交通部立项支持，在西安、宝鸡等大中城市建设重点货运站，并引导货运站按物流需求拓展功能，形成全省有史以来货运站建设数量最多、规模最大、功能最完善的高峰期。“十一五”时期，先后建成城固县货运中心、西安华清路一级货运站、三桥一级货运站、宝鸡西部物流集装箱中心、汉中城北货运站等一批货运站。

城固县货运中心，为在县汽车运输公司原址新建的综合性货运大楼，总建筑面积1.02万平方米，是集信息交易、车辆配送、停车住宿、维修检测、零担托运等为一体的大型货运站。建站总投资710万元，其中省交通厅补助100万元，企业自筹350万元，职工集资260万元。

宝鸡市西部物流集装箱中心，由陕西西部物流有限公司投资1 000万元建设。中心占地0.50公顷，其中停车场面积4 200平方米，配套设施面积800平方米，主要提供集装箱接取送达、中转、换装、仓储、装卸等服务。投入运营后，日均停车约30辆，货物吞吐量约1 200吨。

西安华清路一级货运站，由西安海纳汽车服务有限公司投资4 558万元建设，生产及配套设施建设面积2.62万平方米，主要设施包括仓库、集装箱堆场、停车场、车辆维修厂、综合办公区、住宿餐饮区等。经营业务主要有机电设备、汽车配件、建筑材料等零担货运，大型物流配送、集装箱中转运输、堆存、仓储及物流信息。投入运营后，日均停放车辆350余辆，货物吞吐量4 500吨。

西安三桥一级货运站，总占地4公顷，其中停车场2.60万平方米，货运站生产及配套设施建设面积1.30万平方米，为仓储、加工、分拣、包装、配送一条龙的综合性货运站。投入运营后，日均停车300余辆，车辆周转量800余辆，日均吞吐货物2 000吨。建站总投资2 600万元，其中交通部、省交通厅各投资500万元，其余资金为地方和企业自筹。

汉中城北货运站，由汉中新运物流有限公司投资300万元建设。共占地1.33公顷，建筑面积2 000多平方米，拥有货场3 000多平方米，配置叉车、传送带等装置，主要经营日化、煤炭及汉江机床厂设备等零担货运，日均吞吐货物500～600吨。

至2005年年底，全省货运站总计16个。其中一级站3个，均在西安市；二级站9个，分布于渭南、宝鸡、延安3市；三、四级站4个，分布于西安、宝鸡、延安3市。

2006—2010年，随着道路货运市场发展和规范，道路货运站建设步入规划引导、多方投入、完善设施、提升功能的时期。建设资金由交通部补助、省交通厅补助与市交通局或企业自筹，并有民间资本参与建设经营。西安、宝鸡等大中城市货运站建设数量多、等级高、规模大，咸阳、商洛等地货运站始有发展。全省先后建成宝鸡市城北货运中心、宝鸡市货运信息配送中心、咸阳汽车货运总站、宝鸡一级汽车货运站、西安马家沟一级货运站和眉县、山阳两个二级货运站。开工建设西（安）咸（阳）国家公路运输枢纽新筑集装箱综合站。

2009年7月21日建成的咸阳汽车货运总站，为西（安）咸（阳）国家公路运输组合枢纽配套设施之一

咸阳汽车货运总站，由陕西咸阳运输集团有限公司建设，总建筑面积1.30万平方米。其中，货运站综合楼6 480平方米，货棚558平方米，仓库1 728平方米。站内分为货运及信息交易、停车和物流仓储、维修检测与商务会展等区域，可提供货物运输、仓储、物流配送、信息、停车检修及餐饮住宿等服务，车场可停货车170辆，2009年货物吞吐量6 235万吨。建站总投资3 524万元，其中省交通厅补助700万元，其余资金为地方和企业自筹。

陕西西部物流宝鸡货运站，由陕西西部物流有限公司建设。总建筑面积2.78万平方米。其中信息综合楼2 000平方米，仓储库房9 000平方米，硬化货物堆场1.68万平方米。站内设有货运信息网络总平台，包含货源信息、车辆信息、仓储信息、企业生产配送信息等。该站主要为高新技术产业开发区大型工业企业提供货物运输、仓储、配送等物流服务，并为社会货运车辆提供货物配载、停车、装卸等辅助服务。投入运营后，日均货物吞吐量950吨。建站总投资4 731万元，其中企业自筹3 231万元，利用银行贷款1 000万元，省交通厅补助500万元。

山阳二级货运站，由陕西华龙运输有限责任公司建设，总建筑面积6 580平方米。建站总投资1 709万元，其中省交通厅投资补助260万元，其余资金为地方和企业自筹。建成后因货源不足未开展经营。

西安马家沟一级货运站，位于西安灞桥产业科技园，为西安市“十一五”时期重点建设货运枢纽站场，西（安）咸（阳）国家公路运输组合枢纽项目之一。陕西贝斯特企业集团建设。建站总投资4.14亿元，其中省交通厅投资补助500万元。其余资金为企业自筹。马家沟货运站仓储区生产及配套设施总建筑面积10.36万平方米，其中立体库房及普通库房5.08万平方米，办公、交易、服务、作业机车辆维护等配套设施5.28万平方米，站内道路、场地硬化面积9.58万平方米。经营业务主要有：货物仓储、配送、零担货运、公路集装箱中转以及信息服务等。站内经营商户500余户，参营人员近3 000人，年交易客户达数百万人（次），交易额约5亿元，货物吞吐量450万吨。

眉县货运站，由眉县发展计划局立项，秦龙集团眉县第二汽车运输公司按二级货运站标准建设。总投资1 000万元，省交通厅补助240万元。货运站占地1.53公顷，总建筑面积4 400平方米，其中仓储面积2 550平方米，硬化地面1.05万平方米，至2010年7月主体综合楼、辅助楼、仓库完工。

2010年年底，全省共有道路货运站21个，其中一、二级站各为6个，三级站7个，四级站2个。货运站分布：西安市14个，宝鸡市4个，咸阳、渭南、商洛市各1个。

二、货场

陕西道路货运站兴起之前，在城乡物资、商品集散地或批发市场周边，就有大小、功能不一的货场存在，大多自发形成，设施简陋，以车辆停放、货物堆存和搬运装卸为主。

20世纪90年代，经济发展带动道路货运兴旺，城乡货场发展很快。一些运输企业、个人及街道办事处等单位，利用空场闲地，或租用闲置厂房、库房，开办货场，经营货物堆存、装卸作业和车辆停放业务。这些货场依托批发市场或货物集散地，多分布于城郊，少数分布在铁路集运站及专用线附近。经营货物以煤炭、建材、农产品与日用品为主。

1995年，交通部门着力培育发展道路运输市场，重点发展有形货运市场，一些地方整合分散、零星货场或经营业户，新建或扩建成大型综合货运市场。西安市1998—2000年，先后兴建亚欧、贝斯特和三利三个占地6.70公顷以上大型综合货运市场。西安三利货运市场由西安三利物流服务有限公司投资310多万元建设，建筑面积近万平方米，建有库房、卸货大棚、停车场等设施，主要承接全国各地发往西安地区道路货物的集散、仓储、中转等业务，入住商户40户，日货物流通量近2 000吨，年交易额逾3 000万元。

除西安等中心城市兴办大型货场外，城乡公路枢纽地带，兼营停车与货物堆放的货场、小型综合货运市场迅速发展。尤其货运与车辆多的县（市、区），兼营停车与货物堆放的货场、停车场大量增加。潼关县吴村三组村民集资50余万元，兴建潼关县货运停车场，占地1.20公顷，提供货物堆放、停车、住宿、汽车维修、餐饮购物等服务，可容纳车辆300多辆。大荔县有天成、发宁、顺达、西效、大通、仁厚里商贸楼和县运输公司等7个从事停车和货物堆放、装卸的货场。澄城县有粮食局货运场、保兴运输公司九路货运场等。

2004年，榆林金桥货运服务公司投资100万元，在榆靖高速路口建成一处货场，建筑面积1 000平方米，仓库500平方米，有叉车、传送带等设施，日吞吐五金、建材、日用百货等30吨。

随着全省综合物流发展，部分货场增加物流设施与功能，向物流中心（园区）拓展。2005年，西安市新建东盈、双生、聚通、西北物流等4个货运市场，总投资2.25亿元，总占地38公顷，总建筑面积15.50万平方米，可容纳经营业户1 200户，设固定停车位1 880个，是年日均进出车辆5 650辆，日均货物吞吐量5.95万吨。陕西西部物流有限公司通过整合宝鸡铁一局材料厂和区内其他货场，建成年吞吐量近百万吨的专用货场，年可发送货物80多万吨。该公司投资建设的宝鸡市煤炭交易中心，占地5.47公顷，设有汽车修理厂、加油站、停车场、储煤区及办公楼、服务楼等，总建筑面积6.50万平方米。煤炭交易中心日均货物吞吐量700吨。

2006年后，随着道路货运持续快速发展，全省相继建成一批货场，同时原有大型货场完善设施，规范运营，强化信息服务，拓展仓储、理货、中转业务，加速向物流中心转型。

2008年，榆林市麻地湾村投资100万元建设麻地湾货运市场，占地约6.67公顷，建筑面积1 200平方米，仓库500平方米，具停车、仓储、货运、货代、信息服务等功能。

有金意达货运有限公司、诚旺达煤焦货运有限公司等33家货运企业进驻经营。主要经营榆林至西安及往山西、河北、山东、河南、北京、宁夏、辽宁等省（自治区、直辖市）的零担货运；进出货物主要有煤炭、石油、天然气、化工、百货、食品、建材、装饰装潢材料等。榆林榆阳区远程货运服务公司在榆林青岛啤酒厂投资50万元建设专用货场，专营啤酒配送。货场建筑面积2 000平方米，仓库1 000平方米，配备叉车、传送带等设施，日吞吐啤酒200吨。

三、物流中心（园区）

（一）西安贝斯特物流中心　又名西安贝斯特物流市场，原为西安贝斯特货运市场。位西安市长缨西路。由西安贝斯特物流有限公司投资7 000万元兴建，1999年建成。占地6.67公顷，建筑面积2.50万平方米，设有货运信息中心等服务机构。中心内入住商户300余户，从业人员5 000余人。开辟零担货运线路共计500余条。其中省外零担货运专线有：北京、南京、上海、哈尔滨、沈阳、呼和浩特、郑州、太原、兰州、乌鲁木齐、西宁、拉萨、成都、重庆、贵阳、昆明、广州、海南等；省内零担货运专线有：延安、榆林、安康、商洛、渭南、宝鸡、咸阳等。2010年日进出货场车辆5 000余辆，小型货车3 000余辆，年货物吞吐量300多万吨。

2008年5月12日，西安贝斯特物流中心货运作业

（二）西安亚欧物流中心　又名西安亚欧物流市场，位于西安市西郊枣园路。由西安亚欧运输服务有限责任公司建设。1999年建成投入使用后，曾于2004年扩建，并在西安市道路货运市场首先建成180平方米信息发布大厅，信息采集点覆盖全市各大货运市场。2007年，公司董事会聘任张国强任总经理，实行委托经营。张国强投资600余万元，再行扩建。前后三期工程建设总投资5 600余万元，总建筑面积6.10万平方米。场内分交易区、仓储区、信息发布区、商业区、停车区等5个功能区，具停车、仓储、包装、理货、代理、签发运单、信息服务等功能，并具车辆维修、住宿、餐饮等服务设施，可为经营业户跨省、市及市内货物运输提供托运、承托服务。入驻经营业户300余户，经营线路辐射全国各地，日均进出货车850辆，年货物吞吐量310余万吨。

2010年4月，运营中的西安亚欧物流中心

（三）西安海纳物流中心　隶属西安海纳汽车服务有限公司

物流分公司，位西安华清东路。由西安海纳汽车服务有限公司投资4 000万元于2001年建成。占地面积10公顷，由东区、西区和北区三部分组成，集信息配载、货物运输、仓储配送、停车住宿、汽车维修、餐饮服务等为一体。营业面积7.34万平方米，容纳500多物流商户，设停车位600余个，仓储面积1万平方米。2010年日均车流量800余辆，货物吞吐量1.20万吨，年货物吞吐量500万吨。

（四）西北物流市场　西安明大企业集团有限公司下属陕西西北物流有限公司2003年所建。位于西安市新城区华清路36号。注册资金2 000万元。总建筑面积5万平方米，其中办公用房3 000平方米，经营用房200余间，仓储面积3万平方米。停车场2万平方米，入驻经营单位100余户，年货物吞吐量100万吨，集专线运输、市场经营、仓储、货物配载、货物配送、停车住宿等多功能于一体。除经营陕西全境道路货运外，还开设有省际货运线路20余条，遍及河北、广东、浙江、福建及北京、成都、上海等省（市）。物流市场还承担锦绣鞋城、康复路各大商品交易市场、轻工业品批发市场、西北轻纺中心、西北小百货市场、大明宫建材市场、华清路干果批发市场等市场的物流配送业务。

（五）西安聚通物流市场　陕西聚通物流配送有限责任公司投资2 000余万元建设。市场位于西安城北红庙坡59号，占地约3.33公顷，2004年3月建成。建筑面积2.90万平方米，拥有商用房、专业仓储和大跨度拱形防雨棚，可容纳100余户物流企业经营，停车场可停放车辆100余辆。2008年日货物吞吐量约5 000余吨。

（六）西安双生物流中心　陕西双生物流市场有限公司投资3 000万元，于2005年6月建成，位于西安市北二环中段。建筑面积1.24万平方米，综合营业楼设客房、写字间、餐厅、维修厂等。配备12米长6.50米高超长轻钢结构大棚，1.88万平方米停车场，设标准停车位200多个。配货中心经营户50多家，货运线路遍及全国。

（七）西北东盈物流中心　位于西安东二环、北二环交汇处。陕西东盈集团下属西安东盈物流有限公司投资3 000多万元建设，2005年8月建成，占地约6.67公顷。经营用房1万多平方米，仓储库房8 000余平方米，集运输、仓储、配送、信息及其配套服务为一体，共有经营门面房212间，冷库13个、3 000多平方米。其中大库每个300平方米，小库每个25平方米，可供客户四季存放干鲜果，并按客户要求设定温度和湿度。拥有标准停车位300多个。2009年日吞吐量7 200吨以上。

（八）宝鸡陈仓物流园区　为全省规划建设的三大物流园区（西安新筑物流园区、西安空港物流园区、宝鸡陈仓物流园区）之一。2009年部分项目建成并投入使用。占地93.33公顷，建筑面积147万平方米，总投资约60亿元。园区集仓储、物流配送、信息处理等为一体，以工业物流和商贸物流为主，兼具农业物流、城市配送和口岸物流。

第五章　节能减排

道路运输车辆持续增加，在带给人们出行便利的同时，大量利用和消耗能源，排放废气并产生噪音污染等，成为节能减排的重点领域之一。全省道路运输从节约燃料始，逐步推进节能减排。1991—2000年，全省道路运输业以节油为重点，加强车辆技术管理，开展车辆技术革新，组织节能技术竞赛，推进车辆更新改造，推广应用无铅汽油等新型燃料。2001—2010年，以建设资源节约、环境友好交通运输业为目标，加强道路运输节能减排组织指导，开展培训教育和节能减排竞赛，建立健全节能减排标准和规范，积极推广应用车辆节能减排新技术、新能源和新车型。同时，节能减排与道路运输结构调整相结合，通过推进公司化、集约化经营，发展道路运输信息化技术，提高道路运输组织化水平，引导合理组织运输，探索道路运输综合节能减排模式，发展低碳道路运输业。

第一节　组织模式

道路运输节能减排始于20世纪80年代运输企业节油，从交通部门至运输企业，建立车辆节油管理机构，组织开展节油革新和质量管理活动。

1991年，省交通厅先后印发节能管理细则、节能升级指标和油耗定额等行业规范。全省交通系统建立单车油耗核算制、交接车满油箱制和超节油奖罚制度。全省基本建立省、地（市）和运输企业3级节能管理体系，有专（兼）职管理人员210人。省交通厅组织贯彻交通部有关车辆技术管理规定和消耗定额，建立节能管理办法，省交通厅运管局制定运输业能耗定额并实施能耗定额管理。地（市）、县各级交通部门把营运车辆不得超过燃润料消耗定额指标，废气排放与噪音符合国家标准，作为车辆运输审批条件予以把关。运输单位把节能管理列为经理（厂长）任期责任考核内容，对驾驶员进行节能驾驶和日常维护车辆技术培训，并建立单车节油、节（轮）胎、节约维修费用、奖罚等管理制度。运输系统开展节能宣传教育和“三节一降”活动（即节油、节电、节煤，降低能源单位消耗），专业运输公司车辆按照额定载重量装载；运载易散落、飞扬、泄漏、污染物品时，封盖严密，防治污染环境。是年，全省14户地（市）运输企业节约燃油140多万升。

1992年起，扩大道路运输市场开放，交通部门进一步实行政企分开，国营运输企业走向市场，原3级节能管理体系中有的企业节能机构解散，有的削弱，节能体系运行不畅，交通部门对运输企业节能管理转向引导，一些运输企业随着车辆租赁承包或车辆产权拍卖给个人，节能管理弱化甚至放弃。

至2000年，对道路运输业的节能管理，交通等有关部门在进行规划和引导的同时，重点是组织实施老旧车辆更新，企业和个体、联户大多在追求利润前提下，选择节能技术或车辆，市场引导车辆节能的作用显现。

2001年，加强道路运输业结构调整，扭转行业粗放增长势头，推进规范化、集约化经营，促进道路运输业节能减排。2004年贯彻交通部建立环境友好、资源节约交通运输业的要求，以推进道路运输公司化经营，加速运输业组织结构、车辆结构调整、发展新型运输作业方式，推广应用新能源，促进运输业综合节能减排。

2006年后，贯彻修订后的《中华人民共和国节约能源法》，省交通厅针对道路运输车辆普遍存在能耗高、排放超标老旧车辆淘汰慢、节能环保新型运力推广进展不快等问题，改革道路客运线路审批制度，对班线客车实载率低于70%的客运线路不再增加运力，控制运力不合理增长，促进节能减排。

2007年，以西汉高速客运公司化为重点，探索运输组织方式创新，探索综合节能减排模式。按现代企业制度组建西汉高速客运公司后，原区间客运班线228辆车辆整体下线，配置86辆国Ⅲ标准大型高二级客运车辆，西安至汉中单趟由原8小时缩短至3小时40分钟，单车油料百车公里消耗量由30升降至24.30升，该公司年均节油12.70万升。此后，全省推广西汉高速客运节能减排模式，加速运输企业规模化、集约化，降低能源消耗4%以上。

2009年9月4日，在咸阳市举办全省交通运输行业营运车辆驾驶员节能技能竞赛活动。图为对参赛队员进行节油驾驶实际操作技能考核

2008年8月21日，省交通厅下发《关于陕西省交通运输行业节能减排工作实施方案的通知》（陕交发〔2008〕141号），根据国家和交通运输部关于道路运输业节能减排的要求，提出全省交通运输行业节能减排目标，即2008年单位能耗降低1%，2009年、2010年，单位能耗各下降2%，“十一五”时期末实现单位能耗降低5%的目标，并采取多项节能减排措施。道路运输业加大节能减排工作力度，对耗能高、排放超标的老旧车辆，技术状况达不到二级及已达到报废年限或行驶里程的车辆，坚决清理出运输市场；对运营8年以上的客运车辆，鼓励更新为节能环保型客车。汉中市汽车运输总公司宁西有限公司将小车换大车、普通车换大型中级客车后，2008年公司因此节约资金85.68万元。

2009—2010年，省交通运输厅组织三项行业性节能减排活动。一是组织全省10万名营运车辆驾驶员开展节能竞赛活动，由西安、渭南、商洛、汉中、延安等市选拔出50名队员参加在咸阳市举办的比赛，产生12名“交通运输行业节能技术能手”，代表陕西参加全国第一届交通行业“宇通杯”汽车驾驶员节能技能竞赛，带动全行业节能减排活动开展。二是按照交通运输部部署，组织营运客、货车辆燃料消耗量达标核查，共核查各种车辆1.74万辆，核查出不符合燃油消耗量规定标准的86辆车辆，令其退出运输市场。三是按照交通运输部在交通运输行业开展“车、船、路、港”千家企业低碳交通运输专项行动的部署，加快更新老旧车辆，推广使用新能源和清洁燃料车辆步伐。

2010年年底，全省道路运输单车耗油由2006年30升/百车公里，下降到25.10升/百车公里，百吨公里油耗降低25%以上，客、货运输车辆年节油约1.50亿升。全省高速公路、干线公路客运经营公司营运车辆，达到部颁节能减排标准。

第二节 技术推广

20世纪90年代，全省道路运输车辆节能，执行1990年交通部《汽车运输业车辆技术管理规定》《载货汽车运行燃料消耗量》《载客汽车运行燃料消耗量》等规定，以企业平均先进单位油耗作为暂行定额，标准为每百吨公里8.07升。

1991年，全省道路运输汽车多为老旧车辆，耗油大。开展的节油措施主要是改造“四车三机”，推广节能产品和无铅汽油。当年，全省改造1980年前国产东风牌EQ140、跃进牌NJ130和1982年前生产北京牌BJ212、BJ130等4种车辆及其使用EQ6100、NJ70、BJ4920Q型3种发动机的汽车5 800辆。推广QJ系列发动机曲轴箱通风节油阀、润滑油检测仪等节能汽车2 400辆。据1992年统计，全省汽车运输企业车辆使用节能产品5 000余件次，年节油3 760吨，汽车节油率年均提高2%。

1994年，省交通厅能源管理办公室组织编写的《汽车驾驶节油操作模式》，作为教材印发各地（市）运输公司，供全省汽车运输企业驾驶员学习应用。据统计，每人每年节油200公升，车辆节油率4%。是年，专业运输公司油耗定额标准，载货汽油车、柴油车平均百车公里耗油量为34.40升、34.10升；载客汽油车、柴油车平均百车公里耗油量为31.60升、29.70升，四项指标环比平均下降1.36%。

1995年起，实施国家老旧汽车更新计划，加强运输车辆准入源头把关，严禁高耗能车辆进入运输市场，同时，营运车辆不得使用进口旧车、翻新车。全省加强道路运输车辆改造，改造客车1 248辆，油罐车474辆，挂车200辆，农用车5 567辆。与此同时，推广汽车使用无铅汽油，控制汽车排放废气中有害物质污染空气。

2001年，全省由西安市始进行出租运输车辆双燃料改造。此后，使用天然气车辆扩大到公交客车及部分短途客运汽车、小型短途货车，并逐步推展到全省其他各市。

这一时期汽车驾驶员培训，将节能技术与管理列为培训和考试内容。至2003年前后8年，全省约10万名驾驶员接受节能培训。经培训，车辆在同等情况下每百公里耗油可下降2%。2004年起，驾驶员培训中节能驾驶技术培训，采用全国统编教材。节能驾驶相关内容为：影响节能驾驶主要因素、节能驾驶操作规范、影响汽车行驶阻力耗能和汽车维护相关知识、汽车环保知识等。

2005年，重点发展适合高速公路、干线公路的大吨位、多轴重型汽车列车和短途集散用小型货运汽车；推进拖挂、甩挂运输，提高牵引车利用效率。吨公里油耗比上年降低25%以上。

在道路运输车辆中推广试用甲醇汽油。2005年，陕西省工业与信息化厅组织80辆小轿车、10辆载重车，进行使用甲醇汽油试点。经运行110多万公里试验，汽车尾气中一氧化碳含量平均减少30%，碳氢化合物含量降低40%。试点取得成功后，使用甲醇汽油汽车开始在全省逐步推广。

运用信息技术，促进节能减排。至2006年，西安、宝鸡、渭南3市道路运输管理机构建立物流信息服务系统，引导合理运输，通过减少车辆空驶，提高实载率，推进有效运输。渭南物流信息系统投入运行后，全市物流运输车辆每年节约油料9 000余吨。

2008年8月29日，省交通厅召开交通行业节能减排工作视频会议，要求通过加强宣传教育，优化运输组织结构，强化交通运输管理，加大科研和资金投入，狠抓落实等措施，全力推进交通节能减排工作，力争到2010年交通运输行业实现单位能耗比2005年下降5%。推广西汉高速客运综合节能减排模式，加强运输结构调整，加快淘汰能耗高、排放超标老旧车型，投放节能环保新型运力。西宝、西康、西商、西铜等10家高速客运企业更新232辆大型高级客车，300多辆老旧客车下线，并集中销毁。推广使用工业与信息化部推荐车型，使用专用车和厢式车，发展拖挂运输、甩挂运输，提高牵引车利用效率。大力推广应用清洁能源，因地制宜推广使用以甲醇、乙醇、天然气为重点的替代能源。提倡有气源条件的市区新增和更新的营运车辆、新开通的营运班线，选用符合安全技术规定的双燃料车型。鼓励车况良好且排放达标的出租车、班线客车、驾校教练车进行双燃料改造。宝鸡秦龙运输集团宇通运输有限责任公司投放30辆纯天然气客车，比同类柴油车每年节约油料成本44.47万元。宝运集团新路汽车旅游公司投放20多辆双燃料车后，与使用同类柴油车相比，每天可节约燃料费约50元。全省城市公交系统强化节能减排措施，成立专门机构，层层签订目标责任书，强化定额考核，并加大节能资金投入，使用节能环保技术，依靠科技进步提高能源利用率，2008年，西安市公交总公司投资5 500万元，改装天然气车3 688辆；投入20万元购置车辆尾气检测分析仪；新增营运车辆283辆，其中纯天然气车18辆，双燃料车265辆，尾气排放指标均达到国Ⅲ标准。报废技术性能差、高能耗车辆276辆，清洁燃料公交车占全部公交车的93%。

2010年6月，西安市杜城天然气加气站在为公交车辆加载天然气

2010年年底，全省建成8个甲醇汽油调制中心，年总生产能力300万吨，建成各类甲醇汽油加油站30座，年消费甲醇汽油22.50万吨～25万吨。全省使用天然气和双燃料公交车8 328辆，占公交车总数75.88%；使用天然气和双燃料出租车2.05万辆，占出租车总数64.42%。西安市双燃料公交车达6 113辆，占全市公交车总数93.80%；双燃料出租车达1.07万辆，占全市出租车99.50%，出租车尾气排放全部达到欧Ⅲ标准。全省各市（区）专业运输公司车辆平均百车公里耗油量25.10升，城市公交车平均百公里汽油单耗30.78升。

第五篇　科技与教育

公路交通贯彻“科教兴交”战略，坚持科技面向公路交通建设主战场，改革科技体制，加强科研队伍与创新能力建设，加强科技研究、开发引进、推广。科研主体由事业单位为主，转向科研单位、大专院校和企业共同参与；科技投资由部门为主，转向部门补助、基层自筹、企业配套结合；研究方式由公路科研机构为主，转向产、学、研联合攻关，并参与交通运输部西部交通建设科技项目，部、省联合攻关项目研究。围绕不同时期改革开放重大问题，建设、运营、管理和服务关键技术，大力引进、推广国内外先进技术，加强开发性、应用性项目研究，同时加强对外交流合作。20年共取得700多项科研成果，一大批成果达到国际先进或国内领先水平，多项成果填补国内公路交通研究空白，134项成果获国家和部、省级科技进步奖。科技成果推广应用，加速公路交通技术进步与创新，促进发展方式转变，提升发展水平与效益。坚持以信息化带动交通现代化，加强公路交通信息技术开发应用，建立公路交通信息基础设施系统，开发公路建设与运行管理、应急指挥、公共服务及经济运行分析等信息化应用系统，促进公路交通信息化。坚持提升公路交通职工综合素质，职业技术教育与职工培训相结合，建立健全多层次、多渠道、多方式公路交通教育体系，为公路交通培养合格人才。

第一章　技术研究

1991—2000年，以不同地质状况下的路基修筑、养护管理技术为重点，对高等级公路半刚性沥青路面结构设计，大跨径桥梁设计与施工技术进行研究，开发并应用高等级公路收费、监控、通讯系统。2001—2005年，以高速公路修建、设计、施工关键技术研究为重点，研究黄土地区公路修建成套技术，黄土隧道设计与施工技术及长大隧道运营管理技术等。2006—2010年，依托高速公路加快发展和提高公路运营管理水平，重点研究沥青路面材料改性养护技术，运营安全管理技术，特长公路隧道成套技术等。各个时期结合公路交通发展需求，研究应用乳化沥青和改性沥青等新材料，组织开发大型架桥设备、筑养路机械、试验检测设备与汽车产品；围绕公路交通发展重大决策，开展公路规划、发展战略、筹资融资、体制改革、安全保障等软科学研究。不同时期公路交通技术研究、开发，突破公路交通发展诸多技术难题和关键技术，取得一大批重要科技成果，并广泛应用于公路交通建设、运营、服务和管理。

第一节　应用技术研究

一、路基技术

（一）黏性土加筋土挡墙的设计和原型试验研究　1990年，铜川公路管理总段等单位合作完成。自20世纪80年代起，铜川公路管理总段将加筋土挡墙技术用于跨越冲沟等路基挡护工程，较采用跨沟旱桥和石砌挡墙，显著节约工程投资。该课题组在对黏性土的黏聚力进行定量分析，对原有黄土桥进行深入研究基础上，建成高11米、长118米黏性土加筋土挡墙试验工程。与以往同类工程相比较，减少筋带用量40.60%、降低工程材料费22%。

（二）山区公路路基排水和水毁防治技术　1995年，省公路局与西安公路交通大学合作完成。研究人员应用近800场水力试验资料，15处实验工程汛后观测资料以及350处前期防护工程调查资料开展研究，建立山区沿河公路防治水毁防护技术体系。其主要内容有：沿河路基水毁及防护对策；引起沿河公路路基冲刷、坍塌的河流特性；弯道水流、河床变形和路基冲刷的防护；桥台和丁坝冲刷机理及冲刷深度计算；丁坝及丁坝群回流尺度和防护范围确定；各类防护工程的配合使用；山区路基排水和地下水计算；挖方边坡水毁类型及防护。防护工程采用了轻型、薄壁、浅基础等形式，便于施工。该成果在理论和实践上具有普遍意义，对路基、桥渡和河岸防护均具有推广价值，内容纳入交通部“防治公路水毁成套技术成果推广体系”，并在陕西山区公路、新疆维吾尔自治区中巴公路和312国道推广应用，效果良好。

（三）土工合成材料在公路工程中的应用　1996年，铜川公路管理总段完成。将土工合成材料用于滑坡治理、软弱地基处理、油路裂缝修补、支挡工程和排水工程效果显著。应用土工织物作渗水盲沟包敷层及治理路基翻浆，用于公路病害综合治理。

（四）无沙石料地区公路修建技术研究　交通部“八五”时期行业联合攻关项目。1996年，西安公路研究所与榆林公路管理总段合作完成。课题组按照就地取材原则，利用当地材料，研究解决无沙石料地区筑路技术难题；提出水坠法、分层振动碾压法及土工布法稳定沙区路基的3种施工工艺；提出风积沙填料最大干密度和路基回弹模量测定方法；通过室内试验与试验路段实践，推荐6种无机结合料加固就地风积沙作为基层结构类型，具有强度高、刚性大、抗干缩、抗温缩性能较好等优点；提出沙区公路新施工工艺及新路面结构类型。成果应用于榆林地区延靖公路、307国道、210国道、神木县及榆林市过境公路新建、改建。部分研究成果作为交通部有关标准、规范技术依据。

1996年，西安公路研究所和榆林公路管理总段采用“水坠法”进行沙漠路基施工试验

（五）陕西省高等级公路路堤沉降规律及防治　1997年，西安公路交通大学与省高管局合作完成。选定有代表性路堤，埋设沉降杯和沉降板并在路面上设置标点，进行长期连续观测，得到路堤随时间沉降规律及路堤总沉降中路堤本身压缩变形与地基沉降比例关系，为研究黄土地区路堤沉降规律取得实测资料。通过研究，提出路堤工后容许不均匀沉降标准及超标准沉降预防和治理措施，在西宝高速建设和运营中应用效果良好。

（六）液压原位挤压技术在公路路基病害处理中的应用研究　1997年，西安公路研究所与省高管局合作完成。利用液压原理，将多元水泥浆液在一定压力下均匀注入路基，挤出土体中水分和空气，并占据其空间而形成复合路基，从而提高路基整体强度和抗变形能力，达到根治路基沉陷病害的目的。经研究与试验，形成一整套注浆加固技术，与传统开挖后重新回填或随沉随铺方法相比，省时、省力、投资少、质量可靠，并可在施工时保持交通畅通。成果应用于陕西、内蒙古、甘肃等省（自治区）高速公路整修工程。

（七）毛乌素沙漠地区路基修筑技术研究　1999年，西安公路交通大学与榆林公路管理总段合作完成。针对210国道陕西榆林过境线二级沙漠公路设计与施工遇到的风积沙路基压实度控制标准、现场压实度检测技术、较高风积沙路堤（3～18米）施工压实工艺、路基变形和稳定性规律等路基修筑技术问题开展研究。通过室内试验与试验路现场试验，提出合理确定土体标准干密度的试验方法、适合二级公路沙漠路基的压实标准及检测方法；提出路基沉降和稳定性的计算与分析方法、路基工后沉降计算等方法。成果经推广应用，使陕西沙漠地区公路施工技术取得重大突破。

（八）沙漠高速公路修筑养护综合技术研究　2000年，省交通厅结合榆靖高速建设，立项沙漠公路路基、路面修筑技术，边坡防护、防风固沙及养护技术研究。2001年，交通部将该项研究内容列入西部交通建设科技计划《沙漠地区公路建设成套技术研究》课题，作为13项分课题之一，项目名称为《沙漠高速公路修筑养护综合技术研究》，由省公路局等单位合作，2006年完成。课题组依托榆靖高速施工，通过研究与试验，提出沙漠高速公路路基压实质量控制指标、最大干密度确定方法、压实度标准及检测方法；适合沙漠高速公路路基施工的机械类型、机械组合、施工压实工艺，风积沙路基顶面不同类型封层技术要求和施工工艺；沙漠高速公路路基沉降与稳定性理论计算方法；无机结合料稳定风积沙混合料最佳配合比、沙漠高速公路路基、底基层设计参数，并推荐7种典型路面结构；沙害程度较小路基断面形式及“四带一体”植物防风固沙体系，给出防护带合理宽度等。成果在榆靖高速项目建设中应用。结合研究试验，编制出《沙区路基施工技术规程》，为相关规程、规范编写提供可靠依据。研究成果填补沙漠高速公路建设技术空白，并被编入交通部《沙漠地区公路设计与施工技术指南》，在省内和新疆、内蒙古等省（自治区）沙漠高速公路建设项目推广应用，取得巨大经济效益。

2000年，榆靖高速项目结合沙漠公路修筑养护综合技术研究进行路基施工。左上图为2003年8月建成后的高速公路

（九）沙漠地区公路路基压实标准及方法研究　2001年交通部西部交通建设科技计划项目，西安公路研究所等单位合作于2004年完成。首次系统研究风积沙静力、动力压实特性和压实机理，提出最大干密度的确定不存在最佳含水量观点；提出不同级配风积沙最大干密度确定方法、试验仪器和试验方法；不同等级沙漠公路路基压实标准；风积沙路基不同填土高度采用同一压实度标准观点。成果具创新性，部分成果作为交通部有关标准、规范技术依据。

（十）黄龙地区路基翻浆原因分析及防治对策研究　2001年，长安大学与延安市交通局合作完成。提出防止路基翻浆机理、整治措施、路面结构形式、排水措施及半刚性基层施工指南，对路基翻浆理论有发展，对指导路基路面设计、施工和养护具有重要价值。

（十一）黄土地区公路路基设计施工技术研究　2001年，交通部组织陕西、甘肃、宁夏等省（自治区）交通部门开展黄土地区成套筑路技术研究，省交通厅世界银行贷款项目执行办公室等单位合作承担该子课题研究，2006年完成。

研究提出适用公路路基的黄土湿陷性评价方法；建立基于非饱和土力学理论的黄土湿陷沉降变形评价模型；提出湿陷性黄土地区一般路基只需采用浅层次处置观点；结合禹阎高速、延塞高速和黄延高速建设，系统研究振动碾压、冲击碾压、强夯等湿陷性黄土地基处置技术，推荐浅层次处置技术，推荐黄土填料CBR值及黄土路基压实标准；通过静碾、振动和冲击三种工况下黄土压实室内模型试验，得出土体内部应力应变和压实度变化规律，提出适合黄土压实最佳振动频率及施工工艺。研究成果应用于禹阎高速、凤永高速、咸永高速和黄延高速路基湿陷性黄土处理，节约工程费用，取得良好效益。

吴堡—子州—靖边高速公路建设应用黄土边坡设计和防护技术。图为2007年高边坡处置和绿化效果

（十二）高等级公路黄土高边坡稳定性研究　针对30米深度以上公路黄土边坡设计和防护技术均无依据可循问题，省交通厅立项，省公路设计院和长安大学合作，2002年完成。研究提出公路黄土高边坡（≥30米）推荐设计坡型和高边坡防护技术。成果用于黄延高速43处高边坡设计、施工和防护，并在省内黄土地区公路建设中推广应用。

（十三）铜黄公路滑坡分析与综合治理研究　2002年，省高速集团等单位合作完成。结合铜黄公路滑坡治理进行系统研究，总结出影响滑坡稳定的三个敏感性因素，其中敏感性分析、三维有限元模拟、滑坡变形监测预警指标为创新。成果应用于铜黄公路滑坡治理，并在省内外公路滑坡治理中广泛应用。

（十四）低液限黏土及粉土路基修筑技术研究　2005年，延安市交通局与长安大学合作完成。提出低液限黏（粉）土路基填料施工关键技术和方法，具有推广价值。

（十五）西汉高速公路土石混填路基施工技术研究　2006年，长安大学与省高速集团合作完成。研究提出土石混合料路基压实度质量检测方法、施工工艺和技术要求，编制“陕南地区土石混填路基设计与施工技术指南”。成果在十天线安康东、安康西及汉中西高速，商漫高速、宝汉高速等工程建设中应用，质量良好，工程费用节约。

（十六）毛乌素沙漠地区特殊地基处理技术研究　2007年，陕蒙高速公路建设管理处等单位合作完成。研究提出高地下水位及不良地质路段设计要求及处理措施，特殊地基处理施工工艺及质量控制措施，编制“沙漠地区高速公路特殊地基处理技术指南”。成果应用于陕北沙漠地区高速公路建设，对国内其他沙漠地区高速公路施工有指导作用。

（十七）低含水量沙、粉土及高含水量黏土压实机理及压实技术研究　2008年，长安大学与陕蒙高速公路建设管理处等单位合作完成。通过研究粉土、低含水量的风积沙和高含水量黏土的压实特性及压实机理，确定适用于低含水量粉土及风积沙压实的冲击振动复合压实设备模型，以及主要性能参数，研究确定最佳施工压实工艺。同时，开发小型冲击振动压路机样机。样机设计获国家发明专利和新型实用专利各1项。

（十八）黄土边坡剥落病害处置技术研究　2008年，陕西黄延高速公路有限责任公司等单位合作完成。将黄土边坡剥落分为三大类、16亚类；建立边坡剥落发育程度等级可拓综合模型、冲击破碎过程力学模型；研究提出“营养麦草＋网锚植草”处置中、厚层黄土边坡剥落技术。成果应用于黄延高速、西铜高速、铜黄高速及其他黄土地区公路路堑边坡。

二、路面技术

（一）高等级公路半刚性基层沥青路面和抗滑表层成套技术研究　“七五”时期国家重点科技项目，西安公路研究所与交通部公路研究所等6家单位合作，1991年完成。西安公路研究所主持完成该课题中“高等级公路半刚性基层沥青路面结构设计与抗滑表层的研究”“重交通道路沥青在高等级公路工程中的实用技术”两项专题研究，并完成室内材料试验和西三一级公路、西临高速公路试验路段试验研究，取得重要成果。

紧密结合国家高等级公路建设和发展需要，以应用国产重交通沥青及优选的半刚性基层材料，修建裂缝少、车辙轻、强度高、抗滑性能好、经久耐用的路面为中心研究内容，针对“七五”时期前修建的半刚性基层沥青路面使用寿命短、开裂严重的实际情况，进行深入、系统研究，提出减少裂缝的综合措施；全面研究半刚性基层材料的各项技术性能，优选出抗弯拉强度高、收缩性小、稳定性好、可明显减少路面裂缝的两类半刚性基层材料，为形成适合国情、经济合理的沥青路面结构提供了科学依据；针对缺少合格的重交通道路沥青建设高等级公路的现实，对国产沥青与进口沥青进行全面系统路用性能比较试验研究，证明利用国产沥青可以替代进口，从而突破了国内修筑高等级公路必须依赖进口沥青的传统观念。

1991年建成通车后的西临高速半刚性基层沥青路面试验路段

应用该项技术，路面裂缝可减少50%～80%，与国外传统路面结构相比，沥青面层至少可减薄3～5厘米，路面造价可降低10%以上。这些技术在国内高速公路得到广泛应用。

（二）高等级公路水泥混凝土路面修筑技术的研究　1994年，西安公路研究所等单位合作完成。应用弹性层状体系理论，对碾压混凝土层上铺沥青混凝土复合式路面荷载应力进行研究，提出临界荷位、疲劳方程等关键设计方法；绘制的诺模图及所研制软件，可用于复合式路面设计，填补国内外相关领域空白。研究提出改进VB仪加荷值应与路面成型机械相匹配；路面结构、接缝间距及延迟或减少反射裂缝技术措施和施工工艺。制定适合陕西的水泥混凝土路面施工细则。应用该项成果，使陕西丰富的粉煤灰资源得到有效利用，减少水泥混凝土路面水泥用量1/5。

（三）陕西省黄土区高等级公路半刚性基层沥青路面典型结构研究　交通部“八五”时期国家重点科技攻关项目《高等级公路半刚性基层沥青路面典型结构研究》分课题之一，西安公路研究所于1996年完成。

20世纪90年代修建的高等级公路，90%以上为半刚性基层沥青路面，早期破坏严重。分课题组通过对现有半刚性基层沥青路面使用情况、路基状况和交通量状况调查分析，并通过室内外试验研究，对现有半刚性基层的成功结构作了修正，提出36种适合本地区特点的半刚性基层沥青路面典型结构，为设计和施工提供了理论依据，减少设计盲目性，使半刚性基层承载力高的优良力学性能得到充分利用。

（四）高等级公路路面平整度传递与标准研究　2001年，西安公路交通大学完成。研究提出路面不平度由路面层层传递理论，提出层层控制，最终使路面达到平整。对平整度传递模式中压缩比一项，增加了结构层厚度影响因素，使该模式得到完善，对提高平整度传递公式的计算精度有重要价值。应用该理论在绛法汤二级汽车专用公路铺筑两公里试验路段，经实测，各结构层平整度资料与其他路段对比，达到该理论推算的设计值要求，效果显著。

（五）超薄水泥混凝土路面修筑技术研究　2002年，铜川公路管理局与长安大学合作完成。研究提出连续配筋混凝土路面、露石水泥混凝土路面、超薄水泥混凝土路面，特长隧道低噪声抗滑水泥混凝土路面设计方法、评价指标、评价方法与施工工艺，嵌锁密实水泥混凝土配合比设计方法。成果对提高路面层间黏结性、行车舒适性和抗滑减噪有显著作用。

（六）陕西省高等级公路半刚性基层沥青路面长期使用性能研究　2002年，西安公路研究所完成。研究提出路面结构强度系数具有较强的规律性，相对强度系数与路龄之间符合逆函数衰变规律；相对弯沉变化系数符合指数曲线变化规律；半刚性基层沥青路面裂缝率变化规律符合二次多项式模型；路面摩擦系数与累计轮次之间存在对数模型关系；车辙与累计轴次之间符合S形曲线模型变化规律；路面平整度均方差平均值增量与累计轴次之间符合线性关系。成果对高等级公路设计、养护、维修具有指导意义。

（七）陕西省农村公路低造价路面结构研究　2004年，陕西现代公路科技咨询公司与商洛市地方公路管理处合作完成。首次提出农村公路路面新结构12种类型，均具有低造价特点，对降低农村公路路面造价具有重要价值；完整、系统地提出5种稳定型新结构，用于路面基层和防渗层；铺筑试验路面基层1.30公里，经检测证明达到使用要求。成果在商洛地区农村公路推广应用。

（八）二灰沙砾基层综合路用性能及配合比设计　2004年，长安大学与西安市交通局等单位合作完成。首次提出二灰沙砾最佳级配及其范围和二灰沙砾强度增长率概念；采用粉煤灰活性指数评价粉煤灰活性，测试方法简单，利于推广；首次确定二灰沙砾振动参数，提出二灰沙砾冲刷性能测试方法及相应评价指标、不同公路等级二灰沙砾各项路用技术指标及技术标准、二灰沙砾配合比设计指标及方法。成果在全国多个重点工程道路试验室中得到验证及推广应用。

（九）公路半刚性基层材料结构理论、多指标控制设计方法及工程应用研究　2004年，长安大学等单位合作完成。突破以往理论认识，提出半刚性基层材料结构类型及划分方法；研制出道路材料室内振动压实机、收缩系数测试系统和冲刷试验机，提出成套试验方法，填补国内冲刷性能试验空白；建立以强度、收缩系数和冲刷量多指标组成设计方法。解决半刚性基层材料抗裂、抗冲刷难题和工程中压实成型关键技术。应用该方法设计修筑的半刚性基层，具有高强、抗裂、抗冲刷特点，并节约水泥用量，显著提高路面质量，延长使用寿命。成果在陕西、河南、天津、安徽、山东、云南、浙江等地13条高速公路大规模应用，被纳入交通部2006年颁布的《公路沥青路面设计规范》和《公路工程无机结合料稳定土试验规程》。申请专利18项，获得6项发明专利和6项实用新型专利授权，2项计算机软件著作权，发表论文35篇，其中15篇被《工程索引》期刊（EI）收录。

（十）农村公路路面修筑技术研究　2005年，西安公路研究所与省公路局合作完成。提出农村公路路面结构选择原则和技术标准。在刚性路面方面，提出在半刚性基层上直接铺设8～12厘米薄层、1～2米小板块普通水泥混凝土路面，比一般水泥混凝土路面降低造价29%。在柔性路面方面，提出基层和面层合二为一理念，设计贫乳化沥青稳定碎石柔性基层和薄层沥青路面结构，比传统路面结构降低造价24%～32%；对中低级路面，提出级配碎石路面和粒料加固土路面设计、施工和养护方法并规范其施工工艺；总结陕北风化石、陕南山沙用作路基和路面基层的经验，提出使用方法和条件，达到就地取材、方便施工、节约资金目的；制定陕西省农村公路路面技术标准，推荐22种典型路面结构，编写出陕西省农村公路路面施工技术指南。

（十一）排水性沥青路面设计、施工技术研究　2006年，省高速集团等单位合作完成。依托西安咸阳国际机场高速公路项目开展研究，参照日本大有株式会社方法，结合国内实际，提出排水性沥青混合料配合比设计、原材料选择、施工工艺和质量控制措施。路面建成后排水效果好，雨天行车安全性、舒适性大幅度提高。成果形成《排水性沥青路面施工指南》，对国内排水性沥青路面设计、施工具有指导和应用价值。2009年，新建西安咸阳国际机场专用高速公路，亦采用日本技术铺筑8车道排水性路面。

2009年6月，西安咸阳国际机场专用高速排水性路面透水效果试验

（十二）陕西省高速公路SMA路面材料与结构优化研究　SMA技术为交通部“九五”“十五”时期重点推广项目。2009年，省交通集团与西安公路研究所合作完

成。研究提出预防病害技术、先进施工工艺与质量控制方法，形成SMA路面施工成套技术，编制出《永咸、凤永高速公路SMA路面设计与施工技术指南》，成果具有广泛适用性，在黄土地区高速公路得以应用。

三、桥梁技术

（一）连续斜板梁桥的试验研究　1992年，西安公路研究所完成。通过0°、5°、30°、45°四种斜度的三跨有机玻璃连续斜板模型试验，钢筋混凝土斜连续板相似模型破坏试验，总结归纳出斜桥受力各种规律；尤其对斜桥支座反力的测试与分析，对斜桥受力、开裂及极限承载能力等方面特性有新的认识，提出实用计算方法，编制开发出通用微机计算软件。成功解决连续斜板（梁）桥设计计算难问题，使结构断面尺寸确定有据可依，科学合理，避免盲目加大结构断面，从而降低工程造价。成果已在众多类似桥梁设计中得到应用。

课题组设计制作反力传感器，通过测试得到大量系统支座反力数据，填补了国内桥梁试验在这方面的空白；相似模型破坏试验在国内桥梁试验中属首次；所编制软件实现三维影响面上活荷载计算，精度高并能反映斜桥真实受力情况。

（二）桥梁上部承载能力快速试验方法研究　1993年，西安公路研究所完成。首次提出以动力校验系数判定并可迅速准确地鉴定桥梁承载力。研制成功桥梁检测车，配有先进仪器传感器、微机、电源等设备，可快速准确进行桥梁静载与动载试验，能自动记录并用动态分析程序进行数据分析，使现场桥梁性能检测工作简化，不中断交通，免去加载，较以往提高工效3倍，对无法中断交通的桥梁试验尤为方便，可大量节约时间和费用。该方法经30多座桥梁静载、动载对比试验得到验证。成果为国内首创。

（三）薄壁空心高墩大跨径预应力连续刚构桥的研究　随着高等级公路建设进入陕西山区和沟壑区，需要探索一种适合陕南、陕北宽深沟壑地形，满足“高墩、大跨径”要求，经济、适用、美观的桥型。为此，1994年，立项研究国内引进应用仅6年的重大先进技术——预应力混凝土连续刚构桥设计与施工技术，西安公路研究所与省路桥工程公司合作，1998年完成。

课题组在同样地形和使用功能条件下，选择3种不同结构方案：50米T形梁、主跨100米连续刚构、100米箱拱，进行技术经济分析，证明薄壁空心高墩大跨径预应力连续刚构桥是高墩桥中更为经济合理的桥梁结构形式。课题组依托202线澄城西河大桥设计与施工开展研究。在国内外尚无该桥形墩高60米以上建造先例的情况下，西河大桥设计最高墩高度65米，桥高73米。通过对高墩自体稳定、主梁悬浇过程稳定、

结合薄壁空心高墩、大跨径预应力连续刚构桥研究，1996年在202省道建成省内第一座高墩、大跨径预应力混凝土连续刚构桥——澄城西河大桥

全桥稳定、下部结构对上部结构影响、挠度和应力监控等深入研究，对桥梁施工过程进行挠度监控和应力监控，取得可靠数据。提出不同墩高时从墩体到全桥建成的稳定性特征值和在不同墩高时的合理桥墩形式；建立误差模型，对温度、弹性模量、徐变等时变系数进行参数估值，对大桥墩身和主梁悬臂施工后期挠度进行准确预报，成果具有创新性和实用性。运用该模型于1996年成功建成西河大桥，为当时世界上最高的公路连续刚构桥。经动载和静载试验，各项技术指标均满足使用要求。该成果是对此类桥型设计理论和施工技术的重大突破。澄城县西河大桥建成之后，省内新建公路跨越宽深沟壑桥梁均采用该桥型。

（四）桥梁减震装置应用研究　2003年，省公路设计院与长安大学合作完成。将减震技术两阶段设计方法应用于桥梁减震设计中，在西户高速K27+305处建成试验桥和对比桥各1座，经振动测试证明减震桥梁具有良好减震效果，对降低地震对桥梁影响具有明显作用。该设计实验在国内公路桥梁建设中尚属首次，对公路桥梁减震设计和减震装置推广具有重要意义。

（五）黄土地区桥梁桩基合理埋深研究　2004年，省公路设计院等单位合作完成。研究确定湿陷性黄土桩侧负摩擦阻力的设计参数，提出湿陷性黄土地区桥梁桩基合理埋置深度，提出消除桩侧黄土湿陷性措施及黄土区桩基设计方法，编写设计指南，为修改和补充设计规范提供理论基础。成果在靖安高速、黄延高速、禹阎高速、子靖高速等公路建设工程推广应用，优化桥梁基础设计方案。

（六）大跨径预应力混凝土曲线连续刚构桥的研究　2005年，西安公路研究所完成。结合312国道亭口黑河大桥设计与施工，在建立曲线连续刚构桥竖向、侧向变形计算方法与施工控制技术基础上，将变形控制方法应用于实桥变形监控，经验证具有较高精度与实用性，从而形成高墩、大跨径曲线连续刚构桥变形控制的方法体系，对桥梁施工规范修订具有重要指导作用。曲线连续刚构桥设计与建造技术的发展，为在宽深沟壑地形条件下建造高速公路“高墩、大跨径”桥梁确定了一种适用桥型。该项技术在陕西黄土沟壑地区公路桥梁建设中得到广泛应用，加速陕西公路跨越黄土深沟桥梁修建水平的提高。

1999年，结合大跨径预应力混凝土曲线连续刚构桥研究，建成省内第一座高墩、大跨径公路曲线预应力混凝土连续刚构桥——312国道长武亭口黑河大桥

四、隧道技术

（一）TZL预应力锚具应用试验研究　2002年，省公路设计院完成。提出用扩大间距的预应力锚杆取代普通沙浆锚杆系统加固隧道的支护结构形式。分别用预应力锚杆和普通沙浆锚杆完成支护现场对比试验和模型对比试验；开发安装快捷、早期锚固力高、

预应力损失小、价格低廉的胀裂式拉力型预应力锚杆；初步形成隧道施工支护结构新体系——双T作业法。该项成果在省内公路隧道设计与施工中应用，填补该项技术国内空白，促进支护质量提高、工程造价降低，使隧道支护技术达到国际先进水平。

（二）黄土隧道支护设计与关键施工技术研究　2005年，吴子高速公路建设管理处与长安大学合作，依托吴子高速黄土隧道群工程开展研究，2010年完成。课题经对有、无系统锚杆两种条件下结构力学状态和稳定性测试分析，提出“系统锚杆在黄土隧道中支护效果不明显，可以取消；取消后不影响隧道结构稳定和施工安全，可减少施工环节，缩短工期和降低工程造价”的结论。在此基础上，提出采用“钢架＋喷射混凝土＋钢筋网＋锁脚锚杆”初期支护模式，创建黄土隧道支护结构新形式。编制《黄土隧道设计施工技术指南》。成果应用于吴子高速32座黄土隧道，推广应用于郑州至西安铁路4座黄土隧道、西安市地铁工程以及省内外高速公路100多座黄土隧道。

（三）黄土隧道结构设计与施工控制研究　2008年，陕西黄延高速公路有限责任公司与长安大学合作完成。依托黄延高速隧道施工对注浆、锚杆、支撑、二次衬砌施工方法及工艺研究提出重大改进措施；提出“软岩硬过，硬岩软过”施工理念和“过程类比初设、数值模拟校核、监控量测检验、动态反馈修改”设计工作程序，确立“施加虚拟支撑力逐步释放法”思路，以及开挖预留变形量建议；对于含水量大的道南隧道，提出仰拱先行，二次衬砌及时施工作业的七步流水施工方法；对彦麦沟隧道和汉寨隧道洞口防排水、两侧拱脚渗水以及道南隧道二次衬砌较大漏水，提出注浆封堵、凿槽引流、逐段疏通等处置方案。结合研究编写出国内第一部“黄土公路隧道设计与施工技术指南”。成果推广应用于山西省离军高速公路8座黄土隧道和河南省郑石高速公路具茨山隧道。

（四）西汉高速公路隧道施工关键技术研究　2008年，西汉高速公路有限公司与长安大学合作完成。提出在软弱围岩（包括黄土隧道）钢拱架支护体系中增加纵向型钢的加固方式，解决上半断面钢拱架沿垂直方向约束力不足而在下半断面开挖时整体下沉的支护难题；在酉水3号、4号隧道抢险加固中采用具有自主知识产权的“激光隧道围岩位移实时监测系统”实时监测，提升隧道施工监控量测的技术水平，为施工安全提供保证；提出直中墙连拱隧道三张皮施工方案和喷凸梁施工新工艺，解决连拱隧道中墙核顶部难以密实问题；提出秦岭1号隧道通风井“缓斜井加陡斜井”方案及设计参数与施工工艺，使施工进度加快，降低工程造价，有利施工安全，降低隧道运营与管理费用。成果不仅解决西汉高速连拱隧道施工安全与质量问题，也为后来其他线路修建连拱隧道积累了经验。

（五）公路隧道施工围岩稳定性及支护效果监控量测技术的研究　2008年，长安大学完成。以秦岭终南山公路隧道为依托，历时7年，针对隧道施工监控量测中存在问题进行系统研究，攻克4项关键技术难题。提出系统完整公路隧道施工监控量测技术体系，编制《公路隧道施工监控量测技术指南》；研制CD型钢弦式测力锚杆，解决锚杆轴力量测中技术难题，提高测试精度；研制具有储存、计算数据和通信功能的钢弦式传感器智能测频系统；研制具有数据测量、远程传输、信息处理功能的土木工程结构健康状态远程监测系统，提高量测自动化水平和效率；开发具有数据处理、图形绘制、预测分析及围岩稳定性与支护效果判别功能的公路隧道监控量测数据分析处理软件。成果应用于秦岭终南山公路隧道施工监控量测；推广应用于西康高速包家山隧道、吴子高速黄土隧道群（32座）、神府高速墩梁隧道、郑西铁路客运专线大断面黄土隧道群、湖南省雪峰山隧道等10余项国家重点建设项目，取得显著效果。

（六）秦岭终南山公路隧道建设与运营管理关键技术　2000年，省交通厅立项《秦岭终南山特长公路隧道关键技术研究》，2001年列入交通部西部交通科技项目，先后有省公路局、省交通厅隧道建设管理中心、省交通集团、长安大学等省内外52家单位多学科、跨行业联合攻关，历时8年完成，取得11大类、40余项成果。2009年7月，通过交通运输部组织的鉴定验收。经设计、施工、建设、运营管理部门和课题组研究总结，形成《秦岭终南山公路隧道建设与运营管理关键技术》成果。主要技术创新：

建设世界上规模最大、长度最长的高速公路隧道。成功解决了复杂山区越岭隧道选线难题，并对通风、监控、防灾救援、施工、环保、管理等进行综合系统设计，其系统集成技术达到世界领先水平。

2008年7月，秦岭终南山公路隧道通风竖井地下风机房轴流风机吊装

创造坚硬岩公路隧道快速施工多项世界纪录。提出隧道施工监控量测新体系，研制了相关仪器和施工监控量测数据分析处理软件，实现月平均进尺超过300米、42个月开挖贯通36公里单洞隧道世界纪录。

首次开发应用超大直径深竖井施工成套技术，创造全断面开挖月进尺80米、分瓣式机械一体化滑模衬砌月进尺236米国内纪录，达到大直径深竖井施工最新技术水平。

运用环保和节能技术，最大限度保护秦岭生态环境。首次建立隧道路面污水收集处理系统，避免对饮用水源污染。利用隧道弃渣造地27公顷。采用多回路自动控制照明、前馈式通风控制技术和动叶可调风机，节能效果显著。

建立先进隧道管理养护体系，保障运营安全畅通。首创隧道管理新模式，建立安全管理体系，编制应急预案，完善运营管理工作机制。在处理一起火灾事故中，取得3分钟到达、快速处置的效果。

研究成果应用于秦岭终南山特长公路隧道设计、建设与运营管理，部分成果应用于国内100多座同类型隧道施工和运营管理。取得国家专利3项，形成国家级工法1项、省部级工法2项。

五、生态环保技术

（一）沥青路面减噪技术研究　2003年，西安公路研究所主持，交通部公路科学研究所等单位参与完成。以沥青路面减小车辆行驶噪声为主要研究目的，开发出低噪声沥青路面，不仅具有良好的减噪效果，而且具有良好的防滑、防眩、防溅水特性，对优化沥青路面结构设计、控制新建公路对沿线噪声有害影响具有重要应用价值。

2000年9月，在310国道宝牛汽车专用公路修筑的低噪声沥青路面试验段

（二）沥青路面加铺层设计与施工技术研究　2005年，交通部列入西部交通建设科技项目，长安大学等单位合作完成。以工程为依托，开展多项专题研究，取得一批可供工程应用参考的研究成果和建议，为沥青路面加铺层设计与施工提供了合理依据，具有节能环保意义。

（三）安塞至靖边界高速公路建设环境保护技术研究　2006年，安塞靖边高速建设管理处结合建设项目完成。提出边坡光面爆破减少弃渣；提出黄土地区高陡边坡矩阵鸟巢式布局——穴播绿化系列技术；完善以排水系统为核心的水土保持系统；采用多种融冰化导流等方式，有效解决涎流冰对高速公路的侵蚀。

（四）沥青路面再生技术研究　1992年，省交通厅推广路面旧油层材料再生利用，主要用于修补油路坑槽和硬化路肩，平均每公里可节省工程投资18%～25%，旧油层油料利用率可达60%～70%。

2006年，西安公路研究所和省高速集团依托西宝高速和318国道二级公路建设，完成《沥青路面再生技术研究》课题，开发出沥青再生剂，提出工厂热再生配合比设计方法、工厂热再生及现场冷再生施工工艺、质量检测及评价方法。通过西宝高速试验路段应用，达到缩短工期、提高质量、保护环境效果。

（五）秦岭山区高速公路建设生态保护技术研究　2001年，交通部依托西汉高速建设立项，长安大学与省公路设计院、省高速集团合作，2010年完成。课题组提出“以功能为主线，以安全为核心，以人为本，合理采用技术标准，灵活运用技术指标，协调处理环保、经济、美观的关系，确保公路建设可持续发展”设计理念；提出山区高速公路分离式路基纵坡与坡长限制建议值，高速公路中间带安全侧向净距离计算模型和推荐值；以驾驶员眼球移动角速度、注视点分布范围测量驾驶员行车过程中心理和生理特征新方法；建立驾驶员行车紧张度评价模型。根据西汉高速建设特点编制三级群体施工网络图，建立关于工期、资源、费用和生态的多目标规划模型，指导西汉高速公路施工；结合秦岭山区自然区划特征，建立适合高速公路的生态区划和生态评价指标体系；编制《山区高速公路生态保护技术指南》。成果在示范工程中得到有效应用。

（六）泡沫沥青冷再生施工专项技术研究　2010年，中交二公局完成。依托潼西高速改扩建项目开展研究，完成泡沫沥青混合料配合比设计方法、强度组合机理、路用性能、施工成套技术研究。潼西高速改扩建工程全线利用铣刨旧沥青面层做泡沫沥青冷再生柔性基层6.18万立方米，共节省工程投资约2 800万元。此为国内高速公路改扩建工程首先大规模应用泡沫沥青冷再生技术。

六、汽车运用技术

（一）SDJ—6120大型客车研制　1991年，西安公路研究所与解放军5702厂合作完成。采用陕西汽车制造厂SX681后置柴油机客车专用底盘，总体布局及车体结构合理，外形美观，视野开阔，车表平滑，坚固耐用。车内噪声低，空调、电视、音响等设施完善，乘坐舒适。车身设计中采用微机辅助设计，玻璃钢成形条件和预应力蒙皮，安全门设计和布置新颖，在国内具有一定先进性。整车全采用国产件，造价较低。填补陕西省及西北地区大型旅游客车产品空白，得到推广生产。

（二）SHZ6970W型卧铺客车研制　1993年，陕西汉中客车厂完成。整车结构合理，性能良好，坐、卧舒适，安全，造型新颖，美观大方。投产后受到公路客运欢迎。

（三）快速修补轮胎橡胶钉　蒲城县下肢残疾人高武兴以修补轮胎为生多年，1993年发明快速修补外胎伤口的“橡胶钉”，办厂批量生产，深受用户欢迎，产品销路渐广，资产增长，成为县民营科技企业。2001年10月，省橡胶产品质量监督检测站质检表明其指标全部合格，部分高于国家标准。

（四）GT—4型汽车汽油喷油器检测清洗试验台　1997年，西安公路交通大学完成。合检测试验与清洗功能为一体，维护汽油喷油器的机电专用设备，可在汽车发动机全工况模拟条件下检测各种汽油喷油器喷油量、密封性、运行状态及喷雾形状。通过对喷油器正向与反向清洗，清除附着于喷油器上胶质沉积物和固体杂质，从而保证发动机在低能耗、少污染情况下正常运转，大幅度提高汽车维修质量。

（五）SHZ6700轻型客车成套生产的工艺装备　1997年，陕西汉中客车厂完成。工装研制车身骨架五大片的组焊胎模、主要零件冲压模具、外蒙皮曲面零件低熔点合金模具压模、门蒙皮压模、小件下料冲模及冲孔模，其中低熔点合金模具，矩形管压弯模和冲裁模，达到较高技术水平。工装研制成功，使汉中客车厂客车生产工艺装备成龙配套，满足年产100辆客车要求。

（六）公路隧道汽车动态排放参数研究　2003年，长安大学完成。研究建立动态环境下柴油车烟雾排放和汽油机一氧化碳排放测试模型和试验方法，所创设模拟隧道污染环境室内试验方法，使高难度、高风险试验得以安全、有效实现，属国内首创；提出切实、可信柴油车烟雾和汽油车一氧化碳基准排放量，可作为特长公路隧道通风量计算重要依据，并为我国相关法规、标准制定提供了重要支撑；首次全面进行海拔高度修正系数、坡度修正系数研究，对海拔400～2 000米山岭地区公路，坡度3%以下隧道建设通风方案设计具有重要意义；对行业标准中相关数据提出了指导性建议，为公路长大隧道需风量计算中相关参数的确定提出了研究成果。

（七）汽车综合性能检测关键技术研究、系列产品开发及其产业化　长安大学主持，深圳市元征科技股份有限公司等四家单位参与，历时16年，于2005年完成。针对汽车综合性能检测关键共性技术问题，在汽车综合性能分布式网络自动测控技术、检测节拍与多工位无序检测控制技术、检测信号获取、处理与多源传感器信息融合技术、检测模拟试验台架关键技术、发动机综合性能检测技术、汽车动力性与工况法排放检测技术及检测结果分析、评价与故障诊断技术等方面取得突破性成果，实现对汽车安全性、动力性、可靠性、经济性、发动机技术状况及尾气排放等综合性能单项和联网自动测试，形成汽车综合性能检测技术体系，对我国汽车检测行业技术进步和产业结构优化升级具有重大推动作用。

该成果获国家专利40项，获国家软件著作权16项，出版汽车综合性能检测与诊断技术著作12部，发表论文62篇。与企业合作开发25种142个型号汽车综合性能检测系列产品并实现产业化。其中12种产品获国家、省级名牌或列入国家火炬计划。项目关键技术及系列产品在我国汽车制造、检测与维修行业广泛应用，用户遍及全国1 000多家单位，并通过合作企业出口美国、日本、德国、西班牙、加拿大、泰国等13个国家。

第二节　材料与设备研发

一、路面材料研发

（一）阳离子乳化沥青筑养路技术推广　1991年，省公路局推广阳离子乳化沥青稀浆封层技术，对网裂、磨损、老化的沥青路面，罩以2～6毫米厚稀浆层，使沥青路面恢复原有功能，成本节省1/3。榆林公路管理总段应用该项技术，采用当地细沙和层铺工艺，形成坚实乳化沥青材料层，能够防止水分下渗，工艺简便实用。在包神府二级公路应用，节省投资300多万元。

（二）橡胶沥青路面技术推广　1992年，省公路局完成。各地（市）、县对工艺和配合比有所改进和创新，汉中公路管理总段自行设计与制造橡胶沥青制备装置，渭南公路管理总段进行丁苯橡胶应力吸收层路面试验，榆林公路管理总段在沙区修路中应用橡胶粉。各地就施工工艺和混合料配合比进行探讨。在此基础上，选择冰雪、急弯、陡坡和路面严重裂缝路段，应用橡胶沥青路面技术铺筑路面39.60公里。

（三）改善沥青与酸性石料黏附性的研究—PA-1型抗剥落剂研制与推广　1992年，西安公路研究所等单位合作，研制出“PA—1型抗剥落剂”，将酸性石料与沥青黏附性由1～2级提高到4～5级（水煮法），技术性能达到国外同类进口产品各项指标，成功而有效地解决了酸性石料和沥青黏附问题，属国内首创。中试产品在陕西、辽宁、青海、西藏、广东等省（自治区）重点工程中进行试用33.30吨，铺路面约150公里，其中40余公里经过一年多行车考验效果良好。1993年被交通部列为全国交通系统重点推广科技成果之一。

1994年，西安公路研究所建成生产厂房和车间，完成设备安装，开始大批量生产。至1997年底，该产品先后在辽宁、西藏、陕西、广东、青海、上海、江苏等20多个省（自治区、直辖市）115项公路建设工程和机场道面修复施工中使用1 560吨，获得巨大经济和社会效益。对广州白云国际机场道面修复工程、临渭高速公路、大华二级公路等工程进行专项分析，使用抗剥落剂混合料各项性能指标远优于未使用混合料。

（四）克拉玛依沥青在陕西省高等级公路工程中的应用研究　1994年，西安公路研究所完成。通过对克拉玛依炼油厂重交通道路沥青各项性能指标试验分析，证明其满足重交通道路沥青的指标要求。研究提出克拉玛依90号沥青施工控制温度及最佳用量。1992年，课题组应用克拉玛依90号沥青，依托三铜一级公路建设项目铺筑900米长试验路面，经三冬三夏观测试验，路面平整、密实，没有泛油、波浪、车辙与裂缝等现象，平整度、摩擦系数与构造深度等指标均符合路面质量验收标准，证明用克拉玛依沥青铺筑高等级公路路面，具有良好的低温抗裂与热季抗推移等稳定性效果。

1992年，三铜公路建设铺筑克拉玛依沥青试验路面

该课题利用克拉玛依（丙脱）沥青铺筑高等级公路路面，在国内尚属首次，研究成果对推进国产沥青在高等级公路工程中的应用具有重大现实意义和显著的经济及社会效益。

（五）乳化沥青推广　1995年，省公路局推广乳化沥青，全省各地（市）、县新建和改造33座乳化车间，累计生产乳化沥青3.47万吨，用于弥缝、罩面和旧沥青路面再生，开拓乳化沥青应用新领域：细沙下封层、稀浆封层、薄层路面，应用2 428公里。在开发高浓度乳化沥青技术，慢裂快凝乳化沥青技术和新旧路面之间加入界面层治理开裂技术上有所创新。1997年，西安公路管理局在户县、周至、长安、灞桥、临潼、三桥公路养护区推广"阳离子慢裂型袋装乳化沥青混合料"，有效解决了冬季和雨季修补油路坑槽难题。

（六）丁苯橡胶改性沥青生产及推广技术　1999年，省公路局在泾河油库建成年产2万吨丁苯橡胶改性沥青生产线，至2004年年底，铺筑改性沥青路面400余公里。与普通沥青及其混合料相比，该种改性沥青低温延展性有显著提高，高温稳定性和抗老化性能也有改善，强度增大，抗变形能力增强，水稳性提高，路面破损率低。在宝牛一级公路减噪路面试验工程中应用。

（七）HU-L型冷施工沥青混合料的研究　2001年，长安大学完成。针对热拌沥青混合料因冬季气温低无法用于路面修补，进口产品价格昂贵问题，研究出HU-L型冷施工沥青混合料改性剂配方、生产工艺及施工工艺。全部采用国内原料生产沥青混合料，工艺简单，价格仅进口产品一半，可在零下15摄氏度使用。产品在沥青路面养护中广泛应用。

（八）BE系列沥青乳化剂研制及应用技术研究　2006年，西安公路研究所完成。成功解决克拉玛依沥青难以乳化问题。提出乳化沥青掺水试验方法、乳化沥青与粗集料黏附性试验、乳化沥青混合料马歇尔稳定度试验、乳化沥青蒸发残留物试验及稀浆封层混合料目测稠度标准等方法，具有创新性，对进一步完善我国乳化沥青技术规范提供了依据。在西禹高速、陕蒙高速等多条公路应用。之后又研制出专用于微表处的BE—3X型乳化剂，在国内10多个省100多项工程中推广应用。

二、沥青设备研发

（一）阳离子乳化沥青稀浆封层机研制　1991年，咸阳公路管理总段机械修理厂研制出“稀浆封层机”，该机作业速度每分钟15～20米，效率10吨/每小时，摊铺宽度3～3.50米，工作稳定、性能可靠、摊铺平整，先在咸阳地区推广应用。省公路局拨款25万元为榆林、渭南、咸阳、西安、铜川地方道路管理处各配一台，推广应用效果良好。

（二）太阳能远红外加热沥青推广　1992年，由省公路局主持完成，参加单位为渭南、汉中、安康公路管理总段。对太阳能油池与远红外加热锅设计以及加热系统电气控制，大油池流向沥青加热锅及成品油流出部分在远红外管合理布局等方面进行综合技术改进，提高油锅热能利用率和生产效率。推广太阳能加热沥青1.71万吨。以当时一吨沥青节约30～40元计，节约资金60余万元。

（三）LXK－A型快速沥青抽提仪　1993年，西安公路研究所与省路桥工程公司合作研制，快速分析沥青混合料中沥青含量和矿料级配的主要仪器，集沥青抽提和溶剂回收为一体，可对沥青混合料油石比进行快速准确测定分析。控制部分采用智能化计算机，各种控制功能由软件自动实现。抽提精度高、速度快，能及时指导施工。推广应用到全国20多个省（自治区、直辖市）公路行业300多家用户。

LXK－A型快速沥青抽提仪

（四）沥青储罐分层加热技术的研究　1997年，省公路物资供销公司完成。沥青储罐分层加热技术克服当时我国沥青库采用底部整体加热行业罐中局部加热能耗大、热效率低、加热时间长等缺点，根据储罐容量和日发油量将储罐设计成若干个加热区域，每个区域设置一组加热器，加热器由一层或多层加热排管组成，各组加热器由阀门控制加热介质，既可单独工作，也可同时工作，加热顺序由上而下，热利用率达80%。在钢制沥青储油罐基础柔性支承、沥青储罐分层自留发油、沥青旋转接卸三项关键技术方面取得突破，依托工程设计和实施，设备调试、运转和检测，成套设备技术性能质量抽检，完成成果转化投产。

三、桥梁设备研发

（一）JQJ－1A型架桥机的研制与推广　1985年，省交通厅为研制预应力混凝土梁桥架设设备而立项，西安公路研究所于1991年完成。该架桥机为公路桥梁施工大型专用设备，主要承重结构在国内首次采用空间三角桁架，主要受力杆件腹杆在国内同类设备中首次采用弯曲薄壁方管，弦杆首次采用当时国外新出现的高强度普通拉力螺栓接头，腹杆组件、下弦杆与平联分段整件全焊结构，下横移设备采用液压滚道系统。设备重量轻，既降低造价，又减少拆卸运输工作量，架设省工省力，电气设备集中控制，操作方便。50米跨径额定起重量142吨，最大起重能力156吨，适用于20～50米跨径任意桥宽预制梁架设，填补了国内公路桥梁专用架设设备空白。在开封黄河公路大桥、三门峡黄河公路大桥、郑洛高速湹河大桥及巩县大桥等工程中应用。

1995年，课题组结合推广应用，对架桥机总体结构、机械传动及电气部分进行了一系列改进和完善，改进后机型为JQJ-2A型。结构方面，采用了由3种标准段组成的空间三角桁架导梁结构，机械传动采用液压系统，电气采用集中控制，实现预制梁起吊、机上横移、纵移以及整机移动，操作灵活方便，适应能力、架设工艺以及技术性能方面均有显著提高，适用于20～50米跨径、任意桥宽的正、斜、弯预制梁的架设，具有重量轻、起重能力大、架设速度快、操作方便、组装或分解迅速的特点。该机组装速度约10～12天，组装后总重224吨，预制梁架设平均可达两天1孔（每孔7～12片梁）。

上图：1991年JQJ-1A型架桥机桥梁架设施工。下图：1992年XG-Ⅰ型滑动斜拉式挂篮应用于刚构桥悬浇施工

至1997年，JQJ-2A型推广两台并在广东、福建、河南等省完成多座大桥架设，推动了国内公路专用架桥设备发展。

（二）XG-I型滑动斜拉式挂篮　1992年，西安公路研究所研制的大型桥梁施工设备。在国内公路挂篮中首次采用双斜拉带和相应传力结构，采用性能优良的拉筋式上限位装置和首创顶接式下限位装置以及可调式内膜支架等，使挂篮具有构造简单、承载能力大、自重轻、变形小、操作方便、安全可靠等优点。可加快施工速度，改善作业条件，并将承载能力扩展到200吨以上，使自重与悬浇梁段重量比仅0.367，梁段长度达到5.10米，实现了挂篮大承载能力和轻型化。经在山东东明黄河公路大桥施工应用，表明具有工作迅速、经济适用的效果。

（三）L260—3型螺旋快接头导管　1993年，省路桥工程公司研制，用于桥梁混凝土桩基础水下施工，能快速导向和自锁定心，水压试验1.60兆帕时不漏水，拆装方便、连接速度快、省工省力。经水下灌注1 390根桩，效果良好。

（四）60吨铰接分离轮胎式公路运梁车　1993年，省路桥工程公司研制。由解放牌汽车后桥拼接成两个分离体，用运载的预制大梁连接分离体，替代以往道轨式运梁方法，适应性强，轻便灵活，转弯半径小，爬坡能力大，制造成本低。设备自重5.30吨，可搬运60～80吨大梁，用于西宝高速公路千河大桥施工，后在省内大桥施工中应用。

（五）150吨单轨自行式液压起吊门架　1993年，针对桥梁工程大吨位吊装施工技术难题，省路桥工程公司研制，经几年使用和改进，形成起吊专用系列设备。该液压起吊门架为单轨门式空间杆系结构，在大跨径、大吨位时增加预应力技术，根据桥梁施工多变性特点，在推广应用中共设计出四种横梁断面形式。在大吨位时采用液压技术，能够连续提升和下降，对门架的液压和电器采用集中控制，操作方便、安全可靠、自重轻、刚度及稳定性好。至1998年，在陕西、广东、浙江、江苏等省推广12台，应用于11座大桥施工。

（六）QGL－1A型挂篮的研究　1997年，省路桥工程公司研制，为大型桥梁施工设备。吸收斜拉式和一般桁架挂篮优点，挂篮自重与悬浇梁段体重比仅为0.288，时为国内同类桥梁施工挂篮该指标最小比值。构造上采用上后横梁，使挂篮轻便简捷；结构上，主桁为铰接静定三角形杆系桁架，结构合理，力学性能好，底盘为轻型网架，自重小，刚度大；采用全液压电气集中控制，机械化程度高，操作方便，控制精度高，制造安装方便。1995年，该挂篮在澄城县西河大桥首次投入使用，顺利完成大桥悬浇施工，实现大桥提前合龙，当年推广应用4台。

（七）特高自行大吨位全桁架式架桥用龙门起重机研制　2004年，长安大学和陕西省常通路桥新技术有限公司为黄延高速康崖底大桥结构改造而研制的大型桥梁施工设备。该机净高43米，最大高度达45米，额定起重量50吨，设计最大起重量62.50吨，整机重量仅84.13吨，比同吨位起重机轻20%以上。

该机利用全桁架结构刚度较小特点，在不加转弯机构情况下实现小半径负重自行曲线作业，载重量达55吨时，能够在曲线半径为400米轨道上平稳运行；整个龙门起重机拼装仅需4天时间；施工纵向负重爬坡坡度4%，接近于小型起重机爬坡能力；提出合理屈曲稳定性控制指标；结构布置合理，拼装方便，电气化程度高、性能稳定、操作方便、安全可靠、工人劳动强度小。2004年3月—2005年4月，该机在康崖底大桥改造工程共吊运安装30米箱梁512片次，性能稳定，保证了工程顺利完工，并节约工程费用275.40万元，减少临时征地1.33公顷。

四、试验、检测设备研发

（一）路面平整度快速测定仪的研制与推广　1991年，西安公路研究所完成。课题组在该所研制的LPY-D型路面平整度仪的基础上，对测量精度和机架配重及仪器数据处理系统进行了改进。在保证测量精度的前提下，尽可能减轻机架重量。数据处理方面，采用集成电路技术和单片微处理技术，使仪器可靠性、测量精度和数据处理速度得到较大改善。改进后的仪器在全国20多个省（自治区、直辖市）公路路面质量检测中应用，成为高速公路路面检测及科研实验的主要测量仪器。

XLPY—G型路面平整度仪

（二）DBY—1型标准式颠簸累积仪的技术研究　交通部“七五”时期科技攻关项目，西安公路研究所1991年完成。该仪器采用测量路面舒适性的原理检测路面平整度，提出相应的路面平整度检测标准。在选材和工艺上解决了悬挂和阻尼系统的关键生产技术，保证了仪器的测量精度。数据采样及距离测量，采用非接触的霍尔传感技术。采用单片微机和集成电路进行数据处理。数据存储采用磁带式录音机技术，存储数据量大且易保存。该仪器标准测量速度为30公里/小时，测量速度范围20～70公里/小时，并可进行速度自动校正，最大测试幅值±30厘米，具有测试范围大、测量速度快的特点，在干线公路养护测量及路面普查测量中得到应用。

（三）自动马歇尔稳定度试验仪研制　交通部“八五”时期科技攻关项目，测定沥青混合料热稳定性专用试验仪器，1993年，西安公路研究所完成。在推广应用过程中，针对使用中存在问题进行改进，使仪器的可行性、稳定性和运转噪声均得到改善。

（四）DZG多用自动击实仪　1997年，西安公路研究所研制，公路材料试验仪器，用于土工击实试验夯击试样及路面沥青混合料试验成型标准试件制作。由机械和电器两部分组成，机械部分传动机构由涡轮减速机、链轮、链条组成，转动部分采用棘轮机构。电器部分由于采用非接触形式霍尔计数传感器，高集成度四合一计数芯片，电路简单，抗干扰能力强，改善国内现有击实仪存在体积大、速度低、故障率高缺点。

（五）XGZJ10－3型汽车制动试验台　1998年，西安第一汽车运输公司保修机械厂与西安公路交通大学合作研制。国内外首创集检测与故障诊断为一体新型汽车制动试验台，检测汽车制动性能专用设备。实现了滚筒中心距自动调整，合理确定了滚筒间距、滚筒安装高差及直径等参数，从而构成最佳车轮安装角；采用新型滚筒涂层，使附着系数由0.65提升到0.85；建立故障诊断系统知识库，利用模糊分析原理实现了制动系统故障诊断。至2000年12月，该产品在国内10省（市）推广应用23台。

（六）激光路面车辙测定仪研制　省交通厅2003年立项，2006年，西安崇星交通技术发展有限公司研制完成。国内首次利用激光测量路面车辙与平整度双重指标，大角度与高稳定性激光发射器作为传感装置，开发出抗震、复杂计算与精度处理大型软件包，实现高精度测量。仪器体积小、重量轻、测量效率高、性能可靠。成果在北京市和陕西推广应用效果良好。

（七）稀土换能器及系统集成的桥梁无损检测技术开发研究　2007年，长安大学等单位合作完成。研制出大功率、高频和短余震超磁致伸缩换能器，解决大型桥梁混凝土构件无损检测震源问题；开发出层析成像兼测强度、测缺陷、测厚度智能化无损检测设备，为桥梁安全检测提供新技术手段；通过研究混凝土中损伤、缺陷和裂纹对超声传播特性影响机理，为判定桥梁内部缺陷和预测桥梁使用寿命提供理论依据。研究成果获国家专利、软件著作权共20项，在西宝高速千河大桥等多座大桥质量检测中应用。

（八）激光路面弯沉测定仪研制　省交通厅2001年立项，西安崇星交通技术开发有限公司与西安工业大学协作，于2010年完成。国内首次用激光准直方法测量路面弯沉值，超越了规范测量长度，不致使测点掉入弯沉盆内造成失真，因此测值准确性更高，精度达到0.01毫米。应用激光传导理论对光斑进行温度修正，使测定结果不受气温影响。仪器轻巧便携，具有储存、查询、绘图功能。成果在西三公路、西临高速等应用，效果良好。

第三节　软科学研究

一、公路发展战略与规划研究

（一）陕西省公路规划编制研究　1989年3月，省交通厅提出以西安为中心建设“米”字形公路系统，确定全省干线公路发展长远目标。1993年4月—1996年6月，按照交通部统一部署，省交通厅研究编制《陕西省干线公路网规划（1991—2020）》。1999年7月，贯彻实施西部大开发战略，制定《适应西部大开发，加快公路发展的规划及实施意见》。2005年10月，依据交通部有关高速公路规划指导意见，适应全省高速公路加快发展的要求，研究编制全省高速公路“345”网规划。2008年10月，结合实践科学发展观，适应新一轮加快高速公路发展需要，研究调整、完善全省高速公路网规划，形成全省高速公路“2367”网规划。研究编制情况见第一篇第一章第一节《高速公路网规划》。

（二）陕西省农村公路发展战略研究　交通部“八五”时期行业联合科技攻关项目，省公路局、西安公路交通大学和省交通厅交通发展研究中心合作，1995年完成。以价值分析法分析陕西农村公路发展适应性，明确陕西农村公路1991—2020年阶段发展战略定位，提出分阶段建设战略思路；分析、预测和建立多种数学模型，确定农村公路发展合理规模及不同时期建设重点；提出全省农村公路发展5条战略方针与10项指导原则；提出制定农村公路技术政策4条基本原则。研究成果为确定农村公路建设技术标准，部署农村公路建设提供决策依据，编制的《陕西省农村公路发展纲要》，省政府印发全省施行，指导农村公路发展。

（三）陕西省干线公路网发展规划研究　1995年，由省交通厅信息站与省公路学会合作完成。运用多种定量预测方法，对1991—2020年规划期内影响公路建设百余种因素做出系统预测，建立多目标优化决策模型，确定全省干线公路网发展规划及优化等级配置结构；运用网络化理论与方法，确定全省干线公路网最优化布局，提出详细实施对策及措施，提出规划期内全省干线公路网建设项目序列安排。成果中“总量控制理论”和“紧迫度函数序列”等概念是一种重要创新。

（四）陕西省公路运输量预测研究　1995年，省交通厅信息站与省交通运输经济研究所合作完成。该项研究以系统工程为指导，通过对全省及三大经济区社会经济、交通运输、公路运输系统历史发展态势全面调查及实证分析，客观把握各级系统发展规律，定性分析和定量计算，对全省及三大经济区社会经济、公路运输等近百项指标进行长达30年预测，为编制全省交通行业（1996—2020）发展规划提供可靠依据。

（五）陕西省省道网调整方案研究　1996年，省交通厅与省公路局合作完成。在分析省计委、经委、交通厅于1982年划定省道网方案基础上，对该方案实施十余年以来社会经济影响作实事求是分析，建立评价指标体系并对其全面评价。通过研究省情和交通部国道干线公路规划方案，论证省道规划调整必要性，提出省道调整基本原则，划定新的省道公路网方案并予以社会经济评价；对省道调整后养护、管理体制变动问题提出具体实施意见。成果对完善全省公路网具有重要承上启下作用。

（六）陕西省公路快速客运网络系统规划研究　2003年，陕西省道路运输协会完成。采用定性与定量结合方法，分析全省社会经济、公路客运现状和发展趋势，对公路客运量、快速客运量进行预测，提出公路快速客运系统规划方案及总体实施意见。

二、公路建设管理研究

（一）陕西省高速公路管理体制研究　交通部《高速公路管理体制研究》项目分课题，1998年，省交通厅交通发展研究中心等单位合作完成。通过对国内外高速公路管理体制定量对比与实证分析，借鉴国内成功经验，对陕西省高速公路发展演进、特征、管理体制内在要求和体制改革不同模式进行系统分析，提出高速公路管理体制原则、基本框架与运行机理，以及管理职能界定与机构设置建议；分析现行管理体制主要问题及改革难点，提出体制改革政策建议，为高速公路管理体制改革提供理论支持。

（二）公路工程施工招标统计评标办法的研究　1999年，省公路局完成。结合公路项目招投标实践，分析总结招标评标制度存在问题，提出要吸取的经验和教训、改进措施和完善方法；提出将招投标作为施工管理一个环节，与合同执行相联系，使招投标制度为提高质量、缩短工期、节约投资发挥更大、更好作用。成果被国家计委和交通部制定招投标管理办法采用。

（三）陕西省汽车专用公路养护费用定额与工程定额研究　1999年，省高管局与省交通厅定额站合作完成。在国内首次将“定额量、指导价、控制费”指导思想引入公路养护费用管理，编制《陕西省汽车专用公路养护工程预算定额》《陕西省汽车专用公路养护工程预算编制办法》，为国内高等级公路养护投资管理提供科学依据。

（四）公路建设项目环境后评价技术与方法研究　2003年，长安大学完成。国内首次在公路方面开展环境后评价研究，系统提出建立环境后评价制度有关内容；首次提出“延伸管理”和“广义建设程序”概念；提出建设项目后评价应包括工程后评价、经济后评价、社会后评价和环境后评价；提出公路建设项目环境后评价指标体系和评价基准；提出自然环境和社会环境两大方面环境后评价技术和方法；提出因公路建设引起沿线地区植被变化评价方法。成果为公路建设项目环境后评价提供理论依据和技术指导。

（五）山区公路防排水评定办法与抗水灾评估指标研究　2007年，长安大学、省交通厅和四川省交通厅合作完成。通过研究沿河公路水毁一般规律、水毁机理、水毁范围和类型，提出划分灾害类型和等级方法；以危险性指数作为洪水灾害强度指标，以路基冲刷防护形式合理性、防护工程完善性作为承灾体属性指标，提出沿河公路路基水毁易损性综合评价方法；建立由灾害等级评价、暴雨洪水危险性评价、公路易损性评价、水毁损失评价或风险评价、减灾防灾效果评价五部分构成的评价体系。成果在陕西和四川多条山区高速公路、二级公路抗水灾评估应用。

（六）沙漠高速公路交通安全宽容设计成套技术研究　2008年，长安大学与陕蒙高速公路管理处完成。基于NASTRAN软件利用脆性材料计算设计的解体消能交通标志构件；结合MSC.ADAMS与ANSYS软件，模拟解体消能护栏端头碰撞过程，得到碰撞过程中速度和加速度变化，验证防护效果；提出直线与曲线段护栏功能长度（可避免碰撞到路侧障碍）精确求解方法和结构长度（护栏不失效）的时间增量试算求解程序，国内首次以两种长度最大值作为路侧护栏防护设计长度，弥补了美国对曲线段计算缺失；开发低成本新型模碾式路肩振动带取得成功，避免国内外已有铣刨法对路面损伤，显著降低成本。成果在陕蒙高速建设项目应用后，公路事故次数、路产损失、死亡人数分别下降了24.80%，20.90%和49.40%。节约工程投资4 652万元。自2005年课题研究以来，发表论文12篇，获得两项国家实用新型专利。

（七）秦岭终南山特长公路隧道定额研究　2009年，省交通厅定额站等单位合作完成。首次系统研究正洞开挖、出渣、通风、照明、管线路等项目造价系数，提出不同隧道长度，不同工、料、机的特长隧道造价长度系数，按围岩级别和超挖量编制定额的新思路；编制竖井中心扩孔法钻孔及开挖定额，为编制全国公路隧道定额提供依据；编制全断面法竖井开挖定额，解决现行定额不配套问题；编制特长隧道通风道开挖及衬砌定额、公路隧道风机房开挖和衬砌定额；研究编制大型竖井钻挖新设备机械台班费用定额。

三、道路运输发展研究

（一）交通量分析预测与经济评价技术　1997年，省公路设计院完成。提出交通量预测三种计算方案及计算方法；提出第一年回报率经济评价指标、分期建设计算方法，在公路项目可行性研究方面有所创新和突破。应用上述成果编制的陕西省公路项目Ⅱ可行性研究报告得到世界银行认可，被世界银行推荐给甘肃、宁夏、内蒙古等省（自治区）借鉴。

（二）陕西省道路高速客运发展战略研究　1998年，西安公路研究所与省交通厅运管局合作完成。提出高速客运发展以高等级公路建设发展为基本前提，抓住机遇，加快发展，实现高等级公路通、高速客运通，全面达到车辆高档次、服务高标准、管理高水平，实现快速、舒适、方便、安全的总要求。提出陕西高速客运发展必须贯彻的原则。

（三）新亚欧大陆桥陕西段道路运输战略地位与作用研究　1999年，省道路运输协会与西安公路交通大学合作完成。课题组结合新亚欧大陆桥和陕西段区域经济特点，提出依托新亚欧大陆桥陕西段道路运输发展总体思路、发展目标、政策等建议。

（四）陕西省物流业发展战略研究　2000年后，物流业快速发展，省交通厅与长安大学等单位联合开展亚欧大陆桥陕西物流发展、关中“一线两带”物流发展等多项课题研究。2003年，省道路运输协会完成该课题研究。提出加快培育专业化物流企业，建立“更有竞争性的市场”促使企业自觉应用先进物流技术；提出加强产、学、研与企业、政府间联系，制定物流经营组织、基地和信息技术政策，鼓励第三方物流发展政策；尽快进行沟通物流国际化的内陆通道规划建设和运行机制设计，使集装箱多式联运物流内陆延伸范围扩大、加快发展等政策研究工作。以达到区域物流效率明显提高，服务质量明显改善，电子信息技术普及应用程度提高，服务项目增加，区域经济发展竞争力明显提高的目的。

全省公路交通获国家和部、省科技进步奖项目见表5-1-1、表5-1-2。

陕西省公路交通1991—2010年获国家科技进步奖项目一览表

表5-1-1

序号	课题名称	获奖单位	获奖等级	获奖年份	主要完成人员
1	JQJ-1A型架桥机的研制	西安公路研究所	国家科技进步三等奖	1992	孙　涛　李泽生　霍中泉　金泰丽　高成喜　李国胜
2	高等级公路半刚性基层沥青路面和抗滑表层成套技术研究	交通部公路研究所　同济大学　石油大学重质油研究所　西安公路研究所　上海市政工程研究所　交通部重庆公路科学研究所　胜利石油管理局	国家科技进步二等奖	1993	沙庆林　沈金安　姚思国　张昌祥　周庆蝉　梁伟光　胡鸣琴　杨韵华　许志鸿　李福普　卢铭伊　吕桂芝
3	沙漠地区公路建设成套技术研究	西安公路研究所　长安大学　新疆交通科学研究院等32家单位	国家科学技术二等奖	2007	陈晓光　罗俊宝　张生辉　刘　涛　王亚军　王登科　陈忠明　折学森　胡保存　南浩林　薛生高　彭　帝　杜　勇　等154人
4	汽车综合性能检测关键技术研究、系列产品开发及其产业化	长安大学　深圳市元征科技股份有限公司等5家单位	国家科学技术二等奖	2007	马　建　赵祥模　王学志　杨立本　安毅生　高建国　马强骏　刘　均　樊海玮　刘　鹏
5	公路半刚性基层材料结构理论、多指标控制设计方法及工程应用研究	长安大学　交通部第一公路勘察设计院　省交通集团　河南高速公路发展有限责任公司商丘分公司	国家科学技术二等奖	2009	沙爱民　胡力群　孙朝云　张嘎吱　杨士敏　范跃武　赵　可　张　娟　陈栓发　李美江
6	秦岭终南山公路隧道建设与运营管理关键技术	省交通集团　省公路局　招商局重庆交通科研设计院有限公司　中铁十二局集团有限公司　中交隧道工程局有限公司　长安大学　西南交通大学　中铁一局集团有限公司　北京瑞华赢科技发展有限公司　厦门市路桥信息工程有限公司	国家科学技术一等奖	2010	乔怀玉　冯西宁　杨育生　蒋树屏　黄会奇　赵超志　谢永利　王明年　韩　直　杨晓炜　张金柱　高崇霖　司军平　赵晨阳　于　征

陕西省公路交通1991—2010年获部、省级科技进步奖项目一览表

表5-1-2

序号	课题名称	获奖单位	获奖等级	获奖年份	主要完成人员
1	高亮度发光二极管型可变情报板	西安公路研究所	陕西省科技进步二等奖	1991	侯建民　鲁恩科　李　彦　闵　江　陈乃齐
2	路面平整度快速测定仪的研制与应用技术研究	西安公路研究所	交通部科技进步三等奖	1991	闵　江　朱经训　左松梅　刘正民
3	高速公路收费系统的研究	西安公路研究所　交通部公路研究所　西安公路学院	交通部科技攻关三等奖	1991	闵　江　潘文敏　左松梅　杨　光　路成章　苏诗琳　李　彦　王永康　张晓松　任玉霞
4	高速公路监控系统的研究	西安公路研究所	交通部科技攻关三等奖	1991	侯建民　闵　江　张晓松　陈乃齐　吝满盈　王黎明
5	阳离子乳化沥青筑养路技术推广	省公路局	陕西省科技进步三等奖	1991	卫英才　胡春年　周正仿　张瑞仁　杨韵华　刘东彦　李锡仁
6	黏性土加筋土挡墙的设计和原型试验研究	铜川公路管理总段　省公路局　东南大学　山西省交通规划勘察设计院	陕西省科技进步三等奖	1991	王中生　李成才　尹　永　姚代录　李养池
7	公路路线工程计算机辅助设计系统	省公路设计院	陕西省科技进步二等奖	1992	朱　刚　黄　畴　赵书奇　唐延莲　黄景江　杨　珂　庞宝琴
8	DBY—1型标准式颠簸累积仪研究	西安公路研究所	交通部科技进步三等奖	1992	刘小羊　王黎明　李延华　闵　江
9	乳化沥青细沙下封层	榆林公路管理总段包神府公路建设指挥部	陕西省科技进步二等奖	1993	刘振学　薛生高　乔　锺　辛树仁　唐世君
10	大吨位架桥设备的研究	省公路局	陕西省科技进步二等奖	1993	过伯陶　田启国　吉定家　张充满　冷华明　杨晓炜　何建新
11	三向预应力双向悬臂高墩帽	省公路局	陕西省科技进步三等奖	1993	过伯陶　苏权科　高凌祥
12	TBC-71型透层油的研究及推广	西安公路研究所	陕西省科技进步三等奖	1993	胡宝祥　朱　铣　韩瑞民
13	水平滑膜就地浇筑混凝土梁工艺	省公路局	陕西省科技进步三等奖	1993	尚德良　徐怀琛　马学习　昝元朝　马贵祥

续表5-1-2

序号	课题名称	获奖单位	获奖等级	获奖年份	主要完成人员
14	汉中地区公路行道树水杉小爪螨生物学特性及防治研究	汉中公路管理总段	陕西省科技进步二等奖	1994	柳昌锐　纪春源　曹照富　赵建钟　刘兴国　李建友　刘庆德
15	改善沥青与酸性石料黏附性的研究-PA-1型抗剥落剂	西安公路研究所　西安近代化学研究所　省高管局	陕西省科技进步二等奖	1994	胡宝祥　张廷理　韩瑞民　汪增凯　邹月琴　张玉芳　马志刚
16	陕西省在用汽车“四车一机”节能技术改造	省交通厅能源管理办公室	陕西省科技进步三等奖	1994	郑乾生　李亚夫　李绍希　张秋申　马毅敏
17	桥梁橡胶伸缩缝装置—SDI型	省公路局	陕西省科技进步三等奖	1994	尚德良
18	沥青路面抗滑技术推广应用	省公路局　咸阳公路管理总段　宝鸡公路管理总段　商洛公路管理总段　汉中公路管理总段	陕西省科技进步三等奖	1994	李永固　马毅敏　苏振东　刘宏录　刘叙富
19	XG-1型挂篮	西安公路研究所	陕西省科技进步一等奖	1995	孙　涛　马毓泉　武彩桥　宋元伟　高成喜
20	公路运输统计体系的研究——载货汽车抽样调查方法研究	西安公路交通大学　省交通厅	交通部科技进步三等奖	1995	李纪治　任　晓　张水仙　王健伟　李晓风
21	W型防撞板生产工艺及生产线	省公路局　省公路机械厂	陕西省科技进步三等奖	1995	杨长盛　朱景华　陈　放　高卫军　施友生
22	150吨单轨自行式液压起吊门架	省路桥工程公司	陕西省科技进步三等奖	1995	张充满　吉定家　高凌祥　王新华　何武贤
23	三级公路数据库管理系统的研究与实施	省交通厅信息站	交通部科技进步二等奖	1996	朱经训　李子成　孙庆翔　付作良　王立平　王　剑　王　军　何　访　朱建勇　王继晔
24	高等级公路路面平整度传递与标准研究	西安公路交通大学	陕西省科技进步二等奖	1996	戴经梁　柳　浩　赵　倩　盛安连
25	高等级公路水泥混凝土路面修筑技术的研究	西安公路研究所　西安公路交通大学　省公路局	陕西省科技进步二等奖	1996	杨韵华　胡长顺　胡春年　支喜兰　雷　斌　梁武星　李伟仁

续表5-1-2

序号	课题名称	获奖单位	获奖等级	获奖年份	主要完成人员
26	公路中、小桥涵计算机辅助设计系统	省公路设计院　交通部第一公路勘察设计院	陕西省科技进步三等奖	1996	黄　畴　沈月强　万振江　刘春元　董建英
27	LXK-A型快速沥青抽提仪	西安公路研究所　省路桥工程公司	陕西省科技进步三等奖	1996	毛民喜　贺宝康　石德华
28	双车道公路路段交通仿真研究	西安公路研究所　西安公路交通大学	陕西省科技进步三等奖	1996	蔡良斌　陈忠明　范建华　张春莲　王永清
29	连续斜板梁桥的试验研究	西安公路研究所	陕西省科技进步三等奖	1996	金泰丽　马保林　李乐洲
30	LP-Ⅱ型微机在太阳能乳化沥青站的应用研究	安康公路管理总段　省公路局	陕西省科技进步三等奖	1996	何　湃　胡春年　王立渊　石业华　徐自成
31	陕西省农村公路发展战略研究	省公路局　西安公路交通大学　省交通厅研究中心	交通部科技进步二等奖	1997	乌小健　杨云峰　冯明怀　周　伟　白宗孝
32	JQJ-1A型架桥机定型与推广	西安公路研究所	陕西省科技进步二等奖	1997	孙　涛　武彩桥　席小白　马毓泉
33	克拉玛依沥青在陕西省高等级公路工程中的应用研究	西安公路研究所	陕西省科技进步二等奖	1997	钟桂兰　张　斌　王新民　李　虹
34	陕西省干线公路网发展规划研究	省交通厅信息站　省公路学会	陕西省科技进步三等奖	1997	张树升　杨云峰　蔡良斌　张　捷　任　晓
35	L260-3型螺旋快接头导管	省路桥工程公司	陕西省科技进步三等奖	1997	吉定家　高凌祥　宋博陵　何建新　刘存海
36	旧油层材料再生利用的应用研究	安康公路管理总段	陕西省科技进步三等奖	1997	马启明　李祥主　胡定美　王立渊　何　湃　刘世惠　邓功全
37	陕西省省道网调整方案研究	省交通厅　省公路局	陕西省科技进步二等奖	1998	乌小健　袁雪戡　张亚东　杨云峰　张　捷　任　晓　乔国梁
38	土工合成材料在公路工程中的应用	铜川公路管理总段	交通部科技进步三等奖	1998	李成才　张继宁　王中生　闫振江　路学敏　李进成　肖乾新

续表5-1-2

序号	课题名称	获奖单位	获奖等级	获奖年份	主要完成人员
39	山区道路路基病害处置技术的应用推广	安康公路管理总段	交通部科技进步三等奖	1998	王立渊　米居正　胡定美　尹行厚　史开珠
40	无沙石料地区公路修建技术研究	西安公路研究所　榆林公路管理总段	交通部科技进步三等奖	1998	张生辉　刘振学　陈忠明　薛生高　杭国华 冯学政　刘秀珍　刘林春　刘丕兴　吴锦华
41	山区公路路基排水和水毁防治技术	省公路局　西安公路交通大学	交通部科技进步三等奖	1998	袁雪戡　高冬光　刘叙富　窦明建　张义青
42	陕西省黄土区高等级公路半刚性基层沥青路面典型结构研究	西安公路研究所	陕西省科技进步三等奖	1998	范建华　陈贤辉　张玉芳　谢　娟　张天锋
43	粗粒土路基压实度标准、回弹模量及测定方法的研究	省高管局	陕西省科技进步三等奖	1998	汪星宇　赵久柄　王正良　刘希林　龚海科
44	桥梁上部结构承载能力快速试验方法研究	西安公路研究所	陕西省科技进步三等奖	1998	惠　昭　谢　超　王宏章　赵中宇
45	西安黄土地区静压桩受力性能研究	西安公路研究所　西安市雁塔建筑基础公司	陕西省科技进步三等奖	1998	赵学勐　王安玲　牟昌渝　刘希林　段振华
46	陕西省干线公路沥青路面评价养护系统（CPMS）推广应用	省交通厅信息站　省公路局　宝鸡公路管理总段	陕西省科技进步三等奖	1998	李子成　朱经训　杨志华　王　军　徐建国 王新礼　苗彩红
47	陕西省高等级公路路堤沉降规律及防治	长安大学　省高管局	交通部科技进步三等奖	1999	戴经梁　王晓谋　伍石生　成辉平　高江平
48	旧沥青路面上水泥混凝土路面修筑技术研究	铜川公路管理总段　西安公路交通大学	陕西省科技进步三等奖	1998	李成才　胡长顺　王建民　张继宁　路学敏
49	沥青储罐分层加热技术的研究	省公路物资供销公司	陕西省科技进步一等奖	1999	韩定海　辛元源　汤　键　张国平
50	沥青路面结构可靠性的研究	西安公路研究所	交通部科技进步二等奖	1999	陈贤辉　范建华　张玉芳　谢　娟　张天锋

续表5-1-2

序号	课题名称	获奖单位	获奖等级	获奖年份	主要完成人员
51	液压原位挤压技术在公路路基病害处理中的应用研究	西安公路研究所	陕西省科技进步二等奖	1999	张生辉　牟昌渝　陈忠明　刘立学　王新民　彭　帝　雷　斌
52	QGL-1A型挂篮的研究	省路桥工程公司	陕西省科技进步三等奖	1999	张充满　梁俊海　李玉幸　钟　强　赵富强
53	DZG多用自动击实仪	西安公路研究所	陕西省科技进步三等奖	1999	任玉侠　王永康　张焕浪
54	薄壁空心高墩大跨径预应力连续刚构桥的研究	西安公路研究所　省路桥工程公司	陕西省科技进步二等奖	2000	马保林　李乐洲　金泰丽　张充满　李玉辛　钟　强　任金龙
55	西宝高速公路CTBRRN-11311收费系统研究与应用	省高管局　陕西省汉唐计算机有限责任公司	陕西省科技进步三等奖	2000	汪星宇　魏养继　柯　翔　汪海漪　李选民
56	XQZJ10-3型汽车制动试验台研制	西安一运司汽车保修机械厂　长安大学	陕西省科技进步三等奖	2000	卞广星　霍季牛　王晓华　赵祥模　马卓华
57	《公路汽车征费标准计算手册》的研究和编撰	省交通厅征稽局	陕西省科技进步三等奖	2000	李治清　苌占民　李　信　程俊峰
58	PA-I型沥青抗剥落剂推广	西安公路研究所	陕西省科技进步三等奖	2000	韩瑞民　张玉芳　王正良　王永清　薛　虹
59	高等级公路黄土高边坡稳定性研究	省公路设计院　长安大学	陕西省科学技术二等奖	2002	李子青　赵之胜　刘玉海　叶树青　倪万魁　史志军　陈志新
60	国道108线西安至汉中公路遥感航测技术应用研究及3S信息集成系统研制	省公路设计院　西安三石软件有限责任公司	陕西省科学技术二等奖	2002	贾富荣　戴文晗　戴　磊　魏　清　谭道顺　赵之胜　刘　林　李卫红　苏水秀
61	毛乌素沙漠地区路基修筑技术研究	长安大学　榆林公路管理局	陕西省科学技术三等奖	2002	折学森　刘振学　薛生高　杭国华　严西华　闫小波　朱绪飞
62	陕西省汽车专用公路养护费用定额与工程定额研究	省高速集团　省交通厅定额站	陕西省科学技术三等奖	2002	路克孝　刘孟林　王　剑　李富强　孙三民　王晓斌　马楼叶

续表5-1-2

序号	课题名称	获奖单位	获奖等级	获奖年份	主要完成人员
63	陕西省交通标准化对策与交通标准法规数据库系统	长安大学	陕西省科学技术三等奖	2002	马　建　徐双应　陈焕江　张　雷　林广宇
64	TZL预应力锚具应用试验研究	省公路设计院	陕西省科学技术三等奖	2002	万振江　陶纪南　杨彦民　黄庆亨　陈德发　王飞虎　王文牢
65	连续配筋混凝土路面修筑技术研究	铜川公路管理局　西安公路交通大学	陕西省科学技术三等奖	2002	李成才　胡长顺　曹东伟　路学敏　师延强　侯仲杰　王海俐
66	露石水泥混凝土路面研究	铜川公路管理局　长安大学	陕西省科学技术三等奖	2002	张东省　韩　森　路学敏　李志玲　师延强　吴振国　马月梅
67	陕西省地方筑路材料选型技术研究	长安大学	陕西省科学技术三等奖	2002	沙爱民　孙朝云　雒　应　贺益贵　陆正安　陈金平　刘武斌
68	GIS在公路设计中的应用研究及在陕西的实施	省公路局　省交通厅信息站	陕西省科学技术三等奖	2002	袁雪戡　朱经训　李子成　冷华明　傅作良　孙亚伦　王立平
69	黄龙地区路基翻浆原因分析及防治对策研究	长安大学　延安市交通局	陕西省科学技术三等奖	2002	陈忠达　张国斌　杨晨光　窦明健　周志军　彭　波　梁　峰
70	跨越构造物路面结构设计与施工技术研究	长安大学　省高速集团　河南省交通基本建设质量检测监督站　唐山市交通局	陕西省科学技术一等奖	2003	胡长顺　王秉纲　冯治安　王江帅　夏永旭　郑传超　王　虎　张占军　张仲良　尤占平　薛连旭
71	陕西省高等级公路半刚性基层沥青路面长期使用性能研究	西安公路研究所	陕西省科学技术二等奖	2003	范建华　谢　娟　张天锋　韩君良　戴学臻
72	陕西省交通卫星遥感影像图及信息系统研制	省公路设计院　西安三石软件有限责任公司	陕西省科学技术二等奖	2003	李子青　戴文晗　万振江　魏　清　白延平　叶　蓁　戴　磊　卢斌莹　侯春红
73	HU-L型冷施工沥青混合料的研究	长安大学	陕西省科学技术三等奖	2003	张秀华　韩　森　郝培文
74	超薄水泥混凝土路面修筑技术研究	铜川公路管理局　长安大学	陕西省科学技术三等奖	2003	路学敏　胡长顺　马　骉　师延强　马月梅　陈拴发　陈兰芳

续表5-1-2

序号	课题名称	获奖单位	获奖等级	获奖年份	主要完成人员
75	汽车综合性能分布式计算机网络自动测控系统研制	长安大学	陕西省科学技术一等奖	2004	马　建　赵祥模　杨立本　安毅生　施维颖　南春莉　单　君　徐双应　刘　纪　艾尼瓦尔　樊海玮
76	公路建设项目环境后评价技术与方法研究	长安大学	陕西省科学技术二等奖	2004	董小林　赵剑强　关卫省　刘　珊　宋　赪　刘兴国　李向华　邓顺熙　陈爱侠
77	沥青路面减噪技术研究	西安公路研究所	陕西省科学技术二等奖	2004	伍石生　徐希娟　张冉宁　张天锋　李文瑛　王登科　雷鸿谋　成彦京　田权良
78	公路工程施工招标统计评标办法的研究	省公路局	陕西省科学技术二等奖	2004	胡保存　王登科　徐自谅　王东耀　张卫平　南浩林　雷鸿谋　孙会成　朱启斌
79	陕西省高速公路沥青路面养护维修技术研究	省高速集团　长安大学	陕西省科学技术二等奖	2004	马　良　胡长顺　薛进喜　陈栓发　王印龙　崔文社　王小雄　李　炜　陈团结
80	铜黄公路滑坡分析与综合治理研究	省高速集团　省公路设计院　长安大学	陕西省科学技术三等奖	2004	汪星宇　赵之胜　赵久柄　张　亮　孔金玲　史志军　王　琛
81	土工格栅在陡边坡路基和路基不均匀沉降处置中的应用研究	铜川公路管理局　长安大学	陕西省科学技术三等奖	2004	高传明　胡长顺　苗英豪　张继宁　曹东伟　梁　涛　马月梅
82	公路隧道汽车动态排放参数研究	长安大学	陕西省科学技术三等奖	2004	刘浩学　王生昌　王贺武　张庆余　马志义　邓顺熙　余　强
83	公路隧道检测技术应用研究	西安公路研究所	陕西省科学技术三等奖	2004	毛民喜　杨　健　张天航　张　毅　贺宝康
84	下套拱法加固旧石拱桥技术	榆林公路管理局	陕西省科学技术三等奖	2004	田建文　王　丽　惠继德　钱　璞　马润前　曹晓凤　李　娜
85	陕北黄土山区公路防排水技术研究	延安公路管理局　长安大学　省公路局	陕西省科学技术三等奖	2004	鲁　祥　田伟平　马　迅　郭凤英　李家春　刘　南　张义青
86	新建公路路域环境生态恢复技术研究	西安公路研究所　交通部交通科学研究院　交通部公路研究所等六家单位	云南省科学技术一等奖	2005	江玉林　刘　龙　朝承斌　张世俊　伍石生　杨运娥　李志龙　刘孔杰　等19人

续表5-1-2

序号	课题名称	获奖单位	获奖等级	获奖年份	主要完成人员
87	特高自行大吨位全桁架式架桥用龙门起重机研制	长安大学　陕西省常通路桥新技术有限公司	陕西省科学技术二等奖	2005	吕彭民　李春轩　董忠红　白宝强　霍中泉　曹可勇　闫胜利　王　臣　李　轩
88	陕西省高等级公路低路堤研究	陕西现代公路科技咨询公司	陕西省科学技术二等奖	2005	杨育生　袁卓亚　伍石生　武建民　段锡伟　虞宪成　盛安连　包秀祥
89	公路隧道污染物浓度控制标准与环境影响研究	长安大学	陕西省科学技术二等奖	2005	邓顺熙　官燕玲　陈　洁　赵剑强　李宁军　刘浩学　杨　忠　惠彦中　皇甫浩
90	HGH-2型静压环刀取土器研究	陕蒙高速公路建设管理处	陕西省科学技术三等奖	2005	高世君　高景伟　姬怀卿　杭国华　张晓轴　曹国林　田繁荣
91	骨架密实型二灰碎石基层修筑技术研究	延安市交通局　长安大学	陕西省科学技术三等奖	2005	栾自胜　陈忠达　党延兵　刘光辉　蒋应军　彭　波　闫周卫
92	二灰沙砾基层综合路用性能及配合比设计	长安大学　西安市交通局　河南平顶山市公路管理局	陕西省科学技术三等奖	2005	申爱琴　武彦林　张新旺　李炜光　尤　晓　龚钢旗　张玉斌
93	地市级公路局人才资源结构与优化研究	铜川公路管理局　长安大学	陕西省科学技术三等奖	2005	李忠民　顾建国　路学敏　胡小强　安红星　张　明　王海俐
94	桥梁减震装置应用研究	省公路设计院　长安大学	陕西省科学技术三等奖	2005	万振江　刘建新　胡兆同　刘万峰　陈长海　于永波　李　震
95	排水性沥青路面设计施工技术研究	省高速集团　西安公路研究所　省公路设计院	陕西省科学技术二等奖	2006	王东耀　乔怀玉　徐希娟　王　锋　朱经训　张惠山　张公恩　张宗涛　王　龙
96	公路建设项目环境影响评价计算机辅助系统	长安大学	陕西省科学技术三等奖	2006	董小林　赵剑强　张晓峰　赵祥模　刘　珊　刘立国　宋　桢
97	农村公路路面修筑技术研究	西安公路研究所　省公路局	陕西省科学技术三等奖	2006	韩瑞民　王天林　弥海晨　马立明　陈军宪　李太民　刘　航

续表5-1-2

序号	课题名称	获奖单位	获奖等级	获奖年份	主要完成人员
98	低液限黏土及粉土路基修筑技术研究	延安市交通局　长安大学	陕西省科学技术三等奖	2006	党延兵　折学森　杨晨光　赵　红　王军礼　范红英　谢秦生
99	综合遥感技术在公路深部地质构造勘察中的应用研究	省公路设计院　西安三石软件有限责任公司	陕西省科学技术三等奖	2006	戴文晗　万振江　魏　清　戴　磊　白延平　叶　蓁　李　林
100	大跨径预应力混凝土曲线连续刚构桥的研究	西安公路研究所	陕西省科学技术三等奖	2006	马保林　汪小鹏　崔静宇　郗弘晟　张充满　李春轩　任金龙
101	沙漠高速公路修筑养护综合技术研究	省公路局　榆靖高速公路建设管理处　长安大学　西安公路研究所	陕西省科学技术一等奖	2007	南浩林　折学森　王新民　徐增友　朱绪飞　周志军　景宏伟　彭　帝　顾仲飞　魏俊奇　米　峻
102	沙漠高速公路边坡防护　防风固沙及养护技术研究	省治沙研究所　省交通集团榆靖分公司	陕西省科学技术二等奖	2007	朱绪飞
103	黄土地区公路高边坡防护技术研究	省公路设计院　长安大学	陕西省科学技术二等奖	2007	赵之胜　谢永利　倪万魁　孔金玲　史志军　张　亮　张公恩　杨晓华　刘海松
104	沥青路面再生技术研究	西安公路研究所　省高速集团	陕西省科学技术三等奖	2007	范建华　马　良　伍石生　梁武星　王印龙　谢　娟　王小雄
105	超重交通对府店公路影响分析及对策研究	府店一级公路建设管理处　长安大学	陕西省科学技术三等奖	2007	高　军　韩　森　米　峻　胡大琳　杜桂军　彭　波　呼延利
106	沙漠高速公路交通安全宽容设计成套技术研究	长安大学　陕蒙高速公路建设管理处	陕西省科学技术二等奖	2008	王元庆　高世君　高景伟　李满囤　孙小端　李占利　孙静宁　宋路娟　李伶俐
107	陕北黄土地区公路边坡降雨灾害预测预警研究	延安公路管理局　长安大学	陕西省科学技术三等奖	2008	徐志荣　马　迅　田伟平　李家春　董　强　鲁　祥　马保成
108	高速公路沥青混合料配合比优化设计方法研究	延安至安塞高速公路建设管理处　长安大学	陕西省科学技术三等奖	2008	党延兵　马　骉　杨晨光　王军礼　袁玉波　陈华鑫　谢秦生

续表5-1-2

序号	课题名称	获奖单位	获奖等级	获奖年份	主要完成人员
109	沙漠地区公路路基压实标准及方法研究	西安公路研究所　省公路局　榆靖高速公路建设管理处	陕西省科学技术三等奖	2008	陈忠明　王新民　刘振学　徐增友　凌国琪　彭　帝　梁乃兴
110	BE系列沥青乳化剂研制及应用技术研究	西安公路研究所	陕西省科学技术三等奖	2008	韩瑞民　弥海晨　陈军宪　马立明　董　鑫　赵均理　马志刚
111	道路水泥混凝土组成设计研究	长安大学　西安市交通局等五家单位	陕西省科学技术一等奖	2009	申爱琴　梁军林　熊剑平　刘太军　孙增智　武彦林　燕宪国　李炜光　韩继国　谭　华　台电仓
112	低含水量沙、粉土及高含水量黏土压实机理及压实技术研究	长安大学　陕蒙高速公路建设管理处　榆林靖安高速公路建设管理处	陕西省科学技术二等奖	2009	杨人凤　孙祖望　张永新　岳大浩　刘振学　高景伟　田　寅　常海州　张青哲
113	黄土地区公路路基设计施工技术研究	厅世界银行贷款项目执行办公室　长安大学　省公路设计院	陕西省科学技术二等奖	2009	田权良　芮少权　郑　涛　王　航　倪万魁　陈忠达　李　明　石飞荣　武建民　蒋应军　颜　彬
114	陕西省高速公路SMA路面材料与结构优化研究	省交通集团　西安公路研究所	陕西省科学技术二等奖	2009	栾自胜　米　峻　伍石生　雷军旗　李爱国　郭　平　屈　仆　薛志文　沙红卫　任金龙　巩大力　李　伟　吴德军　李万军　韩君良　吴慧彦　石　勇　李善群　高延芳　徐　赟　张　娟　赵　岩　李文瑛
115	毛乌素沙漠地区特殊地基处理技术研究	陕蒙高速公路建设管理处　长安大学　省公路设计院	陕西省科学技术三等奖	2009	高世君　周志军　边世斌　高景伟　折学森　叶万军
115	秦岭终南山特长公路隧道定额研究	省交通厅定额站　长安大学　省公路局　省秦岭终南山公路隧道公司	陕西省科学技术三等奖	2009	程兴新　孙三民　王选仓　封捍东　胡　雷　侯　波　高军虎　石永民　张康民　原　驰　陈希梅　王　芳　李鹏飞　李晶晶　杨　琳　孙　敏
117	山区公路防排水评定方法与抗水灾评估指标研究	长安大学　省交通运输厅　四川省交通运输厅	陕西省科学技术三等奖	2009	田伟平　胡保存　延西利　李家春　沈　波　金宏忠　王亚玲

续表5-1-2

序号	课题名称	获奖单位	获奖等级	获奖年份	主要完成人员
118	黄土边坡剥落病害处置技术研究	陕西黄延高速公路有限责任公司 长安大学 西安科技大学	陕西省科学技术三等奖	2009	郭利平 折学森 房 斌 叶万军 庞 琪 刘军营 宁 军 方 鹏 杨永恒 王 敏 孙德胜
119	稀土换能器及系统集成的桥梁无损检测技术开发研究	长安大学 省公路局 省高速集团 水利部交通运输部国家能源局南京水利科学研究院	陕西省科学技术一等奖	2010	赵祥模 宋焕生 邬晓光 沈 波 马荣贵 杨正华 徐志刚 关 可 王五平 戚秀真 刘占文
120	公路隧道施工围岩稳定性及支护效果监控量测技术的研究	长安大学	陕西省科学技术一等奖	2010	陈建勋 张 毅 袁卓亚 张卫钢 罗彦斌 李晓明 董 鑫 乔 雄 杨绍战 胡 健 杨善胜
121	水泥稳定碎石振动试验方法及工程应用	长安大学 柞小高速公路建设管理处 省交通厅质监站	陕西省科学技术二等奖	2010	刘海鹏 蒋应军 李明杰 李善群 傅英俊 夏胜斌 白永兵
122	振动压路机噪声的综合控制技术	长安大学 厦工（三明）重型机器有限公司 榆林市交通局	陕西省科学技术二等奖	2010	冯忠绪 姚运仕 张志峰 沈建军 张志友 岳金喜 余金松 高 军 赵利军
123	安塞至靖边界高速公路建设环境保护技术研究	延安市安塞至靖边界高速公路建设管理处	陕西省科学技术三等奖	2010	党延兵 王军礼 杨晨光 谢秦生 周智平 乔 峰 仇朝祥
124	沥青路面多孔混凝土排水基层研究	长安大学 省公路局	陕西省科学技术三等奖	2010	陈拴发 金宏忠 郑木莲 王崇涛 陈 军 孙惠成 盛燕萍
125	西汉高速公路土石混填路基施工技术研究	长安大学 省高速集团	陕西省科学技术三等奖	2010	杨荣尚 周志军 白应贤 折学森 王东耀 马小伟 刘丽萍
126	沙漠一黄土过渡区高速公路路基修筑技术研究	西安公路研究院	陕西省科学技术三等奖	2010	李晋德 张生辉 常海洲 田 寅 彭 帝 王新民 刘忠林
127	高速公路永久性沥青路面研究	长安大学 陕蒙高速公路建设管理处	陕西省科学技术三等奖	2010	高世君 韩 森 高景伟 徐鸥明 李 娟 程道虎 高 巍
128	商界高速公路风化岩填筑路基研究	省交通集团 长安大学	陕西省科学技术三等奖	2010	杨育生 申爱琴 边纯君 李炜光 冀康柱 高 韬 杨建东

第四节 对外交流合作

陕西公路交通对外交流合作，始于20世纪80年代中期引进国外智力，公路建设利用外资及引进技术、设备等进行合作洽谈与考察。

90年代，扩大开放和加快公路交通发展，带动公路交通对外交流合作加强。交流合作形式主要有：一是扩大引进智力，邀请有关国外公路交通专家来陕就重大、关键技术进行交流、培训；二是组织有关专业人员参加国家有关部、委组织的国外公路交通技术培训、考察和研修；三是利用世界银行、亚洲开发银行贷款修建三铜、临渭和西禹高速，按贷款项目合同约定，组织有关工程技术与管理人员赴国外进行专业培训、考察；四是利用世界银行贷款进行公路建设的国际工程与监理招标；五是公路交通中外合资、合作或引进技术、设备的业务考察与洽谈；六是有关公路交通专家赴国外访问，进行学术交流和参加国际会议等。国外培训、考察内容主要包括公路规划、建设、养护、管理、环保、融资和道路运输市场、运输组织等。培训、考察的国家有日本、美国、德国、英国、法国、荷兰、比利时、意大利、奥地利、挪威、芬兰、丹麦、澳大利亚、加拿大、韩国等。三铜公路建设通过招标，引进德国哈斯公司承担工程监理。该公司委派哈特担任现场监理工程师。

1991年4—7月，由世界银行公路贷款项目资助，省交通厅副厅长熊秋水，计划处处长乌小健、计划处干部张捷，省公路设计院规划科科长焦芳群等四人，参加由美国联邦公路总署委托威斯康辛州交通厅举办的公路规划、设计和养护管理培训。是年10月1—3日，由日本名古屋市28个株式会社社长及董事、高级技术人员共38人组成的日本名古屋道路研究会访华团来陕，先后与省交通厅、省高管局及公路交通科技人员，就高等级公路管理、工程招标、工程监理、机械施工及铺设材料等进行交流，并视察西三一级公路。1993年，受国家教育委员会派遣，省交通学校教师赵道成作为访问学者，赴澳大利亚悉尼科技学院留学一年。1995年，为解决108、210国道公路隧道工程技术难点，邀请瑞士安伯格隧道工程咨询公司鲍曼、斯密特两位专家来陕进行咨询和交流。

道路运输对外交流合作逐步加强。西安第一汽车运输公司与美国亚派克国际有限公司、西安第二汽车运输公司与韩国大宇公司等，分别就合资经营汽车检测设备、公路客运经营等进行洽谈和考察。

1997年组织多项国际公路交通技术交流。2月24日—3月14日，邀请意大利两位工程监理专家，为交通系统72名建设、施工和监理高级工程技术人员进行监理业务培训。5月12—22日，受世界银行委托，邀请4位世界银行移民安置专家，对来自全国各项目省的47名移民安置工作人员进行培训。5月15日，省交通厅邀请美国“民间使者计划”活动团来陕交流公路交通技术。该活动团由政府管理人员、高速公路建设养护与科研人员共18人组成，向陕西公路界介绍了美国“超级沥青路面研究”最新成果。

1998年9月，中国和韩国在西安开展公路技术交流活动，省交通厅组织工程技术专家参加。中韩双方在公路工程技术标准、公路交通量调查、公路养护与管理、斜拉桥保养维护与加固等方面，进行了广泛探讨。

世界银行贷款陕西公路项目Ⅱ建设，通过招标由意大利咨询公司与中国工程师联合监理。意大利咨询公司先后派遣七位专家，分别担任驻渭潼、蓝小、铜黄公路项目监理副代表和路基、路面、隧道、交通工程专业监理工程师。建设单位先后6次邀请外籍监理专家为中方技术人员开办技术讲座。

1999年5—11月，受国家教育委员会派遣，省交通厅信息站站长朱经训以高级访问学者身份，在日本名古屋大有建设中央研究所留学，并应邀出席“日本23届道路会议”，作“GIS技术在道路管理领域中的应用及相关问题”学术报告。

2001年后，实施西部大开发，加速公路交通发展，推进深层次、全方位对外开放，公路交通国际交流合作更加频繁。是年7月，省公路学会与英格索兰中国道路学院在西安联合举办管理培训班，培训内容包括Superpave超级性能沥青路面系统，沥青路面再生，新型沥青路面结构与改性沥青，沥青路面摊铺及施工新技术，公路设计与环境保护，沥青路面病害及其与施工关系，工程项目成本效益分析，湿陷性黄土地区公路工程，沙漠公路筑路和沙害防治等。来自全省公路、铁路、市政等有关系统60余位工程技术人员参加培训。是年11月26日，日本名古屋工业大学松井宽教授应邀到省交通厅学术交流，举办“智能交通运输系统（ITS）”专题讲座。

公路勘察设计加强国际交流合作。2003年10月25日，省公路设计院聘任日本大有株式会社研究所所长、工学博士中西弘光为技术顾问，并就路基路面设计技术进行交流讨论，对宜川至壶口旅游公路设计进行实地研讨。2004年3月28日，该院与日本桥设计株式会社、日本株式会社良电社共同组建陕西瑞特公路工程科技有限责任公司。此为省公路勘察设计首家中外合资公司。是年7月16日，由省公路学会桥梁专业委员会主持，举办EMR桥梁伸缩缝技术交流会，英国艾斯康驰（ASLContracrs）公司总裁理查德·塔斯科，商务总监约翰·鲍尔莫，应邀作桥梁伸缩缝技术报告。全省公路系统100多名桥梁工程技术人员参加交流。

2004年10月26—28日，由交通部、国际道路联盟（IRF）和陕西省政府主办，陕西省交通厅承办的第三届国际丝绸之路大会在西安召开。大会以复兴“丝绸之路与交通基础设施建设”为主题，以“交流、合作、创新、发展”为宗旨，围绕“经济发展与地缘政府环境”“特别聚焦中国”“未来道路发展需求和优先顺序”“道路交通部门改革和跨境便利化”等四项议题进行交流。省交通厅组织公路、建设、科研等机构有关专家参加，厅长乌小健应邀作题为“陕西公路的发展与前景”演讲。

这一时期，省交通厅围绕公路交通加快发展的重大、关键领域和问题，继续组织工程技术与管理人员参加国外培训、考察或研修。重点培训、考察高等级公路建设、养护与管理、公路施工技术与材料、交通环保技术与规划、公路交通管理体制、路面施工技术、公路隧道施工技术等。赴国外培训、考察或研修人员，带着公路交通发展实践中问题，与有关国家的学术、研究、咨询机构，施工、养护、运营企业和公路交通管理机构等，广泛进行探讨、交流，学习国外公路交通发展先进理念、先进技术与先进管理方法，撰写考察、学习报告，并结合工作、生产实际借鉴、应用，促进提高技术与管理水平。

2006年以来，随着全省高速公路持续快速发展，尤其如秦岭终南山公路隧道等一批在国内外有影响的重大项目建成运营，促进公路交通进一步扩大对外交流、合作。利用世界银行贷款修建安毛高速，通过双方多次洽谈、评估和项目实施情况检查，增强了与世界银行的密切联系。结合公路交通建设与运输、物流等发展，继续加强国际合作与学术交流。西安咸阳国际机场专用高速建设，在西安咸阳国际机场高速建设引进和利用日本排水性路面技术的基础上，再度与日本大有株式会社合作，采用其排水性路面技术，并结合项目实际优化设计，全线铺筑排水性路面。2007年2月8日，省公路学会在西安组织“沥再生”道路预养护高新技术研讨会，邀请加拿大国家工程研究院博士尔玛、香港中怡公司加拿大专业工程师蒋松华，就“沥再生”在国外及中国上海、北京等地应用效果，进行讲座。省交通厅有关领导和公路交通系统有关专家共160余人参加研讨。

2008年4月，陕西省交通厅主办，省公路设计院与日本东亚道路工业株式会社在西安联合举办“中日友好道路铺装技术交流会”

此外，省交通厅在西安还举办了国际沥青改性及沥青混合料添加剂技术报告会，邀请德国柏林技术大学教授波尔曼，客座教授瓦格纳等，就德国公路建设质量保证、资源保护及沥青改性技术、沥青混合料添加剂技术等进行报告、交流。

有关国家政要、国际公路交通组织领导人和专家来陕进行公路交通考察、交流，成这一时期对外交流合作一个新特点。2007—2009年，先后来陕考察、参观秦岭终南山公路隧道的国外政要和国际公路交通界重要官员有：

2007年4月20日，国际隧道协会主席哈维·帕克。

是年10月8日，冰岛共和国总统奥拉维尔·拉格纳·格里姆松。

是年10月12日，挪威王国运输与通信部大臣丽英·赛思·纳瓦塞特女士。

2009年2月16日，塔吉克斯坦共和国交通通讯部第一副部长SAIDOVKODIR。

是年9月19日，越南民主共和国交通部部长胡义勇。

2010年1月27日，泰王国交通部代表团来陕西省交通运输厅进行友好交流。

是年9月，省政府表彰为陕西经济社会发展做出突出贡献的外国专家，安毛高速项目副总监理工程师和外籍监理组组长——加拿大公路工程师吉姆·法库哈尔森，获省政府为外国专家设的最高奖——“三秦友谊奖”。他利用自己在岩土工程、地基工程等领域丰富理论和实践经验，对保证项目工程质量、保护环境及保证施工安全等，提供许多有益的咨询意见，特别是在不良边坡治理、隧道塌方治理等方面提出很好建议，对项目建设做出重要贡献。

是年12月2—3日，省交通运输厅组团参加中、日、韩运输及物流发展论坛。

第二章　信息化

陕西公路交通信息化自20世纪七八十年代计算机应用始。1991—2010年，交通信息化建设逐步得到重视和加强。贯彻以信息化带动交通现代化的方针，按照统筹规划、分层负责、分步实施、突出重点、注重实效、确保安全的发展思路，结合不同时期公路交通建设、运营、维护、管理和服务对信息化的需求，以信息化基础设施建设与业务应用系统开发建设为主要任务，大力推进公路交通信息化建设。从着重建设交通运输经济信息管理系统，到加速建设交通信息网络工程，再到推进资源整合、系统集成、功能提升和共建共享的全面提高，公路交通信息化空前普及并得到广泛应用。经过20年开发建设，全省形成以交通行业专网、高速公路光纤通信网、各单位局域网为基础的交通信息网络，建立起以公路基础设施建设与运行管理、高速公路交通监控与应急指挥、公路交通行业公共信息服务、道路运输管理服务、交通运输经济运行分析等信息化应用系统。公路交通信息技术与业务系统应用，显著增强公路交通科学决策能力，提升运营与管理效能，提高面向社会公众的服务水平，促进公路交通不断加快发展，在推进公路交通现代化进程中的引领作用显现。

第一节　信息化基础设施

一、交通通信交换中心

1991年，省交通厅参加交通部交通通信专网建设。1992年，组织交通专用通信西安区域网建设。1995年3月，建成全国交通通信网陕西卫星地面站。该系统由卫星地球站、微波中介通信链路、主交换机与远端交换机模块等组成，具备专网长话、电话会议、可视电话会议等功能，还可提供交通卫星传输通道，为交通系统电话会议提供技术保障。

1998年，根据交通部交通通信专网建设方案及信息化建设“三网（语音、视频、可视电话）合一”要求，建设二级（省级）通信交换中心。2000年，初步形成由二级交换中心、卫星地面站、微波通信等为依托的交通通信二级网。至2001年，先后完成交通部40多次电话会议服务。之后，逐年对设备进行安全性、可靠性改造和完善，并开通微波数据专用信道。

随着国家通信网与互联网功能提升，通信卫星租用到期，交通部卫星通信专网于2003年停止运行，设于省交通厅的二级通信交换中心业务也随之终止。

二、高速公路光纤通信网

高速公路通信系统建设自“九五”时期起步。2000年年底，全省建成高等级公路预埋通信光缆190公里。“十五”时期以来，加速高速公路光纤通信网建设，基本做到与高速公路主体工程同步建设、同步使用。高速公路采用SDH干线传输设备。其中西安绕城高速作为全省高速公路通信系统汇接环，采用STM-16等级设备，其他高速公路采用STM-4等级设备。除西宝高速采用环路载波设备外，其他路段均采用综合接入网系统。

2010年年底，全省构成与高速公路路线布局一致的一环、三横、八辐射公路通信网。专用光缆覆盖全省所有高速公路，形成SDH光纤传输网、程控交换网、GPS时钟同步网等专用网络，为公路联网收费、路网监控、程控语音电话数据、视频图像等信息传输提供专用信道，为路网内机电设备提供时钟同步信号，并为行业管理纵向数据上传下达、横向数据共享共用提供有效服务。

三、局域网

1997年，按照交通部全国交通系统信息化建设网络规划，陕西交通系统起步建设局域网。1998年省交通厅局域网建成，1999年1月4日，加入省政府网。2001年，以省交通厅信息站为网络管理中心，完成省交通厅机关与综合办公楼局域网建设。2000—2004年，省公路局、省交通厅运管局、省交通厅征稽局，西安、咸阳、汉中等市交通局，省公路设计院、省高速集团、省西安汽车站等先后建成局域网。是年年底，全省交通系统建成局域网30多个。这些局域网以不同方式接入互联网。2007年11月，贯彻交通部关于以信息化带动交通现代化的要求，省交通厅召开的全省交通信息化工作会议部署加快交通信息化建设，推动建立交通系统局域网。2008年年底，全省10个设区市和杨凌示范区交通局均建立局域网。利用交通行业专网建设契机，各单位增加或更新硬件设施，加强局域网改造升级，扩大与有关专网连接。2010年，全省近一半的县（市、区）交通运输局建立局域网。

四、交通行业专网

行业专网是连接全省交通管理部门内部局域网的专用计算机广域网络，是交通信息化基础网络平台。按照交通运输部统一部署，陕西省交通行业专网总体设计为省、市（区）、县（市、区）三级体系结构，分两期工程实施。一期工程主要建设省为一级节点、市（区）为二级节点的两级体系结构。

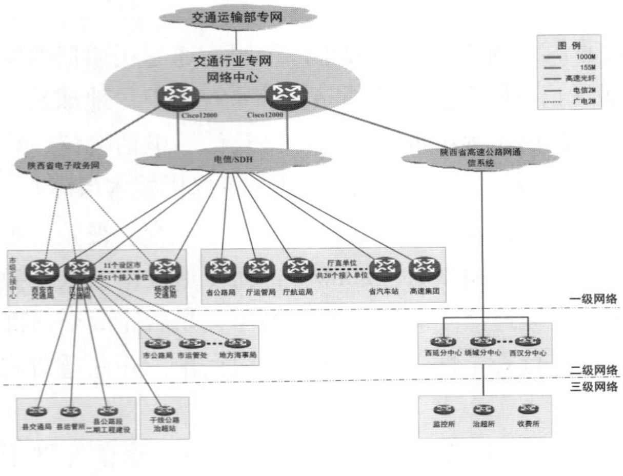

陕西省交通行业专网结构图

2005年7月，交通行业专网一期工程启动建设，2007年12月底完成。该网络以省交通厅为总汇接中心，连接省、市（区）交通、公路、运管、质量监督等76个系统内单位，与交通运输部专网汇接，承载高清远程视频会议系统与可视电话系统、电子公文传输系统、即时通信系统、电子邮件系统、道路运输管理系统等，成为省、市（区）间交通运输数据交换、语音、视频信息传输与综合处理的“信息高速公路”。专网采用统一设计、建设和管理，避免因分散建设多个广域网络而产生重复建设的问题。

2010年，启动交通行业专网二期工程建设，将专网向县（市、区）交通管理部门拓展延伸，推进全省交通行业三级专网联通。

第二节 电子政务

一、交通门户网站

1998年，按照交通部科技信息网项目实施方案，由省交通厅信息站负责，完成交通科技信息网陕西网页制作，加入交通部科技信息网站运行，从而进入国际互联网。1999年1月4日与省政府网连接后，设立陕西交通科技信息网站。2001年11月5日，陕西交通科技信息网站在经过版面完善和功能及内容扩展后，更名为陕西交通公众信息网。2002年5月28日，正式开通电子邮件、电子公告板系统。在此基础上，采用防火墙和物理隔离措施，实现交通公众信息网内、外网分离；外网通过与省信息中心接入进入互联网。根据部、省关于门户网站建设的要求，陕西交通公众信息网经再次改版升级，于是年7月更名为陕西省交通厅网站，作为省交通厅直接面向社会公众的门户网站。

同期，省公路局开通陕西公路信息网，并与各市公路管理局网站连接。省交通厅运管局开通陕西运政网。省交通厅征稽局、省交通厅定额站、省交通职业技术学院、省公路设计院，西安市、咸阳市交通局等相继建成门户网站。2003年至2006年，按照省政府统一电子政务平台要求，依据交通部全国交通系统门户网站统一建设指导意见，利用RSS聚合技术，省交通厅两次整合、规范厅直单位近20个网站，形成交通系统综合信息服务网站群。宝鸡市、汉中市交通局等相继开通门户网站。

上图：2007年1月16日陕西省公路局门户网站首页局部。下图：2007年10月19日陕西省交通厅运管局门户网站首页局部

适应行业管理与面向社会服务需要，各网站多次改版升级。省交通厅门户网站2007年第三次改版升级。按照信息公开、在线

办事与公众参与三大功能定位，共设一级栏目19个，二级栏目36个，服务性栏目19个，实现19项社会服务功能的页面调用。网站办事指南栏目主要提供表格下载、办事程序、部门告知等。业务应用系统主要有：重点工程建设进度报表上报、监理工程师网上报名、客运线路网上查询、全省公路路况查询等系统及全省公路网规划电子地图等。年访问量逾130万人次，基本实现“一站式”交通信息服务的功能。陕西公路信息网设政务公开、行业管理、公众服务三大类、21个子栏目，以及公路地图、主要公路气象预报、公路应急服务、公路服务区、公路收费站、干线公路建设市场信用信息管理平台等专题栏目。陕西省运政网开设行业管理、行业新闻、政务公开、便民服务等12个栏目，提供道路运输法律法规、行政许可、车辆营运、从业人员、营运企业基本信息在线查询数据库10个，开设网络调查、办事指南等交互栏目3个。

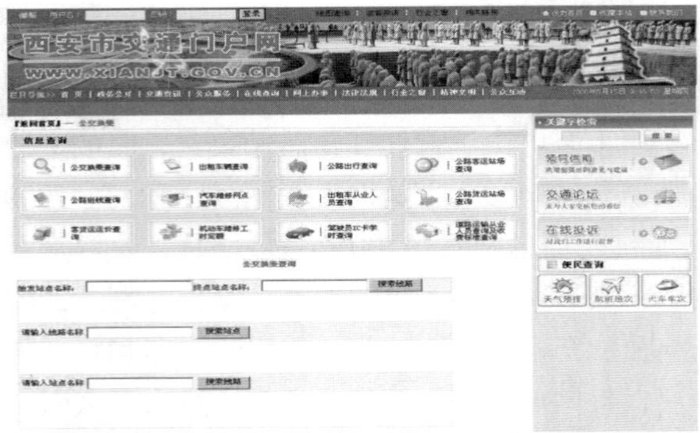

上图：2008年5月15日，西安市交通门户网首页局部。下图：2008年5月15日，宝鸡市交通局门户网首页局部

2008年后，贯彻中央和省关于政务信息公开等要求，各网站进一步丰富信息服务内容，拓展政府信息公开广度与深度，强化网上办事功能建设。省交通厅门户网站增加面向社会和企业的行政许可受理、行政审批、行政监管和公众服务；公开机构职能、法律法规、行政许可、行政处罚、规划计划、统计分析、工程建设、交通规费、人事管理、应急管理、廉政建设等18类交通政务信息。2010年，省交通运输厅门户网站日更新文档平均15～20篇，日访问量均6 000人次，年累计访问量逾千万人次，全国交通系统政府网站考评名列前10位。

至2010年年底，省交通运输厅所属事业管理机构，全省11个市（区）交通运输局及所属公路、运输管理机构，部分县（市、区）交通运输局，均开设门户网站，并相继调整完善。

二、办公业务系统

随着计算机普及应用程度提高，1996年，省交通厅组织开发专项资金与会计核算系统。1998年，全省交通基建投资统计使用交通厅统一配发软件，参与部投资统计信息系统运行。

“十五”时期，贯彻2002年全国交通信息化工作会议关于电子政务建设要求，省交通厅加强网络办公系统建设。重点开发应用人事、劳动工资、科技教育、投资计划与统计、财务会计、交通法规等业务子系统。省公路局、省交通厅征稽局、省交通厅质监站等单位，相继启动办公自动化系统建设。结合交通门户网站版面整合，开发公路交通GIS信息查询系统，公众可在互联网以电子地图方式，查询陕西公路建设规划、国省道干线公路状况、公路建设进展及公路收费站分布等信息。

2008年11月18日启用的交通电子公文传输系统，实现省交通厅与厅直单位、市交通局之间公文全部电子传输

2006年，按照省政府通用办公业务资源系统试点和电子政务统一平台建设部署，省交通厅推进通用办公业务系统软件应用，建立厅与厅系统和各市（区）交通局之间电子公文传输系统。受行文习惯、软件成熟度及后期服务等影响，通用办公业务系统软件未得应用。电子公文传输系统于2007年12月建成。该系统具备包含电子印章的电子公文全真显示、安全传输及打印、归档、检索、利用等功能。同时，在交通行业专网开通内部电子邮件系统和即时通信系统等业务交流平台。交通科研项目始行网上在线申报。开发并应用建设项目招标评标管理、公路路政、公路养护、城市公交触摸式信息查询、行政执法人员管理等业务系统。公路建设项目动态管理系统推广。

电子公文传输系统经为期近一年试点运转并完善，2008年11月18日起，全省交通系统正式启用该系统。自此，公文传输由电子化取代纸质化。

三、交通电子档案管理系统

2008年9月，省交通厅以厅机关和省公路局、省高速集团为试点单位进行交通电子档案管理系统建设，2009年8月建成。

该系统以交通行业专网为网络基础，应用先进的档案信息管理软、硬件，建立统一规范的档案管理平台、交通电子档案信息资源网络和共享档案数据库，通过专网传输和专业软件，对已有档案资源进行快速数字化处理，对办公自动化系统产生电子文件数据进行接收和归档，对传统档案进行电子存储和安全备份。系统设检索、数据录入、借阅管理、统计报表、收集整编、数据转换、销毁、光盘制作、数据维护、WEB查询等12个子系统。经调试、投入运行后，省交通厅机关录入和扫描1991—2007年期间电子档案2.27万件，扫描档案原文41.71万件。厅机关与试点单位档案业务实现互联互通、资源共享，档案收集、整理、统计、打印、查询等业务实现自动化，并为进一步建设全省交通电子档案系统奠定基础。

四、远程高清视频会议系统

2005年7月，省交通厅借助交通征稽系统数据通信网络，建成远程视频会议系统。经2006年扩建改造，实现省与交通运输部视频会议系统对接，功能得以扩充完善。结合交通行业专网一期工程建设，2007年12月建成全省交通系统远程高清视频会议系统，并投入使用。时为全国交通系统第一套远程高清视频会议系统。

该系统采用最新高清视频技术，具有可外接、传输视频、音频、数字等多媒体信号功能，能提供10倍于标准视频会议的清晰度，可在网上同时组织召开多个、多点会议，并对会议进行控制和管理。利用多媒体技术，系统可开展培训、展演、宣传、汇报等业务，并可用于应对自然灾害与处置突发事件应急会商。自远程视频会议系统开通到高清视频会议系统投入使用以来，先后召开100多次电话和视频电话会议。

第三节　业务应用系统

一、公路建设管理信息技术开发应用

（一）公路勘察设计信息技术开发利用　20世纪70年代末，省公路设计院在全省交通系统最早应用阿波罗计算机进行公路勘察设计的部分工程计算工作。1992—1995年，该院先后开发公路路线工程、桥涵工程计算机辅助设计系统。西安公路研究所研究开发双车道公路路段交通仿真技术。1999年，公路设计基本甩掉手工绘图版，实现由计算机设计出图。

1996—2001年，结合公路勘察设计、施工，重点开展遥感（RS）、全球卫星定位系统（GPS）、地理信息系统（GIS）技术的应用开发。省公路设计院引进德国RB公司CARD/1动态设计系统，实现从测量、设计到成果输出自动化，并从二维设计发展到三维优化设计，勘察设计内业基本实现计算机化，并可利用局域网进行网上联合设计，显著提高设计效率和水平。3S技术在西汉、榆靖、禹阎、黄延高速等项目选线、地质勘察中应用并取得显著成效。

2000年6月，陕西省公路勘察设计院遥感信息中心技术人员进行西汉等高速公路路线方案研究

与此同时，省公路局与省交通厅信息站联合，完成国家计委“九五”时期科技攻关项目——《GIS在公路设计中的应用及在陕西的实施》，自行研究开发出具有动态分段功能的开放式“公路交通电子信息地图系统”，以及基于GIS技术、DEM模型的“公路工程可行性辅助分析系统”，并完成电子地图数据采集入库。

（二）公路工程建设项目管理信息系统　1998年8月，省交通厅组织厅信息站和业务处室研究开发公路工程建设项目计算机管理系统，1999年12月完成并试用。2003年8月，研究开发公路建设项目动态管理系统。该系统分为公路建设市场管理、工程项目管理、系统管理三个子系统，可实现对公路建设设计、施工、建设、监理、监督、检测等相关单位人员与项目实施情况计算机管理，并具跟踪工程进度、查询资金使用等功能。2006年3月，在全省24个重点在建公路项目试点；4月起，建设项目信息在纸质上报的同

时，利用网上在线传输。同期，组织开发全省农村公路建设项目管理系统，建立基于GIS技术的农村公路建设项目基本情况数据库。

（三）高速公路建设项目信息管理平台　2010年，贯彻中共陕西省委、省政府关于工程建设领域突出问题专项治理工作部署，省交通运输厅建成高速公路建设项目信息管理平台即“阳光工程”。系统内部平台以满足对高速公路建设项目管理信息服务为主，外部平台以向社会公众公开高速公路建设项目信息及信用信息为主，实现对全省高速公路建设项目信息统一管理、一站式发布与数据共享。省交通运输厅门户网站设工程建设项目信息和信用信息共享专栏，公开项目审批、核准、备案信息，项目建设管理信息，项目从业单位、从业人员信息，企业信用和人员信用信息，便于社会公众查询、监督。

二、公路运营管理信息技术开发应用

（一）公路数据库　1989年10月，省交通厅参与交通部组织的国家基本数据库群之一——公路数据库开发研究试点。1991年5月，由省交通厅信息站承担，宝鸡市交通局协作，开展地（市）级公路数据库试点工程研究与开发。1993年10月完成并在宝鸡市试运行。1994年10月交通部在西安组织鉴定会，会后即部署在全国公路系统推广应用。该系统创建国内首个具有图文处理功能的地（市）级公路数据库管理系统，开发解决动态分段、地理坐标系转换、重复里程处理、断链处理、图形与数据综合处理等关键技术，开发包括软、硬件系统、数据采集和录入技术、编目编码规则等，可向用户提供统计图、表输出与双向查询功能。系统将空间属性与物理属性有机结合在一个系统中，同时实现图形、图像和统计数据综合分析与处理，解决沿线定位与地理定位互换，为交通系统开发GIS技术建立信息管理系统的重大突破；开发的TRANS-GIS软件，解决国内公路数据库建设急需软件平台。

随着公路信息化系统不断开发建设，公路数据库不断完善。结合路况信息系统、公路信息资源管理平台、路面与桥隧管理信息系统、路政管理信息系统、养护管理信息系统等开发应用，公路基础数据库不断扩展，为公路养护管理决策与实施提供服务。

（二）路面管理系统　1992年，省公路局与西安公路学院联合，研究开发全省路面管理系统。1993年，推广应用交通部“七五”时期科技攻关成果——路面管理系统。省交通厅信息站承担《陕西省干线公路沥青路面评价养护系统（CPMS）》推广应用工作，1995年年底在部分地（市）推广应用。1997年5月起推广应用至全省地（市）公路系统。该系统综合应用计算机、工程经济、系统工程和道路工程技术，通过各功能模块运行，完成相关路况信息录入、路况使用性能评价与检测，在经济效益分析的基础上，优化出养护工程方案、工程计划、所需资金，并可依资金许可能力及工程重要程度，优化出工程顺序等，为公路养护管理提供现代化决策辅助手段。

适应公路养护和路网服务现代化的要求，省公路局在研究开发路况信息管理系统基础上，2008年与长安大学等单位联合，开展《陕西省公路局路面管理系统实施方案》研究。方案主要包括公路基础数据管理、检测数据管理、病害采集终端数据管理、GIS电子地图、路面状况评价与决策、多媒体数据管理和系统管理等七大功能模块。系统具有公路基础数据采集、录入、统计、分析、管理、查询及路面评价、路面状况预测、养护辅助决策等功能。数据库集成静态、动态两类公路定位数据、系统基本编码数据、道路基本信息数据、多媒体数据、交通量数据、气象信息数据、养护数据等，可以专题图形式为管理者提供路面直观管理，实现路面检测与路面数据处理同步进行，为公路部门有效使用养护管理资源，提升管理水平提供科学管理平台，并为养护管理决策提供辅助参考，促进养护管理现代化。

（三）公路桥梁管理系统　交通部推广项目。1995年4—12月，省交通厅组织厅信息站完成《陕西省公路桥梁管理系统（CBMS）推广应用》研究。该系统集桥梁静态数据库、动态数据库、文档数据库、评价决策数据库及图形服务、图像处理、综合评价、费用分析、旧桥加固对策智能系统为一体，为桥梁养护管理、统计计划、加固措施、经济分析等，提供多方位精准信息服务和辅助决策，能够增强营运桥梁的动态监控，促进桥梁养护现代化和决策科学化。经在宝鸡、咸阳两市公路系统试点，1997年5月起逐步在全省公路系统推广应用。

2008年，公路桥梁管理系统在高速公路管理单位部署完成，建立陕西省高速公路桥梁数据库，通过该系统可全面、快速掌握现有高速公路桥梁运营动态及维修计划需求，及时了解危桥、病桥损害状况和加固改造措施及其实施情况，对危桥或疑似危桥进行重点管理。

桥梁管理系统在推广过程中不断改进完善，检测技术手段逐步现代化。使用配有传感器、电脑等先进检测仪器，可准确进行桥梁承载能力快速测试，自动记录信息并进行数据分析。利用稀土换能器及系统集成，进行桥梁无破损检验，如同混凝土结构CT机，可进行桥梁层析成像，经信息处理可显现内部缺陷，为鉴定和加固桥梁提供科学依据。

（四）联网征费稽查管理系统　为促进养路费征稽系统征费信息资源共享，便利车主缴费，并提高征费及时性和准确性，2004年，省交通厅征稽局启动全省征费稽查管理系统建设；2007年10月，建成投入运行。该系统覆盖全省10个征稽处123个征稽所，具有联网征费、移动征费稽查、银行代征、网上车辆缴费信息查询等功能，从而实现全省养路费征收稽查信息互通、资源共享，促进征费业务流程规范化，缩短车主缴费时间，减少征费漏洞。

（五）公路通行计算机收费与联网收费系统　1987年，西安公路研究所等单位承担国家“七五”时期科技攻关项目——《高速公路收费系统的研究》，提出新型混合式收费管理系统方案，并在西临高速建立计算机收费管理系统。课题组研制开发车型与轴数检测器、超高检测报警器、可变情报标志板、收费车道控制机、车辆分离器、收费显示器等设备，解决汽车动态测重关键技术。1992年，国内最早的车辆自动分类装置由西安公路研究所研制成功，在西临高速、西三公路收费站试用。1997—1999年，西宝高速分两期建成计算机收费系统，全线实现联网收费；西铜高速新庄、黄堡主线收费站启用人工收费、计算机管理、视频监控单站收费系统。

2000年起，省交通厅在组织开发建设全省收费站计算机综合管理系统的同时，制定全省高速公路联网收费系统建设方案，利用计算机网络技术，依托高速公路通讯专网提供传输通道，建立省联网收费中心——路段收费分中心——收费管理所——收费站四级网络。2001年起实行边建边联。2004年5月8日，西宝、西户、西阎、西安咸阳国际机场和西安绕城高速公路等5条高速公路实行“入口领卡、持卡通行、出口缴费”的封闭式联网收费管理，由此高速公路纸质通行券始由IC卡取代。是年7月，陕西省交通厅收费公路管理中心建成。

2005年3月1日，高速公路1环5线（西安绕城、西禹高速、西潼高速、西宝高速、西户高速与西安咸阳国际机场专线）总里程476公里高速公路全部实行封闭式联网IC卡收费管理，形成关中网联网收费。2006年9月，省交通厅收费公路管理中心陕北分中心建成，西铜高速、铜黄高速、黄延高速、靖安高速、榆蒙高速等公路接入陕北路网，其他建成高速公路接入关中网。自此，形成以省交通厅收费公路管理中心为中心，关中网（含陕南）、陕北网并行联网收费模式。2007年后，全省新建成高速公路实现即通即联，联网收费系统覆盖全省所有高速公路。

高速公路联网收费系统，具有收费资源规划管理、系统参数管理，收费信息收集、数据统计，通行费拆分、清算、处理与存储，收费信息显示、查询、检索，IC通行卡管理以及票据、图像、密钥管理等功能。系统采用“人工收费、计算机管理、视频监控、检测器检核”收费方式，联网收费实行每日定时结算。各收费站将收费原始数据、收费交易统计数据、通行费拆分数据传输至省交通厅收费公路管理中心，由中心进行汇总、校核、拆分后，将划拨数据传给结算银行，再由结算银行划转给联网收费经营管理单位，做到“当日解缴、账实对平，每日拆分、及时交割”，不仅促进通行费收入与偿还贷款同步增长，收费还贷率由原来不足50%提高至近70%，而且较好地解决了主线收费站过多过密问题。

在建设高速公路联网收费系统同时，依托收费管理系统，陕西省高速公路收费管理中心组织开发车辆识别系统，2008年11月1日起在271个收费站1 373条车道启用，实现车辆牌照信息自动识别、存储与核查。在非封闭式收费公路（即国省干线收费公路）计算机收费系统基础上，建立非封闭式收费公路收费信息系统联网。2008年年底，全省124个非封闭收费站，有110个收费站实行收费数据联网，实现收费数据统一管理，有效促进了管理规范化、科学化。

（六）高速公路非现金收费系统　2008年，在现有公路收费系统的基础上，采用交通运输部公路电子收费国家密钥系统和公路电子收费系统，依托银行网络和管理优势，建设陕西高速公路非现金收费系统，开发公路通行费电子化支付手段。2009年1月1日建成启用。该系统由非现金收费结算拆分系统、非现金收费密钥管理系统、非现金缴费卡客户服务网点等构成，使用高速公路非现金缴费专用卡——“三秦通”储值卡或“三秦通”记账卡。车主通过高速公路收费站，只需刷一下“三秦

2009年1月1日启用的陕西省高速公路非现金缴费专用卡——三秦通卡

通”卡，收费系统便自动计费并从卡上扣除相应费额，完成通行费支付，并自动记录通行信息和通行费用，按期进行结算。系统在缩短缴费停车时间，减少收费现金流量，提高收费资金安全，加强公务车管理等方面突显成效。2010年年底，全省持有“三秦通”卡用户5万余户。

（七）高速公路电子不停车收费系统（ETC） 高速公路非现金收费分为停车收费和不停车收费，车辆既能走人工收费车道，也能走无人值守车道。在高速公路非现金收费系统运行的基础上，2009年开发电子不停车收费系统，经在西安咸阳国际机场专用高速试行后，逐步安排全省高速公路ETC车道建设。该系统由ETC收费车道、收费站管理系统、ETC管理中心以及车道控制器、费额显示器、自动栏杆机、车辆检测器与传输网络等组成。采用专用短程通信技术，利用车辆自动识别技术，使用可读写并带有IC卡接口电子标签（OBU），进行车辆自动识别和有关收费数据交换，通过计算机网路进行数据处理。持有“三秦通”缴费卡用户，安装车载电子标签并插入缴费卡，通过收费站时，由电子标签将通行信号传至车道检测器，再通过传输系统由计算机网络处理，同时自动扣除通行费，然后车道栏杆自动抬起，车辆即行通过。每车通过收费站缴费仅需3秒钟。

2010年年底，在全省26个高速公路收费站建有ETC车道44条，有效节约车辆通过收费站缴费时间，降低油耗，减少尾气排放，促进公路交通智能化。

2006年11月28日，西铜高速未央收费站对货运车辆进行计重收费。图为大型货车通过计重收费车道

（八）公路治超与计重收费系统 2006年3月，省交通厅贯彻交通部收费公路试行计重收费指导意见，组织实施计重收费工作。6—9月，对高速公路收费站实施计重收费技术改造工程，利用高速公路收费网络，安装预埋式轴重秤、红外线车辆分离器、胎型识别系统、地感线圈和控制柜等计重设备，统一收费软件和计重收费费额计算标准，规范计重收费计量鉴定。系统改造完成并经预警运行后，于2006年10月15日正式运行，全省高速公路及312国道西安至界牌段共109个收费站、364条收费车道，实行计重收费，并实现多轴车辆识别容量统一、超限车辆信息录入等功能，对引导货运车辆合法装载运输发挥重要作用。正式运行后，超限运输车辆数量及超限幅度明显下降。2007年9月，全省115个开放式收费公路收费站全部实行计重收费。

在实施计重收费基础上，省交通厅2008年启动治理车辆超限超载信息管理系统建设，2010年建成使用。系统为连接省治超管理中心、市（区）治超管理机构与高速公路管理所治超分中心、治超站三级的治超信息管理平台。系统通过数据、图像、语音采集和处理，实现各级治超部门互联互通、资源共享和分级管理控制，并可通过监控图像监督超限检测站运行状况，对突发事件处置进行远程观察与调度指挥。通过采集和处理超限检测数据，为治超工作决策提供科学依据。同时建立超限超载运输行政审批计算机管理系统，提高服务效率。

计重收费系统与治超系统联动，有效遏制公路超限超载运输，恢复车辆正常流通频率，提高车辆通行效率，引导车辆结构调整优化，促进降低公路交通事故率，维护公路使用性能与寿命，保护公路建设成果。

（九）高速公路监控信息系统　1998年，西宝高速在收费站广场、车道、收费亭安装监控设施，并设监控室。2000年后，在建高速公路以对收费站收费、交通状况监控和交流量统计为目标，同步建设监控系统。2003年，西安咸阳国际机场高速沿线大桥和互通式立交，安装交通监控设施。2007年1月，秦岭终南山公路隧道建成完备监控中心。同年，西汉高速、西柞高速建立全线路段、桥梁、隧道监控系统。经过几年建设，联网高速公路监控图像，可通过模拟及数字两种信号方式，分别传输至省高速公路收费管理中心。省高速公路收费管理中心配备24块67寸投影显示墙，通过调阅方式可查看15条路段89路监控和730路收费监控图像。

2008年，全省高速公路规模扩大，交通流量快速增加，公众对公路服务要求提高。特别是高速公路监控系统在年初抗击冰雪、“5·12”汶川特大地震抗震救灾中发挥动态视频传输、紧急会商调度作用，凸显建设全省路网监控系统迫切性。为此，省交通厅决定建设全省高速公路路网综合监控系统，加强全省路网统一应急指挥调度，提升有效应对突发事件能力。

高速公路综合监控系统，利用交通行业专网和高速公路光纤资源，建立高速公路综合监控网络平台，数据存储、交换与处理平台。一期工程建设包括省高速公路联网监控中心（设在陕西省高速公路收费管理中心），西汉、汉宁、西禹、西安绕城、西镇、西长、西铜等7个路段监控分中心，以及外场监控设备布设、数字视频传输网络等。按照统一规划、统一标准、统一组织、分级实施原则建设。

至2010年，重点建设高速公路视频数据网络平台。整合建成路段监控资源，对高速公路收费、治超、道路（包括隧道）监控图像进行统一联网监视与调度管理。以桥梁、隧道、互通立交、服务区、高大边坡、挡墙、沿江沿河路段、连续下坡、弯道、多雾区及事故多发路段为重点，完善道路监控外场设施。健全省交通运输厅应急指挥中心——省高速公路联网监控中心——路段监控分中心3级监控体系。是年10月，系统一期工程完成并投入使用。

三、道路运输管理与运营信息技术开发应用

（一）陕西省道路运输管理信息系统　1996年，西安市运管处组织开发“运管通”。宝鸡市运管处组织开发道路运政管理综合业务系统，该系统在渭南、铜川等市运管机构应用。之后，西安市运管处“运管通”逐步由1.0版升级至6.0版，包含客运管理、货运管理、搬运装卸管理、汽车维修管理、运输服务管理五大模块，同时具有运政机构人员管理、票据管理、稽查投诉、历史追踪、决策支持及办公自动化等功能。

1998年10月，省交通厅运管局与厅信息站联合，开展GIS在交通运输管理上运用研究。

2006年，省交通厅启动《陕西省道路运输管理信息系统（一期工程）》建设。即在交通行业专网平台上，建设省交通厅运管局与西安、宝鸡两市运管处及所属25县（市、区）运管所三级道路运输管理信息系统。省、市（区）道路运输管理机构采用交通专网连接，市（区）、县（市、区）道路运输管理机构租用广电运营商物理链路连接。系统分为业务与维护两个系统。业务系统功能结构分为行政许可、日常管理、执法监督、规费征收、稽查管理、辅助决策六大部分。2007年12月，系统建设完成。建成省交通厅运管局数据中心，搭建起三级道路运输管理信息平台，实现许可业务上传下达、经营业户相关证照打印、规费征收、违章行为联网稽查、业务数据查询、传递与汇总等业务办理的网络化、自动化，并能够通过对系统数据科学分析向经营者提供咨询服务，向管理者提供决策服务。

2009年，启动道路运输管理信息系统二期工程建设，即向全省各市（区）运管处及所有县（市、区）道路运输管理机构拓展。

（二）营运车辆监控系统　2002年起，省交通厅运管局、省交通运输服务中心等，进行GPS在道路运输信息服务系统应用及GPS原型系统研究，在部分长途客车、货车和单位自备车辆加装GPS车载终端，明显提高管理水平和经济效益。陕西大件运输公司等运输企业，自行建成并运用GPS监控系统。2004年，渭南市危险货物运输车辆和营运客车安装GPS车载终端2 632台，建立监控分中心52个，形成覆盖全市的GPS监控网络，实现对营运车辆监控、反劫、防盗、报警、求助、调度等多项管理功能。

2007年投入使用的西安市交通运输管理处信息中心营运车辆监管平台，经过2010年升级规范，实现对辖区道路运输车辆运营安全动态监控

2005年起至“十一五”时期，省交通厅运管局组织，鼓励在部分营运车辆上安装GPS行驶记录仪，进而在全省运输行业建设运输车辆动态监控系统。GPS监控中心一般由数据库服务器、通信服务器等硬件，应用软件、电子地图、数据库等软件构成，具有对车辆跟踪定位、轨迹存查、报警、电子围栏、信息查询、语音图像监管等功能，能够快速实现GPS定位及文本、语音、图像等传输，实现对营运车辆动态监控。2007年年底，全省11市（区）运输管理机构建立二级GPS监控平台，安装车载GPS装置8 846台，并实现省级监控平台对市（区）二级平台的联网监管。

2010年年底，全省道路运输系统建成省级GPS监管中心1个、市（区）级GPS监控中心11个、运输企业GPS三级服务终端430个，实现道路运输省、市（区）级监控中心和企业监控中心三级并网，全省有1.70万辆营运车辆安装GPS车载终端，其中长途客车和旅游客车已经全部安装。通过GPS行驶记录仪，实时全程记录和监控车辆运行状态，及时发现和纠正车辆超速、疲劳驾驶等问题，显著降低运输生产事故，保证运输生产安全，提高运输效益和效率。

（三）物流信息服务系统　或称物流信息公共服务平台，是道路运输管理机构或平台运营服务企业，利用计算机技术与互联网技术，向社会用户提供车辆、货源等信息服务的一种方式。自“十五”时期起步并加速发展。2003年4月，西安市交通运输管理处和市交通运输服务中心联合建成“西部交通信息网”，提供网上车源、货源、资质查询，路况、运价、公路里程、政策要闻、法律法规、合作伙伴等信息服务。是年，渭南市货运信息中心建成局域网并开发数据库，向用户提供货物与车源信息。全市60%货运信息配载服务业户利用互联网提供货运信息服务。2004年9月，渭南市运管处开通渭南物流网，物流信息业务扩展至西安、咸阳、延安、榆林等市及山西、山东、河南、内蒙古等省（自治区），用户达600多户，日点击量4万次以上。2005年，宝鸡市建成信息服务中心，注册成立西部物流网站。网站以GPS道路安全管理、货运信息、物流配载为主要框架，并与有关生产、运输企业和行业协会搭建起信息共享平台。

四、公众出行服务信息系统开发建设

（一）客运联网与自动售票服务　1990年5月—1991年10月，省西安汽车站与西安电子科技大学合作，在省内最早开发成半自动微机售票系统。该系统用于前台售票、退票、调度、动态监控，后台售票管理、统计结算分析、报表打印和系统校验。每张售票用时5秒，较人工售票缩短半分钟。之后该站开发微机售票及LED导向系统，实现票源数据信息共享。

2008年5月10日，汉中高速客运站联网售票服务，可联网代售深圳、成都等地高速客运客票

1993年，省交通厅委托西安电子科技大学开发出XZS-100半自动微机客运售票系统，在国内首次采用双机容错技术、汉字地名输入系统与多种安全措施，售票效率是手工作业的3.30倍，售票结账时间节省90%，并大幅降低差错率。1999年，客运微机售票系统在全省10地（市）一级客运站、75%县级汽车站推广应用。

2003年，汽车客运计算机联网售票一期工程，在省西安汽车站、西安市汽车站及城西、城东、城南汽车站等5个试点站运行。该系统具备站内计算机售票、激光条码检票、站务管理、行包托运、信息发布、引导显示屏、站内广播、车辆报班等业务功能。至2005年，联网售票共计588万张，票价金额总计1.65亿元。

由于道路旅客出行对联网售票需求不足，全省客运联网售票系统使用效益不佳，除满足客运站内部计算机管理和站内售票功能外，全省联网售票功能未得实现，而城域范围联网售票、汽车站自动售票系统建设则加快。

西汉高速通车后，汉中市运输集团公司在所属两个汽车站实行联网售票；西康高速通车后，安康市7个汽车站实行自动售票。2009年，西安公路客运联网售票系统建设，至2010年年底，实现城东、城西、城南、城北、三府湾和西安市汽车站等城区6个一级客运站互联互通，同时开发网上订票、电话订票系统。省西安汽车站建成自助售票、网上售票和电话售票系统，经春运期间试运行后投入使用。

（二）公路路况信息查询服务　2002年5月，陕西交通公众信息网站设交通指南、旅游班次等栏目，为公众提供交通出行线路和客运班次信息。8月26日，省公路局结合公路网站建设，开通陕西省公路路况信息服务系统。2003年，陕西公路网结合网站改版，扩充路况信息查询系统，网站设公众服务栏目，下设出行系统、通行信息、施工信息子栏目，为全省公路及附属设施管理提供信息平台，并通过多种媒体向社会发布国道、省道干线公路通行信息。

2007年3月，省公路局委托陕西省测绘地理信息局，组织对陕西省公路路况信息服务系统进行改版升级，增加GIS提升服务功能。该系统除设置用户管理、公路属性管理、业务管理、辅助决策等子系统外，还设有GIS查询分析和互联网发布等子系统，能以可视化方式动态显示、查询和管理各级公路，为公路建设和养护管理提供信息及决策支持，为公众提供便捷出行参考服务。

2006年12月，省交通厅收费公路管理中心建成高速公路出行信息服务系统，除设高速公路公众服务热线（029-86531102）外，在收费公路公众信息网上设立路况信息栏目，提供24小时高速公路路况信息服务。

随着公众对公路交通出行信息服务要求提高，2007年以来，结合交通系统信息资源整合，各交通门户网站加强公路路况信息资源开发与共享，强化查询、发布功能。省交通厅门户网站结合改版升级，与省公路信息网站、省收费公路公众信息网站及高速公路企业网站联通，提供全省即时路况信息查询服务。网站出行服务栏目设：公路地图、出行策划、实时路况、道路施工、周边省区路况，以及服务区、停车区、加油站、汽车维修与通行费查询等子栏目。公众通过点击网站电子地图，可查询出行路线选择、路面等级、收费站设置、收费标准、预计行车时间等。陕西公路信息网以施工信息、公路气象、应急服务、服务区、收费站信息服务为主。省收费公路公众信息网以高速公路出行信息和绿色通道信息为主。部分高速公路服务区建立触摸屏式信息查询系统，方便司乘人员和旅客查询路况、气象等出行信息。

2010年5月，高速公路公众服务热线更名为“陕西交通服务热线”，统一客服号码为12122。热线自开通以来，受理社会来电由2007年2.65万人次，增至2009年16万人次和2010年20万人次。

2008年，西安市公共交通总公司发行的非接触式公交IC卡之一

（三）公交IC卡　IC卡是集成电路卡IntegratedCircuitCard的简称。1996年6月28日，西安市公交总公司在24路无人售票线路试点感应式IC卡乘车，取消纸质月票。乘客手持一卡，可上车刷卡，省去乘车带零钱的烦扰。2000年，西安市将公交IC卡系统工程列为十大为民服务工程之一建设。11月28日，38条公交线路采用IC卡乘车，一票制刷卡线路票价优惠10%。

2007年，在96条线路、2 087辆公交车上实行非接触式IC卡乘车。非接触式IC卡分学生卡、成人卡两种，具有月票和电子钱包两种功能，实行一元一票制。是年9月16日，西安第一个“公交周”，实行公交IC卡乘车优惠，成人IC卡票价为五折，学生IC卡票价为三折。2008年起公交IC卡系统优化改造，2009年10月过渡到西安市“一卡通”公交子系统运行。当年年底，共发行成人公交IC卡310余万张，学生IC卡20余万张，日刷卡量200万次。是年12月1日，公交IC卡自动更换为西安城市“一卡通”即“长安通”卡。

第四节　制度与标准建设

结合交通信息化建设，逐步建立健全交通信息化制度与标准。“十五”时期，先后制定《交通政务信息管理办法》和《交通科技信息网运行管理办法（试行）》等。

“十一五”时期，结合交通信息化全面建设与整合提高，先后制定《交通系统网站建设指导意见》《RSS技术规范》《省交通厅视频会议系统管理暂行办法》《交通信息化建设项目管理办法（暂行）》《交通信息化建设项目可行性研究报告编制办法》《省交通厅门户网站管理办法》《门户网站信息发布规定》和《计算机安全使用管理规定》等，完善《省交通厅网络信息保密措施》《机房管理及网络管理岗位职责》《高速公路联网收费暂行技术要求》《高速公路计重收费技术要求（试行）》等。同时，建立健全联网技术、应用系统开发、数据分类采集标准、数据备份、安全技术、高速公路光纤通信建设相关规则与标准要求等规范，编制交通信息基础数据元（公路）字典等标准，编制信息系统应急预案，引导和规范交通信息化发展，确保交通信息网络与信息资源安全。

第三章　教　育

随着公路交通改革开放和加快发展，交通系统贯彻“科教兴交”战略，积极改善教育设施和条件，采取自办、合办、联办等方式，大力发展交通教育事业。“八五”至“九五”时期，以中等专业技术教育、继续教育与适应性岗位培训为主；“十五”至“十一五”时期，以大、中专职业技术教育、学历教育、适应性培训与资格性岗位培训为主，逐步形成专业职业技术教育院校与职工培训机构结合，多层次、多渠道、多方式交通教育体系，为公路交通培养大批合格人才，提高交通职工队伍整体素质，促进公路交通事业发展。

第一节　职业教育

陕西公路交通职业教育，以省、市属专业院校为主。20世纪80年代，教育事业包括职业技术教育受到重视，适应改革开放后公路交通发展对人才需求，“文化大革命”期间停办的陕西省交通学校（简称省交通学校）、陕西交通技工学校（简称省交通技校）先后恢复重建，宝鸡、西安两市交通局相继开办技工或中专学校。

1991年，省交通厅实施“科教兴交”方针，制定“八五”交通职业教育规划，大力发展职业技术教育。利用世界银行贷款88万美元，加强省交通学校、省交通技校实验室建设，改善办学条件。交通系统学校以教育为中心，提高教学管理和教育质量，改革招生制度和分配制度，扩大招收委培生和自费生，增设专业。同时，在省交通学校附设陕西广播电视大学省交通厅工作站、交通部电视中专陕西分校，在省交通技校设直属工作站，在各市交通系统设置电视中专二级分校。省交通厅电大工作站开设公路与城市道路工程、交通运输管理两个专业。交通部电视中等专业学校陕西分校开设财会、汽车运用工程、公路工程监理与质量检测、公路施工与养护等14个专业。1995年，省交通厅决定从公路养路费、交通建设基金、通行费、运管费等交通规费中提取1%资金，专项用于发展交通教育事业，加速专业教育条件改善。各地（市）交通局加强教育投入，改善办学条件。

1995年年底，全省交通类学校发展到29所，较“七五”时期增加22所。其中全日制普通中专、职工中专学校各1所，全日制技工学校3所，电视大学工作站、电视中专陕西分校各1所，电视中专二级分校与工作站11个，职工培训中心（含培训学校）11所，初步形成中等职业技术教育、职工培训、成人教育相配套的交通专业教育体系。在校学生

3 380人，专职教育工作者613人，共为社会输送毕业生4 600人（不含电大毕业生66人，委托代培中专学生377人）。

“九五”时期，随着全系统职工学历提高和社会教育需求变化，1997年5月，省交通厅提出逐步建立以大专院校、科研院所为依托，各培训中心、各单位为补充的继续教育培训网络。榆林、延安两地（市）职业教育培训中心与西安公路交通大学、北京交通大学、省交校联合办学，通过函授、网络远程教育等方式，满足职工继续教育需求。通过全省各地（市）交通职工培训中心所设分校，开展职工交通中等专业学历教育，累计培养1 602人。安康地区交通局开办技工学校。各地（市）所办技校此期生源短缺，学校减至16所，教师200人。2000年年底，各专业学校为社会输送毕业生4 958人，其中省交通学校1 343人，省交通高级技工学校（原省交通技校）2 623人。

2002年，陕西交通职业技术学院（原省交通学校）、陕西交通技术学院（原省交通高级技工学校）在校学生，分别达到5 000人和1 000人。依托西安公路交通大学成教院、北京交通管理干部学院等院校，陕西交通职业技术学院开展高等学历教育。省公路局技校与长沙理工大学继续教育学院长期合办高等自学考试业务，招收交通工程土建专业、路桥专业专升本半脱产自考专、本科生，每年招生在212～300名不等。2005年全省交通系统拥有全日制高等职业技术学院1所，全日制中等职业技术学校4所。交通技校1所，开设专业34个，教师522人。“十五”时期，各专业学校累计培养各类毕业生6 379人，其中陕西交通职业技术学院4 453人，陕西交通技术学院1 926人。

“十一五”时期，由于新增交通职工学历逐步提高，原多数中等专业技术教育层次机构生源逐渐萎缩，西安交通职工中等专业学校停办，咸阳市交通职工培训中心只保留机构和编制。在教育院校调整中，各市交通技校先后并入当地职业学院。省交通厅所属两所交通职业技术学院则得以扩张，陕西交通职业技术学院在校生最高年份达到6 102人。陕西交通技术学院更名为陕西交通技师学院，一改多年招生难状况，生源充足，在校生最高年份达到2 200人。

2009年，省交通厅以所属两所院校为主，整合人才、校舍资源，组建陕西交通运输职业教育集团。

至2010年年底，全省交通高职教育机构专职教师240人，其中教授8人，副教授59人，讲师90人。共设有72个专业，在校学生9 036人。“十一五”时期累计毕业学生1.14万人。其中，陕西交通职业技术学院8 291人，陕西交通技师学院3 065人。

第二节　职工培训

1990年，为加快提高交通职工政治、文化、业务素质，适应交通发展，省交通厅成立职工培训中心筹备处，加强职工培训工作。

1991年，省交通厅制定交通系统“八五”时期资格性岗位培训实施意见，规定全系统逐步实施持证上岗制度，在职人员经过培训考核合格，取得相应岗位任职资格证者可继续在岗；新进人员一律先接受培训，后持证上岗。主要培训对象为各级汽车队长、汽车站长、交管站长、公路段长、客货运输管理员、养路费征收员、公路养护道班班长等。1992年，做出计划安排，用3～4年时间，进行地、县交通局长、公路总段长、施工企业经理、运输企业经理、三总师（总工程师、总会计师、总经济师）等现职领导干部岗位职务培训。此后分级、分单位实施各类人员培训工作。省交通厅职工培训中心是年7月正式成立后，积极推动落实培训计划。1994年，加强道路运输管理系统职工队伍建设，目标、任务层层分解，各地（市）交通局、各单位开展多种形式培训。同时，随着计算机在办公业务系统推广应用，省交通厅及厅属单位加强计算机技术培训。至1995年，共完成岗位培训7万多人次，其中专业技术干部培训3 237人次。适应性业务培训3.41万人次，工人短期培训3.07万人次。利用交通部扶贫专项补助，培养贫困地区大专生60名，中专中技生240名，短期培训1.14万人。省公路局为西藏自治区培训公路养护机械操作工100人，养路工50人。

“九五”时期，全省交通系统进一步开展公路交通相关业务适应性培训，省交通厅重点组织交通行政执法人员、公路工程管理人员培训。按照交通部、省政府有关行政执法人员持统一行政执法证件上岗执法规定，省交通厅制定交通行政执法人员三年岗位培训规划，以省属两个学校为基地，分期分批对全省交通行政执法人员进行资格性岗位培训。培训使用交通部统编教材，以有关法律法规和公路交通行政执法业务为主要内容，1996年即培训6 000人以上。同时，以西安公路交通大学为培训基地，对公路建设项目管理人员进行工程监理、施工技术、项目管理、检测技术等专题培训工作。

2000年起，省交通厅每年下达培训计划，厅职工培训中心组织实施，进一步加强职工教育培训。2002年，厅职工培训中心划入陕西交通职业技术学院管理。“九五”期间，全系统多形式培训职工超过2万人次。其中，资格性岗位培训2 955人次。

“十五”时期，职工培训面进一步扩大，培训形式呈现多层次。适应性培训以交通征稽所长、运管所长、交通战备领导干部、交通劳动人事管理干部、交通精神文明建设管理干部、交通审计人员、交通行政执法人员、收费公路收费员培训等为主；岗位资格性培训以汽车驾驶员、营运汽车驾驶员、汽车综合性能检测从业人员、工程监理人员、道路运输与公路施工安全管理人员为主。同时，组织开展领导干部“三讲”（讲

上图：2007年6月21日，陕西省高速公路建设集团公司西延分公司收费员职业素质集训。下图：2008年6月24日陕西省交通建设集团公司西安绕城分公司员工职业道德与礼仪培训

学习、讲政治、讲正气）、交通信息化等专题培训。其中，交通行政执法人员岗位资格与适应性培训共56期、5 595人。2005年收费公路管理、信息化建设、生态公路建设与环境保护等培训3 292人次。省交通职工培训中心及延安、汉中职工培训中心，组织汽车驾驶员、营运驾驶员、汽车综合性能检测从业人员资格考试培训等累计30.82万人。

“十一五”时期，适应高速公路、农村公路全面加快建设、加强公路养护管理、强化超限运输治理、提升交通运输管理和服务水平的要求，开展多种形式职工培训。

——领导干部培训。结合学习贯彻党的十七大精神、学习党章、贯彻科学发展观等，多层次培训交通系统各级领导干部，共培训1 574人次。其中贯彻中共十七大精神集中培训领导干部383名。结合各系统业务工作开展，还先后培训县（市、区）交通局长、农村公路管理站站长以及道路运输管理机构领导干部。2009年3月，省交通运输厅开办交通大讲堂，定期组织有关交通发展、科技、文化等方面专题讲座。

——公路建设管理人员培训。干线公路养护大中修项目工程试验检测与质量控制技术培训，培训养护工程一线管理人员70人。分期分批开展农村公路建设管理人员集中培训，培训县（区）交通局长、站长、建设项目管理人员、纪检监察干部、质量监督人员和养护技术人员共5 160人次。县（区）农村公路工程试验检测人员培训，分安康、咸阳、渭南、西安、延安5个地区共办5期，培训365人次。这一时期高速公路建设项目，结合新规范、新技术、新工艺、新方法、新设备推广应用，多层次、多方式对有关施工管理与施工人员进行培训，使之得到理解、掌握和施行。

——交通行政执法人员培训。重点培训活动有：道路运输管理机构行政许可人员培训，运政执法人员换证培训，新增高速公路路政执法人员资格培训和执法行为作风整改培训，路政治超人员业务培训，交通征费人员综合素质培训等。

——收费公路收费人员培训。各高速公路企业除对原有收费人员定期或不定期组织培训外，对新增收费人员培训制度化、规范化。省高速集团、省交通集团共培训收费人员2 829人。同时，对各市（区）二级收费公路收费人员，进行收费业务和管理知识培训。全省收费公路各收费站站长、收费班长、收费稽查人员和收费业务骨干，普遍得到培训。

2009年7月，陕西省交通建设集团公司西长分公司举办SMA路面施工技术培训会，通过改性沥青SMA生产、摊铺、碾压等质量控制关键和要点培训，为确保西安咸阳国际机场高速公路大修工程质量提供技术保障

——其他人员与从业人员资格培训。主要有交通人事教育管理干部培训，交通行业安全生产管理人员任职资格培训，高速公路服务区经理培训，交通系统企事业单位负责人、施工企业负责人、项目负责人和施工企业专职

2010年9月15日，陕西交通大讲堂第4期举办“读书与人生”专题讲座

安全生产管理人员培训。道路运输从业人员资格性培训，除继续在汽车驾驶员、营业性汽车驾驶员、汽车综合性能检测从业人员中开展外，还扩展至汽车维修技能鉴定从业人员。

2009年，省交通职工培训中心被交通部批准为“1+32”干部教育培训平台建设单位，实现全国交通系统干部培训资源共享与交流。

至2010年，全省交通系统近5年共举办各类培训班365期，培训职工共计2.96万人。其中省交通厅职工培训中心培训221期，1.81万人。陕西交通大讲堂自开办以来，先后举办专题讲座6期。

第三节　重点院校

一、省级院校

（一）陕西交通职业技术学院　前身为省交通学校，创建于1952年，隶属省交通厅。“文化大革命”期间一度停办，1979年恢复办学。1994年晋升省、部级重点中专。2000年晋升国家级重点中专。“九五”期间，省交通厅投资2亿多元对该校实施迁建。2000年8月，主校区迁至西安经济技术开发区文景路。新、老校区合计占地面积19.17公顷，建筑总面积19万平方米，固定资产总额2.62亿元，各类教学设备总值3 000余万元。2001年，经省政府批准，学校由中专升格为大专，更名陕西交通职业技术学院。

学院设有公路工程系、汽车工程系、经济管理系、信息工程系、基础学科部、思想政治理论教学科研部、体育部、成人教育部等8个系部，开设44个高职类专业，有专任教师268人；其中具有正高职称12人，副高职称89人。专业教师中“双师”（既具有教师职业素质和能力，又具有技师或其他高级专业人员职业素质与能力的专业教师素质）比例达80%以上，重点专业“双师”素质教师达到100%。有国家级教学团队1个，省级教学团队5个，省级重点专业8个。实验、实训、实习基地217个。

2000年8月，在西安经济开发区新建的陕西交通职业技术学院

学院先后附设有：北京交通大学现代远程教育陕西交通教学中心，重庆大学网络教育西安学习中心，陕西交通成人中等专业学校，陕西省广播电视大学交通厅工作站，陕西交通职业技术学院继续教育学院，汽车驾驶学校等培训教育机构。北京交通大学现代远程教育陕西交通教学中心招生层次为高起专、高起本、专升本，设交通运输管理、公路工程与管理、土木工程、会计学、物流学等专业，毕业2 890人。随着中专学历教育需求下降，交通成人中专2008年停止招生。

学院办学58年，累计为社会培养5万余名经济建设人才。其中1991—2010年累计培养中专、高职毕业生1.47万人。先后获教育部高职高专人才培养工作水平评估优秀院校、劳动社会保障部国家技能人才培养突出贡献奖、全国交通职业教育工作先进集体、全国交通远程教育办学先进集体、陕西省职业教育先进单位、陕西省省级示范性高职院校等荣誉称号，被陕西省教育厅确定为全省6个重点建设中职骨干师资培训基地之一。

（二）陕西交通技师学院 其前身为省交通技工学校，创建于1965年9月，隶属省交通厅。“文化大革命”期间停办，1978年9月恢复办学。1999年更名陕西省交通高级技工学校。2002年更名陕西交通技术学院。2010年8月更名陕西交通技师学院。

学院占地6.73公顷，校舍面积6万多平方米，在校学生规模3 000余人。学院教职工128人，专职教师115人，其中全国交通中等职业教育专业带头人6人，省级学科（专业）带头人4人。“双师型”教师占专任教师总数的80%。

学院开设汽车驾驶、汽车维修、公路施工、营运站务、征费管理、财务会计、机械加工、电子技术、钳焊、工程机械、汽车调试等30多个专业。先后与省高速集团、陕重汽集团等多家企业联合、合作办学。与陕西交通职业技术学院、中南大学等开展联合办学，开设大专班和工程机械技师班。承担交通系统岗位培训和岗前培训等多种培训工作，开展技师培训与鉴定工作。年完成非学历培训5 000人以上。建校近50年来，为社会培养5万多名中、高级技能人才。其中1991—2010年培养中技、高技学生1.08万人。

2010年6月13日，陕西交通技术学院学生在汽车维修工间实习

学院公路专业被评为部级重点专业点、全国A级第一名。公路施工与养护专业为部级重点专业点。学院为汽车运用与维修国家级技术技能型人才示范性培训培养基地，先后被评为陕西省重点技工学校、全国交通系统首批规范化技工学校、交通部首批规范化交通技工学校、劳动部国家重点技工学校、全省技工学校教学质量优秀单位、国家中等职业学校示范学校建设单位和国家高技能人才培训基地。

二、市级院校

（一）宝鸡市交通技工学校 1985年7月经省政府批准成立，隶属宝鸡市交通局。

同年附设交通部电视中专陕西分校宝鸡工作站。占地面积1.72公顷。1988年，建成建筑面积3 081平方米教学楼和588平方米学生食堂。学制2～3年。学校有教职员工35人，其中副高级职称3人，中级职称9人。办学规模为在校学生300人（包括在职培训）。

1988年9月，招收新生4个班165人，1989年7月，电视中专班22名学员毕业。举办高级工培训班6期，培训400余人。从建校到1995年8月底，共培养毕业生596名，其中汽车修理304名，汽车运输服务242名，汽车驾驶50名。另有电视中专毕业生73人，各类型岗位培训、就业前培训1 300多人次。

1993年，该校被省劳动厅评为省级二类技工学校。2001年5月市交通局决定将宝鸡市交通行业技能鉴定所并入学校，1998—2003年培养学生442人。2003年7月，经市政府同意，宝鸡技术学院和宝鸡市交通技校合并，更名宝鸡技术学院，由市劳动局主管，市交通局协管。

（二）西安交通职工中等专业学校　成立于1988年，隶属西安市交通局。学校占地0.12公顷，校舍面积1 348平方米。开办以来至2000年，主要以中专学历教育为主。先后开设公路与桥梁、汽车运用和修理等专业，培养毕业生2 000余人。2001年停止专业学历招生，以举办短期技术培训班为主。2008年增挂西安市交通职业培训中心牌子，以培训交通运输从业人员上岗资格和继续教育为主。先后开展危险品货运驾驶员、押运员、装卸管理人员、GPS客运人员、交通行政执法人员业务培训；举办全省道路危运车辆数据采集班，车辆技术评估（检测）资格、站（场）经营管理和营运驾驶员继续教育培训班等。上岗教员均具备讲师以上专业职称。至2009年举办各类培训班66期，培训学员3 078人次。

（三）安康市交通职业学校　前身为安康地区汽车运输公司职工培训中心。1985年，移交安康地区交通局正式办学，当年开办电视中专4个专业，招收学生近200人。1993年1月，经安康地区成教委批准为安康地区交通职业学校。1996年5月，隶属于安康地区交通局管理。1998年6月，经省计委、省劳动厅报省政府批准，成为安康地区交通技工学校。学校有教职员工16人，其中高级讲师1人，讲师4人，助理讲师5人，技师2人。

学校占地0.89公顷，其中教学楼等建筑面积6 200平方米。开设电视中专公路施工与养护、公路工程机械、公路工程质量检测与监理、汽车运用与修理、计算机与财务、交通运政管理六个专业和中技汽车修理与驾驶专业，常年在校学生保持在260人左右。

2001年挂靠长安大学成人教育学院，开办公路与桥梁大专班，并设长安大学安康函授站。至2010年，开展公路施工与养护、公路检测与监理等专业培训3 000多人次，交通行业职业技能鉴定培训6 000余人次，道路运输从业人员从业资格证培训1.30万人次，并参与再就业和扶贫培训，向社会输送合格劳动力2 000多人。开展交通系统干部职工继续教育培训5 000余人次。

第六篇　资　金

资金不足是长期制约公路交通发展的突出问题。本志记述断限内，随着公路建设不断加速，建设规模相应扩大，等级标准显著提高，公路养护和各项管理工作全面加强，对资金的需求巨大。适应不同时期公路交通发展要求，全省公路交通系统紧抓加快公路基础设施建设的机遇，积极运用国家倾斜、扶持公路交通发展政策，深化公路交通投资体制改革，扩大公路交通融资市场开放，充分发挥各方兴办公路交通的积极性，多层次、多方式拓宽筹资渠道，扩大公路交通资金来源，不断加大投资支持，成为公路交通改革、发展的关键和突破口。经过不断探索、总结、提高和完善，逐步形成中央投资、地方筹资、利用外资、市场融资、群众投劳出资、社会捐助等多元化公路交通筹融资机制，有效缓解公路交通资金供给紧张状况，为加快公路交通发展提供了有力的资金保障。同时，平稳实现公路交通规费改燃油税目标，向建立公路交通事业规范财政转移支付制度迈出关键步伐。

第一章　中央投资

中央投资是陕西公路交通资金重要来源之一。1991—1997年，国家重视并优先发展公路交通，中央对陕西公路交通投资补助合计15.78亿元，主要用于纳入国道“五纵七横”陕西境内公路建设、路网改造，以及农村公路扶贫项目和汽车客运站建设。1998—2004年，应对亚洲金融危机，实施西部大开发，以公路基础设施建设为重点，陕西公路建设规模扩大，中央对陕西公路交通投资补助合计128.55亿元，主要用于境内高速公路建设、干线路网改造、国道断头路建设、农村通达工程、公路扶贫和道路运输站场建设。2005—2010年，深入推进西部大开发，建设新农村，应对国际金融危机，以及实施“5·12”汶川特大地震灾后重建等，陕西公路建设大规模、高标准推进建设，中央进一步加大投资支持，对陕西公路交通投资补助合计306.94亿元，主要用于重点公路建设、干线公路改建、农村公路建设、站场建设和公路养护。中央投资为陕西公路交通建设资本金的主要来源，发挥投资导向、支持、激励、保障作用，有力促进陕西公路交通发展。

第一节　国家预算内资金

延安市宝塔区梁村塬至安塞公路利用国债资金建设。图为2004年11月12日梁村塬段路基边坡施工

1991年，国家预算内资金安排补助陕西国道主干线建设项目投资1 015万元，安排更新改造资金10万元。此后，每年安排形式不同，资金数额不等。1993年，安排新建和更新改造资金增至1 678万元。1994年降至30万元。1996、1997年，国家预算内资金以非经营性基金每年安排1 000万元，至1997年年底，合计安排5 652万元，年均807万元。此期补助投资，重点用于三铜、西宝、临渭等高速公路项目建设。

1998年，应对亚洲金融危机，加大公路建设投资安排，国家预算内安排陕西公路建设资金增至3.05亿元。其中用于重点公路建设2.55亿元，干线路网改造5 000万元。

1999年实施西部大开发，国家预算内资金通过国家财政债券、地方财政债券和非经营性基金等形式，安排陕西公路建设投资增至3.57亿元，主要用于重点公路建设、干线路网改造。同时自是年起，将农村公路建设纳入国家财政债券补助范围，当年补助陕西1 100万元。此后，对陕西农村公路建设补助资金逐年增加，2000年增至1.03亿元，2001年达到2.62亿元。至2004年6年，国家预算内资金合计安排陕西公路建设39.08亿元，年均6.51亿元。其中用于重点公路建设21.12亿元，干线路网改造7.07亿元，其他用于农村公路建设。

2005—2010年，国家调整财政和货币政策，增加国内银行贷款额度，相对减少预算内资金额度。此期间安排预算内资金用于陕西公路建设合计21.03亿元，年均3.51亿元。资金安排重点为农村公路建设，2005年安排2.08亿元，2009年达到4.12亿元。同时，安排“5・12”汶川特大地震灾后公路重建和国防公路建设资金等7.68亿元。2009、2010年，安排安毛、安汉等高速公路项目建设资金3亿元。

第二节　交通部补助资金

交通部补助资金主要为车辆购置附加费（简称车购费）。1991年，陕西交通固定资产投资中，交通部补助投资4 486万元，其中2 360万元用于三铜等国家公路主干线系统项目建设，其他用于公路扶贫、农村公路水泥路面、公路水毁修复工程建设等。1992年补助增至1.61亿元，主要用于西宝、临渭等高速公路建设和一批国道二级公路改建项目补助。随陕西公路建设规模大小，交通部各年度投资补助额度有所不同。1995年增至3.22亿元。这部分资金中，每年补助用于陕西汽车站点建设资金200万元，后增至500万元。

1996年8月23日，国务院颁布《国务院关于固定资产投资项目试行资本金制度的通知》（国发〔1996〕35号），规定从1996年起，交通运输投资项目，资本金占总投资比例35%及以上。陕西公路建设始实行资本金制度。公路建设资本金除少量为陕西自筹外，主要为国家预算内补助和交通部补助资金。是年，交通部补助陕西公路建设资金1.67亿元。1991—1997年，交通部合计补助12.60亿元，年均1.80亿元，其中用于公路建设10.22亿元，其他用于公路扶贫、公路GBM工程和汽车站点建设等。

2002—2006年9月30日，利用交通部车购税补助资金和银行贷款建成的黄延高速

1998年，实施积极财政政策，加大公路建设投资，交通部对陕西公路建设补助增至4.79亿元。1999年起，实施西部大开发，进一步加大

对陕西公路投资支持。2001年起，陕西境规划的国家高速公路与西部大通道相继开工，同时加强干线路网改造，实施农村通达工程、公路扶贫、国道断头路建设和运输站场建设，交通部补助投资2003年增至15.11亿元，2004年增至29.48亿元。其中安排延安革命圣地农村公路建设工程资金补助1.30亿元。此期，交通部合计补助79.63亿元，年均11.38亿元。其中用于公路基本建设62.97亿元，干线路网改造6.35亿元，农村公路建设10.08亿元，汽车站点建设2 300万元。

2005年，交通部决定陕西为农村公路建设先行试点省，是年安排陕西农村公路资金补助8.57亿元。其中安排延安革命圣地农村公路建设资金补助2.20亿元。2006年，交通部与陕西省政府实施部、省联合共建农村公路，同时支持陕西加快高速公路建设和延安革命圣地红色旅游公路建设，补助资金增至24.85亿元。其中补助重点公路建设、干线公路改建18.55亿元，农村公路建设6.05亿元。

2010年，交通运输部补助陕西公路建设资金增至73.623亿元。2005—2010年，交通运输部合计补助陕西公路建设资金277.57亿元，年均46.26亿元。其中用于高速公路建设189.21亿元，路网改造和养护12.81亿元，农村公路建设73.61亿元，汽车站点建设1.94亿元。

第三节 以工代赈资金

20世纪90年代，国家继续实行以工代赈修建贫困地区农村公路政策。陕西以工代赈修建公路资金、计划，由省计委安排，省交通厅养路费配套部分资金，由有关地（市）、县（市、区）政府按计划组织实施。1991—1995年，以工代赈每年安排公路建设1 080万元～5 702万元不等。补助方式以粮食、工业品、中低档工业品等分类折合为人民币。此期以工代赈公路建设项目，由省养路费配套1.16亿元，省财政配套362万元，县（市、区）财政配套4 609万元。部分县（市、区）因财政资金困难，配套资金多以群众投工投劳、减免地方有关税费或实行征地拆迁优惠折算。计建成安（康）旬（阳）白（河）等公路286条、4 146公里，桥梁157座、8 811米。

2007—2010年，山阳县利用以工代赈资金和地方自筹共筹资4 200万元，建成全长33公里的户家塬镇至黄龙乡公路，连接2镇6村，受益1.20万余人

1996年始，以工代赈品不再分类，而以工农业产品统一折合为人民币补助。1996—1999年，合计补助2.26亿元，养路费配套1.19亿元，地（市）、县（市、区）配套3 815万元，新、改建农村公路9 267公里，桥梁227座、1.16万米。

2000年，以工代赈直接以货币补助形式安排。是年以工代赈补助资金9 200万元。2002年增至1.13亿元。之后至2005年，每年安排1.30亿元～1.40亿元。这时期以工代赈公路建设资金由省交通厅纳入农村公路建设投资计划，统一安排使用，共修建农村公路1万多公里，桥梁349座、1.58万米。

2006年后，以工代赈资金复由省发展改革委安排。最高年份安排公路建设补助资金1.50亿元，最少年份1.21亿元，省交通运输厅在农村公路建设投资中安排部分配套资金。2008年“5·12”汶川特大地震后，省政府先后3次分别下达汉中、宝鸡两市抢险救灾、恢复重建以工代赈资金，其中部分用于乡村道路抢修和恢复重建。如汉中市共投资649万元，其中利用以工代赈资金510万元，修复乡村道路163.80公里，桥梁15座及涵洞、挡护等设施。凤翔县利用以工代赈资金55万元，自筹5万元，修复桥梁1座，解决3万多人过河难问题。太白县利用以工代赈资金50万元，自筹13万元，修复乡村道路2条，解决1 000多名村民行路难问题。至2010年，全省以工代赈合计修建农村公路7 241公里，桥梁426座、1.47万米。

中央各年度对陕西公路事业投资补助情况见表6–1–1。

中央对陕西省1991—2010年公路事业投资补助一览表

表6–1–1　　单位：万元

年份	中央预算内资金	交通部补助资金	以工代赈资金	合计
1991	1025	4486	1080	6591
1992	740	16072	1187	17999
1993	1678	14975	1704	18357
1994	30	16045	5675	21750
1995	179	32199	5702	38080
1996	1000	16689	5450	23139
1997	1000	25515	5350	31865
1998	30500	47930	5026	83456
1999	35700	46913	6800	89413
2000	56800	49405	9290	115495
2001	87385	60902	9500	157787
2002	140700	145310	11310	297320
2003	36932	151090	13000	201022
2004	33273	294766	13000	341039
2005	22321	347398	14000	383719
2006	23212	248517	15000	286729
2007	35328	541802	12110	589240
2008	41173	584450	14305	639928
2009	76846	317304	12900	407050
2010	11488	736278	14927	762693
总计	637310	3698046	177316	4512672

说明：表列数字选自陕西省交通运输厅编《陕西交通统计》

第二章　地方筹资

地方筹资是公路交通资金重要来源，以公路交通规费征收，市（区）、县（市、区）自筹，群众投工投劳出资，社会集资捐助及财政部分投入等为主要渠道。受经济发展水平、公路建设需求、机动车拥有量、规费征收政策等影响，不同时期全省地方筹资方式、数量不同，总体不断增加。1991—1997年，全省地方筹资75.73亿元，年均10.81亿元，以征收公路交通规费为主。1998—2004年，适应公路建设规模扩大需求，加强地方筹资，合计筹措257.68亿元，年均36.81亿元，以征收公路交通规费和市（区）、县（市、区）自筹资金为主。2005—2010年，适应全省公路持续加快发展要求，政策鼓励各方加大筹资建设力度，全省地方筹资合计481.58亿元，年均80.26亿元，以市（区）、县（市、区）自筹为主，公路交通规费为辅。本志断限内不同时期，一些机关单位、慈善机构、企业和广大干部、群众，集资捐助，修路架桥，造福桑梓。广大农民为公路修建投工投劳或出资，发挥了农村公路建设主力军的作用。

第一节　公路规费

一、公路养路费

公路养路费是公路养护管理及事业发展的主要资金。自20世纪50年代起征，随着不同时期经济社会发展、公路事业需求、车辆主要是汽车增长及物价变动，养路费征收对象、范围、标准及征收体制几经调整。1987年道路交通管理体制改革后，按省政府规定，省交通厅设交通征费稽查局负责养路费征收管理。公路养路费实行专户储存、专款专用、收支两条线管理制度。养路费支出，由省交通厅编制计划，会同省计划、财政部门审查同意后，向省公路局和各地（市）交通局下达支出计划，主要用于公路养护。

1989年8月1日，省政府第32次省长办公会议决定，从1990年6月2日起调整养路费征收标准。机动车征费标准由每月每吨105元调整为125元。调整后，从养路费总收入中按14%计提，作为养路费附加，由省交通厅全额用于重点公路建设。1991年，全省征收养路费4.68亿元，缴纳交通能源建设基金6 058万元，国家预算调节基金4 039万元，支出公路养护1.25亿元，公路改建5 866万元，县乡公路建设4 839万元，公安交通管理经费补助1 120万元，养路事业费和养路其他费1.16亿元。

1992年1月1日—1995年1月1日，经省政府批准，先后4次调整汽车养路费征收标准，每月每吨由125元调整至180元。调整后增加部分，全额用于公路建设。期间，1992年1月1日起开征摩托车养路费，侧三轮、两轮、轻便摩托车每月每辆分别征收15元、10元和5元。1993年10月15日，经省政府同意，省计委、省交通厅、省财政厅联合发出通知，决定从1994年1月1日起，拖拉机养路费征收标准由每月每吨145元调低至105元，从事季节性运输拖拉机实行按不同月数包缴。同时，拖拉机养路费征收下放各地（市）、县（市、区）交通主管部门。所征拖拉机养路费主要用于辖区地方道路养护管理。

1995年4月19日，省政府1995年第10次常务会议决定，公路养路费资金用途分为建设资金和养护资金；建设资金由省交通厅负责用于修建高等级公路、专用路和补助地（市）新、改建国、省道二级以下公路。是年，全省征收养路费8.55亿元，比1994年增长20.20%。建设资金中用于重点公路2.70亿元，补助地（市）新、改建国、省道二级以下公路1.94亿元。县乡公路养护资金由1991年4 839万元增至1995年5 064万元。

1997年，贯彻《国务院关于固定资产投资项目试行资本金制度的通知》，省政府决定养路费可用于公路建设的部分，列入交通基础设施建设项目资本金来源。是年8月起，按照财政部和省财政厅关于养路费及公路建设基金纳入预算管理的通知，全省公路养路费、交通基础设施建设基金纳入省财政预算管理。

1999年10月31日，第九届全国人大常委会第十二次会议通过《中华人民共和国公路法》修正案，决定采用依法征税的办法筹集公路养护资金。国务院逐步推进道路和车辆收费“费改税”，燃油税代替公路养路费成趋势，养路费征收环境发生变化。一些车主等待养路费改燃油税，不交或拖欠、逃缴养路费，在全省民用车辆保有量持续增长的情况下，养路费征收额急骤下滑。1998—2001年，全省征收养路费在9.66亿元～9.89亿元间徘徊。2001年征收额较1998年减少2 900万元。为此，省政府几次发布加强公路规费征收稽查工作的通告，维护养路费征收正常秩序。

全省交通征稽系统克服困难，坚持依法征费，遏制征费下滑局面。2002年，在执行对购置省产汽车、农用运输车和拖拉机养路费减免政策的同时，全省养路费征收11.21亿元。

2003年11月，省政府规范公路规费征收，原向货车征收货运附加费按标准计入养路费一并征收，货车养路费由每月每吨180元调整至210元；客车由每月每吨180元提至280元。2004年全省养路费征收额较调整前增加6亿多元，客货运附加费减少3.40亿元。

2005—2007年，随着全省民用车辆保有量持续快速增长，养路费征收额年均增加3.60亿元。2008年征收37.91亿元，为历史最高水平。

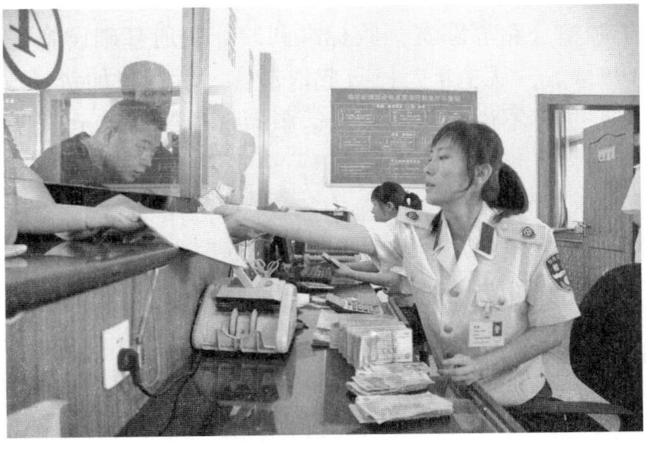

2006年7月2日，榆林交通征稽处神木交通征稽所征稽人员为车主办理养路费缴纳业务

1991—2008年，养路费改燃油税前18年，全省累计征收养路费248.35亿元，为公路事业发展提供重要资金保障。

2009年1月1日起，燃油税费改革实施，养路费征收政策终止，用于公路养护事业的费用，以2007年全省养路费征收数为基数，纳入财政转移支付安排。是年，省财政转移支付37.40亿元，并按省、市（区）切块拨付。其中，拨付省交通运输厅29.40亿元，市（区）交通运输局8亿元。2010年，省财政转移支付49.60亿元，其中拨付省交通运输厅35亿元，市（区）交通运输局14.60亿元。

二、公路客运附加费、货运附加费

公路客运附加费、货运附加费，简称公路客、货运附加费。

1986年7月17日，经省政府批准，由省经济委员会、省计划委员会、省财政厅、省交通厅以〔86〕陕交运294号文发出《关于征收公路客运附加费的通知》)，向公路客运车辆开征公路客运附加费，为汽车客运基础设施建设和运输业发展的专项资金。征收标准为在票价中每人公里征收附加费2厘。由地（市）、县（市、区）道路运输管理机构征收，实行专户储存、专款专用、收支两条线管理。1991年7月20日起，省政府批准客运附加费征收标准由每人公里2厘调整为5厘，作为汽车站点建设专项资金。是年，全省征收572万元，全部用于汽车站点新建和改造。

1992年10月1日起，经省政府同意，由省交通厅、省财政厅、省物价局、省税务局联合颁发《陕西省公路货运附加费征收规定》（陕交财〔1992〕330号），对货运车辆征收货运附加费，征收标准为每月每吨30元。所征资金作为交通基础设施建设专项事业费，全额用于重点公路建设。省交通厅征稽局负责征收工作。

1994年12月20日，省政府下发《关于统一客运附加费征收办法和标准的通知》（陕政办发〔1994〕137号），决定从1995年1月1日起，客运附加费由省交通厅征稽局与养路费一并征收，按吨位计量，征收标准为每月每吨150元。全省客运附加费征收管理和征免范围均依照省政府颁布的陕政发〔1992〕87号《陕西省公路养路费征收管理办法》实行。

1995年4月15日，按照省政府第10次常务会议决定，省交通厅、省物价局颁发《关于调整公路养路费征收标准和改征交通基础设施建设基金的通知》（陕交财〔1995〕195号），从是年7月1日起取消客、货运附加费，改征交通基础设施建设基金。征收标准：货车不论营运与非营运车辆每月每吨30元；营业性客车每月每吨200元；非营业性客车每月每吨100元。是年，全省征收交通基础设施建设基金2.03亿元，其中从客车中征收8 981.27万元，货车中征收1.13亿元。

1998年10月23日，省政府根据国家计委等有关部委《关于规范公路客货运附加费增加公路建设资金的通知》（计价管〔1998〕1104号）精神，以《关于规范交通基金名称调整征收标准问题的批复》（陕政函〔1998〕194号），批准将现行的交通基础设施建设基金更名为“客货运附加费”，征收标准：营业性客运附加费由每人公里0.01元调整为每人公里0.015元（附加费征收定额由原每月每吨200元调整为300元），其他货运、非营运客车附加费仍按现行标准执行，与养路费同步实施，一票征收。

2003年10月20日，根据省政府第21次常务会议决定，省物价局、省交通厅发出

2004年4月6日，汉中征稽处汉台征稽所征稽人员利用“掌上通”“车牌通”，在G108京昆线汉中段公路上对车辆缴纳交通规费情况进行电子稽查

《关于规范交通规费征收有关问题的通知》（陕价管调发〔2003〕55号），取消向非营运车辆征收客、货运附加费；营运客车的客运附加费征收标准从每月每吨200元下调至每月每吨100元，停止征收非营运客车客运附加费。取消非客运车辆客运附加费后，全省征收客运附加费相应减少，2004—2008年，全省合计征收客运附加费2.98亿元。营运货车和非营运货车取消货运附加费名目，费额并入养路费征收标准。

1992—2008年，全省合计征收客、货运附加费32.30亿元。所征费用主要用于汽车站点新建、改造与运输业发展，部分用于公路建设。

2009年1月1日，随着燃油税费改革实行，客运附加费随之取消，原征收的客运附加费资金纳入中央财政转移支付安排。

三、公路运输管理费

公路运输管理费是用于公路运输行业管理和服务的事业费，简称运管费。1987年，省交通厅、省财政厅根据交通部、财政部《公路运输管理费征收和使用规定》，决定在全省征收运管费。征收对象为客货运输、搬运装卸、运输服务业户，由道路运输管理机构按运费、营业收入1%提取；营业额难以计算的，以核定年度营业收入按月定额征收。1991年全省征收运管费2 532万元。

1996年5月，依照省政府第33号令《陕西省道路运输业管理办法》，运管费仍按营业性收入1%费率计征；营业性运输拖拉机、农用三轮车和农用汽车等，按规定费率核减30%计征；难以计算营业性收入的，仍按月定额计征。

1998年，清理整顿涉及车辆行政事业性收费，按财政部等国家部委规定，征收标准降为营运收入0.80%。经此调整后，运管费征收对象、标准未再行调整。随着道路运输经营业户不断增加，征收的运管费随之增加。2000年全省征收1.01亿元。

运管费由各县（市、区）道路运输管理站（所）征收后，统一上解地（市）道路运输管理处（办），由地（市）道路运输管理处（办）按10%比例上解省交通厅运管局；省交通厅运管局再按1%比例上解交通部，其余留作地方公路运输管理费。受征收环境、征收方式与手段等限制，特别是实际工作中对一些个体、企业车辆是否属营业性运输往往难以界定，运管费征收难度大、矛盾多、成本高。

2004年1月1日起，省政府决定全省运管费实行统收统支集中管理。各市（区）、县（市、区）按原分工和规定收费范围与标准征收，在规定时限内全额上缴到设区市道路运政管理机构财政收入专户，实行市级财政专户储存。是年，取消农用三轮车运管费，减轻农民负担。

2005年后，全省道路运输业持续快速发展，全省运管费征收增长较快。2006年为2.21亿元，2007年为2.33亿元，2008年为2.53亿元。

据统计，1991—2008年，全省合计收取运管费20.43亿元。

2009年1月1日起施行燃油税费改革，运管费征收终止，道路运输管理经费纳入中央财政转移支付安排。2009、2010年每年安排2.30亿元，由省财政部门分级支付。

全省各年度公路规费征收统计见表6-2-1。

陕西省1991—2008年公路规费征收一览表

表6-2-1

单位：万元

年份	养路费	客、货运附加费	车购费	道路运输管理费	小计
1991	46823	—	3377	2532	52732
1992	57357	1331	4084	3558	66330
1993	64170	9444	6260	3578	83452
1994	71110	10004	15109	4470	100693
1995	85475	20282	18242	5534	120552
1996	91343	20611	22097	6908	146450
1997	99123	28703	22386	8024	158236
1998	99483	29914	18696	8652	156745
1999	98892	30118	18751	9348	157109
2000	99018	31440	20981	10083	161522
2001	96593	32680	23448	12135	164856
2002	112128	37947	31189	12892	194156
2003	127339	40776	37389	12986	218490
2004	188777	6749	45414	14477	255417
2005	221339	5428	—	18525	245292
2006	248494	5569	—	22102	276165
2007	296921	5912	—	23270	326103
2008	379078	6098	—	25261	410437
总计	2483463	323006	287422	204335	3298226

说明：表列数字根据原陕西省交通厅征稽局、陕西省交通厅运输管理局有关统计资料汇总。表中车购费为省代中央征收的专项资金（不包括西安市）

第二节　市（区）、县（市、区）自筹

1991—1997年，中央和省加强公路投资，但由于公路建设规模增加，标准相应提高，资金供不应求。在提倡多方式、多层次兴办公路的方针鼓励下，地（市）、县（市、区）多方筹集资金与劳务，争取建设项目，重点组织改善农村道路和部分干线公路。一些地方政府在财政资金中安排少量公路修建和维护资金。多数地方由于财政紧张，主要通过乡村收取提留费和乡统筹费筹措，组织群众投工投劳折算投资，实行公路建设项目征地拆迁优惠，减免公路建设地方有关税费等办法，筹集公路建设资金与劳务。陕南有的地方从矿产资源开发中收取公路建设附加费，用于农村公路修建。此期，地（市）、县（市、区）自筹资金合计15.15亿元，年均自筹2.16亿元，其中用于干线公路建设7.08亿元，路网改造4.64亿元，农村公路建设2.89亿元，汽车站点建设5 408万元。

1998年，地（市）、县（市、区）自筹资金用于干线公路建设和路网改造1.09亿元，农村公路建设1.98亿元，汽车站建设2 470万元。1999年起实施贫困县出口公路、县际公路、县油路改造和农村通达工程，除中央预算安排和省交通厅补助外，实行地方资金配套。是年，地（市）、县（市、区）筹措资金4.68亿元用于农村公路建设。2000年，地（市）、县（市、区）自筹资金用于农村公路建设资金增至9.15亿元，路网改造1.70亿元。延安市实行“以油补路”“大路带小路”政策，从地方原油收入中每吨提取公路建设费10元，辖区高速公路项目建筑安装营业税统收返还，所集资金用于农村公路修建。神木县1998—2003年从煤管、煤检费收入中筹集1.01亿元公路修建资金。除上述主要筹资渠道外，各地利用银行贷款增多。此期至2004年，市（区）、县（市、区）自筹合计122.33亿元，年均17.48亿元。其中用于重点公路建设21.21亿元，干线公路改建61.13亿元，其他用于农村公路建设和汽车站点建设等。

丹凤县利用以工代赈与地方自筹共筹资320万元，于2004年11月建成全长170米的丹凤县丹江二桥

尽管各地采取多项筹资办法，由于公路建设规模不断增大，特别是受材料、人工价格上涨等影响，建设资金难以满足需要。有些地方政府承诺的自筹或配套资金不落实，造成项目资金短缺；有的因此降低项目建设标准，导致建设质量缺陷；有的利用银行贷款解决资金缺口，一些地方政府或交通部门因此负债。

2005年起加快农村公路建设，实施建制村通油（水泥）路工程，中央和省提高补助

标准，不足部分由地方自筹解决。市（区）、县（市、区）分别制定筹资和补助办法。除继续采取以上行之有效的筹资办法外，地方财政支持力度加大。各地公路建设规模、等级标准与资金需求不同，地方财政补助标准不一。市（区）、县（市、区）级，一般油路每公里补助1万元至12万元不等；水泥路每公里补助1.50万元～15万元不等。西安市财政每年安排农村公路修建资金5 000万元。榆林市财政每年预算安排农村公路建设配套资金不少于5 000万元；地方财政收入少的县，每公里再分别补助3万元或5万元。宝鸡市财政每年预算内安排1 000万元，作为通村路配套、奖励资金。安康市财政按每公里补助1万元安排。咸阳市财政按每公里补助2万元安排。县（市、区）配套标准、办法不一。宝鸡市各县（区）配套按每年财政预算内收入不低于1%安排，每公里3万元～5万元不等。渭南市各县财政每公里补助1万元～4万元不等。2005—2006年，延安自筹革命圣地农村公路、红色旅游公路建设资金2.25亿元。

2007年，旬邑县建成全长19.90公里的306省道彬县至旬邑二级公路，总投资9 895万元，其中自筹2 895万元

同期，农村公路养护管理体制改革。按照省政府农村公路养护管理体制改革通知对养护投资分工的规定，市（区）、县（市、区）负责日常养护投资。各市（区）、县（市、区）自2007年起，将农村公路养护资金列入地方财政支出计划安排，是年安排14.40亿元，至2010年，合计安排68.32亿元。

2005—2010年，全省市（区）、县（市、区）自筹公路建设及养护资金合计350.38亿元，年均58.40亿元。其中用于农村公路建设197.28亿元，占56.30%；干线公路改建64.17亿元，占18.31%；重点公路建设7.88亿元，占2.25%；公路养护68.32亿元，占19.50%；运输站场建设12.73亿元，占3.64%。

第三节 投劳出资

20世纪50年代起，农村公路修建实行民办公助、民工建勤政策（又称“双民”政策），乡村道路由群众自修自建自养，成为农村公路修建基本组织形式。从50年代至80年代，各地基本以投劳为主要方式，出资很少。同时，各个时期农村公路建设规模、等级标准不同，各地群众投劳数量差别也很大。

90年代，“要得富，先修路”成为许多地方和群众共识。在中央和省补助资金不足的情况下，许多地方群众自愿投劳出资修建公路。同时农村公路建设标准逐步提高，修建要使用机械设备，购买部分材料，对资金需求大大增加，仅靠投劳不能满足需要，一些地方按户或按人分摊修路需要资金。有些地方还将民办公助、民工建勤政策扩大至干线公路，解决干线公路修建所需劳力、资金不足。1991年，榆林地区农村公路建设群众投劳约19.90万个工日。旬邑县9个乡镇1万多名群众，投建勤工日220万个，改造公路120公里，铺油路176.30公里。咸阳市修建贫困地区公路，动员农民投劳近3 000万个工日，集资、投劳折款约2亿元。铜川市动员红土、肖家堡、阿庄三镇10万余群众，建成城（关）广（阳）16公里油路。

1996年实施农村通路工程，群众投劳出资更加踊跃。延安地区村村通路，群众投工1 596.44万工日。全区修路占用土地800多公顷，砍移树木30多万棵，拆迁房屋、窑洞3 385间，群众没有向政府要钱。这样的事例在通村路建设重点地区的安康、榆林、商洛等地（市）不胜枚举。

各地组织群众投劳出资修路，一般通过乡村提留公积金、公益金及乡镇收取统筹费渠道，利用组织农民履行义务建勤工的方式进行。每个劳动力或车辆出资及投工，一般按公路修建里程、标准所需劳务、资金测算，由乡镇或村按劳力或车辆分摊；有的地方与群众协商，动员自愿投入。出资每劳少则2元，多则5元、10元不等。也有地方按户分派采备石料或铺垫路基任务，包干完成，群众投入更多。随着农民外出务工、经商等流动性增大，部分劳动力不能投劳出工，有些地方采取按应出工日折合收取建勤费办法，即以资代劳。由于规范失缺和监管不力，一些地方出现扩大范围收取、强行摊派等问题，加重农民负担。1996年，贯彻国务院减轻农民负担条例和省政府实施办法，地方政府和交通系统多次组织清理公路建设农民负担，禁止强行摊派，鼓励自愿投入。农民修建公路劳务负担逐步得到规范。

2006年4月，石泉县城关镇纸坊村修建全长6公里通村水泥路。上图：群众修路申请书；中图：修路一事一议公示牌；下图：群众投劳修筑路基

“十五”时期，农村公路建设规模增大、标准提高，资金、劳务需求剧增。各地继续利用“双民”政策，调动发挥群众积极性。2002年4月，省政府办公厅颁布农村税费改革方案，取消乡统筹费，逐步取消劳动积累工和义务工；明确乡道建设资金由乡政府负责安排；村道建设资金及所需劳务，实行一事一议，由村民大会民主协商解决。

政策调整加之农民外出务工成为潮

流，一些地方修建农村公路出现投劳出工难。各地加强组织动员，或实行以奖代补政策，施以鼓励引导，再次涌现出群众修路热潮。2004年，紫阳县焕古镇组织5村2 000多劳动力，按四级油路标准完成50公里通达工程建设。2005年，淳化县投入劳力7.20万人次，修建1 157公里通村路。山阳县组织群众投工30多万个，修复14个乡镇32条、800公里水毁公路。镇坪县牛头、白家等乡镇3.57万名群众，投劳出工1个多月，普修乡道102条、343公里，县道3条、115公里。

2006年，全省取消农业税，同时取消乡村提留与统筹费，并严格规范农民提供劳务，县乡公路“双民”政策、村道自修自建自养政策随之终止。乡公路修建养护纳入财政支出范围。是年，全省实施大规模通村油（水泥）路建设，在中央和省加大投资补助的同时，实行“政府铺面子，群众打底子”，空前激发群众参与积极性，掀起新一轮投劳出资修建通村油（水泥）路热潮。各地通过一事一议方式，由群众民主协商，决定修建路线、所需工日筹集及不足资金解决办法。一些地方群众人均少则出资数十元，多则出资上百元，投工由每劳数个至数十个不等。许多地方群众争先恐后上劳打好路基，争取交通部门铺筑路面。紫阳县组织百日会战，联合乡男女老少齐上阵，最多时日投入劳力3 000多人，年龄最大82岁，最小16岁。大荔县伯士乡平罗、高城村群众自发集资24.50万元，多方筹资60多万元“打底子”，一年建成13个建制村油路。榆林市榆阳区红石桥乡5个建制村集资55万元，建成通村油路2条、40公里。2008年，佳县通村油路建设群众筹资600余万元，占该县财政收入近一半。

2006年4月，蒲城县罕井镇中山村群众义务上工参加通村公路建设

第四节 集资捐助

一、个人捐资

中国传统文化中有“修桥补路、积德行善”之说，因此民间素有集资捐助补修道路的传统。改革开放以来，特别是进入20世纪90年代以来，全省多层次、多方式加快公路建设，动员各方支持改善公路交通，更激发个人捐资修路热情。1991年咸阳市实施乡乡通油路、村村通砂石路工程，武功县普集街乡22个个体专业户捐款3.40万元；乾县峰阳乡孔头村党支部书记王志智捐1.50万元购铺路沥青；武功县薛固乡一位台胞捐款1.20万美元。1995年榆林地区村村通路投资2.25亿元中，群众自筹3 400万元。1996年11月，中国奥委会名誉主席何振梁为商州市西涧乡河东村修桥捐资2万元。

铜川市印台区炭庄塔村周家沟村民小组长寇有财，连续6年带领群众修路，把自己宰生猪、开餐馆挣的钱和2万元贷款及盖房用60多立方米石料，全部投到村路上。2003年，西安市长安区灵沼乡冯村村主任柏敏谦捐资35万元，加上一些企业家和村民捐资95万元，建成15公里通村水泥路。镇安县米粮镇宋生贤一家，用种地卖粮的钱修路，2005年终于修通4公里盘山路，被誉为“修路愚公”。

2004年5月，农业银行汉中分行全体员工为佛坪县农村捐资修建的幸福桥

2006—2010年，加快农村公路交通改善提高，捐资修路事例遍及全省各地，难以尽述。韩城市芝川镇南周村新当选村委会主任吴俊平，为修建本村路出资50万元。武功县游风镇修建村道，各界人士捐款共计100万元，一位寺庙住持把化缘所得的钱悉数捐出，支持修本镇农村公路。镇巴县巴庙镇农民袁钊捐资8万元，修建岩边至上沟农村公路3公里；杨庄村村民鲜金贤捐资130万元，开山修建杨庄至鲜家院子村道3.20公里，其中修建涵洞12道，小桥3座、57米；田坎村肖家全一家捐资30万元，建成马头岭至洞子通村水泥路11.80公里。旬阳县委、县政府主要领导带头，每月从工资中扣除800元用于修路，带动县直机关干部职工捐修路款4万元。许多地方特别是一些乡村，还动员家乡在外工作、经商、务工等人员，为家乡修路出资助力。这类事例不胜枚举。

二、民营企业家捐助

20世纪80年代，政府提倡社会各方集资、捐助修路。90年代，各地继续加以倡导和鼓励，激发企业家为家乡、为农村办实事热情，涌现出许多捐助修路、造福桑梓的义举。铜川市耀州区石柱乡农民企业家李云南出资70万元，耀县长城水泥厂企业家贺万民捐资30万元，帮助修建通村公路。2006年起实施大规模通村油（水泥）路建设，得到许多企业家支持。2008年，榆林市榆阳区民营企业家宋云山出资2 100万元，修通补浪河乡4建制村28.30公里通村水泥路。兴茂煤业镁电有限公司董事长高乃则出资1.30亿元；保榆煤焦有限责任公司董事长刘彪出资7 000万元；昊田煤电冶化有限责任公司董事长王爱田出资1 900万元，新修通村公路398公里，并完成一批农村电网改造项目。2008年5月，旬阳县石门乡付家庄村方长青，出资200万元在该县老沟口修建1座连接乡道跨河桥，

1995—1997年，长庆石油勘探局投资3 000万元按二级公路技术标准改建的206省道安塞至靖边公路

2009年4月中旬建成通车。

三、单位、企业捐助

公路为沿线机关单位工作或企业生产经营所依赖。在政府号召下，机关单位、企业捐资或捐助设备、材料，帮助改善公路条件。1991年，宁强县金、银矿企业捐资10万元，加上5个乡镇及群众集资50余万元，修建15.20公里千大公路。1993年，宝鸡市通过向企业、机关单位等各界集资，筹得4 500万元，建成全长20.20公里歧（山）蔡（家坡）五（丈原）公路。1996年，榆林地区机关、企业单位职工为村村通路捐资500多万元。

2000年，临潼区通过机关单位、企业捐助等，多方集资1.91亿元，修建200多条乡村公路。定边县油区道路建设，通过石油企业及单位捐资等筹得1 543.19万元。韩城市政府通过煤炭企业集资1 034万元，改造108国道上峪口至桑树坪段等17.90公里。2005年，淳化县组织村道建设，党政机关干部、在外职工与村民投劳7.20万人次，建成1 157公里通村路。2006年以来大规模通村公路建设中，旬邑、白河等县机关、事业单位职工亦投劳出工，支援修路。2008年，榆林市通村油（水泥）路建设，获得企业赞助资金3.94亿元，占全市农村公路建设总投资18.40%。其他许多地方机关单位、企业，或捐助资金，或提供机械设备，或采取包村、帮扶等方式，帮助农村修建和改善公路设施。

四、慈善捐助

陕南秦巴山区山大沟深，峪谷、河流纵横，每逢暴雨山洪，往往导致公路交通中断，给当地群众生产、生活造成很大困难。1996年，陕西省慈善协会把修建“慈安桥”作为慈善品牌项目来抓，多方筹措资金，落实项目，帮助陕南交通不便地区修建桥梁，解决群众过河难。是年至2003年，省慈善协会资助资金302万元，当地自筹506.63万元，建成“慈安桥”151座。

2008年5月，省慈善协会捐助在石泉县修建的慈安桥

2005年7月，全国劳模、延安王家坪实业发展集团公司总经理王西林捐资300万元，帮助陕南秦巴山区修建117座“慈安桥”，解决商洛、安康、汉中3市、27县、74个建制村的1.60万名师生和12万贫困村民出行困难。“慈安桥”建成，村民欢呼雀跃，敲锣打鼓庆贺。

全国人大代表、澳门街坊联合总会名誉会长吴仕明先生看到有关“慈安桥”项目报道，深受感动，慷慨解囊，在安康市汉滨区宴坝乡黑虎村捐建“吴仕明慈安桥”。之后，吴仕明先生又在澳门举办书法作品义卖，筹得款项231.39万元澳门币（约合人民币189万元），悉数捐赠陕西用以建造“慈安桥”，并联络、带动其他友好人士及澳门坊众学校、澳门美术馆等，在安康地区捐建15

座“慈安桥”。

2008年，北京市慈善协会捐资40万元，美国角声基金会捐资20万元人民币，资助汉中、安康、商洛地震灾区修建“慈安桥”24座。2009年，中华慈善总会拨付300万元捐赠款，在西安、宝鸡、汉中、安康4市地震灾区建100座“慈安桥”。按项目计划，每座桥拨付修建资金3万元，所有建桥项目于2010年6月底前全部完成并验收，解决灾后重建的居民点、学校、卫生院和敬老院及附近群众行路困难。

截至2010年年底，海内外慈善机构捐助陕南地区“慈安桥”建设款合计2 611.50万元，当地自筹1 890.39万元，合计投资4 501.89万元，建成922座“慈安桥”。这些便民桥主要分布在陕南秦巴山区及秦岭北麓7市、67县（市、区），惠及26.50万余户、100多万群众，其中包括学生8.30万人，为山区群众发展生产，脱贫致富，改善了交通条件，群众称“慈安桥”为“爱心桥”“幸福桥”。

与此同时，西安市慈善机构在西安市一些偏远、交通不便地区捐资修建“慈善桥”。自2000—2010年，合计捐资600余万元，每座“慈善桥”资助2万元～3.50万元，主要用于购买建桥所需钢材、水泥等建筑材料，累计建“慈善桥”253座，200多个村组50余万人受益。

第五节　省级财政投入

1991—1997年，省财政每年补助230万元～300万元不等，7年合计1 675万元，用于扶持山区、贫困县公路改善、养护项目。其中1991、1996年分别下拨80万元用于当年公路水毁抢修。

2008年，省财政投入2.03亿元，其中农村公路建设资金2亿元，公路养护资金280万元；2010年，省财政投入3亿元，其中农村公路建设资金1.81亿元，公路养护资金1.19亿元。

不完全统计，1991年至2010年，省财政共安排公路资金6.10亿元，其中用于310国道宝牛汽车专用公路建设9 000万元，农村公路建设3.96亿元，公路养护1.24亿元。

第三章 国内外银行贷款

陕西利用世界银行和国内银行贷款修建公路，始于20世纪80年代中期。1991—2010年，随着公路建设规模扩大、等级标准提高对资金的巨大需求，交通部门与地方政府积极贯彻贷款修路、收费还贷的政策，将利用外资和国内银行贷款，作为拓宽筹资渠道，缓解资金短缺，加快公路发展的重要举措，鼓励多层次、多主体、多方式利用银行贷款修路建桥。加强与国内外金融机构合作，利用中央和省注入的资本金，或以公路收费权抵押、养路费抵押、公路债务重组、建设单位担保等方式，争取利用贷款建设高速公路，改建干线公路，改善部分农村公路，修建一些独立大桥或隧道。先后利用三批世界银行贷款，建设三铜、渭潼、铜黄、安毛高速和陕南、陕北一批农村公路；利用亚洲开发银行贷款建设禹阎高速；部分利用科威特政府贷款，建设西宝、榆靖高速。国内银行贷款规模相继不断扩大。尤其2005年以来实行举债发展战略，与国内银行建立全面合作伙伴关系，获得大量贷款支持，有效缓解公路建设、养护资金紧张状况，保证公路加快发展目标实现。公路建设利用国内外金融机构贷款，通过公路建成后收取车辆通行费偿还。利用国际金融机构贷款修建公路，促进公路建设方式与国际惯例接轨，提升公路建设管理水平，并树立陕西利用外资修建公路良好形象。

第一节 国内银行贷款

1991年公路建设利用建设银行贷款4 522万元，用于西宝高速、渭南沙王渭河公路大桥建设及部分公路改造项目。

1991年1月18日，108国道勉县纪寨至水磨湾二级公路改建工程开工，1993年9月30日竣工。路线全长23.74公里。总投资4 272.56万元，其中利用银行贷款1 700万元。此为全省由县级政府利用收费还贷政策改建的首段国道公路项目。至1996年年底，全省公路建设合计利用银行贷款6.03亿元。1997年6—11月，省交通厅先后与工商、招商、建设等3家银行陕西省分行，分4次签订分年度贷款协议37亿元人民币。招商银行西安分行“九五”时期后三年给陕西公路建设贷款增至10亿元。贷款主要用于铜黄、西蓝等高速公路、重要独立大桥和汽车站点建设，其他部分用于交通企业扩大再生产。1991—1997年，全省公路建设实际利用银行贷款15.99亿元。其中用于公路新建4.54亿元，路网改造10.93亿元，汽车站点建设5 164万元。

1998年后，改革公路投融资体制，通过公路收费权质押、担保人贷款、公路债务重组、养路费抵押担保等方式，扩大国内银行贷款额度。是年，银行贷款额度由上年9.26亿元增至28.70亿元，其中由省高等级公路管理局作担保，向建设银行陕西省分行、工商银行陕西省分行及招商银行贷款4.95亿元，用于渭潼、蓝小、绛法汤等高速、高等级公路建设。

2000年4月，省交通厅与建设银行陕西省分行签订信贷合作协议，5年获110亿元中长期贷款和临时周转贷款。省高速集团以西宝高速收费权作质押，向工商银行贷款12亿元，贷款偿还期15年。是年，省交通厅使用贷款额度增至34.91亿元。2001年12月，省交通厅以公路收费权作质押，向国家开发银行一次借款54.98亿元，用于高速公路建设和公路项目建设前期工作。全省10地（市）以20个收费站收费权作质押，向银行融资贷款8亿元。

2002年始，省交通厅利用重点公路项目建设争取银行贷款，成为高速公路建设资金主要渠道。是年，利用国内银行贷款35.40亿元，其中省统贷3.92亿元，占11.08%，重点公路项目建设管理单位贷款31.48亿元，占88.92%。此后，重点公路建设项目贷款所占比重逐年增加。至2004年，公路建设国内银行贷款83.05亿元，其中省交通厅统贷1 350万元，占0.16%，重点项目贷款82.91亿元，占99.84%。此期，省交通厅利用国内银行贷款共334.14亿元，年均贷款47.73亿元。其中用于公路建设257.60亿元，路网改造76.14亿元，农村公路3 410万元，汽车站点建设542万元。

2005年11月21日，陕西省交通厅与国家开发银行在西安举行借款合同与财务顾问协议签字仪式

2005年起，重点公路建设的国内银行贷款，全部实行由项目法人单位贷款。是年1月，国家开发银行陕西省分行向柞小、小安、咸永等高速项目提供113.90亿元信贷资金，其中硬贷款90.40亿元，软贷款23.50亿元。2006年4月，省交通厅以养路费作抵押，与国家开发银行陕西省分行签订统贷100亿元农村公路建设贷款借款合同，用于通村油（水泥）路、通达工程、农村渡改桥、扶贫公路等项目建设。是年，用于公路建设银行贷款206.44亿元。

2008年，全省掀起新一轮高速公路建设高潮，省交通厅与国家开发银行、中国工商银行、中国农业银行、中国银行、中国建设银行各所属陕西省分行建立全面合作伙伴关系，5家银行5年内给予1 700亿元贷款支持，用于21个高速公路项目建设。

2009年，国务院决定降低公路等固定资产投资项目资本金配置比例，陕西利用这一政策，扩大利用国内银行贷款额度，解决养路费改燃油税后公路建设资本金缺口问题。2009、2010年公路建设项目贷款分别增至306.58亿元、386.67亿元，占是年公路建设完成投资额65.79%和72.76%，资本金所占比例分别降至34.21%、27.76%。2010年6月，省交通运输厅与中国邮政储蓄银行陕西省分行签署战略合作框架协议，省高速集团、省交通集团高速公路建设，获授信总金额60亿元支持。

2005—2010年，全省公路建设项目利用银行贷款1 301.07亿元，年均216.85亿元。

第二节 国际金融机构贷款

一、世界银行贷款

陕西公路建设利用世界银行贷款始于西三一级公路。自"八五"时期以来，将继续争取国际金融机构贷款作为扩大对外开放、拓宽公路融资渠道重要措施，加强与国际金融机构合作，积极争取利用外资加快公路建设。1989—2010年，公路建设先后利用三批世界银行贷款。

1.世界银行贷款陕西公路项目I。1989年2月27日，中国授权代表中国驻美公使赵锡欣与国际复兴开发银行（世界银行集团所属机构）亚洲地区副行长阿提拉·卡洛斯·曼诺古签署《贷款协定》，陕西三铜公路作为该协定贷款项目之一，陕西省政府授权赵锡欣与国际复兴开发银行亚洲地区副行长沙西德·哲伍德·伯基签订《项目协定》。项目包括新建66.35公里三铜公路，总投资5.14亿元人民币，其中利用世界银行贷款3 500万美元，折合人民币1.83亿元；修建商洛、安康等陕南7县5条459公里农村道路及水毁修复项目285公里，总投资1.05亿元人民币，其中利用世界银行贷款1 500万美元，折合人民币7 700万元。贷款期限20年，其中宽限期5年，贷款年利率为浮动利率。上述项目1990年4月实施，1992年12月完成。

2.世界银行贷款陕西公路项目II。1996年4月17日，中国授权代表中国驻美大使李道豫与国际复兴开发银行授权代表东亚与太平洋地区副行长拉塞尔·奇塔姆签订《贷款协定》，陕西渭潼、铜黄等公路项目作为该协定贷款项目之一，由陕西省政府授权李道豫与拉塞尔·奇塔姆共同签订《项目协定》。该项目利用世界银行贷款2.10亿美元，折合14.74亿元人民币。贷款期限、宽限期和贷款年利率与世界银行贷款陕西公路项目I相同。1997年3月6日，国家计委《关于世界银行贷款陕西公路二期利用外资方案的批复》（计外资〔1997〕298号），批准本批利用世界银行贷款项目主要包括：新建渭潼高速78.10公里，铜黄一级公路72.90公里，耀县至铜川半幅一级公路18.30公里，蓝小二级汽车专用公路48.30公里，绛法汤二级汽车专用公路35.80公里，临潼至兵马俑二级汽车专用公路5.90公里，西三一级公路封闭工程32.16公里，以及陕南、陕北部分贫困地区道路改善。上述项目至2001年4月相继完成。新建公路里程和实际利用世界银行贷款额度为：渭潼高速78.52公里，5 145万美元，折合人民币4.28亿元；铜黄一级公路93.85公里（包括耀县至铜川半幅一级公路18.30公里），7 850万美元，折合人民币6.59亿元；蓝小二级汽车专用公路48.95公里，1 669.81万美元，折合人民币1.38亿元；绛法汤二级汽车专用公路34.03公里，880万美元，折合人民币7 480万元；临潼至兵马俑二级汽车专用公路6.02公里，120万美元，折合人民币996万元；西三一级公路封闭工程34.46公里，560万美元，折合人民币4 648万元。同时，完成陕南、陕北25县152个道路改善项目，新建和改建县乡道路3 881.50公里，利用该项贷款3 000万美元，折合人民币2.49亿元。上述项目合计利用世界银行贷款1.92亿美元，其余1 775.19万美元用于该批项目道路安全计划、机构与人员培训、部分设备采购和道路养护研究等。

2009年4月22日，驻包茂线安毛高速总监办的加拿大监理组组长吉姆·法库哈尔森（右二），检查世界银行贷款项目——安毛高速22标段工程实施情况

3.世界银行贷款陕西公路项目Ⅲ。2006年11月13日，国家发展和改革委批复陕西利用世界银行贷款建设安毛高速，并用于安康一批农村公路项目建设。2007年5月28日，中国授权代表财政部国际司副司长杨少林与国际复兴开发银行授权代表世界银行中蒙局局长杜大伟，共同签订《贷款协定》，陕西安康公路发展项目作为协定贷款项目之一，由陕西省省长袁纯清与杜大伟分别代表陕西省和世界银行共同签订《项目协定》。该项目利用世界银行贷款3亿美元，折合人民币23.34亿元，贷款期限20年，包括5年宽限期，贷款年利率为浮动利率。其中2.60亿美元，折合人民币20.80亿元，用于新建85.62公里安毛高速；4 000万美元，折合人民币3.20亿元，用于改善项目影响区内106条、1 382公里农村公路。其中，安毛高速2007年12月开工，2010年12月竣工；其他项目2008年6月开工，2010年基本完工。

二、亚洲开发银行贷款

2000年5月，亚洲开发银行贷款项目经理奥杰若等，对拟建西禹高速公路项目进行实地考察，完成项目评估工作，并确定本项目为技术援助项目。2000年8月，陕西省利用交通规费和已建成公路收费权转让资金，落实西禹高速公路项目自筹资金15.20亿元，经陕西申请，国家财政部将禹门口至阎良高速公路发展项目列入利用亚洲开发银行贷款2001财年规划。2001年3月1日，该项目通过亚洲开发银行预评估。4月，国家计委计基础〔2001〕573号《关于审批二连浩特至河口国道主干线陕西禹门口至阎良公路工程可行性研究报告的通知》，确定安排利用亚洲开发银行贷款2.50亿美元，折合人民币约20.75亿元。7月16日，在马尼拉举行陕西公路建设利用亚洲开发银行贷款签字仪式。财政部副处长李东向，陕西省交通厅厅长乌小健，亚洲开发银行规划官员塔克奥科尼石，分别代表中国政府、陕西省政府和陕西省交通厅、亚洲开发银行草签《贷款协议》和《项目协定》。2002年6月10日，由中国授权代表中国驻菲律宾大使王春贵与亚洲开发银行行长千野忠男正式签署《贷款协定》和《项目协定》。该项目利用亚行贷款2.50亿美元中，2.45亿美元（折合人民币20.83亿元）用于建设禹阎高速176.89公里；600万美元（折合人民币4 748万元）用于农村公路改造；改造项目包括连接黄龙、澄城两贫困县201省道67公里二级公路改建，黄龙、澄城等7县（市）22个项目共356公里县乡公路改建。之后，财政部代表国家与陕西省政府签订转贷协议；省政府将亚洲开发银行用于省高速公路建设的部分贷款转贷给省交通厅，由省交通厅总体负责项目实施；省交通厅再将该公共开支贷款转贷给西禹高速公路有限公司，由其具体实施项目建设；用于地方道

2001年3月1日，亚洲开发银行评估代表团在西安对陕西公路项目进行评估

路的贷款，省政府转贷给渭南市政府，由其负责贷款项目实施。该批贷款期限24年，其中包括4年宽限期，贷款利率为单一美元浮动利率。西禹高速和农村公路改造贷款项目2001年9月实施，至2005年11月相继完成。

上述贷款项目实施完成后，尚有未使用余款。为此，省发改委、省交通厅2006年经报国家发改委、财政部及亚洲开发银行并获同意，决定增补渭南、铜川和延安3市70个共979公里农村公路改造项目，总投资6.24亿元人民币，其中利用亚行贷款3 600万美元（折合人民币2.92亿元）。这批新增农村公路项目，2006年实施，2009年完成。

三、外国政府贷款

1993年建设西宝高速，部分利用科威特政府长期低息贷款。西宝高速项目概算总投资14.35亿元人民币，除交通部车购费补助3.05亿元外，余由陕西自筹解决。由于自筹资金缺口较大，经陕西汇报、争取，国家计委计外资〔1993〕192号文批复同意西宝高速项目利用科威特政府贷款建设。1993年10月15日，国家经贸部外事司副司长梁瑞骅，科威特阿拉伯经济发展基金会副总裁阿布杜瓦哈德·巴德尔，分别代表中国政府和科威特政府在贷款协议上签字。按照协议，科威特政府为西宝高速提供910万科威特第纳尔（约合3 000万美元，折合人民币2.70亿元）长期低息贷款，贷款期限l8年，其中宽限期4年，年固定利率3.50%，另加手续费0.50%。该项目于1996年1月实施完成。

2002年建设榆靖高速，部分利用科威特政府长期低息贷款。榆靖高速总投资17.81亿元，除交通部车购税补助和陕西自筹外，经国家发展计划委员会批复同意，部分利用科威特政府贷款。2002年4月20日，榆靖高速利用科威特政府贷款1 080万科威特第纳尔（约合3 500万美元，折合人民币2.91亿元）贷款协议在西安签订。贷款年利率、手续费与西宝高速项目贷款相同，贷款期限20年，宽限期同为4年。陕西省交通厅副厅长李子青，科威特阿拉伯经济发展基金会哈德，分别代表陕西省交通厅和科威特政府在贷款协议上签字。该项目于2003年8月实施完成。

第四章 市场融资

利用市场融资，是公路建设开放和公路投资体制改革的重要成果。20世纪90年代，推进公路建设市场开放，提倡和鼓励国内外经济组织以独资、合资、合作等方式，参与公路投资建设经营。西临高速公路收费经营权转让，西蓝高速及乡韩黄河大桥等项目合资建设，开辟利用市场融资进行公路建设新渠道。2000—2004年，加强公路建设项目招商，积极吸引民间资本投资公路建设经营。以合资方式，先后转让西铜、咸永一级公路各70%收费经营权；以合作方式，改建陇县至陕甘界公路；进行高速公路BOT方式建设尝试。2005年以来，扩大公路投融资市场开放，以BOT方式建设榆神、榆佳高速；通过发行高速公路企业债券，拓展市场融资渠道。市场融资发挥公路建设筹资补充作用。

第一节 公路收费权转让

一、西临高速公路收费权转让

1992年起，省交通厅与省高管局研究利用西临高速融资问题，曾提出包装上市发行股票、转让收费权等融资方案。1995年11月7日，省政府第28次常务会议决定，以西临高速为试点，转让公路收费权筹资。省交通厅先后与多家境内外企业洽谈转让事宜，终与香港越秀企业（集团）公司达成转让意向。1996年6月18日，经省政府《关于同意转让西（安）临（潼）高速公路经营权的批复》（陕政函〔1996〕150号）同意，并报经交通部批准，在1996年香港陕西省投资贸易洽谈会上，省交通厅与香港越秀企业（集团）签订转让协议。

2008年5月运营中的西临高速

按照双方协议，香港越秀企业（集团）出资3亿元，自1996年10月起至2016年10月，获得西临高速公路收费经营权20年。转让范围包括高速公路20.10公里；立交桥及相关匝道；交通工程设施及收费棚、亭；公路沿线绿化物。香港越秀企业（集团）设陕西金秀有限责任公司进行运营管理。收费经营权转让后，西临高速路政管理委托省高管局负责。原省高管局西临管理处员工由陕西金秀有限责任公司一并接收。

西临高速公路收费权转让，为陕西首例公路收费权转让项目，且为全省首例外资投资经营公路项目，曾引起争议。主要是对转让公路收费权是否是卖路、有无必要和转让价格是否合理等，看法和意见不一。西临高速公路收费权转让收回资金，用于偿还建设贷款和咸永一级公路等公路项目建设。

二、西铜一级公路收费权转让

1998年，省交通厅与省高管局就西铜公路股份制改造和收费经营权转让进行研究。2000年4月，中国东西部合作投资贸易洽谈会上，省交通厅推出西铜公路收费权转让项目。后几经洽谈，与江苏悦达集团股份有限公司达成合作意向。经双方共同委托北京通诚资产评估公司进行资产评估，并经省财政厅确认。2000年10月28日，交通部以《关于转让西宝高速公路等八个公路项目收费权的批复》（交财发〔2000〕506号）审查批准转让。

2008年5月，运营中的西铜高速三原段

2001年1月3日，省交通厅厅长乌小健，江苏悦达集团股份有限公司董事长胡友林，分别代表双方签订西铜公路收费权转让协议。按照协议，省交通厅将西铜公路70%收费权转让给悦达股份有限公司，其余30%收费权由省交通厅委托省高速集团持有。悦达股份有限公司出资8.02亿元，获得西铜公路70%收费权20年；转让范围包括西安市北郊张家堡至铜川市北郊中柳湾一级公路100公里、西安咸阳国际机场二级汽车专用公路18.97公里，及与上述公路配套的附属设施和养护、收费设施。是年3月22日，财政部《关于转让世行贷款陕西西铜公路收费权事宜的函》（财际〔2001〕42号）答复，不持异议，同时按经营权变化，调整西铜公路世界银行贷款利率，加收0.20%利差；其两笔转贷利率分别为3.20%和5.30%。是年3月26日，省政府第4次省长办公会议研究决定，批准西铜公路70%收费权转让协议。转让期限2001年6月27日10时至2021年6月26日10时。

江苏悦达股份有限公司受让收费权后，与省高速集团设陕西西铜高速公路有限公司运营管理；路政管理委托省高速集团负责。

三、咸永一级公路收费权转让

2003年4月11日，省交通厅副厅长曹军念、陕西新桃花源旅游经贸有限公司董事长陈景民，分别代表省交通厅和陕西新桃花源旅游经贸有限公司，签订咸永一级公路收费权转让协议。按照协议，陕西新桃花源旅游经贸有限公司获得咸永一级公路70%收费权20年；另30%收费权由省交通资产经营公司持有；转让价格以评估价为结果确定，

70%即为3.66亿元；转让范围包括咸阳北郊吴家堡至永寿县城南一级公路66.44公里，转让路段、资产包括咸永路及与之配套的附属设施和养护、收费设施。是年6月30日，省政府第5次省长办公会议研究同意，以省政府陕政函〔2003〕152号文批复转让事宜。交通部以《关于对有偿转让312国道咸阳至永寿一级公路收费权经营期限的批复》（交财发〔2003〕366号）批准转让。转让期限2003年9月1日至2023年8月31日。

2010年2月，咸永一级公路乾县县城过境段

陕西新桃花源旅游经贸有限公司与省交通资产经营公司共同组建陕西咸永路业发展有限责任公司，进行收费经营管理。

咸永一级公路收费权转让资金，作为国有资本金，用于蓝商高速和204省道店塔至杨家坡段建设。

第二节 独资、合资、合作

一、高石崖温李河大桥合资建设

陕西省府谷县黄河集团总公司董事长张侯华，投资建设高石崖温李河大桥，后改名为华龙大桥。该大桥位于黄河支流温李河上。1996年12月22日开工，1997年12月8日建成通车。桥长1 360米，宽12米。黄河集团总公司投资2 900万元，集资2 000万元，合计投资4 900万元。经省政府陕政函〔1997〕270号文批复，从1998年1月10日起收费经营，收费期限暂定5年。收费标准为：手扶拖拉机、小四轮拖拉机和三轮摩托车每车次2元；2.50吨以下机动车每车次5元；2.50～8吨机动车每车次10元，8～12吨机动车每车次15元；12吨以上机动车每车次20元。2003年2月8日，省政府陕政函〔2003〕23号文批复，收费期限延至2004年12月31日止。

二、乡韩黄河大桥股份合作制建设

陕西韩城市与山西乡宁县位于黄河东西两岸。由韩城市政府与乡宁县政府批准并协调，由陕西省韩城矿业有限责任公司与山西省乡宁县煤炭运销公司协商，采用股份合作制形式，修建乡韩黄河公路大桥。由韩城市矿业开发有限责任公司与乡宁县煤炭运销公司按4.50∶5.50比例分担，分别投资4 263万元、5 426万元，合计投资

1998年12月建成的乡韩黄河公路大桥，桥长543米，宽12米，高47米

9 690万元。建成后收费经营，按股分红并自担风险。1997年12月8日开工，1998年12月8日大桥建成通车。经省政府批复收费经营期限25年。该大桥建成，两地间公路里程比过去绕道缩短34公里。

三、常兴渭河大桥独资建设

1998年，省交通厅批准立项建设209省道常兴渭河大桥。2000年8月31日，宝鸡公路管理局与宝鸡万全商贸（集团）有限公司签订《建设经营省道209线常兴渭河大桥合同书》。合同约定，宝鸡万全商贸（集团）有限公司投资3 000万元新建该大桥559.40米，两端接线4.38公里，并经报省交通厅批准同意。

常兴渭河大桥于2002年建成。省政府以陕政函〔2002〕45号文批复同意收取车辆通行费，收费期限18年，自2002年4月1日起至2020年3月31日止。

四、西蓝高速合资建设

西蓝高速项目始由西安市交通局组织修建。建设期间，为解决资金缺口，西安市交通局经与陕西华安科技有限责任公司洽谈，达成合资建设意向。1999年3月5日，马文义、李军，杨鹏程、任忠辉，分别代表西安市交通局和陕西华安科技有限责任公司在合资建设协议上签字。省政府1999年3月31日以陕政函〔1999〕70号文批复同意。1999年10月30日，双方签订合资建设合同。按项目总投资约人民币5亿元计，甲方（陕西华安科技有限责任公司）出资70%，乙方（西安市交通局）出资30%，共同组建西安华通高速公路发展有限责任公司，负责项目建设经营。项目包括高速公路主线24.05公里、田王至蓝田二级公路28.95公里、蓝田至陈家岩汽车专用公路6.80公里、城市连接线4.16公里。项目建设情况见第二篇第一章第三节《G70福银高速陕西段》。省政府《关于西蓝高速公路收取公路车辆通行费的批复》（陕政函〔1999〕253号）批准收费，收费期限20年，自1999年12月1日起至2024年11月30日止。

2000年11月16日，合资建设的西蓝高速正式通车

五、陇县至陕甘界公路合作建设

2003年，宝鸡市交通局按山岭重丘区二级公路标准组织改建212省道陇县至陕甘界段。为解决改建资金缺口，经宝鸡市交通局报经省交通厅审核、省政府批准，由宝鸡市交通局与天津津宝路桥投资有限公司合作修建。是年5月29日，双方签订合作修建协议。按照协议，天津津宝路桥投资有限公司注册设立宝鸡市利胜路桥开发有限公司，负责项目资金筹措、项目建设以及建成后运营管理。项目总投资1.14亿元。2005年11月项目建成通车并收费经营。收费经营期限20年，自2005年11月16日起至2025年12月7日止。

六、华莲黄河大桥独资建设

2005年，陕西省府谷县黄河集团总公司董事长、党委书记张侯华，投资建设华莲黄河大桥。是年12月，取得陕西、山西两省发改委批复文件。该大桥位于府谷至河曲公路府谷县清水川北口与河曲县旧县镇石梯子村之间，大桥两端分别与府谷至墙头公路和韩家楼至河曲公路相接。大桥由省公路设计院设计，中铁第三集团总公司承建。桥全长1 104.56米，宽13.50米，连续钢构梁结构。建设总投资9 829.71万元，由该集团公司通过自筹、集资和银行贷款解决。2006年4月18日开工建设，2008年7月6日建成通车。2009年4月13日，经省政府陕政函〔2009〕45号文批准，收取车辆通行费；该桥试运营期间收费期限暂定3年，自2009年4月18日起至2012年4月17日止。

2008年7月6日建成的华莲黄河大桥，被誉为"连接秦晋两省的友谊之桥"。左上图为大桥收费站

七、蓝商高速合资建设

见第二篇第一章第三节《G70福银高速陕西段》。

第三节　建设—经营—转让（BOT）

一、黄延高速BOT方式建设

2000年，省交通厅与境内外多家投资商洽谈，拟采用BOT等方式建设黄延高速等一批公路项目，中国铁路工程总公司投资意愿强烈。2001年3月26日，省政府召开第4次省长会议，决定参照BOT方式，由中国铁路工程总公司作为投资方进行建设并给予一定年限经营权。4月5日，省政府第21次专题会议研究决定，由中国铁路工程总公司采取BOT方式负责筹资、建设、经营黄延高速，并实行工程总承包，建成后收费经营28年。

2002年4月底，中国铁路工程总公司开工建设该项目。由于承包方引资问题悬而难决，建设资金不能到位，工期严重滞后。8月，按照合同约定，省交通厅请示省政府同意，中止中国铁路工程总公司黄延高速BOT建设合同，收回项目。后经省政府协调，由省交通厅落实省级资本金和交通部补助资金，项目交由省高速集团承建，环境保障及征地拆迁由延安市政府负责。12月6日，黄延高速全线开工，至2006年9月30日建成。

二、榆神高速BOT方式建设

2007年，中共陕西省委、省政府决定榆神高速建设项目作为由政府投资向社会投资转化试点，指定榆林市政府为责任主体，采用BOT模式运作，解决项目建设资金。4月7日，在第十一届中国东西部合作与投资贸易洽谈会上，中国铁路第二工程局（简称中铁二局）与榆林市政府签订《陕西省榆林至神木高速公路BOT项目投资协议书》。6月19日，中铁二局设立陕西榆林榆神高速公路有限公司，注册资金2亿元。10月29日，在榆

2007年10月29日，榆商线榆神高速BOT特许经营合同签字仪式在榆林市举行。图为签约仪式现场

林举行榆神高速项目特许经营合同签约仪式，榆林市政府授权代表与陕西榆林榆神高速公路有限公司法人代表，分别代表榆林市政府和中铁二局签订《BOT特许经营合同》和《建设环境保障协议书》。

2008年8月17日，榆神高速项目全线开工，工程总投资56.43亿元，股东方出资20.43亿元，其余部分由工商银行四川省分行牵头，由6家银行提供授信，以银团贷款方式给予贷款36亿元。项目建设情况见第二篇第一章第十一节《榆商高速》。经省政府批准，该线于建成通车之日起收费经营，经营期限30年。其中，榆林至神木段自2009年12月1日起至2039年11月30日止；神木至店塔段自2010年12月1日起至2040年11月30日止。

三、榆佳高速BOT方式建设

见第二篇第一章第十六节《榆佳高速》。

第四节　高速公路建设债券

一、短期融资债券

2007年2月28日，经国家发展改革委批准，省高速集团发行10亿元短期融资债券，比同期一年期银行利率低1.28个百分点，用于归还原基准利率长期贷款，降低财务支出1 200万元。

二、企业债券

2007年10月25日，经国家发展改革委批准，省高速集团向境内机构投资者发售5亿元企业债券，期限10年，票面固定利率5.70%，比同期银行贷款利率低2.13个百分点，平均年节约财务费用1 065万元。中国银河证券作主承销商，与其他4家国内知名证券投资机构组成承销团包销。中国建设银行陕西分行提供无条件不可撤销债券本息担保。

三、中期票据

2009年9月28日、2010年3月31日，经中国银行间市场交易协会注册，省高速集团委托招商银行为主承销商，分两次面向国内投资者发行310亿元和15亿元中期票据，债券评级均为AA级，票面利率为基准利率加上基本利差，比同期银行贷款低10%。

第七篇　公路与运输企业

公路与运输企业，在改革开放和公路交通发展中优胜劣汰。原有国有事业单位、国有企业，经改革改制成为独立法人，走向市场，参与竞争；通过独资、合资或合作，私营企业由小到大，由少到多，逐步发展壮大。不同地区、不同行业、不同所有制企业，在相互竞争中联合、分立、重组，调整经营结构，拓展主营业务，加强企业管理，培育专业品牌，不断增强核心竞争力。经过20年变革与发展，公路与运输企业数量扩张，结构变化。按经营分工分，有公路企业、道路运输企业；按所有制性质分，有全民所有制企业、集体所有制企业、联营企业、私营企业和三资企业；按规模分，有大型集团制企业，中、小型企业；按组织形式分，有责任有限公司制企业、股份有限公司制企业。公路与道路运输企业发挥公路建设市场、道路运输市场主体作用，是推动公路交通不断发展的重要力量。

第一章　公路企业

公路事业发展，公路建设市场开放，原有国有公路施工、科研、设计单位，通过改革体制，转换机制，走向市场，成为自主经营、自我发展的市场主体。得改革开放与行业兴旺发达之利，股份制、非公有制公路企业长足发展。在积极参与市场竞争中，公路企业加强联合、重组，国有建设、施工企业与股份制、非公有制企业合资改制；股份制、非公有制企业控股或参股国有公路建设、施工企业，逐步形成以国有经济为主，多种经济成分参与，竞争发展的格局。伴随公路建设、运营科学化、专业化与规范化推进，公路企业优化资源配置，调整和完善专业分工，培育和发挥专业优势，逐步发展壮大，形成公路建设、设计、科研、施工、监理、咨询等专业齐全、分工合理、竞争发展的主体结构，适应公路建设、养护、运营和管理的需要。公路企业建立、健全现代企业制度，转变发展模式，应用先进管理方式与技术，全面提高企业管理水平，增强创新发展活力和市场竞争能力，成为公路事业发展的重要支撑，为建设现代化公路交通做出重要贡献。同时，还有公路企业改制不到位，管理不规范，经营困难，竞争乏力。

第一节　建设管理与经营企业

一、公路建设管理企业

（一）陕西省高速公路建设集团公司　即省高速集团。前身为1984年5月成立的西安至三原公路建设指挥部办公室。1985年12月，经陕西省编制委员会办公室（简称省编办）批准，改设为陕西省高速公路建设指挥部办公室。1989年8月，经省政府同意，省政府办公厅批复，成立陕西省高等级公路管理局（即省高管局），大型二类企业，按副厅级对待，归口省交通厅领导。其间，先后建成并投入运营有西三、三铜公路，西临、西宝、临渭、渭潼高速公路，西安咸阳机场、绛法汤及临潼秦俑馆专线等二级汽车专用公路。

1999年10月20日，经省政府批准，省高管局整体改制为陕西省高速公路建设集团公司。为省政府领导的大型一类国有独资企业，授权省交通厅管理。其间，建设和运营西安绕城高速北段、铜黄、西阎、西安咸阳国际机场高速公路。

2005年11月14日，根据中共陕西省委、省政府关于高速公路建设管理体制调整重组的决定，对省高速集团管理体制进行调整，省高速集团名称不变，由省国有资产监督管理委员会（简称省国资委）依法行使国有资产出资人权利，委托省交通厅实施具体管理，领导班子正职比照副厅级管理。主要职责为：负责所承建高速公路收费还贷项目的资金筹集，受省政府委托，代为暂行经营性合资项目政府投资的出资人职责；负责建设项目招投标和施工管理；负责项目建设质量、工期、投资控制与安全管理；负责建成高速公路通行费收取及债务偿还；负责高速公路养护；维护高速公路国有资产运营安全等。自调整后至2010年，先后建成运营禹阎、洋勉、黄延、户洋、宁棋、渭蒲、潼临改扩建及十天线安康西、安康东、汉中西等高速公路。

至2010年年底，省高速集团资产总额927.40亿元，下设9个高速公路项目管理机构、9个路业公司和11个经营公司。共计有员工1.26万人。运营管理高速公路1 358公里，二级汽车专用公路40公里。

省高速集团先后被中共陕西省委、省政府评为省级文明单位、省级文明单位标兵、省安全生产先进单位，授予"十一五"社会贡献优秀国有企业、"投资突出贡献企业"称号。所运营管理的1 200公里高速公路被评为省级文明路；被省慈善协会评为陕西慈善明星企业；荣获全国企业文化建设先进单位、全国交通行业文化建设优秀单位、全国交通运输行业文明单位称号。全国交通行业首家通过国家AAAA级标准认证，跻身中国交通企业百强榜第56位。承建的西三一级公路获国家优质工程银质奖，西安绕城高速北段工程项目获第四届詹天佑土木工程奖；西安绕城高速北段帽耳刘立交和铜黄高速蒿庄梁隧道，分别获"鲁班奖"；西安咸阳国际机场高速六村堡互通式立交、西禹高速金水沟特大桥，分获国家优质工程银奖。

（二）陕西省交通建设集团公司　即省交通集团。按照中共陕西省委、省政府关于高速公路建设管理体制调整重组的决定，经省政府2006年3月15日批准，由原陕西省交通投资有限责任公司、西安绕城管理局为主体，组建省交通集团。是年4月15日挂牌成立。大型国有独资企业。由省国资委依法行使国有资产出资人权利，委托省交通厅实施具体管理。领导班子正职比照副厅级管理。主要职责为：负责所承建高速公路收费还贷项目的资金筹集，受省政府委托，代为暂行经营性合资项目政府投资的出资人职责；负责建设项目招投标和施工管理；负责项目建设质量、工期、投资控制与安全管理；负责建成高速公路通行费收取及债务偿还；负责高速公路养护；维护高速公路国有资产运营安全等。

至2010年年底，省高速集团相继建成并运营高速公路有：榆蒙、靖安、西柞、柞小、小康、商界、咸永、凤永、蓝商、吴子、子靖等高速和秦岭终南山公路隧道。运营管理高速公路1 743公里，一、二级公路123.50公里。资产总值1 342亿元。下辖运营单位15个，建设单位4个，经营单位6个，控股参股单位5个。共计有员工1.20万人。

省交通集团先后获"全国交通运输系统文明单位"、"省级文明单位"、"十一五"社会贡献优秀企业等称号。连续两年被中共陕西省委、省政府评为全省"创佳评差"最佳单位。连续5年获全省交通系统目标考核"优秀单位"或"特别优秀单位"。连续4次获陕西公路"好路杯"金奖。《秦岭终南山公路隧道建设与运营管理关键技术》研究，获国家科学技术一等奖和中国公路学会科学技术奖特等奖"金鹿杯"。

（三）陕西宝汉高速公路建设管理有限公司　即陕西宝汉公司。2008年11月省交通厅批准设立，国有独资企业。领导班子比照县处级管理。至2010年年底，主要建设与运营宝汉高速。运营管理的千陇高速，长66.75公里；在建千宝、汉川高速。下设宝鸡、汉中2个项目建设管理处及宝鸡分公司。宝鸡分公司下辖陇县、凤翔2个管理所，陇关、火烧寨、陇县、水沟、千阳、南寨、凤翔7个收费站，陇县、宝鸡北2个服务区。公司共有职工376人。

公司先后获全国交通建设系统工人先锋号、全国加快基础设施建设重点工程劳动竞赛优质工程奖、省重点工程建设立功竞赛先进集体等荣誉称号。

二、公路经营企业

（一）陕西金秀交通有限公司　1996年10月，香港越秀集团所属香港金秀发展有限公司，受让西临高速收费经营权，设全资子公司——陕西金秀交通有限公司，从事西临高速通行费、广告及公路服务经营等。公司注册资金9 312万元。2010年年底，公司有员工240人。其中大专学历50人，大学学历36人。

（二）西安华通高速公路发展有限责任公司　1999年1月成立，从事公路开发、经营与管理。拥有西蓝高速收费经营权25年。公司实行董事会领导下的总经理负责制，内设6部1科。公司先后获市、局级“文明示范窗口”、“市级文明路段”、“园林绿化单位”，省厅级“青年文明号”、“收费公路管理优秀单位”，省、市“A级纳税人”等荣誉称号。2010年年底，公司有员工112人。其中大专以上文化程度51人；35岁以下员工95人。

（三）陕西西铜高速公路有限公司　2001年6月，按照西铜高速公路收费经营权转让协议，江苏悦达投资股份有限公司与陕西省高速公路建设集团共同出资，设立陕西西铜高速公路有限公司，承担西铜高速公路收费经营。公司注册资本11.43亿元，其中江苏悦达投资股份有限公司占70%股权，省高速集团占30%股权。公司经营范围为公路投资建设、收费经营。曾被陕西省政府两次授予“外省区市在陕投资优秀企业”；获陕西省国家税务局、地方税务局授予的“A级纳税人”荣誉称号。2010年年底，公司有员工800人。其中具有高级技术、技能职称50人，中级技术、技能职称139人。

（四）陕西咸永路业发展有限责任公司　2003年4月，陕西新桃花源旅游经贸有限责任公司出资3.60亿元，购买312国道咸阳至永寿65公里70%股份，与另持有30%股份的陕西交通资产经营有限公司共同出资组建陕西咸永路业发展有限责任公司，从事咸永一级公路收费经营。此为陕西首家民营企业出资控股经营国道公路。2010年年底，公司有员工188人，其中大专以上文化程度占75%以上。

榆林榆神高速公路有限公司运营的榆神高速

（五）陕西榆林榆神高速公路有限公司　中铁二局集团有限公司2007年6月出资设立，注册资本4.05亿元，从事榆神高速公路及附属设施建设管理。2009年荣获陕西省劳动竞赛委员会“先进单位”称号。2010年年底，公司有员工40人。其中高级职称5人，中级职称13人，初级职称6人。

（六）陕西省交通广告传媒有限公司　2009年9月，经省交通运输厅批准成立，为全省高速公路沿线广告资源统一管理、统一经营的专业广告传媒企业。注册资金1 000万元。股东单位由省交通工会委员会、省高速集团、省交通集团、陕西宝汉公司和陕西交通外资项目建设有限公司组成。公司设综合管理部、财务管理部、经营管理部、媒体管理部、工程管理部、企划设计部等部门。拥有大型单立柱、跨线桥、LED显示屏、电子显示屏等近900个广告位，以及灯箱、票据、宣传册页等其他广告载体。2010年年底，公司有员工29人。其中大专以上学历27人。具有各类专业技术职称11人。

第二节　设计与科研企业

一、公路设计企业

（一）陕西省公路勘察设计院　即省公路设计院。1958年8月，交通部公路勘察设计院第五分院下放陕西，与省交通厅测设部门合并成立陕西省公路勘察设计院。2001年改制为企业。主要从事各等级公路、桥梁、隧道、交通工程、港口码头、民用建筑勘察设计及公路交通规划、公路工程可行性研究、遥感与地理信息技术应用、工程地质勘探、材料试验、招标文件编制、工程技术咨询、工程监理等业务。具有国家公路、特大桥梁、特长隧道、交通工程、地质灾害防治工程勘察、设计、测绘、咨询、监理、工程总承包和评估甲级资质。被国家建设部列为全国勘察设计单位综合指标百强单位。2001年12月，通过ISO9001质量管理体系认证。

至2010年，先后完成等级公路工程可行性研究1.84万公里，完成等级公路勘察设计1.45万公里，其中高速公路、一级公路4 031公里；累计完成各类大、中桥梁勘察设计1 970座，隧道勘察设计365座（单洞）；房屋建筑设计210万平方米。设计高速公路主要有西宝、榆靖、西潼、西安绕城、子靖、西汉、黄延、青银、商漫、商界高速等；设计隧道有土地岭、娄子沟、秦岭、包家山等；设计大桥有芝川、王家坪、洛河、五里坡、紫阳汉江、咸阳渭河大桥等。曾荣获国家优秀工程银质奖6项，铜奖3项，詹天佑土木工程奖2项，国家级优秀勘察设计奖8项，省、部级优秀勘察设计奖70多项。获中共陕西省委、省政府授予的“省级文明单位标兵”称号。

2010年年底，全院有职工496人。其中各类专业技术人员396人；具有正高级职称4人、高级职称100人、中级职称157人，有突出贡献专家5人，享受政府特殊津贴专家8人。

（二）榆林市公路勘察设计院　成立于1984年，具有工程勘察专业类（工程测量）和工程设计公路行业（公路）甲级资质、工程勘察专业类（水文地质）和工程咨询乙级资质、公路工程市政工程总承包施工二级资质、工程监理乙级资质。2002年通过ISO9001质量管理体系认证。先后完成210国道榆林过境段、榆林神盘路和西藏巴尔至什布奇公路拉姜段、阿里扎达至山冈边防公路346公里施工图设计等，合作完成榆靖、陕蒙、吴靖高速公路和府谷一级公路等勘察设计。2010年年底，有各类专业技术人员170人，其中高级工程师36人。拥有公路工程监理、公路工程两个子公司。

（三）汉中公路勘察设计室　1985年成立，原名陕西省汉中公路总段勘察设计室，

2000年更名为陕西省汉中公路管理局勘察设计室。2008年6月改制为企业，更名为汉中公路勘察设计室，公路勘察设计丙级资质。先后完成公路养护、工程施工、公路修复施工设计2 937公里。2010年年底，有职工20人。

（四）商洛公路管理局勘察设计室　成立于1985年，具有公路勘察设计丙级资质，主要从事公路、桥梁、城市道路、市政工程等勘察设计业务，为陕西省勘察设计协会会员单位。先后完成西安、商洛、渭南、汉中、安康等地市400多项勘察设计任务。2010年年底，有职工40人。其中专业技术人员25人，有高级工程师4人。

（五）铜川市公路交通勘察设计所　1985年9月成立，原名陕西省铜川公路管理总段测设室，2002年更名为陕西省铜川公路管理局勘察设计所。2007年改制为企业，更名为铜川市公路交通勘察设计所。具有公路勘察设计丙级资质。1995年荣获省公路局公路工程优秀勘察设计二等奖。先后完成二级公路工程可行性研究191公里，二、三级公路测设2 920公里，大、中桥设计20座。2010年年底，有职工15人。其中高级工程师3人，工程师6人。

（六）陕西交通公路设计有限公司　原为1986年成立的陕西省公路技术研究所，1997年3月更名为陕西交通公路设计有限公司。民营企业。注册资金1 000万元。主要从事公路、特大桥、大桥、隧道勘察、设计。具有工程设计乙级、工程勘察乙级、工程咨询甲级资质，通过ISO19001-2000质量体系认证。先后完成招投标代理项目40多个，中标金额20亿元。累计完成路桥勘察设计项目5 000公里，城市道路设计120公里。2010年年底，公司有专业技术人员108人，其中高级工程师32人、工程师49人。

（七）延安市交通勘察设计院　前身为1987年成立的延安公路管理总段测设室。2001年转制为企业，更名延安通圣公路工程（集团）有限责任公司勘察设计院。2006年变更为延安市交通勘察设计院。2010年取得乙级资质。先后完成延安境内新建三级公路495公里、干线公路大中修工程2 000公里和农村公路6 600公里测设任务。2010年年底，有技术人员40名，其中高级工程师5名，工程师26名。

（八）宝鸡市秦通公路设计院　前身为1987年2月成立的宝鸡市公路规划勘察设计室。2001年1月获公路设计丙级资质。2008年经宝鸡市交通局批准，组建宝鸡市秦通公路设计院，主要承担公路改建及养护工程设计。先后完成二级公路工程可行性研究320公里，二、三级公路测设1 115公里，大、中桥设计78座。2010年年底，有职工60人。其中高级职称19人，中级职称25人。

（九）西安市公路勘察设计院　原名西安市公路勘察测设计所，1991年6月成立，西安市交通局所属事业单位。2005年12月改制为国有设计企业。注册资本360万元。主要从事公路勘察设计和工程监理等业务。具有勘察设计乙级资质。累计完成公路勘察设计2 280多公里，完成工程可行性研究和初步设计900多公里。2010年年底，有职工60人。其中高级工程师7人，工程师15人。

（十）陕西中达公路技术服务有限公司　原为1992年5月成立的长安路桥设计所，1998年12月更名为陕西中达公路技术服务有限公司。民营企业。注册资本200万元。主要从事公路勘察设计、工程咨询、施工监理与技术服务。具有公路行业乙级工程设计、工程勘察、咨询资质。先后承担省内外70余项公路工程可行性研究和工程勘察设计任务，完成设计投资50多亿元。2010年年底，公司有员工67人。其中高级职称21人，中级职称17人。

（十一）商洛交通设计院　原为商洛市道路勘察设计所，成立于1993年，具有工程设计和工程勘察丙级资质，隶属于商洛市交通运输局。先后完成5 000多公里县乡公路路网改造、3 000多米独立大中桥和商洛境内95%以上市政工程勘察设计任务。2010年年底，有职工73人，其中专业技术人员57人。

（十二）榆林路桥勘察设计院　2001年12月由榆林公路管理局勘察设计室改制成立。2004年取得工程勘察、工程设计乙级资质。先后承担210、307国道和204、205、302省道等国、省道及城市道路4 000多公里测设任务。2010年年底，有职工51名。其中高级职称18名，中级职称15名。

（十三）延安市公路勘察设计院　2006年8月成立，隶属延安市交通局。2007年8月注册成立延安圣达公路设计有限公司，核定编制18人。主要从事公路工程规划、可行性研究、公路、桥梁及沿线工程勘察、设计、技术咨询等工作。具有工程勘察专业乙级、公路工程设计乙级资质。至2010年年底，累计完成公路设计587公里，公路工程可行性研究213公里。

二、公路科研企业

西安公路研究院，为省属公路交通科研企业。原名西安公路研究所，始建于1960年，隶属交通部。1974年与陕西交通科学研究所合并为西安公路研究所，隶属省交通厅。县处级事业单位。2000年整体转制为科技型企业。2009年2月更名为西安公路研究院。

业务主要有科研、勘察设计、工程监理、试验检测、交通工程施工、工程绿化、公路仪器设备开发和销售等。拥有交通部颁发公路工程甲级、交通工程机电专项监理、试验检测甲级资质，建设部颁发公路、交通工程甲级设计资质、工程勘察综合甲级资质、交通工程施工综合类资质、园林绿化施工乙级资质，国家发改委颁发工程咨询甲级资质。2004年通过GB/T19001-2000质量管理体系认证。

西安公路研究所勘察、设计的勉宁高速

设勘测设计、道路、桥梁、隧道、交通工程、岩土、公路仪器、公路环境、运输研究、试验检测、工程监理、道路材料等12个分支机构。2010年年底，有职工246人。其中正高级技术职称5人、高级技术职称71人、中级职称67人。

本志记述断限内，西安公路研究院先后完成国家和交通部、省交通厅科研课题158项，获得省厅级以上奖励64项。其中国家奖3项，省、部级奖35项，厅级奖26项。完成公路勘察设计项目上百项，交通工程设计5 000多公里。主要有：禹阎高速金水沟特大桥，勉宁高速、咸永、商漫高速（与省公路设计院分段设计）等。先后担任省内外30多项公路工程和交通工程、10多项独立特大桥工程施工监理。累计完成省内约1 000多公里二级以上公路工程交工质量检测评定；完成200多座大、中桥梁荷载试验，约3万根桩基质量检验。同时，承接并完成省内外大量交通工程机电系统施工项目，并有多项工程获奖。

第三节 施工与监理、咨询企业

一、公路施工企业

（一）陕西省安康兴达路桥集团公司 前身为1962年省公路局批准成立的安康公路总段工程队。2000年改制为安康兴达路桥集团公司，注册资金3 200万元。2001年取得国家公路工程总承包二级资质，通过ISO9000质量管理体系认证。先后参与修建210、316国道安康境路段及农村道路10余条、400多公里，修建桥梁120余座。曾荣获省重点工程先进集体、省工程优质竞赛第一名、陕西省2004年至2006年诚信企业等荣誉称号。2010年年底，公司有职工150人。其中高级职称7人，中级职称30人，初级职称50人。设路桥、机械化、混凝土及物资供销等5个分公司，一个试验检测中心。拥有各类大型施工机械设备100多台（套）。总资产5 000万元。

（二）陕西路桥集团有限公司 省公路局于1984年10月在三个工程处的基础上，成立西京路桥工程公司和陕西省路桥工程总队，一套机构两个牌子，为预算外自收自支事业单位，实行企业化管理。1990年11月，经省交通厅批准更名为陕西省路桥工程公司。1993年1月，经省经济委员会等四部门批准改制为企业，归省交通厅领导。1994年3月更名陕西省路桥工程总公司。2004年3月，经省政府同意、省国有企业改革领导小组批准，与广厦建设集团有限责任公司合资改制为陕西路桥集团有限公司。公司注册资金1.30亿元，广厦建设集团有限责任公司以现金出资占注册资本51.54%，省交通厅以陕西省路桥工程总公司经营性资产出资占注册资本46.15%，其余为公司经营者以自然人身份出资。2004年3月30日陕西路桥集团有限公司挂牌成立。注册地西安市。

2010年7月，陕西路桥集团有限公司在安康西高速汉阴段进行路面施工

陕西路桥集团有限公司为建设部核定全国首批公路工程施工总承包一级资质企业，具有公路路基、路面、桥梁、隧道、土石方工程专业承包一级资质，公路养护工程甲级、试验检测乙级资质，市政公用、房屋建筑工程施工总承包二级资质。通过质量、环境、职业健康和安全国际标准（QEOHS）认证。公司自组建以来，先后建成省内外公路1 700多公里，其中高等级公路1 200多公里，修建大、中桥130多座。

至2010年年底，公司有直属路基、桥隧工程公司2个，控股子公司4个，员工2 300人，其中各类技术人员860名。拥有各种大型路基、路面和桥梁施工机械1 200多台（套）。先后被评为全国优秀施工企业、全国交通百强企业、“AAA级信用企业”、“重合同、守信用”企业。

（三）渭南公路局第二工程处　1985年由渭南公路管理总段所属蒲城拌和厂组建成立。注册资金200万元。具有公路工程二级总承包和公路养护工程施工从业单位二类甲级资质。2000年获得ISO9002质量管理体系认证。先后完成108、310国道和106、201、202、305省道渭南市境内二级网化工程项目及通县油路工程任务。2010年年底，公司有职工58人，其中中级职称7人。

（四）宝鸡市路桥工程公司　1992年由宝鸡公路管理总段所属工程队、养护机械厂组建成立，注册资本3 000万元。主要从事公路、桥梁、隧道工程施工及养护工程施工，拥有公路工程施工总承包二级资质及公路养护工程施工一类和二类甲级资质。2001年通过ISO9001质量管理体系认证。公司自成立以来，累计新建、改建二级公路470公里，一级公路20公里，中型桥梁20座。2010年年底，公司有技术人员260人。固定资产5 417万元。下设两个分公司。拥有各类大型机械设备47台（套）。

（五）陕西省汉中公路工程机械化公司　1992年由汉中公路管理总段出资成立，注册资金3 000万元。具备公路工程施工总承包二级资质。2003年底通过ISO9001质量管理体系认证。自成立以来，累计改建、新建二级公路600多公里，大型桥梁10余座，累计完成产值8亿多元。2010年年底，公司有职工91人。其中各类专业技术人员23人，具有高级职称3人。设有机械工程处、路桥工程处、综合工程处、设备租赁公司、材料库5个分支机构。各类公路、桥梁施工机械设备120余台（件），设备资产总值4 836万元。

（六）陕西华通公路工程公司　1992年在原商洛公路管理总段工程队基础上经公司化改制为商洛公路工程公司。2004年变更为陕西华通公路工程公司。注册资金6 000万元。具有公路工程施工总承包一级资质和公路路基、路面专业承包一级和公路养护一类、养护二类甲级资质。2000年12月通过ISO9002质量管理体系认证。先后完成国、省道公路改建560公里，参与靖王、勉宁、靖安、商漫高速等重点工程建设。2006年曾被省交通厅评为“一级（优良）信用等级从业单位”和“路面工程一级（优良）信用施工单位”。2010年年底，公司设有8个分公司，职工880多人。其中工程技术人员253人，具有高级职称35人。资产总额3.59亿元，大型施工机械设备256台（件）。

（七）铜川市路桥工程公司　组建于1993年1月，注册资金3 100万元。具有公路工程施工总承包二级，公路路面工程专业承包二级、公路路基专业承包二级、桥梁工程专业承包二级资质，公路养护工程施工单位二类甲级资质。1997年通过ISO9002质量管理体系认证，2002年通过ISO9001:2000换版质量管理体系认证。先后参与铜黄、靖王高速公路路基施工和部分国、省道公路改建工程，累计新建、改建二级及以上公路292公里，大中型桥梁12座，完成单项合同5 000万元以上公路工程有9项。2010年年底，公司有职工57人，其中专业技术人员24人。固定资产2 240万元。拥有大型施工机械设备9台（件）。

（八）陕西省通达公路建设集团有限责任公司　1994年12月经省公路局同意组建，注册资金6 000万元。1998年5月组建成陕西省通达公路建设集团有限责任公司，省公路局直属单位。主要经营公路工程施工、养护和房地产开发等。具有公路工程施工总承包一级资质，公路养护甲级资质，园林绿化和市政工程资质。通过国家ISO9000质量管理体系认证。2010年年底，公司有员工90名，各类中高级专业技术人员占70%以上。公司先后参加乾县至永寿一级公路和宝鸡至牛背汽车专用公路、榆蒙、靖安、靖王、商丹等高速公路及湖北十堰、广东东莞等地公路建设。

（九）陕西省咸阳路桥工程公司　1995年由咸阳公路管理总段所属工程队、拌和厂组建成立，注册资金6 500万元。具有公路工程施工总承包一级、市政公用工程施工总承包二级、房屋建筑工程施工总承包二级资质以及一类、二类甲级公路养护工程施工资质及公路交通工程专业承包交通安全设施资质。先后参加西宝高速公路、312国道咸永一级公路、榆靖、榆蒙、靖王、吴子、商丹、延志吴高速公路及广东、甘肃、内蒙古、山西等地公路与市政建设工程。2010年年底，公司有职工373人，其中各类专业技术人员260人。下辖6个专业施工分公司。

（十）陕西高速机械化工程有限公司　1996年10月省高管局成立高等级公路机械化养护站，2002年1月改制为陕西高速机械化工程有限公司，由省高速集团公司控股。主要经营公路养护、建设，公路工程材料生产及新材料开发，工程机械租赁、维修，公路工程试验、检测、技术咨询等。具有公路工程路面工程专业承包二级、公路工程路基工程专业承包二级、公路养护工程施工从业资质一类甲级、二类甲级、三类甲级等资质。2003年通过ISO9001质量体系认证。公司注册资金6 000万元，固定资产总值6 000余万元。公司设有养护维修、试验检测和设备管理等3个经营实体。2010年年底，公司有员工400多人，其中高级职称56人。拥有多套国内外知名品牌公路养护和试验检测设备。先后完成西蓝、西宝、铜黄、西阎、西安绕城、西户、渭潼、西汉等2 000多公里高速公路路面、路基养护与桥梁加固工程。

（十一）陕西省渭南路桥工程有限责任公司　1998年1月由渭南公路管理总段所属造船厂、机械站、工程处组建成立。注册资金4 923万元。主要从事公路路基、路面、桥涵、隧道、土石方工程。公司具有公路工程施工总承包二级资质。先后承担101、106、107、201、202、304、305省道和108、310国道改建工程500多公里。公司下设4个工程处、11个分公司。2010年年底，公司有员工1 600人。其中工程技术人员212人，具有高级职称21人。有各类施工设备285台（件），固定资产总值6 668.20万元。

（十二）陕西三秦路桥有限责任公司　1999年4月由西安公路管理总段出资设立，注册资金5 000万元。主要从事公路新、改建和公路养护工程施工，具有公路工程施工总承包二级、市政公用工程总承包二级资质。通过ISO9002质量管理体系认证。先后承担107省道和108、210国道西安境内公路改建施工、公路养护、水毁修复、公路安保、桥梁改建、加固工程及辖区农村公路建设等。2010年年底，公司有职工183人，其中各类专业技术人员83人。公司下设4个分公司。拥有路基、路面、隧道、桥梁、养护工程施工大型配套机械设备，各类施工专用机械设备100余台（件）。

（十三）陕西省成通机械化公路工程有限责任公司　2001年1月21日，由省公路局和陕西省通达公路建设集团有限责任公司联合投资成立。注册资金3 000万元。2002年归属省公路局管理。主要经营公路工程，公路交通安全设施工程、公路养护、园林绿化和公路机械租赁等。具有公路工程施工总承包二级、公路养护一、二类甲级、城市道路园林绿化二级、机电安装三级资质。2010年年底，公司有职工140人，其中中高级职称20人。拥有公路建设养护大型设备100多台套。先后参建工程项目有：榆靖和靖王高速路基工程，褒河一级公路路基、路面改造工程，靖王、勉宁、西汉、黄延、吴子、子靖、蓝商等高速公路交通和养护工程，勉宁、子靖、靖王、西宝等高速公路绿化工程等。总计完成公路路基工程80公里，路面工程40公里，交通安全设施及养护工程1 000公里，道路绿化工程300公里。

（十四）榆林市天元路业有限公司　2001年7月，由榆林公路管理局所属一、二、三工程处组建成立。注册资金3.50亿元。具有公路工程施工总承包一级、公路路基专业承包一级、路面专业承包一级、公路养护工程施工从业一级、市政公用工程总承包三级和公路试验检测丙级资质。2003年通过ISO9001质量管理体系认证。公司成立以来，累计承建各等级公路4 500多公里，其中高速公路3 000多公里，市政道路1 000多公里。完成隧道工程4.80公里，完成各类桥梁施工300多座。2010年年底，公司有员工450人。其中大专以上学历376人；有专业技术职称392人，其中工程系列高级职称52人，中级职称162人。拥有各类机械设备685台（件）。

2006年7月，榆林市天元路业有限公司进行靖安高速沥青路面施工

（十五）陕西明泰工程建设有限责任公司　2001年7月，由明泰集团刘炳强等人出资，经国家住房和城乡建设部批准成立。民营企业。注册地西安市，注册资金3亿元。拥有公路工程施工总承包一级、市政公用工程施工承包一级、桥梁工程专业承包一级、隧道工程专业承包一级、公路路面工程专业承包一级、公路路基工程专业承包一级资质。2002年通过质量、环境、安全体系认证。先后参建陕西省西阎、西蓝、西户、西安绕城、西安咸阳国际机场、西汉、蓝商、青兰、榆神等多条高速公路和多条省道项目施工。先后获中国质量、信誉、服务AAA级企业、诚信企业，中国农业银行AAA级信用企业，全国“双爱双评”先进企业等荣誉称号。2010年年底，公司辖6个分公司，两个控股子公司。公司有员工1 680人。其中高级职称71人，中级职称278人；一级建造师30人。机械设备总功率18.56万千瓦，动力装备率均110千瓦/人，技术装备率均70万元/人。公司资产总值21亿元。

（十六）延安新悦交通工程有限公司　2008年5月经延安市国有资产管理委员会批准成立，国有独资企业，隶属延安公路管理局。注册资本3 000万元。具有公路工程施工总承包二级和公路养护工程二类甲级资质。先后完成工程主要有：延安裕丰延河大桥，延安西过境、云岩至延川、延安至吴起、延安至壶口公路路面工程，洛川至黄龙、延安过境姚店至三十里铺路基工程，安塞经志丹至吴起高速公路试验段等。2010年年底，公司在册人员80人。其中工程技术人员66人，有高级工程师5人，工程师35人。有各类施工机械193台件。

二、监理、咨询企业

（一）陕西省交通工程咨询公司　省交通厅1984年6月批准成立，注册资本400万元。主要承担省内旅游公路规划和施工。1997年起，从事工程咨询监理业务。2007年划归省交通集团管理。具有公路工程监理甲级资质、设计丙级资质、工程咨询丙级资质、房建监理和招标代理资质。2006—2010年承担公路工程监理项目30余个。2010年年底，公司有公路工程监理从业人员400人。其中高级职称14人，中级职称83人。

（二）陕西高速公路工程咨询有限公司　前身为省交通厅1992年5月成立的陕西省公路工程咨询公司。1995年8月划归省高管局管理。2002年7月改制为陕西高速公路工程咨询有限公司，省高速集团控股。注册资金500万元。主要从事公路工程监理、咨询和试验检测。具有公路工程监理、咨询和试验检测甲级资质。通过ISO9001-2000质量管理体系认证。

2006年7月，陕西高速公路工程咨询有限公司监理的西汉高速酉水河特大桥桥梁架设施工

公司先后完成省内外公路工程监理项目约3 000多公里。受交通部、财政部委托编辑出版《世行贷款项目公路工程招标文件范本》和《公路工程施工监理》，为省交通厅编制多套世界银行、亚洲开发银行贷款项目国际招标文件；为国家有关部委和全国25个省（自治区、直辖市）提供有关编标、招标、工程监理、技术培训等咨询服务。参与西三一级公路工程监理和西临、西宝、西安绕城、勉宁、蓝商等多条高速公路建设。先后获交通部授予先进监理单位、“全国优秀监理企业”等荣誉称号。2010年年底，公司有从业人员500人，其中380人持有工程监理资质证书。

（三）陕西公路交通工程监理咨询有限公司　前身为省公路设计院工程监理部。1997年改制为陕西公路交通工程监理咨询有限公司，独立法人企业。注册资金400万元。具有公路工程甲级、特殊独立大桥专项、特殊独立隧道专项监理资质。主要从事高速公路、特殊独立大桥、特殊独立隧道施工监理及相关工程技术咨询业务。通过ISO9001：2000质量管理体系认证。自1986年参与西三一级公路工程监理工作以来，先后承接60余条高速公路项目监理任务，业务遍及全国十多个省（自治区、直辖市）。所监理工程项目多个获奖。其中浙江杭宁高速公路Ⅱ期工程荣获国家优质工程詹天佑奖，陕西铜黄高速蒿庄梁隧道工程荣获国家优质工程鲁班奖。2010年年底，公司有从业技术人员277人。其中高级职称37人，中级职称76人。

（四）商洛正大公路工程监理有限责任公司　1997年10月由商洛公路管理总段监理办公室改制而成。公路工程监理甲级资质。注册资本425万元。先后承担高速公路、干线公路及市政工程等监理任务39项。2010年年底，有职工和监理、试验检测人员150人。其中高级工程师16人，工程师52人。

（五）陕西恒通工程咨询有限责任公司　1998年11月，在原省公路局所属陕西道路勘测设计所和工程监理站基础上成立，注册资金500万元。主要从事公路工程设计、施工、监理、试验检测和公路工程咨询业务。具有工程监理甲级资质和公路工程设计、工程咨询、试验检测三项乙级资质。先后完成蜀河汉江大桥等一批大桥施工图设计，兵马俑至西临高速二级专用公路、108国道汉中境新民寺至纪寨二级公路、316国道汉阴至石泉二级公路、309国道茶坊至宜川二级公路等50余项设计任务。承担省内外14个高速公路项目路基、路面监理任务和多项公路工程质量检测及中心试验室组建业务。2010年年底，公司有职工136人。其中具有高级职称6人，中级职称58人，初级职称44人。

（六）汉中公路工程监理有限责任公司　成立于1998年，隶属汉中公路管理局，国有独资企业，注册资本400万元。公路工程甲级监理资质。主要从事一、二、三类公路工程、桥梁工程和隧道工程业务。先后完成各类工程监理和试验检测项目60余项。2010年年底，公司有职工40人。其中高级工程师16人，工程师28人。

（七）铜川恒远公路工程咨询有限公司　1999年2月成立，为股份制企业，注册资本54万元。具有公路工程监理丙级资质。主要从事公路、桥隧、交通工程、道班房、公路收费站工程施工监理，公路工程招投标培训和技术咨询，公路工程预可研、工可研和工程测量等业务。先后完成208省道二级水泥混凝土路面改建工程、305省道二级公路改建等工程预可研、工可研、施工监理35项，计599.41公里。2010年年底，公司有职工33人。其中高级职称6人，中级职称20人，初级职称7人。

（八）榆林四通工程监理咨询有限公司　原为1999年7月榆林交通局批准成立的榆林交通工程监理有限公司。2005年更名为榆林四通工程监理咨询有限公司，隶属榆林公路管理局。注册资金40万元。具有公路工程甲级监理资质和公路工程试验检测乙级资质。主要从事高速公路、桥梁、隧道等各类工程监理业务。先后参与榆靖、榆蒙、吴子、渭蒲、青兰、洛岔等高速公路建设项目监理，榆马、杨陈、府谷大石等一级公路及204、206、303省道和307国道大中修工程监理。2010年年底，公司有从业人员125人。其中高级职称17人，中级职称40人。

（九）渭南科发公路工程监理有限责任公司　原为1999年12月成立的渭南公路工程中心监理部。2003年12月更名为渭南科发公路工程监理有限责任公司。公司股本金210万元，其中渭南公路管理局持股44.28%，公司职工每人持股2.14%。乙级监理资质。主要承担渭南公路管理局新建、改建及大中修工程监理及试验检测业务。2010年年底，公司有职工25人。其中具有高级职称1人，中级职称12人。

（十）陕西兴通监理咨询有限责任公司　2000年1月成立，陕西路桥集团公司控股子公司。注册资金400万元。主要从事公路工程监理咨询业务。具有公路工程监理甲级资质、试验检测丙级资质。通过ISO9001：2000质量管理体系认证。先后参加榆蒙、西汉、铜黄、凤永、商漫等高速公路，蓝小二级汽车专用公路，316国道城西段二级公路、309国道宜茶段二级公路、303省道延吴段、210国道耀县沮水河大桥和宜君段、303省道延安至吴起公路改建等24项公路工程监理。2010年年底，公司有职工115人。其中高级职称20人，中级职称52人。

（十一）商洛秦岭监理有限公司　原为2000年9月商洛地区交通局批准成立的商洛市道路工程监理咨询所，隶属商洛地区地方公路管理处。2003年7月改制为企业，2007年3月更名为商洛秦岭监理有限公司，归属商洛市交通局管理。注册资金200万元。具有公路工程乙级监理资质。先后承担郭山、色杏公路等9条1 470多公里农村公路和18座桥梁工程监理。2010年年底，公司有从业人员60人。其中高级职称5人，中级职称14人。

（十二）宝鸡市秦通公路工程监理有限责任公司　原为2002年2月宝鸡公路管理局批准成立的宝鸡公路工程监理公司，2006年5月更名为宝鸡市秦通公路工程监理有限责任公司，注册资本60万元，隶属宝鸡公路管理局。具有公路工程丙级监理资质。先后承担宝鸡公路管理局历年大中修工程、水毁修复工程、危桥改造工程，麟游县青莲路、王家山至塔明国防公路改建工程，宝牛公路挡墙加固、路基排水工程及姜眉公路部分工程监理。2010年年底，公司有从业人员44人。其中高级职称11人，中级18人。

（十三）陕西交通技术咨询有限公司　2006年7月，省交通厅批准成立。主要负责省交通厅委托的公路项目前期工作技术经济评审，专项调研报告、规划编制，公路工程设计、施工、管理和招投标等技术咨询，公路建设有关政策、法规研究和项目标准、定额评审等。先后完成省交通厅委托的高速公路、干线公路、运输站场、港口、机电工程等设计审查、咨询任务400余项（次）。2010年年底，公司在职职工26人，聘用专家11人，兼职专家77人。

（十四）咸阳虹达公路工程咨询服务有限公司　2007年，由咸阳秦达公路勘察设计有限公司和陕西咸阳虹桥公路工程监理有限公司合并组建。注册资金400万元。具有公路工程乙级勘察、设计、监理资质。主要从事公路工程技术咨询、设计、监理等业务。先后承接60余项公路、桥梁、隧道等工程项目设计、监理任务。主要有312国道永寿至太峪和亭口至冉店，208省道咸阳至泾阳和209省道乾县至法门寺，淳化段二级公路改建，咸阳渭河大桥加宽改造工程，彬县至旬邑二级公路改建工程等。2010年年底，公司从业人员79人。其中高级职称22人，中级职称35人。

（十五）安康市公路咨询有限公司　2008年3月在原安康公路管理局中心试验室、安康市洪声公路设计所基础上组建而成，隶属安康公路管理局。注册资金400万元。主要经营公路勘察设计、公路工程可行性研究、地质勘探、材料试验、公路工程试验检测、公路工程监理等业务。具有公路勘察、试验检测、监理三项乙级资质。先后完成安康市干线公路路面大中修和水毁修复工程设计、监理及原材料试验任务，蜀河电站316国道迁建改线工程设计、监理，安康公路管理局安保工程和五类桥梁加固项目设计、监理，平利县天书峡旅游公路设计和县城过境路改建设计，镇坪县城过境路工程监理等。2010年年底，公司有职工35人。其中高级职称7人，中级职称17人。

第二章　运输企业

道路运输企业，包括道路客运企业、货运企业、公共客运企业、出租客运企业及道路运输辅助业企业等，在由计划经济体制向社会主义市场经济体制转轨过程中，面向市场，自求发展。原国有道路运输企业实施产权制度改革和公司化改制，或联合、分立，或兼并、破产，或转型、重组，在竞争发展中优胜劣汰。非国有道路运输企业异军突起，在兴衰浮沉中成长壮大。由此，破除传统国有运输经济的一统天下，形成了国有、集体、私营、中外合资等运输企业共同参与、竞争发展的运输市场格局。部分运输企业适应市场变化，突破地区、行业和所有制限制，加强联合与融合，形成一批按现代企业制度运行的道路运输集团制企业，引领道路运输业发展。道路运输企业以市场为导向，调整经营结构，运用现代管理方式和技术，改进和加强经营管理，提高企业管理水平，增强市场竞争实力。经过20年改革、改制和发展，道路运输企业组织模式、法人治理结构及经营方式等显著进步，为促进道路运输业发展发挥重要作用，做出重大贡献。道路运输企业总体以中、小企业为主，缺少大型龙头企业，尤其道路货运企业组织结构散、竞争实力弱的问题突出。部分道路运输企业管理粗放，经营行为不规范。

第一节　客运与货运企业

一、客运类企业

（一）陕西省汉中市汽车运输总公司　原为国营陕西省汉中地区汽车运输公司，成立于1950年，隶属汉中地区交通局。主营客、货运输。1991年有职工2 900余人，客车225辆、9 873座位，货车246辆、1 230吨位。

2010年12月，汉中市汽车运输总公司安全监控中心经升级规范，实现对营运车辆动态实时监控

1993年推行单车租赁承包经营。1996年更名陕西省汉中市汽车运输总公司，并“压货增客”，货运仅保留零担货运

公司。1997年深化企业改革，将原公司机关200多人压缩一半；基层经营单位分别予以“撤、并、转”；重点单位实行风险抵押和租赁承包经营；建立资金结算中心，统一管理资金；启用优秀中青年担当公司及中层领导职位。改革当年实现大幅减亏。在此基础上，继续发展客运，同时开发驾驶员培训、汽车维修、汽车配件经销、乙炔气生产、场地出租等。利用闲置场地，腾出部分车间和办公用房，建成综合商业批发市场，盘活企业资产。1998年公司扭亏为盈，经营收入、职工收入、上缴税费均翻番。1999年有客车455辆、货车10辆；客运线路76条，其中省际线路41条；固定资产原值1.09亿元、净值9 171万元；辖13个运输公司和汽车站、11个多种经营实体。2002年获道路运输企业二级资质。2004年在册职工2 884人，其中在岗1 712人；利税总额855万元。2005年有客车984辆、2.30万座位，总资产1.71亿元；年完成客运量1 399万人次，旅客周转量9.99亿人公里，营运收入8 458万元，实现利润1 730万元；通过ISO9001-2000质量管理体系认证。

2010年，公司有职工2 570人。总资产3.01亿元。有客车861辆、2.12万座位。辖16个客运站。客运线路256条，其中省际线路46条。年完成客运量1 972.70万人次，旅客周转量15.21亿人公里，实现利润1 073.78万元。

（二）宝鸡市宝运汽车运输（集团）有限公司　前身为国营宝鸡市第一汽车运输公司，成立于1951年，隶属宝鸡地区交通局。1991年有职工2 163人，营运车辆382辆，其中客车235辆、货车147辆，资产927.90万元。

1993年实行单车风险抵押承包经营。1995年车辆降至336辆，累计亏损320多万元。1996年推行单车融资租赁承包经营。1997年扭亏为盈。2000年车辆发展到538辆。次年获道路客运企业二级资质。2002年完成公司制改制，更名宝鸡市宝运汽车运输（集团）有限公司。2004年后，相继创建宝鸡—凤翔、宝鸡—陇县等7条省、市级文明客运班线；先后兼并陇县汽车运输公司、凤翔县汽车运输公司、千阳县汽车运输公司、眉县第二汽车运输公司、宝鸡市第三汽车运输公司等企业。2005年有客车731辆、1.66万座位，货车10辆、48吨位，企业总资产1.77亿元。年完成客运量2 344万人次，旅客周转量11.36亿人公里；货运量3.30万吨，货物周转量425.40万吨公里；营运收入1.32亿元，实现利润10万元。

2010年10月，宝鸡市宝运汽车运输（集团）有限公司一批豪华客车投入运营

至2010年，公司主营道路客、货运输，兼营汽车修理、汽车配件销售、城市出租汽车、驾驶员培训、煤炭运销、商场、旅游、饭店等。公司有职工1 859人，下设二级核算单位23个。公司资产原值2.51亿元，净值1.67亿元。车辆1 458辆，其中客车1 000辆。客运线路195条，其中省际线路21条。辖客运汽车站11个，日发班次2 170个。年完成客运量1 791.84万人次，旅客周转量

8.02亿人公里；货运量4.50万吨，货物周转量594.20万吨公里。年营运收入2.10亿元，实现利润12.50万元，上缴税金336万元。

（三）西安市公共交通总公司　前身为西安市公共交通公司，成立于1953年，国营企业，隶属西安市公用事业局。1991年有职工9 949人，营运车辆893辆，营运线路54条，线路总长度698公里。1993年更名西安市公共交通总公司。

1994年起，公司在拓展经营线路同时加强技术进步。是年，营运公交车始试行无人售票，并开通西安至临潼公交班车。1998年，空调公交车上线运营；公交18路更换为天然气汽车运营。2000年，开通西安至华山、法门寺、乾陵3条公交旅游专线；38条公交线路实行持公交IC卡乘车。2002年，市级机关机构改革撤销西安市公用事业局，将该公司移交西安市交通局管理。2003年，贯穿西安市南北公交600路、东西公交300路开通，形成市区公交“十”字骨架线路。2004年，投入1 200万元，与长安客运公司等3家企业联营，成立西（安）长（安）公交有限责任公司，开通320路、321路、322路、323路等条公交线路。2005年，出资并控股西安公交巴士股份有限公司。2007年，移交西安城市基础设施建设投资集团有限公司管理。2008年开通两条总长140.50公里公交环山旅游线路；成立西（安）高（陵）公交有限公司。

2008年5月，西安市公交总公司开展“迎奥运、讲文明、树新风”活动，增强员工职业道德素养，并开通首条奥运公交专线

2010年年末，总公司有职工1.88万人。下辖7个公交公司与客车总厂、教育中心、物资采购配送中心、建管中心及投资集团等12个基层单位，参股、控股企业11家。有营运公交车5 677辆，营运线路195条，线路总长度4 435公里。是年，完成客运量13亿人次，承担了西安市市区78%的公交客运量，为全省经营规模最大的城市公交企业。

（四）宝鸡市秦龙运输（集团）有限公司　前身为宝鸡市第二汽车运输公司，成立于1956年，集体企业，隶属宝鸡地区交通局。

1990年前从事货运，当年增加客运，有客、货车辆171辆，职工892人。1991年进行新一轮承包经营。1993年经营亏损，至1995年累计亏损290万元。1996年组建出租汽车公司，开发煤炭交易等多种经营，开辟宝鸡至陇县、宝鸡至眉县客运班线，恢复宝鸡至四川巴中、仪陇等地客运班线，吸引社会车辆挂靠参营。1997年推行货车融资租赁承包经营。2000年有客、货车159辆、出租汽车185辆，实现扭亏为盈。2001年，与扶风县汽车运输公司、陈仓区汽车运输公司等企业联合组建宝鸡市秦龙运输（集团）有限公司。2002年获道路客运企业二级资质。2005年因多种原因货运终止，客运萎缩，经营陷入困境。2006—2008年，对客运进行公司化改造，组建秦龙高速客运有限公司，从事西宝高速客运；购100辆双燃料出租汽车，壮大出租客运，摆脱经营困境。

2010年，公司有职工427人，固定资产原值1.08亿元，净值8 173.80万元。有客车63辆，客运班线21条。经营范围涉及道路客运、出租客运、驾驶员培训、汽车维修、汽车检测等。是年完成客运量779.80万人次，旅客周转量3.64亿人公里，营运收入7 839万元，实现利润2.49万元。

（五）西安市出租汽车总公司　前身为西安市三轮车管理处。1981年更名为西安市出租汽车公司，国有企业，隶属西安市公用事业局管理。1991年，有职工1 884人，出租汽车349辆。车型主要为波罗乃兹、菲亚特牌小轿车。

2010年1月，西安市出租汽车公司部分营运车辆

1997年，有职工1 254人，出租汽车1 382辆，车型主要为夏利、奥拓牌小轿车。开通公交707路、708路中巴线路，配备中巴车56辆，年完成客运量1 411万人次。2002年，西安市市级机关机构改革，撤销西安市公用事业局，该公司移交西安市交通局管理。2007年，移交西安城市基础设施建设投资集团有限公司管理。

2010年，公司有职工660人，其中中、高级专业技术人员27人。有出租汽车2 454辆，以比亚迪、捷达小轿车为主。是年4月，更名西安市出租汽车总公司，辖一分公司、二分公司、三分公司、中北公司、西旅公司等9家基层单位。有409路、707路、708路3条中巴公交线路，有中巴车94辆，年完成客运量1.10亿人次。是年，公司营运收入1.13亿元，实现利润118万元；固定资产原值2.57亿元，净值1.50亿元。

（六）安康市安运运输集团汽车运输有限公司　原名安康地区汽车运输公司，成立于1958年，国有企业，隶属安康地区交通局。1991年有职工1 336人、客车120辆、货车90辆。主营客、货运输。

1993年，通过申请省交通厅专项补助、银行贷款及企业自筹等，投资1 600多万元，扩建安康汽车客运站。1996年推行营运车辆承包经营，吸纳个体车辆挂靠经营，更名安康地区汽车运输总公司。1997年，推行单车租赁全额抵偿承包经营，扭亏为盈。1998年，通过职工集资、土地置换等方式筹集资金1 400多万元，兴建安康小商品批发零售市场。2001年更名安康市汽车运输总公司。2003年组建安运出租汽车公司。2004年，在册职工1 079人，其中在岗673人；完成客运量228万人次，旅客周转量3.28亿人公里；亏损509万元；净资产2 767万元。2006年改制为安康市安运运输集团汽车运输有限公司，成为经营道路客货运输、汽车维修、汽车配件销售、驾驶员培训、商贸等股份制企业。2009年以占52%股份，控股新成立安康市高速客运公司，参与西康高速客运经营。

2010年年末，公司有职工601人。总资产1.50亿元。有客车150辆、4 755座位，客运线路37条，其中省际线路17条。有厢式零担货车13辆。是年完成客运量175万人次，旅客周转量3.66亿人公里；货运量1.50万吨，货物周转量245万吨公里，营运收入9 000万元。

（七）陕西咸阳运输集团有限公司　前身为国营咸阳市汽车运输公司，成立于1969年，隶属咸阳地区交通局。1991年有职工1 982人。主营客、货运输。

1997年改制为股份制企业，更名陕西咸阳宇通运输集团有限公司。1998年对下属单位实行资产委托经营。2002年，有职工2 013人，总资产1.80亿元，营运收入1.13亿元，利税300万元。有客、货车辆490辆，其中客车331辆。客运线路197条，其中省际线路74条，通达甘肃、四川、宁夏、湖北、河南、山东、浙江、福建、河北、内蒙古等省（自治区）。完成客运量470万人次，旅客周转量4.78亿人公里；货运量2万吨，货物周转量2 039万吨公里。获道路运输客运企业二级资质。是年，复更名陕西咸阳运输集团有限公司，下设8个子公司、11个汽车站，为集客、货运输，汽车修理及配件销售、驾驶员培训、建筑安装、商贸等为一体的跨行业集团公司。

2010年，公司有职工881人，总资产3.46亿元，客车410辆、货车6辆。年完成客运量705.60万人次，旅客周转量8.84亿人公里；货运量4.20万吨，货物周转量605.80万吨公里；实现利税552.80万元。

（八）渭南市汽车运输（集团）有限责任公司　前身为国营渭南地区汽车运输公司，成立于1969年，隶属渭南地区交通局。1991年有职工2 500人，客车280辆，货车29辆。

2006年9月，渭南市汽车运输（集团）有限责任公司渭南汽车站客运班车出站

1992年更名渭南地区汽车运输总公司。1993年起相继实行单车租赁承包、单车风险抵押承包经营。1996年更名渭南市汽车运输总公司。1998—1999年，企业整体改制，以国有投资为主体，吸纳内部职工投资，形成多种经济成分并存资本结构，并更名渭南市汽车运输（集团）有限责任公司。具道路旅客运输企业二级资质。以客运为主，兼营汽车修理与配件销售、餐饮、住宿、货运及信息配载服务等。2000年，实施经营体制改革，放权、让利，建立分权管理格局，促基层单位成为市场竞争主体，企业发展进入新阶段。2005年有客车794辆、2.27万座位，企业总资产1.79亿元。年完成客运量1 672万人次，旅客周转量11.93亿人公里，营运收入7 414万元，实现利润185万元。

至2010年，公司下辖12个客运公司，1个货运公司，1个旅游客运公司，2个城市出租汽车公司；14个汽车客运站和材料供销公司、汽车修理厂及2个控股公司等经营单位。共有职工1 600余人，其中专业技术人员101人；总资产5.90亿元。有客车800多辆，客运线路268条，其中省际线路58条。是年，完成客运量5 189万人次，旅客周转量36.31亿人公里；客运收入2.56亿元。

（九）商洛市汽车运输总公司　原为国营商洛地区汽车运输公司，成立于1969年，隶属商洛地区交通局。1991年有货车132辆、客车133辆。主营客、货运输、汽车维修、驾驶员培训。

1991年实施单车承包经营，吸纳社会车辆挂靠经营。因车辆老旧，经营不善，亏损严重。1993年更名商洛地区汽车运输总公司。1995年卖掉货车，退出货运市场，着力发展客运；推行客车全额抵押承包经营试点。1997年推行客车资产全额抵偿承包经营。1999年实行资产抵偿还本经营，车辆增加，经营扩大，效益提高。是年，成立出租汽车公司。2001年获道路运输企业二级资质。2002年更名商洛市汽车运输总公司。2004年在册职工1 140人，其中在岗450人。2005年后加速车辆更新和车型结构调整。2007年实施客运班线公司化经营改造，之后参与西商高速客运经营。2010年对山阳至西安客运班线进行公司化经营改造。

2010年年末，公司有职工1 000余人。总资产9 356万元。下辖客运、汽车修理、物业、出租汽车、驾校等13个基层单位和3个联营子公司、6个汽车客运站。有营运车辆414辆，其中班线客车382辆，出租汽车32辆。有客运线路136条，其中省际线路36条。是年完成客运量1 058.50万人次，旅客周转量8.47亿人公里，营运收入9 846.50万元。

（十）延安市汽车运输（集团）有限责任公司　前身为国营延安地区汽车运输公司，成立于1969年，隶属延安地区交通局。主营客、货运输。1991年有职工1 782人，客车356辆、货车228辆。

1992年始，公司将4个货运车队合并，成立货运公司，车辆全部实行个人承包。1995年9月成立原油联合运输分公司，有原油运输车50辆，年运量15万吨。多种经营拓展至汽车维修、汽车销售、驾驶员培训、加油、加气、商贸、旅游、医院、装潢、物业、家政等行业。1997年，更名延安市汽车运输总公司。开放公司所属汽车站，建立13个客运服务中心。1998年成立陕西大富豪高速客运有限责任公司，经营西安—延安快速客运。2002年通过ISO9001-2000质量管理体系认证。2003年实施股份制改制，更名延安市汽车运输（集团）有限责任公司。2004年始，先后兼并宝塔区兴运公司、延安通达旅游出租公司等4家企业。2007年成立延运集团高速客运分公司。

2010年年末，公司有职工1 898人，资产10.88亿元。设14个客、货运分公司、10个汽车站、14个多种经营单位。具道路运输企业二级资质。有客车905辆，其中长途客车481辆，短途和城市公交客车164辆，出租汽车260辆。客运线路175条，其中省际线路30条。日发班次1 318个。是年完成客运量516.87万人次，旅客周转量8.78亿人公里。客运收入1.68亿元。

（十一）榆林市恒泰汽车运输集团有限公司　原为国营榆林地区汽车运输公司，成立于1969年，隶属榆林地区交通局。1991年有职工1 472人，客车290辆，主营道路客运。

1992年施行客运线路营收租赁承包经营。1995年施行全额抵偿承包经营。采取企业与员工共同出资购车、吸收社会车辆挂靠等措施，加快车辆更新。是年至1996年，相继向社会开放绥德、清涧、神木等12个司属汽车站。拓展汽车配件和燃料经销、汽车维修、驾驶员培训、汽车检测、宾馆饭店等多种经营。2001年更名榆林市汽车运输总公司。2002年获道路运输企业二级资质。2004—2006年，以产权和职工身份置换为核心，改制为国有参股、职工控股的股份制企业——榆林市恒泰汽车运输集团有限公司。注册资本5 312万元。其中国有股530万元，职工股4 782万元。2004年有净资产1.40亿元，实现利税总额230万元；在册职工2 500人，其中在岗1 800人。2005年有客车1 183辆、3.55万座位，总资产2.43亿元。年完成客运量820万人次，旅客周转量9.84亿人公里，营运收入1.58亿元，亏损410万元。2008年通过ISO9001-2008质量管理体系认证。

榆林市恒泰汽车运输集团有限公司2006年改制为国有参股、职工控股的股份制企业。图为2010年2月4日公司召开二届一次股东代表大会

2010年，获道路运输企业一级资质。公司有职工1 000余人（不含临时聘用人员）。设4个全资子公司、24个客运公司、12个汽车站、12个多种经营单位。主营道路客运、汽车站服务、旅游出租服务、汽车修理、驾驶员培训、汽车检测、汽车销售、广告制作等。有营运车辆1 290辆，其中中、高档车辆占90%。有客运线路535条，其中省际线路235条。年完成客运量1 435万人次，旅客周转量8.67亿人公里。营运收入6.97亿元，实现利润1 082.90万元，利税总额2 337.60万元。职工月均收入2 217元。

（十二）西安市汽车客运总公司　原为国营西安市汽车客运公司，成立于1976年。隶属西安市交通局。1991年，有职工638人，客车133辆。

1998年改制为股份合作制企业，由294名股东交纳等额股份，折股169.40万股，每股1元；更名西安市汽车客运总公司。具二级客运企业资质。2001年，将陕西华龙、西安沣北、西安金盾、陕西秦通等4家运输企业重组为公司控股子公司。2003年，与西安公路交通设施建设有限责任公司联合组建西安城北客运有限责任公司。参股经营西宝、西汉、西康高速客运。2005年，有客车430辆、1.15万座位，企业总资产1.95亿元。年完成客运量723万人次，旅客周转量3.03亿人公里。营运收入7 597.60万元，实现利润143.17万元。2007年，开通西安—户县余下、西安—长安沣峪、西安—蓝田安村等5条公交化客运班线。

2010年年末，总公司有职工205人（不含临时聘用人员），总资产7 404万元，高、中、低档客车500余辆。客运线路33条，其中省内线路10条，省际线路23条。年完成客运量253万人次，旅客周转量2.56亿人公里。

（十三）陕西省旅游汽车公司　成立于1979年，原隶属陕西省旅游局，国有企业。主营旅游客运，兼营汽车修理等。1999年整体划归新组建的陕西省旅游集团公司。时有正式员工478人（不含临时聘用人员），车辆495辆，其中15座以上豪华型客车379辆。

2004年11月，陕西省旅游集团公司利用陕西省旅游汽车公司技术力量、设备等，通过资产重组，组建陕西博凯置业有限责任公司，注册资金800万元，拥有金龙、宇通、尼奥普兰、金旅、沃尔沃等旅游客车360辆。主营旅游客运，兼营汽车美容、维修、配件销售、救援等。下设3个客运分公司、3个全资子公司（陕友汽车俱乐部、陕西三秦旅行社、西安天马国际旅行社）、1个控股子公司（陕西永安运业有限责任公司）、1个汽车修理厂。2005年，公司有客车378辆、1.08万座位，总资产1.83亿元，资产负债率69%。年完成客运量94.26万人次，旅客周转量3.02亿人公里，营运收入9 315万元，实现利润480万元。

2010年，设旅游客运、汽车旅游会务、汽车修理、油料经销等6个分公司，陕西省旅游出租汽车公司、西安天马国际旅行社2个全资子公司。经营范围涉及旅游客运、高速公路班线客运、出租汽车客运、汽车修理、油材料经销、旅行社业务、餐饮等行业。总资产8 000万元。年完成客运量470万人次。

（十四）陕西省西安汽车站　1983年12月成立，国有企业，隶属省交通厅。主营站务服务、旅客运输。1991年有职工274人，其中专业技术人员15人。是年，日平均发送客运班次251个、客运量1万人次。

2003年12月西安汽车站外景。左上图为候车大厅

1996年，发展跨省高速客运和道路专线客运。2003年，出资1 200万元控股陕西省高速公路客运（集团）有限责任公司。推行“进国有站、坐放心车”品牌战略，开发企业文化。2005年，参与西安万寿路汽车客运站建设。2006年，接收并管理陕西省黄河航运开发公司、西安万寿宫酒店。

2010年年末，有职工291人，其中专业技术人员30人，主营站务服务、旅客运输、房屋租赁、小件寄存等。固定资产原值6 347.52万元、净值4 775.91万元。日均发送客运班次610个、客运量1.77万人次。年客运生产营运收入2.53亿元，站务营运收入4 030.50万元，实现利润1 015万元。

（十五）陕西长征运输集团有限公司　前身为汉中长征出租汽车公司，1994年由刘晓春个人投资成立。有职工6人，出租汽车10辆，主营出租汽车运输。

2002年，通过联合，整合南郑、西乡、洋县、城固等县4家县汽车运输公司，形成以道路客运、出租客运、城市公交、旅游客运为主，兼营汽车检测、汽车维修等经营格局。具道路客运企业二级、汽车维修二类企业资质。2003年通过ISO9001-2000质量管理体系认证。2005年有客车579辆、1.35万座位，总资产4 900万元。年完成客运量1 316.60

万人次，旅客周转量5.89亿人公里，营运收入3 056万元，实现利润120万元。

2010年，公司有职工1 941人。总资产2.20亿元。设10个子公司和分公司、7个客运站。有营运车辆1 057辆，其中客车460辆、出租汽车554辆、旅游客车16辆、公交车27辆。有客运线路116条，其中省际线路7条，日发班次800多班。年完成客运量466.50万人次，旅客周转量4.50亿人公里，营运收入7 600万元，实现利润146万元。是年维修汽车6 700多辆次。时为陕南规模较大股份制民营道路运输企业。

（十六）陕西平安运输集团有限公司　前身为陕西平安高速公路客运有限责任公司，1995年由赵宝龙个人出资3 000万元成立，以经营道路客运为主。

公司成立之初，一次性购置依维柯客车20辆，秉“不跟热点跟亮点”经营思路，拓展城镇区间客运，经营规模迅速扩大。2002年获道路客运企业二级资质。相继开通西安至北京、上海、广州、深圳、福州、苏州、杭州、长沙、武汉、昆明、北海、济南、青岛等城市省际客运线路。下设西安城西、三府湾汽车站和杨凌汽车站。2005年，有客车563辆、货车293辆，企业总资产4.28亿元。年完成客运量1 690万人次，旅客周转量12.21亿人公里；货运量22万吨，货物周转量265万吨公里；营运收入3.17亿元，实现利润1 598万元。2007年1月，获道路运输企业一级资质。2008年，更名陕西平安运输集团有限公司。

2010年年末，公司有员工2 328人，大型高档客车及快捷货运车辆900余辆，客运线路136条。其中省际线路104条，省内线路32条。下设长途客运总公司、公交总公司、货运总公司、陕西包茂高速客运有限公司及陕西五环客运有限公司，参股陕西交运运输集团、西汉高速、西商高速、西宝高速和西长公交经营。投资建设西安纺织城客运站。公司所属汽车站日发班次2 000多个，日均发送旅客5.50万人次～6万人次。是年，完成客运量1 000多万人次，旅客周转量13.23亿人公里；客运收入6 000多万元；总资产3.68亿元。时为全省最大民营道路客运企业。

（十七）陕西交运运输集团有限公司　原名陕西省高速公路客运（集团）有限责任公司，隶属省交通厅。1998年9月，经省政府同意，由省交通厅牵头，省交通厅与陕西咸阳宇通集团有限公司、渭南市汽车运输总公司等12户重点运输企业共同出资，按照现代企业制度组建。主营高速公路客运，具道路客运企业二级资质，通过ISO9001-2000质量管理体系认证。2003年9月，省交通厅从该公司退资，由省西安汽车站增资900万元控股。2005年6月，更名陕西交运运输集团有限公司。

2010年，公司有职工600余人，总资产2亿元。下设西安西汉高速客运有限公司、陕西西宝高速客运有限公司、陕西西商高速客运有限公司及万寿路汽车站。有沃

2009年9月28日，陕西交运运输集团有限公司开通西安—甘肃天水豪华客运班线

尔沃、尼奥普兰、现代、凯斯鲍尔等大型豪华客车200辆。有客运线路50条。其中省内线路20条，省际线路30条；日发班次200多个，日发送旅客近7 000人次。年完成客运量63.85万人次，旅客周转量1.96亿人公里。营运收入5 530万元。

（十八）陕西恒丰汽车运输有限公司　成立于1998年，由张建利以个人名义出资，注册资金1 365.67万元，主营班线客运、旅游客运、汽车修理等。

1998年购置2辆凯斯鲍尔客车经营西宝高速客运。次年贷款购进10辆凯斯鲍尔客车，经营西安至延安、榆林、银川等班线客运；以承包、融资等方式，对外发包公司线路，吸收社会闲散资金壮大经营，先后于西安、咸阳、铜川等市设立10个子公司。2004年成立汽车修理厂。2005年获道路客运企业二级资质。是年有客车620辆、1.43万座位，企业总资产1.11亿元。年完成客运量333万人次，旅客周转量3.97亿人公里；营运收入7 771万元，实现利润678万元。2007—2010年，共投资1 000多万元，参与西汉、西成、西宝、西商、西康、西铜、西榆、西延、包茂等9条改制客运班线经营，合作经营西安市区916路、920路、921路、922路公交客运。

2010年年末，公司有员工1 000余人，总资产8 005.50万元，客车400余辆。有客运线路101条，其中省际线路45条，省内线路46条；西安市公交线路10条。是年，完成客运量367万人次，旅客周转量4.37亿人公里，客运收入6 509万元。

（十九）铜川市第一汽车客运有限责任公司　1997年7月，铜川市第一汽车运输公司（1953年成立）施行股份制改制所成立。改制中，经资产评估部门评估确认，剥离第一汽车运输公司客运经营性资产并承担银行债务后，以零资产向自愿出资购买的职工出售；公司共有398名职工出资入股，每人一次性认购最低1 500元股额，共认购股额68.53万元；同时共同出资29.90万元购买2.09公顷土地使用权。1998年11月26日，按照《中华人民共和国公司法》规定，注册成立铜川市第一汽车客运有限责任公司，与铜川市第一汽车运输公司两块牌子、一套人员。

铜川市第一汽车客运有限责任公司经营范围为汽车客运、汽车修理、石油制品经销、汽车配件经销、住宿、停车、出租汽车、旅游等。2001年获道路客运企业二级资质。2002年组建铜川市交通旅行社。2004年有职工944人，其中在岗408人。2005年组建金辉驾校、金豪酒店；受铜川市交通局委托，托管铜川汽车站并投资维修改造。是年，公司有客车227辆、4 823座位，企业总资产6 224.80万元。年完成客运量256万人次，旅客周转量2.56亿人公里，营运收入3 336.10万元，实现利润26.10万元。

2009年投资新建铜川市北关一级汽车客运站；组建铜西高速客运分公司，以51%股权控股经营。

2010年，公司有从业人员716人。固定资产7 500万元。辖6个客运分公司、3个汽车站及出租汽车公司、燃料公司、旅行社、汽修厂、驾校及酒店等基层单位。有客车265辆，客运线路98条，其中省内线路93条、省际线路5条，日发班次780个。是年，完成客运量372万人次，旅客周转量3.74亿人公里；实现利润61万元，上缴税金110万元。

二、货运类企业

（一）陕西省商业储运总公司　隶属陕西省物资产业集团总公司，国有企业，始建于1949年11月，占地23.33公顷。1991年主营仓储、货运，有货车100余辆，主要向陕南运输纺织品、五金、百货等。2003年后拓展现代物流业，先后建成陕西华通物流中心、西安建章路大宗商品物流基地、西安三桥物流基地等5个物流基地，仓储面积逾30万平方米。有铁路专用线长260米，站台货位1.50万平方米。有运输车辆100多辆。属国家3A物流企业、中国仓储协会常务理事单位、中国商业经济学会仓储与物流技术研究会副会长单位、中国仓储协会配送分会副会长单位。2010年，总公司在岗职工600余人，有货车40余辆，主营仓储、运输、配送、装卸、分理、拣选、包装、物流加工、食糖贸易、汽车维修、房地产开发等。下辖8个分公司、5个全资子公司和3个控股公司。通过ISO9001-2008质量管理体系认证。

（二）陕西供销储运贸易有限责任公司　为陕西省供销合作社控股公司，成立于1954年，集体企业。1991年主营公铁联运、仓储。2004年，注册资金1 450万元；有职工173人，其中中、高级专业技术人员14人；资产1.13亿元。主营仓储、货代、公铁联运、物流配送、信息配载、停车、住宿、餐饮服务等。有各类型通用仓库56栋，计3.40万平方米；高温保鲜冷库4栋，计1 250平方米。仓库年货物吞吐能力10万吨。铁路专用线有效长度400米，站台货位48个，年货物吞吐能力20万吨。有16公顷优质苹果基地。下设大兴东路仓储分公司、白杨路仓储分公司、铁路联运分公司。为西安标准股份公司、陕西庆安压缩机公司等提供货运代理、物流配送服务。2005年实施企业改制，计划引进民营资本，但未能实现，部分职工买断工龄自谋出路，部分职工内退，有部分职工留岗。自2010年起不再从事物流配送。

（三）陕西铜川汽车运输公司　前身为国营铜川汽车运输公司，成立于1954年，隶属铜川市交通局。1991年有职工1 400人，客车69辆，货车185辆。1992年更名陕西铜川汽车运输公司。主营道路客、货运输。货运以煤炭为主，年运量约70万吨。1998年，货车减为70辆，仍以运煤为主，年运量降为约30万吨。发展客运经营，挂靠参营客车由29辆增至36辆，新增客运线路4条。试制生产5辆“犍牛31多功能手扶拖拉机”，获杨凌农业科技后稷金奖。2004年，在册职工1 152人，其中在岗310人。2005年因货车老旧且无力更新，全部淘汰，货运停业。2006年后，客车数量续减为28辆，客运线路增至14条，全部为市际营运线路。经营以客运为主，兼营汽车修理、驾驶员培训等。

2010年年末，公司有职工834人，其中在岗139人，下岗695人。企业账面资金6 000万元，累计负债1.10亿元，负债率193%。有客车仍为28辆，主要车型为中通、宇通，有市际客运线路13条。是年完成客运量60.40万人次，旅客周转量6 583万人公里。

（四）西安第一汽车运输公司　原为以道路货运为主的国营运输企业，成立于1963年，隶属西安市交通局。1991年，有职工1 501人，汽车274辆（其中客车35辆），货运挂车94辆，主营货物与旅客运输。

1992年实行单车承包经营，开发多种经营。因决策不慎、经营不善，与美国亚派克公司合资“西安西亚汽车检测设备实业有限公司”经营亏损，引发经济纠纷，公司遂陷困境。迫于无奈，出让公司1公顷国有土地偿还债务。1998—2000年连续发生3起重大客车交通事故，致死55人、伤60人，损失惨重，影响恶劣。经公司党政联席会议决定，并报西安市交通局批准，从2000年2月23日起撤销客运分公司，客车转入陕西省华龙有限责任公司经营管理，公司运输业停产。至2003年8月，账面累计亏损1 978万元，拖欠债务4 625万元。

2005年12月22日，公司与陕西迪普投资集团有限公司签订兼并协议。12月31日，西安市国有资产监督管理委员会批准兼并方案。陕西迪普投资集团有限公司兼并西安第一汽车运输公司后，接收西安第一汽车运输公司全部资产和债权债务，接收并安置全部在册职工。陕西迪普投资集团有限公司主营道路运输、房地产开发、物业管理、物流设备制造和建筑材料制造等业务。

（五）西安第二汽车运输公司　原为1969年为“三线”建设成立的国营货运企业，隶属西安市交通局。1991年，有职工1 177人，货车199辆，主营货物运输。

道路运输市场开放后，因公司经营结构单一、运输车辆老旧、资金周转困难等原因，经营难以为继。1992年与天津汽车工业总公司合作，成立天津汽车工业总公司西安微型车分厂，组装销售天津大发微型面包车。1995年起，相继对营运货车实行单车承包、租赁承包经营，亏损严重。1996年与韩国大宇株式会社合资组建西安西宇运业有限公司，从事客运。1997年4月因微型面包车滞销而组装业务停产。西安西宇运业有限公司经营5年，累计亏损2 000万元，给公司造成沉重负担。2002年6月26日，西安市交通局批复同意该公司职代会和党政联席会议决定，终止西宇运业有限公司合资经营合同。

2005年11月，西安市政府专题会议研究同意该公司依法破产。公司连续18年经营亏损，至2008年4月累计亏损5 061万元，负债6 786万元，严重资不抵债，职工靠政府低保维持生活。2008年5月13日，西安市国有企业改革协调联席会议办公室以市国企改联办〔2008〕3号文通知，西安第二汽车运输公司按照特困国有企业实施职工安置暨依法破产关闭。职工安置基准日为2008年5月31日。西安市国资委、财政局以市国资发〔2008〕426号文对职工安置相关费用及事项予以批复。经西安市劳动和社会保障局审定，符合安置条件人员949人，安置费总额3 900万元。2010年年末，大部分职工安置完毕。

（六）陕西省物资储运总公司　1985年由原陕西省物资局投资成立，注册资金1 066万元，国有企业。时有职工449人。隶属陕西省物资局（1993年改制为陕西省物资产业集团总公司）。主营金属材料、化工轻工原材料、机电产品、建筑材料仓储、中转运输及经销、市场服务。1994年，有职工200余人，货车5辆。由于货源不足，经营管理不善，货运效益较差，货运业务终止。

（七）陕西省粮油储运公司　1992年在陕西省粮食局储运处基础上组建。主营粮食、棉花、食油等农副产品仓储、运输，独立核算，自负盈亏。注册资本298万元，人员24人。1995年参与省粮食储备库（陕西大明宫国家粮食储备库）建设。1997年因无业务歇业，公司牌子保留，其主要资产——铁路油罐车移交陕西省油脂公司。省粮食储备库划转国家粮食储备库后，省粮油储运公司人员分流，大部分进入大明宫国家粮食储备库。2002年省粮油储运公司申请恢复经营，主要业务为物业管理，归属省粮食局后勤中心管理，不再从事道路运输。

（八）陕西省建筑工程汽车运输公司　1993年由陕西省建筑工程总公司投资成立，注册资金1 116万元，国有企业，隶属陕西省建筑工程总公司，时有职工近1 000人，汽车200余辆，下设5个汽车队、1个汽车修理厂。经营汽车运输、汽车保修、汽车改装与测试、汽车配件与建筑材料经销等。自货自运业务占其运量1/3，年完成货运量约60万吨。

2003年，企业整体转制为陕西省建筑路桥工程公司，成为专业道路施工企业。主要从事道路、桥涵、给排水施工与房屋建筑安装，兼营建筑材料经销。设4个分公司和1个机械动力站。路桥分公司设4个路基、路面工程队，1个隧道工程队；建安分公司设2个土建施工队和1个安装工程队；运输分公司设3个运输队；产业分公司设机械修理厂、配件经销部、建材经销部及加油站。

（九）陕西大件汽车运输有限责任公司　1995年9月，由原西安市果品公司离职职工周正松出资成立。主营重点工程成套设备运输，公、铁、水多式联运，进出口货物运输代理，超限运输咨询、监理、方案设计与运输等。

先后承担并完成省内外多项大件运输。2004年中标承担青藏铁路铺架机车运输任务，翻越海拔5 231米唐古拉山，穿越300公里缺氧区，将30余台铺架机车安全运抵青藏铁路施工现场。2006年，购置国内首台长110米、宽8米，有880个车轮，自重380吨，可横向拼接5纵列全自动液压升降转向模块式平板车，单件载重达2 500吨，提升公司大件运输能力。2009年，投资5.30亿元兴建西安新筑集装箱综合站项目。

2010年年末，公司有职工432人，其中专业技术人员38人；总资产1.50亿元。拥有德国曼、沃尔沃、奔驰等各类百吨以上运输和重型牵引车58辆；不同规格吊车15台，总起重能力1 600吨；新置400吨电子液压起升推力装置，可保证大型货物安全升降、平移。在全国设14个分支机构，运输业务遍及18省（自治区、直辖市）。

（十）陕西兴业交通（集团）有限公司　前身为宝鸡市兴业交通发展有限公司，国有独资企业，1998年由宝鸡市交通局投资成立，有职工60人，注册资本1 469万元，固定资产原值1 000万元。隶属宝鸡市交通局。

1998年12月承建宝鸡北环公路和蔡家坡公铁立交桥，2000年竣工，收取车辆通行费。2003年修建卧龙寺渭河大桥，2005年建成通车。2006年投资兴建太白生态园，涉足旅游餐饮业。投资3 490万元，与宝鸡市秦龙运输（集团）有限公司共同组建宝鸡市煤炭交易中心；成立陕西西部物流信息服务有限公司。2007年承建宝鸡客运中心，2009年建成营运。是年，更名陕西兴业交通（集团）有限公司。

2009年6月，陕西兴业交通（集团）有限公司设陕西西部物流煤炭销售有限公司，经营西部物流煤炭交易配送中心。图为交易配送中心一角

2010年年末，公司有职工325人，其中专业技术人员61人；固定资产原值4 068.80万元、净值3 073.50万元。下设陕西西部物流有限公司、陕西西部物流信息服务有限公司、陕西西部物流煤炭销售有限公司、宝鸡市航空服务有限公司、宝鸡高速客运中心站、宝鸡货运汽车站、秦家河大桥收费站、太白生态园、宝鸡市城市零担配送中心、宝鸡市农副产品冷链配送中心、兴业建材公司、房地产开发公司、广告公司等14个经营单

位。经营范围涉及客运站务、公路建设、公路收费、物流服务、民航服务、广告与信息服务、房地产开发、建材经销、住宿餐饮等。

第二节 运输辅助业企业

一、汽车维修与检测类企业

（一）陕西省汉中市汽车修配总厂 前身为汉中地区汽车运输公司保养场，成立于1949年，国有企业，隶属汉中地区汽车运输公司。1991年有职工700余人，其中工程技术人员40人，与北京汽车摩托车联合制造公司、南京汽车制造厂、长春第一汽车制造厂等8家汽车制造厂建立特约服务站。1996年更名陕西省汉中市汽车修配总厂。1997—2003年，先后与南京依维柯汽车有限公司、天津一汽夏利汽车股份有限公司、合肥江淮汽车有限公司、郑州宇通客车股份有限公司、扬州亚星客车股份有限公司等共17家公司分别建立特约维修关系。2004年，被汉中市运管处核定为一类汽车维修企业。

2010年，归属陕西省汉中市汽车运输总公司，二级法人，并整体搬迁至汉中市石马坡，分南、北两个厂区，共占地约5公顷；在册职工416人，其中在岗112人（含中、高级专业技术人员35人）。有固定资产520万元，流动资金140万元。下设苏州金龙汽车服务站、小汽车修理厂、汽车综合性能检测站等8个生产经营单位。拥有各类汽车维修、检测、诊断设备80余台（套），年维修汽车2万余辆次，综合检测汽车1万辆（次）。年产值341.32万元，实现利税17.16万元，其中利润5.16万元。是年7月通过ISO9001-2008质量管理体系认证。

（二）安康市安运运输集团汽车运输有限公司保修厂 原名安康地区汽车运输总公司保修厂，1957年成立，国有企业，1991年有职工285人，其中专业技术人员23人，主营汽车大、中、小修及维护、保养，建有东风汽车股份有限公司、南京依维柯汽车有限公司、广西玉柴机器股份有限公司、东风朝阳柴油机有限责任公司等汽车、发动机特约技术服务站。

2000年，受道路运输市场激烈竞争和西康铁路开通旅客分流影响，公司主营业务每况愈下。保修厂经营结构调整，由单一车辆维修发展为车辆维修和综合批发市场经营。2004年，被安康市运管处核定为一类汽车维修企业。2006年，完成股份制改制，更名安康市安运运输集团汽车运输有限公司保修厂。之后，剥离综合批发市场，并迁至汉滨区巴山东路新厂，生产规模扩大。

2010年，公司有职工72人，其中专业技术人员12人，建有东风、郑州宇通、厦门金龙、广西玉柴、东风朝阳等10余家汽车、发动机生产厂家特约技术服务站，固定资产原值450万元，配备机具、设备32台（套），年维修车辆2 000余辆次，产值350余万元。

（三）宝鸡市秦龙汽车修配有限公司 前身为宝鸡市第二汽车修配公司，始建于1958年，国有企业，隶属宝鸡市交通局。1991年有职工180人，其中中、高级专业技术人员17人。主营汽车修理。

2000年，依照《中华人民共和国公司法》改制，更名宝鸡市秦龙汽车修配有限公司。设依维柯汽车维修车间，小汽车维修车间，综合汽车维修车间，整形、喷漆车间，机械加工车间，依维柯汽车、郑州日产汽车专卖店。成为南京汽车制造厂依维柯、跃进汽车，郑州汽车制造厂帕拉丁、皮卡、MPV汽车，北京汽车制造厂福田、云内汽车，扬州柴油机厂等在宝鸡设立的特约服务中心。2005年被宝鸡市运管处核定为一类汽车维修企业，并成为宝鸡市政府采购中心定点汽车维修企业。

2010年，公司有职工72人，其中，中、高级专业技术人员6人，高级汽车修理工11人，中级汽车修理工6人。汽车维修厂房3 600余平方米，年维修汽车6 000余辆次，营业收入400余万元，实现利税总额12.80万元。公司净资产223万余元。是年，公司被中国汽车维修行业协会评为“全国汽车维修行业诚信企业”。

（四）铜川市公共交通有限责任公司客车大修厂　成立于1961年10月，国有企业，隶属铜川市公共交通公司。1991年有职工60人，其中专业技术人员20人。有固定资产205万元，维修厂房1 023平方米，库房70平方米。汽车保修和检测设备20余台，年维修汽车约5 000辆次。

依托铜川市公交行业发展，汽车维修范围由汽油车发展到汽、柴油车，由公司车辆扩展到社会车辆。2000年完成股份制改制，更名铜川市公共交通有限责任公司客车大修厂。2005年荣获全国汽车维修行业诚信企业称号。2006年引进天然气/汽油双燃料汽车技术，并进行产业开发；被铜川市运管处核定为一类汽车维修企业。2007—2009年，与长春第一汽车制造厂四环发动机制造有限责任公司、长安客车股份有限责任公司、丹东黄海汽车有限责任公司等9家汽车制造企业，建立售后维修服务关系。

2010年，全厂有职工80人，其中中、高级专业技术人员15人；维修厂房1 638平方米，库房96平方米，停车场3 360平方米，汽车保修和检测设备50余台；固定资产净值300余万元。主营大、中型客车、大型货车、小型汽车维修。担负铜川市公共交通有限责任公司260辆公交车维修任务。年维修汽车约1.10万辆次，产值260余万元。

（五）宝鸡市众信汽车销售服务有限公司　前身为国营宝鸡市汽车修配厂，成立于1969年，隶属宝鸡地区交通局。1991年有职工241人，其中专业技术人员26人。

1993年成立上海大众汽车宝鸡特约维修站，与港商合资成立坚宝汽车检测有限公司，开展汽车维修、检测。1997年更名宝鸡市汽车修理总厂。2002年完成股份制改制，更名宝鸡市众信汽车修配有限公司。2003年投资建成上海大众汽车展销厅。2004年，复更名宝鸡市众信汽车销售服务有限公司，投资设立宝鸡众信商用汽车销售服务有限公司、宝鸡宝众汽车销售服务有限公司、宝鸡众信汽车检测有限公司、宝鸡众信出租汽车有限公司等6家控股子公司。2005年被宝鸡市运管处核定为一类汽车维修企业。2008年兼并宝鸡市汽车配件公司、宝鸡市汽车贸易公司。

2010年，公司有职工310人，其中中、高级专业技术人员29人。资产原值2.79亿元、净值1.91亿元。年完成工业产值2.36亿元；销售汽车1 718辆，收入2.07亿元；维修、检测汽车4.58万辆次，实现利润67.60万元。

（六）陕西化建设备吊装运输公司汽车修理厂　前身为陕西石油化工建设公司汽车队，成立于1975年，国有企业。1991年有职工91人，其中专业技术人员18人。隶属陕西石油化工建设公司。2001年完成股份制改制，年维修汽车2 000多辆次，产值510万元，利税67.83万元，其中利润51万元。是年，更名陕西化建工程有限责任公司汽车队。主营

2010年5月，陕西化建设备吊装运输公司汽车修理厂维修车间及汽车维护作业

汽车修理与道路运输。2003年，被杨陵区运管所核定为一类汽车维修企业。2008年，更名陕西化建设备吊装运输公司汽车修理厂。

2010年，该厂有职工69人，其中管理人员21人、工人48人。占地0.68公顷，车间厂房1 296平方米；固定资产原值1 359万元。有各种机具、设备119台（套）。主要从事汽车大修、总成修理、维护、小修及专项修理等。年维修保养汽车3 640辆次，实现利润122万元。

（七）西安航空四站汽车服务有限责任公司　前身为空军西安航空四站进口汽车修理总厂，成立于1983年，国有企业，1991年有职工60人，其中专业技术人员20人，年维修汽车约1 700辆次。1994年与北京吉普汽车有限公司合作建立北京切诺基特约服务站。1998年与南京依维柯汽车有限公司合作建立南京依维柯特约服务站，与长春第一汽车制造厂大众汽车公司合作建立一汽大众、一汽轿车特约服务站。是年，更名西安航空四站汽车服务有限责任公司，成为集汽车维修、销售、配件销售于一体综合性汽车服务企业。2001年通过ISO9001-2000质量管理体系认证。2004年，被西安市汽车维修行业管理处核定为一类汽车维修企业。2005年，被中国汽车维修行业协会评为“全国汽车维修行业诚信企业”。2008年建立东风悦达·起亚4S专营店。

2010年，公司有职工457人，其中专业技术人员76人，年维修汽车4万多辆次；固定资产原值775万元、净值655万元；年产值3.62亿元，实现利润330万元，税金180万元。是年，再获“全国汽车维修行业诚信企业”称号。

（八）宝鸡市纵横汽车销售服务有限公司　前身为宝鸡市八一进口小汽车修理厂，成立于1987年，民营企业，主营小汽车修理。1991年，有职工45人，其中中、高级专业技术人员8人。是年，更名宝鸡市纵横汽车销售服务中心。

1994年建成广州标致汽车纵横服务站。1996年成立神龙富康汽车维修站。1997—1999年，陆续建成猎豹、三菱、东南、风行、现代汽车宝鸡维修站。2001年，更名宝鸡市纵横汽车销售服务有限公司。拥有5 000平方米汽车维修车间、3辆维修救援汽车、130台（套）电脑解码仪、四轮定位仪等汽车检测、维修设备。2005年，被宝鸡市运管处核定为一类汽车维修企业，并成为宝鸡市政府采购中心定点汽车维修单位。

2010年，公司有职工139人，其中中、高级专业技术人员8人。资产原值7 150万元，净值4 000万元，实现利税420万元，维修、检测汽车3万辆次。

（九）陕西省汽车检测站　成立于1991年，隶属省交通厅。是年有职工27人，其中专业技术人员8人。主营机动车综合性能检测。

1995年成立陕西省汽车专用检测仪器设备计量鉴定中心，与省汽车检测站一套机构、两块牌子。负责汽车检测专用仪器设备周期计量检定，并接受委托对新生产的检测仪器设备进行样机试验。2002年增加机动车安全性能检测。成立陕西福沃得汽车仪器技术服务站。2003年，经营结构调整，由最初单一经营机动车综合性能检测，发展为经营机动车综合性能检测、机动车安全性能检测、汽车检测专用仪器设备周期计量检定、汽车维修、汽车尾气治理等。2009年，经省司法厅批准，成立陕西中正机动车物证司法鉴定所，负责机动车技术司法鉴定、事故形成原因分析司法鉴定、事故车辆行驶速度计算司法鉴定。

2010年，全站有职工36人，其中专业技术人员15人。固定资产原值215.65万元、净值110.36万元。经营收入412.04万元。主营机动车综合性能检测、安全性能检测和汽车技术等级评定检测，车辆二级维护检测，汽车检测专用仪器设备周期计量检定，机动车辆技术司法鉴定、事故形成原因分析司法鉴定、事故车辆行驶速度计算司法鉴定等。

（十）子长县南关汽车维修服务有限公司　原名子长县南关汽车修理厂，私营企业，成立于1993年4月，由下岗职工刘德胜投资6万元创办。有职工8人，其中专业技术人员3人。主营汽车修理、配件销售。年维修汽车300多辆次，产值40万元，实现利润4万元，纳税3 000元。

2000—2003年，累计投资500余万元，重建子长县南关汽车修理厂。共建有大车（重型机械）、小车、钣金、喷漆、专用设备等标准化车间16间。在岗职工85人，其中专业技术人员增至28人。购置汽车发动机综合性能检测仪、四轮定位仪、汽车整形机、机动车辆安全性能检测线、移动式农用车和摩托车检测线、超声波零部件清洗机、电脑自动化烤漆房、全自动高纯度轮胎充氮等设备50多台（套）。2003年5月，被延安市运管处核定为一类汽车维修企业。

2007年8月，公司改制为股份制企业，更名子长县南关汽车维修服务有限公司。公司有员工96人；占地1.13公顷，建筑面积8 860平方米；固定资产净值6 000万元，注册资金2 000万元。

2010年，公司有高级工程师2名，工程师、会计师各1名，高级技师、维修技师10名，中、高级修理工40名，初级修理工24名。年维修汽车及机械7 000多辆（台），营业收入1 200余万元，纳税150余万元。

（十一）咸阳鸿运汽车维修服务有限公司　1995年由张学斌投资30万元成立。经营汽车整车修理、总成修理、专项修理、美容装潢、维护救援、保险理赔等。有员工21人，其中专业技术人员15人。配备无线四轮定位仪、电脑诊断仪、举升机、烤漆房等机具设备。年维修汽车约2 000辆次，产值180余万元，毛利润80余万元。

2002年，扩大生产规模，员工增至40人，其中专业技术人员增至31人。年维修汽车4 000余辆次，产值350余万元，毛利润170余万元。2008年，收购咸阳青健汽车商贸服务有限公司，并经昌河汽车、吉利汽车、一汽佳宝、长安汽车等生产企业认证，成立其售后维修中心。2009年，建成集汽车用品销售、车辆装潢、业务接待、监控平台为一体多功能营业厅。

2010年，投资130万元，建成营运汽车二级维护车间，功能先进的烤漆房，博世汽车维修中心站等，扩展机修、钣金作业区1 000余平方米。主营汽车维修保养、美容装潢、保险理赔、道路救援、车务代办。公司有职工105人，其中中、高级专业技术人员

55人；从业人员资格证持证率达80%。年维修汽车8 000余辆次，产值500余万元。是年，经咸阳市运管处核定为一类机动车维修企业。

（十二）陕西百佳汽车贸易有限公司　成立于1997年9月2日，由陕西众兴企业集团有限公司投资，注册资本2 600万元。为长春第一汽车制造厂大众汽车公司西北地区特约经销商及授权“5S”（整车销售、零配件销售、售后服务、信息反馈、二手车交易）店。

2010年11月，陕西百佳汽车贸易公司南二环东段雁翔路汽车经销大厅

公司汽车维修车间建筑面积约1 500平方米。1999年，长春第一汽车制造厂大众汽车公司授权为一汽大众特约服务站。2004年9月7日，通过德国莱茵公司ISO9001-2004质量管理体系认证。是年，被西安市汽车维修行业管理处核定为一类汽车维修企业。2006年，被中国汽车维修行业协会评为“全国汽车维修行业诚信企业”。

2010年，公司有员工127人，其中大专以上文化程度占63%，专业技术人员52人。年维修汽车约3.21万辆次，产值2 247.70万元，专业维修设备、机具主要有自德国进口电脑检测仪器、罗宾奈尔冷媒加注机、汽车外形修复介子机、车辆四轮定位仪等。

（十三）渭南宏业汽车修理有限责任公司　原为国营渭南地区汽车运输公司所属汽车修理厂。1997年，渭南市政府批准渭南地区汽车运输总公司汽车修理厂为股份制改制试点单位。改制后，于是年12月8日成立渭南宏业汽车修理有限责任公司，隶属渭南市交通局。公司全员入股，其中国有股占总股本20%，其余为职工股，实行风险共担，利益同享。2001年，被渭南市政府、渭南市临渭区政府采购中心分别确定为定点汽车维修企业，被渭南市运管处核定为一类汽车维修企业。2009年，投资3 000多万元，在渭南市高新技术产业开发区征地2公顷，新建1 200平方米汽车维修车间，引进大型客、货汽车四轮定位仪、发动机检测仪等设备。

2010年，公司有职工228人，其中中、高级专业技术人员26人；从业人员资格证持证率近70%。有固定资产1 200万元，流动资金512万元。主修一汽奥迪、大众，上海大众、别克，北京现代等汽车，是国内30余家汽车和玉柴、朝柴、潍柴、康明斯、云动等发动机生产企业维修服务站。年产值2 100多万元、实现利润76万元。公司下设西安分公司、蒲城分公司、韩城分公司、合阳分公司等经营单位。

二、汽车改装类企业

（一）陕西汉中客车有限公司　前身为陕西省汉中汽车修理厂，始建于1937年。主营客车改装、制造与销售，东风车系列销售，汽车检测、汽车维修等。隶属汉中地区交通局。

“八五”期间，利用贷款投资3 446万元进行技术改造，具单班年改装1 000辆客车能力。主导产品SHZ6970型、SHZ6700型、SHZ6610型等大、中、轻型系列客车，行销陕西、甘肃、四川、湖北、云南、青海、宁夏、新疆、内蒙古等20多个省（自治区）。1998年生产SHZ6700型空调客车。1999年企业完成公司制改制，更名陕西汉中客车有限公司。

2000年后，国家汽车产业政策调整，企业经营环境变化，产销大幅下滑，加之技术改造投入负债高，流动资金严重不足，经营陷入困境。2003年起，发展“三产”（即第三产业简称）、优化客车、强化维修。2004年在册职工540人，其中在岗210人；亏损748万元，公司净资产4 993万元。2007年主营业务萎缩为汽车检测、维修等，累计亏损8 686万元，负债1.19亿元。是年8月，全国企业兼并和职工再就业工作领导小组将该公司列入破产名单。2008年9月，陕西省汉中市中级人民法院依法宣告该公司破产。

（二）延安汽车工业总公司　原名陕西延安汽车工业联营公司，成立于1958年，国有企业，隶属延安地区交通局。

1991年有职工622人。主营汽车大、小修和维护保养，专用汽车改装。1992年更名延安汽车工业总公司，试制投产黄河10吨自卸车；与第二汽车制造厂、济南汽车制造厂、南京汽车制造厂建立特约技术服务。1993年，与北京吉普汽车有限公司联营成立陕北小轿车维修中心。2000年改装重型自卸车、重型沙罐车、重型油罐车。2003年通过ISO9001-2000质量管理体系认证。2006年改装汽车310辆，生产8种型号抽油机1 200多台。2008年生产“游梁式”抽油机，为陕西省名牌产品。公司经营结构调整，由单一汽车修理发展为“修（理）、改（装）、（制）造”并举，以改装车、抽油机生产为主，形成吸污车、自卸车、运油车、垃圾车、洒水车、灰罐车、锅炉车、沙罐车、道路清障车及修井机等10大类、5～30吨共29种规格车辆改装能力，取得5大类15种型号抽油机生产许可证，具备生产浅油区到深油区多种机械能力。

2010年年末，公司有职工608人，其中在岗313人（含专业技术人员102人）。设有汽车改装、汽车修理、小轿车维修、抽油机生产、东风汽车服务、重型汽车服务、江淮汽车服务以及经销、汽车检测等经营单位。公司固定资产原值4 498万元。各种机具、设备477台（套）。

（三）陕西省商洛汽车改装厂　组建于1969年，占地3.98公顷，建筑面积1.55万平方米。1990年获交通部颁发公路客车生产许可证。1991年，有职工302人，其中中、高级专业技术人员8人；固定资产总额1 175万元。主营汽车修理、改装等。为隶属商洛地区交通局国有企业。下设改装分厂、修理分厂、小轿车修理分厂、东风汽车公司商洛技术服务站、秦东机动车辆综合技术性能检测有限公司、秦东汽车运输有限责任公司6个经营实体。研制、生产产品主要有：CLHB系列常压锅炉，TD6683型中型客车，GC1508型农用运输车，SQZ5060TSL、5061TSL扫路车QD700TCD/QDT1000TCDWH型拖拉机变型运输车等。

2010年，全厂有职工331人，其中中、高级专业技术人员9人。主营汽车改装、修理，兼营汽车销售及售后技术服务等。年完成产值335万元，利润-2万元。有专用、通用、检测设备150余台（套），大吨位压力机、剪板机、折弯机、行吊、磷化设备、烤漆房等，有环行试车跑道、汽车淋雨实验台及汽车A级综合性能检测线，汽车改装厂房

1.30万平方米。

三、汽车与配件经销类企业

（一）西安海纳集团公司　原名西安市运输公司，成立于1950年，国有企业，隶属西安市交通局。主要从事道路整车与零担货运，承担西安三民村铁路专用线物资运输、西安铁路东、西站集装箱运输。

1994年与西安市莲湖区工商局合办西安汽车配件城，并更名西安市运输总公司。1998年改制为股份合作制企业，入股职工1 234人，占在岗职工总数96%。1999年由股份合作制企业转制为公司制企业。2000年更名西安海纳汽车服务有限公司。2001年更名西安海纳集团公司。先后建成小汽车修理厂暨4S服务基地、华清路物流中心；扩建汽车配件交易市场，年交易额逾10亿元；2010年建成汽车配件交易市场新北区，形成商住一体、配套齐全的汽车配件交易市场。

2010年年末，公司有职工1 361人；总资产3.94亿元，净资产6 000万元。经营范围扩展至汽车配件交易市场、物流、超市、物业管理、房地产开发等。年营业收入1.50亿元，实现利润18万元，上缴税金656万元。

（二）陕西省汽车工业贸易总公司　前身陕西省汽车配件公司，成立于1961年，国有企业，隶属省交通厅。1991年有职工287人，其中专业技术人员72人；固定资产原值319.26万元、净值169.15万元。主营汽车、摩托车及配件销售和汽车、摩托车维修。

2003年，陕西省汽车工业贸易总公司在西安设立上海大众4S店。图为4S店大厅

1993年5月，更名陕西省汽车工业贸易总公司，主营汽车、汽车配件及汽车工业相关产品销售、汽车维修。多年来，总公司以促进生产、方便用户、开拓市场、密切产需、加强服务、搞活流通为宗旨，以打造陕西汽车营销行业第一品牌为目标，调整经营结构，拓展经营范围，逐步转向以汽车销售为主。先后在西安、咸阳、延安投资设立上海大众4S店、众秦大众4S店、福腾福特4S店、福秦福特4S店、盛方斯柯达4S店等17家4S店，发展为多品牌集团化汽车销售企业。

2010年，总公司有职工145人（不含临时聘用人员），其中专业技术人员31人；固定资产原值7 474.82万元、净值5 327.50万元。年销售汽车4.74万辆，完成销售收入28.30亿元；维修汽车20.80万辆次，完成产值1.12亿元。

第八篇　行业管理

公路交通行政部门、事业管理机构和社会中介组织，通过分工合作，对全省公路交通活动进行行政管理、经济管理、技术管理与服务，引导公路交通行业持续、快速、健康发展。1991—2010年，公路交通发展，行业范围扩大，改革开放深入，专业分工细化，协作联系加强，推动公路交通行业管理改革、规范、完善和创新。适应社会主义市场经济体制要求，深化公路交通管理体制改革，指导公路交通企业改革，培育发展公路建设市场和道路运输市场，建立健全两个市场运行机制，发挥市场配置资源基础性作用。着力推进开放型、学习型、创新型、责任型行业建设，转变公路交通行政管理职能，规范行政、事业管理机构，完善行业管理规则，着力提高管理效能，促进行业管理科学化、制度化、规范化。改进和创新行业管理方式，综合运用法制、经济和行政手段，加强公路建设、公路养护、道路运输与服务管理，治理整顿公路建设质量、公路收费、公路超限运输、安全生产及市场秩序等方面的突出问题，促进公路交通活动协调、稳定、有序。强化公路交通服务，开发并规范公路出行服务系统，建立公路交通安全监管体系与应急保障机制，提升行业服务品质与应急保障能力，努力为人民群众与社会提供快速、安全、舒适、经济的公路交通服务。

第一章　机构与队伍

公路交通行业管理机构，包括公路交通行政主管部门、事业管理机构和社会中介组织，在公路交通事业改革、开放和发展中演变。公路交通行政管理机构经1993、2000和2008年3次政府机构改革，促进了职能转变、机构精干、运行规范和效率提高。公路事业管理机构逐步推进事企分开，管养分离，整合机构设置，理顺层级关系，强化行业监管职责。道路运输管理机构重点规范管理职责，转变管理方式，控制机构人员，强化行业服务。公路设计、研究等事业机构通过改革改制，逐步进入市场，在竞争中发展。公路规费征收机构随燃油税改革而撤销，人员整体转岗。公路交通社会中介机构与学术团体发展，运行逐步规范。经过20年改革、调整，省、市（区）、县（市、区）公路交通行业管理体系得到完善和规范，公路交通职工队伍人员与结构相应调整，整体综合素质显著提高。在公路交通各个岗位上，广大公路交通职工忠于职守，艰苦奋斗，开拓进取，勇于奉献，为公路交通事业发展做出突出贡献，涌现出大批先进群体。

第一节　行政机构

一、省交通运输厅

原为省交通厅。省政府组成部门，主管全省公路、水路交通事业。负责公路交通发展战略、方针、政策和法规（草案）制定；发展规划、计划编制和实施；交通行业管理和运输组织管理；运输市场和建设市场管理；公路及其设施建设、养护管理；公路路政管理和交通规费征收管理；公路运输经济及技术管理；行业体制改革指导；交通现代化技术开发；交通质量、计量工作管理和监督；厅属单位国有资产管理，以及交通专业人才教育和职工培训等。1991年设办公、政治、劳资、财务、计划、物资、工业、科技、教育、法规、公安、审计、基建等16个处（室）。行政编制110名。

1993年8月至1995年5月，按照全省政府机构改革的要求和部署，省交通厅机构改革以转变职能、理顺关系、精兵简政、提高效率为指导，推进政企分开、政事分开。按照省政府办公厅陕政办发〔1994〕90号文印发的《陕西省交通厅“三定”方案》（“三定”即定部门职能、定内设机构、定人员编制），增加管理地方民航及与省公安厅共同负责高等级公路交通安全管理职能。工作部门经精简、合并，设办公、政治、政策法规、教育劳资、计划、建设、科技质量、财务、经济协调等9个处（室）和纪检（监察）、审计派驻机构。行政编制减为84名。此外，设厅机关离退休人员服务管理所、交通发展研究中心两个直属事业机构。

2000年政府机构改革，以转变政府职能为目标，建立办事高效、运转协调、行为规范的行政管理体系。按照省政府办公厅印发的《陕西省交通厅职能配置、内设机构和人员编制规定》（陕政办发〔2000〕87号），省交通厅新增汽车出入境运输、城市客运、汽车驾培、公路通行费收支管理等4项职能；转变3项职能，即不再直接管理交通工程建设项目质量评估、评优事项；有关行业培训、企业年度会计报表审计等事务性工作，交中介机构；交通企业经营性项目投资、生产计划、运输班线调整等生产经营权交企业。改革后，省交通厅设办公、人事、政策法规、综合规划、建设、资金、科教、劳（动）安（全）等8个处（室）和监察室、审计办、机关党委、离退休人员管理处。行政编制减为51名。改革后机关定岗人员平均年龄45岁，较改革前降低3岁；大专以上学历人员占93.33%；机关1/3以上人员实行轮岗，未定岗的20人通过提前离岗、基层任职等途径分流。

此期间，经省政府批准，省交通厅部分职能与内设机构有所调整。原承担高速公路交通安全管理职能，自2002年1月1日起交省公安厅；原管理地方民航职能，随长安航空公司被海南航空集团兼并重组而取消；城市公交和出租汽车监管职能2007年复移交省建设厅；省交通战备办公室由省经贸委划入；同时增设公路养管处。

2009年3月10日，新组建的陕西省交通运输厅正式挂牌。图为省交通运输厅党组书记、厅长曹森揭牌

2009年政府机构改革，按照建立服务政府、责任政府、法治政府和廉洁政府的要求，适应发展综合运输和大部门体制的趋势，省政府决定组建省交通运输厅，不再保留省交通厅。省交通运输厅于是年3月10日挂牌。

按照省政府办公厅印发《陕西省交通运输厅主要职责内设机构和人员编制规定》（陕政办发〔2009〕71号），省交通运输厅职能有较大调整，整合划入原省建设厅指导城市客运的职责；取消公路养路费、运管费、客货运附加费等项交通规费征管职责；将组织推广公路行业设备新技术、协调闲置设备调剂等职责交事业单位；联系中国民用航空局、国家邮政局驻陕机构；会同有关部门组织编制综合运输规划，承担有关重大问题协调；指导城市地铁、轨道交通运营等工作。

根据职能需要，省交通运输厅设办公、人事、政策法规、综合规划、财务与收费管理、高等级公路、公路、道路运输与客运、安全监督（治超）、科教、审计、交通战备等12个处（室）及纪检组、监察室、机关党委和离退休人员服务管理处。行政编制增至78名。

二、市（区）交通运输局

原为地（市）交通局。地（市）行署、政府组成部门。主管辖区公路、水路交通行政管理。1991年全省10地（市）均设交通局，除西安市交通局编制47人外，其他地（市）交通局编制18~24人不等。行政职能参照省交通厅职能配置，主要是贯彻执行有关公路交通法律、法规、规章和政策、标准，负责辖区公路交通发展战略拟定，规划、计划编制与组织实施，公路建设、养护组织与管理，道路运输组织与管理，汽车维修行业管理，公路交通科技与教育，公路规费征收管理，交通企业管理等。宝鸡、安康等地（市）交通局还负责出租汽车管理。

本志记述断限内历次地方政府机构改革，概因公路交通与地方经济社会发展关系密切，公路事业不断加快发展，行政管理与行业管理任务繁重，因而地（市）交通局均予保留。按照历次政府机构改革原则，地（市）交通局机构改革重点是转变管理职能，推进政企分开，精干机构人员，提高行政管理效能。由于所辖人口、地域面积各异，公路交通发展水平不同，各地（市）交通局编制和机构设置不尽相同，一般设办公、组织人事、计划统计、财务审计、公路、运输、企业管理等科（处）室。

1996年地方政府机构改革，除西安市交通局编制50人外，其他地（市）交通局编制一般16~24人不等，转变、取消或下放职能大体同省交通厅，加强的职能主要是公路交通质量与计量监管、行业安全管理等。部分地（市）交通局新增汽车驾培和出租汽车行业管理职能。大多地（市）交通局与原直属交通企业脱钩，转向行业监管。

2001年10月，随全省全部实现地改市，原地区交通局均改为市交通局。

2002年地方政府机构改革，除西安市交通局行政编制45人外，其他各市交通局编制一般17~27人不等。职能参照省交通厅职能配置，均新增城市公交和出租汽车管理职能。内设机构多有增减与合并，名称亦有改变。如西安市交通局将原承担车辆购置附加费征收管理职能划给市国税局，城市公交和出租汽车管理职能从市公用事业局划入；交通战备职能从市经委划入；新增公路通行费收支管理职能。内设机构除部分名称更改外，新设建设、公共交通等处，并设市交通战备办公室。

2003年3月20日，经杨凌示范区党工委研究，决定成立杨凌示范区交通局，与杨陵区交通局合署办公，负责杨凌示范区、杨陵区公路交通行政管理，业务对口省交通厅。

2009—2010年，各市（区）政府机构改革，原市（区）交通局除杨凌示范区外，均改市（区）交通运输局，职能参照省交通运输厅职能相应调整，取消国务院和省、市（区）政府公布取消的行政审批事项；取消公路养路费、运管费、客货运附加费等项交通规费征收管理职责；划入交通战备职责；加强统筹区域和城乡交通运输协调发展、交通应急管理等职责。

此次改革后，除西安市交通运输局行政编制增至53人，杨凌示范区交通局行政编制6人外，其他市（区）交通运输局行政编制一般17~35人不等，内设机构一般5~7个不等。西安市交通运输局内设办公、组织人事、政策法规、综合规划等11个处（室）。渭南市交通运输局设党政办、资金、路桥、运政等8个科（室），以及内部审计、收费公路管理、公路工程建设管理等3个中心。杨凌示范区交通局按主管业务设置岗位，不设工作部门。

各市交通运输局机构、内设部门、行政编制等见表8-1-1。

陕西省2010年市级交通运输局机构设置一览表

表8-1-1

机构名称	行政编制（人）	内设部门（个）	领导职数（人）		机构名称	行政编制（人）	内设部门（个）	领导职数（人）	
			副厅级	处级				副厅级	处级
西安市交通运输局	53	11	1	23	安康市交通运输局	35	7	0	7
咸阳市交通运输局	33	7	0	5	商洛市交通运输局	22	6	0	7
宝鸡市交通运输局	30	7	0	8	延安市交通运输局	21	7	0	7
渭南市交通运输局	29	6	0	7	榆林市交通运输局	20	7	0	7
铜川市交通运输局	17	5	0	6	杨凌示范区交通局	6	0	0	2
汉中市交通运输局	22	6	0	6	—	—	—	—	—

说明：表中数字为根据各市（区）交通运输局提供资料整理

三、县（市、区）交通运输局

原为县（市、区）交通局。属县（市、区）政府组成部门。主管辖区公路交通行政管理。1991年，绝大部分县（市、区）均设交通局，部分县（市、区）设工业交通局或工业交通办公室、交通办公室。宝鸡市金台区、渭滨区公路交通行政管理职能，分别由区经委或区计划经济局承担。县（市、区）交通局主要职责：编制并组织实施公路交通发展规划和年度计划；公路交通行业管理；公路设施建设、管理和维护；道路运输生产、安全管理；实施交通行业技术政策、标准和规范。一般编制5～24人不等，设综合办、计划财务、公路、运输等股（室）。

1995—2002年，公路交通发展和行业管理任务不断加重，结合地方政府机构改革，部分县（市、区）交通局名称变化，职责与编制调整，总体逐步加强职能配置，精干机构和人员，调整职责关系，规范行政管理。1995年5月，咸阳市成立杨陵区交通局，编制5人，业务对口咸阳市交通局。1996年，定边县交通办公室更名为交通局；神木县交通办公室更名为交通建设局；咸阳市渭城区交通局更名为交通管理中心；吴堡、佳县、横山、靖边等县交通局更名为交通建设办公室。编制有增有减。部分县（市、区）交通局承担出租汽车管理职能。2002年机构改革，西安市莲湖区公路交通行政职能划归区经贸局，新城区交通局职能交区交通运输总公司。佳县、横山、靖边等县交通建设办公室、神木县交通建设局复更名为交通局。随县城公共客运发展，多数县（市、区）交通局新增城市公交与出租汽车管理职能，企业管理职责弱化。

2006年以来，结合农村公路养护管理体制改革，县（市、区）交通局农村公路养护管理职责加强。2010年地方政府机构改革，县（市、区）交通局或交通建设办公室等，相继更名为县（市、区）交通运输局。职能多参照市（区）交通运输局职能配置，多数加强交通应急管理、综合运输协调、交通信息化建设、参与物流发展等职责。西安市莲湖区复设交通运输局；新城区将区交通运输总公司交通行政管理职责划归区经贸局行使。

至2010年年底，全省除西安市新城区外共设有106个县（市、区）交通运输局。行政编制4～24人不等。内设机构参差不一。黄陵县交通运输局行政编制6人，设办公、业务2个股（室）。洛南县交通运输局行政编制18名，设政办、财务审计、公路、运输4个股（室）。杨陵、麟游、宝鸡市渭滨等县（区）交通运输局因编制较少，按主管业务设岗位，不设股（室）。榆林市12个县（区）交通运输局有7个不设股（室）。

各县（市、区）交通运输局机构、行政编制、内设部门等见表8–1–2。

陕西省2010年县级交通运输局机构设置一览表

表8-1-2

地区	机构名称	行政编制（人）	内设部门（个）	领导职数（人）		地区	机构名称	行政编制（人）	内设部门（个）	领导职数（人）	
				处级	科级					处级	科级
西安市	碑林区交通运输局	5	1	2	1	宝鸡市	渭滨区交通运输局	8	5	0	5
	莲湖区交通运输局	10	3	2	3		陈仓区交通运输局	13	4	0	4
	未央区交通运输局	10	2	3	2		凤翔县交通运输局	9	3	0	3
	雁塔区交通运输局	4	1	2	1		千阳县交通运输局	5	3	0	3
	灞桥区交通运输局	7	5	3	3		凤　县交通运输局	11	4	0	4
	阎良区交通运输局	9	3	3	3		太白县交通运输局	8	3	0	3
	长安区交通运输局	19	5	7	2		麟游县交通运输局	6	4	0	4
	临潼区交通运输局	14	4	3	4		陇　县交通运输局	10	3	0	3
	周至县交通运输局	16	7	0	5		眉　县交通运输局	14	3	0	3
	户　县交通运输局	24	7	0	6		岐山县交通运输局	11	6	0	6
	高陵县交通运输局	20	4	0	3		扶风县交通运输局	8	4	0	3
	蓝田县交通运输局	15	4	0	4	渭南市	临渭区交通运输局	10	5	0	5
咸阳市	秦都区交通运输局	6	0	0	4		白水县交通运输局	15	6	0	5
	渭城区交通运输局	7	3	0	4		澄城县交通运输局	8	6	0	5
	兴平市交通运输局	15	0	0	4		合阳县交通运输局	13	6	0	4
	武功县交通运输局	8	4	0	5		大荔县交通运输局	12	4	0	4
	乾　县交通运输局	12	8	0	8		富平县交通运输局	15	9	0	3
	礼泉县交通运输局	13	0	0	4		华　县交通运输局	8	5	0	2
	泾阳县交通运输局	12	4	0	3		潼关县交通运输局	8	8	0	5
	三原县交通运输局	13	0	0	4		韩城市交通运输局	10	5	0	5
	永寿县交通运输局	8	0	0	4		华阴市交通运输局	7	2	0	3
	彬　县交通运输局	7	0	0	4		蒲城县交通运输局	8	6	0	5
	长武县交通运输局	8	0	0	3	铜川市	王益区交通运输局	3	0	0	1
	旬邑县交通运输局	8	0	0	4		耀州区交通运输局	9	0	0	4
	淳化县交通运输局	8	0	0	4		印台区交通运输局	4	0	0	2
宝鸡市	金台区交通运输局	8	4	0	4		宜君县交通运输局	8	0	0	3

续表8-1-2

地区	机构名称	行政编制（人）	内设部门（个）	领导职数（人）		地区	机构名称	行政编制（人）	内设部门（个）	领导职数（人）	
				处级	科级					处级	科级
汉中市	城固县交通运输局	13	4	0	4	商洛市	柞水县交通运输局	12	5	0	7
	佛坪县交通运输局	9	2	0	4	延安市	宝塔区交通运输局	16	1	0	7
	镇巴县交通运输局	10	3	0	4		宜川县交通运输局	8	0	0	6
	勉　县交通运输局	11	3	0	4		黄陵县交通运输局	6	2	0	6
	洋　县交通运输局	13	4	0	1		延川县交通运输局	10	5	0	5
	略阳县交通运输局	10	4	0	6		延长县交通运输局	6	1	0	5
	汉台区交通运输局	9	2	0	4		子长县交通运输局	11	0	0	5
	留坝县交通运输局	7	0	0	4		安塞县交通运输局	7	0	0	6
	宁强县交通运输局	9	2	0	4		志丹县交通运输局	7	0	0	6
	西乡县交通运输局	15	4	0	5		吴起县交通运输局	11	5	0	7
	南郑县交通运输局	10	3	0	4		甘泉县交通运输局	6	1	0	7
安康市	岚皋县交通运输局	10	4	0	4		洛川县交通运输局	17	2	0	7
	镇坪县交通运输局	8	4	0	4		黄龙县交通运输局	13	3	0	5
	平利县交通运输局	12	2	0	5		富　县交通运输局	8	0	0	4
	白河县交通运输局	13	5	0	5	榆林市	榆阳区交通运输局	15	1	0	7
	旬阳县交通运输局	17	4	0	4		神木县交通运输局	12	1	0	4
	汉滨区交通运输局	17	5	0	7		府谷县交通运输局	7	0	0	8
	宁陕县交通运输局	18	4	0	6		佳　县交通运输局	13	0	0	6
	汉阴县交通运输局	11	4	0	5		清涧县交通运输局	12	1	0	17
	石泉县交通运输局	15	7	0	8		绥德县交通运输局	7	0	0	4
	紫阳县交通运输局	12	4	0	7		吴堡县交通运输局	7	0	0	3
商洛市	商州区交通运输局	10	3	0	3		子洲县交通运输局	12	1	0	3
	洛南县交通运输局	18	6	0	5		定边县交通运输局	12	4	0	3
	丹凤县交通运输局	9	3	0	3		横山县交通运输局	9	0	0	3
	商南县交通运输局	9	3	0	3		靖边县交通运输局	6	0	0	3
	山阳县交通运输局	13	2	0	10		米脂县交通运输局	7	0	0	7
	镇安县交通运输局	10	4	0	3	杨陵区	杨陵区交通局	6	0	0	3

说明：表中数字为根据各市（区）交通运输局提供资料整理

第二节 事业机构

一、省属事业机构

（一）陕西省公路局 成立于1954年。1984年8月，经省编办批准，“按县级单位升半格对待”。为省交通厅直属副厅级差额拨款事业单位，负责全省公路养护、管理和农村公路建设。

1995年8月21日，省交通厅印发的《陕西省公路局“三定”方案》（陕交政〔1995〕252号）规定，省公路局主要职责：参与研究制订全省公路发展规划、计划和实施，负责编制公路养建年度计划；负责和指导公路建设管理，检查监督公路工程质量；组织实施国、省道新建改建，并进行技术、质量、投资和工期监管等。事业编制140人。省公路局进行机构改革，机关由210人减为120人，内设处（室）由24个精简为14个。

1998—2005年，全省公路建设规模不断扩大，省公路局在指导公路建、养的同时，组建项目管理处，承担宝牛二级汽车专用公路和勉宁、榆蒙、靖王、吴子、子靖等高速公路项目建设，与延安、榆林两市分别联合承担延塞、榆靖、吴子等高速公路项目建设，并负责建成后收费运营管理。

2006—2010年，按照中共陕西省委、省政府关于高速公路建设管理体制调整重组的决定，原由省公路局直接承担或联合承担建设、运营的高速公路项目，分别移交省高速集团和省交通集团。全省加强公路养护工作会议后，结合调整理顺省、市（区）公路管理工作关系，规范公路工作程序，并进行省公路局机构改革，将原17个内设处（室）精简为14个，着重加强公路行业监管、农村公路建设与服务职责。同时，设路网调度中心、公路检测中心。

2010年年底，省公路局事业编制179人，内设14个处（室）和路网调度中心、公路检测中心、机关后勤服务中心、机关离退休人员服务中心。

（二）中国交通报陕西记者站 1987年4月，根据省编制委员会（简称省编委）陕编发〔1987〕27号文批复，省交通厅建立中国交通报陕西记者站，主要职责是承担省交通厅与中国交通报社交办的宣传报道工作，做好本省交通宣传在中国交通报的统筹策划、组织协调及基层通联网建设。事业编制3 名。经费实行自收自支。1991年12 月，交通部（91）交人劳字795号文下达该站3 名事业编制后，省编委核定的事业编制注销。1998年7 月，根据业务需要，省编办以陕编办发〔1998〕46号文，同意该站增加2名事业编制。1999年6 月，按照省编办陕编办发〔1999〕43号文批复，省交通厅成立宣传教育中心，中国交通报陕西记者站由该中心协调管理。

（三）陕西省交通厅征费稽查局 即省交通厅征稽局。经省政府1987年9月1日批准组建，处级事业机构，隶属省交通厅。在全省地（市）设征稽处，县（市、区）设113个征稽所，并在局、处、所分别设稽查总队、大队和队三级稽查机构，实行统一领导、垂直管理体制。主要职责：宣传公路交通规费征收管理法律、法规和规章；征收交通规费；稽查车辆交通规费缴纳情况等。共编制1 200人。其中局机关编制28人，设办公、征费管理、计划财务、政工、稽查总队等科（室、队）。

随公路交通规费费种增加，省交通厅征费稽查局职责有所调整。1992年10月—1995年1月，增加承担全省道路货运附加费、车辆购置附加费、道路客运附加费征收职责。全系统人员增至1 366名。

2004年12月，依照国务院规定，车辆购置附加税征收管理移交国家税务部门，原设省、市（区）两级车辆购置附加税征收办公室随之撤销，征稽系统173名车辆购置附加税征收人员划转省国家税务部门。

2007年6月12日，省交通厅批准设立杨凌交通征稽处。

2008年12月18日，贯彻国务院实施成品油价格和税费改革的通知，全省交通征稽系统停止公路交通规费征稽，全系统2 234名征稽人员转岗分流安置。共有390名征稽人员先后为省国家税务、地方税务部门接收。2009年12月10日，省编委陕编发〔2009〕21号文批准撤销省交通厅征稽局和所属征稽处、所，原征稽人员整体划入省公路路政执法总队和各市（区）公路路政执法支队，其中有362名征稽人员按自愿和双向选择原则，分流至省高速集团和省交通集团，从事高速公路收费与运营管理。至此，原交通征稽系统改革与人员转岗安置全面完成。

（四）陕西省交通厅基本建设工程质量监督站　1988年1月18日，经省编办同意，成立陕西省交通厅基本建设工程质量监督站，即省交通厅质监站，为省交通厅直属县级事业单位，编制30人。主要职责：负责全省公路、水运工程质量监督；参与工程竣工验收；受理质量投诉，仲裁质量争议；参与质量事故处理；承办工程监理、试验检测单位、人员资质审查与检验等。内设工程监督、综合技术、市场管理3科。管理经费从监督项目依概算一定比例提取。

1995年8月，省交通厅机构改革实行政事分开，将厅质监站划归省公路局管理，负责全省公路工程质量监管，机构名称、性质、建制及经费来源不变。

“十五”期间，根据公路建设规模扩大、建设质量监督工作迫切需要加强的实际，2004年，省交通厅决定将厅质监站由省公路局划出，复由省交通厅管理。2005年，增加交通重点工程施工安全监督职责。

至2010年年底，省交通厅质监站事业编制增至34名。设工程监督、综合技术、市场管理、安全监督、工程检测及办公室等6科（室）。

（五）陕西省交通厅交通工程定额站　1989年5月，经省编委陕编发〔1989〕065号文批准，成立陕西省交通厅交通工程定额站（简称省交通厅定额站），县级事业单位，人员编制20名，经费实行自收自支。内设定额管理、造价管理、综合技术、行政办等4科（室）。与省公路勘察设计院合署办公。主要职责：承担全省公路、水运工程概、预算定额编制，大、中型工程项目造价文件审查，参与大、中型工程项目技术经济评估，工程材料价格调查、信息发布，交通工程概、预算人员资质管理等。

1995年8月21日，按照政事分开的要求，省交通厅将省交通厅定额站划归省公路勘察设计院管理，原机构名称、性质、级别、职责、编制及经费渠道不变。

2010年年底，省交通厅定额站内设机构不变，在册人员23人。

（六）陕西省交通厅利用外资项目办公室　1989年10月31日，经省编委陕编发〔1989〕142号文批准，成立陕西省交通厅世界银行贷款项目执行办公室（简称省交通厅贷款办），处级事业单位，编制10名，经费从贷款管理费列支。主要职责：研究、拟定全省公路建设利用国外贷款目标和计划，实施美元特别提款权（SDR）贷款和支付，管理利用国外贷款和项目等。

2002年11月，经省编办陕编办发〔2002〕152号文批准，省交通厅贷款办更名为陕西省交通厅利用外资项目办公室，即省交通厅外资办。主要职责：负责全省公路建设利用国外贷款项目申报、准备、谈判、组织、协调、实施和管理。2006年5月，经省交通厅同意，成立陕西省交通外资项目建设有限责任公司，与省交通厅外资办合署办公。

2010年年底，省交通厅外资办（包括外资公司）共有职工62人，其中事业编制15人，企业编制47人。设综合、人力资源、工程、财务、外联等部，并设商漫高速、安川高速2个项目建设管理处。

（七）陕西省交通厅信息中心　1989年10月31日，经省编委陕编发〔1989〕142号文批准，成立陕西省交通厅交通运输经济信息站，县级事业机构，编制20人，经费从车辆购置附加费、养路费列支。主要职责：拟定全省交通信息化规划和年度计划；承担全省交通行业信息化标准规范研究；负责全省交通信息化建设项目立项技术审核、实施技术指导、参与竣工验收；承担全省交通信息化全局性建设任务；负责全省交通行业信息化技术指导及培训；负责省交通厅机关办公网络、行业专网以及远程视频会议等系统运行管理和维护等。

2007年4月2日，经省编委同意，省交通厅交通运输经济信息站更名陕西省交通厅信息中心（简称省交通厅信息中心）。县级事业机构规格和自收自支经费形式不变。编制22名。

2010年年底，省交通厅信息中心设办公、计财、网络管理、信息化管理等科（室），在册人员30人。

（八）陕西省交通厅运输管理局　1990年6月14日，省编委以陕编发〔90〕079号文批准成立陕西省交通厅运输管理局，即省交通厅运管局，隶属省交通厅，县级事业单位，事业编制60名。经费由运输管理费列支。主要职责：负责全省公路客运、货运、搬运装卸、汽车维修、运输服务业管理，以及运输规费征收管理、汽车站点建设等。对10地（市）运输管理处（办）进行业务指导。设办公、政工、客运、货运、法规、企业、机务、计划、财务等科（室）。1993年4月30日，经省交通厅批复同意，内设科（室）精简为6个，即办公、党办（人劳）、机务、运管、计财、监督等，暂增设稽查办公室，事业编制47人。

之后，随道路运输管理职责增减，内设机构多有调整。2002—2007年，城市客运管理职责时增时减，内设城市客运管理机构亦随之设立或撤销。

2009年，按省政府批准省交通运输厅“三定”方案，省交通厅运管局承担经整合划入的指导城市客运职责，同时取消运输管理费征收管理职责。根据业务工作需要，局内设机构由科（室）改为处（室），新设城市客运管理处，承担城市公交、出租汽车管理职责。

2010年，省交通厅运管局事业编制66人，内设客运管理处、货运管理处、综合规划处、资金管理处等17个处（室）。

（九）陕西省交通厅交通发展研究中心　1994年9月1日，省政府办公厅印发《陕西省交通厅“三定”方案》（陕政办发〔1994〕90号），同意组建省交通厅交通发展研究中心，省交通厅直属事业单位，人员编制20名，经费实行自收自支。主要职责：负责研究交通发展战略，参与交通发展规划调研；组织有关交通改革与发展政策研究；组织有关交通发展课题研究工作等。

2004年，承担《陕西省志・公路志》《陕西省志・水运志》续修工作。

2010年年底，设综合办公、交通发展研究2室，并设有陕西省交通史志编纂委员会办公室。

（十）陕西省交通厅驻北京联络处　1995年12月28日，经省编办陕编办〔1995〕84号文批准设立，县级事业单位，编制8人。经费实行自收自支。2010年在编3人。主要工作职责是加强与交通部等有关国家部、委工作联系，促进省交通厅上报国家有关部、委高速公路建设项目审批进度，以及接待服务等工作。

（十一）陕西省交通行业职业技能鉴定站　1997年9月1日，省编办陕编办〔1997〕61号文批复同意成立陕西省交通行业职业技能鉴定站，省交通厅下属事业单位，编制5人，经费实行自收自支。主要职责：组织全省交通行业各工种职业技能鉴定；组织编制培训计划、教学大纲和编写教材，建立职业技能鉴定试题库，设置实际操作考试项目和有关制度；指导各地（市）交通行业职业技能鉴定站工作；组织省级单位及中央驻陕单位汽车驾驶员、修理工等技术工人等级晋升技能考核鉴定；有关工种培训考核等。

2007年10月17日，省交通厅陕交发〔2007〕433号文批准成立省交通专业人员资格评价中心，与省交通行业职业技能鉴定站合署办公。主要职责：全省交通行业职业资格考核认定、注册管理；全省交通行业技术工人及交通行业特有工种职业院校毕业生职业技能鉴定；交通行业工人技师评审及组织交通行业职业技能竞赛等。

2010年年底，省交通行业职业技能鉴定站内设考务管理、资格管理、信息管理、综合办等科（室）。省交通专业人员资格评价中心聘有汽车类考评员30人（兼职），公路类考评员56人（兼职）。

（十二）陕西电视台交通记者站　1997年12月，应陕西电视台要求，省交通厅陕交政〔1997〕401号文批复设立陕西电视台交通记者站，挂靠省高管局，副处级建制，人员暂定3人，经费从公路通行费中列支。该站主要职责是做好省交通厅和陕西电视台交办的交通系统宣传报道工作任务。1999年6 月，按照省编办陕编办发〔1999〕43号文批复，省交通厅成立宣传教育中心，陕西电视台交通记者站由该中心协调管理。

（十三）陕西省交通厅宣传教育中心　1999年6月18日，省编办陕编办发〔1999〕43号文批复同意，成立陕西省交通厅宣传教育中心（简称省交通厅宣教中心）。编制12人，经费自筹。具体承担全省交通宣传教育、精神文明建设和协调管理陕西交通报、中国交通报陕西记者站、陕西电视台交通记者站。

2009年2月，省交通厅设立新闻办公室，与省交通厅宣教中心实行两块牌子、一套人员，日常工作由省交通厅宣教中心承担。

2010年年底，省交通厅宣教中心设办公室、陕西交通报、中国交通报陕西记者站、陕西电视台交通记者站等部门和机构。

（十四）陕西省高速公路收费管理中心　2001年11月11日，经省编办陕编办发

〔2001〕153号文批复同意，成立陕西省交通厅收费公路管理中心，省交通厅直属处级事业单位，编制10名，经费实行自收自支。内设综合管理、财务管理2科。主要职责：贯彻执行国家和省政府关于收费公路管理法律、法规、规章，负责全省公路收费站（点）设置和调整，公路收费标准申报，公路通行费收支计划编制及监督执行，通行费收支预、决算审查，通行费收费票据印制和管理，收费公路撤站还贷平衡资金及收费公路权益管理等。

2004年，全省高速公路收费联网。省交通厅批准收费公路管理中心设省高速公路联网收费协调管理联席会议办公室，与省交通厅收费公路管理中心一套机构、两块牌子，承担联网单位通行费收入资金归集、清分及会计核算，联网系统技术改造、升级与日常维护，通行费收费稽查，联网收费、通讯、监控系统技术规范拟定及监督施行。随陕北高速公路规模扩大，省交通厅2005年批准成立省交通厅收费公路管理中心陕北分中心。

2008年5月，经省编办批准，省交通厅收费公路管理中心更名为陕西省高速公路收费管理中心。人员编制增至36名。

2010年年底，省高速公路收费管理中心设办公、收费管理、财务管理、工程技术、审计监察等5科（室）和陕北分中心。

（十五）陕西省公路局路政执法总队　2009年12月10日，经省编委陕编发〔2009〕21号文批准设立，由随成品油价格和税费改革撤销的原省交通厅征稽局、处、所整建制划转组建。12月12日授牌。隶属省交通运输厅，由省公路局管理。经费为财政差额拨款。主要职责：贯彻实施公路法等公路管理法律、法规和规章，指导、监督全省公路路政管理工作；组织实施路政巡查，管理和保护公路路产；治理公路超限运输；依法制止和查处侵占、损坏公路路产行为；维持公路养护作业秩序；管理公路建筑控制区等。总队下设11个市（区）公路路政执法支队（暂由各设区市交通运输局代管），对省高速集团、省交通集团派驻高速公路路政执法支队，实行直接监督指导。总队机关与省公路局路政管理处合署办公，两块牌子，一套人员，内设综合、政策法规、路产管理、超限运输管理、公路保通等处（室）和直属稽查支队。

二、市属事业机构

（一）市（区）公路管理局　原为省公路局在各地（市）设立的公路管理总段，县级事业机构。1989年5月，省政府改革全省公路养护管理体制，将公路管理总段整建制下放各地（市）交通局，仍承担境内国、省道养护管理。改革后，公路养管计划由各公路管理总段编制上报，省公路局综合平衡，省交通厅审核，再由省公路局下达施行。人员经费与公路养管资金，主要为汽车养路费，由省公路局按编制人数与公路养护管理计划拨付，各公路管理总段使用。

1991年，全省共设10个地（市）公路管理总段。各公路管理总段按县（市、区）共设103个公路管理段，承担县（市、区）境内干线公路养护管理。各公路管理段按养护管理里程设置公路养护道班，全省共设养护道班（养护队）910个，职工总数1.49万人。各公路管理段公路养护管理计划、人员经费与养护事业费，由地（市）公路管理总段下达并监督执行。

1999年，推进干线公路养护机制改革。按照精干、高效原则，依养护里程核定县公路管理段管理服务人员和道班工人编制。公路管理段段部管理服务人员编制，养护里程

600公里以下按每百公里25人核定；600～1 000公里按每百公里20人核定；1 000公里以上按每百公里l8人核定；养护道工按每1.50～2公里1人核定。

2000年9月，根据交通部关于统一规范各级公路管理机构名称的要求，经省政府批准，各地（市）公路管理总段统一规范为地（市）公路管理局，管理关系与职责不变。

随干线公路事企分开、管养分离改革逐步推进，各公路管理局所属工程队、拌和场等大多改制为公司制企业，部分与公路管理局脱钩。各县（市、区）公路管理段逐步推进劳动人事制度改革，推行全员劳动合同制、聘用制，引入竞争机制，实行竞争上岗，人员择优聘用，富余人员转岗分流，或退养、轮岗、待岗。同时调整和优化养护道班设置，组建养护中心或大道班。“十五”期间，继续推进基层公路养护组织结构调整优化。

2006年以来，规范全省公路管理机构设置，调整公路系统工作关系，各市农村公路管理处与市公路管理局合并，由市公路管理局统一管理境内干线公路和农村公路。

2010年年底，全省有10个市级公路管理局，103个县（市、区）级公路管理段，有干线公路养护道班（中心）621个，共有职工1.65万人。公路养护管理系统人员经费与养护事业费，由财政转移支付安排。

（二）市（区）农村公路管理处　1987年，全省地方道路管理机构统一名称，各地（市）所设地方道路管理科改称地方道路管理处，事业机构，负责辖区农村公路养护建设管理，由各地（市）交通局领导。这一体制延至“九五”时期。名称统一后，有的机构独立设置，有的与地（市）交通局公路科为一套机构、两块牌子，对外称处。经费来源由各地（市）从征收的拖拉机养路费中安排。

2000年后，适应农村县际公路、通县油路及通达工程建设要求，地（市）交通局加强农村公路建设管理机构。全省设10地（市）农村公路管理处，有的仍称地方道路管理处，经费来源不变。

2006年起，结合全省大规模农村公路建设，改革和加强农村公路养护管理，规范市级干线公路与农村公路管理机构设置。西安、铜川、安康、商洛等4市农村公路管理处（地方道路管理处）与市公路管理局合并，实行一市一局，统一承担市辖干线公路与农村公路养护管理工作；咸阳、宝鸡、渭南、汉中、延安、榆林等6市分别独立设立农村公路管理处（市公路管理处、市地方道路管理处、市地方公路管理处），承担全市农村公路养护管理工作。机构规格分别有县级、副县级和科级。实行一市一局统一管理模式的，在市公路管理局设县乡公路科，履行农村公路养护管理职责。2009年后，全省农村公路管理机构经费纳入财政转移支付安排。

（三）市（区）道路运输管理处　1991年，全省10地（市）交通局下设道路运输管理处（办），主要负责辖区道路客运、货运、搬运装卸、汽车维修、运输服务的管理和运管费、拖拉机养路费征收管理，经费实行自收自支。西安市交通局、咸阳市交通局分别设有市汽车维修行业管理处，经费由公路运输管理费列支。

1995年6月，为控制道路运输管理机构人员超编和过快增加，省交通厅拟定道路运输机构编制标准并报省编委。1996年10月，省编委下发《关于陕西省道路运输机构编制管理几个问题的通知》（陕编发〔1996〕20号），规范道路运输管理机构名称、职能、级别和人员编制，明确地（市）运输管理机构统一称“××市（地区）道路运输管理处”，县（处）级事业单位。1997年1月1日起，按新机构名称对外办公。人员编制标准按管辖机动车数量配备：2万辆以下10~15人；2万辆以上不足5万辆20~30人；5万辆以上不足10万辆30~40人；10万辆以上可适当多配，最多不超过65人。

2003年，依据《陕西省人民政府关于陕西省公路运输管理费收支管理体制改革方案的批复》（陕政函〔2003〕217号），汉中市由市运输管理处对县（区）道路运输管理所实行人、财、物统一管理，一些地方道路运输管理人员加速膨胀势头得到控制。全省其他市仍实行市、县（市、区）两级分管。

随行政管理体制改革和道路运输市场扩大开放，市级道路运输管理处职责多有变化，先后增加城市公交、出租汽车管理和参与物流管理等职责；取消零担货运线路审批；搬运装卸、货运代理、货运信息配载、汽车租赁等企业设立，由审批制改为备案制。公路运输管理费、拖拉机养路费改燃油税后，规费征收职责终止。2009年，全省城市公交管理职责由城建部门移交交通运输部门，多数市（区）交通运输局将此职责交市（区）道路运输管理处行使，榆林、延安、咸阳、渭南等市单设城市客运管理处（办）。

2010年年底，全省11市（区）道路运输管理机构，除西安市名为交通运输管理处外，其他市均名为道路运输管理处。市级道路运输管理机构经费来源纳入财政转移支付安排。

（四）市（区）交通建设工程质量监督站　1993年，贯彻交通部《公路工程质量监督暂行规定》，经省交通厅批准，在各地（市）交通局设省交通厅质监站分站，承担辖区公路工程质量监督；对50万元以上大、中修工程项目，县乡道路新改建项目，以及省交通厅质监站委托的国道新、改建项目，实施质量监管；业务接受省交通厅质监站指导，经费从监督项目提取。1994—1999年，各地（市）分站先后成立，多为科级事业单位，人员编制5~7人不等。西安市交通基本建设工程质量监督站为正处级事业单位，编制10人。

2002年4月23日，省交通厅陕交建〔2002〕185号文对市交通基本建设工程质量监督站名称进行规范，统一称“××市交通建设工程质量监督站”，但实际执行中尚未统一，宝鸡市为公路工程质量监督站。

2010年年底，全省10市设交通（公路）建设工程质量监督站，在职人员计129人。

全省2010年市级交通运输局所属公路事业机构见表8-1-3。

陕西省2010年市级交通运输局所属公路事业机构一览表

表8-1-3

地区	机构名称	规格	编制（人）	内设机构（个）	人员结构（人）			经费来源
					管理人员	工人	技术人员	
西安市	西安公路管理局	处级	1062	10	346	237	479	财政转移支付
	西安市交通运输管理处	处级	155	18	54	23	68	财政转移支付
	西安市出租汽车管理处	处级	40	6	35	0	0	财政全额拨款
	西安市汽车维修行业管理处	处级	30	5	17	0	13	财政转移支付
	西安市公路工程管理处	处级	25	4	7	0	18	全额拨款
	西安交通基本建设工程质量监督站	处级	14	3	2	0	12	自收自支
	西安市收费公路管理中心	处级	6	0	2	0	4	自收自支

续表8-1-3

地区	机构名称	规格	编制（人）	内设机构（个）	人员结构（人）			经费来源
					管理人员	工人	技术人员	
咸阳市	咸阳公路管理局	县级	1672	17	249	986	440	财政转移支付
	咸旬高速公路管理处	县级	40	5	20	10	10	自收自支
	咸阳市地方道路管理处	科级	25	0	1	8	7	全额拨款
	咸阳市道路运输管理处	副县级	20	4	8	4	4	财政转移支付
	咸阳市交通工程质量监督站	科级	8	0	6	0	0	自收自支
	咸阳市城市客运管理处	科级	20	0	8	10	1	财政全额拨款
宝鸡市	宝鸡公路管理局	处级	1535	13	94	958	233	财政转移支付
	宝鸡市公路建设局	处级	43	7	—	—	—	全额拨款
	宝鸡市道路运输管理处	副处级	70	7	—	—	—	财政转移支付
	宝鸡市公路管理处	科级	25	6	—	—	—	全额拨款
	宝鸡市公路工程质量监督站	科级	8	2	—	—	—	自收自支
渭南市	渭南公路管理局	县级	1215	16	231	1133	245	财政转移支付
	渭南市道路运输管理处	县级	26	9	72	12	55	财政转移支付
	渭南市地方公路管理处	副县级	25	5	20	8	11	全额拨款
	渭南市客运管理处	副县级	5	11	13	56	3	自收自支
	渭南市交通工程质量监督站	科级	15	6	3	2	10	自收自支
	渭南市渭蒲渭河大桥收费处	科级	30	4	17	47	2	自收自支
	渭南市渭富渭河大桥收费处	科级	50	0	16	36	0	自收自支
	渭南市大华公路收费管理处	科级	48	0	8	40	0	自收自支
	渭南市沙王渭河大桥收费处	科级	30	4	13	46	0	自收自支
铜川市	铜川公路管理局	县级	539	8	78	341	120	财政转移支付
	铜川市公路管理处	副县级	17	0	8	1	8	全额拨款
	铜川市交通工程质量监督站	科级	4	0	0	0	3	自收自支
	铜川市道路运输管理处	副县级	50	6	38	7	5	财政转移支付
	铜川市公路收费处	科级	8	2	8	0	0	自收自支
汉中市	汉中公路管理局	处级	1914	15	120	1106	183	财政转移支付
	汉中市交通工程质量监督站	科级	20	4	2	3	13	自收自支
	汉中市农村公路管理处	科级	16	5	8	13	—	全额拨款
	汉中市道路运输管理处	副县级	39	13	15	35	7	财政转移支付

续表8-1-3

地区	机构名称	规格	编制（人）	内设机构（个）	人员结构（人）			经费来源
					管理人员	工人	技术人员	
安康市	安康公路管理局	处级	1738	16	290	1200	248	财政转移支付
	安康市道路运输管理处	副处级	22	0	10	4	8	财政转移支付
	安康市交通工程质量监督站	科级	8	0	2	0	6	自收自支
	安康市公路管理处	科级	14	0	2	1	11	全额拨款
	安康市公路规划设计院	科级	20	0	2	1	17	自收自支
商洛市	商洛公路管理局	县级	1561	15	186	1018	345	财政转移支付
	商洛市道路运输管理处	副县级	16	7	6	2	6	财政转移支付
	商洛市收费公路管理处	副县级	5	0	1	1	2	自收自支
	商洛市交通设计院	科级	13	4	1	3	7	自收自支
	商洛市交通建设工程质量监督站	科级	17	3	1	4	11	自收自支
	商洛市交通技术质量管理站	科级	7	0	3	0	4	自收自支
延安市	延安公路管理局	县级	2076	14	228	1496	352	财政转移支付
	延安市公路管理处	县级	42	5	16	4	33	全额拨款
	延安市公路建设工程管理处	县级	20	0	10	1	0	全额拨款
	延安市道路运输管理处	副县级	38	7	25	0	0	财政转移支付
	延安市城市客运出租车辆管理办公室	科级	17	0	35	2	0	财政全额拨款
	延安市交通工程质量监督站	科级	19	0	—	—	17	自收自支
	延安市公路勘察设计院	科级	18	0	2	2	14	自收自支
榆林市	榆林公路管理局	县级	1887	18	455	1080	352	财政转移支付
	榆林市城市客运管理办公室	科级	98	—	16	31	4	差额拨款
	榆林市农村公路管理处	科级	78	—	7	20	48	全额拨款
	210国道榆林收费管理处	科级	230	3	35	198	8	自收自支
	榆林市道路运输管理处	副县级	72	9	33	33	22	财政转移支付
	榆林市交通工程质量监督站	科级	16	—	—	1	15	自收自支
	府店一级公路收费管理处	科级	160	—	20	—	—	自收自支
杨凌示范区	杨陵区道路运输管理所	副科级	21	0	4	17	0	财政转移支付
	杨陵区公路管理站	副科级	30	0	4	15	9	全额拨款

说明：表中资料根据各市（区）交通运输局提供资料整理。其经费来源，以机构批准设立、调整时文件规定为准记述

三、县属事业机构

（一）县（市、区）农村公路管理局（站） 1991年，全省县（市、区）交通局下设地方道路管理站（所、股）103个，各管理站（所、股）承担辖区县道和部分乡道养护管理，按养护里程设养护道班（队）1 466个，共有职工与建勤代表工1.52万人，养护里程1.29万公里。经费主要来自拖拉机养路费。

随着农村公路建设加速和养护管理工作加强，“九五”期间，完善农村公路管理，部分县（市、区）在有条件的乡镇设交通专干或交通管理站，由所在乡镇管理，业务受县（市、区）地方道路管理站指导。户县交通专干由乡镇政府推荐，县交通局统一考试，县人事局批准后聘用；与乡镇政府签订3年期聘用合同。聘用期满后，根据工作需要和本人表现决定解聘或续聘。交通专干工资由县交通局和乡镇政府按6∶4比例分担。一些县（市、区）乡镇交通专干因受无编制、无正常经费渠道及工资收入低等影响，陆续辞职或流失。

2006—2009年，全省农村公路养护管理体制改革基本完成后，共有104个县（市、区）设立农村公路管理局（站），多为副科级事业单位，经费由县级财政负担。其主要职责是：承担农村公路养护管理，拟定农村公路养护建议计划并组织实施；组织养护工程招投标和发包工作；检查验收农村公路养护质量；负责农村公路路政管理。部分县（市、区）农村公路管理局在乡镇设农村公路管理所，承担乡道养护管理，指导村道养护管理。

2010年12月，周至县共设有22个乡镇养护站，养护乡村公路1 950公里。图为集贤镇乡村道路养护站

2010年年底，全省104个县（市、区）级农村公路管理局（站），设养护道班（工区）1 330个，养管人员5.20万人。养管人员中管理人员7 000人，养护生产人员4.50万人，养护农村公路13.44万公里。

（二）县（市、区）道路运输管理所 前身为县（市、区）交通局设公路运输管理站。1991年，全省有县级道路运输管理站108个，乡镇分站271个，运输管理人员2 850人。主要承担辖区客运、货运、搬运装卸、汽车维修、运输服务业管理及公路运输管理费、拖拉机养路费征收管理。经费由公路运输管理费列支。

1996年，按照省编办关于道路运输机构编制管理等问题的通知，全省对道路运输管理机构名称进行规范，县（市、区）道路运输管理站统一规范为道路运输管理所，科级事业单位。人员编制按管理每百车机动车数量核定：10万辆以上为每百车0.50～0.60人；5万辆以上不足10万辆为每百车0.55～0.70人；2万辆以上不足5万辆为每百车0.60～0.80人；2万辆以下为每百车0.70～0.90人。施行过程中，受事业单位用人制度改革缓慢等因素制约，人员进入控制难，部分县（市、区）道路运输管理所人员膨胀，超编严重，经费短缺，运转困难。

2003—2008年，县（市、区）道路运输管理所职责几经调整，部分道路运输管理所增加城市公交、出租汽车、汽车驾驶员培训等管理职责，弱化直接管理企业职责。2009年实行燃油税改革后，县（市、区）道路运输管理所征费管理职能取消，原征费管理人员内部消化。

2010年年底，全省107个县（市、区）道路运输管理所，设171个分所（站），管理人员8 352人。经费来源为财政转移支付。

第三节 社 团

一、学会

（一）陕西省公路学会　成立于1983年7月。全省公路交通科技工作者和单位自愿结成并依法登记注册的学术性、公益性社团。挂靠省交通厅，业务接受陕西省科学技术协会管理，并接受中国公路学会指导。设刊物编辑、学术与科普、咨询、青年等4个工作委员会，道路、桥梁、隧道工程与工程地质、筑路机械、规划、计算机、工程造价、交通工程、汽车运输、公路环保与可持续发展、公路养护与管理、高速公路运营管理等12个专业委员会。拥有省公路局、长安大学、中交一公院、省高速集团等30个团体会员单位，2 328名个人会员。编辑出版内部刊物《陕西公路科技》《陕西公路造价》。

（二）陕西交通会计学会　1985年11月8日，经省交通厅（陕交财字〔1985〕275号）批准成立。全省交通系统会计科学研究学术性群众团体，陕西会计学会团体会员。隶属省交通厅。主要职责：学术研究与交流、人才培训、咨询服务等。学会设学术交流、智力开发、咨询服务、秘书处等4个小组。编辑出版内部刊物《陕西交通会计》。

（三）陕西交通审计学会　1993年1月4日，经省民政厅陕民社发〔1993〕103号文批准成立，为全省交通系统内部审计科学研究群众学术团体，中国内部审计师协会交通分会团体会员。主管单位陕西省社会科学界联合会，挂靠省交通厅。主要职责：组织审计理论研究和学术交流活动；编写审计案例，推广交通审计工作理论成果；举办学术讲座，交流审计工作经验；开展审计干部培训及审计咨询服务等。

二、协会

（一）陕西省道路运输协会　1993年2月23日，省交通厅陕交劳〔1993〕068号文批复同意，省民政厅1995年2月15日陕民社发〔1995〕35号文批复成立。隶属省交通厅。主要职责：发挥协会在政府部门和道路运输经营者之间的桥梁作用，促进全省交通系统国营、集体、个体多种经济成分、多种经营方式共同发展；推动与其他行业合作、技术交流，发展横向经济联合；开展咨询服务、人员培训等。协会常设机构秘书处，下设综合、评审、培训、编辑等机构，并设汽车维修检测、出租汽车2个分会。编辑出版内部刊物《陕西道路运输》。

（二）陕西省交通企业协会　前身为陕西省交通企业管理协会，1985年10月经省民政厅批准成立。隶属省交通厅。主要职责：为交通企业服务，向交通主管部门反映企业意见与要求，指导企业升级、开展全面质量管理；组织企业管理人员交流、培训等。2004年7月经重新登记，更名陕西省交通企业协会，有专兼职工作人员4人。2008年因经费困难等因解散。

（三）陕西省交通作家协会　2007年6月28日，经陕西省作家协会陕作函〔2007〕8号函批准成立。全省交通系统群众性文学专业团体，省作家协会团体会员，省作家协会交通行业分会。隶属省交通厅，接受省作家协会领导。作家陈忠实、贾平凹、肖云儒、莫伸担任协会顾问。协会有会员100余人。主要业务：组织交通作家创作交通题材文学作品；扶植交通文学新生力量；组织文学采风、笔会、作品研讨等活动；不定期出版协会会刊等。

（四）陕西省国防交通协会　2006年3月9日，经省民政厅陕民办发〔2006〕39号文批准成立，是由与国防交通有关的单位参加的军民结合的专业性、全省性、非营利性社会团体。业务主管单位省交通厅。主要任务：承担国防交通重要课题研究咨询；开展国防交通教育，组织或参加有关交流活动，举办专题培训；协助或参与国防成果评议鉴定；协助拟定国防交通政策、法规等。

第四节　职工与其他从业人员

据统计，1991年，全省公路交通职工总数8.73万人。其中国有经济单位职工6.99万人，集体经济单位职工1.74万人。

随着公路交通不断发展，行政、事业单位与企业改革深入，全省公路交通职工人数呈动态变化，不同门类人员构成时有增减，职工人数总体减少。1998年，全省公路交通系统年均职工人数，由1991年8.48万人，减至8.20万人，减幅3.37%。职工人数构成中，公路建筑人员、公路养护人员、公路养路费征稽人员和国家机关工作人员增长较快。其中国家机关工作人员由1991年5 408人增至1.01万人，增幅86.66%。随着公路交通企业加快走向市场，改革、改制、转产或破产、兼并，企业人员有较大幅度减少。与1991年比较，集体经济单位人数由1.74万人降至6 655人，减幅61.65%；公路工业企业由5 273人减至3 980人，减幅24.52%；交通运输企业由3.31万人减至2.97万人，减幅10.28%。其中国有经济单位在岗职工6.30万人，离开单位仍保留劳动关系的员工1.23万人，其中属内部退养的3 309人。

1999年起实施西部大开发战略，公路交通加速发展，年均职工人数总体增加。2003年全省公路交通职工增至9.75万人后，至2005年总体维持这一水平。职工人数构成中，国有经济单位年均职工人数6.83万人，其中在岗职工6.42万人，离开单位仍保留劳动关系员工1.15万人，其中属内部退养的2 877人。公路建设、设计、咨询管理企、事业单位员工人数大大增加。汽车运输国有经济单位职工则不断下降，2005年减为1.23万人。公路养护职工人数变化不大。国家机关工作人员增至1.26万人。2005年年底，全系统聘任公路、汽车、机械、经济管理、会计、统计、教育、卫生、档案等类技术人员1.42万人。其中正高级职称17人，副高级职称201人，中级职称632人，初级职称567人；专业技术工人2 510人。

立足建设高素质高速公路职工队伍，陕西省交通运输厅规范高速公路系统劳动用工制度。图为2010年1月1日在陕西省高速公路建设集团公司西宝分公司举行规范劳动用工暨劳动合同签订大会

公路交通快速发展，创造就业岗位，促进专业分工，拓展行业范围，除职工队伍人数稳中有增外，其他公路交通社会从业人员持续增加。据统计，2005年年底，全省道路运输从业人员（不含城市公共交通与出租汽车从业人员）44.97万人，比始有统计的2001年29.99万人增加14.98万人，增幅49.95%。道路运输从业人员中，从事道路客、货运输从业人员34.98万人，汽车维修从业人员7.59万人。公路建设社会从业人员无统计，故不详。

2006—2010年，全省公路交通持续加快发展，公路交通企业改革进一步深化，加之统计口径变化，职工人数及其构成变动较大。其中2006年达到峰值，为10.40万人。按单位性质分，企业6.22万人，事业3.95万人，机关2 348人；按职工构成分，在岗职工8.06万人，离开本单位仍保留劳动关系职工1.80万人。2007年全省公路交通职工总数降至8.99万人，2008年起又有所回升。

至2010年，全省公路交通职工总数为9.51万人。其中，企业5.35万人，事业3.92万人，机关2 384人；在岗职工8.44万人，离开单位仍保留劳动关系员工1.06万人。职工总数中，道路运输6.49万人，城市公共交通6 460人，建筑业5 228人，科学研究与技术服务1 857人，公共管理和社会团体1.15万人。

此期，公路交通其他社会从业人员，仍随着公路建设规模扩大和道路运输不断发展而增加。2010年年底，全省道路运输从业人员（含城市公共交通与出租汽车从业人员）约74.94万人。其中，从事道路客、货运输从业人员50.88万人，城市公共交通与出租汽车从业人员10.73万人，汽车维修8.23万人。

第五节　先进群体

一、全国五一劳动奖状获得单位

（一）陕西省路桥工程总公司第三工程公司第一工程队　全队职工219人。以承担公路桥梁施工为主。先后承建西三一级公路渭河大桥、泾河大桥、赵氏河大桥，202省道澄城县西河大桥，广（州）珠（海）高速公路B2D高架桥、福建漳州大型互通式城市立交桥等15座桥梁，并攻克多项桥梁施工技术难题。1984—1996年完成产值1.70亿多元。重合同、守信誉，承建工程质量全部达到优良。通过革新施工工艺，推广新技术、新设备，节约工程投资390余万元。多次被省交通厅、省公路局评为先进单位。1997年，中华全国总工会授予全国五一劳动奖状。

1997年5月，咸阳市总工会、市交通局举行仪式，庆贺咸阳公路管理总段秦渭公路管理段沣桥女子道班荣获全国五一劳动奖状荣誉，并奖励每位道工自行车一辆

（二）咸阳公路管理局秦渭公路管理段沣桥女子道班　原为咸阳公路管理总段秦渭公路管理段沣桥女子道班。共有职工6人，承担312国道咸阳市南大门出入口7.50公里公路养护。该段日均车流量2万多辆次。全班坚持常年精心养护，年清扫路面合计达1 920多公里，清理堆积物2 400立方米，清理水沟288公里，维护绿化平台3 841米，养护路段始终保持整洁、通畅，平均好路率85%以上。1995—1997年，连续三年保持省公路局"全优道班"称号。1997年，中华全国总工会授予全国五一劳动奖状，为是年全国公路交通系统获此殊荣6个公路道班中唯一女子道班。1999年获交通部"全国文明道班"称号。2000年，全国妇联授予"全国巾帼文明示范岗"称号。

（三）陕西省高速公路建设集团公司西渭分公司渭南管理所　担负临渭高速和秦始皇兵马俑专线共62公里公路收费、养护、路政管理任务。共有职工138人。坚持科学管理、文明服务，连续4年超额完成通行费收取任务。至2000年底累计收取通行费近3亿元。先后被中共渭南经济开发区党委、管委会授予"区级文明单位"称号，被中共渭南市委、市政府授予"市级文明单位"称号，所辖路段被中共陕西省委、省政府评为"省级文明路段"，被共青团陕西省委、省交通厅评为"青年文明号"示范路段，授予管理所"青年文明号"称号，并获中共陕西省委、省政府授予的"省级文明单位"称号。2001年，中华全国总工会授予全国五一劳动奖状。

陕西省交通厅征费稽查局一手抓征费管理，一手抓队伍建设，获征费与文明创建双丰收。2004年4月获中华全国总工会授予的全国五一劳动奖状荣誉

（四）陕西省交通厅征费稽查局　承担全省公路养路费等交通规

费征收工作。共有职工2 290余人。始终坚持从严管理，依法征费，文明服务，自1987年组建以来年年超额完成公路交通规费征收任务。至2004年，累计征收公路交通规费和车辆购置税（费）175.92亿元，连续3次被交通部、国家人事部命名为“全国交通系统双文明建设先进单位”，连续15年受到省政府通报表彰。5度被中共陕西省委、省政府和省交通厅分别命名为“创佳评差”活动最佳单位。先后荣获中共陕西省委、省政府授予的“陕西省先进集体”称号，省政府授予的“陕西省法制工作先进单位”称号，交通部授予的“全国交通系统文明行业”称号。2004年，中华全国总工会授予全国五一劳动奖状。

（五）西安市公共交通总公司　共有职工1万多人，设8个营运公司及客车总厂等11个基层单位，另有3家合作企业。紧抓优先发展城市公交机遇，改革创新，拓展经营，提升服务，强化管理，取得社会效益和经济效益双丰收。2002—2004年三年期间，更新公交车辆1 017辆，新建公交候车棚322个，更新公交站牌1 300个。每年开辟新线、延伸、调整线路25条，实现全市大街小巷有公交线，万人住宅小区有始发站，公交线路平均每3分钟发1辆车，市区500米之内有公交站，极大方便市民出行。2004年，公交营运线路发展到159条，营运公交车辆发展到2 700辆，年营运收入增至3.95亿元，职工年平均收入增至1.34万元，企业固定资产达到5.01亿元。基层公司获省级文明单位2个、市级文明单位5个、区级文明单位2个。企业先后荣获“省级先进企业”“国家建设部竞赛活动先进单位”“全国服务系统思想政治工作先进单位”“全国模范职工之家”等20多个荣誉称号。2004年，中华全国总工会授予全国五一劳动奖状。

（六）陕西省交通运输厅　2005年以来，以科学发展观为指导，以“发展现代交通，奉献一流服务”为宗旨，坚持紧抓机遇，深化改革，扩大开放，调动和发挥各方面积极性与创造性，实施跨越式发展战略，全面持续加快公路交通发展。调整、重组高速公路建设管理体制，改革干线公路养护管理机制，改革农村公路管理养护体制，实现体制创新。公路建设实行“一个龙头、两个重点”，完善发展规划，加大建设投资，精心组织实施，连续掀起高速公路建设高潮；全面推进干线公路改造改善，组织实施以通村油（水泥）路为重点的农村公路建设。四年公路交通投资累计完成1 100亿元，全省公路总里程达到13.10万公里。建成高速公路2 466公里，居西部第一，提前一年实现市市通高速目标，建成一批在国内外有重大影响的公路、桥梁和隧道工程。至2008年年底，新改

2009年4月荣获全国五一劳动奖状荣誉的陕西省交通运输厅，全面持续加快全省公路建设。图为是年11月23日召开全省高速公路冬季大干动员会，推进掀起新一轮高速公路建设热潮

建农村公路6.90万公里，农村公路总里程达到11.90万公里，全省乡镇、建制村通畅率分别达到90%和71%，建制村通达率达到86%。通达率和通畅率均超过全国平均水平。实行建养并重，组织大打公路养护翻身仗，全省公路路况路容一新，公路服务上水平。大力推进科技创新，组织行业内外联合攻关，解决一系列公路交通建设管理重大、关键技术，促进公路交通技术现代化、信息化。全面推进责任型、创新型、服务型、廉洁型行业建设，完善行业管理规范，全面推行目标责任制，集中治理公路建设质量、公路超限超载运输、运输市场秩序和行业服务水平不高等突出问题，增强行业执行力、创新力。坚持两个文明一起抓，广泛开展多种形式文明创建活动，建设文明行业。建立健全行业应急保障体系，在2008年抗击冰雪灾害和“5·12”汶川特大地震抗震救灾中，果断决策、快速反应，精心服务，全力保障，确保公路生命线畅通无阻。2009年，中华全国总工会授予全国五一劳动奖状。

二、中共陕西省委、省政府授予“陕西省先进集体”单位

（一）陕西省交通厅征稽局（1997年）

（二）陕西省交通厅综合规划处（2002年）

（三）陕西省公路勘察设计院（2002年）

（四）西安绕城高速公路（南段）工程管理处（2002年）

（五）210国道榆林收费管理处（2002年）

（六）陕西省高速集团西渭分公司（2007年）

（七）陕西省交通厅资金管理处（2007年）

（八）陕西省交通厅基本建设工程质量监督站工程监督科（2007年）

三、人力资源与社会保障部、交通运输部授予“全国交通运输系统先进集体”单位

（一）平利县道路运输管理所（2001年）

（二）榆林交通征费稽查处（2001年）

（三）铜川公路管理局（2001年）

（四）延安交通征费稽查处（2005年）

（五）陕西交通资产经营有限公司蓝小收费管理处（2005年）

（六）铜川公路管理局金锁养护站（2005年）

（七）安康市道路运输管理处（2005年）

（八）陕西省交通厅建设管理处（2005年）

（九）陕西省高速集团服务区管理分公司秦岭服务区（2009）

（十）咸阳市交通局（2009年）

（十一）西安公路管理局（2009年）

（十二）铜川市公共交通有限责任公司（2009年）

（十三）陕西交通职业技术学院公路工程系（2009年）

（十四）陕西省交通医院（2009年）

（十五）平利县道路运输管理所（2010年）

（十六）铜川公路管理局（2010年）

第二章 公路管理

陕西公路交通系统立足于加快发展公路事业，为社会提供快捷、便利、安全、舒适、经济的公路交通服务，不断加强和改进公路管理。20年间，按照建立完善社会主义市场经济体制和公路事业加快发展的要求，在建立并改革实践的基础上，调整、重组高速公路建设管理体制，推进以事企分开、管养分离，理顺关系、强化管理为重点的干线公路养护管理机制改革，实施以确立责任主体为核心的农村公路养护管理体制改革；培育和发展统一、开放的公路建设市场，推行并完善工程招投标制、工程监理制、工程合同制和项目法人负责制；改进和加强公路建设质量管理，健全质量监督体系，推行质量责任制，深入开展质量专项治理，促进公路建设质量稳步提高；建立并加强公路定额、造价管理，控制工程投资和建设成本；在积极运用贷款修路、收费还贷政策加快公路建设的同时，改进和完善收费公路管理，扩大开辟农产品“绿色通道”；坚持依法治路，加强公路路政管理，强力推进公路超限运输治理，建立公路超限运输长效机制，保护公路及其设施完整完好，改善和优化公路通行环境；树立和强化现代公路服务意识，加强公路服务区新建、改造和规范化建设，拓展公路出行信息服务，为人民群众便利出行创造良好条件。

第一节 公路管理体制改革

一、高速公路建设管理体制改革

陕西高速公路建设管理体制，随着高速公路事业发展，经历建立、改革、调整重组的过程。不同建设管理体制对高速公路建设管理发挥不同作用。

1989年8月12日，为加强西三一级、西临高速公路管理，省政府批准成立大型二类企业——省高管局，同时撤销原省高速公路建设指挥部办公室，人员并入省高管局。省高管局归口省交通厅领导，主要职能是对高速公路、一级公路和高等级专用公路实行建、营、养、管一条龙管理。同时承担所管辖高等级公路交通安全管理。“九五”时期，西临高速收费经营权转让，西蓝高速合资建设，外资企业与民营企业参与省内高速公路建设运营。省交通厅外资办承担利用外资的高速公路项目建设。自1991年至1999年，全省建成高速公路298.44公里，年均33.16公里。

1999年，加快建立社会主义市场经济体制，推进投融资体制改革，深化国有企业改革，同时，西部大开发加速全省高速公路建设。适应新的要求，10月30日，省政府颁发《陕西省人民政府关于成立省高速公路建设集团公司的通知》（陕政发〔1999〕60号），决定将省高管局改制为省政府领导的大型一类企业——陕西省高速公路建设集团公司（即省高速集团），授权省交通厅管理。省高速集团职责：负责省内国道、规划中的国道、高等级专用公路及城市过境公路等项目的建设和经营。经营范围为：道路的建设、经营管理、养护、资本运营和配套开发服务。原由省高管局承担的高速公路交通安全管理交公安交警部门。随着全省高速公路建设规模不断增大，除省高速集团承担部分高速公路项目建设运营外，省公路局与西安市、延安市、榆林市等，先后联合或独立作为项目法人，承担有关高速公路项目建设运营。同时，扩大高速公路建设项目招商引资。2003年，黄延高速试行BOT方式建设未果。2004年10月，省政府办公厅公布，省高速集团为省政府授权由省国资委行使国有资产出资人职责企业之一。12月，按照省政府批复与省国资委决定，通过行政划转国有股权方式，由省高速集团重组并控股陕西省国际信托投资股份有限公司。在多方式推进高速公路建设过程中，高速公路建设管理上省交通厅与省高速集团职责交叉、权责错位、运行不畅的矛盾显现，影响高速公路加快建设，引起多方关注。2000—2004年，全省共建成高速公路661.55公里，年均132.31公里。

2005年8月，中共陕西省委、省政府要求加快高速公路发展，突破交通瓶颈制约，并做出调整重组高速公路建设管理体制的决定。省交通厅经过调研论证，拿出调整重组方案并报省政府。经省政府第27次常务会议讨论通过，形成省政府党组关于高速公路管理体制调整重组意见。12月，中共陕西省委第34次常委会议审议通过省政府党组的意见，并提出调整重组的指导思想、原则和要求。

贯彻中共陕西省委、省政府调整重组的决定，省交通厅从是年12月起至2006年5月，以规范政企职责、理顺管理关系、优化资源配置、完善运行机制、提高运营效率、增强发展活力为重点，以实现高速公路建设运营管理统一、规范、协调和高效为目标，调整重组与加快高速公路建设相结合，完成全省高速公路建设管理体制调整重组工作。

高速公路建设管理体制调整重组主要内容：

一是调整省交通厅与省国资委在高速公路国有资产及高速公路国有企业管理上职责关系。依照国有资产管理条例规定，由省国资委行使高速公路国有企业出资人权利，委托省交通厅实际管理。省高速公路国有企业主要领导比照副厅级干部管理，人选由省交通厅提出意见，省国资委和省交通厅共同考察后按程序任免，领导班子其他成员由省交通厅任免。

二是按照便于管理、利于竞争、建设运营规模适度、资产优劣基本均衡、运营管理相对集中的原则，整合高速公路建设国有企业及其运营资产。除省高速集团外，新组建省交通集团，参与高速公路建设运营。已经规划但尚未明确项目法人的高速公路建设项目，由两个集团通过市场竞争取得项目法人资格。同时，将省公路局承担高速公路建设项目，交由两个集团承担。

三是按照政企分开原则，规范省交通厅与两个集团的政企职责关系。省交通厅职责主要是：高速公路规划、立项、设计等前期工作与计划执行考核；协助企业进行建设项目资本金筹集和申请利用国外贷款；项目建设工期、质量及投资使用监督；项目环境协调和竣工验收；高速公路收费和通行费收支监管；公路养护监管和公路路政管理；高速公路公司增减资本、资产处置和公司分立、合并核准等。两个集团主要职责是：负责所建高速公路收费还贷项目资本金筹集；受省政府委托，代为暂行经营性合资项目政府投资的出资人职责；建设项目招投标和施工管理；建设项目质量、投资控制、工期与安全管理；建成高速公路通行费收取及债务偿还；高速公路养护；维护高速公路国有资产运营安全。

四是进一步推进公路建设市场开放。省交通厅制定并颁布高速公路建设市场对外开放规定，全面扩大高速公路设计、建设、养护和融资市场对外开放，推出一批高速公路项目招商引资；支持两个集团与国内外经济组织通过合资、合作方式建设运营高速公路，推进投资主体多元化；通过多种方式扩大高速公路融资渠道，鼓励国内外经济组织投资经营陕西高速公路。

全省高速公路建设管理体制调整重组，促进高速公路持续加快建设。2008年1月9日，省政府在西安召开表彰大会，表彰为高速公路建成里程突破2 000公里做出突出贡献的单位和集体

在建设管理体制调整重组基础上，适应2006年后全省高速公路持续大规模加快建设的要求，经省政府同意，省交通厅2008年11月设立国有独资陕西宝汉高速公路建设管理有限公司，承担宝汉高速公路建设；采用BOT方式，建设榆神高速；宝鸡市、咸阳市、延安市分别承建宝牛、咸旬、延志吴等高速公路项目。由此，形成由省交通厅实际统一管理，3个国有企业及省交通厅外资办为主，其他经济组织和地方政府参与的高速公路建设管理体制。

高速公路建设管理体制调整重组和发展，整合和优化高速公路建设管理资源，理顺建设管理体制与政企职责关系，规范国有高速公路企业法人治理结构，完善高速公路建设管理制度和规范，强化高速公路企业国有资产运行监管，精干企业管理机构和人员，并且将高速公路建设管理目标从收费经营为主，回归收费还贷为主。

调整重组后高速公路建设管理体制职责明晰，事权统一，运行协调，政令畅通，高速公路建设运营管理一系列重大决策得到顺畅执行，为高速公路全面提速、持续加快建设提供体制保障。完成调整重组当年，全省建成高速公路345公里。调整重组后5年，全省共建成高速公路2 426.34公里，年均建成404.39公里，同时高速公路路况、通行能力、应急能力、服务质量等全面显著提升。

二、干线公路养护管理改革

1989年全省干线公路养护管理体制改革后，干线公路养护管理实行省交通厅统一领导，省公路局负责养护计划汇总、上报，按审批计划下拨资金，指导养护管理，组织养护质量检查评定和养护统计；地（市）交通局及公路管理总段负责养护计划实施和人事管理。省对地（市）养护资金除西安市外，实行“核定基数、切块使用、超收分成”的办法。公路改建费用按项目进行计划管理。这一模式，在一定程度上加强地（市）公路建设和养护管理责任，公路养护得到一定程度改善。但由于在养护管理上管人与管事相脱节，责、权、利不统一，因而存在责任不明晰、运行不协调、养护效率低等问题。

据1998年省交通厅调研，干线公路管理系统主要问题：一是职能转换慢，政企不分、事企不分，运行机制不活，养护管理低水平徘徊；二是管理体制不顺，养护管理经费省上下达，人事由地（市）管理，养护生产按计划安排，经费按人头划拨，致机构、人员失控，制度改革、结构调整及信息化建设滞后；三是机构臃肿，人浮于事，养护管理成本高，较1989年改革时养护人员增加超过3 000人，人头费占小修保养费70%多；四是组织形式落后，按行政区划设置养护机构，以手工作业为主进行养护生产，不能适应养护机械化、专业化、集约化、信息化发展趋势。

1998年后，干线公路养护机制改革在既有管理体制下逐步推进。1999年8月，省公路局制定深化公路养护管理机制改革意见，要求各地（市）公路管理总段所属工程处（队）、机械厂、拌和厂，以及设计、试验、监理等生产性、经营性单位，按照事企分离、管理与生产分离的原则，与公路管理机构脱钩，走向市场。2001年4月，推进养护工区和道班重组，根据养护生产需要组建养护中心，与管理机构（局、段）分离，实行企业化管理，并以商洛、咸阳、榆林、铜川公路管理局为改革联系点，探索经验，指导全局。

各市按照省公路局部署，根据实际情况分别实施改革。重点推进专业化养护，加强人员控制，实行定编定员，转岗分流，实行竞争性养护承包。咸阳公路管理局将路基日常养护与路面维修及大中修、水毁等工程分开，按30～50公里设大道班，改名公路养护管理站。路基日常养护由大道班划段承包给个人，路面养护、维修工程由养护工程队承担，项目化管理。全局12个县段、5个养护站、36个道班734名道工，其中1/3分流转岗。安康公路管理局机关和县段重新定编、定岗、定责，管理、服务人员比原来减少10%。西安市高陵、蓝田、长安等公路管理段试行职工轮岗、待岗，分流富余人员。临潼段推进减员增效，实行合同制管理，推行联路计酬、百分考核、计量支付的工资制度，并于2001年组建

全省干线公路养护推进和完善工程承包、招标制。图为2006年7月26日汉中公路管理局公路养护工程承包施工作业

养护中心，实行经理负责制，企业化管理。

铜川公路管理局宜君公路段，养护机制改革实行“五制、五定、五包”。五制即：目标责任制、干部聘任制、职工聘用制、费用包干制、考评百分制；五定即：定机构、定编制、定岗位、定任务、定奖罚；五包即：包站队、包路段、包设备、包任务、包质量。改制后机关减员28%，道工分流20%，好路率较改革前同期有所提高，年公里养护成本降低3.58%，职工人均年工资增加4 000元以上。

2004年5月，全省公路养护管理工作会议部署深化养护管理机制改革，着力推进养管分离、事企分开和小修保养工程市场化运作，并在渭南、商洛、铜川公路管理局试点。由于富余人员分流安置、社会保障“四金”（即职工养老金、失业保险金、医疗保险金、住房公积金）遗留问题，职工身份转换、企业资产界定、债权债务处理等难题制约，改革推进缓慢。

2006年8月，省政府召开的全省加强公路养护管理工作会议提出，坚持推进公路管理体制、养护机制、养护组织、养护投资、养护管理方式改革五项任务，确定规范养护管理主要原则。2007年，省交通厅印发《陕西省市级公路管理机构和养护机制改革指导意见》（陕交发〔2007〕339号），省公路局按照指导意见制定具体实施意见，并首先对局机关进行改革，精干内设处（室），突出行业管理和服务监管职能，同时在铜川、渭南、商洛公路管理局进行市级公路管理机构和养护机制改革试点。这项改革于是年8月在全省推开，2008年底基本完成。

改革的主要做法与成效：

规范职责关系。省公路局在省交通厅领导下，具体负责全省公路养护、公路管理、路政执法和农村公路建设；各市公路管理局在市交通局领导下，负责本市公路养护、公路管理、路政执法和农村公路建设；按省交通厅——省公路局——市交通局（收费公路企业）——市公路管理局责任序列，划分职责，落实责任，规范工作关系。

规范计划与资金管理。按照统一领导、分工负责和权责一致的原则，由市公路管理局编制养护费用建议计划，报市交通局审核，省公路局审查，省交通厅综合平衡后，再由省公路局下达市交通局，由市公路管理局负责施行。省公路局和市交通局分级履行监督检查和管理职能。养护经费按照规定用途和程序，专户储存，专款专用。养护事业费，包括养护其他费用等专业性日常管理经费和专项事业费，由市交通局根据年度计划或预算，分月按比例向市公路管理局划拨。大中修、改建工程费，由上级按规定程序拨付项目法人

公路养护机制改革调动养护职工学技术、强技能、增素质积极性。图为2009年10月19日在蓝田县举办的全省干线公路养护修补技能大比武现场

单位。小修保养费、专项工程费等养护工程费，按年度计划，分月按比例通过市交通局拨付公路管理局。

统一干线与农村公路管理机构。各市公路管理局与市农村公路管理处（科）合并，实现市域内干线公路与农村公路养护管理由一个行政主体领导，一个专业管理机构统一管理。

推进公路养护事企分离。在清产核资基础上，市公路管理局与附属生产性单位基本实现分离；生产性单位经过整合、优化和重组，大多按照企业化运作，逐步建立现代企业制度。宝鸡、延安、铜川等市公路管理局所属路桥公司、工程处、勘测设计室、中心试验室、重油库等单位经过改制，与养护管理机构剥离，按企业化运作。汉中公路管理局综合材料库与工程机械化公司重组，壮大公司实力；与工程监理公司、设计室等联合，成立独立法人实体。局属水泥厂关闭，职工分流安置。商洛公路管理局在清产核资的基础上，完成公路工程公司、中心试验室、勘测设计室、监理公司的注册、剥离工作，先后组建绿化公司、交通工程施工中心、乳化沥青与冷补料生产基地、涂料厂等经营实体。

推进公路养护管养分离。通过铜川市、西安灞桥、渭南临渭、商洛洛南、安康岚皋等5市（县、区）试点，省公路局在全省先后建立14个机械化养护中心和24个大道班，完成机构、人员等整合，建立路基路面分离、小修保养与大中修工程分离，合同管理、定额核算、计量支付的养护管理新模式。各市（区）自筹资金，为养护中心装备通勤车、清扫车、除雪机、多功能滑移等机械设备，养护机械化水平普遍提升。

改革公路管理机构劳动人事管理。统一各级公路管理机构编制、部门设置，在严格定员定编、压缩管理人员基础上，全面推行人员聘用制。各市公路管理机构人员进入，逐步发展到由市统一公开招考。全省10个市级公路管理局机关，经过改革、整合，内设机构由原来132个减为98个，管理人员由1 228人减为981人，分流管理人员347人。全省县级公路管理段内设机构统一规定为4个，编制定员按养护里程缩编为15～20人。各单位落聘、富余人员通过双向选择，或走上养护中心等生产单位，或分流到多种经营经济实体。

由于长期以来存在的养护费用计划投资与实际需求差距大等原因，全省多数市公路管理局未实行职工全员参保，2005年“四金”欠缴达3.12亿元。至2007年，榆林、延安两市公路管理局仍未参保，其余8市程度不同存在养老保险、住房公积金欠缴，失业保险金全部未缴纳等问题。省交通厅在2007年市级公路管理机构和养护机制改革指导意见中，提出相应解决办法，但由于干线公路养护系统“四金”等问题涉及时间跨度大、欠缴情况复杂等因，统筹解决耗费时日，有职工因此不断上访。2009年12月，省交通运输厅一次性补助、安排干线公路系统职工住房公积金2.20亿元，同时对职工养老保险、医疗保险、失业保险等欠费问题提出解决办法，各地逐步推进解决。

三、农村公路养护管理体制改革

20世纪90年代，按照公路分级管理原则，农村公路养护仍实行县道县管、乡道乡管、村道村管。全省列入专业养护的县道和部分乡道，养护计划由地（市）、县（市、区）编制，资金主要由省养路费补助和地方征收的拖拉机、摩托车养路费负担。除此外，大多数乡公路和全部村公路基本处于无养护机构、无养护计划、无资金来源的状况，一般由乡、村组织群众利用农闲突击性整修。许多乡、村公路建成后即失养失管，路况下降。尤其边远、贫困山区乡村公路，原本就基础差，设施缺，加之失养，修通两三年就损坏难行，或遭水毁而中断交通。即使列养的县乡道路，养护投入与需要亦差距甚大，养护费用仅够维持管理与养护人员基本费用。因此，养路费“养人不养路”和有路难行现象极为普遍。

“十五”时期，在加强农村公路建设的同时，改善以列养县乡公路为重点的农村公路养护管理。主要推行大道班、养护中心建设和机械化养护，日常养护试行竞标承包，计量支付；村公路养护所需资金劳务，始行一事一议，由村民委员会分段包干到户，或确定专人常年养护；财政状况好的县（市、区），将农村公路养护资金纳入财政预算给予补助；县乡油路推行专业化承包养护，沙石路多实行划段包干，由当地农民养护。这一时期农村公路里程增加较快，等级提高，养护投入需求剧增，而随着农村税费改革深入，民办公助、民工建勤政策逐步淡出，新的资金渠道尚未建立，养护管理严重滞后于农村公路发展。

据省交通厅农村公路养护管理模式研究课题组调研，农村公路养护管理主要问题是：未列养范围大，失养问题突出，2004年年底全省列养农村公路仅占农村公路总里程39%；养护资金落实难，投入严重不足，以2003年列养4.01万公里、养护投资1.18亿元计算，每公里年均养护费用仅2 946.40元；养护机制僵化，运行效率低下，养护资源配置以行政计划方式主导，事企不分，管养不分，用工制度不活，管理手段和养护作业方式落后；养管机构设置不规范，队伍素质不高，养护人员以老、弱、妇为主。导致这些问题的主要原因，在于受城乡二元化经济结构影响，投入保障机制缺失，制度建设薄弱，同时普遍存在重建轻养问题，养护机制改革滞后。

2005年8月6日，省政府第105号令颁布《陕西省农村公路建设养护管理办法》，确立农村公路建设、养护管理原则，明确县、乡、村养护管理责任和资金投入渠道等。12月19日，省政府以陕政发〔2005〕42文颁布《陕西省人民政府关于全面加快农村公路发展的意见》，强调树立“建设是发展，养护也是发展”的思想，坚持建养并重的方针，改革农村公路养护管理模式，全面提升农村公路养护管理水平。省交通厅印发农村公路建设养护实施细则。各市（区）、县（市、区）分别出台办法，改进农村公路养护管理。

2006年12月29日，根据国务院办公厅国办发〔2005〕49号文颁布的《国务院办公厅关于印发农村公路养护体制改革方案的通知》，省政府以陕政发〔2006〕72号文颁布《陕西省农村公路管理养护体制改革实施意见》（简称《实施意见》），提出以创新农村公路管理养护机制，落实管理养护主体及其职责，建立稳定规范的养护资金渠道，加快

2008年汉中市汉台区改革通村公路养护管理，将养管路段、管护员及管护标准立牌公示，接受监督。图为光华村通村公路与养护管理公示牌

养护市场化进程为重点，力争用三年左右时间完成全省农村公路管理养护体制改革，基本建立起符合农村实际和市场经济要求的农村公路管理养护体制与运行机制，并提出完善以县为主农村公路管理养护体制、建立健全以政府投入为主的养护资金渠道、加快管理养护机制改革、加强农村公路制度建设等四项改革任务。

按照省政府《实施意见》，2007年3月，省发改委、省交通厅、省财政厅发出关于加快推进农村公路管理养护体制改革的通知，省公路局制定试点工作指导意见，并在高陵、澄城、扶风、靖边、勉县、镇坪等13个县（区）进行试点。在试点基础上，全省全面开展改革工作。2007年5月27—28日，省政府在澄城县召开全省农村公路管理养护体制改革现场会， 总结推广澄城改革经验，部署全省改革目标和任务。经过三年努力，2009年年底，全省农村公路管理养护体制改革基本完成，初步建立起公共服务型农村公路管理养护新体制和新机制。2010年5月24日，省政府在眉县召开全省农村公路管理养护现场会，总结、巩固改革成果。副省长洪峰在会议讲话中要求，重点抓好管理责任、养护资金、养护机制“三落实”，推进新体制与新机制加快完善。

农村公路管理养护体制改革主要做法与效果：

确立农村公路养护管理责任主体。即县级政府负责贯彻执行农村公路管理养护法规政策，编制农村公路发展规划和养护计划，筹集和安排养护资金，监督管理机构工作，组织协调乡镇政府和有关部门做好农村公路管养工作；县交通部门及其公路管理机构承担管理养护具体工作，乡镇政府和村委会负责乡、村公路环境保障、公路及其设施维护，以及劳动力组织等工作。

确立养护资金来源渠道及标准。养护资金纳入养路费年度计划和各级财政年度预算，并逐步增加；养护工程费主要由省级财政和汽车养路费安排，日常养护费主要由县级财政统筹安排，市级财政给予补助；养护工程费每年每公里：县道不少于1.50万元，乡道不少于6 000元，村道不少于1 000元，不足部分由市、县（市、区）财政统筹解决；日常养护费每年每公里：县道7 000元，乡道3 500元，村道1 000元。同时，提出运用一事一议、以奖代补等方式，引导沿线农民投工投劳养护公路。

统一公路养护管理机构。调整市（区）、县（市、区）两级公路管理机构设置，由市公路管理局统一负责干线与农村公路管理养护；县（市、区）原地方公路管理站调整为农村公路管理站（局），承担农村公路养护管理，经费纳入财政预算，人员由地方财政供养。乡镇设立农村公路管理所（站），作为县农村公路管理站（局）派出机构，承担乡公路或乡、村公路养护管理，或指导村公路养护管理。

优化公路养护资源配置。剥离县交通局、公路站原有养护生产单位，其人员和资产进行重组，设立专业化养护公司（中心），签订养护合同，实行合同管理。养护公司（中心）实行独立核算，自负盈亏，与职工签订劳动合同，按企业用工制度管理。

推进养护作业市场化。日常养护与养护工程实行招标或议标，引入市场竞争机制，养护公司通过竞标取得养护承包权。逐步取消养护包干费，实行养护工程费制度。养护工程费按照养护定额和养护工程量核定，依照合同计量支付。

建立健全养护管理制度。结合改革，省交通运输厅、省公路局先后制订农村公路养护管理、养护工程管理、养护生产作业、养护资金监督管理、养护市场准入等办法、规则，明确养护管理工作职责、工作程序，统一养护质量标准、操作规程、检查考核考评及养护管理图表，规范养护管理行为。各市（区）、县（市、区）明确公路管理机构和养护公司职责，建立健全养护计划管理、目标管理、技术标准、质量管理、招投标管理、资金使用管理等办法，养护管理走向制度化、规范化。

探索多种养护管理模式。县乡公路养护，澄城、扶风、镇巴、山阳、靖边等试点县均成立专业化养护公司，与管理机构剥离，实行企业化管理，通过竞标或委托方式获得县乡公路养护权，与管理机构签订承包合同，实行合同管理，计量支付。大中修工程，通过招投标方式选择有规定资质的专业施工队伍承担。高陵县以原有道班为基础，打破线路、乡镇界限，按区域划分成立5个农村公路养护站，统一承担区域内县乡和村道日常养护和大中修工程。小修保养工程实行招投标，择优选择养护施工单位。

村道养护，各地因地制宜，在普遍推行养护管理目标责任制的同时，实行乡管村养、村管村养等多种形式。

眉县实行定责任、定人员、定路段、定报酬、包路况良好的“四定一包”责任制，乡镇农管所与村委会实行目标责任管理，村委会与养护人签订领养合同，每名养护人领养村道2～3公里，乡镇农管所组织村委会进行指导检查、考核评比。扶风县12个乡镇按区域设置6个农管所，负责部分乡道和全部村公路养护管理，日常养护承包给专业化养护公司或沿线村民，签订承包合同，实行计量支付。勉县采取家庭承包、一事一议、门前“三包”、统一养管等4种模式。石泉县采取招标养护、承包养护、村民领养、特困人口养护、企业捐资养护等方式。合阳县、商洛市商州区、丹凤县由村主任为村公路养护直接责任人，村委会与农民领养员签订养护承包合同。澄城、黄陵等县由村委会负责村道养护和路政管理，日常养护划段包干给村民个人承包养护。镇坪、镇巴等县采用乡镇政府负责或村委会负责两种模式，日常养护委托专业队伍常年养护，或组织受益农户季节性养护，或由沿线农民承包养护，地处偏远、等级低的村道，则实行乡管、村包、组养的方式。

经过连续几年改革和加快完善，全省农村公路初步实现“有路必管、有路必养；管必到位、养必见效”的目标。

第二节　公路建设市场监管

一、开放公路建设市场

陕西公路建设市场形成与发展，始于20世纪80年代中期鼓励集资、贷款修路建桥，利用世界银行贷款修建西三一级公路，引进国际通行的工程招投标制和工程监理制。

1992年起，围绕解决公路建设资金不足，高等级公路施工招标与工程监理范围扩大。9月29日，省交通厅下发《关于以改革开放推动我省交通运输再上新台阶的意见》（陕交政发〔1992〕378号），提出加强市场培育调控，搞好公路建设市场体系及组织建设，完善市场规则和竞争条件，创造统一、开放、公平、有序市场环境。1993年，省交通厅提出实行谁投资、谁受益原则，鼓励有关行业、财团、个人投资修路建桥，发展合资、股份制企业修路。1995年，培育多元化公路建设投资主体，鼓励组建项目公司进行重点公路建设。加强对进入公路建设市场的设计、施工、监理、咨询单位资质进行审查。按照交通部《公路建设市场管理办法》（交通部1996年第4号令），自1996年7月起，加强公路建设项目报建、资信登记、招投标、合同签订履行、项目实施等管理工作。整顿公路设计市场，重点整治无证设计、超越资质设计及出卖设计图章等行为。西临高速收费经营权转让，一些企业、个人集资、贷款修路建桥并收费经营，外资与民营企业进入公路建设领域。重点公路项目建设扩大实行招投标制、工程监理制、合同制和项目法人负责制，并开展施工企业资信登记。

1999年后，实施西部大开发，加入世贸组织，推进扩大公路建设市场开放。省交通厅提出利用政策与市场机制两种手段，加快公路建设，形成投资主体多元化、投资来源多样化、投资运营市场化局面。2003年10月，按照省政府有关公路建设“资金筹集向民资和外资延伸，路网建设向县乡延伸”的要求，省交通厅拟定《关于实施“两个延伸”，推动我省公路跨越式发展的意见》，省政府办公厅以陕政办发〔2003〕92号文转发，并要求认真贯彻执行。意见进一步提出鼓励国内外经济组织联合投资、支持省内外投资集团参与建设经营、发行公路建设债券或股票、利用信托方式吸引外资和民间资本、扩大利用外资等具体措施。与此同时，整顿和规范公路建设市场，重点整治项目假招标，不按规定监理与同体监理，合同签订履行违法违规，不按规范进行质量监督，不依法办理施工许可证，无证、越级、超范围或挂靠承担工程，转包和违法分包工程等问题。试验和创新公路项目评标办法。开展交通建设工程项目执法监察。清理公路建设行政审批，规范行政执法，改善公路建设投资环境。西蓝高速、陇县至陕甘界等公路项目合作建设，西铜、咸永一级公路部分收费经营权转让，黄延高速试行BOT方式建设，多渠道吸引非公有资本和社会资金参与公路建设经营。与此同时，省高管局改制为国有独资大型二类企业，公路管理机构所属设计、工程单位加快企业改制，公路招投标推行至公路设计、公路养护工程和通县公路、县际公路建设项目。

2005年起，适应全省加快公路建设的新形势，省交通厅进一步扩大公路设计、建设、投融资和养护管理市场“四个开放”，将符合条件在建、待建公路项目推向市场，招商引资；鼓励国内外经济组织以独资、合资、合作及BOT、BT（建设—转让）等方式，参与公路项目投资建设经营。规范公路项目投资、收费公路权益转让工作程序。调整重组高速公路建设管理体制，发挥公路建设市场国有企业的主导作用。结合干线公路、农村公路管理养护体制、机制改革，全面推进干线公路养护管理事企分离，加快农村公路养护作业按市场机制运行。加强市场竞争秩序规范，实行承包人杜绝转包、违法分包承诺书，完善项目招标、工

2008年5月21日，陕西省交通厅检查组对西安咸阳国际机场专用高速公路建设目标责任完成与建设市场秩序进行检查考核

程监理、合同管理、高速公路施工监理单位信用评价制度。强化工程招投标、工程监理、合同履行及公路项目设备材料采购供应监控管理。整顿监理单位和监理人员作风，查处一批违规监理企业和监理人员。建成高速公路建设项目信息管理平台即“阳光工程”，公开高速公路项目信息，强化社会监督。工程招标扩大推行至所有公路大、中修养护工程和通村油（水泥）路建设项目。榆神高速按照BOT方式建设经营。

二、市场秩序监管

（一）工程招标投标制　在西三一级公路和西临高速施行工程招投标的基础上，1991年，依据交通部《公路工程施工招标投标管理办法》（交通部令1989年第8号），省交通厅在全省重点公路建设项目推行招投标制，有条件的一般项目实行公开招标或议标，并加强投标资格预审和标底管理。1995年改进招标工作，省交通厅明确要求实行集体评标定标，投标资质审查重视施工单位业绩和信誉，避免一流队伍中标、二流队伍进场、三四流队伍施工的现象，并加强对工程分包、转包管理，严禁私自分包，消除以包代管、以奖代管的问题。1996年，108国道秦岭隧道施工招标，首先进行无标底招标试点，后在其他公路工程项目推行和完善。自1997年10月起，全省公路建设项目总投资30万元以上沿线设施（房建）工程实行招标。1999年，干线公路养护工程施行内部招标。建立公路工程项目招标评标专家制度，规范招标工作程序。2000年6月，青银线子洲至王圈梁高速公路项目勘察设计施行招标。8月，蓝小二级汽车专用公路养护施行公开招标。

2000年1月1日起，实施《中华人民共和国招标投标法》，省交通厅继续扩大公路项目招投标范围，并进一步加强招投标规范。按照交通部公路勘察设计招投标管理办法，2002年，省交通厅发出认真做好公路工程勘察设计招标的通知，进一步开放公路工程勘察设计市场，促进勘察设计方案深化、质量提高、费用降低。县际公路和农村公路改造工程项目施行公开招标或邀请招标。

这一时期，公路建设招标主要采用交通部《公路工程国内招标项目范本》综合评估法进行评标，一般设有标底，采用招标人标底与投标人报价平均值，以一定权重计算出复合标底，再计算各投标人报价得分，以综合得分高低推荐中标人。2003年11月20日，省交通厅总结108国道秦岭隧道等项目无标底评标经验，颁布《陕西省公路工程无标底评标方法》（陕交发〔2003〕598号），并在包茂线西康高速西柞段项目实行。该办法要求招标人在招标时不设标底，由评标委员会根据投标人所报投标文件，以评标报价、财务能力、技术水平、管理水平和业绩信誉5项内容进行评审打分；经评审综合得分排名第1的投标人，即为中标候选人。之后，这一办法在全省公路工程项目招投标中实行。

禹阎高速土建工程共设19个标段。图为2001年9月29日召开的4个标段国内竞争性招标标前会议

2004年4月，为在公路工程

项目招投标中更好地保护国家利益、社会公共利益和招投标当事人合法利益，降低工程造价，保证工程质量，并加强招投标活动的廉政建设，省交通厅完善公路工程项目评标办法，推行双信封无标底评标法，并在青银线子靖高速项目进行试点。该办法由无标底与双信封结合，即招标人不设标底，投标时由投标人将投标报价、工程量清单和合同用款估算表单独密封于一个报价信封，其他技术、商务文件密封于另一个报价信封，两个信封在投标时一并递交招标人；招标人第1次开商务和技术标书并进行评审，确定通过或不予通过；第2次公开报价信封；投标报价排名第1且通过技术、商务标评审的投标单位，即确定推荐为中标候选人。经实践，8月4日，省交通厅下发《公路工程施工双信封无标底评标办法要点》（陕交发〔2004〕240号），规定在全省二级及以上公路工程建设项目招标中全面推行。

是年，贯彻国务院关于进一步规范招投标活动若干意见，针对公路工程项目招标信息发布范围过小，招标程序执行不严，资格预审把关不严，一些投标人用不正当手段刺探招标秘密，部分投标人弄虚作假并串通投标，个别项目不按评标委员会推荐意见确定中标人等问题，省交通厅建立健全"发布招标公告—资格预审—招标文件审查—公开开标—封闭评审—评标报告核备"等工作程序，并实行招标公告制度，增加招标透明度，严格资格审查，完善专家评标制度，规范专家评标行为，培育招标代理机构，规范大宗材料设备招标等，加强招标监督和动态管理。开展公路工程施工、监理评标专家和政府监督人员培训考核，实行持证上岗。

2005—2007年，进一步扩大推行公路工程项目招投标制度，通村公路沥青路面和水泥路面施工实行招标。与此同时，着力加强对招投标工作的监督。完善评标专家抽取和保密制度及专家评审制度，增强评标活动公正性。针对部分施工项目低价中标可能影响工程质量的问题，省交通厅规定原则上中标价不应低于预算价的80%。贯彻交通部公路工程施工招投标管理办法等规定，提出10项加强招标监管措施，提高公路项目投标担保及信誉担保金额，高速公路项目招标实行承包人上级公司合同履约承诺书制度，并将承包人杜绝转包、违法分包和拖欠民工工资等作为主要内容，督促其遵守合同约定，信守合同承诺。

2008—2010年，进一步规范公路工程项目招投标管理。干线公路养护大、中修工程投资100万元以上项目，均通过招标选择施工、监理单位。农村公路建设、养护工程公开招标项目为：投资500万元以上单项建设工程，投资200万元以上养护和改建工程，投资300万元以上村道沥青、混凝土路面单项工程；可合并招标项目为：500万元以下、50万元以上单项建设工程，投资300万元以下村

2008年3月28日，安川高速项目投标单位对项目进行标前实地考察

道沥青、混凝土路面工程。除上述以外的项目，可采用邀请招标或委托方式。优化招投标安排，采取“大标段、少批次、快节奏”的方式，提高招标效率与质量，满足公路加快建设对招标工作的需求。结合公路建设市场整治，集中治理出借资质、工程转包、违法分包等问题，进一步加强公路建设项目设备、材料采购及货物供应商管理，规范设备材料采购、供应管理程序，以保证公路建设项目采购货物质量。

（二）工程监理制　1991—1992年，贯彻交通部公路工程施工监理办法，全省重点公路建设项目推行监理工程师制度，试行监理工程师注册。针对监理力量不足、人员素质不高的情况，加强监理队伍建设，动员行业内外能承担监理工作人员参与，壮大监理队伍力量；监理人员实行先培训、后上岗制度。1993年，完善政府监督、施工监理、企业自检管理体系，制定陕西省公路工程施工监理管理办法，规定新、改建三级（含三级）以上公路工程项目、独立大桥、隧道均实行施工监理制度，并对监理委托与组织、职责与权限、监理工程师守则及奖惩等加以明确规定。连霍线临渭高速项目首先公开招标选择监理单位。干线公路养护工程实行内部监理。自1994年1月1日起，实行监理工程师注册制度。1995年，治理公路建设市场不正之风，着重整顿监理单位利用计量权和监督权“吃、拿、卡、要”及以权谋私等问题，推进工程监理社会化，加强监理单位和人员资格认证。

高等级公路项目初期实行两级监理，即全线组建监理工程师办公室，设工程、合同等部及中心试验室，再按项目标段设置若干驻地监理办，分别配备总监、副总监、监理工程师和监理员。监理人员按合同要求，对工程质量、进度、投资、安全、环保实施开工前、施工中、竣工后全面动态监督。施工准备阶段，监理人员对承包人提供的施工组织设计人员、设备、机具、进场材料、试验室、施工进度方案、自检系统等进行审查，确认齐全、合格后签发开工令；施工中，监理人员采取跟班作业、重点工序全过程旁站与抽查相结合的方法监督；每道工序或分部工程完成并经企业自检合格后，由监理检查，确认合格后方准进入下道工序；对工程关键部位尤其是隐蔽工程，则实行全过程监理。

1997年，面向全国开放高速公路建设监理市场，实行监理企业、监理人员资质登记和评审制度。1999年，全省公路建设项目均实行施工监理招标。是年至2000年，省交通厅连续发出加强公路工程监理工作的通知，推进施工监理招标，对监理资质管理、监理市场管理、工程监理管理、监理注册与许可、监理人员更换、监理人员持证上岗、监理单位履行职责、监理工作检查评价及动态资信管理等，加以明确规定，督促加强监理单位、监理人员对工程质量的监控责任。

随着高速公路项目建设规模扩大，原来两级监理逐步发展为总监办、子项目总监代表处、合同段驻地监理办三级监理，强化施工现场驻地监理力量。各合同段配备高级驻地、副高级驻地以及合同、道路、桥梁、隧道、试验、测量等专业工程师。同时，按公路工程施工监理规范规定的职责与程序，提高对进场原材料、工程实体抽检频率，加强工程关键部位、重点工序旁站监理。

自2001年起，工程监理制度相继推行至通县公路工程、县际公路改造工程和高速公路养护工程。全省二级以上（含二级）公路、独立大桥、长隧道、高速公路通信监控系统、服务区房屋建设项目等监理，实行公开招标；三级以下（含三级）公路，独立中、小桥、短隧道建设监理，实行邀请招标。农村公路合同估算额50万元以上建设项目，招标确定监理单位；以下或规模较小建设项目，按区域采取多项目捆绑的方式招标监理或委托监理；通村公路等规模较小的项目，由县交通局组建1个或若干个监理组，实施全程监控。

2003年10月21日，禹阎高速总监理工程师办公室监理人员对制作的钢筋网质量进行检查验收

公路工程监理制度全面施行，对监理单位和人员需求大大增加，而合格监理人员明显不足。一些项目监理单位招聘无监理资格人员进行工程监理，致现场监理人员鱼龙混杂，难以保证监理服务质量。2002年上半年，经省交通厅质监站抽查，部分项目监理单位监理人员持证率仅为16%～29%，未经专业培训而从事监理的人员占40%～60%。是年9月起，按照交通部治理整顿监理市场秩序的统一部署，全省开展公路建设监理市场秩序整治，严格工程监理招标，合理划分监理标段，实行监理人员更换备案制度、监理工程师执业登记制度。工程质量监督机构加强监理人员培训，实行监理资格以考代评，严格资质管理。

2005年起，进一步加强监理队伍和作风建设。开展监理队伍整顿工作，结合工程质量检查结果，对监理人员实行奖优罚劣，清理不合格的监理人员，并建立监理“黑名单”制度；对责任心不强并造成严重质量事故的监理单位和监理人员，一律清出工地，并在一定时期内不准参与陕西公路建设。2006年，建立高速公路建设项目监理单位信用评价制度，促进监理人员规范从业行为。2007年，农村公路养护大、中修工程推行工程监理制。是年4—8月，贯彻交通部《公路工程施工监理规范》，开展监理作风建设专项活动，重点解决监理人员不作为、责任心缺失，以及与施工单位有共同利益、认可或制造虚假数据等突出问题，促进监理队伍和人员行为规范。

2008年，完善监理单位信用评价办法，加强监理从业单位信用评价动态管理。对在陕西从事公路工程施工、监理的企业进行全面考核，每年进行2次信誉评价。对一线监理人员按照“德、能、勤、绩、廉”进行严格考核，建立监理信用档案，发布信用评级信息；将有劣迹的监理单位列入“黑名单”，并予以通报。完善农村公路建设项目和养护工程监理招标、议标或委托制度。按照交通运输部部署，2009年6月至2010年底，在全省公路建设领域分三阶段开展“监理企业树品牌、监理人员讲责任”行风建设活动，促进监理市场秩序规范。

（三）项目法人负责制　1991年，全省公路建设推行承包责任制，由承包单位或承包人对工程质量、工期和投资实行包干。1992年，根据国家计委建设项目业主责任制暂行规定，省交通厅推行大、中型项目业主责任制，明确由项目业主从建设筹划、设计、建设、经营管理，到归还贷款及债券本息等实行全程负责，同时完善一般项目包干责任制。自1993年起，以解决公路项目超标准、超规模、超投资建设为重点，建立健全项目业主责任制，严格考评奖惩，加强项目业主招标、资格预审、项目管理、建设质量等方面责任。

1998—2001年，贯彻省计委重点建设项目管理办法和交通部公路建设项目法人责任制规定，落实公路重点建设项目法人责任，高等级公路、干线公路和县、乡二级以上公路工程质量，实行建设单位或项目法人全面负责制。开工建设高速公路，如铜黄、西安绕城高速北段，由省高管局为项目法人，西禹高速由省交通厅外资办为项目法人。省公路局独立或与有关市交通局合作，作为项目法人，分别承担宝牛汽车专用公路和榆靖、延塞、勉宁等高速公路项目建设。西安市交通局为西户高速项目法人。省交通投资公司为蓝小二级汽车专用公路项目法人。西安绕城管理局为西安绕城高速南段建设项目法人。2001年，加强项目法人投资控制责任，省交通厅下发《陕西省公路工程投资控制责任制实施办法》（陕交发〔2001〕498号），明确项目法人单位是投资控制主体，对项目投资控制负全责。

2002年2月1日，省交通厅下发《陕西省公路建设项目法人责任制实施细则（试行）》（陕交发〔2002〕41号），进一步明确规定项目法人责任制实施范围，经营性、公益性项目法人设立及资格审查程序，公路项目法人职责与考核奖罚等。实施通县公路、县际公路及农村公路改造项目，由县及县以上交通主管部门或公路管理机构为项目业主，负责项目计划及项目实施；一般农村公路项目，由具备能力的乡镇政府承担项目法人责任。

项目法人责任制实施中，有些地方和项目法人组建不及时，影响项目实施。2004年，省交通厅要求完备公路工程基建程序，明确规定项目在初步设计前要完成项目法人组建，并对项目法人执行基建程序作出具体规定。

2010年6月，安康西高速项目管理处工程管理人员在对沥青路面铺筑质量进行检测

2005年，高速公路建设管理体制调整重组。全省高速公路主要由调整重组后省高速集团、省交通集团与省交通厅外资办、陕西宝汉集团为项目法人，分别承担有关高速公路项目建设。宝鸡市政府设宝牛高速公路建设管理处，承担宝牛高速项目法人责任；省交通厅外资办设商漫高速

建设管理处，承担商漫高速项目法人责任。两个项目建成后，分别移交省高速集团、省交通集团管理运营。榆神高速按BOT方式运作，由中国铁路第二工程局组建榆林榆神高速公路有限公司为项目法人。农村公路建设实行建设单位负责制或项目法人责任制，县级交通主管部门及其所属公路管理机构为责任主体。农村公路养护工程，由各县（市、区）农村公路管理站为项目法人，履行管理责任。2008年，由延安市政府、咸阳市政府分别设立建设管理机构为项目法人，承担延志吴、咸旬高速项目建设。

2010年，省交通运输厅相继出台规定和办法，强化项目法人在项目前期工作、施工许可、资金筹措、工程进度、质量安全、投资控制等方面责任，加强日常监督检查。同时，完善公路建设项目目标责任考评体系，年初与项目法人（建设单位）签订目标责任书，实行季度考核、半年考核、年终考核，奖罚兑现。

（四）工程合同制　20世纪90年代，随着公路建设规模扩大，加速工程项目制度化、规范化管理，合同制扩大推行至重点公路建设、设计、科研、监理、设备材料采购和公路养护大、中修工程等。自西安绕城高速建设项目始，在签订工程合同的同时，由中标方与建设方签订廉政合同。自1999年10月起，实施《中华人民共和国合同法》，省交通厅将履行工程合同、廉政合同情况，纳入公路建设市场整顿规范内容。

合同履行过程中，一些项目存在承包商不按合同约定配备人员和机械，或层层转包、分包工程，影响项目建设进度与质量的问题。省交通厅明令高速公路建设严禁设计、施工、监理单位转包，严格控制分包；分包单位必须具备相应资质等级，且不得2次分包；设计和监理合同分包必须经建设单位同意；施工合同分包必须经监理单位审查，建设单位批准。分包单位按照分包合同约定，对工程质量向总承包单位负责，接受总承包单位质量管理；总承包单位对全部工程质量向建设单位负责，对分包工程质量与分包单位承担连带责任。

2001年，通县公路建设项目实行合同管理。按照农村公路施工招标有关要求，县道、乡道建设项目施工单项合同估算200万元以上，或者建设项目总投资1 000万元以上，施工单项合同估算或总投资额小于以上限额，或实行以工代赈、民工建勤、民办公助和利用扶贫资金建设的项目，建设单位与施工单位签订施工合同。是年起，贯彻交通部关于交通基础设施建设推行廉政合同的通知，省交通厅规定，在重大交通基础设施建设中推行廉政合同。廉政合同内容主要为：合同双方按照国家有关法律、法规规定应履行的廉政行为，廉政建设的权利、义务和责任，违约责任及监督单位、检查方法与标准等。廉政合同与工程合同同时生效，与工程验收同时查验，并纳入施工业绩信誉优良单位评选标准，评比奖励。

2002年，西安绕城高速南段项目施工和监理招标，实行试用期合同制。具体内容为：项目组在进行正常工程、监理招投标工作后，先与中标施工单位、监理单位签订3个月试用期合同；试用期满达到合同要求的，续签正式合同；达不到要求的，责令其限期整改，直至取消中标资格。试用期合同制的实行，促进参建单位人员、设备及时进入施工现场作业，并迅速开工，短时间内形成一定生产规模。2003年，干线公路养护工程项目和路网建设项目实行廉政合同。

2005年，在将工程合同制推行至村道建设项目的同时，重点加强工程合同管理，强化合同执行监督。签订公路工程项目合同时，实行法人代表履约承诺书制度，即由施工中标单位出具法人代表履约承诺书，明确承诺中标后不得更换主要人员和设备，不得转包，不得违法分包。同时，增加承包商履约诚信担保，提高履约担保金额；规范合法分包，完善劳务分包。2006年11月，按照交通部治理整顿交通工程转包和违法分包问题的统一部署，省交通厅组织对工程转包和违法分包情况进行检查和治理；对涉及转包、违法分包的施工企业，按规定分别给予责令改正、处以罚款、降低资质直至吊销资质证书等处理。

2007年5月起，高速公路工程施工招标实行承包人上级（集团）公司合同履约承诺书制度，明确其连带责任，督促遵守合同约定。2008—2010年，结合施工、监理单位信用评价考核体系建设，将履行工程项目合同情况作为信用考核评价重点内容，建立信用档案，并定期发布。

第三节 建设质量监督

一、质量管理体系

1988年，省交通厅成立交通基本建设工程质量监督站（即省交通厅质监站），对包括公路在内的交通工程质量，实行专业化监督。1991年，省公路局成立工程质量监督站，监督公路工程质量。

1992年，国务院副总理朱镕基在陕西视察时对210国道等公路改造质量提出批评后，公路系统加强以施工现场总指挥为核心、施工单位和公路管理机构分工负责的质量保证体系，省公路局按施工路段派驻项目监理组。

1993年，执行交通部公路工程质量监督暂行办法等规定，省交通厅颁布《陕西省公路工程施工监理管理办法（试行）》（陕交基〔1993〕364号），明确新、改建三级（含三级）以上公路工程项目、独立大桥、隧道等，实行政府监督、施工监理、企业自检三级质量管理体系。之后，制定质量管理技术标准等规范性文件，指导加强公路建设项目质量管理，并实行项目建设质量与投资计划挂钩，对达不到质量要求或不符合技术标准的地（市），不予安排新项目；项目补助资金按照工程质量抽检合格率和核准通过率拨付。1995年，全省交通建设质量工作会议强调质量兴业，提出加强质量工作领导，抓好施工质量和前期工作，完善三级质量保证体系和质量法规体系，推进全面质量管理等措施。1997年，全省交通系统“九五”时期质量工作计划，强调坚持质量第一的方针和速度、质量、效益并重的原则，建立健全质量管理机构，推行全面质量管理。

1999年起，公路建设规模扩大，标准提高，对建设质量提出新要求，全省公路系统以抓质量、促管理、增效益、创优质、树形象为方针，推进质量管理。7月26日，依据交通部公路工程质量管理办法，省交通厅下发《陕西省公路工程质量管理办法实施细则》（陕交建〔1999〕291号），强调建立健全建设单位或项目法人全面负责，监理单位监理，企业自检的三级质量管理体系，并明确管理、建设、设计、施工、监理与材料设备采购、质量监督等各方质量责任，出台质量事故调查处理规定。在地（市）交通局相继建立和完善市级交通工程质量监督机构，形成省、市（区）两级交通工程质量监督体系。

2002年，省交通厅强调坚持以质量为中心，落实质量责任，推进建设质量上水平。3月5日，全省公路建设质量座谈会提出，要把抓建设项目质量稳定性，保证工程耐久性作为工程项目建设目标，建立建设单位或项目法人全面负责，监理单位控制，设计、施工单位保证，政府监督的“四位一体”公路工程质量管理体系。

2005年起，适应大规模、高标准加快公路建设要求，省交通厅要求把质量作为行业生命和交通发展的永恒主题，对质量保证体系多次进行调整、充实、完善和加强。是年9月20日，省交通厅下发《陕西省农村公路建设养护管理实施细则》（陕交发〔2005〕157号），明确农村公路建设实行政府监督、法人管理、社会监理、企业自检“四位一体”质量保证体系。

2006年，省交通厅在持续推进加快公路建设中，推行全寿命周期理念，加强质量保证体系建设，大打建设项目质量翻身仗，着重解决工程建设质量“洼地”。2007年，省公路局提出干线公路建设、养护工程质量管理实行政府监督、行业监管、法人负责、社会监理、企业自检、设计监控“六位一体”质量保证体系，并制定和施行公路养护工程质量管理办法。2008年5月，省公路局制定全省公路养护工程质量管理工作要点，推行精细化管理，建设设施更完善、工程更耐久、质量更可靠、资源更节约、群众更满意的公路。公路养护以精细化养护、规范化管理、标准化服务为重点，健全质量保证体系。农村公路建设推行企业自检、专业抽检、法人管理、社会监督、设计监控、政府监督、行业监管、群众参与“八位一体”质量保证体系。质量控制实行四级把关，即企业自检、镇村复检、质监部门核检、质监部门验收。2009年以来，以建设精品工程为目标，深入开展公路建设质量年和质量创优活动，细化质量管理工作规范、制度和标准，重点完善干线公路路网建设、养护大、中修工程和农村公路养建工程质量保证体系，从材料采购、工艺流程、操作规范、过程控制等环节，对质量严格把关。

2009年9月18日，宝牛高速项目建设、监理、施工三方单位对16标段路基基层施工质量进行现场检查

2010年8月，贯彻施行交通运输部关于高速公路建设“五化”管理的要求，省高速集团、省交通集团等编制标准化施工技术指南，细化公路路基、路面、桥梁、隧道、安全生产、文明工地、高边坡防护等施工标准，并编写培训教材和操作手册，对重要工序、关键工艺编制质量控制要点，促进公路建设项目建设精细化、标准化。

二、质量责任制

公路建设项目质量，历来实行谁建设、谁负责。一旦发生建设项目质量事故，在查清质量问题原因的基础上，对有关单位或人员追究责任。这种办法在强调过程质量管理的同时，偏重于事后的监督和处理。虽反复强调，严格要求，但由于有些单位和人员质量意识不强，责任制度不完善，质量责任不明晰，因而约束力不强，出现忽视质量或追求进度而不顾质量的问题。20世纪80年代后期至90年代初期，全省公路建设质量出现滑坡，社会多有反映。

1992年7月22日，省交通厅召开全省交通建设会议，通报榆神路神木段、西户、周城和西临高速高家沟桥等4个新、改建项目比较严重的质量问题。针对导致这些质量问题的原因，省交通厅制定加强质量管理的意见，提出加强政府质量监督、工程监理、招标管理、强化建设与施工单位合同履行等主要措施。1994年开展公路建设质量年活动，把建设质量纳入目标责任考核，解决突出质量问题。1995年全省交通建设质量工作会议，进一步分析公路建设质量问题原因，加强建设、设计、施工、监理单位质量责任。1997年制定的全省交通系统“九五”时期质量工作计划，强调建立健全质量责任制和质量保证体系，实行“质量否决权”制度。

1999年7月26日，贯彻国务院加强基础设施工程质量管理的通知，实施交通部公路工程质量管理办法，省交通厅印发《陕西省公路工程质量管理办法实施细则》（陕交建〔1999〕291号），强调高等级公路、干线公路和县、乡二级以上公路工程质量，实行建设单位或项目法人全面负责制，公路工程在设计使用年限内实行质量终身负责制，并规定公路建设项目主管部门及建设、设计、施工、监理单位负责人，对本单位质量工作负领导责任；工程项目负责人对工程项目现场质量工作负直接领导责任；工程技术负责人对质量工作负工程技术方面责任；具体工作人员为直接责任人。省公路局制定干线公路工程质量管理办法，明确干线公路新、改建工程项目工程质量，由建设单位或项目法人全面负责，全省连续3年开展公路建设质量年活动，加强建设、招标、施工、监理、设计质量管理责任制。高速公路项目设计、建设分级、分工、分项、分工序落实质量责任，推进创建精品工程。

2002年2月1日，省交通厅下发《陕西省公路建设项目法人责任制实施细则（试行）》（陕交发〔2002〕41号），规定实行质量问责制，建立工程质量责任档案，明确工程各环节和各单位责任人；出现重大质量事故，依法追究责任；各工程项目法人每月进行工程质量、安全、进度、保畅检查，奖优罚劣。2003年5月起，从竣工验收项目抓起，全面落实项目法人质量责任制，工程质量终身负责制。通县公路及农村公路改造中，将工程质量作为层层签订目标责任书的内容，由项目业主对质量负总责。2004年6月，省交通厅经对10个重点项目检查，发现项目法人、从业单位存在质量责任制、质量追究制度不规范、落实不到位，质量问题责任追究不严、不彻底等现象。为此，将质量责任制落实作为质量监督检查主要内容来抓。2005年11月，全省加快高速公路建设工作会议提出，要下硬茬狠抓质量，落实质量责任，特别是落实项目法人质量责任。

2006年4—9月，结合推行目标责任管理，强化公路建设质量责任追究，对工程存在大量质量问题的黄延高速、蓝商高速进行问责。黄延高速有限责任公司总经理、党委主要负责人就地免职；收回蓝商高速建设管理权并进行清算。省交通厅要求以此为戒，确保重点工程建设质量。是年，建立重点项目质量责任人社会公示制度，完善以项目法人质量责任制为核心的质量管理工作机制。全省通村公路建设建立县交通局长负责组织监督、乡镇长负责组织管理、村主任负责组织实施的“三长”负责制。2007年，省交通厅强调建立一把手亲自抓质量的工作机制，将质量工作纳入目标责任考核，与干部提拔使用挂钩。公路养护落实质量保证体系，实行以质量为重点，进度、投资控制、交通保畅等多目标综合管理。贯彻省政府办公厅进一步加快农村公路建设的通知，实行农村公路建设质量问责制，工程质量与项目补助资金挂钩、与政府绩效考评挂钩、与企业信用挂钩。是年，经组织检查，省交通厅对通村油（水泥）路出现局部断板、路基沉陷等质量问题的永寿、延长、宁陕3县，予以全省通报批评，暂停通村公路计划安排和核准，并责令限期整改，3名县交通局长被免职或停职，8名相关责任人受到行政处分。同时，组织在全省开展公路建设质量集中排查，确保修一条，成一条。

2008—2010年，落实交通运输部《关于严格落实公路工程质量责任制的若干意见》（交公路发〔2008〕116号），进一步规范公路工程质量责任制，完善建设单位或项目法人全面负责，监理单位和试验检测单位控制，勘察设计、施工单位保证相结合、政府监督的质量管理体制，健全谁建设、谁勘察、谁施工、谁监理、谁试验检测，谁负责质量的责任制，公路工程在设计使用年限内实行质量终身负责制，建立健全工程质量责任制，实行建设项目质量责任承诺书制度，推行建设项目工程质量保证金制度，建设单位与施工单位结算工程价款时，按合同实行预留质量保证金。针对通村公路建设中一些地方存在的质量问题，省交通运输厅进一步明确县（市、区）政府及交通运输局、市（区）交通运输局和省公路局质量管理责任。

2010年7月，汉中西高速项目建设加强全面质量管理，组织全线施工单位进行桥梁精细化施工现场观摩

三、质量监督检查

1991年5月20日，省交通厅下发《交通基本建设工程质量监督管理实施细则（试行）》（陕交基〔1991〕177号），明确要求对工程质量加强监督检查，并确定108国道勉县至水磨湾段二级公路改建工程等4个公路项目，进行工程质量监督试点。自1993年起，全省投资500万元以上公路工程，全部实行政府监督。为此，省交通厅制定《陕西省公路工程质量管理实施细则（暂行）》（陕交基〔1993〕038号），进一步明确各级质监部门监督权限。1994—1995年，开展质量、品种、效益年活动和公路工程质量年活动，加强工程质量中间检测、现场检查。根据全省交通系统“九五”时期质量工作计划，1997年，重点强调完善质量监督机制，加大监督力度，对公路工程中标后分承包人资质进行跟踪监督检查，对影响工程质量各类因素严密监控。经过这一时期加强管

理，公路工程质量有所提高，但总体水平仍然偏低，1998年，全省公路工程合格率仅为75.60%。

按照交通部开展公路建设质量年活动的部署，1999年2月13日，省交通厅印发《陕西省公路建设质量年活动实施方案》（陕交建〔1999〕047号），在全省范围开展公路建设质量年活动，要求公路项目建设单位按照确定的管理目标、质量目标和工作要求，查找薄弱环节，解决质量问题，加强质量管理。是年，全省公路工程合格率提高至80.50%。

2000年1月21日，省交通厅印发《关于加强公路工程质量监督工作的通知》（陕交建〔2000〕010号），完善质量保证体系和公路工程质量监督网络，进一步明确工程质量分级监督管理职责，加强项目执法监察。2001年，重点公路项目抽检，路基合格率94.60%，路面合格率85.70%，桥梁工程合格率83.60%，隧道工程合格率96.80%。这些指标表明，全省公路建设质量总体稳定，但提高不大。2002年3月5日，省交通厅召开全省公路建设质量座谈会，总结三年公路建设质量年经验，确定建设项目质量目标，强化质量监督检查。是年，加强通县公路建设项目质量监督检查。经对7个重点公路建设项目6次质量监督检查，抽查1 880个数据，合格1 699个，合格率为90.37%。

2003年，在强调加强各项质量制度落实的同时，省交通厅要求质量监督检查覆盖面达到100%，实行严管重罚，重点加强对施工、监理单位行为事前、事中、事后监督，并定期通报。开展第三方质量检测试点，在施工、监理单位检测基础上，由业主委托第三方检测单位按一定频率，对工程关键部位实行检测，客观评价工程质量。2004年6月，省交通厅组织对包茂线西柞高速、秦岭终南山公路隧道、府谷—店塔一级公路等10个重点公路项目进行检查，共抽查实体工程3 379点，合格的3 119点，单点合格率为92.31%。对发现的质量责任制、质量追究制不落实，工程质量管理不到位、施工现场管理不严等问题，提出解决措施。

2006年5月25日，铜川市公路工程技术人员对铜川新区袁家村通村水泥路质量进行取样检测

自2005年起，省交通厅相继出台多项改进公路建设质量监督检查措施。全面实行建设项目第三方质量检测，促进建设项目加强质量制度执行与施工过程质量控制。对检测、检查不合格工程，坚决推倒重做。2006年2月20日召开的全省交通工作会议提出，建立重点项目质量责任人社会公示及质量巡查制度。随后，省交通厅成立重大项目质量巡查组，对重点项目质量进行监督和不定期检查，主要查项目管理人员尽职尽责、监理人员上岗敬业、施工单位质量保证等情况，对项目组质量意识、责任落实、纪律作风、工作措施进行明察暗访。公路养护质量实行省公路局季查、各市（区）公路管理局和收费公路企业月查、养护生产单位一周两查、养护班组日查，着力解决质量“洼地”，公路工程质量稳步提升，重点公路建设

项目单点合格率提高至94.40%。

2007年，省交通厅总结《2004年质量工作要点》执行情况，分析近年公路建设质量现状，广泛征求高速公路建设者及相关专家意见，针对当前公路建设工程中存在的质量问题及质量工作重点，制定了《陕西省公路建设工程质量工作要点》（2007年版），并于5月18日以陕交发〔2007〕207号文颁布施行。该质量工作要点经不断修订、完善，成为指导公路项目管理、质量监督、勘察设计、施工、监理、试验检测、技术咨询等质量控制的重要依据和规范。为落实好公路建设工程质量工作要点，2008年，加强和完善公路工程质量监督检查，推行高速公路建设阶段目标责任考核，加大日常检查力度，强化动态监管。省交通厅质监站制定公路工程质量监督检查办法，将检查分为综合检查、专项检查和巡查3种；检查内容包括质量管理、施工工艺、实体质量3个方面，每个项目综合检查每年不少于2次；除第1次综合检查全部标段外，其余每次检查标段数不少于50%，专项检查或巡查每年不少于2次，不得出现漏检合同段。

2009年，深入开展“公路工程质量年”活动，完善群专结合质量监督机制，同时开展高速公路混凝土质量通病治理、隧道排水系统排查治理、高边坡（滑坡）专项整治、改性沥青质量监控等专项活动。省交通厅质监站组织检查、指导和督促，检查结果纳入年度目标责任考核。干线公路养护结合迎国检，打造一流路况水平，加强质量缺陷治理。同时，针对农村公路质量管理责任体系不完善、施工管理力量不足、设计针对性差、施工质量差等问题，省交通运输厅组织对农村公路新、改建工程、危桥改造工程、渡改桥工程建设质量进行自查和检查，各市（区）自查比例不少于30%。是年，全省重点公路工程质量抽检单点合格率达到94.60%，关键指标抽检合格率达到99.10%，农村公路建设质量主要指标合格率达到95%以上。

2010年5月17日，陕西省交通厅质监站检查组对照设计图纸检查西铜二通道建设工程质量

第四节 定额造价管理

一、工程定额

陕西公路工程定额原由省公路局管理。自1989年5月起，改由省交通厅定额站管理。

1992年，针对公路建设项目存在的完成投资超概算的问题，全省公路建设工作会议提出加强对公路工程项目总概算管理，设计单位要向省交通厅定额站报送设计概算，并要有计划地安排对在建项目执行设计概算情况进行监督检查，发布执行通报，协同控制项目投资。省交通厅定额站完成《陕西省公路工程概预算编制地市县补充规定》、《公路建设项目用地指标》调查资料汇总，并参与交通部公路工程预算定额编制。1994年3月，完成陕西《公路建设项目用地指标》调查编制工作。

1996—1998年，加强公路养护工程定额编制及工程决算编制办法制定。先后编制《陕西省汽车专用公路养护工程定额与费用定额》《陕西省建设工程估算指标》（公路工程部分）《公路建设项目工程决算编制办法》及配套软件。

1999年，定额管理机构对公路基本建设工程概算、预算编制、公路养护工程预算编制和定额进行调研，针对存在的问题和发展要求，提出编制办法和补充意见。2000年9月5日，省交通厅发布《陕西省公路基本建设工程概算、预算编制补充规定》《陕西省公路工程补充预算定额》（陕交建〔2000〕475号）。2001年，省交通厅推行公路工程投资控制责任制度，要求造价管理机构应及时、全面了解公路工程定额变化及材料价格信息。2004年3月15日，省交通厅发布《陕西省公路养护工程预算编制办法》《陕西省公路养护定额》（陕交发〔2004〕88号）。

2006年，公路建设规模扩大，标准提高，速度加快，各种新技术、新结构、新工艺、新材料、新设备广泛应用，原有部分工程定额不适应新变化。定额管理机构组织对部分工程技术定额进行测定。在此基础上，2007年9月10日，省交通厅发布《陕西省公路工程补充预算定额》（陕交发〔2007〕449号），共14项、154个子目。实施后，解决部分公路建设和养护工程路基冲击碾压、沙漠路基、改性沥青生产、高边坡防护、钢管拱桥及隧道防、排水等新技术定额不配套问题。

2008年，国际市场铁矿石、原油价格上涨，导致公路工程材料价格总体上扬。定额管理机构对全省6个重点公路建设项目进行人工、规费参数测算、新定额水平测评和综合分析；经测评和分析，全省重点公路工程建设项目造价基本符合部颁新公路工程概、预算定额，这为贯彻实施好部颁新定额提供了依据。自7月1日起，交通部《公路工程基本建设项目概算预算编制办法》（交通部公告2007年第33号）及公路工程概算、预算、机械台班费用3个定额在全省施行。7月15日，省交通厅下发《陕西省公路工程基本建设项目概算预算编制补充规定》（陕交发〔2008〕117号），确定执行人工费、规费、动力燃料费和材料原价、养路费、车船税等取费原则和标准，按照陕西省公路工程基本建设项目概算预算编制补充规定实行，合理确定工程造价。

2009年，定额管理机构完成《秦岭终南山特长公路隧道定额》测定、研究和编制。在前后历时8年的测定、研究中，定额管理人员全程跟踪隧道施工过程新技术、新结构、新工艺、新设备、新材料等“五新技术”应用，研究编制相应定额作为特长公路隧道建设项目计价依据。如按不同围岩级别编制混凝土衬砌定额，研究编制隧道竖井中心扩孔法和全断面法开挖及衬砌定额，编制隧道通风道及风机房开挖衬砌定额等。

二、工程造价

1991年起，省交通厅定额站与各地（市）交通局联合开展公路工程材料价格调查，每月对钢材、水泥、沥青等几十种外购工业品建筑材料价格情况进行调查，动态掌握各种建筑材料价格，逐步形成材料价格信息报送体系，保证材料价格信息准确、及时和可靠。1993年，定期对全省建筑材料生产企业规模、分布和价格变化情况进行调查、分析，并通过省交通厅定额站主办的内部刊物——《陕西公路造价》进行信息发布。

1996年，定额管理机构审查渭（南）清（涧）二级公路白水河大桥、210国道清涧至绥德至榆林二级公路改建工程、312国道亭口至冉店二级公路改建工程、108国道土地岭隧道、绛帐至法门寺至汤峪二级汽车专用公路等项目初步设计概算。工程造价审查，主要审查造价文件编制有效性、合法性、方法正确性、内容完整性、基础数据准确性、技术经济指标合理性等，提出审查后总造价、增减总额、增减比例等，作为造价审批依据，报送相关部门审批。

2001年9月，全省公路建设加强工程投资控制，促进依法科学、合理使用建设资金，降低公路工程造价，提高投资效益。省交通厅《陕西省公路工程投资控制责任制实施办法》（陕交发〔2001〕498号）规定，造价管理机构应定期公布本辖区材料指导价格，掌握本辖区内不同工程造价水平，分析、研究工程投资批准数额与实际执行情况，研究提出控制工程投资方法建议。同时规定造价管理机构参加设计文件审查，对审查概、预算负责，并承担相应责任。

2002年，省交通厅定额管理机构组织对各省（自治区、直辖市）不同等级公路工程造价指标进行调查，以确定陕西公路工程造价在全国所处的水平，为进一步调整公路工程计价依据提供参考。

2005年，贯彻交通部公路建设项目工程决算编制办法，定额管理机构的工程造价审查，实行公路施工物资与设备管理成本控制，并严格审查供货商资质，以避免层层代理或不法代理商材料垄断和恶意索赔。有关重要设备、材料等货物，由建设单位选定后，指定施工单位采购国家大、中型企业生产质量稳定、品质优良、货源充足名优产品。

2009年，推进公路工程造价管理制度化、规范化和科学化建设。3月31日，省交通厅定额站编发《陕西省公路工程造价文件审查规程》（陕交定发〔2009〕2号）。是年，随陕南、陕北高速公路持续大规模建设，工程造价相对增高，省交通厅定额站自5月起，对延志吴、神府两条高速公路工程造价进行调研，从工程综合指标、造价指标入手，对工程建设政策、市场、设计、造价编制人员素质等进行综合分析，找出导致造价偏高的政策、设计、计费标准、编制质量存在问题；对造价不合理部分提出调减意见，同时提出严格控制工程规模、从严掌握技术标准、强化材料指导价

2009年3月13日，陕西省交通厅定额站工作人员审核工程定额与造价

作用、加强在建项目造价监督、强化工程决算编审等科学控制投资的建议。

2010年，公路工程材料价格再次上涨，高速公路建设成本攀升，出现项目概算超估算、预算超概算的现象。1月26日，省交通运输厅印发《关于进一步严格控制工程投资，降低工程造价的通知》（陕交发〔2010〕88号），要求严格控制项目建设规模和标准、设计和造价审查，及时完善设计程序、加强变更设计管理，严格控制设计变更；同时要求对因征地拆迁等建设环境问题引起的建设成本增加，应以省交通运输厅协调办公室的协调会议纪要为准；各项目法人必须增强投资控制意识，从项目工可研、设计、征地、拆迁、施工组织等各环节从严从细控制，并通过建立激励机制，加强考核和问责，严格过程审计等措施加以落实。省交通厅定额站通过公众网站，按月公布全省公路工程建设材料价格信息，加强价格指导，并编制出版《陕西省地产筑路材料主要料场分布图》，为建设方选择料场、料源提供参考。

在推进定额造价管理工作中，定额管理机构着眼于建设合格的造价人才队伍，加强造价人员培训和考核。至2010年底，先后举办14期工程造价人员培训班，共培训造价人员1 400多人次。通过考试，全省取得交通工程造价甲级资质人员252人，乙级资质359人。

第五节　收费公路管理

一、贷款修路

陕西自20世纪80年代中期始行贷款修路、收费还贷政策，极大调动各级交通主管部门、公路系统、地方政府和一些单位、个人修路建桥积极性，有效缓解公路建设资金匮乏，加快公路新建改造步伐。1991年后，仍把利用贷款修路、收费还贷作为推进公路建设上台阶的重大举措，积极鼓励和支持。

90年代，利用交通部补助资本金和自筹资金，多层次、多主体争取银行贷款修路。贷款修建收费公路，执行交通部、财政部、国家物价局《贷款修建高等级公路和大型公路桥梁、隧道收取车辆通行费规定》（〔88〕交公路字28号），交通部、国家计委、财政部1994年7月18日发布《关于在公路上设置通行费收费站（点）的规定的通知》（交公路发〔1994〕686号）等文件规定。贷款项目从高等级公路建设到国省干线公路新建、改造；贷款资金来源为国内银行和世界银行及科威特政府贷款，以国内银行贷款为主；贷款所需资本金有交通部补助、省交通厅补助、地方自筹等；

勉县政府利用自筹资金与银行贷款，改建108国道勉县纪寨至水磨湾二级公路。图为1993年5月施工人员进行水泥混凝土路面铺筑

贷款修建主体有交通主管部门、公路管理机构、一些公路沿线地方政府和集体、个人；贷款项目运作方式有交通主管部门组织，交通主管部门与有关企业合作；公路管理机构组织，公路管理机构与地方政府合作；地方政府或个人自行组织等。这些项目建成后，经批准设立收费站收取通行费，用于偿还银行贷款和利息。这类公路称为政府还贷性收费公路。这期间，全部高等级公路利用贷款建设，国省干线公路形成贷款新建改建高峰。西临高速收费经营权转让，始有经营性收费公路。

2001—2004年，省政府颁布关于加快全省公路建设的决定，鼓励继续利用国内外贷款和转让收费公路经营权方式筹资建设。国内银行贷款向西部公路等基础设施建设倾斜，省交通厅扩大利用银行贷款，加速建设规划高速公路，利用交通部补助资本金和亚洲开发银行贷款建设西禹高速。公路管理机构继续扩大利用贷款改建改造国省干线公路和少量县道。西铜、咸永公路收费经营权转让，一些经济组织投资经营公路或独立大桥，收费经营路桥数量增加。

这期间，贷款主体中公路建设企业和经营实体增加，市（区）、县（市、区）政府或交通主管部门利用贷款解决建设项目配套资金缺口。规范收费公路设置，地方政府逐步退出公路收费，收费公路运营及其债务交由公路管理机构。一些企业、个人投资修建并经营收费路、桥增多。干线收费公路发展平稳，收费高速公路里程有较多增加。贯彻执行国务院第417号令颁布的《收费公路管理条例》和中央、省有关规范收费公路规定，开展收费公路清理整顿，规范收费公路秩序。

2004年年底，全省收费公路4 455公里，其中高速公路976公里，一级公路186公里，二级公路3 293公里。

2005年后，全省以高速公路建设为龙头，干线公路改造和农村公路建设为两个重点，全面持续加快发展，资金需求巨大。省政府强调和支持通过加大银行贷款、进一步开放融资市场，加大公路建设投入；颁布《陕西省收费公路管理办法》，加强对收费公路发展规范和引导。省交通厅做出负债建设决策，加强与银行联系合作，积极争取信贷支持，扩大公路建设贷款规模；进一步开放公路建设融资市场，支持省高速公路建设企业通过贷款、发行企业债券等方式融资，鼓励国内外经济组织以独资、合资或BOT等多种方式投资经营公路。这时期，省交通厅利用国家发改委、交通运输部补助资本金和自筹资金，加强统贷，所贷资金重点用于高速公路建设和通村油（水泥）路建设。市（区）、县（市、区）仍采用争取银行贷款解决配套建设资金不足。一些民营企业贷款或集资参与独立大桥建设经营。继续利用世界银行贷款修建高速公路。此期，国省干线收费公路增加放缓，建成收费公路主要是高速公路。收费还贷主体有交通主管部门、公路管理机构和国有公路建设企业等。

2009年，按照国务院实施燃油税改革关于逐步有序取消政府还贷二级公路收费规定，省政府决定暂缓取消政府还贷二级公路收费，继续利用贷款修路和收费还贷政策，实行控制改建、新建二级公路规模，限定33个项目605公里，各市（区）二级收费公路建设贷款额度大幅下降。

此期，全省收费还贷公路建设利用国内银行贷款1 301.07亿元，地方利用国内银行贷款283.55亿元。

至2010年年底，全省建成收费还贷公路7 931公里，占全省公路总里程8.45%。其中高速公路3 818公里，占收费公路全部里程48.14%；二级收费公路4 113公里，占全部收费公路里程51.86%。收费公路中，收费还贷公路7 349公里，收费经营公路582公里；收费还贷公路管理单位14家，收费经营公路企业9家。

二、收费标准

收费公路收费标准，因路制宜，按规定程序，由省政府或省物价局批准。每建成通车一条路，确定一条路收费标准。收费标准确定因素，主要包括收费公路类型、建设里程、投资规模和结构、贷款本金和利息、贷款偿还期限、公路养护管理成本等。1991年8月19日，经省政府批准，西安咸阳国际机场二级汽车专用公路，收费标准为：5座及以下小卧车、吉普车、半吨以下车辆为每车次3元；同时，西三一级公路同类车辆通行费由初始每车次2元，调整为每车次3元。收费期限：高速公路为30年，二级收费公路1～5年。到期未还清贷款的，经省政府批准适当延长1～5年。

1993年5月1日省政府决定调整西临高速公路收费标准。汽车按吨位分为4个档次，每车次分别按5、8、15、20元标准收取通行费。贷款改造二级收费公路分为2.50吨以下、2.50至7吨、7至10吨3个档次，按次收费。经省政府批准，是年7月1日，勉县利用民办公助和银行贷款改造的108国道纪寨至水磨湾二级公路设立收费站。收费标准为：两轮、侧三轮摩托车每车次1元；后三轮、革新车、小四轮手扶拖拉机每车次2元；小卧车、吉普车、12座以下面包车及1吨以下微型汽车每车次3元；1吨以上2.50吨以下车辆每车次6元；2.50吨以上7吨以下车辆每车次8元；7吨以上12吨以下车辆每车次15元；12吨以上车辆每车次20元。收费期限至1998年6月30日止。

1994年5月，省政府批准渭南沙王渭河大桥设站收取通行费。通行费收取标准为：摩托车每车每次收费1元；2.50吨以下机动车每车次3元；2.50至5吨机动车每车次5元；5至8吨机动车每车次10元；8吨以上机动车每车次15元。此期，由利用银行贷款新建、改建符合标准的二级公路及大桥、隧道，均参照此标准，并根据其投资额、里程、等级等因素，确定具体收费标准。

1996年3月27日，省政府批准调整高等级公路车辆通行费标准，实行车辆分类，按类收费。一类车2.50吨及19座以下；二类车2.50吨至8吨及20至49座；三类车8吨至12吨及50座以上；四类车12吨以上；五类车20吨以上。货车按每车公里、客车每车次缴纳。其标准：一类车西临线0.42元、10元；西铜线0.25元、10元；西宝线0.20元、30元；二类车西临线0.62元、15元；西铜线0.38元、15元；西宝线0.32元、50元；三类车西临线0.83元、20元；西铜线0.50元、20元；西宝线0.64元、100元；四类车西临线1.04元、25元；西铜线0.75元、30元；西宝线0.96元、150元。西铜线20吨以上货车在每车公里0.75元基础上每吨增加3元。

1998年前后，此前批准的二级收费公路收费期限陆续到期，有的未能如期归还银行贷款，经按程序报请省政府批准，部分二级收费公路延长收费期限；部分二级公路收费标准略有提高。1998年11月25日，省政府批准在210国道清涧至榆林段二级公路设郭家伙场、刘家湾、王沙沟和鱼河4个收费站收取通行费。通行费收取标准：手扶拖拉机、小四轮拖拉机每车次3元；2.50吨以下车辆每车次5元；2.50至5吨车辆每车次10元；5至8

吨车辆每车次15元；8吨至12吨车辆每车次20元；12吨以上车辆每车次25元。车辆吨位核定，按照《陕西省公路养路费征收管理办法》第十三条执行。

2000年3月10日，省交通厅发文《关于进一步加强公路收费延期工作的通知》（陕交财〔2000〕105号），按照国家和省政府有关规定，严格控制公路收费延期，制定银行贷款还款计划，限期还清银行贷款，还完银行贷款即撤销收费。

2003年10月21日，按照交通部《收费公路车辆通行费车型分类》行业标准，经省政府批复，从是年11月1日起，统一全省收费公路车辆通行费车型分类及其收费标准。收费车辆吨（座）位核定，依据中华人民共和国机动车辆行驶证核定额定载质量（千克）或座位数为准。

1.封闭式收费还贷高速公路收费标准为：客、货车辆分为五类。每类每公里收费标准：一类车0.40元，二类车0.70元，三类车0.90元，四类车1.12元，五类车1.30元。各收费站收费折算标准，按照对应车型费率标准与路程距离乘积确定。

2.西（安）铜（川）、西（安）临（潼）、西（安）蓝（田）高速公路收费标准分别为：一类车0.30元、0.50元、0.32元，二类车0.45元、0.75元、0.65元，三类车0.59元、1.00元、0.97元，四类车0.89元、1.25元、1.30元，五类车1.34元、1.50元、1.62元。

3.开放式收费还贷公路（主要指二级）收费标准为：双向收费标准一类车每车次3元，二类车5元，三类车10元，四类车15元，五类车25元，六类车40元；单向收费标准一类车每次5元，二类～六类车每车次加一倍，分别为10元、20元、30元、50元、80元。

根据省政府《陕西省人民政府关于同意全省收费公路车辆通行费车型分类及其收费标准等有关问题的批复》（陕政函〔2003〕203号）的意见，省交通厅制定《联网高速公路收费费额标准》和《未联网高速公路收费费额标准》，并从2004年5月8日零时起执行。

2004年12月，省交通厅、省物价局依据国务院《收费公路管理条例》及2004年9月15日交通部、国家发改委《印发关于降低车辆通行费收费标准的意见的通知》（交公路发〔2004〕622号）规定，按照公路技术等级、投资总额、当地物价指数、偿还贷款或有偿集资款期限和收回投资期限以及交通量等因素，计算调整收费公路收费标准。经省政府批准从2005年1月1日零时起，实施全省新收费标准：

1.政府还贷高速公路费率标准为：五类车费率标准基准数由车公里1.30元调为1.26元，四类车费率标准基准数由车公里1.12元调为1.08元，其他类别车型标准不变。

2.经营性高速公路费率标准为：西（安）铜（川）高速公路费率标准不变。西（安）临（潼）高速公路费率标准为：五类车费率标准基准数由车公里1.50元调为1.40元，四类车费率标准基准数由车公里1.25元调为1.20元，其他类别车型标准不变。西（安）蓝（田）高速公路费率标准为：五类车费率标准基准数由车公里1.62元调为1.36元，四类车费率标准基准数由车公里1.30元调为1.16元，其他类别车型标准不变。

3.开放式收费还贷公路（主要指二级）收费标准为：五类车双向、单向25元、50元调整为20元、40元，六类车双向、单向40元、80元调整为30元、60元。

全省统一执行新收费标准与交通部、国家发改委建议收费标准相比，费率降低

3%～10%。与2003年同口径车流量比较，开放式收费公路通行费收入总体降低10%左右，个别收费公路降低幅度30%；高速公路通行费收入总体降低1%左右。

2006年4月4日，省物价局发出《关于制定与调整道路车辆通行费，实行价格听证制度的通知》（陕价经发〔2006〕52号），决定从是年5月1日起，在全省建立制定与调整道路车辆通行费价格听证制度。是年7月20日，省物价局、省交通厅在靖边县召开黄延、靖安、榆蒙高速项目收费价格听证会。延安、榆林两市人大、政协及消费者、经营者、专家学者等各方代表20人参加听证。此为全省制定车辆通行费收费标准首次听证会。之后，凡新建收费公路收费标准制定，均召开收费价格听证会，在综合各方意见基础上，依法、公平、合理确定收费价格。

是年，省交通厅贯彻落实交通部《关于收费公路试行计重收费指导意见的通知》（交公路发〔2005〕492号）、《陕西省人民政府办公厅关于进一步加强车辆超载超限治理工作的通知》（陕政办发〔2006〕2号），制定《陕西省公路载货汽车试行计重收费实施方案》，报经省政府批准，在收费公路推行载货汽车计重收费。是年10月15日起，全省高速公路及312国道西安至界牌段共109个收费站、364条收费车道，实行“车型+计重”计重收费方式。其标准为：正常装载合法运输车辆行驶收费公路时，其车辆通行费收取按现行收费车型分类判定办法和标准执行。超过公路承载能力的车辆行驶收费公路时实行计重收费，其基本费率为：封闭式收费公路每吨公里0.08元；开放式收费公路每吨车次1.25元；总轴重超过对应公路承载能力认定标准重量部分，按30%～100%、100%不同百分比，分别按基本费率3～6倍、6倍计重收费。11月，在非封闭式收费公路建设计重收费设施，至2007年9月，全省115个开放式收费公路收费站全部实行计重收费。

2008年8月29日，陕西省物价局在西安主持召开蓝田—商州—界牌高速公路收取车辆通行费方案听证会。有关部门、单位及申请人、消费者代表与有关专家40余人参加听证。图为听证会会场

随着全省高速公路建设成本、运营费用攀升，2003年全省统一的收费公路收费标准已不适应高速公路发展需要。为此，2007年1月4日，省政府根据国务院第417号令《中华人民共和国收费公路管理条例》规定，以陕政函〔2007〕2号文批复省交通厅、省物价局，同意按高速公路工程建设项目平均投资额度，对全省新建成的收费还贷高速公路车辆通行费收费标准进行相应调整。

调整的收费还贷高速公路收费标准见表8-2-1。

陕西省收费还贷高速公路收费标准表（2007年）

表8-2-1

类别	车型及规格		现行费率标准（单位：元/车·公里）	拟定收费标准						
				费率标准（单位：元/车·公里）					特长、特大（桥）、隧道定额标准（单位：元/车次）	
				项目平均造价（M：万元/公里）					（桥）隧平均造价（M：亿元/座）	
				项目分段1	项目分段2	项目分段3	项目分段4	项目分段5	（桥）隧1	（桥）隧2
	客车	货车		3000<M	3000≤M<4000	4000≤M<5000	5000≤M<6000	M≥6000	M<10	M≥10
1	≤7座	≤2T	0.40	0.35	0.40	0.50	0.60	0.70	10	20
2	8座-19座	3T-5T（含5T）	0.70	0.61	0.70	0.88	1.06	1.23	20	30
3	20座-39座	3T-10T（含10T）	0.90	0.80	0.90	1.13	1.36	1.58	30	40
4	≥40座	10T-15T（含15T）20英尺集装箱	1.12	0.95	1.12	1.36	1.63	1.90	40	50
5		15T以上40英尺集装箱	1.30	1.11	1.30	1.58	1.90	2.21	50	60

执行上述收费标准，2007年全省通行费征收59.70亿元，比上年度增长49.80%。之后，全省新建成收费还贷高速公路通行费收费标准一律按此规定核定。

2010年5月10日，经省政府批准，省交通运输厅、省财政厅、省物价局联合发布通告，行驶陕西高速公路所有载货类机动车辆全面实施计重收费。

收费公路对过往车辆通行费收取，贯彻执行国务院《收费公路管理条例》和陕西省《收费公路管理办法》等规定，免收通行费车辆包括：军队和武警部队车辆，公安机关在辖区内收费公路上处理交通事故、执行正常巡逻任务和处置突发事件统一标志制式警车，经交通运输厅或省政府批准执行抢险救灾任务车辆，绿色通道运输鲜活农产品车辆，邮政车辆，进行跨区作业联合收割机和运输联合收割机（包括插秧机）车辆等。

全省2010年收费还贷高速公路通行费收费标准汇总见表8-2-2。

三、收费站管理

公路收费站随收费公路而出现，并随收费公路演变而调整。1988年1月5日，交通部、财政部、国家物价局联合发布《贷款修建高等级公路和大型桥梁、隧道收取车辆通行费规定》（〔88〕交公路字28号）。收费公路建成后，由交通和其他主管部门批准设立收费站，对过往车辆收取通行费。1989年1月1日建成扶风罗家渭河大桥，为全省第一个由村集资贷款修建的大桥和设立的公路收费站。1990年1月1日，省政府批准设立西三一级公路草滩收费站，为全省第一个收费还贷高等级公路收费站。1993年，省政府批准设置108国道勉县纪寨至水磨湾二级公路收费站，为全省第一个收费还贷二级公路收费站。

全省收费公路加速发展，收费公路沿线收费站增多。收费站审批和设立不够规范，有的地方政府越权审批设置收费站，有的收费站设置不符合规定标准，有的路段收费站设置过密，引起群众意见。1994年7月18日，交通部、国家计委、财政部颁布《关于在公路上设置通行费收费站（点）的规定》（交公路发〔1994〕686号），规定设站条件。7月20日，国务院发出《关于禁止在公路上乱设站卡乱收费的通知》（国发〔1994〕41号），要求加强公路设站收费规范。贯彻以上规定和通知精神，1995年4月1日，省政府第10次常务会议决定，全省收费公路由省交通厅归口管理。翌年5月31日，省政府发出《加强公路车辆通行费收费站（点）管理工作的通知》（陕政发〔1996〕41号），决定清理整顿公路收费站。省交通厅组织3次全面检查，对不符合规定的11个收费站（点），经报请省政府批准予以撤并，保留已批准设立56个收费站。

2004年6月16日，西安绕城高速西高新收费站收费标准、收费单位、监督电话等及收费人员文明收费行为公示牌

这一时期，全省收费公路特别是二级收费公路增加较快，收费站点相应增多。由于二级公路

陕西省2010年收费还贷高速公路通行费收费标准汇总表

表8-2-2 单位：元/吨·公里

高速名称	按车型收费标准					货车计重收费标准	备注
	1类	2类	3类	4类	5类		
潼西高速	0.60	1.06	1.36	1.63	1.90	0.12	
西宝改扩建	0.60	1.06	1.36	1.63	1.90	0.12	西宝改扩建路段全长103公里实行新费率标准
宝牛高速	0.60	1.06	1.36	1.63	1.90	0.12	经过宝牛高速公路的渭河桥梁群的车辆加收固定通行费10\20\30\40\50元
宝汉高速	0.60	1.06	1.36	1.63	1.90	0.12	
渭蒲高速	0.60	1.06	1.36	1.63	1.90	0.12	经过渭蒲高速公路的渭河桥梁群的车辆加收固定通行费10\20\30\40\50元
西商高速	0.60	1.06	1.36	1.63	1.90	0.12	经过西商高速公路秦岭灞源隧道的车辆加收固定通行费10\20\30\40\50元
西铜高速	0.60	1.06	1.36	1.63	1.90	0.12	暂时不加收桥梁隧道
西阎高速	0.40	0.70	0.90	1.12	1.30	0.08	
西汉高速	0.50	0.88	1.13	1.36	1.58	0.10	
终南山秦岭隧道	0.50	0.88	1.13	1.36	1.58	0.10	按照车型20\30\40\50\60单独增加隧道专项费
小康高速	0.60	1.06	1.36	1.63	1.90	0.12	经过小康高速包家山隧道的车辆加收固定通行费20\30\40\50\60元
十天白泉高速	0.60	1.06	1.36	1.63	1.90	0.12	经过十天白泉高速公路明垭子隧道的车辆加收固定通行费10\20\30\40\50元
白泉高速安康段	0.60	1.06	1.36	1.63	1.90	0.12	经过十天白泉高速公路鄂陕界隧道的车辆加收固定通行费10\20\30\40\50元
商漫高速	0.70	1.23	1.58	1.90	2.21	0.14	经过高坝至天竺山、天竺山至漫川匝道路段的车辆加收固定通行费20\30\40\50\60元（两个都经过的只加一次）
商界高速	0.60	1.06	1.36	1.63	1.90	0.12	
机场高速	0.60	1.06	1.36	1.63	1.90	0.12	

说明：表中数字根据陕西省高速公路收费管理中心提供资料整理

大多为公路管理机构或地方政府利用贷款，按所管护辖区分段修建，建成后分路线、分路段设站收费，因而一些地方和一些路线收费站设置较密。全省干线公路大多为一县一站，不同路线交叉的一些县城周边，则设有多个收费站，社会反响较大。从2001年3月起，省交通厅会同省公安厅、省政府纠风办对全省所有公路、桥隧收费站（点）逐一进行清理整顿，撤销未经省政府批准而设立的收费站1个，撤销收费站验票点2处，撤除个别村镇乱设的收费点6处；对210、312、316、108国道收费站过密问题，采取改双向收费为单向收费方式，减轻车辆通行费负担。至2001年年底，全省经省政府批准保留公路收费站153个。

2003年12月31日，贯彻国务院办公厅关于治理向机动车辆乱收费和整顿道路站点有关问题的通知，交通部关于公路收费站清理整顿的指导意见，省政府发出《关于清理整顿道路收费站点有关问题的通知》，要求对全省公路收费站点进行全面清理整顿。省交通厅会同省政府纠风办、省物价局等部门，按照通知要求，对全省公路收费站（点）进行全面清理登记，逐一审查核定，分别提出撤销或保留建议意见。决定从2004年1月31日起，西安市耿镇渭河大桥等9个收费站和2个违规验票点终止收费，予以撤销；调整3个收费站址，改变4个收费站收费方式；其他符合国家规定保留公路、桥隧收费站187个，向社会公布收费站名称、位置、收费方式、起止收费年限和监督电话。

2005年1月27日，省交通厅专项会议决定，撤销安康市蜀河大桥、旬阳草坪，汉中市南郑强家湾和宝鸡市陇县关山4个公路收费站。是年底，全省共有公路收费站218个。

2006年，按照交通部《关于进一步规范收费公路管理工作的通知》（交公路发〔2006〕654号）要求，省交通厅针对全省二级公路改造项目规模偏大、收费站较多的情况，控制二级收费公路改造项目，清理全省公路收费站点。2007年，贯彻省政府第121号令颁布的《陕西省收费公路管理办法》，进一步规范收费站设置，封闭式收费公路除两端出入口外不在主线上设置收费站；非封闭式收费公路同一主线上，相邻收费站间距不得少于50公里。是年11月1日，经省政府批准，保留符合规定公路收费站242个，并向社会公告省政府批准收费站名称、收费标准等。

2010年11月，陕西省高速公路建设集团公司西宝分公司三桥管理所开展“温馨在三桥、满意在西宝、畅通在陕西、平安到终点”优质服务活动，提升收费站服务水平

2008年9月28日，经省政府批准，撤销宝鸡市虢镇渭河大桥、西沣一级公路郭杜等18个公路收费站。汉中市政府撤销316国道石门隧道收费站。

随着全省高速公路通车里程不断增加，高速公路收费站相应增多。其设置按照联网收费规范，一般设于匝道、互通式立交和省界出入口，高速公路主线不设收费站。

2009年，省政府按照国务院燃油税改革方案要求，决定在

2012年前，逐步取消全省政府二级公路收费，并决定除此前已批准在建二级收费公路项目外，从是年起，不再审批新的二级公路收费站；鼓励市（区）、县（市、区）政府在条件允许情况下提前撤站；取消的政府二级收费公路，省财政根据中央财政有关补贴给予适当补贴。是年8月31日和2010年7月1日，经省政府批准，两次撤销104省道宝虢凤收费站、108国道秦岭、土地岭、新庄和槐树关等5个二级公路收费站。

截至2010年年底，全省批准设置公路收费站344个，其中政府还贷公路收费站312个，收费经营性公路收费站32个。按公路等级划分，高速公路收费站237个，二级公路和独立大桥、隧道收费站107个。

四、通行费管理

陕西收费公路发展初期，尚未对公路通行费管理进行规范。1991年，省财政厅《关于对公路车辆通行费收入实行财政专户储存管理的通知》（陕财综〔1991〕005号），明确西三公路、西临高速公路收取的通行费，从是年3月1日起实行财政专户储存管理，收取的资金按月存储省财政在省建设银行营业部开设的专户；支付按季报送分月用款计划，经审查后拨付使用。同时规定，凡收取车辆通行费的单位，必须向物价和财政部门办理手续，报送收费依据和收费标准，经审查合格后，从物价部门领取收费许可证，使用财政部门统一票据，收取的资金全额存入财政专户。之后，省交通厅、省计委、省财政厅在西宝高速收取车辆通行费的通知中，强调通行费实行收支两条线、专户储存，只能用于偿还贷款以及公路维护、收费机构与设施正常费用开支，不得坐支挪用。同时规定，通行费免交各种税费。

1996年5月，贯彻交通部、国家计委和财政部交公路发〔1994〕686号规定，省政府颁布的《关于加强公路车辆通行费收费站（点）管理工作的通知》强调，全省收费公路车辆通行费由省交通厅统一财务管理，规范会计核算，以保证通行费收入主要用于归还贷款，年度还贷率不低于70%。按照省政府规定，省交通厅将通行费管理纳入公路收费站（点）清理整顿工作之中，制定并颁发通行费管理、通行费会计核算等办法，解决通行费财务管理和会计核算不统一、不规范问题。同时，建立通行费收支审计制度，委托有关审计单位，按年度分项目进行审计，加强对通行费收支的检查、指导和监督。

随着全省收费还贷公路不断增加，通行费收支管理出现一些新情况。由于各收费公路路段车辆流量不均，收取的通行费资金与还贷情况差别很大，有的收费路段可偿还本息，有的仅能偿还利息，有的连利息都难以偿还。同时，由于贷款及贷款担保与运营管理主体不统一，监管不到位，一些地方出现平调、坐支挪用通行费及以费养人等问题。1998年5月，省交通厅专文向省政府报告公路通行费收支管理中的问题，并提出加强统一管理的意见和建议。1999年省政府第2次常务会议决定，全省收费还贷公路由省交通厅统一管理，贷款实行统借统还。是年8月，省交通厅发出《关于清理整顿全省公路收费站（点）的实施意见》（陕交财〔1999〕340号），全省开展公路通行费收支情况清理整顿，解决一些地方通行费收支制度不健全、管理不规范、收费人员过多、以费养人和平调、挪用通行费等问题。此期间，按照省政府《关于印发水利建设基金筹集和使用管理实施细则的通知》（陕发〔1997〕57号），国家税务总局国税函〔1998〕766号关于交通等部门有关收费项目征收营业税的批复，全省收费还贷公路通行费相继缴纳水利建设基金和营业税。

2000年3月27日，省政府发出《陕西省人民政府关于对全省收费公路实行统一管理的通知》（陕政发〔2000〕13号），确定全省收费公路由省交通厅实行统一收支管理、统一票据管理、统一计划管理、统一收费标准、统一缴纳税费的“五统一”管理，同时设立“撤站还贷平衡资金”。按照通知规定，公路通行费年度收支预算由省交通厅、省财政厅联合审核下达；各单位收取的通行费直接缴入财政专户；上解的通行费收入在扣除“撤站还贷平衡资金”和应缴的水利基础设施建设基金后，全额返还各上解单位，用于还本付息和公路养护管理支出；实行统一管理后，贷款修路的债权债务和收费路段养管责任不变；提取的“撤站还贷平衡资金”，由省交通厅统筹安排，主要用于偿还被撤销收费站遗留债务和对贫困地区收费站还贷补助；省交通厅收费公路管理中心对收费还贷公路收费与贷款偿还进行监督管理。通知规定建立的“撤站还贷平衡资金”，从各收费站上解的通行费收入中，根据收费站债务负担（上年通行费收入总额与贷款余额之比），按3%～8.50%的比例提取。按照“五统一”管理的要求，省交通厅相继颁发有关通行费收支、通行费稽查、收费公路会计核算、“撤站还贷平衡资金”管理等制度，并与省财政厅联合就通行费支出程序进行规范，与中国工商银行陕西省分行联合对公路通行费资金网络结算作出规定，落实统一管理要求，确保通行费资金汇集。与此同时，大力推广应用计算机收费管理系统，提高通行费管理效能。将通行费审计纳入财务收支情况审计，防止管理漏洞。是年，全省收费公路收取通行费9.30亿元，其中收费还贷公路通行费8.70亿元。

是年10月22日起，按照省财政厅、省地方税务局陕财税〔2001〕013号文转发的国家财政部、国家税务总局关于车辆通行费有关营业税等税收政策的通知，全省收费还贷公路通行费不再缴纳营业税。

2004年起，省交通厅每年发出全省收费公路管理工作要点，对当年通行费管理提出目标任务和工作要求。要求主要是：严格控制收费成本，减少不合理开支；实行经费支出与完成通行费收入挂钩办法，调动收费公路管理单位积极性；建立收费系统监控、人工稽查、站领导值班巡查的三位一体监督制约机制。同时，应用信息化、网络化技术，推进全省高速公路联网收费（见第五篇第二章第三节《业务应用系统》）。省交通厅与省财政厅联合发文，对联网收费后通行费资金收入、上解、专户设立与资金清分、划拨等，作出具体规定；各收费还贷公路管理单位按两厅文件规定执行，有效防止平调、挪用通行费和以费养人等问题，促进了经费开支节约，收费公路还贷能力较往年提高14个百分点。据统计，2005年，全省收费公路收取通行费29.25亿元。其中，收费还贷公路通行费22.08亿元。

之后年份，随着全省公路网络扩大、等级提高、车辆增加、交通量增长和收费方式、手段改善，全省收费还贷公路通行费收入逐年增长。同时，省交通厅强化通行费收支的审计监督。2007年，采取邀请招标方式，选择6家社会中介机构，对决定撤销的17个公路收费站收费与还贷情况进行审计，省交通厅审计处成立督查组，巡回督查审计进展情况。针对审计出的问题，提出整改意见和完善管理的建议。

2010年1月1日起，贯彻落实国务院关于编制中央预算和地方预算的通知精神，省财政厅转发财政部和中国人民银行关于将预算外资金管理的行政事业性收费纳入预算管理的通知（财预〔2009〕79号），全省收费还贷公路收取的通行费，纳入财政预算管理，并由原上缴财政专户改为上缴地方国库，资金使用由地方财政按规定拨付。

2010年，全省收费公路收取通行费141.26亿元，较上年增加46.16亿元。其中，收费还贷公路通行费124.06亿元。

收费还贷公路通行费，除用于收费公路养护、管理外，主要用于偿还贷款，年度还贷率连续保持70%左右。

第六节　路政管理

一、路产管理

（一）公路用地　1987年10月，国务院发布《中华人民共和国公路管理条例》（简称国务院《公路管理条例》），明确"公路用地"是指公路两侧边沟（或者截水沟）及边沟（或者截水沟）以外不少于1米范围的土地。自此，全省公路用地标准依照该条例规定执行。

1991年后，全省新建高等级公路和部分新建干线公路的公路用地，一般在项目建设征地时一次征用并划定用地范围，明确公路用地权属，由建设单位埋设界桩。原有公路，因历史上路线建设、拓宽改造、改建等情况复杂，相当部分公路用地权属不清，对公路养护、拓宽改造和路产管理带来一定困难。

1995年9月27日，省政府第22号令发布的《陕西省公路路政管理办法》（简称省政府《路政管理办法》），明确公路用地依据国务院《公路管理条例》规定，由县级以上政府划定，并核发土地使用证，所辖县级公路管理机构栽设路田分界桩。1996年起，公路系统开展落实公路用地确权工作。是年收回公路用地303处，计5 698平方米，为3 657.80公里公路办理了公路土地使用证。2000年，全省干线公路收回公路用地662处，计3.95万平方米。

2001年9月25日，省第九届人民代表大会常务委员会第二十五次会议通过并颁布的《陕西省公路路政管理条例》，明确公路两侧边沟（截水沟、坡脚护坡道）外缘起不少于1米的土地为公路用地。公路用地按公路技术等级确定，具体标准为：高速公路、一级公路不少于3米，二级公路不少于2米，三级及三级以下公路不少于1米。同时规定，新建、改建、扩建公路的公路用地，建设单位应当依法办理公路用地土地征用手续，由国土资源行政主管部门核发证书；已建成的公路未确定公路用地权属的，由县级以上政府组织有关部门调查核实，依法办理土地登记手续，确认公路用地权属。按此规定，各地公路管理机构进一步开展原有公路确权工作。干线公路用地确权，由各市公路管理局具体实施；县乡公路用地确权，由各市交通局具体实施。是年，全省共收回公路用地1 912处，计2.55万平方米。

2002年，省公路局在商洛市进行干线公路用地、公路设施确权试点。当年收回干线公路用地1 334处，计15.53万平方米。至2003年年底，商洛公路管理局所辖干线公路确权登记线形公路20宗，计740.20公里、1 204.40万平方米，核发公路土地使用证书20本；

2002年，商洛公路管理局在公路用地确权基础上，埋设公路界桩。图为312国道商州夜村段公路界桩

登记公路附属设施35宗，计5.80万平方米，核发公路附属设施土地使用证书35本。

2004年，省公路局在宝鸡市进行县乡公路用地、公路设施确权试点，完成公路实地测量，绘制公路用地带状图，建立资料卡和档案。是年，干线公路查处侵占公路及公路用地事案2 060起，收回侵占公路用地赔偿费99.93万元，收赔率为96.98%；查处县乡公路侵占公路及公路用地事案3 036起，收回赔偿费103.54万元，收赔率为95.33%。

2005—2010年，全省公路确权工作进展不平衡。新建高速和一级公路、部分改扩建公路，公路用地清楚，权属明确。原有部分公路由于情况复杂，加之确权需用资金困难等因限制，用地确权进展缓慢。公路管理机构通过检查、巡查等办法，保护公路用地。全省平均每年查处侵占公路及公路用地事案约4 800起，其中干线公路占约一半。

（二）路产保护　1990年7月，根据《中华人民共和国行政诉讼法》和交通部《中华人民共和国公路管理条例实施细则》（交通部令1988年第1号）规定，由省公路局请示，经省国有资产管理局和省清产核资办公室核准，确认全省公路资产产权归省公路局所有，由省公路局委托各公路管理总段进行管理。

1991—1995年，公路管理机构对路产保护，主要是宣传教育和上路巡查，对发现侵占、损坏路产和非法利用等情形，责令限期改正或依法进行处罚。对建设施工等确需占利用公路或公路设施的，按规定程序申请、审批，经批准后核发占利用公路许可证，方可施行。此期，全省公路管理机构出动宣传车4 184次，印制宣传材料10万多份，通过广播、电视、报刊等宣传工具，广泛宣传国务院《公路管理条例》和交通部的实施细则，增强公路沿线群众爱路护路意识；在公路养护系统推行全员管理，建立健全路产保护制度，实行路政人员定期上路检查、巡查；及时纠正、制止和查处违法路政事案，加大依法维护路产力度；对确需占利用路产的，经审核批准后，按规定收取路产损失赔偿费，用经济手段维护路产。至1995年6月，全省干线公路共查处路政事案2.55万起，收回赔偿费932万元，收赔率95%，审批合理利用路产1 754起，收回合理利用费351万元。

1996—2001年，贯彻施行《中华人民共和国公路法》、省政府《路政管理办法》，建立健全省、地（市）、县（市、区）三级公路路政管理体系，加强依法治路，切实维护路产。全省共查处路政事案31.53万起，收回路产损失赔偿费5 049万元。其中2001年收赔率：干线公路为79.70%，县乡公路为55.90%。

2002年后，贯彻交通部第2号令颁布的《路政管理规定》，遵循“依法治路，保障畅通”的原则，规范路政管理程序和路产保护行为，强化源头控制和规划管理，加强对合法占利用路产的服务引导。按照省交通厅决定，调整公路路政管理机构，省公路局成立陕西省公路路政总队，各市公路管理局成立公路路政管理支队，县公路管理段成立路政管理大队，同时设立高速公路路政支队，形成全省高速公路、干线公路路政管理体系。在此基础上，以全面开展和深入推进公路超限超载运输治理为重点，强化公路路产保护。

各市公路管理局在干线公路主要路段和主要旅游公路，开展路政管理示范路、示范村活动，与公路沿线乡镇签订护路协议，规范公路建筑控制区管理；在城镇过境路段，与沿街商业经营网点签订门前“三包”（包水沟畅通、包门前卫生、包公路用地不被占用）协议，加强公路街道化治理。完善公路路政执法责任制和执法程序，提高文明执法水平。在公路沿线公布路政举报和监督电话，印制监督卡，聘请路政监督员，加强社会监督，提出并大力倡导“有困难找路政”的口号，增强路政机构主动服务意识和服务能力。

2004—2006年，干线公路查处路政事案13.89万起，收回赔偿费4 324.46万元，许可合理占利用路产1.55万起，收回合理占利用费4 202.60万元，审赔率为49.29%；农村公路查处路政事案10.17万起，收回赔偿费2 759.02万元，许可合理占利用路产5 495起，收回合理占用费445.28万元，审赔率13.90%。

2007—2009年，结合公路环境整治、公路养护迎国检等活动，推进路产保护规范化建设。在西安至陕蒙界高速600多公里沿线，开展公路环境专项整治；收费公路实行计重收费，强化超限超载运输治理，保护公路设施，维护公路通行安全。在全省开展“爱护脚下公路，方便你我出行”为主题的宣传活动，路政违法案件逐年减少。此期，全省共查处路政违法案件27万起，收取赔（补）偿费和占利用费3.10亿元。2010年，全省发现路政违法案件6.50万起，查处6.46万起，查处率为99.30%；其中，行政处罚5.37万起，罚款977.60万元；收取赔（补）偿费1.26亿元，占利用费6 867.10万元。

2009年9月29日，陕西省公路路政执法总队高速路政一支队西渭大队路政管理人员配合清理交通事故现场，恢复公路交通安全设施，维护公路通行秩序

二、建筑控制区

1987年10月起，全省公路建筑控制区范围，执行国务院《公路管理条例》和交通部《公路管理条例实施细则》规定。具体为从公路边沟外缘起，国道不少于20米，省道不少于15米，县道不少于10米，乡道不少于5米。

由于公路建筑控制区管理主要靠宣传和上路巡查，加之涉及公路建筑控制区管理各方的规定不一致，难以协调，所以批准占用、任意占用公路建筑控制区问题极为普遍。

随着人们“公路通、百业兴”，“要致富、靠公路”意识增强，许多地方占用公路建筑控制区摆摊设点、建村设店，致公路“街道化”，既影响公路设施和交通安全，又影响环境与形象。由于导致这种情况的原因比较复杂，虽经公路管理机构宣传制止，但效果甚微。1989年，全省公路建筑控制区内违章建筑、集市贸易、占路堆积物达数百万平方米。全省30条9 000公里干线公路，各种侵害达150万平方米，汽车平均时速不足40公里，车辆通过集镇经常造成拥堵，交通事故多发。

1990年9月，省政府决定在全省开展公路环境秩序综合治理整顿，重点解决“村庄撵公路”的问题，限期拆除公路两侧一定范围永久性、临时性设施。全省公路系统广泛开展宣传教育，加强路政巡查检查，依法制止、查处公路两侧违章建筑。省公路局在礼泉县公路两侧埋设建筑红线控制牌、桩试点基础上，先后在西潼、西宝南北线、西界、西兰、西包、西万、汉白、宝棋、宝平、渭大韩等干线公路，推广路田分家，埋设红线控制牌、桩。据不完全统计，1991—1992年间，全省干线公路拆除公路沿线违章建筑6万多间、62万余平方米，停建违建房屋1 700多户，迁移占路集贸市场270处，取缔占路摊点2.10万个，清理占路堆积物28万立方米，埋设红线控制桩、牌9 799块。1993—1994年，继续清理整治，全省干线公路制止违章建筑1 496处，拆除183处、4 490平方米，迁移“马路市场”4处，清除占路摊点262处，清理占路堆积物12.60万立方米。

1992年，商洛公路管理总段在312国道商州段埋设的公路建筑控制区红线控制桩

1995年9月，省政府颁布的《陕西省公路路政管理办法》，对公路建筑控制区保护作出规定，即新建、扩建村镇、经济开发区、商业街等规模性建设，不得沿公路两侧进行；确需顺沿公路建设的，应当选择公路一侧规划和建设。该办法同时规定确需建设的建筑物，其边缘距公路边沟外缘，国道平川地区不少于80米，山区不少于30米；省道平川地区不少于50米，山区不少于20米；县道不少于20米。经过广泛宣传并加强各有关部门之间相互协作，公路沿线违章建筑得到控制。1996年，全省干线公路共拆除公路沿线违章建筑1 167户，拆除砖瓦、石灰窑1 319处，清理占路堆积物10万立方米，制止违章建筑1 218户，清理公路摊点1 154处。之后，结合推进文明样板路建设，各地（市）、县（市、区）包干整治公路环境，公路建筑控制区违章建筑得到有效控制。2002年1月1日起施行的《陕西省公路路政管理条例》，按照不同公路等级和地理条件，对公路建筑控制区范围做出具体规定，即自公路两侧边沟外缘起，国道平川地区不少于20米，山区不少于15米，临砭、临江河路段一般不少于10米；省道平川地区不少于15米，山区不少于10米，临砭、临江河路段一般不少于5米；县道平川地区不少于10米，山区不少于5米，临砭、临江河路段一般不少于3米；乡道平

川地区不少于5米，山区不少于3米，临砭、临江河路段一般不少于2米。确需顺沿公路一侧建设的建筑物边缘与公路边沟外缘距离：国道平川地区不少于80米，山区不少于30米；省道平川地区不少于50米，山区不少于20米；县道、乡道不少于20米。该条例实施，使公路建筑控制区保护有了地方性法规所循。榆林至陕蒙界高速公路开工前，项目管理处提前介入，与榆林市政府签订协议，保证开工期间及竣工后公路用地两侧各20米范围内不得有新建筑物和地面构筑物，并将此协议约定纳入工程验收范围。全省高速公路和新建干线公路，基本都采取地方政府对征地拆迁和建设环境包干负责办法，使违法占利用公路建筑控制区的问题得到有效控制。

2004年后，各地重视公路沿线环境综合治理，公路系统加大依法治路力度，公路建筑控制区内违章建筑等逐年减少。2004—2006年，全省干线公路查处违章建筑302起，县乡公路查处违章建筑527起。2009年，干线公路查处违章建筑仅4起，县乡公路查处违章建筑112起。

2010年5月25日，陕西省公路路政执法总队高速路政一支队西禹大队富平中队，依法拆除西禹高速建筑控制区内违章建筑

随着农村公路大规模建设，其建筑控制区管理提上议事日程。各地贯彻省政府《陕西省农村公路建设养护管理办法》，县乡道公路建筑控制区由县级政府划定，村道公路建筑控制范围由村民委员会在乡级政府指导下划定。具体范围为：平川地区公路两侧边沟外缘不少于5米，山区不少于3米，临砭、临江河路段不少于2米。

三、超限超载运输治理

20世纪90年代，公路超限超载运输车辆少，超限超载吨位也小。随着经济发展和公路条件改善，超限超载运输车辆大量增加，并出现非法超限超载运输，据1994年不完全统计，310、316国道和209、214省道超限超载车辆日均1 200台次以上。公路管理机构依据国务院《公路管理条例》等法规和规章规定，对不可解体的大型物件超限超载运输进行审批，指定通行线路，并对有关桥梁设施采取加固措施。但一些经营者不经审批，擅自从事超限超载运输，超限超载运输由个别线路蔓延至全省大多线路，因超限超载运输造成的交通事故增加，威胁人民群众生命财产安全，同时危及公路及其设施安全，引起行业和社会关注。

2001年8月15日，贯彻交通部《超限运输车辆行驶公路管理规定》（交通部令2000年第2号），省政府启动超限超载运输治理。此次治理以延安、榆林区域和全省重要国、省道公路为重点，重点整治轴载质量超限8吨以上车辆。治理措施以警告、教育为主，卸载放行，不罚款、不扣车、不收公路补偿费。经过一段集中治理，超限超载运输虽有收敛但效果不明显。省公路局2002年5月专项调查显示，全省干线公路上70%的货车超限超载运输，榆林、延安等地超限超载运输车辆占到85%以上。307国道吴（堡）绥（德）段，全线60公里路面严重破损，桥涵、挡墙、边沟等构造物无一完好。超限超载运输平均每年造成坏路1 000公里，形成危桥50余座，路产损失4 000万元以上，增加公路维修养护费用约2亿元。

2003年7月，全省开展治理超限超载运输活动。省政府发布《关于加强超限运输车辆行驶公路管理通告》，省整治超限运输领导小组制定实施方案，各市（区）成立整治超限运输领导机构，加强对治超工作的组织领导。省政府批准在榆林、延安、咸阳、商洛、西安、宝鸡、渭南、汉中、安康等市主要公路设置31个超限检测站，进行超限运输检测和治理。2004年9月，按照交通部、公安部等7部委《关于在全国开展车辆超限超载治理工作实施方案》（交公路发〔2004〕219号），省交通厅、省监察厅、省工业交通办公室等9厅、局制定实施方案，实行“卸载为主，多管齐下”的办法，罚管结合，罚卸并用，进行集中专项治理。省交通厅征稽局对“大吨小标”车辆予以恢复吨位，建立全省征费吨位联网系统标准库，合理计量车辆吨位。省工商行政管理部门整治非法车辆改装企业。省煤炭工业局排查公路两侧储煤场分载、合载与超限超载运煤车辆，取缔非法煤炭经营户。是年底，全省超限检测站增至55个（含高速公路检测站），检测超限运输车辆103万辆，卸载（或分载）货物28万吨。轴载质量超限8吨车辆从治超前82%降至11%，15吨车辆从治超前23%下降到1%，30吨以上车辆从治超前3%下降到0.2%，大吨位超限车辆减少，超限吨位下降。2005年底统计，全省公路超限超载运输车辆下降到10%左右。

2006年，全省强化超限运输治理。1月11日，省政府发布进一步加强车辆超限超载治理工作通告，要求巩固扩大治理成果，加强源头管理，建立长效治理机制，针对突出问题，开展专项整治。10月24日，省政府召开全省进一步强化治超工作电视电话会议，要求打好治超攻坚战，同时发布《陕西省人民政府关于进一步强化车辆超限超载治理工作的通告》。按照省政府的部署，各地强化公路超限超载运输整治，将治超工作纳入年度目标考核，实行责任制和问责制，采取“堵截、劝返、疏导、拆解”等措施，对干线和农村公路超限车辆实行“只卸载，不罚款、不收取补偿费”，以教育为主的政策，遏制超限超载运输势头。由于引发公路超限超载原因诸多，虽经强化整治，但超限超载运输仍时伏时起，且极易反弹。是年，高速公路和干线公路超限超载率，一度分别反弹至42%和15%左右。针对这一情况，省交通厅部署全省高速公路111个入口全面启动治超工作，对超限超载运输车辆实行劝返政策，并推行计重收费的经济

2008年5月，西延高速西安未央收费站对超限运输车辆进行检测

调节手段。省煤炭、工商、公安、交通、国土资源、质量监督等部门，联合整顿公路沿线煤炭经营企业储煤场（点），严格查处分载、合载等非法超限超载运输，治理非法改装车辆拆解，严把车辆生产、登记、准入关。同时，交通部门联合陕西省军区、省武警总队，专项整治军警车辆超限超载运输。

2007年，在全省强化治理超限超载运输的情况下，采用车辆装置悬浮轴进行超限超载运输的现象凸显，超限超载运输车辆绕行农村公路，逃避检查和处罚的现象剧增。为此，全省深化超限超载运输治理。经省政府批准，全省超限检测站增至99个，检测范围覆盖全省所有等级公路。是年5月起，改“只卸载、不罚款”为“严厉打击、严管重罚”。经省政府同意，省交通厅、省公安厅、省工商局、省煤炭局、省质监局等联合发出进一步深化超限超载运输治理的通告，向社会公布超限超载处罚标准，以示告诫并接受社会监督。省交通厅组织对全省桥梁进行排查，设立限载标志，严格规范车辆称重、桥梁检测、通行证审批、路面检查、行政处罚等程序，坚决治理55吨以上大吨位车辆非法超限超载。同时，治超与计重收费联动，全省61条收费公路、237个收费站启动治超计重收费。路面治超与源头治超联动，道路运输管理机构加强货物装载源头超限监控。对悬浮轴车辆、5轴以上危险品运输车辆及农用车辆超限超载，集中开展专项治理。强化超限运输责任追究，实行下游查上游、路面查源头、出口查入口的倒查机制。同时，不定期开展跨区域治超联动。农村公路出入口设置“S”形隔离墩、限高龙门架和禁超警示牌，组织村民参与监督，保护公路建设成果。是年，全省共查处超载车辆244.50万辆，卸（分）载货物36.70万吨，拆解非法改装车辆925辆，车辆悬浮轴问题基本消除；更正“大吨小标”车辆1.80万辆，清理整顿20多家非法煤炭转运站，取缔无照煤炭经营点85处；查处超限运输假冒军车54辆。全省干线与高速公路超限超载率分别下降为4.20%和6.60%。是年12月，全国公路治超电视电话会议推广陕西治超经验。

2008年后，全省公路超限超载运输治理进入以长效机制建设为重点的常态化。省交通厅制定治超工作长效机制实施意见。按照“依法严管、标本兼治、立足源头、长效治理”的总体要求，确立长效治理10项工作目标、路面治理和源头监管10项工作措施；建立健全联动治超考核奖罚、监督检查、超限超载车辆“黑名单”等管理制度，开展与周边省（自治区、直辖市）联合治超。路面治理按照“严防重管高速路、全面控制干线路、稳定保护农村路”的要求，采取“堵、疏、卸、拆、罚”等措施，巩固治超成效。

2010年5月14日，210国道榆林碾房峁超限运输检测站对超限超载车辆进行检测

2009年3月19日，省政府颁布《陕西省治理公路超限运输办法》（省政府第138号令），规

定全省公路治超按照政府组织领导、部门协调配合、标本兼治原则进行，并明确各级政府、各有关部门治超工作职责，同时对车辆超限认定标准、检测规程、超限货物卸载处理、不可解体货物超限运输许可管理、超限运输源头监管、“黑名单”列管、治超工作责任倒查以及行政处罚等做出明确规定，为长效治理提供规章依据。贯彻省政府制定的办法，建立健全分片包干监督检查，治超与路政、运政、计重收费、公安“五位一体”联动等工作制度，完善科学治超管理、全方位网络管理、源头综合管理和与公路保畅结合等管理体系。

2010年，全省开展治超“春雷行动”，突出高速公路“源尾”治理，实行运输车辆超出超限认定标准部分不予支付材料费和运费制度，遏制超限超载运输行为反弹。是年底，全省有治超检测站268个，专职治超人员7 000多人，配备56辆流动稽查车，设置55个临时卸货点，省道出入口设置29个劝返点。经过几年持续强化治理，全省公路超限超载运输车辆比例降至0.20%，货运车辆道路安全事故发生数、死亡人数、受伤人数、直接财产损失4项指标同比大幅下降，“大吨小标”车辆恢复核定吨位，绝大部分运输户合法装载运输，道路运输市场秩序进一步规范，有效保护公路建设和养护成果，改善道路交通安全，维护道路运输秩序，并促进道路货运车辆结构调整和货运价格回升。

干线与农村公路部分标志。上图：吴起县农村公路地名与交通安全标志。中图：210国道石泉境交通安全标志。下图：108国道秦岭顶管理与服务标志

四、标志、标牌

公路交通标志、标牌是用图案、符号、文字传递交通管理信息，引导用路者科学、便捷、安全、高效使用公路的设施。

1986年国家质量技术监督局首次颁布《道路交通标志和标线》（GB5768-86）标准，全省各级公路管理机构按标准要求，主要在交通安全、交通管理、交通防护和停车设施中设置，对被损坏标志、标牌及时修复，对非公路标志、标牌进行清理。1995—1997年，全省公路环境综合治理，清理非公路标志、标牌6 648块。1998年，在312国道等文明样板路建设中，将规范和完善公路标志、标牌、清理非公路标志、标牌作为重要内容实施。

1999年6月1日起，全省公路交通标志执行国家质量监督局发布的《道路交通标志和

标线》（GB5768-1999）标准，主要在公路交通安全、交通服务和交通管理设施中设置或更换。2001年，创建210国道文明样板路，省公路局在陕西境全段按标准增设示警桩2.20万个，标志牌783块。是年8月11日，省政府颁布《关于清理和整顿公路沿线各种标志标牌的通告》（陕政发〔2001〕39号），全省范围开展以清理和整顿公路两侧非法广告标牌为重点的专项活动，干线公路和县、乡公路共查处违章广告牌、匾3 681块。

2002年4月，省公路局制定公路两侧设置非公路标志标牌管理规定（试行），要求非公路标志、标牌设置按照“统一规划、合理布局”的原则，严格审批手续。6月，根据省政府陕政发〔2001〕39号通告精神，西安咸阳国际机场高速公路主线界桩外侧50米以内，匝道及连接线两侧、立交桥、收费站界桩外侧100米以内，公路建筑控制区违法广告牌全部予以清理取缔。当年全省干线和县、乡公路审批、安设广告标牌3 057块，查处违法广告牌匾141块。2005年下半年，结合交通部全国干线公路养护和管理工作大检查，各级公路管理机构对所辖国道和部分省道公路交通标志进行完善，对新建公路交通标志进行规范设置。2006年，省交通厅组织对陕蒙、榆靖、靖安、黄延、铜黄、西铜、西安绕城高速等704公里高速公路沿线环境进行专项整治，规范标志、标牌设置，省高速公路路政执法支队北秦路政大队拆除公路建筑控制区内66块非法标志牌。

2007年5月25日，省交通厅印发《陕西省国省干线公路交通标志设置细则》（陕交发〔2007〕238号），对国家质量技术监督局《道路交通标志和标线》（GB5768-1999）规定进行细化。按照省交通厅年度计划安排，全省公路管理机构对辖区干线公路有问题的交通标志采取更换版面、更换支撑、拆除、增设和旧标志刷新换膜等措施，使之满足标准要求。贯彻交通部2007年7月3日发布的第20号公告《国家高速公路网命名和编号规则（JTGA03-2007）》，9月26日发布的第

高速公路部分标志。自上而下：西汉高速交通安全标志；西柞高速隧道交通管理标志；西宝高速公路服务区标志；西铜二通道指路标志与旅游景点标志

30号公告《国家高速公路网相关标志更换工作实施技术指南》，2008年8月后，全省高速公路路线启动命名编号调整及规范交通标志工作。省高速集团和省交通集团对所辖高速公路交通标志按规范和标准，进行更换和设置。主要采取新增标志，更换版面，更换反光膜，旧板改新或拆除等措施，使之达到标准要求。

2009年9月，省交通运输厅成立省交通广告传媒有限责任公司，对全省高速公路沿线广告资源实施统一管理，统一经营。是年12月，贯彻国家质量监督检验总局和国家标准化管理委员会《道路交通标志和标线》（GB5768-2009）、交通运输部《公路交通标志和标线设置规范》（JTGD82-2009），省公路局对普通干线公路交通标志及标线作出具体规定，全省公路管理机构结合公路养护迎国检，按标准对辖区内交通标志进行设置或更换。

第七节 公路服务

一、高速公路服务区

1991年前，陕西省尚未规划、建设公路服务区。高速公路服务区建设自高等级公路建设开始。1992年通车的三铜公路设耀县南服务区，已完成服务区征地但未建服务设施。1997年12月，西宝高速常兴、南谷米服务区，临渭高速良田服务区建成投入使用。高速公路服务区建设由此起步。

2001年起，省交通厅加快高速公路服务区建设。2002年，铜黄高速纸坊、宜君、黄陵服务区，渭潼高速华山服务区、潼关停车区建成投入使用。2004、2005年，西铜高速耀县南服务区，西汉高速勉县服务区，西安绕城高速汉城服务区等先后建成投入使用，全省高速公路服务区增至10处。除汉城服务区由西安绕城管理局管理外，其他均由省高速集团所属陕西高速公路服务有限责任公司管理，分别采用租赁、招商、直接经营等方式经营。

此期建成的服务区规模较小，每侧占地2公顷～3.33公顷不等，设有停车场、餐厅、商店、客房、加油、汽车修理、公厕等设施，建筑面积1 000～4 000平方米。多数服务区设停车位40～60个，加油站200～700平方米，加油机6～10个，汽车修理间70～100平方米，超市100～300平方米，餐位70～200个，客房6～30间，公厕厕位20～50个。场地、绿化面积狭小。随着高速公路交通量增长，服务区规模小、功能少、设施不完善、服务不规范的问题逐渐突出，难以适应高速公路服务的需求。

2005年，省交通厅对运营高速公路服务区进行暗访，发现西潼高速华山、良田服务区，铜黄高速纸坊、宜君服务区存在管理混乱、设施破坏严重和环境脏、乱、差等问题。省交通厅要求立即采取措施，迅速改变服务区现状，提高服务质量和管理水平。省高速集团随即开展服务区整顿，建立健全管理制度，加强规范化管理，扭转管理粗放、价格混乱、服务滞后等问题；统一服务区形象标志和标识标牌，统一岗位工装，统一餐厅、商场展柜设施；全面整治服务区卫生环境；加强员工培训教育，提高职工素质。先后投资580万元，改造、装修服务区超市、餐厅和卫生间。服务区卫生状况、服务设施和服务质量迅速改观。同时，收回纸坊、宜君、黄陵等服务区经营权，实行直接经营管理。

2006年后，省交通厅持续加快高速公路建设，大力提升公路服务保障水平，推进高速公路服务区快速发展。新建高速公路服务区，按照《公路工程技术标准》（JTGB01-2003），与主线工程同步设计，同期建设，同时投入使用。早期建成的服务区逐步实施改造、扩建。同时，整顿、规范服务区经营管理。

是年9月，省交通厅针对高速公路服务区规模偏小，设施陈旧，布局不合理，功能不完善，管理不到位，服务水平低等问题，相继制定出台加强高速公路服务区建设、管理的决定，高速公路服务区布局与设计指南等规范性文件，明确高速公路服务区职能定位和服务区建设、管理指导思想，确立“布局科学，选点得当，规模适度，功能合理，节约资源，分期实施”的建设原则；提出建立统一、规范、高效的服务区管理经营体制，实行以自营为主；坚持把高速公路整体效益放在首位，坚持服务第一和保本经营原则，实现社会效益最大化，支撑服务区持续、稳定发展。同时，制定高速公路服务区布局、建设等级和建筑规模，以及服务区功能设施设计指标。全省高速公路服务区规划为三类83个。其中一类服务区12个，每个占地13.33公顷～20公顷；二类服务区55个，每个占地9.33公顷～12公顷；三类服务区16个，每个占地4.67公顷～5.33公顷。

按照上述要求，高速公路建设、运营管理单位对在建和未建服务区，从使用功能、建设规模、建筑风格、建设标准、区内布局、使用设施等方面重新审视和优化，并加快组织实施。新通车路段服务区与主线同时建成投入使用；对占地10公顷以下、地理条件允许的现有服务区进行全面改造，扩大服务区面积，改善设施条件，增强服务功能，完善配套服务，提升服务水平。

省高速集团、省交通集团对在建的西汉、西康、咸永、吴靖、商界等高速公路汉中、南五台、乾县等12个服务区（停车区）设计，重新进行审定和优化，新增占地66.67公顷，建筑面积增加4万余平方米，设计服务功能全部达到省交通厅设计指南规定标准，并实现服务设施无障碍设计。省高速集团投资近千万元对西延高速黄陵、宜君、纸坊、耀县等服务区进行改造、整治，扩大超市面积，重铺广场路面，完善绿化设施，服务区设施得到初步改善。

2007、2008年，省交通厅相继印发《陕西省高速公路服务区管理办法》（陕交发〔2007〕179号）等规范性文件，进一步加强高速公路服务区建设与管理，明确由省公路局负责高速公路服务区监督管理和检查考核，负责对服务区投诉进行调查处理，并对服务区管理职责、经营原则、功能设置、经营服务、安全管理、监督等做出全面规定。

2008年5月9日，西汉高速秦岭服务区

省高速集团结合服务区整顿、整改，强化服务区内部管理，完善服务设备、设施，健全规范化管理制度和标准，推进“千分制考核”“星级文明服务区考核”“温馨驿站”创建等活动；推出人性化服务措施，服务区员工规范着装，佩戴标牌；设立文明服务台，卫生间增设空调、制冰机、温馨提示牌；免费提供常用药品、纸巾、洗手液等；24小时免费供应开水；广场设遮阳伞和休息长凳，超市备休息茶座，旅客可以边休息边看电视。

省交通集团实行集团公司（服务区管理中心）——运营分公司（服务区管理分中心）——服务区三级管理体制。建立健全服务区管理办法，制定环境园林化、管理酒店化、服务人性化、文化特色化的服务区建设、管理标准；加快服务区信息化建设，陆续建成无盲区监控系统，实施电子查询系统升级改造，提供包括天气预报、路况、旅游、住宿、医疗、地方特产等内容的信息服务；开辟健身广场，方便旅客休憩，缓解旅途疲劳；实施VT形象识别系统，所有服务区标识规范、统一；丰富服务区特色经营，增加服务内容，开展“星级服务区”创建等特色活动，提高文明服务水平。

2008年初全省大面积、大范围冰雪灾害发生后，高速公路服务区紧急部署冰雪天气服务保障工作，广大员工奋力投身除雪、抗灾保畅，为滞留、过往司机、旅客免费提供热水、医疗药品和餐饮等服务，确保旅客“不冻着、不饿着、不渴着”。是年“5·12”汶川特大地震发生后，西汉等高速公路成为由陕入川生命线，沿线各服务区按照应急保障要求，全力以赴，向救灾车辆、人员提供及时、快速、优质服务。具体内容见本志第八篇第四章专记《“5·12”汶川特大地震抗震救灾保畅》。

2008年底，随着黄延、西禹、西汉、吴定、榆蒙、咸永、西康、西商等高速公路沿线服务区建成运营，全省高速公路服务区、停车区总计达33处。新建服务区全部达到省交通厅设计指南标准。乾县服务区主、副两区占地11.67公顷，建筑面积近8 000平方米，绿化面积近4万平方米，道路及停车场6万多平方米，总投资7 000多万元。服务区可停放车辆500辆，同时接待400多人用餐。休闲区设近0.67公顷小公园，设置运动器械和石桌、石凳，并树唐代名人雕塑。服务设施除餐饮、如厕、住宿、汽车维修、加油、购物外，还提供长途电话、传真、交通信息查询、报纸阅读、手机充电、免费擦鞋等服务。

2008年7月，西安绕城高速汉城服务区以“迎奥运”为契机，改善运营服务。图为服务区停车场

2009—2010年，在抓好在建高速公路服务区建设同时，针对早期建成服务区规模小、布局不合理、设施不完善等问题，省高速集团、省交通集团共投资3.70亿元，对西延高速黄陵、纸坊、铜川北服务区，西汉高速秦岭、西安绕城高速汉城、榆靖高速横山等服务区进行全面改造、扩建。

西延高速黄陵服务区原东、西两区共占地6.73公顷。随着交通量增长和旅游业发展，服务区接待能力极不适应。省高速集团投资1.39亿元，按一类服务区标准改造、扩建。扩建后共占地21.53公顷，总建筑面积1.87万平方米，东、西两区可同时容纳600余人就餐、购物和休息，停车场可停放车辆260辆，卫生间可容纳220人同时如厕，并设有各类客房36套。服务区采用中水利用方式，污水经中水处理设备净化，用于冲洗、加水、降温和绿化灌溉；加油站采用大、小车分离模式；卫生间分设母婴、残疾人独立单间，并设婴儿床、椅；广场采用LED太阳能照明设备；监控设施实现全覆盖；信息查询系统24小时提供路况和天气服务；餐厅设快餐、自助餐厅和民族餐厅。该服务区时为西北地区建筑规模最大、功能设施最全、现代化标准最高的高速公路服务区。

榆靖高速横山服务区东、西两区原占地5.40公顷。省交通集团投资8 510万元进行改扩建。扩建后共占地14.87公顷，总建筑面积9 952平方米。东、西两区用人行天桥连接。每侧综合服务楼建筑面积2 736平方米，设餐厅、超市、休息厅、公厕、客房及修理车间、加油站等设施。

此期，西汉、西康、西商、十天高速安康至汉中段、宝平高速千陇段和西安绕城高速等，相继建成汉中、南五台、曲江、陇县等一批服务区、停车区。2010年年底，全省高速公路服务区总计50处，停车区27处，基本达到平均间隔50公里左右一处服务区（或停车区）的规划标准。其中省高速集团所辖服务区22处，停车区23处，省交通集团所辖服务区27处，停车区4处；陕西宝汉公司所辖服务区1处。

二、干线公路服务区

20世纪90年代以前，顺应通行公路人员、车辆服务需求，干线公路沿线城镇和人员、车辆集散集中地段，自发形成饭馆、旅馆、商店、加油站等经营服务点。这些服务点布局多不合理，设施简陋，环境卫生差，服务不规范。在无服务设施路段，旅客内急，往往停车就地自行方便，久之便有“男左女右”之说，极为不便。

2002年，省公路局在全省开展“您心目中的陕西公路”万人问卷调查。调查结果显示，公众对公路服务最不满意事件中，公路沿线无厕所和缺少服务点不满意的占23%以上。是年，省交通厅安排投资500万元，由省公路局组织，有关市公路管理局和省交通资产经营公司实施，在一批干线公路交通量较大的路段，建成50处卫生服务区，主要分布在312、210国道全段，211国道三原至旬邑，108国道马召至洋县，316国道白河至安康，309国道茶坊至宜川，303省道延安至吴旗段等。卫生服务区统一设计，选址一般远离城镇，平均50公里左右设置1处，尽量选用道班、收费站空闲土地修建，建筑规模分50平方米、40平方米、30平方米3类，平均每处投资10万元左右。卫生服务区厕所多采用旱厕，个别为水厕。服务区附近路面予以拓宽硬化，方便停车和旅客上下。在卫生服务区前方一公里处设置提示标志。

2002年陕西省公路局组织，安康公路管理局实施，在210国道石泉段修建的卫生服务区

卫生服务区一般由所在地道班、养护站或收费站管理，制

订管理制度，按类别安排管理人员和费用。实行责任人挂牌制度，专人负责打扫、管理，保持卫生清洁，设施完好。

2006年8月，省交通厅“十一五”时期公路养护发展规划提出，在全省8条国道、17条省道建设69个综合服务区，拓展服务功能，为人、车提供餐饮、休息、观光、路况查询、汽车修理等多功能服务。在干线公路交叉口处或共线段、城市入口处及红色旅游区，根据道路等级、交通流量等因素，建设不同等级服务区、停车区和休息区，提供就餐、休息、加油、车辆维修、洗漱等服务。途经风景区的公路服务区应同时具备观景功能。

2007年，结合养护管理示范达标路建设，省公路局安排统贷资金1 600余万元，由各市交通局负责实施，在12条干线公路建成21处综合服务区。选址和修建遵循“保护环境，节约资源”的原则，优先利用现有道班、收费站设施进行改建、改造，并利用公路两侧加宽段作停车场。新建、改造的综合服务区有：108国道西安元潭子，312国道商洛茶坊，310国道宝鸡清湫，210国道榆林鱼河，106省道渭南漫泉河，207省道安康蜡烛山等。

综合服务区不以营利为目的，一般具有简餐、休息、购物、如厕、车辆维修、路况信息查询等基本功能。有条件地方增设观光、医疗、上网、公用电话和加油等服务项目。茶坊综合服务区位于312国道K1 251处，占地0.08公顷，服务大厅、停车区、加水和洗车区面积470平方米，绿化260平方米，免费提供停车、饮水、信息查询、手机充电、洗车、加水等服务，并备有感冒、晕车等常用药品，饮料、食品、药品平价出售。开业半年，就接待旅客6 000多人次，车辆4 000多车次。

2007年新建成的310国道宝鸡清湫公路服务区

在偏远、危险路段等社会服务达不到的路线，分级、分类规划新建综合服务区。一级为210、312国道，二级为其他国道和重要省道，三级为其他省道。新建建筑规模大多控制在1 000平方米以下，一般不超过500平方米。建筑风格注重体现当地人文、自然环境特色。省公路局制定服务区装修指导意见，统一标识、标志和室内、外装修标准。

2009年3月，省公路局制定《陕西省普通国省干线公路服务区管理办法》（陕公路发〔2009〕893号），确定综合服务区和卫生服务区管理、考评标准，规范市（区）公路管理局、县（市、区）公路管理段管理职责，建立岗位责任考核制度和服务区文明公约，明确管理费用开支渠道和标准，把服务区运营管理纳入各级养护管理目标责任进行考核、评比，提升服务管理水平。

三、公众出行服务

20世纪七八十年代，公路因水毁、塌方或施工等交通受阻、中断时，除重大情况经报纸、广播、电视报道公诸社会外，一般由公路管理机构在受阻或中断路段设立标志、标牌，予以告知和警示。公路路况信息服务方式单一，信息传递速度慢，传递范围有限，往往车辆行至被阻或中断路段才获知路况，无奈之下，要么停车等候，要么掉头绕行，十分不便。

90年代起，随着高等级公路建成、运营，公路出行信息服务起步。1992年西铜公路建成通车后，省高管局西铜管理处与省气象台合作，由省气象台提供西铜公路沿线天气预报，通过省广播电台每日3次定时向社会发布。西临、西宝、渭潼等高速公路建成通车后，相继开展沿线气象信息服务。

1997年后，西铜、西宝高速草滩、三桥收费站等处相继设立LED可变情报板，发布即时路况、气象等信息。

2002年5月20日起，安康公路管理局通过安康广播音乐台和本局局域网，向社会发布全市干线公路路况信息。8月26日，省公路局开通《陕西省公路路况信息服务系统》，制定干线公路路况信息管理办法，通过陕西公路信息网、热线电话、陕西电视台《交通瞭望》栏目、陕西广播电台交通音乐频道、三秦都市报、陕西交通报以及公路沿线可变情报板等媒介，发布公路路况信息。路况信息内容包括高速公路、干线公路养护施工路段，公路塌方、水毁、交通事故、特殊气候等引起的公路阻塞情况，以及车辆绕行路线等。2003年，省公路局建立全省公路基础数据库，完善路况信息发布系统。是年，全省公路路况信息热线电话接受查询9 832次，陕西公路信息网网站接受访问22.90万次。

适应公众对出行信息服务不断增加需求，公路系统加强路况信息服务管理。省公路局成立信息管理中心，负责全省干线公路路况信息管理和发布，在各市公路管理局、全省经营性收费公路公司设路况信息站，负责管辖公路路况信息收集、上报，在各县（市、区）公路管理段及所属道班设路况信息录入点。路况信息员多由各单位统计、路政管理人员兼任。即时路况信息来源，包括各级公路管理机构、经营和养护单位以及路政管理人员、道工路查获得的信息，过往车辆驾驶员、沿线群众和公安交警部门提供的信息等。各信息站及信息录入点，向社会公布路况信息咨询电话，以广泛、快速、多渠道获得即时路况信息。

2007年设于108国道周城公路元潭子综合服务区的可变情报板，实时为过往旅客与车辆发布山区公路气象信息

随着全省高速公路可变信息标志增多和信息发布常态化，2005年9月，省交通厅印发《陕西省高速公路可变信息标志信息发布规定（试行）》（陕交发〔2005〕255号），规范高速公路可变信息标志信息发布内容、信息来源及采集、发布职责，推进可变信息标志使用、管理规范化。

2006年11月，省公路局和省

气象局联合开展公路气象监测、预报、预警服务，每天在陕西电视台5套《公路气象》栏目、陕西卫视《天气报道》栏目，定时发布全省主要公路路况出行信息和气象信息。遇有突发性灾害天气，通过陕西电视台1套和陕西卫视，以警示形式发布。通过陕西公路信息网发布24小时主要路线天气预报和预警信息，并以重要天气报告形式，跟踪发布路况和即时气象信息。是年底，省公路局整合值班和路况信息服务资源，成立路网调度中心，构建省、市（区）两级路网调度机构和统一出行信息平台，负责全省公路路况出行信息、道路保畅、路网调度、应急管理等行业服务工作，并规范气象、水毁、施工阻断信息和政务信息集成、处理程序，出行信息发布形式拓展到网络、报纸、电视、广播、短信等五大类。

此期，省高速公路收费管理中心利用高速公路监控网络，通过公众网站、电视台、广播电台、热线电话、手机短信等形式，向社会提供全省高速公路即时路况、出行信息和收费政策咨询等服务。信息来源以各路段监控信息为主，包括收费、养护、路政和司乘人员反馈信息。2007年，省高速公路收费管理中心建成陕西收费公路公众信息网和陕西高速公路公众服务网。陕西收费公路公众信息网专设公众服务栏目，提供收费公路政策咨询、路况信息等服务；陕西高速公路公众服务网设立电子地图，加载全省高速公路收费站点、通行费征收标准、服务区、旅游景点等信息，同时提供城市公交、铁路、航空、气象等信息，为公众出行提供经济、便捷、实用的信息服务。具体内容见第五篇第二章第三节《业务应用系统》。

2008年1月全省发生冰雪灾害期间，由省公路局路网调度中心牵头，完成全省公路路况信息采集、汇总、发布及上报工作，并随时保持与周边省（自治区、直辖市）公路路况信息交流，向交通部、省级有关部门、省气象台及陕西交通广播电台等媒体报送、发布路况信息4 500余条，发送手机短信760余条，实现除雪保畅工作对外信息持续、畅通、透明。4月，开通“12121公路气象与路况服务”咨询电话，向社会提供全省公路气象和公路阻断信息。用户通过拨打咨询电话，可及时了解全省公路路况信息和全省、全国乃至世界各大城市最新天气信息。

2009年3月起，省高速集团与省气象部门合作，开展西汉高速全线气象服务，同时提供山区路段未来24～72小时及4～7天气象预报。遇强降水、连阴雨、大风、大雪、大雾等灾害性、突发性天气，气象部门及时发布预警消息，并通知高速公路管理单位。

是年12月，省高速公路收费管理中心开通“12122陕西省高速公路公众服务热线”（后改为陕西交通服务热线）。服务热线实行24小时值班，及时向公众提

陕西省高速公路公众出行信息网2008年5月开通，至是年底，累计点击10万余次。图为陕西省高速公路公众出行信息网首页局部

2010年6月29日，“12122”交通服务热线工作人员接听热线电话，为公众提供出行信息咨询服务

供路况咨询、收费政策、救援求助、投诉转达等服务。同时，开发、建设短信息发布平台，与陕西移动、西安电信一级短信服务器对接，年发布信息20余万条，发布范围包括省、市（区）两级各大领导班子领导，交通运输、公路、公安交警部门，以及相邻省（自治区、直辖市）相关部门等。同时，与省内多家广播电台进行出行信息实时交换，每日定时播报高速公路路况信息，突发事件随到随播，重大事件通过陕西电视台、西安电视台即时向公众发布。与陕西电信“号码百事通”合作，公众可通过114台查询高速公路路况、通行费收取等相关信息。

2010年10月，省交通运输厅新改版网站上线试运行。网站新开发公众出行服务系统，建成全省公路电子地图系统，提供陕西及周边省（自治区、直辖市）公路路况、出行策划、公路服务、公路收费政策查询服务。具体见第五篇第二章第三节《业务应用系统》。

是年11月，受省交通运输厅委托，省公路局负责全省公路出行信息服务管理，完善公路出行信息管理办法，遵循“统一管理、分级负责、全面准确、及时发布”的原则，建立统一规范的公路出行信息平台，建成机构完善、指挥灵活、上下联动、反应迅速、信息共享、运行协调的公路出行信息服务体系，提升服务水平。

第八节　交通调查

公路交通调查始于20世纪70年代末，主要通过对公路交通流量、交通流分布、交通流构成、车辆行驶速度、油耗等交通情况，进行定期或不定期调查、统计，为公路规划、设计、建设、养护、交通管理等提供基础资料。1979年8月，省公路局在干线公路部分路段设立交通流量间隙式观测站。1980年10月起，在310国道西安豁口、210国道延安十里铺、312国道咸阳渭河桥、316国道汉中塬上等4处设立连续式观测站。在列养县、乡公路建立普查式观测站。1985年起，交通调查使用计算机进行数据统计处理。1988年底，全省8条国道、52条省道、525条县乡道路，先后建立交通观测站789处，观测里程2.80万公里，占全省公路总里程76.30%；干线公路汽车平均运行速度观测路段499段，总长度1.62万公里。

1991年，312国道礼泉药王洞道班建成连续式交通流量自动观测站，实现交通流量自动观测和数据采集、统计、分析微机化。各地（市）公路总段陆续配备计算机，省、地（市）两级实现交通调查数据微机化处理，并实现交通调查数据自下而上逐级用软盘报送。在连续式观测站逐步推行自动化观测，开发、应用适用软件，推进数据微机处理，提高工作效率和统计质量。

高等级公路交通调查自西三一级公路建成运营始。西临、三铜、西宝等高速公路建成通车后，均陆续开展间隙式交通调查。在建设项目后评估期间，省高管局分别组织进行各条线路和相关国、省道“OD”（起终点）调查、油耗测试调查等交通调查工作。1995年，省高管局停止间隙式交通调查，改为每年5月、9月两个月逢5进行6次24小时普查式交通流量调查。

2002年起，交通情况调查纳入国家统计制度，交通调查数据处理全面实现微机化，高速公路交通调查纳入省公路局统一管理。2004年6月，省公路局与长安大学合作，完成《陕西省交通观测系统建设工程可行性研究》，对全省公路交通观测系统观测站点布局、建设目标、设备选型、实施步骤等进行全面规划，其经验在全国交通调查工作会议上推广。2005年，全省有公路交通调查观测站222个，其中连续式观测站1个，间隙式观测站218个，其他类型观测站3个，有专业观测人员133人。是年，国道网观测里程3 056公里，覆盖率63.87%；省道网观测里程3367公里，覆盖率60.14%；高速公路观测里程111公里，覆盖率9.06%。

2006年，省交通厅投资115万元启动交通观测系统建设试点，在连霍线渭潼高速华阴，西宝高速杨凌，108国道大荔许庄，310国道华阴庙前，212省道千阳寇家河，共建成5个全自动连续式观测站。新建观测站采用网络数据传输调查系统，内设模块数据库，外设高精度摄像头，通过扫描拍摄过往车辆外形数据信息，进行系统自动分析，判断车辆类型并进行统计，通过网络传输数据至管理终端。

全省高速公路实现联网收费后，部分高速公路主线收费站拆除，省高速集团恢复间歇式交通流量调查，每条线路每两个互通式立交之间为一个观测断面，每月逢5采用人工计数方法进行3天24小时调查，按月提交统计报表。省交通集团各分公司，每年度有两个月由养护机构利用公路监控设施，对各条线路主线分段进行间歇式交通流量调查、统计，其他时间利用收费交通量进行拆分统计。西铜高速公路有限公司等经营性公司，多采用收费交通量作为交通量调查、统计资料。由于收费系统车型分类与交调车型分类存在部分不一致，统计结果存在一定误差。

2007年3月，省公路局启动全省交通观测系统建设工程。一期工程计划在全省干线公路（含高速公路）省界点和交通流量较大路段，建设51个交通流量自动观测站，同时建成公路交通情况调查管理信息系统，建成省交通观测中心和1个市级分中心。2009年，一期工程投资25万元，建成316国道汉中塬上自动化交通流量观测站。省交通运输厅高速公路收费管理中心组织编制《全省高速公路交通量调查站点布局规划》，按照交通运输部《国家高速公路网交通量调查观测站点布局规划》（交规划发〔2008〕364号）规定，对高速公路交通流量观测站体系架构、布设原则、建设标准、实施原则等做出规定。

2010年年底，全省有公路交通调查观测站点286个，其中连续式观测站4个，间歇式观测站282个；交通调查观测人员1 029人。国家高速公路网观测里程1 991公里，观测里程覆盖率82.49%（不含2010年建成通车里程）；国道网观测里程2 489公里，覆盖率40.55%；省道网观测里程3 483公里，覆盖率65.17%。

交通情况调查资料反映一定时期公路交通运输发展变化、公路网建设、养护事业发展情况及其服务水平，其成果广泛应用于公路交通部门各项管理工作，同时在一定程度上反映区域经济、社会发展速度和发展水平。

全省高速公路、国道与省道公路部分年份交通流量统计见表8-2-2、8-2-3、8-2-4。

陕西省高速公路部分年份交通流量统计表（当量数）

表8-2-2

年份	2002	2003	2004	2005	2006	2007	2008	2009	2010
观测线路及里程（公里/条）	179.2/3	132.6/3	234.8/3	110.8/3	506.4/3	473.9/3	819.2/3	1936.03/6	1339.86/8
年平均日交通量（辆）	6147	11417	13390	20518	9861	11760	13561	8203	13705
交通拥挤度	0.22	0.45	0.47	0.74	0.18	0.21	0.25	0.08	0.22

说明：表中数字选自陕西省公路局《陕西省公路交通情况调查汇编》。2001年前无全省高速公路交通流量汇总资料

陕西省国道部分年份交通流量统计表（混合交通当量数）

表8-2-3

年份	1991	1995	2000	2006	2010
观测线路及里程（公里/条）	4084.5/8	3920.5/8	2921.1/8	23161.5/8	2456.8/8
年平均日交通量（辆）	2280	2845	2982	7355	9217
交通拥挤度	1.06	1.32	0.90	0.45	0.31

说明：表中数字选自陕西省公路局《陕西省公路交通情况调查汇编》

陕西省省道部分年份交通流量统计表（混合交通当量数）

表8-2-4

年份	1991	1995	2000	2005	2010
观测线路及里程（公里/条）	4364.6/26	4218/26	2730/22	3367/29	3146/28
年平均日交通量（辆）	1554	1799	2092	2982	4352
交通拥挤度	0.78	0.92	0.88	0.71	0.46

说明：表中数字选自陕西省公路局《陕西省公路交通情况调查汇编》

第三章 运输管理

道路运输管理，通过组织、协调、监督和服务，对道路运输活动进行行政、经济、技术管理，引导道路运输事业健康发展，适应经济社会发展要求，满足人民群众多样化出行需求。20年期间，陕西道路运输管理在深化体制改革、扩大市场开放和加快运输业发展中调整。按照建立和完善社会主义市场经济体制的方向，破除地区封锁、部门和所有制限制，在扩大开放中培育、发展道路运输市场，基本建立统一、开放、竞争、有序的道路运输市场体系。引导和鼓励不同经济成分参与道路运输，形成国有、集体、私有与混合所有制经济共同参与、相互竞争的道路运输经济格局。指导国有道路运输企业深化改革，加强联合重组，建立现代企业制度。发挥价格对道路运输的调控作用，通过改革、调整，形成政府定价、政府指导价与市场调节价相结合的价格体系。按照精简、统一、效能原则，简化道路运输行政许可事项，实行道路运输经营行政许可、备案、登记制度。加强道路运输从业人员资格、资质和信誉考核评价，促进诚信道路运输建设。建立和落实车辆强制维护、视情修理、定期检测与技术等级评定制度，引导道路运输车辆结构调整和装备水平提升。经过改革、调整和发展，道路运输管理由重点管所属运输企业，转向重点管运输市场；由单一运用行政手段管理，转向综合运用行政、法律、经济手段管理；由主要管运输生产经营、规费征收，转向主要管经营资格、竞争秩序、运输安全和服务质量。

第一节 道路运输市场监管

一、运输市场开放

在20世纪80年代开放道路运输市场的基础上，1991年2月全省交通工作会议提出，道路运输继续坚持以公有制为主体，积极发展多种经济成分，更好地发挥国营运输企业骨干作用，集体运输企业辅助作用，个体运输补充作用。是年，全省道路客、货运输经营业户4.37万户，营运汽车6.94万辆；搬运装卸经营业户882户，汽车维修经营业户2 079户。全省232个汽车客运站，面向社会开放的占26.72%。

按照中共十四大确立的建立社会主义市场经济体制的战略目标，1992年11月，省交通厅颁布《贯彻党的十四大精神、进一步放开道路运输市场的意见》（陕交运发〔1992〕458号），提出10条扩大道路运输市场开放措施，鼓励各种经济成分主动进入运输市场。措施主要有：全面开放道路货运市场，取消运力额度控制，停止执行“先审批，后购车”的规定；凡具备经营条件的单位和个人，经批准都可经营汽车货运、汽车维修、搬运装卸和运输服务业务；货运、搬运装卸、汽车维修及运输服务业收费，实行市场调节价；客运实行国家定价，经批准允许浮动。这些措施逐步落实，促进全省道路运输市场开放发展。1994年4月、1995年5月，省交通厅又先后印发《贯彻党的十四届三中全会〈决定〉，培育和发展道路运输市场的意见》（陕交运〔1994〕104号）、《陕西省交通运输建立社会主义市场经济体制规划纲要》（陕交政法〔1995〕127号），进一步提出10条开放发展的意见，推进道路运输市场培育和发展，按照“放宽限制、放手发展，积极引导、逐步规范”的原则，建立五类道路运输市场，即客运市场、货运市场、搬运装卸市场、汽车维修市场和运输服务市场。

全省交通系统贯彻落实上述意见，按照“先放开、后引导”的原则，打破地区封锁、所有制限制和部门限制，解放和发展道路运输生产力，道路运输市场呈现繁荣景象。“九五”时期，全省道路运输营业性客车年均增长16.08%，营业性货车年均增长1.27%。道路运输立项中外合资企业18户。榆林地区汽车运输总公司向社会开放12个所属汽车站。各级道路运输管理机构在推进开放中整顿市场竞争秩序，全省取缔非法经营道路运输业户1 252户。

1998年12月24日，省交通厅贯彻中共十五大精神和中共陕西省委、省政府《关于放开搞活国有小企业的决定》和《关于大力发展非公有制经济的决定》，印发《关于进一步扩大开放，加强调控，培育和发展交通运输市场的意见》（陕交经〔1998〕466号），进一步扩大道路运输市场开放领域和深度，支持包括非公有制经济成分在内的所有经营者，在符合国家、行业开业标准和技术经济条件的前提下，自主选择经营项目，进入道路运输市场经营；破除地方保护和区域分割，取消经营线路审批的地区对等限制；取消道路客运车辆“进站证”管理制度，允许经营者自主选择站场；重点发展城市间、商品集散地间快件货物运输、集装箱运输、零担货物运输，允许经营者自主选择开辟零担货运班线；在执行国家指导价格的同时，允许在运输淡旺季节进行一定范围内价格浮动，货物运输、搬运装卸、运输服务价格全部放开，由市场调节；允许经营者自主选择，开辟农村、山区客运；客、货运站场以独立经营者身份进入市场，培育和建立货运有形市场。

是年，多家大型股份制客运企业成立，如陕西省高速公路客运有限责任公司、陕西恒丰汽车运输有限公司等。咸阳市汽车运输公司、渭南市汽车运输公司等国有运输企业实施公司化改制，建立运输集团公司。

2000年3月，省交通厅研究发展完善道路运输市场，提出“统筹规划、合理布局、规范管理”的要求。各级交通部门采取措施，加快有形货运市场建设，加快汽车客运站开放，10个地（市）14个一级汽车客运站全部实现对社会车辆开放。适应加入世界贸易组织后道路运输扩大对外开放的新形势，2001年，省交通厅结合道路运输结构调整，采取下放管理权限等措施，扩大道路运输开放领域，重点开放道路货运和汽车维修业。按照交通部“企业分级、线路分类、经营分工”的要求，引导道路运输企业资源整合，结构调整，提高道路运输市场集中度。

经过前一时期开放和调整，至2004年，全省道路运输市场国有运输企业大幅减少，股份制、私营运输企业增加，客运个体运输户减少。道路物流服务领域股份制、私营企业尤其增加快速。汽车维修业中合资维修企业发展、重组，增至21家。

2005—2010年，以加强道路运输组织结构调整和竞争秩序规范为重点，促进道路运输市场运行机制完善。贯彻2008年4月全省道路运输工作会议精神，在严格道路运输市场准入，加强道路运输经营行为监督检查的同时，开展道路运输企业、汽车维修企业和驾驶员培训学校（班）信誉质量考核，并定期公布，引导道路运输经营者自我约束、合法经营、公平竞争；修订、修正《陕西省道路运输管理条例》、《陕西省出租汽车客运条例》，完善道路运输市场运行规则，继续治理整顿道路运输竞争秩序，促进道路运输市场法治化、规范化。以城乡客运一体化为抓手，建立健全城乡客运统一管理体制，统筹协调城乡道路客运资源。全省25个一级汽车客运站、92个二级汽车客运站全部对外开放。全面清理道路客运挂靠经营，推进道路客运线路公司化改造，提高道路运输市场集中度，促进道路运输规模化发展，集约化经营。

二、运输市场监管内容

道路运输市场监管内容总体始终围绕运输业户经营资格、经营行为和规费征收、运输价格、运输质量、运输安全等方面进行，道路运输发展阶段和水平不同，监管理念和内容亦有所变化。

1991—2000年，道路运输市场监管内容以经营资格、经营行为、规费征收为主。监管对象以旅客运输、货物运输、汽车维修、搬运装卸和运输服务等为主。经营资格监管，主要是监督经营业户是否取得经营许可证件、证明，查处违反市场准入规定的经营业户，清理非法经营业户等。经营行为监督，主要是监督是否按线路、班次运行，有无争抢客源、强行拉客、倒客、甩客及车辆兜圈等不正当竞争行为；货运业户有无争揽货源，非法倒卖货源及违规从事超长、超宽、超高运输作业行为；汽车维修经营业户有无只收费、不维护或只收费不检测等行为。道路运输价格执行情况的检查，重点在春运、黄金周期间进行，防止道路客运乱涨价、乱收费。

公路运输管理费和拖拉机、农用车、摩托车等养路费征收，是道路运输管理机构职责之一。由于这些规费与地方利益关系紧密，又是道路运输管理机构经费来源主要渠道，加之征收对象分散，因而道路运输管理机构投入人力、时间较多，出现重收费、轻管理的倾向。

2002年起，道路运输市场监管内容增加，范围调整，增加城市公交、出租客运市场监管。2004年7月起，贯彻《中华人民共和国道路运输条例》，道路运输市场监管范围调整为客运经营、货运经营、机动车维修、机动车驾驶培训和道路运输站场经营。凡不具备班线、旅游、包车、出租客运、普通货物、危险货物运输经营资质，经查证依法予以处理。是年，省交通厅印发《陕西省道路运输企业质量信誉考核评估试行办法》（陕交发〔2004〕380号），开展运输企业质量信誉考核工作。

2005年后，在继续监管经营资格与资质、经营行为、竞争秩序和运输价格同时，加大道路运输安全和服务质量监管力度。主要监管：不按照市场规则运营、擅自涨价或恶意降价；班线、旅游、包车客运不按照批准的线路运营；客运站进站车辆安全例检报班、出站超员超载安全登记、“三品”检查；车辆资质；驾驶员从业资格；货运站装卸、储存、保管货物操作规程；企业安全教育制度；运营车辆驾驶员连续驾驶4小时休息制度；疲劳驾驶，酒后驾驶；无驾驶资格人员驾驶营运车辆；车辆定期审验、技术管理；危险货运标志标识、容器检验及防范措施等；货运车辆改装超载；维修企业承修报废车辆，擅自改变车辆部位结构、使用假冒伪劣配件；维修质量用户不满意，在质保期内返修率居高；驾驶培训压缩课时；出租车不按核定行政区域运营、绕行、拒载；经营业户诚信经营、文明服务及服务质量等。

2006年1月24日，宝鸡市道路运政管理人员在汽车站对道路客运车辆经营资质进行检查监督

2006—2007年，省交通厅与厅运管局先后分别制定《陕西省机动车驾驶培训机构质量信誉考核办法》（陕交运〔2006〕77号）、《陕西省道路客运企业质量信誉考核实施细则》（陕交运〔2006〕385号）、《陕西省汽车客运站质量信誉考核实施细则（试行）》（陕交发〔2007〕549号），组织对客运企业和驾校经营者资格条件、经营行为、服务质量、市场信誉等进行综合评价。经对道路客运企业及客运站质量信誉考核验收，榆林长运集团公司等8家客运企业及安康市汽车站等31家客运站因在安全管理、企业经营等方面存在问题，质量信誉考核为基本合格（A），给予3个月整改期。按照整改意见书要求，整改企业和客运站建立健全安全生产、经营管理、服务质量等制度，管理水平明显提高。经2007年6月考评专家组检查验收，上述客运企业及汽车客运站整改达到合格标准（AA），而洛川县汽车站等2家汽车客运站整改不到位，仍未达到合格标准，责令继续整改。是年，经对全省251家机动车培训驾校质量信誉评估，其中达标179家，基本达标67家，未达标5家。之后，质量信誉考核扩大到全省机动车维修企业，均按年度组织考核并向社会公示。同时，省交通厅运管局制定并颁发《陕西省机动车维修企业服务质量信誉考核实施细则》（陕交运发〔2007〕83号），建立和推行机动车维修企业质量信誉考核制度。

2008年以来，在继续做好上述监督检查工作的同时，按照加强道路运输保障工作的要求，建立和完善道路运输系统应急保障工作体系、应急保障运力与协调机制，增强快速反应和服务保障能力。按照发展低碳交通的方针，加强对道路运输车辆节能减排的指导、控制与监督，具体措施及实施情况见第四篇第五章《节能减排》。同时，省交通厅运管局在全省推行机动车维修企业质量信誉考核，促进向用户提供高品质维修服务。

2009年1月1日起，国家实施成品油税费改革，取消原在成品油价外征收公路养路费、公路运输管理费等六项收费，运管机构不再征收运输管理费。

2010年度，省交通运输厅对道路客运企业、汽车客运站、机动车整车维修企业和机动车驾驶员培训机构质量信誉考核结果：道路客运企业AAA级企业72户，AA级企业50户，A级企业2户；AAA级汽车客运站47户，AA级客运站50户，A级客运站3户；机动车整车维修企业质量信誉AAA级企业108户，AA级企业374户，A级企业707户，B级企业21户；机动车驾驶员培训机构达标200户，基本达标98户，不达标6户。

三、运输市场监管方式

20世纪90年代，道路运输市场监管以行政审批、上路检查、综合性能检测、年度审验和治理整顿为主要方式。

全省各级道路运输管理机构对申请从事道路旅客运输、货物运输、搬运装卸、汽车维修、运输服务业经营的，按规定条件进行行政审批。具体见本篇本章第二节《运政管理》。

道路运输年度审验，一般在每年底至下年度初进行。主要审验经营者是否有合法有效经营资格；经营行为是否规范，有无违犯法律、法规、规章的记录和严重违犯行业规定的行为；车辆技术状况；公路运输规费缴纳情况等。随着道路运输行政审批制度改革，道路运输年审的对象、范围、程序亦调整变化，总体呈现审验程序简化、审验内容减少，审验范围缩小，而审验愈加严格的趋势。

道路运输市场检查，由道路运输管理机构按所辖区域进行，检查方式有到运输企业或经营点检查，车站与货场检查，上路检查等。由于道路运输管理以块为主，上路检查常常出现一线多地、多点检查、重复处罚现象，妨碍运输畅通，经营者和社会反响大。1991—1995年，继续按照省政府批转省交通厅《关于治理道路、水路运输市场的意见》（陕政发〔1989〕153号），省交通厅组织对全省道路运输市场进行全面治理整顿。道路运输管理机构对专业运输企业经营客运线路进行重新登记，维护正常客运秩序；整顿清理“马路车站”（即在城市路边随意停靠上下旅客），取缔非法运输站、场。全省取缔非法经营道路运输业户1 252户、非法经营车辆1 351辆。翌年，针对一些地方道路客运中出现的宰客、甩客、倒卖旅客，损害旅客合法权益的问题，省交通厅组织开展全省道路旅客运输市场整顿，各地交通部门与道路运输管理机构组织有8 930人次参加的执法稽查活动，共检查营运客车5万辆次，对其中2.10万辆次非法营运行为依法予以处理。

1997年，省交通厅制发《陕西省交通行政执法监督检查实施办法》和《陕西省交通运政稽查工作实施方案》，成立全省道路运政稽查专业队伍，规定监督检查内容、方式、对象及发现问题处理办法等，规范道路运输监督检查。各级道路运输管理机构主要在运输站、场和货物集散地进行监督检查，一般不再上路拦车检查，对擅自上路检查、乱收费、乱罚款的，一经发现，按公路“三乱”行为，追究责任，严肃处理。此后几年，省交通厅连续发文对道路运输管理机构监督检查、行政处罚方式、程序等进行规范，组织进行行政执法检查，促进依法履行职责。

2000年起，道路运输管理机构对运输市场的监管，除行政许可监督、上门检查和年度审验外，加强企业经营资质评定和突出问题集中整治。按照交通部《道路旅客运输企业经营资质管理规定（试行）》（交公路发〔2000〕225号），由道路客运企业始，逐步开展道路运输企业经营资质评定。企业经营资质分为一、二、三级，企业按评定的资质等级范围从事经营。其中一、二级经营资质由交通部组织评定，三级经营资质由省交通厅组织评定，并核发相应的经营资质等级证书，引导企业切实加强管理，加速技术进步，按照资质等级合法经营。省交通厅成立省道路客运、货运企业经营资质评审委员会，负责评审工作。2002年9月公布全省首批获得三级客运经营资质的企业20家。之后，道路运输企业经营资质评定、公布常态化。2003年7—9月，根据交通部关于整顿规范道路运输市场秩序重点工作的安排，省政府关于开展道路运输市场秩序专项整治活动的通知，全省集中开展整顿和规范道路货物运输服务市场，清理整顿道路客运车辆挂靠经营活动。客运车辆挂靠经营清理整顿涉及面广，情况复杂，且政策性强，工作难度大，按照“先易后难、分步实施”的原则施行，实际进展缓慢，效果不彰。

2004年7月25日，榆林市道路运输管理处运政管理人员为经营业户办理运营手续

2004年，依据《中华人民共和国道路运输条例》规定，道路运输管理范围调整，交通部门和道路运输管理机构实行行政许可的范围为：从事营业性旅客运输、货物运输、道路运输相关业务（包括客货运站场、机动车维修、机动车驾驶员培训）；并取消对经营者年审的规定。

根据国家商务部、交通部等9部门关于开展汽车市场专项整治工作的统一部署，2004年3月4日，省经贸委、省公安厅、省监察厅、省财政厅、省交通厅、省物价局、省国税局、省地税局、省工商局、省质监局联合发出通知，决定从3月至6月分三个阶段，在全省集中开展汽车市场专项整治活动，重点对汽车销售、汽车配件、汽车维修、旧机动车交易和报废汽车回收拆解5类市场进行清理整顿。其中由省交通厅牵头对汽车维修市场进行清理整顿。省交通厅协调组织有关部门和道路运输管理机构，对汽车维修企业生产经营条件进行全面检查，依法查处汽车维修企业无证无照经营、超范围经营和不按技术规范作业的问题，重点打击使用假冒伪劣配件维修车辆的行为，同时严格汽车维修市场准入，对达不到开业条件的汽车维修企业，责令在4月底前完成整改；逾期仍不达标的，取消经营许可。通过整治，汽车维修市场非法经营得到取缔，使用假冒伪劣配件问题得到遏制，促进汽车维修经营规范，维修企业全部实行挂牌经营，全面公开工时定额及收费标准，维修企业质量检验员全部持证上岗，汽车维修质量明显提高，维修市场秩序明显好转。

2005年后，强化道路运输安全管理、超限运输定点检查检测，加强运输引导和服务。全省道路运输管理机构承履行公路超限运输源头治理与控制职责。2005年起，增加道路运输企业信誉考核职责。是年7月，根据省交通厅《陕西省道路运输企业质量信誉考核评估试行办法》（陕交发〔2004〕380号）及质量信誉考核标准，组织开展客运企业质量信誉考核，考核结果作为企业客运线路审批、客运线路服务质量招投标、企业综合安全检验及星级评定的前置条件，推动企业管理上台阶。是年，省交通厅针对西宝高速客运运力失衡、经营秩序不规范、服务质量降低、经营效益差等实际问题，组织开展西宝高速客运经营秩序专项整治。经整治，该线运力由原140辆减为80辆，并实行“五统一”经营管理，经营秩序明显好转，服务质量明显改善。

2007年“3·15”特大道路交通事故发生后，省政府对清理营运客车“挂靠经营”，实行集约化、公司化经营提出明确要求。省交通厅结合实际，提出用三年左右时间，努力实现运输结构调整目标，建立大运输发展格局。之后，结合推进公司化经营，加大力度清理车辆“挂靠经营”，在新开通高速班线及干线客运班线全面推行公司化经营改造。西商高速公路客运班线于2008年10月30日开通后，沿途部分普通班线车辆擅自从事高速客运，冲击了高速客运运营秩序，损害合法经营者利益。省交通厅运管局于11月组织对西商高速客运班线秩序进行整顿，对违规、违章营运的，分情节轻重，分别给予质量信誉考核扣分、罚款、停业教育培训或吊销道路运输经营许可证等处理。同时加强客运站场管理，利用广播、电子屏幕、标语等多形式，对旅客及经营者进行安全乘车、规范营运教育，使西商高速客运秩序回归正常。

2009年，在道路运输持续快速发展的情况下，道路运输市场非法经营亦愈演愈烈，拉客宰客、倒卖旅客行为屡禁不止，超范围经营和客运车辆违规超员时有反复，黑班车、黑旅游车、黑出租车在各地不同程度存在，严重干扰道路运输市场秩序，损害合法经营者利益。贯彻落实国务院办公厅关于进一步加强管理，促进出租车行业健康发展的通知，交通运输部、公安部关于开展打击“黑车”等非法从事出租汽车经营专项治理活动的通知精神，从陕西道路运输市场实际出发，省交通厅、省公安厅决定从2月20日至5月20日联合开展为期三个月的集中打击“黑车”等非法运营专项治理活动，并联合召开视频会议进行部署。这次专项治理活动的重点，一是打击包庇纵容客运车辆非法经营、货运车辆非法超限超载的黑恶势力及其保护伞；二是严厉查处未经许可擅自进行道路客运和出租运输等“黑车”非法经营，查处班线客车、旅游客车超越许可范围的经营行为；三是查处客运车辆违规超员和货运车辆非法超限超载，出租车拒载、绕行、拼座等违法经营行为；四是检查客货运企业、客货运站（场）安全管理制度落实情况，监督客运站“三不进站、五不出站”（即危险品不进站、无关人员不进站和发车区、无关车辆不进站；超载客车不出站、安全例检不合格客车不出站、驾驶员资格不符合要求不出站、客车证件不齐全不出站、出站登记表未经审核签字不出站）等安全管理规定执行情况，严格落实出站登记制度，严

2010年7月28日，西安市安监、运政、公安交警等部门联合开展道路客运及危险品运输安全集中检查，确保道路运输安全

禁客货运车辆出站（场）超员，从源头杜绝超限超载现象发生。先后组织开展“利剑1号”“搜狐行动”等集中整治活动，依法查处大量违法从事道路运输经营行为，全省共查处“黑车”等非法营运、违章违规经营车辆2.76万辆，其中非法从事客运班线经营的车辆5 148辆，非法从事出租车经营的车辆2 042辆，非法进行客运经营的摩托车、三轮车8 867辆，违章违规经营车辆1.15万辆，切实维护了出租汽车、班线客运经营者和人民群众的合法权益，促进道路客运市场秩序明显好转。

在全省集中整治的基础上，2010年各地注重抓苗头、抓重点，防止反弹，巩固整治成果。1月，省交通厅运管局组织对省西安汽车站内外经营秩序进行综合整治，进一步查处“黑车”非法经营、超越许可范围经营、长线短运、站外经营与出站后兜圈揽客，利用“车托”、“票托”拉客、抢客等，使该站内外经营秩序显著好转。

第二节　运政管理

一、道路运输开业、停业管理

1991—1995年，道路运输开业、停业，依据交通部、国家经委《公路运输管理暂行条例》（86交公路字1013号）进行管理。对申请从事营业性道路客货运输、搬运装卸、汽车维修、运输服务经营的，由交通部门根据社会需要和其生产能力、经营范围、技术与经营条件情况进行审核；符合条件的，发给公路运输经营许可证，并向其投入运输车辆配发营运证；申请者持公路运输经营许可证向工商行政管理部门申请核发营业执照，向税务部门申请办理税务登记后，方可开业。客运经营业户经营客运线路，按所辖行政区域分级管理，分别由县以上交通部门审查批准。临时（不满3个月）从事营业性道路运输单位和个人，由县以上交通部门批准，发给临时营运证，即可经营。营运证随车携带，全国通行。

道路运输管理机构对经营者营运证件、经营资格等实行年度审验，对无证经营依法实施行政处罚以至取缔。经营业户停业，在30天前向原批准交通部门和工商行政管理部门提出申请；经审查同意，缴销公路运输经营许可证、营运证和营业执照后，即可停业。

公路运输经营许可证由各地（市）公路运输管理机构制作、发放；营运证由交通部统一制作，各地（市）公路运输管理机构发放。

1996—1999年，贯彻执行省政府1996年5月3日颁发的《陕西省道路运输业管理办法》（省政府令1996年第33号），凡申请从事道路客运、货运、搬运装卸、汽车维修、运输服务业经营的，向所在地道路运输管理机构提出书面申请；道路运输管理机构依据交通部制定的客运、货运、装卸、汽车维修、运输服务业户开业技术经济条件，分级审批；申请经营县内客运线路、班次和货运班车，由县（市、区）道路运输管理所（站）审批；本地（市）跨县（市、区）经营的，由地（市）道路运输管理处审批；跨地（市）以及省际经营的，由省交通厅运管局审批。高等级公路客运由省交通厅运管局统一审批与管理。经审核获准经营的，由相关道路运输管理机构发给道路运输经营许可证。

经营业户申请停业的，原核发道路运输经营许可证机关10日内予以答复；同意的，办理相关停业手续后，即可停业。

2000—2003年，依据交通部有关道路运输管理规定和《陕西省道路运输管理条例》，全省申请道路运输经营仍实行分级审批，审批范围与权限有所调整。除外商投资道路运输和一级客运站的，由省交通厅报交通部审批外，申请从事高速公路客运，跨省和跨设区市道路客运，零担货运、集装箱运输、配载货运线路专营，一类汽车维修企业，二、三级客运站，货运站和车辆综合性能检测站，汽车驾驶员培训学校（班），外省籍车辆经营者在陕从事道路运输的，由省交通厅审批；申请经营本市（区）内客运线路，普通货运，危险品运输，搬运装卸，二、三类汽车维修企业以及运输服务的，由市（区）交通局审批；申请经营本县（市、区）内客运线路、个体货物运输的，由县（市、区）交通局审批。由省交通厅审批的项目，一般需要所在市（区）、县（市、区）交通局履行审核手续；由市（区）交通局审批的项目，一般需要所在县（市、区）交通局履行审核手续。经营者申请停业的，由原发证的交通部门或道路运输管理机构审核并办理停业手续。自2001年，全省道路运输经营业户数始有统计，是年道路运输经营许可证在册数7.36万张。

西安交通政务大厅于2004年6月28日启用。图为道路运政管理人员在政务大厅为经营者办理申请、审核业务

2004年7月1日起，按照《中华人民共和国道路运输条例》规定，道路运输行政许可范围调整为道路旅客运输、道路货物运输、道路运输相关业务（包括客货运站场、机动车维修、机动车驾驶员培训）。实际执行中，仍对申请经营搬运装卸、运输服务、汽车综合性能检测实施行政许可。同时，行政许可权限有所调整。申请从事县内客运经营的，由县（市、区）道路运输管理所（站）许可；从事省内跨两个县（市、区）客运经营的，由市（区）道路运输管理处或省交通厅运管局许可；从事跨省（自治区、直辖市）客运经营的，由省交通厅运管局许可。道路货物运输服务业包括货物托运、联托运、货物配载、货运信息、商品车运输、货物仓储、理货、中转、包装等，由县（市、区）道路运输管理机构许可。贯彻《中华人民共和国行政许可法》，全省各设区市及部分县（市、区）政府设政务大厅，对包括道路运输在内的行政许可业务实行一厅式办公，部分市（区）、县（市、区）道路运输管理机构设运政大厅，统一、集中办理道路运输经营许可，方便经营者。是年底，全省道路运输经营许可证在册数6.22万张，比2001年减少1.14万张，减幅15.53%，减少原因主要是推行道路运输资质管理，加剧运输经营业户联合重组，部分不合资质规定的经营业户退出市场。

2008年，随着行政审批制度改革深入，道路运输行政审批项目经多次清理、精简后，保留的行政许可项目为：申请经营客运、货运、客货运站场、机动车维修、机动车驾驶员培训等共12项；将从事搬运装卸、运输服务（含信息配载、货运代理、客运代理、仓储理货、汽车租赁）经营等6项，改为实行备案制，即申请经营者不再领取道路运输经营许可证，直接依法向工商行政管理部门办理有关登记手续后，在道路运输管理机构备案。

随着全省道路运输持续快速发展，2010年年底，全省道路运输经营许可证在册数14.51万张，比“十五”时期末增加7.15万张，增幅97.21%。

二、道路运输从业人员管理

20世纪90年代，道路运输管理机构对从业人员的管理，依照交通部就道路运输各组成部分分别制定的开业经济技术条件，在客货运输、搬运装卸、汽车维修、运输服务经营者开业时，对从业人员资格分别进行审查。客运管理人员、调度人员、驾驶人员须掌握与客运有关法律、法规和客运业务等方面基本知识；大型物件运输车辆驾驶员，除掌握与货运有关法律、法规和货运业务等方面基本知识外，还须有5万公里安全行驶里程驾驶经历。道路运输管理机构在对客货运输经营者年审时，审查驾驶员从业资格。各运输企业应配备相应专业技术人员，如大型物件运输企业至少应聘用1名中级职称专业技术人员，其他运输企业在经营管理、车辆技术、财务会计和统计等岗位，一般应分别聘用1名具初级以上（含初级）职称专业技术人员。

2001年，依据交通部《营业性道路运输驾驶员职业培训管理规定》（交通部令2001年第7号），2002年5月27日，省交通厅发布关于实行营运驾驶员从业资格证管理的通告，要求凡驾驶机动车从事营运的驾驶员均应取得从业资格证；自7月1日起，未取得从业资格证驾驶员一律不许驾驶机动车从事营运。申请从业资格证驾驶员按其驾驶证所在地，经培训、考试合格后，方可取得从业资格证。各级道路运输管理机构对从事营运驾驶员进行监督检查，对未取得和未持从业资格证的驾驶员，依法分别对所在经营业户和驾驶员实施行政处罚。

《中华人民共和国道路运输条例》施行后，道路运输管理机构不再对道路运输经营者进行年审。对从业人员的管理，主要通过行政许可时审查把关，并通过检查、稽查进行监督。同时，加强对道路运输从业人员专业培训和考核，组织开展技能竞赛、信誉考评等活动，促进提高从业人员素质。

2007年3月1日起，按照交通部2006年11月23日发布的《道路运输从业人员管理规定》（交通部令2006年第9号），全省对营业性客货运驾驶员、危险货物运输从业人员、机动车维修技术人员、机动车驾驶培训教练员、运输经理人和其他运输从业人员等，共22个类别或工种的从业人员实行从业资格考试制度。从业资格考试按交通部编制的考试大纲规范和程序实施，经考试合格取得从业资格证的，方准从事道路运输经营活动。省交通厅运管局建立从业人员资格证件管理数据库，使用交通部统一样式、统一制作，全省各道路运输管理机构发放的从业资格证件，从业者的资质信息可上网查询。

2007年7月12日，省交通厅运管局为加强从业人员动态管理，引导从业人员守法经营，建设诚信道路运输行业，始对发生违法、违规经营行为的营运驾驶员实行“黑名单”公告制度。“黑名单”公告通过该局公众网站向社会发布。同日起，全省对道路运输从业人员实行诚信考核。诚信考核和计分考核周期为12个月，从初次领取从业资格证之日起计算。诚信考核分优良、合格、基本合格、不合格4个等级。2009年，省交通厅运管局研发驾驶员诚信考核系统，各市（区）道路运输管理处实时上传营运驾驶员违法违章记录等数据，是年经考核营运驾驶员23.10万人，初步实现对营运驾驶员的动态监管。开展客运经理人从业资格认证工作，编制培训教材，并组织对705名客运经理人进行了培训，其中696名考试合格者获得从业资格证。是年2—5月，全省道路运输管理机构对因强闯公路收费站逃费、弄虚作假逃避车辆检测、严重超限运输等而被列入“黑名单”的53名营运驾驶员予以查处。

2010年，吸取全省危险货物道路运输事故多发教训，全省进一步加强对危险货物运输从业人员即驾驶员、装卸管理人员、押运人员的管理。道路运输管理机构上门入户宣传危险货物运输法规，对危险货物运输业进行全面检查，严格培训、考试、考核和发证。商洛市交通运输局组织对全市508名危险货物运输从业人员进行考核，对超过法定年龄、从业资格证失效、诚信考核不合格的13名从业人员，依法取消其从业资格。

三、道路营运车辆技术管理

1990年10月1日起，施行交通部《汽车运输业车辆技术管理规定》（交通部令1990年第13号），车辆技术管理包括对车辆实行择优选配、正确使用、定期检测、强制维护、视情修理、合理改造、适时更新和报废等全过程综合性管理。

1992年11月15日，省交通厅颁布的《陕西省汽车运输业车辆技术管理规定实施细则》，规定车辆强制维护、视情修理、定期检测制度。道路运输管理机构对企业车辆技术管理工作进行指导、服务和监督检查，提供人员培训、信息发布、政策引导、法规宣传、矛盾调解、纠纷仲裁、新技术与新工艺应用推广等服务，并将车辆技术管理纳入对道路运输企业的考核；对不按规定进行技术管理的，限期整改或依法实施行政处罚。道路运输管理人员深入车站、货场和经营业户，检查车辆例检、例保制度施行、车辆运行记录与技术档案建立情况等，督促经营业户按时进行车辆维护。车辆档案实行一车一档，记载车辆基本信息及使用、检测、维护、修理、事故、年审、变更、报废等情况。对于汽车维修企业，道路运输管理机构重点检查车辆维护作业有关凭证如派工单、检验单、作业单、结算凭证、出厂合格证等使用情况，以及车辆维护规范、标准执行情况等。

营运车辆技术管理除涉及经营者、使用者外，规范车辆维修，确保维修质量，规范综合性能检测，亦是加强车辆技术管理，保障车辆技术状况良好，确保车辆运行安全的重要手段。道路运输管理机构通过引导、规范和监督车辆日常维护、一级维护、二级维护，定期进行综合性能检测，及时发现和排除车辆故障，恢复车辆技术性能。车辆维修与综合性能检测见第四篇第三章《运输辅助业》。

1994年3月，省交通厅《关于实行“陕西省运输车辆二级强制维护管理制度”的通知》，严格营运车辆日常维护和二级强制维护。道路运输经营业户可在当地道路运输管理（维修）处公布的维修企业中自选厂家，进行车辆维护。危险货物运输车辆须在道路运输管理机构核准的、具备危险货物运输车辆修理条件的维修企业进行维护作业。各地道路运输管理机构对车辆二级强制维护质量进行抽检，抽检车辆数不低于年度二级强制维护车辆数的25%。由于少数汽车维修企业执行规定不严，重收费、轻维护，或只收费、不维护，甚至弄虚作假，不维护即发证。一些地方道路运输管理机构疏于监管，或监管力度不够，不按规定抽检，实际营运车辆二级强制维护和抽检率均执行不到位，加之部分运输企业以包代管，这时期，全省营运汽车技术性能和完好率总体下降。

1998年3月起，贯彻交通部发布的《道路运输车辆维护管理规定》（交通部令1998年第2号），全省各级道路运输管理机构依照规定要求，加强对道路运输经营业户、维修企业、汽车综合性能检测站车辆维护情况的监督检查。加强监督检查的主要方式为运政管理人员深入车站、货场等客、货集散地，实地查看车辆维护记录；监督检查的主要内容为营运车辆二级强制维护、综合性能检测等执行情况。对不按规定维护的依法实施行政处罚。

2002年4月8日，根据交通部《关于修改〈道路运输车辆维护管理规定〉的决定》（交通部令2001年第4号），省交通厅印发《陕西省道路运输车辆维护管理实施办法》（陕交发〔2002〕117号），要求汽车运输经营业户必须切实加强车辆技术管理，认真执行车辆维护制度。同时，该办法对车辆日常维护、一级维护、二级维护及二级维护基本工艺过程做出具体规范。汽车运输业户、汽车维修企业、汽车综合性能检测站在车辆二级维护过程中，按规定向当地道路运输管理机构备案或报送有关维护资料，道路运输管理机构负责汇总统计、核查分析，并进行情况通报，督促企业落实有关要求，加强车辆技术管理。

2004年以来，贯彻《中华人民共和国道路运输条例》，道路运输管理机构通过加强行政许可时对客运车辆的审核把关，促进道路客运车辆技术管理。道路运输客运经营申请及客运班线申请，由申请人根据交通部或省交通厅运管局发布的客运车型选购客车，并填报“拟投入车辆承诺书”。对新购买进入客运市场的客车，严格按照交通部办公厅2002年6月12日发布的《营运客车类型划分及等级评定》（厅公路字〔2002〕246号）标准进行类型划分和等级评定。是年，省政府发出加强危险货物运输管理的通知，要求从事道路危险货物运输车辆必须达到一级技术状况。省交通厅制定道路危险货物运输管理实施细则，对危险货物运输车辆规模、技术水平、容器及标志灯、牌使用和年度审验等做出具体规定。

按照交通部《关于加强营运客车类型等级划分及等级评定管理工作的通知》（交公路发〔2007〕248号）和《营运客车类型划分及等级评定》，2007年8月，省交通厅运管局修订《陕西省在用营运客车类型等级评定表》和评定工作规范，指导评定工作。运输管理机构实际核查车辆的各项技术参数及配置情况，客车符合全部技术参数和服务装备要求的，方可评定为相应等级。营运客车建立“陕西省在用营运客车类型等级评定表”。类型等级评定后，将核定的类型等级和乘员人数在道路运输证上填注。鼓励客运经营者选购符合最新修订的标准要求的营运客车，推进客车技术进步、优化客车结构。

2008年10月9日，省交通厅运管局印发《陕西省道路运输车辆档案管理规定》（陕交运发〔2008〕159号），进一步加强和规范运输车辆档案管理。该规定将车辆档案分为车辆技术档案和车辆管理档案，分别由道路运输经营者和道路运输管理机构建立。车辆技术档案包括车辆基本情况、车辆参数与配置、车辆变更、车辆维护与修理、车辆主要总成部件更换、车辆检测与评审、车辆行驶里程与燃油消耗、车辆交通事故、车辆年度审验等项登记表。车辆管理档案由车辆基本情况、车辆参数与配置、车辆变更、车辆检测与评审、车辆交通事故及车辆二级维护备案等登记表构成。道路运输经营业户按规定要求，逐步建立健全车辆技术档案。

2009年12月27日，汉中市道路运政管理人员对营运车辆二级维护情况进行检查

2009—2010年，在建立健全运输车辆技术管理制度的基础上，加强各项技术管理制度施行的监督检查。省交通厅运管局发出通知，要求将运输经营者落实车辆二级维护计划、维修企业对车辆二级维护工时收费价格备案、维修合同书、竣工出厂合格证、费用结算清单和维修技术档案等制度施行情况，作为市场监管和车辆二级维护监管的重点，并组织全省道路运输管理机构进行调研和检查。车辆年度审验加强对评定的高级客车、中级客车复核及类型等级变更的监管，对经审核并在网上公示的全省高级营运客车资料进行核查。同时，完善客运车辆类型等级评定办法，发布客车类型等级预警、重点监控车型信息。

至2010年6月，省交通厅运管局先后发布13批中级客车类型等级评定表。

四、道路运输营运证件、标志管理

1991年，道路运输营运标志、证件，主要有公路运输经营许可证、危险货物运输经营许可证、车辆营运证，线路牌，以及养路费缴讫证、道路运输管理费缴讫证等。公路运输经营许可证、公路危险货物运输经营许可证有效期4年；车辆营运证有效期3年。上述证件由道路运输管理机构每年进行审验，到期更换。车辆营运证随车携带，全国通行。客运、旅游客运、零担货运车辆在车辆规定位置放置线路标志牌。

公路运输经营许可证、公路危险货物运输经营许可证、道路运输证、临时营运证，由交通部统一规定制式，省交通厅运管局负责制作，分别按许可权限由相应道路运输管理机构发放、管理。线路标志牌由运输企业按交通部制式规范自行制作，出现材质、颜色、字体等不尽统一的情况。养路费缴讫证、道路运输管理费缴讫证，由负责征费的交通征稽机构、道路运输管理机构分别颁发。

1992年5月，按照交通部《关于启用〈中华人民共和国道路运输证〉的通知》（交政法发〔1992〕357号）规定，车辆营运证统一改为道路运输证。是年下半年起，全省道路运输经营业户更换新的道路运输证。

1995年12月25日西宝高速客运开通后，高速公路客运线路标志牌由省交通厅运管局委托或招标选定商户统一制作，随许可发放、管理，其他公路客运线路标志牌则由相应道路运输管理机构负责制作、发放、管理。

危险货物运输车辆标志，是危险货物运输车辆区别于其他车辆的重要标识。1996年8月1日起，依照陕西省道路危险货物运输管理规定，全省营运和非营运危险货物运输车辆装置标志灯、牌，喷涂“毒”“爆”“！”等安全警告标志。省交通厅运管局负责标志灯、牌统一制作，地（市）道路运输管理处负责标志灯、牌发放和管理。危险货物运输车辆标志灯、牌，一车一套，不得转借。

2001年10月1日起，全省启用交通部新版道路运输经营许可证和道路运输证，原公路运输经营许可证和旧道路运输证废止。2002年11月1日起，全省启用新旅游客运线路标志牌，原“全省旅游”线路标志牌废止。2003年12月25日起，按照省交通厅运管局通知，零担货运线路牌由审批机构统一编号、制作、发放和管理。2004年起，按照调整后城市客运管理体制和职责分工，西安市出租汽车管理处给阎良、临潼、长安3区和户县、周至、高陵、蓝田等4县陆续新增的出租汽车管理企业，及其约2 000辆出租汽车，颁发出租汽车经营许可证和道路运输证，经营者给车顶安装出租汽车标志，给车身张贴价格标签。2006年3月后，贯彻《陕西省出租汽车客运条例》规定，全省具有管辖权的道路运输管理机构，陆续给新增出租汽车企业、车辆颁发规定的营运证件，由经营者按照统一规定安装、张贴经营标志和价格标签。

2006年6月，全省机动车维修企业按照省交通厅运管局通知，规范使用机动车维修经营许可证（牌），统一使用新版道路运输经营许可证，旧证废止；标志牌按照交通部统一规定样式，由企业自行制作或由行业协会统一代企业制作。标志牌注有编号、经营项目、许可部门、监督电话、监制单位。11月，全省按照交通部、公安部、安监总局、发改委联合颁布的《道路运输危险货物车辆标志》（交公路发〔2006〕204号）规定，执行国家强制标准，规范和统一危险货物运输车辆经营许可证和车辆标志、标识。

2008年2月4日，宝鸡市道路运政管理人员对出租客运车辆营运证件、标志进行查验

之后以至2010年，道路运输管理机构执行上述规定，加强道路运输证件、标志发放管理；凡丢失道路运输证件、标志的，须在报纸刊登声明，声明丢失作废，再行重新申领；对变更线路后再次申领线路标志牌的，执行交旧领新制度。养路费、道路运输管理费缴讫证自两费改为燃油税后取消。

第三节 运输价格

一、政府定价

1991年，全省道路运输执行政府定价。道路运输定价或价格调整，一般由省交通厅进行调研，提出定价或调整价格意见，征得省物价局同意，报经省政府批准后，由省交通厅和省物价局联合发文执行。

1992年，扩大道路运输改革开放，省交通厅在制定的10条扩大道路运输开放措施中，将政府定价限在公路旅客运输、城市公交、出租客运、客运站、汽车维修和综合性能检测范围。此后至1994年，随着改革开放进一步加快，国家放开多种商品价格，原材料价格大幅上涨，特别是石油市场开放，油价上涨，直接影响道路运输生产。为此，省交通厅、省物价局两次调整道路客运价格，将一等线路人公里运价先由0.041元调整至0.051元，再调整至0.069元；道路客运卧铺人公里基本运价调整至0.15元，卧铺普通客车上铺基本运价为普通客车的250%，下铺可加成10%；豪华型卧铺客车可在普通卧铺的基础上上浮30%；其他等级路面及车辆按国家规定比价率计算；春运期间，可实行浮动运价。

1997年，汽车综合性能检测收费，继续执行省交通厅1988年颁布的《在用汽车和摩托车检测收费标准》（陕交工〔88〕157号）规定，即每车次：安全检测70元，综合性能检测120元，二级维护100元～110元。营运车辆技术等级检测收费，视其实际检测项目，在155元～170元之间。是年，依据省交通厅、省物价局下发《陕西省汽车客运站收费实施细则》（陕交财〔1997〕107号）规定，全省汽车客运站收取旅客站务费，收费标准按每人次计，一级站0.30元、二级站0.20元、三级站0.10元。

2000年后，春运和黄金周期间道路客运票价，根据市场供求变化情况，视情实行浮动运价。是年1月31日，省交通厅通告春运期间道路客运普通路线运价上浮上限，即上浮最高不得超过原票价的30%。客运票价上浮由各地（市）物价部门、运管机构研究确定，经营者不得擅自上浮票价。

机动车驾驶员培训收费价格，1992年至2002年实行政府定价，执行省物价局、公安厅、财政厅印发的《陕西省机动车驾驶员培训收费规定》（陕公交发〔1992〕28号）。2002年6月起，营业性道路运输驾驶员培训收费标准，执行省物价局、省财政厅《营业性道路运输驾驶员从业资格收费标准》（陕价费调发〔2002〕72号），即每人每学时收费，理论培训为2.50元，技能操作为6元。西安等城市公交客运改变原来计程票价，实行无人售票"一票制"，上车门处设置投币箱，乘客按规定票价主动足额投币，不找兑。普通车客票每人次1.00元，空调车客票每人次2.00元，持IC卡的票价优惠。2003年，汽车综合性能检测收费由政府定价改为政府指导价。

2004年起，改革政府定价办法，道路运输政府定价实行公开听证。听证会吸收公众代表参与，实行公开、透明原则。是年7月20日，西安市举行出租车调价听证会。9月1日，西安市政府批准出租车调价标准，即出租车起步价由5元恢复6元标准，基价公里数

3公里保持不变；排气量1.30升以下出租车每公里租价1.20元；排气量1.30升以上至1.80升出租车每公里租价1.30元；排气量1.80升以上出租车每公里租价1.50元。空驶补贴租价维持7公里，公里租价50%计费不变。夜间22时至次日6时按起步价加价1元，公里租价加收0.30元。

2005年，由于市场燃油涨价、人力工资水平增长，以及车辆档次提高后折旧费用增加等因，道路客运成本大幅上升。同时，春节和黄金周期间，短时间客流集中，单向流动比例较大，造成道路客运成本增加，这些因素致道路客运价格和成本相背离的矛盾日益显现，需要对道路客运价格进行调整。

是年4月15日，省交通厅、省物价局在西安人民大厦召开“陕西省公路客运价格调整方案”听证会。听证会共邀请正式听证代表42人，其中包括申请人代表5人，消费者代表16人，经营者代表6人，省人大代表2人，省政协委员2人，专家、学者代表5人，相关政府部门和社会团体代表6人。参加听证会的代表围绕“陕西省公路客运价格调整方案”及说明，提出意见与建议，表达各自的愿望和观点。会后，道路客运运价调整方案经修改完善并报经省政府批准，由省交通厅、省物价局7月18日下发通知施行。自是年9月1日起，全省道路客运基价上调，客运座席人公里基本运价由1993年0.069元，调整为0.08元，客运卧铺人公里基本运价由0.15元，调整为0.16元。票价由基本运价、实际线路里程、车辆类型等级加成率、旅客身体伤害赔偿责任保障金及客运附加费构成。实行节假日客运价格浮动，“五一”“十一”黄金周和春运期间，道路客运价格在运价基础上上浮最高不超过20%。

是年7月22日，安康市举行出租车、公交车运价听证会。经过听证、审核并确定，2005年8月1日起，桑塔纳等排气量在1.60升以上出租车起租2公里租价3元，每超1公里加收1.40元；低于1.60升排量以下出租车，起租2公里租价3元，每增加1公里加收1.20元。经此调整后，安康市出租车票价略有下降。

2006年，国家石油价格改革，燃油价格上涨，道路客运燃油成本普遍增加，影响道路客运市场稳定。根据国家发改委对公益性行业因成品油调价增加支出给予补贴的政策，省物价局、省交通厅下发《关于建立出租车、公路客运运价与油价联动机制，积极做好运输市场稳定工作的通知》（陕价经发〔2006〕91号），道路客运实行油运价格联动机制，根据国内成品油价格及时调整道路客运燃油附加费。以2006年3月25日国家规定的成品油价格为基础，油价每吨上涨500元为一个价区，按营运里程100公里（不足100公里按100公里计算）每票收取燃油附加费0.50元，依此类推的办法，燃油附加费有升有降。如2008年7月油价上调，道路客运燃油附加费提高至每百公里每票收取2元；是年12月油价下调，道路客运燃油附加费降至每百公里每票收取1元。出租车因成品油调价增加支出，建立财政补贴制度，补贴金额由省、市（区）、县（市、区）三级财政分别按70%、20%、10%分担；按年用油量、补贴时间和调价幅度测算，由各市（区）道路运输管理机构拨付经营者。实行油运联动机制，起到降低经营者经营风险，化解道路运输成本矛盾作用。是年，全省道路客运计程运价见表8-3-1。

2007年5月15日，省物价局、省交通厅经过调研和公开听证，决定调整汽车客运站旅客站务费，改革全省汽车客运站旅客站务费管理办法，调整收费标准，取消向旅客收取的空调费项目。调整后一级客运站收费标准，按1、2、3类每人次分别为1.50元、1.00元、0.50元。2009年2月，省物价局、省交通厅根据《关于我省汽车客运站旅客站务费有关问题的通知》（陕价经发〔2007〕69号）文件精神，对城西客运站等14家一级客运站进行实地核查。按照“新建或改扩建的汽车客运站实行优质优价”和“成熟一个审批一个”的原则，经研究，决定自2009年3月1日起调整条件成熟的14家一级汽车客运站旅客站务费标准，站务费改为每人次1.50元。

2008年7月11日，汉中市长征出租汽车公司、天成出租汽车公司车主领取燃油补贴

2010年春运后，道路客运逢淡季，长途旅客明显减少，客运企业采取季节性票价下浮措施，吸引旅客，降低成本。3月24日起，道路客运省际长途班线出现打折票，西安至北京、天津、昆明、深圳等74条线路，车票优惠比例在5.80至9.50折之间。西安至北海客运班线，正常核定票价750元，享受5.80折优惠，可省300多元。发往东莞、义乌、郧阳等地长途班线票价优惠比例10%~15%，湖北、四川方向长途班线车票优惠比例则达30%。

陕西省2006年道路客运计程运价一览表

表8-3-1 单位：元/人公里

客车类别			线路类别运价	
			等级公路	非等级公路
座席客车	普通级	大型	0.080	0.092
		中型	0.136	0.156
		小型	0.152	0.175
	中级		0.160	0.184
	高一级		0.180	0.207
	高二级		0.192	0.221
	高三级		0.208	0.239
	小轿车		0.384	0.442

续表8-3-1

客车类别		线路类别运价	
		等级公路	非等级公路
卧铺客车	普通级	0.160	0.184
	中级	0.210	0.242
	高一级	0.250	0.288
	高二级	0.260	0.299
	高三级	0.280	0.322

说明：表中数字选自陕西省交通厅运输管理局统计资料。其中运价不含旅客责任保障金、客运附加费和通行费；卧铺客车上铺可在下铺基础上减10%

二、政府指导价

随着道路运输市场体制建立与发展，道路运价管理深化改革，将原由政府定价的一些道路运输服务业务，相继改为政府指导价。全省道路运输执行政府指导价的主要有汽车维修、汽车租赁、汽车综合性能检测、机动车驾驶员培训四项。

1997年10月16日，省交通厅、省物价局下发《陕西省汽车（摩托车）维修业收费管理规定》（陕交运〔1997〕002号），汽车维修收费价格实行政府指导价，取消原定的按工种定价收费，实行按技术类别分甲、乙、丙3级定价收费。基本工时单价：甲级7元，乙级5元，丙级由承托修双方议定。该工时单价为最高限价，允许承托修双方协商下浮。

1998年，西安汽车租赁市场初步形成，汽车租赁执行西安市物价局关于汽车租赁日租试行价格的规定，实行不同车型不同日租基价。如奥拓轿车为160元，普通桑塔纳轿车为260元，桑塔纳2000型轿车为310元。日租价格，由于同档车辆车价不等和车况新旧不一，其租价可在日租基价基础上上、下浮动10%，具体浮动幅度由经营者与租赁者面议。

2002年3月11日，省交通厅转发《陕西省财政厅、物价局关于机动车驾驶员培训收费项目和标准复函的通知》（陕交发〔2002〕85号），决定机动车驾驶员培训收费实行政府指导价，按照《陕西省物价局关于印发陕西省社会力量办学收费管理办法及收费标准的通知》（陕价费发〔1998〕36号）中规定收费项目和标准执行，通知规定的收费标准为全省最高收费标准，各地（市）可根据当地实际适当下浮。

汽车综合性能检测发展，市场竞争加剧，一些综合性能检测站存在不按标准进行检测，或只收费不检测等乱收费问题。省物价局、省交通厅2003年9月28日联合下发《关于整顿和规范汽车综合性能检测收费问题的通知》（陕价管调发〔2003〕48号），规定自2003年10月1日起，汽车综合性能检测收费实行最高限价，按检测项目每车次收费最高限价，汽车技术等级评定检测（含汽车大修质量检测）为150元，汽车二级维护竣工检测为90元，安全性能检测为100元/车次；在最高限价内，具体价格由承托检测双方协商确定，但只可在最高限价内下浮，不得超过最高限价。另外，不合格项目调修后复检收费，按单项检测项目收费标准执行；多项目不合格复检，收费总计不得超过50元；复检1次不合格再次复检时，不得收取费用。综合性能检测站不得强制进行非规定检测项目检测并收费，不得强制车主到指定汽车修理厂进行调修。

2008年汽车租赁改为市场调节价。综合性能检测收费标准执行不一，仍存在不按标准检测、只收费不检测等问题。

三、市场调节价

道路运输市场调节价自道路货运始。道路货运原来执行政府定价，1990年规定基本运价为吨公里0.28元，实际由于道路货运市场运力增加，竞争加剧，一些经营者采用低运价策略争揽货源，出现承托双方随行就市议价现象。1992年11月，省交通厅进一步放开道路运输市场，规定道路货运、搬运装卸价格实行市场调节价，由承托双方自行协商确定运价。之后，交通部门与道路运输管理机构不再对道路货运价格施行情况进行监督检查。

2000年后，道路货运市场运力大于运量的矛盾日益显现，加上道路货运价格完全放开，市场竞争激烈，实际运价不到位成为影响道路货运发展的突出问题。一些道路货运经营者为维持经营或追求利润，违规超限超载运输，或拼车辆设备，既带来道路运输安全隐患，又影响道路货运技术进步。贯彻执行《中华人民共和国道路运输条例》，2004年，省交通厅组织开展道路货运市场治理整顿，整车运输价格有所回升，普通货物吨公里平均运价0.40元。如西安至上海运距1 431公里，吨公里运价500元；西安至西宁运距920公里，吨公里运价420元；西安至广州运距1 322公里，吨公里运价550元；西安至北京运距1 200公里，吨公里运价470元。

2005年8月起，贯彻交通部《机动车维修管理规定》，全省机动车维修工时定额、收费标准实行备案制。机动车维修工时定额下放由维修企业自行决定后，维修工时单价由维修企业根据企业经营管理、服务能力及当地经济发展水平自行核定。维修企业采用的机动车维修收费标准，须报当地道路运输管理机构备案并挂牌公示。实际执行中，维修双方可议价协商，但收费不得高于备案的收费标准。

2006年4月，《机动车驾驶员培训管理规定》（交通部令2006年第2号）实施以后，宝鸡、榆林、延安驾驶员培训收费仍实行政府指导价，其他各市驾驶员培训收费实行按学时计收的市场调节价，具体收费标准向道路运输管理机构备案。如驾校小轿车驾驶培训收费，西安市2 200元~2 800元，汉中市、渭南市1 800元~2 600元左右，宝鸡市2 200元，延安市2 800元；大客车驾驶培训收费，延安市4 200元，汉中市4 000元；大货车驾驶培训收费，汉中市、渭南市3 000元，延安市3 200

2010年6月，西安钧盛雷克萨斯汽车销售服务有限公司维修价格公示牌

元，宝鸡市3 030元。

2008年起，汽车租赁实行市场调节价。西安市道路运输协会制定《西安市汽车租赁业日租价格限定表》，以车辆参考价和车型划分日基本租价：夏利轿车120元，最低限价90元，最高限价140元；普通桑塔纳轿车160元，最低限价150元，最高限价180元；桑塔纳3 000型轿车220元，最低限价200元，最高限价240元。

城市快捷货运和城市搬家运输实行市场调节价。如西安市道路运输协会制定的城市快捷货运收费标准，起步价10元，2公里以上1.30元/车公里。城市搬家运输，每台班180元～200元不等。

经过连续几年对超限超载运输强力整治，非法超限超载运输得到打击，促进货运车辆合法装载运输，道路货运供求关系有所改变，道路货运价格有升有降，总体基本稳定。2010年，道路货运市场整车普通货物运价平均吨公里0.39元。如西安至上海、西安至广州均分别为550元，西安至西宁、西安至北京均分别为400元。

第四节　运输业改革

一、运输企业改革

（一）企业承包经营　1987年前后，落实省政府关于深化企业改革，推行企业承包经营的要求，全省交通部门约110户运输企业实行多形式承包经营责任制。此为第一轮承包。承包经营实行“包死基数、确保上交、超收多留、歉收自补”的原则。1990年承包期满，全省14户重点运输企业年平均利润比承包前增长27.57%，上缴利税增长72.30%，固定资产净值增长32.27%。但企业自我约束机制不健全，普遍存在“以包代管”，为追求利润而拼设备等短期行为。

1991年，落实省政府关于全民所有制企业第二轮承包方案精神，各级交通部门指导所属企业制定承包方案。二轮承包以企业主管部门为主，会同同级财政、劳动、银行代表政府与企业签订承包合同。至1992年，全省交通部门全民所有制企业92户、集体所有制企业54户，均实行二轮承包经营。其中14户重点运输企业主要实行“两包双挂”（企业对国家包上缴利润、包技术改造，工资总额同换算运输周转量挂钩、同实现利税挂钩）承包。此外，还有上缴利润递增率包干或基数包干，或超收分成承包等形式。承包合同包括运输产量、运输质量、安全生产、设备完好率、固定资产增值、更新改造还贷等指标。汽车站实行收入提成与工资费用包干挂钩承包形式。汽车维修企业普遍实行按产值计算工资承包形式。

运输企业逐级将承包指标分解到科室、车队、车间、班组和个人，并制定考核办法。延安地区汽车运输公司将目标管理与工资挂钩，驾驶员工资全浮动，实行按单车效益提成的单车承包经营形式。汉中汽车运输公司在货运车队实行联产值计算报酬、联利润计算奖金承包形式；在客运车队实行以营收计算工资、以车公里计算补贴承包形式。一轮承包中部分运输企业实行单车承包经营，由于出现为赢利而拼设备及拖欠承包费等问题，基本终止。

二轮承包突出全员风险抵押机制建设。企业确定合理抵押金额，按员工职务（身份）交纳抵押金；承包期满，完成指标，退还抵押金，并比照银行活期存款利率计算利息；完不成指标，以抵押金填补欠交利润，以此增强职工主人翁责任感。

1993年4月，省经济体制改革委员会、省经济委员会、省交通厅联合印发陕西省全民所有制交通企业转换经营机制实施意见，确定交通企业改革目标是理顺产权关系，政企分开，具体落实国务院关于全民所有制工业企业转换经营机制条例赋予企业14项权利，使交通企业成为依法自主经营、自负盈亏、自我发展、自我约束的市场主体。9月，省交通厅在咸阳召开全省交通系统转换企业经营机制座谈会，推动交通企业以转换经营机制为重点，完善承包经营，深化机制改革。

贯彻上述实施意见，各地运输企业先后实行单车租赁承包经营、单车融资租赁承包经营、单车全额抵偿承包经营等。14户重点运输企业90%以上营运车辆实行租赁承包经营。咸阳地区汽车运输公司实行单车全额抵偿承包经营，将271辆承包车辆，按原价、净值、现价、技术状况等综合评估后确定的现值，作为租赁承包者应交租金，同时确定租赁期和月租赁费。租赁期内，车辆运营支出由租赁承包者负担，营运收入全部归租赁承包者，公司有偿为其提供组货、站务、供油、维修等服务；租赁期满，车辆产权归租赁承包者。这种形式，能够调动承包经营者积极性，职工月收入较承包前增长约一半，并且租赁承包车增值约30%。渭南地区汽车运输公司实行车辆融资租赁承包，鼓励职工与企业按比例融资购车。即职工个人投资50%，公司垫资50%，所购客车由职工承包经营；限期向企业还本付息后，车辆产权归承包人。公司因此融资1 400多万元，新购客车60辆，壮大公司实力，1995年扭亏为盈，并积累储备金300万元。

1996年前后，二轮承包先后期满，大部分企业效益提升，实力壮大，管理加强，部分企业走出困境。是年，全省82户国有运输企业主营收入3.22亿元，比上年增长7.70%；经营领域拓宽，14户重点运输企业多种经营收入占企业总收入一半以上。但是，企业多年来积累的矛盾，通过承包无法根本解决。主要是：部分企业设备陈旧，车辆老化，缺乏市场竞争力，加之规费、油料、材料涨价，成本加大，影响经济效益和发展能力。大多数企业负债经营。14户重点运输企业负债总额达4.47亿元，流动负债2.94亿元。

1997年后，省政府不再统一部署企业承包经营工作。全省交通企业根据各自实际情况决定经营形式。有企业顺延承包经营，有企业进行产权改革，或实行其他经营形式。

（二）企业产权改革　运输企业二轮承包中，渭南地区汽车运输公司等企业，通过车辆融资租赁承包，将承包期满车辆产权转让给承包人，对企业最重要资产即车辆产权进行改革尝试。

1995年，咸阳、宝鸡等地区汽车运输公司通过全额抵偿承包经营，承包者通过交纳一定租金，获得一定期限企业车辆经营权，使车辆产权与经营权一定程度分离；承包经营期满，车辆产权由企业归属承包者个人，从而打破车辆产权均属国有一统天下，部分承包者因此获得车辆资产。这些承包者全民所有制企业职工身份不变，但业已变身为具有一定产权的运输生产经营者。

国有道路客运企业改革与鼓励发展非公有制经济，为私营客运企业和中外合资企业发展创造空间。1995年5月，陕西平安高速公路客运有限责任公司成立，为全省首家进入道路客运市场民营股份制企业。1996年6月19日，西安第二汽车运输公司与韩国大宇公司合资组建中韩合资西宇运业有限公司，从事公路客运业务。公司注册资本5 000万元，合资双方各占50%股份。

1997年12月，贯彻中共陕西省委、省政府《关于放开搞活国有小企业的决定》、《关于大力发展非公有制经济的决定》，省交通厅提出国有交通企业改革原则，即坚持"先放开、后规范，边实践、边完善"，以产权制度改革为中心，以股份合作制改造和出售产权为主要改革形式，以达到资产所有权置换、推动资产流动重组的目的，并支持非公有制经济参与交通部门国有企业的调整和重组。

全省交通部门企业产权改革形式和实施方案，由企业根据实际情况自行决定，改革很快在全行业铺开，实践中出现多种产权改革形式。据省交通厅调查，1998年4月底，已完成产权改革企业13户，正在改革103户，尚未改革57户。1999年末，全省14户重点运输企业，有9户完成改革，共将3 851辆客、货车产权通过多种形式出售给职工个人，占其全部营运车辆90%；98户国有运输企业，完成改革65户，占66.30%。改革形式主要有：

——内部出售，股份合作。通过清产核资，经国有资产管理部门确认，划定国有净资产界限，将生产经营性净资产一次性出售给企业职工，国有资本全部退出，由企业承担全部债权债务，组成股份合作制企业。采取这类形式的有26户。

——公开出售，买断经营。企业清产核资后，经国有资产管理部门确认，将生产经营性净资产全部出售，本企业职工可优先购买；若内部出售不出时，推向社会出售。采用这类形式的有7户。

——裂变分立，租股结合。一种做法是先剥离，后租赁，再重组。企业清产核资后，将有效资产剥离出来，由职工租赁经营，再募股重组为一级法人实体，不承担原企业债务。另一做法是先剥离，后买断，再重组。即将有效资产剥离出来，由职工一次性买断，并重组为新一级法人实体，承担相应债权债务。采用这类形式的有11户。

——部分股权转让，公司制改造。通过清产核资，经国有资产管理部门确认，将部分股权转让，保留国有资产控股地位，募集法人股和内部职工股。按《中华人民共和国公司法》规定，改造为规范有限责任公司或股份有限公司。采用这类形式的有19户。

——兼并联合，规模经营。以重点企业为核心，以资产为纽带，实施兼并联合，组建集团公司。对被兼并企业清产核资，核实有效资产，双方签订兼并收购协议，兼并方承担被兼并债权债务和职工安置；若属收购，则不承担债权债务和职工安置。采用这类形式的有8户。

——租赁承包经营。内部招标或向社会公开招标，招聘租赁经营者。承租人以私人财产作抵押。采用这类形式的有3户。

——实施破产。有15户运输企业因经营管理不善等原因，长期不能扭亏，资不抵债，依法实施破产。

1999年，全省交通部门实施产权改革企业，企业产权进一步明晰，90%职工买股，变身为企业股东，与企业利益共享、风险共担，企业经营活力增强。

（三）企业公司制改组　运输企业公司制改制与产权改革相结合。1998年9月，经省政府同意，由省交通厅牵头，省交通厅与陕西咸阳宇通集团有限公司、渭南市汽车运输总公司等全省12家重点运输企业共同出资，按照建立现代企业制度要求，组建陕西省高速公路客运（集团）有限公司，经营高速客运，为全省首家由国有客运企业控股、私营客运企业参股的大型客运集团。

中小型运输企业改制根据各自特点，一般改组为股份合作制企业。如西安市汽车客运公司、西安市联运公司、西安市运输总公司等。西安市汽车客运公司原为国有独资企业，经西安市经济委员会批复同意，企业用土地使用权抵债务后，以零资产改制为股份合作制企业；企业294名职工购买等额股份，共购169.40万股，每股1元。多数县级运输公司将原企业中国有、集体、个体、私营、合伙等经济成分整合，改组为非公有股份合作制公司。

2000年2月，省交通厅提出按照“抓大放小”原则，加大改革改制力度，依据《中华人民共和国公司法》，单一投资主体国有大中型运输企业，改制为有限责任公司，实现投资主体和股权多样化，通过调整、改组，在高速公路运输领域着力发展一批大型企业集团，提高生产经营集约化程度；单一或多个投资主体中小型运输企业，一般改组为股份合作制公司，实行国有民营，或租赁、兼并、拍卖。鼓励优势企业兼并债务较重、经营困难但有市场的中小企业。

宝鸡市第一汽车运输公司自2000年4月至2001年12月进行改制。经清产核资、资产评估、国有资产界定、职工代表大会讨论，并经市交通局核准、转报市经济体制改革委员会批复，改制为宝鸡市宝运汽车运输有限责任公司。其资本结构，由职工持股、宝鸡市第二汽车运输公司出资股和公司国有非经营性土地作价入股构成。2002年5月，经宝鸡市经济体制改革委员会批复，由宝鸡市宝运汽车运输有限责任公司作母公司，组建宝鸡市宝运汽车运输（集团）有限公司。

陕西省汉中市汽车运输总公司推进股份制改制。图为2003年4月18日召开企业改制动员大会

咸阳、渭南、安康、延安、榆林等原国有重点运输企业，先后进行规范化公司制改制，改制程序与宝运汽车运输（集团）有限公司大体相同。

改组为运输（集团）的道路运输企业，按照现代企业制度要求，建立规范的法人治理结构，实行董事会领导下的总经理负责制，并逐步理顺与所属分公司或子公司产权关系。如延安市汽车运输（集团）有限责任公司，由职工个人股所有者选举股权代表，行使股东权利。由股东代表大会选举董事会、监事会成员，聘任经理层，组成企业领导班子，形成决策权、经营权、监督权相互制约、协调运转管理体系。同时，集团公司以资产为纽带，按母子公司关系对集团成员进行控制、管理和参与决策。渭南市汽车运输（集团）有限责任公司首届股东大会，选举产生董事会、监事会。集团公司总经理由董事长聘任，基层及集团公司机关部门主要行政领导，由总经理办公会研究，总经理聘任。

运输企业公司化改制中，国有经济部分逐步退出。2003年9月，省交通厅从陕西省高速公路客运（集团）有限责任公司撤资，由省西安汽车站增资900万元控股。

这一时期，原来一批县级国有运输公司，有的被兼并，有的依法破产，有的经股份制改造为民营企业。如千阳县运输公司、陇县第一汽车运输公司、眉县第二汽车运输公司，被宝鸡市秦龙运输（集团）有限公司兼并，继续从事道路运输；太白县汽车运输公司将国有资产评估、出售后，改制为股份合作制企业；富平县第一汽车运输公司等县级运输企业，因经营不善，资不抵债，被宣告依法破产。

破产或被兼并国有运输企业职工安置，一直是实施企业破产或兼并的首要难题。各地结合实际探索多种形式安置办法。如被兼并企业职工进入兼并企业工作；提前离岗或买断工龄，自谋出路；开办第三产业安置等。亦有破产企业用出让土地所得地款安置职工。西安第二汽车运输公司按特困企业实施依法破产，由西安市土地储备中心将该公司3.82公顷国有土地按每666.67平方米86万元～90万元收购储备，所获地款首先用于安置职工。西安第一汽车运输公司被陕西迪普投资集团有限责任公司兼并后，原公司部分职工被兼并企业吸收安置，部分职工提前离岗，或买断工龄，自谋出路。

“十五”时期末，全省交通部门企业公司制改组基本完成，共有116户企业改组。通过改组，组建一批有规模的运输集团，并建立现代企业制度运作模式，经营集约化程度提高。一批中小型企业通过制度创新，企业与职工利益联系更加紧密，活力增强，效益提高。2004年，延安市汽车运输（集团）有限责任公司实现利税2 068万元，创公司历年实现利税新高。宝鸡市宝运汽车运输（集团）有限公司、陕西咸阳运输集团有限公司、渭南市汽车运输（集团）有限责任公司，实现利税均在200万元以上。经过此一轮改革，原国有交通企业与政府部门之间长期形成的依附关系减弱或消除，企业由靠政府转向更多地靠市场，成为自主经营、自负盈亏、自我约束、自我发展的法人实体和市场竞争主体。部分企业通过剥离非经营性资产，如医务所、托儿所等，负担有所减轻。

“十一五”时期，道路运输企业改组、改制主要是巩固已取得的成效，进一步完善公司制运行机制。在全省道路客运公司化经营改造的推动下，重点健全现代企业制度，加强经营资源整合，优化企业组织结构，提高经营管理水平，发展集约化、规模化经营，增强市场竞争实力，提高企业经济效益。榆林市恒泰汽车运输集团有限公司先后制定人力资源管理、财务管理、绩效考核管理等38项制度，确保公司经营管理有章可循。渭南市汽车运输（集团）有限责任公司制定经营体制改革方案，各客运公司实行决策、经营、管理分离体制，进一步调动员工生产积极性。

二、机关与企、事业运输单位改革

20世纪90年代，部分机关与企、事业单位原有汽车运输公司或车队（简称运输单位）仍存。这些运输单位有的自货自运；有的除自货自运外，承担社会运输；有的完全承担社会运输。属自货自运的，主要承担本单位原材料、半成品、产品及职工生活物资运输，多属非营业性运输；除少数独立核算外，一般不独立核算；承担社会运输的，主要从事普通货物运输，属营业性运输，多数实行独立核算。这部分车辆在民用车辆中所占比重大，但运输效率低，运营成本高。

交通部门对机关与企、事业单位运输加强管理。1991年，宝鸡地区交通局要求机关与企、事业单位自备车辆主要承担本单位物资运输；若运力有余，申请参加营业性运输，须经县级以上道路运输管理机构批准；具有5辆车以上的，须实行独立核算，自负盈亏；为确保公平竞争，不得将运输成本摊入其他经营成本。由于车辆燃油费等费用不断上涨，机关与企、事业单位自备车辆经营困难，除铁路系统及大型国有企业车辆外，市区120多家运输单位近2 000辆运输车辆转包经营，尤其商业系统的建材公司、农副公司、外贸公司、百货公司等的车辆，全部转包经营。

1992年起，扩大道路运输市场开放，社会运力持续快速增长，运力供给始显供大于求，机关与企、事业单位运输需求比较容易由社会运力满足，而自办运输成本高、效率低的弊端显现，加之政企分开、事企分离等改革深入，机关与企、事业单位自办运输调整、改革势成必然。调整、改革从“九五”时期加速，持续至“十一五”时期。

调整、改革主要形式：

——业务外委注销。许多机关与企、事业单位认识到“养车不如租车”，注销或解散本单位运输公司或车队，将必要运输业务委托或外包给专业运输公司或个体、联户车辆承担。1998年，陕西省外贸汽车运销公司将设于全省10地（市）的汽车队先后注销，车辆陆续处理，外贸物资由专业运输公司或个体、联户承运。

——政策调整撤销。1998年11月，木材禁伐，林业单位由森林采育转为森林资源管护，原承担木材运输的公司或车队使命终结。有三四百名职工、160多辆东风车的宁西林业局木材运输公司，有五六十名职工、30多辆解放、东风车的宁东林业局木材运输汽车队，相继撤销建制，卖掉车辆，职工内部安置或买断工龄另谋出路。之后少量木材运输，由林业单位或木材用户选择专业运输公司或个体、联户车辆承担。

——整体转制改行。2003年，陕西省建筑工程汽车运输公司整体转制为陕西省建筑路桥工程公司。转制后主要从事道路、桥涵、给排水施工、房屋建筑安装，兼营建筑材料经销。诸多建筑工程公司撤销原办运输车队，运输业务外包。

——分工细化取代。现代物流业快速发展，取代或部分取代一些行业、企业原设运输单位。如全省粮食市场放开后，粮食运输主要由物流公司、粮食加工企业或个体、联户车辆承担，粮食部门原有运输车队自2006年后陆续自行消失，仅部分粮站、粮库保留少量自备运力，主要用于粮食应急运输。

2010年，陕西省旅游汽车公司有车辆334辆，营运里程1 941.41万公里，接待游客70.68万人次，收入5 846万元

——凭借优势发展。陕西省旅游汽车公司依托陕西得天独厚的旅游资源，扩大旅游客运经营，拓展高速客运、出租汽车客运及汽车修理等业。陕西省商业储运总公司扬长避短，发展物流

服务、商贸业和地产开发，通过资产重组和吸纳民间资本，成为陕西省物流行业重点企业。

机关与企、事业运输单位调整改革的同时，随着人们收入水平提高和汽车普及，一些企业、个体商户及部分从事蔬菜、果品、小商品经销的经营者，为生产原料或经销产品、商品运输方便，购置轻型货车或小型面包车，自货自运。此种情况在城镇呈加速扩大趋势。对这部分运力运输原料、产品或商品，是否属营业性运输，往往难以界定，成道路运输市场监管难点之一。

三、城市客运管理体制改革

陕西城市客运管理体制，受城市客运定位、发展水平、投资政策、市场开放、政府职能分工及利益关系等影响，几经变化，无统一模式，呈城乡分制、多家交叉局面。

1991年，西安市城6区公共汽车、无轨电车和15座以下出租汽车营运，由市公用事业局管理，郊县公共汽车营运由交通部门管理。其他城市如宝鸡、咸阳、铜川、渭南、汉中、延安、榆林、安康、商洛等政府、行署所在地城市和部分县城公共汽车、出租汽车营运，分由城建、交通、公安等部门管理。还有地方由政府直接设立机构管理出租汽车运营。

随着城乡二元结构逐渐破除，市场开放扩大，多部门交叉管理弊端显现。由于各部门依据部门规范性文件核准市场准入，办理营运手续，发放经营证照，监督经营行为，带来重复办证、年检、检查、处罚及收费等问题，导致客运市场分割，加重经营者负担，妨碍人们便利出行，不利城市客运发展，也影响政府形象，社会反响强烈。

2000年，全省政府机构改革中，省政府适应城乡统筹发展的要求，推进城乡交通运输统一管理，决定将城市客运管理职能由省建设厅划归省交通厅。一省城乡客运由多家管变为交通部门统一管，时在全国属最先尝试。由于受认识所限，加之与中央有关部门职责分工不对应制约，管理体制交接工作进展缓慢。2002年1月10日，结合市（区）、县（市、区）政府机构改革，省政府办公厅印发《陕西省人民政府办公厅关于进一步理顺全省城市客运管理体制的通知》（陕政办发〔2002〕3号），明确市（区）、县（市、区）政府机构改革要将城市客运管理体制归口交通部门。省政府成立全省城市客运管理体制改革领导小组，统一协调解决改革中有关问题。4月29日，省政府第30次专项会议原则通过省交通厅《关于全省城市客运管理工作归口管理实施方案》，决定自7月1日起，全省统一由交通部门管理城市客运工作。

是年5月，省交通厅运管局设立出租汽车管理办公室，负责全省出租汽车客运管理，并受理全省城市客运企业经营者申请，审核经营条件和资格，办理报批手续，核发经营许可证和营运标志。各市（区）先后在交通局下设立城市客运管理机构，负责本辖区城市客运管理。12月，西安、铜川、安康、商洛、汉中、延安等市完成城市公交、出租汽车客运归口交接工作。西安市交通局设立公交处，负责全市公共交通事业建设和客运管理，具体管理职责由市交通运输管理处承担。咸阳、延安两市各单设城市客运管理机构，其他城市多由交通局所属道路运输管理处负责城市客运管理。

适应城市客运管理体制变化，2003年8月1日，省第十届人民代表大会常务委员会第五次会议通过《关于修改〈陕西省道路运输管理条例〉的决定》，将城市公共客运调整为道路运输管理范围，由交通部门管理。

全省多数城市客运交由交通部门统一管理后，各级交通部门采取多项促进城市客运发展的措施。在宏观调控下，允许符合资质条件要求的公交企业延伸客运线路；允许符合资质条件的运输企业和其他客运企业从事城市客运经营；允许公交企业从事高速公路跨市、跨省（自治区、直辖市）客运经营等。省交通厅统一城市客运企业经营许可手续，换发新的公交、出租汽车企业经营许可证、车辆道路运输证。各市（区）运输管理处为城市客运驾驶员换发从业资格证；整顿城乡道路客运市场秩序等等。这些措施，破除城乡客运市场分割的体制，经营者所持证件，由原来3证简化为2证，缴纳费用由5项减少为3项，出租汽车可持道路运输证全省通行，既便利人民群众出行，又解决多头重复管理，减轻经营者负担。

2004年8月，原隶属榆林市建委的榆林市城市客运管理办公室，整建制移交市交通局。

2006年1月13日，省第十届人民代表大会常务委员会第二十三次会议审议通过的《陕西省出租汽车客运条例》，规定省交通厅负责全省出租汽车客运监督管理工作。

城市客运管理新体制虽优势与效果明显，但受上下部门分工不对应等制约，工作衔接不顺，体制运行不畅。2006年3月，省政府决定城市客运重新移交由省建设厅管理。2007年6月1日，省第十届人民代表大会常务委员会第三十一次会议《关于修改〈陕西省出租汽车客运条例〉的决定》，规定省建设厅负责全省出租汽车客运监督管理工作。

由于全省大部分市完成由交通部门统一管理城市客运时间不长，新体制运行优势显现，且再移交建设部门要经过政府部门职能重新划分等一定程序，因而各市（区）、县（市、区）执行该项决定情况不一。商洛市商州区、镇安县公交与出租客运交建设部门，洛南县、丹凤县出租客运交建设部门。渭南市临渭区、蒲城县、合阳县、澄城县、韩城市及富平县公交、出租客运交建设部门。除这些县（市、区）外，其余市（区）、县（市、区）未行移交。全省城市客运由交通、建设部门交叉管理，以交通部门管理为主。

2009年新一轮政府机构改革，适应加强城乡统筹协调发展的要求和交通运输综合化发展的趋势，并鉴于国务院机构改革将城市客运管理职能划归交通运输部，省政府决定由组建的省交通运输厅负责城市客运管理，并在《陕西省人民政府办公厅关于印发省交通运输厅主要职责、内设机构和人员编制规定的通知》中加以明确规定。

这次全省政府机构改革，自上而下统一城市客运管理部门分工，为根本理顺城市客运管理体制，全面实现城乡客运统一管理，创造了体制条件。2009年6月起市（区）、县（市、区）政府机构改革，均先后明确城市客运由市（区）、县（市、区）交通运输局管理。自是年7月起，省级城市客运管理职责，由省交通运输厅负责行使。

至2010年10月，全省11个市（区）城市客运，除宝鸡市公交客运继续由建设部门管理外，其他均由交通运输部门管理。

第四章　安全与应急

公路交通安全与应急保障，关系人民生命财产安全、社会稳定和公路交通可持续发展，经历了逐步加强、完善与提高的过程。公路交通加快发展，尤其道路运输市场开放，在带来运输经济繁荣的同时，也出现运输生产事故多发问题，为社会所关注。在不断增强安全生产观念基础上，各地改进和加强安全生产监管，由习惯一般号召，到加强制度规范，强化监督检查；从例行安排，到建立安全生产目标责任制，开展综合和专项整治，构建起责任约束、制度规范、多方监管与重点整治结合的安全生产工作机制，有效遏制重特大事故发生，保护人民群众生命和财产安全，促进公路交通健康发展。公路交通是应对自然灾害与社会突发事件主要力量。各地将公路交通应急保障作为公共服务重要能力建设。应急保障方式突破临时动员组织的习惯，建立健全应急保障组织体系，制定和完善应急保障预案，加强应急保障队伍建设，改善应急保障技术装备，提高应急响应能力和保障水平，初步实现应急保障由被动转向主动。在应对冰雪、公路水毁和“5・12”汶川特大地震灾害等突发事件中，做到快速反应，救援及时，保障有力。

第一节　安全监督

一、安全责任制

1991年，针对道路运输企业承包中出现的以包代管，忽视安全生产的倾向，交通部门加强道路运输企业安全管理，推行安全责任合同。1996年2月起，建立道路运输安全责任制度，规定对违规超载企业当事人和企业领导进行责任追究，予以经济处罚。是年12月，省交通厅责令厅运管局负责全省道路运输安全管理工作。该局及各地（市）交通部门均设置安全生产管理机构，配备专职人员，健全行车事故报告制度。1998年2月13日，省交通厅下发《陕西省汽车运输企业安全生产管理实施办法》（陕交运〔1998〕029号），规定道路运输企业承担安全生产管理法律和经济责任，法人是安全生产第一责任人，对安全生产负全面组织领导和管理责任。

2001年9月，省政府印发《陕西省道路交通和水上运输安全管理规定》（陕政发〔2001〕48号）等8个安全管理文件，规定政府和相关部门及领导人的安全监督管理职责，道路交通安全管理实行行政领导负责制。2002年1月，按照省政府规定，省交通厅先后制定道路运输业安全生产管理办法、直属单位安全生产管理责任目标考核办法等规范性文件，进一步明确各级交通部门、所属道路运输管理机构与运输业户安全生产管理职责；规定每年第一季度签订年度安全生产管理目标责任书，明确当年安全生产管理任务目标，年底进行考核和奖惩。按照上述要求，省、市（区）、县（市、区）交通部门建立健全交通运输安全生产综合监督管理机构，明确安全管理职责，落实监督管理责任。各单位安全生产委员会主任均由各单位行政一把手担任。

与此同时，全省公路系统逐级落实安全监督管理责任，层层签订安全生产目标责任书。省公路局负责全省干线公路安全生产工作监管，指导全省农村公路安全生产工作。市交通局负责辖区内公路行业安全生产工作监管；市公路管理局对干线公路建设养护生产安全、通行安全保障管理负主体责任，并指导农村公路安全生产工作；县（市、区）交通局对农村公路建设施工、养护安全及通行安全保障负主体责任。项目法人承担相应干线路网建设工程、养护工程施工安全主体责任。

2002年，着眼建立交通安全长效机制，建立道路运输“三关一监督”安全责任制。“三关”即严把运输经营者市场准入关、严把营运车辆技术关、严把营运驾驶员资格关；“一监督”即对汽车客运站进行安全监督。全省道路运输系统健全道路运输安全生产监督机制，全面落实安全生产责任制，切实加强对道路运输经营者、营运车辆、营运驾驶员和汽车客运站的源头管理，建立安全考核奖惩机制，实行安全生产“一票否决制”。

2003年，进一步强化安全管理基础工作，完善各项规章制度，把安全责任落到实处，提高全省道路运输行业安全管理工作的整体水平。按分级管理原则，在全省实行道路运输经营业户安全生产管理档案制度。2003年12月1日起，在全省营运客车内设置“安全服务质量监督牌”，旨在消除事故隐患，提高服务质量，强化营运客车驾乘人员的安全防范意识，营造全社会关心、参与道路运输安全生产的良好氛围。

2007年，规范营运驾驶员经营行为，自8月1日起，全省范围实行违法、违规经营和发生道路运输责任事故的营运驾驶员“黑名单”公告制度，并根据违章事实及事故责任等级，采取吊扣从业资格证等相应处罚措施。

2008年，为迎接第29届北京奥运会和残奥会，实现“平安奥运、和谐奥运”总目标，全省道路运输系统将奥运防恐及安保工作作为首要任务，制定并印发《全省道路运输行业奥运安保工作实施方案》，逐级签订道路运输安全保卫工作目标责任书，进一步夯实道路运输行业奥运安全保卫各项工作责任和任务。

同时，公路建设结合推行项目法人负责制，加强安全生产责任落实。高速、干线公路建设项目经理是安全生产第一责任人，项目部建立安全组织，成立由项目正、副经理、总工程师、现场工程师、班组长和班组安全员组成的安全生产领导小组；建立同业务范围工作标准挂钩的安全生产责任制及检查监督制度，形成安全管理网络。以“三无”（无工伤死亡和重伤事故、无交通死亡事故、无火灾和水灾事故），“一控”（年负伤频率控制在0.20%），“三消灭”（消灭违章指挥、消灭违章操作、消灭惯性事故）为目标，项目建设和施工管理单位健全安全生产保障措施，制定项目重大危险源清单，对重点部门和关键工序重点防范，确保项目施工安全。

2009年3月4日，省交通厅印发《陕西省交通厅关于建立交通安全隐患排查治理长效机制的通知》（陕交函〔2009〕178号），完善安全管理制度体系，包括交通安全隐患排查治理和督查制度、重大交通安全隐患三级监控和挂牌督办制度、交通安全隐患排查治理“回头看”制度、交通安全重大隐患排查治理责任和保障制度、安全生产监督员联系企业制度、安全生产隐患报告和举报奖励制度、安全生产新闻发布制度等。

2010年，全省交通系统有安全生产专（兼）职监督管理人员360人。形成横向到边、纵向到底的安全监管体系。

2009年11月12日，西安市道路运政管理人员对汽车客运站安全责任落实与客运车辆安全设施进行检查督导

二、安全整治

安全整治是公路交通安全管理重要手段。20世纪90年代，道路运输安全生产整治重点，是长途客运车辆严重超员、行李货物超载问题。交通部门、道路运输管理机构对违章行为依法进行处罚。客运机动车辆超过核载人数20%以上，货运机动车辆超过核定载货量30%以上，一律给予高限处罚并记分，超载部分由驾驶员自行通过分流人员和卸货解决。安全生产整治有定期和不定期、专项和综合等形式。一般是在运输市场安全问题突出或发生重特大事故的情况下开展。整治期间，由交通部门或道路运输管理机构发布通知，确定整治重点和范围，道路运输管理机构上路或到运输企业、运输站场、货物集散地和重要路口，宣传安全生产法规，集中治理突出问题。

2001年4月28日，针对全省道路交通事故居高不下，交通安全隐患和机动车违章超载现象严重的实际情况，省政府发出《关于整治机动车超载违章的通告》（陕政发〔2001〕20号）。从6月始，全省开展道路交通安全专项治理整顿。重点整治长途客运车辆严重超员、行李架货物超载，卧铺车顶加装行李架，运输煤炭、燃油、建材的车辆严重超载，大量抛洒、排放污染物等违章行为。7月，省交通厅安全检查组对铜川、延安、榆林3市道路运输安全进行检查监督，督查8县15个汽车站场、2个运输公司和8个运输管理所，机动车超载违章现象减少，是年全省道路交通事故同比降低80%。

2006年，全省开展危险化学品安全生产专项整治，以液氯、液氨、液化石油气、剧毒溶剂等生产经营企业及其道路运输安全为重点，加强移动式压力容器安全监察工作。全省查处违章进行运输生产企业12家，违章运输车辆187辆次。西安等市对938辆危险化学品运输车辆、900多辆原油运输车辆及106辆营运车辆，安装GPS卫星定位装置，动态监控车辆运行安全。全省危险化学品道路运输安全形势好转。

是年5月，根据交通部印发的交通建设安全专项整治工作方案的通知，全省进行公路建设安全专项整治活动。纳入整治范围的重点公路建设项目有：户（县）洋（县）勉（县）、黄延、柞小、小康、蓝商、商漫、凤永、永咸、吴子、子靖、商（州）丹（凤）界（牌）高速及秦岭终南山公路隧道等13个高速公路建设项目。通过专项整治，施工安全监管体制进一步完善，施工企业主体责任得到强化，全省交通建设安全形势稳定，安全事故死亡人数较2005年总体下降3%。

2007年6月25日起，全省交通系统汲取道路运输“3·15”特大交通事故教训，开展安全生产隐患排查治理。省交通厅运管局下发《关于认真汲取“3·15”特大交通事故教训，迅速开展全行业安全生产排查，促进全行业精细化管理的紧急通知》（陕交运发〔2007〕39号），在全省道路运输行业开展“五查五整顿”活动，全面进行自查自纠。“五查五整顿”即一查经营资格，整顿不符合安全生产条件的运输企业；二查事故企业整改，要求事故企业查清原因、消除隐患、追究相关人员责任；三查营运车辆，建立车辆技术档案，整顿非法改装车辆；四查营运驾驶员，建立“黑名单”公告制度，整顿责任事故驾驶员；五查客运站场，改善站场安全装备，整顿不达标站场。公路隐患排查范围包括干线公路和危桥、公路养护施工企业、高速公路服务区及在建重点公路建设项目等。省交通厅重点组织排查道路运输、公路养护施工和重点公路建设等878家企业安全生产隐患，以桥梁、隧道等交通基础设施排查为主，共排查出安全隐患3 000余条；以此为基础，建立交通系统企业隐患排查数据库，将部分安全生产隐患列入2008年重点治理计划。公路系统检测全省1.40万余座公路桥梁、干线公路252座隐患桥梁和250多座主要隧道，编制完成2008—2010年危桥改造规划。

2007年3月29日，秦岭终南山公路隧道安监人员利用摩尔远距离爆炸品检测仪，对过往隧道的重型货车进行安全检测

2008年，全省道路运输行业开展“隐患治理年”活动。落实政府监管和企业安全生产主体责任，建立隐患排查数据库，对排查治理情况实行分级管理，分级监控。切实加强春节、全国政协会议和全国人大会议、北京奥运会以及冬季等重要时段运输隐患排查治理，完善隐患举报奖励制度，坚决遏制重特大道路交通事故。全省道路运输管理机构排查1 269家运输企业及单位，共查出隐患870项，整改854项，整改率98%。

2009年，全省交通系统开展交通安全生产年专项活动。一是道路旅客运输安全专项集中整治，完善安全生产管理机制，强化工作措施，保持严管高压态势，严查严整运输生产薄弱环节和安全隐患。二是交通建设施工安全专项整治，公路建设项目重点检查：“两项达标”，即施工人员管理达标，施工现场防护达标；“四项严禁”，即严禁在泥石流区、滑坡体、洪水位下等危险区域设置施工驻地，严禁违规挖孔桩作业，严禁长大隧道无超前预报和监控量测措施施工，严禁违规立体交叉作业；“五项制度”，即施工现场危险告知制度，施工安全监理制度，专项施工方案审查制度，设备进场验收登记制度，安全生产费用保障制度落实情况；以及桥梁工程高空作业脚手架及安全网设置，隧道工程开挖、初期支护和通风及排水，高边坡开挖及滑坡治理安全管理，河道施工防汛，爆破器材管理，建设各方安全生产机构建立，施工单位安全生产制度建立及落实等情况。三是进一步强化安全生产目标责任制，落实农村公路建设安全监管责任主

2008年“5·12”汶川特大地震发生后，在建西安咸阳国际机场专用高速项目管理处对桥梁工程进行安全隐患排查

体。经过努力，实现全省交通运输业事故总数、重特大事故和伤亡人数全面下降。全省摸排出170处公路危险路段，于年内全面治理完成。

“十一五”期间，省交通运输厅和各设区市交通运输局累计开展各类安全生产专项检查3 560余次，排查各类安全隐患1.09万个，整改1.08万个，整改率98.80%；建立省、市（区）、县（市、区）三级交通运输安全生产事故隐患数据库，并进行动态管理。全省所有高速公路、干线和农村公路安全设施得到排查治理，累计实施干线公路安保工程5 086.75公里，治理安全隐患路段5 483处，整治危险路段805公里，处置隐患路段1 480公里，整治危桥571座。完成农村公路危桥改造43座，治理农村道路安全隐患7.62万处、8 588.46公里。全省公路交通安全生产状况显著改善。

三、重、特大生产事故

（一）道路运输生产事故　在道路运输快速发展过程中，受多方面因素影响，道路运输生产事故呈现多发、高发的特点，尤其因管理不善、超限超载、违章操作、疲劳驾驶等造成的责任事故频发，给人民生命财产安全造成重大损失，也给道路运输健康、和谐发展带来不利影响，教训惨痛而深刻。1992—2007年，先后发生的一次死亡10人以上的重大、特大运输生产事故，以及重大运输污染事故主要有：

1.1992年7月25日，西安市客运公司一辆解放牌大客车载客38人，行至西（安）汤（峪）公路时突然发生侧翻，跌入桥下，并碰撞起火，造成当场死亡20人，重伤11人，轻伤7人。事故原因属招聘驾驶员操作不当。交通部安委会予以通报。

2.1993年7月2日，渭南地区运输公司一辆东风大客车，行至蒲城县兴镇西兴原路口时，因旅客违规携带上车的易燃易爆物品发生爆炸，致15人死亡、7人重伤。

3.1995年2月15日，紫阳县城关镇一个体运输户达字牌面包车载客32人（核定载员17人），行至安康恒口至紫阳公路米溪梁时失控跌入150米深崖下，致当场死亡19人，重伤10人，轻伤3人。事故原因：肇事司机持大货车实习执照违章单独驾车上路；严重超载；客车行至上坡路段左转弯时，司机临危采取措施不当。

4.1996年2月12日，汉中市公共汽车公司一辆东风牌大客车，从留坝县青桥铺返回汉中行至宝汉公路K247+500处时，不慎翻入60多米深崖下，致当场死亡26人，抢救过程中又死亡7人，另伤59人。事故主要原因为严重超员、超速行驶。

5.1996年6月28日，石泉县一辆15座面包车违章载乘26人，从汉阴开往石泉行至石熨公路K13+500处时，不慎翻入汉江，致10人死亡、16人受伤。事故主要原因为严重超员。

6.1998年7月23日，西安一运司挂户车辆陕A·22385号聊城牌卧铺客车，由西安开往四川开县，行至210国道K1 203处超越一农用三轮车时，与对面行驶的一辆东风加长货车发生相撞，致客车翻入右侧汉江石泉水库，造成28人死亡、9人受伤。

7.1999年8月21日10时30分，西安一运司陕A·00354郑州牌双层卧铺客车，行至210国道西万公路K36处时，与西安铁路分局公安处陕O·2989重庆长安型警车发生擦刷，致客车翻入西侧110米深沣峪谷，造成22人死亡、30人受伤。

8.2000年5月28日，佳县一个体经营者驾驶一辆19座中巴车实载45人，行至榆佳公路K15+280即佳县通镇太阳湾附近一陡弯处时，坠入50多米深佳芦河谷，致当场死亡23人，另有3人经抢救无效死亡，19人受伤。事故的主要原因为严重超员、超速行驶。

9.2000年9月29日凌晨2时50分，凤县一个体经营者驾驶陕C·09574东风145简易槽罐车，实载10.33吨（核载5吨）氰化钠溶液，行至312国道丹凤县铁峪铺镇化庙村时，因严重超载、司机疲劳驾驶并操作失误，致车辆翻入路侧汉江支流铁河河道，造成丹凤、商南2县、8乡、25村人畜饮水污染，直接经济损失约700万元。

10.2001年5月11日，旬阳县一个体中巴车载客31人（核定载员19人），行至316国道安康市汉滨区早阳乡境发生翻车，跌落至路外40米深沟，致当场死亡14人，重伤7人，轻伤11人。事故主要原因为严重超载。

2007年“3·15”特大交通事故发生后，省、市政府组织交通、公安、安监、卫生等部门和道路运输、港航等机构全力组织施救。图为事故车辆打捞现场

11.2003年8月22日15时50分左右，延安市汽车运输总公司客运第一分公司一辆汉中牌客车，实载32人（核定载员29人），由吴旗县开往延安，行至安塞县西河口303省道K181+98. 66处时，与对面行驶的一辆油罐车发生刮擦，致客车失控后坠入公路右侧约十多米深河沟，造成24人死亡、8人受伤。事故主要原因为驾驶员超速行驶，操作不当。

12.2003年8月28日14时10分左右，宝鸡市第三汽车运输公司客运部一辆宇通牌大客车，实载37人（核定载员29人），由西安驶往宝鸡行至西宝公路北线扶风县城东坡处，车辆失控翻入26米深崖下，致27人死亡（其中当场死亡19人，抢救无效死亡8人）、5人重伤、5人轻伤。事故主要原因为严重超员、驾驶员操作不当。

13.2004年11月27日凌晨4时30分，由四川省通江县驶往上海的川Y·69999宇通牌大客车，实载72人（核定载员51人），行至108国道周城段K41+300下坡左转弯处失控驶出路面，坠入7米多深河床，致26人死亡、46人受伤，客车严重损坏。事故主要原因为严重超员，驾驶员超速行驶，临危采取措施不当。

14.2005年2月18日，子洲县一个体经营者无证驾驶有陈旧性裂痕安全隐患客车，实载20人，由子洲县城出发，行至周家硷镇钟家沟岔村307国道K907+94处上坡路段时，客车方向突然失控，冲出公路左侧后坠于崖下，造成13人死亡、2人重伤、4人轻伤。

15.2007年3月15日零时50分左右，挂靠西安友谊旅游汽车公司的个体车辆陕A·A6568金龙大客车，行至316国道K2 195+420汉中褒河水库转弯路段时，因疲劳驾驶，加之天雨路面湿滑，车速过快，司机临危采取措施不当，致客车发生翻车坠入水库，造成25人死亡。

（二）公路施工事故　公路修建施工中，因违章违规作业或突发不可预见因素造成的重大生产事故有：

1.1997年12月21日，铁道部第十八工程局在312国道蓝小二级汽车专用公路黑龙口施工时，发生重大施工爆破事故，致黑龙口镇前街、后街两村300多间房屋受到不同程度损坏，幸无人员伤亡。建设单位省交通厅外资办拨20万元予以救济。省交通厅、省劳动厅组成事故调查组进行事故调查。经调查认定，属地质情况不可预见意外重大爆破事故。

2.1999年1月3日，铜黄高速娄子沟隧道下行线出口处施工发生坍塌事故，致5人死亡、1人重伤、5人轻伤。经省交通厅调查，省劳动厅认定，属突发性不可预见意外事故。

3.2007年6月20日，洋县洋太公路建设工地发生一起塌方事故，致3人死亡、1人受伤。

4.2009年11月22日12时10分，十天线安康东高速旬阳吕河汉江大桥4号墩施工时，5名模板安装工人违规乘坐运料吊斗下墩，因钢丝绳卡环突然滑脱，致吊斗从高处坠落，造成吊斗内人员全部受伤；经送医院抢救，5名伤者终因伤势过重，抢救无效死亡。

第二节　应急保障

一、应急保障组织

20世纪90年代以至2002年期间，全省公路交通应急保障，以应对汛期公路水毁等自然灾害为主，通常是交通主管部门和参与应急企、事业单位，临时成立应急领导机构，按照分工进行应急保障。2003年，突如其来的“非典”事件应急，仍采用这一方式，由各单位紧急设立主要领导负责的预防“非典”领导机构，统一指挥公路交通系统应急。

自应对“非典”事件之后，突发事件应急运输保障组织建设引起各级政府重视，全省公路交通系统应急保障体系建设起步。2005年8月，省交通厅成立陕西省交通应急管理工作领导小组，负责交通系统突发事件应急保障指挥协调。随后，各市（区）、县（市、区）交通部门，公路、道路运输管理等系统，相继设立应急保障领导机构，初步形成省、市（区）、县（市、区）三级交通应急管理体系。省公路局突发公共事件应急救援指挥部，承担指挥全省公路系统重特大安全事故应急救援任务，下设抢险救援组、对外联络组、事故调查组和后勤保障组，并整合养护、路政和公路企业等应急资源，加强应急救援队伍建设，开展应急救援演练。

2007年9月，省交通厅成立陕西省公路桥梁突发事件应急领导小组，下设办公室和

2005年7月19日，陕西省公路局交通战备专业保障队伍进行培训演练

专家工作组。专家工作组由省交通厅所属技术咨询、检测、设计院（所）、桥梁施工企业和公路管理机构等单位有关专家组成，为桥梁应急决策提供技术支持。

“十一五”期间，注重实战，着力加强应急队伍建设。以高速公路、干线公路和县乡公路养护管理、路政管理、经营管理的单位、企业为依托，建立多支公路交通应急抢通保障队伍，确保在发生公路交通突发事件时，能够及时实施应急抢险保通工作。同时，选择具有一定规模的道路客、货运输企业，组建应急运输保障队伍，以保障各类重点物资、抢险救灾物资的运输和人员疏散。进一步加强应急能力建设，开展专业消防、救护常识、交通管制、道路抢通等专项技能培训，与相关部门联合开展各类应急演练，定期召开公路隧道应急管理、冬季应急保畅等应急联席会议，加强应急保障协同。

2010年2月，省交通运输厅调整陕西省交通运输应急管理工作领导小组，下设应急办公室和10个应急工作组，包括各市（区）交通应急处置组、干线公路及农村公路应急处置组、高速公路运营应急处置组、高速公路工程建设应急处置组、道路旅客运输应急处置组、校内应急工作处置组、通信保障组、新闻宣传组和后勤保障组。在应急领导小组统一指挥下，以应急工作组方式高效、及时处置各地区、各单位交通突发公共事件，提升交通应急工作能力和水平。同时，规定交通突发公共事件的分类、分级及启动权限。

是年12月17日，省交通运输厅设立省交通应急指挥中心，完善应急管理机构和职责，强化应急保障体系。根据公路分级管理特点，按照条块结合、以块为主的原则，省交通应急组织指挥体系由省、市（区）、县（市、区）3级应急机构组成。省交通应急指挥部职责是：领导、指挥、协调全省公路交通突发公共事件应急工作，制定应急预案及其相关政策、规划；会同省发改委、省公安厅、省安监局等有关部门，制定和落实应对交通突发公共事件联合行动，并组织应急预案实施；决定启动与终止公路交通突发公共事件应急预警状态和应急救援行动；审定应急经费预算。省交通运输厅直属有关单位和市（区）、县（市、区）交通部门，相继完善本地区、本单位应急预案，落实应急保障责任。

2010年年底，全省交通系统共有涉及防汛抢险、道路保畅、养护应急、路政应急、治超应急、内保应急和校园安全等应急队伍24支，有专（兼）职应急人员1.80万人。

二、应急预案

公路交通应急预案建设起步于2001年。之前，公路交通应急一般采取于汛期前发出通知进行部署安排的办法。2001年11月15日，为保障易爆、易燃、有毒、腐蚀、放射性等特殊危险品运输安全，保护环境，省交通厅运管局制定并实行《道路危险货物运输事故应急预案》，规定发生道路危险货物运输事故后，驾驶员和押运员应采取紧急措施自救，并迅速报告事故发生地公安部门和交通运政管理机构；交通运政管理机构立即协助公安、消防、卫生、环保等部门处置危险货物，抢救受伤人员；通知事故车辆车籍所在地、货源地、目的地运输管理机构，共同开展对同类型危险货物运输全过程检查。

2003年应对“非典”，加速公路交通应急预案体系建立。4月18日，省交通厅紧急印发《关于客运车船及客运站非典型肺炎应急处理的预案》（陕交发〔2003〕178号）。对全省道路运输防控“非典”、加强防疫工作做出部署。2004年，省交通厅先后制定《开展车辆超限超载治理工作期间道路运输保障应急预案》（陕交发〔2004〕243号）、《陕西省高速公路恶劣气候条件下应急管理暂行办法》（陕交发〔2004〕390号）等重大应急预案。应急预案主要内容包括：报告程序、应急指挥、应急车辆和设备储备以及处置措施等。

在此基础上，2006年3月20日，省交通厅发布《陕西省公路交通突发公共事件应急预案》（陕交发〔2006〕82号），标志公路交通应急保障预案体系形成并基本完善。该预案规定，全省公路交通突发公共事件应急预案体系由本预案、厅及厅相关单位专项应急方案、有关事发地交通部门应急预案等组成；公路交通突发公共事件发生时，有关交通部门、单位、组织各司其职，按照各自预案及时有效地开展应急救援工作。是年10月12日，省交通厅、省公安厅联合制定发布《陕西省收费公路试行计重收费突发事件应急预案》（陕交发〔2006〕441号），以保障收费公路计重收费平稳推展。2007年9月17日，省交通厅印发《陕西省公路桥梁突发事件应急预案（试行）》（陕交发〔2007〕434号）。之后，有关单位相继编制实施渭南沙王渭河大桥（二级）和宝鸡虢镇渭河大桥、西安草滩渭河大桥、咸阳亭口黑河大桥、城固汉江大桥、洋县汉江大桥、秦岭终南山公路隧道等3级重点目标保障方案，保障公路桥、隧重点目标的安全和有效替代，确保紧急状态下交通运输畅通。《终南山公路隧道突发事故应急预案》被省政府列为全省示范性方案。

道路运输应急保障加强应急运力储备。图为2008年5月15日从商洛市紧急调集的客运车辆，运送因宝成铁路中断而滞留西安的川籍旅客返川抗震救灾

随着公路交通应急保障体系的建立，应急保障补偿机制逐步完善。“5·12”汶川特大地震抗震抢险救灾物资抢运完成后，由四川省交通厅拨付陕西抢险救灾物资运输专项补助费94.99万元，省交通厅责成厅运管局，按调集车辆、平均吨位、运行天数等情况，分配并拨付参与的运输企业或车主。

2009年以来，进一步完善和强化应急预案体系建设。根据交通运输部《公路交通突发事件应急预案》（交公路发〔2009〕226号）和省政府工作要求，省交通运输厅对应急预案体系进行调整、规范和进一步完善，除继续保留《陕西省公路建设工程重大事故应急救援预案》《陕西省开展车辆超限超载治理工作期间道路运输保障应急预案》《秦岭终南山公路隧道突发事故应急预案》等3个预案外，将《陕西省公路交通突发公共事件应急预案》《陕西省道路危险货物运输事故应急预案》《陕西省突发公共事件道路运输保障应急预案》《陕西省公路运输力量动员预案》等另外6个预案，经修订合并成《陕西省公路交通突发公共事件应急预案（修订稿）》，并于2010年12月17日报经省政府同意，由省政府办公厅印发施行。修订后的公路交通突发公共事件应急预案，进一步明确应对各类交通突发公共事件组织体系、预防措施、运行机制、处置程序和善后处置等环节，规范交通突发公共事件应急工作流程，形成统一、规范、科学、高效的交通运输应急预案体系。

三、应急响应

公路交通传统应急响应，一般是在事件发生后紧急部署动员和响应。如1992年宝成铁路中断，交通系统3次组织抢运铁路滞留旅客，2002年“6·8”抗洪抢险救灾等，均是按各级政府紧急通知要求，交通系统紧急动员，组织人员、车辆和设备投入抢险救灾，实现道路抢通保畅和运输保障。

2008年1月，因连日降雪导致G5京昆线汉宁高速大范围车辆遇阻，陕西省高速公路建设集团公司汉宁分公司加强应急保障。上图：路政巡查车引导遇阻车辆有序通行；下图：服务车为受阻旅客提供方便食品服务

2003年应对“非典”之后，公路交通公共突发事件预案逐步建立和完善，公路、道路运输系统及各有关单位，按照应急预案规定，在加强应急队伍建设基础上，加强装备配备，开展应急响应、救援演练，提高应急响应能力，并经受实战检验。

之后，全省公路交通遇公共突发事件应急响应和保障，按照应急预案的分工和规定进行，在实践检验中逐步规范、完善和提高。

2008年1月，应对全省境内50年不遇冰雪造成的交通严重受阻（见第四篇第一章第四节《节假客运》），省交通厅迅速启动公路I级红色预警机制，厅领导带领有关人员赶赴一线，分工负责主要干线公路保畅；通过电视、广播、可变情报板、手机短信等向社会滚动发布道路通阻信息；与沿线公安交警配合，疏散受阻车辆；开辟电煤运输专用绿色通道；对超限超载车辆实行不扣车、不罚款、不卸载措施，及时放行；主动为受困车辆和群众提供护送、引导等服务；为滞留高速公路服务区人员供应饭菜、食品、饮用水、衣被和车辆油料等，保证遇阻旅客有热水喝、有饭吃，有病及时救治。省公路局、省高速集团、省交通集团组织职工，利用多种手段除雪破冰，共出动6.23万人次，4 300机械台班，撒融雪剂3 898吨、防滑沙3 927吨。

2008年“5·12”汶川特大地震应急响应，见本篇本章专记《2008年“5·12”汶川特大地震抗震救灾保畅》。

2009年11月10日，陕西全省普降大到暴雪，高速公路、干线公路通行受到影响。省交通运输厅即日启动应急预案。省公路局、省交通厅运管局及各有关单位紧急响应，公路管理机构干部职工上路巡查，组织公路抢通保通工作；养护人员采用清扫、铲除和抛洒融雪剂等方法消冰除雪；路政人员配合公安交警疏导车辆，为滞留人员提供服务。运输管理机构在做好运力调配的同时，加强陕北沟壑、秦岭山区主要干道营运车辆监管，通过GPS系统施行动态监控，确保运输安全。

2010年4月14日，青海省玉树县发生7.1级特大地震，省交通运输厅启动应急预案，省公路局、省交通厅运管局等单位应急响应，实施应急措施。主要是：预备抢险物资，组织抢险队伍；重点监管通往兰州方向公路，确保畅通无阻；关中公路环线、西安绕城高速，设置临时性指路标志，引导抗震救灾车辆顺利通行；利用电视、报纸等媒体和公路沿线可变情报板，发布抗震救灾物资运输路线、方向及交通通行信息；开辟救灾运输专用车道，免费放行救灾部队和抗震救灾物资车辆；高速公路服务区对救灾部队车辆和人员提供免费餐饮服务；协调铁路、航空部门建立立体抗震救灾应急体系，确保人员、物资调运畅通。经全省公路交通职工努力，通往灾区公路保持畅通无阻，道路运输保障得力。

专记　2008年“5·12”汶川特大地震抗震救灾保畅

一、启动应急预案

2008年5月12日14时28分，四川汶川发生特大地震，陕西公路遭受严重影响。正在安康参加十天高速安康至汉中高速公路建设环境保障协议签订的省交通厅厅长曹森，当即打电话给在厅的副厅长王明祥，紧急部署公路险情排查与抗震抢险工作；要求推迟原定于13日在西安召开的全省农村公路工作会议，已报到的市（区）、县（市、区）交通局长立即返回，组织抗震救灾。省交通厅紧急电话通知交通系统排查公路险情，组织道路抢修。曹森从安康返回途中，察看沿线道路和桥梁毁损情况，电话要求厅有关部门和省公路局、省高速集团、省交通集团领导迅速行动，排查险情，抢通受阻道路，特别要确保入川公路畅通。

18时，省交通厅紧急会议决定，启动公路交通Ⅲ级应急预案，所有人员进入应急状态，随时应对突发情况；由厅和省公路局领导分别带领6支抢险队，分赴宝鸡、汉中、安康组织抢险救灾；以通往四川方向西汉、西宝、108国道周城公路、316国道宝汉公路、212省道宝凤公路和姜眉公路等6条公路为重点，全力抢修，确保畅通；实行公路保畅责任制，省公路局、省高速集团、省交通集团主要领导分别为所辖入川公路保畅工作第一责任人，带队巡查，现场指挥，确保救灾部队与物资顺利运输；13日凌晨始，6条入川公路抗震救灾车辆全部免费通行，确保迅速通过；加强值班，确保信息通畅，做好应急处置。

20时，副省长洪峰赶到省交通厅，做出公路运输保畅、公路设施排查、隐患消除和确保人员安全三条指示；要求全力以赴确保西汉高速运输大动脉畅通，保证救灾物资车辆通行。之后，省交通厅领导分别带领抢险队伍，赶赴公路抢险一线，指挥抢险保畅。

13日，省交通厅转发省政府关于切实做好抗震救灾，维护群众正常生活生产秩序和社会稳定紧急通知，要求全省高速公路、干线公路收费站点、治超检测站点立即开通抗震救灾绿色通道，全力做好运输保畅；用明传电报发出对全省公路进行震后隐患排查紧急通知，要求对所有高速公路、干线公路、农村公路全面排查，重点做好危桥险路、高墩大跨桥梁、长大隧道、高边坡、临江临河路段排查工作，及时妥善处置发现问题。

全省入川公路开通抗震抢险救灾绿色通道，确保抢险救灾人员与车辆安全、快速通过。图为2008年5月14日西安绕城高速河池寨立交匝道抗震救灾服务点

省公路局、省交通厅运管局，省高速集团、省交通集团，西安、宝鸡和汉中等市交通局快速反应，紧急响应，成立领导机构，迅速组织力量，全面展开公路灾情与隐患排查，投入受灾公路抢修；对存在安全隐患桥梁、隧道、临河挡墙、高边坡、山体松动路段加强监测，设立警告警示标志，限载限速通行，防止次生灾害发生，确保安全、畅通。

全省交通系统按照“防大震、救大灾”工作思路和“保畅通、保运输”工作原则，全面、紧张、有序展开抗震救灾、抢险保畅工作。

二、受灾公路抢修

陕、川两省山水相依。汶川特大地震波及陕西，全省9条高速公路、38条干线公路、715条农村公路不同程度受灾，边坡塌方、挡墙垮塌等路段7 310处，路基沉陷519处；出现裂缝隧道35座、1.30万米，桥梁790座、8.26万米，涵洞463道，农村公路3道涵洞垮塌；27个收费站、2个服务区、776个道班和段站房裂缝或围墙倒塌。不完全统计，共造成损失11.17亿元。

尽快抢修受灾公路，特别是抢通经陕入川公路，成为全省交通系统抗震抢险当务之急。省交通厅要求实行“即堵即抢、即抢即通”的原则，以最短时间、最快速度，恢复道路通行，确保入川公路生命线畅通无阻。

按照省、市（区）紧急部署，全省交通系统近10万职工，五六千台机械设备，全力投入公路抢险，昼夜连续奋战。省高速集团成立保畅、抢险、排障、工程救险等6个分队，对入川高速公路逐段排查，严防死守。汉中、宝鸡、西安、咸阳、铜川、渭南、安康、商洛等市地方政府，组织民兵和沿线群众参与受灾公路抢修，当地驻军出动官兵与机械设备大力支援。公路受灾较重的汉中市成立8个抢险突击队，全市11个收费站停止收费，职工全部投入抢险。冒着余震随时造成山体垮塌的危险，突击队员分线路进行排查整治，对四、五类桥梁、隧道由专人监控；有安全隐患的汉中汉江大桥、城固汉江大桥予以封闭，组织突击抢修。宝鸡市交通系统成立16支应急抢险分队，投入560余人，102台（次）机械、车辆，及时清理塌方与落石，及时恢复交通。

2008年5月15日，抗震抢险救灾车辆源源不断通过西汉高速赶赴四川汶川特大地震灾区

13日凌晨4时，省境内入川受灾路段全部抢通，全省公路系统随即转入道路维护、巡查和保畅，确保24小时全天候畅通无阻。各单位对管辖路段排查出的灾害与隐患，分别采取严密观测、人员撤离、专人值守、设立标志、限速限载、封闭交通或抢修加固等措施，加强现场监管，及时排除险情，确保通行安全。

是日，副省长洪峰带领省交通厅领导赴西汉高速与宁强至棋盘关公路，检查指导公路抗震抢险救灾，要求全力以赴做好抢险保畅工作。

14日23时40分，余震造成108国道宁强至广元段15公里处大面积塌方，1 200余辆车、1 380多名川籍旅客被阻。汉中公路管理局、宁强县武装部，组织职工、民兵，人力、机械配合，中段分隔、两端并进，连续奋战13小时，及时恢复交通。

三、公路交通保障

在抢修、抢通受灾公路的同时，确保抗震抢险救灾人员、车辆安全、快速经陕入川，成为全省公路交通抗震抢险救灾的重中之重。特大地震发生后，陕西和西北、华北、东北、华东等地抢险救灾人员、车辆，源源不断通过西汉等6条入川公路急赴灾区。地震引发宝成铁路109隧道山体塌方、油罐车燃烧致铁路运输中断后，陕西入川公路交通压力骤然加大。尤其是西汉高速以近便、快捷和通行量大的优势，成为抗震抢险救灾人员、车辆通过的主要通道。全省公路交通系统全力做好交通保障，确保入川公路畅通无阻。

按照省政府要求和省交通厅决定，省高速集团、省交通集团和西安、宝鸡、汉中、安康等市交通部门，全面落实入川公路交通服务保障措施。自5月13日凌晨始，西汉高速等入川公路所有收费站，开辟抗震救灾车辆绿色通道，设专人值守，并提供行车指南；在西临高速进入西安绕城高速，西安绕城高速进入西汉高速沿线匝道口，增设37块大型、醒目的指路标志；通过电视、广播、报纸等媒体，公路沿线可变情报板等载体，滚动发布沿线路况信息；公路路政、养护与公安交警沿线交叉巡查，联勤联动，疏导交通，引导和确保抗震抢险救灾人员、车辆安全、顺利通过。西汉高速全线1 300名员工全面投入救灾保畅工作。在检查并确认全线140座桥梁、130多所隧道安全、完好的基础上，组织600余名路政、治超、养护人员，现场24小时值班疏导交通，保证西汉高速畅通无阻。

西潼、西汉高速沿线华山、良田、秦岭、勉县、洋县等服务区，以做好抗震抢险救灾人员、车辆保障服务为中心，设立服务站和医疗救助点，配足食品和油料，免费为抗震救灾人员提供热水、饮用水、毛巾、修车工具和药品，提供24小时餐饮、食品和车辆加油、维修等服务，并免费为解放军战士、武警官兵、医护人员和抢险救灾的车辆人员提供就餐，为军车提供油料。秦岭服务区是抢险救灾人员短时休息的重要过路站，在超负荷接待抢险救灾人员和车辆的情况下，千方百计克服困难，保证随时赶至的抢险救灾人员吃上四菜一汤，并让北方口味的抢险救灾人员能吃上面条和蛋汤。由于抢险救灾人员赶路时间紧，米饭和热菜有时来不及吃，服务区餐厅就改做包子和花卷，方便他们快速就餐和路上携带，其周到和热情，为过往抢险救灾人员所称道。因此，秦岭服务区“抗震包子、保畅面，爱心花卷、宽心汤”不胫而走。

全省公路沿线服务区全力做好抗震抢险救灾人员与车辆服务工作。图为2008年5月16日，西汉高速秦岭服务区为赶赴抗震抢险救灾一线的人民子弟兵提供免费餐饮服务

保障西汉高速等入川公路畅通无阻，牵动各级领导的心。5月17日，中共陕西省委书记赵乐际赴汉中检查慰问途经西汉高速汉中东收费站，看望公路交通职工，并对西汉高速救灾保畅给予充分肯定。18日，省长袁纯清赴西汉高速秦岭服务区，视察抗震救灾保畅情况，慰问坚守保畅一线的员工，要求再接再厉，继续做好“保畅通、保安全、保供应”工作。

5月21日，中共中央政治局常委、中央书记处书记、国家副主席习近平，在视察陕西抗震救灾，听取中共陕西省委、省政府工作汇报后作重要讲话指出，“灾情发生后，你们就把保证入川道路畅通作为首要任务，及时排险修复了损坏路段。对经公路由西安、汉中方向的救灾车辆和运输返乡民工班车一律免费放行。灾害发生后，一万多急需返乡的川籍民工集聚西安、宝鸡火车站，而当时宝成铁路因塌方而中断，民工们心急如焚，发展下去有可能影响社会稳定。面对此种情况，你们组织近400辆车，将滞留的川籍民工全部免费送回四川老家。你们的这些行动，表现出了很强的政治意识、大局意识和高尚风格，值得赞扬。”同时，习近平强调要做好基础设施的恢复，加强对已通道路和现有基础设施的管理和维护，特别是要尽可能确保通往四川灾区和本省灾区的道路，保证抗震救灾生命线畅通。

交通运输部对陕西交通抗震抢险保畅及时指导，大力支持。5月下旬至6月下旬，交通运输部副部长高宏峰，中纪委驻交通运输部纪检组组长杨利民，交通运输部副部长翁孟勇，先后分别带领部有关部门负责人，来陕视察公路地震灾情，慰问交通系统职工，调研灾后交通重建，对陕西交通系统抗震救灾保畅工作给予充分肯定，并对继续抓好抗震救灾、切实做好保通、推进重点建设、安排好职工生活、加强安全工作以及灾后交通重建等，提出明确要求。

截至7月底，西潼、西汉高速所辖服务区，共接待抢险救灾人员与志愿者等85.67万人次，抗震救灾车辆24.09万辆次，免费提供矿泉水、方便面等食品和油料等，共计价值76万多元。

自“5・12”抗震抢险救灾保畅以来至7月底，全省6条入川公路，共免费放行救灾车辆223万辆次，免收公路通行费6 600万元。

四、旅客与救灾物资抢运

在组织全省交通系统全力做好公路抢险保畅的同时，省交通厅迅速部署道路运输应急保障。各市（区）交通部门储备足量应急运力，随时待命，参与人员与物资抢运。

特大地震发生后，灾区在外务工、经商等人员火速通过铁路、公路等赶回家乡救灾，由陕入川铁路、公路客流骤涨。大批来自甘肃、内蒙古、山西、新疆等地回川农民工，因宝成铁路中断被迫滞留于宝鸡、西安火车站。这些川籍同胞心急如焚，部分旅客临时改乘汽车回川，入川公路客运压力剧增。

中共陕西省委、省政府领导做出批示，要求采取紧急措施，快速、安全运送川籍旅客返回家乡。省交通厅当即成立疏散滞留四川民工返乡应急领导小组，紧急部署调配运力。西安市、宝鸡市、汉中市政府领导现场办公，看望回川民工，组织协调交通、公安等部门，加强抢运组织，做好接待服务，全力做好回川民工抢运工作。

5月13日，省交通厅运管局指令西安市交通运输管理处、省西安汽车站、西安城西客运站等单位，火速调集车辆，抢运西安火车站回川民工。当天从西安发出入川客车37辆，运送旅客1 448人。宝鸡市交通局紧急成立抢运指挥部，迅速从宝运、秦龙、秦通等运输公司调集130多辆大客车，13日早首批运送400多名回川民工。在汉中，自宝鸡、西安、安康方向涌入回川旅客数千

2008年5月15日，紧急运送返乡抗震抢险救灾川籍民工的客运车队，通过西汉高速秦岭服务区

人。汉中市交通局迅速调集180多辆客车展开抢运工作。汉台区出租汽车公司16名川籍驾驶员，自发组成救灾车队，免费运送70多名同乡返回灾区。

14日上午，从西安市公交、旅游、客运等运输企业及解放军某部调集的200多辆大客车，组成紧急抢运车队，展开大规模免费抢运回川民工工作。西安汽车站在火车站广场设置广元、绵阳方向旅客候车专区与进站专用通道，便利回川民工乘车。当日由西安发四川方向客车303辆，西安市交通运输管理处领导带队，50多名运管人员、500多名司乘人员，自带干粮，昼夜兼程，一路护送，将1.24万名回川民工送往四川广元、绵阳等18市（区）、县（市、区）。延安市运输集团公司客车安全地把回川民工护送到绵阳和广元后，民工们临别时，向千里护送他们归来的司乘人员鞠躬，表示感谢。宝鸡市运输企业职工紧卡东西向列车到站时刻，将下车回乡川籍旅客引导至汽车站休息候车，并送上开水、方便面等食品和常用药品。车站还设立临时医疗点，提供临时医疗救护。40多名社会志愿者在汽车站给旅客端送食品、药品，给予安抚和慰问。之后，省交通厅运管局从渭南、咸阳、商洛、延安、杨凌、榆林等市（区）调集百辆客车，参加后续旅客抢运工作。西安、宝鸡、汉中等市，继续加强组织协调，确保川籍旅客运输。

是日，接交通运输部关于向灾区协助战备钢桥调运的紧急通知，省交通厅当即从西安、渭南、安康3个战备物资库内调集5座33米双排单层加强型战备钢桥，并调集21辆大型货车，于15日12时送达四川广元市宝轮镇。

16日零时10分，接到省交通厅关于协调解决省商务厅运送救灾食品车辆的指示，省交通厅运管局从西安市调集10辆载重5吨货车和1辆备用车，每辆车均配双驾驶员，由西安市交通运输管理处领导带队，于2时30分集结后装运50吨食品、饮用水等救灾物资，赶赴四川灾区。紧急运送车队马不停蹄，连续急行8个多小时，行进400多公里，于5月17日将救灾物资安全送达四川广元。

至18日，西安、宝鸡、汉中等市入川旅客运送工作转入平稳，基本做到旅客随到随走。在将旅客平安送到家乡后，汉中救灾车队回程途中，应广元市宝轮镇四川省水利水电技工学校等两所学校请求，安排53辆客车，将1 663名兰州、天水、北京、西安、汉中等地学生送至汉中市疏散。位于汉中的陕西理工学院学生因灾放假，8 863名学生亟待运送疏散。汉中市抢运指挥部派出227个班次客车，将全部学生送离汉中。略阳县道路运输管理所和县汽车站在抗震自救的同时，抽调车辆运送四川、甘肃武都方向旅客2 200多人返乡抢险救灾。19日后，由陕入川公路旅客流量减少。

2008年5月24日，陕西应急物资运输车队抵达四川省汶川县地震灾区

21日晚8时10分，交通运

输部指令陕西急调100辆货车尽快入川抢运救灾物资。省交通厅与厅运管局当即组织西安、咸阳、渭南、铜川、延安5市交通局落实运力。各市道路运输管理处迅即将调集车辆指令下达有关运输公司车队长与司机。22日上午10时，200余名技术过硬驾驶员、101辆5吨以上货运车辆集结西安，组成陕西应急物资运输车队，由省、市道路运输管理机构领导带队，急速赴川。应急物资运输车队人歇车不停，一路疾驰，于23日凌晨2时赶至成都市金牛区天回镇。顾不上长途跋涉的劳累，应急物资运输车队按照当地抗震抢险指挥部安排，立即投入救灾物资抢运。

与此同时，全省各市、各有关单位和企业，纷纷组织车队，将紧急组织和各方捐助的抢险救灾物资送往灾区。24日上午，由省粮食局组织的16辆货车，满载24万公斤中央储备粮，分别从西安和汉中出发，运往地震受灾的略阳、宁强两县。

24日，宝成铁路恢复通车，由陕入川方向道路客运恢复正常运营。

据统计，5月13—25日紧急抢运期间，全省共向四川方向投放客车3 913辆，运送回川旅客8.59万人，抢运救灾人员3 173人次。截至6月20日上午10时，全省共投放入川货车1 743辆，运送救灾物资1.10万吨。

在川担负抢险救灾物资运输的陕西应急物资运输车队，冒着余震和山体滑坡的危险，克服路况差、通行难和高山缺氧等等困难，向汶川、理县、绵阳、映秀、广元、金县、九寨沟、若尔盖、壤塘、红原、松潘、茂县、阿坝、马尔康等地抢运救灾物资。在抢运的日子里，全体队员昼夜兼程，饿了干吃方便面，困了就在车上睡，及时、安全地把一车车救灾物资送达灾区。在川抢运十多天，应急物资运输车队历尽艰险，共完成112车（次）、约1 100吨救灾物资抢运任务。

五、支援灾区道路抢修

按照交通运输部指令，陕西交通部门对口支援四川省青川县抗震救灾交通抢险。省交通厅责成省公路局组建陕西交通支援灾区公路抢通保通突击队，由省公路局总工程师刘孟林任队长，携带大型设备、车辆40台、发电机组6套和小型机具材料300余套，于5月22、24日分两批紧急赶赴青川，分别到达乔庄、凉水和清溪镇。突击队顾不上休息和营地建设，顶着不断发生的强烈余震，赶赴受灾路段，迅速展开打眼、放炮、挖掘、清理塌方作业，一直奋战至深夜，当日抢通青（溪）唐（家河）公路酒家垭路段。28日，出动救援人

2008年6月，陕西交通支援灾区公路抢通保通突击队援助四川省青川县公路抢险。上图为突击队进行省道公路抢修；下图为突击队进行桥梁安全检查

员91名，抢险机械、车辆32台，对酒家垭瓶颈路段进行爆破清除，对清溪至马鬃关公路施行拓宽。29日，突击队顶着倾盆大雨，自凌晨3时始，先后对剑青、凉唐公路18处塌方进行紧急清理，对剑青公路酒家垭、七岔口危险路段滑坡与危岩密切观察，随时准备抢险。之后，连续对几条支援灾区道路进行抢通保通。6月11日，突击队抢通自地震后一直未通的青唐公路。

至6月15日，先后参战的105名突击队员，共抢修7条国、省道公路、6条农村公路270余公里，排除爆破作业353处，清理塌方、落石5万立方米；完成28座大中桥梁检测，抢修加固桥梁4座，清理河道300米，平整活动板房场地2万余平方米，挖装修筑道路沙砾5 000余立方米，突击队负责的13条线路所涉及青川县城及有关乡镇村均可通达，圆满完成对口支援青川抗震救灾交通抢险任务。

交通运输部副部长冯正霖在青川检查公路抢通保通工作时，慰问陕西交通突击队，称赞陕西公路交通人具有敢打硬仗、善打硬仗、打赢硬仗的良好作风。省交通厅厅长曹森等赴青川县慰问陕西交通支援灾区公路抢通保通突击队，并向四川灾区捐赠汽车两辆。

陕西交通抗震抢险救灾保畅，得到各方肯定和赞誉。陕西交通支援灾区公路抢通保通突击队、陕西交通赴川抢运抗震救灾物资车队、陕西西汉高速公路有限责任公司和陕西高速服务区管理公司秦岭服务区，被中华全国总工会授予“抗震救灾重建家园‘工人先锋号’”荣誉称号。交通运输部向中共陕西省委、陕西省政府发来感谢信，对陕西交通运输部门在省委、省政府领导下，按照交通运输部统一部署，组织抗震救灾公路抢通保通和对口支援四川灾区所做的贡献，给予高度评价。四川省交通厅向陕西省交通厅发来感谢信，感谢对四川灾区抗震救灾的关怀和援助。赴川抗震救灾的济南军区54集团军，致信陕西省政府办公厅，感谢经陕入川时西潼高速华山服务区热情接待，并向省高速集团和服务分公司赠送“军民携手攻坚克难，拥军支前勇当先锋”锦旗。省交通厅、省公路局、省高速集团荣获全国交通运输行业抗震救灾先进集体荣誉，受到交通运输部表彰。省公路局党委荣获全省抗震救灾先进集体荣誉，省交通厅系统3名个人荣获全省抗震救灾优秀共产党员称号，受到中共陕西省委表彰。全省交通系统10名个人荣获交通运输部全国交通运输行业抗震救灾先进个人荣誉。

第九篇　公路文化

公路交通建设、运营、养护、管理、服务与利用，衍生、承载并展现公路交通建设者、管理者、经营者与利用者的价值观念、道德规范、精神面貌、行为准则、审美情趣等，由此形成积淀厚重而独特的公路文化，对公路交通行业起着导向、规范、约束、激励、凝聚的作用。20年来，伴随公路交通的改革发展，公路文化逐步得到重视和加强，经历由重点开展到全面实施，单项创建到整体推进的过程。特别是“十一五”时期，将公路文化作为推动公路交通持续快速发展的战略之一，以思想解放、道德建设、文明创建、宣传教育及公路文学艺术等为载体，以增强职工队伍素质、培育行业精神、深化改革开放、持续加快发展、提升公共服务、建设文明行业为重点，公路文化建设内涵不断拓展，内容与时俱进，载体不断丰富，形式愈益多样，呈繁荣发展之势，为促进公路交通又好又快发展，提供强有力的思想基础、智力支持和精神动力。

第一章 思想道德

公路交通系统思想道德建设，伴随公路交通改革开放和发展的全过程。20年来，先后经历三轮大的思想解放活动。“八五”以至“九五”时期，围绕公路交通建立社会主义市场经济体制，“十五”时期围绕深化公路交通体制改革，“十一五”时期围绕持续、全面加快公路交通发展，不断推进公路交通系统解放思想，变革观念，破除计划经济体制下形成的思维定式，树立和强化机遇、人本、发展、开放、创新、超越、服务、科学、奉献、和谐等新理念，为推进公路交通发展提供先进思想保证。结合公路交通行业特点，以建设高素质职工队伍为目标，加强全系统职业道德建设。从制定工作守则，提出工作口号，到建立各系统或专业职业道德规范，逐步形成较为广泛的职业道德规范体系，成为公路交通职工的行为准则。职业道德培育与思想政治工作、精神文明创建、争先创优和公路文化建设等相结合，贯穿和渗透于公路交通工作各个环节、各个层次，发挥其塑造心灵、规范行为、激励精神、提升形象的作用。

第一节 思想解放

一、第一轮思想解放

1992—1998年，全省交通系统学习贯彻邓小平南方谈话和中共十四大、十五大精神，以邓小平理论和社会主义市场经济理论为指导，开展思想解放活动。省交通厅机关通过举办处以上领导干部理论研讨班、组织中心组学习等活动，解放思想，统一认识。围绕扩大公路建设及道路运输改革开放，如何抓住有利时机，将公路建设搞上去，改变交通基础设施落后状况，缓解交通运输对国民经济发展瓶颈制约的问题，组织讨论和研究。重点解决计划经济条件下形成的旧观念，增强干部职工市场经济意识，树立与市场经济体制相适应的新观念。1992年1月，省交通厅系统领导干部大会上，厅长萨音提出，坚持把邓小平提出的“三个有利于”原则即是否有利于发展社会主义社会的生产力，是否有利于增强社会主义国家的综合国力，是否有利于提高人民的生活水平，作为评判改革开放的是非标准，破除姓社姓资思想困扰，消除歧视、限制非公有制经济的传统影响和偏见，树立多种经济成分平等竞争、共同发展的新观念，推进交通运输改革开放。1995年，厅长胡希捷提出，要把建立发达交通运输网络作为兴陕富民根本之一，树立开发依靠交通、开放依托交通的战略思想，抓住机遇，发挥优势，进一步深化改革，扩大开放，调动多方面积极因素，加快全省交通运输发展。

结合学习讨论，省交通厅制定交通运输上新台阶方案，确立公路交通加快发展目标和措施。通过转让公路收费经营权等，扩大对外开放，多方筹措资金，加速推进以“米”字形公路主干线系统和村村通路为重点的交通基础设施建设上新台阶。相继颁布开放、培育和发展道路运输市场意见和建立交通运输市场经济体制方案，确定道路货运除抢险救灾、战备等紧急运输、重点港站疏散和特殊货物运输由交通部门组织协调外，其余实行市场调节。支持国有、集体和私营等经济成分经营旅客运输。鼓励外资参与长距离运输、集装箱、大件运输，允许以中外合资方式从事道路客、货运输业。加强对国有交通企业转换经营机制指导，鼓励和引导企业产权制度改革，推进建立现代企业制度。

二、第二轮思想解放

2000—2004年，贯彻中央制定的西部大开发战略，中共陕西省委、省政府将公路作为基础设施建设重点之一，提出“抓住机遇、超常发展、提高等级、增加密度”的要求。交通系统以领导班子成员和处级以上领导干部为重点，结合邓小平理论和“三个代表”重要思想学习，着重就如何抓住西部开发机遇，应对加入世界贸易组织挑战，扩大交通改革开放，加快公路交通发展，进行轮训、研讨，统一思想认识。重点围绕三个方面，即如何抓紧西部开发机遇，加快建设陕西公路交通体系；在用好政策的同时，如何充分利用市场机制，推进高速公路建设；交通运输战略性结构调整，如何扩大非公有制经济参与渠道。厅长乌小健提出，要坚持把维护、实现和发展广大人民群众的根本利益，作为一切交通工作出发点和落脚点，把解决群众关心的交通问题，作为交通工作的重点，把群众是否满意作为检验交通工作的重要尺度，增强陕西交通实现跨越式发展的机遇感，为经济社会发展提供第一动力的责任感，适度超前发展的紧迫感。全系统加强机遇、开放、环境、创新、形象等意识教育，强化西部开发、交通先行思想。

在统一思想认识的基础上，省交通厅制定适应西部大开发，加快公路发展规划及实施意见，确立公路建设实现突破性进展主要目标和任务。公路基础设施建设由归还历史欠账，突破瓶颈制约，转向现代化网络和枢纽功能性设施建设。扩大公路建设与运输市场开放，整顿、规范市场秩序，改善公路交通投资环境，鼓励国内外经济组织以多种方式参与公路建设、经营。高速公路建设管理体制按市场化取向改革。全面推行工程招投标制、监理制、合同制、项目法人负责制。实施通县油路、县际公路、贫困县出口路和公路扶贫等工程，改善农村公路交通。按照有进有退、有所为、有所不为的方针，调整交通运输国有经济布局，通过扩大公路收费经营权转让，鼓励合资、合作，引导非国有交通运输经济发展；引导交通运输企业深化改革，加强改制、改组，涌现一批股份制、集团化企业。实施公路建设与运输“两轮驱动”，以结构调整为重点，加快道路运输产业结构调整，提高组织化水平。

三、第三轮思想解放

2005年10月，省交通厅领导班子贯彻中共陕西省委、省政府关于进一步加快高速公路发展的重大决策，深入学习“三个代表”重要思想，围绕公路建设是快还是慢，如何加快发展的问题，在全系统开展思想解放大讨论。在深入分析发展形势的基础上，做出陕西交通发展速度偏慢、投资规模偏小、建设项目偏少的判断；认为根本原因在于思想解放不够。11月，全省加快高速公路建设工作会议上，厅长曹森要求，坚决克服固步自封、满足现状的陈旧观念，坚决打破墨守成规、求稳怕变的思维定式，切实增强加快建设的责任感和紧迫感，以敢为人先的气魄，实现又快又好发展，打破交通瓶颈制约。省交通厅推出扩大公路施工、投资、设计、养护市场“四个开放”意见。

2006—2010年，围绕加快发展，实现又好又快发展，持续推进新一轮思想大解放。2006年，全省公路加快发展的局面形成，着力治庸、治懒、治散，着重解决发展思路、办法、体制、机制与干部作风不适应的问题。2007—2009年，持续加快公路交通发展，实践科学发展观，落实“三个服务”理念，着重解决小成即满、小富即安，怕担风险、不敢作为，干劲松懈、厌战怕拼等思想情绪。2010年，全省公路交通发展取得重大突破，厅长冯西宁要求进一步强化紧抓机遇、服务大局、持续加快、强势攻坚、统筹协调、创新管理、综合发展等思想，确保“十一五”时期发展任务全面超额完成，为“十二五”时期发展打好基础。

新一轮思想大解放，促进全省交通系统干部职工思想观念更新，公路交通体制机制创新和发展方式转变，保证了公路交通又好又快发展目标实现。通过思想解放，切实增强了广大干部职工机遇、责任、发展、服务、科学、超越、执行、人本、创新、和谐等现代思想意识，确立了“发展现代交通，奉献一流服务”理念，凝练了“大爱在心，为民开路”的交通行业精神，形成自我加压、敢为人先、勇于创新、率先突破、善于超越、顽强拼搏、争创一流的思想作风。通过扩大市场开放，政府机构改革，高速公路建设管理体制、农村公路管养体制、干线公路养护机制等改革，促进体制创新与机制完善。公路交通发展从又快又好到又好又快，转向全面、综合、统筹、协调发展。坚持“一个龙头、两个重点”，带动公路建设实现由严重制约到明显缓解的历史性突破。路运并举，路通车通，发展“大运输、大物流”，加快道路运输产业转型升级。统筹区域、城乡交通发展，公路与运输网络布局得到完善和优化。建养并重，强化治超，提升服务，公路养护、管理和服务跃上新台阶。以绿色、环保、节能、节地、降耗为重点，带动资源节约与环境友好型交通建设。实施交通系统安居工程、高速公路系统“四个一”（即建设一个居住舒适的宿舍，一个干净、美味、可口的职工食堂，一个环境条件优良、方便学习知识的图书室，一个具备较好洗浴条件的浴室）工程建设，让公路交通职工共享交通改革发展成果，促进和谐行业建设。

2007年3月1日，省交通厅在西安召开的交通系统落实“三个服务”报告会提出，以强烈的大发展意识、大服务意识，强力推进交通事业又好又快发展

第二节　职业道德

公路交通活动以点多、线长、面广，流动、分散为主要特点，工作、生产和生活条件艰苦。在长期公路交通活动中，由约定成俗和培育建设，逐步形成具有行业特色的职业行为规范和习惯，概括起来主要是：热爱交通、确保畅通、尊客爱货、安全运输、遵章守纪、团结协作、顾全大局、艰苦奋斗、不怕困难、以苦为荣等，构成公路交通行业核心道德规范。这些规范大多以工作守则及工作口号等形式体现，成为公路交通职工的精神动力和行为准则。

20世纪90年代，公路交通改革开放不断深入，市场经济体制逐步建立，公路交通加速发展，按照培养“四有”交通职工队伍的要求，省交通厅将职业道德建设列为思想政治工作和精神文明建设内容，建立和完善行业职业道德规范。省公路局、省交通厅运管局、省交通厅征稽局、省高管局等，分别从本系统、本单位生产、工作特点和对职工道德规范要求出发，制定了公路养管职工职业道德规范、道路运输职工道德准则、道路客运人员道德标准、交通征稽人员守则、党政干部职业道德、高速公路收费人员职业道德等多项职业道德规范，并组织宣传、培训，大力宣扬先进典型，树立职业道德标杆，着力推进实施，提高职工职业道德素质。

公路养管职工职业道德规范：爱岗敬业、诚实守信、办事公道、服务群众、奉献社会。

道路运输职工道德准则：爱岗敬业、乐于奉献、遵纪守法、作风严谨、诚实守信、恪守职责、质量为先、提高效益、严格规程、安全为重、文明服务、讲究卫生、团结协作、积极主动、谦虚谨慎、共同进步。

道路客运人员道德标准：仪表端庄、微笑服务、工作严谨、操作规范、环境优美、设施齐全、敬业爱岗、严格管理。

道路运政执法职业道德：忠于职守、清正廉洁、纪律严明、严格执法、便民高效。

交通征稽人员守则：甘当公仆、热爱交通、忠于职守、依法行政、团结协作、风纪严整、接受监督、廉洁奉公。

高速公路收费人员道德规范：爱岗敬业、诚实守信、廉洁自律、文明收费、服务群众、奉献社会。

“十五”时期，围绕公民道德建设年、创建文明行业等活动，加强职业道德宣传教育，注重用先进典型引领职业道德建设。全系统广泛开展学习宣传四川省甘孜州公路总段雀儿山五道班班长陈德华，“爱路护路卫士”——西安公路管理局周至段路政员刘昶，青岛港（集团）有限公司明港公司桥吊队队长、党支部书记许振超，云南省德宏州盈江县交通局长赵家富等活动，增强职工对职业道德规范的理解、认同与执行的自觉性，确立“文明服务讲诚信、立足岗位做奉献”道德理念。

“十一五”时期，适应全省公路交通全面快速发展要求，将职业道德建设与公路交通中心工作相结合，融入加快公路交通发展、开展创先争优、创建服务品牌、行业文化建设、扶贫济困救灾献爱心等活动中，创新职业道德建设载体，加强职业道德规范修订完善，并赋予创新、责任、担当、和谐等新内容。全系统深入开展“知荣辱、讲正气、促和谐”、“指南公约在心中，文明礼仪伴我行”、“迎奥运、讲文明、树新风”、“公民道德宣传日”等主题实践活动，开展“读好书、爱本职、献交通、迎奥运”知识竞赛，用“三个服务”统一思想，用“发展现代交通，奉献一流服务”理念，促进观念转变，增强职工“服务社会、奉献交通”本领，提升职工道德素养和文明素质，激发“大爱在心，为民开路”的交通行业精神。

2008年，宝鸡市集中开展运政管理队伍思想作风纪律教育，加强思想道德建设。图为是年9月19日举行的运政执法岗位比武竞赛现场

2007年，结合职业道德建设和精神文明创建，为树立全行业具有时代特征的新典型，省交通厅组织开展评选感动交通人物活动。经逐级推荐、申报、初选、公示、无记名投票并联评，共评选出全省交通系统感动交通人物10名，其中公路交通系统9名，在2008年全省交通工作会议上予以表彰。分别是：“深山开路人”——紫阳县毛坝镇竹山村党支部书记侯在德；“世纪工程挑战者”——中铁十二局集团秦岭终南山公路隧道工程指挥部指挥长李静行；“长隧硬汉”——西汉高速公路第三项目组副组长高贵轩；“高山铺路石”——山阳县十里碥道班班长贺德成；“护路卫士”——西安公路管理局108国道仙游寺超限检测站治超员崔二宪；“科技创路人”——西安公路研究所副所长李彦；“交通教育带头人”——陕西交通技术学院公路系主任王景峰；“微笑使者”——省高速集团西渭分公司渭南西收费站站长王茜；“征稽标兵”——咸阳交通征稽处渭城征稽所稽核员郭茂锋。

结合这一时期职业道德建设，省公路局编制陕西公路文化手册，制定公路系统各类人员道德规范。省交通厅运管局制定营运汽车驾驶员职业道德规范。省建设厅制定城市公共交通系统各类人员职业道德规范。省高速集团、省交通集团等企业，编制企业文化手册，建立员工行为准则，强化职业道德建设。

公路系统职工职业道德规范：爱岗敬业，忠于职守；勤学苦练，提高素质；团结友爱，举止端庄；文明礼貌，热情服务；以路为业，奉献社会；精心管理，保证畅通；依法治理，廉洁公正；构建和谐，传播文明。

高速公路企业员工职业道德规范：遵纪守法、忠于职守、爱岗敬业、勇挑重担、团结协作、严于律己、诚实守信、乐于奉献、追求卓越、互助友爱。

营运汽车驾驶员职业道德规范：遵章守法、安全行车、爱岗敬业、优质服务、文明经营、公平竞争、钻研技术、规范操作、见义勇为、弘扬正气。

城市公共汽、电车驾驶员职业道德规范：遵纪守法，服从指挥；文明驾驶，安全行车；钻研技术，提高技能；驾乘配合，规范服务。

公共汽、电车乘务员职业道德规范：遵章守纪，执行制度；规范服务，符合要求；及时提醒，确保安全；重点照顾，主动周到；爱车护车，维护环境。

公共汽、电车调度员职业道德规范：科学调度，文明指挥；遵章守纪，坚持原则；平衡运力，措施妥当；关心驾乘，团结协作。

城市出租汽车驾驶员职业道德规范：热爱本职，钻研业务，仪表整洁，安全行车，按章收费，诚实可信，遵纪守法。

2010年3月12日，陕西省交通建设集团公司商界分公司举行“文明服务在交通，司乘满意在陕西”活动启动仪式。图为员工在启动仪式上签名

部分道路运输企业结合企业文化建设，加强职业道德规范。如陕西大件汽车运输公司确立的企业价值观为：享受员工的才干，尊重员工的发展；企业支柱是员工，员工后盾是企业；企业行为准则为：自尊、自爱、自律、自谦、自信、自强、自觉、自新。陕西平安运输集团以“旅客需求的，就是平安人所追求的”为服务宗旨，以“堂堂正正管理、实实在在服务”为理念，以“笑脸相迎、诚心相待、热情服务、争创最佳”为服务标准。榆林市恒泰运输集团客运分公司以“全心服务、全新感受”为服务理念，以“安全方便、快速直达、航空服务、星级享受”为服务宗旨，以“您的需求我先想到”为服务规范，为旅客提供“安全、舒适、便捷、快速、准时、实惠”的运输服务。西安海纳（集团）物流总公司以为国家、社会创造财富，为员工谋取利益作为企业宗旨，确立企业价值观：客户至上，服务第一；企业信念：个人以诚信立身，企业以诚信发展，尽我所能，竭尽全力，诚信天下，诚信员工；企业精神：海纳百川，有容乃大，诚信天下，物通四海。

第二章 行业文明

公路交通系统坚持一手抓公路交通物质文明，一手抓公路交通精神文明，以建设高素质公路交通职工队伍，提升公路交通文明服务水平，树立良好行业形象为目标，两个文明相互促进，共同发展。公路交通文明创建活动，由创建文明单位、文明路段、文明窗口、文明班线，到文明工地、文明班组、文明机关，再到创建文明行业，文明创建内容不断拓展，创建载体不断丰富。文明创建与公路交通中心工作结合，与各项业务与管理服务结合，融入职工思想政治工作、创佳评差和争先创优、公路交通文化建设、职工工作、生产、生活环境改善等，不断增强文明创建的感染力和影响力。结合文明创建实践，建立健全文明创建工作体系，完善创建工作制度，逐步形成制度化、规范化、标准化行业文明创建工作机制。经过20年持续不断推进，公路交通职工素质得到显著增强，行业整体文明水平显著提高，涌现出大批文明单位、文明路段、文明班线、文明窗口，形成一批文明服务品牌。

第一节 文明创建活动

自“六五”时期起，全省公路交通系统开展创建文明单位、文明车站、文明客车活动。“七五”时期，全系统精神文明建设与思想政治工作结合，推进创建文明单位，争当文明职工。

1991年12月，省交通厅首次召开全省交通系统“两个文明”建设工作会议，将精神文明列为交通两个文明建设重要内容之一，以“服务人民、奉献社会”为宗旨，以建设“四有”职工队伍为根本任务，按照“健全机制、条块结合、规范运作、严格管理、重点突破、整体推进”的工作思路，全面广泛开展精神文明创建活动。1992年精神文明建设与开展创佳评差活动相结合。1994年4月6日，全省交通系统精神文明建设工作会议，确定精神文明建设任务和目标，推动全系统开展创建文明单位、文明路段和争当红旗车驾驶员、服务明星等活动。

1996年，省交通厅加强对行业精神文明建设工作组织领导，成立精神文明建设指导委员会及办公室。1997年4月，中共省交通厅党组扩大会议决定以文明行业建设为主要任务，推进文明创建工作。6月在西安召开的全省交通系统创建文明行业大会，提出创建目标、任务和措施。相继颁布文明公路收费站、文明公路评定考核标准，文明行业实施细则，并签订创建目标任务书，推进文明创建规范化。全系统以“文明窗口”、文明收费站、文明道班、文明样板路和文明路政管理执法单位创建为载体，并开展诚信交通、“树文明新风，送亲情温暖，旅客满意在运管”优质服务竞赛等专项活动，推动创建活动深入开展。

2002年6月，全省交通系统创建文明行业工作会议，贯彻全国交通系统创建文明行业工作会议精神，制定行业精神文明建设“十五”时期规划，确定2010年建成部级文明行业目标。为此，是年起至2005年，加强创建文明行业研究，制定创建标准，以“三学四建一创”（即深入学习包起帆、华铜海轮、青岛港等先进典型；建设“交通基础设施优质廉政工程”、“交通行政执法素质形象工程”、“交通运输通道文明畅通工程”、“交通运输企业安全效益工程”；创建文明行业），中央精神文明建设指导委员会（简称中央文明委）、全国爱国卫生运动委员会倡导的“三讲一树”（讲文明、讲卫生、讲科学，树新风），以及“文明优质服务在交通”、“诚信建设年”活动等为载体，广泛开展“青年文明号”、“文明机关”、“文明工地”、“文明监理单位”、“文明安全班线”等创建活动。

2006年起，全系统文明创建活动，以加快发展公路交通为中心，与交通文化建设相融合，围绕“学、树、创、建”（学科学理论，学先进典型；树立科学发展理念，树立行业新风；创一流队伍，一流业绩；建设和谐文明交通行业）开展，载体更加丰富多样。省交通厅制订20多项文明创建标准，推进文明公路、文明收费站、文明服务区、文明汽车站创建工作。

2008年，以落实“三个服务”为着力点，文明创建与新一轮加快交通发展、除雪保畅、抗震救灾保畅等相结合，着力提升全系统文明服务水平。省高速集团开展“微笑在红亭，满意在高速”文明服务活动，积极创建“微笑服务、温馨驿站、文明执法、科学养护”四大服务品牌。

结合精神文明创建，全省交通系统特别是远离城镇、职工相对集中的公路收费站、治超站，开展职工书屋建设活动，满足一线职工精神文化需求。省高速集团拟定职工书屋建设规划，从职工书屋建设选点、规模、命名及建设经费等方面进行统筹安排。职工书屋建设规模以电脑10台左右，书籍3 000册左右为标准；匝道收费站职工书屋建设规模以电脑5台左右，书籍2 000册

全省公路交通系统加强职工思想道德建设，开展读好书、爱本职、献交通活动。上图：2008年2月陕西省交通建设集团公司西安绕城分公司员工在电子阅览室学习；下图：2010年8月10日陕西省高速公路建设集团公司西延分公司黄陵管理所员工在“轩辕书屋”读书

左右为标准。2009年，已建成“太白书屋”、“司马书屋”、“炎帝书屋”、“轩辕书屋”和“丝路书屋”等职工书屋17个，共配置电脑115台，藏书3万余册，订阅报刊近300种。西汉高速秦岭服务区职工书屋，被中华全国总工会命名为国家级“职工书屋”。

2010年，开展“司乘满意在陕西”交通文明服务年活动，重点实施交通“窗口”单位满意、客运市场规范、工程交通服务设施优质、服务区管理星级、交通行政执法形象、文明出行宣传教育等“六项工程”。结合上述活动，广泛开展“读好书、爱本职、献交通”、“创建学习型组织，争做知识型职工”、评选交通10大服务明星等群众性专题创建活动。此期，职工书屋建设取得显著进展。至2010年年底，全省交通系统累计投入100多万元，建成一大批职工书屋，经省交通工会按标准验收达标的有32个，其中1类书屋18个、2类书屋14个。省交通集团共建成职工书屋36个，其中职工书屋示范点1个，共拥有藏书4.58万册，报刊365种，音像制品725张，电脑140余台。职工书屋成为精神文明建设和交通职工学习的重要阵地。

第二节　文明创建成果

一、文明路

陕西文明路创建自1992年始。文明路包括部级、省级和厅级。

1992年7月，中共陕西省委、省政府印发创建文明样板路实施方案和考核标准，决定经过三至五年努力，将西安至潼关、西安至宝鸡、西安至榆林3条公路建成路况好、路风正、路貌美、行车畅、效益高的文明路，并把西安至延安公路（简称西延公路）创建文明路作为重点工程抓。省交通厅贯彻落实决定，制定实施方案，加强资金支持，强化引导管理；沿线各级党委、政府密切协同，组织有关部门综合治理，共同推进文明路创建。

当年，西安咸阳国际机场二级汽车专用公路，108国道汉中至河东店段，西包公路富平段、宜君段、鱼河堡至榆林城区段，首批创建为省级文明路段。在此基础上，继续推进文明路创建活动。1994年创建省级文明路段11条，即210国道西安至延安段，312国道西安至蓝田段，宝平公路宝鸡至武功段，310国道西宝公路眉县段，西临高速公路，108国道韩城市新城区至龙门镇段，210国道石泉县大桥头至曾溪段，316国道汉白公路西乡县城西段至城固分水岭段，榆神公路榆林城区至神木县大保当段，商沙公路渔洞峡至广货街段，312国道西安咸阳交界至乾县段等。全省共建成文明路850公里。

西延公路文明创建以新建、改建路段和沿线环境治理为主。相继建成西铜公路100.81公里，完成改建工程13处、40公里，建成GBM路段近200公里。全线达到二级以上标准。铜川至延安段行车时速由28公里提高到60公里，好路率保持在85%以上。通过沿线社会治安综合治理，强化交通运输管理，全线交通事故逐年下降，社会治安明显好转，部分路段“脏、乱、差”现象得到解决，实现省级文明路创建目标。

1996—2000年，在继续实施省级文明路创建的同时，加强部级文明路创建工作。省级文明路创建以临渭高速，312国道陕西段，307国道靖边至定边段，108国道合阳、澄城段，316国道平利段，212省道千阳至陇县段等为重点，计16条、1 600公里。部级文明路创建为307国道和312国道陕西段。

按照交通部关于307国道、312国道“九五”时期建成文明样板路计划，省交通厅责成由省公路局组织实施，按照养护为主、改建为辅的原则，自1997年起对两条国道进行全面整治和改造。投资1.23亿元，对307国道陕西段全线进行整治。累计投资22.81亿元，对312国道陕西段全线进行大规模改造，其中新建高速公路24.05公里，二级公路48.15公里，改建一、二级公路331.25公里。同时，对沿线县段、道班房、收费站等设施进行改造和修缮，对沿线交通标志及内业管理、墙上图表、收费站收费程序、文明用语等统一规范，使路容路貌和职工工作、生活环境焕然一新。1998年、2000年7月，两条国道文明样板路创建先后完成，并分别通过交通部组织的检查验收，成为部级文明样板路。两条国道陕西段创建达标率分别排全线省（自治区）第三和第一名。2000年10月12日，省政府颁布嘉奖令，对312国道陕西段全线改造和文明样板路建设做出贡献的单位予以通令嘉奖。

2001—2005年，省交通厅在交通行业精神文明建设“十五”时期规划中提出，建设交通运输通道文明畅通工程，创建部级、省级、厅级、市级等4个级别文明样板路。部级、省级文明样板路由省公路局组织、各高速公路经营单位协同完成；厅级、市级文明样板路由各市交通局组织完成。2001年，根据交通部部署，开展210国道陕西段文明样板路创建。

210国道陕西段文明样板路创建历时4年，2004年10月全面完成。创建活动按照部颁标准，工程手段和养护手段结合，文明样板路创建与精神文明创建结合，新建、改建部分路段，整治全线危桥险路，集中治理路域环境，规范收费与行政执法，并增设安保设施，拆除非公路标志和违章建筑，取缔“马路市场”等。沿线各公路管理局全部建成省级路政执法文明窗口单位，建成全国精神文明先进单位1个、省级文明单位16个。通过创建活动，全线路况质量明显提高，路域环境全面改善，行车安全性大幅提升，公路管理机构服务意识显著增强，取得较好社会效益与经济效益。经交通部组织检查验收，210国道陕西段综合得分96.44分，名列全线6省（自治区、直辖市）第一位，荣获部级文明路称号。2005年1月24日，省政府发出表彰通报，对210国道陕西段文明样板路建设做出贡献的单位给予表彰。

“十五”期间，全省建成部级文明路1条、316公里，省级文明路5条、1 465.80公里，厅级文明路18条、850公里，市级文明路15条、1 100公里。“十五”时期末，全省部、省级文明路共4 066公里。

2006年，省精神文明建设指导委员会办公室（简称省文明办）加强省级文明路创建指导和管理，创建工作由省文明办统一组织，省交通厅负责创建工作，各市（区）、县（市、区）文明办负责组织协调工作，并规范创建和验收、公示、命名程序。据此，省交通厅制定实施细则及考核标准。之后，省级文明路创建以高速公路为主。靖安、榆蒙、西禹等高速公路相继开展文明路创建活动。创建活动以通行费征收为主线，以道路养护为核心，以路政管理为重点，以制度建设为中心，以强化考核为手段。2007年命名靖安高速等12条公路为全省交通系统文明路。2008年西汉、延靖高速创建为省级文明路，吴靖等2条高速，316国道汉阴至石泉段，210省道留坝段等4条省道路段，关中环线礼泉至三原段，创建为厅级文明路。2008年年底，省高速集团启动创建京昆高速陕西境千里文明路活动。以“建一流路况、创一流服务、树一流形象”为目标，以“微笑服务”、“科学养护”、“文明执法”、“温馨驿站”服务品牌创建等为载体，从

2008年12月至2009年12月，陕西省高速公路建设集团公司开展西禹高速千里文明路创建活动。西禹高速荣获省级文明公路称号

提高文明服务、弘扬路域文化、加强运营管理、强化宣传力度等方面，加大投入，加强硬件和软件建设。沿线各分公司组织“星级收费站”评定，创建“靓美路段”、“安美隧道”、“星级服务区”，完善公路沿线绿化，开展违章建筑、非公路标志标牌专项治理，完善收费、治超、交警、公安等多方联动治超机制，提升运营、管理、服务水平与形象。2010年1月，全长747.17公里京昆线陕西段被中共陕西省委、省政府授予“省级文明公路”称号。是年，蓝商、商界等2条高速，关中环线西安段，316国道城固至汉台段，212省道凤县段等，创建为厅级文明路。

2010年年底，全省部级文明路4条、1 779公里，省级文明路25条、3 000多公里。

二、文明单位

文明单位创建，是公路交通系统开展最早、持续时间最长、开展最为广泛的文明建设活动。

1991—1995年，创建文明单位和开展创佳评差相结合，以端正行业风气为突破口，以公路、运输、征稽系统站、所、养路段、道班和运输企业为主要对象，实行创建工作“四同”（两个文明建设同布置、同检查、同落实、同考核），“三挂钩”（与争先创优、工资、干部政绩挂钩），建成全国道路运输文明单位16个，省级文明单位30个，省级文明单位标兵2个。

1996—2000年，将文明单位创建纳入文明行业创建活动之中，并与创建交通“文明窗口”单位相结合，围绕保障畅通、运输安全、工程质量和文明服务、文明执法、治理公路“三乱”等，广泛开展创建活动。全系统共建成省级文明单位53个，省级文明单位标兵10个，省级文明示范单位7个。

2001—2005年，将文明单位创建活动推展至公路建设、管理和运营单位，结合“三学四建一创”、“三讲一树”，开展“文明优质服务在交通”、“诚信建设年”、“青年文明号”、“文明机关”、“文明工地”、“文明监理单位”等创建活动。共建成全国文明单位2个，部级文明单位23个，省级文明单位、文明机关等68个，省级文明单位标兵18个。

2006—2010年，围绕加快发展现代交通，奉献一流服务，将文明单位创建推展至公路服务区、城市公交、出租客运等系统。创建活动以打造全省交通文明服务品牌工程等为主要载体，推进公路交通服务人性化、管理科学化、工作精细化，营造功能完备、整洁优美、舒适便利交通服务环境。以诚信交通建设为核心，推进政务公开，实行公示制、承诺制、首问负责制、限时办结制，建设学习型、责任型、创新型、服务型机关。

全省公路交通系统获中央文明委表彰全国文明单位1个，全国交通运输行业文明单位5个，省级文明单位、文明单位标兵等77个，省交通厅荣获“全国五一劳动奖状”，建成省级文明单位。

2010年4月，延安公路管理局贺家湾收费站为过往车辆提供文明收费服务

1991—2010年，全省公路交通系统共获国家级文明单位和文明建设先进单位5个，全国交通运输系统文明单位、交通运输行业文明单位、道路运输文明单位等54个，省级文明单位标兵、文明单位等265个。

三、文明窗口

公路交通文明示范窗口自文明收费站创建始，并与文明单位、文明班线、文明行业创建等相结合。1997年4月，省交通厅部署创建文明收费站工作。6月，向社会公布包括收费、交通征稽、公路养管、公路运管等6类（其他为水运、航空类）、23个单位为全省交通系统文明示范窗口，带动和推进文明窗口创建工作。

1999年，文明窗口创建增加路政执法单位和公路养护道班。是年起至2005年，以收费站、汽车站、运管所等窗口单位为重点，广泛开展创建文明窗口活动。省交通厅制定文明执法单位、文明运管所、文明汽车站创建考核标准。各窗口单位根据各自特点，改造硬件设施，优化生产、工作与生活环境，健全各项规章制度，规范行政执法、经营行为，加强职工培训，提高服务质量，全面开展创建活动。省公路局系统被中央文明办、国务院纠风办命名为全国创建文明行业示范点。

至2005年年底，全省交通系统受交通部表彰全国交通行业文明示范窗口有210国道榆林收费管理处、华阴管理所等5个，省交通厅表彰全省交通系统文明示范窗口铜川公路管理局金锁关道班等17个。共建成厅级文明收费站133个。

2007年9月6日，陕西省交通厅文明办等单位在西安举办全省交通系统文明收费服务技能竞赛活动。图为竞赛活动现场

2006年，全省交通系统文明窗口创建扩展到服务区。2009年，文明窗口创建在文明公路收费站、文明服务区、文明客运班线、文明汽车站基础上，增加文明治超检测站。省交通厅先后制定实施细则、考核标准、评选办法等规范，使文明窗口创建活动规范化。高速公路

收费站开展“微笑在红亭，满意在高速”活动；客运场站营造整洁舒适环境，强化优质服务。公路服务区按照环境园林化、管理酒店化、服务人性化、文化特色化进行建设和管理。

至2010年，省交通集团西长分公司机场管理所六村堡收费站、省高速集团西宝分公司宝鸡收费站、省高速集团宁陕服务区、西安绕城高速汉城服务区、省公路局路政大厅、西安城西高速客运服务有限公司、212省道草碧超限运输检测站等23个单位，创建为全国交通运输行业文明示范窗口。建成文明收费站、治超检测站、客运站、公路服务区共115个。

四、文明班线

1997年，省交通厅运管局部署道路运输文明客运班线创建工作，制定创建考核标准，实际创建活动自2005年始。是年，省交通厅运管局要求各市运管处重点抓好一条示范线路创建；首先在管理基础较好、服务设施相对齐全、人员流动性较大、车型较为统一线路上开展创建；重点是辖区内客运班线和城区内公交班线。创建活动以设施设备、服务质量、安全管理、经营管理、组织领导等为主要内容；对考评达标客运班线、公交线路，授予“文明客运班线”和“文明公交线”称号。

文明班线创建中，参加创建活动的单位向社会公开承诺服务标准，开展优质服务，实行车辆、司乘人员统一管理，并统一车型、车内设备和外观标识，车内配备饮水机、晕车药、急救包、意见簿等。司乘人员统一培训，统一着装，持证上岗，统一文明礼貌用语，为乘客提供安全、舒适、方便、及时的乘车服务。2005年年底，建成汉中至西乡、凤翔至宝鸡、陇县至宝鸡、岐山至宝鸡等9条文明客运班线。

2006年之后，以高速客运班线为重点推进文明班线创建活动。高速客运班线实行公司化运营，标准化、规范化管理，投放大型高档客车，司乘人员统一着装，挂牌上岗，采用民航服务模式以双语服务乘客，影响和带动全省道路客运服务水平提升。西安市公交系统连续开展“公交十佳线路”活动。是年，西安市5路公交车线路荣获建设部“全国文明线路”称号；汉中至宁强高速客运班线创建为省级文明班线。2007年，西安至禹门口、凤翔至宝鸡、汉中至略阳高速客运班线，创建为省级文明班线。西安市公交总公司被中华全国总工会授予全国“工人先锋号”称号，公司运营的4路、7路、43路等10条线路获“公交十佳线路”称号。2008—2010年，先后创建为省级文明班线的有：西安至汉中高速客运，陇县至宝鸡公路客运，兴平至晁庄公路客运，恒口至大河农村客运，榆林至定边高速客运，柞水至西安高速客运，耀

2009年6月25日，陕西省交通运输厅在西安举行全省交通运输行业“情满车厢 舒心旅途”文明服务活动启动仪式，推动全面提升道路客运文明服务水平

州区至西川矿区公路客运，凤县至宝鸡公路客运等班线。

五、文明行业

文明行业是文明单位和文明窗口建设在全行业范围内延伸和发展，是交通系统行业文明建设综合性荣誉称号。文明行业分为全国交通文明行业、全省交通文明行业两类。

1997年，贯彻落实交通部关于在全国交通系统开展创建文明行业活动部署，省交通厅部署全省交通系统创建文明行业工作。按照全省交通系统创建文明行业大会提出目标、任务，加强组织领导，制定统一规划，将文明行业创建与文明单位、文明路、文明班线、文明窗口创建等结合起来，以专业创建活动支持文明行业创建，以文明行业创建带动专业创建。至2010年，全省创建并由交通部命名的全国交通系统文明行业依次为：省公路局（2001年），省交通厅征稽局（2003年），铜川市交通局（2006—2007年），省交通运输厅（2008—2009年）。

省公路局文明行业创建以文明样板路、文明单位建设为主要载体，先后建成部级文明路3条，2 009.63公里，省级文明路5条，1 465.8公里，厅级文明路18条，850公里，营造“畅、洁、绿、美、安”的公路交通环境，改善和提高干线公路通行能力与服务水平。同时，公路系统弘扬“铺路石”精神，持续开展文明单位创建活动，涌现出全国文明单位和全国精神文明建设先进单位、交通部“百佳道班”、省级文明单位（标兵）60个，市级文明单位（标兵）92个，并创建一批中央和省级“青年文明号”、“模范职工之家”。在获全国交通系统文明行业荣誉后，省公路局还被中央文明办、国务院纠风办命名为全国第三批创建文明行业示范点。

省交通厅征稽局多年来坚持一手抓队伍建设，一手抓征费管理，自组建以来16年，累计征收交通规费和代征车辆购置税（费）156亿多元。全系统123个征稽单位，全部建成县（区）级以上文明单位。其中创建全国文明行业工作先进单位2个，省级文明示范单位6个，省（部）级文明单位34个。该局连续3次被交通部、国家人事部命名为全国交通系统双文明建设先进单位，连续15年受到省政府通报表彰。

铜川市交通局以为社会提供“更便捷、更安全、更畅通”公路服务为目标，先后两次获全省“好路杯”竞赛银奖，所管养国、省道先后建成部、厅级文明样板路和省级养护管理示范路。先后获评“省级文明单位标兵”、“交通部先进集体”、“全国精神文明建设先进单位”、“全国模范职工之家”称号。所属12个单位，其中建成4个省级文明单位、2个市级文明单位、2个县（区）级文明单位；全局7个农村公路养护站均建成厅级文明道班。

2010年9月，省交通运输厅被交通运输部授予2008—2009年度全国交通运输系统文明行业。

省交通运输厅坚持两手抓、两手都要硬的方针，一手抓公路交通运输发展，一手抓行业文明建设，持续推进行业文明创建工作。尤其“十一五”时期，发扬“大爱在心，为民开路”精神，以科学发展观为指导，创新发展理念与方式，公路交通建设、运营、管理、服务统筹协调，全面持续加快发展；创新行业精神文明建设活动载体，以“三个服务”为核心，拓展行业文明创建内涵，提升创建质量与水平，取得公路交通跨越式发展与行业文明水平全面提升两个成果。20年来，全省交通系统获得国家级文明单位和文

2010年9月19日，交通运输部在安徽合肥召开的全国交通运输系统精神文明建设工作会议上，陕西省交通运输厅获2008—2009年度全国交通运输系统文明单位称号。图为获表彰单位代表受奖

明建设先进单位5个，部、省级各类文明单位340多个，创建部、省级文明路29条、4 800余公里。省交通厅连续14年获省创佳评差最佳单位称号，连续3年获省级机关年度目标责任考评优秀单位荣誉，并获中华全国总工会授予五一劳动奖状（2009年）荣誉，被中共陕西省委、省政府授予省级文明单位（2010年）称号。

全省交通系统1991—2010年获国家级和部、省级精神文明建设先进单位荣誉见表9-2-1、9-2-2。

陕西省交通系统1992—2010年获国家级精神文明建设先进单位荣誉一览表

表9-2-1

荣誉称号	表彰单位	表彰机关	表彰年份
全国文明单位	陕西省高速公路建设集团公司西渭分公司	中央文明委	2005
	陕西省公路局（机关）	中央文明委	2005
	铜川公路管理局	中央文明委	2009
全国精神文明建设先进单位	陕西省高等级公路管理局西渭管理处	中央文明委	1999
	陕西省交通建设集团公司商小管理处	中央文明委	2005
全国交通运输系统文明行业	陕西省公路局	交通部	2001
	陕西省交通厅征费稽查局	交通部	2003
	铜川市交通局	交通部	2006—2007
	陕西省交通运输厅	交通运输部	2008—2009
全国交通行业文明单位	汉中市汉台区道路运输管理所	交通部	2000—2001
全国交通运输行业文明单位	陕西省交通建设集团公司	交通运输部	2008—2009
	陕西省公路勘察设计院	交通运输部	2008—2009
	渭南市交通局	交通运输部	2008—2009
	西安市交通局	交通运输部	2008—2009
	安康市交通局	交通运输部	2008—2009

续表9-2-1

荣誉称号	表彰单位	表彰机关	表彰年份
全国交通文明行业先进单位	陕西省公路局	交通部	2001
	铜川公路管理局	交通部	2001
	安康市道路运输管理处	交通部	2001
	陕西省交通厅征费稽查局	交通部	2003
	汉中市道路运输管理处	交通部	2005
	延安交通征费稽查处	交通部	2005
	咸阳公路管理局	交通部	2005
	陕西省交通投资有限公司	交通部	2005
	铜川市交通局	交通部	2005
	陕西省高速公路建设集团西渭分公司	交通部	2005
	陕西省交通厅（机关）	交通部	2006—2007
	延安市交通局（机关）	交通部	2006—2007
	咸阳市交通局（机关）	交通部	2006—2007
	延安市交通运输局	交通运输部	2010
	商洛公路管理局	交通运输部	2010
	陕西省公路勘察设计院	交通运输部	2010
	陕西省交通建设集团公司西安绕城分公司	交通运输部	2010
	咸阳市交通运输局	交通运输部	2010
全国道路运输文明单位	汉中汽车站	交通部	1992
	彬县汽车站	交通部	1992
	延安汽车站	交通部	1992
	西安汽车站	交通部	1992
	镇安县汽车运输公司汽车站	交通部	1992
	宝鸡汽车站	交通部	1992
	临潼县汽车队	交通部	1992
	宝鸡市第一汽车运输公司宝鸡客运站	交通部	1993—1995
	安康地区汽车运输公司安康客运站	交通部	1993—1995
	洋县运输公司汽车站	交通部	1993—1995
	咸阳市汽车运输公司咸阳汽车站	交通部	1993—1995

续表9-2-1

荣誉称号	表彰单位	表彰机关	表彰年份
全国道路运输文明单位	陕西省西安汽车站	交通部	1993—1995
	商洛地区汽车运输总公司洛南客运公司汽车站	交通部	1993—1995
	渭南地区汽车运输总公司蒲城客运公司汽车站	交通部	1993—1995
	榆林地区汽车运输总公司客运二公司（队）	交通部	1993—1995
	户县运输公司客车队	交通部	1993—1995
	渭南汽车运输集团公司大荔汽车站	交通部	2000—2001
	榆林汽车运输总公司定边汽车站	交通部	2000—2001
	陕西省西安汽车站	交通部	2000—2001
	汉中汽车运输总公司汉中汽车站	交通部	2000—2001
	延安汽车运输总公司延安汽车站	交通部	2000—2001
	宝鸡市第一汽车运输公司出租车分公司	交通部	2000—2001
	宝鸡市汽车修配总厂	交通部	2000—2001
	西安唐都进口汽车修理服务中心	交通部	2000—2001
	榆林汽车运输总公司第一客运分公司	交通部	2000—2001
	汉中汽车运输总公司第六车队	交通部	2000—2001
全国创建文明行业示范点	陕西省公路局系统	中央文明办 国务院纠风办	2002
全国交通行业文明示范窗口	汉中市汉台区道路运输管理所	交通部	2001
	旬邑县道路运输管理所	交通部	2005
	210国道陕西省榆林收费管理处	交通部	2005
	陕西省高速公路建设集团公司西渭分公司华阴管理所	交通部	2005
	延安交通征费稽查所	交通部	2005
	西安城东客运站	交通部	2005
	陕西省西安交通政务大厅	交通部	2006—2007
	陕西省高速公路建设集团公司西宝分公司宝鸡收费站	交通部	2006—2007
	陕西省西安汽车站	交通部	2006—2007
	陕西省交通建设集团公司西安绕城分公司西高新收费站	交通部	2006—2007
	陕西省交通建设集团公司西安绕城高速汉城服务区	交通运输部	2008—2009

续表9-2-1

荣誉称号	表彰单位	表彰机关	表彰年份
全国交通行业文明示范窗口	陕西省高速公路建设集团公司服务区管理分公司宁陕服务区	交通运输部	2008—2009
	陕西省公路局路政大厅	交通运输部	2008—2009
	陕西省212省道草碧超限运输检测站	交通运输部	2008—2009
	西安城西高速客运服务有限公司	交通运输部	2008—2009
	陕西省交通建设集团公司西长分公司机场管理所六村堡收费站	交通运输部	2008—2009
	陕西省高速公路建设集团公司西宝分公司三桥收费站	交通运输部	2008—2009
	陕西省铜川汽车站	交通运输部	2010
	西安市出租汽车管理处	交通运输部	2010
	渭南市道路运输管理处	交通运输部	2010
	西安咸阳国际机场专用高速公路机场收费站	交通运输部	2010
	陕西省高速公路建设集团公司西禹分公司澄城管理所澄城收费站	交通运输部	2010
	陕西交通服务热线12122	交通运输部	2010

中共陕西省委、省政府1991—2010年表彰的全省交通系统精神文明建设先进单位一览表

表9-2-2

荣誉称号	表彰单位	表彰时间	荣誉称号	表彰单位	表彰时间	荣誉称号	表彰单位	表彰时间
省级文明示范单位	陕西省高等级公路管理局西铜管理处未央管理所	1996	省级文明单位标兵	商洛公路管理总段山阳公路管理段	1998	省级文明单位标兵	陕西省高速公路建设集团公司西宝分公司三桥管理所	2003
	安康交通征费稽查处	1996		铜川郊区交通征费稽查所	1998		延安王家坪汽车联营运输有限公司	2003
	岐山交通征费稽查所	1996		山阳县地方公路管理站	2000		榆林公路管理局榆阳公路管理段	2003
	洋县交通征费稽查所	1996		陕西省高等级公路管理局宝鸡管理所	2000		长武县道路运输管理所	2003
	榆林公路管理总段定边公路管理段	1996		商洛公路管理局商南公路管理段	2000		陕西省高速公路建设集团公司西宝分公司杨凌管理所	2003
	户县交通运输管理站	1996		平利县公路运输管理所	2000		安康公路管理局宁陕公路管理段	2004
	铜川公路管理总段	1997		延安交通征费稽查处	2000		陕西交通技术学院	2004
省级文明单位标兵	商洛公路管理总段柞水公路管理段	1995		陕西省交通资产经营有限公司商洛收费管理处	2002		延安公路管理局富县公路管理段	2005
	合阳县交通运输管理站	1995		商洛公路管理局商州公路管理段	2002		永寿县道路运输管理所	2005
	大荔交通征费稽查所	1997		汉中市汉台区道路运输管理所	2002		铜川公路管理局宜君公路管理段	2005
	陕西省高等级公路管理局西铜管理处三原管理所	1998		陕西省交通建设集团公司商小管理处	2002		西乡县地方道路管理站	2005
	延安公路管理总段延川公路管理段	1998		陕西省高速公路建设集团公司西渭分公司渭南管理所	2002		镇安交通征费稽查所	2005

续表9-2-2

荣誉称号	表彰单位	表彰时间	荣誉称号	表彰单位	表彰时间	荣誉称号	表彰单位	表彰时间
省级文明单位标兵	陕西省公路勘察设计院	2005	省级文明单位	佳县交通运输管理站	1992	省级文明单位	商洛公路管理总段商南公路管理段	1994
	延长交通征费稽查所	2006		岐山交通征费稽查所	1994		铜川市郊区交通征费稽查所	1995
	志丹县交通运输管理站	2007		大荔交通征费稽查所	1994		西安公路管理总段临潼公路管理段	1995
	澄城县交通局	2009		府谷县交通运输管理站	1994		洋县公路运输管理站	1995
	延安公路管理局黄陵公路管理段	2009		清涧县公路运输管理站	1994		平利交通征费稽查所	1995
	铜川市公交公司	2009		商洛公路管理总段柞水公路管理段	1994		商洛公路管理总段丹凤公路管理段	1995
省级文明单位	镇安交通征费稽查所	1991		宁陕交通征费稽查所	1994		周至交通征费稽查所	1995
	长武交通征费稽查所	1991		勉县交通征费稽查所	1994		西铜公路管理处未央管理所	1995
	洛川交通征费稽查所	1991		榆林公路管理总段定边公路管理段	1994		旬邑交通征费稽查所	1995
	合阳县交通运输管理站	1991		榆林交通征费稽查所	1994		耀县交通征费稽查所	1995
	靖边交通征费稽查所	1992		兴平市交通运输管理站	1994		延川县公路管理段	1995
	汉中交通征费稽查所	1992		汉中市公路运输管理站	1994		陕西省高等级公路管理局	1995

续表9-2-2

荣誉称号	表彰单位	表彰时间	荣誉称号	表彰单位	表彰时间	荣誉称号	表彰单位	表彰时间
省级文明单位	延安交通征费稽查处	1996	省级文明单位	汉阴交通征费稽查所	1996	省级文明单位	咸阳公路管理总段公路工程公司第二工程处	1998
	榆林公路管理总段清涧公路管理段	1996		咸阳交通征费稽查处	1997		泾阳县道路运输管理所	1998
	汉中公路管理总段留坝公路管理段	1996		榆林公路管理总段府谷公路管理段	1997		榆林公路管理总段	1998
	商洛交通征费稽查处	1996		榆林公路管理总段绥德公路管理段	1997		陕西省高等级公路管理局西宝管理处宝鸡管理所	1998
	商洛公路管理总段	1996		定边交通征费稽查所	1997		宝鸡公路管理总段凤县公路管理段	1998
	咸阳市交通局	1996		志丹交通征费稽查所	1997		铜川市公路管理处	1998
	铜川公路管理总段铜川公路管理段	1996		陕西省高等级公路管理局西铜公路管理处三原管理所	1997		安康公路管理总段岚皋公路管理段	1998
	合阳交通征费稽查所	1996		铜川公路管理总段宜君公路管理段	1997		安康公路管理总段宁陕公路管理段	1998
	澄城交通征费稽查所	1996		汉中公路管理总段宁强公路管理段	1997		汉阴县道路运输管理所	1998
	延安公路管理总段甘泉公路管理段	1996		华阴交通征费稽查所	1997		商洛公路管理总段商州公路管理段	1998
	安康公路管理总段白河公路管理段	1996		潼关交通征费稽查所	1997		陕西省高等级公路管理局西宝管理处三桥管理所	1998
	陕西省高等级公路管理局西铜公路管理处铜川管理所	1996		陕西省高等级公路管理局西渭公路管理处	1997		西安公路管理总段蓝田公路管理段	1998

续表9-2-2

荣誉称号	表彰单位	表彰时间	荣誉称号	表彰单位	表彰时间	荣誉称号	表彰单位	表彰时间
省级文明单位	山阳县地方公路管理站	1998	省级文明单位	耀县道路运输管理所	2000	省级文明单位	西安市临潼区汽车站	2002
	铜川公路管理总段拌和厂	1999		绥德县地方公路管理站	2000		平利县交通局	2002
	西安市交通运输管理处	2000		西乡县地方公路管理站	2000		汉中公路管理局宁强公路管理段	2002
	渭南公路管理局	2000		白河县交通局	2000		洋县地方公路管理站	2002
	西安市车辆购置附加费征收管理办公室	2000		西安城东客运站	2001		西乡交通征费稽查所	2002
	延安王家坪汽车联营运输有限公司	2000		陕西交通资产经营有限公司咸永收费处双照收费站	2002		临潼交通征费稽查所	2003
	汉中公路管理局略阳公路管理段	2000		210国道榆林收费管理处鱼河收费站	2002		陕西省公路勘察设计院	2003
	铜川公路管理耀县公路管理段	2000		咸阳公路管理局	2002		宝鸡公路管理局凤翔公路管理段	2003
	咸阳公路管理局旬邑公路管理段	2000		长武县道路运输管理所	2002		榆林公路管理局子洲公路管理段	2003
	永寿县道路运输管理所	2000		延长交通征费稽查所	2002		陕西省高速公路建设集团公司西渭分公司华阴管理所	2003
	榆林公路管理总段神木公路管理段	2000		榆林公路管理局靖边公路管理段	2002		汉中市道路运输管理处	2003
	商洛地方公路管理处	2000		延安公路管理局富县公路管理段	2002		陕西省咸阳路桥工程公司第一工程处	2003
	陕西省交通建设集团公司商小管理处	2000		商洛公路管理局洛南公路管理段	2002		安康公路管理局镇坪公路管理段	2003

续表9-2-2

荣誉称号	表彰单位	表彰时间	荣誉称号	表彰单位	表彰时间	荣誉称号	表彰单位	表彰时间
省级文明单位	汉中公路管理局镇巴公路管理段	2003	省级文明单位	延安公路管理局黄陵公路管理段	2005	省级文明单位	商洛交通征费稽查处	2005
	韩城收费管理处大鹏收费站	2003		岚皋县道路运输管理所	2005		西安绕城高速公路北段管理所	2005
	延安公路管理局吴旗公路管理段	2003		旬邑县道路运输管理所	2005		西安市公共交通总公司第一公司	2005
	西安市临潼区新丰大桥管理处	2004		商洛公路管理总段柞水公路管理段	2005		陕西高速机械化工程有限公司	2005
	志丹县交通运输管理站	2004		宁陕县交通局	2005		镇巴县道路运输管理所	2005
	柞水交通征费稽查所	2004		镇坪交通征费稽查所	2005		210国道榆林郭家伙场收费站	2005
	佛坪县道路运输管理所	2004		陕西咸永路业发展有限责任公司乾县收费站	2005		安塞交通征费稽查所	2005
	镇坪县道路运输管理所	2004		陈仓交通征费稽查所	2005		榆林公路管理局佳县公路管理段	2005
	石泉县交通局	2004		宝鸡公路管理局太白公路管理段	2005		留坝交通征费稽查所	2005
	咸阳公路管理局淳化公路管理段	2004		西铜高速公路新庄收费站	2005		渭南市道路运输管理处	2005
	西安城西交通征费稽查所	2004		渭南市临渭区交通局	2005		南郑交通征费稽查所	2005
	咸阳公路管理局永寿收费站	2004		安康公路管理局紫阳公路管理段	2005		延川交通征费稽查所	2005
	陕西省公路局	2004		安康市汉滨区道路运输管理所	2005		西安市临潼区交通运输管理站	2006
	西安公路管理局灞桥公路管理段	2005		山阳交通征费稽查所	2005		商洛公路管理总段商南公路管理段	2006
	西安市临潼区公路建设有限公司	2005		宝鸡市公路管理处	2005		澄城县交通局	2006

续表9-2-2

荣誉称号	表彰单位	表彰时间	荣誉称号	表彰单位	表彰时间	荣誉称号	表彰单位	表彰时间
省级文明单位	宜君交通征费稽查所	2006	省级文明单位	清涧交通征费稽查所	2006	省级文明单位	王益交通征费稽查所	2007
	西安公路管理局	2006		商洛公路管理局商南收费站	2006		太白交通征费稽查所	2007
	旬邑县交通局	2006		杨凌交通征费稽查所	2006		西安市公交巴士股份公司	2007
	西安市公共交通总公司第六公司	2006		陕西省交通建设集团公司蓝小收费管理处	2006		富县交通征费稽查所	2007
	榆林市道路运输管理处	2006		山阳县地方公路管理站	2006		商州交通征费稽查所	2007
	榆林市榆阳区交通局	2006		西安市公共交通总公司第三公司	2007		商南交通征费稽查所	2007
	富平交通征费稽查所	2006		凤翔交通征费稽查所	2007		咸阳公路管理局泾阳公路管理段	2007
	陕西省交通建设集团公司西安绕城分公司绕北管理所	2006		榆林公路管理局定边公路管理段	2007		渭南交通征费稽查处	2007
	汉中公路管理局	2006		安康公路管理局白河公路管理段	2007		铜川市道路运输管理处	2007
	铜川公路管理局拌和厂	2006		岐山县道路运输管理所	2007		安康公路管理局	2008
	陕西省高速公路建设集团公司西延分公司黄陵管理所	2006		咸阳公路管理局	2007		陕西省交通建设集团公司西安绕城分公司	2008
	延安公路管理局洛川公路管理段	2006		宝鸡市道路运输管理处	2007		咸阳公路管理局	2008
	西安市公共交通总公司第五公司	2006		陕西西禹高速公路有限公司阎良管理所	2007		渭南公路管理局合阳公路管理段	2008
	眉县交通局	2006		西安市交通运输管理处	2007		延安市道路运输管理处	2008

续表9-2-2

荣誉称号	表彰单位	表彰时间	荣誉称号	表彰单位	表彰时间	荣誉称号	表彰单位	表彰时间
省级文明单位	城固县交通局	2008	省级文明单位	姜眉公路宝鸡市建设管理处	2009	省级文明校园	陕西省交通高级技工学校	2002
	210省道太白公路收费站	2008		陕西省交通建设集团公司西安绕城分公司	2009		陕西交通职业技术学院	2005
	安康公路管理局旬阳公路管理段	2008		宝鸡公路管理局眉县公路管理段	2009	省级文明机关	宝鸡市交通局	2003
	商洛公路管理局商州公路管理段	2008		延安公路管理局吴起公路管理段	2009		榆林市交通局	2005
	宝鸡公路管理局陇县公路管理段	2008		陕西省高速公路建设集团公司服务区管理分公司	2009		宝鸡公路管理局机关	2006
	宝鸡公路管理局扶风公路管理段	2008		宝鸡市新发运输有限公司	2009			
	陕西省高速公路建设集团公司汉宁分公司汉宁管理所	2009		宝鸡市交通运输局	2010			
	陕西省交通建设集团公司	2009		陕西省高速公路建设集团公司汉宁分公司宁强管理所	2010			
	白河县交通局	2009		陕西省高速公路建设集团公司	2010			
	安康市兴达路桥集团公司	2009		陕西省高速公路建设集团公司西延分公司延安管理所	2010			
	陕西忆江南酒店	2009		西安市出租汽车公司	2010			
	陕西省交通运输厅	2009		陕西宝汉高速公路建设管理有限公司	2010			
	镇巴县交通局	2009		陕西西禹高速公路有限公司	2010			

第三章　公路艺文

行是人的基本需求，公路交通又是人们出行最主要方式之一。人们在开发、利用公路交通过程中，通过对道路、交通工具及其运营、管理和服务的接触和利用，体验行的艰易，感受行的变迁，生发行的感悟，为此，以文或诗，以书或画，以歌或塑，记录行的轨迹，抒发行的情感，表达行的愿望，形成丰富多彩的公路文学艺术。历史上围绕行而产生的文学艺术，连篇累牍，不胜枚举。本志断限内20年，全省公路交通的开拓，持续发展的变化，以及发展变化对人、对区域和经济社会所产生的影响，成为作家、艺术家关注的重要领域，也成为文学艺术创作的重要体裁。不同发展时期，众多作家、艺术家深入全省公路交通一线，体验生活，采风创作，产生一大批反映公路交通改革发展和职工精神风貌的文学艺术作品。公路交通系统职工参与行业改革发展的实践，激发他们以诗歌、散文、歌曲、通讯、报告文学等艺术形式，抒发感慨，张扬情感，讴歌事业与时代，形成业余公路交通文学艺术群体。公路建设者与艺术家合作，以雕塑、碑石等形式，营造公路交通文化景观，开掘公路交通文化内涵，增强公路交通人文魅力。

第一节　文　学

一、作家采风

20世纪90年代，省内外一些作家自发或组织，深入陕西公路建设、养护系统采风创作。1992年9月，陕西日报社记者程友民等，通过对三铜公路建设采访，撰写一批反映建设者风采的报告文学，并集成报告文学集——《黄土地上的丰碑》，由陕西日报社社长骞国政主编，刘遵义、路遥作序，陕西人民出版社出版。1993年汉中市作家协会主席王蓬，考察多条蜀道及从长安到罗马的丝绸之路，出版了有蜀道故事与风情的作品集——《山河岁月》《丝路访古》。1995年，豆冷伯、陈绪发创作的关于渭南二级公路网化建设的报告文学集《大路雄风》出版。

1997—1998年，全省兴起公路建设热潮。作家陈子信赴各地公路建设工地，采访公路建设领导、工程技术人员、筑路职工和农民群众，创作了报告文学集——《激情的土地》一书。该文学集分上、下册，录入作家创作的35篇反映国道、省道公路和农村公路建设的作品，共69万字。文学集由省作家协会副主席赵熙、省公路局局长袁雪戡分别作序，太白文艺出版社1998年10月出版。是年，西安晚报社记者孙春龙撰写的反映出租车司机马清和维权事迹的长篇纪实文学——《以公民的名义》出版。

1999年6月14—19日，省公路局、西安市文学艺术界联合会组织开展省、市文学艺术家公路采风活动。叶广芩、商子雍、杜中信、田东海等10多位作家、诗人、书画家、摄影家参加采风。作家们重点考察了宝鸡至牛背岭公路渭河大桥、土地岭隧道、秦岭隧道等公路建设工程。作家们所到之处，慰问建设职工，并为职工题字作画。

2004年8月，西部大开发加快全省公路建设。由省作家协会、省妇女文化研究会主办，省交通厅协助，举办“陕西作家公路万里行”采风活动。中国作家协会副主席、省作家协会主席陈忠实、省作家协会党组书记、常务副主席雷涛，出席启动仪式。李天芳、匡燮、冯天海、常智奇、孙见喜、晓雷、马林帆、冯积岐、王德芳、京夫、冷梦、汪炎、史小溪、邢小利、刘风梅、李晓恒、张国全、塞北、霍竹山、李玉胜、靳光耀等作家参加采风活动。作家们深入公路交通基层单位，采访公路设计者、建设者、管理者和养护者，共创作了26篇报告文学，计39万字，全景式展现了这一时期高速公路、干线公路的快速发展和建设者开拓奉献的精神。作品集成《纵横三秦路——陕西作家公路万里行》一书，由太白文艺出版社2005年7月出版。该书由李天芳主编，省交通厅厅长乌小健，省作家协会党组书记、常务副主席雷涛分别作序。

2007年，全省公路持续加快发展。7月15日，由赵熙、莫伸、商子雍、王观胜、王芳闻、商子秦、王黎琦、苑湖、朱文杰、徐伊丽、伊沙等作家、剧作家、诗人组成的作家团，赴全省高速公路建设战线采风。作家们沿秦岭、巴山和蜀道进行实地考察，并于7月18日举办全省高速公路突破2 000公里作家采风团座谈会。座谈中，省作家协会党组书记雷涛说：“交通建设者们把自己的‘作品’书写在三秦大地上，激发作家们的创作灵感，相信作家们深入一线挖掘素材，会以优秀的作品回报给社会”。

2008年9月9日，中国作家西安采风团30余名著名作家，赴陕西高速公路采风。图为采风团在秦岭终南山公路隧道考察

2008年9月9日，中国作家西安采风团30余人，参观、考察秦岭终南山公路隧道和西安绕城高速、柞小高速。参加此次采风活动的作家、诗人有：中国作家协会名誉副主席邓友梅，作家白桦，中国散文学会副会长阎纲、常务副会长周明，中国报告文学学会副会长程树榛，中国社会科学院文学所研究员何西来，鲁迅文学院常务副院长雷抒雁，中国散文学会副会长兼秘书长王宗仁，北京外国语大学教授吴青等。

2009年 6月3日，商子雍、莫伸、商子秦、朱文杰、徐伊丽5位作家赴西安咸阳国际机场专用高速建设工地采风。6月14日，赵熙、商子雍、党永庵、赵安志、闻频、朱文杰、刘新中、安黎、周公度、杜中信、邱宗康、韩少立、雷龙璋、王仰才等近20位陕西文化名家，再赴西安咸阳国际机场专用高速建设工地采风。

2009年12月，《大道——陕西交通跨越发展纪实》报告文学集举行首发式。该文学集由莫伸、冯积岐、和谷、商子秦、朱文杰和常智奇6位作家历时半年采访、撰写、编辑而成。文学集包括：序言——《感谢这个时代》，高速篇——《九衢若飞虹》，干线篇——《纵横新天地》，村路篇——《阡陌的嬗变》，改革篇——《辉煌三大步》运输篇——《流畅的血脉》，文化篇——《绚丽助推器》等，共20余万字，由太白文艺出版社出版。作家、中国作家协会副主席、省作家协会主席陈忠实评价："这本承载着作者们激情、智慧和崇敬之心的作品写的是陕西交通史上彻底的变革意义的书，将载入我们的交通史，也必将载入陕西经济的发展史，应该不朽！"

2010年7月15日，商子雍、商子秦、朱文杰、陈长吟、夏坚德等作家、诗人，赴青兰线陕西段高速公路建设工地采风。根据采风的收获，撰写了大量报告文学、散文、诗歌等不同体裁文学作品。这些作品除汇集出版外，发表于省、内外报刊，并相继有作品获奖。陕西日报社社长、高级记者杜耀峰，以陕西交通改革开放30年超常发展史为背景，撰写反映公路交通改革开放和发展思想解放历程的报告文学《秦道》，获"中国改革开放优秀报告文学奖"和"新中国六十年优秀中短篇报告文学奖"。

二、职工文学创作

全省公路交通职工中的文学爱好者，以他们参与公路交通建设、养护、运营、管理、服务的丰富实践为基础，利用业余时间创作小说、诗歌、散文、通讯、报告文学等文学作品并发表，逐渐形成公路交通文学业余创作群体。有40多人成为中国作家协会和陕西省作家协会会员，有的还兼任市一级文联、作协领导。

1994年11月，景兴汉等编著的《路魂——陕西公路职工文艺作品选》，由西北大学出版社出版。该作品选收录公路系统业余作者创作的小说、散文、诗歌、通讯200余篇，并有部分书法、绘画作品，反映公路职工喜怒哀乐和甘做"铺路石"的精神追求。

公路交通系统业余文学爱好者坚持边工作边创作，1995年后不断有文学作品集出版。至2005年期间，先后出版几十部反映公路交通的诗歌、散文、报告文学和新闻作品集。如董邦耀《浅海掬浪》《长安飞虹》《龙脉天路》和《情铸生命线》，李孝希《运魂》，王忠义《激情公路》，李荣富、郑爱兰《大道情缘》，咸阳公路管理局职工创作的《橘红色的影子》，铜川公路管理局职工创作的《路石情丝》，黄义诗集《永远的情人》，周迎春《在路上》，吴春森《路魂》《魂牵梦绕》，延斌伦《把星星撒在路上》，赵培森《思路心语》，曹汉秀《大漠路魂》《工地麻辣烫》《担山追日》，李军强《长路如歌》，延安公路局职工创作的《一路风尘一路歌》等等。

2006年10月，《黄土谣——陕西交通职工文学作品选》出版。该作品选收录全省交通系统32位业余作者68篇近作，内容主要反映公路交通人生活、劳动与思考、追求和精神风貌。2007年7月，由著名作家、中国作家协会名誉主席陈忠实题写书名的《激情跨越——陕西"十一五"加快交通发展报告文学通讯集》由太白文艺出版社出版。该报告文学通讯集由丁晨、周迎春主编，收录作家莫伸、商子秦和交通系统文学爱好者通讯、报告文学作品计38篇、37万字，记录和展现陕西高速公路重点工程建设进程，农村公路建设、公路养护管理、治理超限超载运输、公路水路运输、交通规费征收、城市公交及交通科技教育等方面的巨大变化、可喜成就，由省交通厅厅长曹森《解放思想 加快发展 开创陕西交通新辉煌》讲话代序，女作家、中国作家协会全委会委员、陕西省作家协会副主席叶广芩作序。

2007年11月1日，省作家协会行业分会——陕西省交通作家协会成立。作家陈忠实、贾平凹、肖云儒、莫伸受聘为顾问，姜志理任名誉主席，丁晨任主席。陈忠实、雷涛、肖云儒等为交通作家协会成立题词。

2008年“5·12”汶川特大地震和抗震救灾，激发公路交通系统文学爱好者创作激情，汇集84人反映抗震救灾的诗歌、散文、随笔、通讯和报告文学集——《感天动地的日子》，由陕西交通作家协会于是年11月出版。

2009年，是公路交通系统文学创作成果丰硕的一年。迎接中华人民共和国成立六十年周年华诞，省交通厅文明办与厅宣教中心开展交通诗歌征集活动，征集一大批反映公路交通发展与职工精神风貌的诗歌。6月，在西安举办“人文交通、诗意旅程”——陕西交通诗歌朗诵会。经过评选，将50多首优秀诗作结集成诗歌集《远行》，由中共陕西省委宣传部副部长薛保勤作序，陕西出版集团太白文艺出版社出版。是年，全系统出版文学书籍10多部，创作并在各类报刊、网站发表不同题材、体裁文学作品近千篇。《中国公路文化》月刊专门推出陕西交通作协会员文学作品。同时，相继成立省交通集团商界分公司“商界苑”文学社和咸阳公路局“路缘”文学社。

2010年11月，陕西省交通作家协会组织，陕西出版集团太白文艺出版社出版的“陕西交通文学丛书”共14部，收录全省交通系统163位业余作者共1 300篇文学作品

2010年，陕西省交通作家协会汇集省内作家和交通文学爱好者创作成果，编辑出版“陕西交通文学丛书”一套。其中《大纵横》主要为反映“十一五”时期加快交通发展的报告文学通讯集；《一路幽香》主要汇集《陕西交通报》副刊登载的文学作品选。另有陕西交通作家协会会员个人文学专集多部。这些作品，透露出浓郁交通运输情结，为行业风采倾注笔墨。是年，杜延军《三秦道》报告文学集出版，收录作者2006—2010年公开发表有关陕西交通作品90余篇、30余万字。

第二节 文 艺

一、文艺演出

长期公路交通活动中，广大公路交通职工以不同文艺形式，表达喜怒哀乐，抒发思想情感。除职工业余独自或多人吹拉弹唱、自娱自乐为常见外，随着公路交通事业不断发展，行业精神文明建设不断加强，有组织的职工文艺活动亦得到发展。

1991—1994年，公路交通系统职工文艺活动呈现分散、小型、多样特点，以各单位周末舞会、联欢为主。大多机关、事业、企业逢“五一”、国庆、春节等重大节庆，举办职工文艺联欢活动。1994年9月28日，省交通厅与省交通工会在西安举办全省交通系统职工庆祝中华人民共和国成立四十五周年文艺会演。9个地（市）交通局和15个厅属单位及交通部属西安地区单位共24个代表队参加会演。

1995年10月，省交通工会组织交通系统参加全省职工文艺调演，很多单位组织唱歌、舞蹈等文艺比赛和选拔，兴起行业性文艺活动热潮。一些单位在重点项目建成或单位成立纪念日等，举行联欢庆祝活动。有的每年五月组织群众性歌唱比赛。这些活动以职工表演节目为主，亦有邀请艺术家参与，以职工得到身心娱乐为目的，很受职工欢迎，逐渐形成风气。

1999年举办全省交通职工庆祝中华人民共和国成立五十周年文艺会演。10个地（市）交通局、15个厅属单位的25个代表队，创作排练出200多个节目。经选拔，有47个节目参加全省交通系统文艺会演，表达广大职工热爱党、热爱祖国、热爱社会主义和献身交通事业的豪情。

2002年，西部大开发加速陕西公路交通呈现火热发展之势。10月27日晚，中共陕西省委宣传部、省交通厅、省广播电影电视局和省电视台联合，在省广播电视中心演播厅举办《大路大潮大开发》电视文艺晚会。晚会以陕西公路交通加快发展为主题，分企盼篇·路之梦；奋斗篇·路之魂；展望篇·路之光三部分，展示全省公路交通发展成就和美好前景，讴歌公路建设者“迎接西部大开发、迈向新世纪”的精神风貌。中共陕西省委书记李建国为晚会题名，省政府领导和省交通系统劳动模范及部分职工观看文艺演出。陕西电视台现场直播。

2003年10月11日，庆祝西安绕城高速、西安咸阳国际机场高速建成通车，中共陕西省委宣传部、省交通厅、省广播电影电视局在陕西电视台举办电视文艺晚会。晚会上，交通职工出演小品《从这里通向小康》，联唱《路的旋律》，音乐快板《西北大立交》，配乐诗《路的情怀》等。著名艺术家、歌唱家乔臻、丁建华、李光羲、斯琴格日勒、米东风、大兵、赵卫国等参加助兴演出。

2004年9月，省交通厅举办陕西交通职工庆祝中华人民共和国成立五十五周年文艺会演。在各市（区）交通局、各单位组织汇演、选拔的基础上，由省交通工会组成150人巡回慰问演出团，分赴宝鸡、咸阳、商洛、渭南等市交通系统和公路建设一线慰问演出。2005年9月29日，在举行全省交通系统迎国庆文艺调演的基础上，再次组织巡回慰问文艺演出团，赴榆林、延安两市，慰问交通职工。一些单位积极参加省、市（区）文艺会演。宝鸡公路管理局舞蹈《情结公路》，在省总工会“延炼杯”全省职工文艺调演中荣获创作奖和表演二等奖。

2006年后，公路交通全面持续加快发展，公路文化建设提速，公路文艺异彩纷呈。交通系统一些机关、事业、企业组织职工合唱团、文艺演出队，除节庆联欢外，多结合重点公路建设及项目建成通车，全国或全省群众性文艺会演，组织文艺活动。2007—2008年，省交通集团职工参加文化部主办的第三届华夏艺术风采国际交流选拔活动陕西赛区比赛，全省职工文艺调演等，演唱的歌曲《吊起个嗓音唱高速》等分获一、二等奖。

2009年，中共中央宣传部、中央文明办、国家广播电影电视总局等10部、委联合举办，中央电视台承办《放歌中华》“爱国歌曲大家唱”歌曲展演活动。经陕西有关部门研究决定，由省交通运输系统职工为主组成陕西交通职工合唱团，代表陕西参演经典民歌《东方红》。为搞好这次参演活动，省上成立由中共陕西省委领导任组长，省委宣传部、省文明办、省广电局、省交通运输厅领导为成员的领导小组，由省电视台导演王伟丽，省合唱协会会长、指挥家焦望增等组成艺术指导专家团队。省交通运输厅组织了由交通一线公路建设者、收费员、路政员等52人的交通职工合唱团。省级有关部门和西安音乐学院等文艺院所艺术家鼎力协作，编排了融入大量时代元素和旋律的合唱歌曲《东方红》，由交通职工合唱团合唱，并由有“西部歌王”之誉的歌唱家王向荣领唱。合唱团自8月10日起封闭排练，8月25日赴京进行曲目彩排和整体编排。中共陕西省委领导、省委宣传部对交通职工合唱团全体演员致以问候，并为他们加油鼓劲。9月2日晚，合唱歌曲《东方红》通过中央10部、委评审。9月4日晚，“爱国歌曲大家唱”展演活动在中央电视台1号演播大厅举行并现场直播，全国各省（自治区、直辖市）33支合唱团演唱33首经典歌曲。陕西交通职工合唱团代表陕西3 600万人民，以饱满的热情、优美的旋律、良好的精神风貌，向全国观众奉献了具有浓郁东方特色、中华儿女传唱几代的红色经典歌曲——《东方红》，表达三秦儿女对祖国母亲的美好祝愿，展示在改革开放中奋进的陕西形象。合唱团精湛演出和良好精神风貌，赢得全场观众雷鸣般掌声，并受到中央文明办和央视导演组肯定与好评。

2009年9月22日，“祖国颂”——陕西省百万职工大合唱比赛总决赛在西安举行。图为由陕西省交通医院合唱团组成的省交通工会代表队在决赛中表演合唱——《在灿烂阳光下》

是年9月22日，在省庆祝中华人民共和国成立六十周年系列活动之一的“祖国颂”陕西省百万职工大合唱比赛总决赛中，陕西省交通工会代表队——省交通医院合唱团获总决赛合唱第一名、优秀组织奖、最佳指挥3项大奖。9月28日，省交通运输厅举行庆祝中华人民共和国成立六十周年文艺演出，以歌颂中华人民共和国成立以来经济社会发展辉煌成就和陕西交通事业跨越式发展为主题，全省交通运输系统近400名职工以舞蹈、小品、合唱等形式，表达热爱祖国、献身交通事业的豪情。

二、交通歌曲

以激励和振奋职工精神为目的，公路交通系统一些机关和企、事业单位，组织职工或音乐家，创作行业之歌、校园之歌、企业之歌，并广泛开展传唱活动。如：1992年8

月创作的《交通征稽员之歌》，由卜元华、秦嵩生作词，刘继红谱曲；1998年6月创作的《运政之歌》，由严肃作词，孙韶谱曲；2003年12月创作的《陕西高速之歌》，由柏毅作词，王黎琦作曲；2006年5月创作的《陕西交通职业技术学院院歌》，由郎太根作词，南荣军作曲等。

2008年6月，省交通厅开展面向行业内外征集交通歌曲活动，共征集51首反映交通内容的歌曲。经公示、投票、演唱和专家评选，精选出《大路有情》《我们一直在路上》等10首原创歌曲，结辑为《我们一直在路上》歌曲专辑，由中国唱片总公司出版发行。此为全国公开发行首张交通行业音乐专辑。音乐人赵季平两度为交通歌曲作曲，邹友开为交通歌曲填词。陕西省音乐家协会副主席、党组书记尚飞林，西安音乐学院院长助理、作曲系主任韩兰魁，分别担任音乐总监和艺术指导。专辑演唱者与演唱歌曲有：王宏伟《大路有情》《飞跃秦岭》，东周多杰《我们一直在路上》，竹青《圆梦》，沙莎《幸福路》，杨兮、苏丹《风雨无悔公路人》，吸引力组合《微笑点亮征程》，中国交响乐团合唱团《陕西交通人》，张兰《一轮圆月挂天边》。2009年3月12日，省交通运输厅在西安举行交通歌曲专辑首发式，交通运输部电贺专辑首发成功。之后，专辑歌曲在交通系统单位、高速公路服务区以及广播电台等播放和传唱。交通歌曲专辑凝聚众多艺术家智慧，寄托广大交通职工情感，展现了陕西交通昂扬向上的时代精神，产生很大社会反响。

交通歌曲专辑主打歌——《我们一直在路上》，由尚艺填词并谱曲。歌词：

让我们相聚在路上，暖暖的阳光照进车窗，蓝蓝的天空鸟儿飞翔，不远的地方是家乡。让我们分别在路上，冷冷的雨水打湿衣裳，每一刻我都在你身旁，送你去更远的地方。我们会一直在路上，路上有快乐也有悲伤，路上有痛苦也有坚强，还有我们的力量。

陕西省交通运输厅发行的《我们一直在路上》交通歌曲专辑

让我们相聚在路上，看一看梦里面的盛唐，闻一闻五千年的墨香，听长安古乐的悠长。让我们分别在路上，金色的大漠一望无疆，见万里黄河如此雄壮，穿越秦岭也不漫长。我们会一直在路上，路上有快乐也有悲伤，路上有痛苦也有坚强，还有我们的力量。我们会一直在路上，路上有风雨也有阳光，路上有黑暗也有希望，还有我们的梦想。我们曾经穿过风雨，穿过冰雪，看见太阳，我们曾经穿过苦难，穿过黑暗，看见希望。

第三节 公路景观

一、雕塑

1990年，随西临高速建成，在西安灞桥十里铺入口处、灞桥收费站西侧，设一处“腾飞”雕塑。雕塑采用不锈钢材质设计、制作，以骏马腾飞为造型，将昂首奋蹄的骏马矗于22米高的立柱之上，象征陕西公路交通由此腾飞、发展。

2000年，203省道商山二级路改建完成，在商山路口建有雕塑——《路之魂》。

2006年以来，随着全省公路持续加快发展和公路文化建设全面提速，公路服务区、高速公路立交区等，相继出现一批大型雕塑。这些雕塑作品或展现交通人文，或表现地域风情，或反映历史名人，或彰显一地风景，形式多样，成为公路沿线一道景观。

是年9月，在延安至靖边高速公路K459+800处路侧边坡，以水泥混凝土材质设主题《剪纸·凤凰》浮雕，长50米，高10.70米，寓意吉祥、太平；在K455+200处路侧边坡，以不锈钢材质设主题《奔马》浮雕，长100米，高10.70米，寓意公路交通蓬勃向上，一往无前；在K456+300处路侧边坡，设主题《走向富裕》浮雕，长50米，高10.70米，寓意高速公路犹如巨龙腾飞，为脱贫致富奔小康带来福音，为陕北跨越式发展插上翅膀。

2007年，西汉高速建成，在秦岭服务区设大型雕塑群《华夏龙脉》。北京柏唐盛艺文化艺术有限公司贾维克设计。雕塑群以秦岭·蜀道为主题，以时间为轴线，从政治、经济、军事、文化等方面，集中反映华夏民族不畏艰难、人定胜天的决心，改造自然的力量，并以秦岭地区发生的影响中华民族历史的10个重要时间段为横线，运用盘古开天地、太极海纹、河图洛书、仰韶龙山文化、春秋开凿栈道等18个历史典故，展现秦岭古栈道、人物形象近百个。雕塑采用圆雕、高浮雕、中层浮雕、低浮雕和阴文5个层次，选用河北省易县红花岗岩材质，总长260米，宽6米，整体形象以自然山形贯穿相连，与秦岭山脉和周围环境浑然一体。雕塑分别镌刻有肖云儒作《华夏龙脉》赋，陈忠实作《你让我荡气回肠》——群雕《华夏龙脉》读记一文（均见本篇本章第五节《艺文录》）。此外，西汉高速汉江停车区设

上图：西汉高速汉江停车区朱鹮与帆船雕塑。中图：西安咸阳国际机场专用高速边坡浮雕《丝绸之路》。下图：青兰线宜川壶口服务区雕塑《黄河颂》

观景台，布置长廊水榭，配以朱鹮雕塑小品和由三面白帆组成的主体雕塑，展现地方风情与汉江水运文化。

2008年10月，采用铝材质，在黄延高速延安服务区建延安宝塔山标志雕塑，高8米，宽2.30米，厚0.60米。在路侧边坡制作一处安塞腰鼓雕塑，展现延安地域风情。12月，省高速集团以飞机凌空翱翔为造型，采用钢材质，在西禹高速阎良段建《腾飞》雕塑，高24米，宽20.80米，展现阎良作为国家航空高新技术产业园区的特色。

2009年，全省相继建成的5条高速公路上，分别建有多处雕塑。

西安咸阳国际机场专用高速，于主线K19、K20挖方段两侧高边坡，设置汉青龙、汉白虎和丝绸之路、蔡伦造纸浮雕景观两组，将地域文化、人文景观与高速公路融为一体。雕塑采用合成树脂仿沙岩和仿铜材质。汉青龙、汉白虎直径各6米；丝绸之路、蔡伦造纸浮雕各厚0.50米，高8米。商子秦为此路建成作《省门第一路》赋（见本篇本章第五节《艺文录》）。

上图：青兰线富县张村驿服务区雕塑《驰骋千里》。中图：榆神高速府谷西服务区雕塑《杨业》。下图：安康西高速汉阴服务区雕塑《沈氏三兄弟》

青兰高速设3组雕塑。张村驿服务区的《驰骋千里》雕塑，以秦直道和驰骋千里的车队为创作元素，采用玻璃钢仿铜材质，长21米，高5米；厢寺川服务区的《红色记忆》雕塑，以反映红色革命由星星之火发展为燎原之势为主题，象征当年中央红军会师陕北，给中国革命带来胜利的希望，通高25米；壶口服务区A区的《黄河颂》雕塑，以陕北剪纸形式表现黄河之水天上来、大浪淘沙和大禹治水等风情与典故，通高8米。后两组雕塑均采用钢板烤金属漆材质。西潼高速于陕豫交界处秦东收费站南侧黄河二级台塬上建成巨型“秦”字雕塑，与风陵渡黄河大桥相望。雕塑区分主题雕塑和休闲广场两部分。主题雕塑以3面小篆体“秦”钢结构为主体，通高39米，“秦”字中间笔画以关中社火、陕北剪纸、陕南山水为题材，左右两笔画采用祥云图案，象征三秦大地吉祥如意和历史文化悠久。雕塑中部设观光电梯，游人可直达顶端，远眺黄河胜景和华山雄姿。

宁棋高速宁强停车区立有大型浮雕壁画《羌·源》，长60米，以圆雕手法刻有表现羌族歌舞及生活的人物9个，展现当地风土人情。

省交通集团在商漫高速天竺山服务区设太上老君雕塑。主题展现民间相传的太上老君坐骑青牛下凡，因牛栖湖不返而化为天竺巨峰的故事。雕塑长3.50米，宽1.50米，高3米，画卷长2.40米，宽1米，高0.70米。

榆神高速于府谷西服务区建有杨业雕像，仿青铜材质，通高3米。杨业（约932—986年），又名杨继业，北宋名将，原籍麟川新秦，即今陕西神木县。

陕西高速集团在十天线安康西高速汉阴服务区设“沈氏三兄弟”雕塑。原北大教授沈士远与沈尹默、沈廉士三兄弟，祖籍浙江吴兴，19世纪80年代先后出生于陕西汉阴县，辛亥革命后分别任教于北京大学等著名学府，是中国近、现代著名学者，有“秦巴汉水秀，一门三人杰”之誉。

2010年12月，省交通厅外资办在安川高速安康西服务区建一组浮雕，共长18米，高3米，展现安康瀛湖风光、电站雄姿、茶山情歌、赛龙舟、紫阳宫风土人情和工业成就。材质采用大理石。

在部分高速公路和干线公路沿线、服务区、停车休息区，公路建设、管理、养护等单位，还结合当地历史、民俗和自然环境，因地制宜，修筑有风格各异的长廊、水榭、凉亭和观景台等，置以石凳、座椅，供行人小憩、观赏。

二、碑石

道路碑石历史久远，其功用或以告示，或以纪念，或以彰名。316国道凤县至留坝所经酒奠梁，存有中国公路界泰斗——赵祖康先生于民国25年（1936）主持修建西汉公路时所题“酒奠梁”碑；留坝县有柴关岭碑亭，存有赵祖康先生于民国25年（1936）所题“柴关岭”碑。20世纪七八十年代以来，一些地方多方筹资修路建桥，工程告竣之时，为纪念修路之不易和褒扬各方援助修路的壮举，往往立碑铭文。秦巴山区利用粮、棉、布以工代赈修路，一举改变山区行路难，一些地方勒碑以纪。

1996年，佳县佳临黄河公路大桥建成，自此天堑变通途，两岸群众欢欣鼓舞，党和国家领导人薄一波、马文瑞、邹家华、陈俊生等欣然为之题词。建设单位于大桥佳县一侧建佳临黄河大桥建设纪念碑，大桥两端建两座题词纪念碑廊，镌刻中央领导与社会名流30多人题词手迹，成大桥一道景观。

316国道凤县段酒奠梁碑与碑亭。左边石碑为宝汉公路改建工程竣工纪念碑

2002年后，公路沿线碑石陆续增多，且主要是纪念性碑石。

是年10月，宝鸡公路管理局在316国道宝鸡段改建工程完成后，为使赵祖康所题“酒奠梁”碑免受风化和损坏，修建一仿古碑亭，对石碑加以保护。同时，于该碑亭旁立宝汉线拓宽改建竣工纪念碑，碑石背面刻有“路魂”二字。

是年11月，战胜“6·8”特大公路水毁，取得公路抗洪抢险修复胜利，省公路局分别在108国道秦岭顶南天门隧道前、210国道K997+650秦岭分水岭处，立有“周城公路抗洪抢险修复纪念碑”亭（见第三篇第二章专记《2002年“6·8”公路抗洪抢险救灾与水毁修复》）、“西万公路水毁抢险修复纪念碑”亭，碑石背面刻有当年两条国道公路遭受特大水毁情况和抗洪抢险修复经过文字。

2006年9月，于黄延高速洛河特大桥桥头设观景台，立“亚洲第一高墩纪念碑”。碑石通高2.10米，宽1.07米，厚0.37米。

2007年1月秦岭终南山公路隧道建成通车，省交通厅于秦岭终南山公路隧道南口应急救援中心广场立秦岭终南山公路隧道通车纪念碑，碑通高3米，宽2.10米，上刻有《秦岭终南山公路隧道通车碑记》（见本篇本章第五节《艺文录》）。广场最北角，立有一通“天下第一隧”碑石，通高6.20米，长2.10米，宽1.60米。是年12月13日咸永高速建成通车，标志陕西高速公路建成通车里程突破2 000公里，省交通厅在乾县服务区广场东侧立“陕西高速公路突破2 000公里纪念”碑石。翌年11月，省交通厅在西临高速灞桥段立“陕西第一条高速公路纪念”碑，碑的背面刻有西临高速介绍。

2009年5月，省交通集团在小康高速包家山隧道南口立有上刻“包家山”三字碑石，以省交通集团名义撰有《包家山记》：“千年青山在，伟谙无语迹，敬畏赋雄文，衣锛惊来人。筑路者让银龙舞蛇，举雄臂铸秀美壮烈，修天路告慰父老：秦蜀不再沧兮、南北不再乞兮……中国路史，再添光华；为我行业，立说传颂。此碑立时，心泪泉涌；为我中华，留言共勉。”7月，省交通运输厅在勉宁高速勉县服务区立“陕西高速公路突破一千公里纪念”（时称高速公路突破一千公里，包括已建成陕蒙界半辐高速76.80公里，靖王高速80公里）碑石。10月，省交通厅外资办在商漫高速天竺山服务区立高1米、宽2.20米碑石，正面刻有刘炜平所作《商漫高速公路赋》，背面刻有清·郑板桥所作《四皓》诗前四句：“云掩商于万仞山，汉庭一到即回还。灵芝不是凡夫采，荷得乾坤养得闲。”此外，在商漫高速麻池河立交处还立有“国家高速福银线商漫高速”巨大原石，于陕西、湖北交界处高速公路分隔带中央立刻有“秦韵”二

上图：立于勉宁高速的《陕西高速公路突破一千公里纪念》碑石。中图：立于咸永高速乾县服务区的《陕西高速公路突破2 000公里纪念》碑石。下图：立于青兰线厢寺川服务区的“陕西高速公路通车3 000公里纪念”碑石

字原石，以示由鄂入陕。宝鸡市交通局在宝天高速王家梁隧道口，依山体用大理石建有宝天高速建设纪念碑，镌刻党天正所撰《宝天高速公路竣工纪念》（见本篇本章第五节《艺文录》）碑文，并于宝天高速陕西、甘肃两省交界处中央分隔带立刻有“秦风”二字原石，以示由甘入陕。省交通集团在蓝商高速蓝田段高速公路中央分隔带立一原石，上刻有唐代诗人王维《山居秋溟》一诗中“明月松间照，清泉石上流”两句。商界分公司于金丝峡服务区，立有作家贾平凹所题“金丝峡服务区”碑石。

2010年11月10日，青兰高速陕西段建成，标志全省高速公路通车里程突破3 000公里。省交通运输厅在青兰高速厢寺川服务区B区设立纪念碑石，正面镌刻“陕西高速公路通车3 000公里纪念”，背面刻有刘炜评所作《六千里路云与月》——陕西高速公路突破3 000公里赋（见本篇本章第五节《艺文录》）。

全省高速公路建成通车里程突破4 000公里纪念碑石，见第二篇第二章专记《高速公路“三步走”战略及其实施》。

此外，陕西省慈善协会捐资在陕南山区修建便民桥，均立“慈安桥”碑石纪念。

上图：212省道凤县凤州段凤州镇牌楼。下图：商漫高速天竺山服务区牌楼

三、牌楼

全省公路上牌楼为数不多。有的是公路所经地方政府所立，彰显地方历史文化与风土人情。如212省道上历史文化名镇——凤县凤州镇，于公路所经该镇处建有大型石质牌楼。2000年10月，207省道镇坪石砦至鸡心岭段改建完成后，在鸡心岭段陕西、湖北两省与重庆市交界处，建仿古牌楼一座。2009年10月商漫高速建成，在天竺山服务区建有石质牌楼一座，高12.20米，长20米，宽8.40米，上书由刘炜平撰写对联两副。一副为：康衢任意逍遥游，叠嶂无忧窘促旅；横批：秦头楚尾。另一副为：青山都佳景地兼秦楚千年美风，盛世拓坦途物畅福银万里驰道；横批：钟灵毓秀。

第四节　网站与报刊

一、网站

见第五篇第二章第二节《电子政务》。

二、报刊

（一）西北公路　经陕西省新闻出版局（简称省新闻出版局）批准，1973年创刊，登记号为陕新出印字第9411号。陕、甘、宁、青、新5省（自治区）交通厅和交通部驻陕单位联合组织的西北地区公路科技情报网网刊。该情报网网长单位为陕西省交通厅，办事机构挂靠原西安公路研究所，网刊由该所主办。开办主要栏目有：道路工程、桥梁工程、隧道工程、交通工程、环保、绿化和管理工程等，以报道西北各省（自治区）公路系统科技研究和发展情况为主，并介绍国内外公路科技成果、先进经验。发送西北5省（自治区）交通部门和其他省（自治区）对口专业单位。2005年西北公路情报网停止活动，《西北公路》杂志仍由西安公路研究院主办。

（二）陕西公路科技　经省新闻出版局批准，1983年创刊，刊号为陕新出连内印字第93018号。省公路学会主办。主要刊登省内外交通系统和相关行业有关公路工程、桥梁、隧道、汽车运输、交通工程、筑路机械及材料试验、科技管理与科技情报等方面研究成果、论文报告和经验总结等。发送本学会会员，并与外省（自治区、直辖市）公路学会交流。至2010年年底，共出刊105期。

（三）陕西交通会计　经省新闻出版局批准，1985年创刊，刊号为陕西省内部报刊准印号第1011号S。由省交通厅主管，陕西交通会计学会主办。季刊。以宣传、贯彻国家财经方针、政策和法规，开展交通会计、审计学术理论探讨、工作研究、经验与信息交流，交通会计、审计专业知识宣传为宗旨。开办有理论探讨、工作研究、法规选登、审计工作、微机运用、问题解答等主要栏目。发行全省交通系统各会员单位，并与各省（自治区、直辖市）交通会计学会等交流。至2010年年底，共出刊99期。

（四）交通研究　经省新闻出版局批准，1986年3月创刊，刊号为陕西省报刊登记证11-1087（S）。为省交通厅主办的交通行业内部刊物，以宣传党和国家有关交通工作方针、政策，繁荣与交流交通经济理论研究成果，服务于交通改革和发展为宗旨，以从事交通经济管理、理论、教育、宣传工作者为主要对象，开辟有改革论坛、理论探讨、热点透析、决策参考、综合运输、省外交通、国外交通、科技视角、法制建设、工作研究、经验交流、交通史话等栏目。每季度出版1期。1998年经省交通厅研究决定停办。

（五）陕西交通报　1993年1月15日，经省新闻出版局批准，省公路局创办4开4版旬报《陕西公路》报。1996年1月，省交通厅决定陕西公路报更名为《陕西交通报》，作为中共陕西省交通厅党组领导下的行业内部报纸，日常工作由省公路局管理。其基本任务是宣传党和国家、省有关发展交通事业的路线、方针和政策，报道交通系统改革开放和两个文明建设的成就与经验，宣扬交通职工爱岗敬业、无私奉献的精神风貌，反映广大交通职工的意见、要求和呼声。是年被中共陕西省委宣传部、省新闻出版局评为陕西省一级报纸。翌年获第三届中国优秀行业报一等奖。1998年1月由旬报改为周报。1999年7月扩大为对开4版，

热烈祝贺
工程概况
陕西交通报
SHAAN XI JIAO TONG BAO
省交通工会第六届委员会第一次会议召开
交通运输部调研我省农村公路
陕西·路脉

2010年10月26日《陕西交通报》部分版面

在中国交通报刊协会首届全国交通报纸编校质量评比中获十佳优秀编校报纸荣誉。2001年被陕西省新闻工作者协会和陕西省企业报（刊）新闻工作者分会联合评为“十佳办报单位”。2003年2月增设月末版。2006年1月起由省交通厅宣教中心负责管理，并由周一刊改为周二刊。刊号为陕新出连内印字第93103号。开办主要栏目有交通新闻、交通经济、行业风采、交通文化、先行艺苑等栏目，发行对象为全省交通系统各单位和基层单位。至2010年底，陕西交通报共出版939期。

（六）陕西道路运输　2002年8月，经省新闻出版局批准，省交通厅运管局主管，省道路运输协会主办，双月刊，刊号为陕新出内印字第9608号。刊物宗旨为“凝聚行业力量，传播行业文明，宣传行业政策，交流行业经验”。主要开辟有政策法规、行业论坛、讲话摘要、决策参考、运政管理、企业天地、行业风采、文化沙龙、动态信息等栏目。至2006年底出刊27期。2007年因资金困难停刊。2009年7月复刊并改版升级，至2010年年底出刊9期。

（七）陕西高速　经省新闻出版局批准，2002年10月创刊，刊号为陕西新出内印字第C9091号。为省高速集团主办的企业内部刊物，以探讨企业管理、传播企业文化、交流行业信息、服务基层工作为宗旨，全面反映高速公路建设、运营、管理和精神文明建设成就、经验和问题。开设有重点工程、理论论坛、实践体味、收费亭、立交桥下、文苑、知识篇等栏目。2003年5月起由双月刊改为月刊。是年11月，获陕西省新闻工作者协会和省企业报（刊）新闻工作者分会授予的陕西省企业界“最佳办刊单位”称号。2006年5月停刊。共出刊34期。

第五节　艺文录

一、秦岭终南山公路隧道通车碑记

秦岭龙脉，横亘三秦，“天下之阻”，亿万斯年。秦岭终南山公路隧道，乃国家南北大通道包头至茂名高速公路穿越秦岭之“咽喉”要道。南接川渝桂粤，北望鹿城朔方。隧道北起长安五台乡青岔村，南抵柞水营盘镇，全长18公里又20米，双洞分向行驶，工程投资30亿元。隧道建成使西安至柞水距离缩短了80公里，使翻越秦岭公路高程降低1 000余米。隧道建设规模世界第一，为中国公路隧道之最，陆路交通之“航母”，综合国力之体现。彰显国家公路隧道之时代形象，书写陕西交通之崭新篇章。

隧道筹谋于世纪之交，维时欣逢盛世，西部开发宏图大展，陕西公路交通建设，雄风浩荡，陕西省委、政府果断决策，国家发改委立项，交通部批准设计，陕西省交通厅、陕西省投资公司组织建设，遂于2001年1月8日开工。终南山腹，炮声隆隆，七十余建筑单位承担施工。万名筑路大师，顽强拼搏，历时六载，终得贯通。特长隧道建设，困难重重，多家设计院共同设计，数个科研院校联合攻关，成立专家委员会，院士领衔，技术咨询、科学决策。利用铁路复线施工，长洞短打，多个工作面同时掘进，事半功倍，竖井分段纵向组合式通风，独步天下。监控防灾救援，周密系统，计算机管理，智能自动。千年大计，质量第一；强化管理，制度先行；劳动竞赛，科技创新。决战决胜，大功告成，拼搏奉献，梦圆秦岭。

公元2007年1月20日，秦岭终南山公路隧道建成通车。青山绿水双洞比翼，恰似日月同辉，万年山腹长隧明亮，犹如灯河星廊。洞壁瓷砖衬砌，穹庐宝气珠光，车灯流星闪烁，车流秩序井然。更有特殊灯光带，洞中行车惊现白云蓝天。科学发展，精心设计，人本理念，环保优先。世纪工程，光彩永驻。丹青山水，锦绣终南。国家交通大动脉，畅通无阻，关中陕南公路交通，得以改观。盛世三秦，人和政通，西部强省，指日可待，和谐陕西，风光无限。

（此文由省交通集团提供，镌刻于秦岭终南山公路隧道通车纪念碑）

二、陈忠实《你让我荡气回肠》——群雕《华夏龙脉》读记

这是一组令我荡气回肠的花岗岩雕塑群。在我阅览的过程中，无意识间涨起关于一个民族的豪壮之气和骄傲的情怀，脊梁顿然挺直起来。

我们的历史太过沉重。大小王朝的兴起和颠覆都演绎着杀戮，都是无以数计的生灵涂炭为代价。以理性和情感的双重视角审视五千年的文明史，都是对国家和民族未来不容苟且的严峻。然而，我不想沉湎在明杀和暗陷的痛切之中，尤为珍惜且更加敬仰历史过程中的阳光。世间一切有生命的物种都仰赖太阳，一个民族和国家文明的开创和推进，是由那些出类拔萃有建树的人实现的、完成的。我看他们就是我们漫长的历史进程中洒播阳光的人。这组群雕所选取的历史人物和历史故事，包括神话传说开天辟地的盘古，以及开凿架铺栈道的工匠，都是富于建设和创造意义的阳光英雄。我便心领神会，这组石雕的创意思维与我看取历史的心情相吻合。

这组名为《华夏龙脉》的雕塑群镶嵌在秦岭腹地，恰切而又传神。龙是中华民族的象征和图腾。横亘在华夏大地中腰巍峨雄浑的秦岭，是相伴母亲河——黄河的父亲山，正恰如既威严持重又摇曳多姿的龙。秦岭把中华大地分隔为南北，形成北国岭南无限风物风情的万千气象，更哺育和影响着华夏悠久的可资骄傲于世界的文明的进程，造就了中华文明独立独秀于世界的个性与风采。60多万年前的蓝田猿人，6000年前仰韶文化的半坡人，始祖炎帝和黄帝族居之地以及陵寝，都紧依着父亲山——秦岭的北坡。盘古当是后人创作的概括了他们精髓的神化了的英雄。石雕群中遴选的人物，都是对华夏文明具有开创意义和对中国历史进程具有决定性影响的英雄，既是龙的传人龙的子孙，也是龙的精神的彰显和象征。他们组合在一起，镶嵌在秦岭，正构成一部简约的华夏文明史，也张扬体现着秦岭内在的脉象——龙脉。

巍峨雄浑的秦岭，史圣司马迁冷峻地视为“天下之大阻”，在中国第一浪漫派诗人李白眼里，竟然是一唱三叹为“难于上青天”。今有4万筑路专家和工人，以富于创造性的智慧和无坚不摧的成就事业的雄心和毅力，把一条最直接便捷的高速公路铺展在秦岭之间，成为岭南岭北人民的阳光坦途，也为秦岭这条华夏龙注入了新的血液，让这龙脉更富于活力和灵气。雕塑家无疑是深得古今神韵的大手笔，着力铆劲处可见刀锋利刃粗犷的刻痕，精雕细刻处显现着绣花裁纸的丝丝入扣的纹路，可以猜想艺术大家对民族精英的敬仰之情，也可感知横溢着的才华。这样，就有了一组震撼人心的《华夏龙脉》的雕塑，与作为龙的象征的秦岭融为一体，铸成永久。

（此文2007年8月14日作，镌刻于西汉高速秦岭服务区《华夏龙脉》雕塑）

三、肖云儒《华夏龙脉》

壮哉秦岭，巍巍乎拔地而起，若神龙之舞威虎之踞，看不尽层峦叠嶂、锥天铆地、腾挪纠纷。南抵巴蜀，北抱三秦，西接祁连，东望中原，日月之行皆出其中，文史之灿尽纳其里。主峰太白，高耸云表，峻岩奇绝，伸手触天而揽月，如巨笔写尽华夏风采，横披千里展呈于中国之中。洋洋乎仁者志在高山，汤汤乎智者意在流水，噫吁兮，天下名士无不称奇！依秦山而面秦川，乃成就长安千年帝都，迁延十三朝煌煌伟业，中华历史假此地以为舞台。代代风流人物，处处风云际会，演绎一幕幕史诗威武雄壮。有道是，京都在名山之下，名山随国威远扬也！

嗟夫斗转星移，千年兴替已成往事。而今西汉高速，逶迤通向历史云烟处。金线一条穿南北，关中汉中蜀中，无不天府；金盆聚宝万千年，渭水汉水岷水，汇通有路。朔方古塬、江河腹地、彩云之南，华北西南成一统，通江达海辟新途；塞上九曲，汉江莲船，川滇花灯，西安成渝金三角，千年期盼变通途。曾千古惊惧秦蜀道，不意路有灵犀一点通。自此天涯成比邻，可决胜千里可运筹帷幄。

流连七亩坪，怦然撼心魄。极天群雕览众山，拱日伴月何气派。中国魂、炎黄脉，岁月光阴开天关！拾段风云演华夏历史，拾捌典故道古往今来。盘古开天地，宇宙序井然。惠王率秦军，攻蜀起血战。萧何追韩信，千古美名传。汉武上林苑，骑兵大操练。诸葛计出木牛流马，黄忠斩将定军山前。李白才吟《蜀道难》，贵妃得宠荔枝路上绝尘烟。无声史剧似有声，文采风流永绵延。栩栩群雕励今人，华夏乐章新谱新韵向云天！

须晴日，偕三五友朋拜山访水，但见群峰空漾，浓荫匝地，林壑岩褶，开暝有度。车流驰进历史韶光，艳阳嬉于清泉飞瀑。熊猫觅食林下，朱鹮翔于云中。大千寂寥，天籁传音，如乐之和，无所不谐，好一派万物化醇景象。余语诸友，华夏龙脉者实有三谓，曰秦岭云横之脉，曰高速纵贯之脉，曰群雕凝聚华夏文史之脉。三脉聚汇，含茹四方风水，礼迎八方宾朋。誉称中国中央公园秦岭之中央会客厅，名至实归也。

众皆赞曰：好一道莽莽苍苍大秦岭，好一条洋洋洒洒西汉路！祈吾泱泱之中华，自强不息，厚德载物，龙脉恒远，千秋咏赋！

（此文2007年8月17日作，镌刻于西汉高速秦岭服务区《华夏龙脉》雕塑）

四、商子秦《“省门第一路”赋》

西安空港，陕西门户。形胜渭北，雄冠西部。鲲鹏起落，星月吞吐。天长日丽，云蒸霞铺。壮三秦兮连四海，通八方兮接五湖，迎嘉宾兮送远客，便商旅兮兴城埠。银鹰腾飞而秦地腾飞，航线广布而友朋广布。

浩荡通衢，机场高速。飞天跑道，旷世坦途。牵手古城，直通航埠。时光隧道，魔幻速度。犹如缩地神尺，又似奇幻长虹，车流风驰电掣，相伴晨钟暮鼓。展示三秦交通之崭新形象，聚焦五洲宾客之首度注目，是为交通大手笔，当然“省门第一路”。

入城之处，阙楼高矗，洋洋大观，汉王京都。数千年历史尽收眼底，古长安雄风激荡肺腑。出城之处，银鹰展翅，别样造型，时尚雕塑。黄土地昂首走向世界，新陕西象征光彩夺目。

排水路面，先进技术，大桥广铺，国内首度。雨天行车，消匿水雾，防滑提速，噪声降除。彩色路面，赏心醒目，引导车流，各择其路。收费不停车，省时亦便捷。特殊伸缩缝，行车更安舒。

绿化广场，广植嘉木。碧草成茵，春满高速。三季花盛，丹青画图。桃李杏柿，夏秋果熟。喷灌节约资源，智能喜降雨露。路灯星光灿烂，恰如瑰宝珍珠。

陕西交通壮士，功在一方热土。拼搏奉献，挥写诗篇，热血汗水，描绘宏图。科学发展，统领工程，建设岁月，春秋三度，科技创新，设计独步，呕心沥血，经寒历暑，披星戴月，风餐露宿，百年大计，铸就杰出。长虹凤舞，迎迓四海万国衣冠；立交龙盘，写意三秦盛世气度。大风起兮云飞扬，壮情怀兮写新赋。

美哉“省门第一路”，神哉“省门第一路”。

赞曰：长安大道通九天，丝绸之路开通途，承古开新续青史，看我“省门第一路”。

（选自2009年7月1日《陕西交通报》）

五、贾平凹《从棣花到西安》

秦岭的南边有棣花，秦岭的北边是西安，路在秦岭上约300里。世上的大虫是老虎，长虫是蛇，人实在是走虫。几十年里，我在棣花和西安生活着，也写作着，这条路就反复往返。

父亲告诉过我，他十多岁去西安求学，是步行的，得走七天，一路上随处都能看见破坏的草鞋。他原以为三伏天了，石头烫得要咬手，后来才知道三九天的石头也咬手，不敢摸，一摸皮就黏上了。到我去西安上学的时候，有了公路，一个县可以每天通一趟班车，买票却十分困难，要头一天从棣花赶去县城，成夜在车站排队购买。班车的窗子玻璃从来没有完整过，夏天里还能受，冬天里风刮进来，无数的刀子在空中舞，把火车头帽子的两个帽耳拉下来系好，哈出的气就变成霜，帽檐是白的，眉毛也是白的。时速至多是40里吧，吭吭唧唧在盘山路上摇晃，头就发昏。不一会有人晕车，前边的人趴在窗口呕吐，风把脏物又吹到后边窗里，前后便开始叫骂。司机吼一声：甭出声！大家明白夫和妻是荣辱关系，乘客和司机却是生死关系，出声会影响司机的，立即全不说话。路太窄太陡了，冰又瓷溜溜的，车要数次停下来，不是需要挂防滑链，就是出了故障，司机爬到车底下，仰面躺着，露出两条腿来。到了秦岭主峰下，那个地方叫黑龙口，是解手和吃饭的固定点。穿着棉袄棉裤的乘客，一直是插萝卜一样挤在一起，要下车就都浑身麻木，必须揉腿。我才扳起一条腿来，旁边人说：那是我的腿。我就说：我那腿呢，我那腿呢？感觉我没了腿。一直挨到天黑，车才能进西安，从车顶上卸下行李了，所有人都在说：嗨，今日顺到！因为常有车在秦岭上翻了，死了的人在沟里冻硬，用不着抬，像掮椽一样掮上来。即使自己坐的车没有翻，前边的车出了事故，或者塌方了，那就得在山里没吃没喝冻一夜。

90年代初，这条公路改造了，不再是沙土路，铺了柏油，而且很宽，车和车相会没有减速停下，灯眨一下眼就过去了。过去车少，麦收天沿村庄的公路上，农民都把割下的麦子摊着让碾，狗也跟着撵。改造后的路不准摊麦了，车经过刷地一声，路边的废纸就煽得贴在屋墙上，半会落不下。狼越来越少了，连野兔也没了，车却黑日白日不停息。各个路边的村子都死过人，是望着车还远着，才穿过路一半，车却瞬间过来轧住了。棣花几年里有五个人被轧死，村人说这是祭路哩，大工程都要用人祭哩。以前棣花有两三个司机，在县运输公司开班车，体面荣耀。他们把车停在路边，提了酒和肉回家，那毛领棉大衣不穿，披上，风张着好像要上天，沿途的人见了都给笑脸，问候你回来啦？就有人猫腰跟着，偷声换气地乞求明日能不能捎一个人去省城。可现在，公路上啥车都有，连棣花也有人买了私家车。那一年，我父亲的坟地选在公路边，母亲就说离公路近，太吵吧，风水先生说：这可是好穴哇，坟前讲究要有水，你瞧，公路现在就是一条大河啊！

我每年十几次从西安到棣花，路经蓝关，就可怜了那个韩愈，他当年是“雪拥蓝关马不前”呀，便觉得我很幸福，坐车三个半小时就到了。

过了2000年，开始修铁路。棣花人听说过火车，没见过火车。通车的那天，各家在通知着外村的亲戚都来，热闹得像过会。中午时分，铁路西边人山人海，火车刚一过来，一人喊：来了——！所有人就像喊欢迎口号：来了来了！等火车开过去了，一人喊：走了——！所有人又在喊口号：走了走了！但他们不走，还在敲锣打鼓。十天后我回棣花，邻居的一个老汉神秘地给我说：你知道火车过棣花说什么话吗？我说：说什么话？他就学着火车的响声，说：棣花——！不穷！不穷！不穷不穷，不穷不穷！我大笑，他也笑，他嘴里的牙脱落了，装了假牙，假牙床子就笑了出来。

有了火车，我却没有坐火车回过棣花，因为火车开通不久，一条高速路就开始修。那可是八车道的路面呀，洁净得能晾了凉粉。村里人把这条路叫金路，传说着那是一捆子一捆子人民币铺过来的，惊叹着国家咋有这么多钱啊！每到黄昏，村后的铁路上过火车，拉着的货物像一连串的山头在移动，村人有的在唱秦腔，有的在门口咿咿呀呀拉胡琴，火车的鸣笛不是音乐，可一鸣笛把什么声响都淹没了。火车过后，总有三五一伙端着老碗一边吃一边看村前的高速路，过来的车都是白光，过去的车都是红光，两条光就那么相对地奔流。他们遗憾的是高速路不能横穿，而谁家狗好奇，钻过铁丝网进去，竟迷糊得只顺着路跑，很快就被轧死了，一摊肉泥黏在路上。我第一回走高速路回棣花，没有打盹，头还扭来转去看窗外的景色，车就突然停了，司机说：到了。我说：到了？有些不相信，但我弟就站在老家门口，他正给我笑哩。我看看表，竟然仅一个半小时。从此，我更喜欢从西安回棣花了，经常是我给我弟打电话说我回去，我弟问：吃啥呀？我说：面条吧。我弟放下电话开始擀面，擀好面，烧开锅，一碗捞面端上桌了，我正好车停在门口。

在好长时间里，我老认为西安越来越大，像一张大嘴，吞吸着方圆几百里的财富和人才，而乡下，像我的老家棣花，却越来越小。但随着312公路改造后，铁路和高速路的相继修成，城与乡拉近了，它吞吸去了棣花的好多东西，又呼吐了好多东西给棣花，曾经瘪了的棣花慢慢鼓起了肚子。棣花已经成了旅游点，农家乐小饭馆到处都有。小洋楼一幢一幢盖了，有汽车的人家也多了，甚至荒废了十几年的那条老街重新翻建，一间房价由原来的几十元猛增到上万元。以前西安人来，皮鞋印子留在门口，舍不得扫；如今西安打一个喷嚏，棣花人就问：咱是不是感冒啦？他们啥事都知道，啥想法也都有。而我，更勤地从西安到棣花，从棣花到西安，我不再以出生在山里而自卑。车每每经过秦岭，看山峦苍茫，白云弥漫，就要念那首诗：“啊，给我个杠杆吧，我会撬动地球；给我一棵树吧，我能把山川变成绿洲；只要你愿意嫁我，咱们就繁衍一个民族。”

就在上个月，又得到一个消息，还有一条铁路要从西安经过棣花，秋季里动工。

（选自2009年7月15日《人民日报》）

六、党天正《宝天高速公路竣工纪念》

宝天高速公路是国家西部大开发十大工程之一，贯通陕甘，衔连关中天水经济区。工程建设自2006年9月正式启动，至2009年9月竣工通车。近万建设者千日鏖战，顽强拼搏，谱写了一曲气壮山河的时代赞歌。宝天高速公路的建成，泽被秦陇，惠及华夏，厥功至伟，勒石以志。

泱泱中华，多娇江山。巍巍秦岭，浩浩渭川。炎帝故里，薪火相传。宝天高速，于斯起焉。省管市建，各方襄赞。斥资数亿，计在高远。掘洞架桥，作业艰难。筑路大军，攻险克坚。精心施工，严格把关。质量效率，齐抓共管。生态环保，力为人先。扬先民筚路蓝缕创业图强之精神，谱盛世改天换地开道兴邦之华篇。百年盼想，一朝梦圆。通衢大道，东去西连，过山越壑，桥隧相衔。绿草与红花互映，人文和自然相谐，铁路跟公路交汇，车流共水流齐先。壮哉，日月经天，星汉灿烂；伟哉，巨龙穿山，世间奇观。三年岁月如流，三载春华秋实，得时享地，顺人应天。觞而浩歌，惟祝惟赞；宝天高速公路，光明之路，希望之路，直通幸福彼岸；西部社会经济，腾飞跨越，虎生双翼，径奔灿烂明天。

（此文2009年9月镌刻于宝天高速公路王家梁隧道口宝天高速建设纪念碑石）

七、左晓云《新丝路赋》

忆古之汉武辉煌，有张骞者，西域之使，驼峰马背载华夏文明之于异国，结友善之邻，扬刘氏之威。驼马踏出者，后人谓之丝绸之路也，此路非仅为路也，乃文明友交之路。纵横万里，受尽磨难，只不屈者，为人之志也，此志乃华夏友善之标也。

观如今，古丝路重新崛起，路少有险阻崎岖之势，取之为钢筋水泥，桥梁隧道，此乃新丝路西长之路也。华夏儿女重铸昔日之风采矣。

西出古城，一马平川之阳关大道路于足下，非也，乃踏于新时代之铁骑之轮轴下也。一路辉煌，秦汉唐之文明落入眼眶，此历史之迹也，诉尽江山风雨情，朝代血泪史，而造就今中华之悠悠文明史。沿此平坦大道悠然远去，两岸阡陌平原渐变，代之巍巍青山，袅袅炊烟，引去双眸，此乃半山人家之居也。

望新丝路，忆古丝路，昔日千里之外地，今可迅达之也，岂有不乐者乎？遐想，有古人穿越于今日，观此景，将以何想？谓之，此乃神力相帮也！非也，此乃历史文明发展之果也。新古丝路，变者，乃客观之路也，沧海桑田，只为岁月之变也；不变者，谓之华夏友善之情也，纵观五千年，此文明国者之标也。

吾乃西长人，即新丝路筑成者之后继人也。望此文明之结晶，心有感慨而颇多也。此上所之言语，乃吾之真情流露也，表吾心之感，寄吾心之福。

（选自2010年3月16日《陕西交通报》）

八、刘炜评《六千里路云与月》

夫行业事功之臻，固不能无涉于时序世情，然尤决于执业者之运筹及所为，观诸三秦高速公路筑建，信矣然。陕西山川壮美，文明悠久，兼位处华夏腹地，八方人流物产往来，多经于兹。秦之驰道，汉唐丝路，皆始于咸阳、长安。然五代以降，世变迭起，京畿东移，秦中百业，遂趋衰缓，交通一脉，曷能独逃局外？至于近代，陆路之闭塞，尤远逾东南诸省。迨廿世纪，吾陕交通始有新局，而高速公路之筑，则肇于改革之后。忆一九八五年秋，狮城总理李公光耀，往观秦陵兵俑，宾车拥塞，移时不前。李公乃有世界奇迹一睹难、秦路蹉跎车马困之叹，秦人为之赧矣，始筑西临首线。综察吾陕高速公路起振历程也，由零及千，费时十有七年，众虽戮力，然仍落后于诸邻，尤不胜西部开发、百业竞翥之需。惟二零零五之后，执事者奋臂而呼，起宏图，聚群雄，募资费，万众偕力，腾踔致远，遂能于数年间，次第竣工黄延、榆蒙、西汉、吴靖、西长、西康、西商、商漫、榆神、宝天、千陇、渭蒲、宜富十余道，穿秦巴，越朔漠，北延晋蒙，南接渝蜀，东牵鄂豫，西连宁陇，建煌煌通衢，成华夏之枢，由一千至于两千，两千至于三千四百，费时各仅三岁。不惟通车里数居西部第一，其格局之恢弘，工艺之精湛，环保之讲求，效益之卓著，尤令天下刮目。今我三秦大道，纵横城乡，网联海内；四时政事商务，畅达无碍；民人长旅短游，如访郊邻，此实千载未有之盛况矣。摹绘宏业，匪我所能；张乐禹甸，愿执铙钹矣。商州刘炜评记，时在庚寅秋九月。

（此文2010年10月16日作，镌刻于青兰高速厢寺川服务区B区陕西高速公路通车3 000公里纪念碑石）

九、李浩 《安川高速公路赋》

夫道路之筑，固为国本，尤系民生。遥想五丁开山，勾连天梯石栈，秦山蜀水，始通人烟；穆王游历，驰骋腾雾超影，西部交通，宜乎肇造。秦修驰道，车轨恒一；汉凿西域，货殖畅流；唐续丝路，德威远播。览周秦汉唐之雄强宇内，靡不得助于长安辐辏八面，关中枢纽亚欧。洎乎共和，咸与维新；改革开放，国运重振；百业昌隆，交通先行。秦地高速，通车已逾六千里；灞柳相别，重逢何必叹经年？今之掌交通者，不惟幽情以思古，更当蹈厉以发扬。

庚寅仲冬，安川高速告竣，包茂陕线贯通。四方闻者，莫不盛称其善。盖任河栈道，千年驮运茶马。巴山汉水，自古视为畏途。唯地蕴灵气，天赋雄姿，揽造化之形胜，钟南北之韵致。嗟乎巉岩叠构，沟壑交织。考工营作，多涉禁区。天工开物，功补造化。壮哉卅载六月，募巨资而偕众力，运群智而起宏图。冲极限，战犹酣。克万难，争卓越。精诚所至，蛟龙拜舞。阙巨嶂以贯长隧，跨激流以架彩虹。今毕工之道路，下傍渌水，上跨瀛湖，北连金州，南越巴山。于是秦头渝尾，永为坦阔大道；崇山峻岭，宜乎闲驾悠游。华都偏邑，无虑互达。内联外接，纵横辐射。百年夙愿，盛世得遂。主事者嘱余铺采摛文，以美筑路宏业，且歌且赞曰：路桥告竣，造福八方。载歌载舞，凤鸣鸾翔。山欢水笑，天人交响。高速事业，再谱新章。

庚寅岁杪，夏州李浩敬撰。

（此文作于2010年12月，镌刻于安川高速安康西服务区安川高速建成通车文化墙）

第十篇 人 物

在公路交通建设、养护、运输、服务、设计、科研、教育和管理等工作岗位上，流动、分散、常年野外作业的艰苦环境里，广大公路交通职工以为人民群众和社会提供良好交通服务为己任，发扬“铺路石”和“大爱在心，为民开路”的交通行业精神，爱岗敬业，开拓奋进，艰苦奋斗，锐意创新，勤奋工作，默默奉献，攻克无数挑战和困难，不断推动公路交通事业发展，涌现出大批为公路交通现代化建设做出突出贡献的先进模范，在各条战线发挥表率和带头作用，成为公路交通职工的楷模和榜样。在公路交通抢险救灾的关键时刻，或偶遇突发事件的危急关头，公路交通职工挺身而出，抢险救援，排难保畅，有的不幸牺牲，用生命书写爱路护路的英雄壮歌。一批公路交通专家和领导者、管理者、建设者，以强烈的责任感、使命感和事业心，发挥技术专长、领导才能与管理才干，励精图治，克难攻坚，在全行业或某个领域、某个岗位成就斐然，贡献卓著，成为全省公路交通行业有重要影响的人物。

第一章 人物传略

本章按照“生不立传”的原则，记述革命烈士张积东，全省“十佳”道工、省级劳动模范徐良成，“爱路护路卫士”、革命烈士刘昶，“优秀路政员”、革命烈士范永强等4人事迹。

张积东

张积东（1963.10—1996.1），陕西省西乡县人，中共党员，中专学历，助理工程师。自小失去父母，靠政府抚养和自己打柴烧炭挣学费，读完初中。1980年考入省交通学校。1984年毕业后被分配到汉中市汉台区地方公路管理站工作。1984年7月—1985年7月，参加宗营至武乡公路扩建。1985年11月—1986年5月，参加原白庙乡西王村至碨儿口村通村路修建。1986年5月—1990年1月，先后参加汉白路北门口至牛家桥路段、汉武公路陈家营至黄家塘路段改造施工。1990年5月任汉中至孤山大桥汉中市水泥厂以西路段改建工程办公室副主任，承担勘测设计、施工管理和工程预决算工作。由于业务熟练且精打细算，被誉为“铁算盘”、“红管家”。1990年11月，工程结束后任汉中市地方公路管理站副站长，分管公路养建工作。1995年3月，任汉中市地方道路管理站站长。张积东口头禅是：“不能忘本，不能对不起党和政府，不能对不起这份工作。”他视工作如生命，常常没日没夜拼命工作。任站长后，积极落实市交通局党委提出的地方道路管理站只保养建、办公经费和人员工资，其余经费自己挣的改革思路，与站领导班子成员研究提出人员、机构改革实施方案。被借调该站并任站办公室负责人的张某，由于调进地方道路管理站的编制解决不了，站上提出让他回原单位或考虑到其他单位工作，张某不接受站上意见并认为是张积东有意整他，遂心生怨恨。1996年1月8日，张积东一早就到办公室上班。7时50分左右，怀恨在心的张某持刀进入张积东办公室，乘他不备，向他颈部、面部接连猛刺数刀，张积东终倒在了办公室火炉旁。8时前后，当上班的同志发现倒在血泊之中的张积东并紧急送往医院抢救时，终因伤势过重，流血过多，于8时40分停止了呼吸，年仅32岁。2003年11月25日，省政府批准追认张积东为革命烈士。

徐良成

徐良成（1955.3—2000.12），陕西省汉阴县人，中共党员。1970年5月参加工作。先后在安康公路管理局宁陕大堰沟道班、旬阳坝道班、长坪道班、新路道班工作。1995—2000年任新路道班班长。1992年2月获全省干线公路系统第三届“十佳”道工荣誉。1995年1月获陕西省社会主义精神文明建设活动“学雷锋先进个人”称号。他所在道班曾先后荣获省公路局、省交通厅“文明道班”、全国交通系统“百佳文明道班”等称号，被中华全国总工会授予“模范职工小家”，交通部授予“全国文明道班”，被交通部命名为“学习华铜海先进集体”。徐良成被交通部中华见义勇为基金会授予全国交通系统“见义勇为先进个人”。为保障所管养210国道路段完好和安全畅通，徐良成带领他的同事们，常年坚持在环境艰苦的秦岭山区养路护路。每逢冬季，他带领全班人员常常顶着零下十几度的严寒，巡路排险，救援事故车辆，经他们救援的车辆达80余辆（次）。得到救助的司乘人员遍及山西、河北、河南、四川、宁夏、湖北、山东等15省（自治区），过往司机称他们为“平河梁上一盆火”。由于常年在艰苦环境里忘我工作，徐良成积劳成疾。在身患重病的情况下，他仍以超人毅力和顽强意志，坚守岗位，拼命工作。2000年12月19日，徐良成突发脑溢血不幸去世。2001年被陕西省总工会追授为陕西省劳动模范。

刘　昶

刘昶（1966.7—2003.8），河北省固安县人，高中文化，中共党员。1988年5月—1992年2月，西安公路管理局周至公路管理段秦岭南天门和元潭子道班养护工。1992年3月—2000年3月，西安公路管理局周至公路管理段机械施工队机械驾驶员。2000年4月起，西安公路管理局周至公路管理段路政员。2003年8月28日，暴雨致108国道周城公路周至段塌方100多处，阻车数千辆。9月7日下午7时左右，K18＋400处发生塌方，4 000立方米塌方体将63米长的路基填埋，交通中断。刘昶和全段职工紧急投入抢险。由于山体失稳，塌方不断，抢险职工废寝忘餐，连续奋战。8日清晨6时，刘昶没顾上吃早饭，就开车带着工友再次赶往现场清理塌方。他担任现场安全警戒，并负责护送过往群众安全通过塌方区。下午2时，刘昶和机材股股长王高社开车下山拉爆破落石的火工器材。车辆返回途中，王高社让刘昶在马召镇停车吃点东西，刘昶说：“山上堵着几千辆车，我咋能心安理得地坐下吃饭呢？”他忍饥挨饿将火工材料及时送到工地后，顾不上歇息又担起安全警戒任务。下午3时40分，一块巨石突然从山上向塌方清理现场滚落而来，刘昶急忙指挥装载机操作手将机械倒回安全地段。就在这时，一块 1 米见方的石头又从山体崖顶滚下，在垂直坠落50米后突然裂开，其中一块石头飞向刘昶，刘昶躲避不及，被石头撞击并推出2米多远，跌至路边百米深沟底，不幸当场牺牲。刘昶壮烈牺牲后，省

公路局追授他为“优秀路政员”。中共陕西省交通厅党组、省交通厅追授他为“爱路护路卫士”，并号召全系统开展向刘昶学习活动。共青团陕西省委追授他为“青年突击手标兵”。2003年10月8日，省政府批准追认刘昶为革命烈士。

范永强

范永强（1972.2—2004.3），陕西省凤翔县人，大专文化。1994年12月参加工作，在凤翔公路管理段姚店道班当养路工。1997年调入陇县东河桥收费站，担任东河桥稽查队路政员。2003年12月，借调至宝鸡公路管理局路政管理支队310国道姜谭超限运输检测站，担任三班班长。2004年3月6日下午，范永强在检测站值勤时，一辆重型货车欲不经检测强行通过，他手持停车牌示意司机停车，接受检测，该车驾驶员竟加大油门，强行通过，他躲避不及，被重车当即撞倒又被该车从身上碾过，当场造成重伤；经送医院抢救，终因伤势过重不幸牺牲。范永强牺牲后，中共宝鸡市委追认他为中共党员。省公路局追认他为“优秀路政员”，并在全省公路系统开展向范永强学习活动。2005年5月11日，省政府批准追认范永强为革命烈士。

第二章　人物录

本章收录全省公路交通系统全国劳动模范、五一劳动奖章获得者和新中国成立以来感动交通人物共24人。其中，中共中央、国务院授予全国劳动模范荣誉称号9人，中华全国总工会授予全国五一劳动奖章荣誉称号14人，交通运输部表彰的新中国成立以来感动交通人物1人。同时，简录陕西省交通运输厅历任领导与非领导职务人员40人。

第一节　全国劳动模范

周华俊（1947.12）　陕西省镇巴县人，中共党员，初中文化，技师。1970年1月在镇巴铁厂参加工作。1979年起在留坝段马道道班工作，先后任道班班长、养护队队长。任马道养护队队长期间，带领20名职工养护33公里油路，实行“定额考工、联路计酬”、“目标管理、减员承包”等改革措施，并推行路基、路面分开养护。所养路段养护定员由36人减至21人，养护生产使用的翻斗车由4台减为1台，而好路率则由原75%提高至100%。经三年艰苦奋战，将所养路段全部建成美化路。他带领职工技术革新，节约养护经费30多万元。他总结的路面养护“双层补坑法”，被汉中公路管理总段定名为“周华俊补坑法”，并在全系统推广。所在道班获交通部授予“全国优秀养护队”称号。他曾获省交通厅“十佳”养路标兵称号，先后8次被评为好班长，5次被评为优秀共产党员。1993年4月获陕西省劳动模范荣誉称号。1995年4月获全国劳动模范荣誉称号。

曹双虎（1952.10）　陕西省长武县人，中共党员，初中学历。1971年参加工作，先后任陕西省咸阳运输公司货运总公司经营科党支部书记、科长、副经理，党总支书记兼工会主席等职。由于工作一贯兢兢业业，埋头苦干，成绩突出，多次被评为单位先进工作者。1981年被省交通厅评为优秀乘务员。1989—1994年，他驾驶东风货车早出晚归，安全行驶，完成周转量32.63万公里，为公司创营运收入51.69万元，实现利润12.50万元，完成任务指标列公司和咸阳市道路运输系统第一。其间，1992年4月被中华全国总工会授予“全国优秀驾驶员”称号，并获五一劳动奖章荣誉称号。是年7月，获陕西省劳动模范荣誉称号。1993年当选政协第七届陕西省委员会委员。1995年4月获全国劳动模范荣誉称号。

王宏儒（1946.3） 陕西省富平县人，中共党员，大专文化，高级政工师。1967年10月参加工作。1976年8月任陕西省黄龙县白马滩公社党委书记兼主任。1982年12月任黄龙县副县长。1989年11月任渭南市农业技术推广中心副主任。1990年11月任渭南公路管理总段段长、党委副书记。任总段长后，积极利用“贷款修路、收费还贷”政策，大力组织公路改建，带领干部职工奋战6年，共完成公路改建投资6.50亿元，建成二级公路267公里、大桥3座，实现干线公路二级网化，局属单位全部创建为县及县以上文明单位。1998—1999年，渭南公路管理总段先后获省公路局“优良化管理总段”、省交通厅“最佳单位”、省劳动竞赛委员会“陕西省职工跨世纪立功竞赛标兵集体”等荣誉。王宏儒获省劳动竞赛委员会授予“陕西省职工跨世纪立功竞赛标兵”称号，并获渭南市“二级公路网化建设先进个人”荣誉。2000年5月获全国先进工作者荣誉称号。

戴文晗（1948.11） 江苏省丰县人，中共党员，1968年12月地质部南京地质学校矿产地质与勘探专业毕业，正高级高级工程师。1969年1月—1980年9月，陕西地质局八队工作。1980年10月起在核工业部203研究所工作，任遥感电算研究室主任。1992年获陕西省劳动模范荣誉称号，并获中国核工业部中青年有突出贡献专家称号。1993年享受国务院政府特殊津贴，并当选中共陕西省第八次代表大会代表。1996年起在省公路设计院工作，任遥感计算中心主任、院工程技术委员会委员，兼任西北大学教授、东南大学首届董事会董事、陕西省公路学会交通工程委员和陕西省地质学会理事。创建省公路设计院遥感计算中心。带领科研团队先后完成榆靖、禹阎、靖王、西汉、西安绕城高速南段等30多条高速公路项目遥感地质调绘选线；调查速度提高3～5倍，成本降低30%～50%，综合效益提高1～3倍，潜在经济效益节约建设资金约10亿元以上。共主持完成国家、部、省和厅等科研项目18项，承担横向委托科研与工程项目多项，其中达到国际先进水平5项，获部、省科技进步一等奖2项、二等奖4项。在国内外有关刊物发表论文20多篇，有多篇获奖。1999年，所带科研团队被评为全省职工技术创新示范岗、全省交通系统科技工作先进集体。2000年5月，戴文晗获全国先进工作者荣誉称号。2001年7月1日，作为全国先进工作者代表之一，出席中共中央在北京召开的庆祝建党80周年大会。

西学伟（1947.2） 陕西省西安市人，中共党员，技师。1968年9月—1970年9月，宝鸡固川农村插队。1970年10月，省公路局机械修配厂当维修工，后任维修组组长、班长，车间技术检验员。1986年12月—1995年8月，任省路桥工程总公司一公司机械设备科副科长。其间，参加西三一级公路和西临、西宝高速公路建设，被省公路局、省高管局分别评为科技兴路有贡献先进科技工作者、文明创建标兵。1995年9月起，任陕西高速机械化工程有限公司材料部部长。他未受过系统专业教育，凭勤奋学习和刻苦钻研，从一名维修工成长为工人技师，并被交通部公路管理司破格选为《公路筑养路机械保修规程》一书编写专家。先后参与吉普车技术改造、黄河150汽车高压泵改型、卡特140G转盘液压马达配流盘改制等10多项技术攻关，取得显著效益。1999年4月获全国五一劳动奖章荣誉称号。2005年4月获全国劳动模范荣誉称号。

谢　娟（1969.7）　女，宁夏回族自治区中宁县人，大学学历，正高级高级工程师。1991年7月，从东南大学公路与城市道路工程专业毕业后，在西安公路研究所从事公路工程勘察设计、咨询、科研等工作。曾主持或参与部、省多项科研课题研究。其中，交通部“八五”科技攻关项目《陕西省黄土区高等级公路半刚性基层沥青路面典型结构研究》，获省科技进步三等奖、省交通厅科技进步一等奖；《高等级公路沥青路面结构设计参数变异性分析研究》，获省交通厅科技进步二等奖、交通部科技进步二等奖；交通部“九五”科技攻关项目《陕西省高等级公路半刚性基层沥青路面长期使用性能研究》，获省科技进步二等奖；省交通厅《沥青路面再生技术研究》项目，获省科技进步三等奖。先后参与子靖、勉宁、咸永等高速公路工程可行性研究或设计，在工程方案论证、投资估算、经济评价以及路基路面设计方面，经验丰富。2000年被评为省交通厅劳动竞赛标兵。2001年9月获全国交通系统先进工作者荣誉称号。多次被评为省交通工会巾帼立功竞赛先进个人。2005年起主要从事公路路基路面设计审查和概预算审查工作。2005年4月获全国劳动模范荣誉称号。

杨天明（1952.7）　江苏省镇江市人，中共党员，大学文化，高级政工师。1971年6月起在西安市公交公司工作，历任汽车一场乘务员、车工、车间副主任、副场长等职。1992年11月起，历任西安市公交总公司副总经理、党委副书记、纪委书记。1997年12月起，任西安市公交总公司总经理、党委副书记。他带领公司一班人改革创新，企业持续快速发展。2004年公司营运线路182条，营运车辆3 025辆，营运总收入5.16亿元，企业资产7.88亿元，上缴税费5 844万元。同时，组织开展“新理念、新公交、新形象”和“温馨大巴”等活动，组织新建公交候车棚322个，更新灯箱式站牌810组，公交服务水平显著提升。2005年4月获全国劳动模范荣誉称号。

王西林（1957.8）　河南省长葛市人，大学学历，经济师。陕西延安王家坪实业发展集团有限公司总经理，政协第十一届全国委员会委员，陕西省工商联副主席，陕西省慈善协会荣誉会长，延安育英中学监事会主席。1987年由创建王家坪汽车联营运输公司起，努力开拓经营，企业发展壮大，成为集汽车货运、维修服务、铁路代办运输、房地产开发、建筑装潢、石油石化及酒店服务、民办教育等多元化、集团制经营实体。他热心社会公益事业，先后为社会公益和慈善事业资助4 100多万元，其中捐款300多万元，修建7所希望小学。在省慈善协会设立个人冠名助学基金500万元，每年资助50名贫困大学生。捐资300万元，在陕南山区修建117座便民桥。出资200多万元，为延安市宝塔区麻洞川乡樊村修建学校，资助贫困生和贫困户。投资1.60亿元创办延安育英中学，为近百名贫困生一次性减免学费248万元。公司先后被中共陕西省委、省政府命名为省级“文明单位”，中央文明委授予“全国精神文明建设先进单位”，全国绿化委评为“全国绿化模范单位”，并先后获省级“文明单位标兵”、“模范职工之家”，省、市“优秀企业”、“明星企业”、“社会公益之星”等50多项荣誉。王西林先后荣获中华慈善奖、全国十大公益之星提名奖，陕西省为公益事业做出突出贡献的民营企业家、十大扶贫之星等60多项荣誉。2005年4月获全国劳动模范荣誉称号。

靳宏利（1960.9） 陕西省蓝田县人，中共党员，正高级高级工程师。1983年7月参加工作。1987年7月—2001年5月，先后任陕西煤炭建设公司二处处长、公司副经理。2001年5月，任省高速集团副总经理。2006年9月，任省高速集团总经理兼副董事长。2009年4月起，任省高速集团董事长兼党委书记。任省高速集团总经理以来，他与集团公司一班人带领员工开拓进取，组织完成高速公路建设投资484亿元，先后建成黄延、西汉、潼临改扩建、安康至汉中等6条高速公路计703公里，收取公路车辆通行费148亿元，完成公路养护投资34亿元，实现多元经营收入68.89亿元、利润1.97亿元。推行干部竞争上岗和劳动用工制度改革。推进员工民生建设，改善员工工作、生活条件。倡导并推进路域文化、书香型企业建设。截至2010年，省高速集团运营高速公路1 398公里，资产总额927.40亿元。先后被省政府授予投资突出贡献企业、“十一五”社会贡献优秀国有企业称号。靳宏利先后被交通部授予全国交通行业“抗灾保通先进个人”、“抗震救灾先进个人”称号；被国家发展和改革委员会、国务院国有资产监督管理委员会研究中心等联合评为“中国改革之星优秀人物”；被华商报和陕西人民广播电台主办的陕西经济推动力总评榜评为“光辉陕西十大风云人物”；被国家发展和改革委员会、人力资源与社会保障部授予“西部大开发突出贡献个人”称号。2010年4月获全国劳动模范荣誉称号。

第二节 五一劳动奖章获得者

汤炳生（1931.5） 陕西省潼关县人，中共党员，初中文化。1955年5月参加工作、历任潼关县金陵乡、站北乡、潼关建材厂等单位党支部（委）书记。1980—1987年任潼关县交通监理站站长。1987年起任渭南交通征费稽查处潼关征稽所所长。带领全所职工克服困难，年年超额完成公路养路费等交通规费征收任务，征稽所连年被评为全省征稽系统先进集体。1991年，汤炳生获省征稽系统先进个人标兵称号，潼关县“十佳党员”称号，中华全国总工会授予“全国优秀经营管理者”称号。1991年4月获全国五一劳动奖章荣誉称号。

党忠岁（1945.2） 陕西省安康市人，中共党员，初中文化。安康市汽车运输公司驾驶员。爱岗敬业，爱护车辆，技术过硬。工作勤勤恳恳，任劳任怨，生产任务完成多年居公司前列。始终坚持遵章守纪，安全驾驶，热情服务，创造安全行车50万公里无事故业绩，多次被公司评选为先进个人。1987年10月获陕西省劳动模范荣誉称号。1992年4月，被交通部评为全国优秀驾驶员，并获全国五一劳动奖章荣誉称号。

史建军（1962.7） 陕西省铜川市人，中共党员，高中文化。1985年参加工作，铜川汽车运输公司四队驾驶员、行车班班长。1987—1990年，累计完成货物周转量2 490.24吨公里，安全行驶22.91万公里，节油1.02万升，实现利润21.64万元，领先全省同类车型生产指标。1991年完成货运周转量64.80万吨公里，安全行驶5.69万公里，节油5 580升，实现

利润5.11万元，一年完成两年生产计划。多次被评为公司、市交通局系统先进生产者，并分别获铜川市劳动模范、省交通系统劳动模范称号。1991年被评为铜川市“八五”立功竞赛先进个人、效益标兵和省交通运输效益标兵。所驾驶汽车先后荣获省交通系统红旗车、全国红旗车称号。1992年4月获陕西省劳动模范、全国优秀驾驶员荣誉称号，并获全国五一劳动奖章荣誉称号。

米　辉（1958.9）　陕西省宝鸡市人，中共党员，初中文化。1975年2月参加工作。1978年2月—1981年10月，中国人民解放军37797部队服役。1981年11月转业宝鸡市第三汽车运输公司工作，担任驾驶员。爱岗敬业，不怕苦累，坚持热情服务，文明驾驶，安全行车，创造安全行车百万公里无事故记录。1992年，获宝鸡市第四届“青年十佳”称号，他所驾驶汽车获“全国红旗车”称号。1993年4月获全国五一劳动奖章荣誉称号。

康书文（1949.5）　河南省巩县人，中共党员，大专学历，高级经济师。1984—1987年，任渭南地区杏林轧钢厂党委委员、工会主席。1987—1990年，任渭南通用机械厂副厂长。1991—1994年，任渭南建筑机械厂厂长、党委副书记。其间，带领企业扭亏增盈，经济效益大幅提高，同时改善职工福利，增加职工收入。1993年5月获全国五一劳动奖章荣誉称号。1994年，先后被中华全国总工会授予全国优秀经营管理者、共和国群星百名企业家等荣誉。1995—1998年，任陕西省汽车工业贸易总公司总经理。

裴万兴（1946.10）　陕西省石泉县人，中共党员，高中文化，技师。1964年11月在省公路局第八工程队参加工作。1980年1月—1985年12月，先后在省公路局第五、二工程处基建办公室、行政办公室、机械管理科工作。1986年1月起在省路桥工程公司工作。是年3月，受省公路局派遣，赴英国学习沥青搅拌设备操作、维修技术。学成归来后，先后任省路桥工程总公司拌和厂班长、副厂长、厂长等职，后任第二机械施工队队长、第一工程公司副经理。先后参加10余条高速公路项目建设。他负责大型进口沥料拌和成套设备电器部分管理，坚持精心维护，并进行多项技术革新，保持设备正常运转。1996年1月，任省路桥工程总公司泉州至厦门高速公路项目副经理。先后被评为全省交通系统“‘八五’生产标兵”、“西宝高速公路建设生产标兵”。1996年4月获全国五一劳动奖章荣誉称号。

吴海建（1950.3）　陕西省洛南县人，初中文化，商洛地区汽车运输总公司洛南分公司驾驶员。1969年4月—1975年3月，沈阳军区高炮六师汽车连战士。1975年3月退伍后，在商洛地区汽车运输公司当驾驶员。1994年6月，商洛地区运输公司洛南公司工作。他热爱本职，乐于奉献，坚持在别人不愿跑的山西运城线路运营，为公司创出一条高产客运线路。技术过硬，行车安全，订立并坚持“不开带病车、不开英雄车、不开违章车”的“三不”原则，安全行车22年、130多万公里。服务热忱，每年收到乘客

感谢信数十封。他多次被评为省、市交通系统和总公司先进生产者。1998年4月获全国五一劳动奖章荣誉称号。

王保才（1963.5） 陕西省西安市人，大专学历，西安市出租汽车公司二分公司驾驶员。心系旅客，诚信服务，文明运营，安全驾驶，创安全行车82万公里业绩。关心行业，热心公益，乐于助人。积极倡导开展出租客运社会公益活动，带头免费接送乘客2 000多人次，少收出租车费3 000余元，倡导并力行教师节免费为教师提供客运服务活动。曾先后获全国青年文明号、全国交通技术能手、西安市劳动模范、市职工技术竞赛驾驶状元等称号，被誉为“好的哥”。2001年4月获全国五一劳动奖章荣誉称号。

张尔茂（1962.10） 陕西省西安市临潼区人，中共党员，大专学历。1980年6月参加工作，阎良汽车运输公司修理工。是年9月，调阎良交通监理站工作。1981年2月—1987年9月，先后在西安市沣峪口、郭杜、灞桥交通监理所工作。1987年9月调西安交通征稽处阎良交通征稽所工作。1993年任所长后，带领职工连年超额完成规费征收任务。至2002年，全所规费征收额年均递增15%以上。该所连续10年被省交通厅征稽局、西安交通征稽处评为先进集体。张尔茂曾10余次被评为全省交通征稽系统优秀征稽员、优秀所长和西安交通征稽处先进工作者。2002年4月获全国五一劳动奖章荣誉称号。

钱培芳（1955.1） 女，上海市人，中共党员，大学文化，高级政工师。1970年12月参加工作。历任西安市公交公司汽车一场乘务员、工会干部、生产科科长、办公室主任、多种经营管理处副处长等职。2001年9月起，任西安市公交总公司工会主席。她坚持以职工为本，在依法科学维护职工利益同时，带领总公司工会，围绕提高职工素质，促进企业发展的中心，以创建“工人先锋号”为载体，组织开展职工经济技术创新和劳动竞赛活动，规范公交运营服务，创建全国建设系统“工人先锋号”公交线路1条，西安市“工人先锋号”公交线路4条。2007年4月获全国五一劳动奖章荣誉称号。

米　峻（1968.8） 陕西省榆林市人，中共党员，大学学历，正高级高级工程师。1987年7月—1996年2月，任榆林市地方公路管理处工程股股长。1996年2月—1999年12月，任榆林市交通局210国道榆（林）清（涧）二级公路改建办工程科副科长。1999年12月—2004年12月，任榆林市交通局质监站站长。其间，2002年2月—2004年12月任府（谷）店（塔）一级公路管理处副处长。2004年12月，任省交通集团咸永高速公路建设管理处处长。负责咸永高速建设期间，精心组织项目实施，仅用一年时间贯通全线路基，并在全省高速公路最早应用并成功铺筑SMA路面。管理处连续两年被省劳动竞赛委员会评为“陕西省重点工程先进集体”，省交通厅和省交通集团先后授予“先进单位”、全省交通系统目标考核“特别突出单位”、“先进基层党组织”、“安全生产先进单位”等称号。他两次获“陕西省重点工程先

进个人”称号。参加多项公路项目技术研究。《秦岭终南山公路隧道通风竖井设计与施工关键技术的研究》等4项研究课题，分别获省科学技术奖。先后发表论文多篇。2007年4月获全国五一劳动奖章荣誉称号。

王　航（1968.10）　陕西省西安市人，中共党员，大学学历，高级工程师。1992年7月在陕西省交通学校参加工作。1996年11月任省交通厅世行贷款项目办总监办中心实验室副主任。1998年10月任该项目办拌和站副站长。2001年6月任西禹有限责任公司监理处副处长。2003年6月任监理处处长，兼任该公司西段项目组组长。2006年3月任省高速集团西汉有限责任公司第四项目组组长（副处级）。任项目组组长期间，全面加强工程管理；针对项目台背回填质量控制不严等问题，强化现场管理，严格工程监理，并实行责任追究，确保项目按合同工期和质量标准建成。项目组连续两年被中共汉中市委、市政府授予“项目管理先进单位”。2006年，王航被评为省“职工经济技术创新标兵”，省劳动竞赛委员会授予“省重点公路建设先进个人”称号。2008年4月获全国五一劳动奖章荣誉称号。

李德现（1970.1）　陕西省安康市人，中共党员，初中文化。1990年7月参加工作。先后在宁陕长坪、江口、新路等道班工作。1995年任新路道班班长。该道班养管18公里盘山路，坡陡弯急，路况甚差，他与全班道工长年累月精心维护，保证畅通。1996年7月清理路段塌方时，突遇山石滚落，他毫不犹豫冲上前去，拼命托住滚落的石头，避免一场事故发生，而他右手拇指被砸掉一节。2006年被安康公路管理局授予“十佳”道工称号。2007年7月，暴雨使养护路段多处塌方，他不顾身患的风湿病折磨，坚持清除塌方，直至路况恢复。2008年1月，秦岭连降大雪，他与同事冒着零下十几度严寒，坚持巡路、清方、防滑和保畅，共抛撒防滑沙200余立方米、融雪剂30余吨，清理冰雪路段20公里。同时，热心助人，乐于奉献，凡遇寻求帮助的人，他都解囊相助，不求回报。2009年1月，省交通厅授予他“全省十大养护标兵”、“全省交通系统十大杰出青年”称号。2009年4月获全国五一劳动奖章荣誉称号。

赵养哲（1968.10）　陕西省西安市人，高中文化，高级技师。1988年9月参加工作，历任西安市公交五公司乘务员、驾驶员和技术科节能员。2005年获西安市高技能人才大赛汽车驾驶第一名，被市政府授予“技术状元”。2006年底研制成功实用新型可控式“CNGV”混合节能装置，具有实用、可控、节能、降耗功能作用，获国家知识产权局颁发的实用新型专利证书，被西安市劳动竞赛委员会命名为“赵养哲CNGV装置优化工作法”，获“西安市职工节能减排优秀成果”奖，并被评为陕西省职工先进操作法。2006年被省总工会、省劳动和社会保障厅授予“陕西省技术能手”称号。所创天然气——汽油两用燃料车节能降耗工作法，获2008年“海峡两岸职工创新成果展”金奖。西安市劳动竞赛委员会聘他为“职业技能带头人”。2009年4月获全国五一劳动奖章荣誉称号。

第三节 新中国成立以来感动交通人物

曹 森（1951.11） 陕西省三原县人，中共党员，中央党校函授学院经济管理专业毕业，大学学历。1971年11月—1974年5月，三原县革命委员会政工组、办事组干事。1974年5月—1987年12月，先后任中共三原县新兴公社党委副书记，洪水公社党委书记，团县委副书记，鲁桥镇镇长、党委书记。其间，1984年3月—1986年2月，参加中共陕西省委党校培训班学习。1987年12月—1990年2月，任陕西省兴平县副县长。1990年2月—1992年9月，任中共兴平县委副书记、县长。1992年9月—1995年8月，任中共陕西省礼泉县委副书记、县长。1995年8月—1997年10月，任中共礼泉县委书记、县长。其间，1993年8月—1995年12月，在中央党校函授学院经济管理专业学习。1997年10月—2005年8月，任省交通厅副厅长、党组成员。2005年8月，任中共陕西省交通厅党组书记。2005年9月，任省交通厅厅长。2009年1月，任省交通运输厅厅长、党组书记。2009年9月15日，被交通运输部评选为全国交通运输行业“60位新中国（即中华人民共和国）成立以来感动交通人物”之一，受到表彰。

曹森任省交通厅厅长、党组书记以来，带领厅党组一班人，贯彻中共陕西省委、省政府关于突破交通瓶颈制约的要求，大力倡导“发展现代交通，奉献一流服务”的理念，弘扬“大爱在心，为民开路”的交通精神，坚持以思想解放和改革创新，推进公路交通全面加快发展。提出公路建设“一个龙头、两个重点”和高速公路“三步走”战略，组织调整和完善全省高速公路网规划，推进高速公路“好快结合、好中求快、能快则快”，大规模、高质量、高速度建设；提出将农村公路通达与通畅工程结合实施，实行“群众打底子，政府铺面子”办法，组织进行大规模的全省通村油（水泥）路建设；提出大打公路养护管理翻身仗，确立干线公路三年变面貌目标，改养护投资由“尽铁打镰”为按需投入，全面加强公路改造、路容改善与服务提升；提出发展“大运输、大物流”，实行路运并举，路通车通，普及通村客运，加速道路运输网络化；以深化体制改革，加强制度规范、目标责任考核和问责制，破解行业管理“软肋”，整治建设质量“洼地”及非法超限运输等突出难题，推进行业管理体制和运行机制创新；组织公路交通系统抗击冰雪灾害和“5·12”汶川特大地震抗震救灾保畅，为抢险救灾提供强有力的交通保障；以文明创建和公路文化建设提升交通行业精、气、神，着力建设高素质的职工队伍，提高行业整体文明水平；坚持和谐发展，着力推进职工“安居工程”、高速公路企业劳动用工制度规范和员工“四个一”工程建设等。这些措施推行，确保了公路交通跨越式发展阶段目标实现，全省公路交通面貌快速发生显著变化。省交通运输厅先后获全国交通行业文明单位、全国五一劳动奖状等荣誉，连续被中共陕西省委、省政府评为创佳评差最佳单位、目标责任考核优秀单位。

2009年11月，曹森任中共陕西省交通运输厅党组书记。

第四节　陕西省交通运输厅历任领导与非领导职务人员

萨　音（1932.6）　内蒙古自治区莫力达瓦达斡尔族自治旗人，鄂温克族，中共党员，大学学历。1948年3月参加工作。1948年3月—1953年8月，任内蒙古自治区莫力达瓦达斡尔族自治旗税务局税务股长、博克图税务所所长。1953年8月—1954年9月，任内蒙古自治区税务干部训练班副主任，财政干部训练班组教股股长。1954年9月—1958年9月，中国人民大学统计系学习并毕业。1958年9月—1960年11月，陕西省统计局工作。1960年11月—1969年12月，西北局经济计划委员会工作。1969年12月—1972年8月，陕西省金盆湾、杨梧干校学习。1972年8月—1975年8月，任陕西省工交办生产组副组长。1975年8月—1978年1月，任中共铜川煤炭基建公司党委副书记、革命委员会副主任。1978年2月—1981年1月，任中共略阳钢铁厂党委书记、革命委员会主任。1981年2月—1988年10月，历任陕西省经济委员会综合处处长、党组成员，省经济委员会副主任。1988年10月—1993年8月，任省交通厅厅长、党组书记。1993年8月—1995年10月，任中共陕西省长安航空公司党委书记。1995年10月离休。

胡希捷（1945.11）　陕西省富平县人，中共党员，大学本科学历。1965年9月—1970年7月，在西安建筑科技大学（原西安冶金建筑学院）工民建系学习并毕业。1970年8月—1973年10月，冶金部第十六冶金建设公司工作。1973年11月—1981年1月，陕西省汽车运输公司工作，先后任省汽车运输公司技术员、副科长。1981年2月—1985年5月，先后任省交通厅综合计划处科员、副处长、处长，兼陕西省西三一级公路建设指挥部副指挥、西三一级公路建设指挥部办公室主任。1985年6月—1993年5月，任省交通厅副厅长、党组成员。1993年6月—1997年4月，任省交通厅厅长、党组书记。1997年4月，调中华人民共和国交通部任职。

乌小健（1952.11）　陕西省扶风县人，中共党员，硕士研究生学历。1974年9月—1977年11月，在西安公路学院公路系公路工程专业学习并毕业。1977年11月—1984年5月，省交通厅计划处干事。1984年5月—1985年9月，任陕西省西三一级公路建设指挥部办公室副主任。1985年9月—1994年10月，任省交通厅计划处处长。其间，1992年8月—1994年10月，挂任省公路局副局长、党委委员。1994年10月—1998年2月，任省交通厅副厅长、党组成员。其间，1994年9月—1999年11月，在西安公路交通大学交通规划与管理专业学习并毕业。1996年1月，兼任省交通厅世界银行贷款项目执行办公室主任。1997年2月，兼任中共陕西省交通厅世界银行贷款项目执行办公室临时党委书记。1998年2月—2005年8月，任省交通厅厅长、党组书记，并先后任中共陕西省委第九届委员会候补委员、委员，中共陕西省委第十届委员会委员，政协第九届陕西省委员会常务委员。其间，2002年在中央党校第18期中青年干部培训班学习，任培训班西部大开发战

略研究课题组组长。2005年9月—2008年4月，任省交通厅巡视员，政协第十届陕西省委员会常务委员。其间，任交通运输部部长决策咨询领导小组副组长。2008年4月，任政协第十届陕西省委员会常务委员，兼任经济委员会副主任。

曹　森（1951.11）　见本篇本章第三节《新中国成立以来感动交通人物》。

冯西宁（1958.2）　陕西省乾县人，中共党员，工学硕士，正高级高级工程师。1981年1月—1989年10月，陕西省交通学校教师。其间，1989年7—10月，借调省交通厅劳资处工作。1989年10月—1997年11月，省交通厅劳资处干部。其间，1995年3—9月，受委派赴日本东京学习城市都市建设。1997年11月—2000年8月，任陕西省交通行业职业技能鉴定站副站长。2000年8月—2002年12月，任省交通厅劳动安全处副处长。其间，1999年3月—2000年11月，兼任省交通厅西安绕城高速公路北段建设项目工作组组长；2001年3月，兼任西安绕城高速公路南段建设项目组副组长；12月，兼任中共西安绕城高速公路南段工程管理处党委书记。2002年12月—2005年10月，任中共西安绕城高速公路生态林带建设管理局党委书记。其间，2001年9月—2003年9月，在长安大学交通运输规划与管理专业学习并毕业。2005年10月—2006年2月，任陕西交通投资有限公司董事、总经理、党委副书记。2006年2月—2008年3月，任中共陕西省交通建设集团公司党委书记、董事长。2008年3月—2009年1月，任省交通厅副厅长、党组成员。2009年1月，任省交通运输厅副厅长、党组成员。2009年11月，任省交通运输厅厅长、党组副书记。

熊秋水（1931.6）　江西省安义县人，中共党员，大学学历，高级工程师。1950年9月—1953年8月，上海同济大学公路系学习并毕业。1953年9月—1955年4月，交通部第五工程局工作。1955年5月—1958年8月，陕西省公路局技术员。1958年9月—1983年3月，先后任省公路设计院技术员、工程师、大桥队队长，省公路设计院副总工程师。1983年4月—1993年8月，任省交通厅副厅长、党组成员，兼任省交通厅总工程师。其间，自1990年起享受国务院政府特殊津贴。1996年8月退休。

许瑞林（1938.8）　江苏省宿迁市人，中共党员，大学本科学历。1958年9月—1962年7月，陕西财经学院经济系（前身为西北大学经济系）学习并毕业。1962年10月—1972年2月，中国人民银行陕西省分行工作。1972年2月—1980年7月，任陕西省物资局节约办公室、综合处办公室科长。1980年7月—1983年12月，任陕西省物资经济研究所副处长。1983年12月—1985年6月，任省交通厅办公室主任。1985年6月起，任省交通厅副厅长、党组成员，兼任中共陕西省交通厅直属机关党委书记。1993年8月—1998年11月，任中共陕西省交通厅党组副书记、副厅长。其间，1997年4月—1998年1月，主持省交通厅工作；1997年8月—1998年11月，兼任中共长安航空公司临时党委书记（正厅级）。1998年3月—2000年3月，任政协第八届陕西省委员会常务委员，兼任经济委员会副主任。2003年6月退休。

秦嵩生（1942.3） 河南省开封市人，中共党员，大专学历。1956年9月—1960年7月，西安公路学院中专部汽车运用与修理专业学习并毕业。1960年7月—1961年4月，陕西省交通技工学校教师。1961年4月—1982年8月，先后任陕西省第三汽车运输公司秘书、技术员、副科长。其间，1960年9月—1962年7月，在西安公路学院汽车专业大专班在职学习并毕业。1982年8月—1984年9月，任陕西省第三汽车运输公司副经理、党委书记。1984年9月—1987年9月，任省交通厅交通监理局局长。1987年9月—1992年3月，任省交通厅征费稽查局局长，兼任党组书记。1992年3月—2000年7月，任省交通厅副厅长、党组成员。2000年7月，任省交通厅巡视员。2002年9月退休。

曹军念（1952.7） 陕西省子洲县人，中共党员，大学学历，1975年10月参加工作。1972年5月—1975年10月，西安矿业学院煤田地质勘探专业学习并毕业。1975年10月—1979年9月，陕西省榆林地区通用机械厂工作。1979年9月—1983年9月，先后任榆林地区计委干事、科长。1983年9月—1987年2月，任榆林地区计委副主任。1987年2月—1990年12月，任中共陕西省榆林市委副书记、榆林市市长（县级）。1991年1月—1995年4月，任榆林地区计委主任。1995年4月—2000年6月，任榆林行署副专员。2000年6月—2006年11月，任省交通厅副厅长、党组成员。2006年11月，调陕西省工业交通办公室任职。

李子青（1954.10） 陕西省靖边县人，中共党员，工学博士、教授职称。1974年9月—1977年7月，西安公路学院道路专业学习并毕业。1977年7月—1994年7月，毕业后留校任教，历任助教、讲师、副教授、教授。1994年7月—1997年12月，先后任长安大学（原西安公路交通大学）公路设计研究院院长、校产处处长。1997年12月—2000年7月，任中共陕西省公路勘察设计院党委书记、院长。2000年7月—2003年3月，任省交通厅副厅长、党组成员。2003年3月，调陕西省建设厅任职。

焦方群（1946.10） 陕西省三原县人，中共党员，大学学历，高级工程师。1968年11月—1972年2月，在三原县回乡劳动。1972年2月—1978年3月，三原县西张小学、西周中学民办教师。1978年3月—1981年12月，西安公路学院公路系桥梁与隧道专业学习并毕业。1982年1月—1993年3月，历任省公路设计院测量设计队副队长、队长、规划科副科长、院副总工程师。1993年3月—1993年9月，任省交通厅计划处主任工程师。1993年9月—1996年1月，任省公路设计院副院长、党委委员。1996年1月—1998年11月，任省交通厅世行贷款项目执行办公室副主任（正处级）、临时党委副书记。1998年3月—1998年11月，任省交通厅副总工程师。1998年11月—2000年7月，任省交通厅总工程师、党组成员。2000年7月，任省交通厅副厅长、党组成员。2006年12月退休。

赵乐秦（1960.1） 陕西省西安市人，中共党员，在职研究生学历。1978年10月—1982年10月，西安公路学院公路工程系公路工程专业学习并毕业。1982年10月—1984年7月，陕西省商洛地区县社公路管理站技术员。1984年7月—1987年1月，任县社公路管理站副站长。1987年1月—1989年5月，任商洛地区交通局副局长。1989年5月—1992年10月，任中共陕西省商州市委常委、副市长。1992年10月—1995年7月，任中共陕西省镇安县委副书记、县长。1995年7月—1997年11月，任中共陕西省山阳县委书记。1997年11月—1998年2月，任商洛地区财政局局长。1998年2月—2001年2月，任商洛地区行署副专员。2001年2月—2005年8月，任省交通厅副厅长、党组成员。其间，1999年9月—2002年7月，中央党校在职研究生班经济管理专业学习。2005年8月，调汉中市任职。

李晓东（1955.9） 重庆市江津区人，大学普通班学历，正高级高级工程师。中国国民党革命委员会（简称民革）成员，中共党员。1972年12月—1975年9月，西安筑路机械厂工人。1975年9月—1978年7月，陕西机械学院工业企业电气自动化专业学习。1978年7月—1993年1月，先后任西安筑路机械厂工程师、高级工程师、厂长助理、副总工程师。1993年1月—1996年8月，任西安筑路机械厂第一副厂长。1996年8月—1997年6月，任西安筑路机械厂厂长。1997年6月—1999年10月，任西安筑路机械厂厂长，民革陕西省委员会副主委。1999年10月—2003年4月，任西安筑路机械有限公司董事长兼总经理，民革陕西省委员会副主委。2003年4月—2004年6月，全国政协委员，民革陕西省委员会副主委，任西安筑路机械有限公司董事长兼总经理。2004年6月—2007年7月，全国政协委员，民革陕西省委员会副主委，任省交通厅副厅长。其间，2005年11月—2006年1月，在中共陕西省委党校市厅级领导干部进修班学习。2007年7月—2008年4月，全国政协委员，民革陕西省委员会主委，任省交通厅副厅长。2008年4月，全国政协委员，民革第十一届中央委员会常务委员，民革陕西省委员会主委，任政协陕西省委员会副主席。

胡保存（1961.5） 陕西省礼泉县人，中共党员，中央党校经济管理专业导师制研究生学历，正高级高级工程师。1978年10月—1982年7月，西安公路学院公路工程专业学习。1982年8月—1983年5月，宝鸡公路管理总段扶风公路段工作。1983年5月—1986年7月，宝鸡公路管理总段生产科工作。1986年7月—1991年1月，省公路局工程监理处工程师。1991年1月—1996年8月，任省公路局工程监理处副处长。1996年8月—1997年1月，任省公路局工程管理处处长。1997年1月—2000年6月，任省公路局副局长、党委委员。2000年6月—2001年5月，任省交通厅建设管理处处长。2001年5月—2004年11月，任省交通厅总工程师。2004年11月—2006年3月，任省交通厅总工程师、党组成员。2006年3月—2009年1月，任省交通厅副厅长、党组成员。其间，2007年9月—2008年1月，参加中央党校半年制中青年干部培训二班第七期学习。2009年1月，任省交通运输厅副厅长、党组成员。

王明祥（1951.8）　四川省仪陇县人，中共党员，西北大学工商管理硕士MBA研究生班学历。1968年2月入伍。1968年2月—1979年11月，中国人民解放军兰州军区测绘大队电台台长。1979年11月—1982年1月，汉中地区人民防空办公室干事。1982年1月—1988年1月，汉中地区行署办公室干事、秘书。其间，1984年2月—1986年2月，中共陕西省委党校中青年干部培训班学习。1988年1月—1988年9月，任汉中地区外事办公室主任。1988年9月—1995年6月，任汉中地区经贸委副主任。1995年6月—1996年5月，任中共汉中市委常委、副市长。1996年5月—1996年12月，任中共汉中市汉台区委常委、副区长。1996年12月—1998年5月，任汉台区委副书记、区长。1998年5月—1999年11月，任中共汉中市汉台区委书记。1999年11月—2001年5月，任中共汉中市委常委、汉台区委书记。其间，1999年9月—2001年6月，西北大学工商管理硕士研究生班MBA学习并结业。2001年5月—2004年12月，任中共汉中市委副书记。其间，2001年9月—2002年1月，中央党校学习。2004年12月—2006年3月，任省高速集团总经理、党委副书记、董事。2006年3月—2009年1月，任省交通厅副厅长、党组副书记（正厅级），兼任中共陕西省交通厅直属机关党委书记。2009年1月，任省交通运输厅副厅长、党组副书记（正厅级），兼任中共陕西省交通运输厅直属机关党委书记。

李永民（1952.7）　陕西省三原县人，中共党员，中央党校函授学院经济管理专业大学学历。1974年12月参加工作。1974年12月—1984年2月，历任中共陕西省三原县西阳公社党委副书记、县公安局刑警队队长、独李公社党委书记、县公安局党委副书记、副局长。1984年2月—1986年1月，在中共陕西省委党校培训班学习。1986年1月—1987年3月，任中共三原县城关镇党委书记。1987年3月—1988年1月，任陕西省永寿县副县长。1988年1月—1992年8月，任中共永寿县委常委、副县长。1992年8月—1994年4月，任中共永寿县委副书记、县长。1994年4月—1997年11月，任中共永寿县委书记、县人大常委会主任。其间，1994年8月—1996年12月，在中央党校函授学院经济管理专业学习。1997年11月—1999年1月，任中共乾县县委书记、县人大常委会主任。1999年1月—1999年4月，任中共乾县县委书记。1999年4月—1999年10月，任陕西省咸阳市副市长、市政府党组成员、中共乾县县委书记。1999年10月—2006年11月，任咸阳市副市长、市政府党组成员。2006年11月—2007年2月，待安排工作。2007年2月—2009年1月，任省交通厅副厅长、党组成员。2009年1月，任省交通运输厅副厅长、党组成员。

魏培斌（1957.7）　陕西省礼泉县人，中共党员，中共陕西省委党校财政与金融管理专业大学学历。1980年12月参加工作。1980年12月—1985年9月，任陕西省交通学校宣传干事、团委书记。1985年9月—1990年2月，先后任省交通学校党委办公室副主任、主任。1990年2月—1991年3月，借调陕西省监察厅驻省交通厅监察室工作。1991年3月—1993年1月，陕西省监察厅驻省交通厅监察室主任科员。1993年1月—1995年12月，先后任省交通厅基建处主任科员、副处级调研员。1995年12月—1998年10月，任省交通厅办公室副主任。1998年10月—2000年9月，任省交通厅计划处

处长。2000年9月—2003年5月，任省交通厅综合规划处处长。其间，1999年9月—2001年12月，在中共陕西省委党校财政与金融管理专业学习。2003年5月—2006年2月，任中共陕西省交通厅直属机关党委书记（副厅级）。2006年2月—2007年2月，任省交通厅总工程师、党组成员。2007年2月—2009年1月，任省交通厅副厅长、党组成员。2009年1月，任省交通运输厅副厅长、党组成员。

冯明怀（1954.11） 陕西省洛川县人，中共党员，大学学历，硕士，正高级高级工程师。1977年11月参加工作。1977年11月—1984年8月，延安地区交通局公路科助理工程师。1984年8月—1987年4月，任延安地区交通局公路科科长。1987年4月—1993年3月，省公路局地方道路管理处工程师。1993年3月—1996年8月，省公路局计划统计处工程师。1996年8月—1997年3月，任省公路局计划统计处主任工程师（副处级）。1997年3月—1998年8月，任省公路局计划统计处副处长。1998年8月—2001年4月，任省公路局计划统计处处长。2001年4月—2004年8月，任省公路局副局长、党委委员。其间，1997年9月—2001年6月，在长安大学公路学院交通运输规划与管理专业学习。2004年8月—2007年3月，任省公路局副巡视员、党委委员。2007年3月—2009年1月，任省交通厅总工程师、党组成员。2009年1月，任省交通运输厅总工程师、党组成员。

白应贤（1955.12） 陕西省洋县人，中共党员，清华大学经济管理学院EMBA高级工商管理硕士研究生学历，工学、管理学硕士。1976年7月—1977年9月，西安公路学院教师。1977年9月—1979年10月，省交通厅政治处干部。1979年10月—1984年1月，省交通厅党组秘书。1984年1月—1986年1月，在中共陕西省委党校第4期中青年干部培训班学习。1986年1月—1989年10月，省交通厅政研室干部。1989年10月—1992年3月，任省高管局办公室副主任（主持工作）。1992年3月—1998年1月，任省高管局办公室主任。1998年1月—2001年5月，任省高管局副局长、党委委员。其间，1995年7月—1999年7月，长安大学交通规划与管理专业学习。2001年5月—2001年11月，任省高速集团总经理助理。2001年11月—2006年2月，任省高速集团副总经理、党委委员。2006年2月—2009年1月，任省高速集团董事长、党委书记。其间，2006年9月—2009年3月，清华大学经济管理学院EMBA高级工商管理硕士研究生班学习。2009年1月—2010年7月，任省交通运输厅副厅长、党组成员。2010年7月，调中交第四公路工程局任职。

王　平（1956.10） 陕西省平利县人，中共党员，大学学历，工学学士。1975年3月—1977年12月，陕西省安康县文武公社知青。1977年12月—1978年3月，安康地区第二砖厂工人。1978年3月—1981年12月，西安冶金建筑学院工业与民用建筑专业学习并毕业。1981年12月—1985年1月，安康地区计委干事。1985年1月—1986年2月，任安康地区计委基建科副科长。1986年2月—1989年6月，任安康地区计委基建科科长。1989年6月—1992年10月，任安康地区计委副主任。1992年10月—1997年1月，任中共平利县委副书记、县长。1997年1月—1999年4月，任安康地区行署副秘书

长、安康地区重点建设项目办公室主任。1999年4月—2001年4月，任安康地区计划局局长。2001年4月—2001年12月，任安康市计划局局长。2001年12月—2003年2月，任安康市发展计划委员会主任。2003年2月—2004年12月，任安康市市长助理、安康市发展计划委员会主任。2004年12月—2005年11月，任安康市市长助理、安康市发展和改革委员会主任。2005年11月—2006年1月，任中共安康市委常委。2006年1月—2006年4月，任中共安康市委常委、宣传部部长。2006年4月—2006年9月，任省公路局局长、党委副书记。2006年9月—2009年1月，任中共陕西省交通厅党组成员，省公路局局长、党委副书记。2009年1月，任中共陕西省交通运输厅党组成员，省公路局局长、党委副书记。

白有铭（1945.02） 陕西省华县人，中共党员。中国人民解放军西安陆军学院军事专业一年制学历。1964年1月入伍。1964年1月—1966年5月，任新疆阿克苏公安大队班长、文书。1966年5月—1978年10月，任中国人民解放军阿克苏军分区司令部保密员、作战参谋。其间，1977年9月—1978年9月，在中国人民解放军乌鲁木齐军政干校学习。1978年10月—1983年8月，先后任中国人民解放军新疆南疆军区司令部作战处参谋、副处长、处长。其间，1982年9月—1983年8月，在中国人民解放军石家庄高级陆军学院学习。1983年8月—1989年12月，任中国人民解放军新疆和田军分区参谋长。其间，1985年9月—1987年7月，在中国人民解放军西安陆军学院军事专业学习。1989年12月—1990年11月，任省交通厅物资处处长。1990年11月—1992年3月，任中共陕西省交通厅航运管理局党委书记、副局长。1992年3月—2003年5月，任中共陕西省纪律检查委员会派驻省交通厅纪检组组长、党组成员。2003年5月—2003年8月，任省交通厅巡视员、中共陕西省纪律检查委员会派驻省交通厅纪检组组长、党组成员。2003年8月，任省交通厅巡视员，政协第九届陕西省委员会常务委员，兼任提案委员会副主任。2005年5月退休。

王世英（1953.10） 陕西省西安市人，中共党员，中共陕西省委党校党政专业大专学历。1973年12月—1979年1月，中国人民解放军铁道兵第八师给水营二连战士、排长。1979年1月—1984年1月，任铁道兵第八师政治部直工科、直政科副连职干事、正连职干事、师直属机关团委副书记。1984年1月—1992年2月，中共陕西省委组织部（简称陕西省委组织部）党政干部处干事。其间，1985年3月—1987年12月，中共陕西省委党校党政干部专修班学习并毕业。1992年2月—1994年9月，任陕西省委组织部党政干部处助理调研员。1994年9月—1997年12月，任陕西省委组织部干部调配处副处长。1997年12月—1999年6月，任陕西省委组织部试行办主任，干部调配处副处长（正处级）。1999年6月—2003年8月，任陕西省委组织部经济干部处处长。2003年8月—2009年1月，任中共陕西省纪律检查委员会派驻省交通厅纪检组组长、党组成员。2009年1月任陕西省纪律检查委员会派驻省交通运输厅纪检组组长、党组成员。2010年12月，兼任中共陕西省交通运输厅直属机关党委书记。

李峥嵘（1956.9） 陕西省神木县人，中共党员，中央党校函授学院大学本科毕业。1976年12月入伍。1976年12月—1979年2月，中国人民解放军84833部队后勤处汽车连战士。1979年2月—1985年6月，先后任84833部队后勤处司务员、正排职助理、副连职助理。其间，1984年1月—1985年12月，中国人民解放军武汉军事经济学院财务会计专业学习。1985年7月—1987年7月，任中国人民解放军84870部队后勤部财务处正连职助理。其间，参加对越轮战一年半。1987年9月—1990年7月，先后任84870部队后勤部财务处副营职、正营职助理员。其间，1987年9月—1990年2月，中国人民解放军西安陆军学院军事指挥专业学习；1988年9月，被中国人民解放军兰州军区授予少校军衔。1990年8月转业省交通厅工作，历任陕西省审计厅驻省交通厅审计处副处长，省交通厅资金管理处副处长、审计办公室主任、资金管理处副处长（正处级，主持工作）。2005年9月—2007年11月，任省交通厅资金管理处处长。2007年11月—2009年8月，任省交通厅资金管理处处长、省交通厅副总会计师。2009年8月—2010年8月，任省交通运输厅财务与收费管理处处长、省交通运输厅副总会计师。2010年8月—2010年10月，任省交通运输厅总会计师、财务与收费管理处处长。2010年10月，任省交通运输厅总会计师。

姜志理（1950.5） 陕西省礼泉县人，中共党员，大学学历。西北大学中文系中国文学语言专业毕业。1971年3月—1973年8月，礼泉县阡东公社青年干事。1973年8月—1976年7月，西北大学中文系中国文学语言专业学习。1976年7月—1978年3月，省交通厅政治处宣传干事。1978年3月—1984年10月，省交通厅办公室秘书。1984年10月—1990年12月，任中国交通报驻陕西记者站副站长。1990年12月—1995年5月，任省交通厅办公室副主任，兼中国交通报驻陕西记者站站长。1995年5月—2004年12月，任省交通厅办公室主任。2004年12月—2010年6月，任陕西省交通工会委员会主席。2010年6月退休。

陈武汉（1954.7） 陕西省礼泉县人，中共党员，工程师，高级政工师。北京师范大学教育经济与管理专业研究生。1972年11月入伍。1972年11月—1976年6月，中国人民解放军空军桂林场站航材军械股保管员。1976年6月—1977年6月，任空军桂林场站航材军械股仓库主任、团支部书记。1977年6月—1980年2月，任中国人民解放军广州军区（简称广州军区）空军后勤部航材处助理员。1980年2月—1981年11月，广州军区空军后勤政治部组织科干事。1981年11月—1985年2月，广州军区空军司令部办公室一科秘书。1985年2月—1987年11月，任广州军区空军训练五团副政委、党委书记。其间，1983年9月—1987年9月，在西北大学汉语言文学专业学习。1987年11月—1988年9月，任中国人民解放军兰州军区（简称兰州军区）空军营建大队政治处主任。1988年9月—1990年5月，任兰州军区空军87490部队政治处主任、党委委员、纪委书记。1990年5月—1996年10月，任87490部队部队长、党委副书记。其间，1993年9月—1995年7月，在中国人民大学劳动人事学院劳动人事与经济管理专业学习。1996年10月—1998年11月，任中共陕西省交通厅征稽局西安征稽处纪检书记。1998年11月—2003年6月，任中共陕西省交通学校党委书记。其间，2002年10月—2004年10月，在北京师范大

学教育经济与管理专业学习。2003年6月—2010年6月，任中共陕西交通职业技术学院党委书记。2010年6月，任陕西省交通运输工会委员会主席、省交通运输厅党组成员。

袁雪戡（1941.12）　四川省简阳市人，中共党员，大学本科学历，教授级高级工程师。1959年9月—1963年8月，成都工学院土木系、重庆交通学院道桥系学习。1963年8月—1984年6月，西安公路研究所工作，历任西安公路研究所桥梁研究室副主任、主任。1984年6月—1990年12月，任西安公路研究所所长、党委委员。1990年12月—2001年8月，任省公路局局长、党委副书记。2001年8月—2005年8月，任省交通厅巡视员。2005年8月退休。

陈双全（1946.5）　陕西省富平县人，中共党员，大学本科学历，工程师。1965年9月—1970年8月，西安交通大学金相专业学习。1970年8月—1973年6月，陕西省铜川市无线电厂干事。1973年6月—1983年11月，历任铜川市整流变压器厂技术员、助理工程师、副科长、工程师、党支部副书记、副厂长。1983年11月—1984年8月，任中共铜川市城区区委副书记、区长。1984年8月—1986年7月，中央党校研究生培训班经济管理专业学习。1986年7月—1988年4月，任中共铜川市建委党委书记、主任。1988年4月—1992年3月，任铜川市副市长。1992年3月—1996年4月，任中共铜川市委常委、副市长。1996年4月—2001年3月，任中共铜川市委副书记、市长。2001年3月—2006年1月，任省高速集团董事长、党委书记。2006年1月—2006年6月，任省交通厅巡视员。2006年11月退休。2008年4月16日，经西安市中级人民法院审理查明，陈双全在任省高速集团董事长期间，利用职务之便，在高速公路建设工程招、投标及高速大厦建设贷款担保中，收受贿赂912万元人民币（实得812万元）、93万美元、1 000万日元；案发后退缴赃款496.29万元人民币、310万港币、64万美元、570万日元，对陈双全以受贿罪一审判处死刑，缓期二年执行。

贾荣武（1932.12）　陕西省吴堡县人，中共党员。1942年5月参加革命。1943年6月—1946年10月，陕甘宁边区粮食局运输队通讯员。1946年10月—1948年12月，陕甘宁边区粮食局警卫员。1949年1月—1949年3月，延安中学住学。1949年3月—1949年6月，西北粮食局传达员。1949年6月—1951年8月，陕南行署警卫员。1951年8月—1951年10月，陕西省财政厅会计训练班采买员。1951年10月—1955年10月，西安工农干部速成中学学习。1955年10月—1959年11月，省粮食厅粮干训练班、厅监察处工作。1959年11月—1963年6月，任省粮食厅汽车队保养场副场长、省粮食厅运输公司工会副主席。1963年6月—1965年4月，陕西省关中汽车运输公司工作，任“四清”运动专干。1965年4月—1969年7月，先后任关中汽车运输公司车间党支部书记、关中汽车运输公司商洛地区党工委副书记。1969年7月—1970年5月，任商洛地区汽车运输公司政工组副组长。1970年5月—1972年1月，任商洛农械厂副主任。1972年1月—1978年5月，任商洛地区交通局革命领导小组副组长。1978年6月—1979年4月，任商洛地区交通局副局长。1979年4月—1981年9月，任中共陕西省西安汽车修理厂党委副书记。1981年9月—1984年

6月，任中共陕西省汽车配件公司党委书记。1984年6月—1990年11月，任省交通厅整党办、政治处主任。1990年11月—1993年1月，任省交通厅副厅级调研员。1993年3月离休。

马世猷（1937.11） 四川省成都市人，中共党员，在职函授大专学历。1957年6月，重庆公路工程学校公路和桥梁专业毕业。1957年6月—1959年1月，在交通部公路二局、五局工作。1959年1月—1975年11月，先后在省公路局工程科、组织部、办公室、宣传组工作。1975年12月—1983年11月，省交通厅办公室秘书。1983年11月—1985年9月，任省交通厅办公室副主任。1985年9月—1995年2月，任省交通厅办公室主任。1995年2月—1998年10月，任省交通厅助理巡视员。1998年10月退休。

黄鋐清（1937.8） 广西壮族自治区南宁市人，中共党员，大学学历。1957年7月，毕业于长春汽车拖拉机学院。1957年9月—1964年2月，历任陕西省汉中汽车修配厂技术员、助理工程师。1964年2月—1966年4月，任陕西省汽车运输局工程师。1966年5月—1969年12月，任省交通厅工程师。1969年12月—1972年10月，先后在陕西省合阳县王村公社、西（安）韩（城）铁路建设指挥部汽车队、机修厂下放劳动。1972年11月—1979年3月，在省交通局工作。1979年3月—1995年7月，历任省交通局（厅）工业处副处长、处长，省交通厅副总工程师、经济协调处处长。1995年7月—1997年11月，任省交通厅助理巡视员。1997年11月退休。

李根玉（1942.8） 女，河北省隆尧县人，中共党员，北京经济大学现代经济管理专业（函授）大专毕业。1962年10月—1963年11月，国营西安草滩农场工人。1963年11月—1964年4月，西安市西一路公社广播学校辅导员。1964年4月—1965年8月，西北国棉四厂成品监督科工人、厂团委干事。1965年8月—1969年12月，陕西省纺织工业局团委干事。1969年12月—1972年1月，陕西省革命委员会交通组（局）办公室机要秘书。1972年2月—1985年9月，省交通厅（局）政治处干事。1985年9月—1992年6月，任省交通厅政治处副主任。1992年6月—1998年11月，任省交通厅政治处主任。1998年11月—2002年9月，任省交通厅助理巡视员。2002年9月退休。

白宗孝（1950.8） 陕西省扶风县人，中共党员，西北大学历史系历史专业毕业，大学学历。1969年7月参加工作。1969年7 月—1972年4月，省公路局第二工程处第四工程队工人、管理员。1972年4月—1975年8月，西北大学历史系历史专业学习。1975年8月—1979年10月，省公路局第十一工程队宣传干事、工会干事。1979年10月—1983年2月，先后任省公路局第四工程处工会干事、党委办公室副主任、主任。1983年2月—1984年3月，省公路局办公室秘书。1984年3月—1985年9月，省交通厅党组秘书。1985年9月—1990年12月，任省交通厅办公室副主任。1990年12月—2000年7月，任省交通厅政策法规处处长。2000年7月—2009年1月，任省交通厅副巡视员。其间，1997—2008年11月，兼任省交通厅交通发展研究中心主任。2009年1月—2010年11月，任省交通运输厅副巡视员。2010年11月退休。

高廷魁（1947.1）　陕西省户县人，中共党员，陕西师范大学政教专业本科学历。1969年2月入伍。1969年2月—1969年9月，中国人民解放军总后勤部重庆基地兵站勤务一连班长。1969年10月—1977年8月，总后勤部重庆基地兵站政治部宣传科干事。1977年9月—1981年1月，中国人民解放军成都军区后勤37分部政治部宣传科干事。1981年2月—1986年1月，任成都军区后勤37分部政治部宣传科副科长。1986年1月—1989年1月，任省交通厅政治处主任科员。1989年2月—1991年9月，任陕西省监察厅驻省交通厅监察室副主任。1991年10月—2006年5月，任省监察厅驻省交通厅监察室主任。2006年5月—2007年3月，任省交通厅副巡视员。2007年4月退休。

杜必栋（1956.10）　甘肃省天水市人，中共党员，中国人民解放军空军工程大学道路与铁道工程专业工学硕士。1974年12月—1976年9月，中国人民解放军空军工程兵第十四团后勤处战士。1976年9月—1979年7月，中国人民解放军后勤工程学院学员。1979年7月—1986年3月，中国人民解放军空军工程兵第十四团司令部营建特设股、工程股技术员，设计室技术员、助理工程师。1986年3月—1987年7月，任兰州军区空军后勤部机场营房处正连职助理员。1987年7月—1988年8月，任中国人民解放军空军地空导弹兵第五团后勤处营房股股长（副营职）。1988年8月—1990年8月，任第五团教导队队长（正营职）。1990年8月—1993年12月，任兰州军区空军机关新营房工程修建指挥部二工区副团职主任。1993年12月—1998年12月，任兰州军区空军后勤部基建营房处副处长（正团职）、处长（副师职）。1998年12月—2006年5月，任基建营房处处长（副师职）。2006年5月—2009年1月，任省交通厅副巡视员。2009年1月，任省交通运输厅副巡视员。

侯维靖（1950.5）　陕西省蓝田县人，中共党员，高级政工师，中共陕西省委党校经济管理专业大学学历。1968年2月—1970年5月，中国人民解放军陕西独立师、甘肃独立师战士。1970年5月—1980年12月，先后任中国人民解放军甘肃独立师二团参谋、排长、副指导员、指导员。1980年12月—1986年11月，任兰州军区守备师指导员、副教导员、教导员。1986年11月—1990年12月，任省交通厅劳资处主任科员。1990年12月—1992年10月，任省交通厅劳资处副处长。1992年10月—1995年5月，任省交通厅劳资处处长。1995年5月—2000年9月，任省交通厅教育劳资处处长。其间，1996年9月—1999年1月，中共陕西省委党校经济管理专业学习。2000年9月—2008年7月，任省交通厅劳动安全处处长。2008年7月—2009年1月，任省交通厅副巡视员。2009年1月—2010年7月，任省交通运输厅副巡视员。2010年7月退休。

赵新民（1956.10）　陕西省彬县人，中共党员，高级工程师，上海华东师范大学史学理论研究生学历。1980年12月—1990年7月，陕西省交通学校干教处、培训科科长。1990年7月—1994年12月，借调省交通厅教育处工作。1994年12月—1998年11月，任陕西省交通技工学校副校长。1998年11月—2000年12月，任陕西省交通技工学校校长、党委副书记。2000年11月—2003年5月，任陕西省交通学校校长。2003年5月—2008年12

月，任陕西交通职业技术学院院长、党委副书记。2008年12月—2009年1月，任省交通厅副巡视员。2009年1月，任省交通运输厅副巡视员。

沈琚宝（1951.2） 河南省许昌县人，中共党员，中共陕西省委党校经济管理专业大专学历。1969年9月—1970年12月，陕西省大荔县北黄村学校教师。1970年12月—1974年6月，中国人民解放军陕西省宜川县中队战士。1974年7月—1982年9月，中国人民解放军宜川县武装部干事。1982年10月—1984年9月，中国人民解放军延安军分区政治部干事。1985年10月—1990年6月，中国人民解放军陕西省军区干休所干事。其间，1985年3月—1987年12月，中共陕西省委党校经济管理专业学习并毕业。1990年6月—1993年1月，任陕西省监察厅驻省交通厅监察室主任科员。1993年1月—1995年8月，任陕西省监察厅驻省交通厅监察室副处级监察员。1995年8月—1995年12月，任省交通厅政策法规处助理调研员。1995年12月—1999年6月，任省交通厅经济协调处处长。1999年6月—2000年9月，任省交通厅办公室副主任（正处级）。2000年9月—2009年12月，任省交通厅政策法规处处长。2009年12月，任省交通运输厅副巡视员，退休。

章三龙（1950.2） 江西省南昌市人，中共党员，中国人民解放军第二炮兵学院指挥系毕业，大专学历。1969年10月—1970年12月，江西氨厂工人。1970年12月—1974年11月，中国人民解放军第二炮兵（简称第二炮兵）第814团战士。1974年11月—1976年5月，第二炮兵第814团二营五连排长兼技师。1976年5月—1978年11月，第二炮兵训练团司令部作训股参谋。1978年11月—1981年6月，任第二炮兵训练团勤务连连长。1981年6月—1985年2月，任第二炮兵训练团司令部军务股副股长。1985年2月—1985年8月，任第二炮兵训练团司令部教务股股长。1985年8月—1987年5月，任第二炮兵工程学院院务部管理处正营职参谋。1987年5月—1989年11月，任第二炮兵工程学院军务处副团职参谋。1989年11月—1992年10月，任第二炮兵工程学院三系副主任（正团职）。1992年10月—1995年9月，任第二炮兵工程学院军务装备处处长（正团职）。1995年9月，任中共陕西省纪律检查委员会、省监察厅驻省交通厅纪检、监察室正处级纪检、监察员。2009年12月，任省交通运输厅副巡视员，退休。

吕东昌（1951.11）陕西省西安市人，中共党员，大学学历。1969年4月—1983年1月，中国人民解放军00039部队战士、参谋、技术员。其间，1974年8月—1977年8月，西安冶金建筑学院地下建筑专业学习。1983年1月—1994年11月，先后任陕西省西安汽车站科长、副站长。1994年11月—1998年1月，先后任陕西省汽车检测站副站长（主持工作）、站长。1998年1月—2000年10月，任省交通厅航运管理局局长。2000年10月—2005年3月，任中共陕西省交通厅运管局党委书记。2005年3月—2005年10月，任省交通厅运管局局长、党委书记。2005年10月—2009年8月，任省交通厅运管局局长。2009年8月—2010年6月，任省交通运输厅运输与客运管理处处长。2010年6月，任省交通运输厅副巡视员。

杨冬华（1961.1）　湖南省醴陵市人，中共党员，毕业于中国人民解放军空军第十六飞行学院空中领航系，大学本科学历，空军特级飞行员。1976年7月—1977年8月，在湖南省衡阳市航空运动学校学习滑翔机飞行。1977年8月—1978年6 月，中国人民解放军空军第二航空预备学校学员。1978年6月—1980年5 月，中国人民解放军空军第十六航空学校学员。1980年5月—1989年8月，历任中国人民解放军空军航空兵（简称空军航空兵）第三十六师一〇八团飞行二大队正排职、副连职、正连职、副营职、正营职领航员。1989年8月—1993年8月，任正营职领航长。1993年8月—1997年8月，任空军航空兵第三十六师一〇八团副团职领航长。1997年8月—2005年12月，任空军航空兵第三十六师一〇八团正团职领航主任。2005年12月—2008年3月，任空军航空兵第三十六师副师职领航主任。2008年3月—2010年11月，任空军航空兵第三十六师副师长。2010年11月，转业省交通运输厅工作，任省交通运输厅副巡视员。

第三章　人物表

本章记述全省公路交通系统省、部级劳动模范与先进工作者、享受国务院政府特殊津贴专家、陕西省有突出贡献专家、国家和省有突出贡献中青年专家、因公殉职人员等共202人。其中，中共陕西省委、省政府授予的陕西省劳动模范、先进工作者荣誉称号63人，人力资源与社会保障部、交通运输部授予的全国交通运输系统劳动模范、先进工作者荣誉称号47人，省交通运输厅系统享受国务院政府特殊津贴专家43人，陕西省有突出贡献专家27人，国家级有突出贡献中青年专家2人，陕西省有突出贡献中青年专家6人，全省公路交通系统因公殉职人员14人。

第一节　省、部级劳动模范、先进工作者

一、陕西省劳动模范、先进工作者

表10-3-1

序号	姓名	工作单位	职务（职称）	表彰年度
1	答茂逊	西安海纳汽车服务有限公司	工人	1992
2	史西京	西安新城区运输六公司	工人	1992
3	冶栓牢	宝鸡市一运司经理助理兼虢镇货运站	站长	1992
4	焦善兴	西安莲湖区运输公司	工人	1992
5	秦湘群	陕西交通技术学院	教师	1992
6	宋胜林	安康公路管理局白河公路管理段	工人	1992
7	戴文晗	陕西省公路勘察设计院遥感中心	主任	1992
8	王宏章	西安公路研究所	高级工程师	1992
9	金泰丽（女）	西安公路研究所	副总工程师	1995

续表10-3-1

序号	姓名	工作单位	职务（职称）	表彰年度
10	陈 放	陕西现代公路机械工程有限公司	董事长	1997
11	郑立华（女）	陕西省高等级公路管理局西铜管理处未央管理所	收费员	1997
12	来杰珊	咸阳交通征费稽查处	处长、党组书记	1997
13	汪星宇	陕西省高等级公路管理局	副局长	1997
14	张延民	陕西省路桥工程总公司第三公司延安王家坪大桥项目部	副经理	1997
15	李双保	宝鸡公路管理总段太白公路管理段城关道班	班长	1997
16	高宝善	汉中公路管理总段洋县公路管理段	工人	1997
17	梁有忠	铜川公路管理总段	段长	1997
18	蔡乾安	商洛公路管理总段柞水公路管理段沙坪道班	班长	1997
19	吴 云	周至县公路站	站长	1997
20	苏振东	陕西省公路局养护处	副处长	2002
21	卢志杰	西安公路管理局周至公路管理段	副段长	2002
22	杨治荣	咸阳公路管理局旬邑公路管理段转角道班	班长	2002
23	张志岐	咸阳市渭城区公路管理站机械作业队	队长	2002
24	李成才	铜川公路管理局	副局长	2002
25	肖亚星	延安公路管理局养建科	副科长	2002
26	杨学文	延安公路管理局黄龙公路管理段	队长、段长	2002 2007
27	冯利荣	陕西省交通厅资金管理处	处长	2002
28	苟 睿	陕西省高速公路建设集团公司西铜管理处黄陵管理所	所长	2002
29	左松梅（女）	西安公路研究所	高级工程师	2002
30	郭海鱼	陕西省路桥工程总公司第一公司	副经理	2002
31	折益宁	长安航空有限责任公司	董事长兼党委书记	2002
32	赵培森	渭南公路管理局	党委副书记	2002
33	李全来	汉中市汽车运输总公司	驾驶员	2002

续表10-3-1

序号	姓名	工作单位	职务（职称）	表彰年度
34	舒长义	咸阳运输集团公司咸阳客运公司	驾驶员	2002
35	王西林	延安王家坪汽车联营运输有限公司	总经理	2003
36	杨天明	西安市公共交通总公司	总经理	2003
37	侯晓军	陕西猴王汽车装饰有限公司	经理	2003
38	贺建锋	宝鸡市汽车修配总厂	工人	2003
39	施　前	宝鸡市公共交通公司二车场	乘务员	2003
40	王育毅	西安市长安县交通局	局长	2003
41	白宏明	延安汽车运输总公司	党委书记、总经理	2003
42	肖亚星	延安通圣公路工程（集团）有限责任公司第四工程处	处长	2003
43	孙玉玺	陕西贝斯特企业集团有限公司	董事长	2003
44	樊福录	西安公路研究所	高级工程师	2005
45	殷明昌	咸阳市公共交通总公司运管科	管理员	2007
46	裴素兰（女）	宝鸡市公共交通总公司二公司	乘务员	2007
47	冯西宁	陕西省交通建设集团公司	董事长、党委书记	2007
48	郭茂锋	咸阳交通征费稽查处渭城交通征费稽查所	稽核员	2007
49	张韶武	陕西省高速公路建设集团公司西宝分公司三桥收费站	站长	2007
50	姚乃奇	陕西省公路局成通公司高新基地	管理员	2007
51	边世斌	陕西省公路勘察设计院	副院长	2007
52	袁卓亚（女）	西安公路研究所桥梁室	副主任	2007
53	任春晖（女）	陕西交通职业技术学院汽车系教研室	主任	2007
54	凌建国	西安市出租汽车公司一公司	司机	2007
55	杨文燕（女）	西安市公共交通总公司第三公司	司机	2007
56	孙鲁秦	西安海纳汽车服务公司	董事长	2007
57	梁东堡	宝鸡市秦龙运输（集团）公司修理车间	班长	2007

续表10-3-1

序号	姓名	工作单位	职务（职称）	表彰年度
58	陈光明	留坝县交通局公路测绘队	队长	2007
59	马正英	西安公路管理局	副局长	2007
60	张进步	咸阳公路管理局彬县公路管理段	段长	2007
61	申红刚	汉中市交通局	副局长	2007
62	文　新	安康市交通局财务科	科长	2007
63	刘　智	西安市长安区交通局公路管理科	科长	2007

二、全国交通运输系统劳动模范、先进工作者

表10-3-2

序号	姓名	工作单位	职务（职称）	表彰年度
1	张金玲（女）	铜川交通征费稽查处	财务科长	1991
2	高凌祥	陕西省路桥工程公司	总工程师	1991
3	郝长发	汉中市汽车运输总公司	工人	1991
4	李力争	西安公路管理总段临潼公路管理段	段长	1991 1992 1993
5	张容凌（女）	陕西省西安汽车站客运部	班长	1992
6	唐延莲（女）	陕西省公路勘察设计院	高级工程师	1994
7	过伯陶	陕西省公路局	高级工程师	1994
8	郭升萍（女）	汉中汽车运输公司运达市场	党支部书记	1994
9	马彪武	渭南汽车运输公司渭南客运公司	工人	1994
10	边海正	陕西省路桥工程总公司	党委书记	1994
11	白秀霞（女）	陕西省西安汽车站	站务员	1994
12	张耀文	陕西省高等级公路管理局西铜管理处未央管理所	所长	1998
13	宋志鹏	陕西省公路勘察设计院	总工程师	1998
14	赵印寿	渭南市汽车运输集团有限公司	党委书记、董事长、总经理	1998

续表10-3-2

序号	姓名	工作单位	职务（职称）	表彰年度
15	李进财	西安公路管理总段周至公路管理段城关道班	班长	1998
16	李长淑（女）	咸阳市交通局	局长	1998
17	雷军旗	陕西省路桥工程总公司第二工程公司	经理	2001
18	曹忠仁	咸阳公路管理局	局长	2001
19	陈豫霞（女）	汉中市汉台区道路运输管理所	所长	2001
20	邹亚利	宝鸡交通征费稽查处凤翔交通征费稽查所	所长	2001
21	万振江	陕西省公路勘察设计院	院长	2001
22	张学华（女）	安康公路管理局宁陕公路管理段三官庙女子道班	班长	2005
23	申爱花（女）	西安市出租汽车公司	驾驶员	2005
24	杨　文	陕西省高速公路建设集团公司西渭分公司华阴管理所	所长	2005
25	胡军利	咸阳市杨凌区道路运输管理所交通运政稽查队	队长	2005
26	朱小恒	陕西省西安交通征费稽查处城南交通征费稽查所	所长	2005
27	田巨峰	陕西省公路勘察设计院道路桥梁勘测设计室	主任	2005
28	赵虹兵	西安绕城高速生态林带建设管理局工程建设处	处长	2005
29	王　军	陕西省交通厅运输经济信息站	高级工程师	2005
30	李　彦	西安公路研究所交通工程室	主任	2005
31	张省侠（女）	陕西交通职业技术学院	副教授	2005
32	石飞荣	陕西省公路勘察设计院	院长	2009
33	赵惠珍（女）	汉中市汽车运输总公司西乡公司	经理	2009
34	韩　熠	陕西交通技术咨询有限公司	经理、党支部书记	2009
35	王　茜（女）	陕西省高速公路建设集团公司西渭分公司渭南管理所渭南西收费站	站长	2009
36	孔庆学	陕西省交通建设集团公司青兰高速公路管理处	处长	2009

续表10-3-2

序号	姓名	工作单位	职务（职称）	表彰年度
37	韩瑞民	西安公路研究院华泽材料有限公司	总经理	2009
38	徐铁军	安康市交通局	党委书记、局长	2009
39	李宏德	渭南市地方公路管理处	处长	2009
40	杨　铂	商洛市道路勘察设计所	所长	2009
41	许　霞（女）	榆林公路管理局佳县公路管理段大阳湾道班	班长	2009
42	吕东昌	陕西省交通厅运输管理局	局长	2009
43	贾克武	陕西省交通运输厅离退休处	处长	2009
44	陈俊丽（女）	陕西省公路局路政管理处	处长	2009
45	孙己龙	陕西省交通运输厅基本建设工程质量监督站工程监督科	科长	2009
46	徐增友	陕西省交通厅利用外资项目办公室安川管理处	处长	2009
47	高　强	延安交通征费稽查处宝塔交通征费稽查所征费股	股长	2009

第二节　公路交通系统专家

一、享受国务院政府特殊津贴专家

表10-3-3

序号	姓名	出生年月	工作单位	职务（职称）	评选年度
1	熊秋水	1931.6	陕西省交通厅	副厅长	1990
2	赵学勐	1933.2	西安公路研究所	副所长	1990
3	盛安连	1937.1	陕西省交通厅	处长	1990
4	王自勉	1937.8	陕西省公路勘察设计院	院长	1991
5	闵　江	1940.11	西安公路研究所	高级工程师	1991
6	王宏章	1941.6	西安公路研究所	副所长	1991
7	陈运理	1931.1	西安公路研究所	高级工程师	1992

续表10-3-3

序号	姓名	出生年月	工作单位	职务（职称）	评选年度
8	胡鸣琴（女）	1935.4	西安公路研究所	高级工程师	1992
9	李　耕	1939.9	陕西省高等级公路管理局	副总工程师	1992
10	李培坤	1939.12	陕西省高等级公路管理局	副局长	1992
11	马学习	1938.1	西安公路研究所	高级工程师	1993
12	李达祥	1934.3	西安公路研究所	高级工程师	1993
13	尚德良	1936.8	陕西省公路局	副总工程师	1993
14	李永固	1937.4	陕西省公路局	副局长	1993
15	孙　涛	1941.1	西安公路研究所	高级工程师	1993
16	戴文晗	1948.1	核工业部203研究所	高级工程师	1993
17	杨韵华（女）	1935.6	西安公路研究所	高级工程师	1994
18	何国琪	1936.1	陕西省公路勘察设计院	高级工程师	1994
19	叶树青	1941.11	陕西省公路勘察设计院	高级工程师	1994
20	袁雪戡	1941.12	西安公路研究所	所长	1994
21	朱经训	1946.12	陕西省交通厅信息站	站长	1994
22	陈贤辉	1935.1	西安公路研究所	高级工程师	1995
23	惠　昭	1940.8	西安公路研究所	高级工程师	1996
24	张充满	1959.5	陕西省路桥工程总公司	高级工程师	1996
25	金泰丽（女）	1941.9	西安公路研究所	高级工程师	1997
26	朱　刚	1946.9	陕西省公路勘察设计院	副院长	1997
27	李成才	1943.8	铜川公路管理总段	副总段长	1997
28	何　湃	1940.3	安康公路管理总段	高级工程师	1998
29	胡春年	1938.3	陕西省公路局	副总工程师	1998
30	钟桂兰（女）	1941.7	西安公路研究所	高级工程师	1998
31	李子成	1941.10	陕西省交通厅信息站	总工程师	1998
32	毛民喜	1945.1	西安公路研究所	主任	2002

续表10-3-3

序号	姓名	出生年月	工作单位	职务（职称）	评选年度
33	万振江	1964.7	陕西省公路勘察设计院	副院长	2002
34	杨育生	1960.5	西安绕城高速生态林带建设管理局	局长	2003
35	傅作良	1963.5	陕西省交通厅信息中心	高级工程师	2003
36	马保林	1963.1	西安公路研究所	副所长	2004
37	冯西宁	1958.2	西安绕城高速生态林带建设管理局	党委书记	2004
38	伍石生	1970.5	西安公路研究所	高级工程师	2006
39	高世君	1968.9	陕蒙高速公路建设管理处	高级工程师	2006
40	南浩林	1957.9	陕西省交通厅利用外资项目办公室	主任	2008
41	王东耀	1959.5	陕西宝汉高速公路建设管理有限公司	董事长	2008
42	乔怀玉	1962.5	陕西省交通厅基本建设工程质量监督站	站长	2008
43	王登科	1962.11	陕西省高速公路建设集团公司	总经理	2010

二、陕西省有突出贡献专家

表10-3-4

序号	姓名	出生年月	工作单位	职务（职称）	评选年度
1	熊秋水	1931.6	陕西省交通厅	副厅长	1984
2	盛安连	1937.1	陕西省交通厅	处长	1989
3	闵　江	1940.11	西安公路研究所	高级工程师	1991
4	王宏章	1941.6	西安公路研究所	副所长	1991
5	王自勉	1937.8	陕西省公路勘察设计院	副院长	1993
6	孙　涛	1941.1	西安公路研究所	高级工程师	1993
7	戴文晗	1948.1	核工业部203研究所	高级工程师	1993
8	杨延明	1930.7	陕西省高速公路工程咨询有限公司	总工程师	1993
9	袁雪戡	1941.12	西安公路研究所	所长	1995
10	刘振学	1948.10	榆林公路管理总段	总段长	1995

续表10-3-4

序号	姓名	出生年月	工作单位	职务（职称）	评选年度
11	张仲良	1940.2	陕西省高等级公路管理局	局长	1997
12	金泰丽（女）	1941.9	西安公路研究所	高级工程师	1997
13	梁俊海	1953.1	陕西省路桥工程总公司	副总经理	1997
14	朱经训	1946.12	陕西省交通厅信息站	站长	1999
15	黄　畴	1953.8	陕西省公路勘察设计院	高级工程师	1999
16	李成才	1943.8	铜川公路管理局	副局长	1999
17	李　彦	1955.5	西安公路研究所	副所长	2002
18	张充满	1959.5	陕西省路桥工程总公司	总工程师	2002
19	薛生高	1960.7	榆林市交通局	局长	2002
20	张生辉	1954.6	西安公路研究所	副所长	2003
21	万振江	1964.7	陕西省公路局	副局长	2003
22	韩定海	1955.2	陕西省公路局	副局长	2005
23	赵久柄	1962.1	陕西省高速公路建设集团公司	副总工程师	2005
24	马保林	1963.1	西安公路研究所	高级工程师	2005
25	马毓泉	1968.3	西安公路研究所	主任	2006
26	路学敏	1965.7	铜川公路管理局	局长	2006
27	张卫平	1960.7	陕西省公路局检测中心	主任	2008

三、国家级有突出贡献中青年专家

表10-3-5

序号	姓名	性别	出生年月	单位	职务	评选年度
1	熊秋水	男	1931.6	陕西省交通厅	副厅长	1984
2	盛安连	男	1937.1	陕西省交通厅	处长	1986

四、陕西省有突出贡献中青年专家

表10-3-6

序号	姓名	出生年月	工作单位	职务（职称）	评选年度
1	黄　畴	1953.8	陕西省公路勘察设计院	副总工程师	1993
2	梁俊海	1953.1	陕西省路桥工程总公司	副总经理	1997
3	韩定海	1955.2	陕西省公路物资供销公司	总经理	1999
4	马毓泉	1968.3	西安公路研究所	主任	1999
5	杨云峰	1964.11	陕西省交通厅	处长	1999
6	路学敏	1965.7	铜川公路管理局	副局长、高级工程师	2003

第三节　因公殉职人员

表10-3-7

姓名	性别	出生年月	工作单位	职务	殉职时间	殉职简要经过	嘉奖荣誉
葛侃胜	男	1967.10	兴平市运管所马嵬运管站	站长	1997年3月4日	执法检查中被歹徒砍伤倒地，又被拖拉机碾压，因伤重当场牺牲	—
秦耀星	男	1955.11	耀县交通实业公司 耀柳二级公路改建工程C标段项目部	经理 副经理	1998年10月13日	负责耀柳二级公路修筑期间，因劳累过度，以身殉职	1996年4月被授予铜川市劳动模范
朱　勇	男	1977.12	安康公路管理局镇坪段	技术员	2000年7月8日	抗洪抢险中被突发泥石流掩埋，以身殉职	—
马泽进	男	1964.2	安康公路管理局旬阳公路段关口道班	道工	2000年9月	驾驶翻斗车清理公路水毁塌方时，被一辆刹车失控的货车撞倒牺牲	—
谢群喜	男	1968.6	铜川市个体客运户	车主	2004年4月23日	在运送乘客途中，为保护乘客生命财产安全，挺身与歹徒搏斗，献出生命	铜川市交通局发出向谢群喜学习决定；共青团印台区委授予“优秀青年”称号，共青团铜川市委授予“杰出青年”称号
王　磊	男	1975.4	陕西交通投资公司蓝小公路收费管理处	巡查班长	2005年8月18日	在蓝小公路清理塌方时，突遇山体二次塌方，以身殉职	中共陕西省交通厅党组、省交通厅授予“护路卫士”称号
王重珍	男	1937	陕西省商州区麻街镇高潮村	党支部书记	2005年9月2日	带领乡亲修路时，不慎跌入深崖，因伤势过重去世	—

续表10-3-7

姓名	性别	出生年月	工作单位	职务	殉职时间	殉职简要经过	嘉奖荣誉
高　翔	男	1982.7	咸阳市道路运输管理所城西站	运政稽查员	2005年10月12日	执行规费稽查任务时，被拒查摩托车撞倒，身负重伤，抢救无效，以身殉职	—
王少彤	男	1972.6	商洛公路局洛南公路管理段312国道茶房超限检测站	检测员	2005年11月21日	执法检查时被强行闯站东风货车撞倒，抢救无效，以身殉职	省公路局授予“优秀路政员”称号
熊礼博	男	1982.6	渭南公路管理局106省道苏坊超限运输检测站	治超员	2008年3月20日	在对货运车辆例行检查时，被强行闯站车辆撞倒，以身殉职	省交通厅追认为“优秀治超员”
李　涛	男	1981.12	咸阳公路管理局长武检测站	治超员	2009年4月3日	执行超限检测任务时，被一石料车剐倒并拖行，致伤势过重，以身殉职	省交通运输厅追授“陕西省优秀治超员”称号
李建民	男	1977.11.	神木公路管理段大保当超限运输检测站	检测员	2009年6月18日	执行超限检测任务时，被一辆自卸大货车撞倒又遭碾压，致伤势过重，抢救无效，以身殉职	—
牛　煜	男	1985.9	陕西高速公路建设集团公司西汉分公司秦岭路政中队	路政巡查员	2009年8月19日	上路执行巡查任务，驾摩托车行进中坠入便道河沟，以身殉职	—
谷　峰	男	1974.10	横山公路段王圈梁超限站	治超员	2010年7月30日	执法检查时，被超限重型半挂牵引车撞倒，伤势过重，以身殉职	省交通运输厅追授“陕西省优秀治超员”称号

大事记

1991年

1月12日　中共陕西省委书记张勃兴，省委副书记、省长白清才，副省长刘春茂等听取省交通厅厅长萨音关于全省交通发展工作汇报，指示要搞好“八五”交通建设。

2月26—3月1日　全省交通工作会议在西安召开。萨音作《振奋精神 继往开来 努力实现我省“八五”交通事业发展目标》工作报告。副省长刘春茂、省政府特邀顾问张斌出席会议并讲话。

3月　省交通厅编制完成“八五”交通发展计划纲要和“九五”规划目标。

4月1日　世界银行以波特为团长的执行董事代表团一行8人来陕，考察利用世界银行贷款修建的西三一级公路和在建的三铜公路。

5月21—26日　全省各地先后遭遇大到暴雨，210、312国道等30余条干线公路，100余条县、乡公路遭受水毁，部分道路交通中断，水毁造成损失3 680万元。全省公路交通系统组织抗洪抢险。

5月30日　陕西飞机制造公司经公路从城固县起运运-8C（全气密型）试验机，途经5市11个县（区），行程463公里，历时13天抵达耀县，沿途公路交通部门全力保障。

7月20日　省政府批准从即日起，客运附加费征收标准由每人公里2厘调整为5厘，所征收费用作为汽车站点建设专项资金。

8月30日　历时1年9个月修建的西安咸阳国际机场二级汽车专用公路建成通车。路线全长18.97公里，投资5 488.40万元。

9月11—13日　中共陕西省委常委会议和省政府常务会议，分别听取省交通厅关于公路交通建设情况汇报，原则同意《陕西省“八五”交通建设计划》，确定交通发展政策。

10月21日　包神府二级公路陕西段建成通车。路线全长140.22公里，投资1.32亿元。1987年10月1日动工建设。

10月29日　省长白清才检查三铜公路建设项目，提出要建设陕西南北高等级公路通道，形成交通运输“脊梁骨”。

10月　西三一级公路工程获国家质量银质奖。

是年　全省交通基本建设完成投资4.04亿元。

1992年

1月1日　省政府批准调整公路养路费征收标准和范围。机动车由每月每吨125元调整为145元，并开征摩托车养路费。养路费增收部分全额用于重点公路建设。

1月17日　18名省人大代表到省交通厅视察交通工作，萨音汇报公路交通发展情况。

2月21—23日　全省交通工作会议在西安召开。萨音作《加强基础建设 搞好交通企业 完善行业管理 抓紧规费征收》工作报告。副省长刘春茂、省政府特邀顾问张斌出席会议并讲话。

5月27日　省交通厅厅长办公会议研究全省交通发展上台阶方案，确定用15年或更短一点时间完成“米”字形公路主干线系统建设。

6月18日　省交通厅厅长办公会议研究落实省政府陕南经济开发座谈会精神，提出公路建设等方面主要任务和工作措施。

6月29日　渭南地区汽车运输公司开通西安至洛阳跨省卧铺夜班客运班车。

7月22—25日　省交通厅在西安召开全省交通建设工作会议，传达贯彻全国交通基本建设计划会议精神，研究加强和改进交通基本建设管理工作。

7月25日　西安市客运公司一辆解放牌大客车载客38人，行至西安至汤峪公路时翻入桥下，发生碰撞起火，致当场死亡20人、重伤11人、轻伤7人。

8月15—23日　国务院副总理朱镕基考察榆林、延安、铜川、宝鸡等地（市），途经包神府、榆神、西包等公路，对沿途公路修建和养护标准低、施工组织管理不力、行车困难等问题提出严肃批评。省交通厅、省公路局迅速部署沿线公路交通系统采取措施，抢修水毁路段，加快改建施工，加强公路管理，改善通行条件。

9月23日　省长白清才在铜川宾馆听取萨音关于公路规划汇报时指出，“米”字形公路网符合陕西实际情况，要逐步用高等级公路贯通。

9月29日　省交通厅印发《关于以改革开放推动我省交通运输再上新台阶的意见》。

10月1日　省政府决定全省货运车辆征收货运附加费，征收标准为每月每吨30元，作为交通基础设施建设专项事业费，全额用于重点公路建设。

10月15日　省政府在西安召开全省公路养护管理工作会议，传达贯彻国务院副总理朱镕基在陕视察期间关于加强公路修建和养护的重要指示，动员全省上下紧急行动，全面加强公路养护管理工作，尽快改变公路交通落后面貌。

11月27日　省交通厅印发《陕西省交通厅贯彻党的十四大精神，进一步放开道路运输市场的意见》，提出10条扩大道路运输市场开放措施。

12月2日　省委书记张勃兴到三铜公路建设工地调研，在听取省交通厅工作汇报后强调，陕西经济要发展，必须做到交通先行。

12月18日　省政府颁布《陕西省公路养路费征收管理办法》，自公布之日起实施。

12月21日　历时两年8个月建设的三铜公路建成通车。路线全长66.35公里，核定总投资5.14亿元，其中利用世界银行贷款3 500万美元（折合人民币1.83亿元）。

1993年

2月22—24日　全省交通工作会议在西安召开。萨音作《认真落实十四大精神 推动全省交通工作攀登新台阶》工作报告。

4月17日　省经济体制改革委员会、省经济委员会、省交通厅联合印发《陕西省全民所有制交通企业转换经营机制实施意见》。

5月1日　省政府决定调整高速公路收费标准。机动车按载重吨位分为四个档次，每车次分别按5、8、15、20元标准收取通行费。

是月　省交通厅部署全省交通运输系统开展打击“车匪路霸”专项斗争。

6月19日　胡希捷任中共陕西省交通厅党组书记，省交通厅厅长。

7月2日　渭南地区运输公司一辆东风客车行至蒲城县兴镇西兴原路口，因旅客携带易燃易爆物品发生爆炸，致15人死亡、7人重伤。

9月21日　省政府在西安召开全省公路建设工作会议，传达贯彻全国公路建设会议精神，研究确定全省公路建设目标、任务与政策措施。

9月30日　108国道勉县纪寨至水磨湾二级公路改建工程告竣。改建路线全长23.74公里。总投资4 272.56万元，其中利用银行贷款1 700万元。1991年1月18日开工建设。

10月15日　西宝高速公路项目利用科威特政府贷款协议签订仪式在西安举行。国家经贸部贷款司副司长梁瑞骅，科威特阿拉伯经济发展基金会副总裁阿布杜瓦哈德·巴德尔，分别代表中国政府与科威特政府在协议上签字。副省长徐山林出席签字仪式。

12月24日　省委书记张勃兴检查西宝高速西安至兴平段建设时强调，交通是国民经济基础，一定要把交通搞上去。

12月30日　省长白清才检查西宝高速项目建设。在听取胡希捷关于交通工作汇报后指出，修路最大问题是资金不足，要充分调动群众积极性，把群众积极性和国家积极性结合起来。

1994年

1月1日　经省政府批准，拖拉机养路费征收标准由原每月每吨145元调整为105元，从事季节性运输的拖拉机按不同月数实行包缴。

2月22—24日　全省交通工作会议在西安召开。胡希捷作《加大改革力度 加快交通发展》工作报告。副省长刘春茂出席会议并讲话。

4月1日　108国道合阳金水沟大桥建成通车。大桥全长486.05米，桥高90.44米，最高桥墩86.60米，时为全省最高公路桥梁桥墩。完成投资3 201.60万元。1991年8月15日开工建设。

4月7日　省交通厅发出《关于贯彻党的十四届三中全会决定，培育和发展道路运输市场的意见》。

4月20—22日　在美国匹兹堡国际发明与新产品博览会上，陕西交通系统5个参展项目获奖，其中150吨单轨自行式液压起吊门架获银奖。

6月1日　渭南沙王渭河特大桥及接线工程建成通车。大桥全长2 294米，完成投资3 651.50万元，时为陕西最长公路桥。1991年11月1日开工建设。

6月27日　中共陕西省委、省政府授予西安咸阳国际机场二级汽车专用公路"文明公路"称号。

6—8月　全省多地连降大到暴雨，造成公路重大水毁，全省8条国道、25条省道、80余条县、乡公路受灾，水毁损失约1.29亿元。全省公路交通系统紧急抢修，至8月28日陆续抢通、修复。

8月25日　省财政厅、省计划委员会转发《国家财政部、国家计委公布第三批取消的收费项目的通知》，取消涉及陕西交通收费20项。

9月1日　省政府办公厅印发省交通厅"三定"方案。

10月23—30日　世界银行公路代表团哈蒂姆·哈古一行5人来陕，考察世界银行贷款陕西公路项目Ⅱ——渭潼高速等。

12月15日　312国道小商段二级汽车专用公路建成通车。路线全长24.63公里，完成投资1.11亿元，其中利用世界银行贷款470.58万美元，折合人民币4 000万元。时为陕西第一条山区高等级公路。1991年12月20日开工建设。

12月20日　省政府办公厅发出《关于统一客运附加费征收办法和标准的通知》，决定自1995年1月1日起，汽车客运附加费由交通征稽机构按每月每吨180元统一征收。

12月30日　中共陕西省委副书记、代省长程安东检查西宝高速建设。在听取胡希捷有关交通工作汇报后指出，修高等级公路不要怕贷款，要敢于负债修路。

1995年

1月1日　经省政府批准，调整公路养路费征收标准，货车每月每吨由145元提高至155元，客车每月每吨由145元提高至180元。增收部分全额用于交通基础设施建设。

2月15日　紫阳县城关镇一个体运输户核载17人的达字牌面包车，载客32人，行至安康恒口至紫阳公路米溪梁处，不慎跌入路侧150米深崖下，致19人死亡、10人重伤、3人轻伤。

2月16—18日　全省交通工作会议在西安召开。胡希捷作《振奋精神 抓住机遇 深化改革 加快发展》工作报告。省长程安东、副省长刘春茂出席会议并讲话。

3月8日　省交通厅发出《关于厅属企业推行全员劳动合同制实施意见的通知》。

3月25日　省政府发出《陕西省人民政府关于做好西（安）宝（鸡）一级公路工程建设环境保障工作的通知》

3月28日　省政府在杨陵召开西宝高速建设动员大会，要求沿线市、县政府和交通部门通力配合，确保年内全线建成通车目标实现。

4月2日　省长程安东到汉中检查108国道洋县至城固二级公路改建工程。

4月15日　省政府决定从7月1日起，取消客、货运附加费，改征交通基础设施建设基金。征收标准：货车每月每吨30元，营业性客车每月每吨200元，非营业性客车每月每吨100元。1998年10月23日，省政府批准将交通基础设施建设基金复更名为“客、货运附加费”。营业性客运附加费征收标准由原每月每吨200元调整为每月每吨300元，货运、非营运客车附加费仍按现行标准执行。

4月19日　省长程安东主持召开1995年第10次省政府常务会议，研究确定改革公路建设体制，调动地、县建设公路积极性，做好重点公路建设项目征地拆迁，提高及调整公路养路费征收标准等10条公路建设政策。

4月20日　全省开展道路旅客运输“百日优质服务”竞赛活动。

5月9日　省交通厅印发《陕西省交通运输建立社会主义市场经济体制规划纲要》。

7月18日　省长程安东检查西宝高速项目建设。在听取胡希捷有关交通工作汇报后，就高等级公路安全管理、贷款修路、西临高速公路收费经营权转让等提出要求。

9月15日　省交通厅印发《陕西省高等级公路旅客运输管理办法》。

9月18—21日　交通部部长黄镇东来陕检查交通工作，并在延安现场办公，研究落实国务院领导同志交办的延安公路改造问题。

9月27日　省政府第22号令颁布《陕西省公路路政管理办法》，自1995年10月1日起施行。

10月5—7日　省政府在西安召开全省农村公路建设工作会议，部署农村通路工作。胡希捷作《依靠各级政府依靠广大群众努力开创全省农村公路建设新局面》工作报告。省长程安东出席会议并讲话。

11月13日　中共陕西省委书记安启元在西宝高速公路建设项目调研，听取胡希捷关于全省交通工作汇报。

12月21日　省政府印发《陕西省农村公路发展纲要（1996—2020年）》。

1996年

1月18日　西宝高速建成通车，省政府在西安市后围寨举行通车典礼。中共中央政治局委员、国务院副总理邹家华出席典礼并剪彩。西宝高速路线全长155.60公里，完成投资14.35亿元，其中利用科威特政府贷款910万科威特第纳尔（约合3 000万美元，折合人民币2.70亿元）。1992年4月1日开工建设。

是日　西宝高速客运班线开通。

2月12—15日　全省交通工作会议在西安召开。胡希捷作《抓住机遇 加快发展 为实现我省交通事业的新跨越而奋斗》工作报告。副省长潘连生、副省长巩德顺出席会议并讲话。

2月12日　汉中市公共汽车公司一辆东风牌大客车从留坝返回汉中，行至宝汉公路K247+500处，因超载超速失控，翻入路边60多米深崖下，造成33人死亡、59人受伤。

3月15日　省交通厅捐赠西藏阿里地区一辆北京五十铃牌中型客车，开通拉萨至阿里全长1 752公里客运班线，结束阿里地区无客运班车历史。

4月17日　世界银行陕西公路贷款项目Ⅱ签字仪式在美国华盛顿举行。中国授权代表、中国驻美大使李道豫，世界银行授权代表、东亚与太平洋地区副行长拉塞尔·奇塔姆，共同签订《贷款协定》和《项目协定》。协定贷款总额2.10亿美元（折合人民币14.74亿元），用于建设陕西公路二期工程，包括渭潼高速等7个高等级公路项目及陕南、陕北部分贫困地区道路改善。

5月3日　省政府第33号令发布《陕西省道路运输业管理办法》，自发布之日起施行。

5月22日　省交通厅与香港越秀企业（集团）有限公司在香港签订西临高速收费经营权转让协议，省交通厅代表胡希捷、香港越秀企业（集团）有限公司代表过沛南在协议上签字。省长程安东等出席签字仪式。9月28日，在西安举行西临高速收费经营权转让移交仪式。

6月27日　连接302省道的佳临黄河公路大桥建成通车，结束陕西佳县、山西临县两地过黄河靠船舶摆渡的历史。大桥全长782.83米，完成投资3 188.12万元。1992年2月10日动工建设。

6月28日　石泉县一辆15座面包车违章载乘26人，从汉阴开往石泉行至石熨公路K13+500米处，不慎翻入汉江，造成10人死亡、16人受伤。

是月　省交通厅组织编制完成《陕西省干线公路网规划》（1991—2020年）。

6—8月　全省各地多次遭受大到暴雨袭击，8条国道、26条省道、40多条县、乡公路遭受严重水毁，水毁损失约1.02亿元。全省公路交通系统投入公路水毁抢修，年底干线公路水毁路段全部抢通。

7月17日　省长程安东在省交通厅主持召开省长办公会议，听取省交通厅关于“九五”时期公路发展规划等工作汇报，研究西安过境公路、西阎高速等建设方案。

8月1日　省政府发布《陕西省道路危险货物运输管理实施细则》，自发布之日起施行。

8月28日　省政府批准成立世界银行贷款公路项目建设指挥部。副省长巩德顺任总指挥，省军区副司令员王克忠、省政府副秘书长张中鼎、省交通厅厅长胡希捷等任副总指挥。

9月1日　省机构编制委员会印发《关于陕西省道路运输管理机构编制管理几个问题的通知》，规范道路运输管理机构设置、核编原则及标准。

10月1日　202省道澄城西河大桥建成通车。大桥全长325米，最大跨径100米，最大墩高73米，投资1 576万元。时为国内最高公路连续刚构桥、省内第一座高墩大跨径公路连续刚构桥。大桥1994年12月11日开工建设。

10月29日　省政府发出《陕西省人民政府关于我省第二批公路项目建设有关问题的通知》，确定利用世界银行贷款建设陕西公路项目Ⅱ7条优惠政策。

12月30日　临渭高速建成通车。路线全长40.77公里，完成投资5.17亿元。1994年12月1日开工建设。该路线建成标志陕西关中5市实现由高速公路连接。省政府发嘉奖令。

是年　中共陕西省委、省政府授予省交通厅最佳厅局称号。

是年　全省交通固定资产及公路建设完成投资14.69亿元。

1997年

1月23—25日　全省交通工作会议在西安召开。胡希捷作《扎实工作 开拓前进 为完成全年的各项任务而奋斗》工作报告。副省长巩德顺出席会议并讲话。

3月27日　省政府召开全省重大建设项目前期工作会议，副省长潘连生代表省政府，与省交通厅签订渭潼、铜黄高速和宝牛汽车专用公路等公路建设项目目标责任书。

4月5日　国务委员、中国工程院院士、瑞典皇家工程科学院院士宋健考察中国东西部合作与投资贸易洽谈会陕西高等级公路项目。

4月22—25日　省政府召开的全省农村“三通”建设现场会议在延安举行，程安东出席会议并讲话，要求加大工作力度，实现全省农村包括通路在内的“三通”目标。

是月，胡希捷调交通部任职。副厅长、党组副书记许瑞林主持省交通厅工作。

5月31日　《陕西省公路养路费征收条例》经省人民代表大会常务委员会第二十七次会议审议通过并公布，自公布之日起施行。

6月10日　省交通厅与中国工商银行陕西省分行签订公路建设贷款协议，贷款15亿元人民币，用于“九五”时期陕西重点公路建设。省交通厅副厅长许瑞林，工商银行陕西省分行副行长昝晓峰，分别代表双方在协议上签字。副省长巩德顺出席签字仪式。

8月14日　省长程安东检查陕北扶贫工作，要求把渭清公路改造成沿黄地区黄金干线。

10月10日　西三一级公路封闭工程竣工。全线封闭路线33.59公里，修建辅道45.84公里及一批互通式立交、农耕桥、综合排水与通信工程等。完成投资1.15亿元，其中利用世界银行贷款560万美元（折合人民币4 648万元）。封闭工程1995年7月开工。

11月7日　招商银行向渭潼高速提供3亿元贷款合同签字仪式在西安举行。省交通厅副厅长许瑞林，招商银行西安分行行长张鹏，分别代表双方在贷款合同上签字。副省长贾治邦出席签字仪式。

12月1日　省交通厅在西安召开宣传贯彻《中华人民共和国公路法》新闻发布会，全省交通系统开展宣传贯彻活动。

12月16日　省交通厅印发《认真贯彻省委、省政府〈关于放开搞活国有小企业的决定〉和〈关于大力发展非公有制经济的决定〉的实施意见》。

12月21日　中铁十八局在312国道蓝小二级汽车专用公路黑龙口段施工爆破作业时，发生重大爆破事故，致该镇前街村、后街村300多间房屋不同程度损坏。省交通厅外资办拨出20万元救济款安置受灾群众。

1998年

1月26日　省政府发出《陕西省人民政府关于取消一批涉及企业负担收费项目的通知》，取消汽车维修企业经营许可证费、塑封票证收费、公路养路费凭证工本费、公路损坏补偿费、公路运输票证工本费等收费项目。

2月6—8日　全省交通工作会议在西安召开。许瑞林作《高举邓小平理论伟大旗帜 当好陕西省经济发展的先行官》工作报告。副省长巩德顺出席会议并讲话。

2月10日　省交通厅印发《陕西省汽车运输企业安全生产管理实施办法》。

2月11日　乌小健任中共陕西省交通厅党组书记。2月20日，任省交通厅厅长。

4月23—24日　省交通厅在西安召开全省加快公路基础设施建设座谈会，贯彻落实中共中央、国务院关于加快公路基础设施建设，扩大内需重大决定的精神，确定抓住机遇，调整公路建设计划，提前开工一批关系全省经济社会发展全局的重大项目。省长程安东出席会议并讲话。

6月8日　省交通厅转发交通部《关于发布〈公路工程节能管理规定（试行）〉的通知》，规定全省公路建设、养护工程项目建立节能管理制度。

6月26日　310国道宝牛汽车专用公路开工，2000年11月28日建成通车。路线全长58.09公里，完成投资6.92亿元。自此，陕西关中东西向公路全线实现高等级公路连接。

7月23日　西安一运司一辆挂靠个体卧铺班车，由西安开往四川开县，行至210国道K1 203处超越一农用三轮车时，与一辆东风加长货车相撞，致客车翻入右侧汉江石泉水库，造成28人死亡、9人受伤。

7—8月　全省普降大暴雨到特大暴雨，108、312、316国道等多条公路严重水毁，交通中断，直接经济损失约2.64亿元。全省公路交通系统组织抢修，恢复交通。

9月15日　省政府决定建立陕西省果品运输“绿色通道”，装载本省生产苹果等5种水果运输车辆通行省境内收费公路，实行通行费减半收取。

9月17日　省政府发出《陕西省人民政府关于西安绕城高速公路工程建设有关问题的通知》，制定9条工程建设优惠政策。

9月28日　延安王家坪大桥（彩虹桥）建成通车。大桥全长343.23米。完成投资3 660.60万元。1997年4月22日开工建设。

是月　经省政府同意，陕西省高速公路客运（集团）有限责任公司成立。2005年6月，更名陕西交运运输集团有限公司。

是月　省交通厅编就《陕西省交通环保目标及对策报告》。

11月16日　307国道陕西境吴堡至王圈梁段文明样板路创建，通过交通部检查验收。

11月19日　省长程安东在省公路局主持召开现场办公会议，听取省交通厅汇报，研究确定西安至安康公路秦岭终南山特长隧道、西安绕城高速等公路项目设计、建设方案。

12月8日　陕西韩城矿业开发有限公司与山西乡宁县煤炭运销公司联合投资的乡韩黄河公路大桥建成通车。大桥全长543米，投资9 690万元。时为黄河陕西境首座有私营参股修建的公路大桥。1997年12月8日开工建设。

12月24日　省交通厅印发《关于进一步扩大开放 加强调控 培育和发展交通运输市场的意见》。

12月30日　临潼靳家至秦俑馆二级汽车专用公路建成通车。路线全长6.02公里，投资4 290.37万元，其中利用世界银行贷款120万美元（折合人民币996万元）。1998年1月1日开工建设。

是年 全省完成交通固定资产及公路建设投资53.58亿元。

1999年

1月3日 铜黄高速娄子沟隧道工程下行线出口处发生重大坍塌事故，致5人死亡、1人重伤、5人轻伤。

2月2日 全省交通工作电视电话会议在西安召开。乌小健作《迎接新挑战 再创新业绩 为完成世纪之交的各项交通工作任务而奋斗》的工作报告。副省长巩德顺出席会议并讲话。

4月20日 省交通厅公告，全省交通行政执法人员自1999年5月1日起，持省行政执法证和全国统一的交通行政执法证上岗执法。

4月28日 绛法汤二级汽车专用公路建成通车。路线全长34.03公里，投资2.71亿元，其中利用世界银行贷款880万美元（折合人民币7 480万元）。1997年4月15日开工建设。

5月18—19日 省政府在铜川召开全省公路建设现场会。程安东出席会议并讲话，要求科学规划，精心设计，文明施工，保护自然，建设生态路。

6月21日 省交通厅发出通知，进一步整顿和规范公路建设市场，重点整顿项目施工、监理单位履约情况和分包行为。

6月26日 312国道蓝小二级汽车专用公路建成通车。路线全长48.59公里，投资4.66亿元，其中利用世界银行贷款1 669.81万美元（折合人民币1.38亿元）。1997年4月开工建设。

7月15日 省交通厅召开厅属单位和机关干部大会，乌小健讲话，要求抓住机遇，鼓足干劲，扎实工作，积极参加西部大开发。

8月4日 省长程安东检查渭潼高速项目建设，要求加快建设沿线群众穿行通道，减少给群众生产、生活带来不便。

8月21日 西安一运司陕A·00354郑州牌双层卧铺客车，行至210国道西万公路K36处翻入西侧110米深沣峪谷，造成22人死亡、30人受伤。

9月22日 全省交通系统英模先进事迹报告会在西安易俗大剧院举行。

10月1日 渭潼高速建成通车。路线全长78.52公里，投资14.11亿元，其中利用世界银行贷款5 145万美元（折合人民币4.28亿元）。1996年12月31日开工建设。

10月20日 经省政府批准，省高管局整体改制为陕西省高速公路建设集团公司。

10月29日 省长程安东出席西安绕城高速公路建设领导小组会议，要求公路设计水、路、林密切结合，建成高标准“形象工程”、“样板工程”和“精品工程”。

11月15日 省政府发布《关于加强公路规费征收稽查工作的通告》。

12月10日 中共中央政治局常委、中央书记处书记、中央纪律检查委员会书记、中华全国总工会主席尉健行，考察西安绕城高速北段建设工程。

2000年

1月7日　中共陕西省委2000年第1次常委会议听取关于加快全省公路发展意见汇报，原则通过省交通厅《关于加快陕西省公路发展的规划》。省委书记、省人大常委会主任李建国讲话，要求“抓住机遇、超常建设、提高等级、增加密度、形成网络”，确保十年、力争八年完成规划目标。

1月14日　省第九届人民代表大会常务委员会第十三次会议审议通过《陕西省道路运输管理条例》，自2000年4月1日起施行。

1月19—21日　全省交通工作会议在西安召开。乌小健作《抓住历史机遇 加快交通大发展》工作报告。省长程安东、副省长巩德顺出席会议并分别讲话。程安东要求加快公路建设，建成陕西通江达海公路运输网。

1月21—22日　省交通厅召开全省交通质量监督座谈会，部署加强质量监督工作，并发布《关于加强公路工程质量监督工作的通知》。

3月27日　省政府颁发《陕西省人民政府关于对陕西省收费公路实行统一管理的通知》，并建立撤站还贷平衡资金。

4月14日　省政府批转省交通厅《适应西部大开发，加快公路发展的规划及实施意见》。

4月24日　省交通厅印发《陕西省交通厅公路项目招商引资工作若干规定（试行）》、《陕西省交通厅关于进一步加强交通建设资金监管的通知》。

5月28日　佳县一辆19座个体中巴客车，实载45人，行至榆佳公路K15+280处时，不慎坠入50多米深佳芦河谷，造成26人死亡、9人重伤。

6月13日　中共陕西省委书记、省人大常委会主任李建国，检查西安绕城高速北段工程建设。

6月15日　榆林市组织实施的210国道清涧至榆林段一级、二级公路改造工程全面完成。改造路线全长203.15公里，投资7.18亿元。为全省由地方政府组织实施国道改造一次性投资最多、路线最长项目。项目于1996年6月1日开工。

6月30日　省交通厅发布《陕西省公路工程质量监督实施细则》《陕西省公路工程建设从业单位资信动态管理办法》。

7月12日　312国道陕西段文明样板路创建通过交通部检查验收。

7月24—26日　交通部部长黄镇东、副部长张春贤来陕，调研二连浩特至河口线陕西境内路段建设方案，并检查西安绕城高速北段建设工程。

8月1日　312国道蓝小公路养护工程招标开标。此为陕西首个公路养护招、投标工程项目。

8月5日　省长程安东主持召开2000年第11次省长会议，决定长安航空公司改制，与海南航空控股（集团）有限公司、海南航空股份有限公司共同组建长安航空有限责任公司。

8月25日　省政府办公厅印发省交通厅职能配置、内设机构和人员编制规定。

9月1日　省交通学校位于西安经济技术开发区的新校区建成并投入使用。新校区由省交通厅安排专项教育资金2.60亿元建设。1998年7月9日动工。

9月18日　省政府决定，全省各地（市）公路管理总段名称统一规范为公路管理局，管理关系与职责不变。

9月29日　凤县一辆牌号为陕C・09574的东风145简易槽罐车，核载5吨，实载10.33吨氰化钠溶液，行至312国道K1 303.40+450处丹凤县铁峪铺镇化庙村时，因超载、司机疲劳驾驶并操作失误，致车辆翻入路侧汉江支流铁河，除罐内残留50公斤外，其余氰化钠溶液全部渗漏河道，造成重大危险货物运输事故。省政府紧急组织处置，防止污染扩散。省交通厅组织开展危险品运输整治活动，严防此类事故再次发生。

10月30日　省交通厅印发《陕西省交通厅关于在交通基础设施建设中推行廉政合同的通知》。

11月16日　西蓝高速建成通车。路线全长24.05公里，投资3.94亿元。1998年6月18日开工建设。

12月17日　兴（山西省兴县）神（陕西省神木县）黄河公路大桥竣工通车。大桥全长833米，完成投资3 612.60万元。1998年10月28日开工建设。

12月29日　省政府颁发《关于加强危险货物运输管理的通知》。

2001年

1月3日　省交通厅与江苏悦达集团有限公司在西安签署西铜公路和西安咸阳国际机场二级汽车专用公路收费权转让协议。省交通厅厅长乌小健，江苏悦达集团有限公司董事长胡友林，分别代表双方在转让协议上签字。3月26日，省长程安东主持召开2001年第4次省长会议，批准转让协议。

2月5日　省交通厅成立治理公路“三乱”领导小组及办公室。

2月9—11日　省政府在西安召开全省交通工作会议。乌小健作《开拓创新 乘势奋进 努力实现交通发展新目标》工作报告。省长程安东、副省长巩德顺出席会议并分别讲话。程安东要求实施超常规发展战略，加快公路基础设施建设；坚持体制创新，建立城乡一体化交通运输网络；坚持建管并重原则，提高公路管理及公路运输现代化水平。

2月21日　省经贸委、省交通厅等10部门联合发布《陕西省危险化学品安全管理专项整治方案》。

3月1日　省政府颁布《关于加快全省公路建设的决定》。

3月22日　省政府转发省交通厅等部门《关于清理整顿全省道路客货运输秩序的意见》，全省开展清理整顿道路客货运输秩序活动。

4月6日　省公路汽车检测修理中心与日本丰田通商株式会社，合资成立“西安丰田汽车服务有限公司”。

4月28日　省政府发出《关于整治机动车超载违章的通告》，从6月开始，在全省范围内开展专项整治客货运输车辆违章超员、超载活动。

4月29日　铜黄高速建成通车。路线全长93.85公里，投资22.64亿元，其中利用世界银行贷款7 850万美元（折合人民币6.59亿元）。1998年3月1日开工建设。

5月11日　旬阳县一个体中巴车载客31人（核载19人），行至316国道安康市汉滨区早阳乡境，因严重超载发生翻车，车辆跌下路外40米深沟，致当场死亡14人、重伤7人、轻伤11人。

5月15日　省政府召开电视电话会议，传达贯彻国务院办公厅《关于清理整顿道路客货运输秩序的紧急通知》，部署全省清理整顿道路客货运输秩序工作。

5月22日　省交通厅在西安召开全省公路建设座谈会，乌小健讲话提出实现全省公路建设突破性进展的指导思想、主要目标和主要建设任务。

7月1日　经省政府批准，摩托车、机动三轮车养路费征收和管理工作下放各市（地）。

是日　省交通厅印发《关于贯彻落实省委、省政府〈关于改善投资环境 进一步扩大对外开放的决定〉的意见》。

7月16日　陕西公路建设利用亚洲开发银行2.50亿美元《贷款协议》和《项目协定》草签仪式在菲律宾马尼拉举行。国家财政部副处长李东向代表中国政府，陕西省交通厅厅长乌小健代表陕西省政府和省交通厅，亚洲开发银行规划官员塔克奥科尼石代表亚洲开发银行，分别在协定上签字。

8月11日　省政府发布《关于清理和整顿公路沿线各种标志标牌的通告》。

8月15日　省政府成立陕西省整治超限运输领导小组，副省长洪峰任组长。

8月28日　省交通厅在西安召开全省公路养护管理工作会议，乌小健讲话提出公路建设是发展，养护管理也是发展，要求创新开拓公路养管工作新局面。

9月3日　省交通厅印发《陕西省公路工程投资控制责任制实施办法》。

9月25日　省第九届人民代表大会常务委员会第二十五次会议审议通过《陕西省公路路政管理条例》，自2002年1月1日起施行。

9月29日　西阎高速建成通车。路线全长39.24公里，投资8.22亿元。2000年1月1日开工建设。

10月20日　府保黄河公路大桥工程竣工。大桥长926.98米，完成投资7 715.73万元。1998年12月8日开工建设。

11月5日　陕西省交通科技信息网更名为《陕西省交通公众信息网》。2002年7月更名为《陕西省交通厅网站》，2009年3月更名为《陕西省交通运输厅网站》。

11月11日　陕西省交通厅收费公路管理中心成立。

12月18日　国家开发银行陕西省分行和省交通厅在西安举行公路项目借款54.98亿元合同签字仪式。国家开发银行陕西省分行行长陈继忠，陕西省交通厅厅长乌小健，分别代表国家开发银行陕西省分行和省交通厅在借款合同上签字。副省长巩德顺出席签字仪式。

12月31日　西安至郑州省际高速客运班线开通。

是年　全省交通固定资产及公路建设完成投资100.25亿元。

2002年

1月11日　省长程安东主持召开专题会议，研究加快关中环线建设。

1月17日　省政府办公厅召开协调会议，同意交通部门在省内大中城市主要出入口设置一定数量运政稽查站。

1月22—23日　全省交通工作会议在西安召开。乌小健作《坚定实施跨越式发展战略 推动2002年交通工作再创佳绩》工作报告。副省长巩德顺出席会议并讲话。

2月1日　省交通厅印发《公路建设项目法人责任制实施细则》。

2月4日　省委书记李建国调研榆靖高速建设工程，要求高标准、严要求，把项目建成名副其实的全国第一条沙漠高速公路。

2月5日　省政府发布《陕西省道路运输业安全生产管理办法》。

是月　省交通厅编制完成交通发展“十五”计划纲要及2010年规划目标。

3月11日　省交通厅发出《关于设立陕西省公路路政执法机构有关问题的通知》。

3月21日　省政府召开全省加快公路建设电视电话会议，副省长巩德顺讲话，要求迅速掀起公路建设热潮，加快重点公路工程和通县公路项目建设。

3月24日　省长程安东听取省交通厅关于秦岭终南山公路隧道建设情况汇报后指出，要利用西康铁路已贯通隧道，建设终南山公路隧道，运用科技创新，建设世界级公路特长隧道。

3月30日　省交通厅发布通县公路建设通告。

4月1日　省公路局路政管理总队成立。

4月5日　副省长巩德顺主持召开省政府第21次专题会议，决定黄延高速项目采用BOT方式，由中国铁路工程公司实行工程总承包。4月10日，省交通厅与中国铁路工程公司签订项目建设经营合同书。4月26日项目开工。后因建设方引资问题未解决，工程进度滞后，经省政府专题会议研究，决定中止项目建设经营合同。9月，该项目交由省高速集团建设。

4月20日　榆靖高速利用科威特政府贷款1 080万科威特第纳尔（约合3 500万美元，折合人民币2.91亿元）贷款协议在西安签订。省交通厅副厅长李子青，科威特阿拉伯经济发展基金会哈德，分别代表中国陕西省政府和科威特政府在贷款协议上签字。省政府副秘书长司南出席签字仪式。

5月10日　204省道杨家坡至陈家沟岔段一级公路勘察设计招标开标。此为陕西公路勘察设计首个公开招标项目。

5月29日　省交通厅印发《陕西省道路旅客运输宏观调控意见》，推进客运企业规模化、集约化、网络化经营。

5月31日　西安绕城高速北段二期工程建成通车。其中一期工程2000年10月28日建成通车。路线全长35.70公里，投资18.30亿元。1998年10月10日开工建设。

6月8—10日　全省遭受百年不遇特大暴雨灾害，108、210、316等5条国道，102、

203等9条省道严重水毁，经济损失约4.70亿元。省政府紧急组织抗洪抢险救灾。全省公路交通系统数万职工日夜奋战，以最短时间抢通主要国道和省道，并实现108、210国道当年水毁、当年修复。

6月10日　中国授权代表、中国驻菲律宾大使王春贵，亚洲开发银行行长千野忠男，代表中国政府和亚行双方正式签署禹阎高速公路利用亚洲开发银行贷款建设《贷款协定》和《项目协定》。按照协定，禹阎高速利用亚洲开发银行贷款2.50亿美元（折合人民币21.25亿元），其中600万美元用于农村公路改造。至2005年11月，该批项目完成。

6月21日　中共中央政治局委员、国务院副总理、国家防汛抗旱总指挥部总指挥温家宝，赴108国道佛坪段察看“6·8”洪水灾情，指导抢险救灾，慰问受灾群众和公路抢修职工，赞扬公路交通职工抢出一条通往佛坪灾区的生命线。

6月25—26日　省交通厅在榆林召开加快公路建设座谈会，贯彻省第十次党代会和交通部交通基础设施建设前期工作会议精神，部署加快全省公路建设。

7月12日　中共陕西省委副书记、代省长贾治邦检查西安绕城高速南段和西户高速项目建设情况，要求把公路建设作为强省的最关键工作来抓，真正为陕西发展奠定基础。

7月20日　省政府办公厅印发《关于清理向机动车乱收费和整顿道路站点有关问题的通知》。

8月26日　省公路局开通陕西省公路路况信息服务系统，向社会提供全省干线公路路况、气象等信息。

10月17日　南非共和国交通部长奥马尔一行23人，考察陕西高速公路。

11月10日　铜黄高速蒿庄梁隧道获中国建筑业协会颁发的中国建筑工程鲁班奖。

11月20日　西户高速建成通车。路线全长33.25公里，投资7.28亿元。2001年3月1日开工建设。

11月27日　国务院纠风办公布陕西省为第3批实现所有公路基本无“三乱”省份之一。

12月6日　省政府在延安召开黄延高速开工动员大会，代省长贾治邦讲话，要求各有关部门全力以赴支持项目建设。

12月16日　代省长贾治邦主持召开现场办公会，听取省交通厅工作汇报，研究确定关中环线建设标准及资金筹措等事项。

2003年

1月10日　中共中央政治局常委、中央书记处书记曾庆红，到延安公路管理局看望慰问老红军、离休干部黄克强。

2月20—21日　省政府在西安召开全省交通工作会议。乌小健作《全面加快交通发展 服务小康社会建设》工作报告。中共陕西省委副书记、省长贾治邦，副省长洪峰出席会议并分别讲话。

4月18日 省交通厅印发《关于客运车船及客运站非典型肺炎应急处理的预案》，部署全省交通系统做好“非典”防疫工作。

4月22日 省委书记李建国检查西安城东汽车客运站“非典”预防工作。

4月23日 省交通厅、省公安厅、省卫生厅联合下发《关于在陕西省主要公路出入境口设置预防非典型肺炎检查站的紧急公告》，全省设立29个检查站并开展检查工作。

4月25日 国家一级公路客运站——西安城北汽车客运站建成启用。

5月7日 省委书记李建国在西安咸阳国际机场高速建设项目调研时强调，一手全力以赴抓“非典”防治，一手毫不松懈抓工程建设。

5月16日 省交通厅与国家开发银行陕西省分行在西安举行公路项目贷款签字仪式，签订121.80亿元贷款合同及10亿元循环短期借贷合同。省交通厅厅长乌小健，国家开发银行陕西省分行行长陈继忠，分别代表省交通厅与开发银行陕西省分行在合同上签字。副省长洪峰出席签字仪式。

5月30日 省交通厅召开实施项目带动战略，促进全省经济发展电视电话会议，动员全省交通系统加快在建项目建设，并抓紧开工一批新项目。

6月4日 省交通厅第5次厅务会议讨论通过《陕西省交通厅工作规则》，自发布之日起实施。

6月5日 省交通厅印发《陕西省公路养护工程管理办法》。

6月10日 省政府决定清理、取缔西安咸阳国际机场高速公路建筑控制区违法广告牌。

6月30日 省长贾治邦主持召开第5次省长办公会议，听取省交通厅关于312国道咸永一级公路收费经营权转让意见汇报。会议决定，将该路70%收费经营权转让给陕西省新桃花源旅游经贸有限公司。此为陕西首家由民营企业出资控股经营国道收费公路。

7月14日 省长贾治邦主持召开省政府2003年第13次常务会议，听取省交通厅关于适应小康社会建设，加快公路发展的规划报告，研究加快全省公路发展问题。会议要求紧紧抓住新机遇，实施公路发展新目标，加快全省公路现代化进程。

7月21日 省政府发布《陕西省人民政府关于加强超限运输车辆行驶公路管理的通告》。

8月22日 榆靖高速建成通车。路线全长115.92公里，总投资17.81亿元，其中利用科威特政府贷款1 080万第纳尔，约合3 500万美元（折合人民币2.91亿元）。2008年获中国建筑业协会颁发的中国建筑工程鲁班奖、省建设工程长安杯奖。2000年7月20日开工建设。是为国内最早建成的沙漠地区高速公路。

是日 延安市汽车运输总公司客运第一分公司一辆客车实载32人（核载29人），由吴旗县开往延安行至安塞县西河口303省道K181+098处，坠入公路右侧十多米深河沟，造成24人死亡、3人重伤、5人轻伤。

8月28日 宝鸡市第三汽车运输公司一辆宇通牌客车，实载37人（核载29人），行至西宝公路北线扶风县城东坡处，车辆失控翻入26米深崖下，造成27人死亡、5人重伤、5人轻伤。

8月24—9月1日 全省公路遭受历史罕见水灾，8条国道、20条省道、65条县、乡公路不同程度水毁，损失约8.98亿元。省交通厅组织抢险救灾，交通部致电慰问。

是月　全省开展为期5个月的公路超限运输集中整治活动。

9月4日　省交通厅发布1—8月全省特大交通事故通报，要求各市交通部门要从源头治理超载、违章超速及驾驶员不合格等问题。

9月14日　交通部部长张春贤来陕西考察西安绕城高速、西安咸阳国际机场高速项目建设情况，与省委书记李建国、省长贾治邦等就陕西公路发展进行座谈。

9月15日　省交通厅召开全省道路交通安全工作会议，部署加强全省道路客运企业安全生产管理工作。

9月21日　省政府批复同意省交通厅、省财政厅、省物价局关于超限运输车辆行驶公路赔(补)偿费标准暂行规定。

9月25日　延塞高速建成通车。路线全长31.71公里，投资11.18亿元。2000年11月28日开工建设。

是日　省政府印发《陕西省整治超限运输实施方案》。

9月29日　西安绕城高速南段建成通车。路线全长44.65公里，投资29.07亿元。2000年10月28日开工建设。至此，西安绕城高速全线建成通车。

是日　西安咸阳国际机场高速建成通车。路线全长18.24公里，投资10.40亿元。其中六村堡互通式立交桥全长5 060米，投资1.96亿元，时为西北地区最大互通式立交桥，2006年11月获国家优质工程银质奖。路线于2001年9月2日开工建设。

10月8日　省政府追认9月8日在108国道抗洪抢险中牺牲的周至公路管理段路政员刘昶为革命烈士。

10月21日　省政府研究决定统一全省收费公路车辆通行费车型分类及收费标准。

11月15日　西柞高速项目举行无标底投标开标会。全省高速公路建设项目开始全面推行无标底招标。

11月17日　经省政府同意，省物价局、省交通厅发文，规范调整公路规费征收，原货运附加费并入养路费一并计征。养路费标准由每月每吨180元调整为210元。客车养路费征收标准为每月每吨280元。营运客车客运附加费每月每吨100元。

11月18日　勉宁高速建成通车。路线全长54.86公里，投资22.45亿元。项目先后获水利部“开发项目水土保持示范工程”奖、陕西省建设工程“长安杯”奖。2001年3月8日开工建设。

是日　省政府批准《陕西省公路运输管理费收支管理体制改革方案》。

11月25日　省政府追认1996年1月8日因改革而遭报复遇害的汉中市地方道路管理站站长张积东为革命烈士。

12月19日　省交通厅下发紧急通知，要求严格按照中共陕西省委办公厅、省政府办公厅紧急通知精神，开展清理、解决公路建设项目拖欠民工工资专项治理活动。

12月30日　根据省政府决定，省交通厅取消三级客运和货运企业资质核准等7项行政审批项目；道路客、货运等行政审批项目管理下放至设区市。

12月31日　省政府《关于清理整顿道路收费站点有关问题的通知》，决定咸阳市礼泉泥河沟大桥等9个干线公路收费站自2004年1月31日起终止收费，予以撤销。

2004年

1月5日　西铜高速黄堡收费站第六车道计重收费系统建成。此为全省高速公路首条计重收费车道。

1月7日　省交通厅印发《陕西省公路养护工程市场准入暂行规定》。

2月6日　省政府就2003年全省公路总里程突破5万公里，其中高速公路建成通车里程突破1 000公里发出通报，表彰省交通厅等单位。

2月10—11日　全省交通工作会议在西安召开。乌小健作《树立科学发展观 进一步推进全省交通事业高质量发展》工作报告。省委常委、常务副省长陈德铭出席会议并讲话。

3月4日　省交通厅、省工商行政管理局等九厅、局联合发文，部署汽车市场专项整治、打击制售假冒伪劣汽车配件、报废汽车回收拆解等违法犯罪活动。

3月25日　交通部组织实施的全国公路安全保障工程试验路段——210国道陕西境安康至平河梁段安全保障工程开工，4月20日完工。

4月8日　省交通厅、省人事厅、省机构编制委员会办公室印发《关于加强各级运政管理机构编制人事管理的通知》。

4月17日　省交通厅印发《陕西省公路工程竣（交）工验收办法实施细则》。

4月25日　西安长安公交有限责任公司成立，并开通320、321、322路市郊乡镇公交新线，推进城乡客运一体化。

是月　陕西省公路学会规划专业委员会、长安大学环境工程研究所编就《陕西省主骨架公路环境保护规划研究》。

5月8日　当日零时起，西安绕城、西宝、西户、西阎与西安咸阳国际机场高速5条高速公路，实行联网收费。

5月25日　省交通厅在西安召开全省公路养护管理工作会议，部署全面改善公路路况，提高服务水平工作。

6月23日　省交通厅印发《陕西省交通行政许可程序规定》《陕西省交通行政许可层级监督检查规定》《陕西省交通行政许可被许可人监督检查规定》，均从2004年7月1日起执行。

6月30日　中共陕西省委、省政府决定，省交通战备办公室整建制由省经济贸易委员会划归省交通厅。

7月7日　省政府电视电话会议部署全省治理车辆超限超载工作。

7月16日　省交通厅在西安召开全省农村客运示范班线工作会议。

8月18日　省作家协会、省妇女文化研究会主办的“陕西作家公路万里行”采风活动，在西安举行启动仪式。

8月25日　省交通厅发布《公路工程施工招标双信封无标底评标办法要点》，在二级及以上公路建设项目全面推行。

8月31日　省交通厅印发《陕西省高速公路恶劣气候条件下应急管理暂行办法》。

是月　西安绕城高速生态林带建设工程绿化面积2 745亩，种植各类乔灌木76.31万株。绿化工程2002年12月5日动工。

9月1日　省政府发布通告，决定自当日起“绿色通道”改为常年开启，原规定陕西产苹果等5种水果运输车辆通行费，由减半收取改为全部免收。

10月18—22日　210国道陕西境文明样板路创建通过交通部检查验收。

10月26—27日　交通部、国际道路联盟和陕西省政府联合主办，陕西省交通厅承办的第三届国际丝绸之路大会在西安举行。

11月27日　由四川省通江县驶往上海的川Y·69999宇通牌大客车实载72人（核载51人），行至108国道周城公路K41+300处下坡左转弯处时，车辆失控，驶出路面，坠入7米多深河谷，造成26人死亡、46人受伤。

12月29日　省交通征稽系统原173名车购税代征人员，由交通部门划转陕西省国家税务部门。

2005年

1月12日　国家开发银行陕西省分行向省交通厅提供113.90亿元高速公路建设贷款合同签字仪式在西安举行。省交通厅厅长乌小健，国家开发银行陕西省分行行长尚韬，分别代表国家开发银行陕西省分行和省交通厅在贷款合同上签字。副省长洪峰出席签字仪式。

1月18—19日　全省交通工作会议在西安召开。乌小健作《全面贯彻落实科学发展观 努力提高交通运输服务保障水平》工作报告。省政协副主席陆栋出席会议并讲话。

1月27日　省交通厅专项会议决定撤销安康市蜀河大桥、旬阳草坪，汉中市南郑强家湾和宝鸡市陇县关山等4个干线公路收费站。

2月18日　子洲县一个体户无证驾驶有安全隐患客车，载乘20人，由子洲县城出发行至307国道K907+94处钟家沟岔村上坡路段时，因方向失控，客车冲出公路左侧坠于崖下，造成13人死亡、2人重伤、4人轻伤。

3月1日　省交通厅印发《公路建设市场管理办法》。

是日　西安绕城高速与西阎、西潼、西宝、西户、西安咸阳国际机场等“1环5线”高速公路，实行封闭式联网IC卡收费管理。联网收费高速公路里程476公里。

3月19日　西安绕城高速北段工程，获中国土木工程詹天佑奖。

3月23日　省政府办公厅印发《关于贯彻落实〈国务院办公厅关于进一步规范出租汽车行业管理有关问题的通知〉的实施意见》，进一步规范出租汽车行业管理。

4月19日　省交通厅印发《陕西省国、省道公路养护施工保障通行管理规定（试行）》。

4月21日　省交通厅召开黄延高速建设项目质量整顿大会，处理一批失职监理人员和施工单位。

5月11日　省政府追认在2004年3月6日治超执法时牺牲的宝鸡公路管理局310国道姜

谭超限运输检测站三班班长范永强为革命烈士。

6月3日　省交通厅印发《陕西省农村公路技术标准》。

6月14—15日　省政府在延安市召开全省农村公路工作会议。中共陕西省委副书记、省长陈德铭出席会议并讲话。乌小健作《加快完善网络 加强服务保障 为农村全面小康社会建设铺筑康庄大道》的工作报告。

6月18日　西安公交巴士股份有限公司挂牌。

7月15日　经省政府批准，全省公路客运运价实行基本运价率，按车型等级、公路类别、营运方式实行差别运价。

7月27—28日　省长陈德铭到西安贝斯特物流有限公司、西安亚欧物流中心调研物流发展情况。

8月5日　省交通厅印发《突发重大公共事件应急救援预案》和《高速公路重大交通事故应急预案》，建立全省突发公共事件道路运输应急保障体系。

8月6日　省政府第105号令颁发《陕西省农村公路建设养护管理办法》，自9月1日起施行。

8月9日　曹森任中共陕西省交通厅党组书记。9月29日，任省交通厅厅长。

8月11—12日　省交通厅在延安市召开全省农村公路客运班线现场会议。

8月31日　省交通厅印发《陕西省公路绿化技术指南（试行）的通知》。

9月20日　省交通厅印发《陕西省农村公路建设养护管理实施细则》。

10月1日　靖王高速全线建成通车。路线全长132.29公里，投资合计23.37亿元。其中西段80公里，2003年3月20日开工；东段52.29公里，2003年6月27日开工，11月10日建成通车。

10月10日　省交通厅在西安召开全省交通系统领导干部大会，曹森作《认真贯彻省委、省政府领导重要指示 解放思想 加快发展 开创陕西交通新辉煌》讲话。

11月14日　省政府2005年第27次常务会议研究，并报经中共陕西省委常委会议同意，决定调整重组高速公路建设管理体制。

11月15—17日　省政府在西安召开全省加快高速公路建设工作会议。省长陈德铭、副省长洪峰出席会议并分别讲话。曹森作《解放思想 抢抓机遇 加快建设 努力开创高速公路发展新局面》工作报告。

11月27日　禹阎高速建成通车。路线全长178.07公里，投资59.20亿元，其中利用亚洲开发银行贷款2.45亿美元（折合人民币20.83亿元）。项目2001年9月29日开工建设。

12月1日　全省收费公路开通国家级鲜活农产品流通“绿色通道”。

12月19日　省政府颁布《关于全面加快农村公路发展的意见》。

2006年

1月6日　副省长洪峰在省高速集团领导班子成员会议上，宣布中共陕西省委、省政府关于调整重组高速公路建设管理体制决定，提出调整重组要求。曹森讲话表示贯彻省委、省政府决定，5月底完成调整重组工作。

1月11日　省政府办公厅发出《进一步加强车辆超限超载治理工作的通知》。

是日　省交通厅印发《陕西省公路项目招商引资实施意见》。

1月13日　省第十届人民代表大会常务委员会第二十三次会议审议通过《陕西省出租汽车客运条例》，自2006年3月1日起施行。

2月13日　省交通厅实行领导联系重点项目制度。

2月20—21日　全省交通工作会议在西安召开。曹森作《把握机遇 真抓实干 努力实现交通又快又好发展》工作报告。副省长洪峰出席会议并讲话。

2月28日　省政府2006年第4次常务会议审议并原则通过《陕西省高速公路网规划》。

3月15日　省政府批准成立省交通建设集团公司。4月15日，省交通建设集团公司挂牌。

3月20日　省交通厅制定《陕西省公路交通突发事件应急预案》。

3月30日　省交通厅印发《关于加快通村油(水泥)路建设有关问题的通知》。

4月5日　省交通厅印发《陕西省通村油路（水泥路）建设工程核准办法（试行）》。

4月11—12日　省政府在旬邑县召开全省通村公路建设现场会议。曹森作《加快通村公路建设 服务社会主义新农村》工作报告。省长陈德铭、副省长洪峰出席会议并讲话。

4月28日　省交通厅与国家开发银行陕西省分行在西安签署贷款协议，省交通厅厅长曹森，国家开发银行陕西省分行行长尚韬，分别代表双方签订陕西省农村公路建设项目50亿元贷款合同。

4月30日　省交通厅对项目管理混乱、工期严重滞后并存在大量质量隐患的黄延高速公路有限责任公司问责，撤销公司董事会和监事会，公司党委和行政及项目主要负责人就地免职，新组建黄延高速项目管理班子，组织加快项目建设。

5月23—24日　交通部部长李盛霖来陕检查指导交通工作，并与陕西省省长陈德铭分别代表交通部和陕西省政府在西安签署《关于落实中央1号文件农村公路建设任务的意见》，决定省、部联手推进陕西农村公路建设。

5月30日　省交通厅制定《陕西省交通建设安全专项整治工作实施方案》，全面开展建设项目安全整治工作。

是月　全省高速公路建设管理体制调整重组工作完成。

6月6日　中共陕西省委副书记、代省长袁纯清检查指导西汉高速项目建设。在听取曹森有关高速公路建设情况汇报后指出，各级党委、政府要充分认识加快公路建设的重要作用，持续掀起公路建设高潮。

是日　省物价局、省交通厅发出《建立出租汽车、公路客运运价与油价联动机制 积极做好运输市场稳定工作的通知》。

7月13—14日　代省长袁纯清视察黄延高速项目建设，勉励筑路职工加快进度，保证质量，全力确保10月1日前建成通车。同时检查延塞高速、延安过境公路和通村公路建设。

8月3—4日 省政府在西安召开全省加强公路养护管理工作会议。副省长洪峰出席会议并讲话。曹森讲话提出公路养护管理要解决的主要问题、目标任务和主要措施。省交通厅党组成员、省公路局局长王平作公路养护管理工作报告。

8月5日 省交通厅印发《关于发展农村客运的若干意见》，推进城乡客运一体化。

8月7日 省交通厅印发《陕西省交通系统安全事故灾难应急预案》。

8月24日 省交通厅印发《陕西省交通科学技术研究项目管理办法（试行）》《陕西省交通信息化建设项目管理办法》。

9月2日 省交通厅成立安全事故灾难应急总指挥部，并设办公室。

9月5日 靖安高速建成通车。路线全长103.99公里，概算投资45.58亿元。2004年5月开工建设。

9月22日 省交通厅为全省103个县（市、区）农村公路管理站统一配备路政监督检查专用车。

9月29日 西禹高速客运班线经资源整合后开通，实行管理、车型、服务标准、经营、票价和结算“六统一”。

9月30日 黄延高速建成通车。路线全长143.30公里，投资70.50亿元。其中，洛河特大桥全长1 056米，桥高152.50米，13号主墩高143.50米，最大跨径160米，投资1.30亿元，时被誉为亚洲公路桥第一高墩。2002年12 月6日开工建设。

是日 榆蒙高速二期工程告竣，全线建成通车。路线全长88.10公里，总投资15.74亿元。其中，一期半幅工程76.80公里，2000年10月3日动工，2003年7月建成通车；二期半幅工程2004年11月开工建设。

10月11日 省交通厅决定在省高速集团、省交通集团设立高速公路路政支队，承担高速公路路政管理职责。

10月15日 全省高速公路对超限货车实行计重收费。

10月18日 省交通厅印发《陕西省高速公路建设项目施工监理单位信用评价管理办法》。

10月23日 省交通厅决定集中3个月时间，在全省开展代号“利剑一号”打击“黑车”违法违规营运专项整治行动。

10月24日 省政府在西安召开全省进一步强化车辆超限超载治理工作电视电话会议。副省长洪峰出席会议并讲话。会议发布《陕西省人民政府关于进一步强化车辆超载治理工作的通知》。

是月 省交通厅编制完成《陕西省交通发展“十一五”规划纲要》。

11月2日 西安绕城高速南段、312国道咸阳过境路暨西安咸阳国际机场高速六村堡立交，分别获2006年度国家优质工程银质奖。

11月7日 省交通厅部署集中开展治理交通建设领域工程转包和违法分包工作。

是日 国家发展和改革委批复陕西省利用世界银行贷款建设安毛高速及一批安康农村公路项目。

11月17日 代省长袁纯清、副省长洪峰听取曹森关于交通工作汇报。袁纯清强调指出，交通工作要以科学发展观为统领，率先走科学建设、规划、管理、发展的道路。

11月30日—12月3日　部分在陕全国政协委员和省政协委员，检查西汉高速项目建设，汉中、宝鸡通村公路建设与车辆超限超载治理工作。

是月　交通部科学研究院受省交通厅委托，编制完成《陕西省高速公路网规划环境影响报告书》。

12月11日　省交通厅在渭南市召开全省通村油（水泥）路“打底子”现场会。

12月29日　省政府印发《陕西省农村公路管理养护体制改革实施意见的通知》，确定农村公路养护管理体制改革原则、目标与主要任务。

是年全省干线公路开展“公路养护年”活动。

是年全省交通固定资产及公路建设完成投资249.52亿元。

2007年

1月6—7日　全省交通工作会议在西安召开。曹森作《强力推进交通又好又快发展为构建和谐陕西提供交通保障》工作报告。副省长洪峰出席会议并讲话。

1月18日　省交通厅印发《陕西省公路养护管理工作规程》。

1月19日　交通部部长李盛霖来陕，赴西安城西客运站检查指导春运工作。

1月20日　秦岭终南山公路隧道建成通车。隧道单洞长18.02公里，双洞长36.04公里，共投资42.18亿元。隧道建设规模居世界公路隧道第一。2001年1月8日开工建设，省长程安东发布开工令。

是日　西柞高速建成通车。路线全长43.49公里（不含秦岭终南山公路隧道），投资19.37亿元。2004年3月1日开工建设。

1月26日　省交通厅印发《陕西省国有高速公路企业工资改革方案》，统一和规范国有高速公路企业工资分配制度。

2月1日　省交通厅、省公安厅联合印发《关于加强秦岭终南山公路隧道安全管理的通告》。

2月8日　省政府第121号令发布《陕西省收费公路管理办法》，自3月15日起施行。

3月12日　省交通厅、省发改委、省财政厅联合印发《关于加快推进农村公路管理养护体制改革的通知》。

3月15日　零点50分左右，西安友谊旅游汽车公司一辆挂靠个体客车，行至316国道K2 195+420转弯处时不慎发生翻车，客车坠入汉中褒河水库，造成25人死亡。

3月19日　省委书记李建国在小康高速建设项目进行调研，强调要又好又快，好字当头，争取早日贯通西康高速。

4月7日　榆林市政府与中铁二局集团有限公司签订《陕西省榆林至神木高速公路建设-经营-转让（BOT）项目投资协议书》。10月29日，双方签订项目特许经营合同。

4月20日　国际隧道协会主席哈维·帕克一行考察秦岭终南山公路隧道。

4月26日　省交通厅与安康、汉中、商洛3市政府签署“十一五”时期农村公路共建协议。

4月27日　省交通厅印发《陕西省高速公路服务区管理办法》。

5月8日　省政府印发《关于进一步加快农村公路建设的通知》。

5月15日　西安至榆林、延安至榆林高速客运班线开通。

5月27—28日　省政府在澄城县召开全省农村公路管理养护体制改革现场会，总结推广澄城等县（市）改革试点经验。副省长洪峰出席会议并讲话。曹森讲话对农村公路养护管理体制改革做全面部署。

5月28日　世界银行贷款陕西省安康公路发展项目协议在美国华盛顿签署，中国授权代表财政部国际司副司长杨少林，世界银行中蒙局局长杜大伟，分别代表中国政府和世界银行签订《贷款协定》，陕西省省长袁纯清与杜大伟签订《项目协定》。协定利用世界银行贷款3亿美元（折合人民币23亿元），用于新建安毛高速和改善项目影响区内106条农村公路。

6月4日　省委书记赵乐际调研西汉高速项目建设情况。

6月15日　经省政府同意，省交通厅、省公安厅、省工商行政管理局、省煤炭工业局、省质量技术监督局联合印发《关于进一步深化超限超载运输治理的通告》。

6月20日　洋县洋太公路建设工地发生一起塌方事故，造成死亡3人、伤1人。

6月24日　省交通厅在西安召开加快重点公路建设项目工作会议，部署高速公路加快建设工作。

7月11日　省交通厅组织“陕西省高速公路突破2 000公里著名作家采风团”活动启动仪式。

7月28—29日　312国道丹凤段发生严重水毁，交通中断。副省长洪峰等查看水毁情况，指导抢修保通工作。

是日　省交通厅、省发改委、省公安厅、省财政厅、省地方税务局、省工商行政管理局联合下发《陕西省集中治理车辆外挂实施方案》。

8月6日　省交通厅印发《陕西省市级公路管理机构和养护机制改革指导意见》。

8月15日　陕西省武警交通指挥部五支队一个中队武警战士进驻秦岭终南山公路隧道，担负隧道安全保通任务。2010年8月15日奉命撤出。

是日　省交通厅与重庆市交通委员会磋商开通省际“绿色通道”。至此，陕西与周边8省（自治区、直辖市）鲜活农产品“绿色通道”实现互通。

8月16日　省交通厅发出《关于加强在建工程桥梁施工安全紧急通知》。

8月29日　省交通厅与延安市政府举行“交通跨越发展 建设富裕延安”省、市共建协议签订仪式。

9月17日　省交通厅印发《陕西省公路桥梁养护工程师制度(试行)》《陕西省公路桥梁安全事故责任追究制度(试行)》和《陕西省公路桥梁突发事件应急预案(试行)》。

9月30日　西汉高速建成通车。路线全长254.77公里，投资147.62亿元。2002年9月开工建设。

10月1日　西汉高速客运班线开通。

10月8日　冰岛共和国总统奥拉维尔·拉格纳·格里姆松一行参观秦岭终南山公路隧道。

10月12日　挪威王国运输与通信部大臣丽英·赛思·纳瓦塞特女士一行参观秦岭终

南山公路隧道。

10月31日　子靖高速建成通车。路线全长120.68公里，完成投资43.56亿元。2004年6月25日开工建设。

是日　吴子高速建成通车。路线全长68.20公里，完成投资43.12亿元。青银线陕西境高速公路至此全线贯通。2004年12月1日开工建设。

11月1日　经省政府同意，省交通厅决定从当日零时起，撤销虢镇渭河大桥等17个公路收费站。汉中市政府撤销316国道石门隧道收费站。

是日　陕西省交通作家协会成立暨第一届会员代表大会召开。

11月2日　省交通厅在西安召开全省交通信息化工作会议。

11月7日　省物价局、省交通厅发布《关于我省公路客运实行燃油附加费的紧急通知》。

11月15日　省交通厅组织在全省集中开展代号“搜狐行动”的打击“黑车”等违法违规营运专项整治行动。

11月20日　省交通厅发出《关于在陕西省高速公路工程施工招标中，加强承包人转包分包和拖欠民工工资行为监督管理的通知》，推行承包人杜绝转包分包和拖欠民工工资行为承诺书制度。

12月4日　西禹高速金水沟特大桥、勉宁高速分别获2007年度国家优质工程银质奖。

12月13日　咸永高速建成通车。路线全长65.44公里，投资25.47亿元。该段路线建成，标志陕西高速公路建成通车里程突破2 000公里。2005年10月14日项目开工建设。

12月17日　省交通厅印发《陕西省道路运输业发展纲要》（2006—2020年）。

是日　省交通厅与西安铁路局在西安举行《关于加强协作　相互支持　共同促进铁路公路建设合作协议》签订仪式。省交通厅厅长曹森、西安铁路局局长杨绍清，共同在协议上签字。洪峰出席签字仪式。

是年　省交通厅连续第11次被中共陕西省委、省政府评为“最佳厅局”。

2008年

1月9日　省政府召开全省高速公路通车里程突破2 000公里表彰大会。中共陕西省委、交通部分别发来贺信，省长袁纯清出席会议并讲话，副省长洪峰宣读省政府表彰通报。省交通厅等27个市（县、区）政府、部门、单位受到表彰。

是日　全省交通工作会议在西安召开。曹森作《发展现代交通 奉献一流服务 为建设西部强省做出新贡献》工作报告。副省长洪峰出席会议并讲话。

是日　省交通厅组织感动交通十大人物评选揭晓，侯在德等10人获评2007年感动交通十大人物，省交通厅予以表彰奖励。

1月11—30日　全省大范围遭受50年不遇雪灾，交通严重受阻。省交通厅迅速启动公路Ⅰ级红色预警预案，全省公路职工投入除雪保畅。省长袁纯清、副省长洪峰先后分别赴西安绕城高速检查指导道路保畅。省交通厅紧急部署煤、电、油运输保障工作。

1月31日　中共中央政治局委员、国务院副总理回良玉考察西宝高速常兴服务区。

2月21日　省交通厅（机关）获2006—2007年度全国交通文明行业先进单位称号。

2月23日　全省交通系统治理车辆超限、超载工作会议在西安召开，曹森讲话强调依法治超、科学治超、长效治超、文明治超。

2月29日　在中共陕西省委、省政府召开的全省宣传思想工作会议上，省交通厅获2007年度全省目标责任考评先进单位称号，受到表彰。

3月10日　世界最深超大竖井工程——秦岭终南山公路隧道2号通风竖井工程贯通。竖井最大井深661米，最大直径11.50米。

4月11日　副省长洪峰在全省道路运输工作会议上讲话，强调深入贯彻“路运并举、和谐发展”新理念，促进道路运输全面、协调、可持续发展。

4月16日　省高速集团原董事长陈双全因受贿罪被判处死刑，缓期两年执行，剥夺政治权利终身，并处没收个人全部财产。

5月12日　四川省汶川县发生特大地震。省交通厅当日18时启动Ⅲ级应急预案，全省公路交通系统迅速开展抗震抢险救灾与险情排查。20时20分，副省长洪峰到省交通厅作出公路运输保畅、公路设施排查、隐患消除和确保人员安全3条指示，要求全力以赴确保西汉高速运输大动脉畅通。省交通厅采取落实公路保畅责任、西汉等6条入川公路对抗震救灾车辆实行免费通行等措施，确保抢险救灾人员、车辆快速入川。曹森等6名厅领导带领6支抢险队，分赴宝鸡、汉中、安康组织抗震抢险救灾。

受特大地震影响，全省9条高速公路、38条干线公路、715条农村公路共1.07万公里公路不同程度受灾，直接经济损失11.17亿元。

5月13—25日　省与西安、宝鸡、汉中市交通部门与公安等部门密切配合，紧急调集运力，全力以赴接待并免费运送因宝成铁路109隧道塌方滞留3地的川籍返乡民工回乡抗震救灾。期间，共向四川方向投放客车3 913辆（次），免费运川籍旅客8.59万人，并抢运救灾人员3 173人次。

5月14日　遵照交通运输部指令，省交通厅从省公路局战备库调集5座战备钢桥，由21辆大货车分装，于15日12时送达地震灾区四川广元市宝轮镇。

5月16日　省交通厅从西安市调集10辆5吨载货车，抢装50吨食品、饮用水等救灾物资，于17日安全送达四川广元市。至6月20日，省交通部门投放入川货车1 743辆，运送救灾物资1.10万吨。

5月17日　中共陕西省委书记、省人大常委会主任赵乐际，赴西汉高速汉中东收费站，检查指导抗震救灾保畅工作。

5月18日　省长袁纯清赴西汉高速秦岭段，检查指导救灾运输保畅工作。

5月21日　中共中央政治局常委、中央书记处书记、国家副主席习近平，在视察陕西抗震救灾工作时，对陕西公路交通抗震抢险救灾保畅给予充分肯定和高度评价，并强调要做好基础设施的恢复，尽快实现灾区通路、通电、通水、通信息；要加强对已通道路和现有基础设施的管理和维护，特别是要尽可能确保通往四川灾区和本省灾区的道路，保证抗震救灾生命线畅通。

5月22日　省交通厅连夜调集101辆货车，组成陕西抢险救灾运输车队，紧急开赴四川成都抢运抢险救灾物资。

5月24日　省交通厅派出支援地震灾区公路抢通保通突击队88人携带抢修设备，赶赴四川汶川特大地震灾区抢修受灾道路。

5月26日　省长袁纯清检查西安咸阳国际机场专用高速项目建设，要求努力实现“国内一流、国际知名”建设目标。

是日　省政府召开全省农村公路工作会议，曹森作《统筹规划 整体推进 提升质量 进一步促进农村公路又好又快发展》工作报告。副省长洪峰出席会议并讲话。会上，李毅等10名“路县长”，杨兴运等104名“路乡长”，受到省政府表彰。

6月6日　省交通厅在西安召开全省重点公路建设项目加快会议。

6月10—11日　中纪委驻交通运输部纪检组组长杨利民一行来陕西进行抗震救灾与灾后重建调研。

6月12日　中华全国总工会授予陕西省交通支援灾区公路抢通保通突击队、陕西省交通赴川抢运抗震救灾物资车队、陕西省西汉高速公路有限责任公司抗震救灾“工人先锋号”称号。

6月17日　省交通厅启动道路运输奥运防恐安保工作。

6月27日　省交通厅召开纪念建党八十七周年暨除雪抗震保畅表彰会。

6月28日　中共陕西省委授予省公路局党委、省高速集团宁强管理所党支部“陕西省抗震救灾先进基层党组织”称号；授予西安市交通运输管理处货运科科长阎顺等6名交通系统干部“陕西省抗震救灾优秀共产党员”称号。

7月6日　府谷华莲黄河大桥建成通车。大桥全长1 104.56米。由府谷县黄河集团有限责任公司董事长张侯华投资9 829.71万元建设。2006年4月18日动工始建。

7月9日　省交通厅与重庆市交通委员会在西安签订陕渝交通合作框架协议。

7月20日　交通运输部与陕西省政府在西安就“5·12”汶川特大地震后陕西交通重建规划项目进行座谈。交通运输部副部长翁孟勇、副省长洪峰等参加座谈。

7月25日　由33名司乘人员、22辆高一级沃尔沃大巴车组成的陕西奥运交通保障运输车队，赴京参加奥运会交通保障运输。8月23日圆满完成保障运输任务。

8月7日　全省高速公路路线命名编号调整及规范交通标志工作启动。

8月13日　省长袁纯清调研蓝商高速项目建设，强调注意施工安全，保证工程质量，确保通车目标实现。

9月8日　省政府2008年第25次常务会议听取省交通厅加快公路建设专题汇报，研究进一步加快公路建设问题。会议原则通过省交通厅《关于进一步加快我省高速公路建设的请示》。

9月25日　省政府与交通运输部在北京举行座谈会，共商陕西交通运输发展。交通运输部部长李盛霖，中共陕西省委书记赵乐际、省长袁纯清等参加座谈。

9月28日　凤永高速建成通车。路线全长98.73公里，投资46.35亿元。2005年10月1日开工建设。

10月8日　省交通厅召开厅直系统深入学习贯彻科学发展观活动动员大会，曹森作动员讲话。

10月26日　商界高速建成通车。路线全长122.22公里，投资93亿元。此为陕西第一条六车道山区高速公路。沪陕线陕西段高速公路至此全线贯通，省政府通报表彰。2005年12月10日项目开工建设。

是日　蓝商高速建成通车。路线全长92.31公里，完成投资65.50亿元。该路线始由中通电子公司与陕西省交通投资公司采用BOT方式建设。由于中通电子公司严重违约违规，致工程进度严重滞后，质量存在严重问题，2006年9月28日经省政府同意，省交通厅收回该项目建设管理权，并组织加快全线建设和项目清算，确保项目建成。项目2005年12月24日动工始建。

11月1日　全省收费公路271个收费站1 373条车道，启用车辆牌照信息自动识别及联网收费系统。

11月11日　曹森主持召开省交通厅党组扩大会议，传达贯彻中央应对国际金融危机10条措施和中共陕西省委常委扩大会议精神，部署加快交通建设工作。

11月13日　省发展和改革委员会、省交通厅联合办公，共同审查确定全省新开一批高速公路建设项目，其中年底前新开工9个高速公路项目。

11月16日　省公路局召开陕西省加快农村公路建设电视电话会议，部署年底前开工一批农村公路建设重点项目。

11月18—21日　省交通厅就全省高速公路网规划调整方案先后向中共陕西省委、省政府主要领导汇报。根据省委、省政府和主要领导意见，经对规划方案进一步完善后，形成《陕西省高速公路网规划》。新规划路网总规模8 056公里。其中国家高速公路约3 800公里，省级高速公路约4 200公里。

11月24日　陕西宝汉高速公路建设管理有限公司成立。

11月25日　省交通厅在西安召开全省交通系统领导干部大会，公布调整完善后的全省高速公路网规划即“2367”网规划，部署、动员全省交通系统迅速掀起第二轮加快公路建设高潮。

11月28日　柞小高速建成通车。路线全长71.67公里，概算投资48.71亿元。2006年6月开工建设。

12月1日　省交通厅与国家开发银行陕西省分行等5家银行签订战略合作协议。省交通厅获5家银行5年内1 700亿元贷款，用于潼临高速改扩建等12个高速公路项目建设。曹森代表省交通厅分别与5家银行负责人在协议书上签字。

12月7日　由延安市政府组织建设的延吴高速开工。路线全长109.85公里，估算投资约107.85亿元。

12月12日　宁棋高速建成通车。路线全长17.95公里，概算投资14.41亿元。京昆线陕西段高速公路至此全线贯通。项目2006年11月13日开工建设。

12月16日　西宝高速改扩建工程开工。路线全长157.76公里，概算投资135.45亿元。2011年11月22日兴平至虢镇段103.25公里建成通车，概算投资65.24亿元；2011年11月1日西安至兴平段25.71公里开工，2012年12月25日建成通车，概算投资38.79亿元。

12月29日　陕西高速公路“三秦通”缴费卡合作框架协议签字暨揭卡仪式在西安举行。从2009年1月1日起全省高速公路通行可刷卡缴费。

12月30日　神府高速开工建设，2011年12月16日建成通车。路线全长56.91公里，概算投资74.58亿元。

12月31日　根据国务院通知，省政府印发《关于成品油价格和税费改革的实施意见》，从2009年1月1日起实行燃油税改革，取消公路养路费、公路运输管理费、公路客运附加费等5项公路收费。

是月　陕西高速公路公众服务热线启用专用号码——12122。

是年　关中环线全线建成通车。路线全长386.98公里，其中一级公路257公里，总投资36.38亿元。项目在原修建路段的基础上，2003年起由各市分段重点改建、新建。

是年　全省交通固定资产投资及公路建设完成投资322.22亿元。

2009年

1月1日　省交通厅与中国建设银行陕西省分行签署《陕西省高速公路非现金收费业务合作框架协议》，实现银联卡或车载电子标签在特定车道刷卡收费通行。

1月4日　全省交通工作会议在西安召开。曹森作《抢抓机遇 科学发展 掀起交通运输新一轮发展高潮》工作报告。副省长洪峰出席会议并讲话。

1月16日　全省公路工作会议提出完成20个交通发展示范县试点。

是月　西铜高速二通道开工建设，2011年12月8日建成通车。路线全长62.80公里，概算投资79.75亿元。

2月3日　省长袁纯清，省委副书记、西安市委书记孙清云，副省长洪峰，检查西铜高速二通道项目建设及未央收费站北迁工程。袁纯清强调交通建设任务艰巨、责任重大，要坚定信心，保持建设和发展良好势头。

2月10日　省交通厅印发《关于加强农村公路建设质量管理有关问题的通知》。

2月18日　省交通厅印发《陕西省“十万名”营运车辆驾驶员节能竞赛活动实施方案》。

2月19日　中共陕西省委常委、省政协主席马中平率部分驻陕全国政协委员考察交通工作。

3月10日　根据《陕西省政府机构改革方案》规定，设陕西省交通运输厅，原省交通厅不再保留。陕西省交通运输厅挂牌。

3月12日　省委书记赵乐际、省长袁纯清在北京参加“两会”期间，与交通运输部部长李盛霖、副部长翁孟勇、冯正霖等举行座谈会，共商加快陕西交通发展。

3月19日　省政府第138号令颁布《陕西省治理公路超限运输办法》，自2009年5月1日起施行。

是日　省社会科学院发布2009年陕西省蓝皮书显示，在获得“满意”评价领域中，交通道路建设公众满意度为55.30%，居第一位。

3月20日　安康东高速开工建设。路线全长129.36公里，概算投资133.33亿元。白河至安康段一期工程113公里，2011年12月27日建成通车，概算投资120.20亿元；陕鄂界至白河段二期工程16.36公里，2012年12月25日建成通车，概算投资13.31亿元。

是日 因四川省广元市境内发生汽车机械故障造成交通事故，导致宁棋高速由陕入川方向车辆拥堵长达50余公里。省交通运输厅启动紧急预案，全力组织疏导。3月23日恢复正常通行。

4月1日 定汉高速开工建设。其中陇千段66.75公里，2010年10月26日建成通车，概算投资36.70亿元；千宝段37.61公里，2011年11月8日建成通车，概算投资30.30亿元。

4月16日 交通运输部在西安召开全国农村公路建设现场会，陕西等6省交通运输厅介绍经验。会议代表参观考察西安市户县、周至农村公路建设养护和管理。会议期间，交通运输部部长李盛霖等考察西安绕城高速西高新收费站、秦岭终南山公路隧道和西安咸阳国际机场专用高速公路。

4月28日 省交通运输厅获全国总工会授予全国五一劳动奖状。

5月8日 西北地区规模最大高速公路服务区——黄延高速黄陵服务区改扩建工程开工，2010年6月26日竣工开业。

5月10日 全国人大常委会副委员长司马义·铁力瓦尔地考察秦岭终南山公路隧道运营管理。

5月18日 省交通运输厅在西安召开公路客运工作会议，部署全面清理个体客运车辆挂靠，推进公路客运公司化、集约化经营。

5月28日 小康高速建成通车。路线全长58.26公里，概算投资58.95亿元。至此，全省实现市市通高速公路，交通运输部发贺信。其中，建成的包家山隧道单洞长11.21公里，双洞长22.42公里，投资12.90亿元，隧道里程居亚洲建成公路隧道第四位。路线与包家山隧道分别于2005年10月31日、2006年4月30日开工建设。

6月8日 省政府办公厅印发陕西省交通运输厅机构改革方案。

6月29日 省政府2009年第14次常务会议听取和审议省交通运输厅《关于取消政府还贷二级公路收费及燃油税改革有关问题的汇报》，决定暂缓取消政府还贷二级公路收费。

6月30日 省交通运输厅发出《关于做好通村客运车辆补助工作的实施意见》，对新增及更新通村客运车辆实行购车补助，每辆补助2万元。

是日 西商高速二通道开工建设，2012年8月14日建成通车。路线全长121公里，概算投资150.48亿元。

7月2日 全省发展通村客运现场会在白水县召开，推广该县发展“三农快客”经验。曹森作《全面加快通村客运发展 服务农民便捷出行》工作报告。副省长洪峰出席会议并讲话。

7月8日 西安咸阳国际机场专用高速建成通车。路线全长20.58公里，概算投资26.08亿元。时为西部地区第一条8车道高速公路。项目2006年11月4日开工建设。

是日 西安咸阳国际机场专用高速收费站6条车道自动发卡和电子不停车收费系统（ETC）投入使用。

7月23日 汉中西高速开工建设。路线全长150.96公里，估算投资151.04亿元。一期工程汉中至略阳段117.61公里，2011年12月25日建成通车。二期工程略阳至陕甘界段在建。

9月3—5日　省交通运输行业节能减排工作经验交流会暨10万名营运车辆驾驶员节能技能竞赛在咸阳举行。

9月13日　神盘公路因受山西省忻州至黑峪口公路交通不畅影响，致车辆严重拥堵。公路交通和公安交警部门通力协作疏导，至10月11日基本疏通。

9月15日　曹森当选为交通运输部组织评选的全国60位“新中国成立以来感动交通人物”之一。

9月26日　宝牛高速建成通车。路线全长40.21公里，投资28.40亿元。连霍线陕西境高速公路至此全线贯通。2007年3月9日开建。

是日　西安至天水高速客运班线开通。

是月　由咸阳市政府组织建设的咸旬高速分段开工。路线全长93.55公里，概算投资62.18亿元。

10月9日　“情满三秦·美在交通”——庆祝中华人民共和国成立六十周年陕西省交通文化展览在省美术博物馆开展。

10月13日　省政府印发《关于加快发展通村客运的实施意见》。

10月16日　商漫高速建成通车。路线全长94.50公里，概算投资65.39亿元。福银线陕西境高速公路至此全线贯通。项目2006年8月9日开工建设。

10月19日　越南社会主义共和国交通部部长胡义勇一行参观秦岭终南山公路隧道。

10月30日　省长袁纯清，副省长洪峰、景俊海，听取省交通运输厅工作汇报。袁纯清讲话时强调，不仅要埋头修路，还要抬头看路，围绕陕西经济主战场修路、用路。

11月2日　省交通运输厅印发《陕西省公路水路交通节能中长期规划纲要》。

11月5日　西（安）咸（阳）国家公路运输枢纽新筑集装箱综合站建设项目开工。

11月10日　全省普降暴雪。省交通运输厅启动公路交通突发公共事件Ⅱ级应急预案，全省3万余名公路养护人员投入除雪保畅。

11月19日　定汉高速汉川段开工。路线全长53.77公里，概算投资51亿元。

11月22日　安康东高速旬阳吕河汉江大桥4号墩施工时，5名模板安装工人违规乘坐运料吊斗下墩时，因钢丝绳卡环滑脱使吊斗突然坠落，致吊斗内人员全部受伤。受伤人员经医院抢救无效死亡。

11月26日　冯西宁任省交通运输厅厅长。12月30日，任中共陕西省交通运输厅党组副书记。

12月10日　西铜高速二通道渭河特大桥开工建设，2011年12月8日建成通车。特大桥全长9 416.10米，双向八车道，时为全省最长高速公路特大桥。

12月11日　省交通运输厅召开规范国有高速公路企业劳动用工动员部署大会。

12月12日　省公路路政执法总队成立，原省交通厅交通征稽系统完成整体转岗。

12月21日　陕、川两省交通运输、公安部门与汉中、广元两市政府，共同就京昆高速宁强至棋盘关段严重堵车问题进行协商，制定疏堵保畅方案。

是年　全省高速公路突破3 000公里获评“2009年陕西省十大新闻”。

是年　省交通运输厅按照省政府批准“三定”方案，完成机关机构改革工作。

是年　全省完成农村公路养护管理体制改革工作。

是年　全省交通固定资产及公路建设完成投资额482.24亿元。

是年　省交通运输厅连续13年被评为最佳厅局。

2010年

1月5日　全省交通运输工作会议在西安召开。冯西宁作《解放思想 科学发展 全面超额完成“十一五”目标任务》工作报告。省交通运输厅党组书记曹森讲话提出，一手抓交通大发展，一手抓职工大民生。

1月7日　省委书记赵乐际听取曹森、冯西宁关于交通运输工作汇报，要求继续保持加快交通发展势头，坚持举债搞建设。

1月14日　省交通运输厅获中共陕西省委、省政府授予的“省级文明单位”称号。

1月20日　冯西宁在全省公路工作会议上讲话强调，发扬成绩，肩起责任，强化管理，迎接全国公路养护管理大检查。

1月26日　省交通运输厅印发《关于进一步严格控制工程投资，降低工程造价的通知》。

1月28日　全省交通运输系统“司乘满意在陕西”交通文明服务年活动在西安绕城高速曲江服务区启动。

是月　省交通运输厅编制交通“十二五”时期发展规划纲要草案，通过门户网站公开向社会征询意见。

2月26日　省交通运输厅被中共陕西省委、省政府评为2009年度目标责任考评优秀单位。

3月3日　榆绥高速开工建设，2012年9月29日建成通车。路线全长118.81公里，概算投资93.71亿元。该项目建成通车，标志陕西高速公路建成通车里程突破4 000公里。

3月4日　省政府与交通运输部在北京举行座谈会，商讨陕西交通发展。陕西省省长袁纯清、副省长洪峰，交通运输部部长李盛霖、副部长高宏峰等出席座谈。

3月15日　省交通运输厅在西安召开交通运输系统治超工作会议，部署开展“春蕾行动”。冯西宁讲话要求把治超作为交通运输生命线工程切实抓好。

4月5日　洛岔高速开工建设，2011年底建成，2012年8月14日通车。路线全长12.62公里，概算投资8.97亿元。

4月14日　青海省玉树藏族自治州发生7.1级地震。省交通运输厅启动应急预案，加强公路应急保畅，所有救灾车辆免费通行，救灾人员免费就餐。

5月5日　省交通运输厅向玉树藏族自治州地震灾区捐赠价值300万元公路抢通保畅机械设备。

5月7日　省交通运输厅部署全省交通运输行业开展“车、船、路、港”千家企业低碳交通运输专项行动。

5月10日　当日10时起，全省高速公路实施货车全计重收费。

5月24日　省政府在眉县召开全省通村公路管理养护现场会。副省长洪峰出席会议并讲话，曹森、冯西宁出席会议。冯西宁讲话提出，推进农村公路以建为主向以养为主转变。

是月　铜黄高速二通道工程开工建设。路线全长102.20公里，概算投资118.90亿元。

6月27日　省交通运输厅与中国邮政储蓄银行陕西省分行在西安签署战略合作框架协议。省高速集团、省交通集团与陕西省分行签订融资意向书，授信总金额60亿元。

7月1日　全省迎国检暨干线公路大中修工程管理现场会在靖边县召开。冯西宁讲话强调，要确保实现迎国检目标。

7月6日　省交通运输厅印发《陕西省大件运输车辆行驶公路管理办法（试行）》。

7月16—24日　两次强降雨致全省除榆林外10个市（区）公路遭不同程度损毁，直接经济损失约40.99亿元。全省交通系统紧急组织抢险救灾保畅。省委副书记、代省长赵正永，副省长姚引良，省军区司令员程兵等率省交通运输厅等有关部门负责人，分赴水毁现场指挥抢险工作。

7月21日　省政府和交通运输部在西安就加快推进关中—天水经济区交通运输发展举行会谈。省委书记赵乐际会见交通运输部部长李盛霖并出席座谈。中共陕西省委副书记、代省长赵正永与李盛霖共同签署会谈纪要。李盛霖出席座谈会期间，赴陕西交运集团与西安国际港务区进行调研。

8月7日　甘肃省舟曲县发生特大泥石流灾害，省交通运输厅组织500台救灾应急运输车辆驰援，并对所有通过收费公路救灾车辆实行免费通行。

9月17—18日　陕西省交通运输厅荣获“全国交通系统文明行业”称号。

9月27日　省政府2010年第16次常务会议听取曹森、冯西宁关于全省交通运输“十二五”时期发展规划思路汇报。代省长赵正永充分肯定“十一五”时期交通发展成绩，强调“十二五”时期要继续加快交通发展。

10月11日　省政府纠风办、省交通运输厅、省公安厅、省农业厅、省林业厅联合发文，部署全省开展公路“三乱”集中治理“百日行动”。

10月15日　省交通运输厅在省交通集团西康分公司召开全省高速公路“四个一”工程建设现场会。

11月1日　省交通运输厅、省公安厅、省安全生产监督管理局联合发出《关于进一步加强和改进道路客运安全工作的意见》。

11月9日　渭蒲高速建成通车。路线全长54.60公里，概算投资36.79亿元。此为陕西建成的首条省级高速公路。项目2009年4月19日开工建设。

11月10日　宜富高速建成通车。路线全长192.18公里，概算投资138.87亿元。该路线建成，标志陕西高速公路建成通车里程突破3 000公里，省政府通报表彰。项目2008年10月21日开工建设。

11月25日　省政府召开专题会议，听取省交通运输厅2010年工作完成情况和2011年工作思路汇报。代省长赵正永、副省长洪峰及有关部门负责人出席，曹森、冯西宁参加汇报。

11月30日　潼临高速四车道改八车道改扩建工程建成。路线全长116.26公里，其中新建16.52公里，概算投资共67.42亿元。工程2009年3月开工建设。

12月3日　省交通运输厅在北京召开陕西省交通运输发展战略研讨会。冯西宁汇报陕西交通运输发展情况。交通运输部原副部长胡希捷等有关领导、专家出席，并就陕西交通“十二五”时期发展建言献策。

12月8日　陕西首条采用BOT方式建设的榆神高速建成通车。路线全长106.97公里，概算投资56.43亿元。工程分两段实施。其中小纪汗至半切墩87.57公里，2006年8月17日开工，2009年12月8日建成通车；半切墩至陈家沟岔18.78公里，2009年2月28日开工建设。

12月23日　省交通运输厅召开厅务会议，传达学习中共陕西省委十一届七次会议精神。冯西宁讲话强调，“十二五”时期要以构建大交通、完善大路网、强化大枢纽、发展大物流为方向，推进全省交通运输在西部率先发展、率先突破、率先跨越。

12月26日　汉中东高速建成通车。路线全长95.36公里，概算投资72.89亿元。2008年11月28日开工建设。

是日　安康西高速建成通车。路线全长92.41公里，概算投资64.81亿元。2007年8月12日开工建设。

12月31日　安毛、毛川高速建成，2011年5月31日全线通车。路线合计104.60公里，概算投资96.40亿元。项目建成通车标志包茂线陕西境高速公路全线贯通。项目分两段实施。安毛段路线全长85.61公里，概算投资77.03亿元，其中利用世界银行贷款2.60亿美元（折合人民币20.80亿元）；毛川段18.99公里，概算投资19.37亿元。两段分别于2007年12月23日、2008年3月20日开工建设。

是日　汉中至安康高速客运班线开通。

是月　省交通运输厅印发《陕西省公路建设市场信用评价管理办法》。

是月　“秦岭终南山公路隧道建设与运营管理关键技术”，获2010年度国家科学技术一等奖。

是年　全省交通固定资产及公路建设完成投资548.83亿元。全省公路总里程达到14.75万公里，其中高速公路通车里程3 403公里，农村公路13.30万公里。全省实现所有具备条件的乡镇通油路、建制村通公路，其中83.70%的建制村通油（水泥）路。全省通公路乡镇全部通客车，建制村通客车率88.44%。

附　录

一、地方性法规

陕西省道路运输管理条例

（2000年1月14日陕西省第九届人民代表大会常务委员会第十三次会议通过。2003年8月1日陕西省第十届人民代表大会常务委员会第五次会议修正。2004年8月3日陕西省第十届人民代表大会常务委员会第十二次会议第二次修正。2006年12月3日陕西省第十届人民代表大会常务委员会第二十八次会议修订）

第一章　总　则

第一条　为了维护道路运输市场秩序，保障道路运输安全，保护道路运输有关各方当事人的合法权益，促进道路运输事业的发展，根据《中华人民共和国道路运输条例》和有关法律、法规，结合本省实际，制定本条例。

第二条　在本省行政区域内从事道路运输经营及道路运输相关业务活动，应当遵守本条例。 前款所称道路运输经营包括道路旅客运输经营（以下简称客运经营）和道路货物运输经营（以下简称货运经营）；道路运输相关业务包括站（场）经营、机动车维修经营、机动车驾驶员培训经营。

第三条　道路运输经营是指以营利为目的，利用客运机动车和货运机动车为社会公众提供道路运输服务的行为。

公民、法人和其他组织不以道路运输方式营利，仅为本单位和本人服务的道路运输活动，不适用本条例。

第四条　县级以上人民政府交通行政管理部门主管本行政区域内的道路运输管理工作。

县级以上道路运输管理机构负责具体实施道路运输管理工作。

公安、建设、工商、价格、质量技术监督等有关行政管理部门按照各自职责，做好道路运输相关管理工作。

第五条　县级以上交通主管部门应当根据国民经济和社会发展需要，编制道路运输发展规划，并组织实施。

第六条　道路运输管理应当遵循公平、公正、公开和便民的原则，建立公平竞争、规范有序的道路运输市场。

第七条　县级以上人民政府应当积极发展乡村道路运输，为乡村经济和社会发展提供安全、经济、便捷的运输服务。

第二章　道路运输经营

第一节　客运经营

第八条　客运经营者应当依照《中华人民共和国道路运输条例》的规定取得道路运输经营许可证并办理工商登记，在许可的经营范围内从事经营活动。

道路运输管理机构应当对客运经营者投入客运经营的车辆配发道路运输证，属于客运班车的还应当配发客运标志牌。

客运经营者应当随车携带道路运输证。

第九条　同一客运线路有三个以上申请人的，应当通过客运线路服务质量招投标的方式作出许可决定。

第十条　客运班车应当按照批准的营运线路、班次、站点运行，不得擅自变更和脱班。

客运班车应当在规定位置放置客运标志牌，张贴票价表，标明经营单位和监督举报电话。

第十一条　客运班车应当进站经营，不得在站外揽客。

客运班车在城区需要设立停靠点的，由交通主管部门与公安、建设部门协商确定。

第十二条　客运经营者应当遵守道路交通和安全生产的法律、法规及操作规程，保障行车安全。

客运经营者应当文明经营、规范服务、礼貌待客。

第十三条　客运经营者应当确保车辆设备、设施齐全有效，保持车辆清洁、卫生，并采取必要的措施防止在运输过程中发生侵害旅客人身、财产安全的违法行为。

运输过程中发生侵害旅客人身、财产安全的违法行为时，客运机动车驾驶员和乘务员应当组织旅客采取措施制止违法行为，并及时向公安机关报告。

第十四条　因客运经营者过错造成旅客漏乘误乘的，客运经营者应当按照旅客意愿，安排改乘其他车辆或者双倍退还票款。

第十五条　客运经营者不得有下列行为：

（一）以欺骗、强迫、威胁或者兜圈绕行等不正当手段招揽旅客；

（二）无正当理由终止运输、中途更换车辆或者将旅客交他人运送；

（三）伪造、倒卖、转让、涂改道路运输证和客运标志牌。

客运经营者因车辆发生故障、事故等原因确需中途更换车辆或者将旅客交他人运送的，不得重复收费；导致运输质量下降的，应当向旅客退还相应的票款差额。

第二节　货运经营

第十六条　货运经营者应当依照《中华人民共和国道路运输条例》的有关规定取得道路运输经营许可证并办理工商登记，在许可的经营范围内从事经营活动。

道路运输管理机构应当对货运经营者投入货运经营的车辆配发道路运输证。

货运经营者应当随车携带道路运输证。

第十七条　货运经营者承运货物时，应当与货物托运人按照《中华人民共和国合同法》的规定订立货物运输合同。

货运经营者承运法律、法规规定限运、凭证运输的货物时，应当查验并确认有关手续齐全有效后方可运输。货运经营不得承运法律、法规禁止运输的货物。

第十八条　在外省注册的货运经营者需要从事起讫地都在本省境内的货运经营活动一个月以上的，应当到驻地县级以上道路运输管理机构备案。

第十九条　运输危险货物的专用车辆，应当设置危险货物运输标志，配备必要的应急处理器材及防护用品。

从事危险货物运输的驾驶人员、装卸管理人员、押运人员，应当经设区的市人民政府交通主管部门考试合格，取得上岗资格证。

第三节　其他规定

第二十条　客运经营者和货运经营者应当按照国家规定对投入运营的车辆进行二级维护、车辆技术等级评定和综合性能检测。

第二十一条　客运经营者运输旅客时，客运机动车不得超过核定的人数载客，不得违反规定载货。

货运经营者运输货物时，货运机动车应当符合核定的载质量载货，严禁超载；载物的长、宽、高不得违反装载要求。

禁止货运机动车载客。

第二十二条　汽车租赁经营者不得以提供驾驶服务等方式从事或者变相从事道路运输经营。

第三章　道路运输相关业务

第二十三条　道路运输相关业务经营者应当依照《中华人民共和国道路运输条例》的规定取得道路运输经营许可证并办理工商登记，在许可的经营范围内从事经营活动。

第二十四条　道路运输站（场）的设置和建设，应当符合道路运输发展规划和国家有关标准。

第二十五条　道路旅客运输站（场）经营者应当按照国家规定配备安全检查设施，对乘客携带的物品进行安全检查。乘客应当接受对携带物品的安全检查。

第二十六条　道路货物运输站（场）经营者应当按照货物的性质和保管要求，对货物进行分类存放，保证货物完好无损。

第二十七条　道路货物运输站（场）经营者应当按照规定的业务操作规程进行货物的搬运装卸；货物搬运装卸有特殊要求的，应当按照要求作业。

第二十八条　道路货物运输代理经营者应当将受理的货物运输业务交由具有经营资格的货运经营者承运。

第二十九条　机动车维修经营者应当按照道路运输管理机构许可的维修车型种类、服务能力和经营项目挂牌经营，不得超出许可范围承修机动车。

第三十条　消费者有权自主选择机动车维修经营者。任何行政管理部门不得强制或者变相强制消费者到指定的机动车维修经营者维修机动车。

第三十一条　机动车维修经营者应当按照国家、行业或者地方的维修标准和规范进行维修，不得使用假冒伪劣配件维修机动车。

第三十二条　机动车维修经营者承接机动车二级维护、总成修理、整车修理的，应当与托修方签订书面维修合同，并建立维修档案，做好维修记录。

第三十三条　承担机动车维修竣工质量检验的机动车维修经营者或者机动车综合性能检测机构应当按照检测技术标准，对机动车进行检测，如实提供检测结果证明，并对检测结果承担法律责任。

第三十四条　机动车驾驶员培训机构应当按照国务院交通主管部门规定的教学大纲进行培训，确保培训质量。对未经培训和培训考核不合格的人员，不得发给培训结业证。

第四章　监督检查

第三十五条　道路运输管理机构应当严格按照职责权限和程序对道路运输经营活动进行监督检查，维护道路运输经营秩序，保障运输生产安全。

道路运输管理机构应当重点在道路运输以及相关业务经营场所、客货集散地进行监督检查。

道路运输管理机构经省人民政府批准在公路路口进行检查时，不得影响交通秩序，不得随意拦截正常行驶的道路运输车辆。

第三十六条　道路运输管理机构对道路运输经营活动进行监督检查时，应当有二名以上人员参加，并佩戴执法标志，向当事人出示行政执法证。

用于道路运输监督检查的专用车辆，应当设置统一的车身标志。

第三十七条　道路运输经营者应当接受道路运输管理机构及其工作人员依法实施的监督检查，如实提供情况，不得阻碍道路运输管理机构工作人员执行公务。

第三十八条　道路运输管理机构的工作人员在实施道路运输监督检查过程中，发现车辆超载行为的，应当立即予以制止，并采取相应措施安排旅客改乘或者强制卸货。

第三十九条　道路运输管理机构的工作人员在实施道路运输监督检查过程中，对没有《道路运输证》又无法当场提供其他有效证明的车辆予以暂扣的，应当妥善保管，不得使用，不得收取或者变相收取保管费用。

第四十条　道路运输管理机构暂扣当事人车辆的，应当出具暂扣证并告知当事人在二十日内到指定地点接受处理。当事人接受处理后，道路运输管理机构应当于当日内退还暂扣的车辆。

道路运输管理机构暂扣车辆时，应当帮助当事人联系车辆，将乘客或者货物及时转运。

当事人未在二十日内到指定地点接受处理的，道路运输管理机构可以依法作出行政处罚决定，将行政处罚决定书送达当事人。当事人对行政处罚决定逾期不申请复议，也不起诉，又不履行的，道路运输管理机构可以申请人民法院强制执行。

第四十一条　道路运输经营者以及道路运输相关业务经营者应当按照国家和省的规定缴纳道路运输管理费。

第四十二条　对违反本条例的行为，公民、法人和其他组织有权向交通主管部门或者道路运输管理机构举报和投诉。交通主管部门或者道路运输管理机构接到举报和投诉后，应当及时查处并在十五日内作出答复。

第五章　法律责任

第四十三条　违反本条例第十条第二款规定，客运班车未在规定位置放置客运标志牌，标明经营单位和监督举报电话的，由县级以上道路运输管理机构责令改正，处以警告或者二十元以上二百元以下的罚款。

第四十四条　违反本条例第十五条规定，由县级以上道路运输管理机构责令改正，处一千元以上三千元以下的罚款；情节严重的，由原许可机关吊销道路运输经营许可证。

当事人行为违反《中华人民共和国治安管理处罚法》的，由公安机关依法处理。

第四十五条　违反本条例第二十二条规定，汽车租赁经营者以提供驾驶服务等方式从事或者变相从事道路运输经营的，由县级以上道路运输管理机构责令停业；有违法所得的，没收违法所得，处违法所得二倍以上十倍以下的罚款；没有违法所得或者违法所得不足二万元的，处三万元以上十万元以下的罚款；构成犯罪的，由司法机关依法追究刑事责任。

第四十六条　违反本条例第二十五条规定，道路旅客运输站（场）经营者不按规定进行安全检查的，由县级以上道路运输管理机构责令限期改正，逾期不改正的，处五百元以上三千元以下罚款；情节严重的，责令停业一至三个月。

第四十七条　违反本条例第二十八条规定，道路货物运输代理经营者将其受理的货物运输业务交由无经营资格的承运人承运的，由县级以上道路运输管理机构没收违法所得，可以并处五百元以上三千元以下的罚款。

第四十八条　违反本条例第二十九条规定，机动车维修经营者超出许可范围承修车辆的，由县级以上道路运输管理机构责令停业；有违法所得的，没收违法所得，处违法所得二倍以上十倍以下的罚款；没有违法所得或者违法所得不足一万元的，处二万元以上五万元以下的罚款。

第四十九条　县级以上道路运输管理机构对违反《中华人民共和国道路运输条例》和本条例规定的行为，作出责令停业、吊销道路运输经营许可证、三万元以上罚款处罚决定的，应当告知当事人有要求听证的权利。

第五十条　违反本条例规定的其他行为，法律、法规已有处罚规定的，从其规定。

第五十一条　交通主管部门和道路运输管理机构的工作人员有下列情形之一的，由其所在单位或者上级主管部门依法给予行政处分；构成犯罪的，由司法机关依法追究刑事责任：

（一）不依照法定条件、程序和期限实施行政许可的；

（二）参与或者变相参与道路运输经营以及道路运输相关业务的；

（三）发现违法行为不及时查处的；

（四）违反规定拦截、检查正常行驶的道路运输车辆的；

（五）违法扣留运输车辆、道路运输证的；

（六）索取、收受他人财物，或者谋取其他利益的；

（七）其他违法行为。

第六章　附　则

第五十二条　出租汽车客运和城市公共汽车客运管理依照《陕西省出租汽车客运条例》等有关法律、法规的规定执行。

第五十三条　轮式拖拉机的维修以及驾驶员培训等由农业机械主管部门依照有关法律、法规的规定执行。

第五十四条　本条例自公布之日起施行。

陕西省公路路政管理条例

（2001年9月25日陕西省第九届人民代表大会常务委员会第二十五次会议通过）

第一章　总　则

第一条　为加强公路路政管理，规范公路路政管理行为，保障公路完好、安全、畅通，促进国民经济和社会发展，根据《中华人民共和国公路法》和有关法律、行政法规，结合本省实际，制定本条例。

第二条　本省行政区域内的国道、省道、县道和纳入公路路网的乡道的路政管理，适用本条例。

第三条　本条例所称公路路政管理，是指县级以上人民政府交通行政主管部门及其所属的公路管理机构，依法对公路、公路用地、公路附属设施以及公路建筑控制区进行的行政管理活动。

第四条　公路路政实行统一管理、分级负责的原则。县级以上交通行政主管部门是本行政区域内公路路政的主管部门，其所属的公路管理机构依照本条例规定具体负责公路路政管理工作。有偿转让公路收费权的公路、国内外经济组织投资建成并经营的公路，其路政管理职责由公路管理机构的派出机构、人员行使。

第五条　各级人民政府在制定其他专业规划时，应当与公路规划相协调，并采取措施加强对公路路政管理工作的领导，保障公路完好、安全、畅通。国土资源、建设、公安、水利、林业、工商行政管理等有关行政主管部门，依照各自职责，协助交通行政主管部门做好公路路政管理工作。

第二章　管理职责

第六条　公路管理机构的路政管理职责是：

（一）宣传、贯彻公路路政管理的法律、法规和规章；

（二）管理和保护公路路产，检查、督促公路养护单位及时修复受损公路，维护公路及其标志、标线的完好；

（三）进行公路巡查，依法制止和查处侵占、损坏公路路产的行为；

（四）依法管理公路建筑控制区；

（五）法律、法规、规章规定的其他事项。

第七条　公路路政监督检查人员执行公务，应当统一着装，佩戴标志，持证上岗。

用于公路路政监督检查的专用车辆，应当设置统一的车身标志、路政检查标牌和示警灯。

第八条　公路路政监督检查人员执行公务时，应当恪尽职守、公正廉洁、文明执法，不得有下列行为：

（一）违反规定收费、罚款；

（二）擅自提高路产的赔偿、补偿标准；

（三）要求过往车辆带货带人；

（四）刁难或者勒索行政管理相对人；

（五）其他违法行为。

交通行政主管部门及其所属的公路管理机构应当加强对公路路政监督检查人员的管理、培训和监督，提高其业务素质和执法水平。

第九条　公路路政监督检查人员依法在公路、公路用地、公路建筑控制区、车辆停放场所、车辆所属单位进行监督检查时，有关单位和个人应当予以配合，接受检查。

第三章　公路路产管理

第十条　公路、公路用地、公路附属设施属于公路路产，受法律保护，任何单位和个人不得破坏、损坏或者非法占用。

第十一条　公路两侧边沟（截水沟、坡脚护坡道，下同）外缘起不少于一米的土地为公路用地。公路用地按公路的技术等级确定，具体标准为：

（一）高速公路、一级公路不少于三米；

（二）二级公路不少于二米；

（三）三级及三级以下公路不少于一米。

新建、改建、扩建公路的公路用地，建设单位应当依法办理公路用地土地征用手续，由国土资源行政主管部门核发证书；已建成的公路未确定公路用地权属的，由县级以上人民政府组织有关部门调查核实，依法办理土地登记手续，确认公路用地权属。

公路用地确权后，国道、省道、县道由县级以上公路管理机构负责埋设界桩；乡道由乡（镇）人民政府负责埋设界桩；新建、改建、扩建公路由建设单位负责埋设界桩。

第十二条　公路用地与铁路、管线、河道、水利设施等用地重叠、交叉造成权属不清的，由双方协商解决；协商不成的，依法申请人民政府处理。对处理决定不服的，可以依法申请行政复议或者依法向人民法院起诉。

第十三条　公路经核准报废后，由公路所在地的国土资源行政主管部门依法办理土地变更登记手续；核准报废前，任何单位和个人不得占用、处置公路和公路用地。

第十四条　公路、公路用地范围内禁止下列行为：

（一）打场晒粮、种植作物、积肥堆土、放养牲畜；

（二）摆摊设点、堆放物品，修车洗车，排放污水、倾倒废弃物，设置电杆、变压器等设施；

（三）堵塞、损坏、利用公路排水设施；

（四）采石采矿、挖沙取土、挖沟引水、爆破、烧窑；

（五）破坏、损坏、涂改和擅自移动公路标志、标线、标桩、护栏和其他公路附属设施；

（六）运输车辆载物拖地行驶或者泄漏、抛撒物品损坏、污染公路及其附属设施；

（七）在桥梁、隧道、涵洞内铺设输送易燃、易爆和有害气体、液体的管道；

（八）将公路作为检验机动车制动性能的试车场地和驾驶培训、考试场地；

（九）其他影响公路畅通和损坏公路的行为。

第十五条　在大中型公路桥梁周围二百米、小型公路桥梁周围、公路隧道上方及洞口外一百米范围内禁止下列行为：

（一）采石采矿、挖沙取土、爆破、烧荒、倾倒废弃物；

（二）停放装载危险物品的车辆；

（三）危及公路桥梁、公路隧道安全的其他行为。

第十六条　在公路、公路用地范围内，进行下列活动，应当事先经公路管理机构批准，并采取相应的保护措施；影响交通安全的，还应当经同级公安机关批准。

（一）设置非公路标志牌的；

（二）除法律另有规定外，履带车、铁轮车以及其他可能损害公路路面的车辆、机具横穿公路或者行驶的；

（三）跨越、穿越公路修建桥梁、渡槽或者埋设、架设管线、电缆的；

（四）利用公路进行超限运输的；

（五）铁路、机场、电站、水利和其他建设工程需要占用、挖掘公路或者使公路改线的；

（六）设置公路平面交叉道口的。

前款规定事项涉及占用、利用公路路产的，当事人应当给予经济补偿。补偿的具体标准和管理办法，由省交通行政主管部门会同省财政、物价部门制定。

第十七条　经批准在公路、公路用地和公路附属设施范围内埋设、架设管线、电缆和设置非公路标志牌的，建设单位应当与公路管理机构签订协议，约定双方的权利义务。因管线、电缆、非公路标志牌需要重新埋设、架设和设置的，或者因公路改建、扩建需要迁移、拆除管线、电缆、非公路标志牌的，按照协议的约定执行。

第十八条　公路管理机构依照本条例第十六条规定审批有关事项，影响收费公路经营的，应当事先征求收费公路经营组织的意见。

第十九条　损坏公路、公路附属设施的，当事人应当恢复原状或者赔偿经济损失。赔偿费按照恢复原状所需费用计算。当事人对公路管理机构确定的赔偿事项有异议的，可以向人民法院起诉。

赔偿费应当用于受损公路及其附属设施的修复。

第二十条　对公路造成较大损害的车辆，应当立即停止行驶，接受公路管理机构调查处理。拒不接受调查处理的，公路管理机构可以留置车辆，不宜留置的车辆可以留置道路运输证，并出具留置证明。

被留置车辆或者道路运输证的当事人，应当在三十日内到指定地点接受处理。当事人接受处理或者提供担保的，公路管理机构应当立即放行车辆、发还证件。逾期不接受处理的，公路管理机构可以申请人民法院依法拍卖被留置的车辆，对留置的道路运输证建议有关部门处理。

公安机关在处理交通事故时，涉及损坏公路路产的，应当通知公路管理机构对路产损失赔偿部分进行处理。

第二十一条　公路改建、扩建和养护作业，应当按照公路施工、养护规范堆放物料，设置施工标志、安全标志或者绕道行驶标志，竣工后及时清理现场，保证车辆和行人安全通行。

第二十二条　各级人民政府应当按照统一规划、分级负责的原则，组织有关部门、单位和个人在公路两侧植树种草，并落实管护责任，推进公路绿化工作。

公路用地范围内的绿化工作，由公路管理机构按照规划和公路工程技术标准组织实施。

建设单位或者养护单位因公路改建、扩建或者树木更新确需砍伐公路用地范围内林木，属国道、省道、县道的，经省公路管理机构审查同意；属乡道的，经县级公路管理机构审查同意，在年采伐限额内，依法办理林木采伐许可证，并由采伐单位负责组织更新补种。

第四章　超限运输管理

第二十三条　在公路上行驶车辆的轴载质量和车货总高度、总长度、总宽度和总质量，应当符合所行驶公路的工程技术标准要求和国务院交通行政主管部门的规定。

公路管理机构应当在公路路口、桥梁、隧道、渡口设置限载、限宽、限高标志。

禁止超限运输车辆在四级公路、等外公路和技术状况低于三类的桥梁上行驶。

第二十四条　承运不可解体物资、设备的超限运输车辆，需要在公路上行驶的，承运人应当持有关资料向始发地公路管理机构提出书面申请，由公路管理机构按照下列规定，办理《超限运输车辆通行证》，实行一证通行：

（一）在县（市）行政区域内行驶的，由县（市）公路管理机构审核发证；

（二）跨县（市）行政区域行驶的，由市（地区）公路管理机构审核发证；

（三）跨市（地区）行政区域、跨省（自治区、直辖市）行驶的，由省公路管理机构审核发证。

公路管理机构应当自收到承运人申请之日起三日内予以书面答复。

第二十五条　经批准进行超限运输的车辆，由公路管理机构根据实际情况对指定路线进行勘测，制定通行与加固方案，必要时应当监护通行。公路管理机构勘测、护送和采取工程技术保护措施所需费用，由承运人承担。

承运人应当按照公路管理机构的要求和指定的时间、路线、时速行驶，并悬挂明显标志。

第二十六条　经省人民政府批准，省交通行政主管部门可以在重要公路入口处和重要公路路段，设置超限运输检测装置，对超限运输车辆进行检测。

公路路政监督检查人员检测超限运输车辆不得影响其他车辆通行。超限运输的承运人应当按照公路路政监督检查人员的停车示意，主动接受检测，不得强行通过。

第二十七条　经检测属于超限运输的车辆，承运人应当卸去超限部分的物品；属于不可解体的物资、设备的，按规定补办超限运输手续。

对超限运输卸载物品，公路管理机构应当为承运人提供场所或者联系分载车辆。承运人应当在卸载之日起七日内处置卸载物品，逾期不处置的，由公路管理机构按照有关规定处理。

第五章　公路建筑控制区管理

第二十八条　公路建筑控制区的范围由县级以上人民政府根据保障公路运行安全和节约用地的原则，自公路两侧边沟外缘起，按照下列规定划定：

（一）国道平川地区不少于二十米，山区不少于十五米，临砭、临江河路段一般不少于十米；

（二）省道平川地区不少于十五米，山区不少于十米，临砭、临江河路段一般不少于五米；

（三）县道平川地区不少于十米，山区不少于五米，临砭、临江河路段一般不少于三米；

（四）乡道平川地区不少于五米，山区不少于三米，临砭、临江河路段一般不少于二米。

公路建筑控制区范围划定后，由县级以上人民政府予以公告。公路建筑控制区范围内土地的权属不变。

第二十九条　公路建筑控制区内不得新建、改建、扩建建筑物、构筑物。

在公路建筑控制区内进行采石采矿、挖沙取土等活动的，应当采取必要的防护措施，不得危及公路安全。

第三十条　在公路建筑控制区内埋设、架设管线、电缆等设施或者设置非公路标志的，应当经公路管理机构批准。

第三十一条　国土资源、建设行政主管部门审批临近公路建筑控制区的建设项目和建设用地，应当按照本条例规定注明建筑物、构筑物与公路的控制距离。

第三十二条　规划和新建、扩建村镇、经济开发区、商业街等规模性建设，不得沿公路两侧对应进行。确需顺沿公路建设的，应当选择公路一侧进行，其建筑物边缘与公路边沟外缘的距离为：国道平川地区不少于八十米，山区不少于三十米；省道平川地区不少于五十米，山区不少于二十米；县道、乡道不少于二十米。

第三十三条　因城乡建设规划造成国道、省道改线的，当地人民政府应当提供相应的公路建设用地，并承担改线工程的建设费用。

第六章　法律责任

第三十四条　违反本条例第十三条规定，擅自占用、处置未经核准报废的公路、公路用地的，由公路管理机构责令恢复原状；有违法所得的，没收违法所得；对负有直接责任的主管人员和其他直接责任人员，依法给予行政处分。

第三十五条　违反本条例规定，有下列行为之一的，由公路管理机构责令停止违法行为，限期改正，并按照下列规定给予行政处罚；构成犯罪的，由司法机关依法追究刑事责任：

（一）违反第十四条规定行为之一，给予警告；造成公路路产损坏、污染或者影响公路畅通的，处以二百元以上二千元以下罚款；情节严重的，处以二千元以上五千元以下罚款；

（二）违反第十五条规定行为之一，从事危及公路安全的作业的，处以一千元以上一万元以下罚款；情节严重的，处以一万元以上三万元以下罚款；

（三）未经批准，有第十六条第（一）项规定行为的，处以五千元以上二万元以下罚款；有第十六条第（二）、（三）、（四）、（五）项规定行为之一的，处以五千元以上三万元以下罚款；有第十六条第（六）项规定行为的，处以一万元以上五万元以下罚款。

第三十六条　违反本条例第二十九条、第三十条规定的，责令停止违法行为；属违章建筑的，责令限期拆除，并可处以二万元以上五万元以下罚款；逾期不拆除的，由公路管理机构拆除，有关费用由建筑者、构筑者承担。

第三十七条　当事人对公路管理机构作出的具体行政行为不服的，可以依法申请行政复议，对复议决定不服的，可以依法向人民法院起诉。当事人逾期不申请复议，又不履行处罚决定的，由作出具体行政行为的公路管理机构申请人民法院强制执行。

公路管理机构对个人作出五千元以上、对单位作出二万元以上罚款处罚决定的，应当告知当事人有要求举行听证的权利。

第三十八条　拒绝、阻碍公路路政监督检查人员依法执行公务未使用暴力、威胁方法的，由公安机关依照《中华人民共和国治安管理处罚条例》的规定处罚；构成犯罪的，由司法机关依法追究刑事责任。

第三十九条　公路路政监督检查人员和其他国家机关工作人员滥用职权、玩忽职守、徇私舞弊、索贿受贿的，依法给予行政处分；构成犯罪的，由司法机关依法追究刑事责任；给当事人造成经济损失的，依照《中华人民共和国国家赔偿法》有关规定承担赔偿责任。

第七章　附　则

第四十条　本条例自2002年1月1日起施行。

陕西省出租汽车客运条例

（2006年1月13日第十届人民代表大会常务委员会第二十三次会议通过。2007年6月1日陕西省第十届人民代表大会常务委员会第三十一次会议修正，2007年6月1日陕西省人民代表大会常务委员会公告第70号公布）

第一章　总　则

第一条　为了加强出租汽车客运管理，规范经营行为，提高服务质量，维护乘客、经营者、驾驶员及其他从业人员的合法权益，促进出租汽车行业健康有序发展，根据有关法律、行政法规，结合本省实际，制定本条例。

第二条　本条例所称出租汽车，是指按照乘客要求提供客运服务，以行驶里程或者以行驶里程和时间计费的五座以下小型汽车。

本条例所称出租汽车经营者，是指依法从事出租汽车客运经营活动的企业和个体工商户。

第三条　本条例适用于本省行政区域内的出租汽车客运经营和管理活动。

第四条　出租汽车客运应当遵循统一管理、合法经营、公平竞争、诚信文明、安全运行、方便公众的原则。

第五条　县级以上人民政府应当根据本行政区域经济社会发展情况和城乡公交客运状况，编制出租汽车行业发展规划，实施宏观调控，实行总量控制。

第六条　省人民政府交通行政主管部门主管全省出租汽车客运管理工作，其所属的出租汽车行业管理机构具体负责出租汽车行业的监督、指导和协调工作。市、县人民政府交通行政主管部门负责本行政区域内出租汽车客运管理工作，其所属的出租汽车行业管理机构具体履行出租汽车客运管理职责。

市辖区的出租汽车行业管理机构及其职责，由设区的市人民政府确定。

第七条　公安、财政、建设、劳动和社会保障、质量技术监督、价格、税务、工商行政管理等部门，按照各自的职责，负责出租汽车有关的管理工作。

第八条　县级以上人民政府应当鼓励支持出租汽车经营者通过兼并、重组等方式，组建符合现代企业制度要求的出租汽车经营企业。

第九条　县级以上人民政府应当鼓励和支持出租汽车行业的科学管理和技术进步，推广使用环保、节能车辆，建立完善先进的指挥调度和监督管理系统。

第十条　出租汽车经营者及其从业人员可以依法自愿成立行业协会。出租汽车行业协会应当按照协会章程依法开展活动，反映会员意愿和要求，维护会员的合法权益。

第二章　市场准入

第十一条　出租汽车经营权实行有偿使用制度。

出租汽车经营权应当按照公开、公平、公正的原则，通过以服务质量为主要竞标条件的招投标方式出让。出租汽车服务质量考核办法，由省交通行政主管部门具体规定。

出租汽车经营权招投标的程序，依照有关法律、法规的规定进行。

第十二条　出租汽车经营权使用期限不少于六年，不超过十二年。

第十三条　市、县人民政府应当根据当地实际，科学合理地确定出租汽车投放数量、经营权出让价格、经营权使用期限、车型要求、车身颜色、营运价格，拟订出租汽车经营权招投标的具体方案。

确定或者变更出租汽车数量、经营权使用期限、车型要求、营运价格，应当举行听证，听取出租汽车经营者、从业人员、出租汽车行业协会和其他社会公众的意见。

招投标方案经上一级人民政府批准后，由市、县人民政府组织实施，并通过新闻媒体向社会公布。

第十四条　投标人应当提供下列证明和资料：

（一）企业、个体工商户营业执照或者居民身份证明；

（二）金融机构出具的资金证明；

（三）经营可行性分析报告；

（四）法律、法规规定的其他材料。

第十五条　中标人应当自领取中标确认书之日起三十日内，持中标确认书和经营权有偿使用费缴费证明等有关材料，到组织招投标活动的市、县出租汽车行业管理机构领取道路运输经营许可证。

出租汽车经营者应当在道路运输经营许可证核准的经营期限和营运区域内营运。

未取得道路运输经营许可证和车辆营运证的单位和个人，不得从事出租汽车经营活动。

第十六条　依照本条例第十五条规定，领取道路运输经营许可证和车辆营运证的企业和个人，依法办理工商、税务登记后，方可营业。

第十七条　出租汽车客运经营权，可以依法转让和继承。实际经营时间未满三年的，不得转让；遇有特殊情况确需转让的，应当经出租汽车行业管理机构批准。

转让出租汽车客运经营权的，受让人应当符合本条例第二十一条、第二十二条规定的条件，并签订转让合同，自转让合同签订之日起十五日内到出租汽车行业管理机构办理经营权变更登记。

继承出租汽车客运经营权的，继承人应当持有关证明到出租汽车行业管理机构办理经营权变更登记。

第十八条　道路运输经营许可证和车辆营运证被依法吊销或者经营权期限届满被注销的，经营者应当终止营运活动，由出租汽车行业管理机构收缴道路运输经营许可证和车辆营运证。

第十九条　出租汽车经营权有偿出让所得，全额上缴本级财政，纳入财政预算管理，专项用于出租汽车行业发展、管理和城市交通基础设施建设，不得挪作他用。

第二十条　本条例施行前，以无偿方式取得出租汽车经营权的，不得转让和继承。经营期满后要求继续经营的，应当依照本条例规定执行。

第三章　经营管理

第二十一条　出租汽车经营企业具备下列条件的，由核发道路运输经营许可证的出租汽车行业管理机构配发车辆营运证：

（一）具有独立承担民事责任的能力；

（二）有与其经营规模相适应的停车场地和固定的办公场所；

（三）有符合规定的车辆、驾驶人员和管理人员；

（四）有健全的安全生产和管理制度；

（五）法律、法规规定的其他条件。

第二十二条　经营出租汽车的个体工商户具备下列条件的，由核发道路运输经营许可证的出租汽车行业管理机构配发车辆营运证：

（一）有符合规定的车辆和驾驶人员；

（二）有合法有效的身份证明；

（三）法律、法规规定的其他条件。经营出租汽车的个体工商户可以自主经营，也可以依法组成或者加入合伙企业。

第二十三条　出租汽车经营者应当与员工或者驾驶员依法订立劳动合同，明确双方的权利义务。

第二十四条　出租汽车经营企业以发包方式经营的，应当与承包人订立承包合同，合同内容应当包括承包期限、承包金及支付方式、违约责任等权利义务。

出租汽车经营权不因承包而转移。出租汽车经营企业对承包人违反营运管理和交通安全管理规定的行为，应当依法承担法律责任。在承包期限内更新车辆的，除法律、法规另有规定外，发包人不得再向承包人收取费用。

第二十五条　出租汽车服务企业为经营出租汽车的个体工商户提供保险、理赔等代理服务的，应当订立服务合同，约定服务项目、服务费用和其他权利义务。

第二十六条　出租汽车承包合同、服务合同的示范文本，由省交通行政主管部门会同省工商行政管理部门制定。

第二十七条　出租汽车营运车辆应当符合下列规定：

（一）依法办理车籍登记和旅客意外伤害保险、第三者责任保险和国家规定的其他强制性保险；

（二）按规定设置租价标签、服务监督卡，在车身两侧喷印监督电话号码，有经营单位的喷印单位名称；

（三）按规定安装配备计价器、标志灯、待租显示器、停运标志和必要的安全防护装置、报警装置、消防器材；

（四）法律、法规规定的其他条件。

第二十八条　出租汽车经营者可以在经营权使用期限内自主更新符合要求的车辆。

县级以上人民政府及其有关部门不得要求经营者更新未达到报废年限的车辆，不得指定车辆经销商。

第二十九条　出租汽车改装为双燃料车辆的，应当经具有资质的企业改装，并符合国家压力容器管理的有关规定。改装企业应当对车辆改装部分的安全性能负责。

公安、交通和质量技术监督部门应当为改装后的车辆办理相关手续。

第三十条　出租汽车驾驶员应当具备下列条件：

（一）有合法有效的身份证明；

（二）身体健康，年龄不超过六十周岁；

（三）有相应的机动车驾驶证，并有两年以上驾龄，无重大以上交通责任事故记录；

（四）经职业培训合格，取得出租汽车驾驶员从业资格证；

（五）法律、法规规定的其他条件。出租汽车行业管理机构对取得出租汽车驾驶员从业资格证的人员，应当在五日内向同级公安机关提供相关资料进行登记备案。

第三十一条　出租汽车经营者变更工商登记项目或者停业、歇业的，自变更或者停业、歇业之日起十日内，持工商行政管理、税务部门的证明文件，到当地出租汽车行业管理机构备案。停业、歇业的，应当交回道路运输经营许可证和车辆营运证。

第四章　营运管理

第三十二条　出租汽车经营者应当遵守下列规定：

（一）遵守相关的法律、法规和有关规定；

（二）组织出租汽车驾驶员参加业务培训，接受职业道德、交通安全和治安防范知识教育；

（三）使用合法的出租汽车专用发票；

（四）按时缴纳税费；

（五）按时向出租汽车管理机构报送统计报表；

（六）定期对车辆进行检修，保证营运安全；

（七）定期接受有关部门对计价器和其他设施设备的检定、检测。

第三十三条　出租汽车驾驶员营运时，应当遵守下列规定：

（一）随车携带车辆营运证和驾驶员从业资格证；

（二）安全行驶、文明待客、守法营运；

（三）保持车辆整洁卫生，设备设施完好；

（四）停运时使用停运标志；

（五）及时归还乘客遗失物品，无法归还时，应当交给出租汽车行业管理机构或者公安机关处理。

第三十四条　禁止出租汽车驾驶员营运时有下列行为：

（一）待租时拒载；

（二）营运途中甩客；

（三）未经乘客同意招徕其他乘客同乘；

（四）无故绕行；

（五）计价器故障、失准时继续营运；

（六）将出租汽车交给无从业资格证的人员驾驶；

（七）不出具出租汽车专用发票；

（八）刁难、欺骗、勒索乘客的其他行为。

第三十五条　出租汽车单次营运的起驶地或者终驶地应当是车辆营运证划定范围以内的区域。出租汽车不得在车辆营运证划定的范围以外驻地经营。

第三十六条　出租汽车乘客应当遵守下列规定：

（一）不得携带易燃、易爆、有毒等危害公共安全的物品；

（二）不得携带影响车内卫生的物品、宠物；

（三）不得向驾驶员提出违反道路交通安全管理规定的要求；

（四）文明乘车，不得乱扔废弃物，不得破坏车内设施设备；

（五）按计价器显示金额付款，并支付因运送乘客而产生的过桥、过路、停车等费用。

第三十七条　有下列情形之一的，乘客有权拒绝支付租车费用：

（一）计价器未经检定合格或者发生故障、失准时继续营运的；

（二）驾驶员不向乘客出具出租汽车专用发票的；

（三）驾驶员无故绕行的；

（四）驾驶员因违章接受处理不能将乘客送达目的地的；

（五）出租汽车在起步里程内发生故障或者交通事故，无法继续提供运送服务的。

第三十八条　有下列情形之一的，出租汽车驾驶员可以拒绝或者中止服务；中止服务前的营运费用，乘客应当按计价器显示的金额支付：

（一）在禁停路段内拦车的；

（二）无人陪同的醉酒者或者无人监护的精神病患者乘车的；

（三）携带易燃、易爆、有毒等危险物品乘车的；

（四）乘客的要求属违反交通管理规定的。

第三十九条　乘客夜间要求驶往边远、偏僻地区的，驾驶员认为必要时，可以要求乘客随同到就近的公安机关办理验证登记手续，乘客应当予以配合；乘客不予配合的，驾驶员有权拒绝提供运送服务。

第四十条　出租汽车道路运输经营许可证、车辆营运证、出租汽车驾驶员从业资格证由省出租汽车行业管理机构统一监制。出租汽车服务监督卡、标志灯、待租装置由市、县出租汽车行业管理机构统一监制。

出租汽车专用发票由省级税务机关统一监制。

第四十一条　遇抢险救灾、突发事件等特殊情况时，出租汽车经营者应当执行县级以上人民政府下达的紧急运输任务，服从统一调度和指挥。

第四十二条　交通行政主管部门应当会同建设、规划、公安等部门，合理规划出租汽车营运站场，在航空港、火车站、汽车站、体育场馆、港口、宾馆、大型商场、医院、旅游景点和城市主干道、繁华地段等，划定公益性出租汽车营运站场、停车场或者停靠点，并设置明显标识。公益性营运站场和出租汽车停靠点不得收取停车费。

出租汽车营运站场应当加强管理、文明服务，不得擅自关闭或者改变用途。

在城市主干道和繁华地段不得单独针对出租汽车设定禁行路段。

第五章　监督和投诉

第四十三条　出租汽车行业管理机构应当公开办事程序、举报投诉电话或者电子邮件信箱、办公地址，接受社会公众对出租汽车经营和管理活动的监督。

第四十四条　出租汽车行业管理机构应当依据法定的职权和程序，加强对出租汽车行业的监督和管理。

监督检查人员在履行监督检查职责中应当出示行政执法证件，文明执法。

第四十五条　交通行政主管部门、出租汽车行业管理机构及其工作人员不得参与出租汽车经营活动。

第四十六条　交通行政主管部门及其出租汽车行业管理机构应当建立和完善出租汽车服务质量考核监督的综合评价体系，加强对下级交通行政主管部门、出租汽车行业管理机构及其工作人员执法活动的监督。

第四十七条　交通、公安、劳动和社会保障、工商行政管理、价格、质量技术监督等行政部门应当相互配合，加强对出租汽车营运活动的监督，维护出租汽车运输市场秩序。

第四十八条　公安机关应当根据当地实际，建立和完善治安防范制度，指导和监督出租汽车经营者和驾驶员做好安全防范工作。

第四十九条　乘客认为出租汽车经营者、驾驶员侵犯其合法权益的，可以向当地出租汽车行业管理机构或者消费者协会投诉。

出租汽车行业管理机构受理投诉后，应当自受理之日起十五日内予以处理，并将处理结果告知投诉人。

第六章 法律责任

第五十条 违反本条例规定，非法转让出租汽车经营权的，由出租汽车行业管理机构没收非法所得，并对转让人处以非法所得一倍以上三倍以下的罚款。

第五十一条 违反本条例规定，未依法取得道路运输经营许可证和车辆营运证从事出租汽车营运的，出租汽车行业管理机构可以暂扣车辆，没收违法所得，并处以一万元以上五万元以下罚款，向社会公布非法经营者及其车辆号牌。

出租汽车行业管理机构决定暂扣车辆的，应当向当事人出具暂扣凭证并妥善保管被扣车辆。当事人应当在十五日内到指定地点接受处理。当事人接受处理的，出租汽车行业管理机构应当立即归还车辆；因保管不善，造成被扣车辆丢失、损毁的，应当依法予以赔偿；超过九十日不接受处理的，可以申请人民法院依法拍卖被扣车辆，拍卖所得抵缴罚款；抵缴罚款后有剩余的，应当退还当事人。

第五十二条 违反本条例规定，有下列行为之一的，由出租汽车行业管理机构责令改正，处以二十元以上二百元以下罚款：

（一）未随车携带车辆营运证和驾驶员从业资格证的；

（二）未按规定设置出租汽车服务监督卡的；

（三）车容车貌达不到规定要求的；

（四）不按要求向出租汽车管理机构报送统计报表的；

（五）出租汽车经营者聘用、更换驾驶员未按规定备案的；

（六）转让、继承出租汽车经营权后，未按规定办理变更登记手续的；

（七）停业、歇业未按规定备案的。

第五十三条 违反本条例第三十四条规定的，由出租汽车行业管理机构处以三百元以上一千元以下罚款。

第五十四条 违反本条例规定，在车辆营运证划定的营运范围以外驻地营运的，当地出租汽车行业管理机构可以暂扣车辆营运证，没收违法所得，并处以一千元以上一万元以下罚款。情节严重的，由核发道路运输经营许可证的出租汽车行业管理机构吊销道路运输经营许可证和车辆营运证。

第五十五条 擅自关闭或者改变出租汽车站场用途的，由交通行政主管部门责令限期改正；逾期未改正的，处以五千元以上二万元以下罚款。

第五十六条 出租汽车经营企业经服务质量考核不合格的，由出租汽车行业管理机构责令限期改正，情节严重的，责令停业整顿；经整顿仍达不到要求的，可以吊销道路运输经营许可证和车辆营运证。

第五十七条 出租汽车行业管理机构作出停业整顿、吊销道路运输经营许可证和车辆营运证或者对个人作出五千元以上、对单位作出二万元以上罚款处罚决定的，应当告知当事人有要求举行听证的权利。

第五十八条 违反本条例规定，涉及违反社会治安、交通安全、质量技术监督、税务、价格、工商行政管理等法律法规的行为，由有关行政主管部门依法处理。

第五十九条　交通行政主管部门及其出租汽车行业管理机构的工作人员在出租汽车行政管理活动中滥用职权、玩忽职守、徇私舞弊、索贿受贿的，依法给予行政处分；构成犯罪的，由司法机关依法追究刑事责任；给当事人造成经济损失的，依法承担赔偿责任。

第七章　附　则

第六十条　本条例自2006年3月1日起施行。

二、行政规章规范

陕西省人民政府
关于印发《陕西省农村公路发展纲要》的通知

陕政发〔1995〕54号

各地区行政公署，各市、县人民政府，省人民政府各工作部门、各直属机构：

《陕西省农村公路发展纲要》已经省人民政府同意，现印发给你们，请认真贯彻执行。加快农村公路建设，实现广大农村通公路，是农村和农业开放、开发、发展的重要条件，是当前和今后一个时期农村工作和交通工作共同的重要任务。各级政府一定要统一思想，加强领导，落实农村公路建设责任制。继续坚持“民办公助、民工建勤”的政策，多方筹措公路建设资金，统筹安排，发挥投资导向作用。同时，要搞好规划，加强技术指导，坚持建管并举，不断提高农村公路建设和管理水平。

陕西省人民政府

一九九五年十二月二十一日

陕西省农村公路发展纲要

（1996—2020年）

农业和农村发展，是关系国民经济与社会稳定、繁荣和发展的重大问题。适应农业和农村发展，加快建立完善、畅通的农村公路交通体系，是今后一个时期农村工作和交通工作的重要任务。

农村公路包括连接县城与主要乡镇、主要商品集散地、资源开发地的县公路，乡镇内主要为乡镇经济、文化、行政服务及与外部联络的乡公路，以及不属于乡公路的连接行政村和主要居民聚居点，主要为村经济和居民生活服务的村公路。农村公路是农村目前最主要的运输渠道，是沟通城乡联系的桥梁，是连接农村生产、分配、交换与消费的纽带，是农村经济与社会正常运转的循环保障系统，在农村和农业开放、开发、发展中具有重要的作用。

经过多年来的建设，我省农村公路有了很大的发展。农村县乡公路达到28 375公里，村级公路约20 000公里，全省所有的县、99.6%的乡（镇）和78.3%的行政村通了公路和汽车。但是农村公路仍然处于滞后状况，有路难行和无路可走的矛盾比较突出，公路通达深度不够，等级结构不合理，等外公路、无路面公路、晴通雨阻公路比重大，桥涵和交通附属设施不完善，抗灾能力差，通行能力低，严重制约着农村经济和社会的发展。为了加快农村公路建设，更好地为农村和农业发展当好先行，根据我省经济社会发展的总体部署，制定本纲要。

一、指导思想

农村公路的发展，要以全省经济、社会发展战略为指导，与全省农村、农业发展目标相适应，与全省干线公路建设目标相衔接，最大限度地满足农村物质、文化生活发展的需要。

根据上述要求，我省农村公路建设的指导思想是：充分依靠各级政府，坚持推行“民办公助、民工建勤”政策，多方筹资扶持发展，规划指导分步实施，大力改善县乡公路，积极普及村级公路，完善桥涵防护设施，健全管理养护体系，全面提高通行能力，服务农村和农业发展。

二、目标任务

农村公路发展的基本目标是：2000年显著改善，2010年基本适应，2020年总体适应局部超前。

2000年，全省公路里程达到44 000公里，其中县乡公路达到32 700公里；村级道路达到42 700公里。全省县公路要全部实现等级化，平川塬区和有条件的山区县公路标准化、美化；关中、陕南乡公路全部铺装路面，陕北乡公路晴雨通车里程提高到20%以上；行政村基本通公路；沿江、沿河修公路困难的行政村，公路通到渡口或码头。计划“九五”期间改造县乡公路6 522公里，新增县乡公路3 829公里，新增村级公路22 742公里，铺筑县乡公路路面12 308公里，行政村通公路的比例提高到98%以上；基本配套完善县乡公路桥涵防护排水等工程设施，修建大中桥梁12 500米。

2010年，根据预测，全省公路里程应达到56 500公里，其中县乡公路里程达到43 600公里。全省县公路基本实现标准化、美化；关中、陕南和陕北有条件的乡公路实现油路化；陕北乡公路基本晴雨畅通；全省行政村公路路面铺装率达到70%以上，桥涵配套、晴雨通车的行政村达到50%以上。县乡公路中，二、三、四级公路里程分别达到1 130公里、13 000公里和28 300公里，等外公路减少到1170公里。

2020年，根据预测，全省公路里程应达到77 000公里，其中县乡公路里程应达到62 300公里；农村公路网基本建成，等级结构配置合理，桥涵和交通附属设施完善，县乡公路全部实现GBM化，村公路油路化，居民点全部通公路。县乡公路中二、三、四级公路分别达到3 100公里、28 000公里和31 200公里，消灭等外路。

三、建设方针

统筹规划，合理布局。根据农村经济、社会发展目标，在预测交通流量、流向的基础上，编制农村公路发展规划。全省县、乡、村公路规划以完善路网、优化结构为重点，与农村经济规模、产品结构、资源开发、人口分布、自然地理特点相适应，与其他运输方式和国、省道干线公路相协调，合理确定发展方向、布局、规模和结构，使农村公路逐步由树型结构向经济网络型结构发展，做到远近结合，干支结合，经济合理，切实可行。

分层负责，分步实施。贯彻统一领导，分级建设与管理的原则，县道规划由地市行署、政府审批，县政府组织实施；乡道规划由县政府审批，乡镇政府组织实施；村道规划由乡镇政府审批，村民委员会组织实施。全省农村公路规划与干线公路的衔接，由省交通厅统一规划，并按照陕北、陕南、关中三大经济区域特点，确定到2000年、2010年、2020年的农村公路分步发展目标，下达各地实施。各地（市）、县、乡、村要在统一规划指导下，分别制定本地区农村公路发展阶段性目标与年度实施计划。

突出重点，协调发展。根据经济发展需要和人力、物力、财力的可能，按照轻重缓急安排公路建设项目，集中必要的资金，优先抓好关系全局的重点项目。县公路以升等改造为重点，乡、村公路以完善桥涵防护配套工程，提高路面铺装率为重点，对通往资源开发地、商贸基地、乡镇企业集中区、贫困地区的公路和联网的断头路，优先安排建设。

因地制宜，分类指导。根据我省不同阶段经济、社会发展的需要确定相应的农村公路发展目标。按照陕北、关中、陕南三大经济区域不同的自然地理特点和公路发展现状，确定各区域公路建设重点、发展速度、技术政策、投资政策和实施措施。陕北黄土高原和关中西部水土流失严重的地区，主要是稳固路基，铺装路面，提高晴雨通车能力；陕南地区主要是完善桥涵防护排水等工程设施，提高公路抗洪能力；关中等平川塬区县乡公路要大力向GBM化发展，同时提高村公路路面铺装率；贫困地区着重是普及行政村公路。在实施中既要立足当前，考虑财力、物力和群众的承受能力，做到量力而行，避免过度超前，给资源和资金造成不必要的浪费；又要着眼长远，尽量创造条件，加快发展步伐。

建管并举，注重效益。把农村公路建设与养护管理放在同等重要的位置。公路发展规划、计划中，应当有公路养护、管理的内容，有具体的实施方案与保证措施。应遵循公路基本建设程序，实行先规划、后计划，先设计、后施工，先试范、后推广，确保公路建设质量。在加快公路建设的同时，要加快建立健全农村公路建、养、管体系，完善管理法规，提高管理水平，做到修一条，成一条，养管一条，发挥使用效益。逐步实现农村公路建设、养护管理规范化、科学化。

四、政策措施

（一）各级政府要广泛深入地宣传加快农村公路建设的重要性和迫切性，增强广大干部群众的交通意识，使“公路通，百业兴”、“要致富，修好路”的道理深入人心，激发广大群众修路护路的积极性，发扬自力更生、艰苦奋斗精神，大力普及、提高农村公路，为实现农村公路发展目标努力奋斗。

（二）完善农村公路投资政策，广开资金渠道，加大投资力度。

——征好、用好拖拉机养路费。拖拉机养路费由地、市确定征收标准并统一征收，全额用于农村公路的建设、养护。

——省上统一征收的汽车养路费切块补助农村公路的办法暂时稳定不变，并逐年提高补助比例。

——逐步增加财政对农村公路建设的投资。从1995年起，省财政在预算内列农村公路建设资金，用于农村公路建设补助。地（市）、县财政每年都要安排一定的公路建设资金，并要稳定几年不变，乡统筹费用于农村公路建设的资金也要落实。

——坚持推行“民办公助，民工建勤”的政策，并允许有条件的地方经县级政府批准，在农民合理负担范围内实行以金代劳、以金代车。代金要合理折算，统一征收，统一管理，专户储存，专款专用，监督使用，定期公布。

——长期稳定推行以工代赈修建贫困地区农村公路的政策。将以工代赈用于公路建设的比例稳定在70%以上。以工代赈公路建设计划由交通部门统一编制，并负责组织地市实施。

——从省农业发展办公室的陕建资金中每年拿出一定比例的资金用于陕北两个地区农村公路建设补助。

——扶持各方集资发展公路。动员社会各方从加强农业基础地位、改善农业生产条件和发展农村基础设施出发，从人力、物资、资金和技术上支持农村公路建设；鼓励和支持地方政府、团体或个人集资或争取国内外贷款修建公路、桥梁、隧道。集资、贷款修建上述公路设施符合国家和省上规定条件的，经批准可以征收通行费。有条件的地方可以从土地增值和资源开发收入中提取一定比例的公路建设补偿费，用于农村公路建设和养护。

（三）建立健全农村公路建设、管理、养护运行机制。

——农村公路建设投资管理，按照渠道不乱、性质不变、集中使用、择优安排、确保效益的原则，统筹安排使用。根据国家政策规定和我省经济发展不平衡，地方财力有限，群众尚不富裕，贫困地区面大的实际情况，县公路实行民办公助，乡、村公路给予适当补助。补助办法，分别按公路里程、等级标准、桥涵设施确定，包干使用，超支不补。

——完善农村公路管理，规范管理机构，理顺管理关系。在调查研究的基础上，逐步建立健全乡、村公路管理体制，有条件的乡设交通专干或交通管理站；行政村设公路管理员，分别由所在乡、村管理，业务受上一级交通部门和农村公路管理机构指导。

——农村公路养护实行“三结合”，即专业养护与群众性养护相结合，常年养护与季节性养护相结合，突击性抢修与农闲整修相结合。县公路、乡油路及交通量大的一般公路，应设专业养护队伍集中养护；边远地区和交通量不大的一般县乡公路，可以就近承包给农民个人或联户承包养护。实行专业养护的农民合同工、轮换工，应在核定的编制内按需设岗，按岗定员。

（四）依靠科技，大力提高农村公路建设管理水平。

——结合农村公路特点，制定农村公路发展的技术政策，建立不同交通量下村级公路的技术标准与施工规程；建立村级公路路况、交通量调查及统计分析系统。

——重视农村公路建设、养护技术、设备和材料的研究、开发、推广与利用，降低建设、养护成本，提高投资效益。

——加强农村公路技术队伍建设。通过学校分配、选派进修、委托培养等，增加农村公路管理队伍中专业技术人员比例，创造条件发挥他们的聪明才智。

——大力改善提高农村公路养护队伍的素质，采取把好进人关、全员培训、调整、分流等途径，改善养护队伍人员、年龄、文化、技能结构；通过开展技术比武、竞赛及创优达标活动，促进提高养护、管理水平与质量。

（五）培育和发展农村公路建设市场。

——农村公路养护、管理部门所属的工程队或厂（场），实行事业单位企业化管理；有条件的要逐步与“母体”分离，转为企业，自主经营，自求发展。

——鼓励探索专业化经营。有条件的地方可以组建不同所有制形式的专业养护工程队或公司制企业，参与公路养护、大修、绿化、专项水毁修复等工程项目竞争。

——逐步将农村个体、合伙的公路、桥涵承包经营者纳入农村公路建设行业管理和公路建设市场管理，对其承包农村公路建设的资质、合同、造价、质量实行规范化管理与监督。

（六）加强农村公路法规建设，依法治路。

——根据国家颁布的公路管理法律、法规和规章，制定我省农村公路建设管理办法，对农村公路的规划、建设、管理、养护以及资金来源等加以具体规定。使农村公路建设管理有法可依，有章可循。

——坚持不懈地对公路沿线群众进行公路法规的宣传教育、增强群众爱路护路意识，提高依法用路的自觉性，建立良好的公路建设、管理秩序。

——按照管养一体的原则，依法搞好路政管理。建立健全县、乡、村公路路政管理体系，通过签订责任目标、划段包干等措施，把专业管理与群众管理落到实处。要针对农村公路控制红线内违章建筑多、乱占滥挖公路多、公路设施损坏多及在公路上乱设站、乱收费、乱罚款等突出问题，强化管理手段，增加执法力度，标本兼治，综合治理。

（七）加强领导，明确责任，多方协同，抓好落实。

——各级地方政府要把农村公路建设作为农村经济、社会发展的重要内容和实现农业和农村现代化的战略重点，列入议事日程，统筹规划，确定本地区分阶段、分年度的农村公路建设计划，明确奋斗目标，精心组织实施。

——各有关部门要从加强农业基础地位、实现农村脱贫致富的大局出发，积极支持农村公路建设。在农村公路建设征占用土地、拆迁安置、取沙、取土、采石、采水等方面，实行优惠扶持，提供便利条件。各级交通部门要加强力量，加强指导，当好参谋，搞好服务。

——推行目标责任管理，奖优罚劣。各级地方政府要把农村公路建设、管理和养护作为任期目标责任管理的一项重要内容，逐级、分部门落实目标责任，及时检查，定期考核。省、地的公路建设补助款根据地方积极性高低、前期工作是否充分、建设环境优劣等情况，择优安排。对成绩突出、完成任务好的给予奖励，完成差的给予批评。

——采取有效措施，稳定农村公路养护队伍。各级地方政府和有关部门要切实关心农村公路养护队伍的建设，积极帮助他们解决困难，通过逐步增加投入和养护队伍自身努力，改善生活、工作条件，提高养护人员收入，使他们安心养路工作。鼓励养护队伍在养好公路的前提下，开展多种经营，以辅养主，逐步建立自我发展的机制。

陕西省人民政府关于加快全省公路建设的决定

陕政发〔2001〕8号

（2001年3月1日）

加快以公路建设为重点的全省交通基础设施建设，是省委、省政府抢抓西部大开发历史机遇，促进陕西经济发展，增强综合实力，面向新世纪作出的重大战略决策。为了确保完成全省交通“十五”计划及2010年规划确定的目标，省政府决定，全省公路建设实施超常规发展战略，力争“十五”期间年均投资100亿元以上，用10年左右的时间实现全省国道主干线、西部大通道高速化，省道、次骨架二级标准化，县乡道路等级化，乡村道路硬化，形成快捷、方便、完善的公路交通运输网络，为新世纪全省经济社会更快、更好地发展奠定坚实的基础。

一、切实提高对公路建设的认识

公路交通是国民经济的基础性产业，其发达程度是衡量一个国家、一个地区现代化程度的重要标志之一。加快公路建设，形成完善的交通运输网络，是全省各族人民多年来的强烈愿望和要求，对促进全省经济社会可持续发展，缩小地区差距，加速陕北、陕南革命老区人民群众脱贫致富步伐，创造良好的投资环境，尽快把我省丰富的土地、矿产、森林、旅游等资源优势转变为经济优势，具有重要和深远的意义。各级政府、各有关工作部门要从讲政治的高度，充分认识加快我省公路建设的重要意义，进一步解放思想、更新观念，按照“抓住机遇，超常发展，提高等级，增加密度，形成网络”的公路建设指导思想，增强紧迫感和历史责任感；要切实加强领导，扎实工作，强化协调，在公路建设项目审批、征地拆迁和外部建设环境保障等方面强化服务意识，打破常规，特事特办，提高办事效率，保障公路建设工程及时开工，确保全省公路发展规划顺利实施；要动员全社会的力量，调动一切积极因素，创造良好的施工环境，努力降低工程造价、缩短建设工期，提高投资效益。

二、全省公路交通发展主要目标

根据全省交通“十五”计划及2010年规划确定目标，“十五”期间，我省公路建设在着力构筑“米”字形公路主骨架的基础上，重点建设由主骨架公路、次骨架公路和农村公路组成的公路交通网络。公路主骨架建设项目由省交通厅和各地市共同组织实施，公路次骨架建设项目由地市政府组织实施，省交通厅实施行业管理，农村公路由县、乡政府组织实施。

（一）主骨架公路。全省高速公路在建规模为1 650公里，投资366亿元。禹门口至西安高速公路、西安至棋盘关高速公路全线开工，并竣工482公里；西康高速公路秦岭终南山公路隧道和西安至柞水路段开工建设。吴堡至子洲高速公路、靖边至陕蒙界高速公路、黄陵至安塞高速公路建成通车。5年新增高速公路857公里。

（二）次骨架公路。投资106亿元，优先改造和建设沟通经济区域间的次骨架公路。汉阴至石泉二级公路、城固至西乡二级公路、铜川至蒲城二级公路、泾阳至淳化二级公路、宜川至延川二级公路等建成通车。5年新增二级公路2 000公里。

（三）农村公路。改造县乡二级公路500公里、三级公路4 100公里、减少四级公路700公里，新铺油路4 000公里。全省县乡公路总里程为37 800公里，村级道路为65 000公里。在农村已基本实现村村通公路的基础上，转向桥涵配套、完善防护、排水设施和路面铺装工程，增强农村公路抗灾能力，提高晴雨通车率。

到2005年，全省公路总里程为48 000公里，其中高速公路1 280公里，一级公路176公里，二级公路5 900公里，公路密度为23. 35公里／百平方公里；55%的国省道达到二级以上标准，连接85%以上县（市），基本消除等外路，农村公路晴雨通车率达到60%以上。公路建设达到全国平均水平。

到2010年，全省公路总里程为52 000公里，其中高速公路3 074公里，一级公路200公里，二级公路9 000公里，公路密度为25. 29公里／百平方公里；高速公路主骨架全部建成，形成关中、陕北、陕南三大经济区快速大通道相连接，实现西安至邻近省份中心城市“一日交通圈”；全省85%以上的国省道达到二级标准，所有县（市）实现二级公路相连接，85%以上的农村公路确保雨雪天畅通。公路发展迈入全国先进行列。

三、多渠道宽领域筹措建设资金

（一）省计委、财政厅、交通厅要以高度的责任心和使命感，积极主动地开展工作，切实加大向国家有关部委汇报争取的工作力度，尽可能多地使中央财政性建设资金、专项资金、国家政策性银行贷款、国际金融组织和外国政府优惠贷款投入我省重大公路建设项目。

（二）全省收费公路实行统一管理，以加大还贷力度，减少银行信贷风险，确保资金运营安全。省内各商业银行可根据商业信贷自主原则，进一步加大对公路建设的信贷资金投入，简化评审手续，缩短评审周期，并保障已承诺的信贷资金按进度及时拨付到位。对投资大、建设周期较长的公路建设项目，可根据项目建设周期和还贷能力，适当延长贷款期限，一般不低于10年。在保证信贷资金安全的前提下，适当降低公路建设资本金比例。现有公路升级改造的建设项目可按重置成本法进行评估抵作资本金。鼓励以公路收费权或项目公司股权为质押发放贷款。

（三）打破常规，大胆探索，积极开拓资本市场，多元化筹措公路建设资金。对经营效益比较好的公路项目，可按现代企业制度改组、改制组建股份制公司，在区域内外上市筹措建设资金。

（四）加快公路建设对外开放步伐，全省已建成和规划建设的收费公路向国内外经济组织、投资者转让经营权及收费权。对投资规模大，经营收入稳定的桥梁、隧道和运输服务枢纽进行竞争性招商引资，择优选择确有实力的国内外经济组织、投资者，采用合作、合资和股份制的方式建设经营。

（五）发行公路建设企业债券，在争取更多的国家财政债券支持的同时，按程序批准发行公路建设企业债券，必要时财政给予贴息。

（六）农村公路建设资金采取加大投入、安排“以工代赈”资金、专项扶贫资金、争取世界银行和国家政策性银行贷款、建设用地、建筑物拆迁、地方沙石材料实行优惠等多种方式筹措。各地（市）可结合当地实际，制定加快农村公路建设的相关政策。

四、公路建设土地征用拆迁税收政策

（一）对国道、省道及跨地市的公路建设项目用地由省国土资源厅代表省政府统一征地，其它公路建设项目用地由各市地、县土地行政主管部门统一征地。国土资源行政主管部门在受理公路建设项目用地申请后，应及时组织调查摸底，拟定征用土地方案和征地补偿方案，及时办理农用地转用、征用的报批工作。对施工期紧迫的建设项目用地要简化审批手续，为按期开工创造条件，国道主干线、西部大通道建设项目的控制性工程用地报国土资源部核准后，可先行使用，并在规定期限内完善建设项目用地报批手续。

（二）公路建设征地土地补偿费、安置补助费标准执行《中华人民共和国土地管理法》和《陕西省土地管理实施办法》规定的下限；因公路建设拆迁安置需另行征用土地的，其补偿标准按公路征地补偿标准执行。公路管理处（所）收费站、服务区以及为公路配套的通信、试验、养护中心等设施建设用地，按公路用地标准征用。

（三）公路建设占用的耕地，按《陕西省人民政府关于加强耕地占补平衡工作的通知》（陕政发〔2000〕44号）规定的低限标准缴纳耕地开垦费。对国道、省道及跨地市的公路建设项目，耕地开垦费由省国土资源厅收取，用于全省范围内的耕地占补平衡。公路建设过程中因挖损、塌陷、压占等造成土地破坏的，由建设单位复垦，没有条件复垦或者复垦不符合要求的，按陕西省《中华人民共和国土地管理实施办法》规定的下限缴纳土地复垦费。

（四）国道主干线、西部大通道和省道公路建设项目征地范围内需拆迁的电力、通信、管道、矿井、水利设施，属国有、集体的，由产权单位自行拆除或迁移，建设单位按迁改的材料费予以补偿；需拆迁的房屋构筑物及附着物，由省国土资源厅与交通厅拟定具体补偿标准，报省政府批准后执行。对违章建筑物无条件拆除，不予补偿。对在建设项目确定后抢建的房屋、设施和抢种的农作物、附着物一律不予补偿。其他公路建设项目建构筑物拆迁标准由有关地（市）人民政府批准。

（五）公路建设确需征用的林地，经林业主管部门审核同意后，其林地补偿费、林木补偿费、安置补助费、森林植被恢复费按规定标准下限征收。水土保持要按照“三同时”的要求组织实施，对方案完善，监督严格、未造成水土流失的免收水土保持补偿费。文物考古勘探、挖掘由公路建设单位与文物部门按照从低优惠的原则签订有关协议，组织实施。

（六）根据《国务院关于实施西部大开发若干政策措施的通知》（国发〔2000〕33

号）精神，全省公路建设用地免征耕地占用税。对公路建设项目国内不能生产、确需进口的自用先进设备报海关批准后，免征关税和进口环节增值税。省测绘、地质勘查部门对公路建设所需测绘、地质、遥感资料应积极提供，费用按资料工本费收取。

（七）国道主干线、西部大通道、省道公路建设免征水利建设基金、河道占用费、城镇建设配套费、暂住人口费、教育费附加、矿产资源补偿费。占用农业税计税耕地，由所在地政府主管部门核减农业税及公粮。

（八）为确保国道主干线和西部大通道、省道建设项目顺利进行，对国道、省道及跨地市的公路建设项目征地由省国土资源厅代表省政府与沿线政府签订征地拆迁及外部环境保障责任书，并组织实施。各级政府要成立建设环境保障专门工作机构，组成强有力的工作班子，负责建设环境协调工作。严禁任何部门、任何单位和个人以任何理由对公路建设乱收费、乱摊派。对无理阻拦和扰乱施工，辱骂、殴打征迁及施工人员的，由当地公安机关按照《治安管理处罚条例》的有关规定严肃处理，构成犯罪的，移送司法机关依法追究刑事责任。

五、精心铸建公路交通精品工程

加快公路建设前期工作进度，开放勘察设计市场，全面推行勘察设计招投标制度，择优确定一批有资质、力量强、信誉好的国家级勘察设计单位进入我省公路勘察设计市场，充实勘察设计力量，加快勘察设计步伐。为简化公路建设项目前期工作审批程序，对投资者利用自有资金或银行贷款投资建设的项目，其项目建议书和可行性研究报告予以合并，按规定程序报批。

妥善处理公路建设与生态、环境保护的关系，切实保护生态环境，公路建设绿色长廊应与“山川秀美”工程有机结合，注重总体效果，协调环境景观，实现可持续发展。公路建设的复杂地形地段，采取多架桥的方式，以避免削坡破坏生态环境。山区公路应重视地质选线，防止地质灾害对自然景观的破坏，少占林地。隧道设计应贯彻“早进洞、晚出洞”的指导思想，洞门形式应与周围自然环境相协调，尽可能减少对山体的切割。

加强公路建设管理，贯彻实施公路建设项目法人责任制、招标投标制、工程监理制和合同管理制，确保投资效益。公路建设项目按国家要求，实行项目法人责任制，项目法人对建设项目负总责。公路建设项目招标投标应严格按照国家有关法律、法规进行，遵循公开、公正、公平和诚实信用的原则，择优确定施工单位、监理单位和材料供应单位。

进一步加强工程质量管理，实行工程质量终身责任制。要把加强建设市场管理，严格执行基建程序作为加强建设管理、确保工程质量的重要环节来抓，积极采取措施，狠抓各项落实工作。建立健全“三级质量保证”体系，规范政府监督行为，加强政府监督，加强监理单位和监理人员的行业管理，加强施工单位质量保证体系的监管力度。建立和完善现场质量综合考评制度、工程质量奖惩制度、施工现场挂牌制度等一系列规章制度，全面提高我省公路建设质量管理水平，铸就精品工程。

加强公路建设项目科研和技术创新工作，提高建设水平。科研和技术创新是发展生产力的决定因素。要注重推进科学研究和技术创新，加快科技成果开发和转化，逐步实现我省公路交通建设由“粗放型”向“集约型”的转变；注重战略性、前瞻性、关键性问题的研究和重大技术联合攻关，不断提高我省交通基础设施建设的科技含量，确保建设质量。深入研究长大公路隧道、黄土沟壑区深沟大跨度桥梁建设技术、特殊地质病害防治及复杂水文情况工程建设技术，有效降低工程造价。在关中交通密集地区和城市地带积极开发ITS技术，缓解交通拥挤。广泛应用卫星遥感、航测、CAD等先进的勘测、设计技术，优化设计方案。注重加快交通建设专业技术人员的培养，创造条件，造就一大批德才兼备、业绩突出的交通专家；搞好交通科研机构和科技体制改革，采取多种形式推进产学研结合，促进科技成果向现实生产力转化。

加快公路建设是全省人民在新世纪的一项长期而艰巨的任务，需要方方面面的配合和支持，各级政府、各有关部门要按照统筹规划、条块结合、分层负责、联合建设的方针，抓住机遇，开拓进取，真抓实干，为尽快建成全省完善的公路交通运输网络做出应有的贡献。

加快全省公路建设的决定，适用于2001—2010年。

陕西省人民政府关于印发《陕西省农村公路管理养护体制改革实施意见》的通知

陕政发〔2006〕72号

各市、县、区人民政府，省人民政府各工作部门、各直属机构：

现将《陕西省农村公路管理养护体制改革实施意见》印发给你们，请认真组织实施。

陕西省人民政府
二〇〇六年十二月二十九日

陕西省农村公路管理养护体制改革实施意见

为了认真贯彻《中共中央国务院关于推进社会主义新农村建设的若干意见》（中发〔2006〕1号，以下简称中央1号文件）和《国务院办公厅关于印发农村公路管理养护体制改革方案的通知》（国办发〔2005〕49号，以下简称国务院《方案》）精神，推进农村公路管理养护体制改革，全面提升管理养护水平和通行能力，服务农村经济社会发展和农民生产生活，结合我省实际，现提出如下实施意见：

一、认真贯彻实施《方案》，积极推进农村公路管理养护体制改革

国务院办公厅印发的《方案》，对农村公路管理养护体制改革进行了总体部署，确立了改革的指导思想和目标，明确了农村公路养护主体及其职责、改革的重点任务和配套措施，指明了农村公路管理养护体制改革的方向，这是党和政府全面加强农村公路工作的重大举措。认真贯彻实施《方案》，对于构建新型的农村公路管理养护机制，加强农村公路管理养护，提高管理养护质量和服务水平，实现农村公路全面协调可持续发展，改善农村公共服务，适应社会主义新农村建设都具有重要意义。各级政府要充分认识农村公路管理养护体制改革的必要性和紧迫性，把农村公路改革纳入农村经济体制改革和农村公路发展中，统筹安排，积极实施，稳妥推进。

推进农村公路管理养护体制改革，要坚持《方案》确立的指导思想，结合贯彻《陕西省农村公路建设养护管理办法》（陕政令第105号，以下简称《办法》），以“三个代表”重要思想为指导，全面贯彻落实科学发展观，按照加强政府公共服务职能的要求，坚持农村公路建设、管理、养护并重的原则，明确各级政府对农村公路管理养护的责任，强化各级交通主管部门的管理养护职能，建立健全以政府投入为主的稳定的养护资金渠道，加快公路养护市场化进程，促进农村公路持续健康发展。

推进农村公路管理养护体制改革，要以创新管理养护机制，落实管理养护主体及其职责，建立稳定规范的养护资金渠道，加快养护市场化进程为重点，从今年起，力争用三年左右时间完成全省农村公路管理养护体制的改革，基本建立起符合我省农村实际和市场经济要求的农村公路管理养护体制与运行机制，保障农村公路日常养护和正常使用，实现农村公路管理养护的正常化和规范化。

二、落实农村公路管理养护责任，完善以县为主的农村公路管理养护体制

按照国务院办公厅《方案》和省政府《办法》的精神，农村公路管理养护要按照统一领导、县管为主、分级负责、各方支持的原则，进一步理顺管理养护体制，落实管理养护责任主体，保证养护资金投入，提升管理养护水平。

（一）省人民政府负责制定农村公路管理养护的相关规章政策，组织筹集农村公路养护资金，监督农村公路管理养护工作。

省交通厅主管全省农村公路管理养护工作，组织实施农村公路管理养护法规政策，制定全省农村公路发展规划，编制下达农村公路养护工程计划，监督、检查养护计划执行情况和养护质量，统筹安排农村公路养护资金，监管农村公路养护资金的使用，推进农村公路养护技术进步，指导、监督农村公路管理养护工作。

省交通厅所属的省公路局具体承担拟定农村公路发展规划，综合平衡养护工程计划，监督、检查和考核养护计划执行，监督农村公路养护资金的使用，组织农村公路养护质量的检查评定，研究推广农村公路养护新技术，指导农村公路路政管理。

（二）各设区市人民政府主要负责制定本市农村公路管理养护的有关规定，负责筹集市级财政农村公路养护资金，监督农村公路管理养护工作。

各设区市交通局主管本市农村公路管理养护工作，制定全市农村公路发展规划，审核、上报农村公路养护工程计划，审核、下达农村公路养护计划，监督、检查养护工程计划、养护计划执行、养护质量和养护资金使用，指导本市农村公路技术进步和路政管理。

各设区市交通局所属的公路管理局具体承担拟定农村公路养护发展规划，综合平衡本市农村公路养护计划，组织实施养护计划执行、养护质量和养护资金使用的监督和考核，组织验收养护大中修工程，监督农村公路路政管理。

（三）各县级人民政府是本辖区农村公路管理养护的责任主体，负责贯彻执行农村公路管理养护法规政策，编制农村公路发展规划和养护计划，筹集和安排农村公路养护资金，监督农村公路管理机构的养护工作，组织协调乡镇人民政府和有关部门做好农村公路管理养护工作。

县（市、区）交通局主管本辖区农村公路管理养护工作，贯彻执行农村公路管理养护法规政策，拟订农村公路发展规划、养护工程计划和养护建议计划，组织检查、考核养护计划执行和养护质量考核评定，安排和管理农村公路养护资金，指导和监督农村公路养护工程招标投标和发包工作，监督农村公路路政管理。

县（市、区）交通局所属的农村公路管理站具体承担农村公路的日常管理和养护工作，拟定农村公路养护工程计划和养护计划，并按照批准的计划组织实施，组织养护工程的招标投标和发包工作，检查、验收农村公路养护质量，负责农村公路路政管理和路产路权保护。

（四）乡镇人民政府和村民委员会应配合支持农村公路管理养护工作，做好乡、村公路管理养护的环境保障、公路及其设施的保护、必要的养护资金筹措和劳动力投入等，其具体职责由县（市、区）人民政府结合实际确定。

三、建立健全以政府投入为主的养护资金渠道，规范农村公路养护资金的使用和管理

根据中央1号文件确定的“按照建管并重的原则，逐步把农村公路等公益性基础设施的管护纳入国家支持范围”的要求，农村公路养护资金以政府投入为主，加大公共财政支持力度，提供强有力的资金支持。农村公路养护资金分为养护工程费和日常养护费，主要由公路养路费（包括汽车、拖拉机等养路费）总收入不低于80%的比例和各级财政预算资金安排，并切实保证落实。

（一）按照有路必养，确保质量的原则，将农村公路养护资金纳入养路费年度计划和各级财政年度预算，并应随着农村公路里程增加、技术标准提高和地方财力增长，逐步增加养护资金，保证农村公路正常养护。

（二）农村公路养护工程费主要由省级财政和汽车养路费安排。省财政每年要安排一定的专项资金，与汽车养路费安排的养护工程费捆绑，建立农村公路养护工程专项资金，由省交通厅按照农村公路养护工程计划统一安排使用。具体补助标准为：县道每年每公里不少于15 000元，乡道每年每公里不少于6 000元，村道每年每公里不少于1 000元。除省上的专项安排外，不足部分由市、县级财政统筹解决。

（三）农村公路日常养护费主要由县级财政统筹安排，市级财政给予补助。具体安排标准为：县道每年每公里7 000元，乡道每年每公里3 500元，村道每年每公里1 000元。

按上述养护费用标准，由市县财政统筹安排，市、县财政分担比例由各市自行确定。市、县征收的拖拉机养路费原则上全部用于农村公路养护，用于日常养护的资金不得少于征收数额的70%。县级政府要统筹本级财政预算，在财政资金和转移支付资金中，安排农村公路养护资金，与市财政补助资金捆在一起用于农村公路正常养护。县级财政从转移支付中安排的农村公路养护资金，不得少于原来从“三统筹五提留”中提取的农村公路养护资金比例。

（四）运用“一事一议”政策，采取以奖代补等多种方式，积极引导沿线农民投工投劳养护农村公路。鼓励社会和公路沿线受益企事业单位、个人，以组织义务劳动、支援设备材料、自愿捐资等方式，支持农村公路养护事业。

（五）规范农村公路养护资金拨付渠道和程序。省上安排的养护工程费，由省交通厅根据农村公路养护工程计划拨付县交通局，设区市交通局要对养护工程计划的实施和资金的使用情况进行监督、检查；日常养护费中由设区市、县两级财政安排的资金（含拖拉机养路费）分别由设区市、县两级财政部门根据同级交通部门提供的养护计划拨付县（市、区）交通局。县（市、区）交通局按照养护工程计划和日常养护计划，安排使用养护资金。

（六）加强农村公路养护资金的使用、管理和监督。农村公路养护工程费和日常养护费，实行分专户储存，单独核算，专款专用，接受本级财政部门和上级交通主管部门监督检查。农村公路养护资金的使用实行定期审计，确保农村公路养护资金安全，提高资金使用效益。

四、规范农村公路管理养护机构，加快管理养护机制改革

（一）规范和精干农村公路管理机构。各设区市人民政府应按照统一、精干、高效的原则，将市交通局下设的地方公路管理处与市公路管理局合并，由市级公路管理局统一承担国省道干线公路、农村公路管理养护任务。县级人民政府应按照管养分离、事企分开原则，规范县（市、区）交通局下设的农村公路管理站，严格控制人员，重点加强技术、业务管理力量。县（市、区）交通局不得在农村公路管理站外单独设立农村公路路政管理机构，已经设立的，要结合这次管理养护体制改革，进行调整、归并和分流。

（二）加快农村公路管养分离，推进公路养护市场化。在对县（市、区）公路管理机构进行科学定编定岗和核定管理人员的基础上，逐步剥离交通主管部门及其公路管理机构设立的养护生产单位，将直接从事养护生产的人员和相关资产进行重组，设立公路养护公司进入市场，并解除与公路管理机构的隶属关系，通过投标方式获得公路养护权。公路养护公司实行独立核算，自负盈亏。公路养护公司通过竞争方式取得公路养护权的，与公路养护机构依法签订养护合同，实行合同管理。公路养护公司与职工依法签订劳动合同，按企业用工制度进行管理。

积极培育和发展符合养护市场要求的公路养护经营主体，允许一切符合资质条件的养护企业，公开、公平地参与养护市场竞争，鼓励和支持其不断发展壮大。

（三）全面推行农村公路养护招标投标制度，培育和发展农村公路养护市场。全面开放农村公路养护市场，大、中修养护工程，小修保养要全部向社会开放，逐步采取公开招标投标方式，择优选择养护作业单位。破除地区封锁和行业垄断，鼓励具备资质条件的公路养护公司跨地区、跨行业参与公路养护市场竞争。建立健全农村公路养护市场准入和养护企业资质制度，建立健全养护市场竞争规则，不断规范养护市场秩序。

（四）全面实行农村公路养护工程费制度。养护工程费由公路管理机构按照定额和工程量进行核定，依照养护合同拨付，强化资金责任约束，提高养护资金使用效益，农村公路养护要逐步取消养护包干费，实施以养护工程费为主的市场化运作。

（五）农村公路因等级较低、自然条件特殊等难以通过市场化运作进行养护的路段，可实行干线支线搭配，好路差路捆绑，建设、改造和养护一体化招标养护，也可采取由个人、农户分段承包等方式进行养护，并签订养护合同，落实养护责任和质量目标。

（六）妥善做好养护职工的分流安置。农村公路管理机构重新定编定员和剥离养护生产单位富余出的职工，一般都应转岗到新改制设立的养护公司就业。同时鼓励公路养护职工自谋出路、自主创业，享受国家和地方有关再就业的扶持政策。对分流到养护公司就业或自谋职业的职工，应按照国家有关规定妥善处理职工身份转换的经济补偿以及养老、医疗、失业等社会保障问题。

五、加强农村公路制度建设，促进公路管理养护规范化

（一）建立健全农村公路管理养护制度。各级政府和交通主管部门应按照《方案》和《办法》的规定，结合农村公路管理养护的实际，在充分调研的基础上，抓紧制定和完善农村公路养护计划管理、养护责任目标管理、资金筹集使用管理、养护招投标制度、养护市场准入、养护技术规范、养护定额标准、质量评定标准和验收标准、路政管理规定等规章制度，并抓好贯彻施行工作。同时，应将农村公路管理养护工作纳入政府行政管理和公共服务范畴，进行目标考核，促进管理养护规范化、法治化和科学化。

（二）建立全省农村公路管理养护数据库。按照统一标准、内容完备、结构合理、数据准确、上下衔接的原则，建立健全省、市、县三级农村公路管理养护数据库。完善农村公路管理养护信息系统，能够适时、准确反映农村公路技术等级、路面结构、配套设施、养护投入、路况质量、路产路权等信息。为农村公路管理养护提供技术支持和决策服务。

（三）建立农村公路应急保障体系。结合各地农村公路的实际和不同等级公路的功能作用，建立农村公路发生公路水毁、交通事故和交通拥堵等重大事件的应急、抢修、救援、疏导等应急保障方案，明确领导责任、职责分工和对策措施，做到反应快速、组织得力、抢修及时、救援有效，维护人民生命财产安全。

六、加强组织领导，确保农村公路管理养护改革顺利实施

（一）加强组织领导和政策指导。各级人民政府要成立农村公路管理养护体制改革领导机构，明确和落实工作责任，强化改革工作协调机制。各级交通、发展改革、财政部门要切实增强责任感和使命感，各负其责，密切配合，加强协作，共同做好农村公路管理养护体制改革工作。各市要按照改革的总体要求和基本原则，紧密结合当地实际，抓紧制订具体的实施方案，并报省交通厅、省发展改革委、省财政厅备案。省交通厅、省发展改革委、省财政厅要加强对改革工作的指导，市、县人民政府及其交通、发展改革、财政部门要认真组织落实《实施意见》，切实做好国务院办公厅《方案》与省政府《办法》的结合和衔接，积极协调处理改革中的具体困难和问题，确保改革的顺利进行。

（二）精心实施，积极开展试点工作。省交通厅要会同省发展改革委、省财政厅依据交通部、国家发展改革委、财政部《关于进一步做好农村公路管理养护改革的通知》（交公路发〔2006〕400号）精神，抓紧制定试点方案，根据我省实际，分别在关中、陕北、陕南选择经济发展水平不同的设区市开展试点工作，为全面推进农村公路管理养护体制改革总结经验，提供示范。

（三）各级人民政府及其交通主管部门要正确处理改革、发展与稳定的关系，广泛深入地做好公路职工思想政治工作，争取干部职工的理解与支持，稳妥处理改革中的矛盾和问题，为改革创造良好的环境保障。

（四）各级人民政府及其交通主管部门要牢牢掌握改革进展情况，积极培养改革的先进典型，及时总结推广好的经验和做法，引导改革不断深入发展。要加强信息反馈，随时上报有关情况和问题。

陕西省收费公路管理办法

陕西省人民政府令第121号

《陕西省收费公路管理办法》已经省政府2007年第1次常务会议通过，现予发布，自2007年3月15日起施行。

省长：袁纯清

二〇〇七年二月八日

第一章　总　则

第一条　为了加强收费公路管理，规范收费行为，维护收费公路经营管理者和使用者的合法权益，促进公路事业发展，根据《中华人民共和国收费公路管理条例》等法律法规，结合本省实际，制定本办法。

第二条　本省行政区域内收费公路的建设、经营、管理和使用活动，适用本办法。

第三条　收费公路的建设、经营和管理应当按照合理规划、协调发展、合法经营、保障畅通、依法监督的原则进行。

第四条　省人民政府交通行政主管部门主管本省收费公路管理工作。设区市人民政府交通行政主管部门主管本行政区域内收费公路管理工作。

省人民政府交通行政主管部门的收费公路管理机构具体负责本省收费公路的收费管理工作。设区市人民政府交通行政主管部门的收费公路管理机构具体负责本行政区域内高速公路以外其他收费公路的收费管理工作。

省人民政府交通行政主管部门的公路管理机构具体负责高速公路养护监督和路政管理工作。设区市、县级人民政府交通行政主管部门的公路管理机构负责所辖范围内高速公路以外其他收费公路的养护监督和路政管理工作。

第五条　县级以上人民政府应当采取措施，支持收费公路的建设、经营和管理工作，促进公路事业的发展。

第六条　省人民政府发展改革、财政、价格、税务、审计、公安等行政主管部门，应当按照各自职责做好收费公路管理工作。

第七条　收费公路的养护由公路的经营管理者负责。

第八条　任何单位和个人不得非法干预收费公路的经营管理，不得挤占、挪用车辆通行费。

第二章　收费公路项目设立和收费站设置

第九条　收费公路是指符合规定的技术等级和规模，并经省人民政府批准依法收取车辆通行费的下列公路（包括桥梁和隧道）：

（一）由县级以上人民政府交通行政主管部门贷款或者有偿集资建成的公路（以下简称政府还贷公路）；

（二）国内外经济组织依法投资建成或者受让政府还贷公路收费权的公路（以下简称经营性公路）。

第十条　省人民政府交通行政主管部门应当根据国家和本省公路发展规划，提出拟建收费公路项目方案，报省人民政府批准。

拟建收费公路项目方案包括收费公路的建设规模、技术等级、投资估算、经营性质、收费标准、最长收费期限、收费站点设置等内容。

第十一条　确定为经营性公路的建设项目，由交通行政主管部门将拟建经营性公路项目方案向社会公布，采用招标投标方式选择投资者。

第十二条　收费公路收费站的设置应当符合下列规定：

（一）封闭式收费公路除两端出入口外不得在主线上设置收费站。省、自治区、直辖市之间需要设置收费站的除外；

（二）非封闭式收费公路的同一主线上，相邻收费站的间距不得少于50公里，相邻收费站间的路口不得设置任何形式的收费站（点）。

第十三条　收费公路的收费期限设定应当符合下列规定：

（一）政府还贷公路的收费期限，最长不得超过20年；

（二）经营性公路的收费期限，最长不得超过30年。

第十四条　车辆通行费的收费标准，应当根据收费公路的技术等级、投资总额、当地物价指数、偿还贷款或者有偿集资的期限和收回投资的期限以及交通量等因素确定。

第十五条　车辆通行费标准制定或者调整实行听证制度。

收费公路经营管理者应当在工程交工验收前3个月，向省人民政府价格行政主管部门提出车辆通行费标准方案的听证申请。省人民政府价格行政主管部门应当会同有关部门按照有关规定组织听证。

第十六条　车辆通行费标准方案通过听证的，收费公路经营管理者向省人民政府交通行政主管部门提出设置公路收费站和核定收费标准、收费期限的申请，并提交下列资料：

（一）收费公路经营管理者的法人资格证明；

（二）收费公路项目建设批准文件；

（三）收费公路工程项目建设投资以及贷款明细报告；

（四）公路建设项目的交工验收报告；

（五）收费站具体位置方位图、车辆通行费标准方案、收费期限以及收费效益测算报告；

（六）法律、法规、规章规定的其他相关资料。

第十七条　车辆通行费的收费标准按照下列程序审查批准：

（一）政府还贷公路的收费标准由省人民政府交通行政主管部门会同价格、财政行政主管部门审核后，报省人民政府审查批准；

（二）经营性公路的收费标准，由省人民政府交通行政主管部门会同价格行政主管部门审核后，报省人民政府审查批准。

第十八条　省人民政府交通行政主管部门收到设置公路收费站和核定收费标准、收费期限申请后，应当会同财政、价格等行政主管部门在20个工作日内完成审核，并报省人民政府审批。

设置公路收费站和核定收费标准、收费期限的申请，经省人民政府批准后，省人民政府价格、交通行政主管部门应当在10个工作日内核发收费许可证、颁发收费站标志牌。

未经省人民政府批准，任何单位或者个人不得在公路上设站（卡）收取车辆通行费。

第三章　收费公路权益转让

第十九条　收费公路权益包括收费权、广告经营权、服务设施经营权。

第二十条　转让政府还贷公路权益的，交通行政主管部门应当向社会公布后，采用招标投标的方式，公开、公平、公正地选择经营管理者。

第二十一条　转让政府还贷公路国道收费权的，报国务院交通行政主管部门批准；转让国道以外其他收费公路收费权的，报省人民政府批准，并报国务院交通行政主管部门备案。

法律、行政法规规定不得转让的公路收费权除外。

第二十二条　政府还贷公路权益转让时，转让方应当向批准机关提供以下文件、资料以及相关证明：

（一）转让公路权益可行性研究报告；

（二）受让方的法人营业执照副本；

（三）受让方从业实力情况说明；

（四）金融机构或者会计师事务所等中介机构出具的受让方资金信用证明；

（五）国有资产管理部门认可的收费公路资产价值评估报告；

（六）转让、受让双方签订的收费公路权益转让协议书；

（七）批准机关要求的其他相关文件、资料。

第二十三条　政府还贷公路权益转让，转让受让双方应当按照收费公路权益转让批准文件签订转让合同，约定权利义务。合同副本报批准机关备案。

第二十四条　转让政府还贷公路权益的收益资金应当全额上缴省级国库，用于偿还项目贷款、集资本息和公路建设、维护，不得挪作他用。

第二十五条　受让政府还贷公路权益的经营管理者将收费公路权益再次转让的，应当经原转让人同意并报原审批机关批准。未经原转让人同意和原审批机关批准的，不得擅自转让。

再转让公路收费权的，收费期限按剩余收费期限计算。

第二十六条　收费公路经营管理者以收费权质押担保取得的银行贷款，应当用于该公路的建设、维护、偿还项目贷款、集资本息或受让本省行政区域内其他收费公路权益。

第四章　收费公路经营管理

第二十七条　收费公路经营管理者应当在收费站显著位置，设置由省人民政府交通、价格行政主管部门监制的收费站标志牌，公示收费站名称、审批机关、收费单位、收费标准、收费起止年限、监督部门以及监督电话。

公路收费站的收费亭、安全岛等设施上，不得设置任何形式的广告以及非公路交通标志牌。

第二十八条　收费公路经营管理者应当开通足够的收费道口，保证车辆快速通过。收费站发生车辆拥堵时，应当采取措施进行疏导。

第二十九条　下列车辆免交车辆通行费：

（一）军队车辆；

（二）武警部队车辆；

（三）公安机关在辖区内收费公路上处理交通事故、执行正常巡逻任务和处置突发事件的统一标志的制式警车；

（四）国务院交通行政主管部门或者省人民政府批准执行抢险救灾任务的车辆；

（五）进行跨区作业的联合收割机、运输联合收割机或者插秧机的车辆；

（六）国务院、省人民政府规定的绿色通道上运输鲜活农产品的车辆；

（七）法律法规规定的其他免交通行费的车辆。

第三十条　对货运车辆采用计重方式收取车辆通行费。具体实施办法按照省人民政府批准的有关规定执行。

第三十一条　非封闭式收费公路经营管理者，对收费站周边单位和个人的车辆，可以采取“适当优惠、定期包交”的方式收取车辆通行费。

第三十二条　收费公路经营管理者收取车辆通行费时，应当向交费人出具收费票据。

政府还贷公路经营管理者收取车辆通行费，应当使用省人民政府财政部门统一印制的车辆通行费专用票据。车辆通行费专用票据由交通行政主管部门统一领取、发放和管理。

经营性公路的经营管理者收取车辆通行费，应当使用省人民政府地税部门统一印（监）制的车辆通行费专用票据。

第三十三条　高速公路收费实行全省联网、统一结算的方式管理。省人民政府交通行政主管部门应当按照国家有关规定，制定高速公路联网收费总体规划，建立高速公路联网收费制度并组织实施和监督。

第三十四条　新建高速公路应当根据全省高速公路联网系统运行和管理的需要，按照有关规定建设高速公路的通信、监控、收费等管理系统和设施。

已建成通车的高速公路不具备前款规定设施的，由高速公路经营管理者负责建设。

第三十五条　收费公路的收费人员配备，应当与收费道口、车流量、收费额相适应。

政府还贷公路收费人员应当公开招聘，实行聘用合同制。

第三十六条　收费公路经营管理者不得有下列行为：

（一）擅自改变车辆通行费收费标准；

（二）在车辆通行费之外加收或者代收其他费用；

（三）强行收取或者以其他不正当手段按车辆收取某一期间的车辆通行费；

（四）不开具收费票据，开具未经省人民政府财政部门统一印制、省人民政府地税部门统一印（监）制的收费票据或者开具已经过期失效的收费票据。

有前款所列行为之一的，通行车辆有权拒绝交纳车辆通行费。

第三十七条　车辆通过收费站时，应当减速慢行，主动领（划）卡、交费。免交通行费的车辆，应当主动出示免费车辆凭证，经验证后通行，不得冲卡。

任何车辆不得故意滞留收费道口，阻塞交通。对故意滞留收费道口，阻塞交通的车辆，收费公路经营管理者有权将车辆移离收费道口。

对故意堵塞收费道口、强行冲卡、殴打收费公路管理人员、破坏收费公路设施以及其他扰乱收费公路管理秩序、违反治安管理的，收费公路经营管理者应当及时报告公安机关，由公安机关依法予以处理。

第三十八条　政府还贷公路经营管理者收取的车辆通行费、广告经营以及服务设施经营收益，应当全额上缴省级财政专户，严格实行收支两条线管理。

政府还贷公路通行费收支实行预算管理。每年末由各收费管理单位制定下一年度通行费收支计划，经省人民政府交通行政主管部门审核汇总后，报省人民政府财政部门审批。省人民政府财政部门按照批准的通行费收支预算拨付资金。

第三十九条　政府还贷公路经营管理者应当加强公路通行费收支管理，严格控制费用支出，降低管理成本，保证养护资金。

交通行政主管部门应当加强政府还贷公路通行费收支情况的监督检查，依法查处违规违法行为。

第四十条　收费公路的收费期限届满，应当终止收费。

政府还贷公路在批准的收费期限届满前已经还清贷款、还清有偿集资款的，应当终止收费。

依照本条前两款的规定，收费公路终止收费的，应当向社会公告，明确规定终止收费的日期。

第四十一条　收费公路终止收费后，收费公路经营管理者应当自终止收费之日起15日内拆除收费设施。

第五章　收费公路养护管理

第四十二条　收费公路经营管理者应当保证收费公路处于良好的技术状态。收费公路好路率应当保持在90%以上，高速公路的路面状况指数应当保持在80以上。

第四十三条　经营性公路实行养护质量保证金制度。经营管理者应当按照车辆通行费收入的一定比例提取公路养护质量保证金。

经营管理者不按照规定履行收费公路养护责任的，由公路管理机构指定养护单位进行养护，所需费用从公路养护质量保证金中抵扣。

公路养护质量保证金提取、使用、退还和管理的具体办法，由省人民政府交通行政主管部门制定。

第四十四条　收费公路经营管理者应当做好公路用地范围内的水土保持和绿化工作。

收费公路经营管理者应当对收费公路以及沿线设施进行日常、定期检查和维护，并向公路管理机构报送养护质量统计报表。

第四十五条　收费公路养护工程按规定实行招标投标制度或者合同管理制度。

收费公路经营管理者应当将收费公路的大、中修工程和改建工程等施工信息在施工前5日通过媒体向社会公布，并在收费公路入口处公告施工信息。施工时应当设置道路交通标志和安全防护设施，加强养护作业现场监督管理，保证车辆安全通行。

第四十六条　省人民政府交通行政主管部门和公路管理机构应当建立健全收费公路养护质量监督制度，督促收费公路经营管理者依法履行养护义务。

第四十七条　公路管理机构收取的收费公路占（利）用补偿费应当全额上缴省财政专户，与通行费收入统一安排使用，用于收费公路及其设施的维护。

第六章　法律责任

第四十八条　违反本办法第二十七条第一款规定，未设置收费站牌和公示有关事项的，由省人民政府交通行政主管部门责令限期改正，并处1 000元罚款；违反第二款规定的，由省人民政府交通行政主管部门责令限期拆除，逾期不拆除的处5 000元以上1万元以下罚款。

第四十九条　违反本办法第三十六条第（一）、（二）、（三）项规定的，由省人民政府交通行政主管部门责令改正，有违法所得的，处违法所得3倍的罚款；没有违法所得的，处5 000元以上1万元以下罚款。

第五十条　违反本办法的违法行为，其他法律法规有处罚规定的，从其规定。

第七章　附　则

第五十一条　本办法自2007年3月15日起施行。

陕西省治理公路超限运输办法

陕西省人民政府令第138号

《陕西省治理公路超限运输办法》已经省政府2009年第3次常务会议通过，现予发布，自2009年5月1日起施行。

省长：袁纯清

二○○九年三月十九日

第一章　总　则

第一条　为了治理公路超限运输，维护公路完好，保障公路的安全和畅通，根据《中华人民共和国公路法》、《陕西省公路路政管理条例》等有关法律、法规规定，结合本省实际，制定本办法。

第二条　本省行政区域内公路超限运输及其治理活动适用本办法。

第三条　本办法所称公路超限运输，是指车货超过规章和国家标准规定，或者超过交通标志标明的限高、限长、限宽、限载标准的货运车辆在公路上行驶的行为。

第四条　公路超限运输治理工作按照政府组织领导、部门协调配合、标本兼治的原则进行。

第五条　县级以上人民政府应当加强对公路超限运输治理工作的领导，建立健全公路超限运输治理工作目标任务考核、责任追究和奖惩制度，组织相关部门按照职责分工依法做好综合治理工作。

第六条　省人民政府交通运输行政主管部门主管全省治理公路超限运输工作。

县级以上人民政府交通运输行政主管部门主管本行政区域内治理公路超限运输工作，并确定专门的机构或者人员具体负责。其所属的公路管理机构和道路运输管理机构负责治理公路超限运输的监督检查工作。

县级以上人民政府发展改革、工业信息化、公安、工商行政管理、煤炭、国土资源、质量技术监督、财政、安全生产监督、监察等有关部门应当按照各自职责，做好治理公路超限运输工作。

第七条　县级以上人民政府应当将治理公路超限运输经费纳入财政预算，保障治理公路超限运输工作有效进行。

第二章　综合治理

第八条　县级人民政府应当组织交通运输、煤炭、国土资源、工商行政管理等部门，对货物装载单位进行综合治理，防止车辆超限装载。

第九条 工商行政管理、煤炭、国土资源等部门应当加强对公路沿线煤炭经营企业、储煤场点的监督检查，依法取缔非法经营企业和储煤场点。

第十条 县（市、区）道路运输管理机构应当对辖区内货物装载单位建立登记管理制度。

工商行政管理、煤炭、国土资源等部门应当提供相关信息，协助道路运输管理机构做好登记工作。

第十一条 县（市、区）道路运输管理机构应当在货物装载单位公布超限装载标准、监督机构名称和监督电话。

县（市、区）道路运输管理机构可以通过派驻人员、巡查等方式，对登记入册的货物装载单位进行监督管理，对装载超过规定标准的车辆，应当责令当场卸载。

第十二条 货物装载单位不得为车辆超标准装载、配载。

货物装载单位应当在货物装运场地配备称重设备，建立健全货物装载登记制度，并向道路运输管理机构报送相关信息。

货物装载登记应当包括车辆号牌、车辆轴数、车货总重、货物承运人、货运起讫地、装载日期等内容。

第十三条 道路运输管理机构对发现的非法货物装载单位，应当按照管理职责权限告知工商行政管理、煤炭、国土资源等相关部门，由相关部门按照规定进行处理。

第十四条 车辆生产企业制造的车辆应当符合国家强制标准规定，并按照国家规定、设计规范标定车辆的技术数据，严禁虚假标定。

车辆生产、销售企业不得销售不符合国家强制标准规定的车辆。

工业信息化、工商行政管理、质量技术监督等行政主管部门应当加强对车辆生产、销售企业的监督检查。

第十五条 公安机关交通管理部门应当按照有关法律法规的规定，对车辆进行登记和发放车辆号牌。

省公安机关交通管理部门对不符合登记规定的车辆予以统计，并将有关信息告知省工业信息化、质量技术监督等有关行政主管部门。

第十六条 对本省不符合国家强制标准规定或者虚假标定车辆技术数据的机动车，由工业信息化行政主管部门逐级报请国家有关部门取消该产品《车辆生产企业及产品公告》资格；对已售出的，由机动车违规生产企业自行召回处理；拒不召回的，由质量技术监督行政主管部门责令限期召回。

第十七条 任何单位或者个人不得拼装车辆或者擅自改变车辆已登记的结构、构造或者特征。

工商行政管理、质量技术监督、公安机关交通管理等有关行政主管部门和道路运输管理机构应当加强对改装、拼装企业和非法改装、拼装货物运输车辆行为的监督检查。

第十八条 非法改装、拼装的超限运输车辆经认定后，由公安机关交通管理部门依法进行处理。

第十九条 县（市、区）公路管理机构可以在县、乡、村公路的重要出入口以及节点位置设置限高、限宽设施，限制超限运输车辆通行。

第三章　超限车辆通行规定

第二十条　在公路上行驶的货运车辆，其车货的长、宽、高，车货总质量和轴载质量应当符合国家规定标准和交通标志标明的限高、限长、限宽、限载标准。

第二十一条　承运不可解体货物的超限运输车辆，需要在公路上行驶的，承运人应当按照下列规定向始发地公路管理机构提出书面申请：

（一）在县（市）行政区域内行驶的，向县（市）公路管理机构申请；

（二）跨县（市）行政区域行驶的，向设区的市公路管理机构申请；

（三）跨设区的市、省（自治区、直辖市）行驶或者起运地是高速公路的，向省公路管理机构申请。

第二十二条　承运人申请超限运输许可时，应当向公路管理机构提供下列资料和证件：

（一）货物名称、重量、外廓尺寸及必要的总体轮廓图；

（二）运输车辆的厂牌型号、自载质量、轴载质量、轴距、轮数、轮胎单位压力、载货时总的外廓尺寸等有关资料；

（三）货物运输的起讫点、拟经过的路线和运输时间；

（四）车辆行驶证和车辆营运证。

第二十三条　公路管理机构应当在接到承运人申请后3日内作出书面答复。

第二十四条　经批准进行超限运输的车辆，公路管理机构应当根据实际情况，对需经路线进行勘测，选定运输路线，计算公路、桥梁承载能力，制定通行与加固方案，并与承运人签订有关协议。

公路管理机构应当根据制定的通行与加固方案以及签订的有关协议，对运输路线、桥涵等进行加固和改建，保障超限运输车辆安全行驶。

公路管理机构进行的勘测、方案论证、加固、改造、护送等措施以及修复损坏部分所需费用，由承运人承担。

第二十五条　公路管理机构对批准超限运输车辆行驶公路的，应当签发由国务院交通运输行政主管部门统一制式的《超限运输车辆通行证》。

公路管理机构在《超限运输车辆通行证》中指定的路线不得包括四级公路、等外公路、通村公路和技术标准低于三类的桥梁。

承运人应当按照《超限运输车辆通行证》确定的时间、路线、速度进行运输，并悬挂明显标志。

公路管理机构批准超限运输车辆行驶公路的，应当将有关情况告知当地同级公安机关交通管理部门。

第四章　超限车辆检测

第二十六条　公路管理机构可以采用固定检测和流动稽查相结合的方式，对货运车辆进行超限检测。

在未设置治超检测站路段，公路管理机构可以使用检测设备进行流动检测，治理车辆分载、合载、绕行等逃避超限检测行为。

第二十七条　省人民政府交通运输行政主管部门应当对治超检测站进行统一规划，合理布局，可以根据流动稽查需要，规划、设置卸货场地。

设置治超检测站和卸货场地，应当由交通运输、公安等部门共同进行勘验后，由省人民政府交通运输行政主管部门报省人民政府批准。

新建公路规划设置治超检测站和卸货场地的，应当将其作为公路附属设施的组成部分，与公路同步设计、同步建设、同步运营。

第二十八条　治超检测站的建设应当按照统一的规范进行，其建设规模、检测设备和人员配备应当与货车流量相适应。

第二十九条　治超检测站和流动稽查所使用的称重计量器具、测量超限几何尺寸的计量器具应当按期进行检定；未按期检定或者检定不合格的计量器具，其检测数据不得作为卸载或者处罚的依据。

第三十条　治超检测站应当在站内明显位置公示治超检测站的批准机关和监督电话、超限认定标准检测程序和处罚标准。

第三十一条　未列入国家规定车辆生产目录的悬浮轴车辆，或者经检测悬浮轴不具备落地承载行驶能力的车辆，在超限检测时，其悬浮轴不计入总轴数。

第三十二条　治超检测站对货车进行超限检测、检查时，被检测、检查的车辆应当按照引导标志或者执法人员的指挥驶入指定区域接受检查，不得强行通过。

第三十三条　公路管理机构对流动稽查发现的超限车辆，不得当场予以处罚。检查人员应当将超限车辆引导至邻近的治超检测站或者卸货场，按照静态检测磅秤复检结果进行处理。

第三十四条　计重收费站发现超限车辆，应当将超限车辆和相关称重信息及时移交路政执法人员调查处理。

第三十五条　实行计重收费的路段，公路管理机构对超限运输车辆不再收取公路补偿费。

第三十六条　运输可卸载货物车辆超限的，治超检测站应当责令承运人自行卸载；承运人不自行卸载的，由治超检测站卸载，卸载费用由承运人承担。

第三十七条　治超检测站应当对卸载货物妥善保管，并将货物保管有关事项书面告知承运人。

承运人应当在7日内对卸载货物进行处置，逾期不处置的，由治超检测站按照规定变卖，所得价款扣除相关费用后退还当事人。

第三十八条　公路管理机构应当建立违法超限车辆信息登记制度。道路运输管理机构应当根据违法超限车辆登记信息加强对货运企业及其驾驶人员的管理。

道路运输管理机构对1年内违法超限记录超过营运车辆总数5%的道路运输企业，应当向社会公布其违法情况，并根据有关法律法规的规定进行处理。

第三十九条　交通运输行政主管部门、公安机关交通管理部门应当建立治超联合机制。对聚众闹事、恶意堵车、强行闯关、破坏设施、威胁治超人员等，构成违反治安管理行为的，由公安机关依法予以查处。

第五章　法律责任

第四十条　违反本办法规定，货物装载单位为车辆超标准装载、配载的，由县（市、区）道路运输管理机构责令限期改正，并处2 000元以上1万元以下罚款。

第四十一条　违反本办法规定，车货总质量超过核定标准的（不含静态磅秤称量的误差），由县级以上公路管理机构责令改正，并按照下列标准进行处罚：

（一）超过核定标准500公斤（含500公斤）以下的，予以警告；

（二）超过核定标准500公斤以上2吨（含2吨）以下的，处200元以上1 000元以下罚款；

（三）超过核定标准2吨以上5吨（含5吨）以下的，处1 000元以上3 000元以下罚款；

（四）超过核定标准5吨以上10吨（含10吨）以下的，处3 000元以上1万元以下罚款；

（五）超过核定标准10吨以上的，处1万元以上3万元以下罚款。

第四十二条　违反本办法规定，车货总长、总宽、总高超限的车辆，由县级以上公路管理机构责令改正，并处500元罚款。

第四十三条　违反本办法规定，未经许可进行超限运输或者承运人未按照《超限运输车辆通行证》的要求进行运输的，由县级以上公路管理机构责令改正，并处2 000元以上5 000元以下罚款。

第四十四条　违反本办法规定，其他法律、法规已有处罚规定的，从其规定。

第四十五条　依照本办法规定，对个人作出5 000元以上、对单位作出2万元以上罚款处罚决定的，应当告知当事人有要求听证的权利。

第四十六条　交通运输行政主管等部门的工作人员在治理公路超限运输工作中，有玩忽职守、徇私舞弊、滥用职权的，依法给予行政处分；涉嫌犯罪的，移送司法机关依法查处。

第六章　附　则

第四十七条　本办法自2009年5月1日起施行。

陕西省人民政府办公厅关于进一步加快农村公路建设的通知

陕政办发〔2007〕54号

（2007年5月8日）

各市、县、区人民政府，省人民政府各工作部门、各直属机构：

我省作为全国农村公路建设试点省区，2006年，在交通部的大力支持下，全省已建成通村水泥（沥青）路14 000公里，共完成通乡油路和通达工程道路近4 000公里，使5 000多个建制村的600多万农民群众走上了水泥（沥青）路，为全省新农村建设的深入开展奠定了初步基础。但就总体情况看，在取得上述成绩的同时，依然存在一些地方工作不够扎实、配套资金落实不到位、工程质量存在隐患、公路养护责任没有落实等问题。因此，有必要在进一步统一认识的基础上，充分动员和调动各方积极性，齐抓共管，形成合力，使全省农村公路建设又好又快发展。

一、进一步提高认识，努力实现农村公路发展新突破

今年是实施“十一五”规划和新农村建设的第二年，为确保完成中央1号文件中提出的加快发展现代农业的重大任务，农村公路建设面临重大的发展机遇和紧迫的任务。农村公路作为由传统农业向现代农业转变的先导性基础设施，对建设现代农业至关重要。因此，要从密切党群关系、统筹城乡发展的全局高度和服务现代农业的新视角，拓展农村公路发展思路，准确把握党中央、国务院的新部署、新要求，紧紧抓住中央重点支持农村公路建设投资机遇，全面规划，加快建设，推动农村公路又好又快发展。

二、多渠道筹措资金，强化资金监督管理

资金问题始终是农村公路建设的关键。要促进农村公路建设又好又快的发展，必须进一步完善“国家投一点、地方筹一点、社会捐一点、群众出一点”的投资融资机制，真正形成在公共财政框架下，以政府投入为引导，农民积极筹资投劳，社会力量广泛参与的多元投资体制。市县政府是农村公路建设的责任主体，要把农村公路建设纳入本级政府财政预算，作为公共财政支出的经常性项目和重点支持的农村公共设施，进一步落实和加大市县财政配套资金。省级财政每年要安排一定比例农村公路建设资金，市县财政在收入增量中也要安排一定比例的资金用于农村公路建设。要保证一定比例的国家和省级扶贫资金用于农村公路建设。省交通规费收入增量部分也要更多地用于农村公路建设。要继续采取措施落实银行贷款，增加农村公路建设投资。与此同时，要充分调动和发挥农民群众的积极性、主动性，通过“一事一议”的办法，发动农民群众主动、自愿出工投劳。要广泛吸收社会资金投入农村公路建设，鼓励企业、社会团体和个人捐资修路；也可利用出让冠名权等多种方式，广泛筹集筑路资金。

“十一五”期间，为确保完成我省与交通部签订的农村公路共建协议，在保持全省通村油路、水泥路每年12 000公里建设任务的基础上，省级建设资金将有重点地向贫困地区未通油路的654个乡镇和未通公路的1 440个行政村适度倾斜，其中，乡乡通油路按每公里40万元的标准给予补助，村村通公路（路基4.5米）按每公里10万元的标准给予补助，确保实现2010年全省100%的乡镇通油路、100%的村通公路、80%的行政村通油路或水泥路的目标。

要加强资金使用监管，确保资金安全，提高资金使用效率。对通村公路建设资金实行专项管理，专款专用，任何单位或个人不得截留、挤占和挪用。要将资金使用情况向项目所在地群众公布，自觉接受社会监督。

三、充分尊重农民意愿，切实维护群众利益

坚持“群众打底子、政府铺面子”等政策，充分调动农民群众修路的积极性，鼓励农民自愿投工投劳。要严格“项目确定自下而上、资金补助由上而下”的程序，充分尊重农民意愿，修农民愿意修的路，修农民能够受益的路，结合未来新农村建设的需要，把农村公路延伸到农田示范区、生态观光园、畜牧养殖基地等客流、物流集中的区域。真正发挥农村公路支农、扶农、惠农的作用。尊重农民群众意愿的核心是实行民主决策，要实现由“为民做主”向“让民做主”的工作方式转变，使农民在筑桥修路的民主决策中发挥自身潜力、体现自身利益、保护自身权利。决不违背农民意愿修路，决不增加农民不合理的负担，决不能形成新的修路债务，决不能拖欠工程款和修路职工工资。真正把中央、省委、省政府的富民、惠民政策不折不扣地落到实处，做到建成一条公路，服务一地群众，带动一方经济。

四、狠抓工程管理，确保工程质量

确保质量是农村公路保持安全畅通、减少后期维修养护成本的关键，是农村公路可持续发展的要求。质量问题不仅关系公路本身，也直接影响党群、政群关系。因此，要进一步完善“政府监督为主，群专结合”的质量监督体系，实行交通部门全程监督、乡村干部跟踪监督、监理人员现场监督、农民群众及社会各界随时监督的“四级监督”模式。充分发挥各级质量监督机构的作用，动员群众参与监督工作；要严格实行质量问责制，支持和强化群众和社会各界对农村公路建设质量的监督，要建立工程质量责任档案，明确工程各环节和各单位的责任人，出现重大质量事故，要依法追究责任；要创新质量管理制度，工程质量要与项目补助资金挂钩、与政府绩效考评挂钩、与企业信用挂钩；要大力推广应用新材料、新技术、新工艺，以科技创新提高农村公路的内在质量。同时，要提高农村公路的安全性。农村公路在设计和改造方案比选时，要在危险路段设置必要的安全防护设施，提高安全水平。要高度重视渡口改造和渡改桥工程，并在县乡公路上开展安保工程和危桥改造工程试点，为农民安全出行提供保障。

五、积极推进管理养护体制改革，落实管护责任，做到有路必养

要按照国务院《农村公路管理养护体制改革方案》（国办发〔2005〕49号）和省政府《陕西省农村公路管理养护体制改革实施意见》（陕政发〔2006〕72号）的要求，积极推进农村公路管理养护体制改革，力争用三年左右时间完成。逐步建立起管理责任以县为主，资金投入以政府为主，养护以市场运作模式为主的农村公路管理养护新体制，推行“政府出钱、农民出力”和“市场招标、引入竞争、群专结合”的养护机制。结合农村公路体制改革，加强农村公路管理养护制度建设，完善养护质量标准、操作规程、检查评定标准等，做到机构、责任、人员、资金“四落实”，以保障“有路必养”，巩固农村公路建设成果。

结合实际，采取各种措施，加强对农民工、养路工的技术培训。要通过“各级政府补助，村民承包领养”，积极动员农民参与农村公路养护，不断摸索在农村如何修好路、养好路、管好路的好办法、好经验，并吸引部分农村富余劳动力，增加农民收入。

六、保护环境、节约资源，实现农村公路的可持续发展

农村公路建设要坚持“六个坚持、六个树立”的新理念，即“坚持以人为本，树立安全至上的理念；坚持人与自然相和谐，树立尊重自然、保护环境的理念；坚持可持续发展，树立节约资源的理念；坚持质量第一，树立让公众满意的理念；坚持合理选用标准指标，树立设计创作的理念；坚持系统论的思想，树立全寿命周期成本的理念”，以体现“安全、环保、舒适、和谐”。在技术标准和路线方案选择上，要注意节约用地、保护耕地和生态环境；在路面结构选择上，鼓励各地因地制宜，选择适合本地实际、造价低、利于农民养护的多种路面结构形式，不应局限于沥青路和水泥路；在场站建设上，要尽量利用原有的空地和非农用地，尽量不占用耕地，做到少花钱，多办事，办好事。

七、加快完善农村客运网络，充分发挥农村公路建设效益

农村客货运输要坚持建管养运并重，积极推进“路站运一体化”，农村运输场站应与农村公路同步规划、同步建设，客运班线应与农村公路同步开通，实现路、站、运协调发展，充分发挥农村公路效益。要大力发展农村客运网络，要加快调整、改造和延伸现有农村客运线路，合理增加班次，做好农村客运网络与城市公交网络的合理衔接，促进城乡客运一体化。市县（区）政府、各有关部门要落实国家对农村客运的扶持政策，重点解决好目前普遍存在的税费高负担、客运车辆陈旧、经营行为不规范、服务质量不高等方面的突出问题，保证农村客运“开得通、留得住、有效益”。同时，还要加强农村客运安全管理，严把农村客运市场准入关，加强客运源头管理，消除安全隐患。

三、规划与主要指标排位

陕西省高速公路网规划

陕西省交通运输厅

（2009年1月）

一、规划调整背景

2006年2月省政府常务会议审议通过的《陕西省高速公路网规划》实施以来，我省高速公路建设取得了令人鼓舞的成绩，高速公路通车里程不断增加，对全省经济社会的快速发展起到了重要的推动作用。特别是2005年以来，在省委、省政府“加快交通发展、突破瓶颈制约”的动员令下，我省高速公路进入了全面提速、快速发展的新阶段。

2005至2008年，高速公路累计完成投资750亿元，位居全国前列；新增里程近1 500公里，年度平均在建规模1 500公里左右。特别是2007年，国道主干线全面完成建设任务，高速公路通车里程在西部率先突破2 000公里大关，总里程由2004年的全国第17位上升到第9位，在西部地区排位由第4上升到第1。到2008年底，全省高速公路通车里程达到2 466公里，全省除安康外，其他9市1区、71个县（市、区）通达高速公路；实现了由长期缓慢发展向持续快速发展的历史性跨越，有力地促进了全省经济社会的快速发展。

尽管我省高速公路发展取得了明显成效，但站在全国交通发展趋势的层面来审视高速公路发展水平，站在全省经济社会发展全局的要求来审视高速公路适应能力，站在全省人民对交通需求的角度来审视高速公路服务水平，我省高速公路发展总体上仍处于初级阶段，具备进一步加快发展的需求和条件。

今年“两灾”发生后，我国陆路交通暴露出路网连通度不高、迂回线路偏少等问题，交通运输部已经明确今后将加快国家高速公路建设成网、加快国高网中的断头路建设、加快早期建成高速公路的扩容改造和加快具有通道功能的地方高速公路建设。陕西作为全国重要的交通枢纽省份，是承担过境和中转交通的关键区域，要求路网规划布局站在更高的层面上，从全国交通需求的大局来思考，充分发挥交通枢纽省份应有的作用。

国家为应对全球金融危机，扩大内需，加大交通基础设施投入，确保国家经济运行安全，对加快完善高速公路网、加快拥挤路段扩容改造、重点解决高速公路的断头路和省际的连接等提出了新要求。

这些新形势，对我省高速公路进一步加快发展提出了新的更高要求，对高速公路进一步加快建设提供了新的机遇，需要我们在原省网规划的基础上进行深化补充和调整完善，以适应今后相当长一段时期全省经济社会发展对交通的需求，提高高速公路建设决策的科学性，提高交通资源利用效率，确保全省高速公路持续、快速、有序发展。

2008年11月18日，我厅向省政府常务会议汇报了规划调整情况，11月21日向省委主要领导进行了专题汇报，得到了省委、省政府充分肯定。经修改完善后，形成陕西省高速公路网规划调整报告。

二、规划思路与目标

规划思路：围绕建设西部强省发展战略，构建布局合理、高效畅通、覆盖全省、通达四邻、迂回便捷的高速公路网络，实现陕西高速公路在西部率先发展、率先跨越、率先突破，打造西部交通强省，形成全国重要的交通枢纽，为关中率先发展、陕北跨越发展和陕南突破发展提供交通支撑，为关中城市群、陕北能源化工基地建设和陕南旅游产业发展提供交通保障。

规划目标：

一是有效对接周边省份，形成出省高速通道，实现西安到所有相邻省（区、市）当日到达；

二是构筑西安对外辐射地市的高速通道，实现省会到地市当日往返；

三是形成省境内大中城市间高速通道，实现相邻地市间的便捷联系；

四是形成覆盖全省、快速畅通的网络，近期实现所有县便捷上高速，远期实现县县通高速；

五是连接省境内铁路、机场、主要旅游景点、工业园区、形成高速集疏运通道，提供便捷、安全、可靠的交通保障。

三、布局规划

（一）路线方案

根据全省经济社会发展、产业布局及城镇规划，在原省网规划基础上，按照“完善骨架路网、增加迂回线路、畅通省级通道”的思路，以“加密、连通、对接、扩容”为重点，采用纵横网格与辐射线、环线相结合的布局方案，形成由2条环形线、6条以西安为中心的辐射线、3条南北纵向线、7条东西横向线和18条联络线组成的高速公路网(简称“两环六辐射三纵七横”或“2637”网），路网总规模8 056公里，其中国家高速公路3 871公里，省级高速公路4 185公里。

2条环线，即西安绕城和西安大环线，长约440公里。

西安绕城高速公路：长约80公里；

西安大环线：渭南—阎良—高陵—三原—泾阳—乾县—杨凌—周至—户县—长安—蓝田—渭南，长约360公里。

6条辐射线，即西禹线、西商线、西漫线、西汉线、西长线和西旬线，长约1 297公里。

西禹线：西安—高陵—阎良—富平—蒲城—澄城—合阳—韩城—禹门口，长约217公里；

西商线：西安—蓝田—商州—丹凤—商南—陕豫界，长约239公里；

西漫线：西安—蓝田—商州—山阳—漫川关，长约180公里；

西汉线：西安—户县—洋县—城固—汉中—勉县—宁强—棋盘关，长约360公里；

西长线：西安—咸阳—礼泉—乾县—永寿—彬县—长武—凤翔路口，长约182公里；

西旬线：西安—咸阳—淳化—旬邑—陕甘界，长约119公里；

3条南北纵向线，即榆商线、榆康线和定汉线，长约2 530公里。

榆商线：府谷—神木—榆林—米脂—绥德—清涧—延川—延长—宜川—黄龙—澄城—大荔—华阴—洛南—商州，长约749公里；

榆康线：蒙陕界—榆林—靖边—安塞—延安—黄陵—宜君—铜川—耀州—三原—西安—柞水—镇安—安康—紫阳—陕川界，长约1 281公里；

定汉线：定边—吴起—陕甘界，长约144公里；陕甘界（大桥村）—陇县—千阳—凤翔—宝鸡—姜窝子—汉中—陕川界，长约356公里；总长约500公里。

7条东西横向线，即吴定线、延吴线、宜富线、合凤线、大凤线、潼宝线和白略线，长约2 121公里。

吴定线：吴堡—绥德—子洲—横山—靖边—定边—王圈梁，长约321公里；

延吴线：晋陕界—延川—延安—志丹—吴起，长约225公里；

宜富线：晋陕界—宜川—黄龙—洛川—富县—陕甘界，长约190公里；

合凤线：合阳—澄城—白水—铜川—旬邑—彬县—麟游—凤翔，长约330公里；

大凤线：大荔—蒲城—铜川—淳化—永寿—岐山—凤翔，长约262公里；

潼宝线：潼关—华阴—渭南—临潼—西安—咸阳—兴平—武功—杨凌—陈仓—宝

鸡—牛背，长约331公里；

白略线：鄂陕界—白河—旬阳—安康—汉阴—石泉—西乡—汉中—勉县—略阳—陕甘界，长约462公里。

18条联络线，即榆府线，神米线，榆佳线，清安线，黄渭线，机场专用线，西咸北环线，乾岐线，法门寺连接线，太凤线，商柞线，丹宁线，桐旬线，古镇线，安平线，安镇线，石泉连接线，茶店连接线，长约1 668公里。

（二）新增路线功能

1.陕北地区

陕北地区新增了神府线、神米线、定汉线定边至陕甘界段、清安线和延吴线延安—吴起等5条路线，主要功能为：

1）连接了神府经济开发区、府谷煤电载能园区、子长能源化工园区及吴起、志丹两个石油富集县，有利于促进国家能源化工基地的建设和能源化工产业集群的形成，为陕北跨越发展提供良好的交通保障。

2）增加了陕北东出山西、北上内蒙古、南下甘肃的3个出省通道，有利于缓解陕北能源东出南下的运输压力，加强陕蒙晋、陕甘宁间的经济合作与交流。

3）通达了原规划未覆盖的志丹、吴起、子长3个以资源性经济为主的县区，将明显改善资源外运条件，有利于突破交通运输对石油产业发展的瓶颈制约，促进县域经济的快速发展。

2.关中地区

关中地区新增了西安大环线、合凤线、大凤线、乾岐线、太凤线、黄渭线、西旬线和法门寺连接线等8条路线，主要功能为：

1）便捷地连接了关中城市群的副中心城市区（宝鸡、咸阳、铜川和渭南），沟通了西安大都市圈内的蓝田、户县、周至、长安、阎良及兴平、三原、泾阳、礼泉、乾县等县（区），对组建大西安、整合大关中、带动大西北，加快“关中—天水经济区”的形成，扩大关中城市群的辐射带动范围具有重要作用。

2）实现了西线著名旅游景区的高速通达，串起了以汉唐文化、佛教文化、生态文化和关中民俗文化为主体的旅游景区群，有利于带动沿线旅游资源的开发利用，加速旅游大省目标的实现。

3）连接了国家高速公路连霍线、京昆线、包茂线、福银线和沪陕线，重点加密了东西向的横向通道和以西安为中心的环形通道，形成了多条迂回线路，提高了路网选择的灵活性和便捷性，增强了公路运输的保障能力。

3.陕南地区

陕南地区新增了商柞线、丹宁线、桐旬线、古镇线、安平线、安镇线、石泉连接线和茶店连接线等8条路线，主要功能为：

1）实现了商洛、安康和汉中三市间的高速直达，密切了陕南与关中地区的联系，为陕南经济依托绿色产业和生态旅游业实现突破发展提供了交通支撑。

2）为以西安为中心的沪陕、福银、包茂和京昆四条穿越秦岭的国家高速公路提供了迂回线路，有利于提高高速公路的应急保障能力，确保公路运输大通道的畅通。

3）增加了两个省际出口通道，进一步密切陕西与重庆、湖北间的联系，有利于强化省际经济互补与协作，构筑区域协调发展的新格局。

（三）布局效果

按照调整完善后的新规划，当全部路网建成后，将达到以下效果：

1.省会西安与各地市以高速公路相连接，相邻地市以高速公路相连通；关中与陕北形成2条高速通道，与陕南形成6条高速通道。

2.高速公路覆盖全省所有县（市、区）。密度由原规划的2.4公里/百平方公里提高到3.9公里/百平方公里。

3.全省将形成28个高速公路出省通道，其中通往河南2个、山西8个、湖北3个、四川3个、重庆1个、甘肃8个、宁夏1个、内蒙古2个，较原规划新增了7个出省通道（即内蒙古1个、山西1个、湖北1个、重庆1个、甘肃3个），完善了与周边省区的连接成网，进一步加强了陕西高速公路枢纽省份的地位。

4.相邻高速公路之间形成多条迂回线路，提高了网络的可靠性和机动性，增强了应对自然灾害等突发事件的能力，有利于建立快速、便捷、安全、高效的公路运输体系。

四、实施安排

（一）资金需求

按照调整完善后的高速公路网规划，扣除已建成通车路段外，目前在建及待建项目以静态投资匡算，共需建设资金约4 210亿元，其中国家高速公路约需1 200亿元，省级高速公路约需3 010亿元。

（二）阶段建设目标

1.2008—2010年，重点建设国家高速及具有通道功能的省级高速公路。到2010年，通车里程突破3 000公里，西安至各地市全部以高速公路贯通，高速公路覆盖全省74%的县（市、区）。

2.“十二五”期，重点建设省级高速和瓶颈路段的扩容改造。到2012年，通车里程突破4 000公里；高速公路覆盖全省81%的县（市、区）。到2015年，通车里程突破5 000公里，出省通道口增加到20个，高速公路覆盖全省89%的县（市、区）。

3.“十三五”后，重点建设联络线，加密主骨架。到规划期末（暂定为2025年），高速公路总里程达到8 000公里，规划的“2637”高速公路网形成。

五、对策措施

（一）加强统筹协调，依法实施规划（具体内容略，下同）

（二）明确目标任务，落实工作责任

（三）创新融资渠道，建立资金保障

（四）加强前期工作，强化项目管理

（五）推进科技创新，实现科学发展

陕西省2010年公路交通主要指标全国排位

序号	主要指标	计算单位	全国	陕西省	陕西省居全国位次
1	公路总里程	公里	4008229	147461	15
2	高速公路总里程	公里	74113	3403	7
3	二级以上公路里程	公里	447286	11425	18
4	二级以上公路占公路总里程	%	11.16	7.75	25
5	等级公路里程	公里	3304709	134498	12
6	等级公路里程占公路总里程	%	82.45	91.21	13
7	等外公路里程	公里	703520	12963	20
8	等外公路里程占公路总里程	%	17.55	8.79	—
9	水泥、沥青路面里程（含简易铺装）	公里	2442215	98915	12
10	水泥、沥青路面铺装率	%	60.93	67.08	16
11	公路密度	公里／百平方公里	41.75	71.66	18
12	乡镇公路通达率	%	99.97	99.95	1※
13	建制村公路通达率	%	99.21	95.60	30
14	乡镇通水泥、沥青路面所占比重	%	—	99.95	24
15	建制村通水泥、沥青路面所占比重	%	—	60.02	22
16	民用汽车	辆	90860000	2310407	17
17	营运载客汽车	辆	10501900	72455	—
18	营运载货汽车	辆	17075714	257352	—
19	客运量	万人	3060000	87457	—
20	旅客周转量	万人公里	149140000	3839909	—
21	货运量	万吨	2430000	77123	—
22	货物周转量	万吨公里	430050000	11959134	—

说明：表中数字及排名根据陕西省交通运输厅编《陕西交通运输统计》等资料整理；※序号12“乡镇公路通达率”，陕西省与北京市、天津市、河北省等省（自治区、直辖市）名次并列

索　引

说　明

本索引以人名、地名、目与子目名为标目。目与子目名是目录的补充和细化。

标目按汉语拼音字母顺序排列。同一拼音字母下，标目第一字为字母的，依拼音字母顺序，排于其他标目前；第一字为数字的，依数字由小到大顺序，排于其他标目前。其他标目第一字相同的，依第二字拼音字母顺序排列；第二字相同的，依第三字拼音字母顺序排列，以下类推。

人名标目，主要选取人物篇中人名，其他篇、章中与公路交通重要活动或事件相关的人名。

地名标目，主要包括全省县（市、区）级以上行政区名，部分与公路交通活动有重要关联的地区、城镇、乡村、旅游景区名和平原、山川、河流名。

索引中部分目与子目标目在文中上下统辖，含义完整确切，但在索引中单列易产生歧义或不够确切，故单列时在该标目前加限制词语或在标目后加补充词语，以使语义完整准确。如“第二步战略目标实现”前加“高速公路建设”，表明是“高速公路建设第二步战略目标实现”；“安（康）（陕）川（界）段”前加“十天高速”，表明是“十天高速安（康）（陕）川（界）段”。个别标目名称过长的，在不影响原意情况下适当简化。如“克拉玛依沥青在陕西省高等级公路工程中的应用研究”，简化为“克拉玛依沥青在高等级公路工程中应用研究”。

人名、地名标目页码过于繁多者，酌简；有人名、地名的目与子目标目，其文中同一人名、地名页码从略。

标目后括号内数字，为该标目所在页码。有几个页码的，为该标目在文中多次出现的页码。

一、人名（390个）

A

H

J

K

L

M

N

P

Q

R

S

T

W

X

Y

Z

二、地名（323个）

A

B

C

D

E

F

G

H

J

K

L

M

N

P

Q

R

S

T

W

X

Y

Z

赵氏河 （80 95 289）

三、目与子目名（953个）

A

B

C

D

E

F

G

H

J

K

L

M

N

P

Q

R

S

T

W

X

Y

Z

前 志 概 要

一

前志，即第一轮《陕西省志·公路志》，是中华人民共和国成立以来第一部系统记述陕西道路交通历史与现状的专业志。在陕西省地方志编纂委员会指导下，由陕西省交通厅承编。编纂工作始于1986年，1988年完成大部分初稿。后两度中辍再修，终于1994年完成总纂，1996年10月通过终审，1997年出版。

该志上自西周，下讫1990年，重点记述中华人民共和国成立至1990年间，陕西公路交通事业发展历程，兼述先秦以来古代道路交通发展历史。全书由概述、大事记、道路篇、运输篇、管理篇、陕甘宁边区交通运输篇及序、凡例、附录和编后记构成。除大事记、概述和15插页外，专业内容设四篇，含23章108节，92.60万字。

前志采用章节体，篇目结构分篇、章、节、目，图表随文插入。除概述、大事记外，其他篇章横排竖写，按事归类，层层相辖。除引用古籍原著文言文外，正文记述均使用语体文。

二

前志为创修，重记当代，兼述前代，时间跨度长，内容丰富。除序、凡例、概述、人物、大事记外，专业部分包括道路、公路运输、公路交通管理、陕甘宁边区交通运输四篇，基本涵盖陕西自西周以来至1990年间，古今道路交通历史和现状。

（一）道路。设主干驿道、其它古道、公路线路、桥梁、隧道、渡口、公路勘察设计、公路施工、公路养护7章40节。

“主干驿道”章。记载以古代咸阳、长安为中心，肇始于西周，兴盛于汉唐，清末民初仍发挥交通走廊作用的8条主干驿道的兴起与演变。即潼关道、武关道、褒斜道、散关道、金牛道、邠州·萧关道、陇州·陇关道、延州道。

“其他古道”章。重点记述秦直道、子午道、蒲津关道等10条古道，多为驰道、驿路，在某些历史阶段，曾起着主干驿路的作用，但为时较短。

“公路线路”章。设国道与省道公路划定、国道与省道公路主要路线修建、县乡公路、专用公路、旅游公路、国内外援建筑路6节，记述自民国11年（1922）陕西建成第一条公路起，经过艰难起步、缓慢发展，到中华人民共和国成立后较快发展的历程。

“桥梁、隧道、渡口”章。设历史名桥、公路大型桥梁、中小型桥梁、隧道、渡口5节，记述主要历史名桥、名隧和渡口的历史及其作用。重点记述中华人民共和国成立后，公路桥梁与隧道建设加快、工程规模扩大、类型增加和技术提升的过程。

“公路勘察设计”章。从路线测设、大桥测设、设计标准、勘测规程和测设仪器等方面，记述中华人民共和国成立至1990年间，公路勘察设计机构、队伍从无到有，发展壮大，设备日趋先进，勘察设计水平不断提升的历程。

“公路施工”章。设施工管理、筑路技术、建桥技术、施工机具4节，记述中华人民共和国成立以来，依靠专业队伍和广大群众，艰苦奋斗，新建公路3万多公里，桥梁4 700多座的业绩，以及公路建设管理体制变革、技术进步的历程。

“公路养护”章。设小修保养、水毁抢修、公路绿化、养路机具4节，叙述自民国时起，尤其中华人民共和国成立以来，公路养护内容逐步丰富，范围不断扩大，养护形式日趋多样，机械化水平快速提高的进程。

前志道路篇，勾画了原始道路至1990年间道路建设、养护演变概况。其中，周建径、畛、涂、道、路和城市道路，初成城乡道路交通骨架；秦凿褒斜道，修驰道，建直道，奠定陕西居全国古代道路交通中心基础；汉开回中道，通“丝绸之路”，凿石门隧道，三国时修傥骆道，扩展陕西居全国古代道路交通中心布局结构；唐完善和延伸前述各道，修建驿馆，构筑以长安为中心，“四通八至”，辐射全国的道路交通网络。自宋以后，随着政治、经济中心东移，陕西虽不再是全国道路交通中心，但由于所处承东启西区位特点和原有道路布局使然，仍发挥着通往西北、西南交通枢纽的重要作用。

民国时期，战火连绵，社会动荡，经济凋敝，民不聊生，公路发展步履维艰，甚为缓慢。至1949年，全省能通行汽车的公路仅1 908公里。

1949年中华人民共和国成立，揭开陕西公路交通发展新篇章。20世纪五六十年代全民动员，大办交通，排除“大跃进”和“文化大革命”等影响，1970年实现县县通公路；70年代末至80年代改革开放后，公路成为经济发展战略重点之一，实行普及与提高相结合，着力建设以西安为中心“米”字形公路系统，修建西三一级、西临高速等高等级公路，改善国、省道干线公路，带动县乡公路发展，全省公路面貌加速变化。

1990年年底，全省建成以西安为中心，以8条国道、53条省道为骨干，连接城乡、沟通相邻省（自治区）的公路网。公路总里程3.80万公里，其中一级公路34.46公里，高速公路16.31公里。等级公路占公路总里程78.30%。平均每百平方公里公路18.48公里。

（二）公路运输。设人力畜力运输工具、驿运、民间运输、机动车运输、汽车运输经营、汽车保养修理、搬运装卸7章34节。

“人力畜力运输工具”章。记载机动道路交通工具产生前，行旅和物品运输依赖人力畜力交通工具的历史。

“驿运”章。设驿站设置、驿运制度、驿运管理、官物运输、战时驿运5节。驿运始于商、周，发展于秦、汉，鼎盛于隋、唐，改新于宋、元、明，衰落于清末。本章重点记述驿站设置、驿站管理制度演变及货物运输方式等。

“民间运输”章。设普通客货运输、军输差徭、工程运输差徭、灾粮与其他运输差徭、运价、群众运输、集体运输7节。主要记述民国以前普通客货运输、军输差徭、工程运输差徭等运输形式兴起、演变过程；中华人民共和国成立后，群众运输和集体运输兴起、演变及管理体制等。

“机动车运输”章。设官办汽车运输、私营汽车运输、国营汽车运输、机关企业汽车运输、个体汽车运输、拖拉机运输、城市公共汽车7节。主要记述民国时期陕西私营汽车运输发展；中华人民共和国成立后公私合营，发展国营汽车运输的历程。重点记述国营汽车运输和机关汽车运输产生、演变及发展；20世纪80年代改革开放，个体专业汽车运输迅速兴起、快速发展等情况。同时，记述西安、宝鸡、咸阳等大中城市公共汽车兴起、发展过程及现状。

“汽车运输经营”章。用7节篇幅，以公路交通部门汽车运输为主，分别从营运线路与站点设置、旅客运输、货物运输、汽车运价、运输成本等方面，记述民国时期至1990年间，陕西汽车营运线路划分、站点建设、客货运方式、运价变化、成本核算等情况。

“汽车保养修理”章。设4节，涵盖机务工作体系、汽车维修、技术革新与降低消耗、配件和挂车制造与汽车改装等。重点记述中华人民共和国成立后，陕西汽车保养修理网点从无到有快速发展，业务范围不断扩大，技术水平逐步提高的过程。

“搬运装卸”章。设4节，记述民国以来至1990年间，陕西公路运输搬运和装卸组织演变，搬运装卸生产力状况，搬运装卸费率管理模式，以及收益分配方式等演变过程。

前志公路运输篇，全面反映了陕西原始交通运输到现代公路运输演变、发展的过程，特别是汽车运输发展进程。

民国4年（1915），汽车始进入陕西。民国11年（1922），长潼汽车公司组建，拥有汽车20辆，首开西安至潼关间汽车客、货运输。汽车运输始由官营，继以军办，私商开办。至1949年，全省有民用汽车2 205辆。

中华人民共和国成立后，陕西公路运输得到迅速发展。通过对私营汽车运输进行社会主义改造，大力发展国营专业汽车运输，同时，发展机关、企事业单位汽车运输，鼓励发展民间运输。至20世纪70年代末，汽车运输成为陕西公路交通运输的主要力量。1981年后，公路运输面向社会开放，出现各行各业、千家万户争办运输局面，各种运输工具一起上，公路运输机动化步伐大大加快。

1990年年底，全省民用汽车14.04万辆，运输拖拉机25.12万辆，机动车运输量和周转量，分别占到全省公路客货运输总量和换算周转量的96.20%和99.60%。

（三）公路交通管理。设管理体制、交通运输管理、建设资金、公路交通职工、交通人物5章19节。

“管理体制”章。包括行政管理，省道、国道分管体制，公路与运输分管体制等。记述西周至民国时期，历代道路交通行政管理机构设置及职能演变；中华人民共和国成立以后，省、地（市）、县（区）公路交通管理机构沿革及职能变化。

“交通运输管理”章。设路政管理、交通监理、交通管理、运输市场管理4节。记述民国至1990年间，特别是中华人民共和国成立以来，路政管理、交通监理、交通管理、运输市场管理体系建立、发展，以及制颁的管理法规和实施管理的情况。

“建设资金”章。共设5节，着重记述中华人民共和国成立以来国家投资、民工军工筑路、养路费投资、以工代赈与贷款、集资等，多渠道筹措公路建设资金的情况。

“公路交通职工”章。设职工队伍、职工教育和工资与福利3节。着重记述中华人民共和国成立以来公路交通职工队伍壮大，素质提高及工资、福利改善情况。

“交通人物”章。设4节，记述古代及当代陕西公路交通建设卓有贡献者。以简介、名录方式，分别记述当代公路交通系统获省、部和全国先进生产者、劳动模范、五一劳动奖章获得者荣誉的先进个人、先进集体等。

公路交通管理篇，记述自古迄今，历朝历代，政府设置官员或机构管理道路交通情况。如周朝设夏官掌管车、马和运输，秋官掌管道路修建和维护；秦由九卿中之太仆、治粟内史、少府，分别兼管宫廷车马、物资运输和车辆制造；汉承秦制，西汉由大农令兼管运输；隋、唐时由尚书省下之工部、兵部分别掌管路桥修治、驿传和运输，以兵部为主；元设诸站都统领使司，统管驿站；明在兵部设兵马车驾清史司，下设都吏、递发、马政、草料等科，分管交通运输事宜；清于光绪三十二年（1906）设邮传部，管理水陆交通。

民国时期，邮电、公路、铁路交通自成体系，国民政府设交通部，管理全国水陆交通；陕西设建设厅，各县设建设科，分级管理地方公路交通。

中华人民共和国成立后，随着公路交通不断发展，管理体制逐步建立健全，省设交通厅，地（市）、县分别先设交通科，后改设交通局，分别管理全省与地方公路交通。交通行政主管部门着重筹划公路建设、养护、管理，运力发展、配置，客货运输管理，有关规范制定、实施和监督检查。适应公路交通门类多、专业性强等特点，省、地（市）、县（区）相继分别设置公路、运输等专业管理机构。

（四）陕甘宁边区交通运输。专篇记述1937年至1949年中华人民共和国成立12年间，中国共产党领导下的陕甘宁边区交通管理机构、道路建设、区外交通、区内运输概况。重点记述边区政府在极其困难情况下，发动群众修建道路，改善交通运输条件，为发展生产、繁荣经济、便利群众、支援战争做出的贡献。

前志出版，是陕西公路交通事业一件大事，为后世留下一份珍贵的资料性文献。志书出版以来，全省公路交通系统以史为鉴，继往开来，改革创新，努力奋进，推动公路交通步入不断加快发展的新时期，取得了令人瞩目的新成就，公路交通面貌发生了翻天覆地的变化，为经济社会发展和便利广大人民群众出行，发挥着基础性、先导性和保障性作用。同时，前志编纂，为续修二轮公路志探索了路子，提供了经验。

后 记

《陕西省志·公路志》（1991—2010年）编纂，按照省政府办公厅《关于开展续修地方志工作的通知》（陕政办发〔2000〕131号），自2003年启动。

2003年6月，省交通厅成立省交通史志编纂委员会，设办公室，组建工作班子，承担续修工作。2004年3月—2005年10月，收集1991年以来公路交通资料。2005年11月转入资料整理。2007年起结合资料编纂与初稿编写，收集整理当年资料。是年8月，省交通史志编纂委员会审议通过篇目大纲。2008年完成资料长编。2009—2010年6月编写毛稿。2010年7月—2011年11月编写初稿，形成一审稿，12月一审稿通过专家评审。2012—2013年6月，修改并形成二审稿。省交通运输厅于2013年7月召开《陕西省志·公路志》（1991—2010年）二审稿审稿部署会议，组织征求全省交通系统意见。10月，二审稿通过专家评审。根据系统和专家修改意见和建议，编纂人员对二审稿做了全面修改完善，11月形成终审稿，经省交通运输厅审查同意，报送省地方志办公室终审。省地方志办公室吴玉莲、王斌、鲁文、赵宏文、袁欣昌、折燕玲审稿，原省军事志办公室主任、省《军事志》主编王玉杰主审。12月27日，省地方志办公室在西安召开终审会，通过对《陕西省志·公路志》（1991—2010年）终审。终审会由省地方志办公室副主任史天社主持，省地方志办公室张仁华、焦博武、吴玉莲、王斌、鲁文、赵宏文、袁欣昌、折燕玲，特约审稿人王玉杰，省交通运输厅杨育生、杨冬华、黄会奇、李连峰等，参加了会议。根据终审意见，经对志稿进一步修改、加工和完善，于2014年11月通过省地方志办公室审验，提交出版。

编写工作开展以来，省交通史志编委会加强领导，省地方志办公室精心指导。省交通运输厅先后四次调整编委会成员。白宗孝、曹森、冯西宁先后任编委会主任，副厅长王明祥、胡保存、杨育生，副巡视员杨冬华等，先后任编委会副主任，分管续修工作。编委会多次听取工作汇报，审定编目大纲，确定编写计划，提出工作要求，协调解决有关问题，创造良好工作环境。省地方志办公室主任王锦春，原主任刘培仓、张仁华，副主任史天社，副主任吴玉莲，省志处处长李川、副处长何平及折燕玲，原处长郭承富、副处长赵宏文等，多次检查指导，从编写进展、志稿质量及有关问题处理等方面，给予关心支持，提供咨询帮助。

在整个续修过程中，主编白宗孝组织资料收集整理，设计篇目大纲，确定编写原则，提出编写思路与重点，主持和参与反复修改，并承担全志总纂，撰写概述、无题序、公路交通信息化、公路交通思想解放与改革及有关专记，通篇先后做五次全面修改，相当部分章节做了改写和重写。各部分编写分工：赵贵钧：高速公路建设、公路施工，参与公路桥梁、立交与隧道建设及公路科技部分编写；王建贵、王新安：公路规划、干线公路建设、专用公路建设、公路企业与路政管理；顾占法、曹文中：公路勘察设计、公路桥梁、立交与隧道建设，参与公路施工部分编写；张中文、雷京全：农村公路建设、公路养护、公路服务、交通调查；何丰博、魏西安：道路运输、道路运输管理、运输企业与应急保障，参与公路交通机构、公路建设管理部分编写；王旭：运输枢纽与站场、教育、公路文化、人物与附录；李信：公路资金、收费公路管理、职工队伍与大事记；王定安：公路科技、索引，参与大事记等有关部分修改；李焱：参与公路资金、行业管理有关部分编写；梁志琳：凡例、前志概要及文前彩图选辑。董邦耀参与部分章节修改。公路路线图由省公路勘察设计研究院提供。范为民审读、终校全稿。孙新安、刘向东、李连峰、张军强、赵建武、马伯龄、冀迁运、史彦明、景仲致、王丹、葛新科、范俊玲、刘强、孙志孝等，先后参与有关资料收集整理和编写研究。刘彦、杨红芳先后承担资料管理与文字处理等工作。

志稿从毛稿、一、二稿到终审稿，篇目结构与内容先后进行了较大增删调整。一审稿在对毛稿进行修改后，设9篇、36章、130节；二审稿对一审稿篇目进行完善，内容和文字删繁就简，增设公路地理、运输枢纽、公路环保、公路建设市场与道路运输市场建设等章节，加强公路建设、道路运输、科技与教育、体制改革、安全应急保障等内容，增设有关专记与前志概要，设10篇、35章、152节。终审稿对二审稿结构进行局部调整，将公路地理内容精练后并入概述；公路环保一篇取消，主要内容并入公路建设、养护与道路运输有关部分；道路运输改革内容经整合并入道路运输管理，公路资金单独设篇，调整个别章节设置，增设并充实专记记述，增补体现时代、专业特色的内容与图照，精练公路文化内容，统一人物分类，规范全文图表，简练语言文字，编制索引等，终设10篇、37章、156节，并设7篇专记。

本轮编纂工作，采取由省交通史志编纂委员会办公室承担编写，交通系统各有关单位配合提供资料并参与审核的方式。省交通运输厅发出关于做好第二轮续志工作的通知，明确各单位配合支持工作要求，并先后四次召开全省交通史志工作会议，进行部署、检查和总结。省交通运输厅各处室，厅属各单位与各市（区）、县（市、区）交通运输系统及有关公路交通企业，协助收集、整理并提供文字资料与图片，配合有关专题调研，参与志稿讨论、审核；有关新闻单位帮助提供部分图片；许多专家参与有关重大问题研讨，审阅志稿内容，提出许多宝贵意见和建议，为本志编纂和出版做出了贡献。

本志编写历时10年，数易其稿，终付梓出版。值此之际，向所有组织、参与、支持及为这项工作付出辛劳的单位、集体和个人，一并致以敬意，并表示由衷感谢！

本志卷帙浩繁，采用资料面广，涉及专业多，编纂人员知识有限，虽笃志纂修，殚精竭虑，但疏漏、错误之处在所难免，凡有不当处，敬请批评指正。

陕西省交通史志编纂委员会办公室

二○一四年十二月十五日

提供资料、照片单位和个人名单

（排名不分先后）

省交通运输厅 省公路局 省高速集团 省交通集团 西安公路研究院 省交通厅运管局 省交通厅宣教中心 陕西宝汉公司 省公路设计研究院 省高速公路收费管理中心 省交通厅外资办 省汽车检测站 省交通厅质监站 陕西交通技师学院 省交通厅交通工程定额站 省交通厅交通信息中心 省交通厅交通发展研究中心 省公路局路政执法总队 省西安汽车站 省汽车工业贸易总公司 省交通职业技术学院 省交通职工培训中心 省交通行业职业技能鉴定站 陕西交通技术咨询有限公司 省交通广告传媒有限公司

西安市交通运输局 宝鸡市交通运输局 咸阳市交通运输局 铜川市交通运输局 渭南市交通运输局 延安市交通运输局 榆林市交通运输局 汉中市交通运输局 安康市交通运输局 商洛市交通运输局 杨凌示范区交通局 韩城市交通运输局

各设区市公路管理局、道路运输管理处 有关县（市、区）交通运输局

有关公路交通企业

新华网 光明日报 陕西日报 中国交通报 中国公路网 中国高速公路网 中国广播电视网 中国铁道网 陕西交通报 路讯杂志社 西安晚报 华商网 西部网 西安公交论坛网 西安旅游网 榆林新闻网

陈　东　王宝松　景贵升　卢和全　王丽静　吕兴刚　马建忠　高天平　蒙海波
王俊英　李超峰　郭伟朝　郑兴旺　范希钢　刘　峰　闫　龙　李建军　杨新文
付　佳　高春龙　娄应君　宋荣敬　麻霄红　周润超　雷伯勤　郑洁哲　赵　鸣
侯　凌　戴文晗　叶　蓁　侯春红　张　虎　杨尚尚　张　喆　魏　清　付作良
董　恒　白秋薇　杨晓康　刘　欣　刘建军　郑　安　徐　亮　戴小平　张　珲
贺晓山　杨申凡　吕　婵　李大群　鲁永康　廖　敏　梁胜利　高延中　张纪平
谢　举　吕　斌　杨军红　陶　林　李俊平　李　婷　孟撼宇　寇北海　曹汉秀
魏艳军　杨公明　李文鹏　陈　皓　刘兴文　费春明　姚鸣雁　李占厚　杨　军
黄　义　李振振　安　涛　郭忠凯　宁颖芳　王　帅　浦玉国　史建军　雷晓莉
刘　睿　白宗孝　董邦耀　梁志琳　孙新安　张中文　曹文中　张英杰　冯显宗
吴　昊　徐云华　赵纯杰　张东红　李安定　谢　伟　梁　娟　张　军　张力峰
黄金峰　周迎春　黄立新　冯　葳　杜延军　周仪杰　赵启安　张春来　贺宝康
孟兴海　孙　涛　苏臣红　侯玉印　雷　宁　赵利安　陆　璐　刘文善　杨佑生
安立广　苗永强　李周强　杨　展　安　谦　知　秋　白　戈　亚　丰　李彬彬
毛永强　郑卫国　陈　亮　严　钊　关华波　王立新　郭国营　胡纪友　王　晨
胡长虹　赵龙绪　张宝红　陈芳芳　张　勇　胡柳漪　蔡振华